***ACCESO GRATIS** a la Lectura en la Nube*

Para visualizar el libro electrónico en la nube de lectura envíe junto a su nombre y apellidos una fotografía del código de barras situado en la contraportada del libro y otra del ticket de compra a la dirección:

ebooktirant@tirant.com

En un máximo de 72 horas laborales le enviaremos el código de acceso con sus instrucciones.

La visualización del libro en **NUBE DE LECTURA** excluye los usos bibliotecarios y públicos que puedan poner el archivo electrónico a disposición de una comunidad de lectores. Se permite tan solo un uso individual y privado

CÓDIGO DE COMERCIO

Procedimiento de selección de originales, ver página web:
www.tirant.net/index.php/editorial/procedimiento-de-seleccion-de-originales

CÓDIGO DE COMERCIO

4ª Edición

ÉDGAR IVÁN LEÓN ROBAYO

tirant lo blanch
Bogotá D.C., 2024

EDITA: TIRANT LO BLANCH
Calle 11 # 2-16 (Bogotá D.C.)
Telf.: 4660171
Email: tlb@tirant.com
Librería virtual: www.tirant.com/co/
ISBN: 978-84-1056-330-8

Si tiene alguna queja o sugerencia, envíenos un mail a: *atencioncliente@tirant.com*. En caso de no ser atendida su sugerencia, por favor, lea en *www.tirant.net/index.php/empresa/politicas-de-empresa* nuestro procedimiento de quejas.

Responsabilidad Social Corporativa: http://www.tirant.net/Docs/RSCTirant.pdf

ABREVIATURAS

Art.	Artículo
C.C.	Código Civil
C.Co.	Código de Comercio
C.G.P.	Código General del Proceso
C.N.	Constitución Política de Colombia
C.N.T.	Código Nacional de Tránsito Terrestre
C.P.	Código Penal
C.P.C.	Código de Procedimiento Civil
Conc.	Concordancia
E.O.S.F.	Estatuto Orgánico del Sistema Financiero
E.T.	Estatuto Tributario
Exp.	Expediente
Inc.	Inciso
Num.	Numeral
Ord.	Ordinal
Ss.	Siguientes

ÍNDICE

CÓDIGO DE COMERCIO. DECRETO 410 DE 1971 (MARZO 27)

TÍTULO PRELIMINAR. DISPOSICIONES GENERALES

LIBRO PRIMERO. DE LOS COMERCIANTES Y DE LOS ASUNTOS DE COMERCIO

TÍTULO I. DE LOS COMERCIANTES

CAPÍTULO I. CALIFICACIÓN DE LOS COMERCIANTES

CAPÍTULO II. DEBERES DE LOS COMERCIANTES

TÍTULO II. DE LOS ACTOS, OPERACIONES Y EMPRESAS MERCANTILES

TÍTULO III. DEL REGISTRO MERCANTIL

CAPÍTULO III. EFICACIA PROBATORIA DE LOS LIBROS Y PAPELES DE COMERCIO

TÍTULO V. DE LA COMPETENCIA DESLEAL

TÍTULO VI. DE LAS CÁMARAS DE COMERCIO

LIBRO SEGUNDO. DE LAS SOCIEDADES COMERCIALES

TÍTULO I. DEL CONTRATO DE SOCIEDAD

CAPÍTULO I. DISPOSICIONES GENERALES

CAPÍTULO II. CONSTITUCIÓN Y PRUEBA DE LA SOCIEDAD COMERCIAL

CAPÍTULO III. APORTES DE LOS ASOCIADOS

CAPÍTULO IV. UTILIDADES SOCIALES

CAPÍTULO V. REFORMAS DEL CONTRATO SOCIAL

CAPÍTULO VI. TRANSFORMACIÓN Y FUSIÓN DE LAS SOCIEDADES

SECCIÓN I. TRANSFORMACIÓN

SECCIÓN II. FUSIÓN

CAPÍTULO VII. ASAMBLEA O JUNTA DE SOCIOS Y ADMINISTRADORES

SECCIÓN I. ASAMBLEA GENERAL Y JUNTA DE SOCIOS

SECCIÓN II. ADMINISTRADORES

CAPÍTULO VIII. REVISOR FISCAL

CAPÍTULO IX. DISOLUCIÓN DE LA SOCIEDAD

CAPÍTULO X. LIQUIDACIÓN DEL PATRIMONIO SOCIAL

CAPÍTULO XI. MATRICES, SUBORDINADAS Y SUCURSALES

TÍTULO II. DE LA INSPECCIÓN Y VIGILANCIA DE LAS SOCIEDADES

CAPÍTULO I. SUPERINTENDENCIA DE SOCIEDADES

CAPÍTULO II. BALANCES

TÍTULO III. DE LA SOCIEDAD COLECTIVA

CAPÍTULO I. LOS SOCIOS

CAPÍTULO II. LA RAZÓN SOCIAL

CAPÍTULO III. ADMINISTRACIÓN Y REPRESENTACIÓN DE LA SOCIEDAD

CAPÍTULO IV. REGLAS ESPECIALES SOBRE DISOLUCIÓN DE LA SOCIEDAD COLECTIVA

TÍTULO IV. DE LAS SOCIEDADES EN COMANDITA

CAPÍTULO I. DISPOSICIONES COMUNES

CAPÍTULO II. SOCIEDAD EN COMANDITA SIMPLE

CAPÍTULO III. SOCIEDAD EN COMANDITA POR ACCIONES

TÍTULO V. DE LA SOCIEDAD DE RESPONSABILIDAD LIMITADA

TÍTULO VI. DE LA SOCIEDAD ANÓNIMA

CAPÍTULO I. CONSTITUCIÓN DE LA SOCIEDAD ANÓNIMA

CAPÍTULO II. LAS ACCIONES EN LA SOCIEDAD ANÓNIMA

SECCIÓN I. EMISIÓN DE ACCIONES

SECCIÓN II. SUSCRIPCIÓN DE ACCIONES

SECCIÓN III. PAGO DE LAS ACCIONES

SECCIÓN IV. TÍTULOS DE ACCIONES

SECCIÓN V. NEGOCIACIÓN DE LAS ACCIONES

CAPÍTULO III. DIRECCIÓN Y ADMINISTRACIÓN

SECCIÓN I. ASAMBLEA GENERAL DE ACCIONISTAS

SECCIÓN II. JUNTA DIRECTIVA

SECCIÓN III. REPRESENTANTE LEGAL

CAPÍTULO IV. BALANCES Y DIVIDENDOS

SECCIÓN I. BALANCES GENERALES DE FIN DE EJERCICIO Y ANEXOS

SECCIÓN II. REPARTO DE UTILIDADES

CAPÍTULO V. DISOLUCIÓN Y LIQUIDACIÓN DE LA SOCIEDAD ANÓNIMA

TÍTULO VII. DE LAS SOCIEDADES DE ECONOMÍA MIXTA

TÍTULO VIII. DE LAS SOCIEDADES EXTRANJERAS

TÍTULO IX. DE LA SOCIEDAD MERCANTIL DE HECHO

TÍTULO X. DE LAS CUENTAS EN PARTICIPACIÓN

LIBRO TERCERO. DE LOS BIENES MERCANTILES

TÍTULO I. EL ESTABLECIMIENTO DE COMERCIO

CAPÍTULO I. ESTABLECIMIENTOS DE COMERCIO Y SU PROTECCIÓN LEGAL

CAPÍTULO II. OPERACIONES SOBRE ESTABLECIMIENTOS DE COMERCIO

CAPÍTULO III. DISPOSICIONES VARIAS

TÍTULO III. DE LOS TÍTULOS VALORES

CAPÍTULO I. GENERALIDADES

CAPÍTULO II. TÍTULOS NOMINATIVOS

CAPÍTULO III. TÍTULOS A LA ORDEN

CAPÍTULO IV. TÍTULOS AL PORTADOR

CAPÍTULO V. DISTINTAS ESPECIES DE TÍTULOS-VALORES

SECCIÓN I. LETRA DE CAMBIO

SUBSECCIÓN I. CREACIÓN Y FORMA DE LA LETRA DE CAMBIO

SUBSECCIÓN II. ACEPTACIÓN

SUBSECCIÓN III. PAGO

SUBSECCIÓN IV. PROTESTO

SECCIÓN II. PAGARÉ

SECCIÓN III. CHEQUE

SUBSECCIÓN I. CREACIÓN Y FORMA DEL CHEQUE

SUBSECCIÓN II. PRESENTACIÓN Y PAGO

SUBSECCIÓN III. CHEQUES ESPECIALES

SECCIÓN IV. BONOS

SECCIÓN V. CERTIFICADO DE DEPÓSITO Y BONO DE PRENDA

SECCIÓN VI. CARTA DE PORTE Y CONOCIMIENTO DE EMBARQUE

SECCIÓN VII. FACTURAS CAMBIARIAS

CAPÍTULO VI. PROCEDIMIENTOS

SECCIÓN I. ACCIONES

CAPÍTULO II. LA REPRESENTACIÓN

CAPÍTULO III. OFERTA O PROPUESTA

CAPÍTULO IV. EL CONTRATO EN GENERAL

CAPÍTULO V. EL PAGO

CAPÍTULO VI. CESIÓN DE CONTRATO

CAPÍTULO VII. INEFICACIA, NULIDAD, ANULACIÓN E INOPONIBILIDAD

TÍTULO II. DE LA COMPRAVENTA Y DE LA PERMUTA

CAPÍTULO I. GENERALIDADES

CAPÍTULO II. LA COSA VENDIDA

CAPÍTULO III. EL PRECIO

CAPÍTULO IV. OBLIGACIONES DEL VENDEDOR

CAPÍTULO V. OBLIGACIONES DEL COMPRADOR

CAPÍTULO VI. VENTA CON PLAZO PARA EL PAGO DEL PRECIO Y CON RESERVA DEL DOMINIO

TÍTULO III. DEL CONTRATO DE SUMINISTRO

TÍTULO IV. DEL CONTRATO DE TRANSPORTE

CAPÍTULO I. DISPOSICIONES GENERALES

CAPÍTULO II. TRANSPORTE DE PERSONAS

CAPÍTULO III. TRANSPORTE DE COSAS

TÍTULO V. DEL CONTRATO DE SEGURO

CAPÍTULO I. PRINCIPIOS COMUNES A LOS SEGUROS TERRESTRES

CAPÍTULO II. SEGUROS DE DAÑOS

SECCIÓN I. PRINCIPIOS COMUNES A LOS SEGUROS DE DAÑOS

SECCIÓN II. SEGURO DE INCENDIO

SECCIÓN III. SEGURO DE TRANSPORTE

SECCIÓN IV. SEGURO DE RESPONSABILIDAD

SECCIÓN V. REASEGURO

CAPÍTULO III. SEGUROS DE PERSONAS

SECCIÓN I. PRINCIPIOS COMUNES A LOS SEGUROS DE PERSONAS

SECCIÓN II. SEGURO DE VIDA

TÍTULO VI. EL MUTUO

TÍTULO VII. DEL DEPÓSITO

CAPÍTULO I. GENERALIDADES

CAPÍTULO II. DEPÓSITO EN ALMACENES GENERALES

TÍTULO VIII. DEL CONTRATO DE HOSPEDAJE

TÍTULO IX. DE LA PRENDA

CAPÍTULO I. PRENDA CON TENENCIA

CAPÍTULO II. PRENDA SIN TENENCIA DEL ACREEDOR

TÍTULO X. DE LA ANTICRESIS

TÍTULO XI. DE LA FIDUCIA

CAPÍTULO II. DERECHOS Y OBLIGACIONES DEL MANDATARIO Y DEL MANDANTE

CAPÍTULO III. EXTINCIÓN DEL MANDATO

CAPÍTULO IV. COMISIÓN

SECCIÓN I. GENERALIDADES

SECCIÓN II. COMISIÓN DE TRANSPORTE

CAPÍTULO V. AGENCIA COMERCIAL

CAPÍTULO VI. PREPOSICIÓN

TÍTULO XIV. DEL CORRETAJE

SECCIÓN I. CORREDORES EN GENERAL

SECCIÓN II. CORREDORES DE SEGUROS

TÍTULO XV. EL CONTRATO DE EDICIÓN

TÍTULO XVI. DEL CONTRATO DE CONSIGNACIÓN O ESTIMATORIO

TÍTULO XVII. DE LOS CONTRATOS BANCARIOS

CAPÍTULO I. CUENTA CORRIENTE BANCARIA

CAPÍTULO II. DEPÓSITO A TÉRMINO

CAPÍTULO III. DEPÓSITO DE AHORRO

CAPÍTULO IV. DISPOSICIÓN APLICABLE A LOS CAPÍTULOS ANTERIORES

CAPÍTULO V. APERTURA DE CRÉDITO Y DESCUENTO

CAPÍTULO VI. CARTAS DE CRÉDITO

CAPÍTULO VII. CAJILLAS DE SEGURIDAD

LIBRO QUINTO. DE LA NAVEGACIÓN

CAPÍTULO PRELIMINAR. DISPOSICIONES COMUNES

PARTE I. DE LA NAVEGACIÓN ACUÁTICA

DISPOSICIONES GENERALES

TÍTULO I. DE LAS NAVES Y SU PROPIEDAD

CAPÍTULO I. NAVES

CAPÍTULO II. PROPIETARIOS Y COPROPIETARIOS DE LAS NAVES

TÍTULO II. DEL ARMADOR

TÍTULO III. DEL AGENTE MARÍTIMO

TÍTULO IV. DEL CAPITÁN

TÍTULO V. DE LA TRIPULACIÓN

TÍTULO VI. DE LOS RIESGOS Y DAÑOS EN LA NAVEGACIÓN MARÍTIMA

CAPÍTULO I. AVERÍAS

SECCIÓN I. AVERÍA GRUESA

CAPÍTULO III. TRANSPORTE DE COSAS POR MAR

SECCIÓN I. TRANSPORTE DE COSAS EN GENERAL

SECCIÓN II. TRANSPORTE DE MERCANCÍAS BAJO CONOCIMIENTO

SECCIÓN III. TRANSPORTE A CARGA TOTAL O PARCIAL

TÍTULO X. DEL FLETAMENTO

TÍTULO XI. DEL ARRENDAMIENTO DE LAS NAVES

TÍTULO XII. DE LAS COMPRAVENTAS MARÍTIMAS

TÍTULO XIII. DEL SEGURO MARÍTIMO

CAPÍTULO I. OBJETO DEL SEGURO MARÍTIMO

CAPÍTULO II. VALOR ASEGURABLE

CAPÍTULO III. PÓLIZA

CAPÍTULO IV. GARANTÍAS

CAPÍTULO V. DESVIACIÓN

CAPÍTULO VI. PÉRDIDA

CAPÍTULO VII. ABANDONO

CAPÍTULO VIII. PÉRDIDA PARCIAL

CAPÍTULO IX. INDEMNIZACIÓN

CAPÍTULO X. DISPOSICIONES FINALES

PARTE II. DE LA AERONÁUTICA

CAPÍTULO I. DISPOSICIONES GENERALES

CAPÍTULO II. NAVEGACIÓN AÉREA

CAPÍTULO III. AERONAVES

CAPÍTULO IV. PERSONAL AERONÁUTICO

CAPÍTULO V. INFRAESTRUCTURA AERONÁUTICA

CAPÍTULO VI. DAÑOS A TERCEROS EN LA SUPERFICIE

CAPÍTULO VII. ABORDAJE

CAPÍTULO VIII. BÚSQUEDA, RESCATE, ASISTENCIA Y SALVAMENTO

CAPÍTULO IX. INVESTIGACIÓN DE ACCIDENTES DE AVIACIÓN

CAPÍTULO X. EXPLOTADOR DE AERONAVES

CAPÍTULO XI. TRANSPORTE PRIVADO, ESCUELAS DE AVIACIÓN, AERONAVES DEDICADAS AL TURISMO Y MANTENIMIENTO DE AERONAVES

CAPÍTULO XII. TRANSPORTE AÉREO

SECCIÓN I. GENERALIDADES

SECCIÓN II. TRANSPORTE DE PASAJEROS

SECCIÓN III. TRANSPORTE DE COSAS Y EQUIPAJES

CAPÍTULO XIII. CONTRATO DE UTILIZACIÓN DE AERONAVES

SECCIÓN I. ARRENDAMIENTO O LOCACIÓN

SECCIÓN II. FLETAMENTO

CAPÍTULO XIV. SEGURO

CAPÍTULO XV. HIPOTECA, EMBARGO Y SECUESTRO

LIBRO SEXTO. PROCEDIMIENTOS

TÍTULO I. DEL CONCORDATO PREVENTIVO

TÍTULO II. DE LA QUIEBRA

TÍTULO III. DEL ARBITRAMENTO

TÍTULO IV. DE LA REGULACIÓN POR EXPERTOS O PERITOS

DISPOSICIONES FINALES

LEGISLACIÓN COMPLEMENTARIA

CÓDIGO DE COMERCIO
DECRETO 410 DE 1971
(marzo 27)

Por el cual se expide el Código de Comercio

El Presidente de la República de Colombia,
en ejercicio de las facultades extraordinarias que le confiere el numeral 15 del artículo 20 de la Ley 16 de 1968, y cumplido el requisito allí establecido,

DECRETA:

TÍTULO PRELIMINAR
DISPOSICIONES GENERALES

Aplicación de la ley comercial

Art. 1º. Los comerciantes y los asuntos mercantiles se regirán por las disposiciones de la ley comercial, y los casos no regulados expresamente en ella serán decididos por analogía de sus normas.

Conc. *Arts. 10, 20, 24, 1781; L. 57/887, art. 5º.; L. 153/888, art. 8º.*

Aplicación de la ley civil

Art. 2º. En las cuestiones comerciales que no pudieren regularse conforme a la regla anterior, se aplicarán las disposiciones de la legislación civil.

Conc. *Art. 822.*

Autoridad de la costumbre mercantil

Art. 3º. La costumbre mercantil tendrá la misma autoridad que la ley comercial, siempre que no la contraríe manifiesta o tácitamente y que los hechos constitutivos de la misma sean públicos, uniformes y reiterados en el lugar donde hayan de cumplirse las prestaciones o surgido las relaciones que deban regularse por ella.

En defecto de costumbre local se tendrá en cuenta la general del país, siempre que reúna los requisitos exigidos en el inciso anterior.

Conc. *Arts. 909, 911, 912, 977, 1264, 1297, 1341, 1357.*

Primacía contractual

Art. 4º. Las estipulaciones de los contratos válidamente celebrados preferirán a las normas legales supletivas y a las costumbres mercantiles.

Conc. *C.C., art. 1602, 1603, 1621.*

Costumbre como herramienta de interpretación

Art. 5º. Las costumbres mercantiles servirán, además, para determinar el sentido de las palabras o frases técnicas del comercio y para interpretar los actos y convenios mercantiles.

Conc. *Art. 823, 1621, 1694 y ss.*

Art. 6º. *Derogado por la Ley 1564 de 2012, art. 626.*

NOTA: Subrogado por el inc. 1º del artículo 179 del C.G.P., que establece: «Art. 179. La costumbre mercantil nacional y su vigencia se probarán:
1. Con el testimonio de dos (2) comerciantes inscritos en el registro mercantil que den cuenta razonada de los hechos y de los requisitos exigidos a los mismos en el Código de Comercio.
2. Con decisiones judiciales definitivas que aseveren su existencia, proferidas dentro de los cinco (5) años anteriores al diferendo.
3. Con certificación de la cámara de comercio correspondiente al lugar donde rija. (...)».

Instrumentos internacionales no ratificados y principios del derecho comercial

Art. 7º. Los tratados o convenciones internacionales de comercio no ratificados por Colombia, la costumbre mercantil internacional que reúna las condiciones del artículo 3º., así como los principios generales del derecho comercial, podrán aplicarse a las cuestiones mercantiles que no puedan resolverse conforme a las reglas precedentes.

Art. 8º. *Derogado por la Ley 1564 de 2012, art. 626.*

NOTA: Subrogado por el inc. 2º del artículo 179 del C.G.P., que establece: «Art. 179. La costumbre mercantil nacional y su vigencia se probarán (...)
La costumbre mercantil extranjera y su vigencia se acreditarán con certificación del respectivo cónsul colombiano o, en su defecto, del de una nación amiga. Dichos funcionarios para expedir el

certificado solicitarán constancia a la cámara de comercio local o a la entidad que hiciere sus veces y, a falta de una y otra, a dos (2) abogados del lugar con reconocida honorabilidad, especialistas en derecho comercial. También podrá probarse mediante dictamen pericial rendido por persona o institución experta en razón de su conocimiento o experiencia en cuanto a la ley de un país o territorio, con independencia de si está habilitado para actuar como abogado allí.

Art. 9º. *Derogado por la Ley 1564 de 2012, art. 626.*

NOTA: Subrogado por el inc. 3º del artículo 179 del C.G.P., que establece: «Art. 179. La costumbre mercantil nacional y su vigencia se probarán: (...)
La costumbre mercantil internacional y su vigencia se probarán con la copia de la sentencia o laudo en que una autoridad jurisdiccional internacional la hubiere reconocido, interpretado o aplicado. También se probará con certificación de una entidad internacional idónea o mediante dictamen pericial rendido por persona o institución experta en razón de su conocimiento o experiencia».

LIBRO PRIMERO
DE LOS COMERCIANTES Y DE LOS ASUNTOS DE COMERCIO

TÍTULO I
DE LOS COMERCIANTES

CAPÍTULO I
CALIFICACIÓN DE LOS COMERCIANTES

Definición de comerciante

Art. 10. Son comerciantes las personas que profesionalmente se ocupan en alguna de las actividades que la ley considera mercantiles.

La calidad de comerciante se adquiere aunque la actividad mercantil se ejerza por medio de apoderado, intermediario o interpuesta persona.

Conc. *Arts. 12, 17, 19, 26, 37, 43, 832, 833.*

Actos aislados

Art. 11. Las personas que ejecuten ocasionalmente operaciones mercantiles no se considerarán comerciantes, pero estarán sujetas a las normas comerciales en cuanto a dichas operaciones.

Conc. *Art. 22.*

Capacidad para ejercer el comercio

Art. 12. Toda persona que según las leyes comunes tenga capacidad para contratar y obligarse, es hábil para ejercer el comercio; las que con arreglo a esas mismas leyes sean incapaces, son inhábiles para ejecutar actos comerciales.

Incs. 2º y 3º. Derogados por la Ley 27 de 1977.

Los menores adultos pueden, con autorización de sus representantes legales, ocuparse en actividades mercantiles en nombre o por cuenta de otras personas y bajo la dirección y responsabilidad de éstas.

Conc. *Art. 17, 28, 34, 103, 320; L. 1098 de 2006, art. 35; Convenio 138 OIT; C.C., arts. 291, 339, 345, 1502, 1503, 1504, 2154.*

NOTA: Las expresiones «impúber» y «menor adulto» deben entenderse como «niño o niña» (menor de 0 a 12 años) y «adolescente» (menor de 12 a 18 años), respectivamente, de conformidad con el artículo 3º del Código de la Infancia y la Adolescencia. Sin embargo, el artículo 35 de la misma normativa precisa que el permiso indicado corresponde a los menores de 15 a 17 años y es otorgado por el inspector de trabajo o por el ente territorial local. Si se trata de actividades artísticas, culturales, recreativas o deportivas, es factible que la mencionada autorización sea emitida incluso para niños menores de esas edades.

Presunción de ejercicio del comercio

Art. 13. Para todos los efectos legales se presume que una persona ejerce el comercio en los siguientes casos:

1) Cuando se halle inscrita en el registro mercantil;

2) Cuando tenga establecimiento de comercio abierto, y

3) Cuando se anuncie al público como comerciante por cualquier medio.

***Conc.** Arts. 17, 25, 26, 515, 516, 1137.*

Inhabilidad para ejercer el comercio

Art. 14. Son inhábiles para ejercer el comercio, directamente o por interpuesta persona:

1) Derogado por la Ley 222 de 1995, art. 242.

2) Los funcionarios de entidades oficiales y semioficiales respecto de actividades mercantiles que tengan relación con sus funciones, y

3) Las demás personas a quienes por ley o sentencia judicial se prohíba el ejercicio de actividades mercantiles.

Si el comercio o determinada actividad mercantil se ejerciere por persona inhábil, ésta será sancionada con multas sucesivas hasta de cincuenta mil pesos que impondrá el juez civil del circuito del domicilio del infractor, de oficio o a solicitud de cualquier persona, sin perjuicio de las penas establecidas por normas especiales.

***Conc.** Ley 1116 de 2006, art. 83.*

Cargos que inhabilitan el ejercicio del comercio

Art. 15. El comerciante que tome posesión de un cargo que inhabilite para el ejercicio del comercio, lo comunicará a la respectiva cámara, mediante copia de acta o diligencia de posesión, o certificado del funcionario ante quien se cumplió la diligencia, dentro de los diez días siguientes a la fecha de la misma.

El posesionado acreditará el cumplimiento de esta obligación, dentro de los veinte días siguientes a la posesión, ante el funcionario que le hizo el nombramiento, mediante certificado de la cámara de comercio, so pena de perder el cargo o empleo respectivo.

Conc. *Art. 28.*

Delitos que inhabilitan el ejercicio del comercio

Art. 16. Siempre que se dicte sentencia condenatoria por delitos contra la propiedad, la fe pública, la economía nacional, la industria y el comercio, o por contrabando, competencia desleal, usurpación de derecho sobre propiedad industrial y giro de cheques sin provisión de fondos o contra cuenta cancelada, se impondrá como pena accesoria la prohibición para ejercer el comercio de dos a diez años.

Conc. *Arts. 17, 75, 85; C.P., arts. 46, 51.*

NOTA: En la actualidad, la pena de inhabilitación para el ejercicio de profesión, arte, oficio, industria o comercio, se impondrá por el mismo tiempo de la pena de prisión impuesta, sin que sea menor a seis meses ni mayor a veinte años. Lo anterior, siempre que la infracción se cometa con abuso del ejercicio de cualquiera de las mencionadas actividades, medie relación de causalidad entre el delito y la profesión o contravenga las obligaciones que se deriven de su ejercicio.

Pérdida de la calidad de comerciante

Art. 17. Se perderá la calidad de comerciante por la incapacidad o inhabilidad sobrevinientes para el ejercicio del comercio.

Conc. *Arts. 14, 15, 105, 1226, 2002.*

Nulidades por incapacidad

Art. 18. Las nulidades provenientes de falta de capacidad para ejercer el comercio, serán declaradas y podrán subsanarse como se prevé en las leyes comunes, sin perjuicio de las disposiciones especiales de este Código.

Conc. *Arts. 104, 108, 109, 987 y ss.; C.C., arts. 1743, Ley 50 de 1936, art. 2º.*

CAPÍTULO II
DEBERES DE LOS COMERCIANTES

Obligaciones de los comerciantes

Art. 19. Es obligación de todo comerciante:

1) Matricularse en el registro mercantil;

2) Inscribir en el registro mercantil todos los actos, libros y documentos respecto de los cuales la ley exija esa formalidad;

3) Llevar contabilidad regular de sus negocios conforme a las prescripciones legales;

4) Conservar, con arreglo a la ley, la correspondencia y demás documentos relacionados con sus negocios o actividades;

5) *Derogado por la Ley 222 de 1995, art. 242.*

6) Abstenerse de ejecutar actos de competencia desleal.

Conc. *Arts. 26, 28, 48, 54, 60, 86, 271, 271, 1038, 1345; Ley 222 de 1995, art. 117; Ley 256 de 1996, arts. 7º y ss.; Ley 962 de 2005, art. 28; Ley 1314 de 2009; Decreto 2649 de 1993, art. 134.*

TÍTULO II
DE LOS ACTOS, OPERACIONES Y EMPRESAS MERCANTILES

Actos de comercio

Art. 20. Son mercantiles para todos los efectos legales:

1) La adquisición de bienes a título oneroso con destino a enajenarlos en igual forma, y la enajenación de los mismos;

2) La adquisición a título oneroso de bienes muebles con destino a arrendarlos; el arrendamiento de los mismos; el arrendamiento de toda clase de bienes para subarrendarlos, y el subarrendamiento de los mismos;

3) El recibo de dinero en mutuo a interés, con garantía o sin ella, para darlo en préstamo, y los préstamos subsiguientes, así como dar habitualmente dinero en mutuo a interés;

4) La adquisición o enajenación, a título oneroso, de establecimientos de comercio, y la prenda, arrendamiento, administración y demás operaciones análogas relacionadas con los mismos;

NOTA: El inciso 3º del artículo 3º de la Ley 1676 de 2013 establece que en las normas donde se haga referencia a prenda, prenda civil o comercial, con tenencia o sin tenencia, prenda de establecimiento de comercio, prenda de acciones, anticresis, bonos de prenda, prenda agraria, prenda minera, prenda del derecho a explorar y explotar, volumen aprovechable o vuelo forestal, prenda de un crédito, prenda de marcas, patentes u otros derechos de análoga naturaleza, derecho de retención, y a otras similares, dichas figuras se considerarán garantías mobiliarias.

5) La intervención como asociado en la constitución de sociedades comerciales, los actos de administración de las mismas o la negociación a título oneroso de las partes de interés, cuotas o acciones;

6) El giro, otorgamiento, aceptación, garantía o negociación de títulos-valores, así como la compra para reventa, permuta, etc., de los mismos;

7) Las operaciones bancarias, de bolsas, o de martillos;

8) El corretaje, las agencias de negocios y la representación de firmas nacionales o extranjeras;

9) La explotación o prestación de servicios de puertos, muelles, puentes, vías y campos de aterrizaje;

10) Las empresas de seguros y la actividad aseguradora;

11) Las empresas de transporte de personas o de cosas, a título oneroso, cualesquiera que fueren la vía y el medio utilizados;

12) Las empresas de fabricación, transformación, manufactura y circulación de bienes;

13) Las empresas de depósito de mercaderías, provisiones o suministros, espectáculos públicos y expendio de toda clase de bienes;

14) Las empresas editoriales, litográficas, fotográficas, informativas o de propaganda y las demás destinadas a la prestación de servicios;

15) Las empresas de obras o construcciones, reparaciones, montajes, instalaciones u ornamentaciones;

16) Las empresas para el aprovechamiento y explotación mercantil de las fuerzas o recursos de la naturaleza;

17) Las empresas promotoras de negocios y las de compra, venta, administración, custodia o circulación de toda clase de bienes;

18) Las empresas de construcción, reparación, compra y venta de vehículos para el transporte por tierra, agua y aire, y sus accesorios, y

19) Los demás actos y contratos regulados por la ley mercantil.

Conc. *Arts. 25, 32, 43, 98, 136, 526, 532, 533, 619, 822, 905 y ss., 954, 956, 981, 1036, 1163 y ss., 1170, 1181, 1200, 1226, 1260, 1340, 1354, 1382, 1396, 1400, 1408, 1416, 1438.*

Actos conexos

Art. 21. Se tendrán así mismo como mercantiles todos los actos de los comerciantes relacionados con actividades o empresas de comercio, y los ejecutados por cualquier persona para asegurar el cumplimiento de obligaciones comerciales.

Conc. *10, 13, 25, 995.*

Actos mixtos

Art. 22. Si el acto fuere mercantil para una de las partes se regirá por las disposiciones de la ley comercial.

Conc. *Arts. 1º, 4º, 11.*

Actos no mercantiles

Art. 23. No son mercantiles:

1) La adquisición de bienes con destino al consumo doméstico o al uso del adquirente, y la enajenación de los mismos o de los sobrantes;

2) La adquisición de bienes para producir obras artísticas y la enajenación de éstas por su autor;

3) Las adquisiciones hechas por funcionarios o empleados para fines de servicio público;

4) Las enajenaciones que hagan directamente los agricultores o ganaderos de los frutos de sus cosechas o ganados, en su estado natural. Tampoco serán mercantiles las actividades de transformación de tales frutos que efectúen los agricultores o ganaderos, siempre y cuando que dicha transformación no constituya por sí misma una empresa, y

5) La prestación de servicios inherentes a las profesiones liberales.

Alcance no taxativo

Art. 24. Las enumeraciones contenidas en los artículos 20 y 23 son declarativas y no limitativas.

Definición de empresa

Art. 25. Se entenderá por empresa toda actividad económica organizada para la producción, transformación, circulación, administración o custodia de bienes, o para la prestación de servicios. Dicha actividad se realizará a través de uno o más establecimientos de comercio.

***Conc.** C.N., art. 333; C.Co., arts. 10, 13, 32, 35, 43, 309, 474, 515.*

TÍTULO III
DEL REGISTRO MERCANTIL

Objeto del registro

Art. 26. El registro mercantil tendrá por objeto llevar la matrícula de los comerciantes y de los establecimientos de comercio, así como la inscripción de todos los actos, libros y documentos respecto de los cuales la ley exigiere esa formalidad.

El registro mercantil será público. Cualquier persona podrá examinar los libros y archivos en que fuere llevado, tomar anotaciones de sus asientos o actos y obtener copias de los mismos.

***Conc.** Arts. 13 num. 1º, 19, 86, 121.*

Entidades y autoridad de registro

Art. 27. El registro mercantil se llevará por las cámaras de comercio, pero la Superintendencia de Industria y Comercio determinará los libros necesarios para cumplir esa finalidad, la forma de hacer las inscripciones y dará las instrucciones que tiendan al perfeccionamiento de la institución.

***Conc.** 2º, 86.*

NOTA: A partir del 1º de enero de 2022, la referencia a la Superintendencia de Industria y Comercio indicada en este artículo deberá entenderse como Superintendencia de Sociedades, en virtud de lo dispuesto por el artículo 70 de la Ley 2069 de 2020, art. 70.

Personas y actos registrables

Art. 28. Deberán inscribirse en el registro mercantil:

1) Las personas que ejerzan profesionalmente el comercio y sus auxiliares, tales como los comisionistas, corredores, agentes, representantes de firmas nacio-

nales o extranjeras, quienes lo harán dentro del mes siguiente a la fecha en que inicien actividades;

2) Las capitulaciones matrimoniales y las liquidaciones de sociedades conyugales, cuando el marido y la mujer o alguno de ellos sea comerciante;

3) La interdicción judicial pronunciada contra comerciantes; las providencias en que se imponga a estos la prohibición de ejercer el comercio; (*los concordatos preventivos y los celebrados dentro del proceso de quiebra; la declaración de quiebra y el nombramiento de síndico de ésta y su remoción*); la posesión de cargos públicos que inhabiliten para el ejercicio del comercio, y en general, las incapacidades o inhabilidades previstas en la ley para ser comerciante;

NOTA 1: El texto entre paréntesis se regula actualmente por la Ley 1116 de 2006, en materia de procesos de insolvencia, la cual indica los documentos y actos que en desarrollo de estos trámites deben inscribirse en el registro mercantil.

NOTA 2: La interdicción judicial pronunciada contra comerciantes, así como las incapacidades previstas en la ley para ser comerciantes quedaron derogadas en virtud de la Ley 1996 de 2019 «Por medio de la cual se establece el régimen para el ejercicio de la capacidad legal de las personas con discapacidad mayores de edad».

4) Las autorizaciones que, conforme a la ley, se otorguen a los menores para ejercer el comercio, y la revocación de las mismas;

5) Todo acto en virtud del cual se confiera, modifique o revoque la administración parcial o general de bienes o negocios del comerciante;

6) La apertura de establecimientos de comercio y de sucursales, y los actos que modifiquen o afecten la propiedad de los mismos o su administración;

7) *Modificado por el Decreto-Ley 19 de 2012, art. 175.* Los libros de registro de socios o accionistas, y los de actas de asamblea y juntas de socios.

8) Los embargos y demandas civiles relacionados con derechos cuya mutación esté sujeta a registro mercantil;

9) La constitución, adiciones o reformas estatutarias y la liquidación de sociedades comerciales, así como la designación de representantes legales y liquidadores, y su remoción. Las compañías vigiladas por la Superintendencia de Sociedades deberán cumplir, además de la formalidad del registro, los requisitos previstos en las disposiciones legales que regulan dicha vigilancia, y

10) Los demás actos y documentos cuyo registro mercantil ordene la ley.

Conc. *Arts. 10, 12, 19, 29, 486, 515, 832, 1262, 1340, 1345; C.C. arts. 1771 y 1772; Ley 222 de 1995, art. 30; Ley 633 de 2000, art. 91; Ley 1116 de 2006.*

Reglas del registro mercantil

Art. 29. El registro mercantil se llevará con sujeción a las siguientes reglas, sin perjuicio de las especiales que establezcan la ley o decretos reglamentarios:

1) Los actos, contratos y documentos serán inscritos en la cámara de comercio con jurisdicción en el lugar donde fueren celebrados u otorgados; si hubieren de realizarse fuera de dicha jurisdicción, se inscribirán también en la cámara correspondiente al lugar de su ejecución o cumplimiento;

2) La matrícula de los comerciantes y las inscripciones no previstas en el ordinal anterior, se harán en la cámara de comercio con jurisdicción en el domicilio de la persona interesada o afectada con ellos;

3) La inscripción se hará en libros separados, según la materia, en forma de extracto que dé razón de lo sustancial del acto, documento o hecho que se inscriba, salvo que la ley o los interesados exijan la inserción del texto completo, y

4) La inscripción podrá solicitarse en cualquier tiempo, si la ley no fija un término especial para ello; pero los actos y documentos sujetos a registro no producirán efectos respecto de terceros sino a partir de la fecha de su inscripción.

***Conc.** Arts. 79, 111, 158, 166, 901.*

Prueba de las inscripciones

Art. 30. Toda inscripción se probará con certificado expedido por la respectiva cámara de comercio o mediante inspección judicial practicada en el registro mercantil.

***Conc.** Arts. 13, 28, 44, 86, 110, 112, 1147, 166; Ley 1429 de 2010, art. 40.*

Presentación de la solicitud de la matrícula

Art. 31. La solicitud de matrícula será presentada dentro del mes siguiente a la fecha en que la persona natural empezó a ejercer el comercio o en que la sucursal o el establecimiento de comercio fue abierto.

Tratándose de sociedades, la petición de matrícula se formulará por el representante legal dentro del mes siguiente a la fecha de la escritura pública de constitución o a la del permiso de funcionamiento, según el caso, y acompañará tales documentos.

El mismo plazo señalado en el inciso primero de este artículo se aplicará a las copropiedades o sociedades de hecho o irregulares, debiendo en este caso inscribirse todos los comuneros o socios.

Conc. *Arts. 19, 28, 29, 32, 33, 35, 498.*

Contenido de la solicitud de matrícula

Art. 32. La petición de matrícula indicará:

1) El nombre del comerciante, documento de identidad, nacionalidad, actividad o negocios a que se dedique, domicilio y dirección, lugar o lugares donde desarrolle sus negocios de manera permanente, su patrimonio líquido, detalle de los bienes raíces que posea, monto de las inversiones en la actividad mercantil, nombre de la persona autorizada para administrar los negocios y sus facultades, entidades de crédito con las cuales hubiere celebrado operaciones y referencias de dos comerciantes inscritos, y

2) Tratándose de un establecimiento de comercio, su denominación, dirección y actividad principal a que se dedique; nombre y dirección del propietario y del factor, si lo hubiere, y si el local que ocupa es propio o ajeno. Se presumirá como propietario del establecimiento quien así aparezca en el registro.

Conc. *Arts. 10, 13, 25, 31, 36, 515, 1332.*

Renovación de la matrícula

Art. 33. La matrícula se renovará anualmente, dentro de los tres primeros meses de cada año. El inscrito informará a la correspondiente cámara de comercio la pérdida de su calidad de comerciante, lo mismo que cualquier cambio de domicilio y demás mutaciones referentes a su actividad comercial, a fin de que se tome nota de ello en el registro correspondiente. Lo mismo se hará respecto de sucursales, establecimientos de comercio y demás actos y documentos sujetos a registro.

Conc. *Arts. 14, 19, 26, 31, 32, 263, 515; Ley 1727, arts. 30 y 31.*

NOTA: La expresión subrayada fue declarada exequible por la Corte Constitucional en la Sentencia C-277 de 2006.

Registro de estatutos sociales, adiciones y reformas

Art. 34. El registro de las escrituras de constitución de sociedades mercantiles, de sus adiciones y reformas se hará de la siguiente manera:

1) Copia auténtica de la respectiva escritura se archivará en la cámara de comercio del domicilio principal;

2) En un libro especial se levantará acta en que constará la entrega de la copia a que se refiere el ordinal anterior, con especificación del nombre, clase, domicilio de la sociedad, número de la escritura, la fecha y notaría de su otorgamiento, y

3) El mismo procedimiento se adoptará para el registro de las actas en que conste la designación de los representantes legales, liquidadores y sus suplentes.

Conc. *Arts. 11, 28, 86, 110, 111, 163, 367, 441; Ley 222 de 1995, art. 72; Ley 1014 de 2006, art. 22; Ley 1258 de 2008, art. 5º.*

Control de homonimia

Art. 35. Las cámaras de comercio se abstendrán de matricular a un comerciante o establecimiento de comercio con el mismo nombre de otro ya inscrito, mientras éste no sea cancelado por orden de autoridad competente o a solicitud de quien haya obtenido la matrícula.

En los casos de homonimia de personas naturales podrá hacerse la inscripción siempre que con el nombre utilice algún distintivo para evitar la confusión.

Conc. *Arts. 19, 31, 32, 136, 607.*

Facultad para exigir pruebas en registro

Art. 36. Las cámaras podrán exigir al comerciante que solicite su matrícula que acredite sumariamente los datos indicados en la solicitud con partidas de estado civil, certificados de bancos, balances autorizados por contadores públicos, certificados de otras cámaras de comercio o con cualquier otro medio fehaciente.

Conc. *Art. 32.*

Sanción por no inscripción en el registro

Art. 37. La persona que ejerza profesionalmente el comercio sin estar inscrita en el registro mercantil incurrirá en multa (hasta de diez mil pesos), que impondrá la Superintendencia de Industria y Comercio, sin perjuicio de las demás sanciones legales. La misma sanción se aplicará cuando se omita la inscripción o matrícula de un establecimiento de comercio.

NOTA: La expresión en paréntesis fue actualizada por el artículo 11 del Decreto 2153 de 1992, la cual establece una multa de diecisiete salarios mínimos legales vigentes por ejercer el comercio sin matrícula en el registro mercantil, que impondrá el superintendente delegado para la protección de la competencia. Esta norma se entiende vigente, aunque la estructura de la Superintendencia de Industria y Comercio fue modificada por el Decreto 4886 de 2011.

NOTA: A partir del 1° de enero de 2022, la referencia a la Superintendencia de Industria y Comercio indicada en este artículo deberá entenderse como Superintendencia de Sociedades, en virtud de lo dispuesto por el artículo 70 de la Ley 2069 de 2020, art. 70.

Falsedad en el registro

Art. 38. La falsedad en los datos que se suministren al registro mercantil será sancionada conforme al Código Penal. La respectiva cámara de comercio estará obligada a formular denuncia ante el juez competente.

Conc. *C.P. art. 295.*

Procedimiento para el registro de libros de comercio

Art. 39. El registro de los libros de comercio se hará en la siguiente forma:

1) En el libro se firmará por el secretario de la cámara de comercio una constancia de haber sido registrado, con indicación de fecha y folio del correspondiente registro, de la persona a quien pertenezca, del uso a que se destina y del número de sus hojas útiles, las que serán rubricadas por dicho funcionario, y

2) En un libro destinado a tal fin se hará constar, bajo la firma del secretario, el hecho del registro y de los datos mencionados en el ordinal anterior.

Conc. *Arts. 28, 48 y ss.; Decreto-Ley 19 de 2012.*

NOTA: Los únicos libros que se deben registrar en la Cámara de Comercio son los de registro de socios o accionistas y los de actas de asambleas o junta de socios, en virtud de lo dispuesto por el artículo 175 del Decreto-Ley 19 de 2012.

Presentación personal de documentos registrables

Art. 40. Todo documento sujeto a registro, no auténtico por su misma naturaleza ni reconocido por las partes, deberá ser presentado personalmente por sus otorgantes al secretario de la respectiva cámara.

Conc. *Art. 44; Ley 1429 de 2012, art. 42.*

NOTA: Las actas de los órganos sociales y de administración de las sociedades y entidades sin ánimo de lucro, así como sus extractos y copias autorizadas por el secretario o por el representante de la respectiva persona jurídica, que deben registrarse ante las cámaras de comercio se presumen auténticas, mientras no se compruebe lo contrario mediante declaración de autoridad competente. En consecuencia, no se requerirá realizar presentación personal de estos documentos ante el secretario de la Cámara de Comercio correspondiente, juez o notario. Lo anterior, en virtud del artículo 42 de la Ley 1429 de 2012.

Registro de actos administrativos y decisiones judiciales

Art. 41. Las providencias judiciales y administrativas que deban registrarse, se presentarán en copia autenticada para ser archivadas en el expediente respectivo. De la entrega de dichas copias se levantará acta en un libro especial, en la que constará el cargo del funcionario que dictó la providencia, el objeto, clase y fecha de la misma.

Conc. *Art. 28.*

Documentos inscritos que deben ser devueltos

Art. 42. Los documentos sujetos a registro y destinados a ser devueltos al interesado, se inscribirán mediante copia de su texto en los libros respectivos o de fotocopias o de cualquier otro método que asegure de manera legible su conservación y reproducción.

Conc. *Arts. 28, 29.*

Expediente y conservación de los archivos de registro

Art. 43. A cada comerciante, sucursal o establecimiento de comercio matriculado, se le abrirá un expediente en el cual se archivarán, por orden cronológico de presentación, las copias de los documentos que se registren.

Los archivos del registro mercantil podrán conservarse por cualquier medio técnico adecuado que garantice su reproducción exacta, siempre que el presidente y el secretario de la respectiva cámara certifiquen sobre la exactitud de dicha reproducción.

Conc. *Arts. 10, 25, 86, 263, 515.*

Certificación de documentos perdidos o destruidos

Art. 44. En caso de pérdida o de destrucción de un documento registrado podrá suplirse con un certificado de la cámara de comercio en donde hubiere sido inscrito, en el que se insertará el texto que se conserve. El documento así suplido tendrá el mismo valor probatorio del original en cuanto a las estipulaciones o hechos que consten en el certificado.

Lo dispuesto en este artículo no se aplicará a los libros registrados.

Conc. *Arts. 25 y ss., 40, 60, 86, 515.*

Tasas de inscripción

Art. 45. Cada inscripción o certificación causará los emolumentos que fije la ley.

Conc. *Art. 93; Ley 6ª de 1992.*

Tránsito de legislación registral

Art. 46. Los actos y documentos registrados conforme a la legislación vigente al entrar a regir este Código, conservarán el valor que tengan de acuerdo con la ley; pero en cuanto a los efectos que ésta atribuya al registro o a la omisión del mismo, se aplicarán las disposiciones de este Código.

Conc. *Arts. 120, 2036.*

Leyes especiales de registro

Art. 47. Lo dispuesto en el presente Capítulo se aplicará exclusivamente al registro mercantil, sin perjuicio de las inscripciones exigidas en leyes especiales.

NOTA: Véase en el suplemento de esta obra la Ley 1727 de 2014, donde se hace referencia a temas como la extemporaneidad en la renovación de la matrícula mercantil y la depuración del Registro Único Empresarial y Social (RUES).

TÍTULO IV
DE LOS LIBROS DE COMERCIO

CAPÍTULO I
LIBROS Y PAPELES DEL COMERCIANTE

Principio de legalidad

Art. 48. Todo comerciante conformará su contabilidad, libros, registros contables, inventarios y estados financieros en general, a las disposiciones de este Código y demás normas sobre la materia. Dichas normas podrán autorizar el uso de sistemas que, como la microfilmación, faciliten la guarda de su archivo y correspondencia. Asimismo será permitida la utilización de otros procedimientos de reconocido valor técnico-contable, con el fin de asentar sus operaciones, siempre que facilite el conocimiento y prueba de la historia clara, completa y fidedigna de los asientos individuales y el estado general de los negocios.

***Conc.** Arts. 19, 28, 44, 56, 60; C.G.P., art. 264.*

Libros de comercio: concepto

Art. 49. Para los efectos legales, cuando se haga referencia a los libros de comercio, se entenderán por tales los que determine la ley como obligatorios y los auxiliares necesarios para el completo entendimiento de aquéllos.

***Conc.** Arts. 28, 59, 195; Ley 222 de 1995, art. 44; Decreto 2649 de 1993, arts. 125, 126, 130 a 132.*

Contabilidad: requisitos

Art. 50. La contabilidad solamente podrá llevarse en idioma castellano, por el sistema de partida doble, (en libros registrados), de manera que suministre una historia clara, completa y fidedigna de los negocios del comerciante, con sujeción a las reglamentaciones que expida el Gobierno.

***Conc.** Arts. 486, 488; Ley 222 de 1995, art. 44; Decreto-Ley 19 de 2012, arts. 175 y 173.*

NOTA: La expresión en paréntesis debe entenderse de conformidad con lo dispuesto por el artículo 175 del Decreto-Ley 19 de 2012, según el cual los libros registrables son los de registro de socios o accionistas y los de actas de asambleas o junta de socios. Por su parte, el artículo 173 de la misma normativa precisa que los libros pueden conservarse de forma electrónica.

Comprobantes y correspondencia

Art. 51. Harán parte integrante de la contabilidad todos los comprobantes que sirvan de respaldo a las partidas asentadas en los libros, así como la correspondencia directamente relacionada con los negocios.

***Conc.** Arts. 19, 53, 56, 59, 61, 62, 74, 1946.*

Inventario y balance inicial

Art. 52. Al iniciar sus actividades comerciales y, por lo menos una vez al año, todo comerciante elaborará un inventario y un balance general que permitan conocer de manera clara y completa la situación de su patrimonio.

***Conc.** Arts. 19, 27, 152, 445; Ley 222 de 1995, art. 34.*

Asientos contables

Art. 53. En los libros se asentarán en orden cronológico las operaciones mercantiles y todas aquellas que puedan influir en el patrimonio del comerciante, haciendo referencia a los comprobantes de contabilidad que las respalden.

El comprobante de contabilidad es el documento que debe elaborarse previamente al registro de cualquier operación y en el cual se indicará el número, fecha, origen, descripción y cuantía de la operación, así como las cuentas afectadas con el asiento. A cada comprobante se anexarán los documentos que lo justifiquen.

***Conc.** Arts. 5º, 53, 55, 59; Decreto 2649 de 1993, arts. 56, 123 y 124.*

Archivo de correspondencia

Art. 54. El comerciante deberá dejar copia fiel de la correspondencia que dirija en relación con los negocios, por cualquier medio que asegure la exactitud y duración de la copia. Asimismo, conservará la correspondencia que reciba en relación con sus actividades comerciales, con anotación de la fecha de contestación o de no haberse dado respuesta.

***Conc.** Arts. 10, 19, 51, 59, 60.*

Archivo de comprobantes

Art. 55. El comerciante conservará archivados y ordenados los comprobantes de los asientos de sus libros de contabilidad, de manera que en cualquier momento se facilite verificar su exactitud.

Conc. *Arts. 10, 19, 48, 53, 60.*

Forma de los libros

Art. 56. Modificado por el Decreto-Ley 19 de 2012, art. 173. Los libros podrán ser de hojas removibles o formarse por series continuas de tarjetas, siempre que unas y otras estén numeradas, puedan conservarse archivadas en orden y aparezcan autenticadas conforme a la reglamentación del Gobierno.

Los libros podrán llevarse en archivos electrónicos, que garanticen en forma ordenada la inalterabilidad, la integridad y seguridad de la información, así como su conservación. El registro de los libros electrónicos se adelantará de acuerdo con la reglamentación que expida el Gobierno Nacional.

Conc. *Arts. 39, 48, 59; Decreto 1074 de 2015.*

Prohibiciones en libros de comercio

Art. 57. Modificado por la Ley 2195 de 2022, art. 26. Prohibiciones sobre los libros de comercio. En los libros de comercio se prohíbe:

1. Alterar en los asientos el orden o la fecha de las operaciones a que estos se refieren;
2. Dejar espacios que faciliten intercalaciones o adiciones en el texto de los asientos o a continuación de los mismos;
3. Hacer interlineaciones, raspaduras o correcciones en los asientos. Cualquier error u omisión se salvará con un nuevo asiento en la fecha en que se advirtiere;
4. Borrar o tachar en todo o en parte los asientos;
5. Arrancar hojas, alterar el orden de las mismas o mutilar los libros, o alterar los archivos electrónicos;
6. Crear cuentas en los libros contables que no cuenten con los comprobantes y soportes correspondientes;
7. No asentar en los libros contables las operaciones efectuadas;

8. Llevar doble contabilidad, es decir, llevar dos o más libros iguales en los que registre en forma diferente las mismas operaciones, o cuando tenga distintos comprobantes sobre los mismos actos;

9. Registrar en los libros contables operaciones de manera inadecuada, gastos inexistentes o pasivos sin la identificación correcta;

10. Utilizar documentos falsos que sirvan de soporte a la contabilidad, y

11. Abstenerse de revelar partidas en los estados financieros, sin la debida correspondencia con las cuentas asentadas en los libros de contabilidad.

***Conc.** Arts. 39, 48, 49, 58, 68 a 74; C.P., arts. 218 y ss.; Decreto 2649 de 1993, art. 128.*

Sanciones por infracción de prohibiciones

Art. 58. Modificado por la Ley 2195 de 2022, art. 27. Sanciones por violaciones a las prohibiciones sobre los libros de comercio, a las obligaciones del comerciante y otras. Sin perjuicio de las penas y sanciones establecidas en normas especiales, la violación a las obligaciones, y prohibiciones establecidas en los artículos 19 y en el Capítulo I del Título IV del Libro I del Código de Comercio, o el no suministro de la información requerida por las autoridades de conformidad con las normas vigentes , o el incumplimiento de la prohibición de ejercer el comercio, profesión u oficio, proferida por autoridad judicial competente, será sancionada con una multa de hasta dos mil (2.000) salarios mínimos legales mensuales vigentes, si se tratare de personas naturales y de cien mil (100.000) salarios mínimos legales mensuales vigentes en el caso de personas jurídicas, conforme con lo establecido en el artículo 50 de la Ley 1437 de 2011 o las normas que lo modifiquen o adicionen. La sanción será impuesta por la Superintendencia de Sociedades o el ente de inspección, vigilancia y control correspondiente, según el caso, de oficio o a petición de cualquier persona.

En el caso de las personas jurídicas, la autoridad competente deberá tener en cuenta, para la imposición de la multa, la capacidad patrimonial de la persona jurídica. Cuando se trate de pymes y mipymes, la autoridad competente deberá proceder con especial precaución.

En el evento que una persona que haya sido sancionada por autoridad judicial con la inhabilitación para ejercer el comercio, profesión u oficio, este ejerciendo dicha actividad a través de un establecimiento de comercio, adicional a la multa establecida en el párrafo anterior, la Superintendencia de Sociedades o el ente de inspección, vigilancia y control correspondiente, según el caso, de oficio o a petición de cualquier persona, ordenara la suspensión de las actividades comerciales desarrolladas en el establecimiento, por un término de hasta dos meses. En caso de reincidencia, ordenará el cierre definitivo del establecimiento de comercio.

Conc. *Ley 222 de 1995, art. 86; E.T., arts. 654 y 655; Ley 1762 de 2015, art. 29.*

Correspondencia entre asientos contables

Art. 59. Entre los asientos de los libros y los comprobantes de las cuentas, existirá la debida correspondencia, so pena de que carezcan de eficacia probatoria en favor del comerciante obligado a llevarlos.

Conc. *Arts. 10, 51, 68 a 74.*

Art. 60. *Derogado por la Ley 962 de 2005, art. 28.*

NOTA: La disposición derogada, fue modificada en estos términos: «Los libros y papeles a que se refiere este capítulo deberán ser conservados cuando menos por diez años, contados desde el cierre de aquéllos o la fecha del último asiento, documento o comprobante. Transcurrido este lapso, podrán ser destruidos por el comerciante, siempre que por cualquier medio técnico adecuado garantice su reproducción exacta.
Igual término aplicará en relación con las personas, no comerciantes, que legalmente se encuentren obligadas a conservar esta información.
Lo anterior sin perjuicio de los términos menores consagrados en normas especiales».

CAPÍTULO II
RESERVA Y EXHIBICIÓN DE LIBROS DE COMERCIO

Reserva e inspección

Art. 61. Los libros y papeles del comerciante no podrán examinarse por personas distintas de sus propietarios o personas autorizadas para ello, sino para los fines indicados en la Constitución Nacional y mediante orden de autoridad competente.

Lo dispuesto en este artículo no restringirá el derecho de inspección que confiere la ley a los asociados sobre libros y papeles de las compañías comerciales, ni el que corresponda a quienes cumplan funciones de vigilancia o auditoría en las mismas.

Conc. *C.N., art. 15; C.Co., arts. 10, 65, 66, 207, 213, 214, 267, 314, 328, 369, 379, 422, 432, 447, 1946; Ley 222 de 1995, art. 48.*

NOTA: Desde 1991, el nombre de la carta fundamental es Constitución Política de Colombia.

Sanciones por violación de la reserva

Art. 62. El revisor fiscal, el contador o el tenedor de los libros regulados en este título que violen la reserva de los mismos, será sancionado con arreglo al Código Penal en cuanto a la violación de secretos y correspondencia, sin perjuicio de las sanciones disciplinarias del caso.

Conc. *Arts. 212, 213, 214, 289; C.P., arts. 288 y 289.*

Exhibición por orden de autoridad competente

Art. 63. Los funcionarios de las ramas jurisdiccional y ejecutiva del poder público, solamente podrán ordenar de oficio la presentación o examen de los libros y papeles del comerciante en los casos siguientes:

1) Para la tasación de los impuestos a fin de verificar la exactitud de las declaraciones;

2) Para la vigilancia de los establecimientos de crédito, las sociedades mercantiles y las instituciones de utilidad común;

3) En la investigación de delitos, conforme a las disposiciones del Código de Procedimiento Penal, y

4) En los procesos civiles conforme a las normas del Código de Procedimiento Civil.

Conc. *Arts. 100, 266; C.G.P., arts. 186, 265 y ss.*

NOTA: El Código de Procedimiento Civil fue derogado por el Código General del Proceso.

Exhibición general

Art. 64. Los tribunales o jueces civiles podrán ordenar, de oficio o a instancia de parte, la exhibición y examen general de los libros y papeles de un comerciante en los casos de quiebra y de liquidación de sucesiones, comunidades y sociedades.

Conc. *Arts. 10, 63, 225 y ss. 1937; C.C., arts. 2322 y ss.; C.G.P., arts. 265 y ss.*

NOTA: Donde dice quiebra debe entenderse liquidación judicial, según los postulados de la Ley 1116 de 2006.

Exhibición parcial

Art. 65. En situaciones distintas de las contempladas en los artículos anteriores, solamente podrán ser examinados los libros y papeles de comercio, mediante exhibición ordenada por los tribunales o jueces, a petición de parte legítima, pero la exhibición y examen se limitarán a los libros y papeles que se relacionen con la controversia.

La exhibición de libros podrá solicitarse antes de ser iniciado el juicio, con el fin de preconstituir pruebas, u ordenarse dentro del proceso. El solicitante acreditará la calidad de comerciante de quien haya de exhibirlos.

Conc. *C.G.P., arts. 268.*

Práctica de la exhibición

Art. 66. El examen de los libros se practicará en las oficinas o establecimientos del comerciante y en presencia de éste o de la persona que lo represente. El juez o funcionario hará constar los hechos y asientos verificados y, además, del estado general de la contabilidad o de los libros, con el fin de apreciar si se llevan conforme a la ley, y en consecuencia, reconocerles o no el valor probatorio correspondiente.

Conc. *Arts. 28, 48 y ss., 65 y ss.; C.G.P., art. 266; Decreto 2649 de 1999, arts. 127 y 133.*

Sanción probatoria por no exhibición

Art. 67. Si el comerciante no presenta los libros y papeles cuya exhibición se decreta, oculta alguno de ellos o impide su examen, se tendrán como probados en su contra los hechos que la otra parte se proponga demostrar, si para esos hechos es admisible la confesión.

Quien solicite la exhibición de los libros y papeles de un comerciante, se entiende que pone a disposición del juez los propios.

Conc. *Art. 10; C.G.P., art. 267.*

CAPÍTULO III
EFICACIA PROBATORIA DE LOS LIBROS Y PAPELES DE COMERCIO

Art. 68 a 74. *Derogados por la Ley 1564 de 2012, art. 626.*

TÍTULO V
DE LA COMPETENCIA DESLEAL

Arts. 75 a 77. *Derogados por la Ley 256 de 1996, art. 33.*

TÍTULO VI
DE LAS CÁMARAS DE COMERCIO

Naturaleza jurídica

Art. 78. Las cámaras de comercio son instituciones de orden legal con personería jurídica, creadas por el Gobierno Nacional, de oficio o a petición de los comerciantes del territorio donde hayan de operar. Dichas entidades serán representadas por sus respectivos presidentes.

Conc. *Ley 1727 de 2014, art. 1º.*

Administración y dirección de las cámaras de comercio

Art. 79. Modificado por la Ley 1727 de 2014, art. 1°. Las cámaras de comercio estarán administradas y gobernadas por los comerciantes inscritos en el registro mercantil que tengan la calidad de afiliados.

El Gobierno Nacional determinará la jurisdicción de cada cámara, teniendo en cuenta la continuidad geográfica y los vínculos comerciales de los municipios que agrupare, dentro de la cual ejercerá sus funciones.

Conc. *Art. 165; Ley 1727 de 2014, art. 2º y ss.*

Integración de la junta directiva

Art. 80. Modificado por la Ley 1727 de 2014, art. 3°. Las juntas directivas de las cámaras de comercio estarán conformadas por afiliados elegidos y por representantes designados por el Gobierno Nacional. Los miembros serán principales y suplentes.

El Gobierno Nacional estará representado en las juntas directivas de las cámaras de comercio hasta en una tercera parte de cada junta.

El Gobierno Nacional fijará el número de miembros que conformarán la junta directiva de cada cámara, incluidos los representantes del Gobierno, teniendo en cuenta el número de afiliados en cada una y la importancia comercial de la correspondiente circunscripción.

La junta directiva estará compuesta por un número de seis (6) a doce (12) miembros, según lo determine el Gobierno Nacional.

Art. 81. *Derogado por la Ley 1727 de 2014, art. 35.*

Período

Art. 82. Modificado por la Ley 1727 de 2014, art. 5°. Con excepción de los miembros designados por el Gobierno Nacional, los miembros de la Junta Directiva serán elegidos para un período institucional de cuatro (4) años con posibilidad de reelección inmediata por una sola vez.

Los miembros designados por el Gobierno Nacional no tendrán período y serán designados y removidos en cualquier tiempo.

Las impugnaciones relativas a la forma como se hubiere preparado o efectuado la elección o el escrutinio serán conocidas y decididas por la Superintendencia de Industria y Comercio. Contra la decisión procede recurso de reposición.

Conc. *Ley 1727 de 2014, arts. 24 y ss.*

Quórum para deliberar y decidir

Art. 83. Modificado por la Ley 1727 de 2014, art. 6°. La junta directiva sesionará, cuando menos, una vez por mes y existirá quórum para deliberar y decidir válidamente en la junta directiva con la mayoría absoluta de sus miembros. La designación y remoción del representante legal, así como la aprobación de las reformas estatutarias, deberán contar con el voto favorable de, por lo menos, las dos terceras partes de sus miembros.

Art. 84. *Derogado por la Ley 1727 de 2014, art. 35.*

Requisitos para ser miembro de junta directiva

Art. 85. Modificado por la Ley 1727 de 2014, art. 33. Para ser miembro de junta directiva de una cámara de comercio se requerirá ser ciudadano colombiano en ejercicio de sus derechos políticos, no haber sido sancionado por ninguno de los delitos determinados en el artículo 16 de este Código, estar domiciliado en la respectiva circunscripción, ser persona de reconocida honorabilidad. Nadie podrá ejercer el cargo de miembro de junta directiva en más de una cámara de comercio.

Funciones de las cámaras de comercio

Art. 86. Las cámaras de comercio ejercerán las siguientes funciones:

1) Servir de órgano de los intereses generales del comercio ante el Gobierno y ante los comerciantes mismos;

2) Adelantar investigaciones económicas sobre aspectos o ramos específicos del comercio interior y exterior y formular recomendaciones a los organismos estatales y semioficiales encargados de la ejecución de los planes respectivos;

3) Llevar el registro mercantil y certificar sobre los actos y documentos en él inscritos, como se prevé en este Código;

4) Dar noticia en sus boletines u órganos de publicidad de las inscripciones hechas en el registro mercantil y de toda modificación, cancelación o alteración que se haga de dichas inscripciones;

5) Recopilar las costumbres mercantiles de los lugares correspondientes a su jurisdicción y certificar sobre la existencia de las recopiladas;

6) Designar el árbitro o los árbitros o los amigables componedores cuando los particulares se lo soliciten;

7) Servir de tribunales de arbitramento para resolver las diferencias que les defieran los contratantes, en cuyo caso el tribunal se integrará por todos los miembros de la junta;

8) Prestar sus buenos oficios a los comerciantes para hacer arreglos entre acreedores y deudores, como amigables componedores;

9) Organizar exposiciones y conferencias, editar o imprimir estudios o informes relacionados con sus objetivos;

10) Dictar su reglamento interno que deberá ser aprobado por el Superintendente de Industria y Comercio;

11) Rendir en el mes de enero de cada año un informe o memoria al Superintendente de Industria y Comercio acerca de las labores realizadas en el año

anterior y su concepto sobre la situación económica de sus respectivas zonas, así como el detalle de sus ingresos y egresos; y

12) Las demás que les atribuyan las leyes y el Gobierno Nacional.

Conc. *Arts. 5º, 6º 26 y ss., 28, 29, 43, 110.*

NOTA: La expresión subrayada fue declarada exequible «en el entendido de que tales atribuciones se circunscriben al desarrollo de actividades propias de la naturaleza jurídica y objeto de las cámaras de comercio, dentro del marco fijado por la ley» (Corte Constitucional, Sentencia C-909 de 2007).

Control gubernamental sobre las cámaras de comercio

Art. 87. El cumplimiento de las funciones propias de las cámaras de comercio estará sujeto a la vigilancia y control de la Superintendencia de Industria y Comercio. Esta podrá imponer multas sucesivas hasta de cincuenta mil pesos, o decretar la suspensión o cierre de la cámara renuente, según la gravedad de la infracción cometida.

Conc. *Ley 1727 de 2014, art. 1º.*

NOTA: Las multas pueden ser hasta de 85 salarios mínimos legales mensuales vigentes, de conformidad con el numeral 6º del artículo 11 del Decreto 2153 de 1992.

Control de la Contraloría General sobre las cámaras de comercio

Art. 88. La Contraloría General de la República ejercerá el control y vigilancia del recaudo, manejo e inversión de los ingresos de las cámaras de comercio, conforme al presupuesto de las mismas, previamente aprobado por la Superintendencia de Industria y Comercio.

NOTA: Este artículo fue declarado exequible por la Corte Constitucional en la Sentencia C-167 de 1995, en el entendido de que el control fiscal sea ejercido «sobre los ingresos públicos de las cámaras de comercio, provenientes del registro mercantil según el ordinal 1º del Código de Comercio».

Secretario

Art. 89. Toda cámara de comercio tendrá uno o más secretarios, cuyas funciones serán señaladas en el reglamento respectivo. El secretario autorizará con su firma todas las certificaciones que la cámara expida en ejercicio de sus funciones.

Conc. *Art. 86 num. 3º.*

Incompatibilidades

Art. 90. Los (~~abogados, economistas y contadores~~) que perciban remuneración como empleados (~~permanentes~~) de las cámaras de comercio, quedarán inhabilitados para ejercer su profesión en asuntos particulares mientras permanezcan en sus cargos, so pena de destitución por mala conducta (~~y multa hasta de veinte mil pesos. Una y otra las decretará el Superintendente de Industria y Comercio~~).

NOTA: Las expresiones entre paréntesis fueron declaradas inexequibles por la Corte Constitucional en la Sentencia C-1142 de 2000.

Gastos

Art. 91. Los gastos de cada cámara se pagarán con cargo a su respectivo presupuesto, debidamente aprobado por el Superintendente de Industria y Comercio.

Conc. *Arts. 88, 93.*

Requisitos para ser afiliado

Art. 92. Modificado por la Ley 1727 de 2014, art. 12. Podrán ser afiliados a una cámara de comercio, las personas naturales o jurídicas que:

1. Así lo soliciten.
2. Tengan como mínimo dos (2) años consecutivos de matriculados en cualquier cámara de comercio.
3. Hayan ejercido durante este plazo la actividad mercantil, y
4. Hayan cumplido en forma permanente sus obligaciones derivadas de la calidad de comerciante, incluida la renovación oportuna de la matrícula mercantil en cada periodo.

El afiliado para mantener su condición deberá continuar cumpliendo los anteriores requisitos.

Quien ostente la calidad de representante legal de las personas jurídicas deberá cumplir los mismos requisitos previstos para los afiliados, salvo el de ser comerciante.

Conc. *Arts. 10, 13, 19, 26, 28; Ley 1727 de 2014, arts. 13 y ss.*

Ingresos ordinarios de las cámaras de comercio

Art. 93. Cada cámara tendrá los siguientes ingresos ordinarios:

1) El producto de los derechos autorizados por la ley para las inscripciones y certificados;

2) Las cuotas anuales que el reglamento señale para los comerciantes afiliados e inscritos, y

3) Los que produzcan sus propios bienes y servicios.

Conc. *Arts. 45, 86; Ley 6ª de 1002, art. 124.*

Segunda instancia en registro mercantil

Art. 94. La Superintendencia de Industria y Comercio conocerá de las apelaciones interpuestas contra los actos de las cámaras de comercio. Surtido dicho recurso, quedará agotada la vía gubernativa.

NOTA: A partir del 1º de enero de 2022, la referencia a la Superintendencia de Industria y Comercio indicada en este artículo deberá entenderse como Superintendencia de Sociedades, en virtud de lo dispuesto por el artículo 70 de la Ley 2069 de 2020, art. 70.

Afiliación a entidades internacionales

Art. 95. Cada cámara de comercio podrá afiliarse a entidades internacionales similares con autorización del Gobierno Nacional.

Confederaciones de cámaras de comercio

Art. 96. Las cámaras de comercio podrán confederarse siempre que se reúnan en forma de confederación no menos del cincuenta por ciento de las cámaras del país.

Las confederaciones de cámaras de comercio servirán de órgano consultivo de las confederadas en cuanto se refiera a sus funciones y atribuciones, con el fin de unificar el ejercicio de las mismas, recopilar las costumbres que tengan carácter nacional y propender al mejoramiento de las cámaras en cuanto a tecnificación, eficacia y agilidad en la prestación de sus servicios. Como tales, convocarán a reuniones o congresos de las cámaras confederadas, cuando lo estimen conveniente, para acordar programas de acción y adoptar conclusiones sobre organización y funcionamiento de las cámaras del país.

Estadísticas de registro

Art. 97. De todo registro o inscripción que se efectúe en relación con la propiedad industrial, con la de naves o aeronaves o con el registro mercantil, se enviará un duplicado al Servicio Nacional de Inscripción del Departamento Administrativo Nacional de Estadística, en la forma y condiciones que lo determine el Gobierno Nacional.

Igual obligación se establece a cargo de todo funcionario judicial o administrativo que profiera sentencia o resolución acerca de alguno de los asuntos a que se refiere este artículo.

Conc. *534, 543, 581, 597, 602, 1427, 1438, 1441, 1782, 1792.*

LIBRO SEGUNDO
DE LAS SOCIEDADES COMERCIALES

TÍTULO I
DEL CONTRATO DE SOCIEDAD

CAPÍTULO I
DISPOSICIONES GENERALES

Definición del contrato de sociedad

Art. 98. Por el contrato de sociedad dos o más personas se obligan a hacer un aporte en dinero, en trabajo o en otros bienes apreciables en dinero, con el fin de repartirse entre sí las utilidades obtenidas en la empresa o actividad social.

La sociedad, una vez constituida legalmente, forma una persona jurídica distinta de los socios individualmente considerados.

Conc. *Arts. 20, 110, 120, 150, 294, 295, 323, 343, 353, 373, 384, 461, 469, 498, 500, 507; Ley 190 de 1995, art. 44; Ley 222 de 1995, art. 71; Ley 1258 de 2008, arts. 1°, 46.*

NOTA: En Colombia se pueden constituir sociedades unipersonales con la forma de las sociedades por acciones simplificadas establecida por la Ley 1258 de 2008.

Capacidad de la sociedad

Art. 99. La capacidad de la sociedad se circunscribirá al desarrollo de la empresa o actividad prevista en su objeto. Se entenderán incluidos en el objeto social los actos directamente relacionados con el mismo y los que tengan como finalidad ejercer los derechos o cumplir las obligaciones, legal o convencionalmente derivados de la existencia y actividad de la sociedad.

Conc. *Arts. 25, 110, 114, 190, 196, 222, 271, 272, 284.*

Sociedades comerciales y legislación aplicable

Art. 100. Modificado por la Ley 222 de 1995, art. 1°. Se tendrán como comerciales, para todos los efectos legales, las sociedades que se formen para la ejecución de actos o empresas mercantiles. Si la empresa social comprende actos mercantiles y actos que no tengan esa calidad, la sociedad será comercial. Las sociedades que no contemplen en su objeto social actos mercantiles, serán civiles.

Sin embargo, cualquiera que sea su objeto, las sociedades comerciales y civiles estarán sujetas, para todos los efectos, a la legislación mercantil.

Conc. *Arts. 20, 23, 25, 63, 121, 343, 373; Ley 222 de 1995, art. 238.*

NOTA: El inciso segundo de este artículo fue declarado exequible por la Corte Constitucional mediante la Sentencia C-435 de 1996.

Requisitos de validez

Art. 101. Para que el contrato de sociedad sea válido respecto de cada uno de los asociados será necesario que de su parte haya capacidad legal y consentimiento exento de error esencial, fuerza o dolo, y que las obligaciones que contraigan tengan un objeto y una causa lícitos. Se entiende por error esencial el que versa sobre los móviles determinantes del acto o contrato, comunes o conocidos por las partes.

Conc. *Arts. 12, 320, 822; C.C., arts. 1502, 1508, 1513, 1524 a 1526.*

Sociedades de familia

Art. 102. Será válida la sociedad entre padres e hijos o entre cónyuges), aunque unos y otros sean los únicos asociados. Los (cónyuges), conjunta o separadamente, podrán aportar toda clase de bienes a la sociedad que formen entre sí o con otras personas.

Conc. *Art. 435.*

NOTA: Las expresiones entre paréntesis fueron declaradas exequibles condicionalmente por la Corte Constitucional en la Sentencia C-315 de 2023, en el entendido que ese vocablo se refiere, en igualdad de condiciones, a los cónyuges y a los compañeros permanentes de las uniones maritales de hecho, tanto de parejas del mismo como de distinto sexo.

Socios incapaces

Art. 103. Modificado por la Ley 222 de 1995, art. 2°. Los incapaces no podrán ser socios de sociedades colectivas ni gestores de sociedades en comandita.

En los demás casos, podrán ser socios, siempre que actúen por conducto de sus representantes o con su autorización, según el caso. (~~Para el aporte de derechos reales sobre inmuebles, bastará el cumplimiento de los requisitos previstos en el artículo 111~~).

Conc. *Arts. 12, 28, 294, 323; C.C., arts. 34, 291, 303, 320, 339 a 346, 665.*

NOTA: El texto entre paréntesis fue declarado inexequible por la Corte Constitucional en la Sentencia C-716 de 2006. Dijo la Corte: «En adelante, el aporte en sociedad de derechos reales sobre inmuebles en cabeza de incapaces se sujetará al requerimiento previo de licencia judicial, y a los demás, requisitos exigidos conforme a las reglas generales de la legislación civil».

NOTA: Este artículo se entiende modificado por la Ley 1996 de 2019, conforme al cual solamente puede hacerse referencia a situaciones de incapacidad por cuestiones de edad, de acuerdo con lo dispuesto por su artículo 57 que modifica el artículo 1504 del Código Civil.

Nulidad del contrato social

Art. 104. Los vicios del contrato de sociedad o el defecto de los requisitos de fondo indicados en el artículo 101 afectarán únicamente la relación contractual u obligación del asociado en quien concurran.

La incapacidad relativa y los vicios del consentimiento sólo producirán nulidad relativa del contrato; la incapacidad absoluta y la ilicitud del objeto o de la causa producirán nulidad absoluta.

Habrá objeto ilícito cuando las prestaciones a que se obliguen los asociados o la empresa, o la actividad social, sean contrarias a la ley o al orden público. Habrá causa ilícita cuando los móviles que induzcan a la celebración del contrato contraríen la ley o el orden público y sean comunes o conocidos por todos los socios.

Conc. *Arts. 101, 108, 115, 143, 502, 864, 865, 899, 900, 903; C.C., arts. 524, 1519, 1524.*

Efectos de la nulidad

Art. 105. La nulidad por ilicitud del objeto o de la causa podrá alegarse como acción o como excepción por cualquiera de los asociados o por cualquier tercero que tenga interés en ello.

Los terceros de buena fe podrán hacer efectivos sus derechos contra la sociedad, sin que a los asociados les sea admisible oponer la nulidad.

En el caso de nulidad proveniente de objeto o causa ilícitos los asociados no podrán pedir la restitución de sus aportes, y los bienes aportados por ellos, así como los beneficios que puedan corresponderles, serán entregados a la junta departamental de beneficencia del lugar del domicilio social o, a falta de ésta en dicho lugar, se entregarán a la junta que funcione en el lugar más próximo.

Los asociados y quienes actúen como administradores responderán ilimitada y solidariamente por el pasivo externo y por los perjuicios causados. Además, quedarán inhabilitados para ejercer el comercio por el término de diez años, desde la declaratoria de la nulidad absoluta.

Conc. *Arts. 14, 17, 143; C.C., arts. 768, 1568 a 1580.*

Nulidades no saneables

Art. 106. La nulidad proveniente de ilicitud del objeto o de la causa no podrá sanearse. No obstante, cuando la ilicitud provenga de una prohibición legal o de la existencia de un monopolio oficial, la abolición de la prohibición o del monopolio purgarán el contrato del vicio de nulidad.

Conc. *Arts. 120; C.C., arts. 1740, 1741, 1742.*

Error como vicio del consentimiento

Art. 107. El error de hecho acerca de la persona de uno de los asociados viciará el consentimiento cuando el contrato se celebre en consideración a la persona de los mismos, como en la sociedad colectiva respecto de cualquiera de ellos, y en la comanditaria respecto de los socios gestores o colectivos.

El error sobre la especie de sociedad solamente viciará el consentimiento cuando ésta sea distinta de la que el socio entendió contraer y, a consecuencia del error, asuma una responsabilidad superior a la que tuvo intención de asumir, como cuando entendiendo formar parte de una sociedad de responsabilidad limitada se asocie a una colectiva.

Conc. *Arts. 296, 299; C.C., arts. 1510, 1512.*

Saneamiento de la nulidad

Art. 108. La nulidad relativa del contrato de sociedad, y la proveniente de incapacidad absoluta, podrán sanearse por ratificación de los socios en quienes concurran las causales de nulidad o por prescripción de dos años. El término de la prescripción empezará a contarse desde la fecha en que cesen la incapacidad o la fuerza, cuando sean estas las causales, o desde la fecha del contrato de sociedad en los demás casos.

Sin embargo, las causales anteriores producirán nulidad de la sociedad cuando afecten a un número de socios que impida la formación o existencia de la misma.

Estas nulidades no podrán proponerse como acción ni alegarse como excepción sino por las personas respecto de las cuales existan, o por sus herederos.

Conc. *Arts. 104, 218, 343, 374, 865, 903; C.C., arts. 1741, 1742, 1752 a 1756, 2512.*

Efectos de la declaración de nulidad

Art. 109. Declarada judicialmente una nulidad relativa, la persona respecto de la cual se pronunció quedará excluida de la sociedad y, por consiguiente, tendrá derecho a la restitución de su aporte, sin perjuicio de terceros de buena fe.

Si la nulidad relativa declarada judicialmente afecta a la sociedad, ésta quedará disuelta y se procederá a su liquidación por los asociados, y en caso de desacuerdo de éstos, por la persona que designe el juez.

Conc. *Arts. 101, 104, 107, 108, 143, 218, 903; C.C., arts. 1746 y ss.*

CAPÍTULO II
CONSTITUCIÓN Y PRUEBA DE LA SOCIEDAD COMERCIAL

Contenido del documento de constitución

Art. 110. La sociedad comercial se constituirá por escritura pública en la cual se expresará.

1) El nombre y domicilio de las personas que intervengan como otorgantes. Con el nombre de las personas naturales deberá indicarse su nacionalidad y documento de identificación legal; con el nombre de las personas jurídicas, la ley, decreto o escritura de que se deriva su existencia;

2) La clase o tipo de sociedad que se constituye y el nombre de la misma, formado como se dispone en relación con cada uno de los tipos de sociedad que regula este Código;

3) El domicilio de la sociedad y el de las distintas sucursales que se establezcan en el mismo acto de constitución;

4) El objeto social, esto es, la empresa o negocio de la sociedad, haciendo una enunciación clara y completa de las actividades principales. Será ineficaz la estipulación en virtud de la cual el objeto social se extienda a actividades enunciadas en forma indeterminada o que no tengan una relación directa con aquél;

5) El capital social, la parte del mismo que se suscribe y la que se paga por cada asociado en el acto de la constitución. En las sociedades por acciones deberá expresarse, además, el capital suscrito y el pagado, la clase y valor nominal

de las acciones representativas del capital, la forma y términos en que deberán cancelarse las cuotas debidas, cuyo plazo no podrá exceder de un año;

6) La forma de administrar los negocios sociales, con indicación de las atribuciones y facultades de los administradores, y de las que se reserven los asociados, las asambleas y las juntas de socios, conforme a la regulación legal de cada tipo de sociedad;

7) La época y la forma de convocar y constituir la asamblea o la junta de socios en sesiones ordinarias o extraordinarias, y la manera de deliberar y tomar los acuerdos en los asuntos de su competencia;

8) Las fechas en que deben hacerse inventarios y balances generales, y la forma en que han de distribuirse los beneficios o utilidades de cada ejercicio social, con indicación de las reservas que deban hacerse;

9) La duración precisa de la sociedad y las causales de disolución anticipada de la misma;

10) La forma de hacer la liquidación, una vez disuelta la sociedad, con indicación de los bienes que hayan de ser restituidos o distribuidos en especie, o de las condiciones en que, a falta de dicha indicación, puedan hacerse distribuciones en especie;

11) Si las diferencias que ocurran a los asociados entre sí o con la sociedad, con motivo del contrato social, han de someterse a decisión arbitral o de amigables componedores y, en caso afirmativo, la forma de hacer la designación de los árbitros o amigables componedores;

12) El nombre y domicilio de la persona o personas que han de representar legalmente a la sociedad, precisando sus facultades y obligaciones, cuando esta función no corresponda, por la ley o por el contrato, a todos o a algunos de los asociados;

13) Las facultades y obligaciones del revisor fiscal, cuando el cargo esté previsto en la ley o en los estatutos, y

14) Los demás pactos que, siendo compatibles con la índole de cada tipo de sociedad, estipulen los asociados para regular las relaciones a que da origen el contrato.

Conc. *Arts. 29, 99, 116, 122, 124, 125, 133, 141, 143, 150, 151, 165, 181, 182, 196, 203, 207, 218, 219, 226, 228, 233, 240, 263, 279, 294, 302, 303, 310, 311, 319, 323, 324, 326, 332, 333, 337, 343, 344, 350, 353, 354, 357, 358, 359, 363, 364, 368, 371, 373, 375, 376, 388, 400, 407, 422, 423, 440, 451, 452, 453, 454, 457, 461, 472, 606, 1347; Ley 222 de 1995, arts. 22, 23, 34, 68.*

NOTA: Las empresas unipersonales y las sociedades por acciones simplificadas, excepto aquellas en los que hay aportes de inmuebles, pueden ser constituidas por documento privado. Igualmente, aquellas que reciban aportes por menos de 500 salarios mínimos mensuales y menos de 10 trabajadores, de conformidad con lo dispuesto por el artículo 22 de la Ley 1014 de 2006.

Registro del documento de constitución

Art. 111. Copia de la escritura social será inscrita en el registro mercantil de la cámara de comercio con jurisdicción en el lugar donde la sociedad establezca su domicilio principal. Si se abren sucursales o se fijan otros domicilios, dicha escritura deberá ser registrada también en las cámaras de comercio que correspondan a los lugares de dichas sucursales, si no pertenecen al mismo distrito de la cámara del domicilio principal.

Cuando se hagan aportes de inmuebles o de derechos reales relativos a dicha clase de bienes, o se establezcan gravámenes o limitaciones sobre los mismos, la escritura social deberá registrarse en la forma y lugar prescritos en el Código Civil para los actos relacionados con la propiedad inmueble.

Conc. *Arts. 28, 29, 31, 34, 86, 158, 160, 165, 166, 178, 263, 264, 269; C.C., arts. 2108, 2110, 2111.*

Inoponibilidad

Art. 112. Mientras la escritura social no sea registrada en la cámara correspondiente al domicilio principal de la sociedad, será inoponible el contrato a terceros, aunque se haya consumado la entrega de los aportes de los socios.

Conc. *Arts. 26, 28, 29, 31, 34, 110, 116, 124, 158, 161, 166, 897 a 906; C.C., arts. 756, 759.*

Escrituras adicionales

Art. 113. Si en la escritura social se ha omitido alguna de las estipulaciones indicadas en el artículo 110, o expresado en forma incompleta o en desacuerdo con el régimen legal del respectivo tipo de sociedad, podrán otorgarse escrituras adicionales, por los mismos socios, antes de que se haga la correspondiente inscripción. Tales escrituras se entenderán incorporadas al acto de constitución de la sociedad.

Conc. *Arts. 110, 118, 159.*

Facultades de administradores de sucursales

Art. 114. Cuando en la misma escritura social no se determinen las facultades de los administradores de las sucursales, deberá otorgarse un poder por escritura pública, que se registrará en la cámara de comercio correspondiente a los lugares de las sucursales. A falta de dicho poder se entenderá que tales administradores están facultados, como los administradores de la principal, para obligar a la sociedad en desarrollo de todos los negocios sociales.

***Conc.** Arts. 99, 196, 263, 832 y ss., 1264 y ss.; C.C. art. 1505.*

Impugnación

Art. 115. Hecho en debida forma el registro de la escritura social, no podrá impugnarse el contrato sino por defectos o vicios de fondo, conforme a lo previsto en los artículos 104 y siguientes de este Código.

***Conc.** Arts. 99, 196, 263, 832 y ss., 1264 y ss.; C.C. art. 1505.*

Prohibición para iniciar actividades

Art. 116. Las sociedades no podrán iniciar actividades en desarrollo de la empresa social sin que se haga el registro mercantil de la escritura de constitución y el civil cuando haya aportes de inmuebles, (ni sin haber obtenido el permiso de funcionamiento de la Superintendencia de Sociedades, cuando se trate de sociedades que conforme a la ley requieran dicho permiso antes de ejercer su objeto).

Parágrafo. Los administradores que realicen actos dispositivos sin que se hayan llenado los requisitos exigidos en este artículo, responderán solidariamente ante los asociados y ante terceros de las operaciones que celebren o ejecuten por cuenta de la sociedad, sin perjuicio de las demás sanciones legales.

***Conc.** Arts. 28, 111, 200, 223, 268, 269, 284, 317, 404, 500; C.C., arts. 1568 a 1580.*

NOTA: Las expresiones entre paréntesis se encuentran derogadas porque actualmente no exige permiso de funcionamiento por parte de la Superintendencia de Sociedades.

Prueba de la existencia y representación

Art. 117. La existencia de la sociedad y las cláusulas del contrato se probarán con certificación de la cámara de comercio del domicilio principal, en la que constará el número, fecha y notaría de la escritura de constitución y de las reformas del contrato, si las hubiere; el certificado expresará, además, la fecha y el número de la providencia por la cual se le concedió permiso de funcionamiento y, en todo caso, la constancia de que la sociedad no se halla disuelta.

Para probar la representación de una sociedad bastará la certificación de la cámara respectiva, con indicación del nombre de los representantes, de las facultades conferidas a cada uno de ellos en el contrato y de las limitaciones acordadas a dichas facultades, en su caso.

Conc. *Arts. 30, 86, 163, 164, 166, 196; Ley 22 de 1995, art. 30; Decreto-Ley 19 de 2012, art. 15.*

NOTA: Actualmente no exige permiso de funcionamiento por parte de la Superintendencia de Sociedades.

Escrituras sociales son plena prueba

Art. 118. Frente a la sociedad y a terceros no se admitirá prueba de ninguna especie contra el tenor de las escrituras otorgadas con sujeción a los artículos 110 y 113, ni para justificar la existencia de pactos no expresados en ella.

Conc. *Art. 166.*

Promesa de contrato de sociedad

Art. 119. La promesa de contrato de sociedad deberá hacerse por escrito, con las cláusulas que deban expresarse en el contrato, según lo previsto en el artículo 110, y con indicación del término o condición que fije la fecha en que ha de constituirse la sociedad. La condición se tendrá por fallida si tardare más de dos años en cumplirse.

Los promitentes responderán solidaria e ilimitadamente de las operaciones que celebren o ejecuten en desarrollo de los negocios de la sociedad prometida, antes de su constitución, cualquiera que sea la forma legal que se pacte para ella.

Conc. *Art. 110, 116, 121, 824, 861; C.C., arts. 1537, 1539, 1540, 1568 a 1580, 1611.*

Tránsito de legislación

Art. 120. Las sociedades válidamente constituidas, los derechos adquiridos y las obligaciones contraídas por tales sociedades bajo el imperio de una ley, subsistirán bajo el imperio de la ley posterior; pero la administración social y las relaciones derivadas del contrato, tanto entre los socios como respecto de terceros, se sujetarán a la ley nueva.

Conc. *Art. 46, 2036; Ley 153 de 1887, arts. 38 a 42.*

Art. 121. *Derogado por la Ley 222 de 1995, art. 242.*

CAPÍTULO III
APORTES DE LOS ASOCIADOS

Capital social

Art. 122. El capital social será fijado de manera precisa, pero podrá aumentarse o disminuirse en virtud de la correspondiente reforma estatutaria, aprobada y formalizada conforme a la ley.

Será ineficaz todo aumento de capital que se haga con reavalúo de activos.

Conc. *Arts. 110, 125, 135, 145, 147, 158, 325, 338, 354, 375, 376, 472, 475, 481, 504, 897.*

Aumento o reposición de aporte

Art. 123. Ningún asociado podrá ser obligado a aumentar o reponer su aporte si dicha obligación no se estipula expresamente en el contrato.

Conc. *Arts. 243, 457, 487.*

Entrega de aportes

Art. 124. Los asociados deberán entregar sus aportes en el lugar, forma y época estipulados. A falta de estipulación, la entrega de bienes muebles se hará en el domicilio social, tan pronto como la sociedad esté debidamente constituida.

Conc. *Arts. 110, 112, 123, 125, 137, 269, 345, 354, 376, 922 y ss.*

Incumplimiento en el pago de aportes

Art. 125. Cuando el aporte no se haga en la forma y época convenidas, la sociedad empleará los arbitrios de indemnización estipulados en el contrato.

A falta de estipulación expresa al respecto, la sociedad podrá emplear cualquiera de los siguientes arbitrios o recursos:

1) Excluir de la sociedad al asociado incumplido;

2) Reducir su aporte a la parte del mismo que haya entregado o esté dispuesto a entregar, pero si esta reducción implica disminución del capital social se aplicará lo dispuesto en el artículo 145; y

3) Hacer efectiva la entrega o pago del aporte.

En los tres casos anteriores el asociado incumplido pagará a la sociedad intereses moratorios a la tasa que estén cobrando los bancos en operaciones comerciales ordinarias.

Conc. *Arts. 109, 110, 116, 122, 129, 145 a 147, 297, 298, 355, 365, 397.*

Aportes en especie

Art. 126. Los aportes en especie podrán hacerse por el género y cantidad de las cosas que hayan de llevarse al fondo social, pero estimadas en un valor comercial determinado.

Conc. *Arts. 110, 132, 135, 136, 269; C.C., arts. 2110, 2111.*

Reglas para los aportes en especie

Art. 127. Si el aporte es de cosas determinadas sólo por su género y cantidad, la obligación del aportante se regirá por las reglas del Código Civil sobre las obligaciones de género. Si es de cuerpo cierto, la pérdida fortuita de la cosa debida dará derecho al aportante para sustituirla por su valor estimado en dinero o para retirarse de la sociedad, a menos que su explotación constituya el objeto social, caso en el cual la sociedad se disolverá si los asociados no convienen en cambiar dicho objeto. El aportante deberá indemnizar a la sociedad por los perjuicios causados si la cosa perece por su culpa, la que se presumirá.

Respecto de las cosas aportadas en usufructo, la sociedad tendrá los mismos derechos y obligaciones del usufructuario común, y les serán aplicables las reglas del inciso anterior.

Conc. *Arts. 110, 143, 218; C.C., arts. 1565 a 1567.*

Riesgos de las cosas aportadas

Art. 128. La conservación de las cosas objeto del aporte será de cargo del aportante hasta el momento en que se haga la entrega de las mismas a la sociedad; pero si hay mora de parte de ésta en su recibo, el riesgo de dichas cosas será de cargo de la sociedad desde el momento en que el aportante ofrezca entregarlas en legal forma.

La mora de la sociedad no exonerará, sin embargo, de responsabilidad al aportante por los daños que ocurran por culpa grave o dolo de éste.

Conc. *C.C., arts. 63, 1605 a 1608.*

Aporte de crédito

Art. 129. El aporte de un crédito solamente será abonado en cuenta del socio cuando haya ingresado efectivamente a la caja social.

El aportante de cualquier crédito responderá de su existencia, de la legitimidad del título y de la solvencia del deudor. Dicho crédito deberá ser exigible dentro del año siguiente a la fecha del aporte.

Si el crédito no fuere totalmente cubierto dentro del plazo estipulado, el aportante deberá pagar a la sociedad su valor o el faltante, según el caso, dentro de los treinta días siguientes al vencimiento, con los intereses corrientes del monto insoluto y los gastos causados en la cobranza. Si no lo hiciere, la sociedad dará aplicación a lo dispuesto en el artículo 125.

Conc. *Arts. 619, 648, 651, 652, 668, 829, 883, 887.*

Pago de aportes en sociedades por acciones

Art. 130. En las sociedades por acciones, cada aportante responderá del valor total de la suscripción que haya hecho. Si el pago se hiciere por cuotas, el plazo para cancelarlas no excederá de un año; de consiguiente, las acciones que no hubieren sido íntegramente cubiertas en el respectivo ejercicio, participarán en las utilidades solamente en proporción a la suma efectivamente pagada por cada acción.

Conc. *Arts. 110, 123, 150, 239, 345, 376, 384, 387, 394 y ss., 873 a 884.*

Aporte de contratos

Art. 131. Cuando la aportación consista en la cesión de un contrato, el aportante responderá del cumplimiento de las obligaciones derivadas del mismo, salvo estipulación en contrario.

Conc. *Arts. 864, 867 a 896; C.C., art. 1495; Ley 222 de 1995, arts. 85 num. 8º, 68.*

Avalúo de aportes en especie

Art. 132. Cuando se constituya una sociedad que deba obtener permiso de funcionamiento, los aportes en especie se avaluarán unánimemente por los interesados constituidos en junta preliminar, y el avalúo debidamente fundamentado se someterá a la aprobación de la Superintendencia de Sociedades.

El valor de los aportes en especie posteriores a la constitución, será fijado en asamblea o en junta de socios con el voto favorable del sesenta por ciento o más de las acciones, cuotas o partes de interés social, previa deducción de las que correspondan a los aportantes, quienes no podrán votar en dicho acto. Estos avalúos debidamente fundamentados se someterán a la aprobación de la Superintendencia.

Sin la previa aprobación por la Superintendencia del avalúo de bienes en especie, no podrá otorgarse la correspondiente escritura. El Gobierno reglamentará el procedimiento que deba seguirse ante la Superintendencia de Sociedades para la aprobación de los avalúos a que se refiere este artículo.

NOTA 1: La aprobación de avalúos se refiere exclusivamente a las sociedades que se encuentran controladas por la Superintendencia de Sociedades, de conformidad con lo dispuesto por el artículo 85, numeral 8º, de la Ley 222 de 1995.

NOTA 2: En los estatutos de las sociedades que no negocian sus acciones en el mercado público de valores y emisores se podrá pactar un cuórum o mayorías diferentes a las indicadas en esta disposición, conforme lo dispone el inciso segundo del artículo 68 de la Ley 222 de 1995. Esta misma norma señala que con excepción de las mayorías decisorias señaladas en los artículos 155, 420 numeral 5º y 455 del Código de Comercio, las decisiones se tomarán por mayoría de los votos presentes.

Inclusión del avalúo en la constitución

Art. 133. Los avalúos se harán constar en las escrituras de constitución o de reforma, según el caso, y en ellas se insertará la providencia en que el superintendente los haya aprobado. Este requisito será indispensable para la validez de la constitución o de la reforma estatutaria. Copias de dichas escrituras serán entregadas a la Superintendencia, dentro de los quince días siguientes a su otorgamiento o de su registro, si fuere el caso.

Conc. *Arts. 110, 115, 126, 158, 398, 829, 899; C.C., arts. 67, 68.*

NOTA: Los trámites ante la Superintendencia de Sociedades enunciada en este artículo solo opera en aquellos casos en los que se trata de sociedades controladas.

Diferencias en el avalúo

Art. 134. Cuando la Superintendencia fije el valor de los bienes en especie en una cifra inferior al aprobado por los interesados, el o los presuntos aportantes podrán optar por abonar en dinero la diferencia entre los dos justiprecios, dentro del año siguiente, o por aceptar el precio señalado por la Superintendencia, reduciéndose de inmediato el monto de la operación a dicha cifra.

Si el o los presuntos aportantes afectados no acogieren ninguna de las anteriores opciones, quedarán exonerados de hacer el aporte. Quienes insistieren en constituir la sociedad o aumentar el capital, deberán acordar unánimemente la fórmula sustitutiva.

Conc. *Arts. 132, 398, 829.*

Responsabilidad solidaria por avalúo de aportes en especie

Art. 135. En las sociedades que no requieren el permiso de funcionamiento, los asociados responderán solidariamente por el valor atribuido a los aportes en especie, a la fecha de la aportación, sea que se hayan efectuado al constituirse la sociedad o posteriormente.

Conc. *Arts. 126, 267, 354; C.C., arts. 1568 y ss.*

NOTA: Actualmente, en Colombia no se exige permiso para el funcionamiento de las sociedades.

Otros aportes en especie

Art. 136. Los aportes de establecimientos de comercio, derechos sobre la propiedad industrial, partes de interés, cuotas o acciones, se considerarán como aportes en especie.

Conc. *Arts. 515, 516, 525, 552, 581, 593, 603.*

Aportes de industria

Art. 137. Podrá ser objeto de aportación la industria o trabajo personal de un asociado, sin que tal aporte forme parte del capital social.

El aportante de industria participará en las utilidades sociales; tendrá voz en la asamblea o en la junta de socios; los derechos inicialmente estipulados en su favor no podrán modificarse, desconocerse ni abolirse sin su consentimiento expreso, salvo decisión en contrario proferida judicial o arbitralmente; podrá administrar la sociedad y, en caso de su retiro o de liquidación de la misma, solamente participará en la distribución de las utilidades, reservas y valorizaciones patrimoniales producidas durante el tiempo en que estuvo asociado.

Habiéndose producido pérdidas, el socio industrial no recibirá retribución en el respectivo ejercicio.

Conc. *Arts. 122, 150, 344, 380, 401, 403.*

Aportes de industria con y sin estimación de su valor

Art. 138. Cuando el aporte consista en la industria o trabajo personal estimado en un valor determinado, la obligación del aportante se considerará cumplida sucesivamente por la suma periódica que represente para la sociedad el servicio que constituya el objeto del aporte.

Podrá, sin embargo, aportarse la industria o el trabajo personal sin estimación de su valor; pero en este caso el aportante no podrá redimir o liberar cuotas de capital social con su aporte, aunque tendrá derecho a participar en las utilidades sociales y en cualquier superávit en la forma que se estipule.

Las obligaciones del aportante se someterán en estos casos al régimen civil de las obligaciones de hacer.

Conc. *Arts. 137, 150, 344, 380, 401, 403; C.C., arts. 1495, 1610 y ss.*

Amortización del aporte de industria

Art. 139. En el caso previsto en el inciso primero del artículo anterior y tratándose de sociedades por acciones, deberá amortizarse el aporte de industria con cargo a la cuenta de pérdidas y ganancias de cada ejercicio social, en la parte proporcional que a éste corresponda.

Conc. *Art. 325.*

Promotores

Art. 140. Son promotores quienes hayan planeado la organización de una empresa y presentado estudios técnicos de su factibilidad. Dichos promotores responderán solidaria e ilimitadamente de las obligaciones contraídas para constituir la sociedad y si ésta no se perfecciona, carecerán de toda acción contra los presuntos constituyentes.

***Conc.** Arts. 20, 25; Ley 222 de 1995, arts. 50 y ss.*

Remuneración a los promotores

Art. 141. Las remuneraciones o ventajas particulares en favor de los promotores para compensarles sus servicios y gastos justificados, deberán constar en la escritura de constitución y solamente consistirán en una participación en las utilidades líquidas, distribuibles entre ellos en la forma prevista en los estatutos, sin exceder en total del quince por ciento de las mismas y por un lapso no mayor de cinco años, contados a partir del primer ejercicio que registre utilidades, o con estas mismas limitaciones, en un privilegio económico para las partes de interés, cuotas o acciones que ellos suscriban al tiempo de la constitución y paguen en dinero u otros bienes tangibles. Cualquier estipulación en contrario se considerará como no escrita.

En todo reglamento de colocación de acciones destinadas a ser suscritas por personas no accionistas, y mientras subsistan las ventajas o privilegios previstos en este artículo, se insertará el texto de las cláusulas estatutarias que los consagren, y en el balance general anexo se dejará constancia del plazo que falte para su extinción.

Embargo de cuotas o acciones

Art. 142. Los acreedores de los asociados podrán embargar las acciones, las partes de interés o cuotas que éstos tengan en la sociedad y provocar su venta o adjudicación judicial como se prevé en este Código y en las leyes de procedimiento.

***Conc.** Arts. 28, 98, 299, 406, 408, 409, 414, 415; C.G.P., arts. 449, 524, 593.*

Restitución de aportes

Art. 143. Los asociados no podrán pedir la restitución de sus aportes, ni podrá hacerlo la sociedad, sino en los siguientes casos:

1) Durante la sociedad, cuando se trate de cosas aportadas sólo en usufructo, si dicha restitución se ha estipulado y regulado en el contrato;

2) Durante la liquidación, cuando se haya cancelado el pasivo externo de la sociedad, si en el contrato se ha pactado su restitución en especie, y

3) Cuando se declare nulo el contrato social respecto del socio que solicita la restitución, si la nulidad no proviene de objeto o causa ilícitos.

Conc. *Arts. 104, 108, 109, 110, 127, 144, 146, 162, 240.*

Reembolso de aportes

Art. 144. Los asociados tampoco podrán pedir el reembolso total o parcial de sus acciones, cuotas o partes de interés antes de que, disuelta la sociedad, se haya cancelado su pasivo externo. El reembolso se hará entonces en proporción al valor nominal del interés de cada asociado, si en el contrato no se ha estipulado cosa distinta.

Conc. *Arts. 146, 241; Ley 446 de 1998, art. 136.*

Disminución del capital

Art. 145. La Superintendencia de Sociedades autorizará la disminución del capital social en cualquier compañía cuando se pruebe que la sociedad carece de pasivo externo; o que hecha la reducción los activos sociales representan no menos del doble del pasivo externo, o que los acreedores sociales acepten expresamente y por escrito la reducción, cualquiera que fuere el monto del activo o de los activos sociales.

Cuando el pasivo externo proviniere de prestaciones sociales será necesario, además, la aprobación del competente funcionario del trabajo.

Conc. *Arts. 147, 158, 159, 417, 487; Ley 222 de 1995, art. 86.*

Disminución del capital por reembolso de aportes

Art. 146. Cuando en una sociedad por cuotas o partes de interés el capital se disminuya por reembolso total del interés de alguno o algunos de los socios, estos continuarán obligados por las operaciones sociales contraídas hasta el momento del retiro, dentro de los límites de la responsabilidad legal propia del respectivo tipo de sociedad.

Conc. *Arts. 145, 147, 301; Ley 222 de 1995, art. 14.*

Reforma social por reducción de capital

Art. 147. La reducción del capital se tendrá como una reforma del contrato social y deberá adoptarse y formalizarse como se ordena en este Código.

Conc. *Arts. 28, 111, 112, 122, 125, 129, 158 y ss., 267, 417.*

Comunidad

Art. 148. Si una o más partes de interés, cuotas o acciones pertenecieren proindiviso a varias personas, estas designarán a quien haya de ejercitar los derechos inherentes a las mismas. Pero del cumplimiento de sus obligaciones para con la sociedad responderán solidariamente todos los comuneros.

Conc. *Arts. 368, 378, 379; C.C., arts. 1568 y ss.*

CAPÍTULO IV
UTILIDADES SOCIALES

Pacto de intereses sobre el capital social

Art. 149. Sobre el capital social solamente podrán pactarse intereses por el tiempo necesario para la preparación de la empresa y hasta el comienzo de la explotación de la misma.

Distribución de utilidades

Art. 150. La distribución de las utilidades sociales se hará en proporción a la parte pagada del valor nominal de las acciones, cuotas o partes de interés de cada asociado, si en el contrato no se ha previsto válidamente otra cosa.

Las cláusulas del contrato que priven de toda participación en las utilidades a algunos de los socios se tendrán por no escritas, a pesar de su aceptación por parte de los socios afectados con ellas.

Parágrafo. A falta de estipulación expresa del contrato, el solo aporte de industria sin estimación de su valor dará derecho a una participación equivalente a la del mayor aporte de capital.

Conc. *Arts. 110, 130, 137, 151, 322, 332, 380, 451.*

Prohibición en distribución de utilidades

Art. 151. No podrá distribuirse suma alguna por concepto de utilidades si estas no se hallan justificadas por balances reales y fidedignos. Las sumas distribuidas en contravención a este artículo no podrán repetirse contra los asociados de buena fe; pero no serán repartibles las utilidades de los ejercicios siguientes, mientras no se absorba o reponga lo distribuido en dicha forma.

Tampoco podrán distribuirse utilidades mientras no se hayan enjugado las pérdidas de ejercicios anteriores que afecten el capital.

Parágrafo. Para todos los efectos legales se entenderá que las pérdidas afectan el capital cuando a consecuencia de las mismas se reduzca el patrimonio neto por debajo del monto de dicho capital.

Conc. *Arts. 155, 271, 200, 451, 454, 456.*

Art. 152. *Derogado por la Ley 222 de 1995, art. 242.*

Presentación de estado de resultados

Art. 153. Cuando la administración de los negocios sociales no corra a cargo de todos los asociados, los administradores presentarán un detalle completo de la cuenta de pérdidas y ganancias correspondientes a cada ejercicio social.

Conc. *Arts. 196, 200, 311, 333, 358, 439, 446, 450; Ley 222 de 1995, art. 34.*

Reservas ocasionales

Art. 154. Además de las reservas establecidas por la ley o los estatutos, los asociados podrán hacer las que consideren necesarias o convenientes, siempre que tengan una destinación especial, que se aprueben en la forma prevista en los estatutos o en la ley (y que hayan sido justificadas ante la Superintendencia de Sociedades).

La destinación de estas reservas sólo podrá variarse por aprobación de los asociados en la forma prevista en el inciso anterior.

Conc. *Arts. 110, 187, 271, 350, 371, 451 a 454, 456, 476.*

NOTA: La expresión en paréntesis se considera derogada expresamente por la Ley 222 de 1995.

Mayoría para distribuir utilidades

Art. 155. Modificado por la Ley 222 de 1995, art. 240. Salvo que en los estatutos se fijare una mayoría decisoria superior, la distribución de utilidades la aprobará la asamblea o junta de socios con el voto favorable de un número plural de socios que representen, cuando menos, el 78% de las acciones, cuotas o partes de interés representadas en la reunión.

(Cuando no se obtenga la mayoría prevista en el inciso anterior) deberá distribuirse por los menos el 50% de las utilidades líquidas o del saldo de las mismas, si tuviere que enjugar pérdidas de ejercicios anteriores.

Conc. *Arts. 110, 150, 151, 187, 332, 371, 381, 454.*

NOTA 1: La expresión entre paréntesis fue declarada exequible por la Corte Constitucional en la Sentencia C-707 de 2005.

NOTA 2: Según el artículo 38 de la Ley 1258 de 2008, esta disposición no es aplicable en la sociedad por acciones simplificadas, salvo que se disponga lo contrario en los estatutos.

Pago de utilidades

Art. 156. Las sumas debidas a los asociados por concepto de utilidades formarán parte del pasivo externo de la sociedad y podrán exigirse judicialmente. Prestarán mérito ejecutivo el balance y la copia auténtica de las actas en que consten los acuerdos válidamente aprobados por la asamblea o junta de socios.

Las utilidades que se repartan se pagarán en dinero efectivo dentro del año siguiente a la fecha en que se decreten, y se compensarán con las sumas exigibles que los socios deban a la sociedad.

Conc. *Arts. 52, 125, 189, 289 y ss., 379, 454, 455.*

Art. 157. *Derogado por la Ley 222 de 1995, art. 43.*

CAPÍTULO V
REFORMAS DEL CONTRATO SOCIAL

Solemnidad de la reforma

Art. 158. Toda reforma del contrato de sociedad comercial deberá reducirse a escritura pública que se registrará como se dispone para la escritura de constitución de la sociedad, en la cámara de comercio correspondiente al domicilio social al tiempo de la reforma.

Sin los requisitos anteriores la reforma no producirá efecto alguno respecto de terceros. Las reformas tendrán efectos entre los asociados desde cuando se acuerden o pacten conforme a los estatutos.

Conc. *Arts. 28, 29, 34, 98, 111, 112, 122, 133, 147, 160, 166, 167, 187, 218 a 220, 267, 297, 301, 313, 316, 321, 329, 330, 338, 356, 362, 365, 366, 417, 421, 427, 430, 430.*

NOTA: Las reformas estatutarias de las sociedades por acciones simplificadas y de las microempresas de que trata el artículo 22 de la Ley 1014 de 2006 pueden realizarse por documento privado el cual se debe inscribir en el registro mercantil. Igual sucede con las empresas unipersonales de la Ley 222 de 1995.

Autorización de registro

Art. 159. Modificado por la Ley 44 de 1981, art. 13. Las cámaras de comercio se abstendrán de registrar las escrituras de reforma sin la previa autorización de la Superintendencia cuando se trate de sociedades sometidas a su control. La violación de esta disposición será sancionada con multas de (cien a quinientos mil pesos) que impondrá la Superintendencia de Sociedades a la cámara de comercio responsable de la infracción.

Conc. *Arts. 28, 86, 267; Ley 222 de 1995, arts. 84, 85, 98.*

NOTA: Las multas que impone la Superintendencia de Sociedades en virtud de esta disposición corresponden a un valor de hasta doscientos salarios mínimos legales mensuales, de conformidad con lo dispuesto por el numeral 3º del artículo 86 de la Ley 222 de 1995.

Inscripción de reformas en otras cámaras de comercio

Art. 160. Las escrituras en que consten las reformas del contrato social se registrarán también en las cámaras de comercio correspondientes a los lugares en donde la sociedad establezca sucursales.

Conc. *Arts. 28, 86, 111, 158; C.C., art. 2063.*

Mayoría para aprobar reformas

Art. 161. En las sociedades por cuotas o partes de interés las reformas se adoptarán con el voto favorable de todos los asociados, siempre que la ley o los estatutos no prevengan otra cosa.

Conc. *Arts. 110, 161, 168, 301, 302, 316, 334, 336, 338, 340, 349, 360, 382, 419, 421, 427, 430; Ley 222 de 1995, art. 68.*

NOTA: El segundo inciso de esta norma fue derogado por la Ley 222 de 1995, art. 68.

Otros actos que son reformas

Art. 162. La disolución anticipada, la fusión, la transformación y la restitución de aportes a los asociados en los casos expresamente autorizados por la ley, son reformas estatutarias.

Conc. *Arts. 28, 143, 147, 158, 167, 172, 173, 177, 218, 320 a 322, 365.*

NOTA: La disolución anticipada no requiere escritura pública, de conformidad con lo dispuesto por el artículo 24 de la Ley 1429 de 2010.

Nombramiento de administradores y revisores fiscales

Art. 163. La designación o revocación de los administradores o de los revisores fiscales previstas en la ley o en el contrato social no se considerará como reforma, sino como desarrollo o ejecución del contrato, y no estará sujeta sino a simple registro en la cámara de comercio, mediante copias del acta o acuerdo en que conste la designación o la revocación.

Las cámaras se abstendrán, no obstante, de hacer la inscripción de la designación o revocación cuando no se hayan observado respecto de las mismas las prescripciones de la ley o del contrato.

La revocación o reemplazo de los funcionarios a que se refiere este artículo se hará con el cuórum y la mayoría de votos prescritos en la ley o en el contrato para su designación.

***Conc.** Arts. 28, 110, 117, 164, 196 a 199, 203, 204, 206, 310, 326, 440 a 442, 473, 484, 485.*

Conservación de la calidad de representantes y revisores fiscales hasta nueva inscripción

Art. 164. Las personas inscritas en la cámara de comercio del domicilio social como representantes de una sociedad, así como sus revisores fiscales, conservarán tal carácter para todos los efectos legales, mientras no se cancele dicha inscripción mediante el registro de un nuevo nombramiento o elección.

La simple confirmación o reelección de las personas ya inscritas no requerirá nueva inscripción.

***Conc.** Arts. 28, 79, 111, 112, 158, 162, 163.*

NOTA: La Corte Constitucional declaró exequible esta disposición en la Sentencia C-621 de 2003, precisando que es posible cesar la responsabilidad de los representantes legales y revisores fiscales, para lo cual se exige al inscrito dar aviso a la cámara de comercio de la renuncia, remoción, incapacidad, muerte, finalización del término estipulado o cualquier otra circunstancia que ponga fin al ejercicio del cargo, para su inscripción. Vencido el lapso de 30 días sin que haya otro nombramiento cesará cualquier tipo de responsabilidad del inscrito.

Reforma estatutaria por cambio de domicilio de la sociedad

Art. 165. Modificado por el Decreto-Ley 19 de 2012, art. 154. Cuando una reforma del contrato tenga por objeto el cambio de domicilio de la sociedad y este corresponda a un lugar comprendido dentro de la jurisdicción de una cámara de comercio distinta de aquella en la cual se haya registrado el acto de constitución, deberá registrarse únicamente la reforma que contiene el cambio de domicilio social en la cámara de comercio de origen, la cual procederá a hacer el respectivo traslado de las inscripciones que reposan en sus archivos, a la cámara de comercio del nuevo domicilio.

Lo dispuesto en este artículo se aplicará también en los casos en que por alteraciones en la circunscripción territorial de las cámaras de comercio, el lugar del domicilio principal de una sociedad corresponda a la circunscripción de una cámara distinta.

Conc. *Arts. 28, 79, 111, 112, 158, 162, 163.*

Prueba de las reformas

Art. 166. Las reformas de la sociedad se probarán de manera igual a su constitución.

Parágrafo. Entre los socios podrá probarse la reforma con la sola copia debidamente expedida del acuerdo o acta en que conste dicha reforma y su adopción. Del mismo modo podrá probarse la reforma para obligar a los administradores a cumplir las formalidades de la escritura y del registro.

Conc. *Arts. 28, 30, 111, 112, 117, 118, 158.*

CAPÍTULO VI
TRANSFORMACIÓN Y FUSIÓN DE LAS SOCIEDADES

SECCIÓN I. TRANSFORMACIÓN

Reforma del contrato social para la transformación

Art. 167. Una sociedad podrá, antes de su disolución, adoptar cualquiera otra de las formas de la sociedad comercial reguladas en este código, mediante una reforma del contrato social.

La transformación no producirá solución de continuidad en la existencia de la sociedad como persona jurídica, ni en sus actividades ni en su patrimonio.

Conc. *Arts. 28, 158, 162, 173, 218, 229, 250, 267, 356; Ley 1258 de 2008, art. 31.*

Art. 168. *Derogado por la Ley 222 de 1995, art. 12.*

Obligaciones frente a terceros

Art. 169. Si en virtud de la transformación se modifica la responsabilidad de los socios frente a terceros, dicha modificación no afectará las obligaciones contraídas por la sociedad con anterioridad a la inscripción del acuerdo de transformación en el registro mercantil.

Conc. *Arts. 28, 158, 294, 323, 353; Ley 222 de 1995, art. 16.*

Balance de transformación

Art. 170. En la escritura pública de transformación deberá insertarse un balance general, que servirá de base para determinar el capital de la sociedad transformada, aprobado por la asamblea o por la junta de socios y autorizado por un contador público.

Conc. *Arts. 110, 122, 152, 187, 290, 293.*

Requisitos para la transformación

Art. 171. Para que sea válida la transformación será necesario que la sociedad reúna los requisitos exigidos en este Código para la nueva forma de sociedad.

Conc. *Arts. 98, 294, 323, 337, 343, 353, 354, 356, 373, 374, 899, 904.*

SECCIÓN II. FUSIÓN

Definición

Art. 172. Habrá fusión cuando una o más sociedades se disuelvan, sin liquidarse, para ser absorbidas por otra o para crear una nueva.

La absorbente o la nueva compañía adquirirá los derechos y obligaciones de la sociedad o sociedades disueltas al formalizarse el acuerdo de fusión.

Conc. *Arts. 158, 162, 166, 177, 178, 250, 251.*

Compromiso de fusión

Art. 173. Las juntas de socios o las asambleas aprobarán, con el cuórum previsto en sus estatutos para la fusión o, en su defecto, para la disolución anticipada, el compromiso respectivo, que deberá contener.

1) Los motivos de la proyectada fusión y las condiciones en que se realizará;

2) Los datos y cifras, tomados de los libros de contabilidad de las sociedades interesadas, que hubieren servido de base para establecer las condiciones en que se realizará la fusión;

3) La discriminación y valoración de los activos y pasivos de las sociedades que serán absorbidas, y de la absorbente;

4) Un anexo explicativo de los métodos de evaluación utilizados y del intercambio de partes de interés, cuotas o acciones que implicará la operación, y

5) Copias certificadas de los balances generales de las sociedades participantes.

Conc. Arts. 152, 161, 162, 187, 290; Ley 222, art. 13.

Publicidad del compromiso

Art. 174. Los representantes legales de las sociedades interesadas darán a conocer al público la aprobación del compromiso, mediante aviso publicado en un diario de amplia circulación nacional. Dicho aviso deberá contener:

1) Los nombres de las compañías participantes, sus domicilios y el capital social, o el suscrito y el pagado, en su caso;

2) El valor de los activos y pasivos de las sociedades que serán absorbidas y de la absorbente, y

3) La síntesis del anexo explicativo de los métodos de evaluación utilizados y del intercambio de partes de interés, cuotas o acciones que implicará la operación, certificada por el revisor fiscal, si lo hubiere o, en su defecto, por un contador público.

Conc. Arts. 203, 207; Ley 222 de 1995, art. 11.

Garantías para los acreedores

Art. 175. Dentro de los treinta días siguientes a la fecha de publicación del acuerdo de fusión, los acreedores de la sociedad absorbida podrán exigir garantías satisfactorias y suficientes para el pago de sus créditos. La solicitud se tramitará por el procedimiento verbal prescrito en el Código de Procedimiento Civil. Si la solicitud fuere procedente, el juez suspenderá el acuerdo de fusión respecto de la sociedad deudora, hasta tanto se preste garantía suficiente o se cancelen los créditos.

Vencido el término indicado en el artículo anterior sin que se pidan las garantías, u otorgadas éstas, en su caso, las obligaciones de las sociedades absorbidas, con sus correspondientes garantías, subsistirán solamente respecto de la sociedad absorbente.

Conc. Ley 1116 de 2006, art. 44; C.G.P., arts. 368 y ss., 394.

Art. 176. *Derogado por la Ley 222 de 1995, art. 12.*

Formalidades de la fusión

Art. 177. Cumplido lo prescrito en los artículos anteriores, podrá formalizarse el acuerdo de fusión. En la escritura se insertarán:

1) El permiso para la fusión en los casos exigidos por las normas sobre prácticas comerciales restrictivas;

2) Tratándose de sociedades vigiladas, la aprobación oficial del avalúo de los bienes en especie que haya de recibir la absorbente o la nueva sociedad;

3) Copias de las actas en que conste la aprobación del acuerdo;

4) Si fuere el caso, el permiso de la Superintendencia para colocar las acciones o determinar las cuotas sociales que correspondan a cada socio o accionista de las sociedades absorbidas, y

5) Los balances generales de las sociedades fusionadas y el consolidado de la absorbente o de la nueva sociedad.

Conc. *Arts. 52, 152, 170, 267, 290; Ley 222 de 1995, art. 85.*

NOTA: Los numerales segundo y cuarto solamente son aplicables actualmente para sociedades controladas, de conformidad con lo establecido por el artículo 85 de la Ley 222 de 1995.

Efectos

Art. 178. En virtud del acuerdo de fusión, una vez formalizado, la sociedad absorbente adquiere los bienes y derechos de las sociedades absorbidas, y se hace cargo de pagar el pasivo interno y externo de las mismas.

La tradición de los inmuebles se hará por la misma escritura de fusión o por escritura separada, registrada conforme a la ley. La entrega de los bienes muebles se hará por inventario y se cumplirán las solemnidades que la ley exija para su validez o para que surtan efectos contra terceros.

Conc. *Arts. 158, 159, 172, 238, 533.*

Representación legal

Art. 179. El representante legal de la nueva sociedad o de la absorbente asumirá la representación de la sociedad disuelta hasta la total ejecución de las bases de la operación, con las responsabilidades propias de un liquidador.

Conc. *Arts. 99, 196, 238 y ss.*

Fusión impropia

Art. 180. Lo dispuesto en esta sección podrá aplicarse también al caso de la formación de una nueva sociedad para continuar los negocios de una sociedad disuelta, siempre que no haya variaciones en el giro de sus actividades o negocios y que la operación se celebre dentro de los seis meses siguientes a la fecha de disolución.

***Conc.** Arts. 28, 163, 164, 196, 220, 227, 233, 238, 250, 251, 255; Ley 222 de 1995, art. 81.*

CAPÍTULO VII
ASAMBLEA O JUNTA DE SOCIOS Y ADMINISTRADORES

SECCIÓN I. ASAMBLEA GENERAL Y JUNTA DE SOCIOS

Reuniones

Art. 181. Los socios de toda compañía se reunirán en junta de socios o asamblea general ordinaria una vez al año, por lo menos, en la época fijada en los estatutos.

Se reunirán también en forma extraordinaria cuando sean convocados por los administradores, por el revisor fiscal o por la entidad oficial que ejerza control permanente sobre la sociedad, en su caso.

***Conc.** Arts. 110, 132, 182, 187, 194, 225, 249, 267, 302, 359, 379, 380, 419, 422, 423, 424; Ley 222 de 1995, art. 48.*

Convocatoria y deliberación de reuniones ordinarias y extraordinarias

Art. 182. *Modificado por la Ley 2069 de 2021, art. 6º.* En la convocatoria para reuniones extraordinarias se especificarán los asuntos sobre los que se deliberará y decidirá. En las reuniones ordinarias la asamblea podrá ocuparse de temas no indicados en la convocatoria, a propuesta de los directores o de cualquier asociado.

La junta de socios o la asamblea se reunirá válidamente cualquier día y en cualquier lugar sin previa convocación, cuando se hallare representada la totalidad de los asociados.

Quienes conforme al artículo anterior puedan convocar a la junta de socios o a la asamblea, deberán hacerlo también cuando lo solicite un número de asociados representantes del 10% o más del capital social.

Parágrafo Transitorio. Debido a las circunstancias de fuerza mayor que están alterando la salud pública y el orden público económico, el Gobierno Nacional podrá establecer el tiempo y la forma de la convocatoria y las reuniones ordinarias del máximo órgano social de las personas jurídicas, incluidas las reuniones por derecho propio, para el año 2021 y las disposiciones necesarias para las reuniones pendientes del ejercicio 2020.

***Conc.** Arts. 110, 187, 225, 267, 423 a 426.*

Comunicación de reuniones a la Superintendencia de entidades vigiladas

Art. 183. Las sociedades sometidas a inspección y vigilancia deberán comunicar a la Superintendencia la fecha, hora y lugar en que se verificará toda reunión de la junta de socios o de la asamblea, a fin de que se designe un delegado, si lo estimare pertinente.

***Conc.** Arts. 186, 267, 424, 426; Ley 222 de 1995, art. 84.*

Ausencia de formalidades en el mandato para las reuniones

Art. 184. Modificado por la Ley 222 de 1995, art. 18. Todo socio podrá hacerse representar en las reuniones de la junta de socios o asamblea mediante poder otorgado por escrito, en el que se indique el nombre del apoderado, la persona en quien éste puede sustituirlo, si es del caso, la fecha o época de la reunión o reuniones para las que se confiere y los demás requisitos que se señalen en los estatutos.

Los poderes otorgados en el exterior sólo requerirán las formalidades aquí previstas.

***Conc.** Arts. 185, 348, 379, 380, 428, 439; Ley 527 de 1999, art. 6º.*

Prohibición en la representación

Art. 185. Salvo los casos de representación legal, los administradores y empleados de la sociedad no podrán representar en las reuniones de la asamblea o junta de socios acciones distintas de las propias, mientras estén en ejercicio de sus cargos, ni sustituir los poderes que se les confieran.

Tampoco podrán votar los balances y cuentas de fin de ejercicio ni las de la liquidación.

Conc. *Arts. 196, 230, 348, 404, 428, 466.*

NOTA: Esta disposición no se aplica en las sociedades por acciones simplificadas, salvo decisión estatutaria que indique lo contrario, conforme lo establece el artículo 38 de la Ley 1258 de 2008.

Lugar y cuórum de la reunión

Art. 186. Las reuniones se realizarán en el lugar del domicilio social, con sujeción a lo prescrito en las leyes y en los estatutos en cuanto a convocación y cuórum. Con excepción de los casos en que la ley o los estatutos exijan una mayoría especial, las reuniones de socios se celebrarán de conformidad con las reglas dadas en los artículos 427 y 429.

Conc. *Arts. 110, 161, 182, 188, 190, 261, 422, 426; Ley 222 de 1995, arts. 19, 20 y 68.*

Funciones de la junta o asamblea

Art. 187. La junta o asamblea ejercerá las siguientes funciones generales, sin perjuicio de las especiales propias de cada tipo de sociedad:

1) Estudiar y aprobar las reformas de los estatutos;

2) Examinar, aprobar o improbar los balances de fin de ejercicio y las cuentas que deban rendir los administradores;

3) Disponer de las utilidades sociales conforme al contrato y a las leyes;

4) Hacer las elecciones que corresponda, según los estatutos o las leyes, fijar las asignaciones de las personas así elegidas y removerlas libremente;

5) Considerar los informes de los administradores o del representante legal sobre el estado de los negocios sociales, y el informe del revisor fiscal, en su caso;

6) Adoptar, en general, todas las medidas que reclamen el cumplimiento de los estatutos y el interés común de los asociados;

7) Constituir las reservas ocasionales, y

8) Las demás que les señalen los estatutos o las leyes.

Parágrafo. Las funciones anteriores podrán cumplirse lo mismo en las reuniones ordinarias que en las extraordinarias, si en el contrato social o en las leyes no se previene otra cosa.

Conc. *Arts. 110, 150, 152, 155, 156, 158, 161, 162, 166, 167, 170, 197 a 199, 230, 238, 251, 289, 290, 292, 296, 318, 358, 420, 421, 424, 436, 439, 443, 446, 451, 452, 453, 454, 456.*

Decisiones sociales

Art. 188. Reunida la junta de socios o asamblea general como se prevé en el artículo 186, las decisiones que se adopten con el número de votos previsto en los estatutos o en las leyes obligarán a todos los socios, aún a los ausentes o disidentes, siempre que tengan carácter general y que se ajusten a las leyes y a los estatutos.

Parágrafo. El carácter general de las decisiones se entenderá sin perjuicio de los privilegios pactados con sujeción a las leyes y al contrato social.

Conc. *Arts. 110, 168, 190, 191, 207, 231, 248, 295, 336, 340, 359, 360, 421, 427; Ley 222 de 1995, art. 12.*

Actas

Art. 189. Las decisiones de la junta de socios o de la asamblea se harán constar en actas aprobadas por la misma, o por las personas que se designen en la reunión para tal efecto, y firmadas por el presidente y el secretario de la misma, en las cuales deberá indicarse, además, la forma en que hayan sido convocados los socios, los asistentes y los votos emitidos en cada caso.

La copia de estas actas, autorizada por el secretario o por algún representante de la sociedad, será prueba suficiente de los hechos que consten en ellas, mientras no se demuestre la falsedad de la copia o de las actas. A su vez, a los administradores no les será admisible prueba de ninguna clase para establecer hechos que no consten en las actas.

Conc. *Arts. 29, 60, 156, 195, 207, 431, 448; Ley 222 de 1995, art. 21.*

Ineficacia, nulidad e inoponibilidad de las actas

Art. 190. Las decisiones tomadas en una reunión celebrada en contravención a lo prescrito en el artículo 186 serán ineficaces; las que se adopten sin el número de votos previstos en los estatutos o en las leyes, o excediendo los límites del contrato social, serán absolutamente nulas; y las que no tengan carácter general, conforme a lo previsto en el artículo 188, serán inoponibles a los socios ausentes o disidentes.

Conc. *Arts. 110, 166, 186, 188, 191, 433, 897, 899, 901.*

Impugnación de las decisiones sociales

Art. 191. Los administradores, los revisores fiscales y los socios ausentes o disidentes podrán impugnar las decisiones de la asamblea o de la junta de socios cuando no se ajusten a las prescripciones legales o a los estatutos.

La impugnación sólo podrá ser intentada dentro de los dos meses siguientes a la fecha de la reunión en la cual sean adoptadas las decisiones, a menos que se trate de acuerdos o actos de la asamblea que deban ser inscritos en el registro mercantil, caso en el cual los dos meses se contarán a partir de la fecha de la inscripción.

Conc. *Arts. 28, 168, 181, 194, 196, 203, 307, 433; C.G.P., art. 382.*

Efectos de la nulidad

Art. 192. Declarada la nulidad de una decisión de la asamblea, los administradores tomarán, bajo su propia responsabilidad por los perjuicios que ocasione su negligencia, las medidas necesarias para que se cumpla la sentencia correspondiente; y, si se trata de decisiones inscritas en el registro mercantil, se inscribirá la parte resolutiva de la sentencia respectiva.

Conc. *Arts. 28, 41, 200, 899.*

Protección de terceros de buena fe y perjuicios a la sociedad

Art. 193. Lo dispuesto en el artículo anterior será sin perjuicio de los derechos derivados de la declaratoria de nulidad para terceros de buena fe. Pero los perjuicios que sufra la sociedad por esta causa le serán indemnizados solidariamente por los administradores que hayan cumplido la decisión, quienes podrán repetir contra los socios que la aprobaron.

La acción de indemnización prevista en este artículo sólo podrá ser propuesta dentro del año siguiente a la fecha de la ejecutoria de la sentencia que declare nula la decisión impugnada.

La acción podrá ser ejercida por cualquier administrador, por el revisor fiscal o por cualquier asociado en interés de la sociedad.

Conc. *Arts. 28, 41, 200, 899.; Ley 222 de 1995, art. 25.*

Art. 194. *Derogado por la Ley 1563 de 2012, art. 118.*

Libros de actas de reuniones y de acciones

Art. 195. La sociedad llevará un libro, debidamente registrado, en el que se anotarán por orden cronológico las actas de las reuniones de la asamblea o de la junta de socios. Estas serán firmadas por el presidente o quien haga sus veces y el secretario de la asamblea o de la junta de socios.

Asimismo las sociedades por acciones tendrán un libro debidamente registrado para inscribir las acciones; en él anotarán también los títulos expedidos, con indicación de su número y fecha de inscripción; la enajenación o traspaso de acciones, embargos y demandas judiciales que se relacionen con ellas, las prendas y demás gravámenes o limitaciones de dominio, si fueren nominativas.

Conc. *Arts. 28, 155, 156, 189, 207, 271, 272, 285, 347, 378, 399 a 403, 406, 408, 409, 410, 413 a 416, 431, 448; Decreto 2649 de 1993, arts. 130, 131.*

SECCIÓN II. ADMINISTRADORES

Facultades

Art. 196. La representación de la sociedad y la administración de sus bienes y negocios se ajustarán a las estipulaciones del contrato social, conforme al régimen de cada tipo de sociedad.

A falta de estipulaciones, se entenderá que las personas que representan a la sociedad podrán celebrar o ejecutar todos los actos y contratos comprendidos dentro del objeto social o que se relacionen directamente con la existencia y el funcionamiento de la sociedad.

Las limitaciones o restricciones de las facultades anteriores que no consten expresamente en el contrato social inscrito en el registro mercantil no serán oponibles a terceros.

Conc. *Arts. 28, 31, 34, 84, 99, 110, 114, 117, 156, 163, 164, 179, 185, 191, 193, 224, 227, 284, 310, 326, 358, 434, 440, 444; Ley 222 de 1995, arts. 22 a 25.*

Cociente electoral

Art. 197. Siempre que en las sociedades se trate de elegir a dos o más personas para integrar una misma junta, comisión o cuerpo colegiado, se aplicará el sistema de cociente electoral. Este se determinará dividiendo el número total de los votos válidos emitidos por el de las personas que hayan de elegirse. El escrutinio se comenzará por la lista que hubiere obtenido mayor número de votos y así en orden descendente. De cada lista se declararán elegidos tanto nombres cuantas veces quepa el cociente en el número de votos emitidos por la misma, y si quedaren puestos por proveer, éstos corresponderán a los residuos más altos, escrutándolos en el mismo orden descendente. En caso de empate de los residuos decidirá la suerte.

Los votos en blanco sólo se computarán para determinar el cociente electoral. Cuando los suplentes fueren numéricos podrán reemplazar a los principales elegidos de la misma lista.

Las personas elegidas no podrán ser reemplazadas en elecciones parciales, sin proceder a nueva elección por el sistema del cociente electoral, a menos que las vacantes se provean por unanimidad.

Conc. *Arts. 163, 164, 181, 183, 187, 420, 435, 436; Ley 964 de 2005, arts. 39, 44.*

Nombramiento de administradores

Art. 198. Cuando las funciones indicadas en el artículo 196 no correspondan por ley a determinada clase de socios, los encargados de las mismas serán elegidos por la asamblea o por la junta de socios, con sujeción a lo prescrito en las leyes y en el contrato social. La elección podrá delegarse por disposición expresa de los estatutos en juntas directivas elegidas por la asamblea general.

Las elecciones se harán para los períodos determinados en los estatutos, sin perjuicio de que los nombramientos sean revocados libremente en cualquier tiempo.

Se tendrán por no escritas las cláusulas del contrato que tiendan a establecer la inamovilidad de los administradores elegidos por la asamblea general, junta de socios o por juntas directivas, o que exijan para la remoción mayorías especiales distintas de las comunes.

Conc. *Arts. 110, 163, 164, 187, 204, 326, 373, 420, 440; Ley 222 de 1995, arts. 85, 232.*

NOTA: La expresión subrayada del inciso segundo de este artículo fue declarada exequible por la Corte Constitucional en la Sentencia C-384 de 2008.

Nombramiento de otros dignatarios

Art. 199. Lo previsto en los incisos segundo y tercero del artículo 198 se aplicará respecto de los miembros de las juntas directivas, revisores fiscales y demás funcionarios elegidos por la asamblea, o por la junta de socios.

Conc. *Arts. 163, 164, 181, 187, 198, 204, 440; Ley 222 de 1995, art. 85.*

Responsabilidad de los administradores

Art. 200. Modificado por la Ley 222 de 1995, art. 24. Los administradores responderán solidaria e ilimitadamente de los perjuicios que por dolo o culpa ocasionen a la sociedad, a los socios o a terceros.

No estarán sujetos a dicha responsabilidad, quienes no hayan tenido conocimiento de la acción u omisión o hayan votado en contra, siempre y cuando no la ejecuten.

<u>En los casos de incumplimiento o extralimitación de sus funciones, violación de la ley o de los estatutos, se presumirá la culpa del administrador</u>.

De igual manera <u>se presumirá la culpa</u> cuando los administradores hayan propuesto o ejecutado la decisión sobre distribución de utilidades en contravención a lo prescrito en el artículo 151 del Código de Comercio y demás normas sobre la materia. En estos casos el administrador responderá por las sumas dejadas de repartir o distribuidas en exceso y por los perjuicios a que haya lugar.

Si el administrador es persona jurídica, la responsabilidad respectiva será de ella y de quien actúe como su representante legal.

Se tendrán por no escritas las cláusulas del contrato social que tiendan a absolver a los administradores de las responsabilidades ante dichas o a limitarlas al importe de las cauciones que hayan prestado para ejercer sus cargos.

Conc. *Arts. 116, 157, 192, 193, 211, 224, 284, 293, 318, 326, 358, 420, 438, 440, 458; Ley 222 de 1995, arts. 25, 42, 45; Ley 1116 de 2006, art. 82.*

NOTA: Las expresiones subrayadas de este artículo fueron declaradas exequibles por la Corte Constitucional en la Sentencia C-123 de 2006.

Sanciones a los administradores no les permite repetir contra la sociedad

Art. 201. Las sanciones impuestas a los administradores por delitos, contravenciones u otras infracciones en que incurran no les darán acción alguna contra la sociedad.

Conc. *Arts. 98, 116, 193, 318, 326, 358, 438, 440, 458.*

Prohibición en número de juntas directivas

Art. 202. En las sociedades por acciones, ninguna persona podrá ser designada ni ejercer, en forma simultánea, un cargo directivo en más de cinco juntas, siempre que los hubiere aceptado.

La Superintendencia de Sociedades sancionará con multa hasta de diez mil pesos la infracción a este artículo, sin perjuicio de declarar la vacancia de los cargos que excedieren del número antedicho.

Lo dispuesto en este artículo se aplicará también cuando se trate de sociedades matrices y sus subordinadas, o de estas entre sí.

NOTA 1: Este artículo no es aplicable a las sociedades por acciones simplificadas, por disposición del artículo 38 de la Ley 1258 de 2008.

NOTA 2: Las multas que impone la Superintendencia de Sociedades en virtud de esta disposición corresponden a un valor de hasta doscientos salarios mínimos legales mensuales, de conformidad con lo dispuesto por el numeral 3º del artículo 86 de la Ley 222 de 1995.

CAPÍTULO VIII. REVISOR FISCAL

Sociedades obligadas a tener revisoría fiscal

Art. 203. Deberán tener revisor fiscal:

1) Las sociedades por acciones;

2) Las sucursales de compañías extranjeras, y

3) Las sociedades en las que, por ley o por los estatutos, la administración no corresponda a todos los socios, cuando así lo disponga cualquier número de socios excluidos de la administración que representen no menos del veinte por ciento del capital.

Conc. *Arts. 110, 163, 164, 207, 215, 294, 310, 323, 339, 341, 352, 353, 358, 373, 469, 470, 472; Ley 43 de 1990, arts. 13, 74; Ley 1258 de 2008, art. 28.*

NOTA: Este artículo no le es aplicable a las sociedades por acciones simplificadas, salvo que así lo dispongan los socios en los estatutos. No obstante, todas las sociedades, sin importar su naturaleza, deben tener revisor fiscal si los activos brutos al año inmediatamente anterior sean o excedan cinco mil salarios mínimos legales mensuales vigentes o cuando sus ingresos brutos del año inmediatamente anterior sean o excedan el equivalente de tres mil salarios mínimos, conforme lo prevé el artículo 13 de la Ley 43 de 1990.

Elección del revisor fiscal

Art. 204. La elección del revisor fiscal se hará por la mayoría absoluta de la asamblea o de la junta de socios.

En las comanditarias por acciones, el revisor fiscal será elegido por la mayoría de votos de los comanditarios.

En las sucursales de sociedades extranjeras lo designará el órgano competente de acuerdo con los estatutos.

Conc. *Arts. 163, 164, 187, 198, 199, 339, 420, 472; Ley 45 de 1990, art. 21.*

Prohibición

Art. 205. No podrán ser revisores fiscales:

1) Quienes sean asociados de la misma compañía o de alguna de sus subordinadas, ni en éstas, quienes sean asociados o empleados de la sociedad matriz;

2) Quienes estén ligados por matrimonio o parentesco dentro del cuarto grado de consanguinidad, primero civil o segundo de afinidad, o sean consocios de los administradores y funcionarios directivos, el cajero auditor o contador de la misma sociedad, y

3) Quienes desempeñen en la misma compañía o en sus subordinadas cualquier otro cargo.

Quien haya sido elegido como revisor fiscal, no podrá desempeñar en la misma sociedad ni en sus subordinadas ningún otro cargo durante el período respectivo.

Conc. *Arts. 215, 260 a 263, 435; Ley 43 de 1990, arts. 50 y 51.*

Período

Art. 206. En las sociedades donde funcione junta directiva el período del revisor fiscal será igual al de aquella, pero en todo caso podrá ser removido en cualquier tiempo, con el voto de la mitad más una de las acciones presentes en la reunión.

Conc. *Arts. 110, 164, 167, 420, 425, 434, 436; Ley 222 de 1995, arts. 85, 118, 232; Ley 1116 de 2006, art. 5º.*

Funciones

Art. 207. Son funciones del revisor fiscal:

1) Cerciorarse de que las operaciones que se celebren o cumplan por cuenta de la sociedad se ajustan a las prescripciones de los estatutos, a las decisiones de la asamblea general y de la junta directiva;

2) Dar oportuna cuenta, por escrito, a la asamblea o junta de socios, a la junta directiva o al gerente, según los casos, de las irregularidades que ocurran en el funcionamiento de la sociedad y en el desarrollo de sus negocios;

3) Colaborar con las entidades gubernamentales que ejerzan la inspección y vigilancia de las compañías, y rendirles los informes a que haya lugar o le sean solicitados;

4) Velar por que se lleven regularmente la contabilidad de la sociedad y las actas de las reuniones de la asamblea, de la junta de socios y de la junta directiva, y porque se conserven debidamente la correspondencia de la sociedad y los comprobantes de las cuentas, impartiendo las instrucciones necesarias para tales fines;

5) Inspeccionar asiduamente los bienes de la sociedad y procurar que se tomen oportunamente las medidas de conservación o seguridad de los mismos y de los que ella tenga en custodia a cualquier otro título;

6) Impartir las instrucciones, practicar las inspecciones y solicitar los informes que sean necesarios para establecer un control permanente sobre los valores sociales;

7) Autorizar con su firma cualquier balance que se haga, con su dictamen o informe correspondiente;

8) Convocar a la asamblea o a la junta de socios a reuniones extraordinarias cuando lo juzgue necesario, y

9) Cumplir las demás atribuciones que le señalen las leyes o los estatutos y las que, siendo compatibles con las anteriores, le encomiende la asamblea o junta de socios.

10) *Adicionado por la Ley 1762 de 2015, art. 27.* Reportar a la Unidad de Información y Análisis Financiero las operaciones catalogadas como sospechosas en los términos del literal d) del numeral 2 del artículo 102 del Decreto-Ley 663 de 1993, cuando las adviertan dentro del giro ordinario de sus labores.

Parágrafo. En las sociedades en que sea meramente potestativo el cargo del revisor fiscal, éste ejercerá las funciones que expresamente le señalen los estatutos o las juntas de socios, con el voto requerido para la creación del cargo; a falta de estipulación expresa de los estatutos y de instrucciones concretas de la junta de socios o asamblea general, ejercerá las funciones indicadas en este artículo. No obstante, si no es contador público, no podrá autorizar con su firma balances generales, ni dictaminar sobre ellos.

Conc. *Arts. 52, 110, 118, 152, 181, 187, 203, 225, 266, 267, 272, 289, 290, 292, 293, 392, 393, 423, 431, 432, 446, 489; Ley 190 de 1995, art. 80; Ley 222 de 1995, art. 38.*

NOTA: En la actualidad todo revisor fiscal debe ser contador público, conforme lo dispone la Ley 43 de 1990.

Dictamen de estados financieros

Art. 208. El dictamen o informe del revisor fiscal sobre los balances generales deberá expresar, por lo menos:

1) Si ha obtenido las informaciones necesarias para cumplir sus funciones;

2) Si en el curso de la revisión se han seguido los procedimientos aconsejados por la técnica de la interventoría de cuentas;

3) Si en su concepto la contabilidad se lleva conforme a las normas legales y a la técnica contable, y si las operaciones registradas se ajustan a los estatutos y a las decisiones de la asamblea o junta directiva, en su caso;

4) Si el balance y el estado de pérdidas y ganancias han sido tomados fielmente de los libros; y si en su opinión el primero presenta en forma fidedigna, de acuerdo con las normas de contabilidad generalmente aceptadas, la respectiva situación financiera al terminar el período revisado, y el segundo refleja el resultado de las operaciones en dicho período, y

5) Las reservas o salvedades que tenga sobre la fidelidad de los estados financieros.

Conc. *Arts. 48 a 62, 157, 187, 289 a 293, 446; Ley 222 de 1995, art. 38.*

Informe

Art. 209. El informe del revisor fiscal a la asamblea o junta de socios deberá expresar:

1) Si los actos de los administradores de la sociedad se ajustan a los estatutos y a las órdenes o instrucciones de la asamblea o junta de socios;

2) Si la correspondencia, los comprobantes de las cuentas y los libros de actas y de registro de acciones, en su caso, se llevan y se conservan debidamente, y

3) Si hay y son adecuadas las medidas de control interno, de conservación y custodia de los bienes de la sociedad o de terceros que estén en poder de la compañía.

Conc. *Arts. 51, 54, 55, 110, 187, 195, 207, 446.*

Auxiliares del revisor fiscal

Art. 210. Cuando las circunstancias lo exijan, a juicio de la asamblea o de la junta de socios, el revisor podrá tener auxiliares u otros colaboradores nombrados y removidos libremente por él, que obrarán bajo su dirección y responsabilidad, con la remuneración que fije la asamblea o junta de socios, sin perjuicio de que los revisores tengan colaboradores o auxiliares contratados y remunerados libremente por ellos.

El revisor fiscal solamente estará bajo la dependencia de la asamblea o de la junta de socios.

Conc. *Arts. 187, 420*

Responsabilidad

Art. 211. El revisor fiscal responderá de los perjuicios que ocasione a la sociedad, a sus asociados o a terceros, por negligencia o dolo en el cumplimiento de sus funciones.

Conc. *Arts. 157, 220, 222, 293, 420; Ley 43 de 1990, art. 41.*

Responsabilidad penal

Art. 212. El revisor fiscal que, a sabiendas, autorice balances con inexactitudes graves, o rinda a la asamblea o a la junta de socios informes con tales inexactitudes, incurrirá en las sanciones previstas en el Código Penal para la falsedad en documentos privados, más la interdicción temporal o definitiva para ejercer el cargo de revisor fiscal.

Conc. *Arts. 157, 200, 216, 292, 293, 420; Ley 43 de 1990, art. 10, parágrafo; C.P., arts. 221, 224.*

Derechos del revisor

Art. 213. El revisor fiscal tendrá derecho a intervenir en las deliberaciones de la asamblea o de la junta de socios, y en las de juntas directivas o consejos de administración, aunque sin derecho a voto, cuando sea citado a estas. Tendrá asimismo derecho a inspeccionar en cualquier tiempo los libros de contabilidad, libros de actas, correspondencia, comprobantes de las cuentas demás papeles de la sociedad.

Conc. *Arts. 48, 49, 51, 54, 55, 61, 62, 181, 189, 195, 211, 216, 225, 419 a 439, 489.*

Secreto profesional del revisor fiscal

Art. 214. El revisor fiscal deberá guardar completa reserva sobre los actos o hechos de que tenga conocimiento en ejercicio de su cargo y solamente podrá comunicarlos o denunciarlos en la forma y casos previstos expresamente en las leyes.

Conc. *Arts. 62, 207, 211, 216, 489.*

Requisitos para el cargo

Art. 215. El revisor fiscal deberá ser contador público. Ninguna persona podrá ejercer el cargo de revisor en más de cinco sociedades por acciones.

Con todo, cuando se designen asociaciones o firmas de contadores como revisores fiscales, éstas deberán nombrar un contador público para cada revisoría, que desempeñe personalmente el cargo, en los términos del artículo 12 de la Ley 145 de 1960. En caso de falta del nombrado, actuarán los suplentes.

Conc. *Art. 202.*

NOTA: El artículo 12 de la Ley 145 de 1960 en la actualidad corresponde al 4º de la Ley 43 de 1990.

Sanciones

Art. 216. El revisor fiscal que no cumpla las funciones previstas en la ley, o que las cumpla irregularmente o en forma negligente, o que falte a la reserva prescrita en el artículo 214, será sancionado con multa hasta de (veinte mil pesos), o con suspensión del cargo, de un mes a un año, según la gravedad de la falta u omisión.

En caso de reincidencia se doblarán las sanciones anteriores y podrá imponerse la interdicción permanente o definitiva para el ejercicio del cargo de revisor fiscal, según la gravedad de la falta.

Conc. *Arts. 62, 157, 212, 214, 395, 420.*

NOTA: Las multas que impone la Superintendencia de Sociedades en virtud de esta disposición corresponden a un valor de hasta doscientos salarios mínimos legales mensuales, de conformidad con lo dispuesto por el numeral 3° del artículo 86 de la Ley 222 de 1995.

Entidades encargadas de imponer sanciones a los revisores fiscales

Art. 217. Las sanciones previstas en el artículo anterior serán impuestas por la Superintendencia de Sociedades, aunque se trate de compañías no sometidas a su vigilancia, o por la Superintendencia Bancaria, respecto de sociedades controladas por ésta.

Estas sanciones serán impuestas de oficio o por denuncia de cualquier persona.

Conc. *Arts. 267, 282, 420.*

CAPÍTULO IX. DISOLUCIÓN DE LA SOCIEDAD

Causales de disolución

Art. 218. La sociedad comercial se disolverá:

1) Por vencimiento del término previsto para su duración en el contrato, si no fuere prorrogado válidamente antes de su expiración;

2) Por la imposibilidad de desarrollar la empresa social, por la terminación de la misma o por la extinción de la cosa o cosas cuya explotación constituye su objeto;

3) Por reducción del número de asociados a menos del requerido en la ley para su formación o funcionamiento, o por aumento que exceda del límite máximo fijado en la misma ley;

4) *Derogado por la Ley 222 de 1995, art. 151.*

5) Por las causales que expresa y claramente se estipulen en el contrato;

6) Por decisión de los asociados, adoptada conforme a las leyes y al contrato social;

7) Por decisión de autoridad competente en los casos expresamente previstos en las leyes, y

8) Por las demás causales establecidas en las leyes, en relación con todas o algunas de las formas de sociedad que regula este Código.

Conc. *Ley 1116 de 2006, art. 50.*

NOTA: A estas causales debe adicionarse el no cumplimiento de la hipótesis de negocio en marcha, establecida en el artículo 4º de la Ley 2069 de 2020, que se encuentra en el suplemento de esta obra, conforme al cual: «Constituirá causal de disolución de una sociedad comercial el no cumplimiento de la hipótesis de negocio en marcha al cierre del ejercicio, de conformidad con lo establecido en la normatividad vigente...»

Vencimiento del término, decisión de los socios y orden de autoridad

Art. 219. En el caso previsto en el ordinal primero del artículo anterior, la disolución de la sociedad se producirá, entre los asociados y respecto de terceros, a partir de la fecha de expiración del término de su duración, sin necesidad de formalidades especiales.

La disolución proveniente de decisión de los asociados se sujetará a las reglas previstas para la reforma del contrato social.

Cuando la disolución provenga de la declaración de quiebra o de la decisión de autoridad competente, se registrará copia de la correspondiente providencia, en la forma y con los efectos previstos para las reformas del contrato social. La disolución se producirá entre los asociados a partir de la fecha que se indique en dicha providencia, pero no producirá efectos respecto de terceros sino a partir de la fecha de registro.

Conc. *Arts. 28, 110, 112, 1578, 166, 276, 277.*

NOTA 1: La reforma estatutaria por disolución ya no exige escritura pública, conforme lo dispone el artículo 24 de la Ley 1429 de 2010.

NOTA 2: Donde dice quiebra debe entenderse apertura de liquidación obligatoria.

Causales diferentes, formalidades y medidas para evitar la disolución

Art. 220. Cuando la disolución provenga de causales distintas de las indicadas en el artículo anterior, los asociados deberán declarar disuelta la sociedad por ocurrencia de la causal respectiva y darán cumplimiento a las formalidades exigidas para las reformas del contrato social.

Conc. *Arts. 28, 158, 167, 172, 180, 250, 276, 277, 356; Ley 1429 de 2010, art. 24.*

NOTA 1: La reforma estatutaria por disolución ya no exige escritura pública, conforme lo dispone el artículo 24 de la Ley 1429 de 2010.

NOTA 2: El segundo inciso de esta norma fue derogado por la Ley 1429 de 2010, art. 24.

Disolución por decisión de la Superintendencia

Art. 221. En las sociedades sometidas a vigilancia, la Superintendencia de Sociedades podrá declarar, de oficio o a solicitud del interesado, la disolución de la sociedad cuando ocurra cualquiera de las causales previstas en los ordinales 2°, 3°, 5° y 8° del artículo 218, si los asociados no lo hacen oportunamente.

En las sociedades no sometidas a la vigilancia de la Superintendencia de Sociedades, las diferencias entre los asociados sobre la ocurrencia de una causal de disolución serán decididas por el juez del domicilio social, a solicitud del interesado, si no se ha pactado la cláusula compromisoria.

***Conc.** Arts. 267, 276, 2011 y ss.; Ley 222 de 1995, art. 84; Ley 446 de 1998, arts. 138 a 140.*

Capacidad jurídica de la sociedad disuelta

Art. 222. Disuelta la sociedad se procederá de inmediato a su liquidación. En consecuencia, no podrá iniciar nuevas operaciones en desarrollo de su objeto y conservará su capacidad jurídica únicamente para los actos necesarios a la inmediata liquidación. Cualquier operación o acto ajeno a este fin, salvo los autorizados expresamente por la ley, hará responsables frente a la sociedad, a los asociados y a terceros, en forma ilimitada y solidaria, al liquidador, y al revisor fiscal que no se hubiere opuesto.

El nombre de la sociedad disuelta deberá adicionarse siempre con la expresión «en liquidación». Los encargados de realizarla responderán de los daños y perjuicios que se deriven por dicha omisión.

***Conc.** Arts. 28, 110, 179, 211, 225, 303, 324, 357, 373; C.G.P., arts. 524 y ss.*

Decisiones posteriores de los socios

Art. 223. Disuelta la sociedad, las determinaciones de la junta de socios o de la asamblea deberán tener relación directa con la liquidación. Tales decisiones se adoptarán por mayoría absoluta de votos presentes, salvo que en los estatutos o en la ley se disponga expresamente otra cosa.

***Conc.** Arts. 181, 187, 222, 225, 420.*

Cesación de pagos

Art. 224. Cuando la sociedad se encuentre en estado de cesación en los pagos, los administradores se abstendrán de iniciar nuevas operaciones y convocarán de inmediato a los asociados para informarlos completa y documentadamente de dicha situación, so pena de responder solidariamente de los perjuicios que se causen a los asociados o a terceros por la infracción de este precepto.

Los asociados podrán tomar las medidas conducentes a impedir la declaratoria de quiebra o a obtener la revocatoria de la misma.

Conc. *Arts. 99, 100, 179, 222.*

NOTA: Donde dice quiebra debe entenderse apertura de liquidación obligatoria.

CAPÍTULO X
LIQUIDACIÓN DEL PATRIMONIO SOCIAL

Reuniones de la junta o asamblea

Art. 225. Durante el período de la liquidación la junta de socios o la asamblea se reunirá en las fechas indicadas en los estatutos para sus sesiones ordinarias. Asimismo, cuando sea convocada por los liquidadores, el revisor fiscal o la Superintendencia, conforme a las reglas generales.

Conc. *Arts. 181, 182, 207, 222, 223, 267, 419, 460.*

Presentación de informes

Art. 226. Los liquidadores presentarán en las reuniones ordinarias de la asamblea o de la junta de socios estados de liquidación, con un informe razonado sobre su desarrollo, un balance general y un inventario detallado. Estos documentos estarán a disposición de los asociados durante el término de la convocatoria.

Conc. *Arts. 181, 229, 238, 255, 290, 460.*

Representantes legales como liquidadores

Art. 227. Mientras no se haga y se registre el nombramiento de liquidadores, actuarán como tales las personas que figuren inscritas en el registro mercantil del domicilio social como representantes de la sociedad.

Conc. *Arts. 28, 29, 34, 110, 179, 196, 231, 444.*

Liquidador

Art. 228. La liquidación del patrimonio social se hará por un liquidador especial, nombrado conforme a los estatutos o a la ley.

Podrán nombrarse varios liquidadores y por cada uno deberá nombrarse un suplente. Estos nombramientos se registrarán en el registro mercantil del domicilio social y de las sucursales y sólo a partir de la fecha de la inscripción tendrán los nombrados las facultades y obligaciones de los liquidadores.

Cuando agotados los medios previstos en la ley o en el contrato para hacer la designación de liquidador, esta no se haga, cualquiera de los asociados podrá solicitar a la Superintendencia de Sociedades que se nombre por ella el respectivo liquidador.

Conc. *Arts. 28, 110, 179, 187, 234, 267, 334, 444; Ley 222 de 1995, arts. 22, 84; Ley 1429 de 2010, art. 24; C.G.P., arts. 524 y ss.*

Liquidación unánime por los socios

Art. 229. No obstante lo dispuesto en el artículo anterior, en las sociedades por cuotas o partes de interés podrá hacerse la liquidación directamente por los asociados mismos, si éstos así lo acuerdan unánimemente. En ese caso todos tendrán las facultades y las obligaciones de los liquidadores para todos los efectos legales.

Conc. *Arts. 237, 238, 294, 319 a 322, 323.*

Administradores como liquidadores

Art. 230. Quien administre bienes de la sociedad y sea designado liquidador, no podrá ejercer el cargo sin que previamente se aprueben las cuentas de su gestión por la asamblea o por la junta de socios. Si transcurridos treinta días desde la fecha en que se designó liquidador, no se hubieren aprobado las mencionadas cuentas, se procederá a nombrar nuevo liquidador.

Pluralidad de liquidadores

Art. 231. Salvo estipulación en contrario, cuando haya dos o más liquidadores actuarán de consuno, y si se presentan discrepancias entre ellos, la junta de socios o la asamblea decidirá con el voto de la mayoría absoluta de las cuotas, partes o acciones representadas en la correspondiente reunión.

Conc. *Art. 188.*

Publicidad

Art. 232. Las personas que entren a actuar como liquidadores deberán informar a los acreedores sociales del estado de liquidación en que se encuentra la sociedad, una vez disuelta, mediante aviso que se publicará en un periódico que circule regularmente en el lugar del domicilio social y que se fijará en lugar visible de las oficinas y establecimientos de comercio de la sociedad.

Conc. *Arts. 239 a 241, 255, 515.*

Aprobación de inventario por la superintendencia

Art. 233. En las sociedades por acciones, los liquidadores deberán, dentro del mes siguiente a la fecha en que la sociedad quede disuelta respecto de los socios y de terceros, solicitar al Superintendente de Sociedades la aprobación del inventario del patrimonio social.

Si los liquidadores estuvieren unánimemente de acuerdo, la Superintendencia, previo el trámite correspondiente, lo aprobará.

Si no hubiere acuerdo, el superintendente señalará la fecha en que deba ser presentado por los liquidadores el inventario respectivo, que no será ni antes de transcurrido un mes desde la fecha de su señalamiento, ni tres meses después de la misma, y ordenará que se cite a todos los socios y acreedores de la sociedad por medio de un edicto que se fijará por quince días en la secretaría y que se publicará en un periódico que circule regularmente en el lugar del domicilio social y en los de las sucursales si las hubiere.

Conc. *Arts. 179, 232, 234, 235, 249, 252, 255, 256, 258, 263, 267, 282; Ley 222 de 1995, arts. 82 y ss.; Ley 1116 de 2006, art. 124.*

NOTA: No hay lugar a la intervención de la Superintendencia de Sociedades respecto de lo dispuesto en este artículo, salvo en aquellos casos que expresamente determine el Gobierno Nacional, en razón a la conservación del orden público económico, indica el artículo 124 de la Ley 1116 de 2006.

Inventario: contenido y requisitos

Art. 234. El inventario incluirá, además de la relación pormenorizada de los distintos activos sociales, la de todas las obligaciones de la sociedad, con especificación de la prelación u orden legal de su pago, inclusive de las que sólo puedan afectar eventualmente su patrimonio, como las condicionales, las litigiosas, las fianzas, los avales, etc.

Este inventario deberá ser autorizado por un contador público, si el liquidador o alguno de ellos no tienen tal calidad, y presentando personalmente por éstos ante el superintendente, bajo juramento de que refleja fielmente la situación patrimonial de la sociedad disuelta. De la presentación y de la diligencia de juramento se dejará constancia en acta firmada por el superintendente y su secretario.

Conc. *Arts. 233, 255, 258, 634; Ley 1116 de 2006, art. 124; Ley 1429 de 2010, art. 25.*

NOTA: No hay lugar a la intervención de la Superintendencia de Sociedades respecto de lo dispuesto en este artículo, salvo en aquellos casos que expresamente determine el Gobierno Nacional, en razón a la conservación del orden público económico, indica el artículo 124 de la Ley 1116 de 2006.

Traslado y objeciones

Art. 235. Presentado el inventario, como se dispone en el artículo anterior, el superintendente ordenará correr traslado común a los socios y a los acreedores de la sociedad por un término de diez días hábiles.

El traslado se surtirá en la secretaría y durante el término del mismo y cinco días más, tanto los asociados como los acreedores podrán objetarlo por falsedad, inexactitud o error grave. Las objeciones se tramitarán como incidentes y, si prosperan, el superintendente ordenará las rectificaciones del caso. Pero los simples errores aritméticos podrán corregirse por el superintendente, de oficio o a instancia de parte, en cualquier tiempo y sin la tramitación indicada.

Conc. *Arts. Ley 1116 de 2006, art. 124.*

NOTA: No hay lugar a la intervención de la Superintendencia de Sociedades respecto de lo dispuesto en este artículo, salvo en aquellos casos que expresamente determine el Gobierno Nacional, en razón a la conservación del orden público económico, indica el artículo 124 de la Ley 1116 de 2006.

Aprobación del inventario y protocolización

Art. 236. Tramitadas las objeciones y hechas las rectificaciones a que haya lugar, o vencido el término en que puedan ser propuestas dichas objeciones sin que se hayan formulado, el superintendente aprobará el inventario y ordenará devolver lo actuado a los liquidadores, a fin de que dichas diligencias se protocolicen con la cuenta final de la liquidación.

Conc. *Arts. 235, 236, 258, 279, 280, 282; Ley 1116 de 2006, art. 124.*

NOTA: No hay lugar a la intervención de la Superintendencia de Sociedades respecto de lo dispuesto en este artículo, salvo en aquellos casos que expresamente determine el Gobierno Nacional, en razón a la conservación del orden público económico, indica el artículo 124 de la Ley 1116 de 2006.

Inventario en sociedades por cuotas o partes de interés

Art. 237. En las sociedades por cuotas o partes de interés no será obligatoria la intervención del Superintendente en el inventario que haya de servir de base para la liquidación; pero si dicho inventario se hace como se dispone en los artículos anteriores, cesarán las responsabilidades de los socios por las operaciones sociales, si la liquidación se ajusta al inventario aprobado por el superintendente y a lo prescrito en los artículos siguientes de este título.

Conc. *Arts. 229, 267, 282, 294, 323, 337, 353.*

NOTA: No hay lugar a la intervención de la Superintendencia de Sociedades respecto de lo dispuesto en este artículo, salvo en aquellos casos que expresamente determine el Gobierno Nacional, en razón a la conservación del orden público económico, indica el artículo 124 de la Ley 1116 de 2006.

Funciones de los liquidadores

Art. 238. Sin perjuicio de lo dispuesto en los artículos anteriores, los liquidadores procederán:

1) A continuar y concluir las operaciones sociales pendientes al tiempo de la disolución;

2) A exigir la cuenta de su gestión a los administradores anteriores, o a cualquiera que haya manejado intereses de la sociedad, siempre que tales cuentas no hayan sido aprobadas de conformidad con la ley o el contrato social;

3) A cobrar los créditos activos de la sociedad, incluyendo los que correspondan a capital suscrito y no pagado en su integridad;

4) A obtener la restitución de los bienes sociales que estén en poder de los asociados o de terceros, a medida que se haga exigible su entrega, lo mismo que a restituir las cosas de que la sociedad no sea propietaria;

5) A vender los bienes sociales, cualesquiera que sean estos, con excepción de aquellos que por razón del contrato social o de disposición expresa de los asociados deban ser distribuidos en especie;

6) A llevar y custodiar los libros y correspondencia de la sociedad y velar por la integridad de su patrimonio;

7) A liquidar y cancelar las cuentas de los terceros y de los socios como se dispone en los artículos siguientes, y

8) A rendir cuentas o presentar estados de la liquidación, cuando lo considere conveniente o se lo exijan los asociados.

Conc. *Arts. 110, 124, 125, 179, 180, 187, 243, 247, 248, 249, 252, 255; Decreto 2649 de 1993, art. 134.*

Suficiencia de activos para el pago de los pasivos externo e interno

Art. 239. Cuando los activos sociales sean suficientes para pagar el pasivo externo e interno de la sociedad, podrán prescindir los liquidadores de hacer efectivo el pago del capital suscrito no cubierto, para compensarlo con lo que corresponda a los asociados deudores en la liquidación, hasta concurrencia de las sumas debidas.

Conc. *Arts. 125, 129, 130, 145, 345, 346, 376, 384, 387.*

Distribución de bienes en especie

Art. 240. Los bienes sociales destinados a ser distribuidos en especie serán también vendidos por los liquidadores cuando los demás activos sociales sean insuficientes para pagar el pasivo externo de la sociedad, salvo que los acreedores sociales o algunos de ellos expresamente acepten como deudores a sus adjudicatarios y exoneren a la sociedad.

Conc. *Arts. 110, 143, 238, 243.*

Prohibición de distribución anticipada a los socios

Art. 241. No podrá distribuirse suma alguna a los asociados mientras no se haya cancelado todo el pasivo externo de la sociedad. Pero podrá distribuirse entre los asociados la parte de los activos sociales que exceda del doble del pasivo inventariado y no cancelado al momento de hacerse la distribución.

Conc. *Arts. 144, 239, 240, 247.*

Prelación de créditos

Art. 242. El pago de las obligaciones sociales se hará observando las disposiciones legales sobre prelación de créditos.

Para este y los demás efectos legales, los bienes inventariados determinarán los límites de la responsabilidad de los liquidadores como tales, respecto de los asociados y de terceros, sin perjuicio de lo dispuesto en el artículo siguiente.

Conc. *Arts. 233, 234, 255, 504; C.C., arts. 2488 a 2511; Ley 1429 de 2010, art. 26.*

Insuficiencia de activos en sociedades por cuotas o partes de interés

Art. 243. Cuando se trate de sociedades por cuotas o partes de interés y sean insuficientes los activos sociales para atender al pago del pasivo externo de la sociedad, los liquidadores deberán recaudar de los socios el faltante, si la responsabilidad de los mismos es ilimitada, o la parte faltante que quepa dentro de los límites de la responsabilidad de los asociados, en caso contrario.

Para los efectos de este artículo los liquidadores tendrán acción ejecutiva contra los asociados y bastará como título ejecutivo la declaración jurada de los liquidadores. Los asociados podrán, no obstante, proponer como excepción la suficiencia de los activos sociales o el hecho de no haberse destinado estos al pago del pasivo externo de la sociedad por parte de los liquidadores.

Conc. *Arts. 229, 253, 254, 255, 278, 294, 323, 337, 353, 376.*

Pago de obligaciones a plazo

Art. 244. Por el hecho de la disolución se podrán pagar, sin intereses distintos de los que se hayan pactado expresamente y para los solos efectos de la liquidación, todas las obligaciones a término contra la sociedad, inclusive aquellas cuyo plazo se haya pactado en favor de los acreedores.

Reservas para obligaciones condicionales

Art. 245. Cuando haya obligaciones condicionales se hará una reserva adecuada en poder de los liquidadores para atender dichas obligaciones si llegaren a hacerse exigibles, la que se distribuirá entre los asociados en caso contrario. La misma regla se aplicará en caso de obligaciones litigiosas, mientras termina el juicio respectivo.

En estos casos no se suspenderá la liquidación, sino que continuará en cuanto a los demás activos y pasivos. Terminada la liquidación sin que se haya hecho exigible la obligación condicional o litigiosa, la reserva se depositará en un establecimiento bancario.

Conc. *Arts. 1979; 1989; C.C., arts. 1530 y ss., 1551.*

Pensiones de jubilación

Art. 246. Cuando la sociedad disuelta esté obligada a pagar pensiones de jubilación hará la liquidación y pago de éstas por su valor actual, según la vida probable de cada beneficiario, conforme a las tablas acostumbradas por las compañías aseguradoras del país, o contratará con una compañía de seguros el pago periódico de la pensión por todo el tiempo en que estuviere pendiente el riesgo.

Conc. *Art. 145.*

Distribución de remanentes

Art. 247. Pagado el pasivo externo de la sociedad, se distribuirá el remanente de los activos sociales entre los asociados, conforme a lo estipulado en el contrato o a lo que ellos acuerden.

La distribución se hará constar en acta en que se exprese el nombre de los asociados, el valor de su correspondiente interés social y la suma de dinero o los bienes que reciba cada uno a título de liquidación.

Tal acta se protocolizará en una notaría del lugar del domicilio social, junto con las diligencias de inventario de los bienes sociales y con la actuación judicial en su caso.

Parágrafo. Cuando se hagan adjudicaciones de bienes para cuya enajenación se exijan formalidades especiales en la ley, deberán cumplirse éstas por los liquidadores. Si la formalidad consiste en el otorgamiento de escritura pública, bastará que se eleve a escritura la parte pertinente del acta indicada.

***Conc.** Arts. 240, 243, 534; C.C., art. 756.*

Distribución de remanentes y aprobación de cuentas

Art. 248. La distribución o prorrateo del remanente de los activos sociales entre los asociados se hará al tiempo para todos, si no se ha estipulado el reembolso preferencial de sus partes de interés, cuotas o acciones para algunos de ellos, caso en el cual sólo se dispondrá del remanente una vez hecho dicho reembolso.

Hecha la liquidación de lo que a cada asociado corresponda en los activos sociales, los liquidadores convocarán a la asamblea o a la junta de socios, para que aprueben las cuentas de los liquidadores y el acta de que trata el artículo anterior. Estas decisiones podrán adoptarse con el voto favorable de la mayoría de los asociados que concurran, cualquiera que sea el valor de las partes de interés, cuotas o acciones que representen en la sociedad.

Si hecha debidamente la convocatoria, no concurre ningún asociado, los liquidadores convocarán en la misma forma a una segunda reunión, para dentro de los diez días siguientes; si a dicha reunión tampoco concurre ninguno, se tendrán por aprobadas las cuentas de los liquidadores, las cuales no podrán ser posteriormente impugnadas.

***Conc.** Arts. 110, 181, 188, 381, 403, 829.*

Entrega a los socios

Art. 249. Aprobada la cuenta final de la liquidación, se entregará a los asociados lo que les corresponda y, si hay ausentes o son numerosos, los liquidadores los citarán por medio de avisos que se publicarán por no menos de tres veces, con intervalos de ocho a diez días, en un periódico que circule en el lugar del domicilio social.

Hecha la citación anterior y trascurridos diez días después de la última publicación, los liquidadores entregarán a la junta departamental de beneficencia del lugar del domicilio social y, a falta de esta en dicho lugar, a la junta que funcione en el lugar más próximo, los bienes que correspondan a los socios que no se hayan presentado a recibirlos, quienes sólo podrán reclamar su entrega dentro del año siguiente, trascurrido el cual los bienes pasarán a ser propiedad de la entidad de beneficencia, para lo cual el liquidador entregará los documentos de traspaso a que haya lugar.

***Conc.** Arts. 110, 233, 279, 379, 380, 460, 829; Ley 1429 de 2010, art. 27.*

Reconstitución

Art. 250. Por acuerdo de todos los asociados podrá prescindirse de hacer la liquidación en los términos anteriores y constituir, con las formalidades legales, una nueva sociedad que continúe la empresa social.

***Conc.** Arts. 126, 132 a 134, 167, 172, 180, 220, 251; Ley 1429 de 2010, art. 29.*

Remisión a normas de fusión

Art. 251. El acto previsto en el artículo anterior se someterá a las disposiciones pertinentes sobre fusión y enajenación de establecimientos de comercio. Cumplido tal acto en esta forma, la nueva sociedad se sustituirá en todas las obligaciones de la anterior con todos sus privilegios y garantías.

***Conc.** Arts. 162, 172 a 180, 525 a 531, 533; Ley 1429 de 2010, art. 29.*

Acciones de terceros

Art. 252. En las sociedades por acciones no habrá acción de los terceros contra los socios por las obligaciones sociales. Estas acciones sólo podrán ejercitarse contra los liquidadores y únicamente hasta concurrencia de los activos sociales recibidos por ellos.

En las sociedades por cuotas o partes de interés las acciones que procedan contra los asociados, en razón de su responsabilidad por las operaciones sociales, se ejercitarán contra los liquidadores, como representantes de los asociados, tanto durante la liquidación como después de consumada la misma, pero dichos asociados también deberán ser citados al juicio respectivo.

***Conc.** Arts. 98, 294 y ss.*

NOTA: La expresión subrayada fue declarada exequible por la Corte Constitucional en la Sentencia C-865 de 2004.

Repetición contra los socios

Art. 253. Lo dispuesto en el inciso primero del artículo anterior no impide que los liquidadores puedan repetir contra los asociados las sumas o bienes entregados antes de pagar íntegramente el pasivo externo de la sociedad.

***Conc.** Arts. 238, 278.*

Subrogación de los acreedores en repetición

Art. 254. Si los liquidadores no ejercitan la acción prevista en el artículo anterior, una vez requeridos por los acreedores sociales, éstos se subrogarán en la acción de repetición contra los asociados.

La misma regla se aplicará cuando los liquidadores no cumplan lo prescrito en el artículo 243.

***Conc.** Art. 278.*

Responsabilidad del liquidador

Art. 255. Los liquidadores serán responsables ante los asociados y ante terceros de los perjuicios que se les cause por violación o negligencia en el cumplimiento de sus deberes.

***Conc.** Arts. 200, 222, 226, 232, 238, 242, 243, 245 a 249.*

Prescripción

Art. 256. Las acciones de los asociados entre sí, por razón de la sociedad y la de los liquidadores contra los asociados, prescribirán en cinco años a partir de la fecha de disolución de la sociedad.

Las acciones de los asociados y de terceros contra los liquidadores prescribirán en cinco años a partir de la fecha de la aprobación de la cuenta final de la liquidación.

***Conc.** Arts. 219, 220, 248.*

Interrupción de la prescripción

Art. 257. Las prescripciones anteriores correrán respecto de toda clase de personas y no se interrumpirán sino judicialmente, conforme a las leyes de procedimiento.

Conc. *C.G.P., arts. 94, 95.*

Imposibilidad de impugnar

Art. 258. Los terceros no podrán impugnar la liquidación si ésta se ajusta al inventario aprobado por el superintendente de sociedades y a las reglas señaladas en este capítulo.

Conc. *Arts. 233, 234, 249.*

Respeto de normas especiales

Art. 259. Lo dispuesto en este título es sin perjuicio de lo que se establece en el artículo 294 y siguientes en relación con cada clase de sociedad.

Conc. *Arts. 319, 333, 457.*

CAPÍTULO XI. MATRICES, SUBORDINADAS Y SUCURSALES

Subordinación o control

Art. 260. Modificado por la Ley 222 de 1995, art. 26. Una sociedad será subordinada o controlada cuando su poder de decisión se encuentre sometido a la voluntad de otra u otras personas que serán su matriz o control ante, bien sea directamente, caso en el cual aquélla se denominará filial o con el concurso o por intermedio de las subordinadas de la matriz, en cuyo caso se llamará subsidiaria.

Conc. *Arts. 202; Ley 222 de 1995, arts. 28 a 30; Ley 1607 de 2012, art. 111.*

NOTA: Para efectos tributarios, el literal a) del artículo 111 de la Ley 1607 copia esta definición, pero cambiando el término sociedad por entidad.

Presunciones de subordinación

Art. 261. Modificado por la Ley 222 de 1995, art. 27. Será subordinada una sociedad cuando se encuentre en uno o más de los siguientes casos:

1. Cuando más del cincuenta por ciento (50%) del capital pertenezca a la matriz, directamente o por intermedio o con el concurso de sus subordinadas, o de las subordinadas de éstas. Para tal efecto, no se computarán las acciones con dividendo preferencial y sin derecho a voto.

2. Cuando la matriz y las subordinadas tengan conjunta o separadamente el derecho de emitir los votos constitutivos de la mayoría mínima decisoria en la junta de socios o en la asamblea, o tengan el número de votos necesario para elegir la mayoría de miembros de la junta directiva, si la hubiere.

3. Cuando la matriz, directamente o por intermedio o con el concurso de las subordinadas, en razón de un acto o negocio con la sociedad controlada o con sus socios, ejerza influencia dominante en las decisiones de los órganos de administración de la sociedad.

Parágrafo 1º. Igualmente habrá subordinación, para todos los efectos legales, cuando el control conforme a los supuestos previstos en el presente artículo, sea ejercido por una o varias personas naturales o jurídicas de naturaleza no societaria, bien sea directamente o por intermedio o con el concurso de entidades en las cuales éstas posean más del cincuenta por ciento (50%) del capital o configure la mayoría mínima para la toma de decisiones o ejerzan influencia dominante en la dirección o toma de decisiones de la entidad.

Parágrafo 2º. Así mismo, una sociedad se considera subordinada cuando el control sea ejercido por otra sociedad, por intermedio o con el concurso de alguna o algunas de las entidades mencionadas en el parágrafo anterior.

***Conc.** Arts. 186, 188, 428; Ley 222 de 1995, arts. 28 a 30; Ley 1607 de 2012, art. 111.*

Principio de no imbricación

Art. 262. Modificado por la Ley 222 de 1995, art. 32. Las sociedades subordinadas no podrán tener a ningún título, partes de interés, cuotas o acciones en las sociedades que las dirijan o controlen. Serán ineficaces los negocios que se celebren, contrariando lo dispuesto en este artículo.

***Conc.** Arts. 296, 316, 338.*

Definición de sucursal

Art. 263. Son sucursales los establecimientos de comercio abiertos por una sociedad, dentro o fuera de su domicilio, para el desarrollo de los negocios sociales o de parte de ellos, administrados por mandatarios con facultades para representar a la sociedad.

Cuando en los estatutos no se determinen las facultades de los administradores de las sucursales, deberá otorgárseles un poder por escritura pública o documento legalmente reconocido, que se inscribirá en el registro mercantil. A falta de dicho poder, se presumirá que tendrán las mismas atribuciones de los administradores de la principal.

Conc. *Arts. 28, 31, 37, 110, 111, 114, 160, 444, 470.*

Definición de agencia

Art. 264. Son agencias de una sociedad sus establecimientos de comercio cuyos administradores carezcan de poder para representarla.

Conc. *Arts. 20, 25, 196, 515.*

Comprobación de operaciones de sociedades subordinadas

Art. 265. Modificado por la Ley 222 de 1995, art. 31. Los respectivos organismos de inspección, vigilancia o control, podrán comprobar la realidad de las operaciones que se celebren entre una sociedad y sus vinculados. En caso de verificar la irrealidad de tales operaciones o su celebración en condiciones considerablemente diferentes a las normales del mercado, en perjuicio del Estado, de los socios o de terceros, impondrán multas y si lo considera necesario, ordenarán la suspensión de tales operaciones. Lo anterior, sin perjuicio de las acciones de socios y terceros a que haya lugar para la obtención de las indemnizaciones correspondientes.

TÍTULO II
DE LA INSPECCIÓN Y VIGILANCIA DE LAS SOCIEDADES

CAPÍTULO I
SUPERINTENDENCIA DE SOCIEDADES

Art. 266 al 288. *Derogados por la Ley 222 de 1995, art. 242.*

CAPÍTULO II
BALANCES

Envío de información a la Superintendencia

Art. 289. Las sociedades sometidas a vigilancia enviarán a la Superintendencia copias de los balances de fin de ejercicio con el estado de la cuenta de pérdidas y ganancias y en todo caso del cortado en 31 de diciembre de cada año, elaborados conforme a la ley. Dicho balance será «certificado».

La Superintendencia hará las observaciones del caso, cuando el balance no se ajuste a las prescripciones sobre la materia.

Conc. *Arts. 48, 52, 151, 152, 153, 207, 267, 290, 291, 376, 445, 446, 448, 450, 476, 488; Ley 222 de 1995, arts. 34, 40, 83.*

Art. 290. *Derogado por la Ley 222 de 1995, arts. 37 y 38.*

Anexos al balance

Art. 291. Al balance y a la cuenta de resultados se anexarán las siguientes informaciones:

1) Las sociedades por acciones indicarán el número de acciones en que esté dividido el capital, su valor nominal, y las que hayan readquirido. Si existieren acciones privilegiadas o distinguidas por clases o series, se especificarán las diferencias o privilegios de unas y otras;

2) En lo concerniente a las inversiones en sociedades se indicará el número de acciones, cuotas o partes de interés, su costo, el valor nominal, la denominación o razón social, la nacionalidad y el capital de la compañía en la cual se haya efectuado dicha inversión;

3) El detalle de las cuentas de orden con su valor y fecha de vencimiento;

4) Un estudio de las cuentas que hayan tenido modificaciones de importancia en relación con el balance anterior, y

5) Los índices de solvencia, rendimiento y liquidez con un análisis comparativo de dichos índices en relación con los dos últimos ejercicios.

Conc. *Arts. 294 y ss.; 323; 381; 395; 446; 476; Ley 222 de 1995, art. 36.*

Art. 292. *Derogado la Ley 222 de 1995, art. 242.*

Art. 293. *Derogado la Ley 222 de 1995, art. 43.*

TÍTULO III
DE LA SOCIEDAD COLECTIVA

CAPÍTULO I
LOS SOCIOS

Responsabilidad solidaria, subsidiaria e ilimitada

Art. 294. Todos los socios de la sociedad en nombre colectivo responderán solidaria e ilimitadamente por las operaciones sociales. Cualquier estipulación en contrario se tendrá por no escrita.

Esta responsabilidad sólo podrá deducirse contra los socios cuando se demuestre, aun extrajudicialmente, que la sociedad ha sido requerida vanamente para el pago.

En todo caso, los socios podrán alegar las excepciones que tenga la sociedad contra sus acreedores.

Conc. *Arts. 98, 100, 121, 171, 243, 252, 323.*

Participación societaria en colectivas

Art. 295. Cualquier sociedad mercantil podrá formar parte de sociedades colectivas, cuando lo decida la asamblea o la junta de socios con el voto unánime de los asociados. Será nulo el ingreso a la sociedad cuando se infrinja esta disposición.

Conc. *Arts. 98, 188.*

Autorización de consocios

Art. 296. Todo socio deberá obtener autorización expresa de sus consocios para:

1) Ceder total o parcialmente su interés en la sociedad;

2) Delegar en un extraño las funciones de administración o de vigilancia de la sociedad;

3) Explotar por cuenta propia o ajena, directamente o por interpuesta persona, la misma clase de negocios en que se ocupe la compañía, y

4) Formar parte de sociedades por cuotas o partes de interés, intervenir en su administración o en las compañías por acciones que exploten el mismo objeto social.

***Conc.** Arts. 110, 299, 301, 302, 310, 316, 319, 329.*

Ineficacia y exclusión

Art. 297. Los actos que infrinjan los dos primeros ordinales del artículo anterior no producirán efecto alguno respecto de la sociedad ni de los demás socios.

La infracción de los ordinales tercero y cuarto dará derecho a los socios a la exclusión del consocio responsable, a la incorporación al patrimonio social de los beneficios que le correspondieren y al resarcimiento de los daños que ocasionare a la sociedad. Aprobada la exclusión, el representante legal de la compañía solemnizará la correspondiente reforma estatutaria.

***Conc.** Arts. 28, 158, 196, 298, 300.*

Otras causales de exclusión

Art. 298. Sin perjuicio de las sanciones establecidas en la ley penal, el socio que retire cualquier clase de bienes de la sociedad o que utilice la firma social en negocios ajenos a ella, podrá ser excluido de la compañía, perdiendo en favor de ésta su aporte y debiendo indemnizarla si fuere el caso.

***Conc.** Arts. 28, 142, 158, 300, 319; C.G.P., arts. 449, 593.*

Embargo del interés social

Art. 299. El interés social será embargable por los acreedores personales de los socios, pero no se enajenará en subasta pública si uno o más consocios lo adquieren por el avalúo judicial del mismo, caso en el cual el juez autorizará la cesión del interés embargado, previa consignación de su valor.

No obstante, si en la subasta pública del interés social alguno de los socios hace postura, será preferido en igualdad de condiciones. Siendo varios los socios interesados en la adquisición al mismo precio, el juez lo adjudicará a favor de todos ellos por partes iguales, si los mismos socios no solicitan que se adjudique en otra forma.

***Conc.** Arts. 28, 142, 158, 300, 319; C.G.P., arts. 449, 593.*

Prenda sobre el interés social

Art. 300. El interés social podrá darse en prenda mediante instrumento público o documento privado reconocido legalmente; pero la prenda no será oponible a terceros sino a partir de su inscripción en el registro mercantil.

***Conc.** Arts. 28, 29, 296.*

Cesión del interés social

Art. 301. La cesión del interés social se tendrá como una reforma del contrato social, aunque se haga a favor de otro socio; pero el cedente no quedará liberado de su responsabilidad por las obligaciones sociales anteriores, sino trascurrido un año desde la fecha de la inscripción de la cesión.

***Conc.** Arts. 28, 28, 146, 158, 160, 161, 296, 305, 316, 329, 337, 338, 340.*

Reuniones y decisiones de la junta de socios

Art. 302. Las reuniones de la junta de socios y las decisiones de la misma se sujetarán a lo previsto en el contrato social. A falta de estipulación expresa, podrá deliberarse con la mayoría numérica de los asociados cualquiera que sea su aporte, y podrán adoptarse las decisiones con el voto de no menos de la misma mayoría, salvas las reformas del contrato, que requerirán el voto unánime de los socios.

***Conc.** Arts. 161, 181, 190, 316.*

CAPÍTULO II. LA RAZÓN SOCIAL

Formación

Art. 303. La razón social se formará con el nombre completo o el solo apellido de alguno o algunos de los socios seguido de las expresiones «y compañía», «hermanos», «e hijos», u otras análogas, si no se incluyen los nombres completos o los apellidos de todos los socios.

No podrá incluirse el nombre de un extraño en la razón social. Quien lo tolere, será responsable a favor de las personas que hubieren contratado con la sociedad.

Conc. *Arts. 110, 300, 309, 311.*

Modificación de la razón social por muerte de socios

Art. 304. La muerte de un socio cuyo nombre o apellido integre la razón social, no impedirá a la sociedad seguir utilizándolo cuando continúe con los herederos o cuando éstos, siendo capaces, consientan expresamente. En tales casos se agregará la palabra «sucesores».

Modificación de la razón social por enajenación del interés

Art. 305. Cuando la razón social se forme con el nombre completo o el apellido de uno de los socios, y éste ceda la totalidad de su interés en la sociedad, podrá seguir utilizándose la misma razón social con la palabra «sucesores».

Uso de la razón social

Art. 306. La razón o firma social sólo podrá ser utilizada por las personas facultadas para representar a la sociedad. Esta, a su vez, sólo se obligará por las operaciones que, además de corresponder al objeto social, sean autorizadas con la razón o firma social.

Conc. *Arts. 99, 110, 298, 303, 310, 311.*

Responsabilidad en las operaciones no autorizadas con la firma

Art. 307. No obstante lo prescrito en el artículo anterior, la sociedad responderá por las operaciones no autorizadas con su firma social en los siguientes casos:

1) Cuando sean ejecutadas o celebradas por los representantes de la sociedad, correspondan al giro ordinario de los negocios sociales y, por el tenor del título o por las circunstancias del hecho, aparezcan de un modo inequívoco contraídas por su cuenta y en su interés, o haya derivado provecho de ellas;

2) Cuando sean ratificadas expresa o tácitamente por la sociedad, y

3) Cuando el tercero de buena fe prueba que la sociedad ha cumplido voluntariamente otras obligaciones contraídas de modo semejante.

Conc. *Arts. 110, 196, 298.*

Responsabilidad personal de los administradores

Art. 308. Los actos ejecutados por los administradores bajo la razón social, que no estuvieren autorizados estatutariamente o fueren limitados por la ley o por los estatutos, solamente comprometerán su responsabilidad personal. Además deberán indemnizar a la sociedad por los perjuicios que le causen y, si se trata de socios, podrán ser excluidos.

Conc. *Arts. 99, 110, 196, 200.*

Establecimientos y razón social

Art. 309. La razón social no formará parte de los establecimientos de comercio de la sociedad, y en caso de enajenación de éstos, podrá transferirse mediante aceptación de los asociados cuyos nombres o apellidos figuren en ella, quienes seguirán respondiendo ante terceros.

Conc. *Arts. 25, 515 a 517, 525 y ss.*

CAPÍTULO III
ADMINISTRACIÓN Y REPRESENTACIÓN DE LA SOCIEDAD

Administración colectiva

Art. 310. La administración de la sociedad colectiva corresponderá a todos y a cada uno de los socios, quienes podrán delegarla en sus consocios o en extraños, caso en el cual los delegantes quedarán inhibidos para la gestión de los negocios sociales. Los delegados tendrán las mismas facultades conferidas a los socios administradores por la ley o por los estatutos, salvo las limitaciones que expresamente se les impongan.

Conc. *Arts. 110, 163, 164, 190 a 193, 196, 296, 306, 307, 308, 311 a 313.*

Facultades de la representación

Art. 311. La representación de la sociedad llevará implícita la facultad de usar la firma social y de celebrar todas las operaciones comprendidas dentro del giro ordinario de los negocios sociales.

Conc. *Arts. 99, 110, 196, 303, 306.*

Delegación de la representación

Art. 312. Delegada la administración a varias personas, sin determinar sus funciones y facultades, se entenderá que podrán ejercer separadamente cualquier acto de administración. Cuando se estipule que deban obrar de consuno, no podrán actuar aisladamente.

Conc. *Arts. 114, 296, 308, 314.*

Cambios en la delegación

Art. 313. Delegada la administración de la sociedad, el o los socios que la hubieren conferido podrán reasumirla en cualquier tiempo, o cambiar a sus delegados, teniendo en cuenta lo dispuesto en el artículo 310. Cuando la delegación no conste en los estatutos, deberá otorgarse con las formalidades propias de las reformas estatutarias. Serán inoponibles a terceros la revocación, el cambio de delegado y las limitaciones de sus facultades, mientras no se llenen dichas formalidades.

Conc. *Arts. 110, 158, 161, 163, 310, 312.*

Derecho de inspección

Art. 314. Aún delegada la administración, los socios tendrán derecho de inspeccionar, por sí mismos o por medio de representantes, los libros y papeles de la sociedad en cualquier tiempo.

Conc. *Arts. 48 a 61, 203, 213, 312, 328, 369, 379; Ley 222 de 1995, art. 48.*

Coadministrador en caso de administrador abusivo

Art. 315. Cuando el nombramiento de un administrador en una persona determinada sea condición para la subsistencia de la sociedad, y dicha persona abuse de sus facultades o sea negligente, la junta de socios podrá designar por mayoría un coadministrador, con el fin de que obren de consuno.

Mayorías decisorias

Art. 316. La transferencia de partes de interés, el ingreso de nuevos socios, así como cualquiera otra reforma estatutaria y la enajenación de la totalidad o de la mayor parte de los activos sociales, requerirán el voto unánime de los socios, o de sus delegados, si otra cosa no se dispone en los estatutos. Las demás decisiones se aprobarán por mayoría absoluta de votos, salvo estipulación en contrario.

Cada socio tendrá derecho a un voto.

Conc. *Arts. 110, 158, 161, 229, 296, 302.*

Veto

Art. 317. Los socios podrán oponerse a cualquier operación propuesta, salvo que se refiera a la mera conservación de los bienes sociales. La oposición suspenderá el negocio mientras se decide por mayoría de votos. Si ésta no se obtiene se desistirá del acto proyectado.

Cuando fuere vetado un negocio en la forma indicada en el inciso precedente y a pesar de ello se llevare a cabo, la sociedad comprometerá su responsabilidad; pero si de la operación se derivare algún perjuicio, será indemnizada por quien la ejecutó contrariando la oposición.

Conc. *Art. 110.*

Rendición de cuentas

Art. 318. Los administradores, sean socios o extraños, al fin de cada ejercicio social darán cuenta de su gestión a la junta de socios e informarán sobre la situación financiera y contable de la sociedad. Además, rendirán a la misma junta cuentas comprobadas de su gestión cuando ésta la solicite y, en todo caso, al separarse del cargo.

Las estipulaciones tendientes a exonerarlos de dichas obligaciones y de las responsabilidades consiguientes se tendrán por no escritas.

Conc. *Arts. 187, 200; Ley 222 de 1995, arts. 45 y 46.*

CAPÍTULO IV. REGLAS ESPECIALES SOBRE DISOLUCIÓN DE LA SOCIEDAD COLECTIVA

Causales especiales de disolución

Art. 319. La sociedad colectiva se disolverá por las causales previstas en el artículo 218 y, en especial, por las siguientes:

1) Por muerte de alguno de los socios si no se hubiere estipulado su continuación con uno o más de los herederos, o con los socios supérstites;

2) Por incapacidad sobreviniente a alguno de los socios, a menos que se convenga que la sociedad continúe con los demás, o que acepten que los derechos del incapaz sean ejercidos por su representante;

3) Por declaración de quiebra de alguno de los socios, si los demás no adquieren su interés social o no aceptan la cesión a un extraño, una vez requeridos por el síndico de la quiebra, dentro de los treinta días siguientes;

4) Por enajenación forzada del interés de alguno de los socios en favor de un extraño, si los demás asociados no se avienen dentro de los treinta días siguientes a continuar la sociedad con el adquirente, y

5) Por renuncia o retiro justificado de alguno de los socios, si los demás no adquieren su interés en la sociedad o no aceptan su cesión a un tercero.

Conc. *Arts. 101, 218, 299, 300, 304.*

NOTA: Donde dice quiebra en el numeral 3º debe entenderse apertura de liquidación obligatoria.

Continuación de la sociedad con herederos

Art. 320. El pacto de continuar la sociedad con los herederos de un socio fallecido, sólo podrá cumplirse cuando tales herederos tengan la capacidad requerida para ejercer el comercio.

Habiendo entre los herederos del socio fallecido alguno o algunos que reúnan las condiciones indicadas en este artículo, podrá continuar la sociedad si se adjudica a tales herederos las partes de interés del difunto; pero si éstas se adjudican, en todo o en parte, a personas que carezcan de capacidad para ejercer el comercio o que no puedan obtener la habilitación respectiva, la sociedad se disolverá desde la fecha del registro de la correspondiente partición.

NOTA: El tercer inciso de esta norma fue derogado por la Ley 27 de 1977, art. 1º.

Continuación con los socios supérstites

Art. 321. Cuando la sociedad no pudiere continuar con los herederos de un socio fallecido y se hubiere estipulado la continuación con los socios sobrevivientes, deberá liquidarse y pagarse de inmediato el interés de dicho socio por el valor que acuerden las partes, y en su defecto, por el que fijen peritos designados por ellas, debiéndose solemnizar la correspondiente reforma estatutaria.

Conc. *Arts. 143, 144, 158, 319; Ley 222 de 1995, art. 231.*

NOTA: La fijación del valor de las partes de interés por peritos se hará de conformidad con el procedimiento establecido en el artículo 231 de la Ley 222 de 1995.

Art. 322. *Derogado por la Ley 222 de 1995, art. 242.*

TÍTULO IV
DE LAS SOCIEDADES EN COMANDITA

CAPÍTULO I
DISPOSICIONES COMUNES

Gestores y comanditarios

Art. 323. La sociedad en comandita se formará siempre entre uno o más socios que comprometen solidaria e ilimitadamente su responsabilidad por las operaciones sociales y otro o varios socios que limitan la responsabilidad a sus respectivos aportes. Los primeros se denominarán socios gestores o colectivos y los segundos, socios comanditarios.

Conc. Arts. 28, 98, 110, 168, 171, 224, 333, 336 a 338, 343, 353, 373.

Razón social

Art. 324. La razón social de las comanditarias se formará con el nombre completo o el solo apellido de uno o más socios colectivos y se agregará la expresión «y compañía» o la abreviatura «& Cía.», seguida en todo caso de la indicación abreviada «S. en C.» o de las palabras «Sociedad Comanditaria por Acciones» o su abreviatura «S. C. A.», si es por acciones, so pena de que para todos los efectos legales se presuma de derecho que la sociedad es colectiva.

El socio comanditario o la persona extraña a la sociedad que tolere la inclusión de su nombre en la razón social, responderá como socio colectivo.

Conc. Arts. 110, 294, 303, 304.

Capital social

Art. 325. El capital social se formará con los aportes de los socios comanditarios o con los de éstos y los de los socios colectivos simultáneamente.

Cuando los colectivos hicieren aportaciones de capital, en la respectiva escritura se relacionarán por su valor, sin perjuicio de la responsabilidad inherente a la categoría de tales socios.

El comanditario no podrá en ningún caso ser socio industrial.

Conc. Arts. 110, 122 y ss., 124, 323, 338, 344.

Administración

Art. 326. La administración de la sociedad estará a cargo de los socios colectivos, quienes podrán ejercerla directamente o por sus delegados, con sujeción a lo previsto para la sociedad colectiva.

Conc. Arts. 164, 193, 196, 198, 200, 201, 310 a 318.

Comanditarios como representantes

Art. 327. Los comanditarios no podrán ejercer funciones de representación de la sociedad sino como delegados de los socios colectivos y para negocios determinados. En estos casos deberán indicar, al hacer uso de la razón social, que obran por poder, so pena de responder solidariamente con los gestores por las operaciones sociales que celebren o ejecuten.

***Conc.** Art. 325.*

Derecho de inspección de los comanditarios

Art. 328. El comanditario tendrá la facultad de inspeccionar en cualquier tiempo, por sí o por medio de un representante, los libros y documentos de la sociedad.

Pero si tiene un establecimiento dedicado a las mismas actividades del establecimiento de la sociedad o si forma parte de una compañía dedicada a las mismas actividades, perderá el derecho a examinar los libros sociales.

***Conc.** Arts. 48 a 61, 314, 339, 369, 379.*

Cesión del interés de los gestores

Art. 329. Los socios gestores sólo podrán ceder su interés social en la forma prevista para la cesión de las partes de interés de los socios colectivos. Esta cesión deberá otorgarse como se prevé en el título I de este libro para la reforma de los estatutos.

***Conc.** Arts. 28, 158, 161, 296, 300, 301, 331, 338.*

Cesión de cuotas de los comanditarios

Art. 330. Los socios comanditarios podrán ceder sus cuotas en la forma prevista para los socios en la sociedad de responsabilidad limitada.

***Conc.** Arts. 300, 301, 331, 325, 329, 338, 340, 348, 362, 363.*

Cesión separada

Art. 331. Las acciones que un socio gestor tenga en la sociedad podrán cederse separadamente de las partes de interés que tenga como gestor, e inversamente, pero con sujeción a lo previsto en los artículos anteriores.

Conc. *Arts. 325, 338, 348, 362.*

Reparto de utilidades

Art. 332. Las utilidades sociales se distribuirán entre los socios gestores y comanditarios en la forma estipulada en el contrato. A falta de estipulación, las utilidades se repartirán entre los comanditarios a prorrata de sus cuotas o acciones pagando previamente el beneficio de los socios gestores.

Conc. *Arts. 110, 149 a 157.*

Causales especiales de disolución

Art. 333. La sociedad en comandita se disolverá:

1) Por las causales señaladas en el artículo 218 de este Código;

2) Por las causales especiales de la sociedad colectiva, cuando ocurran respecto de los socios gestores, y

3) Por desaparición de una de las dos categorías de socios.

Conc. *Arts. 110, 259, 288, 319, 323.*

Designación del liquidador

Art. 334. El liquidador de una comanditaria será designado con el voto de la mayoría absoluta, tanto de los socios colectivos como de las cuotas de los comanditarios, si otra cosa no se hubiere previsto en los estatutos. La remoción del liquidador requerirá la misma mayoría.

Conc. *Arts. 28, 227 a 229, 231.*

Presunciones sobre la calidad del socio

Art. 335. En caso de duda sobre la calidad de un socio, se presumirá que es colectivo; y cuando se presentare sobre la especie o tipo de la sociedad, se reputará colectiva.

Conc. *Arts. 294 y ss., 341.*

Votos en junta de socios

Art. 336. En las decisiones de la junta de socios cada gestor tendrá un voto. Los votos de los comanditarios se computarán conforme al número de cuotas o acciones de cada uno.

Las decisiones relativas a la administración solamente podrán tomarlas los gestores, en la forma prevista en los estatutos.

Conc. *Arts. 188, 316, 323, 338, 340, 349.*

CAPÍTULO II
SOCIEDAD EN COMANDITA SIMPLE

Documento de constitución

Art. 337. La escritura constitutiva de la sociedad en comandita simple será otorgada por todos los socios colectivos, con o sin intervención de los comanditarios; pero se expresará siempre el nombre, domicilio y nacionalidad de éstos, así como las aportaciones que haga cada uno de los asociados.

Conc. *Arts. 98, 110, 121, 123 y ss., 171, 323, 343; Ley 1014, art. 22.*

Cesión de partes de interés y cuotas

Art. 338. Las partes de interés de los socios colectivos y las cuotas de los comanditarios se cederán por escritura pública, debiéndose inscribir la cesión en el registro mercantil.

La cesión de las partes de interés de un socio colectivo requerirá de la aprobación unánime de los socios; la cesión de las cuotas de un comanditario, del voto unánime de los demás comanditarios.

Conc. *Arts. 28, 158, 161, 294, 296, 301, 329 a 331.*

Derecho de inspección de los comanditarios

Art. 339. Las facultades de inspección y vigilancia interna de la sociedad serán ejercidas por los comanditarios, sin perjuicio de que puedan designar un revisor fiscal, cuando la mayoría de ellos así lo decida.

Conc. *Arts. 203, 204, 207, 328.*

Reformas estatutarias

Art. 340. Sin perjuicio de lo dispuesto en el artículo 338 y salvo estipulación expresa en contrario, las reformas estatutarias se aprobarán por la unanimidad de los socios colectivos y por la mayoría absoluta de votos de los comanditarios, y deberán reducirse a escritura pública.

Conc. *Arts. 158, 161, 188, 302, 314, 328, 349, 369.*

Remisión normativa

Art. 341. En lo no previsto en este capítulo se aplicarán, respecto de los socios gestores, las normas de la sociedad colectiva, y de los comanditarios, las disposiciones de la compañía de responsabilidad limitada.

Conc. *Arts. 161, 294 y ss. 302, 323, 335, 349, 353 y ss.*

Art. 342. *Derogado por la Ley 2069 de 2020, art. 4°, Parágrafo 2.*

CAPÍTULO III
SOCIEDAD EN COMANDITA POR ACCIONES

Documento de constitución

Art. 343. En el acto constitutivo de la sociedad no será necesario que intervengan los socios comanditarios; pero en la escritura siempre se expresará el nombre, domicilio y nacionalidad de los suscriptores, el número de acciones suscritas, su valor nominal y la parte pagada.

La en comandita por acciones no podrá constituirse ni funcionar con menos de cinco accionistas.

Conc. *Arts. 28, 98, 110, 171, 218, 323, 337, 374; Ley 1014, art. 22.*

Capital social

Art. 344. El capital de la sociedad en comandita por acciones estará representado en títulos de igual valor. Mientras las acciones no hayan sido íntegramente pagadas serán necesariamente nominativas.

El aporte de industria de los socios gestores no formará parte del capital social. Tales socios podrán suscribir acciones de capital sin perder la calidad de colectivos.

Conc. *Arts. 110, 122 y ss., 137 a 139, 150, 325, 331, 375, 377, 379, 401; Ley 222 de 1995, art. 61; Comunidad Andina, Decisión 291 de 1991, art. 9º.*

Suscripción del capital

Art. 345. Al constituirse la sociedad deberá suscribirse por lo menos el cincuenta por ciento de las acciones en que se divida el capital autorizado y pagarse siquiera la tercera parte del valor de cada acción suscrita. En las suscripciones posteriores, se observará la misma regla. El plazo para el pago de los instalamentos pendientes no podrá exceder de un año contado a partir de la fecha de la suscripción.

Conc. *Arts. 110, 130, 238, 239, 376, 384, 387.*

Prohibición

Art. 346. Prohíbese enunciar el capital autorizado sin mencionar el suscrito y el pagado, y expresar el capital suscrito sin indicar el pagado.

Conc. *Art. 376.*

Remisión normativa en materia de acciones

Art. 347. La emisión, colocación, expedición de títulos y negociación de las acciones, se sujetarán a lo previsto para las sociedades anónimas, excepción hecha de las autorizaciones de la Superintendencia, cuando la sociedad no esté vigilada.

Conc. *Arts. 195, 267, 377 a 418, 377.*

NOTA: Actualmente no existen autorizaciones de funcionamiento por parte de la Superintendencia de Sociedades.

Incompatibilidades de los gestores

Art. 348. Las incompatibilidades y prohibiciones previstas para los administradores de las sociedades anónimas regirán para los socios colectivos en lo relativo a la negociación de acciones, representación y voto en la asamblea.

Conc. *Arts. 185, 404, 435.*

Asambleas y reformas estatutarias

Art. 349. En las asambleas se seguirán las reglas establecidas para las sociedades anónimas. Las reformas estatutarias deberán aprobarse, salvo estipulación en contrario, por unanimidad de los socios colectivos, y por mayoría de votos de las acciones de los comanditarios.

Conc. *Arts. 158, 161, 181, 185, 302, 336, 378, 419, 420 a 433.*

Reserva legal

Art. 350. La sociedad en comandita por acciones creará una reserva legal que ascenderá por lo menos al cincuenta por ciento del capital suscrito, formada con el diez por ciento de las utilidades líquidas de cada ejercicio. Cuando esta llegue a dicho límite o al previsto en los estatutos, si fuere mayor, la sociedad no tendrá obligación de continuar incrementándola, pero si disminuye volverá a apropiarse el mismo diez por ciento de tales utilidades hasta que la reserva alcance nuevamente el monto fijado.

Conc. *Arts. 110, 154, 371, 452, 454, 456.*

Art. 351. *Derogado por la Ley 2069 de 2020, art. 4°, Parágrafo 2.*

Remisión normativa

Art. 352. En lo no previsto en este título se aplicarán, respecto de los socios gestores, las normas de la sociedad colectiva, y respecto de los comanditarios, las de las anónimas.

Conc. *Arts. 294 y ss., 373 y ss., 379.*

TÍTULO V
DE LA SOCIEDAD DE RESPONSABILIDAD LIMITADA

Limitación de responsabilidad

Art. 353. En las compañías de responsabilidad limitada los socios responderán hasta el monto de sus aportes.

En los estatutos podrá estipularse para todos o algunos de los socios una mayor responsabilidad o prestaciones accesorias o garantías suplementarias, expresándose su naturaleza, cuantía, duración y modalidades.

Conc. *Arts. 98, 100, 110, 146, 168, 171.*

Capital social

Art. 354. El capital social se pagará íntegramente al constituirse la compañía, así como al solemnizarse cualquier aumento del mismo. El capital estará dividido en cuotas de igual valor, cesibles en las condiciones previstas en la ley o en los estatutos.

Los socios responderán solidariamente por el valor atribuido a los aportes en especie.

Conc. *Arts. 110, 118, 122, 126, 127, 129, 132, 162, 243, 362; Ley 1116 de 2006, art. 42.*

Sanciones por no pagar los aportes

Art. 355. Cuando se compruebe que los aportes no han sido pagados íntegramente, la superintendencia deberá exigir, bajo apremio de multas (hasta de cincuenta mil pesos), que tales aportes se cubran u ordenar la disolución de la sociedad, sin perjuicio de que la responsabilidad de los socios se deduzca como en la sociedad colectiva.

Conc. *Arts. 118, 125, 218, 267, 294.*

NOTA: Las multas que impone la Superintendencia de Sociedades en virtud de esta disposición corresponden a un valor de hasta doscientos salarios mínimos legales mensuales, de conformidad con lo dispuesto por el numeral 3º del artículo 86 de la Ley 222 de 1995.

Número de socios

Art. 356. Los socios no excederán de veinticinco. Será nula de pleno derecho la sociedad que se constituya con un número mayor. Si durante su existencia excediere dicho límite, dentro de los dos meses siguientes a la ocurrencia de tal hecho, podrá transformarse en otro tipo de sociedad o reducir el número de sus socios. Cuando la reducción implique disminución del capital social, deberá obtenerse permiso previo de la Superintendencia, so pena de quedar disuelta la compañía al vencerse el referido término.

Conc. *Arts. 122, 143, 145 a 147, 158, 162, 167 a 171, 180, 218, 220, 250, 267.*

Denominación social

Art. 357. La sociedad girará bajo una denominación o razón social, en ambos casos seguida de la palabra «limitada» o de su abreviatura «Ltda.», que de no aparecer en los estatutos, hará responsables a los asociados solidaria e ilimitadamente frente a terceros.

Conc. *Arts. 110, 294, 353.*

Representación legal

Art. 358. La representación de la sociedad y la administración de los negocios sociales corresponde a todos y a cada uno de los socios; éstos tendrán además de las atribuciones que señala el artículo 187, las siguientes:

1) Resolver sobre todo lo relativo a la cesión de cuotas, así como a la admisión de nuevos socios;

2) Decidir sobre el retiro y exclusión de socios;

3) Exigir de los socios las prestaciones complementarias o accesorias, si hubiere lugar;

4) Ordenar las acciones que correspondan contra los administradores, el representante legal, el revisor fiscal o cualquiera otra persona que hubiere incumplido sus obligaciones u ocasionado daños o perjuicios a la sociedad, y

5) Elegir y remover libremente a los funcionarios cuya designación le corresponda. La junta de socios podrá delegar la representación y la administración de la sociedad en un gerente, estableciendo de manera clara y precisa sus atribuciones.

***Conc.** Arts. 99, 110, 123, 129, 131, 143, 144, 157, 187, 193, 196, 200, 201, 203, 207, 214, 216, 296, 297, 318, 354, 362, 382.*

Decisiones de la junta de socios

Art. 359. En la junta de socios cada uno tendrá tantos votos cuantas cuotas posea en la compañía. Las decisiones de la junta de socios se tomarán por un número plural de socios que represente la mayoría absoluta de las cuotas en que se halle dividido el capital de la compañía.

En los estatutos podrá estipularse que en lugar de la absoluta se requerirá una mayoría decisoria superior.

***Conc.** Arts. 122, 181, 188, 192, 354.*

Mayorías para reformas estatutarias

Art. 360. Salvo que se estipule una mayoría superior, las reformas estatutarias se aprobarán con el voto favorable de un número plural de asociados que represente, cuando menos, el setenta por ciento de las cuotas en que se halle dividido el capital social.

***Conc.** Arts. 110, 122, 158, 161, 168, 188, 316, 359.*

Libro de socios

Art. 361. La sociedad llevará un libro de registro de socios, registrado en la cámara de comercio, en el que se anotarán el nombre, nacionalidad, domicilio, documento de identificación y número de cuotas que cada uno posea, así como los embargos, gravámenes, y cesiones que se hubieren efectuado, aún por vía de remate.

***Conc.** Arts. 28, 142, 195, 271, 402; Ley 1676 de 2013, arts. 3º, 21, 82.*

NOTA: Las prendas sobre cuotas sociales constituyen garantías mobiliarias, razón por la cual deberán inscribirse en el registro pertinente.

Cesión de cuotas

Art. 362. Los socios tendrán derecho a ceder sus cuotas. Cualquier estipulación que impida este derecho, se tendrá por no escrita.

La cesión de cuotas implicará una reforma estatutaria. La correspondiente escritura pública será otorgada por el representante legal de la compañía, el cedente y el cesionario.

Conc. *Arts. 158, 196, 330, 354, 358, 361.*

Derecho de preferencia

Art. 363. Salvo estipulación en contrario, el socio que pretenda ceder sus cuotas las ofrecerá a los demás socios por conducto del representante legal de la compañía, quien les dará traslado inmediatamente, a fin de que dentro de los quince días siguientes manifiesten si tienen interés en adquirirlas. Transcurrido este lapso los socios que acepten la oferta tendrán derecho a tomarla a prorrata de las cuotas que posean. El precio, plazo y demás condiciones de la cesión se expresarán en la oferta.

Conc. *Arts. 358, 364, 365, 367, 368.*

Discrepancias sobre las condiciones de la cesión

Art. 364. Si los socios interesados en adquirir las cuotas discreparen respecto del precio o del plazo, se designarán peritos para que fijen uno u otro. El justiprecio y el plazo determinados serán obligatorios para las partes. Sin embargo, éstas podrán convenir en que las condiciones de la oferta sean definitivas, si fueren más favorables a los presuntos cesionarios que las fijadas por los peritos.

En los estatutos podrán establecerse otros procedimientos para fijar las condiciones de la cesión.

Conc. *Arts. 110, 363, 367; Ley 1116 de 2006, art. 136.*

Rechazo a la oferta

Art. 365. Si ningún socio manifiesta interés en adquirir las cuotas dentro del término señalado en el artículo 363, ni se obtiene la autorización de la mayoría prevista para el ingreso de un extraño, la sociedad estará obligada a presentar por conducto de su representante legal, dentro de los sesenta días siguientes a la petición del presunto cedente una o más personas que las adquieran, aplicando para el caso las normas señaladas anteriormente. Si dentro de los veinte días siguientes no se perfecciona la cesión, los demás socios optarán entre disolver la sociedad o excluir al socio interesado en ceder las cuotas, liquidándolas en la forma establecida en el artículo anterior.

Conc. *Arts. 158, 218 y ss. 358, 363, 367, 396, 417.*

Formalidades de la cesión

Art. 366. La cesión de las cuotas deberá hacerse por escritura pública, so pena de ineficacia, pero no producirá efectos respecto de terceros ni de la sociedad sino a partir de la fecha en que sea inscrita en el registro mercantil.

Conc. *Arts. 28, 112, 158, 362.*

Certificación para registro

Art. 367. Las cámaras no registrarán la cesión mientras no se acredite con certificación de la sociedad el cumplimiento de lo prescrito en los artículos 363, 364 y 365, cuando sea del caso.

Conc. *Arts. 34, 86, 363, 364, 365.*

Continuación de la sociedad con herederos

Art. 368. La sociedad continuará con uno o más de los herederos del socio difunto, salvo estipulación en contrario. No obstante, en los estatutos podrá disponerse que dentro del plazo allí señalado, uno o más de los socios sobrevivientes tendrán derecho de adquirir las cuotas del fallecido, por el valor comercial a la fecha de su muerte. Si no se llegare a un acuerdo respecto del precio y condiciones de pago, serán determinados por peritos designados por las partes.

Si fueren varios los socios que quisieren adquirir las cuotas, se distribuirán entre ellos a prorrata de las que posean en la sociedad.

Conc. *Arts. 110, 148, 364; Ley 222 de 1995, art. 231.*

NOTA: La fijación del valor de las cuotas sociales por peritos se hará de conformidad con el procedimiento establecido en el artículo 231 de la Ley 222 de 1995.

Derecho de inspección

Art. 369. Los socios tendrán derecho a examinar en cualquier tiempo, por sí o por medio de un representante, la contabilidad de la sociedad, los libros de registro de socios y de actas y en general todos los documentos de la compañía.

Conc. *Arts. 48 al 74, 194, 314, 328, 361, 379; Ley 222 de 1995, art. 48.*

Art. 370. *Derogado por la Ley 2069 de 2020, art. 4°, Parágrafo 2.*

Reserva legal, balances y reparto de utilidades

Art. 371. La sociedad formará una reserva legal, con sujeción a las reglas establecidas para la anónima. Estas mismas reglas se observarán en cuanto a los balances de fin de ejercicio y al reparto de utilidades.

Conc. *Arts. 52, 110, 154, 155, 289, 290, 350, 445 y ss., 451, 452, 455 y ss.; Ley 222 de 1995, art. 34.*

Remisión normativa

Art. 372. En lo no previsto en este título o en los estatutos, las sociedades de responsabilidad limitada se regirán por las disposiciones sobre sociedades anónimas.

Conc. *Arts. 353 y ss., 373 y ss.*

TÍTULO VI
DE LA SOCIEDAD ANÓNIMA

CAPÍTULO I
CONSTITUCIÓN DE LA SOCIEDAD ANÓNIMA

Aspectos generales

Art. 373. La sociedad anónima se formará por la reunión de un fondo social suministrado por accionistas responsables hasta el monto de sus respectivos aportes; será administrada por gestores temporales y revocables y tendrá una denominación seguida de las palabras «Sociedad Anónima» o de las letras «S A.»

Si la sociedad se forma, se inscribe o se anuncia sin dicha especificación, los administradores responderán solidariamente de las operaciones, sociales que se celebren.

Conc. *Arts. 110, 116, 122, 168, 171, 196, 203, 268, 269, 270, 330, 434; Ley 222 de 1995, arts. 49 y ss.*

NOTA: La expresión subrayada fue declarada exequible por la Corte Constitucional en la Sentencia C-865 de 2004.

Número de accionistas

Art. 374. La sociedad anónima no podrá constituirse ni funcionar con menos de cinco accionistas.

Conc. *Arts. 180, 218, 220, 250, 457.*

Capital social

Art. 375. El capital de la sociedad anónima se dividirá en acciones de igual valor que se representarán en títulos negociables.

Conc. *Arts. 122 a 148, 373, 377, 379, 399, 403.*

División del capital

Art. 376. Al constituirse la sociedad deberá suscribirse no menos del cincuenta por ciento del capital autorizado y pagarse no menos de la tercera parte del valor de cada acción de capital que se suscriba.

Al darse a conocer el capital autorizado se deberá indicar, a la vez, la cifra del capital suscrito y la del pagado.

Conc. *Arts. 110, 122 a 148, 23, 239, 346, 384, 387, 397, 398, 400, 457; Ley 222 de 1995, art. 67.*

CAPÍTULO II
LAS ACCIONES EN LA SOCIEDAD ANÓNIMA

SECCIÓN I. EMISIÓN DE ACCIONES

Acciones nominativas

Art. 377. Las acciones podrán ser nominativas (o al portador), pero deberán ser nominativas mientras no se hayan pagado íntegramente.

Conc. *Arts. 28, 195, 344, 375, 379, 381, 399, 400, 401, 405 a 407, 465; Comunidad Andina, Decisión 291 de 1991, art. 9º.*

NOTA: Actualmente no pueden existir acciones al portador, de conformidad con la Decisión 291 de la Comunidad Andina que establece que el capital de las sociedades por acciones debe estar representado por acciones nominativas.

Indivisibilidad de las acciones

Art. 378. Las acciones serán indivisibles y, en consecuencia, cuando por cualquier causa legal o convencional una acción pertenezca a varias personas, éstas deberán designar un representante común y único que ejerza los derechos correspondientes a la calidad de accionista.

A falta de acuerdo, el juez del domicilio social designará el representante de tales acciones, a petición de cualquier interesado.

El albacea con tenencia de bienes representará las acciones que pertenezcan a la sucesión ilíquida. Siendo varios los albaceas designarán un solo representante, salvo que uno de ellos hubiere sido autorizado por el juez para tal efecto. A falta de albacea, llevará la representación la persona que elijan por mayoría de votos los sucesores reconocidos en el juicio.

Conc. *Arts. 148, 195.*

Derechos del accionista

Art. 379. Cada acción conferirá a su propietario los siguientes derechos:

1) El de participar en las deliberaciones de la asamblea general de accionistas y votar en ella;

2) El de recibir una parte proporcional de los beneficios sociales establecidos por los balances de fin de ejercicio, con sujeción a lo dispuesto en la ley o en los estatutos;

3) El de negociar libremente las acciones, a menos que se estipule el derecho de preferencia en favor de la sociedad o de los accionistas, o de ambos;

4) El de inspeccionar, libremente, los libros y papeles sociales dentro de los quince días hábiles anteriores a las reuniones de la asamblea general en que se examinen los balances de fin de ejercicio, y

5) El de recibir una parte proporcional de los activos sociales al tiempo de la liquidación y una vez pagado el pasivo externo de la sociedad.

Conc. *Arts. 150, 152, 155, 156, 181, 182, 184, 195, 217, 241, 248, 249, 289, 290, 306, 328, 369, 375, 381, 384, 396, 397, 403, 404, 407, 412, 414, 417 a 419, 428, 442, 445 a 447, 451, 460.*

Acciones de industria

Art. 380. Podrán crearse acciones de goce o industria para compensar las aportaciones de servicios, trabajo, conocimientos tecnológicos, secretos industriales o comerciales, asistencia técnica y, en general, toda obligación de hacer a cargo del aportante. Los títulos de estas acciones permanecerán depositados en la caja social para ser entregados al aportante, en la medida en que cumpla su obligación y, mientras tanto, no serán negociables.

Los titulares de las acciones de goce o de industria tendrán los siguientes derechos:

1) Asistir con voz a las reuniones de la asamblea;

2) Participar en las utilidades que se decreten, y

3) Al liquidarse la sociedad, participar de las reservas acumuladas y valorizaciones producidas durante el tiempo en que fue accionista, en la forma y condiciones estipuladas.

Conc. *Arts. 137 a 139, 150, 155, 181, 184, 248, 379, 381, 401, 403, 419, 420, 451, 460.*

Acciones ordinarias y privilegiadas

Art. 381. Las acciones podrán ser ordinarias o privilegiadas. Las primeras conferirán a sus titulares los derechos esenciales consagrados en el artículo 379; las segundas, además, podrán otorgar al accionista los siguientes privilegios:

1) Un derecho preferencial para su reembolso en caso de liquidación hasta concurrencia de su valor nominal;

2) Un derecho a que de las utilidades se les destine, en primer término, una cuota determinada, acumulable o no. La acumulación no podrá extenderse a un período mayor de cinco años, y

3) Cualquiera otra prerrogativa de carácter exclusivamente económico.

En ningún caso podrán otorgarse privilegios que consistan en voto múltiple, o que priven de sus derechos de modo permanente a los propietarios de acciones comunes.

Conc. *Arts. 141, 150, 155, 248, 249, 379, 427, 428, 451, 460; Ley 222 de 1995, arts. 61 y ss.*

Emisión de acciones privilegiadas

Art. 382. Para emitir acciones privilegiadas posteriormente al acto de constitución de la sociedad, será necesario que los privilegios respectivos sean aprobados en la asamblea general con el voto favorable de un número plural de accionistas que represente no menos del (setenta y cinco por ciento) de las acciones suscritas.

En el reglamento de colocación de acciones privilegiadas se regulará el derecho de preferencia a favor de todos los accionistas, con el fin de que puedan suscribirlas en proporción al número de acciones que cada uno posea el día de la oferta. Dicho reglamento será aprobado por la asamblea con la mayoría exigida en este artículo.

Conc. *Arts. 381, 384, 385, 386, 388, 401, 403, 419, 427, 428, 430; Ley 222 de 1995, art. 68.*

NOTA: La mayoría calificada que se encuentra entre paréntesis quedó derogada por el artículo 68 de la Ley 222 de 1995, que establece una mayoría absoluta. Sin embargo, se trata de una norma supletiva y, por tanto, es factible que en los estatutos se disponga de un porcentaje superior.

Revocación o modificación de emisiones de acciones

Art. 383. Toda emisión de acciones podrá revocarse o modificarse por la asamblea general, antes que sean colocadas o suscritas y con sujeción a las exigencias prescritas en la ley o en los estatutos para su emisión.

La disminución o supresión de los privilegios concedidos a unas acciones deberá adoptarse con el voto favorable de accionistas que representen no menos del setenta y cinco por ciento de las acciones suscritas, siempre que esta mayoría incluya en la misma proporción el voto de tenedores de tales acciones.

Conc. *Arts. 158, 382, 420, 427, 428; Ley 222 de 1995, art. 68.*

NOTA: La mayoría calificada que se encuentra entre paréntesis quedó derogada por el artículo 68 de la Ley 222 de 1995, que establece una mayoría absoluta. Sin embargo, se trata de una norma supletiva y, por tanto, es factible que en los estatutos se disponga de un porcentaje superior.

SECCIÓN II. SUSCRIPCIÓN DE ACCIONES

Contrato de suscripción

Art. 384. La suscripción de acciones es un contrato por el cual una persona se obliga a pagar un aporte a la sociedad de acuerdo con el reglamento respectivo y a someterse a sus estatutos. A su vez, la compañía se obliga a reconocerle la calidad de accionista y a entregarle el título correspondiente.

En el contrato de suscripción no podrá pactarse estipulación alguna que origine una disminución del capital suscrito o del pagado.

***Conc.** Arts. 98, 110, 122, 130, 238, 239, 376, 379, 389, 394, 397, 399, 400.*

Reglamento de suscripción

Art. 385. Las acciones no suscritas en el acto de constitución y las que emita posteriormente la sociedad serán colocadas de acuerdo con el reglamento de suscripción.

Con excepción de las acciones privilegiadas y de goce, a falta de norma estatutaria expresa, corresponderá a la junta directiva aprobar el reglamento de suscripción.

***Conc.** Arts. 141, 382, 386, 390, 393, 420, 434.*

Contenido del reglamento

Art. 386. El reglamento de suscripción de acciones contendrá:

1) La cantidad de acciones que se ofrezca, que no podrá ser inferior a las emitidas;

2) La proporción y forma en que podrán suscribirse;

3) El plazo de la oferta, que no será menor de quince días ni excederá de tres meses;

4) El precio a que sean ofrecidas, que no será inferior al nominal, y

5) Los plazos para el pago de las acciones.

***Conc.** Arts. 130, 141, 267, 377, 382, 384, 387 a 390, 393; Ley 964 de 2005, art. 41.*

Cancelación por cuotas

Art. 387. Cuando el reglamento prevea la cancelación por cuotas, al momento de la suscripción se cubrirá, por lo menos, la tercera parte del valor de cada acción suscrita. El plazo para el pago total de las cuotas pendientes no excederá de un año contado desde la fecha de la suscripción.

Conc. Arts. 110, 129, 130, 238, 239, 269, 345, 376, 377, 397, 400.

Derecho de preferencia

Art. 388. Los accionistas tendrán derecho a suscribir preferencialmente en toda nueva emisión de acciones, una cantidad proporcional a las que posean en la fecha en que se apruebe el reglamento. En éste se indicará el plazo para suscribir, que no será inferior a quince días contados desde la fecha de la oferta.

Aprobado el reglamento por la Superintendencia, dentro de los quince días siguientes, el representante legal de la sociedad ofrecerá las acciones por los medios de comunicación previstos en los estatutos para la convocatoria de la asamblea ordinaria.

Por estipulación estatutaria o por voluntad de la asamblea, podrá decidirse que las acciones se coloquen sin sujeción al derecho de preferencia, pero de esta facultad no se hará uso sin que ante la Superintendencia se haya acreditado el cumplimiento del reglamento.

Conc. Arts. 379, 382, 386, 391, 401, 403, 407, 424.

Negociación del derecho de suscripción

Art. 389. El derecho a la suscripción de acciones solamente será negociable desde la fecha del aviso de oferta. Para ello bastará que el titular indique por escrito a la sociedad el nombre del cesionario o cesionarios.

Conc. Arts. 388, 392, 400, 407.

Autorización de la Superintendencia

Art. 390. Para la colocación de acciones la sociedad deberá obtener previamente autorización de la Superintendencia de Sociedades, mediante solicitud acompañada del correspondiente reglamento, so pena de ineficacia.

Los suscriptores podrán sanear el acto de suscripción por ratificación expresa o tácita, una vez obtenida la autorización de que trata el inciso anterior.

No obstante la ratificación, la colocación de las acciones sin la autorización de la Superintendencia de Sociedades, hará incurrir a los administradores de la sociedad en multa hasta de (cincuenta mil pesos).

Conc. *Arts. 177, 267, 385, 388; Ley 222 de 1995, arts. 84 a 86.*

NOTA 1: La autorización de la Superintendencia solo opera respecto de sociedades vigiladas y controladas cuando se trate de colocación de acciones con dividendo preferencial y sin derecho de voto o de acciones privilegiadas, de conformidad con lo dispuesto en el numeral 9º del artículo 84 de la Ley 222 de 1995.

NOTA 2: Las multas que impone la Superintendencia de Sociedades en virtud de esta disposición corresponden a un valor de hasta doscientos salarios mínimos legales mensuales, de conformidad con lo dispuesto por el numeral 3º del artículo 86 de la Ley 222 de 1995.

Art. 391. *Derogado por el Decreto 2155 de 1992.*

Comunicación a la Superintendencia

Art. 392. Vencido el término de la oferta para suscribir, el gerente y revisor fiscal comunicarán de inmediato a la Superintendencia el número de las acciones suscritas, los pagos efectuados a cuenta de las mismas, la cifra en que se eleva el capital suscrito, las cuotas pendientes y los plazos para cubrirlas.

Conc. *Arts. 203, 207, 376; Ley 222 de 1995, arts. 84, 85.*

NOTA: El informe solo es obligatorio en los casos en los que se requiere autorización de la Superintendencia, especialmente en las sociedades vigiladas y controladas.

Art. 393. *Derogado por la Ley 32 de 1979.*

Prueba del contrato de suscripción

Art. 394. La suscripción de acciones, una vez obtenido el permiso para su colocación, no estará sometida a formalidades especiales y podrá acreditarse por cualquier medio de prueba.

Conc. *Arts. 141, 384.*

Sanciones por falsedad

Art. 395. Los administradores de la sociedad y sus revisores fiscales incurrirán en las sanciones previstas en el Código Penal para la falsedad en documentos privados, cuando para provocar la suscripción de acciones se den a conocer como accionistas o como administradores de la sociedad a personas que no tengan tales calidades o cuando a sabiendas se publiquen inexactitudes graves en los anexos a los correspondientes prospectos.

La misma sanción se impondrá a los contadores que autoricen los balances que adolezcan de las inexactitudes indicadas en el inciso anterior.

Conc. *Arts. 157, 216, 293; C.P. 221, 224, 225, 227, 231; Ley 222 de 1995, art. 43.*

Adquisición de acciones propias

Art. 396. La sociedad anónima no podrá adquirir sus propias acciones, sino por decisión de la asamblea con voto favorable de no menos del (setenta por ciento) de las acciones suscritas.

Para realizar esa operación empleará fondos tomados de las utilidades líquidas, requiriéndose, además, que dichas acciones se hallen totalmente liberadas. Mientras estas acciones pertenezcan a la sociedad, quedarán en suspenso los derechos inherentes a las mismas.

La enajenación de las acciones readquiridas se hará en la forma indicada para la colocación de acciones en reserva.

Conc. *Arts. 158, 379, 409, 417, 427, 428, 451, 455; Ley 222 de 1995, art. 68; Ley 964 de 2005, art. 42.*

NOTA: La mayoría calificada que se encuentra entre paréntesis quedó derogada por el artículo 68 de la Ley 222 de 1995, que establece una mayoría absoluta. Sin embargo, se trata de una norma supletiva y, por tanto, es factible que en los estatutos se disponga de un porcentaje superior.

Mora en el pago de acciones suscritas

Art. 397. Cuando un accionista esté en mora de pagar las cuotas de las acciones que haya suscrito, no podrá ejercer los derechos inherentes a ellas. Para este efecto, la sociedad anotará los pagos efectuados y los saldos pendientes.

Si la sociedad tuviere obligaciones vencidas a cargo de los accionistas por concepto de cuotas de las acciones suscritas, acudirá a elección de la junta directiva, al cobro judicial, o a vender de cuenta y riesgo del moroso y por conducto de un comisionista, las acciones que hubiere suscrito, o a imputar las sumas recibidas a la liberación del número de acciones que correspondan a las cuotas pagadas, previa deducción de un veinte por ciento a título de indemnización de perjuicios, que se presumirán causados.

Las acciones que la sociedad retire al accionista moroso las colocará de inmediato.

***Conc.** Arts. 125, 1390, 345, 376, 387.*

SECCIÓN III. PAGO DE LAS ACCIONES

Pago en especie

Art. 398. Cuando se acuerde que el pago de las acciones pueda hacerse en bienes distintos de dinero, el avalúo de tales bienes deberá ser aprobado por la Superintendencia de Sociedades, mediante solicitud acompañada de copia del acta correspondiente, en la que deberá constar el inventario de dichos bienes con su respectivo avalúo debidamente fundamentado.

Si se trata de pagar en especie acciones suscritas en el acto de constitución de la sociedad, el avalúo deberá hacerse en una asamblea preliminar de los accionistas fundadores y ser aprobado (por unanimidad). Si se trata de acciones suscritas con posterioridad, el avalúo se hará por la junta directiva o por la asamblea general, conforme a lo que dispongan los estatutos.

Lo dispuesto en este artículo no se aplicará a las acciones de industria, cuyo avalúo y forma de pago se fijarán en los estatutos o en el acuerdo de la asamblea.

***Conc.** Arts. 110, 126, 132 a 134, 269, 376, 380, 403, 427, 728; Ley 222 de 1995, arts. 68, 85.*

NOTA 1: La aprobación de la Superintendencia de Sociedades solo es procedente respecto de las sociedades controladas, en virtud de lo dispuesto en el artículo 85 de la Ley 222 de 1995.

NOTA 2: La mayoría calificada que se encuentra entre paréntesis quedó derogada por el artículo 68 de la Ley 222 de 1995, que establece unanimidad.

SECCIÓN IV. TÍTULOS DE ACCIONES

Expedición de títulos

Art. 399. A todo suscriptor de acciones deberá expedírsele por la sociedad el título o títulos que justifiquen su calidad de tal.

Mientras la sociedad no haya obtenido permiso de funcionamiento no podrá expedir títulos ni certificados de acciones.

Dentro de los treinta días siguientes a la fecha del permiso de funcionamiento se expedirán los títulos o certificados de las acciones suscritas en el acto constitutivo, con el carácter de provisionales o definitivos, según el caso. En las demás suscripciones la expedición se hará dentro de los treinta días siguientes a la fecha del respectivo contrato.

Cuando los aportes fueren en especie, una vez verificada su entrega se expedirán los títulos correspondientes.

Conc. *Arts. 116, 132, 195, 268 a 270, 375, 377, 379, 384, 398, 400, 405.*

NOTA: Actualmente no exige permiso de funcionamiento por parte de la Superintendencia de Sociedades.

Títulos provisionales

Art. 400. Mientras el valor de las acciones no esté cubierto íntegramente, sólo se expedirán certificados provisionales a los suscriptores. La transferencia de los certificados se sujetará a las condiciones señaladas en los estatutos, y del importe no pagado, responderán solidariamente cedentes y cesionarios.

Pagadas totalmente las acciones se cambiarán los certificados provisionales por títulos definitivos.

Conc. *Arts. 376, 377, 384, 387, 389, 399, 405.*

Contenido de los títulos

Art. 401. Los títulos se expedirán en series continuas, con las firmas del representante legal y el secretario, y en ellos se indicará:

1) La denominación de la sociedad, su domicilio principal, la notaría, número y fecha de la escritura constitutiva, y la resolución de la Superintendencia que autorizó su funcionamiento;

2) La cantidad de acciones representadas en cada título, el valor nominal de las mismas, si son ordinarias, privilegiadas o de industria, si su negociabilidad está limitada por el derecho de preferencia y las condiciones para su ejercicio;

3) Si son nominativas, el nombre completo de la persona en cuyo favor se expiden, y

4) Al dorso de los títulos de acciones privilegiadas constarán los derechos inherentes a ellas.

Conc. *Arts. 110, 268 a 270, 377, 379, 380, 381, 382, 384, 388, 403, 405, 406, 465.*

NOTA: Actualmente no exige permiso de funcionamiento por parte de la Superintendencia de Sociedades.

Expedición de duplicados

Art. 402. En los casos de hurto o robo de un título nominativo, la sociedad lo sustituirá entregándole un duplicado al propietario que aparezca inscrito en el registro de acciones, comprobando el hecho ante los administradores, y en todo caso, presentando la copia auténtica del denuncio penal correspondiente.

Cuando el accionista solicite un duplicado por pérdida del título, dará la garantía que le exija la junta directiva.

En caso de deterioro, la expedición del duplicado requerirá la entrega por parte del accionista de los títulos originales para que la sociedad los anule.

Los títulos al portador sólo serán sustituibles en caso de deterioro.

NOTA: Actualmente no pueden existir acciones al portador, de conformidad con la Decisión 291 de la Comunidad Andina que establece que el capital de las sociedades por acciones debe estar representado por acciones nominativas.

SECCIÓN V. NEGOCIACIÓN DE LAS ACCIONES

Excepciones a la libre negociabilidad de acciones

Art. 403. Las acciones serán libremente negociables, con las excepciones siguientes:

1) Las privilegiadas, respecto de las cuales se estará a lo dispuesto sobre el particular;

2) Las acciones comunes respecto de las cuales se haya pactado expresamente el derecho de preferencia;

3) Las acciones de industria no liberadas, que no serán negociables sino con autorización de la junta directiva o de la asamblea general, y

4) Las acciones gravadas con prenda, respecto de las cuales se requerirá la autorización del acreedor.

Conc. *Arts. 138, 141, 267, 375, 379 a 382, 388, 401, 407, 408, 416.*

NOTA: Las acciones gravadas con prenda deben entenderse como garantías mobiliarias, según lo dispuesto en el artículo 3º de la Ley 1676 de 2013.

Prohibición a los administradores

Art. 404. Los administradores de la sociedad no podrán ni por sí ni por interpuesta persona, enajenar o adquirir acciones de la misma sociedad mientras estén en ejercicio de sus cargos, sino cuando se trate de operaciones ajenas a motivos de especulación y con autorización de la junta directiva, otorgada con el voto favorable de las dos terceras partes de sus miembros, excluido el del solicitante, o de la asamblea general, con el voto favorable de la mayoría ordinaria prevista en los estatutos, excluido el del solicitante.

Los administradores que infrinjan esta prohibición serán sancionados con multas hasta de (cincuenta mil pesos) que impondrá la Superintendencia de Sociedades, de oficio o a petición de cualquier persona y, además, con la pérdida del cargo.

Conc. *Arts. 185, 187, 267, 348, 425, 427, 434, 439, 440; Ley 222 de 1995, art. 86.*

NOTA: Las multas que impone la Superintendencia de Sociedades en virtud de esta disposición corresponden a un valor de hasta doscientos salarios mínimos legales mensuales, de conformidad con lo dispuesto por el numeral 3º del artículo 86 de la Ley 222 de 1995.

Negociación de acciones no pagadas

Art. 405. Las acciones nominativas no pagadas en su integridad podrán ser negociadas, pero el suscriptor y los adquirentes subsiguientes serán solidariamente responsables del importe no pagado de las mismas.

Conc. *Arts. 377, 400, 465.*

Enajenación de acciones nominativas

Art. 406. La enajenación de las acciones nominativas podrá hacerse por el simple acuerdo de las partes; mas para que produzca efecto respecto de la sociedad y de terceros, será necesaria su inscripción en el libro de registro de acciones, mediante orden escrita del enajenante. Esta orden podrá darse en forma de endoso hecho sobre el título respectivo.

Para hacer la nueva inscripción y expedir el título al adquirente, será menester la previa cancelación de los títulos expedidos al tradente.

Parágrafo. En las ventas forzadas y en las adjudicaciones judiciales de acciones nominativas, el registro se hará mediante exhibición del original o de copia auténtica de los documentos pertinentes.

Conc. *Arts. 195, 31, 371, 377, 379, 401, 416, 418, 465.*

Derecho de preferencia

Art. 407. Si las acciones fueren nominativas y los estatutos estipularen el derecho de preferencia en la negociación, se indicarán los plazos y condiciones dentro de los cuales la sociedad o los accionistas podrán ejercerlo; pero el precio y la forma de pago de las acciones serán fijados en cada caso por los interesados y, si éstos no se pusieren de acuerdo, por peritos designados por las partes o, en su defecto, por el respectivo superintendente. No surtirá ningún efecto la estipulación que contraviniere la presente norma.

Mientras la sociedad tenga inscrita sus acciones en bolsas de valores, se tendrá por no escrita la cláusula que consagre cualquier restricción a la libre negociabilidad de las acciones.

***Conc.** Arts. 110, 141, 379, 381, 382, 388, 389, 397, 401, 403, 414, 465.*

Acciones en litigio

Art. 408. Para enajenar acciones cuya propiedad esté en litigio, se necesitará permiso del respectivo juez; tratándose de acciones embargadas se requerirá, además, la autorización de la parte actora.

***Conc.** Arts. C.G.P., art. 593, art. 6º.*

Otras limitaciones a la negociación

Art. 409. No podrán ser enajenadas las acciones cuya inscripción en el registro hubiere sido cancelada o impedida por orden de la autoridad competente.

En las ventas forzadas y en las adjudicaciones judiciales de acciones, el registro se hará con base en la orden o comunicación de quien legalmente deba hacerlo.

***Conc.** Arts. 142, 195, 406.*

Prenda y usufructo de acciones

Art. 410. La prenda y el usufructo de acciones nominativas se perfeccionarán mediante registro en el libro de acciones; la de acciones al portador mediante la entrega del título o títulos respectivos al acreedor o al usufructuario.

***Conc.** Arts. 195, 403; Ley 1676 de 2013, arts. 3º, 21, 82.*

NOTA 1: La prenda debe entenderse como garantía mobiliaria, según lo dispuesto en el artículo 3º de la Ley 1676 de 2013.

NOTA 2: Actualmente no pueden existir acciones al portador, de conformidad con la Decisión 291 de la Comunidad Andina que establece que el capital de las sociedades por acciones debe estar representado por acciones nominativas.

Derechos del acreedor prendario

Art. 411. La prenda no conferirá al acreedor los derechos inherentes a la calidad de accionista sino en virtud de estipulación o pacto expreso. El escrito o documento en que conste el correspondiente pacto será suficiente para ejercer ante la sociedad los derechos que se confieran al acreedor; y cuando se trata de acciones al portador, dicho documento será suficiente para que el deudor ejerza los derechos de accionista no conferidos al acreedor.

NOTA 1: La prenda debe entenderse como garantía mobiliaria, según lo dispuesto en el artículo 3º de la Ley 1676 de 2013.

NOTA 2: Actualmente no pueden existir acciones al portador, de conformidad con la Decisión 291 de la Comunidad Andina que establece que el capital de las sociedades por acciones debe estar representado por acciones nominativas.

Derechos derivados del usufructo de acciones

Art. 412. Salvo estipulación expresa en contrario, el usufructo conferirá todos los derechos inherentes a la calidad de accionista, excepto el de enajenarlas o gravarlas y el de su reembolso al tiempo de la liquidación.

Para el ejercicio de los derechos que se reserve el nudo propietario bastará el escrito o documento en que se hagan tales reservas, conforme a lo previsto en el artículo anterior.

Conc. *Arts. 379 a 381.*

Anticresis de acciones

Art. 413. La anticresis de acciones se perfeccionará como la prenda y el usufructo y solo conferirá al acreedor el derecho de percibir las utilidades que correspondan a dichas acciones a título de dividendo, salvo estipulación en contrario.

Conc. *Arts. 379 a 381, 410, 411.*

Embargo de acciones

Art. 414. Todas las acciones podrán ser objeto de embargo y enajenación forzosa. Pero cuando se presuma o se haya pactado el derecho de preferencia, la sociedad o los accionistas podrán adquirirlas en la forma y términos previstos en este Código.

El embargo de las acciones comprenderá el dividendo correspondiente y podrá limitarse a sólo éste. En este último caso, el embargo se consumará mediante orden del juez para que la sociedad retenga y ponga a su disposición las cantidades respectivas.

Conc. *Arts. 142, 195, 299, 388, 403, 407, 415.*

Inscripción del embargo

Art. 415. El embargo de las acciones nominativas se consumará por inscripción en el libro de registro de acciones, mediante orden escrita del funcionario competente. El de las acciones al portador, mediante secuestro de los títulos respectivos.

Conc. *Arts. 142, 195, 408, 414; C.G.P., art. 593.*

Obligación de inscripción del embargo

Art. 416. La sociedad no podrá negarse a hacer las inscripciones en el libro de registro de acciones, que se prevén en esta sección sino por orden de autoridad competente, o cuando se trate de acciones para cuya negociación se requiera determinados requisitos o formalidades que no se hayan cumplido.

Conc. *Arts. 195, 406, 408, 409, 650; Ley 222 de 1995, art. 84.*

Acciones readquiridas

Art. 417. Con las acciones adquiridas en la forma prescrita en el artículo 396 podrá tomar la sociedad las siguientes medidas:

1) Enajenarlas y distribuir su precio como una utilidad, si no se ha pactado en el contrato u ordenado por la asamblea una reserva especial para la adquisición de acciones, pues en este caso se llevará el valor a dicha reserva;

2) Distribuirlas entre los accionistas en forma de dividendo;

3) Cancelarlas y aumentar proporcionalmente el valor de las demás acciones, mediante una reforma del contrato social;

4) Cancelarlas y disminuir el capital hasta concurrencia de su valor nominal, y

5) Destinarlas a fines de beneficencia, recompensas o premios especiales.

Parágrafo. Mientras estas acciones pertenezcan a la sociedad quedan en suspenso los derechos inherentes a las mismas.

***Conc.** Arts. 158, 165, 166, 453, 455.*

Dividendos pendientes

Art. 418. Los dividendos pendientes pertenecerán al adquirente de las acciones desde la fecha de la carta de traspaso, salvo pacto en contrario de las partes, en cuyo caso lo expresarán en la misma carta.

***Conc.** Arts. 95, 156, 195, 406, 455; Ley 222 de 1995, arts. 61 a 66.*

CAPÍTULO III
DIRECCIÓN Y ADMINISTRACIÓN

SECCIÓN I. ASAMBLEA GENERAL DE ACCIONISTAS

Formación

Art. 419. La asamblea general la constituirán los accionistas reunidos con el quórum y en las condiciones previstas en los estatutos.

***Conc.** Arts. 110, 181, 184, 207, 225, 349, 379, 380, 474.*

Funciones

Art. 420. La asamblea general de accionistas ejercerá las funciones siguientes:

1) Disponer qué reservas deben hacerse además de las legales;

2) Fijar el monto del dividendo, así como la forma y plazos en que se pagará;

3) Ordenar las acciones que correspondan contra los administradores, funcionarios directivos o el revisor fiscal;

4) Elegir y remover libremente a los funcionarios cuya designación le corresponda;

5) Disponer que determinada emisión de acciones ordinarias sea colocada sin sujeción al derecho de preferencia, para lo cual se requerirá el voto favorable de no menos del setenta por ciento de las acciones presentes en la reunión.

6) Adoptar las medidas que exigiere el interés de la sociedad, y

7) Las demás que le señalen la ley o los estatutos, y las que no correspondan a otro órgano.

***Conc.** Arts. 110, 150, 151, 155, 156, 182, 186, 187, 190 a 194, 197, 198, 200, 204, 206, 211 y ss., 223, 248, 349, 379, 382, 383, 388, 395, 417, 424, 427, 434, 436, 440, 443, 451, 452, 453, 455, 160.*

Art. 421. *Derogado por la Ley 222 de 1995, art. 68.*

Reuniones ordinarias

Art. 422. Las reuniones ordinarias de la asamblea se efectuarán por lo menos una vez al año, en las fechas señaladas en los estatutos y, en silencio de éstos, dentro de los tres meses siguientes al vencimiento de cada ejercicio, para examinar la situación de la sociedad, designar los administradores y demás funcionarios de su elección, determinar las directrices económicas de la compañía, considerar las cuentas y balances del último ejercicio, resolver sobre la distribución de utilidades y acordar todas las providencias tendientes a asegurar el cumplimiento del objeto social.

Si no fuere convocada, la asamblea se reunirá por derecho propio el primer día hábil del mes de abril, a las 10 a.m., en las oficinas del domicilio principal donde funcione la administración de la sociedad.

Los administradores permitirán el ejercicio del derecho de inspección a los accionistas o a sus representantes durante los quince días anteriores a la reunión.

***Conc.** Arts. 52, 61, 110, 181, 182 a 184, 186, 196, 225, 289, 290, 379, 420, 424 a 426, 429, 433, 434, 436, 440, 445, 447, 460; Ley 222 de 1995, art. 48; D. 176 de 2021, arts. 1º y 2º.*

Reuniones extraordinarias

Art. 423. Las reuniones extraordinarias de la asamblea se efectuarán cuando lo exijan las necesidades imprevistas o urgentes de la compañía, por convocación de la junta directiva, del representante legal o del revisor fiscal.

El superintendente podrá ordenar la convocatoria de la asamblea a reuniones extraordinarias o hacerla, directamente, en los siguientes casos:

1) Cuando no se hubiere reunido en las oportunidades señaladas por la ley o por los estatutos;

2) Cuando se hubieren cometido irregularidades graves en la administración que deban ser conocidas o subsanadas por la asamblea, y

3) Por solicitud del número plural de accionistas determinado en los estatutos y, a falta de esta fijación, por el que represente no menos de la quinta parte de las acciones suscritas.

La orden de convocar la asamblea será cumplida por el representante legal o por el revisor fiscal.

Conc. *Arts. 81, 181, 182, 184, 207, 267, 433, 434, 440.*

Convocatorias

Art. 424. Toda convocatoria se hará en la forma prevista en los estatutos y, a falta de estipulación, mediante aviso que se publicará en un diario de circulación en el domicilio principal de la sociedad. Tratándose de asamblea extraordinaria en el aviso se insertará el orden del día.

Para las reuniones en que hayan de aprobarse los balances de fin de ejercicio, la convocatoria se hará cuando menos con quince días hábiles de anticipación. En los demás casos, bastará una antelación de cinco días comunes.

Conc. *Arts. 52, 110, 152, 182, 183, 186, 289, 290, 433, 445, 460, 829; Ley 222 de 1995, arts. 13, 67.*

Asuntos a tratar en reuniones extraordinarias

Art. 425. La asamblea extraordinaria no podrá tomar decisiones sobre temas no incluidos en el orden del día publicado. Pero por decisión del (setenta por ciento) de las acciones representadas podrá ocuparse de otros temas, una vez agotado el orden del día, y en todo caso podrá remover a los administradores y demás funcionarios cuya designación le corresponda.

Conc. *Arts. 182, 184, 186, 204, 206, 420, 424, 427, 433, 436, 440; Ley 222 de 1995, art. 68.*

NOTA: La mayoría calificada que se encuentra entre paréntesis quedó derogada por el artículo 68 de la Ley 222 de 1995, que establece una mayoría absoluta. Sin embargo, se trata de una norma supletiva y, por tanto, es factible que en los estatutos se disponga de un porcentaje superior.

Lugar y fecha de las reuniones

Art. 426. La asamblea se reunirá en el domicilio principal de la sociedad, el día, a la hora y en el lugar indicados en la convocatoria. No obstante, podrá reunirse sin previa citación y en cualquier sitio, cuando estuviere representada la totalidad de las acciones suscritas.

Conc. *Arts. 110, 182, 184, 186, 424, 433.*

Art. 427. *Derogado por la Ley 222 de 1995, art. 68.*

Art. 428. *Derogado por la Ley 222 de 1995, art. 242.*

Reuniones de segunda convocatoria

Art. 429. Modificado por la Ley 222 de 1995, art. 69. Si se convoca a la asamblea y ésta no se lleva a cabo por falta de cuórum, se citará a una nueva reunión que sesionará y decidirá válidamente con un número plural de socios cualquiera sea la cantidad de acciones que esté representada. La nueva reunión deberá efectuarse no antes de los diez días ni después de los treinta, contados desde la fecha fijada para la primera reunión.

Cuando la asamblea se reúna en sesión ordinaria por derecho propio el primer día hábil del mes de abril, también podrá deliberar y decidir válidamente en los términos del inciso anterior.

En las sociedades que negocien sus acciones en el mercado público de valores, en las reuniones de segunda convocatoria la asamblea sesionará y decidirá válidamente con uno o varios socios, cualquiera sea el número de acciones representadas.

Conc. *Arts. 182, 184, 186, 422, 427, 433.*

Suspensión de las deliberaciones

Art. 430. Las deliberaciones de la asamblea podrán suspenderse para reanudarse luego, cuantas veces lo decida cualquier número plural de asistentes que represente el cincuenta y uno por ciento, por lo menos, de las acciones representadas en la reunión. Pero las deliberaciones no podrán prolongarse por más de tres días, si no está representada la totalidad de las acciones suscritas.

Sin embargo, las reformas estatutarias y la creación de acciones privilegiadas requerirán siempre el quórum previsto en la ley o en los estatutos.

***Conc.** Arts. 110, 141, 158, 161, 381, 382, 421, 433.*

Libro de actas

Art. 431. Lo ocurrido en las reuniones de la asamblea se hará constar en el libro de actas. Estas se firmarán por el presidente de la asamblea y su secretario o, en su defecto, por el revisor fiscal.

Las actas se encabezarán con su número y expresarán cuando menos: lugar, fecha y hora de la reunión; el número de acciones suscritas; la forma y antelación de la convocación; la lista de los asistentes con indicación del número de acciones propias o ajenas que representen; los asuntos tratados; las decisiones adoptadas y el número de votos emitidos en favor, en contra, o en blanco; las constancias escritas presentadas por los asistentes durante la reunión; las designaciones efectuadas, y la fecha y hora de su clausura.

***Conc.** Arts. 28, 34, 86, 182, 186, 189, 195, 207, 271, 272, 424, 426, 441, 448.*

Envío de actas a la Superintendencia

Art. 432. El revisor fiscal enviará a la Superintendencia, dentro de los quince días siguientes al de la reunión, copia autorizada del acta de la respectiva asamblea.

***Conc.** Arts. 28, 34, 86, 182, 186, 189, 195, 207, 271, 272, 424, 426, 441, 448.*

NOTA: Solamente se debe enviar copia cuando la Superintendencia así lo ordene, en cada caso particular, conforme lo dispone la Circular 1 de 1993.

Ineficacia

Art. 433. Serán ineficaces las decisiones adoptadas por la asamblea en contravención a las reglas prescritas en esta sección.

***Conc.** Arts. 190 a 193, 897.*

SECCIÓN II. JUNTA DIRECTIVA

Funciones y conformación

Art. 434. Las atribuciones de la junta directiva se expresarán en los estatutos. Dicha junta se integrará con no menos de tres miembros, y cada uno de ellos tendrá un suplente. A falta de estipulación expresa en contrario, los suplentes serán numéricos.

Conc. *Arts. 110, 198, 202, 206, 385, 397, 402, 403, 404, 420, 422, 423, 404, 420 a 423, 439, 440, 443, 446, 447, 474 Ley 222 de 1995, art. 22; Ley 964 de 2005, art. 44; Decreto 3923 de 2006, arts. 1° y ss.*

Inhabilidades e incompatibilidades

Art. 435. No podrá haber en las juntas directivas una mayoría cualquiera formada con personas ligadas entre sí por matrimonio, o por parentesco dentro del tercer grado de consanguinidad o segundo de afinidad, o primero civil, excepto en las sociedades reconocidas como de familia. Si se eligiere una junta contrariando esta disposición, no podrá actuar y continuará ejerciendo sus funciones la junta anterior, que convocará inmediatamente a la asamblea para nueva elección.

Carecerán de toda eficacia las decisiones adoptadas por la junta con el voto de una mayoría que contraviniere lo dispuesto en este artículo.

Conc. *Arts. 102, 190, 205, 348.*

NOTA: Según el artículo 38 de la Ley 1258 de 2008, esta disposición no es aplicable en la sociedad por acciones simplificadas, salvo que se disponga lo contrario en los estatutos.

Elección por cociente electoral

Art. 436. Los principales y los suplentes de la junta serán elegidos por la asamblea general, para períodos determinados y por cociente electoral, sin perjuicio de que puedan ser reelegidos o removidos libremente por la misma asamblea.

Conc. *Arts. 163, 197 a 199, 202, 206, 420, 422, 425, 434.*

Cuórum y convocatoria

Art. 437. La junta directiva deliberará y decidirá válidamente con la presencia y los votos de la mayoría de sus miembros, salvo que se estipulare un quórum superior.

La junta podrá ser convocada por ella misma, por el representante legal, por el revisor fiscal o por dos de sus miembros que actúen como principales.

Conc. *Arts. 181, 186, 190, 207, 404, 434, 440; Ley 222 de 1995, arts. 19 a 21.*

Funciones de la junta directiva

Art. 438. Salvo disposición estatutaria en contrario, se presumirá que la junta directiva tendrá atribuciones suficientes para ordenar que se ejecute o celebre cualquier acto o contrato comprendido dentro del objeto social y para tomar las determinaciones necesarias en orden a que la sociedad cumpla sus fines.

Conc. *Arts. 99, 110, 187, 191 a 193, 200, 201, 225, 385, 434; Ley 222 de 1995, art. 23.*

Art. 439. *Derogado por la Ley 222 de 1995, art. 242.*

SECCIÓN III. REPRESENTANTE LEGAL

Nombramiento

Art. 440. La sociedad anónima tendrá por lo menos un representante legal, con uno o más suplentes, designados por la junta directiva para períodos determinados, quienes podrán ser reelegidos indefinidamente o removidos en cualquier tiempo. Los estatutos podrán deferir esta designación a la asamblea.

Conc. *Arts. 28, 110, 163 a 165, 193, 196, 198 a 202, 227, 284, 290, 293, 306, 373, 392, 494, 420, 422, 423, 425, 448, 474; Ley 222 de 1995, art. 22.*

NOTA: La expresión subrayada de este artículo fue declarada exequible por la Corte Constitucional mediante la Sentencia C-384 de 2008.

Inscripción en el registro mercantil

Art. 441. En el registro mercantil se inscribirá la designación de representantes legales mediante copia de la parte pertinente del acta de la junta directiva o de la asamblea, en su caso, una vez aprobada, y firmada por el presidente y el secretario, o en su defecto, por el revisor fiscal.

Conc. *Arts. 28, 34, 100, 112, 163, 164, 189, 195, 207, 431.*

Efectos de la inscripción

Art. 442. Las personas cuyos nombres figuren inscritos en el correspondiente registro mercantil como gerentes principales y suplentes serán los representantes de la sociedad para todos los efectos legales, mientras no se cancele su inscripción mediante el registro de un nuevo nombramiento.

***Conc.** Arts. 28, 104, 164, 189.*

NOTA: La Corte Constitucional declaró exequible esta disposición en la Sentencia C-621 de 2003, precisando que es posible cesar la responsabilidad de los representantes legales y revisores fiscales, para lo cual se exige al inscrito dar aviso a la cámara de comercio de la renuncia, remoción, incapacidad, muerte, finalización del término estipulado o cualquier otra circunstancia que ponga fin al ejercicio del cargo, para su inscripción. Vencido el lapso de 30 días sin que haya otro nombramiento cesará cualquier tipo de responsabilidad del inscrito.

Art. 443. *Derogado por la Ley 222 de 1995, art. 242.*

Aplicación de normas a los administradores de sucursales y liquidadores de sociedades anónimas

Art. 444. Las disposiciones de este capítulo se aplicarán, en lo pertinente, a los administradores de las sucursales de las sociedades y a los liquidadores.

***Conc.** Arts. 227, 228, 238, 263, 284.*

CAPÍTULO IV
BALANCES Y DIVIDENDOS

SECCIÓN I. BALANCES GENERALES DE FIN DE EJERCICIO Y ANEXOS

Elaboración del balance

Art. 445. Al fin de cada ejercicio social y por lo menos una vez al año el treinta y uno de diciembre, las sociedades anónimas deberán cortar sus cuentas y producir el inventario y el balance general de sus negocios.

El balance se hará conforme a las prescripciones legales y a las normas de contabilidad establecidas.

***Conc.** Arts. 48, 52, 110, 152, 157, 208, 267, 289, 371, 393, 424; Ley 222 de 1995, art. 34.*

Anexos

Art. 446. La junta directiva y el representante legal presentarán a la asamblea, para su aprobación o improbación, el balance de cada ejercicio, acompañado de los siguientes documentos:

1) El detalle completo de la cuenta de pérdidas y ganancias del correspondiente ejercicio social, con especificación de las apropiaciones hechas por concepto de depreciación de activos fijos y de amortización de intangibles;

2) Un proyecto de distribución de utilidades repartibles con la deducción de la suma calculada para el pago del impuesto sobre la renta y sus complementarios por el correspondiente ejercicio gravable;

3) El informe de la junta directiva sobre la situación económica y financiera de la sociedad, que contendrá además de los datos contables y estadísticos pertinentes, los que a continuación se enumeran:

a) Detalle de los egresos por concepto de salarios, honorarios, viáticos gastos de representación, bonificaciones, prestaciones en dinero y en especie, erogaciones por concepto de transporte y cualquiera otra clase de remuneraciones que hubiere percibido cada uno de los directivos de la sociedad;

b) Las erogaciones por los mismos conceptos indicados en el literal anterior, que se hubieren hecho en favor de asesores o gestores vinculados o no a la sociedad mediante contrato de trabajo, cuando la principal función que realicen consista en tramitar asuntos ante entidades públicas o privadas, o aconsejar o preparar estudios para adelantar tales tramitaciones;

c) Las transferencias de dinero y demás bienes, a título gratuito o a cualquier otro que pueda asimilarse a éste, efectuadas en favor de personas naturales o jurídicas;

d) Los gastos de propaganda y de relaciones públicas, discriminados unos y otros;

e) Los dineros u otros bienes que la sociedad posea en el exterior y las obligaciones en moneda extranjera, y

f) Las inversiones discriminadas de la compañía en otras sociedades, nacionales o extranjeras;

4) Un informe escrito del representante legal sobre la forma como hubiere llevado a cabo su gestión, y las medidas cuya adopción recomiende a la asamblea, y

5) El informe escrito del revisor fiscal.

Conc. *Arts. 153, 157, 187, 200, 207, 208, 209, 290, 291, 318, 439, 440, 443, 450, 451; Ley 222 de 1995, arts. 46, 47.*

Derecho de inspección

Art. 447. Los documentos indicados en el artículo anterior, junto con los libros y demás comprobantes exigidos por la ley, deberán ponerse a disposición de los accionistas en las oficinas de la administración, durante los quince días hábiles que precedan a la reunión de la asamblea.

Los administradores y funcionarios directivos así como el revisor fiscal que no dieren cumplimiento a lo preceptuado en este artículo, serán sancionados por el superintendente con (multas sucesivas de diez mil a cincuenta mil pesos) para cada uno de los infractores.

Conc. *Arts. 61, 267, 314, 328, 269, 379; D. 176 de 2021, art. 4º.*

NOTA: El artículo 48 de la Ley 222 de 1995 establece que la sanción indicada en paréntesis corresponde a destitución, no a multa.

Art. 448. *Derogado por la Ley 222 de 1995, art. 242.*

Art. 449. *Derogado por la Ley 222 de 1995, art. 41.*

Estado de pérdidas y ganancias

Art. 450. Al final de cada ejercicio se producirá el estado de pérdidas y ganancias.

Para determinar los resultados definitivos de las operaciones realizadas en el respectivo ejercicio será necesario que se hayan apropiado previamente, de acuerdo con las leyes y con las normas de contabilidad, las partidas necesarias para atender el deprecio, desvalorización y garantía del patrimonio social.

Los inventarios se avaluarán de acuerdo con los métodos permitidos por la legislación fiscal.

Conc. *Arts. 48 a 52, 151 a 153, 446.*

SECCIÓN II. REPARTO DE UTILIDADES

Requisitos

Art. 451. Con sujeción a las normas generales sobre distribución de utilidades consagradas en este libro, se repartirán entre los accionistas las utilidades aprobadas por la asamblea, justificadas por balances fidedignos y después de hechas las reservas legal, estatutaria y ocasionales, así como las apropiaciones para el pago de impuestos.

***Conc.** Arts. 110, 149 a 157, 271, 379, 380, 381, 393, 397, 446, 471.*

Reserva legal

Art. 452. Las sociedades anónimas constituirán una reserva legal que ascenderá por lo menos al cincuenta por ciento del capital suscrito, formada con el diez por ciento de las utilidades líquidas de cada ejercicio.

Cuando esta reserva llegue al cincuenta por ciento mencionado, la sociedad no tendrá obligación de continuar llevando a esta cuenta el diez por ciento de las utilidades líquidas. Pero si disminuyere, volverá a apropiarse el mismo diez por ciento de tales utilidades hasta cuando la reserva llegue nuevamente al límite fijado.

***Conc.** Arts. 110, 154, 271, 272, 350, 371, 454, 456, 476.*

Reservas estatutarias y ocasionales

Art. 453. Las reservas estatutarias serán obligatorias mientras no se supriman mediante una reforma del contrato social, o mientras no alcancen el monto previsto para las mismas.

Las reservas ocasionales que ordene la asamblea sólo serán obligatorias para el ejercicio en el cual se hagan y la misma asamblea podrá cambiar su destinación o distribuirlas cuando resulten innecesarias.

***Conc.** Arts. 110, 154, 187, 188, 417, 420, 456.*

Porcentaje de reparto obligatorio de utilidades

Art. 454. Si la suma de las reservas legal, estatutarias y ocasionales excediere del ciento por ciento del capital suscrito, el porcentaje obligatorio de utilidades líquidas que deberá repartir la sociedad conforme al artículo 155, se elevará al setenta por ciento.

Conc. *Arts. 154, 155, 376 451 a 453.*

NOTA: Según el artículo 38 de la Ley 1258 de 2008, esta disposición no es aplicable en la sociedad por acciones simplificadas, salvo que se disponga lo contrario en los estatutos.

Pago de dividendos

Art. 455. Hechas las reservas a que se refieren los artículos anteriores, se distribuirá el remanente entre los accionistas.

El pago del dividendo se hará en dinero efectivo, en las épocas que acuerde la asamblea general al decretarlo y a quien tenga la calidad de accionista al tiempo de hacerse exigible cada pago.

No obstante, podrá pagarse el dividendo en forma de acciones liberadas de la misma sociedad, si así lo dispone la asamblea con el voto del ochenta por ciento de las acciones representadas. A falta de esta mayoría, sólo podrán entregarse tales acciones a título de dividendo a los accionistas que así lo acepten.

Parágrafo. *Adicionado por la Ley 222 de 1995, art. 33.* En todo caso, cuando se configure una situación de control en los términos previstos en la ley, sólo podrá pagarse el dividendo en acciones o cuotas liberadas de la misma sociedad, a los socios que así lo acepten.

Conc. *Arts. 150, 154 a 156, 187, 260, 417, 418, 420, 451; Decreto 2555 de 2010, art. 2.23.1.1.4.*

NOTA: Las expresiones subrayadas fueron declaradas exequibles por la Corte Constitucional mediante Sentencia C-707 de 2005.

Absorción de pérdidas

Art. 456. Las pérdidas se enjugarán con las reservas que hayan sido destinadas especialmente para ese propósito y, en su defecto, con la reserva legal. Las reservas cuya finalidad fuere la de absorber determinadas pérdidas no se podrán emplear para cubrir otras distintas, salvo que así lo decida la asamblea.

Si la reserva legal fuere insuficiente para enjugar el déficit de capital, se aplicarán a este fin los beneficios sociales de los ejercicios siguientes.

Conc. *Arts. 110, 154, 187, 452, 453*

CAPÍTULO V
DISOLUCIÓN Y LIQUIDACIÓN DE LA SOCIEDAD ANÓNIMA

Causales

Art. 457. La sociedad anónima se disolverá:

1) Por las causales indicadas en el artículo 218;

2) *Derogado por la Ley 2069 de 2020, art. 4°, Parágrafo 2.*

3) Cuando el noventa y cinco por ciento o más de las acciones suscritas llegue a pertenecer a un solo accionista.

Conc. *Arts. 110, 151, 218, 220, 267, 272, 319, 374.*

Art. 458. *Derogado por la Ley 2069 de 2020, art. 4°, Parágrafo 2.*

Art. 459. *Derogado por la Ley 2069 de 2020, art. 4°, Parágrafo 2.*

Reuniones de la asamblea

Art. 460. Durante la liquidación los accionistas serán convocados en las épocas, forma y términos prescritos para las reuniones de la asamblea general. En tales reuniones se observarán las reglas establecidas en el contrato social o, en su defecto, las que se prevén en este código para el funcionamiento y decisiones de la asamblea general, sin perjuicio de lo dispuesto en el artículo 249.

Conc. *Arts. 181, 182, 186, 207, 223, 225, 226, 248, 249, 259, 379, 380, 381, 421, 422, 427*

NOTA: En vez de artículo 249 debe hacerse referencia al 248.

TÍTULO VII
DE LAS SOCIEDADES DE ECONOMÍA MIXTA

Definición

Art. 461. Son de economía mixta las sociedades comerciales que se constituyen con aportes estatales y de capital privado.

Las sociedades de economía mixta se sujetan a las reglas del derecho privado y a la jurisdicción ordinaria, salvo disposición legal en contrario.

Conc. *Ley 489 de 1998, arts. 97 a 102.*

Acto de constitución

Art. 462. En el acto de constitución de toda sociedad de economía mixta se señalarán las condiciones que para la participación del Estado contenga la disposición que autorice su creación; el carácter nacional, departamental o municipal de la sociedad; así como su vinculación a los distintos organismos administrativos, para efectos de la tutela que debe ejercerse sobre la misma.

Conc. *Ley 489 de 1998, arts. 98, 99.*

Aportes estatales

Art. 463. En las sociedades de economía mixta los aportes estatales podrán consistir, entre otros, en ventajas financieras o fiscales, garantía de las obligaciones de la sociedad o suscripción de los bonos que la misma emita, auxilios especiales, etc. El Estado también podrá aportar concesiones.

Conc. *Ley 489 de 1998, art. 100.*

Sociedades sometidas al régimen de empresas estatales

Art. 464. Cuando los aportes estatales sean del noventa por ciento (90%) o más del capital social, las sociedades de economía mixta se someterán a las disposiciones previstas para las empresas industriales o comerciales del Estado. En estos casos un mismo órgano o autoridad podrá cumplir las funciones de asamblea de accionistas o junta de socios y de junta directiva.

Conc. *Ley 42 de 1993, arts. 21, 23, 24; Ley 489 de 1998, art. 100.*

Emisión de acciones

Art. 465. Las acciones de las sociedades de economía mixta, cuando se tratare de anónimas, serán nominativas y se emitirán en series distintas para los accionistas particulares y para las autoridades públicas.

Conc. *Arts. 373, 377, 401, 405 a 407.*

Mayoría de la participación estatal

Art. 466. Cuando en las sociedades de economía mixta la participación estatal exceda del cincuenta por ciento (50 %) del capital social, a las autoridades de derecho público que sean accionistas no se les aplicará la restricción del voto y quienes actuaren en su nombre podrán representar en las asambleas acciones de otros entes públicos.

Conc. *Arts. 185, 428.*

Calificación de los aportes

Art. 467. Para los efectos del presente título, se entienden por aportes estatales los que hacen la Nación o las entidades territoriales o los organismos descentralizados de las mismas personas.

Cuando el aporte lo haga una sociedad de economía mixta, se entiende que hay aporte de capital público en el mismo porcentaje o proporción en que la sociedad aportante tiene, a su vez, capital público o estatal dentro de su capital social.

Conc. *Ley 489 de 1998, art. 100.*

Remisión normativa

Art. 468. En lo no previsto en los artículos precedentes y en otras disposiciones especiales de carácter legal, se aplicarán a las sociedades de economía mixta, y en cuanto fueren compatibles, las demás reglas del presente libro.

Conc. *Ley 489 de 1998, arts. 101, 102.*

TÍTULO VIII
DE LAS SOCIEDADES EXTRANJERAS

Concepto

Art. 469. Son extranjeras las sociedades constituidas conforme a la ley de otro país y con domicilio principal en el exterior.

Conc. *Arts. 98, 203; C.G.P., art. 58.*

Vigilancia de sucursales extranjeras

Art. 470. Todas las sucursales de sociedades extranjeras que desarrollen actividades permanentes en Colombia estarán sometidas a la vigilancia del Estado, que se ejercerá por la Superintendencia Bancaria o de Sociedades, según su objeto social.

Conc. *Arts. 263, 267 y ss.; Ley 222 de 1995, art. 84.*

NOTA 1: La vigilancia es excepcional y se ejerce solamente en los casos indicados por el artículo 84 de la Ley 222 de 1995, según lo indica el inciso 3º del artículo 124 de la Ley 1116 de 2016.

NOTA 2: Las funciones de la Superintendencia Bancaria, en la actualidad son ejercidas por la Superintendencia Financiera en virtud del Decreto 4327 de 2005.

Requisitos para emprender negocios

Art. 471. Para que una sociedad extranjera pueda emprender negocios permanentes en Colombia, establecerá una sucursal con domicilio en el territorio nacional, para lo cual cumplirá los siguientes requisitos:

1) Protocolizar en una notaría del lugar elegido para su domicilio en el país, copias auténticas del documento de su fundación, de sus estatutos, la resolución o acto que acordó su establecimiento en Colombia y de los que acrediten la existencia de la sociedad y la personería de sus representantes, y

2) Obtener de la Superintendencia de Sociedades o de la Bancaria, según el caso, permiso para funcionar en el país.

Conc. *Arts. 479; C.G.P., art. 58.*

NOTA 1: Las funciones de la Superintendencia Bancaria, en la actualidad son ejercidas por la Superintendencia Financiera en virtud del Decreto 4327 de 2005.

NOTA 2: El permiso de funcionamiento de la Superintendencia de Sociedades fue abolido por el Decreto 2155 de 1992.

Contenido del acto de constitución de la sucursal extranjera

Art. 472. La resolución o acto en que la sociedad acuerda conforme a la ley de su domicilio principal establecer negocios permanentes en Colombia, expresará.

1) Los negocios que se proponga desarrollar, ajustándose a las exigencias de la ley colombiana respecto a la claridad y concreción del objeto social;

2) El monto del capital asignado a la sucursal, y el originado en otras fuentes, si las hubiere;

3) El lugar escogido como domicilio;

4) El plazo de duración de sus negocios en el país y las causales para la terminación de los mismos;

5) La designación de un mandatario general, con uno o más suplentes, que represente a la sociedad en todos los negocios que se proponga desarrollar en el país. Dicho mandatario se entenderá facultado para realizar todos los actos comprendidos en el objeto social, y tendrá la personería judicial y extrajudicial de la sociedad para todos los efectos legales, y

6) La designación del revisor fiscal, quien será persona natural con residencia permanente en Colombia.

Conc. *Arts. 110, 207, 259, 269, 475, 479.*

Seguridad nacional

Art. 473. Cuando la sociedad tuviere por objeto explotar, dirigir o administrar un servicio público o una actividad declarada por el Estado de interés para la seguridad nacional, el representante y los suplentes de que trata el ordinal 5° del artículo anterior serán ciudadanos colombianos.

NOTA: Las expresiones subrayadas fueron declaradas exequibles por la Corte Constitucional en la Sentencia C-1058 de 2003.

Actividades permanentes

Art. 474. Se tienen por actividades permanentes para efectos del artículo 471, las siguientes:

1) Abrir dentro del territorio de la República establecimientos mercantiles u oficinas de negocios aunque éstas solamente tengan un carácter técnico o de asesoría;

2) Intervenir como contratista en la ejecución de obras o en la prestación de servicios;

3) Participar en cualquier forma en actividades que tengan por objeto el manejo, aprovechamiento o inversión de fondos provenientes del ahorro privado;

4) Dedicarse a la industria extractiva en cualquiera de sus ramas o servicios;

5) Obtener del Estado colombiano una concesión o que ésta le hubiere sido cedida a cualquier título, o que en alguna forma participe en la explotación de la misma y,

6) El funcionamiento de sus asambleas de asociados, juntas directivas, gerencia o administración en el territorio nacional.

Conc. *Arts. 20, 25, 419, 434, 440, 463.*

Pago del aporte

Art. 475. Para establecer la sucursal, la sociedad extranjera comprobará ante la Superintendencia respectiva que el capital asignado por la principal ha sido cubierto.

Conc. *Arts. 269, 472, 497.*

Reservas y vigilancia

Art. 476. Las sociedades extranjeras con negocios permanentes en Colombia constituirán las reservas y provisiones que la ley exige a las anónimas nacionales y cumplirán los demás requisitos establecidos para su control y vigilancia.

Conc. *Arts. 154, 207, 272, 285, 287, 289, 291, 350, 371, 432, 445, 450, 452 a 454, 496.*

Apoderado

Art. 477. Las personas naturales extranjeras no residentes en el país que pretendan realizar negocios permanentes en Colombia constituirán un apoderado, que cumplirá las normas de este título, en cuanto fueren compatibles con la naturaleza de una empresa individual.

Conc. *Arts. 10, 25, 28, 469, 482.*

Norma transitoria

Art. 478. Las sociedades extranjeras que conforme a este Código deban obtener autorización para operar en Colombia y que no la tuvieren, tendrán un plazo de tres meses para acreditar los requisitos indispensables para el permiso de funcionamiento. Del mismo término dispondrán los extranjeros que se hallaren en el caso contemplado en el artículo anterior.

Conc. *Art. 471 num. 2º.*

NOTA: El permiso de funcionamiento para sociedades sometidas a vigilancia de la Superintendencia de Sociedades fue eliminado por el Decreto 2155 de 1992.

Reformas

Art. 479. Cuando los estatutos de la casa principal o la resolución o el acto mediante el cual se acordó emprender negocios en el país sean modificados, se protocolizará dicha reforma en la notaría correspondiente al domicilio de la sucursal en Colombia, enviándose copia a la respectiva Superintendencia con el fin de comprobar si se mantienen o varían las condiciones sustanciales que sirvieron de base para la concesión de permiso.

***Conc.** Arts. 158, 163, 267, 269 a 271, 470 a 472, 484.*

NOTA: El permiso de funcionamiento para sociedades sometidas a vigilancia de la Superintendencia de Sociedades fue eliminado por el Decreto 2155 de 1992.

Autenticación de documentos

Art. 480. Los documentos otorgados en el exterior se autenticarán por los funcionarios competentes para ello en el respectivo país, y la firma de tales funcionarios lo será a su vez por el cónsul colombiano o, a falta de éste, por el de una nación amiga, sin perjuicio de lo establecido en convenios internacionales sobre el régimen de los poderes.

Al autenticar los documentos a que se refiere este artículo los cónsules harán constar que existe la sociedad y ejerce su objeto conforme a las leyes del respectivo país.

Negación del permiso de funcionamiento

Art. 481. La Superintendencia podrá negar el permiso cuando la sociedad no satisfaga las condiciones económicas, financieras o jurídicas expresamente señaladas en la ley colombiana.

NOTA: El permiso de funcionamiento para sociedades sometidas a vigilancia de la Superintendencia de Sociedades fue eliminado por el Decreto 2155 de 1992.

Responsabilidad de los representantes

Art. 482. Quienes actúen a nombre y representación de personas extranjeras sin dar cumplimiento a las normas del presente título, responderán solidariamente con dichas personas de las obligaciones que contraigan en Colombia.

Conc. *Arts. 477, 479, 483.*

Sanciones por incumplimiento

Art. 483. El Superintendente de Sociedades o el Bancario, según el caso, podrán sancionar con multas sucesivas hasta de (cincuenta mil pesos) a las personas extranjeras que inicien o desarrollen actividades sin dar cumplimiento a las normas del presente título, así como a sus representantes, gerentes, apoderados, directores o gestores.

El respectivo superintendente tendrá, respecto de las sucursales, las atribuciones que le confieren las leyes en relación con la vigilancia de las sociedades nacionales.

Conc. *Arts. 267, 471, 482; Ley 222 de 1995, art. 84.*

NOTA 1: Las multas que impone la Superintendencia de Sociedades en virtud de esta disposición corresponden a un valor de hasta doscientos salarios mínimos legales mensuales, de conformidad con lo dispuesto por el numeral 3º del artículo 86 de la Ley 222 de 1995 y los artículos 209 y 211 del Estatuto Orgánico del Sistema Financiero.

NOTA 2: Las funciones de la Superintendencia Bancaria, en la actualidad son ejercidas por la Superintendencia Financiera en virtud del Decreto 4327 de 2005.

Registro mercantil

Art. 484. La sociedad deberá registrar en la cámara de comercio de su domicilio una copia de las reformas que se hagan al contrato social o a los estatutos y de los actos de designación o remoción de sus representantes en el país.

Conc. *Arts. 28, 86, 112, 117, 166, 479.*

Responsabilidad por el registro

Art. 485. La sociedad responderá por los negocios celebrados en el país al tenor de los estatutos que tengan registrados en la cámara de comercio al tiempo de la celebración de cada negocio, y las personas cuyos nombres figuren inscritos en la misma cámara como representantes de la sociedad tendrán dicho carácter para todos los efectos legales, mientras no se inscriba debidamente una nueva designación.

Conc. *Arts. 28, 110, 117, 158, 164, 166.*

Pruebas de existencia y representación

Art. 486. La existencia de las sociedades domiciliadas en el exterior de que trata este título y las cláusulas de los estatutos se probarán mediante el certificado de la cámara de comercio. De la misma manera se probará la personería de sus representantes. La existencia del permiso de funcionamiento se establecerá mediante certificado de la correspondiente Superintendencia.

Conc. *Arts. 27, 30, 86, 117, 159, 166, 268, 270.*

NOTA: El permiso de funcionamiento para sociedades sometidas a vigilancia de la Superintendencia de Sociedades fue eliminado por el Decreto 2155 de 1992.

Aumento y reducción del capital

Art. 487. El capital destinado por la sociedad a sus negocios en el país podrá aumentarse o reponerse libremente, pero no podrá reducirse sino con sujeción a lo prescrito en este Código, interpretado en consideración a los acreedores establecidos en el territorio nacional.

Conc. *Arts. 122, 123, 143, 145 a 147, 158, 166, 417.*

Contabilidad

Art. 488. Estas sociedades llevarán, en libros registrados en la misma cámara de comercio de su domicilio y en idioma español, la contabilidad de los negocios que celebren en el país, con sujeción a las leyes nacionales. Asimismo enviarán a la correspondiente Superintendencia y a la misma cámara de comercio copia de un balance general, por lo menos al final de cada año.

Conc. *Arts. 19, 39, 48 a 60, 152, 289, 445; Ley 222 de 1995, art. 34.*

Revisores fiscales

Art. 489. Los revisores fiscales de las sociedades domiciliadas en el exterior se sujetarán, en lo pertinente, a las disposiciones de este Código sobre los revisores fiscales de las sociedades domiciliadas en el país.

Estos revisores deberán, además, informar a la correspondiente Superintendencia cualquier irregularidad de las que puedan ser causales de suspensión o de revocación del permiso de funcionamiento de tales sociedades.

Conc. *Arts. 110, 187, 203 a 217, 490, 493, 494.*

NOTA 1: El permiso de funcionamiento para sociedades sometidas a vigilancia de la Superintendencia de Sociedades fue eliminado por el Decreto 2155 de 1992.

NOTA 2: El segundo inciso de este artículo fue declarado exequible por la Corte Constitucional mediante la Sentencia C-062 del 4 de marzo de 1998.

Art. 490. *Derogado por la Ley 2069 de 2020, art. 4°, Parágrafo 2.*

Sanciones

Art. 491. Cuando una sociedad extranjera no invierta el capital asignado en las actividades propias del objeto de la sucursal, la Superintendencia respectiva conminará con multas sucesivas hasta de (cincuenta mil pesos) al representante legal para que dé a dicho capital la destinación prevista, sin perjuicio de las demás sanciones consagradas en este título.

Conc. *Arts. 196, 267, 471, 472, 487.*

NOTA: Las multas que impone la Superintendencia de Sociedades en virtud de esta disposición corresponden a un valor de hasta doscientos salarios mínimos legales mensuales, de conformidad con lo dispuesto por el numeral 3° del artículo 86 de la Ley 222 de 1995.

Procesos concursales

Art. 492. A las personas naturales o jurídicas extranjeras con negocios permanentes en Colombia se les aplicará, según fuere el caso, el régimen de concordato preventivo, liquidación administrativa o quiebra.

Conc. *Ley 1116 de 2006.*

NOTA: Donde el artículo señala «concordato preventivo» y «quiebra» debe entenderse el régimen de insolvencia de la Ley 116 de 2006.

Suspensión del permiso de funcionamiento

Art. 493. El permiso de funcionamiento deberá suspenderse cuando la sociedad incurra en irregularidades que, en su caso, autoricen la misma medida para las sociedades domiciliadas en el país y cuando hayan suspendido injustificadamente sus negocios en el país por más de un año.

NOTA: El permiso de funcionamiento para sociedades sometidas a vigilancia de la Superintendencia de Sociedades fue eliminado por el Decreto 2155 de 1992.

Efectos de la suspensión

Art. 494. Suspendido el permiso de funcionamiento, la sociedad no podrá iniciar nuevas operaciones en el país mientras no subsane las irregularidades que hayan motivado la suspensión, so pena de revocación, definitiva del mismo permiso.

NOTA: El permiso de funcionamiento para sociedades sometidas a vigilancia de la Superintendencia de Sociedades fue eliminado por el Decreto 2155 de 1992.

Liquidación de negocios

Art. 495. Revocado el permiso, en los casos previstos en la ley, la sociedad deberá proceder a la liquidación de sus negocios en el país, dando cumplimiento, en lo pertinente, a lo prescrito en este Código para la liquidación de sociedades por acciones.

NOTA: El permiso de funcionamiento para sociedades sometidas a vigilancia de la Superintendencia de Sociedades fue eliminado por el Decreto 2155 de 1992.

Utilidades

Art. 496. Los beneficios obtenidos por las sucursales de sociedades extranjeras, se liquidarán de acuerdo con los resultados del balance de fin de ejercicio, aprobado por la Superintendencia. Por consiguiente, la sucursal no podrá hacer avances o giros a la principal, a buena cuenta de utilidades futuras.

Conc. *Arts. 151, 152, 289, 451, 476.*

Remisión normativa

Art. 497. Las disposiciones de este título regirán sin perjuicio de lo pactado en tratados o convenios internacionales. En lo no previsto se aplicarán las reglas de las sociedades colombianas. Asimismo estarán sujetas a él todas las sociedades extranjeras, salvo en cuanto estuvieren sometidas a normas especiales.

TÍTULO IX
DE LA SOCIEDAD MERCANTIL DE HECHO

Formación y prueba

Art. 498. La sociedad comercial será de hecho cuando no se constituya por escritura pública. Su existencia podrá demostrarse por cualquiera de los medios probatorios reconocidos en la ley.

Conc. *Arts. 31, 98, 110, 121.*

Ausencia de personalidad jurídica

Art. 499. La sociedad de hecho no es persona jurídica. Por consiguiente, los derechos que se adquieran y las obligaciones que se contraigan para la empresa social, se entenderán adquiridos o contraídas a favor o a cargo de todos los socios de hecho.

Las estipulaciones acordadas por los asociados producirán efectos entre ellos.

Conc. *Arts. 25, 98.*

Art. 500. *Derogado por el Decreto 2155 de 1992.*

Responsabilidad de los socios de hecho

Art. 501. En la sociedad de hecho todos y cada uno de los asociados responderán solidaria e ilimitadamente por las operaciones celebradas. Las estipulaciones tendientes a limitar esta responsabilidad se tendrán por no escritas.

Los terceros podrán hacer valer sus derechos y cumplir sus obligaciones a cargo o en favor de todos los asociados de hecho o de cualquiera de ellos.

Conc. Arts. 825, 897.

Efectos de la nulidad de la sociedad de hecho

Art. 502. La declaración judicial de nulidad de la sociedad no afectará los derechos de terceros de buena fe que hayan contratado con ella.

Ningún tercero podrá alegar como acción o como excepción que la sociedad es de hecho para exonerarse del cumplimiento de sus obligaciones. Tampoco podrá invocar la nulidad del acto constitutivo ni de sus reformas.

Conc. Art. 498.

Administración

Art. 503. La administración de la empresa social se hará como acuerden válidamente los asociados, sin perjuicio de lo dispuesto en el artículo 501 respecto de terceros.

Conc. Art. 4º, 110, 196, 499.

Afectación de bienes

Art. 504. Los bienes destinados al desarrollo del objeto social estarán especialmente afectos al pago de las obligaciones contraídas en interés de la sociedad de hecho, sin perjuicio de los créditos que gocen de privilegio o prelación especial para su pago. En consecuencia, sobre tales bienes serán preferidos los acreedores sociales a los demás acreedores comunes de los asociados.

Conc. Art. 242.

Petición de liquidación

Art. 505. Cada uno de los asociados podrá pedir en cualquier tiempo que se haga la liquidación de la sociedad de hecho y que se liquide y pague su participación en ella y los demás asociados estarán obligados a proceder a dicha liquidación.

Conc. C.G.P., arts. 524 y ss.

Procedimiento de liquidación

Art. 506. La liquidación de la sociedad de hecho podrá hacerse por todos los asociados, dando aplicación en lo pertinente a los principios del capítulo IX, título I de este libro. Asimismo podrán nombrar liquidador, y en tal caso, se presumirá que es mandatario de todos y cada uno de ellos, con facultades de representación.

Conc. *Arts. 218 y ss.; 225 a 259.*

TÍTULO X. DE LAS CUENTAS EN PARTICIPACIÓN

Definición

Art. 507. La participación es un contrato por el cual dos o más personas que tienen la calidad de comerciantes toman interés en una o varias operaciones mercantiles determinadas, que deberá ejecutar uno de ellos en su solo nombre y bajo su crédito personal, con cargo de rendir cuenta y dividir con sus partícipes las ganancias o pérdidas en la proporción convenida.

Conc. *Arts. 10, 20, 98, 323, 498.*

Elementos

Art. 508. La participación no estará sujeta en cuanto a su formación a las solemnidades prescritas para la constitución de las compañías mercantiles.

El objeto, la forma, el interés y las demás condiciones se regirán por el acuerdo de los partícipes.

Conc. *Art. 110.*

Ausencia de personalidad jurídica

Art. 509. La participación no constituirá una persona jurídica y por tanto carecerá de nombre, patrimonio social y domicilio. Su formación, modificación, disolución y liquidación podrán ser establecidas con los libros, correspondencia, testigos o cualquiera otra prueba legal.

Conc. *Arts. 48 a 60, 98, 110, 218 a 259, 303, 324.*

Relaciones con terceros

Art. 510. El gestor será reputado único dueño del negocio en las relaciones externas de la participación.

Los terceros solamente tendrán acción contra el administrador, del mismo modo que los partícipes inactivos carecerán de ella contra los terceros.

Conc. *Art. 326.*

NOTA: La expresión subrayada fue declarada exequible por la Corte Constitucional en la Sentencia C-790 de 2011.

Responsabilidad del partícipe pasivo

Art. 511. La responsabilidad del partícipe no gestor se limitará al valor de su aportación. Sin embargo, los partícipes inactivos que revelen o autoricen que se conozca su calidad de partícipe, responderán ante terceros en forma solidaria con el gestor. Esta solidaridad surgirá desde la fecha en que haya desaparecido el carácter oculto del partícipe.

Conc. *Arts. 325, 326.*

NOTA: La expresión subrayada fue declarada exequible por la Corte Constitucional en la Sentencia C-790 de 2011.

Derechos del partícipe pasivo

Art. 512. En cualquier tiempo el partícipe inactivo tendrá derecho a revisar todos los documentos de la participación y a que el gestor le rinda cuentas de su gestión.

Conc. *Arts. 61, 200.*

Relaciones entre los partícipes

Art. 513. Salvo las modificaciones resultantes de la naturaleza jurídica de la participación, ella producirá entre los partícipes los mismos derechos y obligaciones que la sociedad en comandita simple confiere e impone a los socios entre sí.

Conc. *Arts. 323, 325, 326, 328, 332, 337, 339 a 341.*

Remisión normativa

Art. 514. En lo no previsto en el contrato de participación para regular las relaciones de los partícipes, tanto durante la asociación como a la liquidación del negocio o negocios, se aplicarán las reglas previstas en este Código para la sociedad en comandita simple y, en cuanto éstas resulten insuficientes, las generales del título primero de este mismo libro.

Conc. *Arts. 98 y ss., 218 a 259, 323 a 341.*

LIBRO TERCERO
DE LOS BIENES MERCANTILES

TÍTULO I
EL ESTABLECIMIENTO DE COMERCIO

CAPÍTULO I
ESTABLECIMIENTOS DE COMERCIO Y SU PROTECCIÓN LEGAL

Definición

Art. 515. Se entiende por establecimiento de comercio un conjunto de bienes organizados por el empresario para realizar los fines de la empresa. Una misma persona podrá tener varios establecimientos de comercio, y, a su vez, un solo establecimiento de comercio podrá pertenecer a varias personas, y destinarse al desarrollo de diversas actividades comerciales.

Conc. *Art. 32; Ley 633 de 2000, art. 91.*

Elementos integrantes

Art. 516. Salvo estipulación en contrario, se entiende que forman parte de un establecimiento de comercio:

1) La enseña o nombre comercial y las marcas de productos y de servicios;

2) Los derechos del empresario sobre las invenciones o creaciones industriales o artísticas que se utilicen en las actividades del establecimiento;

3) Las mercancías en almacén o en proceso de elaboración, los créditos y los demás valores similares;

4) El mobiliario y las instalaciones;

5) Los contratos de arrendamiento y, en caso de enajenación, el derecho al arrendamiento de los locales en que funciona si son de propiedad del empresario, y las indemnizaciones que, conforme a la ley, tenga el arrendatario;

6) El derecho a impedir la desviación de la clientela y a la protección de la fama comercial, y

7) Los derechos y obligaciones mercantiles derivados de las actividades propias del establecimiento, siempre que no provengan de contratos celebrados exclusivamente en consideración al titular de dicho establecimiento.

Conc. *Arts. 309, 525, 532; Ley 256 de 1996, art. 32.*

Enajenación forzada

Art. 517. Siempre que haya de procederse a la enajenación forzada de un establecimiento de comercio se preferirá la que se realice en bloque o en su estado de unidad económica. Si no pudiere hacerse en tal forma, se efectuará la enajenación separada de sus distintos elementos.

En la misma forma se procederá en caso de liquidaciones de sociedades propietarias de establecimientos de comercio y de particiones de establecimientos de que varias personas sean condueñas.

Conc. *Arts. 225 y ss.*

Renovación del arrendamiento de local

Art. 518. El empresario que a título de arrendamiento haya ocupado no menos de dos años consecutivos un inmueble con un mismo establecimiento de comercio, tendrá derecho a la renovación del contrato al vencimiento del mismo, salvo en los siguientes casos.

1) Cuando el arrendatario haya incumplido el contrato;

2) Cuando el propietario necesite los inmuebles para su propia habitación o para un establecimiento suyo destinado a una empresa sustancialmente distinta de la que tuviere el arrendatario, y

3) Cuando el inmueble deba ser reconstruido, o reparado con obras necesarias que no puedan ejecutarse sin la entrega o desocupación, o demolido por su estado de ruina o para la construcción de una obra nueva.

Diferencias sobre la renovación

Art. 519. Las diferencias que ocurran entre las partes en el momento de la renovación del contrato de arrendamiento se decidirán por el procedimiento verbal, con intervención de peritos.

Conc. *C.G.P., art. 368 y ss.*

Desahucio

Art. 520. En los casos previstos en los ordinales 2° y 3° del artículo 518, el propietario desahuciará al arrendatario con no menos de seis meses de anticipación a la fecha de terminación del contrato, so pena de que éste se considere renovado o prorrogado en las mismas condiciones y por el mismo término del contrato inicial. Se exceptúan de lo dispuesto en este artículo los casos en que el inmueble sea ocupado o demolido por orden de autoridad competente.

***Conc.** Arts. 829.*

Derecho de preferencia de anteriores arrendatarios

Art. 521. El arrendatario tendrá derecho a que se le prefiera, en igualdad de circunstancias, a cualquier otra persona en el arrendamiento de los locales reparados, reconstruidos o de nueva edificación, sin obligación de pagar primas o valores especiales, distintos del canon de arrendamiento, que se fijará por peritos en caso de desacuerdo.

Parágrafo. Para los efectos de este artículo el propietario deberá informar al comerciante, por lo menos con sesenta días de anticipación, la fecha en que pueda entregar los locales, y este deberá dar aviso a aquél, con no menos de treinta días de anterioridad a dicha fecha, si ejercita o no el derecho de preferencia para el arrendamiento.

Si los locales reconstruidos o de la nueva edificación son en número menor que los anteriores, los arrendatarios más antiguos que ejerciten el derecho de preferencia excluirán a los demás en orden de antigüedad.

***Conc.** Arts. 829, 862, 2026.*

Indemnización al arrendatario

Art. 522. Si el propietario no da a los locales el destino indicado o no da principio a las obras dentro de los tres meses siguientes a la fecha de la entrega, deberá indemnizar al arrendatario los perjuicios causados, según estimación de peritos. Igual indemnización deberá pagarle si en esos mismos casos arrienda los locales, o los utiliza para establecimientos de comercio en que se desarrollen actividades similares a las que tenía el arrendatario.

En la estimación de los perjuicios se incluirán, además del lucro cesante sufrido por el comerciante, los gastos indispensables para la nueva instalación, las indemnizaciones de los trabajadores despedidos con ocasión de la clausura o traslado del establecimiento y el valor actual de las mejoras necesarias y útiles que hubiere hecho en los locales entregados.

El inmueble respectivo quedará especialmente afecto al pago de la indemnización, y la correspondiente demanda deberá ser inscrita como se previene para las que versan sobre el dominio de inmuebles.

Conc. *Arts. 518, 830, 2026.*

Subarriendo y cesión del contrato

Art. 523. El arrendatario no podrá, sin la autorización expresa o tácita del arrendador, subarrendar totalmente los locales o inmuebles, ni darles, en forma que lesione los derechos del arrendador, una destinación distinta a la prevista en el contrato.

El arrendatario podría subarrendar hasta la mitad los inmuebles, con la misma limitación.

La cesión del contrato será válida cuando la autorice el arrendador o sea consecuencia de la enajenación del respectivo establecimiento de comercio.

Conc. *Arts. 518, 525, 887 y ss.*

NOTA: La expresión subrayada fue declarada exequible por la Corte Constitucional en la Sentencia C-598 de 1996.

Ineficacia

Art. 524. Contra las normas previstas en los artículos 518 a 523, inclusive, de este capítulo, no producirá efectos ninguna estipulación de las partes.

Conc. *Art. 897.*

CAPÍTULO II
OPERACIONES SOBRE ESTABLECIMIENTOS DE COMERCIO

Enajenación en bloque

Art. 525. La enajenación de un establecimiento de comercio, a cualquier título, se presume hecha en bloque o como unidad económica, sin necesidad de especificar detalladamente los elementos que lo integran.

Conc. *Arts. 515 a 517, 608.*

Solemnidades

Art. 526. La enajenación se hará constar en escritura pública o en documento privado reconocido por los otorgantes ante funcionario competente, para que produzca efectos entre las partes.

Balance certificado

Art. 527. El enajenante deberá entregar al adquirente un balance general acompañado de una relación discriminada del pasivo, certificados por un contador público.

Responsabilidad solidaria por deudas en libros

Art. 528. El enajenante y el adquirente del establecimiento responderán solidariamente de todas las obligaciones que se hayan contraído hasta el momento de la enajenación, en desarrollo de las actividades a que se encuentre destinado el establecimiento, y que consten en los libros obligatorios de contabilidad.

La responsabilidad del enajenante cesará trascurridos dos meses desde la fecha de la inscripción de la enajenación en el registro mercantil, siempre que se hayan cumplido los siguientes requisitos:

1) Que se haya dado aviso de la enajenación a los acreedores por medio de radiograma o cualquier otra prueba escrita;

2) Que se haya dado aviso de la transferencia en general a los acreedores, en un diario de la capital de la República y en uno local, si lo hubiere ambos de amplia circulación, y

3) Que dentro del término indicado en el inciso primero no se hayan opuesto los acreedores a aceptar al adquirente como su deudor.

Parágrafo. El acreedor del enajenante que no acepte al adquirente como su deudor deberá inscribir la oposición en el registro mercantil dentro del término que se le concede en este artículo.

Conc. *Arts. 825, 829, 1225, 1690, 1694.*

Responsabilidad por deudas que no consten en libros

Art. 529. Las obligaciones que no consten en los libros de contabilidad o en documento de enajenación continuará a cargo del enajenante del establecimiento, pero si el adquirente no demuestra buena fe exenta de culpa, responderá solidariamente con aquél de dichas obligaciones.

Garantías

Art. 530. Los acreedores que se opongan tendrán derecho a exigir las garantías o seguridades del caso para el pago de sus créditos y si éstas no se prestan oportunamente, serán exigibles aún las obligaciones a plazo. Este derecho sólo podrá ejercitarse dentro de los dos meses siguientes a la fecha del registro de la enajenación del establecimiento.

Conc. *Arts. 825, 829, 1225, 1690, 1694; Ley 1116 de 2006, art. 44.*

Enajenación basada en libros

Art. 531. Si la enajenación se hiciere con base en los libros de contabilidad y en éstos resultaren inexactitudes que impliquen un menor valor del establecimiento enajenado, el enajenante deberá restituir al adquirente la diferencia del valor proveniente de tales inexactitudes, sin perjuicio de la indemnización a que haya lugar.

La regulación de la diferencia de valor y de los perjuicios se hará por peritos.

Esta acción prescribe en seis meses.

Conc. *C.G.P., art. 390.*

NOTA: El avalúo de los peritos se realiza actualmente con base en lo dispuesto en el artículo 390 del C.G.P., aunque estaba previamente regulado en los artículos 2026 a 2032 del C.Co.

Prenda sobre establecimientos

Art. 532. La prenda de un establecimiento de comercio podrá hacerse sin desapoderamiento del deudor.

A falta de estipulación se tendrán como afectos a la prenda todos los elementos determinados en el artículo 516 con excepción de los activos circulantes.

Cuando la prenda se haga extensiva a tales activos, los que se hayan enajenado o consumido se tendrán como subrogados por los que produzcan o adquieran en el curso de las actividades del establecimiento.

Conc. *Art. 1207; Ley 1676 de 2013, arts. 3º, 21, 82.*

NOTA: La prenda del establecimiento de comercio debe entenderse como garantía mobiliaria, según lo dispuesto en la Ley 1676 de 2013.

Otros contratos sobre establecimientos de comercio

Art. 533. Los establecimientos de comercio podrán ser objeto de contrato de arrendamiento, usufructo, anticresis y cualesquiera operaciones que transfieran, limiten o modifiquen su propiedad o el derecho a administrarlos con los requisitos y bajo las sanciones que se indican en el artículo 526.

Conc. *Arts. 1221, 1224.*

TÍTULO II
DE LA PROPIEDAD INDUSTRIAL

CAPÍTULO I
NUEVAS CREACIONES

SECCIÓN I. PATENTES DE INVENCIÓN

Arts. 534 a 538. *Se aplica la Decisión 486 de 2000 del Acuerdo de Cartagena.*

Invenciones de trabajadores o mandatarios

Art. 539. Salvo estipulación en contrario, la invención realizada por el trabajador o mandatario contratado para investigar pertenece al patrono o mandante.

La misma regla se aplica cuando el trabajador no haya sido contratado para investigar, si la invención la realiza mediante datos o medios conocidos o utilizados en razón de la labor desempeñada. En este caso el trabajador tendrá derecho a una compensación que se fijará de acuerdo al monto del salario, la importancia de la invención, el beneficio que reporte al patrono u otros factores similares.

A falta de acuerdo entre las partes, el juez fijará el monto de la compensación.

Conc. *Art. 613; Ley 1450 de 2011, art. 29.*

Arts. 540 a 542. *Se aplica la Decisión 486 de 2000 del Acuerdo de Cartagena.*

Solicitante extranjero

Art. 543. La solicitud de patente deberá presentarse a la Oficina de Propiedad Industrial y contendrá:

Numerales 1) a 4) Se aplica la Decisión 486 de 2000 del Acuerdo de Cartagena.

Parágrafo 1º. En caso de que el solicitante resida fuera del país designará un representante en Bogotá con facultades de recibir notificaciones y nombrar apoderados judiciales o extrajudiciales. Asimismo indicará la dirección de dicho representante.

Parágrafo 2º. El solo hecho de solicitar y obtener patentes en Colombia no implica que los solicitantes extranjeros tengan negocios de carácter permanente en el país.

Arts. 544 a 549. *Se aplica la Decisión 486 de 2000 del Acuerdo de Cartagena.*

Publicación de patentes

Art. 550. Una vez concedido y numerado el título, la Oficina de Propiedad Industrial ordenará publicar la reivindicación característica de la invención.

Cualquier persona podrá examinar las patentes concedidas y obtener, a su costa, copias de las mismas.

Arts. 551 a 553. *Se aplica la Decisión 486 de 2000 del Acuerdo de Cartagena.*

Comunidad sobre patentes

Art. 554. Salvo convenio especial entre las partes la comunidad sobre una solicitud de patente, se regirá por las siguientes normas:

1) Cada uno de los comuneros, podrá explotar la invención y perseguir las falsificaciones;

2) Sólo con el consentimiento de los demás comuneros o con la autorización del juez civil, mediante proceso al que dará trámite de incidente, podrá concederse licencia de explotación a terceros, y

3) Cada comunero puede ceder su cuota parte, pero los otros disponen de un derecho de preferencia para adquirirla, el cual pueden ejercer dentro del plazo de tres meses contados a partir de la notificación de la intención de cederla.

A falta de acuerdo sobre el precio, éste será fijado por el juez civil, con intervención de expertos.

Conc. *Arts. 613, 2026.*

Art. 555. *Se aplica la Decisión 486 de 2000 del Acuerdo de Cartagena.*

Licencia contractual

Art. 556. Salvo estipulación en contrario, la licencia contractual se rige por las reglas siguientes:

1) No excluye el derecho de conceder otras ni que el titular explote la invención por sí mismo;

2) El beneficiario de la licencia tendrá derecho a explotar la invención por el plazo de duración de la patente, en todo el territorio del país y para todas sus aplicaciones, y

3) El beneficiario de la licencia no puede cederla a terceros, ni está autorizado para otorgar sublicencias.

Nulidad por limitaciones en la licencia contractual

Art. 557. Serán nulas las cláusulas de la licencia contractual que impongan al beneficiario de la licencia limitaciones en el plano comercial o industrial que no se deriven de los derechos conferidos por la patente.

No se considerarán como limitaciones:

1) Las relativas a la extensión del objeto de la patente o la duración de la licencia, y

2) Las que impiden la comercialización del producto cuando éste no reúne las condiciones sobre calidad del mismo.

Arts. 558 a 563. *Se aplica la Decisión 486 de 2000 del Acuerdo de Cartagena.*

Legitimación para demandar

Art. 564. El titular de la patente y el beneficiario de una licencia podrán ejercer conjunta o separadamente las acciones legales que sean del caso en la defensa de los derechos que confiere la patente.

Cuando la demanda la inicia el beneficiario de la licencia deberá notificarse personalmente, al titular de la patente.

Conc. *Decisión 486 de 2000 del Acuerdo de Cartagena, art. 238.*

Expropiación de patentes

Art. 565. Considéranse de interés social o utilidad pública las patentes relacionadas con la salud pública o la defensa nacional. Su expropiación será decretada, llegado el caso, por el Ministerio respectivo.

Renuncia del titular

Art. 566. El titular de la patente podrá en cualquier momento renunciar a ella o a una o varias reivindicaciones.

La renuncia se hará por escrito presentado ante la Oficina de Propiedad Industrial. Si hubiere una licencia o un gravamen, aquella no tendrá efecto sino cuando los titulares de dichos derechos consientan.

NOTA: El primer inciso de esta norma se encuentra regulado en el artículo 71 de la Decisión 486 de 2000.

Nulidad de la patente

Art. 567. (...)

La demanda podrá instaurarse por el Ministerio Público, o por cualquier persona. En firme la sentencia, se comunicará a la Oficina de Propiedad Industrial.

La competencia para conocer de la acción de nulidad corresponderá al Consejo de Estado.

Conc. *Decisión 486 de 2000, arts. 75 a 79.*

NOTA: La primera parte de esta norma se regula actualmente por la Decisión 486 de 2000 del Acuerdo de Cartagena.

Art. 568. *Se aplica la Decisión 486 de 2000 del Acuerdo de Cartagena.*

Apelación en medidas cautelares

Art. 569. La decisión que ordena tomar medidas cautelares es apelable en el efecto devolutivo; la que las niega, en el suspensivo. No obstante, la apelación de la providencia que decretó las medidas cautelares podrá concederse en el efecto suspensivo, si el presunto infractor otorga una caución cuya naturaleza y monto serán iguales a la prestada por el actor, para garantizar los perjuicios que puedan causarse a éste.

Conc. *Decisión 486 de 2000, art. 248.*

Arts. 570 y 571. *Se aplica la Decisión 486 de 2000 del Acuerdo de Cartagena.*

SECCIÓN II. DIBUJOS Y MODELOS INDUSTRIALES

Art. 572 a 579. *Se aplica la Decisión 486 de 2000 del Acuerdo de Cartagena.*

Nulidad del registro

Art. 580. La Oficina de Propiedad Industrial, el Ministerio Público o cualquier persona podrá solicitar la nulidad del certificado de registro de un dibujo o modelo, si no son nuevos o si se refieren a alguna ventaja técnica.

La competencia para conocer de esta acción corresponderá al Consejo de Estado.

NOTA: Este artículo fija la competencia que existe en la materia para Colombia. No obstante, la nulidad del registro de diseños industriales se encuentra contenida en el artículo 132 de la Decisión 486 del Acuerdo de Cartagena

Arts. 581 y 582. *Se aplica la Decisión 486 de 2000 del Acuerdo de Cartagena.*

CAPÍTULO II
SIGNOS DISTINTIVOS

SECCIÓN I. DEFINICIONES

Art. 583. *Se aplica la Decisión 486 de 2000 del Acuerdo de Cartagena.*

SECCIÓN II. MARCAS DE PRODUCTOS Y DE SERVICIOS

Arts. 584 a 593. *Se aplica la Decisión 486 de 2000 del Acuerdo de Cartagena.*

Contrato de licencia

Art. 594. El contrato de licencia contendrá estipulaciones que aseguren la calidad de los productos o servicios producidos o prestados por el beneficiario de la licencia. El titular de la marca ejercerá control efectivo sobre dicha calidad y será solidariamente responsable frente a terceros por los perjuicios causados.

A petición de cualquier persona o de oficio, la oficina encargada del control de normas y calidades tomará las medidas adecuadas para garantizar dicha calidad e impondrá las sanciones que fueren del caso.

Arts. 595. *Se aplica la Decisión 486 de 2000 del Acuerdo de Cartagena.*

Nulidad del registro de marca

Art. 596. El certificado de una marca podrá anularse a petición de cualquier persona si al expedirse se infringieron las disposiciones de los artículos 585 a 586, pero en este último caso la solicitud deberá intentarse dentro de los cinco años, contados a partir de la fecha de registro de la marca cuya cancelación se solicite. De esta acción conocerá el Consejo de Estado.

NOTA: Este artículo fija la competencia que existe en la materia para Colombia. No obstante, la nulidad del registro de una marca se encuentra contenida en el artículo 172 de la Decisión 486 del Acuerdo de Cartagena.

Remisión normativa

Art. 597. Son aplicables a las marcas, en lo pertinente, los artículos sobre patentes relativos a la obligación de los extranjeros de designar representante, régimen de las sociedades extranjeras que soliciten y obtengan patentes, (...), abandono de solicitudes incompletas, examen de expedientes, régimen de la comunidad y licencia contractual, (...) y disposiciones sobre medidas cautelares.

NOTA 1: Se suprimen del texto los apartes regulados por la Decisión 486 de 2000.

NOTA 2: La expresión subrayada fue declarada exequible por la Corte Constitucional en la Sentencia C-095 de 1993.

SECCIÓN III. MARCAS COLECTIVAS

Arts. 598 a 602. *Se aplica la Decisión 486 de 2000 del Acuerdo de Cartagena.*

SECCIÓN IV. NOMBRES COMERCIALES Y ENSEÑAS

Adquisición de los derechos

Art. 603. Los derechos sobre el nombre comercial se adquieren por el primer uso sin necesidad de registro. No obstante, puede solicitarse su depósito. Si la solicitud reúne los requisitos de forma establecidos para el registro de las marcas, se ordenará la concesión del certificado de depósito y se publicará.

Conc. *Decisión 486 de 2000, arts. 190 y ss.*

Nombre ya depositado

Art. 604. Si el nombre estuviere ya depositado para las mismas actividades, la Oficina de Propiedad Industrial lo hará saber al solicitante y si este insistiere, se hará constar en el certificado la existencia del primer depósito.

Efectos jurídicos del depósito

Art. 605. El depósito o la mención de depósito anterior no constituyen derechos sobre el nombre.

Se presume que el depositante empezó a usar el nombre desde el día de la solicitud y que los terceros conocen tal uso desde la fecha de la publicación.

Denominaciones prohibidas

Art. 606. No podrá utilizarse como nombre comercial una denominación que sea contraria a las buenas costumbres o al orden público, o que pueda engañar a los terceros sobre la naturaleza de la actividad que se desarrolla con ese nombre.

Nombres y marcas ya usados en los mismos negocios

Art. 607. Se prohíbe a terceros el empleo de un nombre comercial o de una marca de productos o de servicios, que sea igual o similar a un nombre comercial ya usado para el mismo ramo de negocios, salvo cuando se trata de un nombre que por ley le corresponda a una persona, caso en el cual deberán hacerse las modificaciones que eviten toda confusión que a primera vista pudiera presentarse.

Conc. *Art. 35.*

Cesión

Art. 608. El nombre comercial sólo puede transferirse con el establecimiento o la parte del mismo designada con ese nombre, pero el cedente puede reservarlo para sí al ceder el establecimiento.

La cesión deberá hacerse por escrito.

Conc. *Arts. 516, 525, 616.*

Acción del perjudicado por uso ilícito

Art. 609. El perjudicado por el uso de un nombre comercial podrá acudir al juez para impedir tal uso y reclamar indemnización de perjuicios.

El proceso se tramitará por el procedimiento abreviado establecido en el Código de Procedimiento Civil.

NOTA: Actualmente, el trámite para esta acción es el señalado para los procesos declarativos contenido en los artículos 368 y ss. del C.G.P.

Extinción del derecho

Art. 610. El derecho sobre el nombre comercial se extingue con el retiro del comercio del titular, la terminación de la explotación del ramo de negocios para que se destine o la adopción de otro para la misma actividad.

Remisión normativa

Art. 611. Son aplicables a la enseña las disposiciones sobre nombres comerciales.

Conc. *Decisión 486 de 2000, art. 200.*

CAPÍTULO III
DISPOSICIONES VARIAS

Procedimiento ante el Consejo de Estado

Art. 612. Los procesos relativos a la propiedad industrial que sean de competencia del Consejo de Estado se tramitarán mediante el procedimiento ordinario de lo contencioso administrativo.

Si se demandare la nulidad de un acto generador de una situación individual y concreta, se notificará personalmente al titular de aquella antes de la fijación en lista. Si alguna de las partes lo pide se celebrará audiencia pública.

Procedimiento para fijar compensaciones y precios

Art. 613. Cuando corresponda al juez competente fijar el monto de las compensaciones o el valor del precio en caso de preferencia se procederá así.

De la demanda se dará traslado a la otra parte por el término de tres días, vencido el cual se evaluará por peritos la compensación o la cuota del comunero.

En firme el dictamen, el juez decidirá de plano.

Competencia

Art. 614. *Derogado, C.P.C., arts. 17, 19 y 20.*

Aplicación de instrumentos internacionales

Art. 615. Los colombianos y los extranjeros domiciliados en Colombia podrán solicitar de las correspondientes autoridades judiciales o administrativas, la aplicación de toda ventaja que resulte de una convención suscrita y ratificada por Colombia en materia de propiedad industrial.

Registro de concesiones

Art. 616. Para que surtan efectos frente a terceros, y sin perjuicio de lo dispuesto sobre registro de comercio, deberán inscribirse en la Oficina de Propiedad Industrial las concesiones de patentes, modelos y dibujos, marcas, nombres, enseñas, cesiones, transmisiones, cambio de nombre o domicilio del titular, renuncias, licencias, reglamento de comunidad y del empleo de la marca colectiva.

Cesión de derechos

Art. 617. Salvo lo previsto en este título, los derechos inherentes a la propiedad industrial podrán cederse.

Reglamentación

Art. 618. El Gobierno podrá reglamentar las normas de este título.

TÍTULO III
DE LOS TÍTULOS VALORES

CAPÍTULO I
GENERALIDADES

Definición y clases

Art. 619. Los títulos-valores son documentos necesarios para legitimar el ejercicio del derecho literal y autónomo que en ellos se incorpora. Pueden ser de contenido crediticio, corporativos o de participación y de tradición o representativos de mercancías.

Menciones necesarias y requisitos

Art. 620. Los documentos y los actos a que se refiere este título sólo producirán los efectos en él previstos cuando contengan las menciones y llenen los requisitos que la ley señale, salvo que ella los presuma.

La omisión de tales menciones y requisitos no afecta el negocio jurídico que dio origen al documento o al acto.

Requisitos comunes

Art. 621. Además de lo dispuesto para cada título-valor en particular, los títulos-valores deberán llenar los requisitos siguientes:

1) La mención del derecho que en el título se incorpora, y

2) La firma de quién lo crea.

La firma podrá sustituirse, bajo la responsabilidad del creador del título, por un signo o contraseña que puede ser mecánicamente impuesto.

Si no se menciona el lugar de cumplimiento o ejercicio del derecho, lo será el del domicilio del creador del título; y si tuviere varios, entre ellos podrá elegir el tenedor, quien tendrá igualmente derecho de elección si el título señala varios lugares de cumplimiento o de ejercicio. Sin embargo, cuando el título sea representativo de mercaderías, también podrá ejercerse la acción derivada del mismo en el lugar en que éstas deban ser entregadas.

Si no se menciona la fecha y el lugar de creación del título se tendrán como tales la fecha y el lugar de su entrega.

Conc. *Arts. 677, 680, 682 y ss. 699, 709, 713, 759, 768, 774.*

Títulos en blanco o con espacios

Art. 622. Si en el título se dejan espacios en blanco cualquier tenedor legítimo podrá llenarlos, conforme a las instrucciones del suscriptor que los haya dejado, antes de presentar el título para el ejercicio del derecho que en él se incorpora.

Una firma puesta sobre un papel en blanco, entregado por el firmante para convertirlo en un título-valor, dará al tenedor el derecho de llenarlo. Para que el título, una vez completado, pueda hacerse valer contra cualquiera de los que en él han intervenido antes de completarse, deberá ser llenado estrictamente de acuerdo con la autorización dada para ello.

Si un título de esta clase es negociado, después de llenado, a favor de un tenedor de buena fe exenta de culpa, será válido y efectivo para dicho tenedor y éste podrá hacerlo valer como si se hubiera llenado de acuerdo con las autorizaciones dadas.

***Conc.** Arts. 630, 647; C.G.P., art. 621.*

Primacía de las palabras frente a los números

Art. 623. Si el importe del título aparece escrito a la vez en palabras y en cifras, valdrá, en caso de diferencia, la suma escrita en palabras. Si aparecen diversas cantidades en cifras y en palabras, y la diferencia fuere relativa a la obligación de una misma parte, valdrá la suma menor expresada en palabras.

Exhibición y pago

Art. 624. El ejercicio del derecho consignado en un título-valor requiere la exhibición del mismo. Si el título es pagado, deberá ser entregado a quien lo pague, salvo que el pago sea parcial o sólo de los derechos accesorios. En estos supuestos, el tenedor anotará el pago parcial en el título y extenderá por separado el recibo correspondiente. En caso de pago parcial el título conservará su eficacia por la parte no pagada.

Fundamento de la obligación cambiaria

Art. 625. Toda obligación cambiaria deriva su eficacia de una firma puesta en un título-valor y de su entrega con la intención de hacerlo negociable conforme a la ley de su circulación.

Cuando el título se halle en poder de persona distinta del suscriptor se presumirá tal entrega.

Literalidad

Art. 626. El suscriptor de un título quedará obligado conforme al tenor literal del mismo, a menos que firme con salvedades compatibles con su esencia.

***Conc.** Art. 657.*

Autonomía

Art. 627. Todo suscriptor de un título-valor se obligará autónomamente. Las circunstancias que invaliden la obligación de alguno o algunos de los signatarios, no afectarán las obligaciones de los demás.

Conc. *Art. 657.*

Alcance de la transferencia del título valor

Art. 628. La transferencia de un título implica no sólo la del derecho principal incorporado, sino también la de los derechos accesorios.

Afectaciones y gravámenes

Art. 629. La reivindicación, el secuestro, o cualesquiera otras afectaciones o gravámenes sobre los derechos consignados en un título-valor o sobre las mercancías por él representadas, no surtirán efectos si no comprenden el título mismo materialmente.

Conc. *Arts. 819, 1200.*

Forma de circulación

Art. 630. El tenedor de un título-valor no podrá cambiar su forma de circulación sin consentimiento del creador del título.

Alteración del texto

Art. 631. En caso de alteración del texto de un título-valor, los signatarios anteriores se obligan conforme al texto original y los posteriores conforme al alterado. Se presume, salvo prueba en contrario, que la suscripción ocurrió antes de la alteración.

Solidaridad

Art. 632. Cuando dos o más personas suscriban un título-valor, en un mismo grado, como giradores, otorgantes, aceptantes, endosantes, avalistas, se obligará solidariamente. El pago del título por uno de los signatarios solidarios, no confiere a quien paga, respecto de los demás coobligados, sino los derechos y acciones que competen al deudor solidario contra éstos, sin perjuicio de las acciones cambiarias contra las otras partes.

Aval

Art. 633. Mediante el aval se garantiza, en todo o en parte, el pago de un título-valor.

Constancia del aval

Art. 634. El aval podrá constar en el título mismo o en hoja adherida a él. Podrá, también, otorgarse por escrito separado en que se identifique plenamente el título cuyo pago total o parcial se garantiza. Se expresará con la formula «por aval» u otra equivalente y deberá llevar la firma de quien lo presta.

La sola firma puesta en el título, cuando no se le pueda atribuir otra significación se tendrá como firma de avalista. Cuando el aval se otorgue en documento separado del título, la negociación de éste implicará la transferencia de la garantía que surge de aquél.

Alcance del aval

Art. 635. A falta de mención de cantidad, el aval garantiza el importe total del título.

Obligación del avalista

Art. 636. El avalista quedará obligado en los términos que corresponderían formalmente al avalado y su obligación será válida aun cuando la de este último no lo sea.

Indicación del avalado

Art. 637. En el aval debe indicarse la persona avalada. A falta de indicación quedarán garantizadas las obligaciones de todas las partes en el título.

Derechos del avalista que paga

Art. 638. El avalista que pague adquiere los derechos derivados del título-valor contra la persona garantizada y contra los que sean responsables respecto de esta última por virtud del título.

Firma de favor

Art. 639. Cuando una parte, a sabiendas, suscriba un título sin que exista contraprestación cambiaria a las obligaciones que adquiere, las partes en cuyo favor aquella prestó su firma quedarán obligadas para con el suscriptor por lo que éste pague y no podrán ejercitar contra él las acciones derivadas del título.

En ningún caso el suscriptor de que trata el inciso anterior, podrá oponer la excepción de falta de causa onerosa contra cualquier tenedor del instrumento que haya dado por este una contraprestación, aunque tal hecho sea conocido por el adquirente al tiempo de recibir el instrumento.

Firma de mandatarios o representantes

Art. 640. Cuando el suscriptor de un título obre como representante, mandatario u otra calidad similar, deberá acreditarla.

La representación para suscribir por otro un título-valor podrá conferirse mediante poder general o poder especial, que conste por escrito.

No obstante, quien haya dado lugar, con hechos positivos o con omisiones graves, a que se crea, conforme a los usos del comercio, que un tercero está autorizado para suscribir títulos en su nombre, no podrá oponer la excepción de falta de representación en el suscriptor.

Conc. *Arts. 663, 842.*

Firma de representantes de sociedades y factores

Art. 641. Los representantes legales de sociedades y los factores se reputarán autorizados, por el solo hecho de su nombramiento, para suscribir títulos-valores a nombre de las entidades que administren.

Conc. *Arts. 196, 1336.*

Firma a nombre de otro sin poder

Art. 642. Quien suscribe un título-valor a nombre de otro sin poder para hacerlo, se obligará personalmente como si hubiera obrado en nombre propio.

La ratificación expresa o tácita de la suscripción transferirá a quien la hace las obligaciones del suscriptor, a partir de la fecha de la suscripción.

Será tácita la ratificación que resulte de actos que necesariamente acepten la firma o sus consecuencias. La ratificación expresa podrá hacerse en el título o separadamente.

Subsistencia de la relación causal

Art. 643. La emisión o transferencia de un título-valor de contenido crediticio no producirá, salvo que aparezca de modo inequívoco intención en contrario de las partes, extinción de la relación que dio lugar a tal emisión o transferencia.

La acción causal podrá ejercitarse de conformidad con el artículo 882.

Conc. *Art. 882.*

Derechos del tenedor de títulos de mercaderías

Art. 644. Los títulos representativos de mercancías atribuirán a su tenedor legítimo el derecho exclusivo de disponer de las mercancías que en ellos se especifiquen.

También le darán derecho, en caso de rechazo del título por el principal obligado, a ejercitar la acción de regreso por el valor que en el título se fijó a las mercancías.

Conc. *Arts. 757, 767.*

Documentos que no son títulos valores

Art. 645. Las disposiciones de este título no se aplicarán a los boletos, fichas, contraseñas u otros documentos que no estén destinados a circular y que sirvan exclusivamente para identificar a quien tiene derecho para exigir la prestación correspondiente.

Títulos creados en el exterior

Art. 646. Los títulos creados en el extranjero tendrán la consideración de títulos-valores si llenan los requisitos mínimos establecidos en la ley que rigió su creación.

Tenedor legítimo

Art. 647. Se considerará tenedor legítimo del título a quien lo posea conforme a su ley de circulación.

CAPÍTULO II
TÍTULOS NOMINATIVOS

Características

Art. 648. El título-valor será nominativo cuando en él o en la norma que rige su creación se exija la inscripción del tenedor en el registro que llevará el creador del título. Solo será reconocido como tenedor legítimo quien figure, a la vez, en el texto del documento y en el registro de éste.

La transferencia de un título nominativo por endoso dará derecho al adquirente para obtener la inscripción de que trata este artículo.

Conc. *Arts. 377, 406, 410, 763.*

Autenticación del transmisor

Art. 649. El creador del título podrá exigir que la firma del transmisor se autentique.

Registro de las transmisiones

Art. 650. Salvo justa causa, el creador del título no podrá negar la anotación en su registro de la transmisión del documento. La persona a quien se le haya transferido un título nominativo podrá acudir al juez para que haga la anotación de la transferencia en el respectivo registro, si el creador del título se negare a hacerla.

Conc. *Art. 416.*

CAPÍTULO III
TÍTULOS A LA ORDEN

Características

Art. 651. Los títulos-valores expedidos a favor de determinada persona, en los cuales se agregue la cláusula «a la orden» o se exprese que son transferibles por endoso, o se diga que son negociables, o se indique su denominación específica de título-valor serán a la orden y se transmitirán por endoso y entrega del título, sin perjuicio de lo dispuesto en el artículo 648.

Transferencia por medios diferentes al endoso

Art. 652. La transferencia de un título a la orden por medio diverso del endoso, subroga al adquirente en todos los derechos que el título confiera; pero lo sujeta a todas las excepciones que se hubieran podido oponer al enajenante.

Constancia judicial de la transferencia

Art. 653. Quién justifique que se le ha transferido un título a la orden por medio distinto del endoso, podrá exigir que el juez en vía de jurisdicción voluntaria haga constar la transferencia en el título o en una hoja adherida a él.

La constancia que ponga el juez en el título, se tendrá como endoso.

Otras clases de endosos

Art. 654. El endoso puede hacerse en blanco, con la sola firma del endosante. En este caso, el tenedor deberá llenar el endoso en blanco con su nombre o el de un tercero, antes de presentar el título para el ejercicio del derecho que en él se incorpora.

Cuando el endoso exprese el nombre del endosatario, será necesario el endoso de éste para transferir legítimamente el título.

El endoso al portador producirá efectos de endoso en blanco.

La falta de firma hará el endoso inexistente.

Invalidez de endosos condicionales o parciales

Art. 655. El endoso debe ser puro y simple. Toda condición se tendrá por no puesta. El endoso parcial se tendrá por no escrito.

Otras modalidades del endoso

Art. 656. El endoso puede hacerse en propiedad, en procuración o en garantía.

Autonomía y endoso sin responsabilidad

Art. 657. El endosante contraerá obligación autónoma frente a todos los tenedores posteriores a él; pero podrá liberarse de su obligación cambiaria, mediante la cláusula «sin mi responsabilidad» u otra equivalente, agregada al endoso.

***Conc.** Arts. 626, 627, 632.*

Endoso en procuración

Art. 658. El endoso que contenga la cláusula «en procuración», «al cobro» u otra equivalente, no transfiere la propiedad; pero faculta al endosatario para presentar el documento a la aceptación, para cobrarlo judicial o extrajudicialmente, para endosarlo en procuración y para protestarlo. El endosatario tendrá los derechos y obligaciones de un representante, incluso los que requieren cláusula especial, salvo el de transferencia del dominio. La representación contenida en el endoso no termina con la muerte o incapacidad del endosante, pero éste puede revocarla.

El endosante que revoque la representación contenida en el endoso, deberá poner en conocimiento del deudor la revocatoria, cuando ésta no conste en el título o en un proceso judicial en que se pretenda hacer efectivo dicho título.

Será válido el pago que efectúe el deudor al endosatario ignorando la revocación del poder.

Endoso en garantía o en prenda

Art. 659. El endoso en garantía se otorgará con las cláusulas «en garantía», «en prenda» u otra equivalente. Constituirá un derecho prendario sobre el título y conferirá al endosatario, además de sus derechos de acreedor prendario las facultades que confiere el endoso en procuración.

No podrán oponerse al endosatario en garantía las excepciones personales que se hubieran podido oponer a tenedores anteriores.

Fecha el endoso y endoso póstumo

Art. 660. Cuando en el endoso se omita la fecha, se presumirá que el título fue endosado el día en que el endosante hizo entrega del mismo al endosatario.

El endoso posterior al vencimiento del título, producirá los efectos de una cesión ordinaria.

Cadena ininterrumpida de endosos

Art. 661. Para que el tenedor de un título a la orden pueda legitimarse la cadena de endosos deberá ser ininterrumpida.

Identificación del último tenedor

Art. 662. El obligado no podrá exigir que se le compruebe la autenticidad de los endosos; pero deberá identificar al último tenedor y verificar la continuidad de los endosos.

Endoso en nombre de otro

Art. 663. Cuando el endosante de un título obre en calidad de representante, mandatario u otra similar, deberá acreditarse tal calidad.

Endoso para el cobro bancario

Art. 664. Los bancos que reciban títulos para abono en cuenta del tenedor que los entregue, podrán cobrar dichos títulos aun cuando no estén endosados a su favor. Los bancos en estos casos, deberán anotar en el título la calidad con que actúan, y firmar recibo en el propio título o en hoja adherida.

Conc. *Arts. 734, 737.*

Endosos entre bancos

Art. 665. Los endosos entre bancos podrán hacerse con el simple sello del endosante.

Transferencia por recibo

Art. 666. Los títulos-valores podrán transferirse a alguno de los obligados, por el recibo del importe del título extendido en el mismo documento o en hoja adherida a él. La transferencia por recibo producirá efectos de endoso sin responsabilidad.

Endoso en retorno

Art. 667. El tenedor de un título-valor podrá tachar los endosos posteriores a aquel en que él sea endosatario, o endosar el título sin tachar dichos endosos.

CAPÍTULO IV
TÍTULOS AL PORTADOR

Definición

Art. 668. Son títulos al portador los que no se expidan a favor de persona determinada, aunque no incluyan la cláusula «al portador», y los que contengan dicha cláusula.

La simple exhibición del título legitimará al portador y su tradición se producirá por la sola entrega.

Conc. *Art. 818.*

Expedición por autorización legal

Art. 669. Los títulos al portador sólo podrán expedirse en los casos expresamente autorizados por la ley.

Conc. *Arts. 671, 709, 713, 763, 768, 1636.*

Ineficacia

Art. 670. Los títulos creados en contravención a lo dispuesto en el artículo anterior, no producirán efectos como títulos-valores.

CAPÍTULO V
DISTINTAS ESPECIES DE TÍTULOS-VALORES

SECCIÓN I. LETRA DE CAMBIO

SUBSECCIÓN I. CREACIÓN Y FORMA DE LA LETRA DE CAMBIO

Requisitos especiales

Art. 671. Además de lo dispuesto en el artículo 621, la letra de cambio deberá contener:

1) La orden incondicional de pagar una suma determinada de dinero;
2) El nombre del girado;
3) La forma del vencimiento, y
4) La indicación de ser pagadera a la orden o al portador.

Conc. *Arts. 621, 651, 668.*

Cláusulas de intereses y cambio

Art. 672. La letra de cambio podrá contener cláusulas de intereses y de cambio a una tasa fija o corriente.

Formas de vencimiento

Art. 673. La letra de cambio puede ser girada:

1) A la vista;
2) A un día cierto, sea determinado o no;
3) Con vencimientos ciertos sucesivos, y
4) A un día cierto después de la fecha o de la vista.

Conc. *Arts. 680, 681, 686, 694.*

Vencimientos

Art. 674. Si se señalare el vencimiento para principios, mediados o fines de mes, se entenderá por estos términos los días primero, quince y último del mes correspondiente.

Otras expresiones

Art. 675. Las expresiones «una semana», «dos semanas», «una quincena», o «medio mes» se entenderán, no como una o dos semanas enteras, sino como plazos de ocho o de quince días comunes o solares, respectivamente.

Girador como girado y aceptante

Art. 676. La letra de cambio puede girarse a la orden o a cargo del mismo girador. En este último caso, el girador quedará obligado como aceptante; y si la letra fuere girada a cierto tiempo vista, su presentación sólo tendrá el efecto de fijar la fecha de su vencimiento.

Domicilio para el pago

Art. 677. El girador puede señalar como domicilio para el pago de la letra cualquier lugar determinado; quien allí pague se entenderá que lo hace por cuenta del principal obligado.

Responsabilidad del girador

Art. 678. El girador será responsable de la aceptación y del pago de la letra. Toda cláusula que lo exima de esta responsabilidad, se tendrá por no escrita.

Indicaciones sobre documentos en la letra

Art. 679. La inserción de las cláusulas «documentos contra aceptación» o «documentos contra pago», o de las indicaciones D/a o D/p en el texto de una letra de cambio a la que se acompañen documentos, obligará al tenedor de la letra a no entregar los documentos sino mediante la aceptación o el pago de la letra.

SUBSECCIÓN II. ACEPTACIÓN

Letras pagaderas a día cierto después de la vista

Art. 680. Las letras pagaderas a día cierto después de la vista deberán presentarse para su aceptación dentro del año que siga a su fecha, a menos que el girador amplíe dicho plazo o prohíba su presentación antes de determinada época. Cualquiera de los obligados podrá reducir el plazo consignándolo así en la letra.

Letras a día cierto o a día cierto después de su fecha

Art. 681. La presentación para la aceptación de las letras giradas a día cierto o a día cierto después de su fecha, será potestativa; pero el girador si así lo indica en el título, puede convertirla en obligatoria y señalar un plazo para que se realice. El girador puede, asimismo, prohibir la presentación antes de una época determinada, si lo consigna así en la letra. Cuando sea potestativa la presentación de la letra, el tenedor podrá hacerla a más tardar el último día hábil anterior al del vencimiento.

Lugar de la presentación

Art. 682. La letra deberá ser presentada para su aceptación en el lugar y la dirección designados en ella. A falta de indicación de lugar, la presentación se hará en el establecimiento o en la residencia del girado. Si se señalaren varios lugares, el tenedor podrá escoger cualquiera de ellos.

Letra pagadera en lugar distinto del domicilio del girado

Art. 683. Si el girador indica un lugar de pago distinto al domicilio del girado, al aceptar éste deberá indicar el nombre de la persona que habrá de realizar el pago. Si no lo indicare, se entenderá que el aceptante mismo quedará obligado a realizar el pago en el lugar designado.

Letra pagadera en el domicilio del girado

Art. 684. Si la letra es pagadera en el domicilio del girado, podrá éste, al aceptarla, indicar una dirección dentro de la misma plaza para que ahí se le presente la letra para su pago, a menos que el girador haya señalado expresamente una dirección distinta.

Conc. *Art. 677.*

Constancia de la aceptación

Art. 685. La aceptación se hará constar en la letra misma por medio de la palabra «acepto» u otra equivalente, y la firma del girado. La sola firma será bastante para que la letra se tenga por aceptada.

Anotación de la fecha de aceptación

Art. 686. Si la letra es pagadera a día cierto después de la vista o cuando, en virtud de indicación especial, deba ser presentada dentro de un plazo determinado, el aceptante deberá indicar la fecha en que aceptó y, si la omitiere, podrá consignarla el tenedor.

Modalidades de la aceptación

Art. 687. La aceptación deberá ser incondicional, pero podrá limitarse a cantidad menor de la expresada en la letra.

Cualquiera otra modalidad introducida por el aceptante, equivaldrá a una negativa de aceptación; pero el girado quedará obligado, conforme al derecho común, en los términos de la declaración que haya suscrito.

Rechazo de la aceptación

Art. 688. Se considera rehusada la aceptación que el girado tache antes de devolver la letra al tenedor.

Efectos de la aceptación

Art. 689. La aceptación convierte al aceptante en principal obligado. El aceptante quedará obligado cambiariamente aún con el girador; y carecerá de acción cambiaria contra éste y contra los demás signatarios de la letra, salvo en el caso previsto en el artículo 639.

Conc. *Art. 639.*

Inmanencia de la obligación

Art. 690. La obligación del aceptante no se alterará por quiebra, interdicción o muerte del girador, aún en el caso de que haya acontecido antes de la aceptación.

NOTA: En donde dice quiebra debe leerse liquidación judicial.

SUBSECCIÓN III. PAGO

Término

Art. 691. La letra de cambio deberá presentarse para su pago el día de su vencimiento o dentro de los ocho días comunes siguientes.

Conc. *Art. 673.*

Término de presentación

Art. 692. La presentación para el pago de la letra a la vista, deberá hacerse dentro del año que siga a la fecha del título. Cualquiera de los obligados podrá reducir ese plazo, si lo consigna así en la letra. El girador podrá, en la misma forma ampliarlo y prohibir la presentación antes de determinada época.

Pago parcial

Art. 693. El tenedor no puede rehusar un pago parcial.

Conc. *Art. 624.*

Pago anticipado

Art. 694. El tenedor no puede ser obligado a recibir el pago antes del vencimiento de la letra.

NOTA: Este artículo fue declarado exequible por la Corte Constitucional en la Sentencia C-252 de 1998, en el entendido de que no se aplica a los créditos hipotecarios de vivienda a largo plazo. Cuando se trate de tales obligaciones no puede impedirse el prepago ni puede el deudor ser sancionado por hacerlo.

Responsabilidad por pago anticipado

Art. 695. El girado que paga antes del vencimiento será responsable de la validez del pago.

Pago por consignación

Art. 696. Si vencida la letra ésta no se presenta para su cobro dentro de los términos previstos en el artículo 691, cualquier obligado podrá depositar el importe de la misma en un banco autorizado legalmente para recibir depósitos judiciales, que funcione en el lugar donde debe hacerse el pago, a expensas y riesgo del tenedor y sin obligación de dar aviso a éste. Este depósito producirá efectos de pago.

SUBSECCIÓN IV. PROTESTO

Necesidad

Art. 697. El protesto sólo será necesario cuando el creador de la letra o algún tenedor inserte la cláusula «con protesto», en el anverso y con caracteres visibles.

Intervención de notario y efectos de la omisión

Art. 698. El protesto se practicará con intervención de notario público y su omisión producirá la caducidad de las acciones de regreso.

Conc. *Art. 787.*

Lugar de realización

Art. 699. El protesto se hará en los lugares señalados para el cumplimiento de las obligaciones o del ejercicio de los derechos consignados en el título.

Protesto contra ausente

Art. 700. Si la persona contra quien haya de hacerse el protesto no se encuentra presente, así lo asentará el notario que lo practique y la diligencia no será suspendida.

Protesto en la notaría

Art. 701. Si se desconoce el lugar donde se encuentra la persona contra la cual deba hacerse el protesto, éste se practicará en la oficina del notario que haya de autorizarlo.

Protesto por falta de aceptación

Art. 702. El protesto por falta de aceptación deberá hacerse antes de la fecha del fallecimiento.

Protesto por falta de pago

Art. 703. El protesto por falta de pago se hará dentro de los quince días comunes siguientes al del vencimiento.

Protesto innecesario

Art. 704. Si la letra fuere protestada por falta de aceptación, no será necesario protestarla por falta de pago.

Protesto por falta de pago procede solo en letras a la vista

Art. 705. La letra a la vista sólo se protestará por falta de pago. Lo mismo se observará si respecto de las letras cuya presentación para la aceptación fuera potestativa.

Solemnidades

Art. 706. En el cuerpo de la letra de hoja adherida a ella se hará constar, bajo la firma del notario, el hecho del protesto con indicación de la fecha del acta respectiva. Además el funcionario que lo practique levantará acta que contendrá:

1) La reproducción literal de todo cuanto conste en la letra;

2) El requerimiento al girado o aceptante para aceptar o pagar la letra, con la indicación de si esa persona estuvo o no presente;

3) Los motivos de la negativa para la aceptación o el pago;

4) La firma de la persona con quien se extienda la diligencia, o la indicación de la imposibilidad para firmar o de su negativa, y

5) La expresión del lugar, fecha y hora en que se practique el protesto y la firma del funcionario que lo autorice.

Aviso de rechazo

Art. 707. El tenedor del título cuya aceptación o pago se hubiere rehusado, deberá dar aviso de tal circunstancia a todos los signatarios del mismo cuya dirección conste en él, dentro de los cinco días comunes siguientes a la fecha del protesto o la presentación para la aceptación o el pago.

El tenedor que omita el aviso será responsable, hasta una suma igual al importe de la letra, de los daños y perjuicios que se causen por su negligencia.

También podrá darse el aviso por el notario encargado de formular el protesto.

Protesto bancario

Art. 708. Si la letra se presenta por conducto de un banco, la anotación de éste respecto de la negativa de la aceptación o de pago, valdrá como protesto.

SECCIÓN II. PAGARÉ

Contenido

Art. 709. El pagaré debe contener, además de los requisitos que establece el artículo 621, los siguientes:

1) La promesa incondicional de pagar una suma determinante de dinero;
2) El nombre de la persona a quien deba hacerse el pago;
3) La indicación de ser pagadero a la orden o al portador, y
4) La forma de vencimiento.

Conc. *Arts. 621, 673.*

Suscriptor-aceptante

Art. 710. El suscriptor del pagaré se equipara al aceptante de una letra de cambio.

Conc. *Art. 689.*

Remisión normativa

Art. 711. Serán aplicables al pagaré en lo conducente, las disposiciones relativas a la letra de cambio.

Conc. *Arts. 671 y ss.*

SECCIÓN III. CHEQUE

SUBSECCIÓN I. CREACIÓN Y FORMA DEL CHEQUE

Formatos especiales

Art. 712. El cheque sólo puede ser expedido en formularios impresos de cheques o chequeras y a cargo de un banco. El título que en forma de cheque se expida en contravención a éste artículo no producirá efectos de título-valor.

Conc. *Art. 1382.*

Requisitos especiales

Art. 713. El cheque deberá contener, además de lo dispuesto por el artículo 621.

1) La orden incondicional de pagar una determinada suma de dinero;
2) El nombre del banco librado, y
3) La indicación de ser pagadero a la orden o al portador.

Conc. *Art. 621.*

Provisión de fondos del librador

Art. 714. El librador debe tener provisión de fondos disponibles en el banco librado y haber recibido de éste autorización para librar cheques a su cargo. La autorización se entenderá concedida por el hecho de que el banco entregue los formularios de cheques o chequeras al librador.

Cláusula de limitación de negociabilidad

Art. 715. La negociabilidad de los cheques podrá limitarse insertando en ellos una cláusula que así lo indique.

Los cheques no negociables por la cláusula correspondiente o por disposición de la ley, sólo podrán cobrarse por conducto de un banco.

Cheques a favor del banco librado

Art. 716. El cheque expedido o endosado a favor del banco librado no será negociable, salvo que en él se indique lo contrario.

SUBSECCIÓN II. PRESENTACIÓN Y PAGO

Pago a la vista y posdata

Art. 717. El cheque será siempre pagadero a la vista. Cualquier anotación en contrario se tendrá por no puesta. El cheque postdatado será pagadero a su presentación.

Conc. *C.P., art. 357.*

Términos de presentación

Art. 718. Los cheques deberán presentarse para su pago:

1) Dentro de los quince días a partir de su fecha, si fueren pagaderos en el mismo lugar de su expedición;

2) Dentro de un mes, si fueren pagaderos en el mismo país de su expedición, pero en lugar distinto al de ésta;

3) Dentro de tres meses, si fueren expedidos en un país latinoamericano y pagaderos en algún otro país de América Latina, y

4) Dentro de cuatro meses, si fueren expedidos en algún país latinoamericano para ser pagados fuera de América Latina.

Conc. *Arts. 721, 729 a 731.*

Presentación en cámara de compensación

Art. 719. La presentación de un cheque en cámara de compensación surtirá los mismos efectos que la hecha directamente al librado.

Pago de cheques y ofrecimiento de pago parcial

Art. 720. El banco estará obligado en sus relaciones con el librador a cubrir el cheque hasta el importe del saldo disponible, salvo disposición legal que lo libere de tal obligación.

Si los fondos disponibles no fueren suficientes para cubrir el importe total del cheque, el librado deberá ofrecer al tenedor el pago parcial, hasta el saldo disponible.

Pago por fuera de términos

Art. 721. Aun cuando el cheque no hubiere sido presentado en tiempo, el librado deberá pagarlo si tiene fondos suficientes del librador o hacer la oferta de pago parcial, siempre que se presente dentro de los seis meses que sigan a su fecha.

Sanción por no pago del banco sin justa causa

Art. 722. Cuando sin causa justa se niegue el librado a pagar un cheque o no haga el ofrecimiento de pago parcial prevenido en los artículos anteriores, pagará al librador, a título de sanción, una suma equivalente al 20% del importe del cheque o del saldo disponible, sin perjuicio de que dicho librador persiga por las vías comunes la indemnización de los daños que se le ocasionen.

Rechazo del pago parcial

Art. 723. El tenedor podrá rechazar el pago parcial. Si el tenedor admite el pago parcial, el librado pondrá en el cheque la constancia del monto pagado y devolverá el título al tenedor.

Conc. *Art. 624.*

Revocación

Art. 724. El librador podrá revocar el cheque, bajo su responsabilidad, aunque no hayan transcurrido los plazos para su presentación, sin perjuicio de lo dispuesto en el artículo 742. Notificada la revocación al banco, éste no podrá pagar el cheque.

Muerte o incapacidad del librador

Art. 725. La muerte o incapacidad sobrevinientes del librador no exoneran al librado de la obligación de pagar el cheque.

Causas que obligan a rehusar el pago

Art. 726. La quiebra, concurso, liquidación judicial o administrativa del librador, obligarán al librado a rehusar el pago desde que hayan hecho las publicaciones que para tales casos prevé la ley.

NOTA: La quiebra fue derogada por los artículos 89 y ss. de la Ley 222 de 1995. En tal sentido, véase el régimen de insolvencia de la Ley 1116 de 2006.

Anotación equivalente a protesto

Art. 727. La anotación que el librado o la cámara de compensación ponga en el cheque, de haber sido presentado en tiempo y no pagado total o parcialmente, surtirá los efectos del protesto.

Conc. *Art. 708.*

Devolución de cheques pagados

Art. 728. Todo banco estará obligado a devolver al librador, junto con el extracto de su cuenta, los cheques originales que haya pagado.

Caducidad de la acción cambiaria en cheques

Art. 729. La acción cambiaria contra el librador y sus avalistas caduca por no haber sido presentado y protestado el cheque en tiempo, si durante todo el plazo de presentación el librador tuvo fondos suficientes en poder del librado y, por causa no imputable al librador, el cheque dejó de pagarse.

La acción cambiaria contra los demás signatarios caduca por la simple falta de presentación o protesto oportunos.

Conc. *Arts. 718, 780 y ss.*

Prescripción de la acción cambiaria

Art. 730. Las acciones cambiarias derivadas del cheque prescriben. Las del último tenedor, en seis meses, contados desde la presentación; las de los endosantes y avalistas, en el mismo término, contado desde el día siguiente a aquel en que paguen el cheque.

Conc. *Arts. 718, 780 y ss.*

Sanción por no pago culposo del librador

Art. 731. El librador de un cheque presentado en tiempo y no pagado por su culpa abonará al tenedor, como sanción, el 20% del importe del cheque, sin perjuicio de que dicho tenedor persiga por las vías comunes la indemnización de los daños que le ocasione.

NOTA: Este artículo fue declarado exequible por la Corte Constitucional en la Sentencia C-451 de 2002.

Responsabilidad por pago de cheques falsos o alterados

Art. 732. Todo banco será responsable a un depositante por el pago que aquel haga de un cheque falso o cuya cantidad se haya aumentado, salvo que dicho depositante no notifique al banco, dentro de los tres meses después de que se le devuelva el cheque, que el título era falso o que la cantidad de él se había aumentado.

Si la falsedad o alteración se debiere a culpa del librador, el banco quedará exonerado de responsabilidad.

***Conc.** Art. 1391.*

Pérdida de formularios

Art. 733. El dueño de una chequera que hubiere perdido uno o más formularios y no hubiere dado aviso oportunamente al banco, sólo podrá objetar el pago si la alteración o la falsificación fueren notorias.

***Conc.** Art. 1391.*

SUBSECCIÓN III. CHEQUES ESPECIALES

Cheque cruzado

Art. 734. El cheque que el librador o el tenedor cruce con dos líneas paralelas trazadas en el anverso, sólo podrá ser cobrado por un banco y se llama «cheque cruzado».

Cruce especial y general

Art. 735. Si entre las líneas del cruzamiento aparece el nombre del banco que debe cobrarlo, el cruzamiento será especial; y será general si entre las líneas no aparece el nombre de un banco. En el último supuesto, el cheque podrá ser cobrado por cualquier banco; y en el primero, sólo por el banco cuyo nombre aparezca entre las líneas o por el banco a quien el anterior lo endosare para el cobro.

Prohibición

Art. 736. No se podrá borrar el cruzamiento ni el nombre del banco en él inserto. Sólo valdrán los cambios o supresiones que se hicieren bajo la firma del librador.

NOTA: La expresión subrayada fue declarada exequible por la Corte Constitucional en la Sentencia C-041 de 2000.

Cheque para abono en cuenta

Art. 737. El librador o el tenedor puede prohibir que el cheque sea pagado en efectivo, insertando la expresión «para abono en cuenta» u otra equivalente. Este cheque se denomina «para abono en cuenta».

En este caso, el librado sólo podrá pagar el cheque abonando su importe en la cuenta que lleve o abra el tenedor.

NOTA: La expresión subrayada fue declarada exequible por la Corte Constitucional en la Sentencia C-041 de 2000.

Responsabilidad de librado por pago irregular

Art. 738. El librado que pague en contravención a lo prescrito en los artículos anteriores, responderá por el pago irregular.

Cheque certificado

Art. 739. El librador o el tenedor de un cheque puede exigir que el librado certifique la existencia de fondos disponibles para su pago. Este cheque se denomina «certificado».

Por virtud de esta certificación, el girador y todos los endosantes quedan libres de responsabilidad.

Parágrafo. La certificación no puede ser parcial ni extenderse a cheques al portador.

Responsabilidad del librado

Art. 740. La certificación hará cambiariamente responsable al librado frente al tenedor de que, el cheque será pagado a su presentación oportuna.

Expresiones equivalentes a la certificación

Art. 741. *La expresión «visto bueno» u otras equivalentes, suscritas por el librado, o la sola firma de éste, equivaldrán a certificación.*

Revocación del cheque certificado

Art. 742. El librador no podrá revocar el cheque certificado antes de que transcurra el plazo de presentación.

Conc. *Arts. 718, 724.*

Cheques con provisión garantizada

Art. 743. Los bancos podrán entregar a sus cuentacorrentistas formularios de cheques con provisión garantizada, en los cuales conste la fecha de la entrega y, en caracteres impresos, la cuantía máxima por la cual cada cheque puede ser librado.

La entrega de los formularios respectivos producirá efectos de certificación.

Extinción de la garantía de provisión

Art. 744. La garantía de la provisión se extinguirá si el cheque no es presentado dentro del año siguiente a la fecha de entrega de los formularios.

Cheques de gerencia

Art. 745. Los bancos podrán expedir cheques a cargo de sus propias dependencias.

Cheques de viajero

Art. 746. Los cheques de viajero serán expedidos por el librador a su cargo y serán pagaderos por su establecimiento principal o por las sucursales o los corresponsales que tenga el librador en su país o en el extranjero.

Negociación y pago

Art. 747. El beneficiario de un cheque de viajero deberá firmarlo al recibirlo y nuevamente al negociarlo, en el espacio del título a ello destinado. El que pague o reciba el cheque, deberá verificar la autenticidad de la firma del tenedor, cotejándola con la firma puesta ante el librador.

Establecimientos para el cobro

Art. 748. El librador entregará al beneficiario una lista de las sucursales o corresponsalías en donde el cheque pueda ser cobrado.

Sanción por no pago

Art. 749. La falta de pago del cheque de viajero dará acción cambiaria al tenedor para exigir, además de su importe, el pago del 25% del valor del cheque a título de sanción y a la indemnización de daños y perjuicios que podrá intentar por las vías comunes.

Responsabilidad del corresponsal

Art. 750. El corresponsal que ponga en circulación los cheques de viajero se obligará como avalista del librador.

Conc. *Art. 636.*

Prescripción de acciones por expedición de cheques de viajero

Art. 751. Prescribirán en diez años las acciones contra el que expida cheques de viajero. Las acciones contra el corresponsal que ponga en circulación el cheque prescribirán en cinco años.

SECCIÓN IV. BONOS

Concepto

Art. 752. Los bonos son títulos-valores que incorporan una parte alícuota de un crédito colectivo constituido a cargo de una sociedad o entidad sujetas a la inspección y vigilancia del Gobierno.

NOTA: La emisión de bonos por oferta pública se regula por los artículos 6.4.1.1.1 a 6.4.1.1.46 del Decreto 2555 de 2010. La oferta privada por el Decreto 1026 de 1990, según lo ha indicado la Superintendencia de Sociedades.

Arts. 753 a 756. *Derogados por el Decreto 2555 de 2010.*

SECCIÓN V. CERTIFICADO DE DEPÓSITO Y BONO DE PRENDA

Conceptos

Art. 757. Los almacenes generales de depósito podrán expedir, como consecuencia del depósito de mercaderías, certificados de depósito y bonos de prenda.

Los certificados de depósito incorporan los derechos del depositante sobre las mercaderías depositadas y están destinados a servir como instrumento de enajenación, transfiriendo a su adquirente los mencionados derechos.

El bono de prenda incorpora un crédito prendario sobre las mercaderías amparadas por el certificado de depósito y confiere por sí mismo los derechos y privilegios de la prenda*.

Conc. *Art. 644.*

Entrega del certificado

Art. 758. El certificado y, en su caso, el formulario de bono, se entregarán por el almacén a requerimiento y costo del depositante.

Requisitos especiales

Art. 759. Además de los requisitos generales, el certificado de depósito y el bono de prenda deberán contener:

1) La mención de ser «certificado de depósito» y «bono de prenda» respectivamente;

2) La designación del almacén, el lugar de depósito y la fecha de expedición del documento;

3) Una descripción pormenorizada de las mercancías depositadas, con todos los datos necesarios para su identificación, o la indicación, en su caso, de que se trata de mercancías genéricamente designadas;

4) La constancia de haberse constituido el depósito;

5) Las tarifas por concepto de almacenaje y demás prestaciones a que tenga derecho el almacén;

6) El importe del seguro y el nombre del asegurador;

7) El plazo del depósito, y

8) Los demás requisitos que exijan los reglamentos.

Parágrafo. El certificado de depósito contendrá, además, la estimación del valor de las mercancías depositadas.

Conc. *Art. 621.*

Requisitos adicionales

Art. 760. El bono de prenda contendrá, además:

1) El nombre del beneficiario, en su caso;

2) El importe y la fecha de vencimiento del crédito que en el bono de prenda se incorpora. Este dato se anotará en el certificado al ser emitido el bono;

3) La indicación de haberse hecho en el certificado la anotación de la emisión del bono, y

4) Las firmas del tenedor del certificado y del almacén que haya intervenido en la operación.

Plazo del depósito

Art. 761. El vencimiento del crédito prendario no podrá exceder al plazo del depósito.

Constancia de los intereses

Art. 762. Si no se hiciere constar en el bono el interés pactado, se entenderá que su importe se ha descontado.

Modalidades

Art. 763. Tanto el certificado como el bono podrán ser nominativos, a la orden o al portador.

Negociabilidad

Art. 764. El certificado de depósito y el bono de prenda serán negociables conjunta o separadamente.

Posición jurídica del tenedor del certificado

Art. 765. El tenedor del certificado que haya constituido el crédito prendario, estará en la misma situación jurídica que el aceptante de una letra de cambio o el otorgante de un pagaré negociable.

El almacén general que firme el certificado de depósito y el bono de prenda garantiza la existencia de las mercaderías, que éstas reúnen los requisitos de los artículos 1183 y 1187, y se obligará de conformidad con los artículos 1181, 1182, 1189 y 1190.

Conc. *Arts. 689, 710, 1180 y ss.*

Remisión normativa

Art. 766. Se aplicarán al certificado de depósito y al bono de prenda, en lo conducente, las disposiciones relativas a la letra de cambio o al pagaré negociable.

SECCIÓN VI. CARTA DE PORTE Y CONOCIMIENTO DE EMBARQUE

Naturaleza

Art. 767. La carta de porte y el conocimiento de embarque tendrán el carácter de títulos representativos de las mercancías objeto del transporte.

Conc. *Arts. 644, 1018, 1021.*

Requisitos especiales

Art. 768. Sin perjuicio de lo dispuesto en el libro V de este Código sobre transporte marítimo y aéreo, la carta de porte o el conocimiento de embarque, además de los requisitos establecidos en el artículo 621 contendrá:

1) La mención de ser «carta de porte» o «conocimiento de embarque»;

2) El nombre y el domicilio de transportador;

3) El nombre y el domicilio del remitente;

4) El nombre y el domicilio de la persona a quien o a cuya orden se expide, o la mención de ser al portador;

5) El número de orden que corresponda al título;

6) La descripción pormenorizada de las mercancías objeto del transporte y la estimación de su valor;

7) La indicación de los fletes y demás gastos del transporte, de las tarifas aplicables, y la de haber sido o no pagados los fletes;

8) La mención de los lugares de salida y de destino;

9) La indicación del medio de transporte, y

10) Si el transporte fuere por vehículo determinado, los datos necesarios para su identificación.

Parágrafo. Si no se indicare la fecha de recibo de las cosas por el transportador, se presumirá que éste las recibió en la fecha de emisión de dichos documentos.

Conc. *Art. 1637.*

Requisitos adicionales

Art. 769. Si mediante un lapso entre el recibo de las mercancías y su embarque, el título deberá contener, además:

1) La mención de ser «recibido para embarque»;

2) La indicación del lugar donde habrán de guardarse las mercancías mientras el embarque se realiza, y

3) El plazo fijado para el embarque.

Conc. Arts. 1601, 1639.

Responsabilidad del endosante

Art. 770. El endosante responderá de la existencia de las mercancías en el momento del endoso.

Remisión normativa

Art. 771. A la carta de porte y al conocimiento de embarque se aplicarán, en lo pertinente, las normas relativas a la letra de cambio y al pagaré.

SECCIÓN VII. FACTURAS CAMBIARIAS

Factura como título valor

Art. 772. Modificado por la Ley 1231 de 2008, art. 1°. Factura es un título valor que el vendedor o prestador del servicio podrá librar y entregar o remitir al comprador o beneficiario del servicio.

No podrá librarse factura alguna que no corresponda a bienes entregados real y materialmente o a servicios efectivamente prestados en virtud de un contrato verbal o escrito.

El emisor vendedor o prestador del servicio emitirá un original y dos copias de la factura. Para todos los efectos legales derivados del carácter de título valor de la factura, el original firmado por el emisor y el obligado, será título valor negociable por endoso por el emisor y lo deberá conservar el emisor, vendedor o prestador del servicio. Una de las copias se le entregará al obligado y la otra quedará en poder del emisor, para sus registros contables.

Parágrafo. Para la puesta en circulación de la factura electrónica como título valor, el Gobierno Nacional se encargará de su reglamentación.

Aceptación de la factura

Art. 773. Modificado por la Ley 1231 de 2008, art. 2º. Una vez que la factura sea aceptada por el comprador o beneficiario del servicio, se considerará, frente a terceros de buena fe exenta de culpa que el contrato que le dio origen ha sido debidamente ejecutado en la forma estipulada en el título.

El comprador o beneficiario del servicio deberá aceptar de manera expresa el contenido de la factura, por escrito colocado en el cuerpo de la misma o en documento separado, físico o electrónico. Igualmente, deberá constar el recibo de la mercancía o del servicio por parte del comprador del bien o beneficiario del servicio, en la factura y/o en la guía de transporte, según el caso, indicando el nombre, identificación o la firma de quien recibe, y la fecha de recibo. El comprador del bien o beneficiario del servicio no podrá alegar falta de representación o indebida representación por razón de la persona que reciba la mercancía o el servicio en sus dependencias, para efectos de la aceptación del título valor.

Modificado por la Ley 1676 de 2013, art. 86. La factura se considera irrevocablemente aceptada por el comprador o beneficiario del servicio, si no reclamare en contra de su contenido, bien sea mediante devolución de la misma y de los documentos de despacho, según el caso, o bien mediante reclamo escrito dirigido al emisor o tenedor del título, dentro de los tres (3) días hábiles siguientes a su recepción. En el evento en que el comprador o beneficiario del servicio no manifieste expresamente la aceptación o rechazo de la factura, y el vendedor o emisor pretenda endosarla, deberá dejar constancia de ese hecho en el título, la cual se entenderá efectuada bajo la gravedad de juramento.

Parágrafo. La factura podrá transferirse después de haber sido aceptada por el comprador o beneficiario del bien o servicio. Tres (3) días antes de su vencimiento para el pago, el legítimo tenedor de la factura informará de su tenencia al comprador o beneficiario del bien o servicio.

Requisitos de la factura

Art. 774. La factura deberá reunir, además de los requisitos señalados en los artículos 621 del presente Código, y 617 del Estatuto Tributario Nacional o las normas que los modifiquen, adicionen o sustituyan, los siguientes.

1. La fecha de vencimiento, sin perjuicio de lo dispuesto en el artículo 673. En ausencia de mención expresa en la factura de la fecha de vencimiento, se entenderá que debe ser pagada dentro de los treinta días calendario siguientes a la emisión.

2. La fecha de recibo de la factura, con indicación del nombre, o identificación o firma de quien sea el encargado de recibirla según lo establecido en la presente ley.

3. El emisor vendedor o prestador del servicio, deberá dejar constancia en el original de la factura, del estado de pago del precio o remuneración y las condiciones del pago si fuere el caso. A la misma obligación están sujetos los terceros a quienes se haya transferido la factura.

No tendrá el carácter de título valor la factura que no cumpla con la totalidad de los requisitos legales señalados en el presente artículo. Sin embargo, la omisión de cualquiera de estos requisitos, no afectará la validez del negocio jurídico que dio origen a la factura.

En todo caso, todo comprador o beneficiario del servicio tiene derecho a exigir del vendedor o prestador del servicio la formación y entrega de una factura que corresponda al negocio causal con indicación del precio y de su pago total o de la parte que hubiere sido cancelada.

La omisión de requisitos adicionales que establezcan normas distintas a las señaladas en el presente artículo, no afectará la calidad de título valor de las facturas.

Conc. *Arts. 621, 673.*

Arts. 775 y 776. *Derogados por la Ley 1231 de 2008.*

Pago por cuotas de la factura. Contenido adicional.

Art. 777. Cuando el pago haya de hacerse por cuotas, las facturas contendrán además:

1. Número de cuotas.
2. La fecha de vencimiento de las mismas.
3. La cantidad a pagar en cada una.

Parágrafo. Los pagos parciales se harán constar en la factura original y en las dos copias de la factura, indicando así mismo, la fecha en que fueren hechos y el tenedor extenderá al deudor los recibos parciales correspondientes. No obstante, podrán utilizarse otros mecanismos para llevar el registro de los pagos, tales como registros contables o cualquier otro medio técnicamente aceptado.

En caso de haberse transferido la factura previamente a los pagos parciales, el emisor, vendedor, prestador del servicio o el tenedor legítimo de la factura, deberán informarle de ellos al comprador o beneficiario del servicio, y al tercero al que le haya transferido la factura, según el caso, indicándole el monto recibido y la fecha de los pagos.

Obligatoriedad de aceptación del endoso.

Art. 778. Modificado por la Ley 1231 de 2008, art. 7°. Con el solo hecho de que la factura contenga el endoso, el obligado deberá efectuar el pago al tenedor legítimo a su presentación.

Únicamente para efectos del pago, se entiende que el tercero a quien se la ha endosado la factura, asume la posición del emisor de la misma.

En ningún caso y por ninguna razón, podrá el deudor negarse al pago de la factura que le presente el legítimo tenedor de la misma, salvo lo dispuesto en el artículo 784 del presente código.

Toda estipulación que limite, restrinja o prohíba la libre circulación de una factura o su aceptación, se tendrá por no escrita.

Parágrafo 1°. *Adicionado por la Ley 1676 de 2013, art. 87.* Toda retención de la factura o acto del comprador del bien o beneficiario del servicio que impida la libre circulación de la misma, constituye una práctica restrictiva de la competencia que será investigada y sancionada, de oficio o a solicitud de la parte afectada, por la Superintendencia de Industria y Comercio de conformidad con lo establecido en el artículo 16 de la Ley 590 de 2000.

Parágrafo 2°. *Adicionado por la Ley 1676 de 2013, art. 87.* Los administradores de las sociedades comerciales están obligados en la memoria de gestión anual, a dejar constancia de que no entorpecieron la libre circulación de las facturas emitidas por los vendedores o proveedores. El revisor fiscal en su dictamen anual deberá pronunciarse sobre el cumplimiento de lo anterior, por parte de la administración.

***Conc.** Art. 209; Ley 222 de 1995, art. 47.*

Remisión normativa

Art. 779. Modificado por la Ley 1231 de 2008, art. 5°. Se aplicarán a las facturas de que trata la presente ley, en lo pertinente, las normas relativas a la letra de cambio.

***Conc.** Art. 671.*

CAPÍTULO VI
PROCEDIMIENTOS

SECCIÓN I. ACCIONES

Procedencia de la acción cambiaria

Art. 780. La acción cambiaria se ejercitará:

1) En caso de falta de aceptación o de aceptación parcial;

2) En caso de falta de pago o de pago parcial, y

3) Cuando el girador o el aceptante sean declarados en quiebra, o en estado de liquidación, o se les abra concurso de acreedores, o se hallen en cualquier otra situación semejante.

Conc. *Arts. 687, 688, 693, 720, 723.*

NOTA: La quiebra y el concurso de acreedores deben leerse como apertura del proceso de liquidación obligatoria.

Directa y de regreso

Art. 781. La acción cambiaria es directa cuando se ejercita contra el aceptante de una orden o el otorgante de una promesa cambiaria o sus avalistas, y de regreso cuando se ejercita contra cualquier otro obligado.

Conc. *Arts. 636, 644, 689, 740, 750, 765.*

Ejercicio por el último tenedor

Art. 782. Mediante la acción cambiaria el último tenedor del título puede reclamar el pago:

1) Del importe del título o, en su caso, de la parte no aceptada o no pagada;

2) De los intereses moratorios desde el día de su vencimiento;

3) De los gastos de cobranza, y

4) De la prima y gastos de transferencia de una plaza a otra.

Opciones del obligado de regreso que paga

Art. 783. El obligado en vía de regreso que pague el título, podrá exigir por medio de la acción cambiaria:

1) El reembolso de lo pagado, menos las costas a que hubiere sido condenado;
2) Intereses moratorios sobre el principal pagado, desde la fecha del pago;
3) Los gastos de cobranza, y
4) La prima y gastos de transferencia de una plaza a otra.

Excepciones

Art. 784. Contra la acción cambiaria sólo podrán oponerse las siguientes excepciones:

1) Las que se funden en el hecho de no haber sido el demandado quien suscribió el título;

2) La incapacidad del demandado al suscribir el título;

3) Las de falta de representación o de poder bastante de quien haya suscrito el título a nombre del demandado;

4) Las fundadas en la omisión de los requisitos que el título deba contener y que la ley no supla expresamente;

5) La alteración del texto del título, sin perjuicio de lo dispuesto respecto de los signatarios posteriores a la alteración;

6) Las relativas a la no negociabilidad del título;

7) Las que se funden en quitas o en pago total o parcial, siempre que consten en el título;

8) Las que se funden en la consignación del importe del título conforme a la ley o en el depósito del mismo importe hecho en los términos de este título;

9) Las que se funden en la cancelación judicial del título o en orden judicial de suspender su pago, proferida como se prevé en este título;

10) Las de prescripción o caducidad, y las que se basen en la falta de requisitos necesarios para el ejercicio de la acción;

11) Las que se deriven de la falta de entrega del título o de la entrega sin intención de hacerlo negociable, contra quien no sea tenedor de buena fe;

12) Las derivadas del negocio jurídico que dio origen a la creación o transferencia del título, contra el demandante que haya sido parte en el respectivo negocio o contra cualquier otro demandante que no sea tenedor de buena fe exenta de culpa, y

13) Las demás personales que pudiere oponer el demandado contra el actor.

Conc. *Arts. 12, 620, 621, 624, 625, 631, 639 y ss. 671, 693, 698, 709, 713, 715, 720, 729, 730, 751, 759, 768, 774, 787 y ss., 803 y ss., 882.*

Sujetos contra quien se puede dirigir la acción

Art. 785. El tenedor del título puede ejercitar la acción cambiaria contra todos los obligados a la vez o contra alguno o algunos de ellos, sin perder en este caso la acción contra los otros y sin obligación de seguir el orden de las firmas en el título. El mismo derecho tendrá todo obligado que haya pagado el título, en contra de los signatarios anteriores.

***Conc.** Arts. 627, 632.*

Cobro extrajudicial

Art. 786. El último tenedor del título así como el obligado en vía de regreso que lo haya pagado, pueden cobrar lo que en virtud del mismo deban los demás signatarios por cualquiera de estos medios:

1) Cargando o pidiendo que abonen en cuenta el importe del título, más los accesorios legales, y

2) Girando a su cargo por el valor del título más los accesorios legales.

En ambos casos el aviso o letra de cambio correspondiente deberán ir acompañados del título original, de la respectiva anotación de recibo, del testimonio o copia autorizada del acto de protesto, en su caso y de la cuenta de los accesorios legales.

Caducidad de la acción cambiaria de regreso

Art. 787. La acción cambiaria de regreso del último tenedor del título caducará:

1) Por no haber sido presentado el título en tiempo para su aceptación o para su pago, y

2) Por no haber levantado el protesto conforme a la ley.

Suspensión e interrupción

Art. 788. Los términos de que depende la caducidad de la acción cambiaria no se suspenden sino en los casos de fuerza mayor y nunca se interrumpen.

Prescripción de la acción cambiaria directa

Art. 789. La acción cambiaria directa prescribe en tres años a partir del día del vencimiento.

Prescripción de la acción cambiaria de regreso del último tenedor

Art. 790. La acción cambiaria de regreso del último tenedor prescribirá en un año contado desde la fecha del protesto o, si el título fuere sin protesto, desde la fecha del vencimiento; y, en su caso, desde que concluyan los plazos de presentación.

Prescripción de la acción del obligado de regreso contra los anteriores

Art. 791. La acción del obligado del regreso contra los demás obligados anteriores prescribe en seis meses, contados a partir de la fecha del pago voluntario o de la fecha en que se le notifique la demanda.

Beneficio por interrupción de la prescripción

Art. 792. Las causas que interrumpen la prescripción respecto de uno de los deudores cambiarios no la interrumpe respecto de los otros, salvo el caso de los signatarios en un mismo grado.

Conc. *Art. 632.*

Cobro mediante proceso ejecutivo

Art. 793. El cobro de un título-valor dará lugar al procedimiento ejecutivo, sin necesidad de reconocimiento de firmas.

SECCIÓN II. COBRO DEL BONO DE PRENDA

Presentación al almacén

Art. 794. El bono de prenda deberá presentarse para su cobro ante el almacén correspondiente.

Conc. *Art. 757.*

Ausencia de provisión

Art. 795. Si no se hubiere hecho provisión oportuna al almacén, éste deberá poner en el bono la anotación de falta de pago. Tal anotación surtirá efectos de protesto.

Protesto

Art. 796. Si el almacén se niega a poner la anotación, deberá hacerse el protesto, en la forma prevista para las letras de cambio.

Conc. *Arts. 697 y ss.*

Petición de subasta

Art. 797. El tenedor del bono debidamente anotado o protestado podrá, dentro de los ocho días que sigan a la anotación o al protesto, exigir del almacén que proceda a la subasta de los bienes depositados.

Distribución del producto de la subasta

Art. 798. El almacén subastará los bienes y su producto lo aplicará al pago de:

1) Los gastos de la subasta;
2) Los créditos fiscales que graven las cosas depositadas;
3) Los créditos provenientes del contrato de depósito, y
4) El crédito incorporado al bono de prenda.

El remanente conservará por el almacén a disposición del tenedor del certificado de depósito.

Seguro en caso de siniestro

Art. 799. En caso siniestro el almacén cobrará el importe del seguro y lo aplicará en los términos del artículo anterior o del inciso tercero del artículo 1189, en su caso.

Conc. *Art. 1189.*

Acción cambiaria por saldo no pagado

Art. 800. El almacén anotará en el bono las cantidades pagadas y, por el saldo insoluto, el tenedor tendrá acción cambiaria contra el tenedor del certificado que haya constituido el crédito prendario y contra los endosantes avalistas del bono de prenda.

Caducidad de las acciones de regreso

Art. 801. Las acciones de regreso del tenedor del bono de prenda caducarán:

1) Por falta de presentación y, en su caso, de la anotación o del protesto oportuno, y

2) Por no exigir al almacén, en el término legal, la subasta de los bienes depositados.

Conc. *Arts. 787, 790.*

SECCIÓN III. REPOSICIÓN, CANCELACIÓN Y REIVINDICACIÓN DE LOS TÍTULOS VALORES

Deterioro o destrucción parcial

Art. 802. Si un título-valor se deteriorare de tal manera que no pueda seguir circulando, o se destruyere en parte, pero de modo que subsistan los datos necesarios para su identificación, el tenedor podrá exigir judicialmente que el título sea repuesto a su costa, si lo devuelve al principal obligado. Igualmente, tendrá derecho a que le firmen el nuevo título los suscriptores del título primitivo a quienes se pruebe que su firma inicial ha sido destruida o tachada.

Cancelación y reposición

Art. 803. Quien haya sufrido el extravío, hurto, robo, destrucción total de un título-valor nominativo o a la orden, podrá solicitar la cancelación de éste y, en su caso, la reposición.

Conc. *C.G.P., art. 398.*

Competencia

Art. 804. El inciso 1° fue derogado por la Ley 1564 de 2012, art. 398.

No obstante, en caso de pérdida del certificado de depósito o del bono de prenda, la Superintendencia Bancaria, previa comprobación del hecho, ordenará al almacén general la expedición de un duplicado en el cual aparezca visible esta circunstancia. El interesado prestará caución a satisfacción del mismo almacén, para responder de los perjuicios que puedan derivarse de la expedición del duplicado y que devolverá el título primitivo al almacén, en caso de que se recupere.

Arts. 805 a 816. *Derogados por la Ley 1564 de 2012, art. 626.*

Derechos del tenedor del título cancelado

Art. 817. Aun en el caso de no haber presentado oposición, el tenedor del título cancelado conservará sus derechos contra quien obtuvo la cancelación y el cobro del título.

Títulos al portador

Art. 818. Los títulos al portador no serán cancelables.

Conc. *Art. 668.*

Reivindicación

Art. 819. Los títulos-valores podrán ser reivindicados en los casos de extravío, robo o algún otro medio de apropiación ilícita.

Conc. *Art. 402*

Procedencia

Art. 820. La acción reivindicatoria procederá contra el primer adquirente y contra cualquier tenedor ulterior que no sea de buena fe exenta de culpa.

Alcance de la expresión instrumentos negociables

Art. 821. Cuando en la ley o en los contratos se emplea la expresión «instrumentos negociables» se entenderá por tal los títulos-valores de contenido crediticio que tengan por objeto el pago de moneda. La protección penal de estos títulos seguirá rigiéndose por las normas respectivas del Código Penal y disposiciones complementarias.

LIBRO CUARTO
DE LOS CONTRATOS Y OBLIGACIONES MERCANTILES

TÍTULO I
DE LAS OBLIGACIONES EN GENERAL

CAPÍTULO I
GENERALIDADES

Aplicación de normas civiles y probatorias

Art. 822. Los principios que gobiernan la formación de los actos y contratos y las obligaciones de derecho civil, sus efectos, interpretación, modo de extinguirse, anularse o rescindirse, serán aplicables a las obligaciones y negocios jurídicos mercantiles, a menos que la ley establezca otra cosa.

La prueba en derecho comercial se regirá por las reglas establecidas en el Código de Procedimiento Civil, salvo las reglas especiales establecidas en la ley.

Conc. *Art. 2º; C.C. Libro IV; C.G.P., arts. 164 y ss.; Ley 527 de 199, art. 10.*

NOTA: El Código de Procedimiento Civil quedó derogado con la expedición del Código General del Proceso.

Interpretación de términos

Art. 823. Los términos técnicos o usuales que se emplean en documentos destinados a probar contratos u obligaciones mercantiles, o que se refieran a la ejecución de dichos contratos u obligaciones, se entenderán en el sentido que tengan en el idioma castellano.

Cuando se hayan utilizado simultáneamente varios idiomas, se entenderán dichos términos en el sentido que tengan en castellano, si este idioma fue usado; en su defecto, se estará a la versión española que más se acerque al significado del texto original.

El sentido o significado de que trata este artículo es el jurídico que tenga el término o locución en el respectivo idioma, o el técnico que le dé la ciencia o arte a que pertenezca o finalmente el sentido natural y obvio del idioma a que corresponda.

Conc. *Art. 5º. Ley 1480 de 2011, art. 34.*

Consensualidad

Art. 824. Los comerciantes podrán expresar su voluntad de contratar u obligarse verbalmente, por escrito o por cualquier modo inequívoco. Cuando una norma legal exija determinada solemnidad como requisito esencial del negocio jurídico, este no se formará mientras no se llene tal solemnidad.

Conc. *Arts. 110, 526, 836, 888, 1228, 1402; C.C., art. 2434; Ley 222 de 1995, art. 72.*

Principio de solidaridad

Art. 825. En los negocios mercantiles, cuando fueren varios los deudores se presumirá que se han obligado solidariamente.

Conc. *C.C., arts. 1568 a 1580.*

Escritos y firmas

Art. 826. Cuando la ley exija que un acto o contrato conste por escrito bastará el instrumento privado con las firmas autógrafas de los suscriptores.

Por firma se entiende la expresión del nombre del suscriptor o de alguno de los elementos que la integren o de un signo o símbolo empleado como medio de identificación personal.

Si alguno de ellos no pudiere o no supiere firmar, lo hará otra persona a su ruego, dando fe de ello dos testigos, y se imprimirán en el documento las huellas digitales o plantares del otorgante.

Si la ley no dispone otra cosa, las cartas o telegramas equivaldrán a la forma escrita, con tal que la carta o el original del telegrama estén firmados por el remitente, o que se pruebe que han sido expedidos por éste, o por su orden.

Conc. *Ley 527 de 199, arts. 6º, 7º, 28, 35 y ss.*

Firma por medios mecánicos

Art. 827. La firma que procede de algún medio mecánico no se considerará suficiente sino en los negocios en que la ley o la costumbre lo admitan.

Conc. *Arts. 621, 665.; Ley 527 de 199, arts. 7º, 28, 35 y ss.*

Firma de los ciegos

Art. 828. La firma de los ciegos no les obligará sino cuando haya sido debidamente autenticada ante juez o ante notario, previa lectura del respectivo documento de parte del mismo juez o notario.

Conc. *Decreto 960 de 1970, art. 70.*

Plazos

Art. 829. En los plazos de horas, días, meses y años, se seguirán las reglas que a continuación se expresan.

1) Cuando el plazo sea de horas, comenzará a contarse a partir del primer segundo de la hora siguiente, y se extenderá hasta el último segundo de la última hora inclusive;

2) Cuando el plazo sea de días, se excluirá el día en que el negocio jurídico se haya celebrado, salvo que de la intención expresa de las partes se desprenda otra cosa, y

3) Cuando el plazo sea de meses o de años, su vencimiento tendrá lugar el mismo día del correspondiente mes o año; si éste no tiene tal fecha, expirará en el último día del respectivo mes o año. El plazo que venza en día feriado se prorrogará hasta el día siguiente. El día de vencimiento será hábil hasta las seis de la tarde.

Parágrafo 1°. Los plazos de días señalados en la ley se entenderán hábiles; los convencionales, comunes.

Parágrafo 2°. Los plazos de gracia concedidos mediante acuerdo de las partes, con anterioridad al vencimiento del término, se entenderán como prórroga del mismo.

Abuso del derecho

Art. 830. El que abuse de sus derechos estará obligado a indemnizar los perjuicios que cause.

Conc. *Art. 1280; Ley 1480 de 2011, arts. 42, 43.*

Enriquecimiento sin causa

Art. 831. Nadie podrá enriquecerse sin justa causa a expensas de otro.

CAPÍTULO II
LA REPRESENTACIÓN

Concepto

Art. 832. Habrá representación voluntaria cuando una persona faculta a otra para celebrar en su nombre uno o varios negocios jurídicos. El acto por medio del cual se otorga dicha facultad se llama apoderar y puede ir acompañado de otros negocios jurídicos.

Conc. *Arts. 196, 640, 658, 663, 1262 y ss.*

Efectos

Art. 833. Los negocios jurídicos propuestos o concluidos por el representante en nombre del representado, dentro del límite de sus poderes, producirán directamente efectos en relación con éste.

La regla anterior no se aplicará a los negocios propuestos o celebrados por intermediario que carezca de facultad para representar.

Conc. *Art. 1266.*

Buena fe

Art. 834. En los casos en que la ley prevea un estado de buena fe, de conocimiento o de ignorancia de determinados hechos, deberá tenerse en cuenta la persona del representante, salvo que se trate de circunstancias atinentes al representado.

En ningún caso el representado de mala fe podrá ampararse en la buena fe o en la ignorancia del representante.

Presunción de buena fe

Art. 835. Se presumirá la buena fe, aún la exenta de culpa. Quien alegue la mala fe o la culpa de una persona, o afirme que ésta conoció o debió conocer determinado hecho, deberá probarlo.

Conc. *Art. 871.*

Formalidades de los poderes

Art. 836. El poder para celebrar un negocio jurídico que deba constar por escritura pública, deberá ser conferido por este medio o por escrito privado debidamente autenticado.

Justificación de los poderes

Art. 837. El tercero que contrate con el representante podrá, en todo caso, exigir de este que justifique sus poderes, y si la representación proviene de un acto escrito, tendrá derecho a que se le entregue una copia auténtica del mismo.

Conc. *Art. 640.*

Rescisión por intereses contrapuestos

Art. 838. El negocio jurídico concluido por el representante en manifiesta contraposición con los intereses del representado, podrá ser rescindido a petición de éste, cuando tal contraposición sea o pueda ser conocida por el tercero con mediana diligencia y cuidado.

Prohibiciones a representantes

Art. 839. No podrá el representante hacer de contraparte del representado o contratar consigo mismo, en su propio nombre o como representante de un tercero, salvo expresa autorización del representado.

En ningún caso podrá el representante prevalerse, contra la voluntad del representado, del acto concluido con violación de la anterior prohibición y quedará obligado a indemnizar los perjuicios que le haya causado.

Conc. *Arts. 906, 1274, 1316, 1319, 1339; C.C. arts. 2170 a 2172.*

Facultades del representante

Art. 840. El representante podrá ejecutar los actos comprendidos dentro del giro ordinario de los negocios cuya gestión se le haya encomendado, pero necesitará un poder especial para aquellos respecto de los cuales la ley así lo exija.

Conc. *Art. 1263.*

Ausencia o extralimitación del poder

Art. 841. El que contrate a nombre de otro sin poder o excediendo el límite de éste, será responsable al tercero de buena fe exenta de culpa de la prestación prometida o de su valor cuando no sea posible su cumplimiento, y de los demás perjuicios que a dicho tercero o al representado se deriven por tal causa.

Conc. *Arts. 1038, 1266.*

Representación aparente

Art. 842. Quien dé motivo a que se crea, conforme a las costumbres comerciales o por su culpa, que una persona está facultada para celebrar un negocio jurídico, quedará obligado en los términos pactados ante terceros de buena fe exenta de culpa.

Conc. *Art. 640.*

Modificación o revocación del poder

Art. 843. La modificación y la revocación del poder deberán ser puestas en conocimiento de terceros, por medios idóneos. En su defecto, les serán inoponibles, salvo que se pruebe que dichos terceros conocían la modificación o la revocación en el momento de perfeccionarse el negocio.

Las demás causas de extinción del mandato no serán oponibles a los terceros de buena fe.

Conc. *Arts. 901, 1279, 1333; C.C., art. 2199.*

Ratificación

Art. 844. La ratificación del interesado, si se hace con las mismas formalidades que la ley exige para el negocio jurídico ratificado, tendrá efecto retroactivo, salvo en cuanto lesione derechos de terceros.

CAPÍTULO III
OFERTA O PROPUESTA

Concepto

Art. 845. La oferta o propuesta, esto es, el proyecto de negocio jurídico que una persona formule a otra, deberá contener los elementos esenciales del negocio y ser comunicada al destinatario. Se entenderá que la propuesta ha sido comunicada cuando se utilice cualquier medio adecuado para hacerla conocer del destinatario.

Irrevocabilidad

Art. 846. La propuesta será irrevocable. De consiguiente, una vez comunicada, no podrá retractarse el proponente, so pena de indemnizar los perjuicios que con su revocación cause al destinatario.

La propuesta conserva su fuerza obligatoria aunque el proponente muera o llegue a ser incapaz en el tiempo medio entre la expedición de la oferta y su aceptación, salvo que de la naturaleza de la oferta o de la voluntad del proponente se deduzca la intención contraria.

Oferta de mercaderías

Art. 847. Las ofertas de mercaderías, con indicación del precio, dirigidas a personas no determinadas, en circulares, prospectos o cualquiera otra especie similar de propaganda escrita, no serán obligatorias para el que las haga. Dirigidas a personas determinadas y acompañadas de una nota que no tenga las características de una circular, serán obligatorias si en ella no se hace salvedad alguna.

Conc. *Ley 1480 de 2011, art. 29.*

Exhibición de mercancías

Art. 848. Las ofertas que hagan los comerciantes en las vitrinas mostradores y demás dependencias de sus establecimientos con indicación del precio y de las mercaderías ofrecidas, serán obligatorias mientras tales mercaderías estén expuestas al público. También lo será la oferta pública de uno o más géneros determinados o de un cuerpo cierto, por un precio fijo, hasta el día siguiente al del anuncio.

Agotamiento de mercancías

Art. 849. Cuando en el momento de la aceptación se hayan agotado las mercaderías públicamente ofrecidas, se tendrá por terminada la oferta por justa causa.

Oferta verbal o telefónica

Art. 850. La propuesta verbal de un negocio entre presentes deberá ser aceptada o rechazada en el acto de oírse. La propuesta hecha por teléfono se asimilará, para los efectos de su aceptación o rechazo, a la propuesta verbal entre presentes.

Oferta escrita

Art. 851. Cuando la propuesta se haga por escrito deberá ser aceptada o rechazada dentro de los seis días siguientes a la fecha que tenga la propuesta, si el destinatario reside en el mismo lugar del proponente; si reside en lugar distinto, a dicho término se sumará el de la distancia.

Conc. *Ley 527 de 1999, art. 6º.*

Término de la distancia

Art. 852. El término de la distancia se calculará según el medio de comunicación empleado por el proponente.

Plazos convencionales

Art. 853. Las partes podrán fijar plazos distintos a la aceptación o rechazo de la propuesta o ésta contenerlos.

Aceptación tácita

Art. 854. La aceptación tácita, manifestada por un hecho inequívoco de ejecución del contrato propuesto, producirá los mismos efectos que la expresa, siempre que el proponente tenga conocimiento de tal hecho dentro de los términos indicados en los artículos 850 a 853, según el caso.

Aceptación condicional o extemporánea

Art. 855. La aceptación condicional o extemporánea será considerada como nueva propuesta.

Oferta pública de prestación o premio

Art. 856. La oferta pública de una prestación o premio será obligatoria siempre que se cumplan las condiciones en ella previstas.

Si no señala el término para comunicar el cumplimiento de tales condiciones, la obligación del oferente cesará trascurrido un mes desde la fecha de la oferta, salvo que de la naturaleza de ésta se deduzca un término distinto.

Revocación

Art. 857. La oferta pública sólo podrá revocarse, antes del vencimiento del término de la misma, por justa causa.

La revocación deberá ponerse en conocimiento del público en la misma forma en que se ha hecho la oferta o, en su defecto, en forma equivalente.

La revocación no producirá efectos con relación a la persona o personas que hayan cumplido ya las condiciones de la oferta.

Cumplimiento de condiciones por varias personas

Art. 858. Si las condiciones de la oferta se cumplen separadamente por varias personas, sólo tendrá derecho a la prestación ofrecida aquella de quien el oferente primero reciba aviso de su cumplimiento.

En caso de igualdad en el tiempo, el oferente decidirá en favor de quien haya cumplido mejor las condiciones de la oferta, pudiendo partir la prestación, si ésta es divisible.

Si las condiciones son cumplidas por varias personas en colaboración, la prestación se dividirá entre ellas, si su objeto es divisible; en caso contrario, se seguirán las reglas del Código Civil sobre las obligaciones indivisibles.

***Conc.** C.C., arts. 1581 a 1591.*

Prohibición al oferente

Art. 859. El oferente no podrá utilizar las obras ejecutadas por las personas excluidas de la prestación ofrecida. Si lo hiciere, deberá en todo caso indemnizarlas.

Licitaciones

Art. 860. En todo género de licitaciones, públicas o privadas, el pliego de cargos constituye una oferta de contrato y cada postura implica la celebración de un contrato condicionado a que no haya postura mejor. Hecha la adjudicación al mejor postor, se desecharán las demás.

Promesa

Art. 861. La promesa de celebrar un negocio producirá obligación de hacer. La celebración del contrato prometido se someterá a las reglas y formalidades del caso.

Conc. *Art. 119; C.C., art. 1610; Ley 153 de 1887, art. 89.*

Pacto de preferencia

Art. 862. El pacto de preferencia, o sea aquel por el cual una de las partes se obliga a preferir a la otra para la conclusión de un contrato posterior, sobre determinadas cosas, por un precio fijo o por el que ofrezca un tercero, en determinadas condiciones o en las mismas que dicho tercero proponga, será obligatorio. El pacto de preferencia no podrá estipularse por un término superior a un año.

Si la preferencia se concede en favor de quien esté ejecutando a virtud de contrato una explotación económica determinada, el anterior plazo se contará a partir de la expiración del término del contrato en ejecución.

Todo plazo superior a un año quedará reducido, de derecho, al máximo legal.

Buena fe precontractual

Art. 863. Las partes deberán proceder de buena fue exenta de culpa en el período precontractual, so pena de indemnizar los perjuicios que se causen.

Conc. *Art. 835; Ley 1480 de 2011, arts. 23 y ss.*

CAPÍTULO IV
EL CONTRATO EN GENERAL

Definición

Art. 864. El contrato es un acuerdo de dos o más partes para constituir, regular o extinguir entre ellas una relación jurídica patrimonial, y salvo estipulación en contrario, se entenderá celebrado en el lugar de residencia del proponente y en el momento en que éste reciba la aceptación de la propuesta.

Se presumirá que el oferente ha recibido la aceptación cuando el destinatario pruebe la remisión de ella dentro de los términos fijados por los artículos 850 y 851.

***Conc.** C.C., arts. 1496 a 1501.*

Incumplimiento en negocio plurilateral

Art. 865. En los negocios jurídicos plurilaterales, el incumplimiento de alguno o algunos de los contratantes no liberará de sus obligaciones a los otros, a menos que aparezca que el negocio se ha celebrado en consideración a tales contratantes o que sin ellos no sea posible alcanzar el fin propuesto.

Arras

Art. 866. Cuando los contratos se celebren con arras, esto es, dando una cosa en prenda de su celebración o de su ejecución, se entenderá que cada uno de los contratantes podrá retractarse, perdiendo las arras el que las haya dado, o restituyéndolas dobladas el que las haya recibido.

Celebrado el contrato prometido o ejecutada la prestación objeto del mismo, no será posible la retractación y las arras deberán imputarse a la prestación debida o restituirse, si fuere el caso.

***Conc.** C.C., arts. 1859 a 1861.*

Cláusula penal

Art. 867. Cuando se estipule el pago de una prestación determinada para el caso de incumplimiento, o de mora, se entenderá que las partes no pueden retractarse.

Cuando la prestación principal esté determinada o sea determinable en una suma cierta de dinero la pena no podrá ser superior al monto de aquella.

Cuando la prestación principal no esté determinada ni sea determinable en una suma cierta de dinero, podrá el juez reducir equitativamente la pena, si la considera manifiestamente excesiva habida cuenta del interés que tenga el acreedor en que se cumpla la obligación. Lo mismo hará cuando la obligación principal se haya cumplido en parte.

Conc. *Art. 949; C.C., arts. 1592 a 1600.*

Revisión

Art. 868. Cuando circunstancias extraordinarias, imprevistas o imprevisibles, posteriores a la celebración de un contrato de ejecución sucesiva, periódica o diferida, alteren o agraven la prestación de futuro cumplimiento a cargo de una de las partes, en grado tal que le resulte excesivamente onerosa, podrá ésta pedir su revisión.

El juez procederá a examinar las circunstancias que hayan alterado las bases del contrato y ordenará, si ello es posible, los reajustes que la equidad indique; en caso contrario, el juez decretará la terminación del contrato.

Esta regla no se aplicará a los contratos aleatorios ni a los de ejecución instantánea.

Ejecución en Colombia de contratos extranjeros

Art. 869. La ejecución de los contratos celebrados en el exterior que deban cumplirse en el país, se regirá por la ley colombiana.

Conc. *Art. 1328.*

Condición resolutoria tácita

Art. 870. En los contratos bilaterales, en caso de mora de una de las partes, podrá la otra pedir su resolución o terminación, con indemnización de perjuicios compensatorios, o hacer efectiva la obligación, con indemnización de los perjuicios moratorios.

Conc. *Art. 925; C.C. 1546, 1608, 1609.*

Buena fe

Art. 871. Los contratos deberán celebrarse y ejecutarse de buena fe y, en consecuencia, obligarán no sólo a lo pactado expresamente en ellos, sino a todo lo que corresponda a la naturaleza de los mismos, según la ley, la costumbre o la equidad natural.

Conc. *Art. 835; C.C., art. 1501.*

Prestación irrisoria

Art. 872. Cuando la prestación de una de las partes sea irrisoria, no habrá contrato conmutativo.

Conc. *Art. 920; C.C., art. 1498.*

CAPÍTULO V. EL PAGO

Caución

Art. 873. El acreedor de una obligación a término, que sea expresa, clara y líquida, tendrá derecho a exigir caución suficiente para garantizar su cumplimiento, cuando el deudor huya de su domicilio, disipe sus bienes o los aventure temerariamente, o se halle en estado de insolvencia notoria.

Vencido el plazo que el juez señale al deudor para constituir la caución de que trata el inciso anterior, sin que la haya prestado, la respectiva obligación será inmediatamente exigible.

En los contratos de ejecución continuada o sucesiva, la obligación sólo será exigible en proporción a la contraprestación cumplida, sin perjuicio de que la caución cubra el total de la obligación.

Conc. *Art. 926.*

Moneda

Art. 874. Cuando no se exprese otra cosa, las cantidades que se estipulen en los negocios jurídicos serán en moneda legal colombiana. La moneda nacional que tenga poder liberatorio al momento de hacer el pago se tendrá como equivalente de la pactada, cuando ésta no se halle en circulación al tiempo del pago.

Las obligaciones que se contraigan en monedas o divisas extranjeras, se cubrirán en la moneda o divisa estipulada, si fuere legalmente posible; en caso contrario, se cubrirán en moneda nacional colombiana, conforme a las prescripciones legales vigentes al momento de hacer el pago.

***Conc.** Art. 1260.*

Indemnizaciones en oro

Art. 875. Para la fijación del monto de las indemnizaciones de oro puro que se mencionen en este Código, el Banco de la República certificará su valor correspondiente en moneda legal colombiana, excluidos los impuestos respectivos.

Domicilio de pago

Art. 876. Salvo estipulación en contrario, la obligación que tenga por objeto una suma de dinero deberá cumplirse en el lugar de domicilio que tenga el acreedor al tiempo del vencimiento. Si dicho lugar es distinto al domicilio que tenía el acreedor al contraerse la obligación y, por ello resulta más gravoso su cumplimiento, el deudor podrá hacer el pago en el lugar de su propio domicilio, previo aviso al acreedor.

***Conc.** Arts. 621, 677, 684; C.C., arts. 76, 1645 a 1647.*

Recibo y presunción de pago

Art. 877. El deudor que pague tendrá derecho a exigir un recibo y no estará obligado a contentarse con la simple devolución del título; sin embargo, la posesión de éste hará presumir el pago.

***Conc.** Arts. 624, 959.*

Impugnación del pago

Art. 878. Cuando el pago constituya un negocio jurídico, será susceptible de impugnación por las mismas causas que los demás negocios jurídicos.

Finiquito de cuentas

Art. 879. El finiquito de una cuenta hará presumir el pago de las anteriores, cuando el comerciante que lo ha dado arregla sus cuentas en períodos fijos.

Rectificación de errores

Art. 880. El comerciante, que al recibir una cuenta pague o dé finiquito, no perderá el derecho de solicitar la rectificación de los errores, omisiones, partidas duplicadas u otros vicios de la cuenta.

Imputación del pago

Art. 881. Salvo estipulación en contrario, la imputación del pago se hará conforme a las siguientes reglas:

Si hay diferentes deudas exigibles, sin garantía, puede el deudor imputar el pago a la que elija; pero si una de las deudas exigibles tuviere garantía real o personal, no podrá el deudor imputar el pago a ésta sin el consentimiento del acreedor.

El acreedor que tenga varios créditos exigibles y garantizados específicamente, podrá imputar el pago al que le ofrezca menos seguridades.

Conc. *Art. 1310; C.C. arts. 1654, 1655.*

Pago con títulos valores

Art. 882. La entrega de letras, cheques, pagarés y demás títulos-valores de contenido crediticio, por una obligación anterior, valdrá como pago de ésta si no se estipula otra cosa; pero llevará implícita la condición resolutoria del pago, en caso de que el instrumento sea rechazado o no sea descargado de cualquier manera.

Cumplida la condición resolutoria, el acreedor podrá hacer efectivo el pago de la obligación originaria o fundamental, devolviendo el instrumento o dando caución, a satisfacción del juez, de indemnizar al deudor los perjuicios que pueda causarle la no devolución del mismo.

Si el acreedor deja caducar o prescribir el instrumento, la obligación originaria o fundamental se extinguirá así mismo; no obstante, tendrá acción contra quien se haya enriquecido sin causa a consecuencia de la caducidad o prescripción. Esta acción prescribirá en un año.

***Conc.** Arts. 643, 787, 831.*

NOTA: La expresión subrayada fue declarada exequible por la Corte Constitucional en la Sentencia C-741 del 14 junio de 2006.

Art. 883. *Derogado por la Ley 45 de 1990, art. 99.*

Clases de intereses y prueba

Art. 884. Modificado por la Ley 510 de 1999, art. 111. Cuando en los negocios mercantiles haya de pagarse réditos de un capital, sin que se especifique por convenio el interés, éste será el bancario corriente; si las partes no han estipulado el interés moratorio, será equivalente a una y media veces del bancario corriente y en cuanto sobrepase cualquiera de estos montos el acreedor perderá todos los intereses, sin perjuicio de lo dispuesto en el artículo 72 de la Ley 45 de 1990.

Se probará el interés bancario corriente con certificado expedido por la Superintendencia Bancaria.

***Conc.** Ley 45 de 1990, arts. 64 y 72; Decreto-Ley 19 de 2012, art. 29; Ley 546 de 1999, art. 19.*

NOTA 1: Actualmente la entidad encargada de expedir el interés bancario corriente es la Superintendencia Financiera.

NOTA 2: Al tratarse de un hecho notorio, no es necesario probar el interés bancario corriente con un certificado expedido por la Superintendencia.

Intereses sobre suministros o ventas al fiado

Art. 885. Todo comerciante podrá exigir intereses legales comerciales de los suministros o ventas que haga al fiado, sin estipulación del plazo para el pago, un mes después de pasada la cuenta.

Intereses sobre intereses

Art. 886. Los intereses pendientes no producirán intereses sino desde la fecha de la demanda judicial del acreedor, o por acuerdo posterior al vencimiento, siempre que en uno y otro caso se trate de intereses debidos con un año de anterioridad, por lo menos.

***Conc.** C.C., arts. 2234.*

CAPÍTULO VI
CESIÓN DE CONTRATO

Reglas generales

Art. 887. En los contratos mercantiles de ejecución periódica o sucesiva cada una de las partes podrá hacerse sustituir por un tercero, en la totalidad o en parte de las relaciones derivadas del contrato, sin necesidad de aceptación expresa del contratante cedido, si por la ley o por estipulación de las mismas partes no se ha prohibido o limitado dicha sustitución.

La misma sustitución podrá hacerse en los contratos mercantiles de ejecución instantánea que aún no hayan sido cumplidos en todo o en parte, y en los celebrados *intuitu personae*, pero en estos casos será necesaria la aceptación del contratante cedido.

Formas de cesión

Art. 888. La sustitución podrá hacerse por escrito o verbalmente, según que el contrato conste o no por escrito.

Si el contrato consta en escritura pública, la cesión podrá hacerse por escrito privado, previa autenticación de la firma del cedente, si ésta no es auténtica o no se presume tal, pero no producirá efectos respecto de terceros mientras no sea inscrita en el correspondiente registro.

Si el contrato consta en un documento inscrito que, a pesar de no ser título-valor, esté otorgado o tenga la cláusula «a la orden» u otra equivalente, el endoso del documento bastará para que el endosatario se sustituya al endosante en las relaciones derivadas del contrato.

Conc. *Art. 651.*

Aceptación tácita en contratos de suministro

Art. 889. No obstante lo previsto en el artículo anterior, en los contratos de suministro la simple aquiescencia tácita a su continuación por un tercero, se entenderá como cesión del contrato.

Conc. *Art. 968.*

Responsabilidad del cedente

Art. 890. El que cede un contrato se obliga a responder de la existencia y validez del mismo y de sus garantías, pero, salvo estipulación expresa en contrario, no responderá de su cumplimiento por parte del otro contratante y de los garantes.

Conc. *Art. 131.*

Aviso al cedente sobre incumplimiento

Art. 891. Cuando el cedente se obliga a responder del cumplimiento del contrato por parte del contratante cedido, el cesionario deberá darle aviso dentro de los diez días siguientes a la mora o al incumplimiento, so pena de ser exonerado el cedente de la obligación de la garantía contraída con el cesionario.

Prohibición al contratante cedido

Art. 892. El contratante cedido no podrá cumplir válidamente en favor del cedente las prestaciones derivadas del contrato cedido, una vez notificada o aceptada la cesión o conocido el endoso.

Si el cedente recibe o acepta tales prestaciones sin dar al contratante cedido aviso de la cesión o endoso del contrato, incurrirá en las sanciones previstas en el Código Penal para el delito de estafa.

Conc. *C.P. art. 356.*

Reserva de no liberar al cedente

Art. 893. Si el contratante cedido hace la reserva de no liberar al cedente, al autorizar o aceptar la cesión o al serle notificada, en el caso de que no la haya consentido previamente, podrá exigir del cedente el cumplimiento de las obligaciones derivadas del contrato cuando el cesionario no las cumpla, pero deberá poner el incumplimiento en conocimiento del cedente dentro de los diez días siguientes a la mora del deudor.

Lo dispuesto en este artículo no se aplicará a los casos en que la ley autorice la cesión sin previa aceptación o notificación.

Efectos de la cesión

Art. 894. La cesión de un contrato produce efectos entre cedente y cesionario desde que aquella se celebre; pero respecto del contratante cedido y de terceros, sólo produce efectos desde la notificación o aceptación, salvo lo previsto en el inciso tercero del artículo 888.

Alcance de la cesión

Art. 895. La cesión de un contrato implica la de las acciones, privilegios y beneficios legales inherentes a la naturaleza y condiciones del contrato; pero no transfiere los que se funden en causas ajenas al mismo, o en la calidad o estado de la persona de los contratantes.

Excepciones del contratante cedido

Art. 896. El contratante cedido podrá oponer al cesionario todas las excepciones que se deriven del contrato. Podrá también oponer aquellas que se funden sobre otras relaciones con el cedente, respecto de las cuales haya hecho expresa reserva al momento de notificársele o aceptar la cesión.

CAPÍTULO VII
INEFICACIA, NULIDAD, ANULACIÓN E INOPONIBILIDAD

Ineficacia de pleno derecho

Art. 897. Cuando en este Código se exprese que un acto no produce efectos, se entenderá que es ineficaz de pleno derecho, sin necesidad de declaración judicial.

Conc. *Ley 446 de 1998, art. 133; Ley 1480 de 2011, arts. 43, 44.*

Ratificación e inexistencia

Art. 898. La ratificación expresa de las partes dando cumplimiento a las solemnidades pertinentes perfeccionará el acto inexistente en la fecha de tal ratificación, sin perjuicio de terceros de buena fe exenta de culpa.

Será inexistente el negocio jurídico cuando se haya celebrado sin las solemnidades sustanciales que la ley exija para su formación, en razón del acto o contrato y cuando falte alguno de sus elementos esenciales.

Nulidad absoluta

Art. 899. Será nulo absolutamente el negocio jurídico en los siguientes casos:

1) Cuando contraría una norma imperativa, salvo que la ley disponga otra cosa;

2) Cuando tenga causa u objeto ilícitos, y

3) Cuando se haya celebrado por persona absolutamente incapaz.

Conc. *Arts. 12, 190, 295, 356, 906, 936, 1091, 1129; C.C., art. 1504; Ley 23 de 1982, art. 129.*

Anulabilidad

Art. 900. (Será anulable el negocio jurídico) celebrado por persona relativamente incapaz y (el que haya sido consentido por) error, (fuerza) o dolo, conforme al Código Civil.

Esta acción sólo podrá ejercitarse por la persona en cuyo favor se haya establecido o por sus herederos, y prescribirá en el término de dos años, contados a partir de la fecha del negocio jurídico respectivo. Cuando la nulidad provenga de una incapacidad legal, se contará el bienio desde el día en que ésta haya cesado.

Conc. *C.C., arts. 1504 a 1515, 1746.*

NOTA: Las expresiones entre paréntesis de este artículo fueron declaradas exequibles por la Corte Constitucional en la Sentencia C-943 de 2013, «en el entendido de que el término de prescripción de dos años de la acción de anulabilidad del negocio jurídico que haya sido determinado a la fuerza, se cuenta a partir del día que esta hubiere cesado.

Inoponibilidad

Art. 901. Será inoponible a terceros el negocio jurídico celebrado sin cumplir con los requisitos de publicidad que la ley exija.

Conc. *Arts. 112, 190, 300, 313, 366, 843.*

Nulidad parcial

Art. 902. La nulidad parcial de un negocio jurídico, o la nulidad de alguna de sus cláusulas, solo acarreará la nulidad de todo el negocio cuando aparezca que las partes no lo habrían celebrado sin la estipulación o parte viciada de nulidad.

Conc. *Ley 1480 de 2011, art. 44.*

Nulidad en negocios plurilaterales

Art. 903. En los negocios jurídicos plurilaterales, cuando las prestaciones de cada uno de los contratantes se encaminen a la obtención de un fin común, la nulidad que afecte el vínculo respecto de uno solo de ellos no acarreará la nulidad de todo el negocio, a menos que su participación, según las circunstancias, sea esencial para la consecución del fin previsto.

Conc. *Arts. 104, 107, 108.*

Conversión

Art. 904. El contrato nulo podrá producir los efectos de un contrato diferente, del cual contenga los requisitos esenciales y formales, si considerando el fin perseguido por las partes, deba suponerse que éstas, de haber conocido la nulidad, habrían querido celebrar el otro contrato.

TÍTULO II
DE LA COMPRAVENTA Y DE LA PERMUTA

CAPÍTULO I
GENERALIDADES

Definición

Art. 905. La compraventa es un contrato en que una de las partes se obliga a trasmitir la propiedad de una cosa y la otra a pagarla en dinero. El dinero que el comprador da por la cosa vendida se llama precio.

Cuando el precio consista parte en dinero y parte en otra cosa, se entenderá permuta si la cosa vale más que el dinero, y venta en el caso contrario.

Para los efectos de este artículo se equipararán a dinero los títulos valores de contenido crediticio y los créditos comunes representativos de dinero.

Prohibiciones

Art. 906. No podrán comprar directamente, ni por interpuesta persona, ni aún en pública subasta, las siguientes personas:

1) (~~Los cónyuges no divorciados, ni~~) el padre y el hijo de familia, entre sí;

2) Aquellos que por la ley o por acto de autoridad pública administran bienes ajenos, como los guardadores, síndicos, secuestres, etc., respecto de los bienes que administran;

3) Los albaceas o ejecutores testamentarios, respecto de los bienes que sean objeto de su encargo;

4) Los representantes y mandatarios, respecto de los bienes cuya venta les haya sido encomendada, salvo que el representado, o el mandante, haya autorizado el contrato;

5) Los administradores de los bienes de cualquier entidad o establecimiento público, respecto de los que les hayan sido confiados a su cuidado;

6) Los empleados públicos, respecto de los bienes que se vendan por su ministerio, y

7) Los funcionarios que ejerzan jurisdicción y los abogados, respecto de los bienes en cuyo litigio hayan intervenido y que se vendan a consecuencia del litigio.

Las ventas hechas en los casos contemplados en los ordinales 2°, 3° y 4° serán anulables; en los demás casos la nulidad será absoluta.

Conc. *Arts. 899, 900; Ley 222 de 1995, art. 75.*

NOTA: El texto entre paréntesis fue declarado inexequible por la Corte Constitucional en la Sentencia C-068 de 1999.

Venta de cosa ajena

Art. 907. La venta de cosa ajena es válida e impone al vendedor la obligación de adquirirla y entregarla al comprador, so pena de indemnizar los perjuicios.

Conc. *Art. 1871.*

Ratificación de la venta de cosa ajena

Art. 908. Vendida y entregada a otro una cosa ajena, si el vendedor adquiere después el dominio de ella, se mirará al comprador como verdadero dueño desde la fecha de la tradición.

Por consiguiente, si el vendedor la vendiese luego a otra persona, subsistirá el dominio de ella en el primer comprador.

La misma regla se seguirá en el caso de que el verdadero dueño ratifique la enajenación hecha por el vendedor.

Conc. *C.C., arts. 752, 1871, 1874, 1875.*

Gastos del contrato

Art. 909. Los gastos que ocasione la celebración del contrato se dividirán por partes iguales entre los contratantes, si éstos no acuerdan otra cosa.

Salvo costumbre comercial o pacto en contrario, los gastos de entrega de la cosa vendida corresponderán al vendedor y los de recibo de la misma, al comprador.

Normas aplicables a la permuta

Art. 910. Las disposiciones relativas a la compraventa se aplicarán la permutación en todo lo que no se oponga a la naturaleza de este contrato.

CAPÍTULO II
LA COSA VENDIDA

Venta a prueba

Art. 911. En la compraventa de un cuerpo cierto o de un género que tenga «a la vista», no se entenderá que el comprador se reserva la facultad de gustar o probar la cosa, a menos que sea de aquellas que acostumbra adquirir en tal forma, o que el comprador se reserve dichas facultades. En estos casos el contrato solo se perfeccionará cuando el comprador dé su consentimiento, una vez gustada la cosa o verificada prueba.

Reglas para probar la cosa

Art. 912. Si las partes no fijan plazo para probar o gustar la cosa, el comprador deberá hacerlo en el término de tres días, contados a partir del momento en que se ponga a su disposición por el vendedor la cosa objeto del contrato, y si no lo hace, el vendedor podrá disponer de ella.

Mas si el comprador recibe la cosa para probarla o gustarla, y dentro de los tres días siguientes a su recibo no da noticia de su rechazo al vendedor, se entenderá que queda perfeccionado el contrato.

El vendedor deberá poner la cosa a disposición del comprador dentro de las veinticuatro horas siguientes a la convención, salvo que del acuerdo de las partes, de la costumbre o de la naturaleza de la cosa se desprenda otro plazo.

Venta sobre muestras

Art. 913. Si la venta se hace «sobre muestras» o sobre determinada calidad conocida en el comercio o determinada en el contrato, estará sujeta a condición resolutoria si la cosa no se conforma a dicha muestra o calidad.

En caso de que el comprador se niegue a recibirla, alegando no ser conforme a la muestra o a la calidad determinada, la controversia se someterá a la decisión de expertos, quienes dictaminarán si la cosa es o no de recibo. Si los peritos dictaminan afirmativamente, el comprador no podrá negarse a recibir la cosa y, en caso contrario, el comprador tendrá derecho a la devolución de lo que haya pagado y a la indemnización de perjuicios.

NOTA: La controversia mencionada en el segundo inciso de esta norma se resuelve actualmente mediante el procedimiento verbal sumario, de conformidad con el artículo 390 del C.G.P.

Ventas de géneros

Art. 914. En las compras de géneros que no se tengan a la vista ni puedan clasificarse por una calidad determinada y conocida en el comercio, o determinada en el contrato, bastará que el vendedor los entregue sanos y de mediana calidad, y si el comprador alega que no son de recibo, la controversia y sus efectos estarán sometidos a las mismas reglas establecidas en el artículo anterior.

NOTA: La controversia mencionada en esta norma se resuelve actualmente mediante el procedimiento verbal sumario, de conformidad con el artículo 390 del C.G.P.

Entrega en lugar determinado

Art. 915. De modo general, cuando el vendedor se obligare a entregar la cosa al comprador en un lugar determinado, el contrato estará sujeto a la condición suspensiva de que ella sea entregada completa, sana y salva al comprador.

Diferencias sobre especie o calidad convenida

Art. 916. Cuando el comprador, al recibir la cosa, alegue no ser ésta de la especie o calidad convenida, o no ser de recibo, la diferencia se someterá al procedimiento verbal con intervención de peritos.

NOTA: La controversia mencionada en esta norma se resuelve actualmente mediante el procedimiento verbal sumario, de conformidad con el artículo 390 del C.G.P.

Venta de cosa futura

Art. 917. La venta de cosa futura sólo quedará perfecta en el momento en que exista, salvo que se exprese lo contrario o que de la naturaleza del contrato parezca que se compra el alea.

Si la cosa llegare a tener únicamente existencia parcial podrá el comprador desistir del contrato o perseverar en él a justa tasación.

Venta de cuerpo cierto

Art. 918. La compra de un «cuerpo cierto» que al tiempo de perfeccionarse el contrato se supone existente y no existe, no producirá efecto alguno, salvo que las partes tomen como objeto del contrato el alea de su existencia y el vendedor ignore su pérdida.

Si falta una parte considerable de la cosa al tiempo de perfeccionarse el contrato, podrá el comprador desistir del mismo o darlo por subsistente abonando el precio a justa tasación de expertos o peritos.

El que venda a sabiendas lo que en todo o en parte no exista, resarcirá los perjuicios al comprador de buena fe.

NOTA: La tasación de peritos mencionada en esta norma se resuelve actualmente mediante el procedimiento verbal sumario, de conformidad con el artículo 390 del C.G.P.

Propiedad sobre los frutos

Art. 919. Los frutos naturales pendientes al tiempo de la entrega, y todos los frutos, tanto naturales como civiles que después produzca la cosa, pertenecerán al comprador de buena fe exenta de culpa.

Conc. *C.C., arts. 714 a 718.*

CAPÍTULO III
EL PRECIO

Precio como requisito esencial

Art. 920. No habrá compraventa si los contratantes no convienen en el precio o en la manera de determinarlo. Pero si el comprador recibe la cosa, se presumirá que las partes aceptan el precio medio que tenga en el día y lugar de la entrega.

El precio irrisorio se tendrá por no pactado.

Determinación del precio

Art. 921. Cuando las partes para la determinación del precio se remitan al que tenga la cosa en ferias, mercados públicos de valores y otros establecimientos análogos, o estipulen como precio el corriente de plaza se tomará el precio medio que la cosa tenga en la fecha y lugar de la celebración del contrato.

Conc. *C.C., arts. 1864, 1865.*

CAPÍTULO IV
OBLIGACIONES DEL VENDEDOR

Tradición de inmuebles

Art. 922. La tradición del dominio de los bienes raíces requerirá además de la inscripción del título en la correspondiente oficina de registro de instrumentos públicos, la entrega material de la cosa.

Parágrafo. *Subrogado por la Ley 769 de 2002, art. 47.* La tradición del dominio de los vehículos automotores requerirá, además de su entrega material, su inscripción en el organismo de tránsito correspondiente, quien lo reportará en el Registro Nacional Automotor en un término no superior a quince (15) días. La inscripción ante el organismo de tránsito deberá hacerse dentro de los sesenta (60) días hábiles siguientes a la adquisición del vehículo.

Si el derecho de dominio sobre el vehículo hubiere sido afectado por una medida preventiva decretada entre su enajenación y la inscripción de la misma en el organismo de tránsito correspondiente, el comprador o el tercero de buena fe podrá solicitar su levantamiento a la autoridad que la hubiere ordenado, acreditando la realización de la transacción con anterioridad a la fecha de la medida cautelar.

Conc. *C.C., art. 1880; C.G.P., art. 378; C.N.T., art. 47.*

Modos de entrega

Art. 923. La entrega de la cosa se entenderá verificada:

1) Por la transmisión del conocimiento de embarque, carta de porte o factura, durante el transporte de las mercaderías por tierra, mar y aire;

2) Por la fijación que haga el comprador de su marca en las mercaderías compradas, con conocimiento y aquiescencia del vendedor;

3) Por la expedición que haga el vendedor de las mercaderías al domicilio del comprador o a cualquier otro lugar convenido, sin perjuicio de los dispuesto en el artículo 915.

La expedición no implicará entrega cuando sea efectuada sin ánimo de transferir la propiedad, como cuando el vendedor ha remitido las mercaderías a un consignatario, con orden de no entregarlas hasta que el comprador pague el precio o dé garantías suficientes, y

4) Por cualquier otro medio autorizado por la ley o la costumbre mercantil.

Conc. *Arts. 767, 772, 915.*

Términos para la entrega

Art. 924. El vendedor deberá hacer la entrega de la cosa dentro del plazo estipulado. A falta de estipulación deberá entregarla dentro de las veinticuatro horas siguientes al perfeccionamiento del contrato, salvo que de la naturaleza del mismo o de la forma como deba hacerse la entrega se desprenda que para verificarla se requiere un plazo mayor.

Indemnización por tradición inválida

Art. 925. El comprador tendrá derecho a exigir el pago de perjuicios por el incumplimiento del vendedor a su obligación de hacerle tradición válida, sin necesidad de instaurar previamente cualquiera de las acciones consagradas en el artículo 1546 del Código Civil y de este libro.

Conc. *Art. 870.*

Hechos que permiten no entregar sin pago o garantía

Art. 926. Si después del contrato hubiere menguado considerablemente la fortuna del comprador, de modo que el vendedor se halle en peligro inminente de perder el precio, no se podrá exigir la entrega, aunque se haya estipulado plazo para el pago del precio, sino pagando o asegurando el pago.

Conc. *Art. 873.*

Entrega parcial

Art. 927. En los contratos en que se pacte la entrega de una cantidad determinada de mercaderías a un plazo fijo, no estará obligado el comprador a recibir una parte, ni aún en el caso de que el vendedor le prometa entregar el resto; pero si acepta la entrega parcial, quedará consumada la venta en cuanto a los géneros recibidos, salvo el derecho del comprador a exigir el cumplimiento del resto del contrato o la resolución de la parte de éste no cumplida, previo requerimiento al deudor.

Conc. *Art. 870.*

Pago efectivo

Art. 928. El vendedor estará obligado a entregar lo que reza el contrato, con todos sus accesorios, en las mismas condiciones que tenía al momento de perfeccionarse; y si la cosa vendida es un cuerpo cierto, estará obligado a conservarla hasta su entrega so pena de indemnizar los perjuicios al comprador, salvo que la pérdida o deterioro se deban a fuerza mayor o caso fortuito, cuya prueba corresponderá al vendedor.

Riesgos comerciales

Art. 929. En la venta de un «cuerpo cierto», el riesgo de la pérdida por fuerza mayor o caso fortuito ocurrido antes de su entrega, corresponderá al vendedor, salvo que el comprador se constituya en mora de recibirlo y que la fuerza mayor o el caso fortuito no lo hubiera destruido sin la mora del comprador. En este último caso, deberá el comprador el precio íntegro de la cosa.

Pérdida fortuita no imputable al vendedor

Art. 930. Si la falta de entrega procediere de la pérdida fortuita de las mercaderías vendidas, por causa no imputable al vendedor, el contrato quedará resuelto de derecho y el vendedor libre de toda responsabilidad.

Garantía

Art. 931. Salvo prueba en contrario, se presumirá que el comprador quiere adquirir la cosa sana, completa y libre de gravámenes, desmembraciones y limitaciones del dominio.

Si el comprador, dentro de los cuatro días siguientes a la entrega o dentro del plazo estipulado en el contrato, alega que la cosa presenta defectos de calidad o cantidad, la controversia se someterá a la decisión de peritos; éstos dictaminarán sobre si los defectos de la cosa afectan notablemente su calidad o la hacen desmerecer en forma tal que no sea de recibo o lo sea a un precio inferior. En este caso, el comprador tendrá derecho a la devolución del precio que haya pagado y el vendedor se hará de nuevo cargo de la cosa, sin perjuicio de la indemnización a que esté obligado por el incumplimiento. El juez, por procedimiento verbal proveerá sobre estos extremos.

Pero si el comprador lo quiere, podrá perseverar en el contrato al precio fijado por los peritos.

NOTA: La controversia mencionada en esta norma se resuelve actualmente mediante el procedimiento verbal sumario, de conformidad con el artículo 390 del C.G.P.

Garantía de buen funcionamiento

Art. 932. Si el vendedor garantiza por tiempo determinado el buen funcionamiento de la cosa vendida, el comprador deberá reclamar al vendedor por cualquier defecto de funcionamiento que se presente durante el término de la garantía, dentro de los treinta días siguientes a aquel en que lo haya descubierto, so pena de caducidad.

El vendedor deberá indemnizar los perjuicios causados por cualquier defecto de funcionamiento que sea reclamado oportunamente por el comprador.

La garantía sin determinación de plazo expirará al término de dos años, contados a partir de la fecha del contrato.

Conc. *Arts. 958; Ley 1480 de 2011, arts. 7º y ss.*

Presunción de venta con garantía

Art. 933. Se presumen vendidas con garantía las cosas que se acostumbra vender de este modo.

Vicios o defectos ocultos

Art. 934. Si la cosa vendida presenta, con posterioridad a su entrega vicios o defectos ocultos cuya causa sea anterior al contrato, ignorados sin culpa por el comprador, que hagan la cosa impropia para su natural destinación o para el fin previsto en el contrato, el comprador tendrá derecho a pedir la resolución del mismo o la rebaja del precio a justa tasación. Si el comprador opta por la resolución, deberá restituir la cosa al vendedor.

En uno u otro caso habrá lugar a indemnización de perjuicios por parte del vendedor, si éste conocía o debía conocer al tiempo del contrato el vicio o el defecto de la cosa vendida.

Conc. C.C., arts. 1914 y 1917.

Carga de la prueba

Art. 935. Corresponderá al vendedor la prueba de que el comprador conocía o debía conocer el mal estado de la cosa vendida al momento del contrato. Para establecer si hay culpa del comprador se tendrá en cuenta la costumbre.

Nulidad de estipulaciones sobre vicios ocultos

Art. 936. Será absolutamente nula toda estipulación que excluya o limite la garantía por vicios ocultos, cuando el vendedor los haya callado de mala fe al comprador.

Pérdida de la cosa por el vicio

Art. 937. Si la cosa perece a consecuencia del vicio, no por ello dejará de tener derecho el comprador a la resolución del contrato. Más si perece por fuerza mayor o caso fortuito, por culpa del comprador o porque éste enajene o transforme dicha cosa, sólo habrá lugar a la rebaja del precio a justa tasación.

Prescripción de acciones

Art. 938. La acción prevista en los artículos 934 y 937 prescribirá en seis meses, contados a partir de la entrega.

Reclamos posteriores a la entrega

Art. 939. Entregadas las mercaderías vendidas, el comprador no será oído sobre defectos de calidad o faltas de cantidad toda vez que las haya examinado al tiempo de la entrega y recibido sin previa protesta.

El vendedor tendrá derecho a exigir del comprador el inmediato reconocimiento o el recibo que acredite la entrega de la cosa a satisfacción, y si el comprador no hace reserva de su facultad de protestar o de examinar posteriormente la cosa, se estará a lo dispuesto en el inciso primero de este artículo.

Evicción

Art. 940. Cuando el comprador, al recibir la cosa, alega no ser ésta de la especie o calidad convenida, o no ser de recibo, la diferencia se someterá a la decisión de expertos como se previene en el artículo 913, inciso segundo.

Cuando sin culpa de su parte y por causa anterior a la venta sea el comprador evicto totalmente de la cosa, tendrá derecho a la restitución del precio pagado y a la plena indemnización de perjuicios.

Si la evicción fuere parcial y de tanta importancia que pueda deducirse que en tales condiciones no habría comprado, podrá a su arbitrio el comprador ejercer la acción que le concede el inciso anterior o perseverar en el contrato mediante rebaja de la parte proporcional del precio o de indemnización de los perjuicios que la evicción parcial le hubiere causado.

Conc. *Art. 1894.*

NOTA: La controversia mencionada en el primer inciso de esta norma se resuelve actualmente mediante el procedimiento verbal sumario, de conformidad con el artículo 390 del C.G.P.

Acciones por evicción

Art. 941. Las acciones concedidas por el artículo anterior son extensivas al comprador que deba pagar a terceros con legítimo derecho el precio de la cosa, en todo o en parte, o purgarla en igual forma de gravámenes desmembraciones o limitaciones del dominio. Tales acciones prescribirán en dos años contados a partir del momento en que el comprador restituye la cosa, pague el precio o purgue el gravamen, desmembraciones o limitación del dominio, y se tramitarán como incidente o por el juicio abreviado a elección del demandante.

NOTA: El trámite del juicio abreviado, actualmente debe entenderse surtido a través del procedimiento verbal, según lo establece el C.G.P.

Derechos del comprador en caso de resolución

Art. 942. En caso de resolución de una compraventa por incumplimiento del vendedor, el comprador tendrá derecho a que se le pague el interés legal comercial sobre la parte pagada del precio o a retener los frutos de la cosa en proporción a dicha parte, sin menoscabo de la correspondiente indemnización de perjuicios.

Conc. *Art. 870.*

CAPÍTULO V
OBLIGACIONES DEL COMPRADOR

Recibir

Art. 943. El comprador estará obligado a recibir la cosa en el lugar y el tiempo estipulados y, en su defecto, en el lugar y en el tiempo fijados por la ley para la entrega, so pena de indemnizar al vendedor los perjuicios causados por la mora.

Factura

Art. 944. El comprador tiene derecho a exigir del vendedor la formación y entrega de una factura de las mercaderías vendidas con indicación del precio y de su pago total o de la parte que hubiere sido cancelada. No reclamándose contra el contenido de la factura, dentro de los tres días siguientes a la entrega de ella, se tendrá por irrevocablemente aceptada.

Conc. *Ley 962 de 2005, art. 26; Ley 962 de 2005, art. 26.; E.T., art. 616-1; Ley 527 de 1999, art. 6º.*

NOTA: Para que la factura sea título valor debe cumplir con los requisitos establecidos por la Ley 1231 de 2008, art. 3º.

Consecuencias por negativa a recibir

Art. 945. Si el comprador se niega a recibir la cosa vendida alegando que ella presenta defectos o vicios ignorados al momento del contrato, o que dicha cosa ha sufrido con posterioridad, pérdidas, averías o daños, de que sea responsable el vendedor, el asunto se decidirá como lo previene el artículo 941.

Demanda de restitución e indemnización

Art. 946. Cuando el vendedor demande la restitución de la cosa y la indemnización de perjuicios, tendrá derecho a la reparación de todos los que se le hayan causado y no sólo al interés moratorio del precio no pagado.

Pago del precio

Art. 947. El comprador deberá pagar el precio en el plazo estipulado o, en su defecto, al momento de recibir la cosa.

Mora en el pago del precio

Art. 948. En caso de mora del comprador en el pago del precio tendrá derecho el vendedor a la inmediata restitución de la cosa vendida, si el comprador la tuviere en su poder y no pagare o asegurare el pago a satisfacción del vendedor.

La solicitud del vendedor se tramitará como los juicios de tenencia, pero podrá solicitarse el embargo o secuestro preventivos de la cosa.

Cuando el vendedor obtenga que se decrete la restitución de la cosa tendrá derecho el comprador a que previamente se le reembolse la parte pagada del precio, deducido el valor de la indemnización o pena que se haya estipulado, o la que en defecto de estipulación fije el juez al ordenar la restitución.

Conc. *Art. 867.*

Estipulaciones asimiladas a cláusula penal

Art. 949. Cuando se estipule que el comprador, en caso de incumplimiento, pierda la parte pagada del precio por concepto de perjuicios, pena u otro semejante, se entenderá que las partes han pactado una cláusula penal, sujeta a la regulación prevista en el artículo 867.

Conc. *Art. 867.*

Otros derechos del vendedor

Art. 950. En caso de incumplimiento del comprador, el vendedor tendrá derecho a una justa retribución por el uso que el comprador haya hecho de la cosa y a la restitución de los frutos en proporción a la parte no pagada del precio, sin menoscabo de la correspondiente indemnización de perjuicios.

CAPÍTULO VI
VENTA CON PLAZO PARA EL PAGO DEL PRECIO Y CON RESERVA DEL DOMINIO

Garantía del pago

Art. 951. En el contrato de compraventa de una cosa corporal mueble singularizable e identificable y no fungible, cuyo precio deba pagarse en todo o en parte a plazo, el pago podrá garantizarse con prenda de la cosa vendida pero conservando el comprador la tenencia de ella.

Estos contratos se regirán por las normas del capítulo II, del título IX de este libro, sin perjuicio de lo dispuesto en los artículos 948 y 949.

Conc. *Ley 1480 de 2011, art. 82; Ley 1676 de 2013, arts. 3º, 21, 82.*

NOTA: La prenda indicada por este artículo debe entenderse como garantía mobiliaria, según lo dispuesto en la Ley 1676 de 2013.

Pacto de reserva del dominio

Art. 952. El vendedor podrá reservarse el dominio de la cosa vendida, mueble o inmueble, hasta que el comprador haya pagado la totalidad del precio.

El comprador sólo adquirirá la propiedad de la cosa con el pago de la última cuota del precio, cuando éste deba pagarse por instalamentos; pero tendrá derecho al reembolso de la parte pagada, como se dispone en los artículos 948 y 949 en caso de que el vendedor obtenga la restitución de la cosa.

Los riesgos de ésta pesarán sobre el comprador a partir de su entrega material.

Conc. *Ley 1676 de 2013, arts. 3º, 21, 82.*

NOTA: La venta con reserva de dominio indicada por este artículo debe entenderse como garantía mobiliaria, según lo dispuesto en la Ley 1676 de 2013.

Efectos frente a terceros

Art. 953. La reserva del dominio de inmuebles sólo producirá efectos en relación con terceros a partir de la fecha de inscripción del respectivo contrato en la oficina de registro de instrumentos públicos y privados.

La reserva del dominio de muebles singularizables e identificables y no fungibles, sólo producirá efectos en relación con terceros partir de su inscripción en el registro mercantil correspondiente al lugar en que deban permanecer dichos bienes; pero el registro de la reserva del dominio de automotores se regirá, para los mismos efectos, por las normas que regulan la materia.

Conc. *Ley 1676 de 2013, arts. 3º, 21, 82.*

NOTA: El segundo inciso de este artículo se entiende subrogado por la Ley 1676 de 2013, por cuanto el perfeccionamiento de este negocio requiere la inscripción en el registro de garantías mobiliarias y cumplir con las formalidades en ella establecidas.

Cosas que no pueden venderse con reserva

Art. 954. No podrán ser objeto de venta con reserva del dominio las cosas muebles destinadas especialmente a la reventa. Tampoco podrán serlo con independencia del predio a que acceden, las cosas que de manera constante forman parte integrante de un inmueble y no puedan separarse sin grave daño de éste.

Prohibición de cambiar el lugar de la cosa

Art. 955. El comprador no podrá, sin el consentimiento del vendedor cambiar el sitio de ubicación de la cosa ni hacer uso anormal de ella.

Notificaciones al vendedor

Art. 956. El comprador deberá notificar al vendedor cualquier cambio de domicilio o residencia, dentro de los diez días siguientes a la fecha en que se realice. Así mismo deberá participarle toda medida preventiva o de ejecución que se le intente sobre las cosas vendidas bajo reserva del dominio, tan pronto como haya tenido conocimiento de ello. La falta de cumplimiento de cualquiera de estos deberes, dará derecho al vendedor a pedir la ejecución inmediata de la obligación con arreglo a las prescripciones del presente Código.

Conc. *Ley 1676 de 2013, art. 18.*

Prohibición de disponer

Art. 957. El comprador no puede realizar actos de disposición sobre la cosa mueble adquirida con reserva del dominio, mientras dure dicha reserva, salvo autorización expresa del propietario. Si los realizare, éste podrá reivindicar del tercero la cosa o demandar del comprador el pago inmediato de la totalidad del precio de venta. Además, será sancionado dicho comprador como reo del delito previsto en el artículo 412 del Código Penal.

Conc. *Ley 1676 de 2013, art. 18.*

NOTA: El artículo 412 mencionado en esta norma corresponde actualmente al 249 del Código Penal vigente.

Garantía de repuestos y servicios

Art. 958. Sin perjuicio de una eventual garantía convencional de buen funcionamiento el vendedor responderá durante la vigencia del pacto de reserva, de la existencia en el mercado de los repuestos y de los servicios técnicos y de mantenimiento requeridos.

Conc. *Art. 932.*

Prueba de la tradición

Art. 959. Cuando por razón del pago u otra causa lícita quede adquirida por el comprador la propiedad de la cosa vendida, el vendedor deberá otorgarle la constancia del caso. A falta de esta constancia el último recibo o comprobante de pago surtirá sus efectos.

Conc. *Art. 877.*

Adquisición de cosas vendidas bajo reserva del dominio

Art. 960. Quien de buena fe exenta de culpa adquiera en feria o mercado, en venta pública o en remate judicial, cosas que hayan sido vendidas bajo reserva del dominio, sólo estará obligado a devolverlas cuando le sean reembolsados los gastos que haya hecho en la adquisición.

Conc. *Art. 835.*

Subrogación real

Art. 961. Si la cosa vendida bajo reserva del dominio está asegurada, las cantidades debidas por los aseguradores se subrogarán a dicha cosa para hacer efectiva la obligación del comprador.

Conc. *Art. 1101.*

Mora en el pago de las cuotas

Art. 962. Cuando el precio de la venta bajo reserva del dominio se haya pactado para pagarse por medio de cuotas, la falta de pago de uno o más instalamentos que no excedan en su conjunto de la octava parte del precio total de la cosa, sólo dará lugar al cobro de la cuota o cuotas insolutas y de los intereses moratorios, conservando el comprador el beneficio del término con respecto a las cuotas sucesivas, sin perjuicio de lo dispuesto en el artículo 966.

Toda estipulación en contrario se tendrá por no escrita.

Conc. *Art. 897; Ley 45 de 1990, art. 60.*

Mayor valor de la cosa por mora del comprador

Art. 963. El aumento del valor adquirido por la cosa quedará en provecho del vendedor, cuando la restitución se deba a incumplimiento del comprador.

Oposición del vendedor al embargo

Art. 964. El vendedor puede oponerse el embargo de la cosa vendida bajo reserva del dominio, decretado a instancia de los acreedores del comprador o de un tercero, presentando el contrato de venta que llene los requisitos previstos en el artículo 953 de este Código.

Oposición del comprador al embargo

Art. 965. Podrá oponerse el comprador al embargo de la cosa, decretado a instancia de los acreedores del vendedor o de un tercero, presentando el contrato de que trata el artículo anterior. Pero, en su caso, al admitir el juez la oposición, decretará el embargo del crédito a favor del vendedor y prevendrá al comprador sobre la forma como deba efectuar el pago de las cuotas insolutas.

Recuperación de la cosa por el comprador por incumplimiento del vendedor

Art. 966. En caso de incumplimiento del comprador a sus obligaciones podrá el vendedor acudir a la acción judicial consagrada en el artículo 948, pero el comprador podrá recuperar la cosa dentro de los tres meses siguientes a la restitución, pagando la totalidad de los instalamentos exigibles, con sus intereses, si el vendedor no la hubiere enajenado o de cualquier otro modo dispuesto de ella.

Obligación de cancelar la inscripción

Art. 967. Pagada la totalidad del precio, tendrá derecho el comprador a que se cancele la inscripción de que trata el artículo 953 y a la indemnización de perjuicios si el vendedor no cumple esta obligación.

En este caso, podrá acudir el comprador a la acción consagrada en la Ley 66 de 1945 para obtener la cancelación, y al procedimiento de que trata el artículo 941 de este Código, para la indemnización de perjuicios.

Conc. *Ley 1676 de 2013, arts. 3º, 21, 82.*

NOTA 1: La Ley 66 de 1945 fue derogada por el extinto C.P.C. En esta medida, la remisión corresponde a los artículos 433 y 460 del C.G.P.

NOTA 2: La cancelación indicada en el segundo inciso de este artículo se debe realizar en el registro de garantías mobiliarias.

TÍTULO III
DEL CONTRATO DE SUMINISTRO

Definición

Art. 968. El suministro es el contrato por el cual una parte se obliga, a cambio de una contraprestación, a cumplir en favor de otra, en forma independiente, prestaciones periódicas o continuadas de cosas o servicios.

Cuantía

Art. 969. Para establecer la cuantía del suministro si las partes no lo hubieren fijado en cantidad determinada o señalado las bases para determinarla, se aplicarán las siguientes reglas:

1) Si las partes han fijado un límite máximo y uno mínimo para el total del suministro o para cada prestación, corresponderá al consumidor determinar, dentro de tales límites, la cuantía del suministro;

2) Si las partes han fijado solamente un límite máximo corresponderá al consumidor determinar la cuantía, sin exceder dicho máximo;

3) Si las partes se remiten a la capacidad de consumo o a las necesidades ordinarias y señalan un mínimo, el consumidor podrá exigir las cantidades que su capacidad de consumo u ordinarias necesidades le impongan, pero estará obligado a recibir el mínimo fijado. Por su parte el proveedor deberá prestar dichas cantidades o el mínimo, según el caso, y

4) Cuando la cuantía del suministro no haya sido determinada, se entenderá que las partes han pactado aquella que corresponda al ordinario consumo o a las normales necesidades del consumidor, salvo la existencia de costumbre en contrario.

Parágrafo. La capacidad o la necesidad ordinarias de consumo serán las existentes en el momento de efectuarse el pedido.

Fijación del precio

Art. 970. Si las partes no señalan el precio del suministro, en el todo o para cada prestación, o no fijan en el contrato la manera de determinarlo sin acudir a un nuevo acuerdo de voluntades, se presumirá que aceptan el precio medio que las cosas o servicios suministrados tengan en el lugar y el día del cumplimiento de cada prestación, o en el domicilio del consumidor, si las partes se encuentran en lugares distintos. En caso de mora del proveedor, se tomará el precio del día en que haya debido cumplirse la prestación.

Si las partes señalan precio para una prestación, se presumirá que convienen igual precio para las demás de la misma especie.

Pago del precio

Art. 971. Si el suministro es de carácter periódico, el precio correspondiente se deberá por cada prestación y en proporción a su cuantía, y deberá pagarse en el acto, salvo acuerdo en contrario de las partes.

Si el suministro es de carácter continuo, el precio deberá pagarse de conformidad con la costumbre, si las partes nada acuerdan sobre el particular. El suministro diario se tendrá por continuo.

Plazo de las prestaciones

Art. 972. Si las partes fijan el plazo para cada prestación no podrá ser variado por voluntad de una sola.

Cuando se deje a una de las partes el señalamiento de la época en que cada prestación debe efectuarse, estará obligada a dar preaviso prudencial a la otra de la fecha en que debe cumplirse la correspondiente prestación.

Si las partes tuvieren diferencias sobre la oportunidad del preaviso, el caso se decidirá por el procedimiento verbal, con intervención de peritos.

Conc. *Art. 870.*

NOTA: La controversia mencionada en esta norma se resuelve actualmente mediante el procedimiento verbal sumario, de conformidad con el artículo 390 del C.G.P.

Consecuencias del incumplimiento

Art. 973. El incumplimiento de una de las partes relativo a alguna de las prestaciones, conferirá derecho a la otra para dar por terminado el contrato, cuando ese incumplimiento le haya ocasionado perjuicios graves o tenga cierta importancia, capaz por sí solo de mermar la confianza de esa parte en la exactitud de la otra para hacer los suministros sucesivos.

En ningún caso el que efectúa el suministro podrá poner fin al mismo, sin dar aviso al consumidor como se prevé en el artículo precedente.

Lo dispuesto en este artículo no priva al contratante perjudicado por incumplimiento del otro de su derecho a pedir la indemnización de perjuicios a justa tasación.

Conc. *Art. 870.*

Pacto de preferencia

Art. 974. El pacto por el cual la parte que percibe el suministro se obliga a preferir al proveedor para concluir un contrato posterior sobre el mismo objeto, se sujetará a lo dispuesto en el artículo 862.

La preferencia puede también pactarse en favor de la parte que percibe el suministro.

Conc. *Art. 862.*

Art. 975 y 976. *Derogados por la Ley 256 de 1996, art. 33.*

Vigencia del contrato

Art. 977. Si no se hubiere estipulado la duración del suministro, cualquiera de las partes podrá dar por terminado el contrato, dando a la otra preaviso en el término pactado o en el establecido por la costumbre o, en su defecto, con una anticipación acorde con la naturaleza del suministro.

Conc. *Ley 1480 de 2011, arts. 5º, 41.*

NOTA: El Estatuto del Consumidor prevé la prórroga automática del contrato de suministro y las cláusulas de permanencia mínima, en los artículos 5º y 41.

Prestación regulada por el Gobierno

Art. 978. Cuando la prestación que es objeto del suministro esté regulada por el Gobierno, el precio y las condiciones del contrato se sujetarán a los respectivos reglamentos.

Servicios públicos o monopolios

Art. 979. Las personas que presten servicios públicos o tengan un monopolio de hecho o de derecho no podrán suspender el suministro a los consumidores que no estén en mora, ni aún con preaviso, sin autorización del Gobierno.

Conc. *C.N., arts. 336, 365; Ley 142 de 1994.*

Remisión normativa

Art. 980. Se aplicarán al suministro, en cuanto sean compatibles con las disposiciones precedentes las reglas que regulan los contratos a que correspondan las prestaciones aisladas.

TÍTULO IV
DEL CONTRATO DE TRANSPORTE

CAPÍTULO I
DISPOSICIONES GENERALES

Definición y perfeccionamiento

Art. 981. Modificado por el Decreto 1 de 1990, art. 1°. El transporte es un contrato por medio del cual una de las partes, se obliga para con la otra, a cambio de un precio, a conducir de un lugar a otro, por determinado medio y en el plazo fijado, personas o cosas y a entregar éstas al destinatario.

El contrato de transporte se perfecciona por el solo acuerdo de las partes y se prueba conforme a las reglas legales.

En el evento en que el contrato o alguna de sus cláusulas sea ineficaz y se hayan ejecutado prestaciones, se podrá solicitar la intervención del juez a fin de que impida que una parte se enriquezca a expensas de la otra.

Obligaciones del transportador

Art. 982. Modificado por el Decreto 1 de 1990, art. 2°. El transportador estará obligado, dentro del término, por el modo de transporte y la clase de vehículos previstos en el contrato y, en defecto de estipulación, conforme a los horarios, itinerarios y demás normas contenidas en los reglamentos oficiales, en un término prudencial y por una vía razonablemente directa.

1) En el transporte de cosas a recibirlas, conducirlas y entregarlas en el estado en que las reciba, las cuales se presumen en buen estado, salvo constancia en contrario,

2) En el transporte de personas a conducirlas sanas y salvas al lugar de destino.

Las empresas de transporte son de servicio público o de servicio particular

Art. 983. Modificado por el Decreto 1 de 1990, art. 3°. El Gobierno fijará las características de las empresas de servicio público y reglamentará las condiciones de su creación y funcionamiento. Las empresas de servicio público someterán sus reglamentos a la aprobación oficial y, si no prestan el servicio en vehículos de su propiedad, celebrarán con los dueños de éstos el respectivo contrato de vinculación, conforme a las normas reglamentarias del transporte.

Parágrafo. *Derogado por la Ley 336 de 1996, art. 10.*

Encargo a terceros

Art. 984. Modificado por el Decreto 1 de 1990, art. 4°. Salvo lo dispuesto en normas especiales, el transporte deberá ser contratado con transportadores autorizados, quienes podrán encargar la conducción, en todo o en parte a terceros, pero bajo su responsabilidad, y sin que por ello se entiendan modificadas las condiciones del contrato.

La infracción a lo dispuesto en este artículo dará lugar a la imposición de las sanciones administrativas pertinentes.

Transporte combinado

Art. 985. Modificado por el Decreto 1 de 1990, art. 5°. Se considera transporte combinado aquel en que existiendo un único contrato de transporte, la conducción es realizada en forma sucesiva por varias empresas transportadoras, por más de un modo de transporte. Su contratación podrá llevarse a cabo de las siguientes formas:

1) Contratando el remitente con una de las empresas transportadoras que lo realicen, la cual será transportador efectivo en relación con el transporte que materialmente lleve a cabo por sí misma, y actuará como comisionista de transporte con las demás empresas.

2) Mediante la actuación de un comisionista de transporte que contrate conjunta o individualmente con las distintas empresas transportadoras.

3) Contratando el remitente conjuntamente con las distintas empresas transportadoras.

En el transporte combinado, a cada modo de transporte se le aplicarán las normas que lo regulen.

Responsabilidad cuando intervienen varios transportadores

Art. 986. Modificado por el Decreto 1 de 1990, art. 6°. Cuando varios transportadores intervengan sucesivamente en la ejecución de un único contrato de transporte, por uno o varios modos o se emita billete, carta de porte, conocimiento de embarque o remesa terrestre de carga, únicos o directos, se observarán las siguientes reglas:

1) Los transportadores que intervengan serán solidariamente responsables del cumplimiento del contrato en su integridad, como si cada uno de ellos lo hubiere ejecutado.

2) Cada uno de los transportadores intermedios será responsable de los daños ocurridos durante el recorrido a su cuidado, sin perjuicio de lo previsto en la regla anterior.

3) Cualquiera de los transportadores que indemnice el daño de que sea responsable otro transportador, se subrogará en las acciones que contra éste existan por causa de tal daño, y

4) Si no pudiere determinarse el trayecto en el cual hayan ocurrido los daños, el transportador que los pague tendrá acción contra cada uno de los transportadores obligados al pago en proporción al recorrido a cargo de cada cual, repartiéndose entre los responsables y en la misma proporción la cuota correspondiente al transportador insolvente.

Parágrafo. Para los efectos de este artículo, cada transportador podrá exigir del siguiente, la constancia de haber cumplido a cabalidad las obligaciones derivadas del contrato. La expedición de dicha constancia, sin observación alguna, hará presumir tal cumplimiento.

Transporte multimodal

Art. 987. Modificado por el Decreto 1 de 1990, art. 7°. En el transporte multimodal la conducción de mercancías se efectuará por dos o más modos de transporte, desde un lugar en el que el operador de transporte multimodal las toma bajo su custodia o responsabilidad hasta otro lugar designado para su entrega al destinatario, en virtud de un contrato único de transporte.

Se entiende por operador de transporte multimodal toda persona que, por sí o por medio de otra que obre en su nombre, celebra un contrato de transporte multimodal y actúa como principal, no como agente o por cuenta del remitente o de los transportadores que participan en las operaciones, y asume la responsabilidad del cumplimiento del contrato.

Cuando dicha conducción de mercancías ocurra entre dos o más países, será transporte multimodal internacional.

Para el transporte multimodal se aplicará lo que sobre el particular se disponga en este código o en los reglamentos y en lo no reglado se estará a la costumbre.

Representación del último transportador

Art. 988. Modificado por el Decreto 1 de 1990, art. 8º. Salvo estipulación en contrario, el último transportador representará a los demás para cobrar las prestaciones respectivas derivadas del contrato, para ejercer el derecho de retención y los privilegios que por el mismo les correspondan.

Si omitiere realizar los actos necesarios para el cobro o para el ejercicio de esos privilegios, responderá de las cantidades debidas a los demás transportadores quedando a salvo el derecho de éstos para dirigirse directamente contra el destinatario o remitente.

Obligación del transportador

Art. 989. El transportador estará obligado a conducir las personas o las cosas cuyo transporte se le solicita, siempre que lo permitan los medios ordinarios de que disponga y que se cumplan las condiciones normales y de régimen interno de la empresa, de conformidad con los reglamentos oficiales.

Conc. *Art. 982.*

Orden de ejecución de los contratos

Art. 990. Los contratos de transporte deberán ejecutarse en el orden en que se hayan celebrado. Si no puede establecerse dicho orden o en caso de solicitudes simultáneas de transporte, se estará a lo que dispongan los reglamentos oficiales.

Responsabilidad solidaria del propietario del vehículo

Art. 991. Modificado por el Decreto 1 de 1990, art. 9º. Cuando la empresa de servicio público no sea propietaria o arrendataria del vehículo en que se efectúa el transporte, o no lo tenga a otro título el control efectivo de dicho vehículo, el propietario de éste, la empresa que contrate y la que conduzca, responderán solidariamente del cumplimiento de las obligaciones que surjan del contrato de transporte.

La empresa tiene el control efectivo del vehículo cuando lo administra con facultad de utilizarlo y designar el personal que lo opera, directamente y sin intervención del propietario.

Exoneración de responsabilidad del transportador

Art. 992. Modificado por el Decreto 1 de 1990, art. 10. El transportador sólo podrá exonerarse, total o parcialmente, de su responsabilidad por la inejecución o por la ejecución defectuosa o tardía de sus obligaciones, si prueba que la causa del daño le fue extraña o que en su caso, se debió a vicio propio o inherente de la cosa transportada, y además que adoptó todas las medidas razonables que hubiere tomado un transportador según las exigencias de la profesión para evitar el perjuicio o su agravación.

Las violaciones a los reglamentos oficiales o de la empresa, se tendrán como culpa, cuando el incumplimiento haya causado o agravado el riesgo.

Las cláusulas del contrato que impliquen la exoneración total o parcial por parte del transportador de sus obligaciones o responsabilidades, no producirán efectos.

Conc. *Art. 897.*

Prescripción de acciones

Art. 993. Modificado por el Decreto 1 de 1990, art. 11. Las acciones directas o indirectas provenientes del contrato de transporte prescriben en dos años.

El término de prescripción correrá desde el día en que haya concluido o debido concluir la obligación de conducción.

Este término no puede ser modificado por las partes.

Obligación de asegurar

Art. 994. Modificado por el Decreto 1 de 1990, art. 12. Cuando el Gobierno lo exija, el transportador deberá tomar por cuenta propia o por cuenta del pasajero o del propietario de la carga un seguro que cubra a las personas y las cosas transportadas contra los riesgos inherentes al transporte.

El transportador no podrá constituirse en asegurador de su propio riesgo o responsabilidad.

El Gobierno reglamentará los requisitos, condiciones, amparos y cuantías del seguro previsto en este artículo, el cual será otorgado por entidades aseguradoras, cooperativas de seguros y compañías de seguros, legalmente establecidas.

Transporte gratuito y de trabajadores

Art. 995. El transporte benévolo o gratuito no se tendrá como contrato mercantil sino cuando sea accesorio de un acto de comercio.

El servicio de transporte prestado por un patrono a sus trabajadores con sus propios equipos será considerado como accesorio del contrato de trabajo.

Suministro de transporte

Art. 996. Cuando el transporte se pacte en forma de suministro se aplicarán, además, las reglas contenidas en el título III de este libro.

Conc. *Arts. 968 y ss.*

Reglamentación de aspectos del transporte

Art. 997. Modificado por el Decreto 1 de 1990, art. 13. El Gobierno reglamentará el funcionamiento de las empresas de transporte, terminales, centros de información y distribución de transporte, especialmente en cuanto a la seguridad de los pasajeros y la carga, la higiene y la seguridad de los vehículos, naves, aeronaves, puertos, estaciones, bodegas y demás instalaciones y en cuanto a las tarifas, horarios, itinerarios y reglamentos de las empresas. Así mismo establecerá la escala de sanciones por la violación de normas legales y reglamentarias.

Hechos que no extinguen el contrato

Art. 998. Modificado por el Decreto 1 de 1990, art. 14. Las obligaciones que surjan del contrato de transporte no se extinguirán por la muerte o quiebra de alguna de las partes, ni por la disolución de la persona jurídica que sea parte del contrato.

NOTA: En donde dice quiebra debe leerse liquidación obligatoria.

Reglamentación gubernamental

Art. 999. El Gobierno reglamentará las disposiciones de este título, las que se aplicarán al transporte cualquiera que sea el medio empleado para realizarlo, sin perjuicio de normas contenidas en disposiciones especiales.

CAPÍTULO II
TRANSPORTE DE PERSONAS

Obligaciones del pasajero

Art. 1000. Modificado por el Decreto 1 de 1990, art. 15. El pasajero estará obligado a pagar el pasaje y a observar las condiciones de seguridad impuestas por el transportador y por los reglamentos oficiales y a cumplir los reglamentos de la empresa, estos últimos siempre y cuando estén exhibidos en lugares donde sean fácilmente conocidos por el usuario o se inserten en el boleto o billete.

El contrato celebrado para sí por persona relativamente incapaz no será anulable.

Contenido del boleto

Art. 1001. El boleto o billete expedido por el empresario de transportes deberá contener las especificaciones que exijan los reglamentos oficiales y sólo podrá transferirse conforme a éstos.

Desistimiento del pasajero

Art. 1002. Modificado por el Decreto 1 de 1990, art. 16. El pasajero podrá desistir del transporte contratado con derecho a la devolución total o parcial del pasaje, dando previo aviso al transportador, conforme se establezca en los reglamentos oficiales, el contrato o en su defecto, por la costumbre.

Responsabilidad del transportador y causas de exoneración

Art. 1003. El transportador responderá de todos los daños que sobrevengan al pasajero desde el momento en que se haga cargo de éste. Su responsabilidad comprenderá, además, los daños causados por los vehículos utilizados por él y los que ocurran en los sitios de embarque y desembarque, estacionamiento o espera, o en instalaciones de cualquier índole que utilice el transportador para la ejecución del contrato.

Dicha responsabilidad sólo cesará cuando el viaje haya concluido; y también en cualquiera de los siguientes casos:

1) Cuando los daños ocurran por obra exclusiva de terceras personas;

2) Cuando los daños ocurran por fuerza mayor, pero ésta no podrá alegarse cuando haya mediado culpa imputable al transportador, que en alguna forma sea causa del daño;

3) Cuando los daños ocurran por culpa exclusiva del pasajero, o por lesiones orgánicas o enfermedad anterior del mismo que no hayan sido agravadas a consecuencia de hechos imputables al transportador, y

4) Cuando ocurra la pérdida o avería de cosas que conforme a los reglamentos de la empresa puedan llevarse «a la mano» y no hayan sido confiadas a la custodia del transportador.

Transporte del equipaje

Art. 1004. El transporte del equipaje del pasajero y de las cosas que el transportador se obligue a conducir como parte del contrato de transporte de personas o como contrato adicional o distinto, se sujetará a las reglas prescritas en los artículos 1013 y siguientes.

Transporte de enfermos y de menores

Art. 1005. El transportador que, a sabiendas, se obligue a conducir enfermos, dementes, menores de edad, deberá prestarles dentro de sus posibilidades, los cuidados ordinarios que exija su estado o condición. Además, responderá de los perjuicios causados por falta de estos cuidados y, en todo caso de los que ocasionen estas personas a los demás pasajeros o cosas transportadas.

La responsabilidad y demás obligaciones inherentes al contrato, respecto de los enfermos, menores o dementes, sólo cesarán cuando sean confiados a quienes hayan de hacerse cargo de ellos, según las instrucciones dadas al transportador.

Las cláusulas de exoneración de responsabilidad en relación con los hechos de que trata este artículo no producirán efectos.

Conc. *Art. 897.*

Art. 1006. *Derogado por la Ley 1564 de 2012, art. 626.*

Derecho de retención

Art. 1007. El transportador podrá retener total o parcialmente el equipaje y demás cosas del pasajero que transporte mientras no le sea pagado el valor del correspondiente pasaje o el del flete de tales cosas o equipaje, cuando haya lugar a ello.

CAPÍTULO III
TRANSPORTE DE COSAS

Partes

Art. 1008. Se tendrán como partes en el contrato de transporte de cosas el transportador y el remitente. Hará parte el destinatario cuando acepte el respectivo contrato.

Por transportador se entenderá la persona que se obliga a recibir, conducir y entregar las cosas objeto del contrato; por remitente, la que se obliga por cuenta propia o ajena, a entregar las cosas para la conducción, en las condiciones, lugar y tiempo convenidos; y por destinatario aquella a quien se envían las cosas.

Una misma persona podrá ser a un mismo tiempo remitente y destinatario.

El transporte bajo carta de porte, póliza o conocimiento de embarque, se regirá por las normas especiales.

Conc. *Art. 767; Ley 527 de 1999, arts. 26 y ss.*

Pago del flete

Art. 1009. Modificado por el Decreto 1 de 1990, art. 19. El precio o flete del transporte y demás gastos que ocasione la cosa con motivo de su conducción o hasta el momento de su entrega son de cargo del remitente. Salvo estipulación en contrario, el destinatario estará solidariamente obligado al cumplimiento de estas obligaciones, desde el momento en que reciba a satisfacción la cosa transportada.

Información que debe suministrar el remitente

Art. 1010. Modificado por el Decreto 1 de 1990, art. 20. El remitente indicará al transportador a más tardar al momento de la entrega de la mercancía, el nombre y la dirección del destinatario, el lugar de la entrega, la naturaleza, el valor, el número, el peso, el volumen y las características de las cosas, así como las condiciones especiales para el cargue y le informará cuando las mercancías tengan un embalaje especial o una distribución técnica. La falta, inexactitud o insuficiencia de estas indicaciones hará responsable al remitente ante el transportador y el destinatario de los perjuicios que ocurran por precauciones no tomadas en razón de la omisión, falsedad o deficiencia de dichos datos.

El destinatario de mercancías provenientes del exterior que se convierta en remitente de las mismas hacia el interior del país, no estará en la obligación de indicar al transportador si las mercancías tienen condiciones especiales para el cargue o si requieren de un embalaje especial o de una distribución técnica para su transporte en el territorio nacional.

El valor que deberá declarar el remitente estará compuesto por el costo de la mercancía en el lugar de su entrega al transportador, más los embalajes, impuestos, fletes y seguros a que hubiere lugar.

Cuando el remitente haya hecho una declaración inexacta respecto de la naturaleza de las cosas, el transportador quedará libre de toda responsabilidad derivada de esa inexactitud, salvo que se demuestre que la inejecución o ejecución defectuosa de sus obligaciones se debe a culpa suya.

Cuando el remitente declare un mayor valor de las cosas, se aplicará lo dispuesto por el inciso sexto del artículo 1031.

El transportador podrá abstenerse de insertar o mencionar en el documento de transporte que expida, las declaraciones del remitente relativas a marca, número, cantidad, peso o estado de la cosa recibida, cuando existan motivos para dudar de su exactitud y no haya tenido medios razonables para probarla. En este caso, deberá hacer mención expresa y clara en el documento de transporte de tales motivos o imposibilidades.

Las cláusulas o constancias que contraríen lo dispuesto en este artículo no producirán efectos.

Conc. *Art. 897; Ley 527 de 1999, art. 26.*

Obligaciones adicionales del remitente

Art. 1011. Modificado por el Decreto 1 de 1990, art. 21. El remitente está obligado a suministrar antes del despacho de las cosas, los informes y documentos que sean necesarios para el cumplimiento del transporte y las formalidades de policía, aduana, sanidad y condiciones de consumo. El transportador no está obligado a examinar si dichos informes o documentos son exactos o suficientes.

El remitente es responsable ante el transportador de los perjuicios que puedan resultar de la falta, insuficiencia o irregularidad de dichos informes y documentos, salvo cuando la falta de los documentos recibidos sea imputable al transportador, a sus agentes o dependientes.

Factura a cargo del destinatario

Art. 1012. Modificado por el Decreto 1 de 1990, art. 22. La factura cambiaria de transporte podrá, también, librarse a cargo del destinatario, en cuyo caso el nombre de éste se insertará a continuación del nombre del remitente. En este evento, se aplicarán las reglas contenidas en la sección VII del Capítulo V del Título III del Libro III de este Código.

NOTA: La factura cambiaria corresponde actualmente a la regulada por la Ley 1231 de 2008.

Reglas sobre el embalaje

Art. 1013. Modificado por el Decreto 1 de 1990, art. 23. El remitente deberá entregar las mercancías al transportador debidamente embaladas y rotuladas, conforme a las exigencias propias de su naturaleza, so pena de indemnizar los daños que ocurran por falta o deficiencia del embalaje o de la información.

No obstante, el transportador será responsable de los daños ocasionados por el manejo inadecuado de las mercancías y además responderá por los perjuicios provenientes de la falta o deficiencia de embalaje, cuando, a sabiendas de estas circunstancias, se haga cargo de transportarlas, si la naturaleza o condición de la cosa corresponde a la indicada por el remitente.

Los defectos de embalaje imputables al remitente no liberarán al transportador de las obligaciones contraídas en virtud de otros contratos de transporte, sin perjuicio de la acción de reembolso contra dicho remitente.

Transporte de cosas perecederas

Art. 1014. Tratándose de cosas corruptibles que empiecen a dañarse en el curso del transporte, el transportador podrá disponer de ellas con licencia de la autoridad policiva del lugar, si por el estado o naturaleza de las mismas o por otras circunstancias no es posible pedir o esperar instrucciones del remitente o del destinatario, sin un mayor perjuicio o daño.

Transporte de cosas peligrosas

Art. 1015. Modificado por el Decreto 1 de 1990, art. 24. El remitente está obligado a informar al transportador del carácter peligroso o restringido de las mercancías que tengan esta naturaleza y que requieran especiales manejos y de las precauciones que deben adoptarse.

El transportador no podrá transportar las mercancías que, por su mal estado, embalaje, acondicionamiento u otras circunstancias graves que los reglamentos señalen, puedan constituir peligro evidente, a menos que se cumplan los requisitos que tales reglamentos impongan.

Transporte de cosas que admiten tolerancia en su pérdida

Art. 1016. Modificado por el Decreto 1 de 1990, art. 25. Cuando se trate de cosas que por su naturaleza sufran reducción en el peso o volumen por el solo hecho del transporte, el transportador no responderá de la reducción o merma normal, determinada según la costumbre o los reglamentos oficiales.

Expedida una sola carta de porte o remesa terrestre de carga, si las cosas transportadas se dividen en lotes, bultos o paquetes, especificándolos, la reducción o merma natural se calculará separadamente para cada uno de ellos, cuando pueda establecerse su peso, volumen o cantidad.

Controversias sobre el estado de la cosa

Art. 1017. Modificado por el Decreto 1 de 1990, art. 26. Las divergencias sobre el estado de la cosa, o sobre su embalaje, acondicionamiento, peso, naturaleza, volumen, y demás indicaciones del contrato, se decidirán por peritación.

Las cosas objeto de controversia, mientras ésta se decide, podrán ser depositadas por el transportador conforme a las normas que regulen el depósito.

Si se retira la cosa antes de iniciado el viaje, el transportador tendrá derecho a que se le paguen los gastos y se le indemnicen los perjuicios que le ocasione el retiro y se le restituya la carta de porte.

Si el retiro tuviere lugar durante el viaje, el transportador tendrá derecho a la totalidad del flete.

Documentos que expide el transportador

Art. 1018. Modificado por el Decreto 1 de 1990, art. 27. Cuando el reglamento dictado por el Gobierno así lo exija, el transportador estará obligado a expedir carta de porte, conocimiento o póliza de embarque o remesa terrestre de carga.

La carta de porte y el conocimiento o póliza de embarque deberán contener las indicaciones previstas en el artículo 768. Su devolución sin observaciones hace presumir el cumplimiento del contrato por parte del transportador.

La remesa terrestre de carga es un documento donde constarán las especificaciones establecidas en el artículo 1010 de este Código y las condiciones generales del contrato.

Para los eventos no reglados, el transportador estará obligado a expedir entre los documentos mencionados, el que le exija el remitente, limitándose en el transporte terrestre a la remesa terrestre de carga.

Conc. *Art. 768.*

Entrega de documentos al remitente

Art. 1019. Modificado por el Decreto 1 de 1990, art. 28. De la carta de porte, conocimiento o póliza de embarque se extenderá un original negociable de conformidad con el título III del libro III de este Código, que se entregará al remitente. El transportador podrá dejar para sí un duplicado no negociable.

La remesa terrestre de carga se expedirá, por lo menos en dos ejemplares. Uno de éstos, firmado por el transportador deberá ser entregado al remitente.

Ejercicio de derechos del tenedor de la carta de porte

Art. 1020. Cuando se expida carta de porte los derechos reconocidos en este título al remitente o al destinatario sólo podrán ser ejercidos por el tenedor legítimo de la misma, quien podrá exigir la restitución de la cosa devolviendo cancelada dicha carta.

Conc. *Art. 647.*

Carta de porte como prueba del contrato

Art. 1021. Modificado por el Decreto 1 de 1990, art. 29. Salvo prueba en contrario, la carta de porte, sin perjuicio de las normas especiales que la rigen y la remesa terrestre de carga hacen fe de la celebración del contrato, de sus condiciones, del recibo de la mercancía, y de lo literalmente expresado en ellas. Las estipulaciones relativas al estado de la mercancía sólo constituyen prueba en contra del transportador cuando se trata de indicaciones referentes al estado aparente de la mercancía o cuando la verificación haya sido hecha por dicho transportador, siempre que en el documento se haga constar esta última circunstancia.

Cuando en la carta de porte no se indique la calidad y el estado en que se encuentran las cosas, se presumirá que han sido entregadas al transportador sanas, en buenas condiciones y de calidad mediana.

Prueba del contrato

Art. 1022. Modificado por el Decreto 1 de 1990, art. 30. El contrato, cuando falte la carta de porte, el conocimiento de embarque o la remesa terrestre de carga, deberá probarse conforme a lo previsto en la ley.

Disposición del remitente

Art. 1023. Modificado por el Decreto 1 de 1990, art. 31. El remitente tendrá derecho, a condición de cumplir todas sus obligaciones resultantes del contrato de transporte, a disponer de la mercancía, sea retirándola del sitio de partida o del de destino, sea deteniéndola durante la ruta, sea disponiendo su entrega en el lugar de destino o durante la ruta a persona distinta del destinatario designado en la carta de porte, el conocimiento de embarque o la remesa terrestre de carga o sea solicitando su retorno al sitio de partida, siempre que el ejercicio de tal derecho no ocasione perjuicio al transportador ni a otros remitentes y con la obligación de reembolsar los gastos que motive.

En el caso de que la ejecución de las órdenes del remitente sea imposible, el transportador deberá avisarlo inmediatamente.

Si existe carta de porte y el transportador se acoge a las órdenes de disposición del remitente, sin exigirle la restitución del ejemplar negociable entregado a éste, será responsable, salvo recurso contra dicho remitente, del perjuicio que pueda resultar a quien sea legítimo tenedor del original de la carta de porte.

El derecho del remitente cesará en el momento que comience el del destinatario, conforme al artículo 1024. Sin embargo, si el destinatario rehúsa la mercancía, o si no es hallado, el remitente recobrará su derecho de disposición.

Derechos del destinatario

Art. 1024. Modificado por el Decreto 1 de 1990, art. 32. Salvo en los casos indicados en el artículo precedente, el destinatario tiene derecho, desde la llegada de la mercancía al punto de destino, a solicitar del transportador que le entregue la mercancía, previo el cumplimiento de las obligaciones contenidas en el artículo 1009 o a la aceptación de la factura cambiaria, según el caso, y al cumplimiento de las demás condiciones indicadas en el contrato de transporte.

Cuando se expida carta de porte, su tenedor deberá pagar las cantidades y cumplir las obligaciones a su cargo de conformidad con el inciso anterior.

Si se reconociere por el transportador que la mercancía ha sufrido extravío o si a la expiración de un plazo de siete días a partir del día en que haya debido llegar la mercancía no hubiere llegado, el destinatario queda autorizado a hacer valer con relación al transportador los derechos resultantes del contrato de transporte. Este derecho lo tendrá, en su caso, el tenedor legítimo de la carta de porte.

Modificaciones que vuelven más oneroso el contrato

Art. 1025. Modificado por el Decreto 1 de 1990, art. 33. Cuando el cambio de destinatario implique cambio en la ruta o un viaje más largo o más dispendioso se deberá por el remitente el excedente del flete y los mayores gastos que ocasione dicho cambio al transportador.

Esta misma regla se aplicará cuando se cambie la ruta o modo de transporte convenidos, por orden del remitente o del destinatario; pero en este caso el excedente del flete y los gastos adicionales se pagarán por la parte que ordene el cambio de ruta o modo de transporte.

Sitio y fecha de la entrega

Art. 1026. Modificado por el Decreto 1 de 1990, art. 34. Salvo estipulaciones en contrario, el transportador deberá avisar al destinatario la llegada de la mercancía.

A falta de indicación sobre el sitio y fecha en los cuales debe de entregarse la cosa, la entrega se efectuará en las oficinas o bodegas que el transportador determine en el lugar de destino, tan pronto como la cosa haya llegado.

Cuando no sea posible hacer la entrega en el sitio y fecha convenidos, el transportador deberá informar al destinatario acerca del día y lugar en que pueda entregar la mercancía.

Formas de entrega

Art. 1027. Modificado por el Decreto 1 de 1990, art. 35. El transportador sólo estará obligado a entregar la cosa transportada al peso, cuenta o medida, cuando en el documento, de transporte se haga constar expresamente su recibo en alguna de estas formas.

Cuando las cosas a transportar consistan en contenedores, paletas, guacales y en general, unidades cerradas, selladas o precintadas, éstas se considerarán como unidad de carga y deberán ser entregadas por el transportador en el mismo estado en que las recibe.

Reclamos por pérdidas o averías

Art. 1028. Modificado por el Decreto 1 de 1990, art. 36. Recibida la cosa transportada sin observaciones, se presumirá cumplido el contrato.

En los casos de pérdida parcial, saqueo o avería, notorios o apreciables a simple vista, la protesta deberá formularse en el acto de la entrega y recibo de la cosa transportada.

Cuando por circunstancias especiales que impidan el inmediato reconocimiento de la cosa, sea imposible apreciar su estado en el momento de la entrega, podrá el destinatario recibirla bajo la condición de que se haga su reconocimiento. El examen se hará en presencia del transportador o de la persona por él designada, dentro de los tres días siguientes a la fecha de la entrega.

Medidas precautelativas

Art. 1029. Modificado por el Decreto 1 de 1990, art. 37. Cuando surjan discrepancias acerca del verdadero destinatario, del derecho de éste a recibir la cosa transportada o sobre las condiciones de la entrega, o cuando el destinatario no la reciba conforme a los artículos anteriores, el transportador podrá depositarla o tomar cualquier otra medida precautelativa, a costa del destinatario, mientras el caso se decide por el juez del lugar de la entrega. Podrá también el transportador disponer de las cosas fungibles o susceptibles de daño por su misma naturaleza o estado, con licencia de la autoridad policiva del lugar. En todo caso deberá dar aviso oportuno y detallado al remitente.

Responsabilidad del transportador

Art. 1030. Modificado por el Decreto 1 de 1990, art. 38. El transportador responderá de la pérdida total o parcial de la cosa transportada, de su avería y del retardo en la entrega, desde el momento en que la recibe o ha debido hacerse cargo de ella. Esta responsabilidad sólo cesará cuando la cosa sea entregada al destinatario o a la persona designada para recibirla, en el sitio convenido y conforme lo determina este Código.

También cesará cuando haya transcurrido el término de cinco días contados a partir del fijado para la entrega o del aviso de que trata el artículo anterior, sin que el interesado se haya presentado a retirarla o recibirla. En este caso el transportador tendrá derecho a que se le pague el bodegaje acostumbrado en la plaza.

Indemnización por pérdida o retardo

Art. 1031. Modificado por el Decreto 1 de 1990, art. 39. En caso de pérdida total de la cosa transportada, el monto de la indemnización a cargo del transportador será igual al valor declarado por el remitente para la carga afectada.

Si la pérdida fuere parcial, el monto de la indemnización se determinará de acuerdo con la proporción que la mercancía perdida represente frente al total del despacho.

No obstante, y por estipulación expresada en la carta de porte, conocimiento o póliza de embarque o remesa terrestre de carga, las partes podrán pactar un límite indemnizable, que en ningún caso podrá ser inferior al setenta y cinco por ciento (75%) del valor declarado.

En los eventos de pérdida total y pérdida parcial, por concepto de lucro cesante el transportador pagará adicionalmente un veinticinco por ciento (25%) del valor de la indemnización determinada conforme a los incisos anteriores.

Si la pérdida o avería es ocasionada por dolo o culpa grave del transportador, éste estará obligado a la indemnización plena sin que valga estipulación en contrario o renuncia.

En el evento de que el remitente no suministre el valor de las mercancías a más tardar al momento de la entrega, o declare un mayor valor al indicado en el inciso tercero del artículo 1010, el transportador sólo estará obligado a pagar el ochenta por ciento (80%) del valor probado que tuviere la cosa perdida en el lugar y fecha previstos para la entrega al destinatario. En el evento contemplado en este inciso no habrá lugar a reconocimiento de lucro cesante.

Las cláusulas contrarias a lo dispuesto en los incisos anteriores no producirán efectos.

Para el evento de retardo en la entrega, las partes podrán, de común acuerdo, fijar un límite de indemnización a cargo del transportador. A falta de estipulación en este sentido, la indemnización por dicho evento será la que se establezca judicialmente.

Conc. *Art. 1010; C.C., arts. 63, 1614.*

Indemnización en caso de avería

Art. 1032. Modificado por el Decreto 1 de 1990, art. 40. El daño o avería que haga inútiles las cosas transportadas, se equiparará a pérdida de las mismas. Hallándose entre las cosas averiadas algunas piezas ilesas, el destinatario estará obligado a recibirlas, salvo que fuere de las que componen un juego.

En los demás casos de daño o avería, el destinatario deberá recibirlas y el transportador estará obligado a cubrir el importe del menoscabo o reducción, en forma proporcional y conforme a lo dispuesto en el artículo anterior.

Derecho de retención

Art. 1033. Modificado por el Decreto 1 de 1990, art. 41. El transportador podrá ejercer el derecho de retención sobre los efectos que conduzca, hasta que le sean pagados el porte y los gastos que haya suplido.

Este derecho se transmitirá de un transportador a otro hasta el último que debe verificar la restitución.

Pasados treinta días desde aquel en el cual el remitente tenga noticia de la retención, el transportador tendrá derecho a solicitar el depósito y la venta en martillo autorizado de las cosas transportadas, en la cantidad que considere suficiente para cubrir su crédito y hacerse pagar con el producido de la venta, con la preferencia correspondiente a los créditos de segunda clase, sin perjuicio de lo que pactaren las partes.

Retención por deudas anteriores

Art. 1034. Modificado por el Decreto 1 de 1990, art. 42. El derecho de retención podrá ejercerse en relación con deudas exigibles del mismo remitente o del mismo destinatario, según el caso, derivadas de contratos de transporte anteriores, cuando se reúnan los siguientes requisitos:

1) Que entre las partes existan relaciones de la misma índole, y

2) Que los débitos provenientes de los servicios prestados y los créditos por los abonos hechos se lleven bajo una misma cuenta.

Entrega de la cosa cuando existen reclamos

Art. 1035. El destinatario podrá reclamar la cosa transportada y ejercer contra el transportador sus demás derechos cuando se hayan pagado el flete y demás gastos del transporte, conforme a los artículos anteriores. En caso de discrepancia o controversia sobre el particular el destinatario podrá depositar, a órdenes del juez el valor reclamado por el transportador para que se le haga entrega inmediata de la cosa transportada mientras se decide la cuestión.

También podrá el destinatario obtener la entrega inmediata de la cosa transportada, prestando una garantía a satisfacción del juez.

TÍTULO V
DEL CONTRATO DE SEGURO

CAPÍTULO I
PRINCIPIOS COMUNES A LOS SEGUROS TERRESTRES

Características

Art. 1036. Modificado por la Ley 389 de 1997, art. 1°. El seguro es un contrato consensual, bilateral, oneroso, aleatorio y de ejecución sucesiva.

Partes

Art. 1037. Son partes del contrato de seguro:

1) El asegurador, o sea la persona jurídica que asume los riesgos, debidamente autorizada para ello con arreglo a las leyes y reglamentos, y

2) El tomador, o sea la persona que, obrando por cuenta propia o ajena, traslada los riesgos.

Seguro en nombre de tercero sin poder para su representación

Art. 1038. Si el tomador estipula el seguro en nombre de un tercero sin poder para representarlo, el asegurado puede ratificar el contrato aún después de ocurrido el siniestro. El tomador está obligado personalmente a cumplir las obligaciones derivadas del contrato, hasta el momento en que el asegurador haya tenido noticia de la ratificación o del rechazo de dicho contrato por el asegurado.

Desde el momento en que el asegurador haya recibido la noticia de rechazo, cesarán los riesgos a su cargo y el tomador quedará liberado de sus obligaciones, sin perjuicio de lo dispuesto en el artículo 1119.

Conc. *Arts. 841, 844.*

Seguro por cuenta de un tercero

Art. 1039. El seguro puede ser contratado por cuenta de un tercero determinado o determinable. En tal caso, al tomador incumben las obligaciones y al tercero corresponde el derecho a la prestación asegurada.

No obstante, al asegurado corresponden aquellas obligaciones que no puedan ser cumplidas más que por él mismo.

Tomador

Art. 1040. El seguro corresponde al que lo ha contratado, toda vez que la póliza no exprese que es por cuenta de un tercero.

Obligaciones del contrato

Art. 1041. Las obligaciones que en este título se imponen al asegurado, se entenderán a cargo del tomador o beneficiario cuando sean estas personas las que estén en posibilidad de cumplirlas.

Seguro por cuenta

Art. 1042. Salvo estipulación en contrario, el seguro por cuenta valdrá como seguro a favor del tomador hasta concurrencia del interés que tenga en el contrato y, en lo demás, con la misma limitación como estipulación en provecho de tercero.

Atribución de las obligaciones del tomador por un tercero

Art. 1043. En todo tiempo, el tercero podrá tomar a su cargo el cumplimiento de las obligaciones que la ley o el contrato imponen al tomador si éste lo rehuyere, sin perjuicio de las sanciones a que haya lugar por mora imputable al tomador.

Excepciones del asegurador contra el tomador o asegurado

Art. 1044. Salvo estipulación en contrario, el asegurador podrá oponer al beneficiario las excepciones que hubiere podido alegar contra el tomador o el asegurado, en caso de ser éstos distintos de aquél, y al asegurado las que hubiere podido alegar contra el tomador.

***Conc.** Art. 1108.*

Elementos esenciales

Art. 1045. Son elementos esenciales del contrato de seguro:

1) El interés asegurable;
2) El riesgo asegurable;
3) La prima o precio del seguro, y
4) La obligación condicional del asegurador.

En defecto de cualquiera de estos elementos, el contrato de seguro no producirá efecto alguno.

***Conc.** Art. 897.*

Prueba

Art. 1046. Modificado por la Ley 389 de 1997, art. 3°. El contrato de seguro se probará por escrito o por confesión.

Con fines exclusivamente probatorios, el asegurador está obligado a entregar en su original, al tomador, dentro de los quince días siguientes a la fecha de su celebración el documento contentivo del contrato de seguro, el cual se denomina póliza, el que deberá redactarse en castellano y firmarse por el asegurador.

La Superintendencia Bancaria señalará los ramos y la clase de contratos que se redacten en idioma extranjero.

Parágrafo. El asegurador está también obligado a librar a petición y a costa del tomador, del asegurado o del beneficiario duplicados o copias de la póliza.

Conc. *Ley 1480 de 2011, art. 37.*

NOTA: Actualmente la entidad encargada de señalar los ramos y las clases de contratos que se dicten en idioma extranjero es la Superintendencia Financiera.

Contenido de la póliza

Art. 1047. La póliza de seguro debe expresar además de las condiciones generales del contrato:

1) La razón o denominación social del asegurador;

2) El nombre del tomador;

3) Los nombres del asegurado y del beneficiario o la forma de identificarlos, si fueren distintos del tomador;

4) La calidad en que actúe el tomador del seguro;

5) La identificación precisa de la cosa o persona con respecto a las cuales se contrata el seguro;

6) La vigencia del contrato, con indicación de las fechas y horas de iniciación y vencimiento, o el modo de determinar unas y otras;

7) La suma aseguradora o el modo de precisarla;

8) La prima o el modo de calcularla y la forma de su pago;

9) Los riesgos que el asegurador toma su cargo;

10) La fecha en que se extiende y la firma del asegurador, y

11) Las demás condiciones particulares que acuerden los contratantes.

Parágrafo. *Modificado por la Ley 389 de 1997, art. 2°.* En los casos en que no aparezca expresamente acordadas, se tendrán como condiciones del contrato aquellas de la póliza o anexo que el asegurador haya depositado en la Superintendencia Bancaria para el mismo ramo, amparo, modalidad del contrato y tipo de riesgo.

Conc. *Ley 1480 de 2011, arts. 23, 37.*

NOTA: Las funciones de la Superintendencia Bancaria fueron asumidas por la Superintendencia Financiera.

Documentos que hacen parte de la póliza

Art. 1048. Hacen parte de la póliza:

1) La solicitud de seguro firmada por el tomador, y

2) Los anexos que se emitan para adicionar, modificar, suspender, renovar o revocar la póliza.

Parágrafo. El tomador podrá en cualquier tiempo exigir que, a su costa, el asegurador le dé copia debidamente autorizada de la solicitud y de sus anexos, así como de los documentos que den fe de la inspección del riesgo.

Anexos y renovaciones

Art. 1049. Los anexos deberán indicar la identidad precisa de la póliza a que acceden. Las renovaciones contendrán, además el término de ampliación de vigencia del contrato. En caso contrario, se entenderá que la ampliación se ha hecho por un término igual al del contrato original.

Pólizas flotante y automática

Art. 1050. La póliza flotante y la automática se limitarán a describir las condiciones generales del seguro, dejando la identificación o valoración de los intereses del contrato, lo mismo que otros datos necesarios para su individualización, para ser definidos en declaraciones posteriores. Estas se harán constar mediante anexo a la póliza, certificado de seguro o por otros medios sancionados por la costumbre.

Conc. *Art. 1117.*

Clases y cesión de pólizas

Art. 1051. La póliza puede ser nominativa o a la orden. La cesión de la póliza nominativa en ningún caso produce efectos contra el asegurador sin su aquiescencia previa. La cesión de la póliza a la orden puede hacerse por simple endoso. El asegurador podrá oponer al cesionario o endosatario las excepciones que tenga contra el tomador, asegurado o beneficiario.

Conc. *Arts. 648, 651, 1107.*

Presunción de autenticidad

Art. 1052. Las firmas de las pólizas de seguro y de los demás documentos que las modifiquen o adicionen se presumen auténticas.

Conc. *Arts. 826, 827; C.G.P., art. 244.*

Mérito ejecutivo de la póliza de seguro

Art. 1053. Modificado por la Ley 45 de 1990, art. 80. La póliza prestará mérito ejecutivo contra el asegurador, por sí sola, en los siguientes casos:

1) En los seguros dotales, una vez cumplido el respectivo plazo.

2) En los seguros de vida, en general, respecto de los valores de cesión o rescate, y

3) Transcurrido un mes contado a partir del día en el cual el asegurado o el beneficiario o quien los represente, entregue al asegurador la reclamación aparejada de los comprobantes que, (~~según las condiciones de la correspondiente póliza~~), sean indispensables para acreditar los requisitos del artículo 1077, sin que dicha reclamación sea objetada (~~de manera seria y fundada~~). Si la reclamación no hubiere sido objetada, el demandante deberá manifestar tal circunstancia en la demanda.

NOTA: Las expresiones entre paréntesis fueron derogadas por el artículo 626 del Código General del Proceso.

Definición de riesgo en seguros

Art. 1054. Denomínase riesgo el suceso incierto que no depende exclusivamente de la voluntad del tomador, del asegurado o del beneficiario, y cuya realización da origen a la obligación del asegurador. Los hechos ciertos, salvo la muerte, y los físicamente imposibles, no constituyen riesgos y son, por lo tanto, extraños al contrato de seguro. Tampoco constituye riesgo la incertidumbre subjetiva respecto de determinado hecho que haya tenido o no cumplimiento.

Conc. *Ley 389 de 1997, art. 4º.*

Actos no asegurables

Art. 1055. El dolo, la culpa grave y los actos meramente potestativos del tomador, asegurado o beneficiario son inasegurables. Cualquier estipulación en contrario no producirá efecto alguno, tampoco lo producirá la que tenga por objeto amparar al asegurado contra las sanciones de carácter penal o policivo.

Conc. *Arts. 897, 1127.*

Delimitación contractual de riesgos por el asegurador

Art. 1056. Con las restricciones legales, el asegurador pondrá, a su arbitrio, asumir todos o algunos de los riesgos a que estén expuestos el interés o la cosa asegurados, el patrimonio o la persona del asegurado.

Inicio temporal de los riesgos

Art. 1057. En defecto de estipulación o de norma legal, los riesgos principiarán a correr por cuenta del asegurador a la hora veinticuatro del día en que se perfeccione el contrato.

Declaración del tomador sobre el estado del riesgo

Art. 1058. El tomador está obligado a declarar sinceramente los hechos o circunstancias que determinan el estado del riesgo, según el cuestionario que le sea propuesto por el asegurador. La reticencia o la inexactitud sobre hechos o circunstancias que, conocidos por el asegurador, lo hubieren retraído de celebrar el contrato, o inducido a estipular condiciones más onerosas, producen la nulidad relativa del seguro.

Si la declaración no se hace con sujeción a un cuestionario determinado, la reticencia o la inexactitud producen igual efecto si el tomador ha encubierto por culpa, hechos o circunstancias que impliquen agravación objetiva del estado del riesgo.

Si la inexactitud o la reticencia provienen de error inculpable del tomador, el contrato no será nulo, pero el asegurador sólo estará obligado, en caso de siniestro, a pagar un porcentaje de la prestación asegurada equivalente al que la tarifa o la prima estipulada en el contrato represente respecto de la tarifa o la prima adecuada al verdadero estado del riesgo, excepto lo previsto en el artículo 1160.

Las sanciones consagradas en este artículo no se aplican si el asegurador, antes de celebrarse el contrato, ha conocido o debido conocer los hechos o circunstancias sobre que versan los vicios de la declaración, o si, ya celebrado el contrato, se allana a subsanarlos o los acepta expresa o tácitamente.

Conc. *Arts. 900, 1161, 1162.*

NOTA: Este artículo fue declarado exequible por la Corte Constitucional en la Sentencia C-232 de 1997.

Retención de la prima por el asegurador

Art. 1059. Rescindido el contrato en los términos del artículo anterior, el asegurador tendrá derecho a retener la totalidad de la prima a título de pena.

Conservación del estado del riesgo y notificación de modificaciones

Art. 1060. El asegurado o el tomador, según el caso, están obligados a mantener el estado del riesgo. En tal virtud, uno u otro deberán notificar por escrito al asegurador los hechos o circunstancias no previsibles que sobrevengan con posterioridad a la celebración del contrato y que, conforme al criterio consignado en el inciso lo del artículo 1058, signifiquen agravación del riesgo o variación de su identidad local.

La notificación se hará con antelación no menor de diez días a la fecha de la modificación del riesgo, si ésta depende del arbitrio del asegurado o del tomador. Si le es extraña, dentro de los diez días siguientes a aquel en que tengan conocimiento de ella, conocimiento que se presume transcurridos treinta días desde el momento de la modificación.

Notificada la modificación del riesgo en los términos consignados en el inciso anterior, el asegurador podrá revocar el contrato o exigir el reajuste a que haya lugar en el valor de la prima.

La falta de notificación oportuna produce la terminación del contrato. Pero sólo la mala fe del asegurado o del tomador dará derecho al asegurador a retener la prima no devengada.

Esta sanción no será aplicable a los seguros de vida, excepto en cuanto a los amparos accesorios, a menos de convención en contrario; ni cuando el asegurador haya conocido oportunamente la modificación y consentido en ella.

Garantía del asegurado

Art. 1061. Se entenderá por garantía la promesa en virtud de la cual el asegurado se obliga a hacer o no determinada cosa, o a cumplir determinada exigencia, o mediante la cual afirma o niega la existencia de determinada situación de hecho.

La garantía deberá constar en la póliza o en los documentos accesorios a ella. Podrá expresarse en cualquier forma que indique la intención inequívoca de otorgarla.

La garantía, sea o no sustancial respecto del riesgo, deberá cumplirse estrictamente. En caso contrario, el contrato será anulable. Cuando la garantía se refiere a un hecho posterior a la celebración del contrato, el asegurador podrá darlo por terminado desde el momento de la infracción.

Hechos que excusan el cumplimiento de la garantía

Art. 1062. Se excusará el no cumplimiento de la garantía cuando, por virtud del cambio de circunstancias, ella ha dejado de ser aplicable al contrato, o cuando su cumplimiento ha llegado a significar violación de una ley posterior a la celebración del contrato.

Garantía de buen estado del objeto asegurado

Art. 1063. Cuando se garantice que el objeto asegurado está «en buen estado» en un día determinado, bastará que lo esté en cualquier momento de ese día.

Seguro colectivo

Art. 1064. Si, por ser colectivo, el seguro versa sobre un conjunto de personas o intereses debidamente identificados, el contrato subsiste, con todos sus efectos, respecto de las personas o intereses extraños a la infracción.

Pero si entre las personas o intereses sobre que versa el seguro existe una comunidad tal que permita considerarlos como un solo riesgo a la luz de la técnica aseguradora, las sanciones de que tratan los artículos 1058 y 1060 inciden sobre todo el contrato.

***Conc.** Arts. 903, 1162.*

Disminución del riesgo

Art. 1065. En caso de disminución del riesgo, el asegurador deberá reducir la prima estipulada, según la tarifa correspondiente, por el tiempo no corrido del seguro, excepto en los seguros a que se refiere el artículo 1060, inciso final.

Conc. *Art. 1060.*

Término para el pago de la prima

Art. 1066. Modificado por la ley 45 de 1990, art. 81. El tomador del seguro está obligado al pago de la prima. Salvo disposición legal o contractual en contrario, deberá hacerlo a más tardar dentro del mes siguiente contado a partir de la fecha de la entrega de la póliza o, si fuere el caso, de los certificados o anexos que se expidan con fundamentos en ella.

Lugar del pago

Art. 1067. El pago de la prima deberá hacerse en el domicilio del asegurador o en el de sus representantes o agentes debidamente autorizados.

Mora en el pago de la prima

Art. 1068. Modificado por la Ley 45 de 1990, art. 82. La mora en el pago de la prima de la póliza o de los certificados o anexos que se expidan con fundamento en ella, producirá la terminación automática del contrato y dará derecho al asegurador para exigir el pago de la prima devengada y de los gastos causados con ocasión de la expedición del contrato.

Lo dispuesto en el inciso anterior deberá consignarse por parte del asegurador en la carátula de la póliza, en caracteres destacados.

Lo dispuesto en este artículo no podrá ser modificado por las partes.

Conc. *Arts. 1151 a 1153.*

Pago fraccionado de la prima

Art. 1069. El pago fraccionado de la prima no afecta la unidad del contrato de seguro, ni la de los distintos amparos individuales que acceden a él.

Lo dispuesto en este artículo se aplicará al pago de las primas que se causen a través de la vigencia del contrato y a las de renovación del mismo.

Conc. *Art. 1162.*

Apropiación de la prima por el asegurador

Art. 1070. Sin perjuicio de lo dispuesto en el artículo 1119, el asegurador devengará definitivamente la parte de la prima proporcional al tiempo corrido del riesgo. Sin embargo, en caso de siniestro total, indemnizable a la luz del contrato, la prima se entenderá totalmente devengada por el asegurador. Si el siniestro fuere parcial, se tendrá por devengada la correspondiente al valor de la indemnización, sin consideración al tiempo corrido del seguro.

En los seguros colectivos, esta norma se aplicará sólo al seguro sobre el interés o persona afectados por el siniestro.

En los seguros múltiples, contratados a través de una misma póliza, y con primas independientes, se aplicará al seguro o conjunto de seguros de que sean objeto el interés o la persona afectados por el siniestro, con independencia de los demás.

Este artículo tan solo puede ser modificado por la convención con el objeto de favorecer los intereses del asegurado.

Conc. *Art. 1162.*

Revocación unilateral

Art. 1071. El contrato de seguro podrá ser revocado unilateralmente por los contratantes. Por el asegurador, mediante noticia escrita al asegurado, enviada a su última dirección conocida, con no menos de diez días de antelación, contados a partir de la fecha del envío; por el asegurado, en cualquier momento, mediante aviso escrito al asegurador.

En el primer caso la revocación da derecho al asegurado a recuperar la prima no devengada, o sea la que corresponde al lapso comprendido entre la fecha en que comienza a surtir efectos la revocación y la de vencimiento del contrato. La devolución se computará de igual modo, si la revocación resulta del mutuo acuerdo de las partes.

En el segundo caso, el importe de la prima devengada y el de la devolución se calcularán tomando en cuenta la tarifa de seguros a corto plazo.

Serán también revocables la póliza flotante y la automática a que se refiere el artículo 1050.

Conc. *Art. 1159.*

Siniestro

Art. 1072. Se denomina siniestro la realización del riesgo asegurado.

Responsabilidad del asegurador por el inicio del siniestro

Art. 1073. Si el siniestro, iniciado antes y continuado después de vencido el término del seguro, consuma la pérdida o deterioro de la cosa asegurada, el asegurador responde del valor de la indemnización en los términos del contrato.

Pero si se inicia antes y continúa después que los riesgos hayan principiado a correr por cuenta del asegurador, éste no será responsable por el siniestro.

Obligaciones del asegurador ocurrido el siniestro

Art. 1074. Ocurrido el siniestro, el asegurado estará obligado a evitar su extensión y propagación, y a proveer al salvamento de las cosas aseguradas.

El asegurador se hará cargo, dentro de las normas que regulan el importe de la indemnización, de los gastos razonables en que incurra el asegurado en cumplimiento de tales obligaciones.

Aviso al asegurador

Art. 1075. El asegurado o el beneficiario estarán obligados a dar noticia al asegurador de la ocurrencia del siniestro, dentro de los tres días siguientes a la fecha en que lo hayan conocido o debido conocer. Este término podrá ampliarse, mas no reducirse por las partes.

El asegurador no podrá alegar el retardo o la omisión si, dentro del mismo plazo, interviene en las operaciones de salvamento o de comprobación del siniestro.

Conc. *Art. 1162.*

Obligación de declarar los seguros coexistentes

Art. 1076. Sin perjuicio de la obligación que le impone el artículo 1074, el asegurado estará obligado a declarar al asegurador, al dar la noticia del siniestro, los seguros coexistentes, con indicación del asegurador y de la suma asegurada. La inobservancia maliciosa de esta obligación le acarreará la pérdida del derecho a la prestación asegurada.

Conc. *Art. 1092.*

Carga de la prueba del asegurado

Art. 1077. Corresponderá al asegurado demostrar la ocurrencia del siniestro, así como la cuantía de la pérdida, si fuere el caso.

El asegurador deberá demostrar los hechos o circunstancias excluyentes de su responsabilidad.

Reducción o pérdida de la indemnización

Art. 1078. Si el asegurado o el beneficiario incumplieren las obligaciones que les corresponden en caso de siniestro, el asegurador sólo podrá deducir de la indemnización el valor de los perjuicios que le cause dicho incumplimiento.

La mala fe del asegurado o del beneficiario en la reclamación o comprobación del derecho al pago de determinado siniestro, causará la pérdida de tal derecho.

Conc. *Arts. 835, 1162.*

Limitación de responsabilidad del asegurador

Art. 1079. El asegurador no estará obligado a responder si no hasta concurrencia de la suma asegurada, sin perjuicio de lo dispuesto en el inciso segundo del artículo 1074.

Oportunidad para el pago de la indemnización

Art. 1080. Modificado por la Ley 510 de 199, art. 111. El asegurador estará obligado a efectuar el pago del siniestro dentro del mes siguiente a la fecha en que el asegurado o beneficiario acredite, aun extrajudicialmente, su derecho ante el asegurador de acuerdo con el artículo 1077. Vencido este plazo, el asegurador reconocerá y pagará al asegurado o beneficiario, además de la obligación a su cargo y sobre el importe de ella, un interés moratorio igual al certificado como bancario corriente por la Superintendencia Bancaria aumentado en la mitad.

El contrato de reaseguro no varía el contrato de seguro celebrado entre tomador y asegurador, y la oportunidad en el pago de éste, en caso de siniestro, no podrá diferirse a pretexto del reaseguro.

NOTA: Las funciones de la Superintendencia Bancaria fueron asumidas por la Superintendencia Financiera.

Prescripción de acciones

Art. 1081. La prescripción de las acciones que se derivan del contrato de seguro o de las disposiciones que lo rigen podrá ser ordinaria o extraordinaria.

La prescripción ordinaria será de dos años y empezará a correr desde el momento en que el interesado haya tenido o debido tener conocimiento del hecho que da base a la acción.

La prescripción extraordinaria será de cinco años, correrá contra toda clase de personas y empezará a contarse desde el momento en que nace el respectivo derecho.

Estos términos no pueden ser modificados por las partes.

Conc. *Art. 1135; Ley 491 de 1999, art. 9º.*

Clases de seguros

Art. 1082. Los seguros podrán ser de daños o de personas; aquellos, a su vez, podrán ser reales o patrimoniales.

CAPÍTULO II
SEGUROS DE DAÑOS

SECCIÓN I. PRINCIPIOS COMUNES A LOS SEGUROS DE DAÑOS

Interés asegurable

Art. 1083. Tiene interés asegurable toda persona cuyo patrimonio pueda resultar afectado, directa o indirectamente, por la realización de un riesgo.

Es asegurable todo interés que, además de lícito, sea susceptible de estimación en dinero.

Concurrencia de intereses sobre una misma cosa

Art. 1084. Sobre una misma cosa podrán concurrir distintos intereses, todos los cuales son asegurables, simultánea o sucesivamente, hasta por el valor de cada uno de ellos. Pero la indemnización, en caso de producirse el hecho que la origine, no podrá exceder del valor total de la cosa en el momento del siniestro. Su distribución entre los interesados se hará teniendo en cuenta el principio consignado en el artículo 1089.

Seguros de bienes

Art. 1085. Los establecimientos de comercio, como almacenes, bazares, tiendas, fábricas y otros, y los cargamentos terrestres o marítimos pueden ser asegurados, con o sin designación específica de las mercaderías y otros objetos que contengan.

Los muebles que constituyen el menaje de una casa pueden ser también asegurados en la misma forma, salvo las alhajas, cuadros de familia, colecciones, objetos de arte u otros análogos, los que deberán individualizarse al contratarse el seguro y al tiempo de la ocurrencia del siniestro.

En todo caso, el asegurado deberá probar la existencia y el valor de los objetos asegurados al tiempo del siniestro.

Existencia y desaparición del interés

Art. 1086. El interés deberá existir en todo momento, desde la fecha en que el asegurador asuma el riesgo. La desaparición del interés llevará consigo la cesación o extinción del seguro, sin perjuicio de lo dispuesto en los artículos 1070, 1109 y 1111.

Valor del seguro

Art. 1087. En los casos en que no pueda hacerse la estimación previa en dinero del interés asegurable, el valor del seguro será estipulado libremente por los contratantes. Pero el ajuste de la indemnización se hará guardando absoluta sujeción a lo estatuido en el Art. siguiente.

Seguros de daños son indemnizatorios

Art. 1088. Respecto del asegurado, los seguros de daños serán contratos de mera indemnización y jamás podrán constituir para él fuente de enriquecimiento. La indemnización podrá comprender a la vez el daño emergente y el lucro cesante, pero éste deberá ser objeto de un acuerdo expreso.

Cuantía máxima de la indemnización

Art. 1089. Dentro de los límites indicados en el artículo 1079 la indemnización no excederá, en ningún caso, del valor real del interés asegurado en el momento del siniestro, ni del monto efectivo del perjuicio patrimonial sufrido por el asegurado o el beneficiario.

Se presume valor real del interés asegurado el que haya sido objeto de un acuerdo expreso entre el asegurado y el asegurador. Este, no obstante, podrá probar que el valor acordado excede notablemente el verdadero valor real del interés objeto del contrato, mas no que es inferior a él.

Conc. *Art. 1162.*

Convenio sobre indemnización por reposición o reemplazo

Art. 1090. Lo dispuesto en el artículo anterior no obsta para que las partes, al contratar el seguro, acuerden el pago de la indemnización por el valor de reposición o de reemplazo del bien asegurado, pero sujeto, si a ello hubiere lugar, al límite de la suma asegurada.

Sobreseguro

Art. 1091. El exceso del seguro sobre el valor real del interés asegurado producirá la nulidad del contrato, con retención de la prima a título de pena, cuando de parte del asegurado haya habido intención manifiesta de defraudar al asegurador. En los demás casos podrá promoverse su reducción por cualquiera de las partes contratantes, mediante la devolución o rebaja de la prima correspondiente al importe del exceso y al período no transcurrido del seguro.

La reducción no podrá efectuarse después de ocurrido un siniestro total.

Conc. *Art. 1162.*

Indemnización por coexistencia de seguros

Art. 1092. En el caso de pluralidad o de coexistencia de seguros, los aseguradores deberán soportar la indemnización debida al asegurado en proporción a la cuantía de sus respectivos contratos, siempre que el asegurado haya actuado de buena fe. La mala fe en la contratación de éstos produce nulidad.

Conc. *Arts. 835, 1076, 1162.*

Información al asegurador sobre coexistencia de seguros

Art. 1093. El asegurado deberá informar por escrito al asegurador los seguros de igual naturaleza que contrate sobre el mismo interés, dentro del término de diez días a partir de su celebración.

La inobservancia de esta obligación producirá la terminación del contrato, a menos que el valor conjunto de los seguros no exceda el valor real del interés asegurado.

Pluralidad o coexistencia de seguros. Condiciones

Art. 1094. Hay pluralidad o coexistencia de seguros cuando éstos reúnan las condiciones siguientes:

1) Diversidad de aseguradores;
2) Identidad de asegurado;
3) Identidad de interés asegurado, y
4) Identidad de riesgo.

Conc. *Arts. 1076, 1092. 1162.*

Coaseguro

Art. 1095. Las normas que anteceden se aplicarán igualmente al coaseguro, en virtud del cual dos o más aseguradores, a petición del asegurado o con su aquiescencia previa, acuerdan distribuirse entre ellos determinado seguro.

Subrogación del asegurador

Art. 1096. El asegurador que pague una indemnización se subrogará, por ministerio de la ley y hasta concurrencia de su importe, en los derechos del asegurado contra las personas responsables del siniestro. Pero éstas podrán oponer al asegurador las mismas excepciones que pudieren hacer valer contra el damnificado.

Habrá también lugar a la subrogación en los derechos del asegurado cuando éste, a título de acreedor, ha contratado el seguro para proteger su derecho real sobre la cosa asegurada.

Prohibición de renunciar derechos contra terceros

Art. 1097. El asegurado no podrá renunciar en ningún momento a sus derechos contra terceros responsables del siniestro. El incumplimiento de esta obligación acarreará la pérdida del derecho a la indemnización.

Obligación del asegurado en caso de subrogación

Art. 1098. A petición del asegurador, el asegurado deberá hacer todo lo que esté a su alcance para permitirle el ejercicio de los derechos derivados de la subrogación.

El incumplimiento de esta obligación se sancionará en los términos del artículo 1078.

Inexistencia del derecho a la subrogación del asegurador

Art. 1099. El asegurador no tendrá derecho a la subrogación contra ninguna de las personas cuyos actos u omisiones den origen a responsabilidad del asegurado, de acuerdo con las leyes, ni contra el causante del siniestro que sea, respecto del asegurado, pariente en línea directa o colateral dentro del segundo grado civil de consanguinidad, padre adoptante, hijo adoptivo o cónyuge no divorciado.

Pero esta norma no tendrá efecto si la responsabilidad proviene de dolo o culpa grave, ni en los seguros de manejo, cumplimiento y crédito o si está amparada mediante un contrato de seguro. En este último caso la subrogación estará limitada en su alcance de acuerdo con los términos de dicho contrato.

Subrogación en el seguro de accidentes de trabajo

Art. 1100. Las normas de los artículos 1096 y siguientes se aplican también al seguro de accidentes de trabajo si así lo convinieren las partes.

Subrogación real a favor del acreedor hipotecario o prendario

Art. 1101. La indemnización a cargo de los aseguradores se subrogará a la cosa hipotecada o dada en prenda para el efecto de radicar sobre ella los derechos reales del acreedor hipotecario o prendario. Pero el asegurador que, de buena fe, haya efectuado el pago, no incurrirá en responsabilidad frente a dicho acreedor.

Lo expresado en este artículo se aplicará a los casos en que se ejercite el derecho de retención y a aquellos en que la cosa asegurada esté embargada o secuestrada judicialmente.

Conc. *Arts. 961, 1187.*

Indemnización en caso de infraseguro

Art. 1102. No hallándose asegurado el íntegro valor del interés, el asegurador sólo estará obligado a indemnizar el daño a prorrata entre la cantidad asegurada y la que no lo esté.

Sin embargo, las partes podrán estipular que el asegurado no soportará parte alguna de la pérdida o deterioro sino en el caso de que el monto de éstos exceda de la suma asegurada.

Cláusulas que obligan al asegurado a soportar una cuota en el riesgo

Art. 1103. Las cláusulas según las cuales el asegurado deba soportar una cuota en el riesgo o en la pérdida, o afrontar la primera parte del daño, implican, salvo estipulación en contrario, la prohibición para el asegurado de protegerse respecto de tales cuotas, mediante la contratación de un seguro adicional. La infracción de esta norma producirá la terminación del contrato original.

Vicios propios de las cosas no hacen parte del riesgo

Art. 1104. La avería, merma o pérdida de una cosa, provenientes de su vicio propio, no estarán comprendidas dentro del riesgo asumido por el asegurador.

Entiéndese por vicio propio el germen de destrucción o deterioro que llevan en sí las cosas por su propia naturaleza o destino, aunque se las suponga de la más perfecta calidad en su especie.

Exclusión de riesgos catastróficos

Art. 1105. Se entenderán igualmente excluidos del contrato de seguro las pérdidas o daños que sufran los objetos asegurados, o los demás perjuicios causados por:

1) Guerra civil o internacional, motines, huelgas, movimientos subversivos o, en general, conmociones populares de cualquier clase, y

2) Erupciones volcánicas, temblores de tierra o cualesquiera otras convulsiones de la naturaleza.

Transmisión del interés asegurado

Art. 1106. La transmisión por causa de muerte del interés asegurado, o de la cosa a que esté vinculado el seguro, dejará subsistente el contrato a nombre del adquirente, a cuyo cargo quedará el cumplimiento de las obligaciones pendientes en el momento de la muerte del asegurado.

Pero el adjudicatario tendrá un plazo de quince días contados a partir de la fecha de la sentencia aprobatoria de la partición para comunicar al asegurador la adquisición respectiva. A falta de esta comunicación se produce la extinción del contrato.

Conc. *Art. 1162.*

Transferencia del interés asegurado

Art. 1107. La transferencia por acto entre vivos del interés asegurado o de la cosa a que esté vinculado el seguro, producirá automáticamente la extinción del contrato, a menos que subsista un interés asegurable en cabeza del asegurado. En este caso, subsistirá el contrato en la medida necesaria para proteger tal interés, siempre que el asegurado informe de esta circunstancia al asegurador dentro de los diez días siguientes a la fecha de la transferencia.

La extinción creará a cargo del asegurador la obligación de devolver la prima no devengada.

El consentimiento expreso del asegurador, genérica o específicamente otorgado, dejará sin efectos la extinción del contrato a que se refiere el inciso primero de este artículo.

Conc. Arts. 1051, 1124, 1162.

Excepciones oponibles al adquirente

Art. 1108. En los casos de los artículos 1106 y 1107 el asegurador tendrá derecho de oponer al adquirente del seguro todas las excepciones relativas al contrato, oponibles al asegurado original.

Terminación del contrato por pérdida de la cosa ajena al seguro

Art. 1109. Se producirá igualmente la extinción del contrato, con la obligación a cargo del asegurador de devolver la prima no devengada, si la cosa asegurada o a la cual está ligado el seguro, se destruye por hecho o causa extraños a la protección derivada de aquél. Si la destrucción es parcial, la extinción se producirá parcialmente y habrá lugar asimismo a la devolución de la prima respectiva.

Conc. Arts. 1056, 1070, 1104, 1105.

Pago de la indemnización

Art. 1110. La indemnización será pagadera en dinero, o mediante la reposición, reparación o reconstrucción de la cosa asegurada, a opción del asegurador.

Conc. Art. 1162.

Reducción de la suma asegurada en el valor de la indemnización

Art. 1111. La suma asegurada se entenderá reducida, desde el momento del siniestro, en el importe de la indemnización pagada por el asegurador.

Abandono de las cosas aseguradas con ocasión de un siniestro

Art. 1112. Al asegurado o al beneficiario, según el caso, no le estará permitido el abandono de las cosas aseguradas, con ocasión de un siniestro, salvo acuerdo en contrario.

SECCIÓN II. SEGURO DE INCENDIO

Responsabilidad del asegurador

Art. 1113. El asegurador contra el riesgo de incendio responde por los daños materiales de que sean objeto las cosas aseguradas, por causa de fuego hostil o rayo, o de sus efectos inmediatos, como el calor, el humo.

Responde igualmente cuando tales daños sean consecuencia de las medidas adoptadas para evitar la propagación del incendio.

Daños por explosión

Art. 1114. El asegurador no responderá por las consecuencias de la explosión, a menos que ésta sea efecto del incendio.

Exclusión de la combustión espontánea

Art. 1115. El daño o la pérdida de una cosa, proveniente de su combustión espontánea, no están comprendidos dentro de la extensión del riesgo asumido por el asegurador.

Apropiación de cosas aseguradas por terceros

Art. 1116. Aunque se produzca con ocasión del incendio, la apropiación por un tercero de las cosas aseguradas no compromete la responsabilidad del asegurador.

SECCIÓN III. SEGURO DE TRANSPORTE

Certificado de seguro

Art. 1117. Modificado por el Decreto 1 de 1990, art. 43. Además de las enunciaciones exigidas en el artículo 1047, el certificado de seguro deberá contener:

1) La forma como se haya hecho o deba hacerse el transporte.

2) La designación del punto donde hayan sido o deban ser recibidas las mercancías aseguradas y el lugar de la entrega, es decir, el trayecto asegurado, sin perjuicio de lo dispuesto en el inciso segundo del artículo siguiente, y

3) Las calidades específicas de las mercancías aseguradas con expresión del número de bultos.

El certificado de seguro de transporte puede ser nominativo, a la orden o al portador. La cesión de los certificados nominativos puede hacerse aún sin el consentimiento del asegurador, a menos que se estipule lo contrario.

Parágrafo. En la póliza automática, el certificado de seguro tiene también la función de especificar y valorar las mercancías genéricamente señaladas en la póliza. El certificado puede emitirse aún después de que ha transcurrido el riesgo u ocurrido o podido ocurrir el siniestro.

***Conc.** Arts. 648, 651, 668, 1047, 1050, 1051.*

Extensión de la responsabilidad del asegurador

Art. 1118. Modificado por el Decreto 1 de 1990, art. 44. La responsabilidad del asegurador principia desde el momento en que el transportador recibe o ha debido hacerse cargo de las mercancías objeto del seguro y concluye con su entrega al destinatario.

Con todo, esta responsabilidad podrá extenderse, a voluntad de las partes, a cubrir la permanencia de los bienes asegurados en los lugares iniciales o finales del trayecto asegurado.

Apropiación de la prima del asegurador

Art. 1119. El asegurador ganará irrevocablemente la prima desde el momento en que los riesgos comiencen a correr por su cuenta.

Riesgos cubiertos

Art. 1120. El seguro de transporte comprenderá todos los riesgos inherentes al transporte. Pero el asegurador no está obligado a responder por los deterioros causados por el simple transcurso del tiempo, ni por los riesgos expresamente excluidos del amparo.

Conc. *Arts. 994, 1056.*

Daños por culpa o dolo

Art. 1121. El asegurador responderá de los daños causados por culpa o dolo de los encargados de la recepción, transporte o entrega de los efectos asegurados, sin perjuicio de la subrogación a que tiene derecho de conformidad con el artículo 1096.

Conc. *Art. 1096.*

Suma asegurada y límites de la indemnización

Art. 1122. Modificado por el Decreto 1 de 1990, art. 45. En la suma asegurada se entenderá incluido, además del costo de las mercancías aseguradas, en el lugar de destino, el lucro cesante si así se hubiere convenido.

En los seguros relativos al transporte terrestre, si éste lo realiza un tercero, salvo pacto en contrario, la indemnización por concepto de dano emergente a cargo del asegurador tendrá como límite máximo el valor declarado por el remitente según el inciso tercero del artículo 1010, o en su defecto, el valor determinado conforme al inciso sexto del artículo 1031 de este Código.

Conc. *Arts. 1010, 1031.*

Abandono en favor del asegurador

Art. 1123. El asegurado no podrá hacer dejación total o parcial de los objetos averiados, a favor del asegurador, salvo estipulación en contrario.

Sujetos que pueden contratar

Art. 1124. Modificado por el Decreto 1 de 1990, art. 46. Podrán contratar el seguro de transporte no sólo el propietario de la mercancía, sino también todos aquellos que tengan responsabilidad en su conservación, tales como el comisionista o la empresa de transporte, expresando en la póliza si el interés asegurado es la mercancía o la responsabilidad por el transporte de la mercancía.

Normas no aplicables

Art. 1125. No serán aplicables al seguro de transporte el ordinal 6°. del artículo 1047 ni los artículos 1070, 1071 y 1107.

Remisión normativa al seguro marítimo

Art. 1126. En los casos no previstos en esta sección se aplicarán las disposiciones sobre el seguro marítimo.

SECCIÓN IV. SEGURO DE RESPONSABILIDAD

Obligaciones y propósito

Art. 1127. Modificado por la Ley 45 de 1990, artículo 84. El seguro de responsabilidad impone a cargo del asegurador la obligación de indemnizar los perjuicios patrimoniales que cause el asegurado con motivo de determinada responsabilidad en que incurra de acuerdo con la ley y tiene como propósito el resarcimiento de la víctima, la cual, en tal virtud, se constituye en el beneficiario de la indemnización, sin perjuicio de las prestaciones que se le reconozcan al asegurado.

Son asegurables la responsabilidad contractual y la extracontractual, al igual que la culpa grave, con la restricción indicada en el artículo 1055.

Conc. *Art. 1055.*

Responsabilidad adicional por costos del proceso

Art. 1128. Modificado por la Ley 45 de 1990, artículo 85. El asegurador responderá, además, aun en exceso de la suma asegurada por los costos del proceso que el tercero damnificado o sus causahabientes promuevan en su contra o la del asegurado, con las salvedades siguientes.

1) Si la responsabilidad proviene de dolo o está expresamente excluida del contrato de seguro;

2) Si el asegurado afronta el proceso contra orden expresa del asegurador, y

3) Si la condena por los perjuicios ocasionados a la víctima excede la suma que, conforme a los artículos pertinentes de este título, delimita la responsabilidad del asegurador, éste sólo responderá por los gastos del proceso en proporción a la cuota que le corresponda en la indemnización.

Nulidad del seguro de responsabilidad profesional

Art. 1129. Será nulo, de nulidad absoluta, el seguro de responsabilidad profesional cuando la profesión y su ejercicio no gocen de la tutela del Estado o cuando, al momento de celebrarse el contrato, el asegurado no sea legalmente hábil para ejercer la profesión.

Conc. *Art. 899.*

Causal especial de terminación del contrato de responsabilidad profesional

Art. 1130. El seguro de responsabilidad profesional válidamente contratado terminará cuando el asegurado sea legalmente inhabilitado para el ejercicio de su profesión.

Configuración del siniestro en el seguro de responsabilidad civil

Art. 1131. Modificado por la Ley 45 de 1990, artículo 86. En el seguro de responsabilidad se entenderá ocurrido el siniestro en el momento en que acaezca el hecho externo imputable al asegurado, fecha a partir de la cual correrá la prescripción respecto de la víctima. Frente al asegurado ello ocurrirá desde cuando la víctima le formula la petición judicial o extrajudicial.

Conc. *Ley 189 de 1997, art. 4º; Ley 491 de 1999, art. 9º.*

NOTA: Las expresiones subrayadas fueron declaradas exequibles por la Corte Constitucional en la Sentencia C-388 de 2008.

Prelación del crédito del damnificado en liquidación obligatoria

Art. 1132. En caso de quiebra o concurso de acreedores del asegurado, el crédito del damnificado gozará del orden de prelación asignado a los créditos de primera clase, a continuación de los del fisco.

NOTA: En donde dice quiebra debe leerse liquidación obligatoria.

Acción de los damnificados en el seguro de responsabilidad

Art. 1133. Modificado por la Ley 45 de 1990, artículo 87. En el seguro de responsabilidad civil los damnificados tienen acción directa contra el asegurador. Para acreditar su derecho ante el asegurador de acuerdo con el artículo 1077, la víctima en ejercicio de la acción directa podrá en un sólo proceso demostrar la responsabilidad del asegurado y demandar la indemnización del asegurador.

Conc. *Art. 1077; Ley 491 de 1999, art. 5º.*

SECCIÓN V. REASEGURO

Responsabilidad del reasegurador

Art. 1134. Modificado por la Ley 45 de 1990, artículo 88. En virtud del contrato de reaseguro el reasegurador contrae con el asegurador directo las mismas obligaciones que éste ha contraído con el tomador o asegurado y comparte análoga suerte en el desarrollo del contrato de seguro, salvo que se compruebe la mala fe del asegurador, en cuyo caso el contrato de reaseguro no surtirá efecto alguno.

La responsabilidad del reasegurador no cesará, en ningún caso, con anterioridad a los términos de prescripción de las acciones que se derivan del contrato de seguro.

Estos términos no pueden ser modificados por las partes.

Ausencia de acción directa contra el reasegurador por el asegurado

Art. 1135. El reaseguro no es un contrato a favor de tercero. El asegurado carece, en tal virtud de acción directa contra el reasegurador, y éste de obligaciones para con aquél.

Normas imperativas y supletivas

Art. 1136. Los preceptos de este título, salvo los de orden público y los que dicen relación a la esencia del contrato de seguro, sólo se aplicarán al contrato de reaseguro en defecto de estipulación contractual.

CAPÍTULO III
SEGUROS DE PERSONAS

SECCIÓN I. PRINCIPIOS COMUNES A LOS SEGUROS DE PERSONAS

Interés asegurable

Art. 1137. Toda persona tiene interés asegurable:

1) En su propia vida;

2) En la de las personas a quienes legalmente pueda reclamar alimentos, y

3) En la de aquellas cuya muerte o incapacidad pueden aparejarle un perjuicio económico, aunque éste no sea susceptible de una evaluación cierta.

En los seguros individuales sobre la vida de un tercero, se requiere el consentimiento escrito del asegurado, con indicación del valor del seguro y del nombre del beneficiario. Los menores adultos darán su consentimiento personalmente y no por conducto de sus representantes legales.

En defecto del interés o del consentimiento requeridos al tenor de los incisos que anteceden, o en caso de suscripción sobre la vida de un incapaz absoluto, el contrato no producirá efecto alguno y el asegurador estará obligado a restituir las primas percibidas. Sólo podrá retener el importe de sus gastos, si ha actuado de buena fe.

Límite del interés asegurable

Art. 1138. En los seguros de personas, el valor del interés no tendrá otro límite que el que libremente le asignen las partes contratantes, salvo en cuanto al perjuicio a que se refiere el ordinal 3° del artículo 1137 sea susceptible de evaluación cierta.

Improcedencia de subrogación contra los causantes del siniestro

Art. 1139. La subrogación a que se refiere el artículo 1096 no tendrá cabida en esta clase de seguros.

Amparos con carácter indemnizatorio

Art. 1140. Los amparos de gastos que tengan un carácter de daño patrimonial, como gastos médicos, clínicos, quirúrgicos o farmacéuticos tendrán carácter indemnizatorio y se regularán por las normas del capítulo II cuando éstas no contraríen su naturaleza.

Beneficiarios gratuitos y onerosos

Art. 1141. Será beneficiario a título gratuito aquel cuya designación tiene por causa la mera liberalidad del tomador. En los demás casos, el beneficiario será a título oneroso. En defecto de estipulación en contrario, se presumirá que el beneficiario ha sido designado a título gratuito.

Beneficiarios supletivos

Art. 1142. Cuando no se designe beneficiario, o la designación se haga ineficaz o quede sin efecto por cualquier causa, tendrán la calidad de tales el cónyuge del asegurado, en la mitad del seguro, y los herederos de éste en la otra mitad.

Igual regla se aplicará en el evento de que se designe genéricamente como beneficiarios a los herederos del asegurado.

Conc. *Art. 1162.*

NOTA: La expresión subrayada fue declarada exequible por la Corte Constitucional en la Sentencia C-844 de 2010, en el entendido de que se debe entender extensiva esta disposición a los compañeros permanentes.

Transmisión del derecho por muerte de asegurado y beneficiario

Art. 1143. Cuando el asegurado y el beneficiario mueren simultáneamente o se ignora cuál de los dos ha muerto primero, tendrán derecho al seguro el cónyuge y los herederos del asegurado, en las proporciones indicadas en el artículo anterior, si el título de beneficiario es gratuito; si es oneroso, los herederos del beneficiario.

Conc. *Art. 1162; C.C., arts. 95, 1015.*

Pago al acreedor en el seguro de vida del deudor

Art. 1144. En los seguros sobre la vida del deudor, el acreedor sólo recibirá una parte del seguro igual al monto no pagado de la deuda. El saldo será entregado a los demás beneficiarios.

Conc. *Art. 1162.*

Ausencia o muerte presunta de la persona asegurada

Art. 1145. La mera ausencia y desaparición de la persona cuya vida ha sido asegurada, no concede derecho a la cantidad asegurada. Pero ésta podrá reclamarse si se produce la declaración de muerte presunta por desaparecimiento, bajo caución de restituirla si el ausente reapareciere.

Conc. *Art. 1162; C.C., arts. 65, 96 y ss.; C.G.P., art. 584.*

Designación y revocación de beneficiarios

Art. 1146. Serán derechos intransferibles e indelegables del asegurado los de hacer y revocar la designación de beneficiario. Pero el asegurado no podrá revocar la designación de beneficiario hecha a título oneroso, ni desmejorar su condición mientras subsista el interés que las legitima, a menos que dicho beneficiario consienta en la revocación o desmejora.

Conc. *Art. 1162.*

Beneficiario en garantía

Art. 1147. Si la designación de beneficiario a título oneroso se ha hecho en garantía de un crédito, al devenir este exigible, podrá el beneficiario reclamar directamente al asegurador el valor de rescate, hasta concurrencia de su crédito.

Beneficiarios a título gratuito u oneroso

Art. 1148. El beneficiario a título gratuito carecerá, en vida del asegurado, de un derecho propio en el seguro contratado a su favor. Lo tendrá el beneficiario a título oneroso, pero no podrá ejercerlo sin el consentimiento escrito del asegurado.

Con la muerte del asegurado nacerá, o se consolidará, según el caso, el derecho del beneficiario.

Cesión y cambio de beneficiario

Art. 1149. La cesión del contrato de seguro sólo será oponible al asegurador si éste la ha aceptado expresamente.

El simple cambio de beneficiario sólo requerirá ser oportunamente notificado por escrito al asegurador.

Conc. *Art. 887.*

Pérdida del derecho del beneficiario

Art. 1150. No tendrá derecho a reclamar el valor del seguro el beneficiario que, como autor o como cómplice, haya causado intencional e injustificadamente la muerte del asegurado o atentado gravemente contra su vida.

Conc. *Art. 1162.*

SECCIÓN II. SEGURO DE VIDA

Incumplimiento del pago de la primera prima

Art. 1151. Cuando el asegurado no pague la primera prima o la primera cuota de ésta, no podrá el asegurador exigir judicialmente su pago; pero tendrá derecho a que se le reembolsen los gastos efectuados con miras a la celebración del contrato.

Conc. *Art. 1162.*

Terminación del contrato por no pago de las primas

Art. 1152. Salvo lo previsto en el artículo siguiente, el no pago de las primas dentro del mes siguiente a la fecha de cada vencimiento, producirá la terminación del contrato sin que el asegurador tenga derecho para exigirlas.

Incumplimiento después de pagar primas por dos años

Art. 1153. El seguro de vida no se entenderá terminado una vez que hayan sido cubiertas las primas correspondientes a los dos primeros años de su vigencia, sino cuando el valor de las primas atrasadas y el de los préstamos efectuados con sus intereses, excedan del valor de cesión o rescate a que se refiere el artículo siguiente.

Prelación de créditos en liquidación del asegurador

Art. 1154. Sin perjuicio de las compensaciones a que haya lugar, los créditos del beneficiario contra el asegurador, en los seguros de vida tendrán el orden de preferencia asignado a los créditos de primera clase, a continuación de los del fisco, y los valores de cesión o de rescate se excluirán de la masa.

***Conc.** Art. 1162.*

Opciones del asegurado respecto del valor de la cesión

Art. 1155. Salvo lo dispuesto en el artículo 1147, el valor de cesión o rescate se aplicará, a opción del asegurado, después de transcurridos dos años de vigencia del seguro:

1) Al pago en dinero;

2) Al pago de un seguro saldado, y

3) A la prórroga del seguro original.

***Conc.** Art. 1162.*

Aplicación del valor de cesión al arbitrio del asegurador

Art. 1156. Si dentro del mes de gracia a que se refiere el artículo 1152, el asegurado no se acoge a una de las opciones indicadas, el asegurador podrá, a su arbitrio, aplicar el valor de cesión o rescate a la prórroga del seguro original o al pago de las primas e intereses causados.

Seguros conjuntos o recíprocos

Art. 1157. Serán válidos los seguros conjuntos, en virtud de los cuales dos o más personas, mediante un mismo contrato, se aseguran recíprocamente, una o varias en beneficio de otra u otras.

Seguro sin examen médico

Art. 1158. Aunque el asegurador prescinda del examen médico, el asegurado no podrá considerarse exento de las obligaciones a que se refiere el artículo 1058 ni de las sanciones a que su infracción dé lugar.

Conc. *Art. 1058.*

Prohibición de revocación unilateral por el asegurador

Art. 1159. El asegurador no podrá, en ningún caso, revocar unilateralmente el contrato de seguro de vida. La revocación efectuada a solicitud del asegurado dará lugar a la devolución del saldo del valor de cesión o rescate.

Conc. *Art. 1162.*

Caducidad del derecho de reducir el valor del seguro

Art. 1160. Transcurridos dos años en vida del asegurado, desde la fecha del perfeccionamiento del contrato, el valor del seguro de vida no podrá ser reducido por causa de error en la declaración de asegurabilidad.

Conc. *Art. 1058.*

Inexactitud respecto de la edad del asegurado

Art. 1161. Si respecto a la edad del asegurado se comprobare inexactitud en la declaración de asegurabilidad, se aplicarán las siguientes normas:

1) Si la edad verdadera está fuera de los límites autorizados por la tarifa del asegurador, el contrato quedará sujeto a la sanción prevista en el artículo 1058;

2) Si es mayor que la declarada, el seguro se reducirá en la proporción necesaria para que su valor guarde relación matemática con la prima anual percibida por el asegurador, y

3) Si es menor, el valor del seguro se aumentará en la misma proporción establecida en el ordinal segundo.

Conc. *Art. 1058.*

Normas imperativas

Art. 1162. Fuera de las normas que, por su naturaleza o por su texto, son inmodificables por la convención en este título, tendrán igual carácter las de los artículos 1058 (incisos 1°, 2° y 4°), 1065, 1075, 1079, 1089, 1091, 1092, 1131, 1142, 1143, 1144, 1145, 1146, 1150, 1154 y 1159. Y sólo podrán modificarse en sentido favorable al tomador, asegurado o beneficiario los consignados en los artículos 1058 (inciso 3°), 1064, 1067, 1068, 1069, 1070, 1071, 1078 (inciso 1°), 1080, 1093, 1106, 1107, 1110, 1151, 1153, 1155, 1160 y 1161.

TÍTULO VI
EL MUTUO

Intereses y prueba de su pago

Art. 1163. Salvo pacto expreso en contrario, el mutuario deberá pagar al mutuante los intereses legales comerciales de las sumas de dinero o del valor de las cosas recibidas en mutuo.

Salvo reserva expresa, el documento de recibo de los intereses correspondientes a un período de pago hará presumir que se han pagado los anteriores.

Conc. *Arts. 877, 879, 884; C.C., arts. 2221, 2222.*

Fijación del plazo de restitución

Art. 1164. Si no se estipula un término cierto para la restitución, o si éste se deja a la voluntad o a las posibilidades del mutuario, se hará su fijación por el juez competente, tomando en consideración las estipulaciones del contrato, la naturaleza de la operación a que se haya destinado el préstamo y las circunstancias personales del mutuante y del mutuario.

El procedimiento que se seguirá en estos casos será el breve y sumario regulado en el Código de Procedimiento Civil.

Conc. *C.G.P., art. 390.*

NOTA: Actualmente, el trámite para este proceso corresponde al verbal, de conformidad con el Código General del Proceso.

Restitución de cosas distintas al dinero

Art. 1165. Cuando el mutuo no sea en dinero y la restitución de las cosas se haga imposible o notoriamente difícil, por causas no imputables al mutuario, éste deberá pagar el valor correspondiente a tales cosas en la época y lugar en que debe hacerse la devolución.

Art. 1166. *Derogado por la Ley 45 de 1990, art. 99.*

Indemnización de daños por vicios ocultos

Art. 1167. El mutuante deberá indemnizar los daños que por los vicios ocultos o la mala calidad de la cosa mutuada sufra el mutuario, si éste los ha ignorado o podido ignorar sin su culpa.

Cuando el mutuo se estipule sin intereses, el mutuante sólo estará obligado a la indemnización indicada si teniendo conocimiento de la mala calidad o vicios ocultos de la cosa mutuada, no haya advertido de ellos al mutuario.

Prohibición de simulación de intereses legales

Art. 1168. Prohíbense los pactos que conlleven la simulación de los intereses legalmente admitidos.

Conc. *Art. 884; Ley 45 de 1990, art. 68.*

Promesa de mutuo

Art. 1169. Quien prometa dar en mutuo puede abstenerse de cumplir su promesa, si las condiciones patrimoniales del otro contratante se han alterado en tal forma que hagan notoriamente difícil la restitución, a menos que el prometiente mutuario le ofrezca garantía suficiente.

Conc. *Art. 861.*

TÍTULO VII
DEL DEPÓSITO

CAPÍTULO I
GENERALIDADES

Onerosidad

Art. 1170. El depósito mercantil es por naturaleza remunerado. La remuneración del depositario se fijará en el contrato o, en su defecto, conforme a la costumbre y, a falta de ésta, por peritos.

Conc. *C.C., arts. 2236, 2237.*

NOTA: La controversia mencionada en esta norma se resuelve actualmente mediante el procedimiento verbal sumario, de conformidad con el artículo 390 del C.G.P.

Responsabilidad del depositario

Art. 1171. El depositario responderá hasta de culpa leve en la custodia y conservación de la cosa. Se presumirá que la pérdida o deterioro se debe a culpa del depositario, el cual deberá probar la causa extraña para liberarse.

Prohibiciones del depositario

Art. 1172. El depositario no podrá servirse de la cosa depositada ni darla a otro en depósito sin el consentimiento del depositante, excepto cuando la costumbre lo autorice o sea necesario para la conservación de la cosa.

Si circunstancias urgentes le obligaren a custodiar la cosa en forma distinta de la pactada, deberá avisarlo inmediatamente al depositante.

Conc. *Ley 1116 de 2006, art. 55.*

Depósito de dinero en garantía

Art. 1173. Cuando se deposite una suma de dinero en garantía del cumplimiento de una obligación, el depositario sólo estará obligado a hacer la restitución en cuanto al exceso del depósito sobre lo que el deudor deba pagar en razón del crédito garantizado.

Restitución de la cosa depositada

Art. 1174. La cosa dada en depósito deberá ser restituida al depositante cuando lo reclame, a no ser que se hubiere fijado un plazo en interés del depositario.

El depositario podrá, por justa causa, devolver la cosa antes del plazo convenido. Si no se hubiere fijado término, el depositario que quiera restituir la cosa deberá avisar al depositante con una prudencial antelación, según la naturaleza de la cosa.

La restitución de la cosa supone la de sus frutos y accesorios.

Pluralidad de depositantes o depositarios

Art. 1175. Cuando sean varios los depositantes de la cosa y discrepen sobre su restitución, ésta deberá hacerse en la forma que establezca el juez.

La misma norma se aplica cuando al depositante le suceden varios herederos, si la cosa no es divisible.

Cuando sean varios los depositarios, el depositante podrá exigir la restitución a aquel o aquellos que tengan la cosa. El depositario requerido debe comunicar de inmediato el hecho a los demás.

Depósito en interés de tercero

Art. 1176. Si la cosa se depositare también en interés de tercero y éste hubiere comunicado su conformidad al depositante y al depositario, no podrá restituirse la cosa sin consentimiento del tercero.

Derecho de retención

Art. 1177. El depositario podrá retener la cosa depositada para garantizar el pago de las sumas líquidas que le deba el depositante, relacionadas directamente con el depósito.

Lugar y gastos de restitución

Art. 1178. Salvo estipulación en contrario, la restitución de la cosa debe hacerse en el lugar en que debía custodiarse. Los gastos de la restitución son de cargo del depositante.

Depósito de cosas fungibles

Art. 1179. En el depósito de cosas fungibles el depositante podrá convenir con el depositario en que le restituya cosas de la misma especie y calidad.

En este caso, sin que cesen las obligaciones propias del depositario adquirirá la propiedad de las cosas depositadas.

CAPÍTULO II
DEPÓSITO EN ALMACENES GENERALES

Modalidades

Art. 1180. El depósito en almacenes generales podrá versar sobre mercancías y productos individualmente especificados; sobre mercancías y productos genéricamente designados, siempre que sean de una calidad homogénea, aceptada y usada en el comercio; sobre mercancías y productos en proceso de transformación o de beneficio; y sobre mercancías y productos que se hallen en tránsito por haber sido remitidos a los almacenes en la forma acostumbrada en el comercio.

Conc. *Arts. 757 y ss.*

Depósito de mercancías y productos genéricamente designados

Art. 1181. En el depósito de mercancías y productos genéricamente designados los almacenes están obligados a mantener una existencia igual en cantidad y calidad, y serán de su cargo las pérdidas que ocurran por alteración o descomposición, salvo las mermas naturales cuyo monto haya quedado expresamente determinado en el certificado de depósito y en el bono de prenda.

Certificados y bonos de prenda sobre mercancías en proceso

Art. 1182. Para que los almacenes generales puedan expedir certificados de depósito y bonos de prenda sobre mercancías en proceso de transformación o de beneficio, deberán expresar en los títulos las circunstancias de estar en dicho proceso e indicar el producto o productos que se obtendrán.

Certificados y bonos de prenda sobre mercancías en tránsito

Art. 1183. Los almacenes generales podrán expedir certificados de depósito y bonos de prenda, sobre mercancías en tránsito, siempre que ellos mismos tengan el carácter de destinatarios.

En este caso, se anotarán en los títulos el nombre del transportador y los lugares de cargue y descargue. Así mismo las mercancías deberán asegurarse contra los riesgos del transporte.

El almacén no responderá de las mermas ocasionadas por el transporte.

***Conc.** Art. 1016.*

Restitución de la mercancía al tenedor del certificado

Art. 1184. Quien únicamente sea tenedor del certificado de depósito en el cual conste la emisión del bono en prenda no podrá reclamar la restitución de las cosas depositadas, sin haber pagado previamente la deuda garantizada con el bono de prenda y sus intereses hasta el día del vencimiento.

El tenedor del certificado cuando no se haya emitido bono de prenda o el tenedor de ambos títulos hará, en caso de rechazo por el almacén, el correspondiente protesto, como se prevé en el artículo 795 o en el 706 para ejercitar la acción de regreso.

Tal pago podrá hacerse aunque el plazo de la obligación no esté vencido, consignando su valor en el respectivo almacén. Este depósito obliga al almacén y libera la mercancía.

***Conc.** Arts. 706, 765, 795, 796.*

Documentos que deben conservar los almacenes generales de depósito

Art. 1185. Los almacenes generales conservarán un documento, en él anotarán los mismos datos exigidos para los certificados de depósito y los formularios de bono de prenda.

***Conc.** Art. 759.*

Expedición de certificados y bonos de prenda sobre mercancías libres de gravámenes

Art. 1186. Para que puedan expedirse certificados de depósito y bonos de prenda, es necesario que las mercancías correspondientes se hallen libres de todo gravamen o embargo judicial que haya sido previamente notificado al almacén general. Cuando el gravamen o embargo no hubiere sido notificado antes de la expedición de los documentos, será inoponible a los tenedores.

Conc. *Art. 757.*

Seguros sobre mercancías depositadas

Art. 1187. Las mercancías depositadas deberán asegurarse contra incendio y podrán serlo contra otros riesgos.

Tanto el tenedor del certificado de depósito como el del bono tendrán sobre el valor de los seguros, en caso de siniestro, los mismos derechos que tendrían sobre las mercancías aseguradas.

Conc. *Arts. 1101, 1113.*

Derecho de retención

Art. 1188. El almacén general podrá ejercer los derechos de retención y privilegio únicamente para hacerse pagar los derechos de almacenaje, las comisiones y gastos de venta.

Retiro o venta de las mercancías

Art. 1189. Si las mercancías depositadas corren el riesgo de deterioro o de causar daños a otros efectos depositados, el almacén general deberá notificarlo al depositante y a los tenedores del certificado de depósito y del bono de prenda, si fuere posible, para que sean retiradas del almacén dentro de un término prudencial, y en caso de que el retiro no se verifique dentro del término fijado, podrá venderlas en pública subasta, en el mismo almacén o en un martillo.

Lo dispuesto en el inciso anterior se aplicará al caso de que las mercancías no sean retiradas a la expiración del plazo del depósito, o transcurridos treinta días del requerimiento privado al depositante o al adjudicatario de las mercancías en la subasta, para que las retire, si no existe término pactado.

El producto de las ventas, hechas las deducciones de que trata el artículo anterior, quedará en poder del almacén a disposición del tenedor del certificado de depósito y del bono de prenda o en depósito de garantía si dicho bono hubiere sido negociado separadamente del certificado de depósito.

Conc. *Art. 798.*

División del depósito

Art. 1190. Quien sea a la vez titular del certificado de depósito y del bono de prenda tendrá derecho de pedir que la cosa depositada se divida en varios lotes y que por cada uno le sea entregado un certificado distinto con su correspondiente bono de prenda, a cambio del certificado total y único que devolverá al almacén general. Los costos de la operación serán de cargo del interesado.

Igual derecho tendrá el tenedor de solo el bono de prenda, pero en este caso el almacén notificará previamente al tenedor del certificado de depósito para que devuelva el certificado total y único y reciba los parciales.

Conc. *Art. 757.*

Reglamentación

Art. 1191. El Gobierno reglamentará lo dispuesto en este capítulo.

TÍTULO VIII
DEL CONTRATO DE HOSPEDAJE

Naturaleza mercantil

Art. 1192. El contrato de hospedaje será mercantil cuando el alojamiento y servicios accesorios se presten por empresas dedicadas a esa actividad.

Conc. *Ley 300 de 1996, art. 79.*

Reglamentación oficial

Art. 1193. El contrato de hospedaje se ajustará al reglamento que expida el funcionario u organismo que determine el Gobierno.

Conc. *Ley 300 de 1996, art. 81.*

Limitación de responsabilidad

Art. 1194. El reglamento oficial podrá limitar la cuantía de la responsabilidad del empresario cualquiera que sea el monto de los perjuicios.

Depósito de objetos de valor

Art. 1195. Los huéspedes tendrán derecho a entregar bajo recibo a los empresarios o administradores de hoteles, fondas, pensiones, cochescamas, clínicas, sanatorios, hospitales y empresas similares, dinero y objetos de valor para su custodia.

El empresario sólo podrá negarse a recibirlos cuando sean objetos de cuantioso valor o excesivamente voluminosos.

Responsabilidad del empresario

Art. 1196. La responsabilidad del empresario será la del depositario. Esta cesará cuando la sustracción, pérdida o deterioro de las cosas depositadas sean imputables a culpa grave del depositante, de sus empleados, visitantes o acompañantes, o a la naturaleza o vicio de la cosa.

Conc. *Art. 1171.*

Terminación del contrato

Art. 1197. Este contrato terminará:

1) Por el vencimiento del plazo;

2) A falta de plazo, por aviso dado por una de las partes a la otra, con doce horas de anticipación;

3) Por falta de pago;

4) Por infracción del reglamento oficial, y

5) Por las demás causales expresamente pactadas.

Inventario y retiro del equipaje

Art. 1198. Terminado el contrato por el empresario, éste procederá ante testigos, a elaborar y suscribir un inventario de los efectos o equipaje del cliente y podrá retirarlos del alojamiento.

Subasta por falta de pago

Art. 1199. Si el huésped no pagare su cuenta, el empresario podrá llevar los bienes a un martillo autorizado para que sean enajenados en pública subasta y con su producto se le pague. El remanente líquido se depositará en un banco a disposición del cliente.

TÍTULO IX. DE LA PRENDA

Aplicación objetiva

Art. 1200. Podrá gravarse con prenda toda clase de bienes muebles. La prenda podrá constituirse con o sin tenencia de la cosa.

Conc. *Arts. 300, 310, 410, 411, 532, 659, 757; Ley 1676 de 2013, art. 3º.*

NOTA: La prenda debe entenderse como garantía mobiliaria, según lo dispuesto en la Ley 1676 de 2013.

Prenda de cosa ajena

Art. 1201. No podrá empeñarse cosa ajena sin autorización del dueño. Si constituida la prenda el acreedor tiene conocimiento de que los bienes pignorados son ajenos, tendrá derecho a exigir al deudor otra garantía suficiente o el inmediato pago de la deuda.

Subasta pública

Art. 1202. El juez, a petición de cualquiera de las partes, podrá ordenar que la subasta se haga en martillo, bolsa de valores u otro establecimiento semejante que funcione legalmente en el lugar. Igualmente podrá ordenar que los bienes gravados se subasten por unidades o lotes separados.

Conc. *Ley 1676 de 2013, arts. 60 y ss.*

Art. 1203. *Derogado por la Ley 1676, art. 91.*

CAPÍTULO I
PRENDA CON TENENCIA

Perfeccionamiento

Art. 1204. El contrato de prenda con tenencia se perfeccionará por el acuerdo de las partes; pero el acreedor no tendrá el privilegio que nace del gravamen, sino a partir de la entrega que de la cosa dada en prenda se haga a él o a un tercero designado por las partes.

Si al acreedor no se le entregare la cosa, podrá solicitarla judicialmente.

Gravada una cosa con prenda no podrá pignorarse nuevamente, mientras subsista el primer gravamen. Pero podrá hacerse extensiva la prenda a otras obligaciones entre las mismas partes.

Conc. *Ley 1676 de 2013, arts. 3º, 14, 21, 82.*

NOTA: La prenda con tenencia debe entenderse como garantía mobiliaria, según lo dispuesto en la Ley 1676 de 2013.

Gastos de conservación y derecho de retención

Art. 1205. El deudor estará en la obligación de pagar los gastos necesarios que el acreedor o el tercero tenedor hayan hecho en la conservación de la cosa pignorada y los perjuicios que les hubiese ocasionado su tenencia, imputables a culpa del deudor.

El acreedor tendrá derecho de retener la cosa dada en prenda en garantía del cumplimiento de esta obligación.

Conc. *Ley 1676 de 2013, art. 19.*

Prescripción de la acción real del acreedor

Art. 1206. La acción real del acreedor derivada de la prenda de que trata este capítulo, prescribirá a los cuatro años de ser exigible la obligación.

CAPÍTULO II
PRENDA SIN TENENCIA DEL ACREEDOR

Prenda con desapoderamiento

Art. 1207. Salvo las excepciones legales, podrá gravarse con prenda, conservando el deudor la tenencia de la cosa, toda clase de muebles necesarios para una explotación económica y destinados a ella o que sean resultado de la misma explotación.

Toda prenda sin tenencia del acreedor se regirá por la ley mercantil.

NOTA: La prenda sin tenencia debe entenderse como garantía mobiliaria, según lo dispuesto en la Ley 1676 de 2013.

Art. 1208 a 1210. *Derogados por la Ley 1676 de 2013, art. 91.*

Prenda múltiple

Art. 1211. Cuando sobre una misma cosa se constituyan varias prendas, se determinará su orden de prelación por la fecha del registro.

Conc. *Ley 1676 de 2013, arts. 48, 49.*

Conservación de los bienes gravados

Art. 1212. El deudor tendrá en la conservación de los bienes gravados, las obligaciones y responsabilidades del depositario.

Conc. *Art. 1171; Ley 1676 de 2013, art. 21.*

Prohibición de cambiar ubicación de los bienes pignorados

Art. 1213. El deudor no podrá variar el lugar de ubicación de los bienes pignorados sin previo acuerdo escrito con el acreedor, (del cual se tomará nota tanto en el registro o registros originales como en el correspondiente a la nueva ubicación).

La violación de la anterior prohibición o de cualesquiera obligaciones del deudor, dará derecho al acreedor para solicitar y obtener la entrega inmediata de la prenda o el pago de la obligación principal, aunque el plazo de ésta no se halle vencido, sin perjuicio de las sanciones penales correspondientes.

Conc. *C.P., art. 255.*

NOTA: La expresión en paréntesis fue derogada por el artículo 91 de la Ley 1676 de 2013.

Prenda sobre bienes reputados como inmuebles

Art. 1214. Para la constitución de prenda sobre bienes muebles reputados como inmuebles por el Código Civil, en caso de existir hipoteca sobre el bien a que están incorporados, se requiere el consentimiento del acreedor hipotecario.

Conc. *Ley 1676 de 2013, art. 5º y 59, C.C., arts. 657 a 661, 2432 y ss.*

NOTA: La Ley 1676 de 2013 admite que los bienes muebles por adhesión, destinación y radicación puedan ser constituidos como garantías mobiliarias. Incluso, permite constituir como tales los muebles por anticipación

Frutos pendientes

Art. 1215. La venta de inmuebles cuyos frutos o productos pendientes estén gravados con prenda registrada debidamente, no incluye la tradición de los mismos, a menos que consienta en ello el acreedor o que el adquirente pague el crédito que tales bienes garanticen.

Conc. *Ley 1676 de 2013, art. 59; C.C., arts. 657 a 661, 2432 y ss.*

Enajenación por el deudor de los bienes pignorados

Art. 1216. Los bienes dados en prenda podrán ser enajenados por el deudor, pero sólo se verificará la tradición de ellos al comprador, cuando el acreedor lo autorice o esté cubierto en su totalidad el crédito, debiendo hacerse constar este hecho en el respectivo documento, en nota suscrita por el acreedor.

En caso de autorización del acreedor, el comprador está obligado a respetar el contrato de prenda.

Conc. *Ley 1676 de 2013, arts. 60 y ss.*

NOTA: La expresión subrayada en este artículo fue declarada exequible por la Corte Constitucional en la Sentencia C-400 de 2007.

Derecho de inspección

Art. 1217. El deudor está obligado a permitir al acreedor inspeccionar, según la costumbre, el estado de los bienes objeto de la prenda, so pena de hacerse ipso facto exigible la obligación en caso de incumplimiento.

Conc. *Ley 1676 de 2013, art. 18.*

Disposición de los bienes gravados

Art. 1218. En el contrato se regulará la forma de enajenar o utilizar los bienes gravados y sus productos.

La prenda se extenderá a los productos de las cosas pignoradas y al precio de unos y otras.

Conc. *Ley 1676 de 2013, art. 8º.*

Prenda abierta

Art. 1219. La prenda de que trata este capítulo podrá también constituirse para garantizar obligaciones futuras hasta por una cuantía y por un plazo claramente determinados en el contrato.

Prescripción

Art. 1220. La acción que resulte de esta clase de prenda prescribe al término de dos años, contados a partir del vencimiento de la obligación con ella garantizada.

TÍTULO X
DE LA ANTICRESIS

Aplicación objetiva

Art. 1221. La anticresis puede recaer sobre toda clase de bienes. El contrato se perfecciona con la entrega de la cosa.

El usufructuario puede dar en anticresis su derecho de usufructo.

Conc. *Arts. 413, 533; Ley 1676 de 2913, art. 3º; C.C., art. 653 y ss., 2458 y ss.*

NOTA: La anticresis debe entenderse como garantía mobiliaria, según lo dispuesto en la Ley 1676 de 2013.

Caución e inventario

Art. 1222. El acreedor prestará previamente caución y suscribirá un inventario de los bienes que reciba, a menos que sea exonerado expresamente de estos deberes por el deudor.

Aplicación de las normas del usufructo

Art. 1223. Son aplicables a la anticresis las normas relativas al derecho real de usufructo, en cuanto no sean incompatibles con la naturaleza de aquélla.

El acreedor está especialmente obligado a hacer producir la cosa y a pagar los impuestos que la graven, deduciendo su importe del valor de los frutos; o repitiéndolo del deudor, si éstos no fueren suficientes.

Conc. *C.C., arts. 823 y ss.*

Anticresis de establecimientos de comercio

Art. 1224. La anticresis de un establecimiento de comercio obliga al deudor a ejercer permanentemente actividades de control y no le hace perder, por sí sola, el carácter de comerciante.

Conc. *Art. 533.*

Solidaridad

Art. 1225. Cuando la cosa dada en anticresis sea un establecimiento de comercio, serán solidariamente responsables el deudor y el acreedor anticréticos respecto de los negocios relacionados con el mismo.

TÍTULO XI
DE LA FIDUCIA

Definición

Art. 1226. La fiducia mercantil es un negocio jurídico en virtud del cual una persona, llamada fiduciante o fideicomitente, transfiere uno o más bienes especificados a otra, llamada fiduciario, quien se obliga a administrarlos o enajenarlos para cumplir una finalidad determinada por el constituyente, en provecho de éste o de un tercero llamado beneficiario o fideicomisario.

Una persona puede ser al mismo tiempo fiduciante y beneficiario.

Solo los establecimientos de crédito y las sociedades fiduciarias, especialmente autorizados por la Superintendencia Bancaria, podrán tener la calidad de fiduciarios.

NOTA: Actualmente la entidad encargada de expedir el interés bancario corriente es la Superintendencia Financiera.

Bienes dados en fiducia no entran en el patrimonio de la fiduciaria

Art. 1227. Los bienes objeto de la fiducia no forman parte de la garantía general de los acreedores del fiduciario y sólo garantizan las obligaciones contraídas en el cumplimiento de la finalidad perseguida.

Formalidades

Art. 1228. La fiducia constituida entre vivos deberá constar en escritura pública registrada según la naturaleza de los bienes. La constituida mortis causa, deberá serlo por testamento.

***Conc.** Ley 1116 de 2006, art. 123; Decreto 2555 de 2010, art. 2.5.1.1.1.*

Condición de existencia del fideicomisario

Art. 1229. La existencia del fideicomisario no es necesaria en el acto de constitución del fideicomiso, pero sí debe ser posible y realizarse dentro del término de duración del mismo, de modo que sus fines puedan tener pleno efecto.

Fiducias prohibidas

Art. 1230. Quedan prohibidos:

1) Los negocios fiduciarios secretos;

2) Aquellos en los cuales el beneficio se concede a diversas personas sucesivamente, y

3) *Derogado por la Ley 1328 de 2009, art. 101.*

Inventario y caución especial

Art. 1231. A petición del fiduciante, del beneficiario, o de sus ascendientes, en caso de que aún no exista, el juez competente podrá imponer al fiduciario la obligación de efectuar el inventario de los bienes recibidos en fiducia, así como la de prestar una caución especial.

NOTA. El trámite mencionado en esta norma se resuelve actualmente mediante el procedimiento verbal sumario, de conformidad con el artículo 390 del C.G.P.

Renuncia del fiduciario

Art. 1232. El fiduciario sólo podrá renunciar a su gestión por los motivos expresamente indicados en el contrato.

A falta de estipulación, se presumen causas justificativas de renuncia las siguientes:

1) Que el beneficiario no pueda o se niegue a recibir las prestaciones de acuerdo con el acto constitutivo;

2) Que los bienes fideicomitidos no rindan productos suficientes para cubrir las compensaciones estipuladas a favor del fiduciario, y

3) Que el fiduciante, sus causahabientes o el beneficiario, en su caso, se nieguen a pagar dichas compensaciones.

La renuncia del fiduciario requiere autorización previa del Superintendente Bancario.

NOTA: Las funciones de la Superintendencia Bancaria fueron asumidas por la Superintendencia Financiera.

Patrimonio autónomo

Art. 1233. Para todos los efectos legales, los bienes fideicomitidos deberán mantenerse separados del resto del activo del fiduciario y de los que correspondan a otros negocios fiduciarios, y forman un patrimonio autónomo afecto a la finalidad contemplada en el acto constitutivo.

***Conc.** Decreto 2555 de 2010, art. 2.5.2.1.1.*

Deberes indelegables del fiduciario

Art. 1234. Son deberes indelegables del fiduciario, además de los previstos en el acto constitutivo, los siguientes:

1) Realizar diligentemente todos los actos necesarios para la consecución de la finalidad de la fiducia;

2) Mantener los bienes objeto de la fiducia separados de los suyos y de los que correspondan a otros negocios fiduciarios;

3) Invertir los bienes provenientes del negocio fiduciario en la forma y con los requisitos previstos en el acto constitutivo, salvo que se le haya permitido obrar del modo que más conveniente le parezca;

4) llevar la personería para la protección y defensa de los bienes fideicomitidos contra actos de terceros, del beneficiario y aún del mismo constituyente;

5) Pedir instrucciones al Superintendente Bancario cuando tenga fundadas dudas acerca de la naturaleza y alcance de sus obligaciones o deba apartarse de las autorizaciones contenidas en el acto constitutivo, cuando así lo exijan las circunstancias. En estos casos el Superintendente citará previamente al fiduciante y al beneficiario;

6) Procurar el mayor rendimiento de los bienes objeto del negocio fiduciario, para lo cual todo acto de disposición que realice será siempre oneroso y con fines lucrativos, salvo determinación contraria del acto constitutivo;

7) Transferir los bienes a la persona a quien corresponda conforme al acto constitutivo o a la ley, una vez concluido el negocio fiduciario, y

8) Rendir cuentas comprobadas de su gestión al beneficiario cada seis meses.

***Conc.** Decreto 2555 de 2010, art. 2.5.2.1.1.*

NOTA: Las funciones de la Superintendencia Bancaria fueron asumidas por la Superintendencia Financiera.

Derechos del beneficiario

Art. 1235. El beneficiario tendrá, además de los derechos que le conceden el acto constitutivo y la ley, los siguientes:

1) Exigir al fiduciario el fiel cumplimiento de sus obligaciones y hacer efectiva la responsabilidad por el incumplimiento de ellas;

2) Impugnar los actos anulables por el fiduciario, dentro de los cinco años contados desde el día en que el beneficiario hubiera tenido noticia del acto que da origen a la acción, y exigir la devolución de los bienes dados en fideicomiso a quien corresponda;

3) oponerse a toda medida preventiva o de ejecución tomada contra los bienes dados en fiducia o por obligaciones que no los afectan, en caso de que el fiduciario no lo hiciere, y

4) Pedir al Superintendente Bancario por causa justificada, la remoción del fiduciario y, como medida preventiva, el nombramiento de un administrador interino.

NOTA: Las funciones de la Superintendencia Bancaria fueron asumidas por la Superintendencia Financiera.

Derechos del fiduciante

Art. 1236. Al fiduciante le corresponderán los siguientes derechos:

1) Los que se hubiere reservado para ejercerlos directamente sobre los bienes fideicomitidos;

2) Revocar la fiducia, cuando se hubiere reservado esa facultad en el acto constitutivo, pedir la remoción del fiduciario y nombrar el sustituto, cuando a ello haya lugar;

3) obtener la devolución de los bienes al extinguirse el negocio fiduciario, si cosa distinta no se hubiere previsto en el acto de su constitución;

4) Exigir rendición de cuentas;

5) Ejercer la acción de responsabilidad contra el fiduciario, y

6) En general, todos los derechos expresamente estipulados y que no sean incompatibles con los del fiduciario o del beneficiario o con la esencia de la institución.

Remuneración

Art. 1237. Todo negocio fiduciario será remunerado conforme a las tarifas que al efecto expida la Superintendencia Bancaria.

NOTA: Las funciones de la Superintendencia Bancaria fueron asumidas por la Superintendencia Financiera.

Acciones sobre bienes fideicomitidos

Art. 1238. Los bienes objeto del negocio fiduciario no podrán ser perseguidos por los acreedores del fiduciante, a menos que sus acreencias sean anteriores a la constitución del mismo. Los acreedores del beneficiario solamente podrán perseguir los rendimientos que le reporten dichos bienes.

El negocio fiduciario celebrado en fraude de terceros podrá ser impugnado por los interesados.

Remoción del fiduciario

Art. 1239. A solicitud de parte interesada el fiduciario podrá ser removido de su cargo por el juez competente cuando se presente alguna de estas causales:

1) Si tiene intereses incompatibles con los del beneficiario;

2) Por incapacidad o inhabilidad;

3) Si se le comprueba dolo o grave negligencia o descuido en sus funciones como fiduciario, o en cualquiera otros negocios propios o ajenos, de tal modo que se dude fundadamente del buen resultado de la gestión encomendada, y

4) Cuando no acceda a verificar inventario de los bienes objeto de la fiducia, o a dar caución o tomar las demás medidas de carácter conservativo que le imponga el juez.

Causales de extinción del negocio

Art. 1240. Son causas de extinción del negocio fiduciario, además de las establecidas en el Código Civil para el fideicomiso, las siguientes:

1) Por haberse realizado plenamente sus fines;

2) Por la imposibilidad absoluta de realizarlos;

3) Por expiración del plazo o por haber transcurrido el término máximo señalado por la ley;

4) Por el cumplimiento de la condición resolutoria a la cual esté sometido;

5) Por hacerse imposible, o no cumplirse dentro del término señalado, la condición suspensiva de cuyo acaecimiento pende la existencia de la fiducia;

6) Por la muerte del fiduciante o del beneficiario, cuando tal suceso haya sido señalado en el acto constitutivo como causa de extinción;

7) Por disolución de la entidad fiduciaria;

8) Por acción de los acreedores anteriores al negocio fiduciario;

9) Por la declaración de la nulidad del acto constitutivo;

10) por mutuo acuerdo del fiduciante y del beneficiario, sin perjuicio de los derechos del fiduciario, y

11) Por revocación del fiduciante, cuando expresamente se haya reservado ese derecho.

Juez competente

Art. 1241. Será juez competente para conocer de los litigios relativos al negocio fiduciario, el del domicilio del fiduciario.

Destinación de los bienes a la terminación del negocio

Art. 1242. Salvo disposición en contrario del acto constitutivo del negocio fiduciario, a la terminación de éste por cualquier causa, los bienes fideicomitidos pasarán nuevamente al dominio del fideicomitente o de sus herederos.

Responsabilidad del fiduciario

Art. 1243. El fiduciario responderá hasta de la culpa leve en el cumplimiento de su gestión.

Estipulación ineficaz

Art. 1244. Será ineficaz toda estipulación que disponga que el fiduciario adquirirá definitivamente, por causa del negocio fiduciario, el dominio de los bienes fideicomitidos.

***Conc.** Art. 897.*

TÍTULO XII
DE LA CUENTA CORRIENTE

Funcionamiento del contrato

Art. 1245. En virtud del contrato de cuenta corriente, los créditos y débitos derivados de las remesas mutuas de las partes se considerarán como partidas indivisibles de abono o de cargo en la cuenta de cada cuentacorrentista, de modo que sólo el saldo que resulte a la clausura de la cuenta constituirá un crédito exigible.

La clausura y la liquidación de la cuenta en los períodos de cierre no producirán la terminación del contrato, sino en los casos previstos en el artículo 1261.

Conc. *Art. 1261.*

Negocios permitidos

Art. 1246. Todas las negociaciones entre comerciantes, domiciliados o no en un mismo lugar o entre un comerciante y persona que no lo sea y todos los valores transmisibles en propiedad, pueden ser materia de la cuenta corriente.

No podrán incluirse en cuenta corriente los créditos que no sean susceptibles de compensación.

Conc. *C.C., arts. 1714 y ss.*

Créditos y valores excluidos

Art. 1247. Salvo estipulación expresa en contrario, cuando el contrato se celebre entre empresarios, se excluirán de la cuenta los créditos extraños a la respectiva empresa.

También serán extraños a la cuenta corriente las sumas o valores afectados a una destinación determinada, o que deban tenerse a orden del remitente.

Calidad de las partes

Art. 1248. Antes de la clausura de la cuenta, ninguno de los interesados será considerado como acreedor o deudor.

Clausura de la cuenta y liquidación del saldo

Art. 1249. La clausura de la cuenta y la liquidación del saldo se harán en los plazos establecidos en el contrato o por la costumbre; y en defecto en uno y otra, cada seis meses, a partir de la fecha del contrato.

Exigibilidad del saldo

Art. 1250. El saldo de la cuenta será exigible a la vista, si el contrato no dispone otra cosa.

Salvo estipulación en contrario, si no exige su pago dentro de los quince días siguientes a la clausura, el saldo será considerado como primera remesa de una cuenta nueva y el contrato se entenderá renovado de conformidad con lo dispuesto en el artículo anterior.

Conc. *Art. 880.*

Intereses del saldo

Art. 1251. El saldo, aunque sea llevado a una cuenta nueva, causará los intereses pactados y, en su defecto, los legales comerciales.

Conc. *Art. 884.*

Valores acreditados no producen intereses

Art. 1252. Cada uno de los valores acreditados en cuenta corriente no producirá intereses, salvo estipulación en contrario.

Comisiones y gastos

Art. 1253. Tanto las comisiones por los negocios como los gastos de reembolso que ocasionen las operaciones a que den lugar las remesas, se incluirán en la cuenta, salvo estipulación en contrario.

Remesas

Art. 1254. Las remesas en cuenta corriente no son imputables al pago de los artículos que ésta comprenda.

Acciones y excepciones del contrato original

Art. 1255. La inclusión de un crédito en la cuenta corriente no excluye las acciones o excepciones relativas a la validez de los actos o contratos de que proceda la remesa, salvo pacto en contrario.

Si el acto o el contrato fueren anulados la partida correspondiente se cancelará en la cuenta.

Créditos con garantías

Art. 1256. Si un crédito incluido en la cuenta está protegido por garantía real o personal, el cuentacorrentista tendrá derecho de valerse de la garantía por el saldo existente a su favor al cierre de la cuenta y hasta concurrencia del crédito garantizado.

La misma norma se aplicará en caso de que exista un codeudor solidario.

Créditos contra un tercero

Art. 1257. La inclusión de un crédito contra un tercero se presumirá hecha bajo la cláusula «salvo ingreso en caja», si no se establece cosa distinta por las partes. En tal caso, si el crédito no es satisfecho, el que recibe la remesa tiene la elección entre accionar para el cobro o eliminar la partida de la cuenta reintegrando en sus derechos a aquel que le hizo la remesa.

El ejercicio infructuoso de las acciones contra el deudor no privará al cuentacorrentista del derecho de eliminar la partida.

Embargabilidad de saldos, cesiones y cauciones

Art. 1258. Los saldos eventuales de una cuenta corriente podrán ser embargados y perseguidos en juicio por los acreedores de las partes; igualmente podrán ser cedidos o caucionados.

Extracto de la cuenta

Art. 1259. El resumen o extracto de la cuenta, remitido por un cuentacorrentista al otro, se entenderá aprobado si no se rechaza dentro del término pactado o usual, o, en defecto de uno y otro, dentro de los quince días siguientes a su recibo.

La aprobación de la cuenta no excluye el derecho de impugnarla por errores de cálculo, por omisiones o duplicaciones. La acción de impugnación caducará a los seis meses de la fecha de recepción del resumen, el cual deberá enviarse por carta certificada, o bajo recibo.

Conc. *Arts. 879, 880.*

Remesas en divisas

Art. 1260. Las remesas en monedas o divisas extranjeras se liquidarán al tipo de cambio vigente el día en que deba hacerse la inscripción del crédito en la cuenta.

Conc. *Art. 874.*

Causales de terminación

Art. 1261. El contrato de cuenta corriente terminará:

1) Por vencimiento del plazo acordado;

2) Por acuerdo de las partes;

3) Por la quiebra de uno de los cuentacorrentistas;

4) A falta de plazo convenido, cualquiera de los cuentacorrentistas podrá en cada época de clausura, denunciar el contrato dando aviso con no menos de diez días de anticipación a la fecha de aquélla, y

5) En caso de muerte o de incapacidad de una de las partes si sus herederos o representantes, o el otro cuentacorrentista, optan por su terminación dentro de los treinta días siguientes al acaecimiento del hecho.

TÍTULO XIII
DEL MANDATO

CAPÍTULO I
GENERALIDADES

Definición

Art. 1262. El mandato comercial es un contrato por el cual una parte se obliga a celebrar o ejecutar uno o más actos de comercio por cuenta de otra.

El mandato puede conllevar o no la representación del mandante.

Conferida la representación, se aplicarán además las normas del capítulo II del título I de este libro.

Conc. *Arts. 832 y ss.*

Alcance del mandato

Art. 1263. El mandato comprenderá los actos para los cuales haya sido conferido y aquellos que sean necesarios para su cumplimiento.

En mandato general no comprenderá los actos que excedan del giro ordinario del negocio, o negocios encomendados, salvo que se haya otorgado autorización expresa y especial.

Conc. *Art. 840; C.C. art. 2156.*

Remuneración

Art. 1264. El mandatario tendrá derecho a la remuneración estipulada o usual en este género de actividades, o, en su defecto, a la que se determine por medio de peritos.

Cuando el mandato termine antes de la completa ejecución del encargo, el mandatario tendrá derecho a un honorario que se fijará tomado en cuenta el valor de los servicios prestados y la remuneración total del mandato. Si la remuneración pactada se halla en manifiesta desproporción, el mandante podrá demandar su reducción, probando que la remuneración usual para esa clase de servicios es notoriamente inferior a la estipulada o acreditando por medio de peritos la desproporción, a falta de remuneración usual.

La reducción no podrá pedirse cuando la remuneración sea pactada o voluntariamente pagada después de la ejecución del mandato.

Derechos del mandante

Art. 1265. El mandatario sólo podrá percibir la remuneración correspondiente y abonará al mandante cualquier provecho directo o indirecto que obtenga en el ejercicio del mandato.

CAPÍTULO II
DERECHOS Y OBLIGACIONES DEL MANDATARIO Y DEL MANDANTE

Límites del mandato

Art. 1266. El mandatario no podrá exceder los límites de su encargo.

Los actos cumplidos más allá de dichos límites sólo obligarán al mandatario, salvo que el mandante los ratifique.

El mandatario podrá separarse de las instrucciones, cuando circunstancias desconocidas que no puedan serle comunicadas al mandante, permitan suponer razonablemente que éste habría dado la aprobación.

Conc. *Arts. 833, 838, 1336.*

Situaciones no previstas por el mandante

Art. 1267. En los casos no previstos por el mandante, el mandatario deberá suspender la ejecución de su encargo, mientras consulta con aquél. Pero si la urgencia o estado del negocio no permite demora alguna, o si al mandatario se le hubiere facultado para obrar a su arbitrio, actuará según su prudencia y en armonía con las costumbres de los comerciantes diligentes.

Informes y rendición de cuentas del mandatario

Art. 1268. El mandatario deberá informar al mandante de la marcha del negocio; rendirle cuenta detallada y justificada de la gestión y entregarle todo lo que haya recibido por causa del mandato, dentro de los tres días siguientes a la terminación del mismo.

El mandatario pagará al mandante intereses por razón de la suma que esté obligado a entregarle, en caso de mora.

Conc. *Art. 884.*

Comunicación de la ejecución del mandato

Art. 1269. El mandatario deberá comunicar sin demora al mandante la ejecución completa del mandato.

Estará igualmente obligado el mandatario a comunicar al mandante las circunstancias sobrevinientes que puedan determinar la revocación o la modificación del mandato.

Silencio del mandante

Art. 1270. Si el mandante no respondiere a la comunicación del mandatario en un término prudencial, su silencio equivaldrá a aprobación, aunque el mandatario se haya separado de sus instrucciones o excedido el límite de sus facultades.

Prohibición de usar los fondos del mandante en negocios del mandatario

Art. 1271. El mandatario no podrá emplear en sus propios negocios los fondos que le suministre el mandante y, si lo hace, abonará a éste el interés legal desde el día en que infrinja la prohibición y le indemnizará los daños que le cause, sin perjuicio de las sanciones penales correspondientes al abuso de confianza.

La misma regla se aplicará cuando el mandatario dé a los dineros suministrados un destino distinto del expresamente indicado.

Pluralidad de mandatarios

Art. 1272. Cuando el mandato se confiera a varias personas, cada uno de los mandatarios podrá obrar separadamente; pero una vez cumplido el encargo por uno de éstos deberá el mandante noticiar del hecho a los demás, tan pronto como tenga conocimiento de la celebración del negocio, so pena de indemnizar los perjuicios que causen con su omisión o retardo.

Si conforme al contrato, los mandatarios deben obrar conjuntamente, serán solidariamente responsables para con el mandante.

Deber de custodia de los bienes del mandante

Art. 1273. El mandatario deberá proveer a la custodia de las cosas que le sean expedidas por cuenta del mandante, y tutelar los derechos de éste en relación con el transportador o terceros.

En caso de urgencia el mandatario podrá proceder a la venta de dichas cosas en bolsas o martillos.

Incompatibilidad del mandatario

Art. 1274. El mandatario no podrá hacer de contraparte del mandante, salvo expresa autorización de éste.

Conc. *Art. 839.*

Mandatarios que no aceptan el encargo por conflicto de intereses

Art. 1275. Las personas que se ocupen profesionalmente en actividades comprendidas por el mandato, que no acepten el encargo que se les ha conferido, estarán obligadas a tomar las medidas indicadas en el artículo 1273 y todas aquellas que sean aconsejables para la protección de los intereses del mandante, mientras éste provea lo conducente, sin que por ello se entienda tácitamente aceptado el mandato.

Pluralidad de mandantes

Art. 1276. Cuando el mandato se confiera por varios mandantes y para un mismo negocio, serán solidariamente responsables para con el mandatario de las obligaciones respectivas.

Compensación de créditos del mandatario

Art. 1277. El mandatario tendrá derecho a pagarse sus créditos, derivados del mandato que ha ejecutado, con las sumas que tenga en su poder por cuenta del mandante y, en todo caso, con la preferencia concedida en las leyes a los salarios, sueldos y demás prestaciones provenientes de relaciones laborales.

Conc. *Ley 50 de 1990, art. 36.*

Aviso de rechazo

Art. 1278. El aviso de rechazo podrá ser dado a la parte misma o a su representante autorizado.

CAPÍTULO III
EXTINCIÓN DEL MANDATO

Revocatoria del mandato

Art. 1279. El mandante podrá revocar total o parcialmente el mandato a menos que se haya pactado la irrevocabilidad o que el mandato se haya conferido también en interés del mandatario o de un tercero, en cuyo caso sólo podrá revocarse por justa causa.

Conc. *C.C., arts. 843, 2189, 2192.*

Revocación abusiva

Art. 1280. En todos los casos de revocación abusiva del mandato, quedará obligado el mandante a pagar al mandatario su remuneración total y a indemnizar los perjuicios que le cause.

Conc. *Arts. 830, 843.*

Revocación de todos los mandantes

Art. 1281. El mandato conferido por varias personas, sólo podrá revocarse por todos los mandantes, excepto que haya justa causa.

Efectos de la revocación

Art. 1282. La revocación producirá efectos a partir del momento en que el mandatario tenga conocimiento de ella, sin perjuicio de lo dispuesto en el artículo 2199 del Código Civil.

Renuncia del mandatario

Art. 1283. Si el mandato ha sido pactado en interés del mandante o de un tercero, sólo podrá renunciarlo el mandatario por justa causa, so pena de indemnizar los perjuicios que al mandante o al tercero ocasione la renuncia abusiva.

Mandato en interés común

Art. 1284. El mandato conferido también en interés del mandatario o de un tercero no terminará por la muerte o la inhabilitación del mandante.

Muerte, interdicción o insolvencia del mandatario

Art. 1285. En caso de muerte, interdicción, insolvencia o quiebra del mandatario, sus herederos o representantes darán inmediato aviso al mandante del acaecimiento del hecho y harán en favor de éste lo que puedan y las circunstancias exijan, so pena de indemnizar los perjuicios que su culpa cause al mandante.

NOTA: En donde dice quiebra debe leerse liquidación obligatoria.

Renuncia por fondos insuficientes

Art. 1286. Cuando el mandato requiera provisión de fondos y el mandante no la hubiere verificado en cantidad suficiente, el mandatario podrá renunciar su encargo o suspender su ejecución.

Cuando el mandatario se comprometa a anticipar fondos para el desempeño del mandato, estará obligado a suplirlos, excepto en el caso de suspensión de pagos o quiebra del mandante.

NOTA: En donde dice quiebra debe leerse liquidación obligatoria.

CAPÍTULO IV
COMISIÓN

SECCIÓN I. GENERALIDADES

Definición

Art. 1287. La comisión es una especie de mandato por el cual se encomienda a una persona que se dedica profesionalmente a ello, la ejecución de uno o varios negocios, en nombre propio, pero por cuenta ajena.

Aceptación o rechazo de la comisión

Art. 1288. Se presumirá aceptada una comisión cuando se confiera a personas que públicamente ostenten el carácter de comisionistas, por el sólo hecho de que no la rehúsen dentro de los tres días siguientes a aquel en que recibieron la propuesta respectiva.

Cuando sin causa legal dejare el comisionista de avisar que rehúsa la comisión, o de cumplir la expresa o tácitamente aceptada, será responsable el comitente de todos los daños que por ello le sobrevengan.

Aunque el comisionista rehúse la comisión que se le confiera, no estará dispensado de practicar las diligencias que sean necesarias para la conservación de los efectos que el comitente le haya remitido, hasta que éste provea nuevo encargado, sin que por practicar tales diligencias se entienda tácitamente aceptada la comisión.

Comisión por cuenta ajena

Art. 1289. La comisión puede ser conferida por cuenta ajena; y en este caso, los efectos que ella produce sólo afectan al tercero interesado y al comisionista.

Facultad del comisionista para vender las cosas entregadas

Art. 1290. El comisionista podrá hacer vender en bolsas o martillos los efectos que se le hayan consignado:

1) Cuando habiendo avisado al comitente que rehúsa la comisión, dentro de los tres días siguientes a aquel en que recibió dicho aviso, no designa un nuevo encargado que reciba los efectos que haya remitido;

2) Cuando el valor presunto de los mismos no alcance a cubrir los gastos que haya de realizar por el transporte y recibo de ellos, y

3) Si en dichos efectos ocurre una alteración tal que la venta sea necesaria para salvar parte de su valor.

El producto líquido de los efectos así vendidos será depositado a disposición del comitente en un establecimiento bancario de la misma plaza y, en su defecto, de la más próxima.

Parágrafo. En los casos de los ordinales 2° y 3° deberá consultarse al comitente, si fuere posible y hubiere tiempo para ello.

Conc. *Ley 1116 de 2006, art. 55.*

Desempeño personal y delegación

Art. 1291. La comisión será desempeñada personalmente por el comisionista, quien no podrá delegar su cometido sin autorización expresa.

Bajo su responsabilidad podrá emplear, en el desempeño de la comisión, dependientes en operaciones que, según la costumbre, se confíen a éstos.

Responsabilidad del comisionista por pérdida de las cosas

Art. 1292. Será de cuenta del comisionista la pérdida de las cosas que tenga en su poder por razón de la comisión. Pero si al devolverlas observa el comisionista las instrucciones del comitente, éste soportará la pérdida.

Responsabilidad por bienes recibidos

Art. 1293. El comisionista responderá de los bienes que reciba, de acuerdo con los datos contenidos en el documento de remesa, a no ser que al recibirlos haga constar las diferencias por la certificación de un contador público o, en su defecto, de dos comerciantes.

Conc. *Art. 1021.*

Deterioro o pérdida de las cosas

Art. 1294. No responderá el comisionista del deterioro o la pérdida de las mercaderías existentes en su poder, si ocurriere por caso fortuito o por vicio inherente a las mismas mercaderías.

Es obligación del comisionista hacer constar ante la autoridad policiva del lugar de su ocurrencia, el deterioro o la pérdida y dar aviso a su comitente, sin demora alguna.

Obligaciones del comisionista cuando remita mercancías por cuenta ajena

Art. 1295. Es obligación del comisionista asegurar las mercaderías que remita por cuenta ajena, teniendo orden y provisión para hacerlo, o dar pronto aviso a su comitente, si no puede realizar el seguro por el precio y condiciones que le designen sus instrucciones.

El comisionista que haya de remitir mercancías a otro punto deberá contratar el transporte y cumplir las obligaciones que se imponen al remitente.

Conc. *Arts. 1010, 1011.*

Identificación de las mercancías

Art. 1296. Los comisionistas no podrán alterar las marcas de los efectos que hayan comprado o vendido por cuenta ajena, ni tener bajo una misma marca efectos de la misma especie pertenecientes a distintos dueños, sin distinguirlos por una contramarca que designe la propiedad respectiva de cada comitente.

Préstamos, anticipos y ventas al fiado

Art. 1297. Son de cargo del comisionista los préstamos, anticipaciones y ventas al fiado, siempre que proceda sin autorización de su comitente; y en tal caso, podrá éste exigir se le entreguen de inmediato las cantidades prestadas, anticipadas o fiadas, dejando en favor del comisionista los beneficios que resulten de sus contratos.

Pero el comisionista podrá vender a los plazos de uso general en la respectiva localidad, a no ser que se le prohíban sus instrucciones.

Obligaciones del comisionista en las ventas a plazo

Art. 1298. Aun cuando el comisionista esté autorizado tácita o expresamente para vender a plazo, sólo podrá concederlo a personas notoriamente solventes.

Vendiendo a plazo, deberá expresar en las cuentas que rinda los nombres de los compradores; y no haciéndolo, se entenderá que las ventas han sido verificadas al contado.

Aun en las que haga en esta forma, deberá manifestar los nombres de los compradores si el comitente se lo exige.

Concordancia de cuentas y libros

Art. 1299. Las cuentas que rinda el comisionista, deberán concordar con los asientos de sus libros.

Responsabilidad en las gestiones de confianza

Art. 1300. El comisionista que no verifique oportunamente la cobranza de los créditos o no use de los medios legales para conseguir el pago, será responsable de los perjuicios que cause su omisión o tardanza.

Mora en rendir cuentas

Art. 1301. Siendo moroso el comisionista en rendir la cuenta, no podrá cobrar intereses desde el día en que haya incurrido en mora.

Derecho de retención

Art. 1302. Tiene asimismo el comisionista derecho de retener las mercaderías consignadas o su producto, para que, preferentemente a los demás acreedores del comitente, se le paguen sus anticipaciones, intereses, costos y comisión, si concurren estas circunstancias.

1) Que las mercaderías le hayan sido remitidas de una plaza a otra, y

2) Que hayan sido entregadas real o virtualmente al comisionista.

Hay entrega real, cuando las mercaderías están a disposición del comisionista en sus almacenes, o en ajenos, o en cualquier otro lugar público o privado.

Hay entrega virtual, si antes que las mercaderías hayan llegado a manos del comisionista, éste pudiera acreditar que le han sido expedidas con una carta de porte o un conocimiento a la orden o al portador.

Conc. Arts. 767, 1020.

Muerte o inhabilidad de las partes

Art. 1303. La comisión termina por muerte o inhabilidad del comisionista; la muerte o inhabilidad del comitente no le pone término aunque pueden revocarla sus herederos.

Art. 1304. *Derogado por la Ley 27 de 1990, art. 7º.*

Art. 1305 a 1307. *Derogados por el Decreto Extraordinario 1172 de 1980, art. 30.*

Aplicación de normas del mandato

Art. 1308. Son aplicables a la comisión las normas del mandato en cuanto no pugnen con su naturaleza.

Conc. *Arts. 1262 y ss.*

Separación y discriminación de las cuentas

Art. 1309. El comisionista deberá llevar cuentas separadas cuando negocie por encargo de distintos comitentes y deberá indicar en las facturas o en comprobantes escritos las mercaderías o efectos pertenecientes a cada comitente, para hacer la imputación de los pagos en armonía con tales indicaciones.

Reglas sobre imputación de pagos

Art. 1310. A falta, o en caso de deficiencia de las anotaciones prescritas en el artículo anterior, la imputación de los pagos se hará con sujeción a las reglas siguientes.

1) Si el crédito procede de una sola operación ejecutada por cuenta de distintas personas, las entregas que haga el deudor se distribuirán entre los acreedores, a prorrata del valor de sus mercaderías o efectos;

2) Si los créditos proceden de distintas operaciones ejecutadas con una sola persona, el pago se imputará al crédito que indique el deudor, si ninguno de ellos se halla vencido o si todos se han vencido simultáneamente, y

3) Si solamente alguno de los créditos están vencidos en la época del pago, se aplicarán las cantidades entregadas por el deudor a los créditos vencidos, y el remanente, sí lo hay, se distribuirá entre los créditos no vencidos, a prorrata de sus valores.

Conc. *Art. 881; C.C. arts. 1653 a 1655.*

Comisión para la compra o venta de títulos valores

Art. 1311. Cuando la comisión tenga por objeto la compra o la venta de títulos-valores, el comisionista responderá de la autenticidad del último endoso de los mismos, salvo en cuanto los interesados negocien directamente entre sí.

Conc. *Art. 662.*

SECCIÓN II. COMISIÓN DE TRANSPORTE

Definición

Art. 1312. El contrato de comisión de transporte es aquel por el cual una persona se obliga en su nombre y por cuenta ajena, a contratar y hacer ejecutar el transporte o conducción de una persona o de una cosa y las operaciones conexas a que haya lugar.

El que vende mercaderías por correspondencia y se obliga a remitirlas al comprador no se considerará por tal hecho comisionista de transporte.

Conc. *Art. 981.*

Derechos y obligaciones

Art. 1313. El comisionista de transporte gozará de los mismos derechos y asumirá las mismas obligaciones del transportador, en relación con el pasajero o con el remitente y el destinatario de las cosas transportadas.

Conc. *Arts. 982, 992, 1003.*

Ejercicio directo de acciones

Art. 1314. No obstante lo previsto en el artículo anterior, el pasajero, el remitente o el destinatario podrán ejercitar directamente contra el transportador las acciones del caso por los perjuicios que esté obligado a indemnizar.

El transportador, a su vez, podrá ejercitar directamente contra el pasajero las acciones por el incumplimiento del contrato, una vez que el servicio le sea prestado o que en cualquier otra forma acepte el contrato celebrado por el comisionista.

La misma regla se aplicará al remitente y al destinatario de cosas, cuando acepten el contrato celebrado por el comisionista. El recibo de la cosa transportada por el destinatario, equivaldrá a aceptación.

Delegación de la comisión

Art. 1315. Si la comisión es delegada, el comisionista intermediario asumirá las obligaciones contraídas por el comisionista principal respecto del comitente, salvo en cuanto el principal le imparta instrucciones precisas que el intermediario cumpla literalmente.

El comisionista no puede ser transportador

Art. 1316. Una misma persona no podrá ser a un mismo tiempo comisionista de transporte y transportador.

Conc. *Art. 839.*

CAPÍTULO V
AGENCIA COMERCIAL

Definición

Art. 1317. Por medio del contrato de agencia, un comerciante asume en forma independiente y de manera estable el encargo de promover o explotar negocios en un determinado ramo y dentro de una zona prefijada en el territorio nacional, como representante o agente de un empresario nacional o extranjero o como fabricante o distribuidor de uno o varios productos del mismo.

La persona que recibe dicho encargo se denomina genéricamente agente.

Conc. *Arts. 832, 1262.*

Exclusividad del agenciado

Art. 1318. Salvo pacto en contrario, el empresario no podrá servirse de varios agentes en una misma zona y para el mismo ramo de actividades o productos.

Exclusividad del agente

Art. 1319. En el contrato de agencia comercial podrá pactarse la prohibición para el agente de promover o explotar, en la misma zona y en el mismo ramo, los negocios de dos o más empresarios competidores.

Conc. *Art. 839.*

Contenido del contrato y registro

Art. 1320. El contrato de agencia contendrá la especificación de los poderes o facultades del agente, el ramo sobre que versen sus actividades, el tiempo de duración de las mismas y el territorio en que se desarrollen, y será inscrito en el registro mercantil.

No será oponible a terceros de buena fe exenta de culpa la falta de algunos de estos requisitos.

Conc. *Arts. 840 y ss., 901.*

Obligaciones del agente

Art. 1321. El agente cumplirá el encargo que se le ha confiado al tenor de las instrucciones recibidas, y rendirá al empresario las informaciones relativas a las condiciones del mercado en la zona asignada, y las demás que sean útiles a dicho empresario para valorar la conveniencia de cada negocio.

Remuneración

Art. 1322. El agente tendrá derecho a su remuneración aunque el negocio no se lleve a efectos por causas imputables al empresario, o cuando éste lo efectúe directamente y deba ejecutarse en el territorio asignado al agente, o cuando dicho empresario se ponga de acuerdo con la otra parte para no concluir el negocio.

Gastos de agencia

Art. 1323. Salvo estipulación en contrario, el empresario no estará obligado a reembolsar al agente los gastos de agencia; pero éstos serán deducibles como expensas generales del negocio, cuando la remuneración del agente sea un tanto por ciento de las utilidades del mismo.

Terminación, cesantía comercial e indemnización equitativa

Art. 1324. El contrato de agencia termina por las mismas causas del mandato, y a su terminación el agente tendrá derecho a que el empresario le pague una suma equivalente a la doceava parte del promedio de la comisión, regalía o utilidad recibida en los tres últimos años, por cada uno de vigencia del contrato, o al promedio de todo lo recibido, si el tiempo del contrato fuere menor.

Además de la prestación indicada en el inciso anterior, cuando el empresario revoque o dé por terminado unilateralmente el contrato, sin justa causa comprobada, deberá pagar al agente una indemnización equitativa, (~~fijada por peritos~~), como retribución a sus esfuerzos para acreditar la marca, la línea de productos o los servicios objeto del contrato. La misma regla se aplicará cuando el agente termine el contrato por justa causa imputable al empresario.

Para la fijación del valor de la indemnización se tendrá en cuenta la extensión, importancia y volumen de los negocios que el agente adelantó en desarrollo del contrato.

Si es el agente el que da lugar a la terminación unilateral del contrato por justa causa comprobada, no tendrá derecho a indemnización o pago alguno por este concepto.

NOTA: La expresión entre paréntesis fue declarada inexequible por la Corte Constitucional en la Sentencia C-990 de 2006.

Causales de terminación por justa causa del contrato

Art. 1325. Son justas causas para dar por terminado unilateralmente el contrato de agencia comercial.

1) Por parte del empresario:

a) El incumplimiento grave del agente en sus obligaciones estipuladas en el contrato o en la ley;

b) Cualquiera acción u omisión del agente que afecte gravemente los intereses del empresario;

c) La quiebra o insolvencia del agente, y

d) La liquidación o terminación de actividades;

2) Por parte del agente:

a) El incumplimiento del empresario en sus obligaciones contractuales o legales;

b) Cualquier acción u omisión del empresario que afecte gravemente los intereses del agente;

c) La quiebra o insolvencia del empresario, y

d) La terminación de actividades.

NOTA: En donde dice quiebra debe leerse liquidación obligatoria.

Derechos de retención y privilegio

Art. 1326. El agente tendrá los derechos de retención y privilegio sobre los bienes o valores del empresario que se hallen en su poder o a su disposición hasta que se cancele el valor de la indemnización y hasta el monto de dicha indemnización.

Terminación del contrato por el agente con justa causa

Art. 1327. Cuando el agente termine el contrato por causa justa provocada por el empresario, éste deberá pagar a aquél la indemnización prevista en el artículo 1324.

Ley aplicable cuando el contrato se ejecuta en Colombia

Art. 1328. Para todos los efectos, los contratos de agencia comercial que se ejecuten en el territorio nacional quedan sujetos a las leyes colombianas.

Toda estipulación en contrario se tendrá por no escrita.

Conc. *Arts. 869, 897.*

Prescripción de acciones

Art. 1329. Las acciones que emanan del contrato de agencia comercial prescriben en cinco años.

Remisión normativa

Art. 1330. Al agente se aplicarán, en lo pertinente, las normas del título III y de los capítulos I a IV de este título.

Conc. *Arts. 968, 1262.*

Agencia de hecho

Art. 1331. A la agencia de hecho se le aplicarán las normas del presente capítulo.

CAPÍTULO VI
PREPOSICIÓN

Definición

Art. 1332. La preposición es una forma de mandato que tiene por objeto la administración de un establecimiento de comercio o de una parte o ramo de la actividad del mismo. En este caso, el mandatario se le llamará factor.

Conc. *Arts. 515, 641, 1262; Ley 222 de 1995, art. 22.*

Registro del contrato y prueba

Art. 1333. La preposición deberá inscribirse en el registro mercantil; no obstante, los terceros podrán acreditar su existencia por todos los medios de prueba. La revocación deberá también inscribirse en el registro mercantil, para que sea oponible a terceros.

Conc. *Arts. 843, 901.*

Art. 1334. *Derogado por la Ley 27 de 1977.*

Facultades del factor

Art. 1335. Los factores podrán celebrar o ejecutar todos los actos relacionados con el giro ordinario de los negocios del establecimiento que administren, incluyendo las enajenaciones y gravámenes de los elementos del establecimiento que estén comprendidos dentro de dicho giro, en cuanto el preponente no les limite expresamente dichas facultades; la limitación deberá inscribirse en el registro mercantil, para que sea oponible a terceros.

Conc. *Arts. 516, 641, 840, 901, 1263.*

Condiciones y actos que obligan al preponente

Art. 1336. Los factores deberán obrar siempre en nombre de sus mandantes y expresar en los documentos que suscriban que lo hacen «por poder». Obrando en esta forma y dentro de los límites de sus facultades, obligarán directamente al preponente, aunque violen las instrucciones recibidas, se apropien del resultado de las negociaciones o incurran en abuso de confianza.

Conc. *Arts. 842, 1266.*

Actuaciones del factor a nombre propio que obligan al preponente

Art. 1337. Aunque los factores obren en su propio nombre obligarán al preponente en los casos siguientes:

1) Cuando el acto o contrato corresponda al giro ordinario del establecimiento administrado y sea notoria la calidad del factor de la persona que obra, y

2) Cuando el resultado del negocio redunde en provecho del preponente, aunque no se reúnan las condiciones previstas en el ordinal anterior.

Parágrafo. En cualquiera de estos casos, los terceros que contraten con el factor podrán ejercitar sus acciones contra éste o contra el preponente, mas no contra ambos.

Otras obligaciones del factor

Art. 1338. Los factores tendrán a su cargo el cumplimiento de las leyes fiscales y reglamentos administrativos relativos a la empresa o actividad a que se dedica el establecimiento administrado, lo mismo que las concernientes a la contabilidad de tales negocios, so pena de indemnizar al preponente los perjuicios que se sigan por el incumplimiento de tales obligaciones.

Conc. *Arts. 48 y ss., 200.*

Prohibiciones al factor

Art. 1339. Los factores no podrán, sin autorización del preponente, negociar por su cuenta o tomar interés en su nombre o el de otra persona, en negociaciones del mismo género de las que se desarrollan en el establecimiento administrado.

En caso de infracción de esta prohibición, el preponente tendrá derecho a las utilidades o provecho que obtenga el factor, sin obligación de soportar la pérdida que pueda sufrir.

Conc. *Art. 1265.*

TÍTULO XIV
DEL CORRETAJE

SECCIÓN I. CORREDORES EN GENERAL

Definición de corredor

Art. 1340. Se llama corredor a la persona que, por su especial conocimiento de los mercados, se ocupa como agente intermediario en la tarea de poner en relación a dos o más personas, con el fin de que celebren un negocio comercial, sin estar vinculado a las partes por relaciones de colaboración, dependencia, mandato o representación.

***Conc.** Arts. 832, 1262.*

Remuneración

Art. 1341. El corredor tendrá derecho a la remuneración estipulada; a falta de estipulación, a la usual y, en su defecto, a la que se fije por peritos.

Salvo estipulación en contrario, la remuneración del corredor será pagada por las partes, por partes iguales, y la del corredor de seguros por el asegurador. El corredor tendrá derecho a su remuneración en todos los casos en que sea celebrado el negocio en que intervenga.

Cuando en un mismo negocio intervengan varios corredores, la remuneración se distribuirá entre ellos por partes iguales, salvo pacto en contrario.

NOTA: La fijación por peritos de la remuneración del corredor mencionada en esta norma se resuelve actualmente mediante el procedimiento verbal sumario, de conformidad con el artículo 390 del C.G.P.

Pago de expensas de la gestión

Art. 1342. A menos que se estipule otra cosa, el corredor tendrá derecho a que se le abonen las expensas que haya hecho por causa de la gestión encomendada o aceptada, aunque el negocio no se haya celebrado. Cada parte abonará las expensas que le correspondan de conformidad con el artículo anterior. Este artículo no se aplicará a los corredores de seguros.

Remuneración en negocios condicionados o nulos

Art. 1343. Cuando el negocio se celebre bajo condición suspensiva, la remuneración del corredor sólo se causará al cumplirse la condición; si está sujeta a condición resolutoria, el corredor tendrá derecho a ella desde la fecha del negocio.

La nulidad del contrato no afectará estos derechos cuando el corredor haya ignorado la causal de invalidez.

Conc. *Art. 899; C.C., art. 1536.*

Informaciones del corredor a las partes

Art. 1344. El corredor deberá comunicar a las partes todas las circunstancias conocidas por él, que en alguna forma puedan influir en la celebración del negocio.

Obligaciones adicionales del corredor

Art. 1345. Los corredores están obligados, además:

1) A conservar las muestras de las mercancías vendidas sobre muestra, mientras subsista la controversia, de conformidad con el artículo 913, y

2) A llevar en sus libros una relación de todos y cada uno de los negocios en que intervenga con indicación del nombre y domicilio de las partes que los celebren, de la fecha y cuantía de los mismos o del precio de los bienes sobre que versen, de la descripción de éstos y de la remuneración obtenida.

Conc. *Art. 913.*

Sanciones

Art. 1346. El corredor que falte a sus deberes o en cualquier forma quebrante la buena fe o la lealtad debidas será suspendido en el ejercicio de su profesión hasta por cinco años y, en caso de reincidencia, inhabilitado definitivamente.

Conocerá de esta acción el juez civil del circuito del domicilio del corredor mediante los trámites del procedimiento verbal.

SECCIÓN II. CORREDORES DE SEGUROS

Concepto

Art. 1347. Son corredores de seguros las empresas constituidas o que se constituyan como sociedades comerciales, (colectivas o de responsabilidad limitada), cuyo objeto social sea exclusivamente ofrecer seguros, promover su celebración y obtener su renovación a título de intermediarios entre el asegurado y el asegurador.

Conc. *Ley 510 de 1999, art. 101.*

NOTA: Las expresiones entre paréntesis se encuentran derogadas por el artículo 101 de la Ley 510 de 1999, norma conforme a la cual los corredores de seguros deben ser exclusivamente sociedades anónimas.

Control y vigilancia

Art. 1348. Las sociedades que se dediquen al corretaje de seguros estarán sometidas al control y vigilancia de la Superintendencia Bancaria y deberán tener un capital mínimo y una organización técnica y contable, con sujeción a las normas que dicte al efecto la misma Superintendencia.

NOTA: Las funciones de la Superintendencia Bancaria fueron asumidas por la Superintendencia Financiera.

Inscripción y certificado de acreditación

Art. 1349. La sociedad corredora de seguros deberá inscribirse en la Superintendencia Bancaria, organismo que la proveerá de un certificado que la acredite como corredor, con el cual podrá ejercer las actividades propias de su objeto social ante todos los aseguradores y el público en general.

NOTA: Las funciones de la Superintendencia Bancaria fueron asumidas por la Superintendencia Financiera.

Condiciones para la inscripción

Art. 1350. Para hacer la inscripción de que trata el artículo anterior la sociedad deberá demostrar que sus socios gestores y administradores son personas idóneas, de conformidad con la ley y el reglamento que dicte la Superintendencia Bancaria y declarar, bajo juramento, que ni la sociedad, ni los socios incurren en las causales de inhabilidad o incompatibilidad previstas por los literales a) a d) del artículo 13 de la Ley 65 de 1966.

NOTA 1: Las funciones de la Superintendencia Bancaria fueron asumidas por la Superintendencia Financiera.

NOTA 2: Las causales de inhabilidad e incompatibilidad del artículo 13 de la Ley 65 de 1966 actualmente corresponden al numeral 2º del artículo 77 del E.O.S.F.

Uso de título de corredor de seguros

Art. 1351. Solo podrán usar el título de corredores de seguros y ejercer esta profesión las sociedades debidamente inscritas en la Superintendencia Bancaria, que tengan vigente el certificado expedido por dicho organismo.

NOTA: Las funciones de la Superintendencia Bancaria fueron asumidas por la Superintendencia Financiera.

Art. 1352. *Derogado por el E.O.S.F.*

Reglamentación

Art. 1353. El Gobierno reglamentará el presente título.

TÍTULO XV
EL CONTRATO DE EDICIÓN

Arts. 1354 a 1376. *Derogados por la Ley 23 de 1982.*

TÍTULO XVI
DEL CONTRATO DE CONSIGNACIÓN O ESTIMATORIO

Definición

Art. 1377. Por el contrato de consignación o estimatorio una persona, denominada consignatario, contrae la obligación de vender mercancías de otra, llamada consignante, previa la fijación de un precio que aquél debe entregar a éste.

El consignatario tendrá derecho a hacer suyo el mayor valor de la venta de las mercancías y deberá pagar al consignante el precio de las que haya vendido o no le haya devuelto al vencimiento del plazo convenido, o en su defecto, del que resultare de la costumbre.

Responsabilidad en la custodia de mercancías

Art. 1378. Salvo estipulación distinta, el consignatario es responsable de culpa leve en la custodia de las mercancías y en el cumplimiento del contrato, pero no responde por el deterioro o pérdida de ellas provenientes de su naturaleza, de vicio propio o de fuerza mayor.

Derecho de fijar precios o de obtener comisión del consignatario

Art. 1379. El consignatario podrá vender las cosas por un precio mayor que el prefijado, a menos que esta facultad le haya sido limitada por el consignante, caso en el cual tendrá derecho el consignatario a la comisión estipulada o usual y, en su defecto, a la que determinen peritos.

Protección de los derechos del consignante

Art. 1380. Las cosas dadas en consignación no podrán ser embargadas ni secuestradas por los acreedores del consignatario, ni formarán parte de la masa de la quiebra.

Conc. *Ley 1116 de 2006, art. 55.*

NOTA: Donde dice masa de la quiebra debe entenderse patrimonio a liquidar.

Efectos durante el plazo

Art. 1381. Salvo estipulación en contrario, el consignante no podrá disponer de las mercancías ni exigir el precio de las vendidas, ni el consignatario devolver las que haya recibido, mientras esté pendiente el plazo.

TÍTULO XVII
DE LOS CONTRATOS BANCARIOS

CAPÍTULO I
CUENTA CORRIENTE BANCARIA

Definición

Art. 1382. Por el contrato de depósito en cuenta corriente bancaria el cuentacorrentista adquiere la facultad de consignar sumas de dinero y cheques en un establecimiento bancario y de disponer, total o parcialmente, de sus saldos mediante el giro de cheques o en otra forma previamente convenida con el banco.

Todo depósito constituido a la vista se entenderá entregado en cuenta corriente bancaria, salvo convenio en contrario.

Condición «salvo buen cobro»

Art. 1383. Todo cheque consignado se entiende «salvo buen cobro», a menos que exista estipulación en contrario.

Cuentas colectivas

Art. 1384. De los depósitos recibidos en cuenta corriente abierta a nombre de dos o más personas, podrá disponer cualquiera de ellas, a menos que se haya convenido otra cosa con el banco.

Los cuentacorrentistas serán deudores solidarios de los saldos a cargo de la cuenta colectiva.

Compensación de deudas

Art. 1385. El banco podrá, salvo pacto en contrario, acreditar o debitar en la cuenta corriente de su titular el importe de las obligaciones exigibles de que sean recíprocamente deudores o acreedores.

Esta compensación no operará en tratándose de cuentas colectivas respecto de deudas que no corran a cargo de todos los titulares de la cuenta corriente.

Tampoco operará cuando el cuentacorrentista o cualquiera de los cuentacorrentistas haya sido declarado en quiebra o se le haya abierto concurso de acreedores.

NOTA: La quiebra y el concurso de acreedores deben entenderse como trámites de insolvencia, de conformidad con lo dispuesto en la Ley 1116 de 2006.

Prueba de la consignación y recibo de la chequera

Art. 1386. Constituye plena prueba de la consignación en cuenta corriente el recibo de depósito expedido por el banco.

El comprobante de haber recibido la chequera, firmado por el cuentacorrentista, constituye plena prueba de tal hecho.

Embargo de sumas depositadas

Art. 1387. El embargo de las sumas depositadas en cuenta corriente afectará tanto el saldo actual en la hora y fecha en que el banco reciba la comunicación del juez, como las cantidades depositadas con posterioridad hasta el límite indicado en la orden respectiva. Para este efecto, el banco anotará en la tarjeta del depositante la hora y la fecha de recibo de la orden de embargo, y pondrá los saldos a disposición del juez, so pena de responder de los perjuicios que ocasione a los embargantes.

Art. 1388. *Derogado por la Ley 45 de 1990, art. 99.*

Terminación del contrato

Art. 1389. Cada una de las partes podrá poner término al contrato en cualquier tiempo, en cuyo caso el cuentacorrentista estará obligado a devolver al banco los formularios de cheques no utilizados.

En el caso de que el banco termine unilateralmente el contrato, deberá, sin embargo, pagar los cheques girados mientras exista provisión de fondos.

Conc. *Arts. 712, 720; E.O.S.F., art. 10.*

NOTA: Esta norma fue declarada exequible por la Corte Constitucional en la Sentencia C-341 de 2006.

Pago de cheques a la muerte o incapacidad del girador

Art. 1390. La muerte o incapacidad sobrevinientes del cuentacorrentista no liberan al banco de la obligación de pagar el cheque.

***Conc.** Art. 725.*

Responsabilidad por el pago de cheques falsos o adulterados

Art. 1391. Todo banco es responsable con el cuentacorrentista por el pago que haga de un cheque falso o cuya cantidad se haya alterado, salvo que el cuentacorrentista haya dado lugar a ello por su culpa o la de sus dependientes, factores o representantes.

La responsabilidad del banco cesará si el cuentacorrentista no le hubiere notificado sobre la falsedad o adulteración del cheque, dentro de los seis meses siguientes a la fecha en que se le envió la información sobre tal pago.

***Conc.** Art. 733.*

Depósitos a la orden

Art. 1392. Los depósitos disponibles, que no lo sean en cuenta corriente bancaria, se harán constar en un título elaborado para tal efecto y se harán exigibles a la vista por la persona a cuyo favor se hayan expedido.

CAPÍTULO II
DEPÓSITO A TÉRMINO

Definición

Art. 1393. Se denominan depósitos a término aquellos en que se haya estipulado, en favor del banco, un preaviso o un término para exigir su restitución.

Cuando se haya constituido el depósito a término o con preaviso, pero se haya omitido indicar el plazo del vencimiento o del preaviso, se entenderá que no será exigible antes de treinta días.

Certificados de depósito a término

Art. 1394. Los bancos expedirán, a solicitud del interesado, certificados de depósito a término los que, salvo estipulación en contrario, serán negociables como se prevé en el título III del libro III de este código.

Cuando no haya lugar a la expedición del certificado será plena prueba del depósito el recibo correspondiente expedido por el banco.

***Conc.** Art. 619.*

Onerosidad

Art. 1395. El depósito a término es por naturaleza remunerado.

CAPÍTULO III
DEPÓSITO DE AHORRO

Documento idóneo

Art. 1396. Los depósitos recibidos en cuenta de ahorros estarán representados en un documento idóneo para reflejar fielmente el movimiento de la cuenta.

Los registros hechos en el documento por el banco, serán plena prueba de su movimiento.

***Conc.** E.O.S.F., arts. 125 a 128.*

Cuentas colectivas

Art. 1397. De los depósitos recibidos en cuenta de ahorros, a nombre de dos o más personas, podrá disponer cualquiera de ellas, a menos que se haya pactado otra cosa con el establecimiento de crédito.

***Conc.** E.O.S.F., art. 127.*

Responsabilidad del banco por reembolso erróneo

Art. 1398. Todo banco es responsable por el reembolso de sumas depositadas que haga a persona distinta del titular de la cuenta o de su mandatario.

***Conc.** E.O.S.F., art. 127; Decreto 564 de 1996, arts. 1º, 2º.*

CAPÍTULO IV
DISPOSICIÓN APLICABLE A LOS CAPÍTULOS ANTERIORES

Depósitos excluidos de la masa de liquidación

Art. 1399. En caso de liquidación administrativa de un establecimiento bancario, los depósitos de que tratan los capítulos I, II y III de este título, se excluirán de la masa de la liquidación.

Conc. *E.O.S.F., arts. 293 a 302.*

CAPÍTULO V
APERTURA DE CRÉDITO Y DESCUENTO

Definición

Art. 1400. Se entiende por apertura de crédito, el acuerdo en virtud del cual un establecimiento bancario se obliga a tener a disposición de una persona sumas de dinero, dentro del límite pactado y por un tiempo fijo o indeterminado. Si no se expresa la duración del contrato, se tendrá por celebrado a término indefinido.

Modalidades

Art. 1401. La disponibilidad de que trata el artículo anterior podrá ser simple o rotatoria. En el primer caso, las utilizaciones extinguirán la obligación del banco hasta concurrencia del monto de las mismas. En el segundo, los reembolsos verificados por el cliente serán de nuevo utilizables por éste durante la vigencia del contrato.

Solemnidades

Art. 1402. El contrato de apertura de crédito se celebrará por escrito en el que se hará constar la cuantía del crédito abierto.

De omitirse la naturaleza de la disponibilidad, se entenderá que es simple. Si otra cosa no se ha estipulado, las sumas utilizadas ganarán intereses para operaciones bancarias a plazo menor de un año, durante el tiempo de la utilización.

Manejo por cuenta corriente

Art. 1403. El crédito de que tratan los artículos anteriores podrá ser manejado a través de la cuenta corriente bancaria del cliente.

Conc. *Arts. 1382, 1384.*

Sobregiros provisionales

Art. 1404. Los sobregiros o descubiertos provisionales que el banco autorice, se regirán por lo dispuesto en el artículo 1388 y respecto de ellos no se requerirá forma escrita.

Conc. *E.O.S.F., art. 125.*

Liquidación obligatoria del deudor

Art. 1405. Cuando la persona a quien se haya abierto un crédito en cuenta corriente sea declarada en quiebra, el banco se abstendrá de hacer entregas por razón de dicho crédito. Pero si éste fuere manejado a través de la cuenta corriente bancaria, el banco debitará esta cuenta hasta concurrencia de la cantidad no utilizada, a fin de establecer el verdadero saldo.

Si se ha otorgado en forma de sobregiro, el banco se abstendrá de pagar nuevos cheques y determinará el saldo a cargo del cliente.

Conc. *Art. 1385; E.O.S.F., art. 125.*

NOTA: En donde dice quiebra debe leerse liquidación obligatoria.

Respeto del plazo para la terminación del contrato

Art. 1406. Salvo pacto en contrario, el establecimiento de crédito no podrá terminar el contrato antes del vencimiento del término estipulado.

Si la apertura de crédito es por tiempo indeterminado cada una de las partes podrá terminar el contrato mediante el preaviso pactado o, en su defecto, con uno de quince días.

Descuento de títulos valores

Art. 1407. Cuando el crédito se otorgue mediante el descuento de títulos valores y éstos no sean pagados a su vencimiento, podrá el banco, a su elección, perseguir el pago de tales instrumentos o exigir la restitución de las sumas dadas por éstos.

Conc. *Art. 780.*

CAPÍTULO VI
CARTAS DE CRÉDITO

Definición de crédito documentario

Art. 1408. Se entiende por crédito documentario el acuerdo mediante el cual, a petición y de conformidad con las instrucciones del cliente, el banco se compromete directamente o por intermedio de un banco corresponsal a pagar a un beneficiario hasta una suma determinada de dinero, o a pagar, aceptar o negociar letras de cambio giradas por el beneficiario, contra la presentación de los documentos estipulados y de conformidad con los términos y condiciones establecidos.

Conc. *Decreto 2756 de 1976, art. 2º.*

Contenido de la carta de crédito

Art. 1409. La carta de crédito deberá contener:

1) El nombre del banco emisor y del corresponsal, si lo hubiere;

2) El nombre del tomador u ordenante de la carta;

3) El nombre del beneficiario;

4) El máximo de la cantidad que debe entregarse, o por la cual puedan girarse letras de cambio a cargo del banco emisor o del banco acreditante;

5) El tiempo dentro del cual pueda hacerse uso del crédito, y

6) Los documentos y requisitos que deban presentarse o ser acreditados para la utilización del crédito.

Conc. *Decreto 923 de 1997, arts. 1º y 2º.*

Revocabilidad o irrevocabilidad

Art. 1410. El crédito documentario podrá ser revocable o irrevocable. El crédito será revocable, salvo que expresamente se estipule en la carta lo contrario.

Revocación por el banco emisor

Art. 1411. El crédito será revocable por el banco emisor en cualquier tiempo, mientras no haya sido utilizado por el beneficiario. Utilizado en parte, conservará su carácter de tal sólo en cuanto al saldo.

Términos para la utilización

Art. 1412. En la carta de crédito irrevocable se expresará siempre el término dentro del cual puede ser utilizada. En la revocable su omisión hará entender que el plazo máximo de utilización será de seis meses, contados a partir de la fecha del aviso enviado al beneficiario por el banco ante el cual el crédito es utilizable.

Transferencia y utilización parcial

Art. 1413. La carta de crédito será transferible cuando así se haga constar expresamente en ella. De no prohibirse expresamente, el crédito podrá transferirse por fracciones hasta concurrencia de su monto. A su vez, sólo podrá utilizarse parcialmente cuando se autorice expresamente en la carta de crédito.

Conc. *Decreto 2756 de 1976, art. 1º.*

Responsabilidad de otros bancos intervinientes

Art. 1414. La intervención de otro banco para dar al beneficiario aviso de la constitución de un crédito, no le impone obligación como banco intermediario, a no ser que éste acepte el encargo de confirmar el crédito. En este caso, el banco confirmante se hará responsable ante el beneficiario en los mismos términos que el emisor, a partir de la fecha en que se haya otorgado la confirmación.

Independencia de la carta de crédito

Art. 1415. La carta de crédito es independiente del contrato en relación con el cual haya de aplicarse el crédito abierto. En consecuencia, ni el banco emisor ni el banco corresponsal, en su caso, contraerán ninguna responsabilidad en cuanto a la forma, suficiencia, exactitud, autenticidad, falsificación o efecto legal de ningún documento concerniente a dicho contrato; ni en cuanto a la designación, cuantía, peso, calidad, condiciones, embalaje, entrega o valor de las mercaderías que representen los documentos; ni en lo referente a las condiciones generales o particulares estipuladas en la documentación, a la buena fe o a los actos del remitente o cargador, o de cualquier otra persona; ni en lo que atañe a la solvencia, reputación, etc., de los encargados del transporte o de los aseguradores de las mercaderías.

CAPÍTULO VII
CAJILLAS DE SEGURIDAD

Guarda de bienes

Art. 1416. Los establecimientos bancarios podrán celebrar el contrato de cajillas de seguridad para la guarda de bienes.

Responsabilidad del banco

Art. 1417. Los establecimientos bancarios responderán de la integridad e idoneidad de las cajillas y se obligarán a mantener el libre acceso a ellas de los usuarios, en los días y horas señalados en el contrato, o en los acostumbrados.

Responderán asimismo por todo daño que sufran los clientes, salvo fuerza mayor o caso fortuito.

Acceso y apertura de las cajillas

Art. 1418. El establecimiento bancario sólo permitirá el acceso al recinto en que se encuentren las cajillas, a los usuarios o sus representantes y, bajo su responsabilidad, a sus empleados o dependientes.

Si la caja figura a nombre de varias personas, la apertura de ella se permitirá a cualquiera de los titulares, salvo pacto en contrario. En caso de muerte, incapacidad o quiebra de uno de ellos, los demás conservarán sus derechos en la forma prevista en este artículo, pero la apertura se hará por ante notario como se previene en el artículo 1421 y quedarán en poder del banco solamente los bienes que de modo ostensible aparezcan como de propiedad del difunto, incapaz o quebrado.

NOTA: En donde dice quiebra debe leerse liquidación obligatoria.

Duración del contrato

Art. 1419. Salvo estipulación en contrario, el término del contrato será indefinido pero las partes podrán unilateralmente darlo por terminado en cualquier tiempo, noticiando a la otra parte por escrito, con treinta días por lo menos de antelación. En este caso, el establecimiento bancario devolverá la parte no causada del precio que haya recibido.

Terminación por mora del cliente

Art. 1420. La mora en el pago del precio en la forma convenida, dará lugar la terminación del contrato, quince días después de ser exigido por escrito su cumplimiento por el banco.

Desocupación de la cajilla a la terminación del contrato

Art. 1421. Si a la terminación del contrato el usuario no pone a disposición del establecimiento la cajilla, éste le exigirá por escrito que lo haga, y pasados treinta días de la fecha de dicha comunicación, procederá a su apertura y desocupación ante notario. En la diligencia se levantará inventarios de los bienes contenidos en la cajilla. En este caso, los bienes inventariados permanecerán en depósito en poder del establecimiento, quien sólo será responsable del dolo o culpa grave. Dichos bienes podrán ser depositados a órdenes del usuario conforme al Código de Procedimiento Civil.

NOTA: El Código de Procedimiento Civil quedó derogado con la expedición del Código General del Proceso.

Medidas de seguridad

Art. 1422. En los casos en los cuales el banco tenga conocimiento de hechos que puedan representar un claro peligro para la seguridad de las cajillas, procederá a tomar las medidas idóneas para que los usuarios puedan desocuparlas antes de la realización del riesgo.

El establecimiento, sin embargo, no estará obligado a dar avisos individuales a los usuarios, bastándole, en consecuencia, notificarlos en forma general.

Si el riesgo fuere inminente, podrá el establecimiento tomar las medidas que juzgue convenientes y aún proceder a la apertura y desocupación de la cajilla. En este caso, se hará ante notario, a la mayor brevedad, la diligencia de que trata el artículo 1421.

Llave de la cajilla

Art. 1423. La llave entregada al usuario deberá restituirse al banco y si a aquél se le perdiere, asumirá los gastos de apertura de la cajilla y reposición de la llave.

Duplicado de la llave

Art. 1424. El establecimiento conservará un duplicado de la llave entregada al cliente, que depositará inmediatamente ante el funcionario que designe el superintendente bancario.

Dicho duplicado sólo podrá retirarse a solicitud conjunta del usuario y del banco, en el caso de pérdida del original, o directamente por éste, cuando esté facultado o se encuentre obligado a abrir la cajilla sin el concurso del usuario.

Prórroga tácita del contrato

Art. 1425. Si se pacta un período determinado de duración del contrato y el usuario no restituye la llave a su vencimiento, el establecimiento bancario tendrá derecho a considerar prorrogado el contrato por un período igual.

Salvo estipulación en contrario, si el establecimiento bancario recibe con posterioridad al vencimiento del contrato el pago del precio del mismo, se entenderá que conviene en dicha prórroga.

LIBRO QUINTO
DE LA NAVEGACIÓN

CAPÍTULO PRELIMINAR
DISPOSICIONES COMUNES

Art. 1426. *Derogado por la Ley 9ª de 1991.*

Solemnidades de los actos o contratos sobre derechos reales de naves o aeronaves

Art. 1427. Los actos o contratos que afecten el dominio o que tengan por objeto la constitución de derechos reales sobre naves mayores o sobre aeronaves se perfeccionan por escritura pública. La respectiva escritura sólo se inscribirá en la capitanía del puerto de matrícula o en el registro aeronáutico nacional, según el caso.

La tradición se efectuará mediante dicha inscripción acompañada de la entrega material.

Las embarcaciones menores se sujetarán a lo dispuesto en el reglamento.

Conc. *Arts. 1440, 1443, 1456, 1571, 1798, 1904.*

Amparo administrativo para la entrega de naves o aeronaves

Art. 1428. Para los efectos de la entrega de naves o aeronaves, el propietario o adquirente podrá solicitar amparo administrativo ante la autoridad marítima o aeronáutica para que ésta impida su operación.

PARTE I
DE LA NAVEGACIÓN ACUÁTICA

DISPOSICIONES GENERALES

Actividades marítimas

Art. 1429. Se consideran actividades marítimas todas aquellas que se efectúan en el mar territorial, zonas adyacentes, suelo y subsuelo pertenecientes a la plataforma continental y en las costas y puertos de la República, relacionadas con la navegación de altura, de cabotaje, de pesca y científica, con buques nacionales y extranjeros, o con la investigación y extracción de los recursos del mar y de la plataforma.

Autoridad marítima nacional

Art. 1430. La autoridad marítima nacional estará constituida por la Dirección de Marina Mercante y sus diferentes dependencias, la cual ejercerá sus funciones y atribuciones en los puertos y mar territorial en lo relativo a la vigilancia, control y cumplimiento de las normas relacionadas con las actividades marítimas.

La autoridad marítima en cada uno de los puertos colombianos se ejercerá por el respectivo capitán de puerto o quien haga sus veces. Los demás funcionarios públicos que ejerzan funciones diferentes en los puertos marítimos y fluviales, deberán colaborar con la autoridad marítima y en caso de colisión decidirá el capitán de puerto.

NOTA: Actualmente, la autoridad marítima nacional colombiana es la Dirección General Marítima (Dimar).

Régimen de la autoridad marítima

Art. 1431. La autoridad marítima se regirá en todo lo que no contraríe el presente libro, por las normas orgánicas de la marina mercante o colombiana y las disposiciones reglamentarias de ésta.

TÍTULO I
DE LAS NAVES Y SU PROPIEDAD

CAPÍTULO I
NAVES

Concepto

Art. 1432. Se entiende por nave toda construcción principal o independiente, idónea para la navegación y destinada a ella, cualquiera que sea su sistema de propulsión.

Parágrafo 1°. Las construcciones flotantes no comprendidas en la anterior definición recibirán la denominación de artefactos navales, pero si con estos se desarrollan actividades reguladas por este Libro, se le aplicarán sus normas.

Parágrafo 2º. La autoridad marítima competente hará la correspondiente clasificación de las naves, desde el punto de vista técnico y de uso.

Conc. *Ley 730 de 2001, arts. 4º y ss., 26 y 27.*

Embarcaciones mayores y menores

Art. 1433. Hay dos clases de naves. Las embarcaciones mayores, cuyo tonelaje sea o exceda de veinticinco toneladas, y las embarcaciones menores, cuyo registro no alcance el indicado tonelaje.

Para todos los efectos el tonelaje se considera el neto de registro, salvo que se exprese otra cosa.

Las unidades remolcadoras se consideran como embarcaciones mayores.

Accesorios de la nave

Art. 1434. Son accesorios de la nave y se identifican con ella, para los efectos legales, todos los aparejos y utensilios destinados permanentemente a su servicio e indispensables para su utilización, los documentos de a bordo, los repuestos y las provisiones que constituyan la reserva constante y necesaria de la nave.

Conc. *Arts. 1562, 1575.*

Naturaleza jurídica

Art. 1435. La nave es una universalidad mueble de hecho, sujeta al régimen de excepción previsto en este Código.

Identidad de la nave

Art. 1436. La nave conserva su identidad aunque los materiales que la formen sean sucesivamente cambiados.

Deshecha y reconstruida la nave, aunque sea con los mismos materiales, será reputada como nueva.

Matrícula

Art. 1437. Toda nave matriculada en Colombia, es de nacionalidad colombiana y, por tanto, debe enarbolar el pabellón colombiano.

Las naves marítimas se matricularán en capitanía de puerto colombiano.

Las demás, como lo dispongan los respectivos reglamentos.

Conc. *Ley 730 de 2001, art. 24.*

Requisitos de matrícula

Art. 1438. Para matricular una nave se cumplirán los siguientes requisitos:

1) Cuando la nave sea de nueva construcción y el solicitante sea el constructor, presentará certificado de las autoridades marítimas competentes en que conste la licencia otorgada para construirla o la prueba de que trata el Art. siguiente. El constructor podrá hacer la solicitud para sí o para un tercero;

2) Si el solicitante es persona distinta del constructor, presentará además la escritura pública que contenga el título del cual derive su derecho. Dicha escritura sólo se registrará en la capitanía de puerto en que se vaya a matricular la nave, y

3) Si la nave se halla matriculada, se cumplirá lo preceptuado por el artículo 1445.

Parágrafo 1º. Al matricular una nave de nueva construcción se exigirá certificación de la capitanía del puerto del lugar donde se encuentre el astillero en que se construyó, de que se halla libre de hipoteca. Si existiere este gravamen se inscribirá en la respectiva matrícula.

Parágrafo 2º. El contrato de construcción de naves, no obstante su naturaleza mercantil, se regirá por las normas del Código Civil.

Conc. *Art. 1570; Ley 730 de 2001, arts. 17 y ss.; C.C., arts. 2053 y ss.*

Cancelación de matrícula extranjera

Art. 1439. Para matricular una nave anteriormente matriculada en país extranjero se acompañará, además del título que acredite la propiedad del solicitante, de conformidad con los artículos 1427 y 1442, una constancia de cancelación de la matrícula extranjera y la prueba de la entrega material de la nave.

Requisitos técnicos para la matrícula

Art. 1440. La matrícula se sujetará a los requisitos técnicos exigidos por los reglamentos de la autoridad marítima y, al hacerla, se entregará al capitán de puerto copia auténtica de la escritura pública, con destino al protocolo de la capitanía.

Libro de matrícula y protocolo

Art. 1441. En cada capitanía de puerto se llevará un libro de matrícula, en el cual se registrarán, además, los actos que tengan por objeto derechos reales sobre las naves y los embargos y litigios relacionados con éstas.

También se llevará el protocolo, conforme al título IV del Decreto-Ley 960 de 1970, en el que se incorporarán todos los documentos y actuaciones relativos al dominio y demás derechos reales sobre las naves.

El certificado de matrícula con la inserción de la totalidad de esta, acreditará la nacionalidad de la nave.

Prueba de la propiedad de naves extranjeras

Art. 1442. La propiedad de las naves matriculadas o construidas en país extranjero, se probará por los medios que establezca la legislación del correspondiente país; los documentos serán autenticados conforme a la ley colombiana.

Modos de adquisición de las naves

Art. 1443. La propiedad de las naves puede adquirirse por los medios establecidos en la ley.

Para los efectos de adquisición por prescripción, los términos establecidos en el Código Civil quedan reducidos a la mitad.

El capitán, los oficiales y tripulación de la nave no podrán adquirir su dominio por prescripción.

Conc. *Ley 730 de 2001, arts. 11, 13, 16; C.C., arts. 673, 2158 a 2354.*

Adquisición de nave abandonada

Art. 1444. El dominio de una nave puede adquirirse en caso de abandono de conformidad con los artículos 1737 y siguientes.

Tradición de nave matriculada

Art. 1445. La tradición del dominio de una nave matriculada se hará mediante la cancelación de la matrícula al enajenante y la expedición de una nueva matrícula al adquirente, quien acompañará a su solicitud la prueba de su derecho; además, deberá acreditarse la previa entrega de la nave.

Si la nave no estuviere matriculada, su tradición se hará mediante matrícula a favor del adquirente, con el cumplimiento de los requisitos indicados en el inciso anterior.

Conc. *C.C., art. 740.*

Privilegios y derechos reales

Art. 1446. En caso de enajenación voluntaria, el dominio de una nave se transmite al adquirente sin perjuicio de los privilegios y derechos reales establecidos.

En el correspondiente acto de enajenación se insertará una relación de las deudas privilegiadas e hipotecarias que afecten la nave, suministrada por el enajenante, quien de no hacerlo será considerado de mala fe.

Impugnación por acreedores

Art. 1447. La enajenación de una nave puede ser impugnada por los acreedores en los términos y con los requisitos establecidos en este Código y en el Código Civil.

Enajenación de nave en viaje

Art. 1448. Transmitido el dominio de la nave mientras se halle en viaje, el adquirente percibirá los beneficios y soportará las pérdidas resultantes del mismo viaje, salvo pacto en contrario.

La nave se considerará en viaje desde el momento en que el capitán obtenga de la respectiva capitanía de puerto el permiso de zarpe hasta su arribo al próximo puerto.

Embargo de naves de matrícula colombiana

Art. 1449. Toda nave de matrícula colombiana podrá ser embargada en cualquier puerto del país por los acreedores cuyos créditos gocen de privilegio marítimo y, además, por los que sean hipotecarios.

Los acreedores comunes sólo podrán embargarla mientras se halle en el puerto de su matrícula.

Serán competentes los jueces del lugar en que conforme a este Art. debe hacerse el embargo, no sólo para el embargo mismo sino para conocer del correspondiente proceso de ejecución.

Conc. *Arts. 1555, 1570.*

Embargo de naves extranjeras

Art. 1450. La nave extranjera surta en puerto colombiano podrá ser embargada en razón de cualquier crédito privilegiado o por cualquier otro crédito que haya sido contraído en Colombia.

Conc. *Art. 1555.*

Diligencias conexas con el embargo

Art. 1451. Embargada una nave, el juez lo comunicará, antes de notificar el auto respectivo, al capitán de puerto de matrícula para su registro.

Dictada la providencia de embargo y secuestro, aunque no esté ejecutoriada, la nave no podrá zarpar, a menos que se preste una caución real, bancaria o de compañía de seguros, igual al doble del crédito demandado, sin intereses ni costas, ni exceder en ningún caso el límite señalado en el artículo 1481, para garantizar su regreso oportuno.

La nave que haya recibido autorización de zarpe, no podrá ser secuestrada sino por obligaciones contraídas con el fin de aprestarla y aprovisionarla para el viaje.

Secuestro de naves

Art. 1452. El secuestro de una nave se hará mediante su entrega a un secuestre, que puede ser el capitán de la misma, previo inventario completo y detallado de todos sus elementos, practicado con asistencia del armador o del capitán.

Las oposiciones se tramitarán conforme al Código de Procedimiento Civil.

Conc. *C.G.P, art. 596.*

NOTA: El Código de Procedimiento Civil fue derogado por el Código General del Proceso.

Embargo de cuota de copropietario

Art. 1453. La nave no podrá ser embargada ni rematada por las deudas particulares de uno de los copropietarios; pero podrá embargarse y subastarse la cuota que en ella le corresponda al deudor.

Remate de una nave

Art. 1454. El remate de una nave tendrá lugar conforme a las prescripciones del Código de Procedimiento Civil, pero será anunciado, además, mediante fijación de carteles en lugares visibles de la nave, de la capitanía de puerto de matrícula y en la del lugar en donde se halle.

Conc. *C.G.P, arts. 448 y ss.*

NOTA: El Código de Procedimiento Civil fue derogado por el Código General del Proceso.

Agentes marítimos de naves extranjeras

Art. 1455. El armador de toda nave extranjera que arribe al puerto, debe tener un agente marítimo acreditado en el país.

Los agentes marítimos de las naves serán representantes de sus propietarios o armadores, para todos los efectos legales.

Conc. *Arts. 1473, 1489.*

Prueba de los derechos reales sobre naves

Art. 1456. Será plena prueba del dominio y demás derechos reales sobre naves, así como de los embargos o hipotecas que pesen sobre ellas y de la existencia de litigios sobre tales derechos, los certificados que expida el capitán de puerto de matrícula, previo examen de ésta.

Conc. *Arts. 1427, 1437, 1442.*

Cancelación de la matrícula

Art. 1457. La matrícula de una nave colombiana se cancelará:

1) Cuando adquiera matrícula en otro país, previa autorización del Gobierno;

2) Cuando se traspase el derecho de dominio de la nave en contravención a lo dispuesto en el artículo 1458;

3) Cuando así lo solicite el propietario, por causa justificada o lo ordene autoridad competente, por causas legales;

4) Cuando ocurra su pérdida, debidamente comprobada;

5) Cuando por la capitanía del puerto de matrícula se haya establecido plenamente la desaparición no justificada de la nave, por haber transcurrido seis meses a partir de la fecha del último zarpe de puerto colombiano, sin que se tenga noticia alguna de ella, si se trata de naves de propulsión mecánica, o de doce meses en las naves de otro sistema de navegación;

6) Al efectuarse el desguace voluntario de la nave, aunque se construya con los mismos materiales;

7) Por haberse declarado en condiciones de innavegabilidad absoluta, y

8) Por sentencia judicial dictada en el país o en el extranjero, si esta fuere reconocida legalmente en Colombia.

Conc. *Ley 730 de 2001, art. 3º.*

CAPÍTULO II
PROPIETARIOS Y COPROPIETARIOS DE LAS NAVES

Nacionalidad colombiana requisito de propiedad de naves

Art. 1458. Solo pueden ser dueños de una nave comercial matriculada en Colombia los nacionales colombianos.

NOTA: Este artículo adolece de inconstitucionalidad por ser contrario a los artículos 13 y 100 de la Constitución Política, de conformidad con lo dicho por el Consejo de Estado en fallo del 1º de junio de 2000, exp. 5169.

Comunidad sobre naves

Art. 1459. Una nave puede pertenecer a varios dueños en común y proindiviso.

Conc. *C.C., arts. 2324 y ss.*

Decisiones de los comuneros

Art. 1460. Todas las decisiones referentes a la administración de la nave y aquellas que sean en interés común de los copropietarios, serán adoptadas por mayoría de votos, salvo que la ley disponga otra cosa. Las demás, tales como la expedición de un cargamento por cuenta y riesgo de todos los partícipes y las innovaciones estructurales de la nave, requieren unanimidad.

La mayoría se constituirá por un número de cuotas que forme más de la mitad de los derechos aunque estén en cabeza de un solo propietario.

Conc. *Ley 95 de 1890, art. 19.*

Decisiones de interés común

Art. 1461. Serán de interés común las decisiones relativas al armamento, equipo, aprovisionamiento, reparaciones ordinarias, conservación y seguro, fletamento y uso de la nave, y a la elección y contratación del capitán y tripulación.

Registro de las decisiones de los condueños

Art. 1462. Las decisiones de los condueños serán incorporadas en un libro de actas que se registrará en la capitanía del puerto de matrícula de la nave.

Conc. *Art. 1441.*

Designación de administrador

Art. 1463. Los copropietarios, si no pueden administrar conjuntamente, designarán por mayoría al administrador de la nave. Puede ser administrador uno cualquiera de los copropietarios o un tercero, siempre que tenga las calidades que la ley exige.

Conc. *Ley 95 de 1890, arts. 16 a 20.*

Facultades del administrador

Art. 1464. El administrador es el representante legal de los copropietarios para todo lo relativo a la nave, con las mismas facultades del armador, salvo las restricciones que se le imponga; pero no puede, sin la correspondiente autorización, ejecutar actos que no sean de interés común.

Conc. *Art. 1477.*

Venta de la nave en comunidad

Art. 1465. Los copropietarios podrán unánimemente disponer la venta de la nave. Si alguno de ellos lo pide y todos los condueños son capaces de disponer de lo suyo, ésta se sacará a licitación privada entre los copropietarios.

Si surgen discrepancias entre los condueños, la nave podrá ser vendida en un martillo legalmente autorizado que funcione en el puerto de matrícula o, en su defecto, en pública subasta judicial, a petición de cualquiera de los copropietarios.

Conc. *C.G.P, arts. 406 a 414; C.C., arts. 2336 y 2340.*

Preferencia de los copropietarios en el fletamento de la nave

Art. 1466. En igualdad de circunstancias, los copropietarios serán preferidos en el fletamento de la nave a quienes no lo sean, y si hubiere concurrencia entre aquellos, será preferido el que tenga mayor interés en la nave. Si los copropietarios concurrentes tuvieren igualdad de interés, decidirá la suerte.

El partícipe que obtuviere la preferencia del fletamento quedará sujeto a las determinaciones de la mayoría en relación con el destino de la nave.

Conc. *Art. 1666.*

Reparaciones y gastos

Art. 1467. Las reparaciones ordinarias y gastos de administración serán hechos con los dineros comunes y, en su defecto, mediante contribución de los copropietarios en proporción a su interés en la nave.

Las reparaciones extraordinarias requerirán la aprobación unánime de los copropietarios o la autorización del juez, en caso de discrepancia.

Los copartícipes serán responsables, en proporción al interés de cada uno en la nave, de los gastos de reparaciones efectuados de conformidad con la ley.

Parágrafo. Por reparaciones extraordinarias se entienden aquellas cuyo costo exceda de la mitad del valor de la nave y, en general, las que no sean necesarias para su conservación y ordinario servicio.

Contribución para el armamento de la nave

Art. 1468. Si la mayoría de condueños decide sobre el armamento, equipo o aprovisionamiento de la nave, los copropietarios estarán obligados a contribuir en proporción a las partes que tuvieren en ella.

Diferencias sobre reparaciones de la nave

Art. 1469. Si la minoría de condueños considera que las reparaciones decretadas por la mayoría son extraordinarias, podrá exigir que el diferendo se someta a la decisión de expertos. Asimismo podrá acudir al juez para que, oído el concepto de peritos, decida sobre la necesidad de las reparaciones que la mayoría haya negado.

NOTA: La controversia mencionada en el segundo inciso de esta norma se resuelve actualmente mediante el procedimiento verbal sumario, de conformidad con el artículo 390 del C.G.P.

Procedimiento en caso de copropietarios morosos

Art. 1470. Cada copropietario está obligado a pagar la parte que le corresponda en el costo de reparación, armamento, equipo, aprovisionamiento de la nave y gastos de administración, dentro de los veinticinco días siguientes al acuerdo de la mayoría, o a la aprobación unánime de los copropietarios, o a la decisión del juez, en su caso.

La cuota en la nave del copropietario moroso podrá ser adjudicada en licitación privada, previo avalúo por peritos, a aquel de los condueños que ofrezca más por dicha parte, y en igualdad de condiciones, a todos los postores.

Cualquiera de los copropietarios, incluyendo al moroso, podrá pedir que la subasta sea pública.

Pagada la participación respectiva con el producto de la subasta, el remanente se entregará al interesado.

Conc. *C.G.P, arts. 448, 450, 451.*

Enajenación e hipoteca de la cuota del comunero

Art. 1471. El copropietario podrá enajenar libremente su cuota en la nave; pero para hipotecar dicha cuota requerirá el consentimiento previo de la mayoría.

Derecho de preferencia

Art. 1472. Cualquiera de los copropietarios tendrá derecho a que el condueño que quiera vender su cuota lo preferirá a un extraño, en igualdad de condiciones.

Si hubiere varios condueños interesados, adquirirán en proporción a su cuota.

TÍTULO II
DEL ARMADOR

Definición

Art. 1473. Llámase armador la persona natural o jurídica que, sea o no propietaria de la nave, la apareja, pertrecha y expide a su propio nombre y por su cuenta y riesgo, percibe las utilidades que produce y soporta todas las responsabilidades que la afectan.

La persona que figure en la respectiva matrícula como propietario de una nave se reputará armador, salvo prueba en contrario.

Conc. *Art. 1682.*

Declaración de armador

Art. 1474. Quien asuma la explotación de una nave debe hacer declaración de armador en la capitanía del puerto de matrícula de la misma.

Esta declaración puede hacerse por el propietario de la nave, si el armador no la hiciere.

Representante del armador en el puerto de matrícula

Art. 1475. Si al hacer la declaración, el armador no se hallare domiciliado en el puerto de matrícula de la nave, deberá designar un representante domiciliado en dicho puerto e inscrito en la capitanía del puerto de matrícula.

Conc. *Art. 1489.*

Prueba del título de explotación

Art. 1476. El armador deberá entregar en el acto de la declaración copia auténtica del título que le atribuya la explotación de la nave.

Conc. *Arts. 1427, 1442, 1456.*

Atribuciones del armador

Art. 1477. Son atribuciones del armador:

1) Nombrar y remover libremente al capitán de la nave, salvo disposición legal en contrario;

2) Prestar su concurso al capitán en la selección de la tripulación. El armador no podrá imponer ningún tripulante contra la negativa justificada del capitán;

3) Celebrar por sí o por intermedio de sus agencias marítimas los contratos que reclame la administración de la nave, y

4) Impartir al capitán las instrucciones necesarias para el gobierno de la nave y para su administración durante el viaje.

Parágrafo. El armador no podrá enajenar las mercancías transportadas.

Obligaciones del armador

Art. 1478. Son obligaciones del armador:

1) Pagar las deudas que el capitán contraiga para habilitar y aprovisionar la nave en ejercicio de sus atribuciones legales;

2) Responder civilmente por las culpas del capitán, del práctico o de la tripulación, y

3) Cumplir los contratos lícitos que la agencia marítima o el capitán celebre en beneficio de la nave o de la expedición.

Conc. *C.C., arts. 2341 y ss.*

Responsabilidad por la culpa del capitán

Art. 1479. Aun en los casos en que haya sido extraño a su designación, el armador responderá por las culpas del capitán.

Excepciones a la responsabilidad del armador

Art. 1480. Además de los casos especialmente previstos en este Código, el armador estará exento de responsabilidad en los siguientes:

1) Si los hechos del capitán o de la tripulación no fueren relativos a la nave o a la expedición;

2) Si se tratare de hechos que el capitán hubiere ejecutado como delegado de la autoridad pública;

3) Si se tratare de obligaciones de asistencia y salvamento a terceros, y

4) Si quien demanda la indemnización fuere cómplice de los hechos del capitán o de la tripulación.

Límite de la responsabilidad del armador

Art. 1481. El armador, propietario o no de la nave, sólo responderá hasta por el valor de ésta, sus accesorios y el flete, en el cumplimiento de las obligaciones siguientes:

1) De las indemnizaciones debidas a terceros por daños o pérdidas causados durante la navegación o en puerto por culpa del capitán, de la tripulación, del práctico o de cualquiera otra persona al servicio de la nave;

2) De las indemnizaciones debidas por daños causados al cargamento que se entregue al capitán para su transporte, o a los bienes que se encuentren a bordo;

3) De las demás obligaciones derivadas de los conocimientos de embarque o contrato de fletamento;

4) De las indemnizaciones debidas por las culpas náuticas en la ejecución de un contrato, sin perjuicio de lo dispuesto en el ordinal 1° del artículo 1609;

5) De la obligación de extraer los restos de una nave náufraga y de las obligaciones vinculadas a aquélla;

6) De las remuneraciones de asistencia y salvamento;

7) De la contribución que corresponda a su nave en virtud de un acto de avería común, y

8) De las obligaciones contraídas fuera del puerto de matrícula por la agencia marítima o el capitán, merced a sus poderes legales para atender las necesidades de su nave o a la continuación del viaje, siempre que aquéllas no provengan de insuficiencia o defecto del equipo o del aprovisionamiento al comienzo del viaje.

Parágrafo. Para los efectos de este artículo se entenderán como accesorios los indicados en el artículo 1562.

Conc. *Arts. 1518, 1545, 1562.*

Excepciones a los límites de responsabilidad del armador

Art. 1482. La limitación de responsabilidad consagrada en el artículo anterior no se aplicará a las obligaciones derivadas de acto o culpa personal del armador, ni a las obligaciones contraídas en nombre o por cuenta de éste, por la agencia marítima o el capitán, cuando aquél las haya utilizado o ratificado especialmente, ni a las relativas a los contratos de trabajo con el capitán, con la tripulación o con las demás personas al servicio de la nave.

Límites a la responsabilidad del capitán

Art. 1483. Si el capitán es a la vez propietario o copropietario de la nave o tiene la calidad de armador, no podrá prevalerse de la limitación de responsabilidad establecida en el artículo 1481, sino respecto de sus culpas náuticas y de las mismas culpas de las personas al servicio de la nave.

Valoración de la nave y sus accesorios

Art. 1484. El propietario que se acoja a la limitación de su responsabilidad al valor de la nave, fletes y accesorios, deberá probar el valor de la misma y de los accesorios de que trata el artículo 1562. La valuación de la nave se basará en las condiciones de la misma de conformidad con las siguientes reglas:

1) En caso de abordaje u otro accidente, en lo relativo a las reclamaciones conexas con uno u otro, inclusive las derivadas de contratos celebrados aún al tiempo de la llegada de la nave al primer puerto, después del accidente, la valuación estará de acuerdo con las condiciones de la nave al momento de su arribo a dicho puerto.

Si antes de ese momento otro accidente redujere el valor de la nave, la nueva disminución de ese valor no se tomará en cuenta al considerar las reclamaciones relativas al primer accidente.

La valuación de la nave, en caso de accidentes que ocurran durante la estadía de la misma en puerto, se hará de acuerdo con la condición de la nave en éste, después del accidente;

2) Cuando se trate de reclamaciones relacionadas con la carga o que surjan del conocimiento de embarque, no previstas en la regla anterior, la valuación estará de acuerdo con el estado de la nave en el puerto de destino de la carga o en el sitio en que el viaje se haya interrumpido.

Si la carga estuviere destinada a más de un puerto y el daño se hallare relacionado con uno de ellos, la valuación estará de acuerdo con el estado del buque en el primero de esos puertos, y

3) En todos los demás casos a que se refiere el artículo 1481, la estimación se hará según el estado del buque al término del viaje.

Definición de flete para efectos de la responsabilidad

Art. 1485. Para los efectos del artículo 1481 se entenderá por flete, incluido en él el precio del pasaje, el diez por ciento del valor de la nave al comienzo del viaje.

Normas que rigen los créditos por accidentes

Art. 1486. Los diversos créditos derivados de un mismo accidente o por razón de los cuales, en defecto de accidente, se determina el valor de la nave en un mismo puerto, se regirán por lo dispuesto en los artículos 1555 y siguientes de este Código.

Responsabilidad en caso de muerte o lesiones

Art. 1487. En caso de muerte o lesiones corporales causadas por las personas indicadas en el ordinal 1º del artículo 1481 la responsabilidad del armador para ante las víctimas o sus derechohabientes se extenderá, fuera del límite fijado en el mismo artículo, hasta la cantidad de quince gramos de oro puro por tonelada de arqueo de la nave.

Con el total indicado en el inciso anterior se pagarán estas indemnizaciones y, si fuere insuficiente, los damnificados o sus derechohabientes concurrirán con los demás acreedores, hasta por el saldo que haya quedado a debérseles, sobre el valor de la nave, sus accesorios y el flete, teniendo en cuenta el orden de los privilegios.

Conc. *Art. 875.*

Cálculo del arqueo

Art. 1488. El arqueo de que tratan los artículos 1481 y 1487 se calculará así: En las naves con propulsión mecánica, sobre el tonelaje neto de registro aumentado en el tonelaje de arqueo correspondiente a los espacios de la maquinaria de propulsión, tal como los mismos son definidos por los reglamentos de la autoridad marítima.

En los veleros, sobre el tonelaje neto.

TÍTULO III
DEL AGENTE MARÍTIMO

Definición

Art. 1489. Agente marítimo es la persona que representa en tierra al armador para todos los efectos relacionados con la nave.

Art. 1490. *Derogado por la Ley 9ª de 1991.*

Registro ante la autoridad marítima

Art. 1491. El agente marítimo debe registrarse ante la autoridad marítima nacional. Para poder inscribirse presentará solicitud acompañada de los siguientes documentos:

1) Certificado de inscripción en el registro mercantil;

2) Certificado de la autoridad competente en que conste que no ha sido sancionado por delitos definidos en el estatuto penal aduanero;

3) Certificado de las capitanías de puerto en que conste que no ha agenciado naves sin matrícula;

4) Garantía cuya naturaleza y monto serán fijados por la autoridad marítima, conforme a los reglamentos;

5) Lista de las naves que va a agenciar y copia de los correspondientes contratos;

6) Declaración jurada de que no es empresario de transporte, y

7) Certificado de la capitanía de puerto en que conste que tiene locales apropiados para atender la agencia marítima.

Parágrafo. Deberá, además, cumplir los requisitos que fije el reglamento.

NOTA 1: Actualmente, la autoridad marítima nacional colombiana es la Dirección General Marítima (Dimar).

NOTA 2: Los delitos indicados en el numeral 2º corresponden al contrabando, regulado actualmente por los artículos 319 a 322 del Código Penal.

Obligaciones del agente

Art. 1492. Son obligaciones del agente:

1) Representar al armador en todas las relaciones referentes a contratos de transporte;

2) Gestionar todos los problemas administrativos relacionados con la permanencia de la nave en puerto;

3) Hacer entrega a las respectivas autoridades aduaneras y a órdenes del destinatario, de las mercancías transportadas por la nave;

4) Representar judicialmente al armador o al capitán en lo concerniente a las obligaciones relativas a la nave agenciada;

5) Responder personal y solidariamente con el capitán de la nave agenciada, por la inejecución de las obligaciones relativas a la entrega o recibo de las mercancías;

6) Responder por los objetos y valores recibidos;

7) Responder personalmente cuando ha contratado un transporte o flete sin dar a conocer el nombre de la empresa o nave agenciada, y

8) Responder solidariamente con el armador y el capitán, por toda clase de obligaciones relativas a la nave agenciada que contraigan estos en el país.

Reembolso de anticipos y cobro de emolumentos

Art. 1493. El agente marítimo podrá exigir el reembolso de los anticipos que haya hecho por cuenta del armador o del capitán y cobrar los emolumentos a que tenga derecho.

Cancelación de la licencia

Art. 1494. La autoridad marítima cancelará la licencia del agente cuando la haya obtenido sin reunir los requisitos establecidos en el artículo 1491, o si con posterioridad a su inscripción fuere sancionado por delitos tipificados en el estatuto penal aduanero, o agenciare naves sin matrícula, o ejerciere la actividad del empresario del transporte, o dejare de tener establecimientos en puerto colombiano.

Parágrafo. El agente marítimo a quien se le haya cancelado la licencia no podrá ser inscrito nuevamente sino transcurridos 10 años de la fecha de cancelación.

NOTA: Los delitos indicados en esta norma corresponden al contrabando, regulado actualmente por los artículos 319 a 322 del Código Penal.

TÍTULO IV
DEL CAPITÁN

Definición y funciones

Art. 1495. El capitán es el jefe superior encargado del gobierno y dirección de la nave.

La tripulación y los pasajeros le deben respeto y obediencia en cuanto se refiere al servicio de la nave y a la seguridad de las personas y de la carga que conduzca.

Como representante del armador ejercerá, frente a todos los interesados en la nave y en la carga, los poderes que le sean atribuidos por la ley. Las restricciones convencionales al derecho de representación del capitán no serán oponibles a terceros de buena fe.

Suplentes del capitán

Art. 1496. En caso de muerte, ausencia o inhabilitación del capitán de una nave de línea de navegación de altura, el gobierno del buque corresponderá a los oficiales de cubierta, según el orden de sus jerarquías, hasta el puerto del próximo arribo, donde la competente autoridad o la consular nombrará al capitán, por el tiempo necesario.

Para todas las demás naves, incluyendo las de servicios públicos de líneas, tanto en la navegación interior como en la de cabotaje, se aplicarán las normas establecidas por las leyes especiales y por los reglamentos nacionales.

Reemplazo provisional en puertos extranjeros

Art. 1497. En los puertos extranjeros, previa autorización consular, el gobierno de la nave podrá confiarse a un capitán extranjero que posea la habilitación correspondiente a la del capitán que deba sustituir, hasta el puerto donde sea posible su reemplazo por un capitán colombiano.

Funciones relacionadas con la guarda del orden

Art. 1498. Como delegado de la autoridad pública y en guarda del orden en la nave durante el viaje, el capitán podrá adoptar todas las providencias que juzgue aconsejables para el logro de aquel objetivo, sin menoscabo de las garantías constitucionales y legales de las personas a bordo. En tal virtud estará facultado para:

1) Reprimir y sancionar las faltas disciplinarias cometidas a bordo por la tripulación y las infracciones policivas en que incurran los pasajeros;

2) Adelantar en caso de delito la correspondiente investigación, de acuerdo con lo dispuesto en el Código de Procedimiento Penal, y

3) Entregar los presuntos delincuentes a la autoridad respectiva.

Funciones en materia civil

Art. 1499. El capitán recibirá el testamento de las personas a bordo, observando las formalidades previstas por las leyes.

Igualmente, con sujeción a las disposiciones relativas al registro civil, levantará actas de los nacimientos, matrimonios y defunciones acaecidos durante el viaje, y ejercerá las funciones notariales que le asigne la ley.

En caso de urgencia justificada, el capitán tendrá, además, las atribuciones de juez municipal en lo relativo a la celebración del matrimonio civil.

Parágrafo. El capitán de una nave de línea de navegación de altura, podrá dar fe de que la firma puesta en un documento es auténtica.

Conc. *C.C., arts. 136, 1105, 1106, 1107, 1112.*

Documentos a bordo de responsabilidad del capitán

Art. 1500. El capitán está obligado a mantener a bordo los siguientes documentos:

1) Certificado de matrícula;

2) *Derogado por la Ley 730 de 2001, art. 24.*

3) Certificado de navegabilidad o de clasificación;

4) Pasavante, en su caso;

5) Libro del rol de tripulación, autorizado por el capitán del puerto;

6) Póliza de locación o de fletamento, y los conocimientos de embarque o manifiesto, en su caso;

7) Reglamento de a bordo, que se fijará en lugar visible de la nave;

8) Lista de pasajeros, y

9) Los demás documentos que exijan las leyes y reglamentos de la autoridad marítima colombiana.

Conc. *Art. 1576.*

NOTA: De conformidad con la Ley 730 de 2001, actualmente se exige el certificado de seguridad, en vez de la patente de navegación, requisito que se encontraba mencionado en el numeral 2º de este artículo.

Funciones y obligaciones del capitán

Art. 1501. Son funciones y obligaciones del capitán:

1) Cerciorarse de que la nave está en buenas condiciones de navegabilidad para la navegación que va a emprender;

2) Cumplir las leyes y reglamentos de marina, sanidad, aduana, policía, hacienda, inmigración, etc., de los puertos de zarpe y arribo;

3) Estar al tanto del cargue, estiba y estabilidad de la nave;

4) Otorgar recibos parciales de las mercancías que se embarquen sucesivamente, para sustituirlos en el momento oportuno por los conocimientos o documentos respectivos;

5) Usar los servicios de prácticos cuando la ley, la costumbre, el reglamento o el buen sentido lo reclame;

6) Zarpar tan pronto como haya terminado el cargue de la nave;

7) Conseguir fondos, para el sólo efecto de atender reparaciones o provisiones urgentes de la nave, cuando no los tuviere ni esperare recibirlos del armador o de sus agentes; con tal fin podrá:

a) Girar, aceptar, otorgar y endosar instrumentos negociables u otros títulos valores a nombre del armador, y

b) Hipotecar la nave, previa autorización escrita del armador;

8) Emplear todos los medios a su alcance para salvar la nave, cuando en el curso del viaje ocurran eventos que la pongan en peligro, aún mediante el sacrificio total o parcial de la carga o el daño parcial de la nave, si, previo concepto de la junta de oficiales, fuere necesario; pero no podrá contratar el salvamento sin autorización expresa del armador;

9) Hacer mención expresa de los recibos y conocimientos de los efectos cuya avería, merma o mal estado de acondicionamiento sea visible. En defecto de esa mención se presume que las mercancías fueron cargadas en buen estado y debidamente acondicionadas;

10) Sentar por los hechos que adelante se enuncian, cuando ocurran durante la navegación, el acta de protesta en el libro de navegación o bitácora y presentar copia de ella a la autoridad competente del primer puerto de arribo, dentro de las doce horas siguientes a la llegada de la nave:

a) Muerte o lesiones corporales de las personas a bordo;

b) Pérdidas o averías conocidas o presuntas de la nave o de la carga;

c) Naufragio;

d) Incendio;

e) Abordaje;

f) Varadura y encallamiento;

g) Avería común o gruesa;

h) Arribada forzosa, e

i) Desórdenes y acontecimientos extraordinarios que puedan afectar los intereses de las personas, buque o cargamento.

En caso de falta absoluta o impedimento del capitán, hará la protesta la persona que lo sustituya en la dirección de la nave y a falta de ésta, el armador o su representante legal;

11) Resistir, a su prudente arbitrio, por todos los medios a su alcance, cualquier violencia que pueda intentarse contra la nave, las personas o la carga; si fuere obligado a hacer entrega de toda o de parte de ésta, anotará el correspondiente asiento en el libro de navegación y protestará el hecho en el primer puerto de arribo.

En caso de apresamiento, embargo o detención, compete al capitán reclamar la nave y el cargamento, y dar aviso inmediatamente al armador por los medios que estuvieren a su alcance.

Mientras recibe órdenes definitivas, deberá tomar las disposiciones provisorias que sean urgentes para la conservación de la nave y de la carga, y para la debida atención a las personas;

12) Celebrar contratos de fletamento y los demás relativos a la gestión ordinaria de la nave y al normal desarrollo del viaje, cuando estuviere ausente el armador, su agente o representante legal;

13) En caso de echazón, lanzar las cosas en el orden que la técnica náutica y las circunstancias lo aconsejen, previa consulta con la junta de oficiales;

14) Solicitar permiso para vender la nave en pública subasta, cuando se halle fuera de su puerto de matrícula y en estado de innavegabilidad.

Este permiso sólo podrá ser otorgado por el armador o su representante legal facultado para ello.

Se entiende que la nave se halla en estado de innavegabilidad:

a) Cuando no pueda ser reparada en el lugar en que se encuentra ni conducida a un lugar donde la reparación sea posible, y

b) Cuando los gastos que demande su reparación excedan el valor de la nave una vez reparada;

15) Tomar dinero en préstamo por cuenta del copropietario de la nave que se niegue a contribuir en los gastos necesarios de la expedición, hasta cubrir la suma a su cargo. Para efectuar el préstamo el capitán dará como garantía la cuota parte del copropietario renuente, a quien requerirá con anticipación no inferior a veinticuatro horas;

16) Recoger a bordo, de acuerdo con los medios de que disponga, a los marinos colombianos que se encuentren abandonados en puerto extranjero, donde no haya oficina consular de Colombia. También está obligado a recibir a bordo a los colombianos que los cónsules de la República se vean en la necesidad de repatriar, en cantidad que determinará según la capacidad del buque sin exceder de un diez por ciento de la tripulación, siempre que no se lo impida causa de fuerza mayor justificada ante la misma autoridad consular;

17) Tener a bordo los siguientes libros:

a) Constitución Política de la República de Colombia y códigos del país;

b) Leyes, decretos y reglamentos de la marina mercante;

c) Libro de navegación o bitácora;

d) Libro de campaña u órdenes a las máquinas;

e) Libro de registro de sanciones, y

f) Libro de inventario;

18) Emplear la mayor diligencia posible para salvar las personas, los efectos de la nave, el dinero, los documentos, libros de navegación, de máquinas, de sanciones, y la carga, cuando en el curso de la navegación sobrevenga la necesidad de abandonar la nave.

Si a pesar de su diligencia se perdieren los objetos sacados de la nave o los que quedaren a bordo estará exonerado de toda responsabilidad;

19) Representar judicialmente al armador o a su agente marítimo, cuando estuviere ausente, en lo concerniente a la nave y la navegación;

20) Embarcar y desembarcar los miembros de la tripulación, en ausencia o imposibilidad de consulta con el armador o su representante legal;

21) Informar al armador o a su representante legal de los hechos y contratos importantes relacionados con la nave y la navegación, cuando se produzcan durante el viaje y en todas las circunstancias que le sea posible;

22) Arribar a puerto neutral cuando después del zarpe tenga conocimiento de que ha sobrevenido estado de guerra y permanecer en él hasta que pueda salir bajo convoy, o de otro modo seguro. De la misma manera procederá si llega a saber que el puerto de su destino se encuentra bloqueado.

El capitán que navegue bajo escolta de naves de guerra y se separa injustificadamente del convoy, responderá de los perjuicios que sobrevengan a las personas, a la nave o a la carga. Bajo la misma responsabilidad deberá obedecer las órdenes y señales del comandante del convoy;

23) Recibir a bordo la carga que deba ser transportada por el buque y ponerla en el puerto de destino, a disposición de la empresa estibadora que deba descargarla;

24) Desembarcar las mercancías que no hayan sido declaradas o que lo hayan sido falsamente. Podrá, sin embargo, informar al armador para el cobro del flete debido o del sobreflete a que hubiere lugar. En todo caso podrá tomar las medidas que las circunstancias aconsejen;

25) Continuar el viaje tan pronto como haya cesado la causa de la arribada forzosa, so pena de indemnizar los daños que se causen;

26) Prestar la asistencia y salvamento a que está obligado conforme a la ley, y

27) Atender a la defensa de los intereses de los aseguradores y de los cargadores o de sus derechohabientes, cuando, a más de necesario, ello sea compatible con la exigencia de la expedición.

Si para evitar o disminuir un daño fueren necesarias medidas especiales, el capitán obrará según su prudente arbitrio.

Conc. *Arts. 1514, 1517, 1531, 1532, 1540, 1544, 1545, 1553, 1570, 1593, 1607, 1608.*

Prohibiciones

Art. 1502. Prohíbese al capitán:

1) Permitir en la nave objetos de ilícito comercio;

2) Colocar sobre cubierta parte alguna de la carga, a menos que, consintiéndolo el cargador, las condiciones técnicas lo permitan o cuando esté aceptado por la costumbre;

3) Admitir a bordo pasajeros o cargas superiores a las que permita la seguridad de la nave;

4) Abandonar la nave mientras haya alguna esperanza de salvarla;

5) Cambiar de ruta o de rumbo, salvo en los casos en que la navegación lo exija, circunstancia que deberá anotarse en el diario de navegación;

6) Descargar la nave antes de formular la protesta a que se refiere el ordinal 10 del artículo 1501 salvo caso de peligro apremiante;

7) Entrar en puerto distinto al de su destino, salvo que las condiciones de la navegación lo exijan;

8) Permitir el embarque de mercancías o materias de carácter peligroso, como sustancias inflamables o explosivas, sin las precauciones que estén recomendadas para su envase, manejo y aislamiento, o sin la autorización de la respectiva autoridad competente cuando sea necesaria;

9) Cargar mercancías por su cuenta sin permiso previo del armador o de su representante legal o del fletador, según el caso, y permitir que lo haga cualquier miembro de la tripulación;

10) Recibir carga diferente cuando exista contrato de fletamento total salvo que el fletador respectivo lo consienta por escrito, y

11) Celebrar con los cargadores pacto alguno que redunde en su beneficio particular, caso en el cual los beneficios corresponderán al armador, copropietario o fletador, según el caso.

Responsabilidad del capitán frente al armador

Art. 1503. El capitán responderá ante el armador por el incumplimiento de sus funciones y la violación de las prohibiciones, especialmente en caso de daños sobrevenidos a los pasajeros, tripulación, nave y carga, a menos que demuestre causa justificada. La responsabilidad del capitán principia desde que se hace reconocer como comandante de la nave y termina con la entrega de ella.

Responsabilidad respecto del remitente y del destinatario de la carga

Art. 1504. Respecto del remitente y destinatario, la responsabilidad comienza desde que la carga entra a la nave y concluye al entregarla al costado de ésta en el puerto de destino, salvo pacto en contrario.

***Conc.** Art. 1606.*

Inhabilitación por dolo

Art. 1505. Condenado por dolo cometido en el ejercicio de sus funciones o en el cumplimiento de sus obligaciones, el capitán quedará inhabilitado por diez años para desempeñar cargo alguno de las naves mercantes.

TÍTULO V
DE LA TRIPULACIÓN

Definición

Art. 1506. Constituye la tripulación el conjunto de personas embarcadas, destinadas a atender todos los servicios de la nave y provistas de sus respectivas licencias de navegación.

Equipaje de la tripulación

Art. 1507. La tripulación sólo podrá cargar en la nave las cosas de su uso personal ordinario, salvo autorización del armador y pago del flete correspondiente.

Obligaciones laborales especiales

Art. 1508. Sin perjuicio de lo establecido en las normas laborales, en las convenciones colectivas o en las estipulaciones especiales del contrato individual de trabajo, los oficiales y marinería están obligados particularmente a:

1) Encontrarse a bordo en el momento en que el contrato lo señale o el capitán lo requiera;

2) Obedecer al capitán y a los oficiales en su orden jerárquico, en todo lo concerniente al servicio y orden de la nave;

3) Permanecer en la nave y en su puesto. Las ausencias requieren autorización de su superior jerárquico;

4) Velar por la regularidad del servicio, y por el mantenimiento del material a su cargo;

5) Cumplir temporalmente funciones diversas a las propias de su título, categoría, profesión o grado, en casos de necesidad y en interés de la navegación, y

6) Prestar las declaraciones necesarias requeridas por la autoridad sobre la justificación o no de las actas de protesta.

Vigencia del contrato de enrolamiento

Art. 1509. Salvo estipulación expresa en contrario, el contrato de enrolamiento se entenderá celebrado por el viaje de ida y regreso.

Prórroga del contrato

Art. 1510. Si el plazo previsto para la duración del contrato expira durante la travesía, el enrolamiento quedará prorrogado hasta la terminación del viaje.

Conc. *Art. 1559.*

Regreso o desembarco del personal según el contrato

Art. 1511. El personal que según el contrato de enrolamiento deba ser regresado a un lugar determinado o desembarcado en él será en todo caso conducido a dicho lugar.

Aplicación de leyes colombianas

Art. 1512. Los contratos de enrolamiento celebrados en el exterior, para prestar servicios en naves de bandera colombiana, se regirán por las leyes colombianas aunque el contrato se inicie en puerto extranjero.

TÍTULO VI
DE LOS RIESGOS Y DAÑOS EN LA NAVEGACIÓN MARÍTIMA

Definición de accidente o siniestro marítimo

Art. 1513. Para los efectos de este libro se considera accidente o siniestro marítimo el definido como tal por la ley, los tratados, convenios o la costumbre internacional o nacional.

CAPÍTULO I
AVERÍAS

Definición

Art. 1514. Son averías:

1) Todos los daños que sufra la nave durante la navegación o en puerto, o las mercancías desde el embarque hasta su desembarque, y

2) Todos los gastos extraordinarios e imprevistos que deban efectuarse en beneficio de la nave o de la carga, conjunta o separadamente.

Regulación supletiva

Art. 1515. En defecto de convención especial entre las partes, las averías se regularán conforme a las disposiciones de este Código.

Clases de averías

Art. 1516. Las averías son de dos clases: avería gruesa o común y avería particular.

SECCIÓN I. AVERÍA GRUESA

Concepto

Art. 1517. Solo existe acto de avería gruesa o común cuando intencional y razonablemente se hace un sacrificio extraordinario o se incurre en un gasto de la misma índole para la seguridad común, con el fin de preservar de un peligro los bienes comprometidos en la navegación.

Responsables de la avería gruesa

Art. 1518. Los sacrificios y gastos de la avería gruesa estarán a cargo de los diversos intereses llamados a contribuir.

Qué comprende la avería gruesa

Art. 1519. Sólo se admitirán en avería común los daños, pérdidas o gastos que sean su consecuencia directa. Para tal efecto se incluirán como gastos los de liquidación de la avería y los intereses de las sumas recibidas en préstamo por el capitán para conjurar el peligro.

Parágrafo. La pérdida o daños sufridos por la nave o la carga a causa del retraso, durante o después del viaje, y cualquier otra pérdida indirecta, como la del mercado, no se admitirán en avería común.

Culpa de los interesados

Art. 1520. La obligación de contribuir a la avería común subsiste aunque el suceso que hubiere dado origen al sacrificio o gastos se haya debido a culpa de una de las partes interesadas en la navegación, sin perjuicio de las acciones que puedan ejercitarse contra ella.

Carga de la prueba

Art. 1521. La prueba de que una pérdida o gasto debe ser admitido en avería común será de cargo de la parte que reclama.

Otros gastos considerados avería gruesa

Art. 1522. Todo gasto suplementario realizado en sustitución de otro gasto que se habría considerado avería gruesa, será reputado y admitido con este carácter sin tener en cuenta la economía eventual obtenida por los otros intereses, pero solamente hasta la concurrencia del monto del gasto de la avería gruesa que se evitó.

Liquidación de la avería común

Art. 1523. La avería común se liquida, tanto en lo pertinente a las pérdidas como a las contribuciones, sobre la base de los valores que registren los intereses en juego en la fecha y el puerto donde termina el viaje o aventura, exceptuados los efectos de uso personal de la tripulación y los equipajes no registrados.

Esta regla se observará aunque sea distinto el lugar en que deba practicarse la liquidación de la avería.

Echazón ilegal de mercancías no es avería común

Art. 1524. No será admitida como avería común la echazón de cargamentos que no sean transportados con sujeción a las leyes y reglamentos o a los usos reconocidos en el comercio.

Reparaciones sujetas a deducción

Art. 1525. En la liquidación de la avería gruesa, las reparaciones que tengan tal carácter estarán sujetas a deducciones por diferencia de «viejo» a «nuevo» cuando el material o piezas viejas se reemplacen por nuevas, de conformidad con las normas siguientes.

Las deducciones estarán reguladas por la edad del buque a partir de la fecha del registro primitivo hasta la del accidente; sin embargo, las provisiones y artículos de consumo, aisladores, botes de salvamento y similares, equipos de compás giroscópico, aparatos de radiotelegrafía y para situar el buque, sondas ecoicas o similares, máquinas y calderas, estarán reguladas por la edad de las respectivas partes a las cuales aquéllas se apliquen.

Ninguna deducción se hará para las provisiones, artículos de consumo y accesorios que no se hayan utilizado.

Las deducciones se practicarán sobre el costo del material o de las partes nuevas, inclusive la mano de obra y gastos de instalación, pero excluido el costo de desmontaje o desarme de las máquinas.

Los derechos de dique seco y tránsito y gastos de traslado del buque se pagarán íntegramente.

La limpieza y pintura del casco no se pagarán si el casco no ha sido pintado en los seis meses anteriores a la fecha del accidente.

A) Durante el primer año:

Todas las reparaciones se admitirán íntegramente excepto el raspaje, limpieza y pintura o revestimiento de la carena, de los cuales se deducirá un tercio;

B) De uno a tres años:

Deducción sobre el raspaje, limpieza y pintura de la carena como se establece en el literal a).

Se deducirá un tercio sobre las velas, aparejos, cabuyería, escotas cabos (que no sean de hilo metálico y cadena), toldos, encerados, provisiones, artículos de consumo y pintura.

Se deducirá un sexto de las partes de madera del casco, inclusive revestimiento de las bodegas, mástiles, vergas y botes de madera, muebles, tapicería, vajilla, objetos de metal y de vidrio, aparejos, cabuyería y cabos de hilo metálico, equipos de compás giroscópico, aparatos de radiotelegrafía y para situar el buque, sondas ecoicas y similares, cables-cadenas y cadenas, aisladores, máquinas auxiliares, servomotores y conexiones wincher y plumas y conexiones, máquinas eléctricas y conexiones distintas de las máquinas de propulsión eléctrica; las demás reparaciones se considerarán por su valor íntegro.

El revestimiento de metal de los buques de madera o compuestos se pagará íntegramente, tomando como base el costo de un peso igual al peso bruto del revestimiento de metal extraído del buque, deducido el producido de la venta del metal viejo. Los clavos, el fieltro y la mano de obra para colocar el nuevo revestimiento estarán sujetos a la deducción de un tercio;

C) De tres a seis años:

Las deducciones se practicarán como se indica en el literal b), excepto un tercio que se deducirá a las partes de madera del casco, inclusive el revestimiento de las bodegas, mástiles, vergas y botes de madera, muebles, tapicería y un sexto que se deducirá de las partes de hierro de los mástiles y vergas de todas las máquinas (inclusive calderas y sus accesorios);

D) De seis a diez años:

Las deducciones se harán como se indica en el literal c), excepto un tercio que se deducirá de todos los aparejos, cabuyería, escotas, partes de hierro de los mástiles y vergas, equipos de compás giroscópico, aparatos de radiotelegrafía y para situar el buque, sondas ecoicas y similares, aisladores, máquinas auxiliares, servomotores, wincher y plumas y accesorios y cualquier otra máquina (comprendidas calderas y sus accesorios);

E) De diez a quince años:

Se deducirá un tercio de todas las renovaciones, excepto de las partes de hierro del casco, de cemento y de las cadenas-cables, de las cuales se deducirá un sexto, y las anclas, cuyo valor se admitirá íntegramente, y

F) Mayor de quince años.

Se deducirá un tercio de todas las renovaciones, excepto las cadenas-cables de las cuales se deducirá un sexto, y las anclas, cuyo valor se admitirá íntegramente.

Mercancías cargadas sin consentimiento o bajo declaraciones falsas

Art. 1526. No se considerará avería común la pérdida o daño de que sean objeto las mercaderías cargadas sin el consentimiento del armador o de su agente, ni aquellas que hayan sido objeto de una designación deliberadamente falsa en el momento de su embarque. Pero tales mercaderías deberán contribuir, de acuerdo con su valor real en caso de salvarse.

Las averías o pérdidas causadas a mercaderías que hayan sido falsamente declaradas al embarque por un valor menor que el comercial, serán admitidas por el valor declarado, pero contribuirán por su valor comercial.

Mercancías arrojadas al mar y recobradas

Art. 1527. Las mercaderías arrojadas al mar y recobradas después, entrarán en la regulación de la avería sólo por el valor del menoscabo que hubieren sufrido, más los gastos hechos para salvarlas.

Si el importe de esas mercaderías hubiere sido incluido en la avería común y pagado a los propietarios antes de hacerse el rescate, estos devolverán la cuota percibida, reteniendo únicamente lo que les corresponda en razón de deterioro y gastos de salvamento.

Prescripción de acciones

Art. 1528. Las acciones derivadas de la avería gruesa prescribirán en el lapso de un año, contado a partir de la fecha en que termine el viaje.

Conc. *Art. 1559.*

SECCIÓN II. AVERÍA SIMPLE O PARTICULAR

Definición

Art. 1529. Son averías simples o particulares los daños o pérdidas de que sean objeto la nave o la carga, por fuerza mayor o caso fortuito, por vicio propio o por hechos de terceros, y los gastos extraordinarios e imprevistos efectuados en beneficio exclusivo de una u otra.

Conc. *Art. 1748; Ley 95 de 1890, art. 1º.*

Quién la soporta

Art. 1530. El propietario de la cosa que dio lugar al gasto o recibió el daño, soportará la avería simple o particular.

CAPÍTULO II
ABORDAJE

Fuerza mayor

Art. 1531. En caso de abordaje ocurrido por fuerza mayor o por causa que no sea posible determinar en forma inequívoca, soportarán los daños quienes los hayan sufrido.

Culpa del capitán, práctico o de la tripulación

Art. 1532. Ocurrido el abordaje por culpa del capitán, del práctico o de cualquier otro miembro de la tripulación, de una de las naves, éstos responderán solidariamente con el armador del pago de los daños causados.

Culpa mutua

Art. 1533. En caso de abordaje por culpa mutua, responderán por partes iguales si no fuere posible determinar la magnitud proporcional de las culpas.

Solidaridad respecto de terceros

Art. 1534. En el caso previsto en el artículo anterior la responsabilidad de las naves será solidaria, respecto de terceros, por los daños causados.

Culpa del práctico

Art. 1535. La culpa del práctico no modificará el régimen de responsabilidad por abordaje previsto en las disposiciones que anteceden; pero el capitán o el armador tendrán derecho a ser indemnizados por el práctico, o la empresa a que pertenezca.

Obligaciones respecto de la otra nave

Art. 1536. En caso de abordaje, el capitán de cada nave estará obligado, en cuanto pueda hacerlo sin grave peligro para su nave o para las personas a bordo, a prestar auxilio a la otra nave, a la tripulación y a sus pasajeros.

Estará igualmente obligado, en lo posible, a dar noticia a la otra nave de la identificación de la suya, puerto de matrícula, así como de sus lugares de origen y destino.

Naves de un mismo dueño o armador

Art. 1537. Habrá lugar a las indemnizaciones previstas en este capítulo aún en el caso de que el abordaje se produzca entre naves que pertenezcan a un mismo propietario o que sean explotadas por un mismo armador.

Otras indemnizaciones regidas por estas normas

Art. 1538. Se aplicarán las disposiciones que anteceden a la indemnización de las daños que una nave cause a otra, a las cosas o personas que se encuentren a bordo de ellas, por ejecución u omisión de una maniobra, por inobservancia de los reglamentos o de la costumbre, aun cuando no hubiere abordaje.

Prescripción de acciones

Art. 1539. Las acciones derivadas del abordaje prescribirán por el transcurso de los dos años, a partir de la fecha del accidente.

CAPÍTULO III
ARRIBADA FORZOSA

Definición

Art. 1540. Llámase arribada forzosa la entrada necesaria a puerto distinto del autorizado en el permiso de zarpe.

Clases

Art. 1541. La arribada forzosa es legítima o ilegítima. La legítima es la que procede de caso fortuito inevitable, e ilegítima la que trae su origen de dolor o culpa del capitán. La arribada forzosa se presumirá ilegítima. En todo caso, la capitanía de puerto investigará y calificará los hechos.

Régimen de los gastos

Art. 1542. Los gastos de arribada forzosa provenientes de hechos que constituyen averías comunes o particulares se regirán por lo dispuesto en el capítulo primero de este título.

Salvo el caso de avería común, los gastos de la arribada ilegítima, serán de la responsabilidad del armador sin perjuicio de su derecho para repetir contra la persona que haya ocasionado la avería.

Conc. *Art. 1518.*

Consecuencias para el capitán y el armador

Art. 1543. Ni el armador ni el capitán serán responsables para con los cargadores de los daños y perjuicios que les ocasione la arribada legítima. Pero si la arribada fuere calificada de ilegítima, ambos serán solidariamente obligados a indemnizar a los cargadores.

Demora para la continuación del viaje

Art. 1544. El armador y el capitán son solidariamente responsables de los daños y perjuicios derivados de la demora injustificada en la continuación del viaje respectivo una vez que haya cesado la arribada forzosa.

La agencia marítima también será solidariamente responsable si tiene participación en tal demora.

TÍTULO VII
DE LA ASISTENCIA Y SALVAMENTO

Definición y remuneraciones

Art. 1545. Todo acto de asistencia o de salvamento entre naves que haya tenido un resultado útil dará lugar a una remuneración equitativa.

Si de la asistencia o del salvamento se ha obtenido únicamente el salvamento de vidas humanas, el propietario o armador de una nave accidentada reembolsará los gastos o daños sufridos por el asistente o el salvador.

En caso de salvamento de vidas humanas junto con bienes de la navegación, se hará el reparto equitativo de la remuneración entre todos los asistentes o salvadores.

Para los efectos de este artículo no se considerarán como bienes de la expedición los efectos personales y equipajes de la tripulación y de los pasajeros, excepto los equipajes registrados de estos últimos, pero la contribución de cada equipaje no podrá exceder de veinte gramos de oro puro por kilogramo, ni de quinientos gramos de oro puro en total y en ningún caso del valor de los bienes salvados.

Parágrafo. Para los efectos de este artículo, se entenderá por asistencia el socorro prestado por una nave a otra que esté en peligro de perdida, y por salvamento la ayuda prestada una vez ocurrido el siniestro.

Conc. *Arts. 875, 1507.*

Oposición del asistido

Art. 1546. Si la asistencia o salvamento fuese prestado a pesar de la prohibición expresa y razonable del asistido o salvado, no habrá lugar a remuneración alguna.

Derechos del remolcador

Art. 1547. El remolcador no tendrá derecho a remuneración por asistencia o salvamento de la nave objeto del remolque, o de su cargamento, a menos que haya prestado servicios excepcionales que o puedan considerarse comprendidos dentro de la ejecución del contrato de remolque.

Naves de un mismo dueño

Art. 1548. Habrá lugar a remuneración aún en el caso de que la nave asistente y la nave asistida pertenezcan a un mismo propietario.

Fijación y distribución de la remuneración

Art. 1549. El monto de la remuneración se fijará por acuerdo de las partes y en su defecto por el juez.

Tal remuneración será distribuida entre los propietarios, armadores, capitán y tripulación, según el caso.

Contratos de asistencia y salvamento

Art. 1550. Todo contrato de asistencia y salvamento celebrado en momento y bajo la influencia del peligro, a petición de una de las partes podrá ser modificado o aún declarado nulo, cuando las condiciones acordadas no sean equitativas, y, singularmente, cuando la remuneración resultare en un sentido o en otro notablemente desproporcionada con los servicios prestados.

Fijación judicial de la remuneración

Art. 1551. Cuando la remuneración deba ser señalada por el juez, este tomará en cuenta, según las circunstancias, las siguientes bases:

1) El valor de los bienes salvados, y

2) El éxito obtenido, el esfuerzo de quienes han prestado la asistencia o el salvamento, el peligro corrido por la nave asistida, por sus pasajeros y tripulantes, por su cargamento, por los salvadores y por la nave asistente; el tiempo invertido, los daños sufridos y los gastos efectuados, los riesgos corridos por los salvadores, igual que el valor del material por ellos expuesto, teniendo en cuenta, llegado el caso, la disposición más o menos apropiada de la nave asistente para la asistencia o salvamento.

El juez podrá reducir la remuneración, y aún suprimirla, si resultare que los asistentes o salvadores, por culpa suya, hicieron necesaria la asistencia o el salvamento, o si incurrieron en apropiación indebida.

Personas salvadas

Art. 1552. Las personas salvadas no estarán obligadas a remuneración alguna.

Obligaciones del capitán

Art. 1553. El capitán que, hallándose en condiciones de hacerlo sin grave peligro para su nave, tripulación o pasajeros, no preste asistencia a cualquier nave no enemiga, o a cualquier persona, aún enemiga, que se encuentre en peligro de perecer, será sancionado como se prevé en los reglamentos o en el Código Penal.

Los daños que ocasione en este caso la conducta del capitán serán exclusivamente de cargo de éste.

Prescripción de acciones

Art. 1554. Las acciones para ejercitar los derechos consagrados en este título prescribirán en dos años, contados desde la terminación de las labores de asistencia o salvamento.

TÍTULO VIII
DEL CRÉDITO NAVAL

CAPÍTULO I
PRIVILEGIOS EN GENERAL

Derechos que confieren

Art. 1555. Los privilegios navales darán derecho al acreedor para perseguir la nave en poder de quien se halle y hacerse pagar con su producto preferentemente a los demás acreedores, según el orden establecido en este título.

Conc. *Art. 1846; Ley 730 de 2001, art. 14; C.C., art. 2493 y ss.*

Créditos privilegiados

Art. 1556. Tendrán el carácter de privilegiados sobre la nave, el flete del viaje durante el cual ha nacido el crédito privilegiado, los accesorios del flete adquiridos después de comenzado el viaje sobre todos los accesorios de la nave:

1) Los impuestos y costas judiciales debidos al fisco, que se relacionen con la nave, las tasas y derechos de ayudas a la navegación o de puerto y demás derechos e impuestos de la misma clase, causados durante el último año o en el último viaje;

2) Los gastos ocasionados en interés común de los acreedores, para conseguir la venta y distribución del precio de la nave, o su custodia y mantenimiento desde la entrada en el último puerto y la remuneración de los prácticos necesarios para dicho ingreso;

3) Los créditos derivados del contrato de trabajo celebrado con el capitán, los oficiales, la tripulación, y de los servicios prestados por otras personas a bordo;

4) La remuneración que se deba por salvamento y asistencia y la contribución a cargo de la nave en las averías comunes;

5) Las indemnizaciones por abordaje u otros accidentes de navegación, por daños causados en las obras de los puertos, muelles y vías navegables, por lesiones corporales a los pasajeros y personal de tripulación, o por pérdidas y averías de la carga o los equipajes;

6) Los créditos procedentes de contratos celebrados o de operaciones efectuadas por el capitán fuera del puerto de armamento, en virtud de sus poderes legales, para las necesidades reales de la conservación del buque o de la continuación del viaje, y

7) Las cantidades que se deban a los proveedores de materiales, a los artesanos y trabajadores empleados en la construcción de la nave, cuando no se efectúe en astillero, si el buque no hubiere hecho viaje alguno después de la construcción; y las sumas debidas por el armador, por trabajos, mano de obra y suministros utilizados en la reparación y aprovisionamiento de la nave en el puerto de armamento, si hubiere navegado.

Parágrafo. El privilegio sobre el flete podrá ejercitarse mientras sea debido o mientras esté en poder del capitán o del agente del propietario. Esta regla se aplicará respecto del privilegio sobre los accesorios.

Intereses y capital

Art. 1557. Los privilegios enunciados en el artículo anterior, comprenderán tanto el capital como sus intereses causados durante los dos últimos años.

Graduación y pago de créditos

Art. 1558. Los créditos indicados en el artículo 1556 referentes a un mismo viaje, serán graduados entre sí según el orden en que aparecen enunciados. Excepción hecha de los ordinales 4° y 6°, los designados en un mismo número serán pagados a prorrata, y si concurrieren créditos referentes a viajes diferentes, en cada grado, serán pagados en el orden inverso a sus fechas. Pero los créditos provenientes del último viaje serán preferidos a los de viajes anteriores.

Los créditos por daños corporales causados a los pasajeros o a la tripulación se pagarán de preferencia a los procedentes de daños causados a las cosas.

Los créditos incluidos en los ordinales 4° y 6° del citado artículo 1556, en cada una de estas categorías, se pagarán en el orden inverso de la fecha en que se han originado.

Parágrafo. Los créditos referentes a un mismo suceso se reputarán de la misma fecha. Los créditos resultantes de un contrato único de enrolamiento para diversos viajes, concurrirán, en su totalidad y en el mismo grado, con los créditos del último viaje.

Definición de viaje

Art. 1559. Por viaje se entenderá:

1) Si la nave es mercante de línea regular, con itinerario fijo o preestablecido, el correspondiente a la travesía desde el puerto de zarpe que sea cabecera de línea hasta el puerto terminal de la respectiva línea, en el viaje de ida, o desde dicho puerto terminal de línea hasta el de cabecera de la misma en el viaje de regreso.

Cuando el itinerario regular de la nave determine el puerto de cabecera de línea como terminal de la misma, el viaje comprenderá la travesía desde que la nave zarpe de dicho puerto hasta que arribe nuevamente al mismo;

2) En las naves que efectúan giras de turismo, la travesía desde el puerto inicial de la gira hasta el terminal de la misma o hasta el regreso de la nave a dicho puerto inicial, según lo determine el correspondiente programa;

3) En las naves mercantes no comprendidas en los casos anteriores, el correspondiente a la travesía que determine el programa de navegación, el contrato de fletamento o el de embarque. Si la nave sale en lastre para ir a otro puerto a recibir la carga designada en el contrato de fletamento, el viaje empieza desde el zarpe del puerto en que se hizo a la mar en lastre.

4) Si no existe programa previo de navegación, contrato de fletamento o embarque, la travesía desde el puerto de zarpe de la nave hasta el destino que figure en la respectiva documentación, y

5) Si la nave es de pesca o de investigación científica, el correspondiente a la duración de la campaña.

Limitación legal respecto de los créditos

Art. 1560. En caso de existir una limitación legal en relación con alguno de los créditos previstos en el artículo 1556, los acreedores privilegiados tendrán derecho de reclamar el importe íntegro de sus créditos sin deducción alguna por razón de las reglas sobre limitación, pero sin que la suma que reciban exceda de la cantidad debida en virtud de dichas reglas.

Prueba de los privilegios

Art. 1561. Para gozar de los privilegios que concede el artículo 1556, los acreedores deberán justificar sus créditos por los medios siguientes:

1) El fisco, mediante el título que sirva de recaudo ejecutivo para exigir el pago del respectivo impuesto, tasa o derecho;

2) Los derechos y tasa de ayudas de la navegación o de puerto y demás similares, con certificación de la autoridad competente respectiva o cuenta firmada por el capitán y aceptada por el armador. En caso de falta de dicha cuenta o de discrepancia entre ella y el certificado, prevalecerá este;

3) Los gastos comprendidos en la primera parte del ordinal 2° del artículo 1556, con la respectiva liquidación practicada en el juicio y debidamente aprobada por el funcionario competente;

4) La remuneración de los prácticos de que trata la parte final del mismo ordinal, con la cuenta de cobro autorizada por la asociación de prácticos, si existiere, o por la autoridad competente, y los gastos de custodia y mantenimiento de la nave, desde su entrada en el último puerto, con constancia escrita del capitán de la nave;

5) Los salarios del capitán, de los oficiales, de la tripulación y demás personas que presten servicios a bordo, con la liquidación practicada a la vista del rol y de los libros pertinentes de la nave, y aprobada por el capitán de puerto. Si no existiere rol ni libros, bastará la liquidación aprobada por el capitán de puerto;

6) La remuneración de asistencia y salvamento, con la copia del respectivo acuerdo o de la regulación judicial, en su caso;

7) La contribución a la avería común, con la copia del respectivo acuerdo o la liquidación debidamente aprobada por la autoridad competente;

8) Las indemnizaciones a que alude el ordinal 5° del artículo 1556, con la copia de la providencia dictada por la autoridad competente;

9) Las deudas a que se refiere el ordinal 6° del artículo 1556, con los documentos que el capitán haya otorgado, y

10) Las deudas procedentes de la construcción de la nave, cuando no se efectúe en astillero, y las causadas por sus reparaciones y aprovisionamiento, con cuenta firmada por el capitán y reconocida por el propietario o armador.

Definición de accesorios de la nave y del flete

Art. 1562. Para los efectos de los artículos 1481, 1556, 1575 y 1709 de este Código, serán accesorios de la nave y del flete:

1) Las indemnizaciones debidas al propietario por razón de daños materiales no reparados sufridos por la nave o por pérdidas del flete;

2) Las indemnizaciones debidas al propietario por averías comunes, cuando estas consistan en daños materiales no reparados sufridos por la nave o en pérdida del flete, y

3) Las remuneraciones debidas al propietario por asistencia prestada o salvamento efectuado hasta el fin del viaje, deducción hecha de las cantidades abonadas al capitán y a las demás personas al servicio de la nave.

Parágrafo. Se asimilarán al flete el precio del pasaje, y eventualmente, las cantidades que por concepto de indemnización por lucro cesante se deban a los propietarios de las naves, teniendo en cuenta la limitación fijada en el artículo 1481.

No se considerarán como accesorios de la nave o del flete las indemnizaciones debidas al propietario en virtud de contratos de seguro, ni las primas, subvenciones u otros auxilios nacionales.

Extinción de los privilegios

Art. 1563. Fuera de los modos generales de extinción de las obligaciones, los privilegios enumerados en el artículo 1556 se extinguirán:

1) Por la venta judicial de la nave en la forma prevista en el artículo 1454;

2) Por enajenación voluntaria de la nave que se halle en el puerto de matrícula, cuando hayan transcurrido sesenta días después de la inscripción del acto de enajenación en la forma prevista en el artículo 1427, sin oposición o protesta de los acreedores.

Si la inscripción de la venta de la nave fuere hecha hallándose ésta fuera del puerto de matrícula, el plazo antedicho se contará desde el día en que arribe al mismo puerto, y

3) Por la expiración del plazo de seis meses, para los créditos mencionados en el ordinal 6o. del artículo 1556, y de un año para los demás.

Dichos plazos se contarán así.

Para los privilegios que garantizan las remuneraciones de asistencia o salvamento, desde el día en que las operaciones hayan terminado; respecto del privilegio que garantiza las indemnizaciones de abordaje u otros accidentes y por lesiones corporales, desde el día en que el daño se haya causado; para los privilegios por las pérdidas o averías del cargamento o los equipajes, desde el día en que se entregaron o debieron ser entregados; respecto de las reparaciones, suministros y demás casos señalados en el ordinal 6° del artículo 1556, a partir del nacimiento del crédito; en cuanto a los privilegios de que trata el ordinal 3° del mismo artículo, la prescripción comenzará a correr desde la terminación de la correspondiente relación laboral. En todos los demás casos, el plazo correrá desde que el crédito se hubiere hecho exigible.

Parágrafo 1°. La facultad de solicitar anticipos o abonos a cuenta no producirá el efecto de hacer exigibles los créditos de las personas enroladas a bordo, contemplados en el ordinal 3° del artículo 1556.

Parágrafo 2°. Si la nave no ha podido embargarse en las aguas territoriales o dentro del territorio nacional, el lapso de prescripción será de tres años contados a partir de la fecha del respectivo crédito.

Conc. *Art. 1449; C.C., art. 1625.*

Preferencia en liquidación

Art. 1564. En caso de quiebra del armador o del propietario, los acreedores privilegiados de la nave serán preferidos a los demás acreedores de la masa; pero esta preferencia no se extenderá a las indemnizaciones debidas al armador o propietario en virtud de contratos de seguros de la nave o del flete, ni a las primas, subvenciones y otros subsidios nacionales.

NOTA: En donde dice quiebra debe leerse liquidación obligatoria.

Aplicación en casos especiales

Art. 1565. Las disposiciones de este capítulo serán aplicables a las naves explotadas por un armador no propietario o por un fletador principal, salvo cuando el propietario se encuentre desposeído por un acto ilícito o el acreedor no sea de buena fe exenta de culpa.

***Conc.** Art. 835.*

CAPÍTULO II
PRIVILEGIOS SOBRE LAS COSAS CARGADAS

Créditos privilegiados sobre las cosas cargadas

Art. 1566. Tendrán privilegios sobre las cosas cargadas:

1) Las expensas debidas al fisco en razón de las cosas cargadas, las efectuadas en interés común de los acreedores por actos de conservación de las mismas, y las costas judiciales causadas;

2) Los derechos fiscales sobre las cosas en el lugar de descargue;

3) La remuneración de asistencia y salvamento y las sumas debidas por contribución a las averías comunes, y

4) Los créditos derivados del contrato de transporte, comprendidos los gastos de descargue y los derechos de bodegaje o almacenamiento de las cosas descargadas.

Extensión del privilegio

Art. 1567. Los privilegios indicados en el artículo anterior podrán hacerse efectivos sobre las indemnizaciones debidas por pérdida o deterioro de las cosas cargadas, a no ser que aquellas se empleen en su reposición o reparación.

En este caso las cosas que sustituyan a las pérdidas quedarán afectas al privilegio.

Orden de prelación de los créditos privilegiados

Art. 1568. Los créditos privilegiados sobre las cosas cargadas tendrán el mismo orden de prelación en que aparecen enunciados. Los indicados en los ordinales 3° y 4° del artículo 1566, serán graduados según el orden inverso de las fechas en que se hayan causado. Y los indicados en los demás ordinales, en orden inverso, pero sólo cuando se hayan originado en diversos puertos. Causándose en un mismo puerto, serán pagados a prorrata.

Extinción de los privilegios sobre las cosas cargadas

Art. 1569. Los privilegios sobre las cosas cargadas se extinguirán:

1) Si los acreedores ejercen la acción dentro de los quince días siguientes a la fecha del descargue, y

2) Si las cosas han sido transferidas y entregadas a terceros de buena fe exenta de culpa.

CAPÍTULO III
HIPOTECA

Naves hipotecables

Art. 1570. Podrán hipotecarse las embarcaciones mayores y las menores dedicadas a pesquería, a investigación científica o a recreo. Las demás podrán gravarse con prenda*.

Conc. *Arts. 1200, 1427, 1433.*

NOTA: La prenda señalada en este artículo debe entenderse garantía mobiliaria, de conformidad con lo previsto en la Ley 1676 de 2013.

Contenido de la escritura pública

Art. 1571. La escritura de la hipoteca deberá contener:

1) El nombre, la nacionalidad y el domicilio del acreedor y del deudor;

2) El importe del crédito que garantiza el gravamen, determinado en cantidad líquida, y los intereses del mismo. Si la hipoteca es abierta se indicará la cuantía máxima que garantiza;

3) Fecha del vencimiento del plazo para el pago del capital y de los intereses;

4) Nombre, tipo, tonelaje, señas y descripción completa de la nave que se grava, y el número y fecha de la matrícula. Si el gravamen recayere sobre una nave en construcción, deberá identificarse plenamente mediante las especificaciones necesarias para el registro de la nave;

5) La estimación del valor de la nave al tiempo de ser gravada;

6) Las indicaciones sobre seguros y gravámenes, así como los accesorios que quedan excluidos de la garantía, y

7) Las demás estipulaciones que acuerden las partes.

Parágrafo. La falta de alguna de las especificaciones señaladas en los ordinales 1° a 6° viciará de nulidad el gravamen cuando por tal omisión no se pueda saber con certeza quién es el acreedor o el deudor, cuál el monto de la deuda y la fecha o condición de que penda su exigibilidad y cuál la nave gravada.

Conc. *Arts. 1434, 1703; C.C., arts. 2434 y 2437.*

Registro

Art. 1572. La escritura de hipoteca se registrará en la misma capitanía en que la nave esté matriculada; y si se trata de una nave en construcción, el registro se hará en la capitanía del puerto del lugar en que se encuentre el astillero.

El registro de la hipoteca contendrá, so pena de invalidez, además de las indicaciones esenciales de que trata el artículo anterior, el número y fecha de la escritura y la notaría en que se otorgó.

La inscripción sólo podrá hacerse, so pena de invalidez, dentro de los treinta días siguientes a la fecha de la escritura, si se otorgó en el país, y de los noventa si se otorgó en el extranjero.

Conc. *Arts. 1427, 1441; Ley 730 de 2001, art. 15.*

Omisiones en la inscripción

Art. 1573. Las omisiones en la inscripción de la hipoteca cuando no vicien de nulidad el registro, harán inoponible el hecho omitido a terceros de buena fe exenta de culpa.

Conc. *Arts. 835, 901.*

Derecho preferencial del acreedor hipotecario

Art. 1574. La hipoteca dará derecho al acreedor para hacerse pagar con el producido de la nave hipotecada, de preferencia a cualquier otro acreedor que no esté amparado con uno de los privilegios de que tratan los ordinales 1° a 6°, inclusive, del artículo 1556.

Extensión de la hipoteca

Art. 1575. Salvo pacto en contrario, la hipoteca comprenderá, además de la nave y accesorios enumerados en el artículo 1562, la suma debida por los aseguradores.

***Conc.** Arts. 1434, 1562, 1752.*

Cuadro de inscripciones hipotecarias

Art. 1576. Toda nave deberá tener, entre los documentos de abordo, un cuadro sumario en que consten las inscripciones hipotecarias vigentes el día de su salida. Dicho cuadro contendrá la indicación de la fecha de cada inscripción, el nombre de los acreedores y el valor de la obligación que garantiza la hipoteca, y será colocado en lugar visible del despacho del capitán.

***Conc.** Art. 1500.*

Prescripción de derechos

Art. 1577. Los derechos derivados de la hipoteca prescribirán por el transcurso de dos años, desde la fecha del vencimiento de la obligación respectiva.

TÍTULO IX
DEL TRANSPORTE MARÍTIMO

CAPÍTULO I
DISPOSICIONES GENERALES

Prueba del contrato

Art. 1578. El contrato de transporte marítimo se probará por escrito, salvo que se trate de transporte de embarcaciones menores, caso en el cual se estará a lo dispuesto en el reglamento.

***Conc.** Arts. 981 y ss.; 1433.*

Transporte en naves de líneas irregulares

Art. 1579. El transporte podrá pactarse para ser ejecutado a bordo de una nave de líneas regulares, en cuyo caso el transportador cumplirá su obligación verificando el transporte en la nave de itinerario prevista en el contrato, o en la que zarpe inmediatamente después de celebrado éste, si nada se ha expresado en él.

Conc. *Arts. 1429, 1580, 1591.*

Designación de la nave

Art. 1580. Salvo estipulación expresa en contrario, la designación de la nave no privará al transportador de la facultad de sustituirla, si con ello no se altera el itinerario contemplado en el contrato.

Transporte en nave y plazo indeterminados

Art. 1581. Cuando el transporte no deba ejecutarse en una nave de líneas regulares y las partes no hayan convenido expresamente el plazo de su ejecución, el transportador estará obligado a conducir la persona o la cosa al puerto de destino, y descargar ésta, en el tiempo usual.

Obligaciones del transportador frente a la nave

Art. 1582. Estará obligado el transportador a cuidar de que la nave se halle en estado de navegar, equipada y aprovisionada convenientemente.

El transportador responderá de las pérdidas o daños provenientes de la falta de condiciones de la nave para navegar, a menos que acredite haber empleado la debida diligencia para ponerla y mantenerla en el estado adecuado, o que el daño se deba a vicio oculto que escape a una razonable diligencia.

El capitán representa al transportador

Art. 1583. El capitán de la nave en que se ejecute el contrato de transporte, tendrá el carácter de representante marítimo del transportador, en lo relativo a la ejecución del contrato.

Fondeo o regreso forzosos

Art. 1584. Cuando por fuerza mayor el ataque o anclaje de la nave sea imposible, si el capitán no ha recibido órdenes o si las recibidas son impracticables, deberá fondear en otro puerto vecino o regresar al puerto de partida, según parezca más indicado para los intereses de las personas, de la nave y de la carga.

Conc. *Art. 1540; Ley 95 de 1890, art. 1º.*

CAPÍTULO II
TRANSPORTE DE PERSONAS

Medio de prueba

Art. 1585. El boleto o billete servirá de medio de prueba de celebración del contrato por el viaje que en él se indique.

Contenido del boleto

Art. 1586. El boleto o billete deberá indicar el lugar y la fecha de su emisión, el puerto de partida y el de destino, la clase y el precio del pasaje, el nombre y el domicilio del transportador.

Cesión del derecho al transporte

Art. 1587. El derecho al transporte no podrá cederse sin el consentimiento expreso del transportador, cuando el boleto o billete indique el nombre del pasajero o cuando, aunque falte esta indicación, se haya iniciado el viaje.

Conc. *Art. 1001.*

Terminación del contrato por impedimentos de los pasajeros

Art. 1588. Cuando el pasajero tenga antes de la partida un impedimento para efectuar el viaje, por causa de fuerza mayor, el contrato quedará terminado, pero deberá la cuarta parte del precio de dicho viaje, excluido el valor de la alimentación, cuando este haya sido comprendido en el pasaje.

Cuando deban viajar juntos los cónyuges o los miembros de una familia, cualquiera de los pasajeros podrá pedir la terminación del contrato en las mismas condiciones.

En los casos previstos en los incisos anteriores, se deberá dar aviso del impedimento al transportador, antes de la partida.

Conc. *Art. 1002.*

Casos en que el pasajero debe pagar sin viajar

Art. 1589. Cuando el pasajero no dé el aviso de que trata el artículo anterior o no se presente oportunamente a bordo, deberá el precio neto del pasaje con exclusión del valor de la alimentación.

Opciones del pasajero si se cancela el zarpe de la nave

Art. 1590. Si el transportador cancela el zarpe de la nave, el pasajero podrá exigir que se efectúe el transporte en otra nave por cuenta de aquel o desistir del contrato a menos que el transportador ofrezca ejecutarlo, en similares condiciones, en una nave suya o de otro transportador con el cual tenga convenio y zarpe en el tiempo previsto en el contrato.

Nombre de la nave como condición del contrato

Art. 1591. Cuando el nombre de la nave sea condición esencial del contrato, podrá el pasajero cumplir el viaje en otra que sustituya a la designada o desistir del contrato.

No obstante, la mera designación de la nave en el billete o boleto no privará al transportador de la facultad que le concede el artículo 1580, si la nave sustituta permite que el transporte pueda efectuarse en las condiciones pactadas y no se causa con ello perjuicio al pasajero.

Indemnización por la cancelación del viaje

Art. 1592. En los casos de cancelación del viaje previstos en los artículos 1590 y 1591, tendrá derecho el pasajero a la indemnización de los perjuicios causados, salvo que el transportador pruebe la causa extraña del hecho, en cuyo caso sólo restituirá la suma recibida.

No obstante, si el transportador acredita un motivo justificado que no sea de fuerza mayor, la indemnización no excederá del doble del precio neto del pasaje.

***Conc.** Arts. 1613 a 1616.*

Retardo del viaje

Art. 1593. En caso de retardo en el zarpe de la nave, tendrá derecho el pasajero, durante el período de la demora, al alojamiento a bordo y a la alimentación, cuando ésta se halle comprendida en el precio del boleto o billete. Pero si de ello se sigue algún riesgo o incomodidad al pasajero, tendrá éste derecho al alojamiento y a la alimentación en tierra por cuenta de aquel en similares condiciones a las pactadas en el contrato de transporte.

Interrupción del viaje por fuerza mayor

Art. 1594. Cuando el viaje de la nave se interrumpa por fuerza mayor, la restitución del precio se hará con una deducción proporcional a la parte del contrato que se haya ejecutado. Pero el transportador tendrá derecho a la totalidad del precio del pasaje, si consigue en tiempo razonable y a sus expensas que el pasajero continúe el viaje en una nave de características análogas a la contemplada en el contrato y en las condiciones pactadas.

Cuando la interrupción se deba a culpa del pasajero, éste deberá el precio neto del pasaje por el resto de la duración del viaje. Pero si el pasajero se vio constreñido a interrumpirlo por fuerza mayor, únicamente deberá la suma proporcional a la parte ejecutada del contrato.

Expensas de embarque y desembarque

Art. 1595. Las expensas de embarque y desembarque serán de cargo del transportador, salvo que se estipule otra cosa.

Responsabilidad por el equipaje

Art. 1596. El transportador será responsable para con el pasajero por el valor que éste haya declarado o, a falta de declaración, hasta el límite de diez gramos de oro puro por kilo, en caso de pérdida o avería del equipaje que le haya sido entregado, salvo que pruebe fuerza mayor. Pero no responderá del saqueo si el equipaje le ha sido entregado abierto o sin cerraduras.

La pérdida o la avería deberán hacerse constar al momento de la entrega, si son aparentes, o dentro de los tres días siguientes, si no lo son.

Respecto del equipaje y de los objetos que hayan sido registrados o consignados al transportador, éste no será responsable de su pérdida o avería sino cuando se compruebe que fueron determinadas por una causa que le es imputable.

Conc. *Arts. 875, 1004.*

CAPÍTULO III
TRANSPORTE DE COSAS POR MAR

SECCIÓN I. TRANSPORTE DE COSAS EN GENERAL

Objeto y ejecución

Art. 1597. El contrato de transporte de cosas podrá tener por objeto una carga total o parcial, o cosas singulares, y ejecutarse en nave determinada o indeterminada.

Conc. *Arts. 1008 y ss.*

Transporte condicionado a que se complete la carga

Art. 1598. El transporte podrá condicionarse expresamente al hecho de que el transportador logre completar la carga de la nave.

En este caso, se entenderá cumplida la condición si el transportador ha obtenido las tres cuartas partes de la carga correspondiente a la capacidad de la nave.

Obligación del remitente

Art. 1599. En defecto de estipulación expresa de las partes, el remitente se obliga a poner la cosa en el muelle o bodega respectivos, con la anticipación usual o conveniente para el cargue.

Obligaciones especiales del transportador

Art. 1600. El transportador estará especialmente obligado a:

1) Limpiar y poner en estado adecuado para recibir la carga, las bodegas, cámaras de enfriamiento y frigoríficos y demás lugares de la nave en que se carguen las cosas;

2) Proceder, en el tiempo estipulado o en el usual y de manera apropiada y cuidadosa, al cargue, estiba, conservación, transporte, custodia y descargue de las cosas transportadas, y

3) Entregar al remitente, después de recibir a bordo las cosas, un documento o recibo firmado por el transportador o por su agente en el puerto de cargue, o por el capitán de la nave, que llevará constancia de haber sido cargadas dichas cosas, con las especificaciones de que tratan los ordinales 2° a 7° del artículo siguiente.

Documento «recibido para embarque»

Art. 1601. El transportador que haya recibido una cosa para ser cargada a bordo, expedirá al remitente un documento que contendrá:

1) La indicación del lugar y fecha de recibo, can la especificación «recibido para embarque»;

2) El puerto y fecha de cargue, el nombre del buque y el lugar de destino;

3) El nombre del destinatario y su domicilio;

4) El valor del flete;

5) Las marcas principales que identifiquen la cosa, o las cajas o embalajes que la contengan. En caso de que no esté embalada, la mención de si tales marcas aparecen impresas o puestas claramente en cualquier otra forma sobre dicha cosa;

6) El número de bultos o piezas, la cantidad o el peso, según el caso, y

7) El estado y condición aparente de la cosa, o de la caja o embalaje que la contengan.

Conc. *Arts. 769, 1640; Ley 527 de 1999, art. 26.*

Anotación de embarcado

Art. 1602. Una vez embarcadas las cosas el transportador pondrá en el documento recibido para embarque, la anotación embarcado, salvo que haya entregado al remitente el documento señalado en el artículo 1640.

Valor probatorio

Art. 1603. El documento de que tratan los artículos 1601 y 1602, será firmado por el transportador o su agente y servirá de prueba del contrato mismo de transporte y de que el transportador recibió la cosa en la forma, cantidad, estado y condiciones allí descritas.

Fecha de recibo de las cosas para embarque

Art. 1604. Si en el documento de que trata el artículo 1601 no aparece acreditada la fecha de recibo de las cosas entregadas para su embarque, se presumirá fecha de recibo la de emisión del documento.

***Conc.** Art. 1641.*

Extensión de la responsabilidad del transportador

Art. 1605. La responsabilidad del transportador comprenderá, además de sus hechos personales, los de sus agentes o dependientes en ejercicio de sus funciones.

Delimitación de responsabilidades

Art. 1606. La responsabilidad del transportador se inicia desde cuando recibe las cosas o se hace cargo de ellas y termina con su entrega al destinatario en el lugar convenido, o su entrega a la orden de aquél a la empresa estibadora o de quien deba descargarlas, o a la aduana del puerto.

A partir del momento en que cesa la responsabilidad del transportador se inicia la de la empresa estibadora o de quien haga el descargue o de la aduana que recibió dichas cosas.

Cuando las cosas sean recibidas o entregadas bajo aparejo, la responsabilidad del transportador se inicia desde que la grúa o pluma del buque toma la cosa para cargarla, hasta que sea descargada en el muelle del lugar de destino, a menos que deba ser descargada a otra nave o artefacto flotante, caso en el cual la responsabilidad del transportador cesará desde que las cosas sobrepasen la borda del buque; a partir de este momento comienza la responsabilidad del armador de la otra nave o del propietario o explotador del artefacto, en su caso.

Consecuencias del zarpe imposible o retardado

Art. 1607. Si el zarpe de la nave llegare a ser imposible por causa de fuerza mayor, el contrato se considerará terminado. Y si por la misma causa sufriere retardo excesivo, cualquiera de las partes podrá desistir del contrato.

Si la terminación del contrato sobreviniere después del embarque, el remitente soportará los gastos de descargue.

Suspensión provisional del zarpe

Art. 1608. Si el zarpe de la nave o la continuación del viaje fueren temporalmente suspendidos por causa no imputable al transportador, el contrato conservará su vigencia.

El remitente podrá, si presta caución suficiente, descargar las cosas a sus propias expensas mientras dure el impedimento, con la obligación de cargarlas de nuevo o de resarcir los perjuicios.

Exoneración de responsabilidad

Art. 1609. El transportador estará exonerado de responsabilidad por pérdidas o daños que provengan:

1) De culpas náuticas del capitán, del práctico o del personal destinado por el transportador a la navegación. Esta excepción no será procedente cuando el daño provenga de una culpa lucrativa; pero en este caso sólo responderá el transportador hasta concurrencia del beneficio recibido;

2) De incendio, a menos que se pruebe culpa del transportador;

3) De peligros, daños o accidentes de mar o de otras aguas navegables;

4) De fuerza mayor, como hechos de guerra o de enemigos públicos, detención o embargo por gobierno o autoridades, motines o perturbaciones civiles, salvamento o tentativa de salvamento de vidas o bienes en el mar;

5) De restricción de cuarentena, huelgas, «*lock-outs*», paros o trabas impuestas, total o parcialmente al trabajo, por cualquier causa que sea;

6) De disminución de volumen o peso, y de cualquier otra pérdida o daño, resultantes de la naturaleza especial de la cosa, o de vicio propio de esta, o de cualquier vicio oculto de la nave que escape a una razonable diligencia, y

7) De embalaje insuficiente o deficiencia o imperfecciones de las marcas.

Parágrafo. Las excepciones anteriores no serán procedentes cuando se pruebe culpa anterior del transportador o de su agente marítimo, o que el hecho perjudicial es imputable al transportador o a su representante marítimo.

Conc. *Art. 992.*

Cambios de ruta

Art. 1610. Los cambios razonables de ruta, como el que se efectúe para salvar vidas o bienes en el mar, o para intentar su salvamento, no constituirán infracciones de las obligaciones del transportador, quien no será responsable de ningún daño que de ello resulte.

Conc. *Art. 1545.*

Transporte de cosas peligrosas

Art. 1611. Las cosas de naturaleza inflamable, explosivas o peligrosas, cuyo embarque no haya consentido el transportador, su representante marítimo o el capitán del buque, con conocimiento de su naturaleza y carácter, podrán sin indemnización ser descargadas en cualquier tiempo y lugar, destruidas o transformadas en inofensivas por el transportador o el capitán. El remitente será responsable de los daños y gastos causados directa o indirectamente por su embarque.

Pero si alguna de dichas cosas ha sido embarcada con el consentimiento del transportador o el capitán, sólo podrá ser descargada, destruida o transformada en inofensiva, sin responsabilidad del transportador, si llega a constituir un peligro para la integridad de la nave o para el cargamento, salvo caso de avería gruesa, cuando proceda decretarla.

Conc. *Arts. 1015, 1517.*

Renuncia de derechos del transportador y aumento de responsabilidad

Art. 1612. El transportador podrá libremente renunciar a todos o parte de los derechos o exoneraciones, aumentar las responsabilidades y obligaciones que le correspondan, siempre que dicha renuncia o aumento se inserte en el documento o en el conocimiento entregado al remitente.

Cesión del seguro contratado por el remitente

Art. 1613. Será ineficaz la cesión al transportador del beneficio de seguro contratado por el remitente.

***Conc.** Art. 897.*

Animales vivos y cosas sobre cubierta

Art. 1614. Lo dispuesto en el artículo 992 no se aplicará a los animales vivos y cosas transportadas sobre cubierta, respecto de los cuales podrá pactarse de modo expreso la exoneración de la responsabilidad del transportador por los daños ocurridos a bordo, no imputables a dolo o culpa grave de aquél o del capitán, o la inversión de la carga de la prueba.

También podrá pactarse, en relación con dichas cosas o animales, la cesión al transportador del seguro contratado por el remitente.

La cláusula «embarcado sobre cubierta a riesgo del remitente», equivaldrá a una estipulación expresa de no responsabilidad, en los términos del inciso anterior.

Exactitud de las declaraciones del remitente

Art. 1615. El remitente garantiza al transportador la exactitud de las marcas, número, cantidad, calidad, estado y peso de la cosa, en la forma en que dicho remitente los declare al momento de la entrega.

***Conc.** Art. 1010.*

Entrega de documentos e informes al transportador

Art. 1616. En el acto del embarque de las cosas y, en todo caso, antes de la partida de la nave, el cargador deberá entregar al transportador los documentos y darle los informes a que se refiere el artículo 1011.

La omisión hará responsable al remitente por los perjuicios que de ella se deriven para el transportador, quien no estará obligado a verificar la suficiencia de los documentos ni la exactitud de las indicaciones en ellos consignadas.

***Conc.** Art. 1011.*

Duda sobre las declaraciones del remitente

Art. 1617. Ni el transportador ni su agente marítimo ni el capitán tendrán obligación de insertar o mencionar en el documento respectivo las declaraciones del remitente relativas a marcas, número, cantidad, peso o estado de la cosa recibida a bordo, cuando por fundados motivos duden de su exactitud y no hayan tenido medios razonables para comprobarla.

Pero se deberá hacer mención en el documento de tales motivos o de tal imposibilidad.

Las cláusulas o constancias que contraríen lo dispuesto en este artículo se tendrán por no escritas.

Limitación de cláusulas exonerativas

Art. 1618. En los casos en que el transportador pueda insertar reservas en el documento que entregue al remitente para acreditar el contrato de transporte, tales cláusulas o reservas no exonerarán al transportador de responder por el peso, cantidad, número, identidad, naturaleza, calidad y estado que tenía la cosa al momento de recibirla el transportador o hacerse cargo de ella; ni por las diferencias existentes en relación con tales circunstancias, al momento del descargue. Tampoco exonerarán tales cláusulas al transportador de responder por dichas circunstancias cuando sean ostensibles, aunque el transportador o sus agentes digan no constarles o no haberlas comprobado.

Corresponderá al remitente la carga de la prueba.

Consecuencias de las declaraciones inexactas del remitente

Art. 1619. Cuando el remitente haya hecho, a sabiendas, una declaración inexacta respecto de la naturaleza o el valor de la cosa, el transportador quedará libre de toda responsabilidad.

El derecho que este artículo confiere al transportador no limitará en modo alguno su responsabilidad y sus obligaciones derivadas del contrato de transporte, respecto de cualquier otra persona que no sea el remitente.

Desistimiento del contrato antes del zarpe

Art. 1620. Antes del zarpe, el cargador podrá desistir del contrato pagando al transportador la mitad del flete convenido, los gastos de cargue y descargue y la contraestadía.

Conc. *Art. 1663.*

Retiro de la cosa durante el viaje

Art. 1621. El remitente podrá durante el viaje retirar la cosa pagando la totalidad del flete y reembolsando al transportador los gastos extraordinarios que ocasione el descargue.

El capitán no estará obligado al descargue cuando implique un excesivo retardo o modificación del itinerario, o el efectuar escala en un puerto intermedio no contemplado en el contrato o por la costumbre.

Si el retiro se debe a hecho del transportador, de su representante o del capitán, dicho transportador será responsable de los gastos y del daño, a menos que pruebe fuerza mayor.

Conc. *Art. 1023.*

Entrega de carga menor de la convenida

Art. 1622. Si el remitente entrega una cantidad de carga menor que la convenida, deberá pagar la totalidad del flete, deducidos los gastos que el transportador haya ahorrado por la parte no cargada, si están comprendidos en el flete.

El capitán estará obligado, salvo causa justificativa, a recibir cosas de otro en sustitución de las no embarcadas, si el cargador se lo exige; pero el flete relativo a las cosas que completen la carga pertenecerá al remitente, hasta concurrencia del que éste haya pagado o deba pagar al transportador.

Las mismas normas se aplicarán al caso en que el contrato de transporte se haya estipulado por un viaje de ida y regreso y el cargador no embarque cosas en el viaje de regreso.

Responsabilidad del cargador

Art. 1623. En general, el cargador sólo será responsable de las pérdidas o daños sufridos por el transportador o la nave, que provengan de su culpa o de la de sus agentes.

Acciones del capitán por no pago del flete

Art. 1624. El capitán podrá, en caso de que no se pague el flete, retener la cosa transportada o hacerse autorizar por el juez del lugar para depositarla hasta tanto sea cubierto el flete y todos los demás gastos y perjuicios que ocasione la demora del buque. El destinatario podrá obtener la entrega de la cosa en la forma prevenida en el artículo 1035.

Pero si una parte de la cosa es suficiente para garantizar el pago de la suma debida, deberá el capitán limitar a esta parte su acción, y el juez, a petición del cargador o del destinatario, ordenará la entrega del resto.

***Conc.** Arts. 1033, 1035.*

Descargue en puerto de arribada forzosa

Art. 1625. El capitán no podrá descargar las cosas en el puerto de arribada forzosa, sino en los casos siguientes:

1) Si los cargadores lo exigen para prevenir el daño de las cosas;

2) Si la descarga es indispensable para hacer la reparación de la nave, y

3) Si se reconoce que el cargamento ha sufrido avería.

En los dos últimos casos, el capitán solicitará la competente autorización del capitán de puerto y si el de arribada fuere extranjero, del cónsul colombiano o, en su defecto, de la autoridad competente en asuntos comerciales.

***Conc.** Art. 1540.*

Avería de la carga

Art. 1626. Notándose que la carga ha sufrido avería el capitán hará la protesta que prescribe el artículo 1501, ordinal 10, y cumplirá las órdenes que el cargador o su consignatario le comunique acerca de las cosas averiadas.

***Conc.** Art. 1501.*

Medidas en caso de avería

Art. 1627. No encontrándose el propietario de las cosas averiadas o persona que lo represente, el capitán pedirá a la autoridad designada en el inciso final del artículo 1625 el nombramiento de peritos para que, previo reconocimiento de tales cosas, informen acerca de la naturaleza y extensión de la avería, de los medios de repararla o evitar su propagación y de la conveniencia de su reembarque y conducción al puerto de destino.

En vista del informe de los peritos, la autoridad que conozca del caso proveerá a la reparación y reembarque de las cosas, o a que se mantengan en depósito, según convenga a los intereses del cargador; y el capitán bajo su responsabilidad, llevará a efecto lo decretado.

Gastos de reparación y embarque

Art. 1628. Ordenándose la reparación y embarque, el capitán empleará sucesivamente para cubrir los gastos que tales operaciones demanden, los medios a que se contrae la regla 7ª del artículo 1501.

Depósito o venta de las cosas averiadas

Art. 1629. Decretándose el depósito, el capitán o el agente marítimo dará cuenta al cargador o al destinatario para que acuerden lo que mejor les convenga.

Pero si el mal estado de las cosas ofreciere un inminente peligro de pérdida o aumento del deterioro, el capitán o el agente marítimo, en su caso, procederá a la venta mediante previa licencia del capitán de puerto o de la autoridad competente del lugar; pagará por su conducto los gastos causados y los fletes que hubiere devengado la nave, en proporción del trayecto recorrido, y depositará el resto a la orden del interesado, dándole el correspondiente aviso.

Custodia de las cosas descargadas

Art. 1630. Corresponderá al capitán o al agente marítimo la custodia de las cosas descargadas, hasta cuando se entreguen, reembarquen, depositen o vendan.

Sin perjuicio de la responsabilidad del transportador, la violación de esta obligación hará responsable al capitán o al agente marítimo de los daños que se causen, salvo que acredite que se debieron a fuerza mayor.

Entrega contra recibo

Art. 1631. El transportador o capitán de la nave no estarán obligados a entregar la cosa mientras el destinatario no les expida un recibo o suscriba la constancia de entrega en el ejemplar del conocimiento que esté en poder del capitán o del transportador.

Responsabilidades del transportador en la entrega

Art. 1632. El transportador que entregue la cosa al destinatario sin percibir sus propios créditos o el valor de los giros hechos por razón de dicha cosa, o sin exigir el depósito de las sumas controvertidas, será responsable para con el cargador de lo que a éste deba el destinatario y no podrá cobrar a dicho cargador sus propios créditos.

Inspección de la cosa por pérdida o daños

Art. 1633. En caso de pérdida o daños, ciertos o presuntos, el transportador y el receptor se darán recíprocamente todas las facilidades razonables para la inspección de la cosa y la comprobación del número de bultos o unidades.

SECCIÓN II. TRANSPORTE DE MERCANCÍAS BAJO CONOCIMIENTO

Concepto de mercaderías

Art. 1634. Por mercaderías se entenderá, para los efectos de esta sección, los bienes, objetos y artículos de cualquier clase, con excepción de los animales vivos y del cargamento que, según el contrato de transporte, se declare colocado sobre cubierta y sea efectivamente transportado así.

Entrega y firma del conocimiento de embarque

Art. 1635. Recibidas las mercaderías, el transportador deberá, a solicitud del cargador entregarle un conocimiento de embarque debidamente firmado por dicho transportador, o por su representante, o por el capitán de la nave.

Conc. *Art. 767.*

Modalidades

Art. 1636. El conocimiento podrá ser nominativo, a la orden o al portador.

***Conc.** Arts. 648, 651, 668.*

Contenido

Art. 1637. El conocimiento de embarque deberá expresar:

1) El nombre, matrícula y tonelaje de la nave;

2) El nombre y domicilio del armador;

3) El puerto y fecha de cargue y el lugar de destino;

4) El nombre del cargador;

5) El nombre del destinatario o consignatario de las mercancías y su domicilio, Si el conocimiento es nominativo, o la indicación de que éste se emite a la orden o al portador;

6) El valor del flete;

7) Las marcas principales necesarias para la identificación de la cosa, tal y como las haya indicado por escrito el cargador antes de dar comienzo al embarque, siempre que las expresadas marcas estén impresas o puestas claramente en cualquier otra forma sobre la cosa no embalada, o en las cajas o embalajes que la contengan, de manera que permanezcan normalmente legibles hasta el término del viaje;

8) El número, la cantidad o el peso, en su caso, de bultos o piezas, conforme a las indicaciones del cargador;

9) El estado y condición aparente de las mercancías, y

10) Lugar y fecha en que se expide el conocimiento.

***Conc.** Arts. 621, 768, 769.*

Destinación de los ejemplares

Art. 1638. El conocimiento se expedirá, por lo menos, en dos ejemplares. uno de éstos, firmado por el transportador, será negociable y se entregará al cargador. El otro ejemplar, firmado por el cargador o su representante, quedará en poder del transportador o de su representante. Este ejemplar no será negociable y así se indicará en él.

***Conc.** Art. 1019*

Anotación «embarcado»

Art. 1639. Embarcadas las mercaderías se pondrá en el conocimiento a solicitud del cargador, un sello, estampilla o constancia que diga embarcado, contra devolución de cualquier documento que el cargador haya recibido antes y que dé derecho a dichas cosas.

Conc. *Art. 769.*

Recibo de las mercaderías como sustituto del conocimiento de embarque

Art. 1640. Cuando se haya dado al remitente, antes del embarque, un recibo de las mercaderías, tal recibo será cambiado después del embarque, a solicitud del cargador, por el conocimiento respectivo. El transportador o el capitán podrán negarse a entregar el conocimiento mientras no le sea devuelto el mencionado recibo. Pero si el cargador lo exige, el transportador o el capitán pondrá en dicho recibo la anotación «embarcado», el nombre o nombres de las naves en que las cosas hayan sido cargadas y la fecha del embarque. Si el referido documento reúne todos los requisitos del conocimiento, será considerado como equivalente a éste con la constancia «embarcado».

Reuniendo el documento entregado en primer lugar al cargador los requisitos exigidos en el artículo 1637, será facultativo del transportador o del capitán poner sobre él, en el puerto del embarque, las antedichas especificaciones, quedando así cumplida su obligación de expedir el conocimiento.

Conc. *Arts. 1601, 1602.*

Fecha de recibo de las mercaderías

Art. 1641. Si en el conocimiento no aparece indicada la fecha de recibo de las mercaderías, se presumirá como tal la de su embarque.

Si en el conocimiento no aparece indicada la fecha de cargue, se presumirá que ésta es la de emisión del documento.

Derechos del tenedor del conocimiento

Art. 1642. El tenedor en legal forma del original del conocimiento tendrá derecho a la entrega de las mercaderías transportadas. No obstante, el transportador o el capitán podrá aceptar «órdenes de entrega» parciales, suscritas por dicho tenedor.

Tales órdenes serán obligatorias en las relaciones entre el tenedor de la orden y el transportador o el capitán, cuando éstos hayan firmado su aceptación al dorso. Y en las relaciones entre el ordenador y el transportador o el capitán, serán igualmente obligatorias cuando éstos se hayan obligado para con aquél a aceptarlas o a cumplirlas. Pero en ambos casos, tanto el transportador como el capitán tendrán derecho a exigir que previamente se les presente el original negociable del conocimiento para anotar la respectiva entrega.

El conocimiento sólo podrá ser negociable por la parte restante, deducidas las órdenes parciales de entrega anotadas en él.

El transportador y el capitán tendrán derecho a que el tenedor del conocimiento les devuelva el ejemplar negociable, debidamente cancelado, una vez que las mercaderías, hayan sido totalmente retiradas.

Conc. *Art. 1023.*

Limitación de la responsabilidad al valor declarado

Art. 1643. El transportador será responsable de las pérdidas o daños causados a las mercaderías con arreglo al valor que el cargador haya declarado por bultos o unidad, siempre que dicha declaración conste en el conocimiento de embarque y no se haya formulado en el mismo la oportuna reserva por el transportador, su agente marítimo o el capitán de la nave. Pero si el transportador prueba que las mercaderías tenían un valor inferior al declarado, se limitará a dicho valor su responsabilidad.

Conc. *Art. 1618.*

Falta de declaración sobre valor de las mercancías

Art. 1644. Cuando en la declaración inserta en el conocimiento no haya determinado el cargador el valor de las mercaderías pero sí su naturaleza, y el transportador, su agente marítimo o el capitán del buque no hubieren formulado la oportuna reserva sobre dicha declaración, se atendrá el transportador para la indemnización al precio de dichas mercaderías en el puerto de embarque. Pero en este caso podrá pactar un límite máximo a su responsabilidad.

Si la pérdida se debe a dolo o culpa grave del transportador o del capitán, la responsabilidad será por el valor real de la cosa, sin limitación.

Además, para los efectos del presente artículo y del anterior, el transportador deberá indemnizar al cargador los demás gastos en que éste haya incurrido por razón del transporte.

Conc. *Art. 1618.*

Constancia de estipulaciones y modificaciones

Art. 1645. Todas las estipulaciones de las partes y las modificaciones lícitas de las normas legales, deberán hacerse constar en el conocimiento de embarque.

Responsabilidad cuando se emite conocimiento único o directo

Art. 1646. La responsabilidad del transportador marítimo, cuando se emita un conocimiento único o directo, se regirá por los artículos 986 y 987.

No emitiéndose conocimiento único o directo, podrá el transportador exonerarse, mediante estipulación expresa, de responsabilidad en cuanto al tiempo anterior al embarque o posterior al desembarque de la cosa.

Pero será responsable si se le prueba alguna culpa en el acaecimiento del daño.

Conc. *Arts. 986, 987.*

Discrepancia entre los ejemplares

Art. 1647. En caso de discrepancia entre los diversos ejemplares del conocimiento, la parte que presente un ejemplar que la otra reconozca haber firmado o escrito quedará exenta de probar su exactitud; y las obligaciones contenidas en él a cargo de la parte suscriptora serán tenidas por verdaderas, correspondiendo al que alegue la alteración del conocimiento o la falsedad de su contenido, demostrar el hecho.

En igualdad de circunstancias, el juez decidirá de acuerdo con los demás elementos de juicio de que disponga.

Prevalencia del conocimiento de embarque

Art. 1648. En caso de divergencia entre un conocimiento de embarque y una póliza de fletamento, prevalecerá aquél.

Sujeción a leyes posteriores

Art. 1649. Podrá aclararse que el conocimiento se sujetará también a las leyes posteriores al momento de su expedición.

Aplicación de normas generales

Art. 1650. Al transporte bajo conocimiento se aplicarán las normas de la sección I de este Capítulo, en cuanto no pugnen con las especiales contenidas en esta sección.

Normas aplicables a la póliza de fletamento

Art. 1651. Las normas de esta sección se aplicarán a la póliza de fletamento. No obstante, si en el caso de transporte regido por póliza de fletamento se expiden conocimientos, estos quedarán sometidos a las anteriores disposiciones.

SECCIÓN III. TRANSPORTE A CARGA TOTAL O PARCIAL

Definición y normas aplicables

Art. 1652. Sin perjuicio de lo dispuesto en esta Sección, se aplicarán las reglas generales sobre transporte de cosas, cuando el transportador se haya obligado a entregar en determinado lugar un cargamento calculado sobre la capacidad, total o parcial, de una nave especificada.

Salvo pacto expreso en contrario, el transportador no podrá sustituir la nave designada.

Espacios de la nave no utilizables

Art. 1653. No estarán destinados al transporte los espacios internos de la nave que normalmente no sean utilizables para la carga, salvo expreso consentimiento del transportador y que no se opongan a ello razones de seguridad para la navegación.

Lugar de anclaje o amarre

Art. 1654. Si en el contrato no se determina el lugar de anclaje o amarre, podrá pedir el cargador que la nave sea conducida al lugar por él designado, siempre que no haya orden contraria del capitán del puerto.

Si el cargador no designa oportunamente dicho lugar, la nave será conducida al destino habitual, y no siendo esto posible, el capitán la dirigirá al lugar que mejor consulte los intereses del cargador.

Recibo o entrega bajo aparejo

Art. 1655. Salvo pacto, reglamento o costumbre en contrario, el transportador recibirá y entregará las cosas bajo aparejo.

Declaración inexacta sobre capacidad de la nave

Art. 1656. El transportador que haya declarado una capacidad mayor o menor de la que efectivamente tenga la nave, estará obligado a resarcir los daños causados, siempre que la diferencia exceda de una vigésima parte.

Término de estadía

Art. 1657. El término de estadía, salvo pacto, reglamento o costumbre en contrario, será fijado por el capitán del puerto, teniendo en cuenta los medios disponibles en el lugar de cargue o descargue, la estructura de la nave la naturaleza del cargamento.

Tal término será comunicado oportunamente a quien deba entregar o recibir las cosas.

De dicho término se descontarán los días en que las operaciones sean interrumpidas o impedidas por causa no imputable al cargador o destinatario.

Desde cuándo se cuenta la estadía

Art. 1658. Los días de estadía para el cargue o para el descargue comenzarán a correr, salvo pacto, reglamento o costumbre local en contrario, desde que al cargador o a quien deba recibir las mercancías se dé aviso de que la nave está lista para cargar o descargar.

Término de sobreestadía

Art. 1659. Salvo pacto, reglamento o costumbre local en contrario, el término de sobreestadía será de tantos días de calendario cuantos hayan sido los laborables de estadía, y correrá a partir de la terminación de ésta.

Negación de la sobreestadía para el cargue

Art. 1660. Si a la expiración del término de estadía para el cargue no ha sido embarcada, por causa imputable al cargador, una cantidad suficiente para garantizar lo que éste deba al transportador, el capitán de la nave puede negarse a esperar el término de sobreestadía, a menos que se le otorgue caución suficiente para responder del débito.

Compensación por sobreestadía

Art. 1661. La compensación por sobreestadía se computará en razón de horas y días consecutivos, y será pagada día por día.

En defecto de estipulación se fijará la tasa de sobreestadía, en proporción a la capacidad de la nave, según la costumbre.

Sobreprecio por impedimentos en operaciones de cargue o descargue

Art. 1662. Cuando las operaciones de cargue o descargue hayan sido suspendidas o impedidas por causa no imputable al cargador o al destinatario, en vez de compensación por sobreestadía se deberá un sobreprecio determinado en proporción al flete.

Expiración de la sobreestadía para el cargue

Art. 1663. Expirado el término de sobreestadía para el cargue, el capitán, previo aviso dado con doce horas de anticipación, tendrá la facultad de zarpar sin esperar el cargue o su terminación, y el cargador deberá siempre el flete y la compensación por sobreestadía.

En caso de no hacer uso de esta facultad podrá acordar con el cargador una contraestadía, por la cual tendrá derecho al sobreprecio estipulado y, en su defecto, al fijado por el reglamento o por la costumbre.

A falta de otro medio de regulación, la compensación será la de sobreestadía, aumentada en una mitad.

Sobreestadía y contraestadía para el descargue

Art. 1664. Expirado el término de estadía para el descargue sin que éste se haya completado, se deberá la compensación de sobreestadía en los términos del artículo anterior.

Vencido el término de sobreestadía se deberá la compensación de contraestadía en los términos del artículo precedente.

Del obligado a la compensación

Art. 1665. La compensación de sobreestadía o de contraestadía estará a cargo de quien la cause.

TÍTULO X
DEL FLETAMENTO

Definición

Art. 1666. El fletamento es un contrato por el cual el armador se obliga, a cambio de una prestación, a cumplir con una nave determinada uno o más viajes preestablecidos, o los viajes que dentro del plazo convenido ordene el fletador, en las condiciones que el contrato o la costumbre establezcan.

Conc. Art. 1651.

NOTA: La actividad de los corredores de fletamento marítimo se encuentra regulada en el Decreto 1753 de 1991.

Prueba y contenido del contrato

Art. 1667. Este contrato se probará por escrito y en él deberán constar:

1) Los elementos de individualización y el desplazamiento de la nave;

2) El nombre del fletante y del fletador;

3) El precio del flete, y

4) La duración del contrato o la indicación de los viajes que deben efectuarse.

Parágrafo. La prueba escrita no será necesaria cuando se trate de embarcaciones menores.

Obligaciones del fletante en cuanto a las condiciones de la nave

Art. 1668. El fletante estará obligado antes del zarpe, a poner la nave en estado de navegabilidad para el cumplimiento del viaje, a armarla y equiparla convenientemente y a proveerla de los documentos de rigor.

El fletante será responsable de los daños derivados del mal estado del buque para navegar, a menos que pruebe que se trata de un vicio oculto susceptible de escapar a una razonable diligencia.

Conc. Art. 1718.

Obligaciones del fletador

Art. 1669. Si el fletamento es por tiempo determinado, será de cargo del fletador el aprovisionamiento de combustible, agua y lubricantes necesarios para el funcionamiento de los motores y de las plantas auxiliares de a bordo, y las expensas inherentes al empleo comercial de la nave, incluidas las tasas de anclaje, canalización y otras semejantes.

Fletamento por tiempo determinado

Art. 1670. El fletante por tiempo determinado no estará obligado a emprender un viaje en que se exponga a la nave o a las personas a un peligro no previsible al momento de la celebración del contrato. Del mismo modo, no estará obligado a emprender un viaje, cuya duración previsible exceda considerablemente, en relación con la duración del contrato, al término de éste.

Salvo el caso de fuerza mayor, el exceso sobre la duración del contrato impondrá al fletador la obligación de pagar un flete adicional calculado en proporción al precio del contrato.

Cálculo del flete adicional

Art. 1671. Si por hecho del fletador la duración del último viaje excede al término del contrato, por el período de exceso se deberá un precio igual al doble del flete ordinario correspondiente a dicho período, en proporción a la duración del contrato.

Pago del flete

Art. 1672. En el fletamento por tiempo determinado, el precio se pagará por mensualidades anticipadas, salvo estipulación o costumbre en contrario.

Impedimentos para utilizar la nave

Art. 1673. En caso de que en el fletamento por tiempo determinado sea imposible utilizar la nave por causa no imputable al fletador, éste no deberá el precio durante el tiempo del impedimento.

No obstante, en caso de demora por riesgo de mar o por accidente imprevisto de la carga o por orden de autoridad nacional o extranjera, se deberá el flete durante el tiempo que dure el impedimento, con deducción de los gastos ahorrados por el fletante a consecuencia de la no utilización de la nave.

Lo dispuesto en el inciso anterior no se aplicará al tiempo en que la nave esté sometida a reparaciones.

Pérdida de la nave

Art. 1674. Salvo que en el contrato se disponga otra cosa, en caso de pérdida de la nave, el precio del flete por tiempo determinado se deberá hasta el día de la pérdida.

Cumplimiento de instrucciones del fletador

Art. 1675. El capitán deberá obedecer, dentro de los límites estipulados en el contrato, las instrucciones del fletador sobre el empleo comercial de la nave y hacer entrega de los conocimientos de embarque en las condiciones que éste le indique.

Cesión del contrato y subflete

Art. 1676. El fletador que ceda el contrato o subflete en todo o en parte, continuará siendo responsable de las obligaciones contraídas para con el fletante.

Prescripción de acciones

Art. 1677. Las acciones derivadas del contrato de fletamento prescribirán en el lapso de un año.

Este término se contará, en el fletamento por tiempo determinado, desde el vencimiento del contrato o desde el último viaje, en caso de que éste se prorrogue más allá de dicho vencimiento. En el fletamento por viaje, el término de la prescripción correrá desde que el viaje haya terminado.

En caso de impedimento para iniciar o cumplir el viaje, la prescripción comenzará a correr desde el día en que haya ocurrido el suceso que hizo imposible la ejecución del contrato o la continuación del viaje.

En caso de pérdida presunta de la nave, el término de la prescripción correrá desde la fecha en que sea cancelada la matrícula.

TÍTULO XI
DEL ARRENDAMIENTO DE LAS NAVES

Objeto y prueba del contrato

Art. 1678. Habrá arrendamiento cuando una de las partes se obliga a entregar a la otra a cambio de un precio, el uso y goce de una nave, por tiempo determinado.

Este contrato se probará por escrito, salvo que se trate de embarcaciones menores.

Conc. *Art. 1433; Ley 527 de 1999, art. 6º.*

Subarriendo y cesión

Art. 1679. El arrendatario no podrá subarrendar o ceder en forma alguna el contrato, sin autorización del arrendador.

El subarrendamiento se sujetará a lo prescrito en el artículo anterior.

Obligaciones del arrendador

Art. 1680. El arrendador estará obligado a entregar la nave con todos sus accesorios, en estado de navegabilidad y provista de los documentos necesarios, y a proveer oportunamente a todas las reparaciones debidas a fuerza mayor o a deterioro por el uso normal de la nave, según el empleo convenido.

Conc. *Arts. 1434, 1719; C.C., art. 1982.*

Responsabilidad por defectos de la nave

Art. 1681. El arrendador será responsable de los daños derivados de defectos de navegabilidad, a menos que pruebe que se deben a vicio oculto susceptible de escapar a una razonable diligencia.

El arrendatario se asimila al armador

Art. 1682. El arrendatario tendrá la calidad de armador y, como tal, los derechos y obligaciones de éste.

Utilización de la nave

Art. 1683. El arrendatario estará obligado a utilizar la nave según las características técnicas de la misma, de acuerdo con los documentos expedidos por la autoridad marítima nacional y de conformidad con el empleo convenido en el contrato.

La violación de lo dispuesto en este artículo dará derecho al arrendador para declarar terminado el contrato y exigir del arrendatario la indemnización de los perjuicios que le haya causado.

Gastos a cargo del arrendatario

Art. 1684. Serán de cargo del arrendatario el aprovisionamiento de la nave y los gastos y reparaciones, distintos de los mencionados en el artículo 1680, que ocasione el empleo de la misma en el uso previsto en el contrato.

Estará obligado, además, a reparar los deterioros y daños causados por el uso anormal o indebido de la nave.

Prórroga y tenencia de hecho

Art. 1685. Salvo expreso consentimiento del armador, el contrato no se considerará prorrogado si, a su vencimiento, el arrendatario continúa con la nave en su poder. Pero si el contrato termina mientras la nave está en viaje se tendrá por prorrogado hasta la terminación de éste.

Si el arrendatario continúa de hecho con la tenencia de la nave, seguirá considerándose como explotador para todos los efectos legales. Durante la tenencia de hecho el arrendatario deberá pagar al arrendador la suma estipulada en el contrato aumentada en un 50%; estará, además, obligado a conservar debidamente la cosa sin que por ello cese su obligación de restituir.

Si tal exceso es superior a la tercera parte del tiempo previsto para la duración del contrato, el arrendatario deberá indemnizarle todos los perjuicios.

Conc. Art. 1559.

Terminación del contrato durante el viaje

Art. 1686. Si el contrato termina mientras la nave está en viaje, el arrendamiento se entiende prorrogado en las mismas condiciones pactadas hasta la terminación del viaje, excepto cuando ello se deba a culpa del arrendatario, caso en el cual se aplica lo dispuesto en el artículo anterior.

Prescripción de acciones

Art. 1687. Las acciones derivadas de este contrato prescribirán en un año, contado desde su terminación o, en el caso previsto en el artículo 1685, desde la restitución de la nave. En caso de pérdida presunta de la nave, la prescripción correrá desde la fecha de cancelación de la matrícula.

TÍTULO XII
DE LAS COMPRAVENTAS MARÍTIMAS

Ventas al desembarque

Art. 1688. En todos los casos en que, según la convención o la costumbre, la cosa debe ser entregada al desembarque de un buque, el vendedor quedará obligado a efectuar el embarque de dicha cosa en el plazo estipulado o, en su defecto, en el usual en el puerto de embarque o en un plazo prudencial.

Ventas de un lote de mercancías

Art. 1689. Cuando se venda la totalidad de un lote o conjunto de mercancías que transporte un buque designado o por designar, el contrato estará sujeto a la condición suspensiva de que las mercaderías sean embarcadas en el buque determinado y lleguen sanas a su puerto de destino.

Conc. *Art. 1652.*

Transferencia del dominio y de los riesgos

Art. 1690. En los casos de que tratan los artículos anteriores, la transferencia del dominio y de los riesgos sólo tendrá lugar al momento de la entrega de la cosa al comprador o a su representante, en el lugar de desembarque de la misma.

Conc. *Art. 923.*

Designación de la nave

Art. 1691. Salvo pacto o costumbre en contrario, en las ventas al desembarque la designación del buque corresponderá al vendedor.

Ventas al desembarque

Art. 1692. En la venta al embarque el vendedor asumirá la obligación de embarcar la cosa en el plazo convenido o en el usual en el puerto de embarque, sobre uno o más barcos de su elección, de modo que el viaje se realice en forma rápida y segura. Cuando la especificación de la cosa no tenga lugar mediante la designación del buque que deba transportarla, los riesgos serán de cargo del vendedor hasta la entrega de dicha cosa a la finalización del desembarque.

Ventas F.A.S.

Art. 1693. Cuando se venda F.A.S. —libre al costado— se entenderá que el vendedor está obligado a entregar la cosa lista para el embarque, al costado del medio de transporte y en el lugar fijado por los contratantes, o en el muelle o bodega designados.

Los gastos hasta la entrega de la cosa en la forma prevista en el inciso anterior, corresponderán al vendedor.

Conc. *C.C., art. 1881.*

Ventas F.O.B.

Art. 1694. Cuando se venda F.O.B. —libre a bordo— la transferencia de la propiedad y de los riesgos de la cosa al comprador tendrá lugar al momento de su entrega a bordo del buque o medio de transporte designado por dicho comprador.

Obligaciones del vendedor en la venta F.O.B.

Art. 1695. En la venta F. 0. B. el vendedor estará obligado:

1) A poner la cosa a bordo del buque o medio de transporte indicado, efectuando por su cuenta los gastos que sean necesarios para ello, y

2) A procurarse el recibo usual o el conocimiento limpio de embarque, y a entregarlo al comprador o a su representante.

Obligaciones del comprador en la venta F.O.B.

Art. 1696. En la venta F.O.B. el comprador estará obligado a pagar el flete de la cosa y de los demás gastos desde el momento de la entrega, y podrá reclamar por los defectos de calidad o cantidad dentro de los noventa días siguientes al embarque.

El juez podrá, con conocimiento de causa, ampliar el plazo cuando circunstancias justificativas impidan al comprador conocer el estado de la cosa dentro de dicho término.

Ventas C.I.F.

Art. 1697. Cuando se venda C.I.F. —costo, seguro y flete—, o bajo cualquiera otra expresión equivalente que indique que el precio de la cosa la comprende el valor del seguro y el flete, se seguirán las siguientes reglas:

1) Serán de cargo del vendedor los costos de acarreo, acondicionamiento, embalaje, licencia e impuestos de exportación, embarque y, en general, todos los gastos necesarios para dejar la cosa debidamente estibada a bordo del medio de transporte elegido;

2) Serán de cargo del vendedor el seguro y el flete de la cosa hasta el puerto de destino;

3) Salvo estipulación en contrario, los riesgos pasarán al comprador a partir del momento en que la cosa haya sido embarcada de conformidad con los usos locales;

4) La propiedad de la cosa se transferirá mediante la entrega del recibo usual o del conocimiento limpio de embarque al comprador o a su representante, y

5) El comprador podrá reclamar por defectos de cantidad o de calidad dentro de los noventa días siguientes al desembarque de la cosa en el lugar de destino.

Este plazo podrá ampliarse como se previene en el inciso 2° del artículo 1696.

Conc. *Arts. 1635, 1675.*

Ventas C.&F.

Art. 1698. Cuando se venda C.&F. —costo y flete—, franca de porte o bajo otra denominación que indique la obligación por parte del vendedor de pagar flete hasta el puerto o lugar de destino convenido, pero no el seguro, la transferencia del dominio se entenderá hecha por la entrega al comprador o a su agente, del recibo usual o del conocimiento de embarque limpio. Pero los riesgos de la cosa pasarán al comprador desde el momento de su entrega a bordo, de conformidad con los usos locales.

Órdenes de entrega que puede aceptar el depositario

Art. 1699. Quien sea depositario de la cosa no estará obligado a aceptar «órdenes de entrega», a menos que así se haya estipulado; pero aceptándolas, tendrá derecho a que se le devuelva debidamente cancelado el documento de depósito, el cual será sustituido por títulos u órdenes fraccionarios.

Conc. *Art. 1642.*

Pago contra entrega de documentos

Art. 1700. Cuando se estipule que el pago del precio se hará contra entrega del conocimiento de embarque, solo o acompañado de otros documentos, el comprador no está obligado a recibirlos y efectuar dicho pago sino al serle entregados dentro del plazo estipulado o usual y, en defecto de uno y otro, en uno prudencial. El vendedor deberá indemnizar los perjuicios que al comprador cause el retardo en la entrega de los documentos.

Conc. *Arts. 767, 1408.*

Venta sobre documentos

Art. 1701. En la venta sobre documentos, el negocio jurídico versará sobre un título de crédito y no sobre la cosa directamente.

En este caso, el vendedor cumplirá sus obligaciones mediante la transferencia de los documentos estipulados o, en su defecto, de los usuales; pero será responsable del mal estado de la cosa cuando éste sea aparente, o si la cosa es de calidad diferente a la especificada en dichos documentos o tiene vicios ocultos. Esta responsabilidad se regirá por los artículos 931 y siguientes de este Código.

El vendedor será responsable por los defectos de cantidad cuando la cosa haya sido embarcada en cantidad menor que la especificada en los respectivos documentos, o en caso de pérdida anterior a la transferencia del título.

El comprador quedará obligado al pago del precio en los términos del artículo anterior.

Conc. *Arts. 619, 767, 770.*

Pago del precio por intermedio de un banco

Art. 1702. Cuando el pago del precio deba hacerse por intermedio de un banco, el vendedor no podrá repetir contra el comprador sino después del rechazo de aquel y siempre que dicho vendedor haya presentado oportunamente los documentos exigidos por el contrato o, en defecto de estipulación, los aceptados por la costumbre.

Si el banco ha abierto un crédito irrevocable, se estará a lo dispuesto en el capítulo VI del título XVII del libro IV.

Conc. *Arts. 1408 y ss.*

TÍTULO XIII
DEL SEGURO MARÍTIMO

CAPÍTULO I
OBJETO DEL SEGURO MARÍTIMO

Riesgos amparados

Art. 1703. Son objeto del seguro marítimo todos los riesgos inherentes a la navegación marítima.

El contrato de seguro marítimo podrá hacerse extensivo a la protección de los riesgos terrestres, fluviales o aéreos accesorios a una expedición marítima.

Expedición marítima

Art. 1704. Habrá expedición marítima:

1) Cuando la nave, las mercancías o bienes que en ella se transportan, se hallen expuestos a los riesgos marítimos;

2) Cuando el flete, pasaje, comisión, ganancia u otro beneficio pecuniario, o la garantía por cualquier préstamo, anticipo o desembolso, se puedan malograr por tales riesgos, y

3) Cuando el propietario u otra persona interesada en la propiedad asegurable o responsable de su conservación, pueda incurrir en responsabilidad ante terceros merced a los riesgos indicados.

Definición de riesgos marítimos

Art. 1705. Se entenderá por riesgos marítimos los que sean propios de la navegación marítima o incidentales a ella tales como tempestad, naufragio, encallamiento, abordaje, explosión, incendio, saqueo, piratería, guerra, captura, embargo, detención por orden de gobiernos o autoridades, echazón, baratería u otros de igual naturaleza o que hayan sido objeto de mención específica en el contrato de seguro.

Conc. *Art. 1054.*

Seguro sobre riesgo putativo

Art. 1706. Será válido el seguro marítimo sobre el riesgo putativo, esto es, el que sólo existe en la conciencia del tomador o del asegurado y del asegurador, bien sea porque ya haya ocurrido el siniestro o bien porque ya se haya registrado el feliz arribo de la nave en el momento de celebrarse el contrato.

Probada la mala fe del tomador o del asegurado, el asegurador tendrá derecho a la totalidad de la prima. Probada la mala fe del asegurador, deberá devolver doblado el importe de ella.

Interés asegurable en el flete

Art. 1707. Tendrá interés asegurable en el flete la persona que lo anticipa.

Interés asegurable en el costo del seguro

Art. 1708. El asegurado tendrá interés asegurable en el costo del seguro.

CAPÍTULO II
VALOR ASEGURABLE

Determinación

Art. 1709. El valor asegurable se determinará así:

1) En el seguro de la nave se tendrá por tal el valor de ella con sus accesorios a la fecha de iniciación del seguro. Las partes podrán incorporar en el valor asegurable los gastos de armamento y aprovisionamiento de la nave y el costo del seguro.

2) En el seguro de flete, el valor asegurable será el importe de aquél a riesgo del asegurado, más el costo del seguro, y

3) En el seguro de mercancías, estará constituido por el costo de ellas en el lugar de destino, más un porcentaje razonable por concepto de lucro cesante.

Conc. *Art. 1562.*

CAPÍTULO III. PÓLIZA

Definición de pólizas de viaje y de tiempo

Art. 1710. Se llamará póliza de viaje la que se emite para asegurar el objeto durante el trayecto determinado.

Se llamará póliza de tiempo la que se extiende para asegurar el objeto durante un lapso determinado.

Conc. *Art. 1559.*

Límites temporales de la póliza de viaje

Art. 1711. En defecto de estipulación la póliza de viaje tendrá efecto:

1) En el seguro sobre la nave, desde el momento en que se inicia el embarque de las mercancías o, en defecto de carga, desde el momento en que sale del puerto de partida hasta el momento en que quede fondeada o atracada en el puerto de destino, o a la terminación del descargue, en cuanto este ocurra a más tardar dentro de los diez días siguientes a la llegada de la nave, si hay lugar a desembarque de mercancías, y

2) En el seguro sobre mercancías, desde el momento en que estas quedan a cargo del transportador marítimo en el lugar de origen hasta el momento en

que son puestas a disposición de su destinatario o consignatario en el lugar de destino.

Conc. Art. 1118.

Prórroga de la póliza de tiempo

Art. 1712. La póliza de tiempo sobre la nave se entenderá prorrogada hasta el momento en que haya quedado fondeada o atracada en el puerto de destino, si la expiración del seguro se produjere en el curso del viaje. La prórroga dará derecho al asegurador a una prima adicional, que se computará de acuerdo con la tasa original y en proporción al término de duración de la prórroga.

Póliza de valor estimado

Art. 1713. La póliza podrá ser de valor estimado, cuando no sólo indique el valor del interés asegurado sino que exprese el convenio en virtud del cual será ese valor y no otro el que sirva de base para determinar el monto de la indemnización, en caso de siniestro.

Las expresiones póliza valuada, de valor estimado, o de valor admitido, bastarán para expresar este convenio.

Excepto el caso de dolo, o para el efecto de determinar si se está en presencia de una pérdida total constructiva, el valor estimado no podrá ser controvertido entre asegurado y asegurador.

Conc. Arts. 1087, 1088.

Póliza de valor no estimado

Art. 1714. Será póliza de valor no estimado la que no obstante indicar el valor del objeto asegurado, no se ajuste a lo previsto en el inciso primero del artículo anterior. Esta póliza admite la determinación del valor asegurable, hasta concurrencia de la suma asegurada, con arreglo a las bases estatuidas en este título.

CAPÍTULO IV
GARANTÍAS

Clases

Art. 1715. En el seguro marítimo la garantía podrá ser expresa o explícita. A menos de ser incompatibles, la garantía expresa y la implícita se excluirán la una a la otra.

Neutralidad de las mercancías y la nave

Art. 1716. Garantizar como neutral, la propiedad asegurada deberá tener ese carácter a la iniciación del riesgo y conservarlo, en cuanto dependa del asegurado, durante la vigencia del seguro.

Garantizada la neutralidad de la nave, esta deberá llevar consigo la debida documentación que acredite su neutralidad, en cuanto este hecho dependa del asegurado.

Garantía implícita en la póliza de viaje

Art. 1717. En la póliza de viaje existirá la garantía implícita de que, al principio del viaje, la nave se halle en buen estado de navegabilidad en relación con la expedición específicamente asegurada. Si la póliza ha de entrar en vigencia mientras la nave se halle en puerto, existirá también la garantía implícita de que, al iniciarse el riesgo, la nave se encuentra en condiciones de aptitud razonable para afrontar los peligros ordinarios del puerto.

Si la póliza se refiere a un viaje que deba desarrollarse en diferentes etapas, durante las cuales la nave requiera diversas clases de preparativos o equipos, existirá también la garantía implícita de que al comienzo de cada etapa se harán los preparativos o se emplearán los equipos necesarios a fin de que la nave sea apta para la navegación marítima en relación con la respectiva etapa.

Garantía implícita en la póliza de tiempo

Art. 1718. En la póliza de tiempo existirá la garantía implícita de que la nave está, en el momento de zarpar, en buen estado de navegabilidad.

Art. 1719. *Derogado por la Ley 730 de 2001, art. 24.*

Seguros que no cobija la garantía implícita

Art. 1720. La garantía implícita de navegabilidad no se hará extensiva al seguro de transporte de mercaderías.

Legalidad de la expedición

Art. 1721. En toda póliza de seguro marítimo se entenderá incorporada la garantía de que la expedición sea legal y de que, en cuanto dependa del asegurado, se realice legalmente.

CAPÍTULO V
DESVIACIÓN

Zarpe en puerto distinto

Art. 1722. Cuando en la póliza se haya especificado el puerto de partida y la nave zarpe de uno distinto, los riesgos no correrán por cuenta del asegurador.

Zarpe a puerto distinto del de destino especificado

Art. 1723. Cuando en la póliza se haya especificado el puerto de destino y la nave zarpe con destino a uno distinto, los riesgos no correrán por cuenta del asegurador.

Variación voluntaria del destino de la nave

Art. 1724. La variación voluntaria del destino de la nave, una vez iniciado el viaje, se sancionará con la terminación del contrato.

Desviación de la ruta estipulada

Art. 1725. La desviación de la nave de la ruta que hubiere sido materia de acuerdo en la póliza o, en defecto de estipulación, de la usual o acostumbrada, se sancionará con la terminación del contrato, a menos que sea excusable.

Interrupciones del viaje

Art. 1726. No terminará la responsabilidad del asegurador cuando, merced a un peligro cubierto por el seguro, el viaje sea interrumpido en un puerto o lugar intermedio, en circunstancias tales que justifiquen el desembarque, reembarque o trasbordo de las mercancías para expedirlas a su lugar de destino.

Especificación de varios puertos de descargue

Art. 1727. Cuando en la póliza hayan sido designados varios puertos de descargue, la nave podrá dirigirse a todos o a algunos de ellos, pero si se dirige a varios deberá hacerlo en el orden designado en la póliza, a menos que exista costumbre o causa suficiente que justifiquen una conducta diferente.

Efectos de la velocidad sobre la póliza de viaje

Art. 1728. La expedición asegurada mediante una póliza de viaje deberá proseguirse en todo su curso con razonable celeridad. Si así no se hiciere, cesará la responsabilidad del asegurador por el tiempo en que la demora sea legalmente inexcusable.

Desviación o demora excusables

Art. 1729. La desviación o la demora serán excusables:

1) Cuando hayan sido autorizadas por estipulación de la póliza;

2) Cuando hayan sido causadas por circunstancias que escapen al control del capitán de la nave y del armador;

3) Cuando puedan considerarse necesarias para dar cumplimiento a una garantía o para la seguridad de la nave o del objeto asegurado, y

4) Cuando se haya incurrido en ellas con el propósito de salvar vidas humanas o de asistir a una nave en peligro, cuando vidas humanas puedan estar en peligro, o para obtener asistencia médica, quirúrgica o farmacéutica para una persona a bordo, o si, siendo causadas por baratería del capitán o de la tripulación, ésta sea uno de los riesgos asegurados.

Al cesar la causa que excuse la demora o la desviación, la nave deberá recobrar su ruta o proseguir el viaje con razonable celeridad, so pena de que el asegurador pueda dar por terminado el contrato o negarse a pagar el seguro.

Conc. *Arts. 1540, 1541, 1545.*

CAPÍTULO VI
PÉRDIDA

Responsabilidad del asegurador

Art. 1730. El asegurador será responsable de las pérdidas que tengan por causa un peligro cubierto por el seguro, aunque se origine en la conducta dolosa o culposa del capitán o de la tripulación. No lo será, en ningún caso, por las que puedan atribuirse a dolo o culpa grave del tomador, el asegurado o el beneficiario.

Conc. *Arts. 1055, 1121.*

Pérdidas por demora

Art. 1731. El asegurador no será responsable por pérdida alguna que tenga como causa una demora, aunque ésta, a su vez, haya sido ocasionada por un peligro cubierto por el seguro.

Otros daños por los que no responde el asegurador

Art. 1732. El asegurador no será responsable por filtración, rotura, uso o desgaste ordinarios, ni por vicio propio o de la naturaleza de la cosa asegurada, ni por pérdida que tenga su causa en la acción de roedores, insectos y gusanos, ni por daños de la maquinaria que no tengan su causa en peligros marítimos.

Conc. *Art. 1104.*

Clases de pérdidas

Art. 1733. La pérdida podrá ser total o parcial. La primera podrá ser pérdida total real o efectiva, o pérdida total constructiva o asimilada. Una y otra se considerarán incluidas en el seguro contra pérdida total.

Promovida una acción de pérdida total, podrá hacerse efectiva la pérdida parcial si sólo ésta logra establecerse.

Concepto de pérdida total real

Art. 1734. Existirá pérdida total real o efectiva y, en tal caso, no será necesario dar aviso de abandono, cuando el objeto asegurado quede destruido o de tal modo averiado que pierda la aptitud para el fin a que esté naturalmente destinado o cuando el asegurado sea irreparablemente privado de él.

Presunción de pérdida total efectiva

Art. 1735. Si transcurrido un lapso razonable de tiempo no se han recibido noticias de la nave, se presumirá su pérdida total o efectiva.

Casos de pérdida total asimilada

Art. 1736. Existirá pérdida total constructiva o asimilada cuando el objeto asegurado sea razonablemente abandonado, bien porque aparezca inevitable su pérdida total o efectiva, o bien porque no sea posible preservarlo de ella sin incurrir en gastos que excederían su valor después de efectuados. Particularmente habrá pérdida total en los siguientes casos:

1) Cuando el asegurado sea privado de la nave o de las mercancías, a consecuencia de un peligro cubierto por el seguro y sea improbable su rescate, o el costo de éste exceda el valor de la nave o de las mercancías una vez rescatadas;

2) Cuando el daño causado a la nave por peligro asegurado sea de tal magnitud que exceda el costo de la nave una vez reparada.

Al efectuar la estimación del costo de las reparaciones no podrá hacerse deducción alguna por contribuciones de avería general a cargo de otros intereses. Pero se tendrán en cuenta los gastos de futuras operaciones de salvamento, lo mismo que cualesquiera contribuciones futuras de avería general a que la nave tuviere que atender en caso de ser reparada, y

3) Cuando la reparación de los daños de que sean objeto las mercancías aseguradas y el costo de su remisión a su lugar de destino excedan su valor a la fecha de arribo.

CAPÍTULO VII
ABANDONO

Regla general

Art. 1737. En caso de pérdida total constructiva o asimilada, el asegurado podrá considerarla como parcial o como total real o efectiva, abandonando en este caso el objeto asegurado a favor del asegurador.

Parágrafo. El ejercicio del derecho de abandono interrumpe la prescripción de la acción para hacer efectiva la indemnización por pérdida parcial.

Aviso de abandono

Art. 1738. Si el asegurado opta por abandonar el objeto asegurado, deberá dar aviso de abandono. No dándolo, la pérdida sólo podrá considerarse como pérdida parcial.

El aviso deberá darse por el asegurado dentro de los treinta días siguientes a la fecha en que haya recibido información fidedigna de la pérdida.

Parágrafo. Si la información fuere sospechosa, el asegurado tendrá derecho a un término de treinta días para investigarla. En este caso el término para dar el aviso comenzará a correr desde el momento en que la información haya llegado a ser fidedigna.

Formalidades del aviso

Art. 1739. El aviso de abandono deberá darse por escrito en términos que indiquen, de modo inequívoco, la intención del asegurado de hacer abandono incondicional de su interés en el objeto asegurado, en favor del asegurador.

Efectos del aviso en debida forma

Art. 1740. Dado en debida forma el aviso de abandono, no sufrirán ningún menoscabo los derechos del asegurado porque el asegurador rehúse aceptar el abandono.

Aviso no necesario

Art. 1741. No será necesario el aviso de abandono cuando al recibo por el asegurado de la información respectiva, no exista posibilidad de beneficio para el asegurador.

Aceptación del abandono

Art. 1742. La aceptación del abandono podrá ser expresa o tácita. Esta podrá inferirse de la conducta del asegurador.

Transcurridos sesenta días desde la fecha de recibo del aviso de abandono, el silencio del asegurador se tendrá como aceptación.

Consecuencias de la aceptación

Art. 1743. La aceptación del abandono, además de dar a éste el carácter de irrevocable, significará que el asegurador reconoce su responsabilidad por pérdida total.

Renuncia a recibir aviso

Art. 1744. El aviso de abandono podrá ser renunciado por el asegurador, quien no estará obligado a darlo a su reasegurador.

Subrogación en derechos y obligaciones del asegurado

Art. 1745. En caso de abandono válido, el asegurador se subrogará en los derechos y obligaciones del asegurado sobre los restos y remanentes del objeto asegurado y de sus accesorios, y podrá tomar posesión de los mismos.

Efecto retroactivo

Art. 1746. Los efectos del abandono se retrotraerán al día del siniestro.

Tratamiento del flete

Art. 1747. En el abandono del buque no está comprendido el flete, salvo la porción que corresponda al transporte de mercaderías desde el lugar del accidente, hasta el de su destino, y siempre que no se hubiere convenido su pago a todo evento.

CAPÍTULO VIII
PÉRDIDA PARCIAL

Concepto

Art. 1748. La pérdida parcial del objeto asegurado, que sea efecto del riesgo cubierto por el seguro y no constituya avería común, será avería particular. No se considerarán averías de esta clase los gastos particulares, esto es, los que se efectúen por el asegurado, en su nombre o por su cuenta, para preservar el objeto asegurado o para garantizar la seguridad de él y que no constituyan gastos de salvamento.

Conc. *Art. 1529.*

Gastos de salvamento

Art. 1749. Los gastos de salvamento en que se incurra para evitar una pérdida por razón de peligros cubiertos por el seguro, podrán hacerse efectivos como pérdidas por tales riesgos.

Conc. *Art. 1545.*

Averías causadas por peligros no asegurados

Art. 1750. En defecto de estipulación, el asegurador no será responsable de la avería común causada por un peligro no cubierto por el seguro. Pero el asegurado tendrá derecho a hacer efectivos contra el asegurador los gastos y sacrificios de avería general que graviten sobre él con ocasión de un acto así calificado.

Conc. *Art. 1517.*

Intereses del mismo asegurado

Art. 1751. Siendo de propiedad del mismo asegurado la nave, el flete y la carga, o a lo menos dos de estos intereses, la responsabilidad del asegurador por concepto de avería común será determinada como si aquellas fuesen de distinto dueño.

CAPÍTULO IX
INDEMNIZACIÓN

Valor de la indemnización

Art. 1752. El importe de la indemnización ascenderá en la póliza de valor no estimado, hasta el monto del valor asegurable, y en las de valor estimado, hasta el valor estipulado en la póliza.

Conc. *Arts. 1713, 1714.*

Valor en caso de pérdida total

Art. 1753. En caso de pérdida total, el importe de la indemnización será equivalente a la suma estipulada en la póliza, si ésta fuere de valor estimado, y al valor asegurable, si no lo fuere.

Valor en caso de averías que no impliquen pérdida total

Art. 1754. Cuando la nave haya sido objeto de averías que no impliquen su pérdida total, el importe de la indemnización se determinará así:

1) Si no ha sido reparada, el asegurado tendrá derecho al costo razonable de las reparaciones, con la deducción de viejo a nuevo, pero sin exceder de la suma asegurada con respecto a cualquier siniestro;

2) Si sólo ha sido parcialmente reparada, el asegurador tendrá derecho al costo razonable de las reparaciones, computado de acuerdo con lo dispuesto en el ordinal anterior, y a ser indemnizado por la depreciación proveniente del daño no reparado, siempre que la suma total no exceda al costo de reparación del daño total estimado con sujeción a la norma consagrada en el ordinal 1°, y

3) Si no ha sido reparada, ni vendida en su estado de avería, el asegurado tendrá derecho a ser indemnizado por la depreciación razonable proveniente del

daño no reparado, pero sin exceder el costo razonable de la reparación, computado según el ordinal 1°.

Pérdida parcial del flete

Art. 1755. En caso de pérdida parcial del flete, se observarán las siguientes reglas:

1) Si la póliza fuere de valor estimado, el importe de la indemnización guardará, respecto de la suma estipulada la proporción que haya entre la parte pérdida del flete total a riesgo del asegurado, y

2) Si la póliza fuere de valor no estimado, el importe de la indemnización guardará, respecto del valor asegurable, la proporción que haya entre la parte pérdida del flete y el flete total a riesgo del asegurado.

Pérdida parcial de cosas distintas de la nave o del flete

Art. 1756. En caso de pérdida parcial de cosas distintas de la nave y el flete, se observarán las siguientes reglas:

1) Cuando ocurra pérdida total de parte de las cosas aseguradas y la póliza sea de valor estimado, el importe de la indemnización representará, respecto de la suma estipulada en la póliza, la proporción entre el valor asegurable de la parte perdida y el valor asegurable del todo, determinado como en el caso de una póliza de valor no estimado.

Si la póliza es de valor no estimado, el importe de la indemnización será equivalente al valor asegurable de la parte perdida, y

2) Cuando ocurra avería del todo o parte de las cosas aseguradas y la póliza sea de valor estimado, el importe de la indemnización será, respecto de la suma estipulada, equivalente a la proporción entre la diferencia del valor bruto de las mercancías en estado sano y el valor bruto de las mismas en estado de avería, por una parte, y el mismo valor bruto de las mercancías en estado sano, por la otra.

Si la póliza es de valor no estimado, el importe de la indemnización será respecto del valor asegurable, equivalente a la proporción entre la diferencia del valor bruto de las mercancías en estado sano y el valor bruto de las mismas en estado de avería, por una parte, y el mismo valor de las mercancías en estado sano, por la otra.

Se entenderá por valor bruto el precio de venta al por mayor y, no existiendo éste, el valor apreciado con inclusión del flete, gastos de descargue e impuestos pagados anticipadamente. Pero tratándose de cosas que usualmente se vendan en consignación, se entenderá por valor bruto el precio de la consignación.

Parágrafo. Para los efectos de este artículo, el valor bruto se calculará en el puerto de destino de las mercaderías.

Seguro de cosas heterogéneas

Art. 1757. Cuando se aseguren cosas heterogéneas bajo una sola suma, esta deberá prorratearse entre ellas de acuerdo con sus respectivos valores asegurables como en el caso de una póliza de valor no estimado. El valor asegurado de una parte cualquiera de una cosa guardará con su valor total la misma proporción existente entre el valor asegurable de la parte y el valor asegurable de toda ella.

No pudiendo determinarse el costo inicial de cada cosa, ni su calidad, ni su descripción, la distribución de la suma total asegurada podrá hacerse tomando en consideración los valores netos de las diferentes cosas, en estado sano.

***Conc.** Art. 1085.*

Indemnización en casos de averías o salvamento

Art. 1758. Cuando el asegurado pague o sea responsable por una contribución de avería común, el importe de la indemnización será equivalente al valor total de dicha contribución, si el interés sujeto a ella hubiere sido asegurado por su valor contribuyente total. Si no, o si sólo una parte de él hubiere sido asegurada, el importe de la indemnización será reducido en proporción al bajo seguro.

Cuando haya perdida por avería particular que signifique una deducción del valor contribuyente y por la cual sea responsable el asegurador, el importe de ella deberá deducirse del valor asegurado en orden a determinar la contribución de avería general correspondiente al asegurador.

Cuando el asegurador sea responsable por gastos de salvamento, el importe de la indemnización serán determinado conforme al mismo principio.

***Conc.** Art. 1517.*

Seguro de responsabilidad ante terceros

Art. 1759. En el seguro de responsabilidad ante terceros, el importe de la indemnización será equivalente a la suma que el asegurado haya pagado o debe al damnificado como consecuencia de la responsabilidad asegurada, sin Perjuicio de las limitaciones o restricciones válidas previstas en la póliza.

Conc. Arts. 1127 y ss.

Objeto garantizado libre de avería particular

Art. 1760. Cuando el objeto asegurado haya sido garantizado libre de avería particular, el asegurado no tendrá derecho a indemnización por pérdida parcial si ella no proviene de un sacrificio de avería común, a menos que esté constituido por un conjunto de bultos, caso en el cual el asegurado tendrá derecho a indemnización por pérdida total de uno o varios de ellos.

Gastos de salvamento

Art. 1761. Cuando el objeto asegurado haya sido garantizado libre de avería particular totalmente o bajo un porcentaje determinado, el asegurador será responsable no obstante, de los gastos de salvamento en que se haya incurrido para conjurar una pérdida cubierta por el seguro.

Conc. Art. 1749.

Objeto asegurado libre de avería bajo porcentaje

Art. 1762. Cuando el objeto haya sido asegurado libre de avería particular bajo en porcentaje determinado, no podrá agregarse a la pérdida por avería particular una pérdida por avería común para el efecto de integrar el porcentaje especificado. Para este efecto sólo se tomará en consideración el daño efectivo sufrido por el objeto asegurado, sin incluir los gastos particulares y los inherentes a la determinación y prueba de la pérdida.

Responsabilidad por pérdidas sucesivas

Art. 1763. El asegurador será responsable por las pérdidas sucesivas aún en el caso de que el monto total de ellas exceda la cantidad asegurada, salvo estipulación en contrario.

En cuanto una pérdida parcial no reparada o indemnizada anteceda a una pérdida total, el asegurado sólo podrá reclamar con respecto a la pérdida total.

Disposiciones que afectan la póliza de valor no estimado

Art. 1764. En la póliza de valor no estimado el importe de la indemnización estará subordinado, además a los artículos 1079 y 1102.

Conc. *Art. 1714.*

Remisión normativa

Art. 1765. En lo previsto en este título, se aplicarán las disposiciones del título V, libro IV de este Código, relativo a los seguros terrestres en cuanto consulte la naturaleza del seguro marítimo.

Y respecto de la póliza de viaje, se aplicarán, de preferencia, las normas de la sección III, capítulo II de dicho título, sobre los seguros de transportes.

CAPÍTULO X
DISPOSICIONES FINALES

Art. 1766 a 1772. *Derogados por la Ley 1242 de 2008.*

NOTA: Estas disposiciones fueron derogadas por la Ley 1242 de 2008, Código Nacional de la Navegación y Actividades Portuarias Fluviales.

PARTE II
DE LA AERONÁUTICA

CAPÍTULO I
DISPOSICIONES GENERALES

Ámbito de aplicación

Art. 1773. Esta parte rige todas las actividades de aeronáutica civil, las cuales quedan sometidas a la inspección, vigilancia y reglamentación del Gobierno.

Quedarán sujetas a este régimen las aeronaves que utilicen espacios sometidos a la soberanía nacional, así como las aeronaves de matrícula colombiana que se encuentren en espacio no sometido a la soberanía o jurisdicción de otro Estado.

Las aeronaves de Estado sólo quedarán sujetas a las disposiciones de éste libro cuando así se disponga expresamente.

Definición de aeronáutica civil

Art. 1774. Se entiende por «aeronáutica civil» el conjunto de actividades vinculadas al empleo de aeronaves civiles.

Aeronaves del Estado

Art. 1775. Son aeronaves de Estado las que se utilicen en servicios militares, de aduanas y de policía. Las demás son civiles.

Conc. *Art. 1789.*

Utilidad pública

Art. 1776. La aeronáutica civil se declara de utilidad pública.

Espacio aéreo nacional

Art. 1777. A reserva de los tratados internacionales que Colombia suscriba, la República tiene soberanía completa y exclusiva sobre su espacio nacional. Se entiende por espacio nacional aquel que queda comprendido entre una base constituida por el territorio de que trata el artículo 3° de la Constitución Nacional y la prolongación vertical de los límites de dicho territorio y sus aguas jurisdiccionales.

NOTA: La norma citada en este artículo corresponde actualmente al artículo 101 de la Constitución Política.

Restricciones por motivos de orden público

Art. 1778. El Gobierno podrá prohibir, condicionar o restringir, por razones de interés público la utilización de los espacios, la navegación área sobre determinadas regiones, el uso de ciertas aeronaves o el transporte de determinadas cosas.

Prohibición de lanzar objetos

Art. 1779. Queda prohibido lanzar objetos y substancias desde una aeronave en el espacio atmosférico, salvo caso de fuerza mayor o previo permiso de la autoridad competente.

***Conc.** Art. 1827.*

Tránsito de aeronaves

Art. 1780. Los propietarios de bienes subyacentes soportarán el tránsito de aeronaves, sin perjuicio de las acciones de responsabilidad de que puedan ser titulares por daños sufridos con ocasión de aquél.

Remisión normativa

Art. 1781. Cuando una determinada materia no esté específicamente prevista en este libro, se acudirá a los principios generales de derecho aéreo, a las normas y principios del derecho marítimo y a los principios generales del derecho común, sucesivamente. La misma regla se aplicará para la interpretación de las normas de este libro.

Autoridad aeronáutica

Art. 1782. Por «autoridad aeronáutica» se entiende el Departamento Administrativo de Aeronáutica Civil o la entidad que en el futuro asuma las funciones que actualmente desempeña dicha jefatura.

Corresponde a esta autoridad dictar los reglamentos aeronáuticos.

CAPÍTULO II
NAVEGACIÓN AÉREA

Concepto

Art. 1783. Por navegación aérea se entiende el tránsito de aeronaves por el espacio.

Libertad de navegación

Art. 1784. La navegación aérea es libre en todo el territorio nacional, sin perjuicio de limitaciones establecidas en la ley y disposiciones reglamentarias.

Navegación de cabotaje

Art. 1785. La navegación aérea con fines comerciales entre puntos situados en el territorio de la República se denomina de cabotaje y se reserva a las aeronaves colombianas salvo lo previsto por convenios internacionales.

Normas que rigen a las aeronaves del Estado

Art. 1786. Para las aeronaves de Estado en vuelo o que operen en un aeropuerto civil, rigen las normas sobre tránsito aéreo que determine la autoridad aeronáutica, sin perjuicio de que puedan apartarse de ellas por causa de su actividad específica, en cuyo caso deberán establecerse previamente las medidas de seguridad que sean convenientes.

Conc. *Art. 1775.*

Verificaciones con fines de seguridad

Art. 1787. Por razones de seguridad aérea, la autoridad competente podrá realizar las verificaciones que sean necesarias en los viajeros, tripulaciones, aeronaves y cosas transportadas.

Aeródromos internacionales

Art. 1788. Las aeronaves civiles sólo podrán entrar o salir del territorio nacional por los aeródromos internacionales. Estos serán determinados por la autoridad aeronáutica.

CAPÍTULO III
AERONAVES

Definición

Art. 1789. Se considera aeronave, para los efectos de este Código, todo aparato que maniobre en vuelo, capaz de desplazarse en el espacio y que sea apto para transportar personas o cosas.

Los aparatos que se sustentan y trasladan mediante el sistema denominado «colchón de aire», quedan excluidos de las disposiciones de este libro.

Certificado de navegabilidad

Art. 1790. La autoridad aeronáutica establecerá los requisitos técnicos que deban reunir las aeronaves y dictará las normas de operación y mantenimiento de las mismas.

La autoridad aeronáutica expedirá un certificado de navegabilidad, en donde consten las condiciones de operación de la aeronave.

Documentos que debe llevar toda aeronave

Art. 1791. Toda aeronave deberá llevar, además del certificado de aeronavegabilidad, los demás documentos que determine la autoridad aeronáutica.

Oficina de registro aeronáutico nacional

Art. 1792. La oficina de registro aeronáutico nacional dependerá de la autoridad aeronáutica, y llevará los libros que la ley o los reglamentos aeronáuticos determinen.

Matrícula de aeronaves

Art. 1793. Se entiende por matrícula el acto mediante el cual se confiere la nacionalidad colombiana a una aeronave, y consiste en la inscripción de la misma en el registro aeronáutico nacional.

Distintivos de aeronaves

Art. 1794. Toda aeronave matriculada en Colombia llevará, como distintivos de la nacionalidad, la bandera colombiana y el grupo de signos que determine la autoridad aeronáutica.

Requisitos de matrícula

Art. 1795. Para matricular una aeronave se cumplirán los requisitos establecidos en los reglamentos.

Si se trata de aeronaves de servicios comerciales se requiere que su propiedad y control real y efectivo pertenezcan a personas naturales o jurídicas colombianas que, además, reúnan los requisitos indicados en el artículo 1426 de este libro.

***Conc.** Arts. 1426, 1864.*

Cancelación de la matrícula

Art. 1796. La matrícula de una aeronave podrá cancelarse, conforme a los reglamentos, en los siguientes casos:

1) Cuando la autoridad aeronáutica concede permiso para su matrícula en otro país;

2) Cuando se autorice su exportación, previo concepto favorable de autoridad aeronáutica;

3) Cuando se requiera ponerla definitivamente fuera de servicio;

4) Por destrucción o desaparecimiento debidamente comprobados;

5) Por decisión de la autoridad aeronáutica o de autoridad competente, cuando se establezca que la matrícula ha sido irregularmente otorgada;

6) Cuando desaparezca uno cualquiera de los requisitos necesarios para su inscripción inicial; pero esta cancelación podrá estar condicionada a la presencia de la aeronave en territorio colombiano, y

7) En los demás casos determinados por la ley.

En el caso de los ordinales 1° y 2° de este artículo se requiere la previa cancelación de los gravámenes y de los registros de embargos y demandas civiles, salvo autorización expresa de los acreedores.

Cuando proceda la cancelación de la matrícula, ésta se efectuará mediante resolución motivada de la autoridad aeronáutica.

Autorización provisional

Art. 1797. La autoridad aeronáutica podrá, para los fines de la importación, permitir el uso de las marcas de nacionalidad colombiana y los demás distintivos adecuados para la identificación de las aeronaves.

Dichas aeronaves podrán ser operadas previa licencia provisional de la autoridad aeronáutica, quedando sujetas a las normas establecidas en este Código.

La persona a cuyo favor se haya concedido tal licencia se reputará explotador de la aeronave.

Validez de actos y contratos celebrados en el exterior

Art. 1798. Los actos y contratos relativos a enajenación y gravámenes de aeronaves no matriculadas en Colombia, celebrados válidamente en un país extranjero, debidamente autenticados y traducidos al español, tendrán pleno efecto en el territorio nacional, siempre que se inscriban en el registro aeronáutico nacional.

Conc. *Art. 1427.*

Vigencia de convenios internacionales

Art. 1799. Las disposiciones sobre nacionalidad y matrículas de aeronaves, se entenderán sin perjuicio de lo que dispongan o puedan disponer los tratados internacionales sobre empresas multinacionales en que participen personas o entidades colombianas.

CAPÍTULO IV
PERSONAL AERONÁUTICO

Concepto

Art. 1800. Se entiende por personal aeronáutico aquellas personas que, a bordo de las aeronaves o en tierra, cumplen funciones vinculadas directamente a la técnica de la navegación aérea.

Reglamentación

Art. 1801. Corresponde a la autoridad aeronáutica la determinación de las funciones que deben ser cumplidas por el personal aeronáutico, las condiciones y requisitos necesarios para su ejercicio, y la expedición de las licencias respectivas.

Ninguna persona podrá ejercer funciones adscritas al personal aeronáutico, si no es titular de la licencia que lo habilite para cumplir tales funciones.

Licencias otorgadas en el exterior

Art. 1802. A falta de tratados internacionales y a condición de reciprocidad, la autoridad aeronáutica podrá reconocer las licencias otorgadas en el extranjero, siempre que éstas hayan sido expedidas válidamente por la autoridad competente y que los requisitos de expedición sean equivalentes a los exigidos por la ley colombiana.

Proporción de trabajadores colombianos

Art. 1803. Toda empresa colombiana de aviación deberá ocupar trabajadores colombianos en proporción no inferior al noventa por ciento.

Esta misma norma se aplicará a las empresas extranjeras que tengan establecida agencia o sucursal en Colombia, con respecto al personal adscrito a éstas.

Este porcentaje no se aplicará a trabajadores extranjeros procedentes de país que ofrezca reciprocidad a trabajadores colombianos.

La autoridad aeronáutica puede permitir, por causas debidamente justificadas y por el tiempo indispensable, que no se tenga en cuenta el límite señalado en este artículo.

Tripulación y comandante

Art. 1804. La tripulación de una aeronave está constituida por el personal aeronáutico destinado a prestar servicio a bordo.

Toda aeronave debe tener a bordo un piloto habilitado para conducirla, investido de las funciones de comandante.

Su designación corresponde al explotador, de quien será representante. Cuando tal designación no conste de manera expresa, será comandante el piloto que encabece la lista de los tripulantes en los documentos de a bordo.

Salvo lo que dispongan el reglamento para casos especiales, en las aeronaves de transporte público matriculadas en Colombia, el comandante será de nacionalidad colombiana.

Autoridad y responsabilidad del comandante

Art. 1805. El comandante es el responsable de la operación y seguridad de la aeronave. Tanto los miembros de la tripulación como los pasajeros están sujetos a su autoridad.

La autoridad y responsabilidad del comandante se inician desde el momento en que recibe la aeronave para el viaje, hasta el momento en que la entrega al explotador o a la autoridad competente.

Gastos que puede hacer el comandante

Art. 1806. El comandante podrá hacer las adquisiciones y los gastos necesarios para la continuación del viaje y para salvaguardar las personas, los bienes transportados y la aeronave. Pero deberá consultar al explotador en cuanto sea posible.

En la documentación de a bordo de las aeronaves de transporte público, además de las facultades legales, deberán constar las especiales que el explotador confiere al comandante.

Atribuciones del comandante

Art. 1807. Son atribuciones del comandante de la aeronave:

1) Abrir y cerrar el plan de vuelo antes de la iniciación del viaje y al término del mismo;

2) Constatar que la aeronave y los miembros de la tripulación posean los libros, certificados y licencias exigidos;

3) Dejar constancia escrita, en el libro de bitácora, de los nacimientos, defunciones y demás hechos que puedan tener consecuencias legales, ocurridos a bordo o durante el vuelo;

4) Tomar las medidas necesarias para poner a disposición de la autoridad competente a la persona que comete un delito a bordo y

5) Determinar, en caso de emergencia, el aeropuerto en que deba aterrizar.

CAPÍTULO V
INFRAESTRUCTURA AERONÁUTICA

Definición

Art. 1808. La infraestructura aeronáutica es el conjunto de instalaciones y servicios destinados a facilitar y hacer posible la navegación aérea, tales como aeródromos, señalamientos, iluminación, ayudas a la navegación, informaciones aeronáuticas, telecomunicaciones, meteorología, aprovisionamiento y reparación de aeronaves.

Aeródromo

Art. 1809. Aeródromo es toda superficie destinada a la llegada y salida de aeronaves, incluidos todos sus equipos e instalaciones.

Clasificación

Art. 1810. Los aeródromos se clasifican en civiles y militares. Los primeros en públicos y privados.

Aeródromos públicos

Art. 1811. Son aeródromos públicos los que, aun siendo de propiedad privada, están destinados al uso público; los demás son privados.

Se presumen públicos los que sean utilizados para la operación de aeronaves destinadas a prestar servicios remunerados a personas distintas del propietario.

Utilización de aeródromos públicos

Art. 1812. Salvo las limitaciones establecidas la autoridad aeronáutica, los aeródromos públicos podrán ser utilizados por cualquier aeronave, la cual, además, tendrá derecho a los servicios que allí se presten.

Permiso de operación

Art. 1813. Sin perjuicio de lo dispuesto en el artículo siguiente, ningún aeródromo podrá ser utilizado sin el permiso de operación otorgado por la autoridad aeronáutica en el cual consten, entre otros puntos, su identificación y localización, nombre del propietario, clasificación, categoría y condiciones operacionales.

Utilización de aeródromos privados

Art. 1814. Los aeródromos privados podrán ser utilizados transitoriamente por aeronaves de Estado, en desempeño de funciones oficiales, y por aeronaves en peligro. En este caso el explotador del aeródromo deberá tomar las medidas necesarias para el aterrizaje y la seguridad de la aeronave, obligación que se extenderá al tiempo de permanencia de la misma en el aeródromo.

Reglamentación de aeródromos

Art. 1815. La autoridad aeronáutica clasificará los aeródromos y determinará los requisitos que deba reunir cada clase, teniendo en cuenta siempre las reglamentaciones internacionales.

Explotadores de aeródromos

Art. 1816. Se presume explotador al dueño de las instalaciones, equipos y servicios que constituyen el aeródromo, a menos que haya cedido la explotación por documento inscrito en el registro aeronáutico.

En los casos en que un aeródromo sea construido u operado por acción comunal, o de otra manera semejante, a falta de explotador inscrito se tendrá por tal al municipio en cuya jurisdicción se encuentre.

Conc. *Art. 1792.*

Responsabilidad por operaciones

Art. 1817. Los explotadores de aeródromos, así como las personas o entidades que presten los servicios de infraestructura aeronáutica, son responsables de los daños que cause la operación de los aeródromos o la prestación de los servicios citados.

Esta responsabilidad se rige por lo dispuesto en los artículos 1881, 1886 y 1887.

Registro de aeródromos

Art. 1818. La autoridad aeronáutica llevará un registro de aeródromos en el cual se hará constar su clase y categoría, el nombre del explotador y demás datos pertinentes.

El nombre del explotador sólo podrá cambiarse a petición suya por escrito y con aceptación del nuevo explotador, en la misma forma.

Cobro de tasas

Art. 1819. El explotador de aeródromos públicos podrá cobrar tasas a los usuarios previa reglamentación y permiso de la autoridad aeronáutica.

Operaciones fuera de aeródromos

Art. 1820. La autoridad aeronáutica podrá permitir transitoriamente la operación de aeronaves en superficies que no sean aeródromos.

Permiso para construir y reparar aeródromos

Art. 1821. Para la construcción, reparación y ampliación de aeródromos se requerirá el permiso previo de la autoridad aeronáutica, la cual podrá negarlo si el respectivo proyecto no cumple con los requisitos exigidos por los reglamentos.

Suspensión o cancelación del permiso

Art. 1822. El permiso de operaciones de un aeródromo podrá suspenderse o cancelarse en los siguientes casos:

1) Cuando desde el aeródromo se atente contra la seguridad del Estado;

2) Cuando no se cumpla lo dispuesto en el artículo 1812, o en cualquier otra forma se abuse del aeródromo;

3) Cuando se autorice, a solicitud del propietario. Si el explotador fuere persona distinta, se requerirá su asentimiento;

4) Cuando se deteriore en forma peligrosa para las maniobras, y

5) Cuando no se lleve el registro de aeronaves que toquen en el aeródromo o no se cumplan las órdenes y los reglamentos de la autoridad.

Parágrafo. Si el permiso de operación expira o es suspendido o cancelado la autoridad aeronáutica impedirá la explotación.

Superficies de despeje

Art. 1823. Denomínanse superficies de despegue las áreas imaginarias, oblicuas y horizontales, que se extienden sobre cada aeródromo y sus inmediaciones, en las cuales está limitada la altura de los obstáculos a la circulación aérea.

La autoridad aeronáutica determinará las superficies de despeje y la altura máxima de las construcciones y plantaciones bajo dichas superficies.

Prohibiciones

Art. 1824. Dentro de las áreas a que se refiere el inciso 2° del artículo anterior, no se podrán levantar construcciones o plantaciones sin permiso de la autoridad aeronáutica.

Señalamiento de obstáculos

Art. 1825. Todo propietario de un inmueble está en la obligación de permitir el señalamiento de los obstáculos que podrían constituir un peligro para la circulación aérea a juicio de la autoridad aeronáutica. La instalación y funcionamiento de las marcas, señales o luces correrán a cargo del explotador del aeropuerto, salvo respecto de los obstáculos levantados con posterioridad al permiso de operación del aeródromo, que correrán a cargo de propietario del obstáculo.

Remoción de obstáculos

Art. 1826. Es obligación del explotador de una aeronave, máquina o equipo que perturbe el libre tránsito de las pistas, rampas o zonas de rodamiento de un aeródromo de removerlo tan pronto la autoridad aeronáutica así lo ordene. De no hacerlo dentro de un plazo prudencial, dicha autoridad podrá disponer lo pertinente para su remoción, a expensas del explotador, dentro de lo que las circunstancias inmediatas aconsejen, y sin que a dicha autoridad le quepa responsabilidad por los daños que puedan causarse a la aeronave, máquina o equipo.

CAPÍTULO VI
DAÑOS A TERCEROS EN LA SUPERFICIE

Derecho a indemnización

Art. 1827. La persona que sufra daños en la superficie tiene derecho a ser indemnizada por el explotador de la aeronave con solo probar que tales daños provienen de una aeronave en vuelo o de una persona o cosa caída de la misma.

Sin embargo, no habrá lugar a indemnización si los daños no son consecuencia directa del acontecimiento que los ha originado, o cuando se deban al mero hecho del paso de la aeronave a través del espacio aéreo si se observaron los reglamentos de tránsito aéreo.

Conc. *Arts. 1779, 1780.*

Definición de vuelo

Art. 1828. Para los efectos de este capítulo la aeronave se entenderá en vuelo desde el momento en que se enciendan los motores para la partida hasta cuando sean apagados al término del recorrido.

Si se trata de una aeronave más ligera que el aire, la expresión «en vuelo» se aplica al período comprendido desde el momento en que se desprende de la superficie hasta aquel en que quede nuevamente amarrada a ésta.

Derecho del explotador a repetir

Art. 1829. La responsabilidad consagrada en el artículo 1827 no afectará el derecho del explotador a repetir contra el autor directo del daño, silo hubiere.

Fuerza mayor

Art. 1830. El explotador no está obligado a indemnizar los daños que sean consecuencia directa de conflictos o disturbios civiles o si ha sido privado del uso de la aeronave por acto de la autoridad pública, o por apoderamiento ilícito de la aeronave por parte de terceros.

Culpa de las víctimas

Art. 1831. El demandado estará exento de responsabilidad si prueba que los daños fueron causados únicamente por culpa de la víctima o de sus dependientes.

Si el demandado prueba que los daños han sido causados por culpa del damnificado o de sus dependientes que obraron en ejercicio de sus funciones y dentro del límite de sus atribuciones, la indemnización se reducirá en la medida en que tal culpa haya contribuido a los daños.

Si los daños resultantes de la muerte o una persona sirven de fundamento a una acción de indemnización intentada por otra, la culpa de la víctima o de sus dependientes producirá también los efectos previstos en el inciso anterior.

Uso de la nave sin consentimiento del explotador

Art. 1832. El explotador de una aeronave será solidariamente responsable con quien la use sin su consentimiento, a menos que pruebe haber tomado las medidas adecuadas para evitar tal uso. Pero dicho explotador podrá acogerse a os límites de responsabilidad.

Conc. *Art. 1835.*

Dolo del explotador o sus dependientes

Art. 1833. Si la víctima prueba que los daños fueron causados por dolo del explotador o de sus dependientes, dicho explotador no podrá acogerse a la limitación de responsabilidad, excepto si demuestra que sus dependientes no obraron en ejercicio de sus funciones o excedieron el límite de sus atribuciones.

Daños causados por dos o más aeronaves

Art. 1834. Si dos o más aeronaves en vuelo entran en colisión o se perturban entre sí y resultan daños reparables según el artículo 1827, o si dos o más aeronaves ocasionan conjuntamente tales daños, cada una de las aeronaves se considera como causante del daño y el explotador respectivo será responsable, en las condiciones y límites de responsabilidad previstos en este Código.

En tales casos, la persona que sufra los daños tendrá derecho a ser indemnizada hasta la suma de los límites de responsabilidad correspondientes a cada una de las aeronaves, pero ningún explotador será responsable por una suma que exceda de los límites aplicables a su aeronave, a menos que se esté en el caso previsto en la primera parte del artículo anterior.

Límites a la indemnización

Art. 1835. La indemnización por daños a terceros en la superficie no excederá, por aeronave y accidente, de:

1) Treinta y tres mil trescientos treinta y tres gramos de oro puro, para las aeronaves cuyo peso no exceda de mil kilogramos;

2) Treinta y tres mil trescientos treinta y tres gramos de oro puro, más veintiséis gramos de oro puro con sesenta y seis centigramos, por kilogramo que pase de los mil, para aeronaves que pesen más de mil y no excedan de seis mil kilogramos;

3) Ciento sesenta y seis mil seiscientos treinta y tres gramos de oro, más dieciséis gramos con sesenta y seis centigramos de oro puro por kilogramo que pase de los seis mil kilogramos para aeronaves que no excedan de veinte mil kilogramos;

4) Trescientos noventa y nueve mil ochocientos setenta y tres gramos de oro puro, más diez gramos de oro puro por kilogramo que pase de los veinte mil kilogramos, para aeronaves que pesen más de veinte mil y no excedan de cincuenta mil kilogramos, y

5) Seiscientos noventa y nueve mil ochocientos setenta y tres gramos de oro puro, más seis gramos con sesenta y seis centigramos por kilogramo que pase de los cincuenta mil kilogramos, para aeronaves que pesen más de cincuenta mil kilogramos.

La indemnización en caso de muerte o lesiones no excederá de treinta y tres mil trescientos treinta y tres gramos de oro puro por persona fallecida o persona lesionada.

***Conc.** Art. 875.*

Usuario ilegítimo

Art. 1836. La limitación de responsabilidad no beneficiará al usuario ilegítimo; pero su responsabilidad se regirá por los artículos 1827 y 1880.

Indemnización que excede los límites

Art. 1837. Si el importe de las indemnizaciones fijadas excede del límite de responsabilidad aplicable según las disposiciones de este capítulo, se observarán las siguientes reglas:

1) Si las indemnizaciones se refieren solamente al caso de muerte o lesiones o solamente a daños en los bienes, serán reducidas en proporción a sus importes respectivos, y

2) Si las indemnizaciones se refieren tanto a muerte, o lesiones como a daños en los bienes, la mitad de la cantidad distribuible se destinará preferentemente a cubrir las indemnizaciones por muerte o lesiones y, de ser suficiente dicha cantidad, se repartirá proporcionalmente entre los créditos del caso. El remanente de la cantidad total distribuible se prorrateará entre las indemnizaciones por daños a los bienes y a la parte no cubierta de las demás indemnizaciones.

Prescripción de acciones

Art. 1838. Las acciones fundadas en este capítulo prescribirán en dos años, contados a partir de la fecha en que ocurrió el hecho que causó los daños.

Explotador que paga culpa de otro

Art. 1839. El explotador que indemnice los daños causados por culpa de otro tendrá acción de repetición contra éste.

Aplicación a aeronaves del Estado

Art. 1840. Las disposiciones del presente capítulo se aplican a aeronaves de Estado, en cuyo caso se entenderá que el explotador es la Nación.

CAPÍTULO VII
ABORDAJE

Concepto

Art. 1841. Se entiende por abordaje toda colisión o interferencia entre dos o más aeronaves en vuelo o sobre la superficie.

Responsabilidad del explotador

Art. 1842. El explotador que cause un abordaje será responsable de la muerte, lesiones o retrasos causados a personas a bordo de otras aeronaves y de la destrucción, pérdida, daños, retrasos o perjuicios a dichas aeronaves y a los bienes a bordo de las mismas, de conformidad con los artículos 1834 y 1839.

Límites de la indemnización

Art. 1843. La responsabilidad del explotador por abordaje de una aeronave no excederá, por lo que se refiere a daños causados a las personas, a las otras aeronaves o a los bienes a bordo, de los siguientes límites:

1) Por muerte, lesiones o retrasos causados a una persona a bordo; o a los objetos que se encuentran bajo la custodia de una persona a bordo, y por pérdida, daños o retrasos de cualesquiera otros bienes a bordo, que no pertenezcan al explotador, según los artículos 1881, 1886 y 1887;

2) Por pérdida o daños de la aeronave, su equipo y accesorios y demás bienes a bordo pertenecientes al explotador, el valor real al tiempo del abordaje, o el costo de su reparación o sustitución, tomando como límite el que sea menor, y

3) Por daños derivados de la no utilización de la aeronave, el 10% del valor de tal aeronave, determinado conforme al inciso anterior.

Parágrafo. El explotador no podrá acogerse a los límites de responsabilidad en los casos contemplados en el artículo 1833.

Conc. *Arts. 1833, 1881, 1886, 1887.*

CAPÍTULO VIII
BÚSQUEDA, RESCATE, ASISTENCIA Y SALVAMENTO

Reglas generales

Art. 1844. La búsqueda, rescate, asistencia y salvamento de aeronaves se sujetarán a lo que dispongan los reglamentos aeronáuticos.

Quienes de conformidad con éstos participen en las indicadas operaciones, tendrán derecho al reembolso de los gastos en que incurran y a la indemnización por los daños sufridos.

Tratándose de salvamento de cosas, el reembolso y la indemnización en ningún caso podrá exceder el valor de la cosa salvada, al término de dichas operaciones.

El pago del reembolso y de la indemnización incumben al explotador de la aeronave.

Responsabilidad del explotador

Art. 1845. Toda asistencia, rescate y salvamento de personas dará lugar a una retribución en razón de los gastos justificados por las circunstancias, así como de los daños sufridos durante la operación.

El pago de la retribución corresponde al explotador de la aeronave asistida.

La retribución no puede exceder de cinco mil gramos de oro puro por persona salvada, sin exceder de veinticinco mil gramos de oro puro. Si ninguna persona ha sido salvada, no excederá la suma total de cinco mil gramos de oro puro.

En el caso de que haya existido asistencia realizada por varias personas y el conjunto de las retribuciones debidas fuere superior a los límites fijados en el inciso precedente, se procederá a una reducción proporcional de dichas indemnizaciones.

Prescripción de acciones

Art. 1846. Las acciones de que trata este capítulo prescriben por el transcurso de dos años, contados desde el fin de la respectiva operación.

CAPÍTULO IX
INVESTIGACIÓN DE ACCIDENTES DE AVIACIÓN

Obligatoriedad de la investigación

Art. 1847. Todo accidente de aviación deberá ser investigado por la autoridad aeronáutica, con el objeto de determinar sus causas probables y la adopción de las medidas tendientes a evitar su repetición.

Procedimiento de la investigación

Art. 1848. Corresponde a la autoridad aeronáutica el establecimiento, por medio de los reglamentos, del procedimiento que debe seguirse en la investigación de los accidentes.

Investigaciones judiciales y policivas

Art. 1849. La investigación que de los accidentes de aviación se haga por parte de la autoridad aeronáutica, será sin perjuicio de las investigaciones o diligencias que deban practicar de acuerdo con las leyes y reglamentos las autoridades judiciales o policivas.

Avisos sobre accidentes

Art. 1850. Toda persona que tenga conocimiento de la ocurrencia de un accidente de aviación, tendrá la obligación de comunicarlo a la autoridad más próxima y ésta, a su vez, deberá comunicarlo a la autoridad aeronáutica.

CAPÍTULO X
EXPLOTADOR DE AERONAVES

Concepto

Art. 1851. Es explotador de una aeronave la persona inscrita como propietaria de la misma en el registro aeronáutico. El propietario podrá transferir la calidad de explotador mediante acto aprobado por la autoridad aeronáutica e inscrito en el registro aeronáutico nacional.

Conc. *Art. 1792.*

Requisitos de idoneidad

Art. 1852. La autoridad aeronáutica no ordenará el registro de una persona en calidad de explotador, si no reúne las condiciones técnicas, económicas y administrativas y demás requisitos exigidos en las leyes y en los reglamentos para operar aeronaves.

Servicios aéreos y empresas que los prestan

Art. 1853. Se entiende por servicios aéreos comerciales los prestados por empresas de transporte público o de trabajos aéreos especiales.

Son empresas de transporte público las que, debidamente autorizadas, efectúan transporte de personas, correo o carga; son empresas de trabajos aéreos especiales, las que, con igual autorización, desarrollan cualquier otra actividad comercial aérea.

Conc. *Art. 25.*

Clasificación según la regularidad

Art. 1854. Los servicios aéreos comerciales de transporte público podrán ser regulares o no regulares; aquellos son los que se prestan con arreglo a tarifas, itinerarios, condiciones de servicio y horarios fijos que se anuncian al público; los últimos no están sujetos a las modalidades mencionadas.

Conc. *Art. 1867.*

Clasificación según la cobertura

Art. 1855. Los servicios aéreos comerciales pueden ser internos o internacionales. Son internos aquellos que se prestan exclusivamente entre puntos situados en el territorio de la República; son internacionales los demás.

Conc. *Art. 1785.*

Permiso de operación

Art. 1856. Corresponde a la autoridad aeronáutica, de conformidad con lo determinado por los reglamentos, el otorgamiento del permiso de operación a las empresas que efectúen servicios aéreos comerciales, así como la vigilancia e inspección para la prestación adecuada de tales servicios.

Requisitos del permiso

Art. 1857. Para la obtención del permiso de operación, la empresa deberá demostrar su capacidad administrativa, técnica y financiera, en relación con las actividades que se propone desarrollar y deberá mantener tales condiciones mientras sea titular de un permiso de operación.

El permiso no se puede ceder

Art. 1858. Los permisos de operación no podrán ser cedidos ni traspasados a ningún título.

Alcance y condiciones del permiso

Art. 1859. Los permisos de operación de servicios de transporte aéreo se otorgarán sobre rutas aéreas determinadas, entendiéndose que ellas comprenden el derecho de transportar pasajeros, correo o carga de un aeródromo a otro, o sobre una serie sucesiva de aeródromos. Sin embargo, algunas escalas podrán ser concedidas sin derechos de tráfico. Los permisos de operación determinarán, además, los tipos de aeronaves, la capacidad ofrecida, los itinerarios autorizados y las demás condiciones que señalen los reglamentos.

Reglamentación por la autoridad aeronáutica

Art. 1860. La autoridad aeronáutica reglamentará y clasificará los servicios aéreos, los explotadores y las rutas, y señalará las condiciones que deberán llenarse para obtener los respectivos permisos de operación, con la finalidad de lograr la prestación de servicios aéreos seguros, eficientes y económicos, que al mismo tiempo garanticen la estabilidad de los explotadores y de la industria aérea en general.

Conc. *Art. 1782.*

Procedimiento para conceder y modificar permisos

Art. 1861. El procedimiento para la concesión de permisos de operación, así como para las modificaciones que de ellos se soliciten, serán determinados por la autoridad aeronáutica, la cual celebrará audiencias públicas que garanticen el adecuado análisis de la necesidad y conveniencia del servicio propuesto.

Conc. *Arts. 1782, 1856.*

Renovación y revocación

Art. 1862. Los permisos de operación serán temporales, de acuerdo con las características de cada servicio y la economía de la operación y podrán ser renovados indefinidamente.

Podrán ser revocados por causa de utilidad pública y por violación de lo dispuesto en los artículos 1426, 1779, 1803 y 1864, por violación de las normas reglamentarias sobre seguridad de vuelo, y cuando la empresa pierda las calidades exigidas por el artículo 1857.

También podrá exigirse caución a los explotadores, para responder por el cumplimiento de las obligaciones que les imponga este Código y el respectivo permiso de operación.

Subvenciones oficiales

Art. 1863. El Gobierno podrá subvencionar la industria aérea y señalar los términos, condiciones y modalidades de dicha subvención.

Requisitos de nacionalidad y domicilio

Art. 1864. Los servicios aéreos colombianos internos e internacionales sólo podrán ser prestados por personas naturales o jurídicas nacionales, que tengan su domicilio real en Colombia.

La autoridad aeronáutica podrá exigir que ciertos servicios se presten por personas organizadas jurídicamente en forma de sociedad.

Conc. *Arts. 1426, 1795.*

Utilización de aeronaves extranjeras por empresas colombianas

Art. 1865. Las empresas colombianas podrán prestar servicios aéreos internacionales con aeronaves extranjeras, cuando así resulte de acuerdos de colaboración o integración realizados con empresas aéreas extranjeras, o de la formación de sociedades multinacionales de transporte aéreo. La autoridad aeronáutica autorizará dichas formas especiales de operación cuando el interés público y la protección de la industria aérea nacional así lo aconsejen.

Convenios entre explotadores sujetos a control

Art. 1866. Quedan sujetos a la aprobación previa de la autoridad aeronáutica los convenios entre explotadores que impliquen acuerdos de colaboración, integración o explotación conjunta, conexión, consolidación o fusión de servicios, o que de cualquier manera tiendan a regularizar o limitar la competencia o el tráfico aéreo.

Conc. *Art. 1782.*

Prestación de servicios no regulares

Art. 1867. Los servicios no regulares podrán ser prestados por explotadores dedicados exclusivamente a ellos, o por explotadores de servicios regulares.

La autoridad aeronáutica reglamentará todo lo relativo a los servicios no regulares, dentro del criterio de que ellos no deberán constituir una competencia indebida a los servicios regulares. En todo caso, el explotador de servicios regulares gozará de prioridad para que se le autoricen vuelos no regulares dentro de las rutas comprendidas en su permiso de operación.

Conc. *Art. 1854.*

Inspección a organizaciones de turismo

Art. 1868. La inspección de la autoridad aeronáutica, con la finalidad de garantizar la estabilidad de la industria aérea y los intereses del público, se extiende también a los agentes de viajes, intermediarios u operadores de viajes colectivos, que usualmente explotan la industria del turismo en colaboración o en conexión con servicios aéreos.

Servicios aéreos especiales

Art. 1869. Los artículos anteriores se aplicarán igualmente a los explotadores de servicios aéreos especiales.

***Conc.** Art. 1853.*

Operaciones de empresas extranjeras

Art. 1870. Las empresas extranjeras podrán realizar servicios de transporte aéreo internacional en aeropuertos colombianos, de conformidad con las convenciones o acuerdos internacionales en que Colombia sea parte, o, cuando ellos no sean aplicables mediante permiso previo de la autoridad aeronáutica, debiendo sujetarse, en este último caso, las respectivas licencias de operación a la existencia de una adecuada reciprocidad con explotadores colombianos.

CAPÍTULO XI
TRANSPORTE PRIVADO, ESCUELAS DE AVIACIÓN, AERONAVES DEDICADAS AL TURISMO Y MANTENIMIENTO DE AERONAVES

Régimen aplicable

Art. 1871. Las aeronaves de transporte privado, las de turismo y las deportivas, quedarán sujetas, en cuanto les sean aplicables, a las disposiciones de esta parte y a los reglamentos que para cada actividad distinta de la comercial determine la autoridad aeronáutica.

***Conc.** Art. 1782.*

Prohibición de prestar servicio público

Art. 1872. Las aeronaves a que se refiere el artículo anterior, no podrán realizar ningún servicio público de transporte aéreo de personas o de cosas, con o sin remuneración.

Reglamentación

Art. 1873. La autoridad aeronáutica deberá reglamentar las actividades de las escuelas de aviación, aeroclubes y entidades dedicadas al mantenimiento de aeronaves.

***Conc.** Art. 1782.*

CAPÍTULO XII
TRANSPORTE AÉREO

SECCIÓN I. GENERALIDADES

Ámbito de aplicación

Art. 1874. Quedan sujetos a las disposiciones de este Código los contratos de transporte interno o internacional, estos últimos a falta de convenciones internacionales que sean obligatorias para Colombia.

El contrato de transporte se considera interno cuando los lugares de partida y destino fijados por las partes están dentro del territorio nacional, e internacional en los demás casos.

***Conc.** Art. 1785.*

Publicidad de las condiciones del contrato

Art. 1875. Las cláusulas del contrato de transporte celebrado con empresarios públicos deberán hacerse conocer de los pasajeros en el billete o boleto de pasaje, en los documentos de transporte que se entreguen a éstos o en un lugar de las oficinas de aquéllos en donde sean leídas fácilmente.

Los aspectos no contemplados en el presente Código o en otras leyes, decretos o reglamentos oficiales que se refieran a las condiciones del transporte, podrán ser regulados por las empresas aéreas de transporte público mediante reglamentación que requiere aprobación de la autoridad aeronáutica.

Tales reglamentos deberán ser exhibidos por las empresas en lugares en donde sean fácilmente conocidos del usuario. La autoridad aeronáutica dictará las normas sobre el particular.

Definición de transporte único

Art. 1876. El transporte que efectúen sucesivamente varios transportadores por vía aérea, se juzgará como transporte único cuando haya sido considerado por las partes como una sola operación, ya sea que se formalice por medio de un solo contrato o por una serie de ellos.

Conc. *Art. 985.*

SECCIÓN II. TRANSPORTE DE PASAJEROS

Contenido del boleto de pasaje

Art. 1877. El billete o boleto de pasaje, si se expide, deberá contener:

1) Lugar y fecha de emisión;
2) Nombre o indicación del transportador o transportadores;
3) Lugares de partida y destino, y escalas previstas, y
4) Precio del transporte.

El pasajero podrá exigir que se inserte su nombre en el billete o boleto.

Conc. *Art. 1585.*

Desistimiento del pasajero

Art. 1878. En los casos de desistimiento del viaje por parte del pasajero, las empresas de transporte público podrán fijar porcentajes de reducción en la devolución del valor del pasaje, conforme a los reglamentos de la empresa, aprobados por la autoridad aeronáutica.

Conc. *Art. 1002.*

Documentación de los pasajeros

Art. 1879. El transportador podrá exigir a cada pasajero antes de abordar la nave la documentación necesaria para desembarcar en el punto de destino.

Responsabilidad por muerte o lesión del pasajero

Art. 1880. El transportador es responsable del daño causado en caso de muerte o lesión del pasajero, con la sola prueba de que el hecho que lo causó se produjo a bordo de la aeronave o durante cualquiera de las operaciones de embarque o desembarque, a menos que pruebe hallarse en cualquiera de las causales de exoneración consagradas en los ordinales 1° y 3° del artículo 1003 y a condición de que acredite, igualmente, que tomó todas las medidas necesarias para evitar el daño o que le fue imposible tomarlas.

Dichas operaciones comprenden desde que los pasajeros se dirigen a la aeronave abandonando el terminal, muelle o edificio del aeropuerto hasta que ellos acceden a sitios similares.

Conc. *Art. 1003.*

Límite de la indemnización

Art. 1881. La indemnización en caso de responsabilidad del transportador no excederá de veinticinco mil gramos de oro puro por pasajero.

Conc. *Art. 875.*

Responsabilidad por incumplimiento o interrupciones

Art. 1882. Cuando el viaje no pueda iniciarse en las condiciones estipuladas o se retrase su iniciación por causa de fuerza mayor o razones meteorológicas que afecten su seguridad, el transportador quedará liberado de responsabilidad devolviendo el precio del billete. El pasajero podrá en tales casos exigir la devolución inmediata del precio.

Si una vez comenzado el viaje éste se interrumpiere por cualquiera de las causas señaladas en el inciso anterior, el transportador quedará obligado a efectuar el transporte de viajeros y equipajes por su cuenta, utilizando el medio más rápido posible hasta dejarlos en su destino, salvo que los pasajeros opten por el reembolso de la parte del precio proporcional al trayecto no recorrido.

También sufragará el transportador los gastos razonables de manutención y hospedaje que se deriven de cualquier interrupción.

Responsabilidad por retardo

Art. 1883. El transportador es responsable del daño resultante del retardo en el transporte de pasajeros, equipajes o mercancías.

Sin embargo, en este caso, el transportador no será responsable si prueba que le fue imposible evitar el daño.

SECCIÓN III. TRANSPORTE DE COSAS Y EQUIPAJES

Obligación de transportar el equipaje

Art. 1884. El transportador estará obligado a transportar conjuntamente con los viajeros y dentro del precio del billete, el equipaje de estos, con los límites de peso o volumen que fijen los reglamentos. El exceso de equipaje será regulado en las condiciones del contrato de transporte de que trata el artículo 1875.

Entrega de equipajes

Art. 1885. El equipaje de que trata el artículo anterior se anotará en un talón que deberá contener las indicaciones que reglamentariamente se fijen.

La entrega de los equipajes se hará contra la presentación del talón, cualquiera que sea la persona que lo exhiba.

La falta de dicha presentación dará derecho al transportador de cerciorarse de la identidad de quien reclame el equipaje, pudiendo diferir la entrega hasta cuando la identificación resulte suficiente.

La autoridad aeronáutica, habida consideración de los sistemas que establezcan los empresarios públicos para garantizar la seguridad de los equipajes, podrá autorizar que se prescinda del talón.

Responsabilidad por objetos de mano

Art. 1886. El transportador será responsable de la pérdida o avería de los objetos de mano, cuando el hecho que causó el daño ocurra a bordo de la aeronave o hallándose aquéllos bajo la custodia del transportador, sus agentes o dependientes.

La responsabilidad del transportador no excederá de doscientos gramos de oro puro por todos los objetos de mano de cada persona.

Conc. *Art. 875.*

Responsabilidad por mercancías y equipajes

Art. 1887. El transportador será responsable de la pérdida o avería de la mercancía y equipaje registrado, cuando el hecho que causó el daño ocurra a bordo de la aeronave o hallándose aquellos bajo la custodia del transportador, sus agentes, dependientes o consignatarios.

La responsabilidad del transportador no excederá de diez gramos de oro puro por kilogramo de mercancía o equipaje registrado de cada persona.

Si la mercancía o el equipaje facturado se transportan bajo la manifestación del valor declarado aceptado por el transportador, éste responderá hasta el límite de ese valor.

Conc. *Art. 875.*

Exoneración de responsabilidad

Art. 1888. No será responsable el transportador cuando el daño sea consecuencia exclusiva de la naturaleza o vicio propio de las cosas transportadas.

Tampoco será responsable el transportador cuando éste pruebe que la pérdida o avería ocurrió cuando la mercancía y equipaje registrados estaban bajo la custodia exclusiva de las autoridades aduaneras.

Conc. *Arts. 1015, 1016.*

Responsabilidad por envíos postales

Art. 1889. La responsabilidad del transportador aéreo por pérdida o expoliación de envíos postales, quedará limitada a las sumas establecidas por los convenios postales internacionales suscritos y ratificados por Colombia para las administraciones postales. A falta de tales convenios, la responsabilidad del transportador no excederá de trescientos treinta y tres gramos de oro puro por envío.

Si el valor fuere declarado, la responsabilidad se extenderá hasta el límite de ese valor.

Conc. *Art. 875.*

CAPÍTULO XIII
CONTRATO DE UTILIZACIÓN DE AERONAVES

SECCIÓN I. ARRENDAMIENTO O LOCACIÓN

Condiciones

Art. 1890. El arrendamiento o locación de aeronaves podrá llevarse a cabo con o sin tripulación, pero en todo caso la dirección de ésta queda a cargo del arrendatario.

El arrendatario tendrá la calidad de explotador y, como tal, los derechos y obligaciones de éste, cuando tal calidad le sea reconocida por la autoridad aeronáutica.

Conc. *Art. 1678.*

Prórroga y tenencia de hecho

Art. 1891. Salvo expreso consentimiento del arrendador, el contrato no se considera prorrogado si, a su vencimiento, el arrendatario continúa con la aeronave en su poder.

Pero si el contrato termina mientras la aeronave está en viaje, se tendrá por prorrogado hasta la terminación de éste.

Si el arrendatario continúa de hecho con la tenencia de la aeronave, seguirá considerándose como explotador para todos los efectos legales. Durante la tenencia de hecho el arrendatario deberá pagar al arrendador la suma estipulada en el contrato, aumentada en un 50% y a indemnizar de perjuicios al arrendador; estará, además, obligado a conservar debidamente la cosa, sin que por ello cese su obligación de restituirla.

Si tal exceso es superior a la tercera parte del tiempo previsto para la duración del contrato, el arrendatario deberá indemnizarle, además, todos los perjuicios.

Conc. *Art. 1685.*

Mora del arrendador

Art. 1892. El arrendador que incurra en mora de entregar, restituirá los alquileres que haya recibido; además, pagará al arrendatario una suma mensual equivalente al 50% del precio del arrendamiento estipulado y le indemnizará de perjuicios.

SECCIÓN II. FLETAMENTO

Definición

Art. 1893. El fletamento de una aeronave es un contrato intuitu personae por el cual un explotador, llamado fletante, cede a otra persona, llamada fletador, a cambio de una contraprestación, el uso de la capacidad total o parcial de una o varias aeronaves, para uno o varios vuelos, por kilometraje o por tiempo, reservándose el fletante la dirección y autoridad sobre la tripulación y la conducción técnica de la aeronave.

La calidad de explotador no es susceptible de transferirse al fletador en virtud de este contrato.

Conc. *Arts. 1666 y ss.*

Obligaciones del fletante

Art. 1894. Son obligaciones especiales del fletante:

1) Obtener los permisos necesarios para la operación de la aeronave;

2) Aprovisionarla de combustible y demás elementos necesarios para la navegación;

3) Conservarla en condiciones de navegabilidad, y

4) Mantener la tripulación debidamente licenciada y apta para el cumplimiento del contrato, de acuerdo con los reglamentos aeronáuticos.

Obligación especial sobre documentación

Art. 1895. El fletador está obligado a proveer la documentación necesaria para el tránsito de los pasajeros, de la carga o para el uso especial a que se destine la aeronave.

Fletamiento por tiempo indeterminado

Art. 1896. El fletante no estará obligado a emprender un viaje cuya duración previsible exceda considerablemente el término de duración del contrato.

Aeródromos de iniciación y terminación

Art. 1897. Salvo estipulación en contrario, los aeródromos de iniciación y terminación del contrato estarán situados en Colombia.

Demoras imputables al fletador

Art. 1898. El mayor tiempo empleado por el fletante en la ejecución del contrato, imputable a culpa del fletador, impondrá a éste la obligación de pagar a aquél un precio proporcional al precio pactado y los gastos que la demora ocasione.

Retardos imputables al fletante

Art. 1899. El fletante es responsable de los daños y perjuicios que sufra el fletador por culpa de aquél o de sus dependientes, cuando la nave no pueda efectuar el transporte en el tiempo fijado en el contrato o si ha habido retardo en la salida o en la navegación o en el lugar de su descarga.

CAPÍTULO XIV
SEGURO

Obligatoriedad de caución

Art. 1900. Las empresas de transporte público quedan obligadas a caucionar la responsabilidad civil de que tratan los capítulos VI, VII y XII mediante:

1) Contrato de seguro;

2) Garantía otorgada por entidad bancaria, o

3) Depósito en efectivo o valores negociables en la bolsa.

Dichas cauciones o el seguro se constituirán por una cantidad mínima equivalente a los límites de responsabilidad establecidos en el presente Código.

La caución se puede tomar por el cincuenta por ciento de la capacidad total de la aeronave, sin que esto signifique que se altera el límite de la responsabilidad por cada pasajero.

Las empresas extranjeras que operen en Colombia deberán constituir caución por una suma no inferior a los límites establecidos en los convenios internacionales o, en su defecto, a lo estatuido en el presente Código.

Garantía adicional para empresas de servicio internacional

Art. 1901. Las empresas colombianas de transporte público internacional deberán, además, constituir garantías hasta por los límites de responsabilidad que señalen los convenios internacionales de los que Colombia sea parte y con respecto a las operaciones internacionales.

Las demás aeronaves civiles que vuelen sobre territorio colombiano, sean nacionales o extranjeras, deberán asegurar su responsabilidad proveniente de daños causados a terceros en la superficie y por abordaje, hasta los límites señalados en este Código.

Destino específico de las cauciones

Art. 1902. Las cantidades adeudadas al explotador por razón de las cauciones de que trata este capítulo, no podrán ser embargadas ni secuestradas por personas distintas de las que sufran los daños a que se refieran dichas garantías, mientras no hayan sido indemnizados tales daños.

Remisión normativa al seguro marítimo

Art. 1903. Al contrato de seguro aéreo se aplicarán, en cuanto sean pertinentes, las normas relativas al seguro marítimo consignadas en este Código.

Conc. *Art. 1703.*

CAPÍTULO XV
HIPOTECA, EMBARGO Y SECUESTRO

Gravamen

Art. 1904. Las aeronaves matriculadas en Colombia pueden gravarse con hipoteca. Las que estén en vía de construcción también podrán hipotecarse, con tal que en la escritura pública en que la hipoteca se constituya se consignen las especificaciones necesarias para su inscripción en el registro aeronáutico.

La escritura de hipoteca de una aeronave debe contener las características de ésta y los signos distintivos de sus partes.

Conc. *Arts. 1427, 1570, 1796.*

Alcance de la hipoteca y preferencia

Art. 1905. La hipoteca comprenderá la célula, las unidades motopropulsoras, los equipos electrónicos y cualesquiera otras piezas destinadas al servicio de la aeronave, incorporadas en ella en forma permanente, aunque fueren momentáneamente separadas de la aeronave, los seguros e indemnizaciones que parcial o totalmente reemplacen la cosa gravada y prefiere a cualquier otro crédito, menos a los siguientes:

1) Los impuestos en favor del fisco que graven la aeronave;

2) Los salarios de la tripulación de la aeronave por el último mes;

3) Las remuneraciones e indemnizaciones debidas por asistencia o salvamento causadas durante la existencia del gravamen;

4) Los gastos destinados a la conservación de la aeronave durante el juicio respectivo y las costas de éste en beneficio común de los acreedores, y

5) Las indemnizaciones fijadas en este título por daños que haya causado la aeronave durante el último año, a personas o cosas con ocasión de un vuelo y que no estén amparadas por un seguro o garantía.

Separación de partes

Art. 1906. El deudor no podrá separar de una aeronave hipotecada, sin permiso del acreedor, las partes de la misma a que se extiende el gravamen según el artículo anterior sino de manera momentánea para su reparación o mejora.

Modificación de características

Art. 1907. El deudor no podrá modificar las características de construcción o funcionamiento de la aeronave hipotecada sin permiso escrito del acreedor, el cual será necesario para llevar a cabo la anotación de las modificaciones en el registro aeronáutico.

Formalidad del embargo y secuestro

Art. 1908. El embargo de una aeronave, aún en vía de construcción deberá anotarse en el registro aeronáutico.

Pero el secuestro de una aeronave de transporte público de pasajeros matriculada en Colombia, no podrá realizarse sino después de ejecutoriada la sentencia que ordene llevar adelante la ejecución, a menos que la aeronave se halle fuera de servicio por un término mayor de un mes.

Conc. *Art. 1792.*

Desembargo y levantamiento del secuestro

Art. 1909. Embargada y secuestrada una aeronave, se podrá obtener su desembargo y el levantamiento del secuestro prestando caución real, bancaria o de compañía de seguros, igual al doble del crédito demandado, sin intereses ni costas, ni exceder en ningún caso los límites señalados en ésta parte.

Si la caución de que trata el inciso anterior se constituye dentro de la diligencia de secuestro, el juez decretará de plano el desembargo y el levantamiento del secuestro.

Las providencias judiciales de que trata este artículo, se dictarán de plano. Contra la providencia que acepte la caución y ordene el desembargo y levantamiento del secuestro sólo procederá el recurso de apelación, que se surtirá en el efecto devolutivo.

Conc. *C.G.P., art. 602.*

LIBRO SEXTO
PROCEDIMIENTOS

TÍTULO I
DEL CONCORDATO PREVENTIVO

Arts. 1910 a 1936. *Derogados por del Decreto Extraordinario 350 de 1989, art. 61.*

TÍTULO II
DE LA QUIEBRA

Arts. 1937 a 2010. *Derogados por la Ley 222 de 1995, art. 242.*

TÍTULO III
DEL ARBITRAMENTO

Arts. 2011 a 2025. *Derogados por el Decreto Extraordinario 2279 de 1989, artículo 55.*

TÍTULO IV
DE LA REGULACIÓN POR EXPERTOS O PERITOS

Procedencia de la peritación

Art. 2026. La peritación procederá cuando la ley o el contrato sometan a la decisión de expertos, o a justa tasación, asuntos que requieran especiales conocimientos científicos, técnicos o artísticos.

Arts. 2027 a 2032. *Derogados por la Ley 1564 de 2012, art. 626.*

DISPOSICIONES FINALES

Derogación de la legislación anterior

Art. 2033. Este Código regula íntegramente las materias contempladas en él. Consiguientemente, quedan derogados el Código de Comercio Terrestre y el Código de Comercio Marítimo adoptados por la Ley 57 de 1887, con todas las leyes y decretos complementarios o reformatorios que versen sobre las mismas materias, exceptuados solamente los que determinen el régimen de la Superintendencia Bancaria y de las sociedades sometidas a su control permanente, y el capítulo XI del Decreto 2521 de 1950.

NOTA: Las funciones de la Superintendencia Bancaria fueron asumidas por la Superintendencia Financiera.

Aplicación a entidades vigiladas por la Superintendencia Financiera

Art. 2034. Corresponderá a la Superintendencia Bancaria, en relación con las sociedades cuya inspección y vigilancia ejerce, hacer cumplir las disposiciones de este libro en todo cuanto no pugnen con las normas imperativas de carácter especial.

NOTA: Las funciones de la Superintendencia Bancaria fueron asumidas por la Superintendencia Financiera.

Reglamentación oficial

Art. 2035. El Gobierno Nacional, en ejercicio de la potestad que le confiere el ordinal 3° del artículo 120 de la Constitución Nacional, podrá reglamentar las disposiciones de este Código globalmente o por títulos, capítulos, secciones o materias.

NOTA: La norma citada en este artículo corresponde actualmente al artículo 189 de la Constitución Política.

Tránsito de legislación

Art. 2036. Los contratos mercantiles celebrados bajo el imperio de la legislación que se deroga conservarán la validez y los efectos reconocidos en dicha legislación, con arreglo a lo establecido en los artículos 38 a 42 de la Ley 153 de 1887.

No obstante, se entenderán saneadas las nulidades provenientes de falta de solemnidad o de violación de limitaciones establecidas en la legislación anterior y eliminadas en este Código. Las sociedades mercantiles gozarán de un plazo de dos años, contados desde el 1° de enero de 1972, para amoldar sus estatutos a las normas de este Código.

Conc. *Arts. 46, 120.*

Edición oficial del Código

Art. 2037. El Gobierno hará la edición oficial del presente Código, a través del Ministerio de Justicia, la cual se someterá al Consejo de Estado para la ordenación de su articulado y corrección de las citas que en él se hacen de disposiciones legales, si fuere el caso, con el fin de establecer su correcta concordancia, con base en lo dispuesto en el artículo 28 de la Ley 167 de 1941.

Vigencia

Art. 2038. Este Código empezará a regir el 1° de enero de 1972, con excepción del artículo 821; del capítulo V, título XIII, libro IV, y del libro VI que regirán desde la fecha de su expedición.

NOTA: Expedido el 27 de marzo de 1971 y publicado en el Diario Oficial 33339 del 16 de junio de 1971.

LEGISLACIÓN COMPLEMENTARIA

LEY 1ª DE 1980
POR LA CUAL SE CREA EL CHEQUE FISCAL Y SE DICTAN OTRAS DISPOSICIONES RELACIONADAS CON LA MISMA MATERIA

Art. 1º

Denomínanse cheques fiscales aquellos que son girados por cualquier concepto a favor de las entidades públicas definidas en el artículo 20 del Decreto 130 de 1976.

Los cheques fiscales creados por la presente Ley tienen las siguientes características.

1) El beneficiario sólo podrá ser la entidad pública a la cual se haga el respectivo pago.

2) No podrán ser abonados en cuenta diferente a la de la entidad pública beneficiaria.

3) No podrán modificarse al reverso la forma de negociación ni las condiciones de los mismos establecidos en el artículo 713 del Código de Comercio.

4) No son negociables ni podrán ser pagados en efectivo.

A estos cheques se aplicarán en lo pertinente las normas contenidas en los artículos 737 y 738 del Código de Comercio.

Parágrafo. Prohíbese a las entidades sometidas al control y vigilancia de la Superintendencia Bancaria acreditar o abonar en cuentas particulares cheques girados a nombre de las entidades públicas.

Art. 2º

Las restricciones contenidas en el artículo anterior, no impiden la negociabilidad interbancaria de tales títulos-valores a través de las cámaras de compensación de acuerdo a los artículos 664 y 665 del Código de Comercio. Sin embargo, cuando esto ocurra el banco consignatario deberá dejar constancia en el reverso del cheque de la cuenta de la entidad pública a la cual ha sido abonado el importe respectivo.

Art. 3º

Las únicas personas autorizadas para celebrar contratos de cuenta corriente bancaria a nombre de las entidades públicas son su representante legal o jefe de la entidad respectiva y en su defecto las personas en quienes éstos deleguen, previo visto bueno de la Tesorería General de la República o las tesorerías departamentales o municipales según el caso. Las cuentas corrientes bancarias de las entidades públicas deberán ser abiertas y mantenidas con el lleno de los requisitos legales y reglamentarios establecidos o que establezcan las autoridades fiscalizadoras del orden nacional, departamental o municipal, en forma tal, que ningún establecimiento bancario podrá abrir cuenta alguna sin el previo cumplimiento de tales requisitos.

Art. 4º

Los funcionarios de las entidades públicas encargadas de recibir los pagos que violaren las disposiciones de la presente Ley, serán destituidos del cargo, sin perjuicio de las sanciones penales correspondientes y de la responsabilidad civil ante la entidad respectiva por los daños causados con su conducta.

Art. 5º

Los establecimientos bancarios que pagaren o negociaren o en cualquier forma violaren lo prescrito en esta Ley, responderán en su totalidad por el pago irregular y sus empleados responsables quedarán sometidos a las sanciones legales y reglamentarias del caso.

Art. 6º

Esta Ley rige a partir de la fecha de su promulgación.

DECRETO 1154 DE 1984
POR EL CUAL SE REGLAMENTA EL ARTÍCULO 376 DEL CÓDIGO DE COMERCIO

El Presidente de la República de Colombia,
en ejercicio de las atribuciones que le confiere el ordinal 3° del artículo 120 de la Constitución Nacional y el artículo 2035 del Código de Comercio,

DECRETA:

Artículo 1°

Para los efectos del artículo 376 del Código de Comercio, las sociedades por acciones deberán inscribir en el registro mercantil, los aumentos del capital suscrito, dentro del mes siguiente al vencimiento de la oferta para suscribir. Así mismo deberá, registrarse en monto del capital pagado, dentro del mes siguiente aumento del plazo para el pago de las acciones suscritas o al término de la oferta de suscripción, según se trate. Para tal fin se inscribirá en la cámara de comercio con jurisdicción en el lugar del domicilio principal de la sociedad, una certificación suscrita por el revisor fiscal.

Artículo 2°

El presente decreto rige a partir de la fecha de su publicación en el Diario Oficial.

DECRETO 2153 DE 1992 POR EL CUAL SE REESTRUCTURA LA SUPERINTENDENCIA DE INDUSTRIA Y COMERCIO Y SE DICTAN OTRAS DISPOSICIONES

(...)

Art. 4º. FUNCIONES DEL SUPERINTENDENTE DE INDUSTRIA Y COMERCIO

Al Superintendente de Industria y Comercio, como jefe del organismo, le corresponde el ejercicio de las siguientes funciones:

(...)

15. Modificado por el artículo 25 de la Ley 1340 de 2009. Por violación de cualquiera de las disposiciones sobre protección de la competencia, incluidas la omisión en acatar en debida forma las solicitudes de información, (órdenes e instrucciones que imparta), la obstrucción de las investigaciones, (el incumplimiento de las obligaciones de informar una operación de integración empresarial o las derivadas de su aprobación bajo condiciones) o de la terminación de una investigación por aceptación de garantías, imponer, por cada violación y a cada infractor, multas a favor de la Superintendencia de Industria y Comercio hasta por la suma de 100.000 salarios mínimos mensuales vigentes o, si resulta ser mayor, hasta por el 150% de la utilidad derivada de la conducta por parte del infractor.

NOTA: Las expresiones entre paréntesis fueron declarada exequibles por la Corte Constitucional en la Sentencia C-228 de 2010.

16. Modificado por el artículo 26 de la Ley 1340 de 2009. Imponer a cualquier persona que colabore, facilite, autorice, ejecute o tolere conductas violatorias de las normas sobre protección de la competencia a que se refiere la Ley 155 de 1959, el Decreto 2153 de 1992 y normas que la complementen o modifiquen, multas hasta por el equivalente de dos mil (2.000) salarios mínimos mensuales legales vigentes (al momento de la imposición de la sanción), a favor de la Superintendencia de Industria y Comercio.

NOTA: Las expresiones entre paréntesis fueron declarada exequibles por la Corte Constitucional en la Sentencia C-394 de 2019.

Para efectos de graduar la multa, la Superintendencia de Industria y Comercio tendrá en cuenta los siguientes criterios:

1. La persistencia en la conducta infractora.

2. El impacto que la conducta tenga sobre el mercado.
3. La reiteración de la conducta prohibida.
4. La conducta procesal del investigado, y
5. El grado de participación de la persona implicada.

Parágrafo. Los pagos de las multas que la Superintendencia de Industria y Comercio imponga conforme a este artículo, no podrán ser cubiertos ni asegurados o en general garantizados, directamente o por interpuesta persona, por la persona jurídica a la cual estaba vinculada la persona natural cuando incurrió en la conducta; ni por la matriz o empresas subordinadas de esta; ni por las empresas que pertenezcan al mismo grupo empresarial o estén sujetas al mismo control de aquella.

Art. 11. FUNCIONES ESPECIALES DEL SUPERINTENDENTE DELEGADO PARA LA PROMOCIÓN DE LA COMPETENCIA

(...)

5. Imponer a las personas que ejerzan profesionalmente el comercio, sin estar matriculadas en el registro mercantil, multas hasta el equivalente de diecisiete (17) salarios mínimos mensuales legales vigentes al momento de la imposición de la sanción.

6. Imponer a las Cámaras de Comercio, previas explicaciones, multas hasta el equivalente a ochenta y cinco (85) salarios mínimos mensuales legales vigentes al momento de la imposición de la sanción por infracción a las leyes, a los estatutos o a cualquier otra norma legal a que deben sujetarse, así como por la inobservancia de las órdenes e instrucciones impartidas por la Superintendencia de Industria y Comercio.

NOTA: A partir del 1º de enero de 2022, la referencia a la Superintendencia de Industria y Comercio indicada en este artículo deberá entenderse como Superintendencia de Sociedades, en virtud de lo dispuesto por el artículo 70 de la Ley 2069 de 2020, art. 70.

(...)

Art. 44. ÁMBITOS FUNCIONAL

La Superintendencia de Industria y Comercio continuará ejerciendo las funciones relacionadas con el cumplimiento de las normas sobre promoción de la competencia y prácticas comerciales restrictivas consagradas en la Ley 155 de 1959 y disposiciones complementarias, para lo cual podrá imponer las medidas correspondientes cuando se produzcan actos o acuerdos contrarios a la libre competencia o que constituyan abuso de la posición dominante.

Art. 45. DEFINICIONES

Para el cumplimiento de las funciones a que se refiere el artículo anterior se observarán las siguientes definiciones:

1. Acuerdo: Todo contrato, convenio, concertación, práctica concertada o conscientemente paralela entre dos o más empresas.
2. Acto: Todo comportamiento de quienes ejerzan una actividad económica.
3. Conducta: Todo acto o acuerdo.
4. Control: La posibilidad de influenciar directa o indirectamente la política empresarial, la iniciación o terminación de la actividad de la empresa, la variación de la actividad a la que se dedica la empresa o la disposición de los bienes o derechos esenciales para el desarrollo de la actividad de la empresa.
5. Posición Dominante: La posibilidad de determinar, directa o indirectamente, las condiciones de un mercado.
6. Producto: Todo bien o servicio.

Art. 46. PROHIBICIÓN

En los términos de la Ley 155 de 1959 y del presentes Decreto están prohibidas las conductas que afecten la libre competencia en los mercados, las cuales, en los términos del Código Civil, se consideran de objeto ilícito.

Adicionado por el artículo 2° de la Ley 1340 de 2009. Las disposiciones sobre protección de la competencia abarcan lo relativo a prácticas comerciales restrictivas, esto es acuerdos, actos y abusos de posición de dominio, y el régimen de integraciones empresariales. Lo dispuesto en las normas sobre protección de la competencia se aplicará respecto de todo aquel que desarrolle una actividad económica o afecte o pueda afectar ese desarrollo, independientemente de su forma o naturaleza jurídica y en relación con las conductas que tengan o puedan tener efectos total o parcialmente en los mercados nacionales, (cualquiera sea la actividad o sector económico).

NOTA: Las expresiones entre paréntesis fueron declaradas exequibles por la Corte Constitucional en la Sentencia C-172 de 2014.

Art. 47. ACUERDOS CONTRARIOS A LA LIBRE COMPETENCIA

Para el cumplimiento de las funciones a que se refiere el artículo 44 del presente Decreto se consideran contrarios a la libre competencia, entre otros, los siguientes acuerdos:

1. Los que tengan por objeto o tengan como efecto la fijación directa o indirecta de precios.
2. Los que tengan por objeto o tengan como efecto determinar condiciones de venta o comercialización discriminatoria para con terceros.
3. Los que tengan por objeto o tengan como efecto la repartición de mercados entre productores o entre distribuidores.
4. Los que tengan por objeto o tengan como efecto la asignación de cuotas de producción o de suministro.
5. Los que tengan por objeto o tengan como efecto la asignación, repartición o limitación de fuentes de abastecimiento de insumos productivos.
6. Los que tengan por objeto o tengan como efecto la limitación a los desarrollos técnicos.
7. Los que tengan por objeto o tengan como efecto subordinar el suministro de un producto a la aceptación de obligaciones adicionales que por su naturaleza no constituían el objeto del negocio, sin perjuicio de lo establecido en otras disposiciones.
8. Los que tengan por objeto o tengan como efecto abstenerse de producir un bien o servicio o afectar sus niveles de producción.
9. Los que tengan por objeto la colusión en las licitaciones o concursos o los que tengan como efecto la distribución de adjudicaciones de contratos, distribución de concursos o fijación de términos de las propuestas.
10. Adicionado por el artículo 16 de la Ley 590 de 2000. Los que tengan por objeto o tengan como efecto impedir a terceros el acceso a los mercados o a los canales de comercialización.

Art. 48. ACTOS CONTRARIOS A LA LIBRE COMPETENCIA

Para el cumplimiento de las funciones a que se refiere el artículo 44 del presente decreto, se consideran contrarios a la libre competencia los siguientes actos:

1. Infringir las normas sobre publicidad contenidas en el estatuto de protección al consumidor.
2. Influenciar a una empresa para que incremente los precios de sus productos o servicios o para que desista de su intención de rebajar los precios.

3. Negarse a vender o prestar servicios a una empresa o discriminar en contra de la misma cuando ello pueda entenderse como una retaliación a su política de precios.

4. Inexequible por la Corte Constitucional en la Sentencia C-294 de 2020.

Art. 49. EXCEPCIONES

Para el cumplimiento de las funciones a que se refiere el artículo 44 del presente decreto, no se tendrán como contrarias a la libre competencia las siguientes conductas:

1. Las que tengan por objeto la cooperación en investigaciones y desarrollo de nueva tecnología.

2. Los acuerdos sobre cumplimientos de normas, estándares y medidas no adoptadas como obligatorias por el organismo competente cuando no limiten la entrada de competidores al mercado.

3. Los que se refieran a procedimientos, métodos, sistemas y formas de utilización de facilidades comunes.

Art. 50. ABUSO DE POSICIÓN DOMINANTE

Para el cumplimiento de las funciones a que refiere el artículo 44 del presente decreto, se tendrá en cuenta que, cuando exista posición dominante, constituyen abuso de la misma las siguientes conductas:

1. La disminución de precios por debajo de los costos cuando tengan por objeto eliminar uno o varios competidores o prevenir la entrada o expansión de éstos.

2. La aplicación de condiciones discriminatorias para operaciones equivalentes, que coloquen a un consumidor o proveedor en situación desventajosa frente a otro consumidor o proveedor de condiciones análogas.

3. Los que tengan por objeto o tengan como efecto subordinar el suministro de un producto a la aceptación de obligaciones adicionales, que por su naturaleza no constituían el objeto del negocio, sin perjuicio de lo establecido por otras disposiciones.

4. La venta a un comprador en condiciones diferentes de las que se ofrecen a otro comprador cuando sea con la intención de disminuir o eliminar la competencia en el mercado.

5. Vender o prestar servicios en alguna parte del territorio colombiano a un precio diferente de aquel al que se ofrece en otra parte del territorio colombiano,

cuando la intención o el efecto de la práctica sea disminuir o eliminar la competencia en esa parte del país y el precio no corresponda a la estructura de costos de la transacción.

6. Adicionado por el artículo 16 de la Ley 590 de 2000. Obstruir o impedir a terceros, el acceso a los mercados o a los canales de comercialización.

7. Inexequible por la Corte Constitucional en la Sentencia C-294 de 2020.

Art. 51. INTEGRACIÓN DE EMPRESAS

Modificado por el artículo 12 de la Ley 1340 de 2009. La autoridad nacional de competencia podrá no objetar una integración empresarial si los interesados demuestran dentro del proceso respectivo, con estudios fundamentados en metodologías de reconocido valor técnico que los efectos benéficos de la operación para los consumidores exceden el posible impacto negativo sobre la competencia y que tales efectos no pueden alcanzarse por otros medios.

En este evento deberá acompañarse el compromiso de que los efectos benéficos serán trasladados a los consumidores.

La Superintendencia de Industria y Comercio podrá abstenerse objetar una integración cuando independiente de la participación en el mercado nacional de la empresa integrada, las condiciones del mercado externo garanticen la libre competencia en el territorio nacional.

Parágrafo 1°. Cuando quiera que la autoridad de competencia se abstenga de objetar una operación de integración empresarial con sustento en la aplicación de la excepción de eficiencia, la autorización se considerará condicionada al comportamiento de los interesados, el cual debe ser consistente con los argumentos, estudios, pruebas y compromisos presentados para solicitar la aplicación de la excepción de eficiencia. La autoridad podrá exigir el otorgamiento de garantías que respalden la seriedad y el cumplimiento de los compromisos así adquiridos.

Parágrafo 2°. En desarrollo de la función prevista en el número 21 del artículo 2° del Decreto 2153 de 1992, la autoridad de competencia podrá expedir las instrucciones que especifiquen los elementos que tendrá en cuenta para el análisis y la valoración de los estudios presentados por los interesados.

NOTA: Esta norma fue declarada exequible por la Corte Constitucional en la Sentencia C-228 de 2010.

Art. 52. PROCEDIMIENTO

Modificado por el artículo 155 del Decreto 19 de 2012. Para determinar si existe una infracción a las normas de promoción a la competencia y prácticas comerciales restrictivas a que se refiere este decreto, la Superintendencia de Industria y Comercio deberá iniciar actuación de oficio o por su solicitud de un tercero y en caso de considerarla admisible y prioritaria, adelantar una averiguación preliminar, cuyo resultado determinará la necesidad de realizar una investigación.

Cuando se ordene abrir una investigación, se notificará personalmente al investigado para que en los veinte (20) días hábiles siguientes solicite o aporte las pruebas que pretenda hacer valer. Durante la investigación se practicarán las pruebas solicitadas y las que el Superintendente Delegado para la Protección de la Competencia considere procedentes.

Instruida la investigación el Superintendente Delegado para la Protección de la Competencia citará, por una sola vez, a una audiencia dónde los investigados y terceros reconocidos dentro del trámite presentarán de manera verbal los argumentos que pretendan hacer valer respecto de la investigación. La inasistencia a dicha audiencia no será considerada indicio alguno de responsabilidad.

Una vez se ha desarrollado la audiencia verbal, el Superintendente Delegado presentará ante el Superintendente de Industria y Comercio un informe motivado respecto de si ha habido una infracción. De dicho informe se correrá traslado por veinte (20) días hábiles al investigado y a los terceros interesados reconocidos durante el trámite.

Si la recomendación del informe motivado considera que no se cometió infracción alguna, el Superintendente de Industria y Comercio podrá acoger integralmente los argumentos del informe motivado mediante acto administrativo sumariamente sustentado.

Durante el curso de la investigación, el Superintendente de Industria y Comercio podrá ordenar la clausura de la investigación cuando a su juicio el presunto infractor brinde garantías suficientes de que suspenderá o modificará la conducta por la cual se le investiga.

En lo no previsto en este artículo se aplicará el Código Contencioso Administrativo.

Parágrafo 1°. *Modificado por el parágrafo del artículo 19 de la Ley 1340 de 2009*. Para que una investigación por violación a las normas sobre prácticas comerciales restrictivas pueda terminarse anticipadamente por otorgamiento de garantías, se requerirá que el investigado presente su ofrecimiento antes del vencimiento del término concedido por la Superintendencia de Industria y Comercio para solicitar o aportar pruebas. Antes de la aceptación o rechazo de dicha solicitud, la Superintendencia de Industria y Comercio podrá solicitar aclaraciones sobre el ofrecimiento de garantías. Si se aceptaren las garantías, en el mismo acto administrativo por el que se ordene la clausura de la investigación la Superintendencia de Industria y Comercio señalará las condiciones en que verificará la continuidad del cumplimiento de las obligaciones adquiridas por los investigados.

El incumplimiento de las obligaciones derivadas de la aceptación de las garantías de que trata este artículo se considera una infracción a las normas de protección de la competencia y dará lugar a las sanciones previstas en la ley previa solicitud de las explicaciones requeridas por la Superintendencia de Industria y Comercio.

NOTA: Donde se hace referencia al Código Contencioso Administrativo debe leerse Código de Procedimiento Administrativo y de lo Contencioso Administrativo.

CAPÍTULO VI
DISPOSICIONES VARIAS

Art. 53. SUPRESIÓN DE FUNCIONES

Suprímanse las funciones previstas en la Ley 56 de 1985, en el Decreto 1919 de 1986, y en el Decreto 1816 de 1990, en tanto sean de competencia de la Superintendencia de Industria y Comercio. Las autoridades en quienes, con anterioridad a la expedición del presente decreto, hayan sido delegadas dichas funciones continuarán ejerciéndolas.

Suprímanse las funciones asignadas al Consejo de Política Económica y Planeación establecidas en la Ley 155 de 1959 y aquellas asignadas al Departamento Administrativo de Planeación establecidas en el Decreto 1302 de 1969.

Art. 54. PROCEDIMIENTOS

Sin perjuicio de las disposiciones especiales en materia de propiedad industrial y lo previsto en el presente Decreto, las actuaciones que adelante la Superintendencia de Industria y Comercio se tramitarán de acuerdo con los principios y el procedimiento establecido en el Código Contencioso Administrativo.

LEY 190 DE 1995
POR LA CUAL SE DICTAN NORMAS TENDIENTES A PRESERVAR LA MORALIDAD EN LA ADMINISTRACIÓN PÚBLICA Y SE FIJAN DISPOSICIONES CON EL FIN DE ERRADICAR LA CORRUPCIÓN ADMINISTRATIVA

(...)

Art. 44

Las autoridades judiciales podrán levantar el velo corporativo de las personas jurídicas cuando fuere necesario determinar el verdadero beneficiario de las actividades adelantadas por ésta.

(...)

LEY 222 DE 1995
POR LA CUAL SE MODIFICA EL LIBRO II DEL CÓDIGO DE COMERCIO, SE EXPIDE UN NUEVO RÉGIMEN DE PROCESOS CONCURSALES Y SE DICTAN OTRAS DISPOSICIONES

TÍTULO I
RÉGIMEN DE SOCIEDADES

CAPÍTULO I
DISPOSICIONES GENERALES

Art. 1º. SOCIEDAD COMERCIAL Y ÁMBITO DE APLICACIÓN DE ESTA LEY

NOTA: Incorporado en el artículo 100 del Código de Comercio.

Art. 2º. CAPACIDAD DE LOS SOCIOS

NOTA: Incorporado en el artículo 100 del Código de Comercio.

CAPÍTULO II
ESCISIÓN

Art. 3º. MODALIDADES

Habrá escisión cuando:

1. Una sociedad sin disolverse, transfiere en bloque una o varias partes de su patrimonio a una o más sociedades existentes o las destina a la creación de una o varias sociedades.

2. Una sociedad se disuelve sin liquidarse, dividiendo su patrimonio en dos o más partes, que se transfieren a varias sociedades existentes o se destinan a la creación de nuevas sociedades.

La sociedad o sociedades destinatarias de las transferencias resultantes de la escisión, se denominarán sociedades beneficiarias.

Los socios de la sociedad escindida participarán en el capital de las Sociedades beneficiarias en la misma proporción que tengan en aquélla, salvo que por unanimidad de las acciones, cuotas sociales o partes de interés representadas en la asamblea o junta de socios de la escindente, se apruebe una participación diferente.

Art. 4°. PROYECTO DE ESCISIÓN

El proyecto de escisión deberá ser aprobado por la junta de socios o asamblea general de accionistas de la sociedad que se escinde. Cuando en el proceso de escisión participen sociedades beneficiarias ya existentes se requerirá además, la aprobación de la asamblea o junta de cada una de ellas. La decisión respectiva se adoptará con la mayoría prevista en la ley o en los estatutos para las reformas estatutarias.

El proyecto de escisión deberá contener por lo menos las siguientes especificaciones:

1. Los motivos de la escisión y las condiciones en que se realizará.
2. El nombre de las sociedades que participen en la escisión.
3. En el caso de creación de nuevas sociedades, los estatutos de la misma.
4. La discriminación y valoración de los activos y pasivos que se integran al patrimonio de la sociedad o sociedades beneficiarias.
5. El reparto entre los socios de la sociedad escindente, de las cuotas, acciones o partes de interés que les corresponderán en las sociedades beneficiarias, con explicación de los métodos de evaluación utilizados.
6. La opción que se ofrecerá a los tenedores de bonos.
7. Estados financieros de las sociedades que participen en el proceso de escisión debidamente certificados y acompañados de un dictamen emitido por el revisor fiscal y en su defecto por contador público independiente.
8. La fecha a partir de la cual las operaciones de las sociedades que se disuelven habrán de considerarse realizadas para efectos contables, por cuenta de la sociedad o sociedades absorbentes. Dicha estipulación sólo produce efectos entre las sociedades participantes en la escisión y entre los respectivos socios.

Art. 5°. PUBLICIDAD

Los representantes legales de las sociedades que intervienen en el proceso de escisión publicarán en un diario de amplia circulación nacional y en un diario de amplia circulación en el domicilio social de cada una de las sociedades participantes, un aviso que contendrá los requerimientos previstos en el artículo 174 del Código de Comercio.

Adicionalmente, el representante legal de cada sociedad participante comunicará el acuerdo de escisión a los acreedores sociales, mediante telegrama o por cualquier otro medio que produzca efectos similares.

Art. 6º. DERECHOS DE LOS ACREEDORES

Los acreedores de las sociedades que participen en la escisión, que sean titulares de deudas adquiridas con anterioridad a la publicación a que se refiere el artículo anterior, podrán, dentro de los treinta días siguientes a la fecha del último aviso, exigir garantías satisfactorias y suficientes para el pago de sus créditos, siempre que no dispongan de dichas garantías. La solicitud se tramitará en la misma forma y producirá los mismos efectos previstos para la fusión.

Lo dispuesto en el presente artículo no procederá cuando como resultado de la escisión los activos de la sociedad escindente y de las beneficiarias, según el caso, representen por lo menos el doble del pasivo externo.

Parágrafo. Para efecto de lo dispuesto en el presente artículo los administradores de la sociedad escindente tendrán a disposición de los acreedores el proyecto de escisión, durante el término en que puede ejercerse el derecho de oposición.

Art. 7º. DERECHOS DE LOS TENEDORES DE BONOS

Los tenedores de bonos de las sociedades participantes en la escisión tendrán los derechos previstos en las disposiciones expedidas al respecto por la Sala General de la Superintendencia de Valores. Igualmente tendrán el derecho de información previsto en el presente capítulo.

NOTA: Donde dice Sala General de la Superintendencia de Valores debe entenderse Superintendencia Financiera.

Art. 8º. PERFECCIONAMIENTO DE LA ESCISIÓN

El acuerdo de escisión deberá constar en escritura pública, que contendrá, además, los estatutos de las nuevas sociedades o las reformas que se introducen a los estatutos de las sociedades existentes. Dicha escritura será otorgada únicamente por los representantes legales de estas últimas. En ella, deberán protocolizarse los siguientes documentos:

1. El permiso para la escisión en los casos en que de acuerdo con las normas sobre prácticas comerciales restrictivas, fuere necesario.
2. El acta o actas en que conste el acuerdo de escisión.
3. La autorización para la escisión por parte de la entidad de vigilancia en caso de que en ella participen una o más sociedades sujetas a tal vigilancia.
4. Los estados financieros certificados y dictaminados, de cada una de las sociedades participantes, que hayan servido de base para la escisión.

Copia de la escritura de escisión se registrará en la cámara de comercio correspondiente al domicilio social de cada una de las sociedades participantes en el proceso de escisión.

Art. 9º. EFECTOS DE LA ESCISIÓN

Una vez inscrita en el registro mercantil la escritura a que se refiere el artículo anterior, operará, entre las sociedades intervinientes en la escisión y frente a terceros la transferencia en bloque de los activos y pasivos de la sociedad escindente a las beneficiarias, sin perjuicio de lo previsto en materia contable.

Para las modificaciones del derecho de dominio sobre inmuebles y demás bienes sujetos a registro bastará con enumerarlos en la respectiva escritura de escisión, indicando el número de folio de matrícula inmobiliaria o el dato que identifique el registro del bien o derecho respectivo. Con la sola presentación de la escritura de escisión deberá procederse al registro correspondiente.

Cuando disuelta la sociedad escindente, alguno de sus activos no fuere atribuido en el acuerdo de escisión a ninguna de las sociedades beneficiarias, se repartirá entre ellas en proporción al activo que les fue adjudicado.

A partir de la inscripción en el registro mercantil de la escritura de escisión, la sociedad o sociedades beneficiarias asumirán las obligaciones que les correspondan en el acuerdo de escisión y adquirirán los derechos y privilegios inherentes a la parte patrimonial que se les hubiera, transferido. Así mismo, la sociedad escindente, cuando se disolviera, se entenderá liquidada.

Art. 10. RESPONSABILIDAD

Cuando una sociedad beneficiaria incumpla alguna de las obligaciones que asumió por la escisión o lo haga la escindente respecto de obligaciones anteriores a la misma, las demás sociedades participantes responderán solidariamente por el cumplimiento de la respectiva obligación. En este caso, la responsabilidad se limitará a los activos netos que les hubieren correspondido en el acuerdo de escisión.

En caso de disolución de la sociedad escindente y sin perjuicio de lo dispuesto en materia tributaria, si alguno de los pasivos de la misma no fuere atribuido especialmente a alguna de las sociedades beneficiarias, éstas responderán solidariamente por la correspondiente obligación.

Art. 11. NORMAS APLICABLES A LA FUSIÓN

En los casos de fusión, se aplicará, además de lo consagrado en el Código de Comercio, lo dispuesto en el inciso segundo del artículo 5° de esta Ley.

CAPÍTULO III
DERECHO DE RETIRO

Art. 12. EJERCICIO DEL DERECHO DE RETIRO

Cuando la transformación, fusión o escisión impongan a los socios una mayor responsabilidad o impliquen una desmejora de sus derechos patrimoniales, los socios ausentes o disidentes tendrán derecho a retirarse de la sociedad.

En las sociedades por acciones también procederá el ejercicio de este derecho en los casos de cancelación voluntaria de la inscripción en el Registro Nacional de Valores o en bolsa de valores.

Parágrafo. Para efectos de lo dispuesto en el presente artículo se entenderá que existe desmejora de los derechos patrimoniales de los socios, entre otros, en los siguientes casos:

1. Cuando se disminuya el porcentaje de participación del socio en el capital de la sociedad.
2. Cuando se disminuya el valor patrimonial de la acción, cuota o parte de interés o se reduzca el valor nominal de la acción o cuota, siempre que en este caso se produzca una disminución de capital.
3. Cuando se limite o disminuya la negociabilidad de la acción.

NOTA1: El Registro Nacional de Valores actualmente se denomina Registro Nacional de Valores y Emisores.

Art. 13. PUBLICIDAD

El proyecto de escisión, fusión o las bases de la transformación deberán mantenerse a disposición de los socios en las oficinas donde funcione la administración de la sociedad en el domicilio principal, por lo menos con 15 días hábiles de antelación a la reunión en la que vaya a ser considerada la propuesta respectiva. En la convocatoria a dicha reunión, deberá incluirse dentro del orden del día el punto referente a la escisión, fusión, transformación o cancelación de la inscripción e indicar expresamente la posibilidad que tienen los socios de ejercer el derecho de retiro.

La omisión de cualquiera de los requisitos previstos en el presente artículo, hará ineficaces las decisiones relacionadas con los referidos temas.

Art. 14. EJERCICIO DEL DERECHO DE RETIRO Y EFECTOS

Los socios ausentes o disidentes podrán ejercer el derecho de retiro dentro de los ocho días siguientes a la fecha en que se adoptó la respectiva decisión. La manifestación de retiro del socio se comunicará por escrito al representante legal.

El retiro produce efectos frente a la sociedad desde el momento en que se reciba la comunicación escrita del socio y frente a terceros desde su inscripción en el registro mercantil o en el libro de registro de accionistas. Para que proceda el registro bastará la comunicación del representante legal o del socio que ejerce el derecho de retiro.

Salvo pacto arbitral, en caso de discrepancia sobre la existencia de la causal de retiro, el trámite correspondiente se adelantará ante la entidad estatal encargada de ejercer la inspección, vigilancia o control.

Si la asamblea de accionistas o junta de socios, dentro de los sesenta días siguientes a la adopción de la decisión, la revoca, caduca el derecho de receso a los socios que lo ejercieron, readquieren sus derechos, retrotrayéndose los de naturaleza patrimonial al momento en que se notificó el retiro al representante legal.

Art. 15. OPCIÓN DE COMPRA

Dentro de los cinco días siguientes a la notificación del retiro, la sociedad ofrecerá las acciones, cuotas o partes de interés a los demás socios para que éstos las adquieran dentro de los quince días siguientes, a prorrata de su participación en el capital social. Cuando los socios no adquieran la totalidad de las acciones, cuotas o partes de interés, la sociedad, dentro de los cinco días siguientes, las readquirirá siempre que existan utilidades líquidas o reservas constituidas para el efecto. El precio de compra se fijará en la forma prevista en el artículo siguiente.

Art. 16. REEMBOLSO

En los casos en que los socios o la sociedad no adquieran la totalidad de las acciones, cuotas o partes de interés, el retiro dará derecho a quien lo ejerza a exigir el reembolso de las cuotas, acciones o partes de interés restantes. El valor correspondiente se calculará de común acuerdo entre las partes. A falta de acuerdo, el avalúo se hará por peritos (~~designados por la cámara de comercio del domicilio social~~). Dicho avalúo será obligatorio. En los estatutos podrán fijarse métodos diferentes para establecer el valor del reembolso.

Salvo pacto en contrario, el reembolso deberá realizarse dentro de los dos meses siguientes al acuerdo o al dictamen pericial. Sin embargo, si la sociedad demuestra que el reembolso dentro de dicho término afectará su estabilidad económica, podrá solicitar a la entidad estatal que ejerza la inspección, vigilancia o control, que establezca plazos adicionales no superiores a un año. Durante el plazo adicional se causarán intereses a la tasa corriente bancaria.

Dentro de los dos meses siguientes a la adopción de la decisión respectiva, la entidad que ejerza la inspección, vigilancia o control, podrá, de oficio o a petición de interesado, determinar la improcedencia del derecho de retiro, cuando establezca que el reembolso afecte sustancialmente la prenda común de los acreedores.

Parágrafo. Sin perjuicio de lo previsto en materia de responsabilidad de los socios colectivos, quienes ejerzan el derecho de retiro en los términos previstos en la ley, responderán en forma subsidiaria y hasta el monto de lo reembolsado, por las obligaciones sociales contraídas hasta la inscripción del retiro en el registro mercantil. Dicha responsabilidad cesará transcurrido un año desde la inscripción del retiro en el registro mercantil.

NOTA: La expresión subrayada fue derogada por el artículo 136 de la Ley 446 de 1998.

Art. 17. NORMAS ESPECIALES

Será ineficaz toda estipulación que despoje a los socios del derecho de retiro o que modifique su ejercicio o lo haga nugatorio. Sin embargo, será válida la renuncia del derecho de retiro, después del nacimiento del mismo. La renuncia opera independientemente para cada causal de retiro.

Lo dispuesto en esta ley en materia de receso, no se aplicará a las sociedades sometidas a la vigilancia y control de la Superintendencia Bancaria.

NOTA: Donde dice Superintendencia Bancaria debe entenderse Superintendencia Financiera.

CAPÍTULO IV
ÓRGANOS SOCIALES

SECCIÓN I. ASAMBLEA O JUNTA DE SOCIOS

Art. 18. REPRESENTACIÓN DE LOS SOCIOS

NOTA: Incorporado en el artículo 184 del Código de Comercio.

Art. 19. REUNIONES NO PRESENCIALES

Siempre que ello se pueda probar, habrá reunión de la junta de socios, de asamblea general de accionistas o de junta directiva cuando por cualquier medio todos los socios o miembros puedan deliberar y decidir por comunicación simultánea o sucesiva. En este último caso, la sucesión de comunicaciones deberá ocurrir de manera inmediata de acuerdo con el medio empleado.

Parágrafo. *Derogado por el Decreto 19 de 2012, art. 148.*

Conc. D. 398 de 2020, art. 1º.

Art. 20. OTRO MECANISMO PARA LA TOMA DE DECISIONES

Serán válidas las decisiones del máximo órgano social o de la junta directiva cuando por escrito, todos los socios o miembros expresen el sentido de su voto. En este evento la mayoría respectiva se computará sobre el total de las partes de interés, cuotas o acciones en circulación o de los miembros de la junta directiva, según el caso. Si los socios o miembros hubieren expresado su voto en documentos separados, éstos deberán recibirse en un término máximo de un mes, contado a partir de la primera comunicación recibida.

El representante legal informará a los socios o miembros de junta el sentido de la decisión, dentro de los cinco días siguientes a la recepción de los documentos en los que se exprese el voto.

Art. 21. ACTAS

En los casos a que se refieren los artículos 19 y 20 precedentes, las actas correspondientes deberán elaborarse y asentarse en el libro respectivo dentro de los treinta días siguientes a aquel en que concluyó el acuerdo. Las actas serán suscritas por el representante legal y el secretario de la sociedad. A falta de este último, serán firmadas por alguno de los asociados o miembros.

Parágrafo. Serán ineficaces las decisiones adoptadas conforme al artículo 19 de esta Ley, cuando alguno de los socios o miembros no participe en la comunicación simultánea o sucesiva. La misma sanción se aplicará a las decisiones adoptadas de acuerdo con el artículo 20, cuando alguno de ellos no exprese el sentido de su voto o se exceda del término de un mes allí señalado.

SECCIÓN II. ADMINISTRADORES

Art. 22. ADMINISTRADORES

Son administradores, el representante legal, el liquidador, el factor, los miembros de juntas o consejos directivos y quienes de acuerdo con los estatutos ejerzan o detenten esas funciones.

Art. 23. DEBERES DE LOS ADMINISTRADORES

Los administradores deben obrar de buena fe, con lealtad y con la diligencia de un buen hombre de negocios. Sus actuaciones se cumplirán en interés de la sociedad, teniendo en cuenta los intereses de sus asociados.

En el cumplimiento de su función los administradores deberán:

1. Realizar los esfuerzos conducentes al adecuado desarrollo del objeto social.

2. Velar por el estricto cumplimiento de las disposiciones legales o estatutarias.

3. Velar porque se permita la adecuada realización de las funciones encomendadas a la revisoría fiscal.

4. Guardar y proteger la reserva comercial e industrial de la sociedad.

5. Abstenerse de utilizar indebidamente información privilegiada.

6. Dar un trato equitativo a todos los socios y respetar el ejercicio del derecho de inspección de todos ellos.

7. Abstenerse de participar por sí o por interpuesta persona en interés personal o de terceros, en actividades que impliquen competencia con la sociedad o en actos respecto de los cuales exista conflicto de intereses, salvo autorización expresa de la junta de socios o asamblea general de accionistas.

En estos casos, el administrador suministrará al órgano social correspondiente toda la información que sea relevante para la toma de la decisión. De la respectiva determinación deberá excluirse el voto del administrador, si fuere socio. En todo caso, la autorización de la junta de socios o asamblea general de accionistas sólo podrá otorgarse cuando el acto no perjudique los intereses de la sociedad.

NOTA: Esta disposición, en materia de conflictos de intereses de los administradores, fue reglamentada por el Decreto 1925 de 2009, que a su vez fue incorporado en los artículos 2.2.2.3.1. a 2.2.2.3.5. del Decreto 1074 de 2015 «Por medio del cual se expide el Decreto Único Reglamentario del Sector Comercio, Industria y Turismo».

Art. 24. RESPONSABILIDAD DE LOS ADMINISTRADORES

NOTA: Incorporado en el artículo 200 del Código de Comercio.

Art. 25. ACCIÓN SOCIAL DE RESPONSABILIDAD

La acción social de responsabilidad contra los administradores corresponde a la compañía, previa decisión de la asamblea general o de la junta de socios, que podrá ser adoptada aunque no conste en el orden del día. En este caso, la convocatoria podrá realizarse por un número de socios que represente por lo menos el veinte por ciento de las acciones, cuotas o partes de interés en que se halle dividido el capital social.

La decisión se tomará por la mitad más una de las acciones, cuotas o partes de interés representadas en la reunión e implicará la remoción del administrador.

Sin embargo, cuando adoptada la decisión por la asamblea o junta de socios, no se inicie la acción social de responsabilidad dentro de los tres meses siguientes, ésta podrá ser ejercida por cualquier administrador, el revisor fiscal o por cualquiera de los socios en interés de la sociedad. En este caso los acreedores que representen por lo menos el cincuenta por ciento del pasivo externo de la sociedad, podrán ejercer la acción social siempre y cuando el patrimonio de la sociedad no sea suficiente para satisfacer sus créditos.

Lo dispuesto en este artículo se entenderá sin perjuicio de los derechos individuales que correspondan a los socios y a terceros.

CAPÍTULO V
MATRICES Y SUBORDINADAS

Art. 26. SUBORDINACIÓN

NOTA: Incorporado en el artículo 260 del Código de Comercio.

Art. 27. PRESUNCIONES DE SUBORDINACIÓN

NOTA: Incorporado en el artículo 261 del Código de Comercio.

Art. 28. GRUPO EMPRESARIAL

Habrá grupo empresarial cuando además del vínculo de subordinación, exista entre las entidades unidad de propósito y dirección.

Se entenderá que existe unidad de propósito y dirección cuando la existencia y actividades de todas las entidades persigan la consecución de un objetivo determinado por la matriz o controlante en virtud de la dirección que ejerce sobre el conjunto, sin perjuicio del desarrollo individual del objeto social o actividad de cada una de ellas.

Corresponderá a la Superintendencia de Sociedades, o en su caso a la de Valores o Bancaria, determinar la existencia del grupo empresarial cuando exista discrepancia sobre los supuestos que lo originan.

NOTA: Donde dice Superintendencia de Valores o Bancaria debe entenderse Superintendencia Financiera.

Art. 29. INFORME ESPECIAL

En los casos de grupo empresarial, tanto los administradores de las sociedades controladas, como los de la controlante, deberán presentar un informe especial a la asamblea o junta de socios, en el que se expresará la intensidad de las relaciones económicas existentes entre la controlante o sus filiales o subsidiarias con la respectiva sociedad controlada.

Dicho informe, que se presentará en las fechas señaladas en los estatutos o la ley para las reuniones ordinarias, deberá dar cuenta, cuando menos, de los siguientes aspectos:

1. Las operaciones de mayor importancia concluidas durante el ejercicio respectivo, de manera directa o indirecta, entre la controlante o sus filiales o subsidiarias con la respectiva sociedad controlada.

2. Las operaciones de mayor importancia concluidas durante el ejercicio respectivo, entre la sociedad controlada y otras entidades, por influencia o en interés de la controlante, así como las operaciones de mayor importancia concluidas durante el ejercicio respectivo, entre la sociedad controlante y otras entidades, en interés de la controlada, y

3. Las decisiones de mayor importancia que la sociedad controlada haya tomado o dejado de tomar por influencia o en interés de la sociedad controlante, así como las decisiones de mayor importancia que la sociedad controlante, haya tomado o dejado de tomar en interés de la sociedad controlada;

La Superintendencia de Sociedades, o en su caso la de Valores o Bancaria, podrá en cualquier tiempo, a solicitud del interesado, constatar la veracidad del contenido del informe especial y si es del caso, adoptar las medidas que fueren pertinentes.

NOTA: Donde dice Superintendencia de Valores o Bancaria debe entenderse Superintendencia Financiera.

Art. 30. OBLIGATORIEDAD DE INSCRIPCIÓN EN EL REGISTRO MERCANTIL

Cuando de conformidad con lo previsto en los artículos 260 y 261 del Código de Comercio, se configure una situación de control, la sociedad controlante lo hará constar en documento privado que deberá contener el nombre, domicilio, nacionalidad y actividad de los vinculados, así como el presupuesto que da lugar a la situación de control. Dicho documento deberá presentarse para su inscripción en el registro mercantil correspondiente a la circunscripción de cada uno de los vinculados, dentro de los treinta días siguientes a la configuración de la situación de control.

Si vencido el plazo a que se refiere el inciso anterior, no se hubiere efectuado la inscripción a que alude este artículo, la Superintendencia de Sociedades, o en su caso la de Valores o Bancaria, de oficio o a solicitud de cualquier interesado, declarará la situación de vinculación y ordenará la inscripción en el registro mercantil, sin perjuicio de la imposición de las multas a que haya lugar por dicha omisión.

En los casos en que se den los supuestos para que exista grupo empresarial se aplicará la presente disposición. No obstante, cumplido el requisito de inscripción del grupo empresarial en el registro mercantil, no será necesaria la inscripción de la situación de control entre las sociedades que lo conforman.

Parágrafo 1°. Las cámaras de comercio estarán obligadas a hacer constar en el certificado de existencia y representación legal la calidad de matriz o subordinada que tenga la sociedad así como su vinculación a un grupo empresarial, de acuerdo con los criterios previstos en la presente ley.

Parágrafo 2°. Toda modificación de la situación de control o del grupo, se inscribirá en el registro mercantil. Cuando dicho requisito se omita, la entidad estatal que ejerza la inspección, vigilancia o control de cualquiera de las vinculadas podrá en los términos señalados en este artículo, ordenar la inscripción correspondiente.

NOTA: Donde dice Superintendencia de Valores o Bancaria debe entenderse Superintendencia Financiera.

Art. 31. COMPROBACIÓN DE OPERACIONES DE SOCIEDADES SUBORDINADAS

NOTA: Incorporado en el artículo 265 del Código de Comercio.

Art. 32. PROHIBICIÓN A SOCIEDADES SUBORDINADAS

NOTA: Incorporado en el artículo 262 del Código de Comercio.

Art. 33. PAGO DEL DIVIDENDO EN ACCIONES O CUOTAS

Al artículo 455 del Código de Comercio se adiciona el siguiente parágrafo:

NOTA: Incorporado en el artículo 455 del Código de Comercio.

CAPÍTULO VI
ESTADOS FINANCIEROS

Art. 34. OBLIGACIÓN DE PREPARAR Y DIFUNDIR ESTADOS FINANCIEROS

A fin de cada ejercicio social y por lo menos una vez al año, el 31 de diciembre, las sociedades deberán cortar sus cuentas y preparar y difundir estados financieros de propósito general, debidamente certificados. Tales estados se difundirán junto con la opinión profesional correspondiente, si ésta existiera.

El Gobierno Nacional podrá establecer casos en los cuales, en atención al volumen de los activos o de ingresos sea admisible la preparación y difusión de estados financieros de propósito general abreviados.

Las entidades gubernamentales que ejerzan inspección, vigilancia o control, podrán exigir la preparación y difusión de estados financieros de períodos intermedios. Estos estados serán idóneos para todos los efectos, salvo para la distribución de utilidades.

Art. 35. ESTADOS FINANCIEROS CONSOLIDADOS

La matriz controlante, además de preparar y presentar estados financieros de propósito general individuales, deben preparar y difundir estados financieros de propósito general consolidados, que presenten la situación financiera, los resultados de las operaciones, los cambios en el patrimonio, así como los flujos de efectivo de la matriz o controlante y sus subordinados o dominados, como si fuesen los de un solo ente.

Los estados financieros de propósito general consolidados deben ser sometidos a consideración de quien sea competente, para su aprobación o improbación.

Las inversiones en subordinadas deben contabilizarse en los libros de la matriz o controlante por el método de participación patrimonial.

Art. 36. NOTAS A LOS ESTADOS FINANCIEROS Y NORMAS DE PREPARACIÓN

Los estados financieros estarán acompañados de sus notas, con las cuales conforman un todo indivisible. Los estados financieros y sus notas se prepararán y presentarán conforme a los principios de contabilidad generalmente aceptados.

Art. 37. ESTADOS FINANCIEROS CERTIFICADOS

El representante legal y el contador público bajo cuya responsabilidad se hubiesen preparado los estados financieros deberán certificar aquellos que se pongan a disposición de los asociados o de terceros. La certificación consiste en declarar que se han verificado previamente las afirmaciones contenidas en ellos, conforme al reglamento, y que las mismas se han tomado fielmente de los libros.

Art. 38. ESTADOS FINANCIEROS DICTAMINADOS

Son dictaminados aquellos estados financieros certificados que se acompañen de la opinión profesional del revisor fiscal o, a falta de éste, del contador público independiente que los hubiere examinado de conformidad con las normas de auditoría generalmente aceptadas.

Estos estados deben ser suscritos por dicho profesional, anteponiendo la expresión «ver la opinión adjunta» u otra similar. El sentido y alcance de su firma será el que se indique en el dictamen correspondiente, (~~que contendrá como mínimo las manifestaciones exigidas por el reglamento~~).

Cuando los estados financieros se presenten conjuntamente con el informe de gestión de los administradores, el revisor fiscal o contador público independiente deberá incluir en su informe su opinión sobre si entre aquéllos y éstos existe la debida concordancia.

NOTA: El texto entre paréntesis fue declarado inexequible por la Corte Constitucional mediante Sentencia C-290 de 1997.

Art. 39. AUTENTICIDAD DE LOS ESTADOS FINANCIEROS Y DE LOS DICTÁMENES

Salvo prueba en contrario, los estados financieros certificados y los dictámenes correspondientes se presumen auténticos.

Art. 40. RECTIFICACIÓN DE LOS ESTADOS FINANCIEROS

Las entidades gubernamentales que ejercen inspección, vigilancia o control, podrán ordenar rectificar los estados financieros o las notas que no se ajusten a las normas legales.

Tratándose de estados financieros de fin de ejercicio, las rectificaciones afectarán el período objeto de revisión, siempre que se notifique dentro del mes siguiente a la fecha en la cual se hayan presentado en forma completa ante la respectiva autoridad. Pasado dicho lapso las rectificaciones se reconocerán en el ejercicio en curso.

Las rectificaciones se darán a conocer al difundir los estados financieros respectivos y, en todo caso, en la forma y plazo que determine la respectiva entidad gubernamental.

La orden de rectificación solo tendrá efectos cuando la entidad gubernamental que ejerce inspección, vigilancia o control haya resuelto expresamente los recursos a que hubiere lugar, si es que éstos se interpusieron.

Art. 41. PUBLICIDAD DE LOS ESTADOS FINANCIEROS

Dentro del mes siguiente a la fecha en la cual sean aprobados, se depositará copia de los estados financieros de propósito general, junto con sus notas y el dictamen correspondiente, si lo hubiere, en la cámara de comercio del domicilio social. Esta expedirá copia de tales documentos a quienes lo soliciten y paguen los costos correspondientes.

Sin embargo, las entidades gubernamentales que ejerzan la inspección, vigilancia o control podrán establecer casos en los cuales no se exija depósito o se requiera un medio de publicidad adicional. También podrán ordenar la publicidad de los estados financieros intermedios.

La cámara de comercio deberá conservar, por cualquier medio, los documentos mencionados en este artículo por el término de cinco años.

Adicionado por el Decreto 19 de 2012, art. 150. Cuando los estados financieros se depositen en la Superintendencia de Sociedades, no tendrán que ser depositados en las cámaras de comercio. La Superintendencia de Sociedades asegurará los mecanismos necesarios para garantizar el acceso a la información que no tenga carácter reservado. La cámara de comercio deberá conservar, por cualquier medio, los documentos mencionados en este artículo por el término de cinco años.

Art. 42. AUSENCIA DE ESTADOS FINANCIEROS

Sin perjuicio de las sanciones a que haya lugar, cuando sin justa causa una sociedad se abstuviera de preparar o difundir estados financieros estando obligada a ello, los terceros podrán aducir cualquier otro medio de prueba aceptado por la ley.

Los administradores y el revisor fiscal, responderán por los perjuicios que causen a la sociedad, a los socios o a terceros por la no preparación o difusión de los estados financieros.

Art. 43. RESPONSABILIDAD PENAL

Derogado por la Ley 599 de 2000, art. 474.

NOTA: Esta disposición se encuentra regulada por el artículo 289 del Código Penal, que establece una pena de 16 a 108 meses de prisión para quien falsifique y use documento privado que pueda servir de prueba.

Art. 44. EXPEDICIÓN DE REGLAMENTOS

<Artículo INEXEQUIBLE, salvo los apartes no tachados, ver. La Corte Constitucional en la sentencia C-290-97 deja establecido el nuevo texto de este artículo así:> Corresponde al Gobierno Nacional expedir la reglamentación sobre:

1.- Las normas de auditoría generalmente aceptadas.

2.- Los libros, comprobantes y soportes que deberán elaborarse para servir de fundamento de los estados financieros, así como los requisitos mínimos que deberán cumplir unos y otros.

NOTA: Este artículo fue declarado inexequible parcialmente por la Corte Constitucional mediante la Sentencia C-290 de 1997, quedando vigente la redacción transcrita.

Art. 45. RENDICIÓN DE CUENTAS

Los administradores deberán rendir cuentas comprobadas de su gestión al final de cada ejercicio, dentro del mes siguiente a la fecha en la cual se retiren de su cargo y cuando se las exija el órgano que sea competente para ello. Para tal efecto presentarán los estados financieros que fueren pertinentes, junto con un informe de gestión.

La aprobación de las cuentas no exonerará de responsabilidad a los administradores, representantes legales, contadores públicos, empleados, asesores o revisores fiscales.

Art. 46. RENDICIÓN DE CUENTAS AL FIN DE EJERCICIO

Terminado cada ejercicio contable, en la oportunidad prevista en la ley o en los estatutos, los administradores deberán presentar a la asamblea o junta de socios para su aprobación o improbación, los siguientes documentos:

1. Un informe de gestión.
2. Los estados financieros de propósito general, junto con sus notas, cortados a fin del respectivo ejercicio.
3. Un proyecto de distribución de las utilidades repartibles.

Así mismo presentarán los dictámenes sobre los estados financieros y los demás informes emitidos por el revisor fiscal o por contador público independiente.

Art. 47. INFORME DE GESTIÓN

Modificado por la Ley 603 de 2000, art. 1°. El informe de gestión deberá contener una exposición fiel sobre la evolución de los negocios y la situación económica, administrativa y jurídica de la sociedad.

El informe deberá incluir igualmente indicaciones sobre:

1. Los acontecimientos importantes acaecidos después del ejercicio.
2. La evolución previsible de la sociedad.

3. Las operaciones celebradas con los socios y con los administradores.

4. El estado de cumplimiento de las normas sobre propiedad intelectual y derechos de autor por parte de la sociedad.

El informe deberá ser aprobado por la mayoría de votos de quienes deban presentarlo. A él se adjuntarán las explicaciones o salvedades de quienes no lo compartieren.

Art. 48. DERECHO DE INSPECCIÓN

Los socios podrán ejercer el derecho de inspección sobre los libros y papeles de la sociedad, en los términos establecidos en la ley, en las oficinas de la administración que funcionen en el domicilio principal de la sociedad. En ningún caso, este derecho se extenderá a los documentos que versen sobre secretos industriales o cuando se trate de datos que de ser divulgados, puedan ser utilizados en detrimento de la sociedad.

Las controversias que se susciten en relación con el derecho de inspección serán resueltas por la entidad que ejerza la inspección, vigilancia o control. En caso de que la autoridad considere que hay lugar al suministro de información, impartirá la orden respectiva.

Los administradores que impidieren el ejercicio del derecho de inspección o el revisor fiscal que conociendo de aquel incumplimiento se abstuviera de denunciarlo oportunamente, incurrirán en causal de remoción. La medida deberá hacerse efectiva por la persona u órgano competente para ello o, en subsidio, por la entidad gubernamental que ejerza la inspección, vigilancia o control del ente.

CAPÍTULO VII
SOCIEDAD ANÓNIMA

SECCIÓN I. CONSTITUCIÓN DE LA SOCIEDAD

Art. 49. CONSTITUCIÓN DE LA SOCIEDAD

La sociedad anónima podrá constituirse por acto único o por suscripción sucesiva, sin perjuicio de las normas que regulen lo referente a la oferta pública.

SECCIÓN II. CONSTITUCIÓN POR SUSCRIPCIÓN SUCESIVA

Art. 50. PROCEDIMIENTO PARA LA CONSTITUCIÓN POR SUSCRIPCIÓN SUCESIVA

En la constitución por suscripción sucesiva, los promotores elaborarán el programa de fundación junto con el folleto informativo de promoción de las acciones objeto de la oferta.

El programa de fundación será suscrito por todos los promotores.

El folleto informativo deberá ser suscrito además, por los representantes de las entidades que se encarguen de la colocación de la emisión o del manejo de los recursos provenientes de la suscripción.

El programa de fundación y el folleto informativo se inscribirán en la cámara de comercio correspondiente al lugar donde se vaya a establecer el domicilio principal de la sociedad.

Art. 51. CONTENIDO DEL PROGRAMA DE FUNDACIÓN

El programa de fundación contendrá, por lo menos, las siguientes estipulaciones:

1. El nombre, nacionalidad, identificación y domicilio de todos los promotores.
2. El proyecto de los estatutos.
3. El número, clase y valor nominal de las acciones.
4. El monto mínimo al que deberá ascender el capital suscrito, el número de emisiones, el plazo, y demás condiciones para la suscripción de acciones y el nombre de la entidad donde los suscriptores deben pagar la suma de dinero que están obligados a entregar para suscribirlas.
5. Cuando se proyecten aportes en especie, se indicarán las características que deberán tener y las condiciones para su recibo.
6. La forma de hacer la convocatoria para la asamblea general constitutiva y las reglas conforme a las cuales deba celebrarse.
7. La participación concedida a los promotores, si fuere el caso.
8. La forma como deberán manejarse los rendimientos provenientes del capital aportado y los gastos en que incurran los promotores.

Art. 52. CONTENIDO DEL CONTRATO DE SUSCRIPCIÓN

El contrato de suscripción constará por escrito y contendrá por lo menos, las siguientes especificaciones:

1. El nombre, nacionalidad, domicilio e identificación del suscriptor.
2. El nombre y domicilio de la futura sociedad.
3. El número, naturaleza y valor nominal de las acciones que suscribe.
4. La forma y condiciones en que el suscriptor se obliga a pagar.
5. Cuando las acciones hayan de pagarse con aportes en especie, la determinación de éstos.
6. La declaración expresa de que el suscriptor conoce y acepta el programa de fundación.
7. La fecha de suscripción y firma del suscriptor.

Art. 53. FORMA Y ÉPOCA DE PAGO DEL VALOR SUSCRITO

Los suscriptores depositarán en la entidad designada en el programa de fundación, las sumas de dinero que se hubieren obligado a desembolsar. En caso que el pago sea por instalamentos, se cubrirá por lo menos la tercera parte del valor de cada acción suscrita; el plazo para el pago total de las cuotas pendientes no excederá de un año contado desde la fecha de suscripción.

Si los suscriptores incumplieren las obligaciones a que alude el inciso anterior, los promotores podrán exigir judicialmente el cumplimiento o imputar las sumas recibidas a la liberación del número de acciones que correspondan a las cuotas pagadas.

Art. 54. RESOLUCIÓN DE CONTRATOS

Si no se ha previsto en el programa de fundación la posibilidad de constituir la sociedad con un monto inferior al anunciado y la suscripción no se cubre en su totalidad dentro del plazo previsto, los contratos de suscripción se resolverán de pleno derecho y la entidad respectiva, reintegrará la totalidad depositada a cada suscriptor, junto con los rendimientos que le correspondieren, dentro de los diez días siguientes al vencimiento del plazo.

Lo dispuesto en este artículo se aplicará cuando por cualquier motivo no se constituya la sociedad, sin perjuicio de la responsabilidad a que haya lugar. En tal caso, el plazo para reintegrar lo depositado se contará desde cuando se informe por los promotores o el representante legal designado, a la entidad respectiva, el fracaso de la suscripción, aviso que deberá darse dentro de los cinco (5) días siguientes a éste.

Art. 55. PROHIBICIÓN DE DISPONER DE LOS APORTES

No podrá disponerse de los aportes mientras no se otorgue la escritura pública de constitución de la sociedad, salvo para cubrir los gastos necesarios para su constitución.

Art. 56. CONVOCATORIA A ASAMBLEA GENERAL CONSTITUYENTE

Cumplido el proceso de suscripción, los promotores, dentro de los quince días siguientes, convocarán a la asamblea general constituyente en la forma y plazo previstos en el programa de fundación.

Si se convoca la asamblea y ésta no se lleva a cabo por falta de quórum, se citará a una nueva reunión deberá efectuarse no antes de los diez días ni después de los treinta, contados desde la fecha fijada para la primera reunión. Si la segunda reunión tampoco se celebra por falta de quórum, se dará por terminado el proceso de constitución y se aplicará lo dispuesto para el caso del fracaso de la suscripción.

Art. 57. DECISIONES

En la asamblea constituyente cada suscrito tendrá tantos votos como acciones haya suscrito.

Las decisiones se tomarán por un número plural de suscriptores que represente, por lo menos, la mayoría absoluta de las acciones suscritas.

En caso de que existan aportes en especie, los interesados no podrán votar los acuerdos que deban aprobarlos. En este evento, la mayoría se formará con los votos de las acciones restantes.

Art. 58. TEMARIO DE LA REUNIÓN

La asamblea general constituyente decidirá sobre los siguientes temas:

1. Aprobación de la gestión realizada por los promotores.
2. Aprobación de los estatutos.

3. Examinar y en su caso aprobar el avalúo de los aportes en especie, si los hubiere.

4. Designación de representante legal, junta directiva y revisor fiscal.

Los promotores que también fueren suscriptores no podrán votar el punto primero.

Parágrafo. Si en la asamblea general constitutiva se cambian las actividades principales previstas en el objeto social, los suscriptores ausentes o disidentes podrán retirarse dentro de los quince días siguientes a la celebración de la asamblea, comunicando dicha decisión por escrito al representante legal designado por la asamblea constitutiva. En este evento, el suscriptor podrá pedir la restitución de los aportes con los frutos que hubieren producido, si a ello hubiere lugar.

Para los efectos anteriores, cuando se adopte dicha decisión, el representante legal designado deberá comunicarla inmediatamente a los suscriptores ausentes mediante telegrama u otro medio que produzca efectos similares.

Si como consecuencia de lo dispuesto en el presente parágrafo se disminuye el capital previsto para la constitución de la sociedad, ésta podrá formalizarse siempre y cuando la decisión sea aprobada por un número de suscriptores que representen no menos de la mitad más una de las acciones suscritas restantes.

En caso contrario, se entenderá fracasada la suscripción.

Art. 59. FORMALIZACIÓN DE LA CONSTITUCIÓN Y RESPONSABILIDAD DE LOS PROMOTORES

Si dentro de los seis meses siguientes a la celebración de la asamblea, no se ha otorgado la escritura de constitución, los suscriptores podrán exigir la restitución de los aportes junto con los frutos que hubieren producido, sin perjuicio de la responsabilidad en que pueda incurrir el representante legal.

En todo caso, los promotores responderán solidaria e ilimitadamente por las obligaciones contraídas para la constitución de la sociedad, hasta la celebración de la asamblea general constituyente.

Art. 60. INSCRIPCIÓN EN EL REGISTRO MERCANTIL Y EFECTOS

Constituida la sociedad, ésta asumirá las obligaciones contraídas legítimamente por los promotores y restituirá los gastos realizados por éstos, siempre y cuando su gestión haya sido aprobada por la asamblea general constituyente.

Igualmente, asumirá las obligaciones contraídas por el representante legal en cumplimiento de sus deberes.

En ningún caso los suscriptores serán responsables por las obligaciones mencionadas en este artículo.

SECCIÓN III. ACCIONES CON DIVIDENDO PREFERENCIAL Y SIN DERECHO A VOTO

Art. 61. SOCIEDADES QUE PUEDEN EMITIRLAS

Las sociedades por acciones podrán emitir acciones con dividendo preferencial y sin derecho a voto, las cuales tendrán el mismo valor nominal de las acciones ordinarias y no podrán representar más del cincuenta por ciento del capital suscrito.

La emisión se hará cuando así lo decida la asamblea general de accionistas.

Art. 62. APROBACIÓN DEL REGLAMENTO DE SUSCRIPCIÓN

El reglamento de suscripción de acciones con dividendo preferencial y sin derecho a voto deberá ser aprobado por la asamblea general de accionistas, salvo que ésta, al disponer la emisión, delegue tal atribución en la junta directiva.

Art. 63. DERECHOS

Las acciones con dividendo preferencial y sin derecho a voto darán a su titular el derecho a percibir un dividendo mínimo fijado en el reglamento de suscripción y que se pagará de preferencia respecto al que corresponda a las acciones ordinarias; al reembolso preferencial de los aportes una vez pagado el pasivo externo, en caso de disolución de la sociedad; y a los demás derechos previstos para las acciones ordinarias, salvo el de participar en la asamblea de accionistas y votar en ella.

En el reglamento de suscripción podrá conferirse a los titulares de acciones con dividendo preferencial y sin derecho a voto, además de los señalados en el inciso anterior, los siguientes derechos:

1. A participar en igual proporción con las acciones ordinarias de las utilidades distribuirles que queden después de deducir el dividendo mínimo.

2. A participar en igual proporción con las acciones ordinarias de las utilidades distribuibles que queden después de deducir el dividendo mínimo y el correspondiente a las acciones ordinarias, cuyo monto será igual al del dividendo mínimo.

3. A un dividendo mínimo acumulativo hasta por el número de ejercicios sociales que se indique en el reglamento de suscripción.

Parágrafo. No obstante, las acciones con dividendo preferencial y sin derecho a voto darán a sus titulares el derecho a voto, en los siguientes casos:

1. Cuando se trate de aprobar modificaciones que puedan desmejorar las condiciones o derechos fijados para dichas acciones. En este caso, se requerirá el voto favorable del 70% de las acciones en que se encuentre dividido el capital suscrito, incluyendo en dicho porcentaje y en la misma proporción el voto favorable de las acciones con dividendo preferencial y sin derecho a voto.

2. Cuando se va a votar la conversión en acciones ordinarias de las acciones con dividendo preferencial y sin derecho a voto. Para tal efecto, se aplicará la misma mayoría señalada en el numeral anterior.

3. En los demás casos que se señalen en el reglamento de suscripción.

Art. 64. NO PAGO DEL DIVIDENDO

Si al cabo de un ejercicio social, la sociedad no genera utilidades que le permitan cancelar el dividendo mínimo y la Superintendencia de Sociedades o en su caso, la de Valores o Bancaria, de oficio o a solicitud de tenedores de acciones con dividendo preferencial y sin derecho a voto que representen por lo menos el 10% de estas acciones, establezca que se han ocultado o distraído beneficios que disminuyan las utilidades a distribuir, podrá determinar que los titulares de estas acciones participen con voz y voto en la asamblea general de accionistas, hasta tanto se verifique que han desaparecido las irregularidades que dieron lugar a esta medida.

En todo caso se causarán intereses de mora a cargo de la sociedad, por la parte del dividendo mínimo preferencial que no fue oportunamente liquidada en razón de la distracción u ocultamiento de utilidades.

NOTA: Donde dice Superintendencia de Valores o Bancaria debe entenderse Superintendencia Financiera.

Art. 65. TÍTULOS

Además de los requisitos generales, en los títulos de las acciones con dividendo preferencial y sin derecho a voto, deberán indicarse los derechos especiales que ellos confieren.

Art. 66. REGLAMENTACIÓN

Sin perjuicio de lo dispuesto para los casos de oferta pública, el Gobierno Nacional reglamentará todo lo referente a las acciones con dividendo preferencial y sin derecho a voto de que trata esta sección.

SECCIÓN IV. OTRAS DISPOSICIONES

Art. 67. CONVOCATORIA

Sin perjuicio de lo dispuesto en el artículo 424 del Código de Comercio y en el artículo 13 de esta Ley, cuando en las sociedades que negocien sus acciones en el mercado público de valores, se pretenda debatir el aumento del capital autorizado o la disminución del suscrito, deberá incluirse el punto respectivo dentro del orden del día señalado en la convocatoria. La omisión de este requisito hará ineficaz la decisión correspondiente.

En estos casos, los administradores de la sociedad elaborarán un informe sobre los motivos de la propuesta, que deberá quedar a disposición de los accionistas en las oficinas de administración de la sociedad, durante el término de la convocatoria.

Art. 68. CUÓRUM Y MAYORÍAS

La asamblea deliberará con un número plural de socios que represente, por lo menos, la mitad más una de las acciones suscritas, salvo que en los estatutos se pacte un quórum inferior.

Con excepción de las mayorías decisorias señaladas en los artículos 155, 420 numeral 5° y 455 del Código de Comercio, las decisiones se tomarán por mayoría de los votos presentes. En los estatutos de las sociedades que no negocien sus acciones en el mercado público de valores, podrá pactarse un cuórum diferente o mayorías superiores a las indicadas.

Art. 69. REUNIONES DE SEGUNDA CONVOCATORIA

NOTA: Incorporado en el artículo 429 del Código de Comercio.

Art. 70. ACUERDOS ENTRE ACCIONISTAS

Dos o más accionistas que no sean administradores de la sociedad, podrán celebrar acuerdos en virtud de los cuales se comprometan a votar en igual o determinado sentido en las asambleas de accionistas. Dicho acuerdo podrá comprender la estipulación que permita a uno o más de ellos o a un tercero, llevar la representación de todos en la reunión o reuniones de la asamblea. Esta estipulación producirá efectos respecto de la sociedad siempre que el acuerdo conste por escrito y que se entregue al representante legal para su depósito en las oficinas donde funcione la administración de la sociedad. En lo demás, ni la sociedad ni los demás accionistas, responderán por el incumplimiento a los términos del acuerdo.

CAPÍTULO VIII
EMPRESA UNIPERSONAL

Art. 71. CONCEPTO DE EMPRESA UNIPERSONAL

Mediante la empresa unipersonal una persona natural o jurídica que reúna las calidades requeridas para ejercer el comercio, podrá destinar parte de sus activos para la realización de una o varias actividades de carácter mercantil.

La empresa unipersonal, una vez inscrita en el registro mercantil, forma una persona jurídica.

Parágrafo. Cuando se utilice la empresa unipersonal en fraude a la ley o en perjuicio de terceros, el titular de las cuotas de capital y los administradores que hubieren realizado, participado o facilitado los actos defraudatorios, responderán solidariamente por las obligaciones nacidas de tales actos y por los perjuicios causados.

Art. 72. REQUISITOS DE FORMACIÓN

La empresa unipersonal se creará mediante documento escrito en el cual se expresará:

1. Nombre, documento de identidad, domicilio y dirección del empresario;

2. Denominación o razón social de la empresa, seguida de la expresión «Empresa Unipersonal», o de su sigla E.U., so pena de que el empresario responda ilimitadamente.

3. El domicilio.

4. El término de duración, si éste no fuere indefinido.

5. Una enunciación clara y completa de las actividades principales, a menos que se exprese que la empresa podrá realizar cualquier acto lícito de comercio.

6. El monto del capital haciendo una descripción pormenorizada de los bienes aportados, con estimación de su valor. El empresario responderá por el valor asignado a los bienes en el documento constitutivo.

Cuando los activos destinados a la empresa comprendan bienes cuya transferencia requiera escritura pública, la constitución de la empresa deberá hacerse de igual manera e inscribirse también en los registros correspondientes.

7. El número de cuotas de igual valor nominal en que se dividirá el capital de la empresa.

8. La forma de administración y el nombre, documento de identidad y las facultades de sus administradores. A falta de estipulaciones se entenderá que los administradores podrán adelantar todos los actos, comprendidos dentro de las actividades previstas.

Delegada totalmente la administración y mientras se mantenga dicha delegación, el empresario no podrá realizar actos y contratos a nombre de la empresa unipersonal.

Parágrafo. Las cámaras de comercio se abstendrán de inscribir el documento mediante el cual se constituya la empresa unipersonal, cuando se omita alguno de los requisitos previstos en este artículo o cuando a la diligencia de registro no concurra personalmente el constituyente o su representante o apoderado.

Art. 73. RESPONSABILIDAD DE LOS ADMINISTRADORES

La responsabilidad de los administradores será la prevista en el régimen general de sociedades.

Art. 74. APORTACIÓN POSTERIOR DE BIENES

El empresario podrá aumentar el capital de la empresa mediante la aportación de nuevos bienes. En este caso se procederá en la forma prevista para la constitución de la empresa. La disminución del capital se sujetará a las mismas reglas señaladas en el artículo 145 del Código de Comercio.

Art. 75. PROHIBICIONES

En ningún caso el empresario podrá directamente o por interpuesta persona retirar para sí o para un tercero, cualquier clase de bienes pertenecientes a la Empresa Unipersonal, salvo que se trate de utilidades debidamente justificados.

El titular de la empresa unipersonal no puede contratar con ésta, ni tampoco podrán hacerlo entre sí empresas unipersonales constituidas por el mismo titular. Tales actos serán ineficaces de pleno derecho.

Art. 76. CESIÓN DE CUOTAS

El titular de la empresa unipersonal, podrá ceder total o parcialmente las cuotas sociales a otras personas naturales o jurídicas, mediante documento escrito que se inscribirá en el registro mercantil correspondiente. A partir de este momento producirá efectos la cesión.

Parágrafo. Las cámaras de comercio se abstendrán de inscribir la correspondiente cesión cuando a la diligencia de registro no concurran el cedente y el cesionario, personalmente o a través de sus representantes o apoderados.

Art. 77. CONVERSIÓN A SOCIEDAD

Cuando por virtud de la cesión o por cualquier otro acto jurídico, la empresa llegare a pertenecer a dos o más personas, deberá convertirse en sociedad comercial para lo cual, dentro de los seis meses siguientes a la inscripción de aquélla en el registro mercantil se elaborarán los estatutos sociales de acuerdo con la forma de sociedad adoptada. Estos deberán elevarse a escritura pública que se otorgará por todos los socios e inscribirse en el registro mercantil. La nueva sociedad asumirá, sin solución de continuidad, los derechos y obligaciones de la empresa unipersonal.

Transcurrido dicho término sin que se cumplan las formalidades aludidas, quedará disuelta de pleno derecho y deberá liquidarse.

NOTA: La formalidad de la escritura pública solamente deberá cumplirse cuando la ley así lo exija, pues deberán tenerse en cuenta, por ejemplo, los artículos 22 de la Ley 1014 de 2006 y el 5º de la Ley 1258 de 2008.

Art. 78. JUSTIFICACIÓN DE UTILIDADES

Las utilidades se justificarán en estados financieros elaborados de acuerdo con los principios de contabilidad generalmente aceptados y dictaminados por un contador público independiente.

Art. 79. TERMINACIÓN DE LA EMPRESA

La empresa unipersonal se disolverá en los siguientes casos:

1. Por voluntad del titular de la empresa,

2. Por vencimiento del término previsto, si lo hubiere, a menos que fuere prorrogado mediante documento inscrito en el registro mercantil antes de su expiración.

3. Por muerte del constituyente cuando así se haya estipulado expresamente en el acto de constitución de la empresa unipersonal o en sus reformas.

4. Por imposibilidad de desarrollar las actividades previstas.

5. Por orden de autoridad competente.

6. Por pérdidas que reduzcan el patrimonio de la empresa en más del cincuenta por ciento.

7. Por la iniciación del trámite de liquidación obligatoria.

En el caso previsto en el numeral segundo anterior, la disolución se producirá de pleno derecho a partir de la fecha de expiración del término de duración, sin necesidad de formalidades especiales. En los demás casos, la disolución se hará constar en documento privado que se inscribirá en el registro mercantil correspondiente.

No obstante, podrá evitarse la disolución de la empresa adoptándose las medidas que sean del caso según la causal ocurrida, siempre que se haga dentro de los seis meses siguientes a la ocurrencia de la causal.

La liquidación del patrimonio se realizará conforme al procedimiento señalado para la liquidación de las sociedades de responsabilidad limitada. Actuará como liquidador el empresario mismo o una persona designada por éste o por la Superintendencia de Sociedades, a solicitud de cualquier acreedor.

Art. 80. NORMAS APLICABLES A LA EMPRESA UNIPERSONAL

En lo no previsto en la presente Ley, se aplicará a la empresa unipersonal en cuanto sean compatibles, las disposiciones relativas a las sociedades comerciales y, en especial, las que regulan la sociedad de responsabilidad limitada.

Así mismo, las empresas unipersonales estarán sujetas, en lo pertinente, a la inspección, vigilancia o control de la Superintendencia de Sociedades, en los casos que determine el Presidente de la República.

Se entenderán predicables de la empresa unipersonal las referencias que a las sociedades se hagan en los regímenes de inhabilidades e incompatibilidades previstos en la Constitución o en la ley.

Art. 81. CONVERSIÓN EN EMPRESA UNIPERSONAL

Cuando una sociedad se disuelva por la reducción del número de socios a uno, podrá, sin liquidarse, convertirse en empresa unipersonal, siempre que la decisión respectiva se solemnice mediante escritura pública y se inscriba en el registro mercantil dentro de los seis meses siguientes a la disolución. En este caso, la empresa unipersonal asumirá, sin solución de continuidad, los derechos y obligaciones de la sociedad disuelta.

CAPÍTULO IX
DE LA INSPECCIÓN, VIGILANCIA Y CONTROL DE LA SUPERINTENDENCIA DE SOCIEDADES

Art. 82. COMPETENCIA DE LA SUPERINTENDENCIA DE SOCIEDADES

El Presidente de la República ejercerá por conducto de la Superintendencia de Sociedades, la inspección, vigilancia y control de las sociedades comerciales, en los términos establecidos en las normas vigentes.

También ejercerá inspección y vigilancia sobre otras entidades que determine la ley. De la misma manera ejercerá las funciones relativas al cumplimiento del régimen cambiario en materia de inversión extranjera, inversión colombiana en el exterior y endeudamiento externo.

Art. 83. INSPECCIÓN

La inspección consiste en la atribución de la Superintendencia de Sociedades para solicitar, confirmar y analizar de manera ocasional, y en la forma, detalle y términos que ella determine, la información que requiera sobre la situación jurídica, contable, económica y administrativa de cualquier sociedad comercial no vigilada por la Superintendencia Bancaria o sobre operaciones específicas de la misma. La Superintendencia de Sociedades, de oficio, podrá practicar investigaciones administrativas a estas sociedades.

NOTA: Donde dice Superintendencia Bancaria debe entenderse Superintendencia Financiera.

Art. 84. VIGILANCIA

La vigilancia consiste en la atribución de la Superintendencia de Sociedades para velar porque las sociedades no sometidas a la vigilancia de otras superintendencias, en su formación y funcionamiento y en el desarrollo de su objeto social, se ajusten a la ley y a los estatutos. La vigilancia se ejercerá en forma permanente.

Estarán sometidas a vigilancia, las sociedades que determine el Presidente de la República. También estarán vigiladas aquellas sociedades que indique el Superintendente cuando del análisis de la información señalada en el artículo anterior o de la práctica de una investigación administrativa, establezca que la sociedad incurre en cualquiera de las siguientes irregularidades:

a. Abusos de sus órganos de dirección, administración o fiscalización, que impliquen desconocimiento de los derechos de los asociados o violación grave o reiterada de las normas legales o estatutarias;

b. Suministro al público, a la superintendencia o a cualquier organismo estatal, de información que no se ajuste a la realidad;

c. No llevar contabilidad de acuerdo con la ley o con los principios contables generalmente aceptados.

d. Realización de operaciones no comprendidas en su objeto social.

Respecto de estas sociedades vigiladas, la Superintendencia de Sociedades, además de las facultades de inspección indicadas en el artículo anterior, tendrá las siguientes:

1. Practicar visitas generales, de oficio o a petición de parte, y adoptar las medidas a que haya lugar para que se subsanen las irregularidades que se hayan observado durante la práctica de éstas e investigar, si es necesario, las operaciones finales o intermedias realizadas por la sociedad visitada con cualquier persona o entidad no sometida a su vigilancia.

2. Autorizar la emisión de bonos de acuerdo con lo establecido en la ley y verificar que se realice de acuerdo con la misma.

3. Enviar delegados a las reuniones de la asamblea general o junta de socios cuando lo considere necesario.

4. Verificar que las actividades que desarrolle estén dentro del objeto social y ordenar la suspensión de los actos no comprendidos dentro del mismo.

5. Decretar la disolución, y ordenar la liquidación, cuando se cumplan los supuestos previstos en la ley y en los estatutos, y adoptar las medidas a que haya lugar.

6. Designar al liquidador en los casos previstos por la ley.

7. Autorizar las reformas estatutarias consistentes en fusión y escisión.

8. *Modificado por el Decreto 19 de 2012, art. 149.* Convocar a reuniones extraordinarias del máximo órgano social en los casos previstos por la ley. En los casos en que convoque de manera oficiosa, la Superintendencia presidirá la reunión.

9. Autorizar la colocación de acciones con dividendo preferencial y sin derecho a voto y de acciones privilegiadas.

10. Ordenar la modificación de las cláusulas estatutarias cuando no se ajusten a la ley.

11. *Derogado por el Decreto 19 de 2012, art. 149.*

Art. 85. CONTROL

El control consiste en la atribución de la Superintendencia de Sociedades para ordenar los correctivos necesarios para subsanar una situación crítica de orden jurídico, contable, económico o administrativo de cualquier sociedad comercial no vigilada por otra superintendencia, cuando así lo determine el Superintendente de Sociedades mediante acto administrativo de carácter particular.

En ejercicio del control, la Superintendencia de Sociedades tendrá, además de las facultades indicadas en los artículos anteriores, las siguientes:

1. Promover la presentación de planes y programas encaminados a mejorar la situación que hubiere originado el control y vigilar la cumplida ejecución de los mismos.

2. Autorizar la solemnización de toda reforma estatutaria.

3. Autorizar la colocación de acciones y verificar que la misma se efectúe conforme a la ley y al reglamento correspondiente.

4. *Modificado por la Ley 1429 de 2010, art. 43.* Ordenar la remoción de los administradores, revisor fiscal y empleados, según sea el caso, por incumplimiento de las órdenes de la Superintendencia de Sociedades, o de los deberes previstos en la ley o en los estatutos, de oficio o a petición de parte, mediante providencia motivada en la cual designará su reemplazo de las listas que elabore la Superintendencia de Sociedades. La remoción ordenada por la Superintendencia de Sociedades implicará una inhabilidad para ejercer el comercio, hasta por diez (10) años, contados a partir de la ejecutoria del acto administrativo correspondiente.

A partir del sometimiento a control, se prohíbe a los administradores y empleados la constitución de garantías que recaigan sobre bienes propios de la sociedad, enajenaciones de bienes u operaciones que no correspondan al giro ordinario de los negocios sin autorización previa de la Superintendencia de Sociedades. Cualquier acto celebrado o ejecutado en contravención a lo dispuesto en el presente artículo será ineficaz de pleno derecho.

El reconocimiento de los presupuestos de ineficacia previstos en este artículo será de competencia de la Superintendencia de Sociedades de oficio en ejercicio de funciones administrativas. Así mismo, las partes podrán solicitar a la superintendencia su reconocimiento a través del proceso verbal sumario.

5. Conminar bajo apremio de multas a los administradores para que se abstengan de realizar actos contrarios a la ley, los estatutos, las decisiones del máximo órgano social o junta directiva, o que deterioren la prenda común de los acreedores u ordenar la suspensión de los mismos.

6. Efectuar visitas especiales e impartir las instrucciones que resulten necesarias de acuerdo con los hechos que se observen en ellas.

7. *Modificado por la Ley 1429 de 2010, art. 43.* Convocar a la sociedad al trámite de un proceso de insolvencia, independientemente a que esté incursa en una situación de cesación de pagos.

8. Aprobar el avalúo de los aportes en especie.

Parágrafo. Las sociedades sujetas a la vigilancia o control por determinación del Superintendente de Sociedades, podrán quedar exonerados de tales vigilancia o control, cuando así lo disponga dicho funcionario.

Art. 86. OTRAS FUNCIONES

Además la Superintendencia de Sociedades cumplirá las siguientes funciones:

1. Unificar las reglas de contabilidad a que deben sujetarse las sociedades comerciales sometidas a su inspección, vigilancia y control.

2. Dar apoyo en los asuntos de su competencia al sector empresarial y a los demás organismos del Estado.

3. Imponer sanciones o multas, sucesivas o no, hasta de doscientos salarios mínimos legales mensuales, cualquiera sea el caso, a quienes incumplan sus órdenes, la ley o los estatutos.

4. Interrogar bajo juramento a cualquier persona cuyo testimonio se requiera para el examen de los hechos relacionados con la dirección, administración o fiscalización de las sociedades, de acuerdo a lo previsto en la ley.

5. Ejercer las funciones que en materia de jurisdicción coactiva le asigne la ley.

6. Aprobar las reservas o cálculos actuariales en los casos en que haya lugar.

7. *Modificado por el Decreto 19 de 2012, art. 151.* Autorizar la disminución del capital en cualquier sociedad, cuando la operación implique un efectivo reembolso de aportes. La autorización podrá ser conferida mediante autorización de carácter general en los términos establecidos por la Superintendencia de Sociedades.

8. Las demás que le asigne esta ley.

Art. 87. MEDIDAS ADMINISTRATIVAS

Modificado por el Decreto 19 de 2012, art. 152. En todo caso en cualquier sociedad no sometida a la vigilancia de la Superintendencia Financiera, uno o más asociados representantes de no menos del diez por ciento del capital social o alguno de sus administradores, siempre que se trate de sociedades, empresas unipersonales o sucursales de sociedad extranjeras que a 31 de diciembre del año inmediatamente anterior registren activos iguales o superiores a cinco mil (5.000) salarios mínimos legales mensuales vigentes o ingresos iguales o superiores a tres mil (3.000) salarios mínimos legales mensuales vigentes, podrán solicitar a la Superintendencia de Sociedades la adopción de las siguientes medidas:

1. La convocatoria de la asamblea o junta de socios, cuando quiera que éstas no se hayan reunido en las oportunidades previstas en los estatutos o en la ley. Para tal fin, al escrito correspondiente, deberá adjuntarse una certificación del revisor fiscal que indique ese hecho.

Del escrito contentivo de la solicitud se dará traslado a la sociedad respectiva por el término de diez días a fin de que controvierta los hechos en que se funde la solicitud. Vencido este término y si hay lugar a ello, se dispondrá la práctica de las pruebas solicitadas por los interesados y las que estime pertinentes el superintendente. Dentro de los veinte días siguientes al vencimiento del término probatorio, se adoptará la decisión pertinente.

2. La orden para que se reformen las cláusulas o estipulaciones de los estatutos sociales que violen normas legales. La solicitud respectiva deberá contener la relación de las normas que se consideren violadas y el concepto de la violación. Del escrito correspondiente se dará traslado a la sociedad hasta por diez días al cabo de los cuales deberá tomarse la decisión respectiva. Para tal fin la superintendencia podrá convocar la asamblea o junta de socios u ordenar su convocatoria.

3. La práctica de investigaciones administrativas cuando se presenten irregularidades o violaciones legales o estatutarias. Para tal efecto, las personas interesadas deberán hacer una relación de los hechos lesivos de la ley o de los estatutos

y de los elementos de juicio que tiendan a comprobarlos. La Superintendencia adelantará la respectiva investigación y de acuerdo con los resultados, decretará las medidas pertinentes según las facultades asignadas en esta ley.

Parágrafo 1°. El reconocimiento de los presupuestos de ineficacia en los casos señalados en el libro segundo del Código de Comercio, será de competencia de la Superintendencia de Sociedades de oficio en ejercicio de funciones administrativas, en sociedades no sometidas a la vigilancia o control de otra superintendencia. A solicitud de parte sólo procederá en los términos del artículo 133 de la Ley 446 de 1998.

Parágrafo 2°. Las sociedades, sucursales de sociedad extranjera o empresa unipersonales no sometidas a la supervisión de la Superintendencia Financiera, que no reúnan los requisitos establecidos en este artículo podrán hacer uso de la conciliación ante la Superintendencia de Sociedades para resolver los conflictos surgidos entre los asociados o entre estos y la sociedad. Sin perjuicio, de acudir en vía judicial en los términos del artículo 252 de la Ley 1450 de 2011.

Art. 88. GASTOS DE FUNCIONAMIENTO

Derogado por la Ley 1116 de 2006, art. 121.

TÍTULO II
RÉGIMEN DE PROCESOS CONCURSALES

CAPÍTULO I
GENERALIDADES

Arts. 89 a 225

Derogados por la Ley 1116 de 2006, art. 126.

TÍTULO III
DISPOSICIONES FINALES

Art. 226. FACULTADES EXTRAORDINARIAS

De conformidad con lo previsto en el ordinal décimo del artículo 150 de la Constitución Política, revístase al Presidente de la República de precisas facultades extraordinarias, por el término de seis meses contados a partir de la publicación de la presente ley para que determine la estructura, administración y recursos de la Superintendencia de Sociedades con el fin de que cumpla adecuadamente las funciones que se le fijan en la presente ley.

Art. 227. APLICACIÓN DE LAS NORMAS SOBRE COMPETENCIA

En los casos de escisión de sociedades y en todos aquéllos que impliquen consolidación o integración de empresas o patrimonios, deberá darse cumplimiento a las normas sobre promoción de la competencia y prácticas comerciales restrictivas.

Art. 228. COMPETENCIA RESIDUAL

Las facultades asignadas en esta ley en materia de vigilancia y control a la Superintendencia de Sociedades, serán ejercidas por la superintendencia que ejerza vigilancia sobre la respectiva sociedad, si dichas facultades le están expresamente asignadas. En caso contrario, le corresponderá a la, Superintendencia de Sociedades, salvo que se trate de sociedades vigiladas por la Superintendencia Bancaria o de Valores.

NOTA: Donde dice Superintendencia de Valores o Bancaria debe entenderse Superintendencia Financiera.

Art. 229. CONCILIACIÓN

En cualquier sociedad la entidad de inspección, vigilancia o control competente podrá actuar como conciliadora en los conflictos que surjan entre los socios o entre éstos y la sociedad con ocasión del desarrollo o ejecución del contrato social.

Para tal fin, el superintendente mediante auto dispondrá la conciliación y señalará fecha y hora para llevar a cabo la audiencia de conciliación de lo cual se notificará personalmente a las partes, acto en el que deberá enterárseles del propósito de la audiencia.

A la audiencia de conciliación deberán concurrir las partes con o sin apoderado. Si la audiencia no se puede llevar a cabo por inasistencia de alguna de ellas o si realizada no se logra acuerdo, se podrá citar a una segunda audiencia para dentro de los diez días siguientes. Logrado algún acuerdo entre las partes, el acta que la contenga, que será afirmada por todas ellas y donde debe especificarse con toda claridad las obligaciones a cargo de cada una, hace tránsito a cosa juzgada y presta mérito ejecutivo. Si no se logra acuerdo alguno, igualmente debe dejarse constancia de ello en el acta mencionada.

Art. 230. CENTRO DE ARBITRAJE

La Superintendencia de Sociedades podrá organizar un centro de arbitraje para la solución de conflictos que surjan entre los socios o entre éstos y la sociedad con ocasión del desarrollo o cumplimiento del contrato social. A través de este centro, los particulares actuarán como árbitros en la solución de tales conflictos. Dicho centro deberá contar con un reglamento que contendrá las prescripciones de ley y el cual deberá someterse a la aprobación del Ministerio de Justicia y del Derecho.

Art. 231. PERITOS

En los casos en que de acuerdo con esta ley o con el libro segundo del Código de Comercio, deban designarse peritos, ésta la hará la cámara de comercio correspondiente al domicilio principal de la sociedad, las cuales y para tal fin, elaborarán listas integradas por expertos en cada una de las respectivas materias.

Art. 232. IMPROCEDENCIA DE LA ACCIÓN DE REINTEGRO

En el evento de despido o remoción de administradores y revisor fiscal no procederá la acción de reintegro consagrada en la legislación laboral.

Art. 233. REMISIÓN AL PROCESO VERBAL SUMARIO

Los conflictos que tengan origen en el contrato social o en la ley que lo rige, cuando no se hayan sometido a pacto arbitral o amigable composición, se sujetarán al trámite del proceso verbal sumario, salvo disposición legal en contrario.

NOTA: Véase el artículo 24 del Código General del Proceso.

Art. 234. TÍTULO EJECUTIVO

Los documentos de oferta de colocación, adquisición o venta de aportes de capital, los de su aceptación o rechazo y los dictámenes de los peritos prestarán mérito ejecutivo para el ejercicio de los derechos u obligaciones que en ellos consten. Tales documentos se presumen auténticos.

Art. 235. TÉRMINO DE PRESCRIPCIÓN

Las acciones penales, civiles y administrativas derivadas del incumplimiento de las obligaciones o de la violación a lo previsto en el libro segundo del Código de Comercio y en esta ley, prescribirán en cinco años, salvo que en ésta se haya señalado expresamente otra cosa.

Art. 236. NORMAS ESPECIALES

Salvo lo previsto en el artículo 135, lo dispuesto en esta ley se entenderá sin perjuicio de las normas tributarias y de las especiales aplicables a las sociedades sometidas a la inspección, vigilancia o control de entidades distintas a la Superintendencia de Sociedades; así mismo se aplicará sin perjuicio de las normas que regulan el mercado público de valores.

Art. 237. VIGENCIA

Esta ley empezará a regir al vencimiento de los seis meses contados a partir de su promulgación.

Los concordatos y las quiebras iniciadas antes de la entrada en vigencia de esta ley, seguirán rigiéndose por las normas aplicables al momento de entrar a regir esta Ley. No obstante, esta Ley se aplicará inmediatamente entre en vigencia, en los siguientes casos:

1. Cuando fracase o se incumpla el concordato, en cuyo evento, en vez de la quiebra se adelantará la liquidación obligatoria.

2. En lo relacionado con el decreto, práctica y levantamiento de las medidas cautelares consagrados en esta Ley.

Art. 238. INCORPORACIÓN

Para los efectos previstos en el artículo primero de esta ley, las sociedades civiles dispondrán de un plazo de seis meses contados a partir de la vigencia de la misma, para ajustarse a las normas de las sociedades comerciales.

La obligación de registro a que alude el artículo 30 de la presente Ley, respecto de las situaciones de control o grupo empresarial existentes a la fecha de vigencia de la presente ley, deberá cumplirse dentro de los treinta días siguientes a la fecha citada.

Art. 239

Inexequible por la Corte Constitucional mediante la Sentencia C-049 de 1997.

Art. 240. MAYORÍA PARA LA DISTRIBUCIÓN DE UTILIDADES

NOTA: Incorporado en el artículo 155 del Código de Comercio.

Art. 241. SEGUIMIENTO

La Dirección General de Políticas Jurídicas y Desarrollo Legislativo del Ministerio de Justicia y del Derecho, hará el seguimiento de los efectos producidos por la aplicación de la presente Ley. Dicha Dirección rendirá un informe sobre los efectos de la misma dentro de los 18 meses siguientes a dicha vigencia, ante las Presidencias del Senado y la Cámara de Representantes.

Art. 242. NORMAS DEROGADAS

Esta Ley deroga todas las disposiciones que le sean contrarias, en especial el capítulo I del título II del libro segundo, el título II del libro sexto y los artículos 121, 152, 292, 428, 439, 443 y 448 del Código de Comercio; los artículos 2079 a 2141 del Código Civil; el Decreto 350 de 1989; el título 28 del Código de Procedimiento Civil y los artículos 4°, 5° y 6° del Decreto 2155 de 1992.

LEY 256 DE 1996
POR LA CUAL SE DICTAN NORMAS SOBRE COMPETENCIA DESLEAL

CAPÍTULO I
DISPOSICIONES GENERALES

Art. 1°. OBJETO

Sin perjuicio de otras formas de protección, la presente Ley tiene por objeto garantizar la libre y leal competencia económica, mediante la prohibición de actos y conductas de competencia desleal, en beneficio de todos los que participen en el mercado y en concordancia con lo establecido en el numeral 1o. del artículo 10 bis del Convenio de París, aprobado mediante Ley 178 de 1994.

Art. 2°. ÁMBITO OBJETIVO DE APLICACIÓN

Los comportamientos previstos en esta ley tendrán la consideración de actos de competencia desleal siempre que (SIC) realicen en el mercado y con fines concurrenciales.

La finalidad concurrencial del acto se presume cuando éste, por las circunstancias en que se realiza, se revela objetivamente idóneo para mantener o incrementar la participación en el mercado de quien lo realiza o de un tercero.

Art. 3°. ÁMBITO SUBJETIVO DE APLICACIÓN

Esta Ley se le aplicará tanto a los comerciantes como a cualesquiera otros participantes en el mercado.

La aplicación de la Ley no podrá supeditarse a la existencia de una relación de competencia entre el sujeto activo y el sujeto pasivo en el acto de competencia desleal.

Art. 4°. ÁMBITO TERRITORIAL DE APLICACIÓN

Esta Ley se le aplicará los actos de competencia desleal cuyos efectos principales tengan lugar o estén llamados a tenerlos en el mercado colombiano.

Art. 5º. CONCEPTO DE PRESTACIONES MERCANTILES

Las prestaciones mercantiles pueden consistir en actos y operaciones de los participantes en el mercado, relacionados con la entrega de bienes y mercancías, la prestación de servicios o el cumplimiento de hechos positivos o negativos, susceptibles de apreciación pecuniaria, que se constituyen en la actividad concreta y efectiva para el cumplimiento de un deber jurídico.

Art. 6º. INTERPRETACIÓN

Esta Ley deberá interpretarse de acuerdo con los principios constitucionales de actividad económica e iniciativa privada libres dentro de los límites del bien común; y competencia económica y libre y leal pero responsable.

CAPÍTULO II
ACTOS DE COMPETENCIA DESLEAL

Art. 7º. PROHIBICIÓN GENERAL

Quedan prohibidos los actos de competencia desleal. Los participantes en el mercado deben respetar en todas sus actuaciones el principio de la buena fe comercial.

En concordancia con lo establecido por el numeral 2o. del artículo 10 bis del Convenio de París, aprobado mediante Ley 178 de 1994, se considera que constituye competencia desleal, todo acto o hecho que se realice en el mercado con fines concurrenciales, cuando resulte contrario a las sanas costumbres mercantiles, al principio de la buena fe comercial, a los usos honestos en materia industrial o comercial, o bien cuando esté encaminado a afectar o afecte la libertad de decisión del comprador o consumidor, o el funcionamiento concurrencial del mercado.

Art. 8º. ACTOS DE DESVIACIÓN DE LA CLIENTELA

Se considera desleal toda conducta que tenga como objeto o como efecto desviar la clientela de la actividad, prestaciones mercantiles o establecimientos ajenos, siempre que sea contraria a las sanas costumbres mercantiles o a los usos honestos en materia industrial o comercial.

Art. 9º. ACTOS DE DESORGANIZACIÓN

Se considera desleal toda conducta que tenga por objeto o como efecto desorganizar internamente la empresa, las prestaciones mercantiles o el establecimiento ajeno.

Art. 10. ACTOS DE CONFUSIÓN

En concordancia con lo establecido por el punto 1 del numeral 3 del artículo 10 bis del Convenio de París, aprobado mediante Ley 178 de 1994, se considera desleal toda conducta que tenga por objeto o como efecto crear confusión con la actividad, las prestaciones mercantiles o el establecimiento (SIC) ajenos.

Art. 11. ACTOS DE ENGAÑO

En concordancia con lo establecido por el punto 3 del numeral 3 del artículo 10 bis del Convenio de París, aprobado mediante Ley 178 de 1994, se considera desleal toda conducta que tenga por objeto o como efecto inducir al público a error sobre la actividad, las prestaciones mercantiles o el establecimiento ajenos.

Se presume desleal la utilización o difusión de indicaciones o aseveraciones incorrectas o falsas, la omisión de las verdaderas y cualquier otro tipo de práctica que, por las circunstancias en que tenga lugar, sea susceptible de inducir a error a las personas a las que se dirige o alcanza sobre la actividad, las prestaciones mercantiles o el establecimiento ajenos, así como sobre la naturaleza, el modo de fabricación, las características, la aptitud en el empleo o la cantidad de los productos.

Art. 12. ACTOS DE DESCRÉDITO

En concordancia con lo establecido por el punto 2 del numeral 3 del artículo 10 bis del Convenio de París, aprobado mediante Ley 178 de 1994, se considera desleal la utilización o difusión de indicaciones o aseveraciones incorrectas o falsas, la omisión de las verdaderas y cualquier otro tipo de práctica que tenga por objeto o como efecto desacreditar la actividad, las prestaciones, el establecimiento o las relaciones mercantiles de un tercero, a no ser que sean exactas, verdaderas y pertinentes.

Art. 13. ACTOS DE COMPARACIÓN

Sin perjuicio de lo establecido en los artículos 11 y 13 de esta Ley, se considera desleal la comparación pública de la actividad, las prestaciones mercantiles o el establecimiento propios o ajenos con los de un tercero, cuando dicha comparación utilice indicaciones o aseveraciones incorrectas o falsas, u omita las verdaderas. Así mismo, se considera desleal toda comparación que se refiera a extremos que no sean análogos, ni comprobables.

Art. 14. ACTOS DE IMITACIÓN

La imitación de prestaciones mercantiles e iniciativas empresariales ajenas es libre, salvo que estén amparadas por la ley.

No obstante, la imitación exacta y minuciosa de las prestaciones de un tercero se considerará desleal cuando genere confusión acerca de la procedencia empresarial de la prestación o comporte un aprovechamiento indebido de la reputación ajena.

La inevitable existencia de los indicados riesgos de confusión o de aprovechamiento de la reputación ajena excluye la deslealtad de la práctica.

También se considerará desleal la imitación sistemática de las prestaciones e iniciativas empresariales de un competidor cuando dicha estrategia se halle encaminada a impedir u obstaculice su afirmación en el mercado y exceda de lo que según las circunstancias, pueda reputarse como una respuesta natural del mercado.

Art. 15. EXPLOTACIÓN DE LA REPUTACIÓN AJENA

Se considera desleal el aprovechamiento en beneficio propio o ajeno de las ventajas de la reputación industrial, comercial o profesional adquirida por otro en el mercado.

Sin perjuicio de lo dispuesto en el Código Penal y en los tratados internacionales, se considerará desleal el empleo no autorizado de signos distintivos ajenos o de denominaciones de origen falsas o engañosas aunque estén acompañadas de la indicación acerca de la verdadera procedencia del producto o de expresiones tales como «modelo», «sistema», «tipo», «clase», «género», «manera», «imitación», y «similares».

Art. 16. VIOLACIÓN DE SECRETOS

Se considera desleal la divulgación o explotación, sin autorización de su titular, de secretos industriales o de cualquiera otra clase de secretos empresariales a los que se haya tenido acceso legítimamente pero con deber de reserva, o ilegítimamente, a consecuencia de algunas de las conductas previstas en el inciso siguiente o en el artículo 18 de esta Ley.

Tendrá así mismo la consideración de desleal, la adquisición de secretos por medio de espionaje o procedimientos análogos, sin perjuicio de las sanciones que otras normas establezcan.

Las acciones referentes a la violación de secretos procederán sin que para ello sea preciso que concurran los requisitos a que hace referencia el artículo 2° de esta Ley.

Art. 17. INDUCCIÓN A LA RUPTURA CONTRACTUAL

Se considera desleal la inducción a trabajadores, proveedores, clientes y demás obligados, a infringir los deberes contractuales básicos que han contraído con los competidores.

La inducción a la terminación regular de un contrato o el aprovechamiento en beneficio propio o ajeno de una infracción contractual ajena sólo se califica desleal cuando, siendo conocida, tenga por objeto la expansión de un sector industrial o empresarial o vaya acompañada de circunstancias tales como el engaño, la intención de eliminar a un competidor del mercado u otros análogos.

Art. 18. VIOLACIÓN DE NORMAS

Se considera desleal la efectiva realización en el mercado de una ventaja competitiva adquirida frente a los competidores mediante la infracción de una norma jurídica. La ventaja ha de ser significativa.

Art. 19. PACTOS DESLEALES DE EXCLUSIVIDAD

Se considera desleal pactar en los contratos de suministro cláusulas de exclusividad, cuando dichas cláusulas tengan por objeto o como efecto, restringir el acceso de los competidores al mercado, o monopolizar la distribución de productos o servicios, excepto las industrias licoreras mientras éstas sean de propiedad de los entes territoriales.

CAPÍTULO III
ACCIONES DERIVADAS DE LA COMPETENCIA DESLEAL

Art. 20. ACCIONES

Contra los actos de competencia desleal podrán interponerse las siguientes acciones:

1. Acción declarativa y de condena. El afectado por actos de competencia desleal tendrá acción para que se declare judicialmente la ilegalidad de los actos realizados y en consecuencia se le ordene al infractor remover los efectos producidos por dichos actos e indemnizar los perjuicios causados al demandante. El demandante podrá solicitar en cualquier momento del proceso, que se practiquen las medidas cautelares consagradas en el artículo 33 de la presente Ley.

2. Acción preventiva o de prohibición. La persona que piense que pueda resultar afectada por actos de competencia desleal, tendrá acción para solicitar al juez que evite la realización de una conducta desleal que aún no se ha perfeccionado, o que la prohíba aunque aún no se haya producido daño alguno.

Art. 21. LEGITIMACIÓN ACTIVA

En concordancia con lo establecido por el artículo 10 del Convenio de París, aprobado mediante Ley 178 de 1994, cualquier persona que participe o demuestre su intención para participar en el mercado, cuyos intereses económicos resulten perjudicados o amenazados por los actos de competencia desleal, está legitimada para el ejercicio de las acciones previstas en el artículo 20 de esta ley.

Las acciones contempladas en el artículo 20, podrán ejercitarse además por las siguientes entidades:

Las asociaciones o corporaciones profesionales y gremiales cuando resulten gravemente afectados los intereses de sus miembros.

Las asociaciones que, según sus estatutos, tengan por finalidad la protección del consumidor. La legitimación quedará supeditada en este supuesto que el acto de competencia desleal perseguido afecte de manera grave y directa los intereses de los consumidores.

El Procurador General de la Nación en nombre de la Nación, respecto de aquellos actos desleales que afecten gravemente el interés público o la conservación de un orden económico de libre competencia.

La legitimación se presumirá cuando el acto de competencia desleal afecte a un sector económico en su totalidad, o una parte sustancial del mismo.

Art. 22. LA LEGITIMACIÓN PASIVA

Las acciones previstas en el artículo 20 procederán contra cualquier persona cuya conducta haya contribuido a la realización del acto de competencia desleal.

Si el acto de competencia desleal es realizado por trabajadores u otros colaboradores en el ejercicio de sus funciones y deberes contractuales, las acciones previstas en el artículo 20 de esta Ley, deberán dirigirse contra el patrono.

Art. 23. PRESCRIPCIÓN

Las acciones de competencia desleal prescriben en dos (2) años a partir del momento en que el legitimado tuvo conocimiento de la persona que realizó el acto de competencia desleal y en todo caso, por el transcurso de tres (3) años contados a partir del momento de la realización del acto.

CAPÍTULO IV
DISPOSICIONES PROCESALES

Art. 24. TRÁMITE

Artículo derogado por el literal c) del artículo 626 de la Ley 1564 de 2012.

Art. 25. COMPETENCIA TERRITORIAL

Artículo derogado por el literal c) del artículo 626 de la Ley 1564 de 2012.

Art. 26. PETICIÓN Y DECRETO DE DILIGENCIAS PRELIMINARES DE COMPROBACIÓN

Artículo derogado por el literal c) del artículo 626 de la Ley 1564 de 2012.

Art. 27. PRÁCTICA Y APRECIACIÓN DE LA DILIGENCIA PRELIMINAR DE COMPROBACIÓN

Artículo derogado por el literal c) del artículo 626 de la Ley 1564 de 2012.

Art. 28. CERTIFICACIÓN DE LAS DILIGENCIAS PRELIMINARES

Artículo derogado por el literal c) del artículo 626 de la Ley 1564 de 2012.

Art. 29. TÉRMINO PARA PRESENTAR LA DEMANDA

Artículo derogado por el literal c) del artículo 626 de la Ley 1564 de 2012.

Art. 30. RECLAMO DE LA PARTE AFECTADA POR LAS DILIGENCIAS PRELIMINARES

Artículo derogado por el literal c) del artículo 626 de la Ley 1564 de 2012.

Art. 31. MEDIDAS CAUTELARES

Comprobada la realización de un acto de competencia desleal, o la inminencia de la misma, el Juez, a instancia de persona legitimada y bajo responsabilidad de la misma, podrá ordenar la cesación provisional del mismo y decretar las demás medidas cautelares que resulten pertinentes.

Las medidas previstas en el inciso anterior serán de tramitación preferente. En caso de peligro grave e inminente podrán adoptarse sin oír a la parte contraria y podrán ser dictadas dentro de las veinticuatro (24) horas siguientes a la presentación de la solicitud.

Si las medidas se solicitan antes de ser interpuesta la demanda, también será competente para adoptarlas el Juez del lugar donde el acto de competencia desleal produzca o pueda producir sus efectos.

No obstante, una vez presentada la demanda principal, el Juez que conozca de ella será el único competente en todo lo relativo a las medidas adoptadas.

Las medidas cautelares, en lo previsto por este artículo, se regirán de conformidad con lo establecido en el artículo 568 del Código de Comercio y en los artículos 678 a 691 del Código de Procedimiento Civil.

Art. 32. ESPECIALIDAD EN MATERIA PROBATORIA

Artículo derogado por el literal c) del artículo 626 de la Ley 1564 de 2012

Art. 33. VIGENCIA

La presente Ley rige a partir de su promulgación y deroga el artículo 10 de la Ley 155 de 1959; los artículos 75 a 77 del Decreto 410 de 1971, los artículos 975 y 976 del Código de Comercio y las demás normas que le sean contrarias.

LEY 446 DE 1998
POR LA CUAL SE ADOPTAN COMO LEGISLACIÓN PERMANENTE ALGUNAS NORMAS DEL DECRETO 2651 DE 1991, SE MODIFICAN ALGUNAS DEL CÓDIGO DE PROCEDIMIENTO CIVIL, SE DEROGAN OTRAS DE LA LEY 23 DE 1991 Y DEL DECRETO 2279 DE 1989, SE MODIFICAN Y EXPIDEN NORMAS DEL CÓDIGO CONTENCIOSO ADMINISTRATIVO Y SE DICTAN OTRAS DISPOSICIONES SOBRE DESCONGESTIÓN, EFICIENCIA Y ACCESO A LA JUSTICIA

(...)

PARTE IV
DEL ACCESO EN MATERIA COMERCIAL Y FINANCIERO

TÍTULO I
DEL EJERCICIO DE FUNCIONES JURISDICCIONALES POR LAS SUPERINTENDENCIAS

CAPÍTULO I
DEL RECONOCIMIENTO DE LA INEFICACIA

(...)

Art. 133. COMPETENCIA

Sin perjuicio de lo previsto en el artículo 897 del Código de Comercio, las Superintendencias Bancaria, de Sociedades o de Valores podrán de oficio efectuar el reconocimiento de los presupuestos de ineficacia previstos en el Libro Segundo del Código de Comercio. Así mismo, a falta de acuerdo de las partes sobre la ocurrencia de dichas causales de ineficacia, podrá una de ellas solicitar a la respectiva Superintendencia su reconocimiento. En relación con las sociedades no vigiladas permanentemente por las referidas entidades, tal función será asumida por la Superintendencia de Sociedades.

NOTA 1: Declarado exequible condicionalmente por la Sentencia C-930 de 2006.

NOTA 2: Donde dice Superintendencias de Valores y Bancaria se debe entender actualmente la Superintendencia Financiera.

(...)

LEY 518 DE 1999
POR MEDIO DE LA CUAL SE APRUEBA LA «CONVENCIÓN DE LAS NACIONES UNIDAS SOBRE LOS CONTRATOS DE COMPRAVENTA INTERNACIONAL DE MERCADERÍAS», HECHA EN VIENA EL ONCE (11) DE ABRIL DE MIL NOVECIENTOS OCHENTA (1980)

PARTE I
ÁMBITO DE APLICACIÓN Y DISPOSICIONES GENERALES

CAPÍTULO I
ÁMBITO DE APLICACIÓN

Art. 1º

1. La presente Convención se aplicará a los contratos de compraventa de mercaderías entre partes que tengan sus establecimientos en Estados diferentes:

a) Cuando esos Estados sean Estados Contratantes, o

b) cuando las normas de derecho internacional privado prevean la aplicación de la ley de un Estado Contratante.

2. No se tendrá en cuenta el hecho de que las partes tengan sus establecimientos en Estados diferentes cuando ello no resulte del contrato, ni de los tratos entre ellas, ni de información revelada por las partes en cualquier momento antes de la celebración del contrato o en el momento de su celebración.

3. A los efectos de determinar la aplicación de la presente Convención, no se tendrán en cuenta ni la nacionalidad de las partes ni el carácter civil o comercial de las partes o del contrato.

Art. 2º

La presente Convención no se aplicará a las compraventas:

a) De mercaderías compradas para uso personal, familiar o doméstico, salvo que el vendedor, en cualquier momento antes de la celebración del contrato o en el momento de su celebración, no hubiera tenido ni debiera haber tenido conocimiento de que las mercaderías se compraban para ese uso;

b) En subastas;

c) Judiciales;

d) De valores mobiliarios, títulos o efectos de comercio y dinero;
e) De buques, embarcaciones, aerodeslizadores y aeronaves;
f) De electricidad.

Art. 3º

Se considerarán compraventas los contratos de suministro de mercaderías que hayan de ser manufacturadas o producidas, a menos que la parte que las encargue asuma la obligación de proporcionar una parte sustancial de los materiales necesarios para esa manufactura o producción.

2. La presente Convención no se aplicará a los contratos en los que la parte principal de las obligaciones de la parte que proporcione las mercaderías consista en suministrar mano de obra o prestar otros servicios.

Art. 4º

La presente Convención regula exclusivamente la formación del contrato de compraventa y los derechos y obligaciones del vendedor y del comprador dimanantes de ese contrato. Salvo disposición expresa en contrario de la presente Convención, ésta no concierne, en particular:

a) A la validez del contrato ni a la de ninguna de sus estipulaciones, ni tampoco a la de cualquier uso;

b) A los efectos que el contrato pueda producir sobre la propiedad de las mercaderías vendidas.

Art. 5º

La presente Convención no se aplicará a la responsabilidad del vendedor por la muerte o las lesiones corporales causadas a una persona por las mercaderías.

Art. 6º

Las partes podrán excluir la aplicación de la presente Convención o, sin perjuicio de lo dispuesto en el artículo 12, establecer excepciones a cualquiera de sus disposiciones o modificar sus efectos.

CAPÍTULO II
DISPOSICIONES GENERALES

Art. 7º

1. En la interpretación de la presente Convención se tendrán en cuenta su carácter internacional y la necesidad de promover la uniformidad en su aplicación y de asegurar la observancia de la buena fe en el comercio internacional.

2. Las cuestiones relativas a las materias que se rigen por la presente Convención que no estén expresamente resueltas en ella se dirimirán de conformidad con los principios generales en los que se basa la presente Convención o, a falta de tales principios, de conformidad con la ley aplicable en virtud de las normas de derecho internacional privado.

Art. 8º

1. A los efectos de la presente Convención, las declaraciones y otros actos de una parte deberán interpretarse conforme a su intención cuando la otra parte haya conocido o no haya podido ignorar cuál era esa intención.

2. Si el párrafo precedente no fuera aplicable, las declaraciones y otros actos de una parte deberán interpretarse conforme al sentido que les habría dado en igual situación una persona razonable de la misma condición que la otra parte.

3. Para determinar la intención de una parte o el sentido que habría dado una persona razonable deberán tenerse debidamente en cuenta todas las circunstancias pertinentes del caso, en particular las negociaciones, cualesquiera prácticas que las partes hubieran establecido entre ellas, los usos y el comportamiento ulterior de las partes.

Art. 9º

1. Las partes quedarán obligadas por cualquier uso en que hayan convenido y por cualquier práctica que hayan establecido entre ellas.

2. Salvo pacto en contrario, se considerará que las partes han hecho tácitamente aplicable al contrato o a su formación un uso del que tenían o debían haber tenido conocimiento y que, en el comercio internacional, sea ampliamente conocido y regularmente observado por las partes en contratos del mismo tipo en el tráfico mercantil de que se trate.

Art. 10

A los efectos de la presente Convención:

a) Si una de las partes tiene más de un establecimiento, su establecimiento será el que guarde la relación más estrecha con el contrato y su cumplimiento, habida cuenta de las circunstancias conocidas o previstas por las partes en cualquier momento antes de la celebración del contrato o en el momento de su celebración;

b) Si una de las partes no tiene establecimiento, se tendrá en cuenta su residencia habitual.

Art. 11

El contrato de compraventa no tendrá que celebrarse ni probarse por escrito ni estará sujeto a ningún otro requisito de forma. Podrá probarse por cualquier medio, incluso por testigos.

Art. 12

No se aplicará ninguna disposición del artículo 11, del artículo 29 ni de la Parte II de la presente Convención que permita que la celebración, la modificación o la extinción por mutuo acuerdo del contrato de compraventa o la oferta, la aceptación o cualquier otra manifestación de intención se hagan por un procedimiento que no sea por escrito, en el caso de que cualquiera de las partes tenga su establecimiento en un Estado Contratante que haya hecho una declaración con arreglo al artículo 96 de la presente Convención. Las partes no podrán establecer excepciones a este artículo ni modificar sus efectos.

Art. 13

A los efectos de la presente Convención, la expresión «por escrito» comprende el telegrama y el télex.

PARTE II
FORMACIÓN DEL CONTRATO

Art. 14

1. La propuesta de celebrar un contrato dirigida a una o varias personas determinadas constituirá oferta si es suficientemente precisa e indica la intención del oferente de quedar obligado en caso de aceptación. Una propuesta es suficientemente precisa si indica las mercaderías y, expresa o tácitamente, señala la cantidad y el precio o prevé un medio para determinarlos.

2. Toda propuesta no dirigida a una o varias personas determinadas será considerada como una simple invitación a hacer ofertas, a menos que la persona que haga la propuesta indique claramente lo contrario.

Art. 15

1. La oferta surtirá efecto cuando llegue al destinatario.

2. La oferta, aun cuando sea irrevocable, podrá ser retirada si su retiro llega al destinatario antes o al mismo tiempo que la oferta.

Art. 16

1. La oferta podrá ser revocada hasta que se perfeccione el contrato si la revocación llega al destinatario antes que éste haya enviado la aceptación.

2. Sin embargo, la oferta no podrá revocarse:

a) Si indica, al señalar un plazo fijo para la aceptación o de otro modo, que es irrevocable; o

b) Si el destinatario podía razonablemente considerar que la oferta era irrevocable y ha actuado basándose en esa oferta.

Art. 17

La oferta, aun cuando sea irrevocable, quedará extinguida cuando su rechazo llegue al oferente.

Art. 18

1. Toda declaración u otro acto del destinatario que indique asentimiento a una oferta constituirá aceptación. El silencio o la inacción, por sí solos, no constituirán aceptación.

2. La aceptación de la oferta surtirá efecto en el momento en que la indicación de asentimiento llegue al oferente. La aceptación no surtirá efecto si la indicación de asentimiento no llega al oferente dentro del plazo que éste haya fijado o, si no se ha fijado plazo, dentro de un plazo razonable, habida cuenta de las circunstancias de la transacción y, en particular, de la rapidez de los medios de comunicación empleados por el oferente. La aceptación de las ofertas verbales tendrá que ser inmediata a menos que de las circunstancias resulte otra cosa.

3. No obstante, si, en virtud de la oferta, de prácticas que las partes hayan establecido entre ellas o de los usos, el destinatario puede indicar su asentimiento ejecutando un acto relativo, por ejemplo, a la expedición de las mercaderías o al pago del precio, sin comunicación al oferente, la aceptación surtirá efecto en el momento en que se ejecute ese acto, siempre que esa ejecución tenga lugar dentro del plazo establecido en el párrafo precedente.

Art. 19

1. La respuesta a una oferta que pretenda ser una aceptación y que contenga adiciones, limitaciones u otras modificaciones se considerará como rechazo de la oferta y constituirá una contraoferta.

2. No obstante, la respuesta a uno oferta que pretenda ser una aceptación y que contenga elementos adicionales o diferentes que no alteren sustancialmente los de la oferta constituirá aceptación a menos que el oferente, sin demora injustificada, objete verbalmente la discrepancia o envíe una comunicación en tal sentido. De no hacerlo así, los términos del contrato serán los de la oferta con las modificaciones contenidas en la aceptación.

3. Se considerará que los elementos adicionales o diferentes relativos, en particular, al precio, al pago, a la calidad y la cantidad de las mercaderías, al lugar y la fecha de la entrega, al grado de responsabilidad de una parte con respecto a la otra o a la solución de las controversias alteran sustancialmente los elementos de la oferta.

Art. 20

1. El plazo de aceptación fijado por el oferente en un telegrama o en una carta comenzará a correr desde el momento en que el telegrama sea entregado para su expedición o desde la fecha de la carta o, si no se hubiere indicado ninguna, desde la fecha que figure en el sobre. El plazo de aceptación fijado por el oferente por teléfono, télex u otros medios de comunicación instantánea comenzará a correr desde el momento en que la oferta llegue al destinatario.

2. Los días feriados oficiales o no laborables no se excluirán del cómputo del plazo de aceptación. Sin embargo, si la comunicación de aceptación no pudiere ser entregada en la dirección del oferente el día del vencimiento del plazo, por ser ese día feriado oficial o no laborable en el lugar del establecimiento del oferente, el plazo se prorrogará hasta el primer día laborable siguiente.

Art. 21

1. La aceptación tardía surtirá, sin embargo, efecto como aceptación si el oferente, sin demora, informa verbalmente de ello al destinatario o le envía una comunicación en tal sentido.

2. Si la carta u otra comunicación por escrito que contenga una aceptación tardía indica que ha sido enviada en circunstancias tales que si su transmisión hubiera sido normal habría llegado al oferente en el plazo debido, la aceptación tardía surtirá efecto como aceptación a menos que, sin demora, el oferente informe verbalmente al destinatario de que considera su oferta caducada o le envíe una comunicación en tal sentido.

Art. 22

La aceptación podrá ser retirada si su retiro llega al oferente antes que la aceptación haya surtido efecto o en ese momento.

Art. 23

El contrato se perfeccionará en el momento de surtir efecto la aceptación de la oferta conforme a lo dispuesto en la presente Convención.

Art. 24

A los efectos de esta Parte de la presente Convención, la oferta, la declaración de aceptación o cualquier, otra manifestación de intención «llega» al destinatario cuan do se le comunica verbalmente o se entrega por cualquier otro medio al destinatario personalmente, o en su establecimiento o dirección postal o, si no tiene establecimiento ni dirección postal, en su residencia habitual.

PARTE III
COMPRAVENTA DE MERCADERÍAS

CAPÍTULO I
DISPOSICIONES GENERALES

Art. 25

El incumplimiento del contrato por una de las partes será esencial cuando cause a la otra parte un perjuicio tal que la prive sustancialmente de lo que tenía derecho a esperar en virtud del contrato, salvo que la parte que haya incumplido no hubiera previsto tal resultado y que una persona razonable de la misma condición no lo hubiera previsto en igual situación.

Art. 26

La declaración de resolución del contrato surtirá efecto sólo si se comunica a la otra parte.

Art. 27

Salvo disposición expresa en contrario de esta Parte de la presente Convención, si una de las partes hace cualquier notificación, petición u otra comunicación conforme a dicha Parte y por medios adecuados a las circunstancias, las demoras o los errores que puedan producirse en la transmisión de esa comunicación o el hecho de que no llegue a su destino no privarán a esa parte del derecho a invocar tal comunicación.

Art. 28

Si, conforme a lo dispuesto en la presente Convención, una parte tiene derecho a exigir de la otra el cumplimiento de una obligación, el tribunal no estará obligado a ordenar el cumplimiento específico a menos que lo hiciera, en virtud de su propio derecho, respecto de contratos de compraventa similares no regidos por la presente Convención.

Art. 29

1. El contrato podrá modificarse o extinguirse por mero acuerdo entro las partes.

2. Un contrato por escrito que contenga una estipulación que exija que toda modificación o extinción por mutuo acuerdo se haga por escrito no podrá modificarse ni extinguirse por mutuo acuerdo de otra forma. No obstante, cualquiera de las partes quedará vinculada por sus propios actos y no podrá alegar esa estipulación en la medida en que la otra parte se haya basado en tales actos.

CAPÍTULO II
OBLIGACIONES DEL VENDEDOR

Art. 30

El vendedor deberá entregar las mercaderías, transmitir su propiedad y entregar cualesquiera documentos relacionados con ellas en las condiciones establecidas en el contrato y en la presente Convención.

SECCIÓN I. ENTREGA DE LAS MERCADERÍAS Y DE LOS DOCUMENTOS

Art. 31

Si el vendedor no estuviere obligado a entregar las mercaderías en otro lugar determinado, su obligación de entrega consistirá:

a) Cuando el contrato de compraventa implique el transporte de las mercaderías, en ponerlas en poder del primer porteador para que las traslade al comprador;

b) Cuando, en los casos no comprendidos en el apartado precedente, el contrato verse sobre mercaderías ciertas o sobre mercaderías no identificadas que hayan de extraerse de una masa determinada o que deban ser manufacturadas o producidas y cuando, en el momento de la celebración del contrato, las partes sepan que las mercaderías se encuentran o deben ser manufacturadas o producidas en un lugar determinado, en ponerlas a disposición del comprador en ese lugar;

c) En los demás casos, en poner las mercaderías a disposición del comprador en el lugar donde el vendedor tenga su establecimiento en el momento de la celebración del contrato.

Art. 32

1. Si el vendedor, conforme al contrato o a la presente Convención, pusiere las mercaderías en poder de un porteador y éstas no estuvieren claramente identificadas a los efectos del contrato mediante señales en ellas, mediante los documentos de expedición o de otro modo, el vendedor deberá enviar al comprador un aviso de expedición en el que se especifiquen las mercaderías.

2. El vendedor, si estuviera obligado a disponer el transporte de las mercaderías, deberá concertar los contratos necesarios para que éste se efectúe hasta el lugar señalado por los medios de transporte adecuados a las circunstancias y en las condiciones usuales para tal transporte.

3. El vendedor, si no estuviere obligado a contratar un seguro de transporte, deberá proporcionar al comprador, a petición de éste, toda la información disponible que sea necesaria para contratar ese seguro.

Art. 33

El vendedor deberá entregar las mercaderías:

a) Cuando, con arreglo al contrato, se haya fijado o pueda determinarse una fecha, en esa fecha; o

b) Cuando, con arreglo al contrato, se haya fijado o pueda determinarse un plazo, en cualquier momento dentro de ese plazo, a menos que de las circunstancias resulte que corresponde al comprador elegir la fecha; o

c) En cualquier otro caso, dentro de un plazo razonable a partir, de la celebración del contrato.

Art. 34

El vendedor, si estuviere obligado a entregar documentos relacionados con las mercaderías, deberá entregarlos en el momento, en el lugar y en la forma fijados por el contrato. En caso de entrega anticipada de documentos, el vendedor podrá, hasta el momento fijado para la entrega, subsanar cualquier falta de conformidad de los documentos, si el ejercicio de ese derecho no ocasiona al comprador inconvenientes ni gastos excesivos. No obstante, el comprador conservará el derecho a exigir la indemnización de los daños y perjuicios conforme a la presente Convención.

SECCIÓN II. CONFORMIDAD DE LAS MERCADERÍAS Y PRETENSIONES DE TERCEROS

Art. 35

1. El vendedor deberá entregar mercaderías cuya cantidad, calidad y tipo correspondan a los estipulados en el contrato y que estén envasadas o embaladas en la forma fijada por el contrato.

2. Salvo que las partes hayan pactado otra cosa, las mercaderías no serán conformes al contrato a menos:

a) Que sean aptas para los usos a que ordinariamente se destinen mercaderías del mismo tipo;

b) Que sean aptas para cualquier uso especial que expresa o tácitamente se haya hecho saber al vendedor en el momento de la celebración del contrato, salvo que de las circunstancias resulte que el comprador no confió, o no era razonable que confiara, en la competencia y el juicio del vendedor;

c) Que posean las cualidades de la muestra o modelo que el vendedor haya presentado al comprador;

d) Que estén envasadas o embaladas en la forma habitual para tales mercaderías o, si no existe tal forma, de una forma adecuada para conservarlas y protegerlas.

3. El vendedor no será responsable, en virtud de los apartados a) a d) del párrafo precedente, de ninguna falta de conformidad de las mercaderías que el comprador conociera o no hubiera podido ignorar en el momento de la celebración del contrato.

Art. 36

1. El vendedor será responsable, conforme al contrato y a la presente Convención, de toda falta de conformidad que exista en el momento de la transmisión

del riesgo al comprador, aun cuando esa falta sólo sea manifiesta después de ese momento.

2. El vendedor también será responsable de toda falta de conformidad ocurrida después del momento indicado en el párrafo precedente y que sea imputable al incumplimiento de cualquiera de sus obligaciones, incluido el incumplimiento de cualquier garantía de que, durante determinado período, las mercaderías seguirán siendo aptas para su uso ordinario o para un uso especial o conservarán las cualidades y características especificadas.

Art. 37

En caso de entrega anticipada, el vendedor podrá, hasta la fecha fijada para la entrega de las mercaderías, bien entregar la parte o cantidad que falte de las mercaderías o entregar otras mercaderías en sustitución de las entregadas que no sean conformes, bien subsanar cualquier falta de conformidad de las mercaderías entregadas, siempre que el ejercicio de ese derecho no ocasione al comprador inconvenientes ni gastos excesivos. No obstante, el comprador conservará el derecho a exigir la indemnización de los daños y perjuicios conforme a la presente Convención.

Art. 38

1. El comprador deberá examinar o hacer examinar las mercaderías en el plazo más breve posible atendidas las circunstancias.

2. Si el contrato implica el transporte de las mercaderías, el examen podrá aplazarse hasta que éstas hayan llegado a su destino.

3. Si el comprador cambia en tránsito el destino de las mercaderías o las reexpide sin haber tenido una oportunidad razonable de examinarlas y si en el momento de la celebración del contrato el vendedor tenía o debía haber tenido conocimiento de la posibilidad de tal cambio de destino o reexpedición, el examen podrá aplazarse hasta que las mercaderías hayan llegado a su nuevo destino.

Art. 39

1. El comprador perderá el derecho a invocar la falta de conformidad de las mercaderías si no lo comunica al vendedor, especificando su naturaleza, dentro

de un plazo razonable a partir del momento en que la haya o debiera haberla descubierto.

2. En todo caso, el comprador perderá el derecho a invocar la falta de conformidad de las mercaderías si no lo comunica al vendedor en un plazo máximo de dos años contados desde la fecha en que las mercaderías se pusieron efectivamente en poder del comprador, a menos que ese plazo sea incompatible con un período de garantía contractual.

Art. 40

El vendedor no podrá invocar las disposiciones de los artículos 38 y 39 si la falta de conformidad se refiere a hechos que conocía o no podía ignorar y que no haya revelado al comprador.

Art. 41

El vendedor deberá entregar las mercaderías libres de cualesquiera derechos o pretensiones de un tercero, a menos que el comprador convenga en aceptarlas sujetas a tales derechos o pretensiones. No obstante, si tales derechos o pretensiones se basan en la propiedad industrial u otros tipos de propiedad intelectual, la obligación del vendedor se regirá por el artículo 42.

Art. 42

1. El vendedor deberá entregar las mercaderías libres de cualesquiera derechos o pretensiones de un tercero basados en la propiedad industrial u otros tipos de propiedad intelectual que conociera o no hubiera podido ignorar en el momento de la celebración del contrato, siempre que los derechos o pretensiones se basen en la propiedad industrial u otros tipos de propiedad intelectual:

a) En virtud de la ley del Estado en que hayan de revenderse o utilizarse las mercaderías, si las partes hubieren previsto en el momento de la celebración del contrato que las mercaderías se revenderían o utilizarían en ese Estado; o

b) En cualquier otro caso, en virtud de la ley del Estado en que el comprador tenga su establecimiento.

2. La obligación del vendedor conforme el párrafo precedente no se extenderá a los casos en que:

a) En el momento de la celebración del contrato, el comprador conociera o no hubiera podido ignorar la existencia del derecho o de la pretensión; o

b) El derecho o la pretensión resulten de haberse ajustado el vendedor a fórmulas, diseños y dibujos técnicos o a otras especificaciones análogas proporcionados por el comprador.

Art. 43

1. El comprador perderá el derecho a invocar las disposiciones del artículo 41 o del artículo 42 si no comunica al vendedor la existencia del derecho o la pretensión del tercero, especificando su naturaleza, dentro de un plazo razonable a partir del momento en que haya tenido o debiera haber tenido conocimiento de ella.

2. El vendedor no tendrá derecho a invocar las disposiciones del párrafo precedente si conocía el derecho o la pretensión del tercero y su naturaleza.

Art. 44. No obstante lo dispuesto en el párrafo 1o. del artículo 39 y en el párrafo 1o. del artículo 43, el comprador podrá rebajar el precio conforme al artículo 50 o exigir la indemnización de los daños y perjuicios, excepto el lucro cesante, si puede aducir una excusa razonable por haber omitido la comunicación requerida.

SECCIÓN III. DERECHOS Y ACCIONES EN CASO DE INCUMPLIMIENTO DEL CONTRATO POR EL VENDEDOR

Art. 45

1. Si el vendedor no cumple cualquiera de las obligaciones que le incumben conforme al contrato o a la presente Convención, el comprador podrá:

a) Ejercer los derechos establecidos en los artículos 46 a 52;

b) Exigir la indemnización de los daños y perjuicios conforme a los artículos 74 a 77.

2. El comprador no perderá el derecho a exigir la indemnización de los daños y perjuicios aunque ejercite cualquier otra acción conforme a su derecho.

3. Cuando el comprador ejercite una acción por incumplimiento del contrato, el juez o el árbitro no podrán conceder al vendedor ningún plazo de gracia.

Art. 46

1. El comprador podrá exigir al vendedor el cumplimiento de sus obligaciones, a menos que haya ejercitado un derecho o acción incompatible con esa exigencia.

2. Si las mercaderías no fueren conformes al contrato, el comprador podrá exigir la entrega de otras mercaderías en sustitución de aquéllas sólo si la falta de conformidad constituye un incumplimiento esencial del contrato y la petición de sustitución de las mercaderías se formula al hacer la comunicación a que se refiere el artículo 39 o dentro de un plazo razonable a partir de ese momento.

3. Si las mercaderías no fueren conformes al contrato, el comprador podrá exigir al vendedor que las repare para subsanar la falta de conformidad, a menos que esto no sea razonable habida cuenta de todas las circunstancias. La petición de que se reparen las mercaderías deberá formularse al hacer la comunicación a que se refiere el artículo 39 o dentro de un plazo razonable a partir de ese momento.

Art. 47

1. El comprador podrá fijar un plazo suplementario de duración razonable para el cumplimiento por el vendedor de las obligaciones que le incumban.

2. El comprador, a menos que haya recibido la comunicación del vendedor de que no cumplirá lo que le incumbe en el plazo fijado conforme al párrafo precedente, no podrá, durante ese plazo, ejercitar acción alguna por incumplimiento del contrato. Sin embargo, el comprador no perderá por ello el derecho a exigir la indemnización de los daños y perjuicios por demora en el cumplimiento.

Art. 48

1. Sin perjuicio de lo dispuesto en el artículo 49, el vendedor podrá, incluso después de la fecha de entrega, subsanar a su propia costa todo incumplimiento de sus obligaciones, si puede hacerlo sin una demora excesiva y sin causar al comprador inconvenientes excesivos o incertidumbre en cuanto al reembolso por el vendedor de los gastos anticipados por el comprador. No obstante, el comprador conservará el derecho a exigir la indemnización de los daños y perjuicios conforme a la presente Convención.

2. Si el vendedor pide al comprador que le haga saber si acepta el cumplimiento y el comprador no atiende la petición en un plazo razonable, el vendedor podrá cumplir sus obligaciones en el plazo indicado en su petición. El comprador no podrá, antes del vencimiento de ese plazo, ejercitar ningún derecho o acción

incompatible con el cumplimiento por el vendedor de las obligaciones que le incumban.

3. Cuando el vendedor comunique que cumplirá sus obligaciones en un plazo determinado, se presumirá que pide al comprador que le haga saber su decisión conforme al párrafo precedente.

4. La petición o comunicación hecha por el vendedor conforme al párrafo 2o. o al párrafo 3o. de este artículo no surtirá efecto a menos que sea recibida por el comprador.

Art. 49

1. El comprador podrá declarar resuelto el contrato:

a) Si el incumplimiento por el vendedor de cualquiera de las obligaciones que lo incumban conforme al contrato o a la presente Convención constituye un incumplimiento esencial del contrato; o

b) En caso de falta de entrega, si el vendedor no entrega las mercaderías dentro del plazo suplementario fijado por el comprador conforme al párrafo 1o. del artículo 47 o si declara que no efectuará la entrega dentro del plazo así fijado.

2. No obstante, en los casos en que el vendedor haya entregado las mercaderías, el comprador perderá el derecho a declarar resuelto el contrato si no lo hace:

a) En caso de entrega tardía, dentro de un plazo razonable después de que haya tenido conocimiento de que se ha efectuado la entrega;

b) En caso de incumplimiento distinto de la entrega tardía, dentro de un plazo razonable:

i. Después de que haya tenido o debiera haber tenido conocimiento del incumplimiento;

ii. Después del vencimiento del plazo suplementario fijado por el comprador conforme al párrafo 1o. del artículo 47, o después de que el vendedor haya declarado que no cumplirá sus obligaciones dentro de ese plazo suplementario; o

iii. Después del vencimiento del plazo suplementario indicado por el vendedor conforme al párrafo 2o. del artículo 48, o después de que el comprador haya declarado que no aceptará el cumplimiento.

Art. 50

Si las mercaderías no fueren conformes al contrato, háyase pagado o no el precio, el comprador podrá rebajar el precio proporcionalmente a la diferencia existente entre el valor que las mercaderías efectivamente entregadas tenían en el momento de la entrega y el valor que habrían tenido en ese momento mercaderías conformes al contrato. Sin embargo, el comprador no podrá rebajar el precio si el vendedor subsana cualquier incumplimiento de sus obligaciones conforme al artículo 37 o al artículo 48 o si el comprador se niega a aceptar el cumplimiento por el vendedor conforme a esos artículos.

Art. 51

1. Si el vendedor sólo entrega una parte de las mercaderías o si sólo una parte de las mercaderías entregadas es conforme al contrato, se aplicarán los artículos 46 a 50 respecto de la parte que falte o que no sea conforme.

2. El comprador podrá declarar resuelto el contrato en su totalidad sólo si la entrega parcial o no conforme al contrato constituye un incumplimiento esencial de éste.

Art. 52

1. Si el vendedor entrega las mercaderías antes de la fecha fijada, el comprador podrá aceptar o rehusar su recepción.

2. Si el vendedor entrega una cantidad de mercaderías mayor que la expresada en el contrato, el comprador podrá aceptar o rehusar la recepción de la cantidad excedente. Si el comprador acepta la recepción de la totalidad o de parte de la cantidad excedente, deberá pagarla al precio del contrato.

CAPÍTULO III
OBLIGACIONES DEL COMPRADOR

Art. 53

El comprador deberá pagar el precio de las mercaderías y recibirlas en las condiciones establecidas en el contrato y en la presente Convención.

SECCIÓN I. PAGO DEL PRECIO

Art. 54

La obligación del comprador de pagar el precio comprende la de adoptar las medidas y cumplir los requisitos fijado por el contrato o por las leyes o los reglamentos pertinentes para que sea posible el pago.

Art. 55

Cuando el contrato haya sido válidamente celebrado pero en él ni expresa ni tácitamente se haya señalado el precio o estipulado un medio para determinarlo, se considerará, salvo indicación en contrario, que las partes han hecho referencia implícitamente al precio generalmente cobrado en el momento de la celebración del contrato por tales mercaderías, vendidas en circunstancias semejantes, en el tráfico mercantil de que se trate.

Art. 56

Cuando el precio se señale en función del peso de las mercaderías, será el peso neto, en caso de duda, el que determine dicho precio.

Art. 57

1. El comprador, si no estuviere obligado a pagar el precio en otro lugar determinado, deberá pagarlo al vendedor:

a) En el establecimiento del vendedor; o

b) Si el pago debe hacerse contra entrega de las mercaderías o de documentos, en el lugar en que se efectúe la entrega.

2. El vendedor deberá soportar todo aumento de los gastos relativos al pago ocasionado por un cambio de su establecimiento acaecido después de la celebración del contrato.

Art. 58

1. El comprador, si no estuviere obligado a pagar el precio en otro momento determinado, deberá pagarlo cuando el vendedor ponga a su disposición las mer-

caderías o los correspondientes documentos representativos conforme al contrato y a la presente Convención. El vendedor podrá hacer del pago una condición para la entrega de las mercaderías o los documentos.

2. Si el contrato implica el transporte de las mercaderías, el vendedor podrá expedirlas estableciendo que las mercaderías o los correspondientes documentos representativos no se pondrán en poder del comprador más que contra el pago del precio.

3. El comprador no estará obligado a pagar el precio mientras no haya tenido la posibilidad de examinar las mercaderías, a menos que las modalidades de entrega o de pago pactadas por las partes sean incompatibles con esa posibilidad.

Art. 59

El comprador deberá pagar el precio en la fecha fijada o que pueda determinarse con arreglo al contrato y a la presente Convención, sin necesidad de requerimiento ni de ninguna otra formalidad por parte del vendedor.

SECCIÓN II. RECEPCIÓN

Art. 60

La obligación del comprador de proceder a la recepción consiste:

a) En realizar todos los actos que razonablemente quepa esperar de él para que el vendedor pueda efectuar la entrega; y

b) En hacerse cargo de las mercaderías.

SECCIÓN III. DERECHOS Y ACCIONES EN CASO DE INCUMPLIMIENTO DEL CONTRATO POR EL COMPRADOR

Art. 61

1. Si el comprador no cumple cualquiera de las obligaciones que le incumben conforme al contrato o a la presente Convención, el vendedor podrá:

a) Ejercer los derechos establecidos en los artículos 62 a 65;

b) Exigir la indemnización de los daños y perjuicios conforme a los artículos 74 a 77.

2. El vendedor no perderá el derecho a exigir la indemnización de los daños y perjuicios aunque ejercite cualquier otra acción conforme a su derecho.

3. Cuando el vendedor ejercite una acción por incumplimiento del contrato, el juez o el árbitro no podrán conceder al comprador ningún plazo de gracia.

Art. 62

El vendedor podrá exigir al comprador que pague el precio, que reciba las mercaderías o que cumpla las demás obligaciones que le incumban, a menos que el vendedor haya ejercitado un derecho o acción incompatible con esa exigencia.

Art. 63

1. El vendedor podrá fijar un plazo suplementario de duración razonable para el cumplimiento por el comprador de las obligaciones que le incumban.

2. El vendedor, a menos que haya recibido comunicación del comprador de que no cumplirá lo que le incumbe en el plazo fijado conforme el párrafo precedente, no podrá, durante ese plazo, ejercitar acción alguna por incumplimiento del contrato. Sin embargo, el vendedor no perderá por ello el derecho que pueda tener a exigir la indemnización de los daños y perjuicios por demora en el cumplimiento.

Art. 64

1. El vendedor podrá declarar resuelto el contrato:

a) Si el incumplimiento por el comprador de cualquiera de las obligaciones que le incumban conforme al contrato o a la presente Convención constituye un incumplimiento esencial del contrato; o

b) Si el comprador no cumple su obligación de pagar el precio o no recibe las mercaderías dentro del plazo suplementario fijado por el vendedor conforme al párrafo 1o. del artículo 63 o si declara que no lo hará dentro del plazo así fijado.

2. No obstante, en los casos en que el comprador haya pagado el precio, el vendedor perderá el derecho a declarar resuelto el contrato si no lo hace:

a) En caso de cumplimiento tardío por el comprador, antes de que el vendedor tenga conocimiento de que se ha efectuado el cumplimiento; o

b) En caso de incumplimiento distinto del cumplimiento tardío por el comprador, dentro de un plazo razonable:

i. Después de que el vendedor haya tenido o debiera haber tenido conocimiento del incumplimiento; o

ii. Después del vencimiento del plazo suplementario fijado por el vendedor conforme al párrafo 1o. del artículo 63, o después de que el comprador haya declarado que no cumplirá sus obligaciones dentro de ese plazo suplementario.

Art. 65

1. Si conforme al contrato correspondiere al comprador especificar la forma, las dimensiones u otras características de las mercaderías y el comprador no hiciere tal especificación en la fecha convenida o en un plazo razonable después de haber recibido un requerimiento del vendedor, éste podrá, sin perjuicio de cualesquiera otros derechos que le correspondan, hacer la especificación él mismo de acuerdo con las necesidades del comprador que le sean conocidas.

2. El vendedor, si hiciere la especificación él mismo, deberá informar de sus detalles al comprador y fijar un plazo razonable para que éste pueda hacer una especificación diferente. Si, después de recibir esa comunicación, el comprador no hiciera uso de esta posibilidad dentro del plazo así fijado, la especificación hecha por el vendedor tendrá fuerza vinculante.

CAPÍTULO IV
TRANSMISIÓN DEL RIESGO

Art. 66

La pérdida o el deterioro de las mercaderías sobrevenidos después de la transmisión del riesgo al comprador no liberarán a éste de su obligación de pagar el precio, a menos que se deban a un acto u omisión del vendedor.

Art. 67

1. Cuando el contrato de compraventa implique el transporte de las mercaderías y el vendedor no esté obligado a entregarlas en un lugar determinado, el riesgo se transmitirá al comprador en el momento en que las mercaderías se pongan en poder del primer porteador para que las traslade al comprador conforme al contrato de compraventa. Cuando el vendedor esté obligado a poner las mercaderías en poder de un porteador en un lugar determinado, el riesgo no se transmitirá al comprador hasta que las mercaderías se pongan en poder del porteador en ese lugar. El hecho de que el vendedor esté autorizado a retener los documentos representativos de las mercaderías no afectará a la transmisión del riesgo.

2. Sin embargo, el riesgo no se transmitirá al comprador hasta que las mercaderías estén claramente identificadas a los efectos del contrato mediante señales en ellas, mediante los documentos de expedición, mediante comunicación enviada al comprador o de otro modo.

Art. 68

El riesgo respecto de las mercaderías vendidas en tránsito se transmitirá al comprador desde el momento de la celebración del contrato. No obstante, si así resultare de las circunstancias, el riesgo será asumido por el comprador desde el momento en que las mercaderías se hayan puesto en poder del porteador que haya expedido los documentos acreditativos del transporte. Sin embargo, si en el momento de la celebración del contrato de compraventa el vendedor tuviera o debiera haber tenido conocimiento de que las mercaderías habían sufrido pérdida o deterioro y no lo hubiera revelado al comprador, el riesgo de la pérdida o deterioro será de cuenta del vendedor.

Art. 69

1. En los casos no comprendidos en los artículos 67 y 68, el riesgo se transmitirá al comprador cuando éste se haga cargo de las mercaderías o, si no lo hace a su debido tiempo, desde el momento en que las mercaderías se pongan a su disposición e incurra en incumplimiento del contrato al rehusar su recepción.

2. No obstante, si el comprador estuviere obligado a hacerse cargo de las mercaderías en un lugar distinto de un establecimiento del vendedor, el riesgo se transmitirá cuando deba efectuarse la entrega y el comprador tenga conocimiento de que las mercaderías están a su disposición en ese lugar.

3. Si el contrato versa sobre mercaderías aún sin Identificar, no se considerará que las mercaderías se han puesto a disposición del comprador hasta que estén claramente identificadas a los efectos del contrato.

Art. 70

Si el vendedor ha incurrido en incumplimiento esencial del contrato, las disposiciones de los artículos 67, 68 y 69 no afectarán a los derechos y acciones de que disponga el comprador como consecuencia del incumplimiento.

CAPÍTULO V
DISPOSICIONES COMUNES A LAS OBLIGACIONES DEL VENDEDOR Y DEL COMPRADOR

SECCIÓN I. INCUMPLIMIENTO PREVISIBLE Y CONTRATOS CON ENTREGAS SUCESIVAS

Art. 71

1. Cualquiera de las partes podrá diferir el cumplimiento de sus obligaciones si, después de la celebración del contrato, resulta manifiesto que la otra parte no cumplirá una parte sustancial de las obligaciones a causa de:

a) Un grave menoscabo de su capacidad para cumplirlas o de su solvencia, o

b) Su comportamiento al disponerse a cumplir o al cumplir el contrato.

2. El vendedor, si ya hubiere expedido las mercaderías antes de que resulten evidentes los motivos a que se refiere el párrafo precedente, podrá oponerse a que las mercaderías se pongan en poder del comprador, aun cuando éste sea tenedor de un documento que le permita obtenerlas. Este párrafo concierne sólo a los derechos respectivos del comprador y del vendedor sobre las mercaderías.

3. La parte que difiera el cumplimiento de lo que le incumbe, antes o después de la expedición de las mercaderías, deberá comunicarlo inmediatamente a la otra parte y deberá proceder al cumplimiento si esa otra parte da seguridades suficientes de que cumplirá sus obligaciones.

Art. 72

1. Si antes de la fecha de cumplimiento fuere patente que una de las partes incurrirá en Incumplimiento esencial del contrato, la otra parte podrá declararlo resuelto.

2. Si hubiere tiempo para ello, la parte que tuviere la intención de declarar resuelto el contrato deberá comunicarlo con antelación razonable a la otra parte para que ésta pueda dar seguridades suficientes de que cumplirá sus obligaciones.

3. Los requisitos del párrafo precedente no se aplicarán si la otra parte hubiere declarado que no cumplirá sus obligaciones.

Art. 73

1. En los contratos que estipulen entregas sucesivas de mercaderías, si el incumplimiento por una de las partes de cualquiera de sus obligaciones relativas a

cualquiera de las entregas constituye un incumplimiento esencial del contrato en relación con esa entrega, la otra parte podrá declarar resuelto el contrato en lo que respecta a esa entrega.

2. Si el incumplimiento por una de las partes de cualquiera de sus obligaciones relativas a cualquiera de las entregas da a la otra parte fundados motivos para inferir que se producirá un incumplimiento esencial del contrato en relación con futuras de entregas, esa otra parte podrá declarar resuelto el contrato para el futuro, siempre que lo haga dentro de un plazo razonable.

3. El comprador que declare resuelto el contrato respecto de cualquier entrega podrá al mismo tiempo, declararlo resuelto respecto de entregas ya efectuadas o de futuras entregas si, por razón de su interdependencia, tales entregas no pudieren destinarse al uso previsto por las partes en el momento de la celebración del contrato.

SECCIÓN II. INDEMNIZACIÓN DE DAÑOS Y PERJUICIOS

Art. 74

La indemnización de daños y perjuicios por el incumplimiento del contrato en que haya incurrido una de las partes comprenderá el valor de la pérdida sufrida y el de la ganancia dejada de obtener por la otra parte como consecuencia del incumplimiento. Esa indemnización no podrá exceder de la pérdida que la parte que haya incurrido en incumplimiento hubiera previsto o debiera haber previsto en el momento de la celebración del contrato, tomando en consideración los hechos de que tuvo o debió haber tenido conocimiento en ese momento, como consecuencia posible del incumplimiento del contrato.

Art. 75

Si se resuelve el contrato y si, de manera razonable y dentro de un plazo razonable después de la resolución, el comprador procede a una compra de reemplazo o el vendedor a una venta de reemplazo, la parte que exija la indemnización podrá obtener la diferencia entre el precio del contrato y el precio estipulado en la operación de reemplazo, así como cualesquiera otros daños y perjuicios exigibles conforme al artículo 74.

Art. 76

1. Si se resuelve el contrato y existe un precio corriente de las mercaderías, la parte que exija la indemnización podrá obtener, si no ha procedido a una compra de reemplazo o a una venta de reemplazo conforme al artículo 75 la diferencia entre el precio señalado en el contrato y el precio corriente en el momento de la resolución, así como cualesquiera otros daños y perjuicios exigibles conforme al artículo 74. No obstante, si la parte que exija la indemnización ha resuelto el contrato después de haberse hecho cargo de las mercaderías, se aplicará el precio corriente en el momento en que se haya hecho cargo de ellas en vez del precio corriente en el momento de la resolución.

2. A los efectos del párrafo precedente, el precio corriente es el del lugar en que debiera haberse efectuado la entrega de las mercaderías o, si no hubiera precio corriente en ese lugar, el precio en otra plaza que pueda razonablemente sustituir eso lugar, habida cuenta de las diferencias de costo del transporte de las mercaderías.

Art. 77

La parte que invoque el incumplimiento del contrato deberá adoptar las medidas que sean razonables, atendidas las circunstancias, para reducir la pérdida, incluido el lucro cesante, resultante del incumplimiento. Si no adopta tales medidas, la otra parte podrá pedir que se reduzca la indemnización de los daños y perjuicios en la cuantía en que debía haberse reducido la pérdida.

SECCIÓN III. INTERESES

Art. 78

Si una parte no paga el precio o cualquier otra suma adeudada, la otra parte tendrá derecho a percibir los intereses correspondientes, sin perjuicio de toda acción de indemnización de los daños y perjuicios exigibles conforme al artículo 74.

SECCIÓN IV. EXONERACIÓN

Art. 79

1. Una parte no será responsable de la falta de cumplimiento de cualquiera de sus obligaciones si prueba que esa falta de cumplimiento se debe a un impe-

dimento ajeno a su voluntad y si no cabía razonablemente esperar que tuviese en cuenta el impedimento en el momento de la celebración del contrato, que lo evitase o superase o que evitase 0 superase sus consecuencias.

2. Si la falta de cumplimiento de una de las partes se debe a la falta de cumplimiento de un tercero al que haya encargado la ejecución total o parcial del contrato, esa parte sólo quedará exonerada de responsabilidad:

a) Si está exonerada conforme al párrafo precedente, y

b) Si el tercero encargado de la ejecución también estaría exonerado en el caso de que se le aplicaran las disposiciones de ese párrafo.

3. La exoneración prevista en este artículo surtirá efecto mientras dure el impedimento.

4. La parte que no haya cumplido sus obligaciones deberá comunicar a la otra parte el impedimento y sus efectos sobre su capacidad para cumplirlas. Si la otra parte no recibiera la comunicación dentro de un plazo razonable después de que la parte que no haya cumplido tuviera o debiera haber tenido conocimiento del impedimento, esta última parte será responsable de los daños y perjuicios causados por esa falta de recepción.

5. Nada de lo dispuesto en este artículo impedirá a una u otra de las parten ejercer cualquier derecho distinto del derecho a exigir la indemnización de los daños y perjuicios conforme a la presente Convención.

Art. 80

Una parte no podrá invocar el incumplimiento de la otra en la medida en que tal incumplimiento haya sido causado por acción u omisión de aquélla.

SECCIÓN V. EFECTOS DE LA RESOLUCIÓN

Art. 81

1. La resolución del contrato liberará a las dos partes de sus obligaciones, salvo la indemnización de daños y perjuicios que pueda ser debida. La resolución no afectará a las estipulaciones del contrato relativas a la solución de controversias ni a ninguna otra estipulación del contrato que regule los derechos y obligaciones de las partes en caso de resolución.

2. La parte que haya cumplido total o parcialmente el contrato podrá reclamar a la otra parte la restitución de lo que haya suministrado o pagado conforme el

contrato. Si las dos partes están obligadas a restituir, la restitución deberá realizarse simultáneamente.

Art. 82

1. El comprador perderá el derecho a declarar resuelto el contrato o a exigir al vendedor la entrega de otras mercaderías en sustitución de las recibidas cuando le sea imposible restituir éstas en un estado sustancialmente idéntico a aquél en que las hubiera recibido.

2. El párrafo precedente no se aplicará:

a) Si la imposibilidad de restituir las mercaderías o de restituirlas en un estado sustancialmente idéntico a aquél en que el comprador las hubiera recibido no fuere imputable a un acto u omisión de éste;

b) Si las mercaderías o una parte de ellas hubieren perecido o se hubieren deteriorado como consecuencia del examen prescrito en el artículo 38; o

c) Si el comprador, antes de que descubriera o debiera haber descubierto la falta de conformidad, hubiere vendido las mercaderías o una parte de ellas en el curso normal de sus negocios o las hubiere consumido o transformado conforme a un uso normal.

Art. 83

El comprador que haya perdido el derecho a declarar resuelto el contrato o a exigir al vendedor la entrega de otras mercaderías en sustitución de las recibidas, conforme el artículo 82, conservará todos los demás derechos y acciones que le correspondan conforme al contrato y a la presente Convención.

Art. 84

1. El vendedor, si estuviera obligado a restituir el precio, deberá abonar también los intereses correspondientes a partir de la fecha en que se haya efectuado el pago.

2. El comprador deberá abonar al vendedor el importe de todos los beneficios que haya obtenido de las mercaderías o de una parte de ellas:

a) Cuando deba restituir las mercaderías o una parte de ellas; o

b) Cuando le sea imposible restituir la totalidad o una parte de las mercaderías o restituir la totalidad o una parte de las mercaderías en un estado sustancialmente idéntico a aquél en que las hubiera recibido, pero haya declarado resuelto el contrato o haya exigido al vendedor la entrega de otras mercaderías en sustitución de las recibidas.

SECCIÓN VI. CONSERVACIÓN DE LAS MERCADERÍAS

Art. 85

Si el comprador se demora en la recepción de las mercaderías o, cuando el pago del precio y la entrega de las mercaderías deban hacerse simultáneamente, no paga el precio, el vendedor, si está en posesión de las mercaderías o tiene de otro modo poder de disposición sobre ellas, deberá adoptar las medidas que sean razonables, atendidas las circunstancias, para su conservación. El vendedor tendrá derecho a retener las mercaderías hasta que haya obtenido del comprador el reembolso de los gastos razonables que haya realizado.

Art. 86

1. El comprador, si ha recibido las mercaderías y tiene la intención de ejercer cualquier derecho a rechazarlas que le corresponda conforme al contrato o a la presente Convención, deberá adoptar las medidas que sean razonables, atendidas las circunstancias, para su conservación. El comprador tendrá derecho a retener las mercaderías hasta que haya obtenido del vendedor el reembolso de los gastos razonables que haya realizado.

2. Si las mercaderías expedidas al comprador han sido puestas a disposición de éste en el lugar de destino y el comprador ejerce el derecho a rechazarlas, deberá tomar posesión de ellas por cuenta del vendedor, siempre que ello pueda hacerse, sin pago del precio y sin inconvenientes ni gastos excesivos. Esta disposición no se aplicará cuando el vendedor o una persona facultada para hacerse cargo de las mercaderías por cuenta de aquél esté presente en el lugar de destino. Si el comprador toma posesión de las mercaderías conforme a este párrafo, sus derechos y obligaciones se regirán por el párrafo precedente.

Art. 87

La parte que esté obligada a adoptar medidas para la conservación de las mercaderías podrá depositarlas en los almacenes de un tercero a expensas de la otra parte siempre que los gastos resultantes no sean excesivos.

Art. 88

1. La parte que esté obligada a conservar las mercaderías conforme a los artículos 85 y 86 podrá venderlas por cualquier medio apropiado si la otra parte se ha demorado excesivamente en tomar posesión de ellas, en aceptar su devolución o en pagar el precio o los gastos de su conservación, siempre que comunique con antelación razonable a esa otra parte su intención de vender.

2. Si las mercaderías están expuestas a deterioro rápido, o si su conservación entraña gastos excesivos, la parte que esté obligada a conservarlas conforme a los artículos 85 y 86 deberá adoptar medidas razonables para venderlas. En la medida de lo posible deberá comunicar a la otra parte su intención de vender.

3. La parte que venda las mercaderías tendrá derecho a retener del producto de la venta una suma igual a los gastos razonables de su conservación y venta. Esa parte deberá abonar el saldo a la otra parte.

PARTE IV
DISPOSICIONES FINALES

Art. 89

El Secretario General de las Naciones Unidas queda designado depositario de la presente Convención.

Art. 90

La presente Convención no prevalecerá sobre ningún acuerdo internacional ya celebrado o que se celebre que contenga disposiciones relativas a las materias que se rigen por la presente Convención, siempre que las partes tengan sus establecimientos en Estados Partes en ese acuerdo.

Art. 91

1. La presente Convención estará abierta a la firma en la sesión de clausura de la Conferencia de las Naciones Unidas Sobre los Contratos de Compraventa Internacional de Mercaderías y permanecerá abierta a la firma de todos los Estados en la Sede de las Naciones Unidas, Nueva York, hasta el 30 de septiembre de 1981.

2. La presente Convención estará sujeta a ratificación, aceptación o aprobación por los Estados signatarios.

3. La presente Convención estará abierta a la adhesión de todos los Estados que no sean Estados signatarios desde la fecha en que quede abierta a la firma.

4. Los instrumentos de ratificación, aceptación, aprobación y adhesión se depositarán en poder del Secretario General de las Naciones Unidas.

Art. 92

1. Todo Estado Contratante podrá declarar en el momento de la firma, la ratificación, la aceptación, la aprobación o la adhesión que no quedará obligado por la Parte II de la presente Convención o que no quedará obligado por la Parte III de la presente Convención.

2. Todo Estado Contratante que haga una declaración conforme al párrafo precedente respecto de la Parte II o de la Parte III de la presente Convención no será considerado Estado Contratante a los efectos del párrafo 1 del artículo 1o. de la presente Convención respecto de las materias que se rijan por la Parte a la que se aplique la declaración.

Art. 93

1. Todo Estado Contratante integrado por dos o más unidades territoriales en las que, con arreglo a su constitución, sean aplicables distintos sistemas jurídicos en relación con las materias objeto de la presente Convención podrá declarar en el momento de la firma, la ratificación, la aceptación, la aprobación o la adhesión que la presente Convención se aplicará a todas sus unidades territoriales o sólo a una o varias de ellas y podrá modificar en cualquier momento su declaración mediante otra declaración.

2. Esas declaraciones serán notificadas al depositario y en ellas se hará constar expresamente a qué unidades territoriales se aplica la Convención.

3. Si, en virtud de una declaración hecha conforme a este artículo, la presente Convención se aplica a una o varias de las unidades territoriales de un Estado Contratante, pero no a todas ellas, y si el establecimiento de una de las partes está situado en ese Estado, se considerará que, a los efectos de la presente Convención, ese establecimiento, no está en un Estado Contratante, a menos que se encuentre en una unidad territorial a la que se aplique la Convención.

4. Si el Estado Contratante no hace ninguna declaración conforme al párrafo 1o. de este artículo, la Convención se aplicará a todas las unidades territoriales de ese Estado.

Art. 94

1. Dos o más Estados Contratantes que, en las materias que se rigen por la presente Convención, tengan normas jurídicas idénticas o similares podrán declarar, en cualquier momento, que la Convención no se aplicará a los contratos de compraventa ni a su formación cuando las partes tengan a los establecimientos en esos Estados. Tales declaraciones podrán hacerse conjuntamente o mediante declaraciones unilaterales recíprocas.

2. Todo Estado Contratante que, en las materias que se rigen por la presente Convención, tenga normas jurídicas idénticas o similares a las de uno o varios Estados no contratantes podrá declarar, en cualquier momento, que la Convención no se aplicará a los contratos de compraventa ni a su formación cuando las partes tengan sus establecimientos en esos Estados.

3. Si un Estado respecto del cual se haya hecho una declaración conforme al párrafo precedente llega a ser ulteriormente Estado Contratante, la declaración surtirá los efectos de una declaración hecha con arreglo al párrafo 1o. desde la fecha en que la Convención entre en vigor respecto del nuevo Estado Contratante, siempre que el nuevo Estado Contratante suscriba esa declaración o haga una declaración unilateral de carácter recíproco.

Art. 95

Todo Estado podrá declarar en el momento del depósito de su instrumento de ratificación, aceptación, aprobación o adhesión que no quedará obligado por el apartado b) del párrafo 1o. del artículo 1o. de la presente Convención.

Art. 96

El Estado Contratante cuya legislación exija que los contratos de compraventa se celebren o se prueben por escrito podrá hacer en cualquier momento una declaración conforme al artículo 12 en el sentido de que cualquier disposición del artículo 11, del artículo 29 o de la Parte II de la presente Convención que permita que la celebración, la modificación o, la extinción por mutuo acuerdo del contrato de compraventa, o la oferta, la aceptación o cualquier otra manifestación de intención, se hagan por un procedimiento que no sea por escrito no se aplicará en el caso de que cualquiera de las partes tenga su establecimiento en ese Estado.

Art. 97

1. Las declaraciones hechas conforme a la presente Convención en el momento de la firma estarán sujetas a confirmación cuando se proceda a la ratificación, la aceptación o la aprobación.

2. Las declaraciones y las confirmaciones de declaraciones se harán constar por escrito y se notificarán formalmente al depositarlo.

3. Toda declaración surtirá efecto en el momento de la entrada en vigor de la presente Convención respecto del Estado de que se trate. No obstante, toda declaración de la que el depositario reciba notificación formal después de tal entrada en vigor surtirá efecto el primer día del mes siguiente a la expiración de un plazo de seis meses contados desde la fecha en que haya sido recibida por el depositario. Las declaraciones unilaterales recíprocas hechas conforme al artículo 94 surtirán efecto el primer día del mes siguiente a la expiración de un plazo de seis meses contados desde la fecha en que el depositario haya recibido la última declaración.

4. Todo Estado que haga una declaración conforme a la presente Convención podrá retirarla en cualquier momento mediante notificación formal hecha por escrito al depositario. Este retiro surtirá efecto el primer día del mes siguiente a la expiración de un plazo de seis meses contados desde la fecha en que el depositario haya recibido la notificación.

5. El retiro de una declaración hecha conforme al artículo 94 hará ineficaz, a partir de la fecha en que surta efecto el retiro, cualquier declaración de carácter recíproco hecho por otro Estado conforme a ese artículo.

Art. 98

No se podrán hacer más reservas que las expresamente autorizadas por la presente Convención.

Art. 99

1. La presente Convención entrará en vigor, sin perjuicio de lo dispuesto en el párrafo 6o. de este artículo, el primer día del mes siguiente a la expiración de un plazo de doce meses contados desde la fecha en que haya sido depositado el décimo instrumento de ratificación, aceptación, aprobación o adhesión, incluido todo instrumento que contenga una declaración hecha conforme al artículo 92.

2. Cuando un Estado ratifique, acepte o apruebe la presente Convención, o se adhiera a ella, después de haber sido depositado el décimo instrumento de ratificación, aceptación, aprobación o adhesión, la Convención, salvo la parte excluida, entrará en vigor respecto de ese Estado, sin perjuicio de lo dispuesto en el párrafo 6o. de este artículo, el primer día del mes siguiente a la expiración de un plazo de doce meses contados desde la fecha en que haya depositado su instrumento de ratificación, aceptación, aprobación o adhesión.

3. Todo Estado que ratifique, acepte o apruebe la presente Convención, o se adhiera a ella, y que sea parte en la Convención relativa a una ley uniforme sobre la formación de contratos para la venta internacional de mercaderías hecha en La Haya el 1o. de julio de 1964 (Convención de La Haya sobre la formación de 1964) o en la Convención relativa a una ley uniforme sobre la venta internacional de mercaderías hecha en La Haya el 1o. de julio de 1964 (Convención de La Haya sobre la venta, de 1964), o en ambas Convenciones, deberá denunciar al mismo tiempo, según el caso, la Convención de La Haya sobre la venta, de 1964, la Convención de La Haya sobre la formación, de 1964, o ambas Convenciones, mediante notificación al efecto al Gobierno de los Países Bajos.

4. Todo Estado parte en la Convención de La Haya sobre la venta, de 1964, que ratifique, acepte o apruebe la presente Convención, o se adhiera a ella, y que declare o haya declarado conforme al artículo 92 que no quedará obligado por la Parte II de la presente Convención denunciará en el momento de la ratificación, la aceptación, la aprobación o la adhesión la Convención de La Haya sobre la venta, de 1964, mediante notificación al efecto al Gobierno de los Países Bajos.

5. Todo Estado Parte en la Convención de La Haya sobre la formación, de 1964, que ratifique, acepte o apruebe la presente Convención, o se adhiera a ella, y que declare o haya declarado conforme al artículo 92 que no quedará obligado por la Parte III de la presente Convención denunciará en el momento de la ratificación, la aceptación, la aprobación o la adhesión la Convención de La Haya sobre la formación, de 1964, mediante notificación al efecto al Gobierno de los países bajos.

6. A los efectos de este artículo, las ratificaciones, aceptaciones, aprobaciones y adhesiones formuladas respecto de la presente Convención por Estados partes en la Convención de La Haya sobre la formación, de 1964, o en la Convención de La Haya sobre la venta, de 1964, no surtirán efecto hasta que las denuncias que esos Estados deban hacer, en su caso, respecto de estas dos últimas Convenciones hayan surtido a su vez efecto. El depositario de la presente Convención consultará con el Gobierno de los Países Bajos como depositario de las Convenciones, de 1964, a fin de lograr la necesaria coordinación a este respecto.

Art. 100

1. La presente Convención se aplicará a la formación del contrato sólo cuando la propuesta de celebración del contrato se haga en la fecha de entrada en vigor de la Convención respecto de los Estados Contratantes a que se refiera el apartado a) del párrafo 1o. del artículo 1o. o respecto del Estado Contratante a que se refiere el apartado b) del párrafo 1o. del artículo 1o. o después de la fecha.

2. La presente Convención se aplicará a los contratos celebrados en la fecha de entrada en vigor de la presente Convención respecto de los Estados Contratantes a que se refiere el apartado a) del párrafo 1o. del artículo 1o. o respecto del Estado Contratante a que se refiere el apartado b) del párrafo 1o. del artículo 1o., o después de esa fecha.

Art. 101

1. Todo Estado Contratante podrá denunciar la presente Convención, o su Parte II o su Parte III, mediante notificación formal hecha por escrito al depositarlo.

2. La denuncia surtirá efecto el primer día del mes siguiente a la expiración de un plazo de doce meses contados desde la fecha en que la notificación haya sido recibida por el depositario. Cuando en la notificación se establezca un plazo más largo para que la denuncia surta efecto, la denuncia surtirá efecto a la expiración de ese plazo, contado desde la fecha en que la notificación haya sido recibida por el depositario.

Hecha en Viena el día once de abril de mil novecientos ochenta, en un solo original, cuyos textos en árabe, chino, español, francés, inglés y ruso son igualmente auténticos.

LEY 527 DE 1999
POR MEDIO DE LA CUAL SE DEFINE Y REGLAMENTA EL ACCESO Y USO DE LOS MENSAJES DE DATOS, DEL COMERCIO ELECTRÓNICO Y DE LAS FIRMAS DIGITALES, Y SE ESTABLECEN LAS ENTIDADES DE CERTIFICACIÓN Y SE DICTAN OTRAS DISPOSICIONES

PARTE I
PARTE GENERAL

CAPÍTULO I
DISPOSICIONES GENERALES

Art. 1º. ÁMBITO DE APLICACIÓN

La presente ley será aplicable a todo tipo de información en forma de mensaje de datos, salvo en los siguientes casos:

a) En las obligaciones contraídas por el Estado colombiano en virtud de convenios o tratados internacionales;

b) En las advertencias escritas que por disposición legal deban ir necesariamente impresas en cierto tipo de productos en razón al riesgo que implica su comercialización, uso o consumo.

Art. 2º. DEFINICIONES

Para los efectos de la presente ley se entenderá por:

a) Mensaje de datos. La información generada, enviada, recibida, almacenada o comunicada por medios electrónicos, ópticos o similares, como pudieran ser, entre otros, el Intercambio Electrónico de Datos (EDI), Internet, el correo electrónico, el telegrama, el télex o el telefax;

b) Comercio electrónico. Abarca las cuestiones suscitadas por toda relación de índole comercial, sea o no contractual, estructurada a partir de la utilización de uno o más mensajes de datos o de cualquier otro medio similar. Las relaciones de índole comercial comprenden, sin limitarse a ellas, las siguientes operaciones: toda operación comercial de suministro o intercambio de bienes o servicios; todo acuerdo de distribución; toda operación de representación o mandato comercial; todo tipo de operaciones financieras, bursátiles y de seguros; de construcción de obras; de consultoría; de ingeniería; de concesión de licencias; todo acuerdo de concesión o explotación de un servicio público; de empresa conjunta y otras formas de cooperación industrial o comercial; de transporte de mercancías o de pasajeros por vía aérea, marítima y férrea, o por carretera;

c) Firma digital. Se entenderá como un valor numérico que se adhiere a un mensaje de datos y que, utilizando un procedimiento matemático conocido, vinculado a la clave del iniciador y al texto del mensaje permite determinar que este valor se ha obtenido exclusivamente con la clave del iniciador y que el mensaje inicial no ha sido modificado después de efectuada la transformación;

d) Entidad de Certificación. Es aquella persona que, autorizada conforme a la presente ley, está facultada para emitir certificados en relación con las firmas digitales de las personas, ofrecer o facilitar los servicios de registro y estampado cronológico de la transmisión y recepción de mensajes de datos, así como cumplir otras funciones relativas a las comunicaciones basadas en las firmas digitales;

e) Intercambio Electrónico de Datos (EDI). La transmisión electrónica de datos de una computadora a otra, que está estructurada bajo normas técnicas convenidas al efecto;

f) Sistema de Información. Se entenderá todo sistema utilizado para generar, enviar, recibir, archivar o procesar de alguna otra forma mensajes de datos.

Art. 3º. INTERPRETACIÓN

En la interpretación de la presente ley habrán de tenerse en cuenta su origen internacional, la necesidad de promover la uniformidad de su aplicación y la observancia de la buena fe.

Las cuestiones relativas a materias que se rijan por la presente ley y que no estén expresamente resueltas en ella, serán dirimidas de conformidad con los principios generales en que ella se inspira.

Art. 4º. MODIFICACIÓN MEDIANTE ACUERDO

Salvo que se disponga otra cosa, en las relaciones entre partes que generan, envían, reciben, archivan o procesan de alguna otra forma mensajes de datos, las disposiciones del Capítulo III, Parte I, podrán ser modificadas mediante acuerdo.

Art. 5º. RECONOCIMIENTO JURÍDICO DE LOS MENSAJES DE DATOS

No se negarán efectos jurídicos, validez o fuerza obligatoria a todo tipo de información por la sola razón de que esté en forma de mensaje de datos.

CAPÍTULO II
APLICACIÓN DE LOS REQUISITOS JURÍDICOS DE LOS MENSAJES DE DATOS

Art. 6º. ESCRITO

Cuando cualquier norma requiera que la información conste por escrito, ese requisito quedará satisfecho con un mensaje de datos, si la información que éste contiene es accesible para su posterior consulta.

Lo dispuesto en este artículo se aplicará tanto si el requisito establecido en cualquier norma constituye una obligación, como si las normas prevén consecuencias en el caso de que la información no conste por escrito.

Art. 7º. FIRMA

Cuando cualquier norma exija la presencia de una firma o establezca ciertas consecuencias en ausencia de la misma, en relación con un mensaje de datos, se entenderá satisfecho dicho requerimiento si:

a) Se ha utilizado un método que permita identificar al iniciador de un mensaje de datos y para indicar que el contenido cuenta con su aprobación;

b) Que el método sea tanto confiable como apropiado para el propósito por el cual el mensaje fue generado o comunicado.

Lo dispuesto en este artículo se aplicará tanto si el requisito establecido en cualquier norma constituye una obligación, como si las normas simplemente prevén consecuencias en el caso de que no exista una firma.

Art. 8º. ORIGINAL

Cuando cualquier norma requiera que la información sea presentada y conservada en su forma original, ese requisito quedará satisfecho con un mensaje de datos, si:

a) Existe alguna garantía confiable de que se ha conservado la integridad de la información, a partir del momento en que se generó por primera vez en su forma definitiva, como mensaje de datos o en alguna otra forma;

b) De requerirse que la información sea presentada, si dicha información puede ser mostrada a la persona que se deba presentar.

Lo dispuesto en este artículo se aplicará tanto si el requisito establecido en cualquier norma constituye una obligación, como si las normas simplemente prevén consecuencias en el caso de que la información no sea presentada o conservada en su forma original.

Art. 9º. INTEGRIDAD DE UN MENSAJE DE DATOS

Para efectos del artículo anterior, se considerará que la información consignada en un mensaje de datos es íntegra, si ésta ha permanecido completa e inalterada, salvo la adición de algún endoso o de algún cambio que sea inherente al proceso de comunicación, archivo o presentación. El grado de confiabilidad requerido, será determinado a la luz de los fines para los que se generó la información y de todas las circunstancias relevantes del caso.

Art. 10. ADMISIBILIDAD Y FUERZA PROBATORIA DE LOS MENSAJES DE DATOS

Los mensajes de datos serán admisibles como medios de prueba y su fuerza probatoria es la otorgada en las disposiciones del Capítulo VIII del Título XIII, Sección Tercera, Libro Segundo del Código de Procedimiento Civil.

En toda actuación administrativa o judicial, no se negará eficacia, validez o fuerza obligatoria y probatoria a todo tipo de información en forma de un mensaje de datos, por el sólo hecho que se trate de un mensaje de datos o en razón de no haber sido presentado en su forma original.

NOTA: Este artículo debe leerse actualmente de conformidad con las disposiciones contenidas en el Capítulo IX, Título Único, Sección Tercera, Libro Segundo del Código General del Proceso.

Art. 11. CRITERIO PARA VALORAR PROBATORIAMENTE UN MENSAJE DE DATOS

Para la valoración de la fuerza probatoria de los mensajes de datos a que se refiere esta ley, se tendrán en cuenta las reglas de la sana crítica y demás criterios reconocidos legalmente para la apreciación de las pruebas. Por consiguiente habrán de tenerse en cuenta: la confiabilidad en la forma en la que se haya generado, archivado o comunicado el mensaje, la confiabilidad en la forma en que se haya conservado la integridad de la información, la forma en la que se identifique a su iniciador y cualquier otro factor pertinente.

Art. 12. CONSERVACIÓN DE LOS MENSAJES DE DATOS Y DOCUMENTOS

Cuando la ley requiera que ciertos documentos, registros o informaciones sean conservados, ese requisito quedará satisfecho, siempre que se cumplan las siguientes condiciones:

1. Que la información que contengan sea accesible para su posterior consulta.
2. Que el mensaje de datos o el documento sea conservado en el formato en que se haya generado, enviado o recibido o en algún formato que permita demostrar que reproduce con exactitud la información generada, enviada o recibida, y
3. Que se conserve, de haber alguna, toda información que permita determinar el origen, el destino del mensaje, la fecha y la hora en que fue enviado o recibido el mensaje o producido el documento.

No estará sujeta a la obligación de conservación, la información que tenga por única finalidad facilitar el envío o recepción de los mensajes de datos.

Los libros y papeles del comerciante podrán ser conservados en cualquier medio técnico que garantice su reproducción exacta.

Art. 13. CONSERVACIÓN DE MENSAJES DE DATOS Y ARCHIVO DE DOCUMENTOS A TRAVÉS DE TERCEROS

El cumplimiento de la obligación de conservar documentos, registros o informaciones en mensajes de datos, se podrá realizar directamente o a través de terceros, siempre y cuando se cumplan las condiciones enunciadas en el artículo anterior.

CAPÍTULO III
COMUNICACIÓN DE LOS MENSAJES DE DATOS

Art. 14. FORMACIÓN Y VALIDEZ DE LOS CONTRATOS

En la formación del contrato, salvo acuerdo expreso entre las partes, la oferta y su aceptación podrán ser expresadas por medio de un mensaje de datos. No se negará validez o fuerza obligatoria a un contrato por la sola razón de haberse utilizado en su formación uno o más mensajes de datos.

Art. 15. RECONOCIMIENTO DE LOS MENSAJES DE DATOS POR LAS PARTES

En las relaciones entre el iniciador y el destinatario de un mensaje de datos, no se negarán efectos jurídicos, validez o fuerza obligatoria a una manifestación de voluntad u otra declaración por la sola razón de haberse hecho en forma de mensaje de datos.

Art. 16. ATRIBUCIÓN DE UN MENSAJE DE DATOS

Se entenderá que un mensaje de datos proviene del iniciador, cuando éste ha sido enviado por:

1. El propio iniciador.

2. Por alguna persona facultada para actuar en nombre del iniciador respecto de ese mensaje, o

3. Por un sistema de información programado por el iniciador o en su nombre para que opere automáticamente.

Art. 17. PRESUNCIÓN DEL ORIGEN DE UN MENSAJE DE DATOS

Se presume que un mensaje de datos ha sido enviado por el iniciador, cuando:

1. Haya aplicado en forma adecuada el procedimiento acordado previamente con el iniciador, para establecer que el mensaje de datos provenía efectivamente de éste, o

2. El mensaje de datos que reciba el destinatario resulte de los actos de una persona cuya relación con el iniciador, o con algún mandatario suyo, le haya dado acceso a algún método utilizado por el iniciador para identificar un mensaje de datos como propio.

Art. 18. CONCORDANCIA DEL MENSAJE DE DATOS ENVIADO CON EL MENSAJE DE DATOS RECIBIDO

Siempre que un mensaje de datos provenga del iniciador o que se entienda que proviene de él, o siempre que el destinatario tenga derecho a actuar con arreglo a este supuesto, en las relaciones entre el iniciador y el destinatario, este último tendrá derecho a considerar que el mensaje de datos recibido corresponde al que quería enviar el iniciador, y podrá proceder en consecuencia.

El destinatario no gozará de este derecho si sabía o hubiera sabido, de haber actuado con la debida diligencia o de haber aplicado algún método convenido, que la transmisión había dado lugar a un error en el mensaje de datos recibido.

Art. 19. MENSAJES DE DATOS DUPLICADOS

Se presume que cada mensaje de datos recibido es un mensaje de datos diferente, salvo en la medida en que duplique otro mensaje de datos, y que el destinatario sepa, o debiera saber, de haber actuado con la debida diligencia o de haber aplicado algún método convenido, que el nuevo mensaje de datos era un duplicado.

Art. 20. ACUSE DE RECIBO

Si al enviar o antes de enviar un mensaje de datos, el iniciador solicita o acuerda con el destinatario que se acuse recibo del mensaje de datos, pero no se ha acordado entre éstos una forma o método determinado para efectuarlo, se podrá acusar recibo mediante:

a) Toda comunicación del destinatario, automatizada o no, o

b) Todo acto del destinatario que baste para indicar al iniciador que se ha recibido el mensaje de datos

Si el iniciador ha solicitado o acordado con el destinatario que se acuse recibo del mensaje de datos, y expresamente aquél ha indicado que los efectos del mensaje de datos estarán condicionados a la recepción de un acuse de recibo, se considerará que el mensaje de datos no ha sido enviado en tanto que no se haya recepcionado el acuse de recibo.

Art. 21. PRESUNCIÓN DE RECEPCIÓN DE UN MENSAJE DE DATOS

Cuando el iniciador recepcione acuse recibo del destinatario, se presumirá que éste ha recibido el mensaje de datos.

Esa presunción no implicará que el mensaje de datos corresponda al mensaje recibido. Cuando en el acuse de recibo se indique que el mensaje de datos recepcionado cumple con los requisitos técnicos convenidos o enunciados en alguna norma técnica aplicable, se presumirá que ello es así.

Art. 22. EFECTOS JURÍDICOS

Los artículos 20 y 21 únicamente rigen los efectos relacionados con el acuse de recibo. Las consecuencias jurídicas del mensaje de datos se regirán conforme a las normas aplicables al acto o negocio jurídico contenido en dicho mensaje de datos.

Art. 23. TIEMPO DEL ENVÍO DE UN MENSAJE DE DATOS

De no convenir otra cosa el iniciador y el destinatario, el mensaje de datos se tendrá por expedido cuando ingrese en un sistema de información que no esté bajo control del iniciador o de la persona que envió el mensaje de datos en nombre de éste.

Art. 24. TIEMPO DE LA RECEPCIÓN DE UN MENSAJE DE DATOS

De no convenir otra cosa el iniciador y el destinatario, el momento de la recepción de un mensaje de datos se determinará como sigue:

a) Si el destinatario ha designado un sistema de información para la recepción de mensaje de datos, la recepción tendrá lugar:

1. En el momento en que ingrese el mensaje de datos en el sistema de información designado; o

2. De enviarse el mensaje de datos a un sistema de información del destinatario que no sea el sistema de información designado, en el momento en que el destinatario recupere el mensaje de datos;

b) Si el destinatario no ha designado un sistema de información, la recepción tendrá lugar cuando el mensaje de datos ingrese a un sistema de información del destinatario.

Lo dispuesto en este artículo será aplicable aun cuando el sistema de información esté ubicado en lugar distinto de donde se tenga por recibido el mensaje de datos conforme al artículo siguiente.

Art. 25. LUGAR DEL ENVÍO Y RECEPCIÓN DEL MENSAJE DE DATOS

De no convenir otra cosa el iniciador y el destinatario, el mensaje de datos se tendrá por expedido en el lugar donde el iniciador tenga su establecimiento y por recibido en el lugar donde el destinatario tenga el suyo. Para los fines del presente artículo:

a) Si el iniciador o destinatario tienen más de un establecimiento, su establecimiento será el que guarde una relación más estrecha con la operación subyacente o, de no haber una operación subyacente, su establecimiento principal;

b) Si el iniciador o el destinatario no tienen establecimiento, se tendrá en cuenta su lugar de residencia habitual.

PARTE II
COMERCIO ELECTRÓNICO EN MATERIA DE TRANSPORTE DE MERCANCÍAS

Art. 26. ACTOS RELACIONADOS CON LOS CONTRATOS DE TRANSPORTE DE MERCANCÍAS

Sin perjuicio de lo dispuesto en la parte I de la presente ley, este capítulo será aplicable a cualquiera de los siguientes actos que guarde relación con un contrato de transporte de mercancías, o con su cumplimiento, sin que la lista sea taxativa:

a) I. Indicación de las marcas, el número, la cantidad o el peso de las mercancías.

II. Declaración de la naturaleza o valor de las mercancías.

III. Emisión de un recibo por las mercancías.

IV. Confirmación de haberse completado el embarque de las mercancías;

b) I. Notificación a alguna persona de las cláusulas y condiciones del contrato.

II. Comunicación de instrucciones al transportador;

c) I. Reclamación de la entrega de las mercancías.

II. Autorización para proceder a la entrega de las mercancías.

III. Notificación de la pérdida de las mercancías o de los daños que hayan sufrido;

d) Cualquier otra notificación o declaración relativas al cumplimiento del contrato;

e) Promesa de hacer entrega de las mercancías a la persona designada o a una persona autorizada para reclamar esa entrega;

f) Concesión, adquisición, renuncia, restitución, transferencia o negociación de algún derecho sobre mercancías;

g) Adquisición o transferencia de derechos y obligaciones con arreglo al contrato.

Art. 27. DOCUMENTOS DE TRANSPORTE

Con sujeción a lo dispuesto en el inciso 3o. del presente artículo, en los casos en que la ley requiera que alguno de los actos enunciados en el artículo 26 se lleve a cabo por escrito o mediante documento emitido en papel, ese requisito quedará satisfecho cuando el acto se lleve a cabo por medio de uno o más mensajes de datos.

El inciso anterior será aplicable, tanto si el requisito en él previsto está expresado en forma de obligación o si la ley simplemente prevé consecuencias en el caso de que no se lleve a cabo el acto por escrito o mediante un documento emitido en papel.

Cuando se conceda algún derecho a una persona determinada y a ninguna otra, o ésta adquiera alguna obligación, y la ley requiera que, para que ese acto surta efecto, el derecho o la obligación hayan de transferirse a esa persona mediante el envío o utilización de un documento emitido en papel, ese requisito quedará satisfecho si el derecho o la obligación se transfiere mediante la utilización de uno o más mensajes de datos, siempre que se emplee un método confiable para garantizar la singularidad de ese mensaje o esos mensajes de datos.

Para los fines del inciso tercero, el nivel de confiabilidad requerido será determinado a la luz de los fines para los que se transfirió el derecho o la obligación y de todas las circunstancias del caso, incluido cualquier acuerdo pertinente.

Cuando se utilicen uno o más mensajes de datos para llevar a cabo alguno de los actos enunciados en los incisos f) y g) del artículo 26, no será válido ningún documento emitido en papel para llevar a cabo cualquiera de esos actos, a menos que se haya puesto fin al uso de mensajes de datos para sustituirlo por el de documentos emitidos en papel. Todo documento con soporte en papel que se emita en esas circunstancias deberá contener una declaración en tal sentido. La sustitución de mensajes de datos por documentos emitidos en papel no afectará los derechos ni las obligaciones de las partes.

Cuando se aplique obligatoriamente una norma jurídica a un contrato de transporte de mercancías que esté consignado, o del que se haya dejado constancia en un documento emitido en papel, esa norma no dejará de aplicarse, a dicho contrato de transporte de mercancías del que se haya dejado constancia en uno o más mensajes de datos por razón de que el contrato conste en ese mensaje o esos mensajes de datos en lugar de constar en documentos emitidos en papel.

PARTE III
FIRMAS DIGITALES, CERTIFICADOS Y ENTIDADES DE CERTIFICACIÓN

CAPÍTULO I
FIRMAS DIGITALES

Art. 28. ATRIBUTOS JURÍDICOS DE UNA FIRMA DIGITAL

Cuando una firma digital haya sido fijada en un mensaje de datos se presume que el suscriptor de aquella tenía la intención de acreditar ese mensaje de datos y de ser vinculado con el contenido del mismo.

Parágrafo. El uso de una firma digital tendrá la misma fuerza y efectos que el uso de una firma manuscrita, si aquélla incorpora los siguientes atributos:

1. Es única a la persona que la usa.
2. Es susceptible de ser verificada.
3. Está bajo el control exclusivo de la persona que la usa.
4. Está ligada a la información o mensaje, de tal manera que si éstos son cambiados, la firma digital es invalidada.
5. Está conforme a las reglamentaciones adoptadas por el Gobierno Nacional.

CAPÍTULO II
ENTIDADES DE CERTIFICACIÓN

Art. 29. CARACTERÍSTICAS Y REQUERIMIENTOS DE LAS ENTIDADES DE CERTIFICACIÓN

Artículo modificado por el artículo 160 del Decreto 19 de 2012. El nuevo texto es el siguiente: Podrán ser entidades de certificación, las personas jurídicas, tanto públicas como privadas, de origen nacional o extranjero y las cámaras de comercio, que cumplan con los requerimientos y sean acreditados por el Organismo Nacional de Acreditación conforme a la reglamentación expedida por el Gobierno Nacional. El Organismo Nacional de Acreditación de Colombia suspenderá o retirará la acreditación en cualquier tiempo, cuando se establezca que la entidad de certificación respectiva no está cumpliendo con la reglamentación emitida por el Gobierno Nacional, con base en las siguientes condiciones:

a. Contar con la capacidad económica y financiera suficiente para prestar los servicios autorizados como entidad de certificación;

b. Contar con la capacidad y elementos técnicos necesarios para la generación de firmas digitales, la emisión de certificados sobre la autenticidad de las mismas y la conservación de mensajes de datos en los términos establecidos en esta ley;

c. Los representantes legales y administradores no podrán ser personas que hayan sido condenadas a pena privativa de la libertad, excepto por delitos políticos o culposos; o que hayan sido suspendidas en el ejercicio de su profesión por falta grave contra la ética o hayan sido excluidas de aquélla. Esta inhabilidad estará vigente por el mismo período que la ley penal o administrativa señale para el efecto.

Art. 30. ACTIVIDADES DE LAS ENTIDADES DE CERTIFICACIÓN

Artículo modificado por el artículo 161 del Decreto 19 de 2012. El nuevo texto es el siguiente: Las entidades de certificación acreditadas por el Organismo Nacional de Acreditación de Colombia para prestar sus servicios en el país, podrán realizar, entre otras, las siguientes actividades:

1. Emitir certificados en relación con las firmas electrónicas o digitales de personas naturales o jurídicas.
2. Emitir certificados sobre la verificación respecto de la alteración entre el envío y recepción del mensaje de datos y de documentos electrónicos transferibles.
3. Emitir certificados en relación con la persona que posea un derecho u obligación con respecto a los documentos enunciados en los literales f) y g) del artículo 26 de la Ley 527 de 1999.
4. Ofrecer o facilitar los servicios de generación de los datos de creación de las firmas digitales certificadas.
5. Ofrecer o facilitar los servicios de registro y estampado cronológico en la generación, transmisión y recepción de mensajes de datos.
6. Ofrecer o facilitar los servicios de generación de datos de creación de las firmas electrónicas.
7. Ofrecer los servicios de registro, custodia y anotación de los documentos electrónicos transferibles.
8. Ofrecer los servicios de archivo y conservación de mensajes de datos y documentos electrónicos transferibles.
9. Cualquier otra actividad relacionada con la creación, uso o utilización de firmas digitales y electrónicas.

Art. 31. REMUNERACIÓN POR LA PRESTACIÓN DE SERVICIOS

La remuneración por los servicios de las entidades de certificación serán establecidos libremente por éstas.

Art. 32. DEBERES DE LAS ENTIDADES DE CERTIFICACIÓN

Las entidades de certificación tendrán, entre otros, los siguientes deberes:

a) Emitir certificados conforme a lo solicitado o acordado con el suscriptor;

b) Implementar los sistemas de seguridad para garantizar la emisión y creación de firmas digitales, la conservación y archivo de certificados y documentos en soporte de mensaje de datos;

c) Garantizar la protección, confidencialidad y debido uso de la información suministrada por el suscriptor;

d) Garantizar la prestación permanente del servicio de entidad de certificación;

e) Atender oportunamente las solicitudes y reclamaciones hechas por los suscriptores;

f) Efectuar los avisos y publicaciones conforme a lo dispuesto en la ley;

g) Suministrar la información que le requieran las entidades administrativas competentes o judiciales en relación con las firmas digitales y certificados emitidos y en general sobre cualquier mensaje de datos que se encuentre bajo su custodia y administración;

h) Literal modificado por el artículo 162 del Decreto 19 de 2012. El nuevo texto es el siguiente: Permitir y facilitar la realización de las auditorías por parte del Organismo Nacional de Acreditación de Colombia. Es responsabilidad de la entidad de certificación pagar los costos de la acreditación y los de las auditorías de vigilancia, conforme con las tarifas del Organismo Nacional de Acreditación de Colombia.

i) Elaborar los reglamentos que definen las relaciones con el suscriptor y la forma de prestación del servicio;

j) Llevar un registro de los certificados.

Art. 33. TERMINACIÓN UNILATERAL

Salvo acuerdo entre las partes, la entidad de certificación podrá dar por terminado el acuerdo de vinculación con el suscriptor dando un preaviso no menor de noventa (90) días. Vencido este término, la entidad de certificación revocará los certificados que se encuentren pendientes de expiración.

Igualmente, el suscriptor podrá dar por terminado el acuerdo de vinculación con la entidad de certificación dando un preaviso no inferior a treinta (30) días.

Art. 34. CESACIÓN DE ACTIVIDADES POR PARTE DE LAS ENTIDADES DE CERTIFICACIÓN

Artículo modificado por el artículo 163 del Decreto 19 de 2012. El nuevo texto es el siguiente: Las entidades de certificación acreditadas por el ONAC pueden cesar en el ejercicio de actividades, siempre y cuando garanticen la continuidad del servicio a quienes ya lo hayan contratado, directamente o a través de terceros, sin costos adicionales a los servicios ya cancelados.

CAPÍTULO III
CERTIFICADOS

Art. 35. CONTENIDO DE LOS CERTIFICADOS

Un certificado emitido por una entidad de certificación autorizada, además de estar firmado digitalmente por ésta, debe contener por lo menos lo siguiente:

1. Nombre, dirección y domicilio del suscriptor.
2. Identificación del suscriptor nombrado en el certificado.
3. El nombre, la dirección y el lugar donde realiza actividades la entidad de certificación.
4. La clave pública del usuario.
5. La metodología para verificar la firma digital del suscriptor impuesta en el mensaje de datos.
6. El número de serie del certificado.
7. Fecha de emisión y expiración del certificado.

Art. 36. ACEPTACIÓN DE UN CERTIFICADO

Salvo acuerdo entre las partes, se entiende que un suscriptor ha aceptado un certificado cuando la entidad de certificación, a solicitud de éste o de una persona en nombre de éste, lo ha guardado en un repositorio.

Art. 37. REVOCACIÓN DE CERTIFICADOS

El suscriptor de una firma digital certificada, podrá solicitar a la entidad de certificación que expidió un certificado, la revocación del mismo. En todo caso, estará obligado a solicitar la revocación en los siguientes eventos:

1. Por pérdida de la clave privada.

2. La clave privada ha sido expuesta o corre peligro de que se le dé un uso indebido.

Si el suscriptor no solicita la revocación del certificado en el evento de presentarse las anteriores situaciones, será responsable por las pérdidas o perjuicios en los cuales incurran terceros de buena fe exenta de culpa que confiaron en el contenido del certificado.

Una entidad de certificación revocará un certificado emitido por las siguientes razones:

1. A petición del suscriptor o un tercero en su nombre y representación.
2. Por muerte del suscriptor.
3. Por liquidación del suscriptor en el caso de las personas jurídicas.
4. Por la confirmación de que alguna información o hecho contenido en el certificado es falso.
5. La clave privada de la entidad de certificación o su sistema de seguridad ha sido comprometido de manera material que afecte la confiabilidad del certificado.
6. Por el cese de actividades de la entidad de certificación, y
7. Por orden judicial o de entidad administrativa competente.

Art. 38. TÉRMINO DE CONSERVACIÓN DE LOS REGISTROS

Los registros de certificados expedidos por una entidad de certificación deben ser conservados por el término exigido en la ley que regule el acto o negocio jurídico en particular.

CAPÍTULO IV
SUSCRIPTORES DE FIRMAS DIGITALES

Art. 39. DEBERES DE LOS SUSCRIPTORES

Son deberes de los suscriptores:

1. Recibir la firma digital por parte de la entidad de certificación o generarla, utilizando un método autorizado por ésta.
2. Suministrar la información que requiera la entidad de certificación.
3. Mantener el control de la firma digital.
4. Solicitar oportunamente la revocación de los certificados.

Art. 40. RESPONSABILIDAD DE LOS SUSCRIPTORES

Los suscriptores serán responsables por la falsedad, error u omisión en la información suministrada a la entidad de certificación y por el incumplimiento de sus deberes como suscriptor.

CAPÍTULO V
SUPERINTENDENCIA DE INDUSTRIA Y COMERCIO

Art. 41. FUNCIONES DE LA SUPERINTENDENCIA

Artículo derogado por el artículo 176 del Decreto 19 de 2012.

Art. 42. SANCIONES

Artículo derogado por el artículo 176 del Decreto 19 de 2012.

CAPÍTULO VI
DISPOSICIONES VARIAS

Art. 43. CERTIFICACIONES RECÍPROCAS

Los certificados de firmas digitales emitidos por entidades de certificación extranjeras, podrán ser reconocidos en los mismos términos y condiciones exigidos en la ley para la emisión de certificados por parte de las entidades de certificación nacionales, siempre y cuando tales certificados sean reconocidos por una entidad de certificación autorizada que garantice en la misma forma que lo hace con sus propios certificados, la regularidad de los detalles del certificado, así como su validez y vigencia.

Art. 44. INCORPORACIÓN POR REMISIÓN

Salvo acuerdo en contrario entre las partes, cuando en un mensaje de datos se haga remisión total o parcial a directrices, normas, estándares, acuerdos, cláusulas, condiciones o términos fácilmente accesibles con la intención de incorporarlos como parte del contenido o hacerlos vinculantes jurídicamente, se presume que esos términos están incorporados por remisión a ese mensaje de datos. Entre las partes y conforme a la ley, esos términos serán jurídicamente válidos como si hubieran sido incorporados en su totalidad en el mensaje de datos.

PARTE IV
REGLAMENTACIÓN Y VIGENCIA

Art. 45

La Superintendencia de Industria y Comercio contará con un término adicional de doce (12) meses, contados a partir de la publicación de la presente ley, para organizar y asignar a una de sus dependencias la función de inspección, control y vigilancia de las actividades realizadas por las entidades de certificación, sin perjuicio de que el Gobierno Nacional cree una unidad especializada dentro de ella para tal efecto.

Art. 46. PREVALENCIA DE LAS LEYES DE PROTECCIÓN AL CONSUMIDOR

La presente ley se aplicará sin perjuicio de las normas vigentes en materia de protección al consumidor.

Art. 47. VIGENCIA Y DEROGATORIA

La presente ley rige desde la fecha de su publicación y deroga las disposiciones que le sean contrarias.

DECISIÓN 486 DE 2000
RÉGIMEN COMÚN SOBRE PROPIEDAD INDUSTRIAL

La Comisión de la Comunidad Andina,

Vistos:

El artículo 27 del Acuerdo de Cartagena y la Decisión 344 de la Comisión;

DECIDE:

Sustituir la Decisión 344 por la siguiente Decisión:

RÉGIMEN COMÚN SOBRE PROPIEDAD INDUSTRIAL

TÍTULO I
DISPOSICIONES GENERALES

Del trato nacional

Art. 1°

Con respecto a la protección de la propiedad industrial, cada país miembro concederá a los nacionales de los demás miembros de la Comunidad Andina, de la Organización Mundial del Comercio y del Convenio de París para la Protección de la Propiedad Industrial, un trato no menos favorable que el que otorgue a sus propios nacionales, a reserva de lo previsto en los artículos 3° y 5° del Acuerdo sobre los Aspectos de los Derechos de Propiedad Intelectual relacionados con el Comercio (ADPIC), y en el artículo 2° del Convenio de París para la Protección de la Propiedad Industrial. Asimismo, podrán conceder dicho trato a los nacionales de un tercer país, bajo las condiciones que prevea la legislación interna del respectivo país miembro.

Del trato de la nación más favorecida

Art. 2°

Con respecto a la protección de la propiedad industrial, toda ventaja, favor, privilegio o inmunidad que conceda un país miembro a los nacionales de otro país miembro de la Comunidad Andina, se hará extensiva a los nacionales de cualquier miembro de la Organización Mundial del Comercio o del Convenio de París para la Protección de la Propiedad Industrial.

Lo previsto en el párrafo anterior procederá sin perjuicio de las reservas previstas en los artículos 4º y 5º del Acuerdo sobre los Aspectos de los Derechos de Propiedad Intelectual relacionados con el Comercio (ADPIC).

Del patrimonio biológico y genético y de los conocimientos tradicionales

Art. 3º

Los países miembros asegurarán que la protección conferida a los elementos de la propiedad industrial se concederá salvaguardando y respetando su patrimonio biológico y genético, así como los conocimientos tradicionales de sus comunidades indígenas, afroamericanas o locales. En tal virtud, la concesión de patentes que versen sobre invenciones desarrolladas a partir de material obtenido de dicho patrimonio o dichos conocimientos estará supeditada a que ese material haya sido adquirido de conformidad con el ordenamiento jurídico internacional, comunitario y nacional.

Los países miembros reconocen el derecho y la facultad para decidir de las comunidades indígenas, afroamericanas o locales, sobre sus conocimientos colectivos.

Las disposiciones de la presente Decisión se aplicarán e interpretarán de manera que no contravengan a las establecidas por la Decisión 391, con sus modificaciones vigentes.

De los términos y plazos

Art. 4º

Los plazos relativos a trámites previstos en la presente Decisión sujetos a notificación o publicación se contarán a partir del día siguiente a aquel en que se realice la notificación o publicación del acto de que se trate, salvo disposición en contrario de la presente Decisión.

Art. 5º

Siempre que en la presente Decisión no exista disposición en contrario, cuando los plazos se señalen por días, se entenderá que éstos son hábiles. Si el plazo se fija en meses o años se computará de fecha a fecha. Si en el mes de vencimiento no hubiere día equivalente a aquel en que comienza el cómputo se entenderá que el plazo vence el último día del mes. Cuando el último día del plazo sea inhábil, se entenderá prorrogado al primer día hábil siguiente.

De las notificaciones

Art. 6º

La oficina nacional competente podrá establecer un sistema de notificación que permita comunicar adecuadamente sus decisiones a los interesados.

Del idioma

Art. 7º

El petitorio de las solicitudes presentadas ante la oficina nacional competente deberá presentarse en idioma castellano.

Art. 8º

Los documentos que se tramiten ante las oficinas nacionales competentes deberán presentarse en idioma castellano. En caso contrario, deberá acompañarse una traducción simple en dicho idioma. Sin embargo, la oficina nacional competente podrá dispensar de la presentación de traducciones de los documentos cuando así lo considere conveniente.

De la reivindicación de prioridad

Art. 9

La primera solicitud de patente de invención o de modelo de utilidad, o de registro de diseño industrial o de marca, válidamente presentada en otro país miembro o ante una autoridad nacional, regional o internacional con la cual el país miembro estuviese vinculado por algún tratado que establezca un derecho de prioridad análogo al que establece la presente Decisión, conferirá al solicitante o a su causahabiente un derecho de prioridad para solicitar en el país miembro una patente o un registro respecto de la misma materia. El alcance y los efectos del derecho de prioridad serán los previstos en el Convenio de París para la Protección de la Propiedad Industrial.

El derecho de prioridad podrá basarse en una solicitud anterior presentada ante la oficina nacional competente del mismo país miembro, siempre que en esa solicitud no se hubiese invocado un derecho de prioridad previo. En tal caso, la presentación de la solicitud posterior invocando el derecho de prioridad implicará el abandono de la solicitud anterior con respecto a la materia que fuese común a ambas.

Se reconoce que da origen al derecho de prioridad toda solicitud válidamente admitida a trámite conforme a lo previsto en los artículos 33, 119 y 140 de la presente Decisión, o en los tratados que resulten aplicables.

Para beneficiarse del derecho de prioridad, la solicitud que la invoca deberá presentarse dentro de los siguientes plazos improrrogables contados desde la fecha de presentación de la solicitud cuya prioridad se invoca:

a) doce meses para las patentes de invención y de modelos de utilidad; y,

b) seis meses para los registros de diseños industriales y de marcas.

Art. 10

A los efectos de lo previsto en el artículo anterior, deberá presentarse una declaración con la documentación pertinente, en la que se invoque la prioridad de la solicitud anterior indicando la fecha de su presentación, la oficina ante la cual se presentó y cuando se conociera, su número. La oficina nacional competente podrá exigir el pago de una tasa por la invocación de la prioridad.

La declaración y la documentación pertinente deberán presentarse, conjunta o separadamente, con la solicitud o, a más tardar, dentro de los siguientes plazos improrrogables contados desde la fecha de presentación de la solicitud cuya prioridad se invoca:

a) en el caso de solicitudes de patente de invención o de modelo de utilidad: dieciséis meses; y,

b) en el caso de solicitudes de registro de diseño industrial o de marca: nueve meses.

Asimismo, deberá presentarse copia de la solicitud cuya prioridad se invoca certificada por la autoridad que la expidió, un certificado de la fecha de presentación de esa solicitud expedida por la misma autoridad y, de ser el caso, el comprobante de pago de la tasa establecida.

Para efectos del derecho de prioridad, no se exigirán otras formalidades adicionales a las dispuestas en el presente artículo.

Art. 11

El incumplimiento de los plazos, de la presentación de los documentos o del pago de la tasa, acarreará la pérdida de la prioridad invocada.

Del desistimiento y abandono

Art. 12

El solicitante podrá desistir de su solicitud en cualquier momento del trámite. El desistimiento de una solicitud de patente o de registro da por terminada la instancia administrativa a partir de la declaración de la oficina nacional competente, perdiéndose la fecha de presentación atribuida.

Si se presentara el desistimiento antes de la publicación de la solicitud, ésta no será publicada. Tratándose de solicitudes de patente de invención o de modelo de utilidad, o de registro de diseño industrial, las mismas se mantendrán en reserva y no podrán ser consultadas sin autorización escrita del solicitante, salvo que hubiese transcurrido el plazo previsto en el artículo 40.

Art. 13

Lo dispuesto en el artículo precedente será de aplicación a los casos de abandono del trámite de la solicitud, en lo que fuere pertinente.

TÍTULO II
DE LAS PATENTES DE INVENCIÓN

CAPÍTULO I
DE LOS REQUISITOS DE PATENTABILIDAD

Art. 14

Los países miembros otorgarán patentes para las invenciones, sean de producto o de procedimiento, en todos los campos de la tecnología, siempre que sean nuevas, tengan nivel inventivo y sean susceptibles de aplicación industrial.

Art. 15

No se considerarán invenciones:

a) Los descubrimientos, las teorías científicas y los métodos matemáticos;

b) El todo o parte de seres vivos tal como se encuentran en la naturaleza, los procesos biológicos naturales, el material biológico existente en la naturaleza o aquel que pueda ser aislado, inclusive genoma o germoplasma de cualquier ser vivo natural;

c) Las obras literarias y artísticas o cualquier otra protegida por el derecho de autor;

d) Los planes, reglas y métodos para el ejercicio de actividades intelectuales, juegos o actividades económico-comerciales;

e) Los programas de ordenadores o el soporte lógico, como tales; y,

f) Las formas de presentar información.

Art. 16

Una invención se considerará nueva cuando no está comprendida en el estado de la técnica.

El estado de la técnica comprenderá todo lo que haya sido accesible al público por una descripción escrita u oral, utilización, comercialización o cualquier otro medio antes de la fecha de presentación de la solicitud de patente o, en su caso, de la prioridad reconocida.

Sólo para el efecto de la determinación de la novedad, también se considerará dentro del estado de la técnica, el contenido de una solicitud de patente en trámite ante la oficina nacional competente, cuya fecha de presentación o de prioridad fuese anterior a la fecha de presentación o de prioridad de la solicitud de patente que se estuviese examinando, siempre que dicho contenido esté incluido en la solicitud de fecha anterior cuando ella se publique o hubiese transcurrido el plazo previsto en el artículo 40.

Art. 17

Para efectos de determinar la patentabilidad, no se tomará en consideración la divulgación ocurrida dentro del año precedente a la fecha de la presentación de la solicitud en el país miembro o dentro del año precedente a la fecha de prioridad, si ésta hubiese sido invocada, siempre que tal divulgación hubiese provenido de:

a) El inventor o su causahabiente;

b) Una oficina nacional competente que, en contravención de la norma que rige la materia, publique el contenido de la solicitud de patente presentada por el inventor o su causahabiente; o,

c) Un tercero que hubiese obtenido la información directa o indirectamente del inventor o su causahabiente.

Art. 18

Se considerará que una invención tiene nivel inventivo, si para una persona del oficio normalmente versada en la materia técnica correspondiente, esa invención no hubiese resultado obvia ni se hubiese derivado de manera evidente del estado de la técnica.

Art. 19

Se considerará que una invención es susceptible de aplicación industrial, cuando su objeto pueda ser producido o utilizado en cualquier tipo de industria, entendiéndose por industria la referida a cualquier actividad productiva, incluidos los servicios.

Art. 20

No serán patentables:

a) Las invenciones cuya explotación comercial en el territorio del país miembro respectivo deba impedirse necesariamente para proteger el orden público o la moral. A estos efectos la explotación comercial de una invención no se considerará contraria al orden público o a la moral solo debido a la existencia de una disposición legal o administrativa que prohíba o que regule dicha explotación;

b) Las invenciones cuya explotación comercial en el país miembro respectivo deba impedirse necesariamente para proteger la salud o la vida de las personas o de los animales, o para preservar los vegetales o el medio ambiente. A estos efectos la explotación comercial de una invención no se considerará contraria a la salud o la vida de las personas, de los animales, o para la preservación de los vegetales o del medio ambiente sólo por razón de existir una disposición legal o administrativa que prohíba o que regule dicha explotación;

c) Las plantas, los animales y los procedimientos esencialmente biológicos para la producción de plantas o animales que no sean procedimientos no biológicos o microbiológicos;

d) Los métodos terapéuticos o quirúrgicos para el tratamiento humano o animal, así como los métodos de diagnóstico aplicados a los seres humanos o a animales.

Art. 21

Los productos o procedimientos ya patentados, comprendidos en el estado de la técnica, de conformidad con el artículo 16 de la presente Decisión, no serán objeto de nueva patente, por el simple hecho de atribuirse un uso distinto al originalmente comprendido por la patente inicial.

CAPÍTULO II
DE LOS TITULARES DE LA PATENTE

Art. 22

El derecho a la patente pertenece al inventor. Este derecho podrá ser transferido por acto entre vivos o por vía sucesoria.

Los titulares de las patentes podrán ser personas naturales o jurídicas.

Si varias personas hicieran conjuntamente una invención, el derecho a la patente corresponde en común a todas ellas.

Si varias personas hicieran la misma invención, independientemente unas de otras, la patente se concederá a aquella o a su causahabiente que primero presente la solicitud correspondiente o que invoque la prioridad de fecha más antigua.

Art. 23

Sin perjuicio de lo establecido en la legislación nacional de cada país miembro, en las invenciones ocurridas bajo relación laboral, el empleador, cualquiera que sea su forma y naturaleza, podrá ceder parte de los beneficios económicos de las invenciones en beneficio de los empleados inventores, para estimular la actividad de investigación.

Las entidades que reciban financiamiento estatal para sus investigaciones deberán reinvertir parte de las regalías que reciben por la comercialización de tales invenciones, con el propósito de generar fondos continuos de investigación y estimular a los investigadores, haciéndolos partícipes de los rendimientos de las innovaciones, de acuerdo con la legislación de cada país miembro.

Art. 24

El inventor tendrá derecho a ser mencionado como tal en la patente y podrá igualmente oponerse a esta mención.

CAPÍTULO III
DE LAS SOLICITUDES DE PATENTE

Art. 25

La solicitud de patente sólo podrá comprender una invención o un grupo de invenciones relacionadas entre sí, de manera que conformen un único concepto inventivo.

Art. 26

La solicitud para obtener una patente de invención se presentará ante la oficina nacional competente y deberá contener lo siguiente:

a) El petitorio;

b) La descripción;

c) Una o más reivindicaciones;

d) Uno o más dibujos, cuando fuesen necesarios para comprender la invención, los que se considerarán parte integrante de la descripción;

e) El resumen;

f) Los poderes que fuesen necesarios;

g) El comprobante de pago de las tasas establecidas;

h) De ser el caso, la copia del contrato de acceso, cuando los productos o procedimientos cuya patente se solicita han sido obtenidos o desarrollados a partir de recursos genéticos o de sus productos derivados de los que cualquiera de los países miembros es país de origen;

i) De ser el caso, la copia del documento que acredite la licencia o autorización de uso de los conocimientos tradicionales de las comunidades indígenas, afroamericanas o locales de los países miembros, cuando los productos o procedimientos cuya protección se solicita han sido obtenidos o desarrollados a partir de dichos conocimientos de los que cualquiera de los países miembros es país de origen, de acuerdo a lo establecido en la Decisión 391 y sus modificaciones y reglamentaciones vigentes;

j) De ser el caso, el certificado de depósito del material biológico; y,

k) De ser el caso, la copia del documento en el que conste la cesión del derecho a la patente del inventor al solicitante o a su causante.

Art. 27

El petitorio de la solicitud de patente estará contenido en un formulario y comprenderá lo siguiente:

a) El requerimiento de concesión de la patente;

b) El nombre y la dirección del solicitante;

c) La nacionalidad o domicilio del solicitante. Cuando éste fuese una persona jurídica, deberá indicarse el lugar de constitución;

d) El nombre de la invención;

e) El nombre y el domicilio del inventor, cuando no fuese el mismo solicitante;

f) De ser el caso, el nombre y la dirección del representante legal del solicitante;

g) La firma del solicitante o de su representante legal; y,

h) De ser el caso, la fecha, el número y la oficina de presentación de toda solicitud de patente u otro título de protección que se hubiese presentado u obtenido en el extranjero por el mismo solicitante o su causante y que se refiera total o parcialmente a la misma invención reivindicada en la solicitud presentada en el país miembro.

Art. 28

La descripción deberá divulgar la invención de manera suficientemente clara y completa para su comprensión y para que una persona capacitada en la materia técnica correspondiente pueda ejecutarla. La descripción de la invención indicará el nombre de la invención e incluirá la siguiente información:

a) El sector tecnológico al que se refiere o al cual se aplica la invención;

b) La tecnología anterior conocida por el solicitante que fuese útil para la comprensión y el examen de la invención, y las referencias a los documentos y publicaciones anteriores relativas a dicha tecnología;

c) Una descripción de la invención en términos que permitan la comprensión del problema técnico y de la solución aportada por la invención, exponiendo las diferencias y eventuales ventajas con respecto a la tecnología anterior;

d) Una reseña sobre los dibujos, cuando los hubiera;

e) Una descripción de la mejor manera conocida por el solicitante para ejecutar o llevar a la práctica la invención, utilizando ejemplos y referencias a los dibujos, de ser éstos pertinentes; y,

f) Una indicación de la manera en que la invención satisface la condición de ser susceptible de aplicación industrial, si ello no fuese evidente de la descripción o de la naturaleza de la invención.

Art. 29

Cuando la invención se refiera a un producto o a un procedimiento relativo a un material biológico y la invención no pueda describirse de manera que pueda ser comprendida y ejecutada por una persona capacitada en la materia técnica, la descripción deberá complementarse con un depósito de dicho material.

El depósito deberá efectuarse, a más tardar en la fecha de presentación de la solicitud en el país miembro o, cuando fuese el caso, en la fecha de presentación de la solicitud cuya prioridad se invoque. Serán válidos los depósitos efectuados ante una autoridad internacional reconocida conforme al Tratado de Budapest sobre el Reconocimiento Internacional del Depósito de Microorganismos a los Fines del Procedimiento en Materia de Patentes, de 1977, o ante otra institución reconocida por la oficina nacional competente para estos efectos. En estos casos, la descripción indicará el nombre y dirección de la institución de depósito, la fecha del depósito y el número de depósito atribuido por tal institución.

El depósito del material biológico sólo será válido para efectos de la concesión de una patente si se hace en condiciones que permitan a cualquier persona interesada obtener muestras de dicho material a más tardar a partir de la fecha del vencimiento del plazo previsto en el artículo 40.

Art. 30

Las reivindicaciones definirán la materia que se desea proteger mediante la patente. Deben ser claras y concisas y estar enteramente sustentadas por la descripción.

Las reivindicaciones podrán ser independientes o dependientes. Una reivindicación será independiente cuando defina la materia que se desea proteger sin referencia a otra reivindicación anterior. Una reivindicación será dependiente cuando defina la materia que se desea proteger refiriéndose a una reivindicación anterior. Una reivindicación que se refiera a dos o más reivindicaciones anteriores se considerará una reivindicación dependiente múltiple.

Art. 31

El resumen consistirá en una síntesis de la divulgación técnica contenida en la solicitud de patente. Dicho resumen servirá sólo para fines de información técnica y no tendrá efecto alguno para interpretar el alcance de la protección conferida por la patente.

Art. 32

Ningún país miembro exigirá, respecto de la solicitud de patente, requisitos de forma adicionales o distintos a los previstos en la presente Decisión.

Sin perjuicio de lo anterior, cuando durante la tramitación de la solicitud, la oficina nacional competente tuviese dudas razonables sobre algún elemento de la solicitud, podrá exigir que se presenten las pruebas necesarias.

Art. 33

Se considerará como fecha de presentación de la solicitud, la de su recepción por la oficina nacional competente, siempre que al momento de la recepción hubiera contenido al menos lo siguiente:

a) La indicación de que se solicita la concesión de una patente;

b) Los datos de identificación del solicitante o de la persona que presenta la solicitud, o que permitan a la oficina nacional competente comunicarse con esa persona;

c) La descripción de la invención;

d) Los dibujos, de ser éstos pertinentes; y,

e) El comprobante de pago de las tasas establecidas.

La ausencia de alguno de los requisitos enumerados en el presente artículo, ocasionará que la solicitud sea considerada por la oficina nacional competente como no admitida a trámite y no se le asignará fecha de presentación.

Art. 34

El solicitante de una patente podrá pedir que se modifique la solicitud en cualquier momento del trámite. La modificación no podrá implicar una ampliación de la protección que correspondería a la divulgación contenida en la solicitud inicial.

Del mismo modo, se podrá pedir la corrección de cualquier error material.

Art. 35

El solicitante de una patente de invención podrá pedir, en cualquier momento del trámite, que su solicitud se convierta en una solicitud de patente de modelo de utilidad. La conversión de la solicitud sólo procederá cuando la naturaleza de la invención lo permita.

La petición de conversión de una solicitud podrá presentarse sólo una vez. La solicitud convertida mantendrá la fecha de presentación de la solicitud inicial.

Las oficinas nacionales competentes podrán sugerir la conversión de la solicitud en cualquier momento del trámite, así como disponer el cobro de una tasa adicional para la presentación de las solicitudes de conversión.

El solicitante podrá aceptar o rechazar la propuesta, entendiéndose que si ésta es rechazada, se continuará la tramitación del expediente en la modalidad solicitada originalmente.

Art. 36

El solicitante podrá, en cualquier momento del trámite, dividir su solicitud en dos o más fraccionarias, pero ninguna de éstas podrá implicar una ampliación de la protección que corresponda a la divulgación contenida en la solicitud inicial.

La oficina nacional competente podrá, en cualquier momento del trámite, requerir al solicitante que divida la solicitud si ella no cumpliera con el requisito de unidad de invención.

Cada solicitud fraccionaria se beneficiará de la fecha de presentación y, en su caso, de la fecha de prioridad de la solicitud inicial.

En caso de haberse invocado prioridades múltiples o parciales, el solicitante o la oficina nacional competente, indicará la fecha o fechas de prioridad que corresponda a las materias que deberán quedar cubiertas por cada una de las solicitudes fraccionarias.

A efectos de la división de una solicitud, el solicitante consignará los documentos que fuesen necesarios para formar las solicitudes fraccionarias correspondientes.

Art. 37

El solicitante podrá, en cualquier momento del trámite, fusionar dos o más solicitudes en una sola, pero ello no podrá implicar una ampliación de la protección que correspondería a la divulgación contenida en las solicitudes iniciales.

No procederá la fusión cuando la solicitud fusionada comprendiera invenciones que no cumplen con el requisito de unidad de invención conforme al artículo 25.

La solicitud fusionada se beneficiará de la fecha de presentación y, en su caso, de la fecha o fechas de prioridad que correspondan a la materia contenida en las solicitudes iniciales.

CAPÍTULO IV
DEL TRÁMITE DE LA SOLICITUD

Art. 38

La oficina nacional competente examinará, dentro de los 30 días contados a partir de la fecha de presentación de la solicitud, si ésta cumple con los requisitos de forma previstos en los artículos 26 y 27.

Art. 39

Si del examen de forma resulta que la solicitud no contiene los requisitos establecidos en los artículos 26 y 27, la oficina nacional competente notificará al solicitante para que complete dichos requisitos dentro del plazo de dos meses siguientes a la fecha de notificación. A solicitud de parte dicho plazo será prorrogable por una sola vez, por un período igual, sin que pierda su prioridad.

Si a la expiración del término señalado, el solicitante no completa los requisitos indicados, la solicitud se considerará abandonada y perderá su prelación. Sin perjuicio de ello, la oficina nacional competente guardará la confidencialidad de la solicitud.

Art. 40

Transcurridos dieciocho meses contados a partir de la fecha de presentación de la solicitud en el país miembro o cuando fuese el caso desde la fecha de prioridad que se hubiese invocado, el expediente tendrá carácter público y podrá ser consultado, y la oficina nacional competente ordenará la publicación de la solicitud de conformidad con las disposiciones nacionales.

No obstante lo establecido en el párrafo anterior, el solicitante podrá pedir que se publique la solicitud en cualquier momento siempre que se haya concluido el examen de forma. En tal caso, la oficina nacional competente ordenará su publicación.

Art. 41

Una solicitud de patente no podrá ser consultada por terceros antes de transcurridos dieciocho meses contados desde la fecha de su presentación, salvo que medie consentimiento escrito por parte del solicitante.

Cualquiera que pruebe que el solicitante de una patente ha pretendido hacer valer frente a él los derechos derivados de la solicitud, podrá consultar el expediente antes de su publicación aún sin consentimiento de aquél.

Art. 42

Dentro del plazo de sesenta días siguientes a la fecha de la publicación, quien tenga legítimo interés, podrá presentar por una sola vez, oposición fundamentada que pueda desvirtuar la patentabilidad de la invención.

A solicitud de parte, la oficina nacional competente otorgará, por una sola vez, un plazo adicional de sesenta días para sustentar la oposición.

Las oposiciones temerarias podrán ser sancionadas si así lo disponen las normas nacionales.

Art. 43

Si se hubiere presentado oposición, la oficina nacional competente notificará al solicitante para que dentro de los sesenta días siguientes haga valer sus argumentaciones, presente documentos o redacte nuevamente las reivindicaciones o la descripción de la invención, si lo estima conveniente.

A solicitud de parte, la oficina nacional competente otorgará, por una sola vez, un plazo adicional de sesenta días para la contestación.

Art. 44

Dentro del plazo de seis meses contados desde la publicación de la solicitud, independientemente que se hubieren presentado oposiciones, el solicitante deberá pedir que se examine si la invención es patentable. Los países miembros podrán cobrar una tasa para la realización de este examen. Si transcurriera dicho plazo sin que el solicitante hubiera pedido que se realice el examen, la solicitud caerá en abandono.

Art. 45

Si la oficina nacional competente encontrara que la invención no es patentable o que no cumple con alguno de los requisitos establecidos en esta Decisión para la concesión de la patente, lo notificará al solicitante. Este deberá responder a la notificación dentro del plazo de sesenta días contados a partir de la fecha de la notificación. Este plazo podrá ser prorrogado por una sola vez por un período de treinta días adicionales.

Cuando la oficina nacional competente estimara que ello es necesario para los fines del examen de patentabilidad, podrá notificar al solicitante dos o más veces conforme al párrafo precedente.

Si el solicitante no respondiera a la notificación dentro del plazo señalado, o si a pesar de la respuesta subsistieran los impedimentos para la concesión, la oficina nacional competente denegará la patente.

Art. 46

La oficina nacional competente podrá requerir el informe de expertos o de organismos científicos o tecnológicos que se consideren idóneos, para que emitan opinión sobre la patentabilidad de la invención. Asimismo, cuando lo estime conveniente, podrá requerir informes de otras oficinas de propiedad industrial.

De ser necesario, a efectos del examen de patentabilidad y a requerimiento de la oficina nacional competente, el solicitante proporcionará, en un plazo que no excederá de 3 meses, uno o más de los siguientes documentos relativos a una o más de las solicitudes extranjeras referidas total o parcialmente a la misma invención que se examina:

a) Copia de la solicitud extranjera;

b) Copia de los resultados de exámenes de novedad o de patentabilidad efectuados respecto a esa solicitud extranjera;

c) Copia de la patente u otro título de protección que se hubiese concedido con base en esa solicitud extranjera;

d) Copia de cualquier resolución o fallo por el cual se hubiese rechazado o denegado la solicitud extranjera; o,

e) Copia de cualquier resolución o fallo por el cual se hubiese anulado o invalidado la patente u otro título de protección concedido con base en la solicitud extranjera.

La oficina nacional competente podrá reconocer los resultados de los exámenes referidos en el literal b) como suficientes para acreditar el cumplimiento de las condiciones de patentabilidad de la invención.

Si el solicitante no presentara los documentos requeridos dentro del plazo señalado en el presente artículo la oficina nacional competente denegará la patente.

Art. 47

A pedido del solicitante, la oficina nacional competente podrá suspender la tramitación de la solicitud de patente cuando algún documento que deba presentarse conforme a los literales b) y c) del artículo 46 aún no se hubiese obtenido o estuviese en trámite ante una autoridad extranjera.

Art. 48

Si el examen definitivo fuere favorable, se otorgará el título de la patente. Si fuere parcialmente favorable, se otorgará el título solamente para las reivindicaciones aceptadas. Si fuere desfavorable se denegará.

Art. 49

Para el orden y clasificación de las patentes, los países miembros utilizarán la Clasificación Internacional de Patentes de Invención establecida por el Arreglo de Estrasburgo relativo a la Clasificación Internacional de Patentes de 1971, con sus modificaciones vigentes.

CAPÍTULO V
DE LOS DERECHOS QUE CONFIERE LA PATENTE

Art. 50

La patente tendrá un plazo de duración de veinte años contado a partir de la fecha de presentación de la respectiva solicitud en el país miembro.

Art. 51

El alcance de la protección conferida por la patente estará determinado por el tenor de las reivindicaciones. La descripción y los dibujos, o en su caso, el material biológico depositado, servirán para interpretarlas.

Art. 52

La patente confiere a su titular el derecho de impedir a terceras personas que no tengan su consentimiento, realizar cualquiera de los siguientes actos:

a) Cuando en la patente se reivindica un producto:

i) Fabricar el producto;

ii) Ofrecer en venta, vender o usar el producto; o importarlo para alguno de estos fines; y,

b) Cuando en la patente se reivindica un procedimiento:

i) Emplear el procedimiento; o

ii) Ejecutar cualquiera de los actos indicados en el literal a) respecto a un producto obtenido directamente mediante el procedimiento.

Art. 53

El titular de la patente no podrá ejercer el derecho a que se refiere el artículo anterior respecto de los siguientes actos:

a) Actos realizados en el ámbito privado y con fines no comerciales;

b) Actos realizados exclusivamente con fines de experimentación, respecto al objeto de la invención patentada;

c) Actos realizados exclusivamente con fines de enseñanza o de investigación científica o académica;

d) Actos referidos en el artículo 5ter del Convenio de París para la Protección de la Propiedad Industrial;

e) Cuando la patente proteja un material biológico excepto plantas, capaz de reproducirse, usarlo como base inicial para obtener un nuevo material viable, salvo que tal obtención requiera el uso repetido de la entidad patentada.

Art. 54

La patente no dará el derecho de impedir a un tercero realizar actos de comercio respecto de un producto protegido por la patente, después de que ese producto se hubiese introducido en el comercio en cualquier país por el titular de la patente, o por otra persona con su consentimiento o económicamente vinculada a él.

A efectos del párrafo precedente, se entenderá que dos personas están económicamente vinculadas cuando una pueda ejercer directa o indirectamente sobre la otra, una influencia decisiva con respecto a la explotación de la patente o cuando un tercero pueda ejercer tal influencia sobre ambas personas.

Cuando la patente proteja material biológico capaz de reproducirse, la patente no se extenderá al material biológico obtenido por reproducción, multiplicación o propagación del material introducido en el comercio conforme al párrafo primero, siempre que la reproducción, multiplicación o propagación fuese necesaria para usar el material conforme a los fines para los cuales se introdujo en el comercio y que el material derivado de tal uso no se emplee para fines de multiplicación o propagación.

Art. 55

Sin perjuicio de las disposiciones sobre nulidad de la patente previstas en la presente Decisión, los derechos conferidos por la patente no podrán hacerse valer contra una tercera persona que, de buena fe y antes de la fecha de prioridad o de presentación de la solicitud sobre la que se concedió la patente, ya se encontraba utilizando o explotando la invención, o hubiere realizado preparativos efectivos o serios para hacerlo.

En tal caso, esa persona tendrá el derecho de iniciar o de continuar la utilización o explotación de la invención, pero este derecho sólo podrá cederse o transferirse junto con el establecimiento o la empresa en que se estuviese realizando tal utilización o explotación.

Art. 56

Una patente concedida o en trámite de concesión podrá ser transferida por acto entre vivos o por vía sucesoria.

Deberá registrarse ante la oficina nacional competente toda transferencia de una patente concedida. La falta de registro ocasionará que la transferencia no surta efectos frente a terceros.

A efectos del registro, la transferencia deberá constar por escrito.

Cualquier persona interesada podrá solicitar el registro de una transferencia.

Art. 57

El titular de una patente concedida o en trámite de concesión podrá dar licencia a uno o más terceros para la explotación de la invención respectiva.

Deberá registrarse ante la oficina nacional competente toda licencia de explotación de una patente concedida. La falta de registro ocasionará que la licencia no surta efectos frente a terceros.

A efectos del registro la licencia deberá constar por escrito.

Cualquier persona interesada podrá solicitar el registro de una licencia.

En caso exista algún cambio respecto al nombre o dirección del titular de la patente durante el plazo de vigencia del contrato de licencia, el titular del registro deberá informarlo a la oficina nacional competente. En caso contrario, cualquier notificación realizada conforme a los datos que figuren en el registro, se reputará válida.

Art. 58

La autoridad nacional competente no registrará los contratos de licencia para la explotación de patentes que no se ajusten a las disposiciones del Régimen Común de Tratamiento a los Capitales Extranjeros y sobre Marcas, Patentes, Licencias y Regalías, o que no se ajusten a las disposiciones comunitarias o nacionales sobre prácticas comerciales restrictivas de la libre competencia.

CAPÍTULO VI
DE LAS OBLIGACIONES DEL TITULAR DE LA PATENTE

Art. 59

El titular de la patente está obligado a explotar la invención patentada en cualquier país miembro, directamente o a través de alguna persona autorizada por él.

Art. 60

A los efectos del presente capítulo, se entenderá por explotación, la producción industrial del producto objeto de la patente o el uso integral del procedimiento patentado junto con la distribución y comercialización de los resultados obtenidos, de forma suficiente para satisfacer la demanda del mercado. También se entenderá por explotación la importación, junto con la distribución y comercialización del producto patentado, cuando ésta se haga de forma suficiente para satisfacer la demanda del mercado. Cuando la patente haga referencia a un procedimiento que no se materialice en un producto, no serán exigibles los requisitos de comercialización y distribución.

CAPÍTULO VII
DEL RÉGIMEN DE LICENCIAS OBLIGATORIAS

Art. 61

Vencido el plazo de tres años contados a partir de la concesión de la patente o de cuatro años contados a partir de la solicitud de la misma, el que resulte mayor, la oficina nacional competente, a solicitud de cualquier interesado, otorgará una licencia obligatoria principalmente para la producción industrial del producto objeto de la patente o el uso integral del procedimiento patentado, sólo si en el momento de su petición la patente no se hubiere explotado en los términos que establecen los artículos 59 y 60, en el país miembro donde se solicite la licencia, o si la explotación de la invención hubiere estado suspendida por más de un año.

La licencia obligatoria no será concedida si el titular de la patente justifica su inacción con excusas legítimas, incluyendo razones de fuerza mayor o caso fortuito, de acuerdo con las normas internas de cada país miembro.

Sólo se concederá licencia obligatoria cuando quien la solicite hubiere intentado previamente obtener una licencia contractual del titular de la patente, en términos y condiciones comerciales razonables y este intento no hubiere tenido efectos en un plazo prudencial.

Art. 62

La concesión de las licencias obligatorias a las que se refiere el artículo anterior, procederá previa notificación al titular de la patente, para que dentro de los sesenta días siguientes haga valer sus argumentaciones si lo estima conveniente.

La oficina nacional competente establecerá el alcance o extensión de la licencia, especificando en particular, el período por el cual se concede, el objeto de la licencia, el monto y las condiciones de la compensación económica. Esta compensación deberá ser adecuada, según las circunstancias propias de cada caso, considerando en especial el valor económico de la autorización.

La impugnación de la licencia obligatoria no impedirá la explotación ni ejercerá ninguna influencia en los plazos que estuvieren corriendo. Su interposición no impedirá al titular de la patente percibir, entre tanto, la compensación económica determinada por la oficina nacional competente, en la parte no reclamada.

Art. 63

A petición del titular de la patente o del licenciatario, las condiciones de las licencias obligatorias podrán ser modificadas por la oficina nacional competente cuando así lo justifiquen nuevos hechos y, en particular, cuando el titular de la patente conceda otra licencia en condiciones más favorables que las establecidas.

Art. 64

El licenciatario estará obligado a explotar la invención, dentro del plazo de dos años contados a partir de la fecha de concesión de la licencia, salvo que justifique su inacción por razones de caso fortuito o fuerza mayor. En caso contrario, a solicitud del titular de la patente, la oficina nacional competente revocará la licencia obligatoria.

Art. 65

Previa declaratoria de un país miembro de la existencia de razones de interés público, de emergencia, o de seguridad nacional y sólo mientras estas razones permanezcan, en cualquier momento se podrá someter la patente a licencia obligatoria. En tal caso, la oficina nacional competente otorgará las licencias que se le soliciten. El titular de la patente objeto de la licencia será notificado cuando sea razonablemente posible.

La oficina nacional competente establecerá el alcance o extensión de la licencia obligatoria, especificando en particular, el período por el cual se concede, el objeto de la licencia, el monto y las condiciones de la compensación económica.

La concesión de una licencia obligatoria por razones de interés público, no menoscaba el derecho del titular de la patente a seguir explotándola.

Art. 66

De oficio o a petición de parte, la oficina nacional competente, previa calificación de la autoridad nacional en materia de libre competencia, otorgará licencias obligatorias cuando se presenten prácticas que afecten la libre competencia, en particular, cuando constituyan un abuso de la posición dominante en el mercado por parte del titular de la patente.

En estos casos, para determinar el importe de la compensación económica, se tendrá en cuenta la necesidad de corregir las prácticas anticompetitivas.

La oficina nacional competente denegará la revocación de la licencia obligatoria si resulta probable que las condiciones que dieron lugar a esa licencia se puedan repetir.

Art. 67

La oficina nacional competente otorgará licencia en cualquier momento, si ésta es solicitada por el titular de una patente, cuya explotación requiera necesariamente del empleo de otra, siempre y cuando dicho titular no haya podido obtener una licencia contractual en condiciones comerciales razonables. Dicha licencia estará sujeta, sin perjuicio de lo dispuesto en el artículo 68, a lo siguiente:

a) La invención reivindicada en la segunda patente ha de suponer un avance técnico importante de una importancia económica considerable con respecto a la invención reivindicada en la primera patente;

b) El titular de la primera patente tendrá derecho a una licencia cruzada en condiciones razonables para explotar la invención reivindicada en la segunda patente; y,

c) No podrá cederse la licencia de la primera patente sin la cesión de la segunda patente.

Art. 68

En adición de lo establecido en los artículos precedentes, las licencias obligatorias están sujetas a lo siguiente:

a) No serán exclusivas y no podrán concederse sublicencias;

b) Sólo podrán transferirse con la parte de la empresa o de su activo intangible que permite su explotación industrial, debiendo constar por escrito y registrarse ante la oficina nacional competente. Caso contrario, no surtirá efectos legales;

c) Podrán revocarse, a reserva de la protección adecuada de los intereses legítimos de las personas que han recibido autorización para las mismas, si las circunstancias que les dieron origen han desaparecido y no es probable que vuelvan a surgir;

d) El alcance y la duración se limitarán en función de los fines para los que se concedieran;

e) Tratándose de patentes de invención que protegen tecnología de semiconductores, la licencia obligatoria sólo se autorizará para un uso público no comercial o para remediar o rectificar una práctica declarada contraria a la libre competencia por la autoridad nacional competente conforme al artículos 65 y 66;

f) Contemplará una remuneración adecuada según las circunstancias de cada caso, habida cuenta del valor económico, sin perjuicio de lo dispuesto en el artículo 66; y,

g) Los usos sean para abastecer principalmente el mercado interno.

Art. 69

Las licencias obligatorias que no cumplan con las disposiciones del presente capítulo no surtirán efecto legal alguno.

CAPÍTULO VIII
DE LOS ACTOS POSTERIORES A LA CONCESIÓN

Art. 70

El titular de una patente podrá pedir a la oficina nacional competente que se modifique la patente para consignar cualquier cambio en el nombre, dirección, domicilio u otros datos del titular o del inventor o para modificar o limitar el alcance de una o más de las reivindicaciones. Del mismo modo, podrá pedir la corrección de cualquier error material en la patente.

Serán aplicables en lo pertinente, las disposiciones relativas a la modificación o corrección de una solicitud.

Art. 71

El titular de una patente podrá renunciar a una o más reivindicaciones de la patente o a la patente en su totalidad, mediante declaración dirigida a la oficina nacional competente. La renuncia surtirá efectos desde la fecha de recepción de la declaración respectiva.

Art. 72

El titular de una patente podrá dividirla en dos o más patentes fraccionarias. Serán aplicables en lo pertinente, las disposiciones relativas a la división de una solicitud.

Art. 73

El titular asimismo, podrá fusionar dos o más patentes. Serán aplicables en lo pertinente, las disposiciones relativas a la fusión de una solicitud.

Art. 74

La oficina nacional competente podrá establecer el cobro de tasas para los actos realizados con posterioridad a la concesión de la patente.

CAPÍTULO IX
DE LA NULIDAD DE LA PATENTE

Art. 75

La autoridad nacional competente decretará de oficio o a solicitud de cualquier persona y en cualquier momento, la nulidad absoluta de una patente, cuando:

a) El objeto de la patente no constituyese una invención conforme al artículo 15;

b) La invención no cumpliese con los requisitos de patentabilidad previstos en el artículo 14;

c) La patente se hubiese concedido para una invención comprendida en el artículo 20;

d) La patente no divulgara la invención, de conformidad con el artículo 28, y de ser el caso el artículo 29;

e) Las reivindicaciones incluidas en la patente no estuviesen enteramente sustentadas por la descripción;

f) La patente concedida contuviese una divulgación más amplia que en la solicitud inicial y ello implicase una ampliación de la protección;

g) De ser el caso, no se hubiere presentado la copia del contrato de acceso, cuando los productos o procedimientos cuya patente se solicita han sido obtenidos o desarrollados a partir de recursos genéticos o de sus productos derivados de los que cualquiera de los países miembros es país de origen;

h) De ser el caso, no se hubiere presentado la copia del documento que acredite la licencia o autorización de uso de los conocimientos tradicionales de las comunidades indígenas afroamericanas o locales de los países miembros, cuando los productos o procesos cuya protección se solicita han sido obtenidos o desarrollados a partir de dichos conocimientos de los que cualquiera de los países miembros es país de origen; o,

i) Se configuren las causales de nulidad absoluta previstas en la legislación nacional para los actos administrativos.

Cuando las causales indicadas anteriormente sólo afectaren alguna de las reivindicaciones o partes de una reivindicación, la nulidad se declarará solamente con respecto a tales reivindicaciones o a tales partes de la reivindicación, según corresponda.

La patente, la reivindicación o aquella parte de una reivindicación que fuese declarada nula, se reputará nula y sin ningún valor desde la fecha de presentación de la solicitud de la patente.

Art. 76

Los vicios de los actos administrativos que no llegaren a producir la nulidad absoluta, de conformidad con el artículo precedente, quedarán afectados de nulidad relativa. En estos casos la autoridad nacional competente podrá declarar dicha anulación dentro de los cinco años siguientes contados a partir de la fecha de la concesión de la patente, de conformidad con la legislación nacional.

Art. 77

La autoridad nacional competente podrá anular una patente cuando se hubiese concedido a quien no tenía derecho a obtenerla. La acción de anulación sólo podrá ser iniciada por la persona a quien pertenezca el derecho a obtener la patente. Esta acción prescribirá a los cinco años contados desde la fecha de concesión de la patente o a los dos años contados desde la fecha en que la persona a quien pertenezca ese derecho tuvo conocimiento de la explotación de la invención en el país, aplicándose el plazo que venza primero.

Art. 78

La autoridad nacional competente para los casos de nulidad notificará al titular de la patente para que haga valer los argumentos y presente las pruebas que estime convenientes.

Cuando en razón de la legislación interna de un país miembro, dicha autoridad sea la oficina nacional competente, los argumentos y pruebas a que se refiere el artículo anterior, se presentarán dentro de los dos meses siguientes a la notificación.

Antes del vencimiento del plazo previsto en el artículo anterior, el interesado podrá solicitar una prórroga por 2 meses adicionales.

Vencidos los plazos a los que se refiere este artículo, la oficina nacional competente decidirá sobre la nulidad de la patente, lo cual notificará a las partes mediante resolución.

Art. 79

Cuando fuese necesario para resolver sobre la nulidad de una patente, la autoridad nacional competente podrá pedir al titular de la patente que presente uno o más de los documentos referidos en el artículo 46 relativos a la patente objeto del procedimiento.

CAPÍTULO X
DE LA CADUCIDAD DE LA PATENTE

Art. 80

Para mantener vigente la patente o, en su caso, la solicitud de patente en trámite, deberá pagarse las tasas anuales, de conformidad con las disposiciones de la oficina nacional competente. Las anualidades deberán pagarse por años adelantados.

La fecha de vencimiento de cada anualidad será el último día del mes en que fue presentada la solicitud. Podrán pagarse dos o más tasas anuales por adelantado.

Una tasa anual podrá pagarse dentro de un plazo de gracia de seis meses contado desde la fecha de inicio del período anual correspondiente, pagando conjuntamente el recargo establecido. Durante el plazo de gracia, la patente o la solicitud de patente mantendrá su vigencia plena.

La falta de pago de una tasa anual conforme a este artículo producirá de pleno derecho la caducidad de la patente o de la solicitud de patente.

TÍTULO III
DE LOS MODELOS DE UTILIDAD

Art. 81

Se considera modelo de utilidad, a toda nueva forma, configuración o disposición de elementos, de algún artefacto, herramienta, instrumento, mecanismo u otro objeto o de alguna parte del mismo, que permita un mejor o diferente funcionamiento, utilización o fabricación del objeto que le incorpore o que le proporcione alguna utilidad, ventaja o efecto técnico que antes no tenía.

Los modelos de utilidad se protegerán mediante patentes.

Art. 82

No se considerarán modelos de utilidad: las obras plásticas, las de arquitectura, ni los objetos que tuvieran únicamente carácter estético.

No podrán ser objeto de una patente de modelo de utilidad, los procedimientos y las materias excluidas de la protección por la patente de invención.

Art. 83

El solicitante de una patente de modelo de utilidad podrá pedir que su solicitud se convierta en una solicitud de patente de invención o de registro de diseño industrial, siempre que la materia objeto de la solicitud inicial lo permita. A efectos de esto último deberá cumplirse con los requisitos establecidos en el artículo 35.

Art. 84

El plazo de duración del modelo de utilidad será de diez años contados desde la fecha de presentación de la solicitud en el respectivo país miembro.

Art. 85

Son aplicables a las patentes de modelo de utilidad, las disposiciones sobre patentes de invención contenidas en la presente Decisión en lo que fuere pertinente, salvo en lo dispuesto con relación a los plazos de tramitación, los cuales se reducirán a la mitad. Sin perjuicio de lo anterior, el plazo establecido en el artículo 40 quedará reducido a doce meses.

TÍTULO IV
DE LOS ESQUEMAS DE TRAZADO DE CIRCUITOS INTEGRADOS

CAPÍTULO I
DEFINICIONES

Art. 86

A efectos del presente título se entenderá por:

a) Circuito integrado: un producto, en su forma final o intermedia, cuyos elementos, de los cuales al menos uno es un elemento activo y alguna o todas las interconexiones, forman parte integrante del cuerpo o de la superficie de una pieza de material, y que esté destinado a realizar una función electrónica;

b) Esquema de trazado: la disposición tridimensional, expresada en cualquier forma, de los elementos, siendo al menos uno de éstos activo, e interconexiones de un circuito integrado, así como esa disposición tridimensional preparada para un circuito integrado destinado a ser fabricado.

CAPÍTULO II
DE LOS REQUISITOS DE PROTECCIÓN DE LOS ESQUEMAS DE TRAZADO DE CIRCUITOS INTEGRADOS

Art. 87

Un esquema de trazado será protegido cuando fuese original.

Un esquema de trazado será considerado original cuando resultara del esfuerzo intelectual propio de su creador y no fuese corriente en el sector de la industria de los circuitos integrados.

Cuando un esquema de trazado esté constituido por uno o más elementos corrientes en el sector de la industria de los circuitos integrados, se le considerará original si la combinación de tales elementos, como conjunto, cumple con esa condición.

CAPÍTULO III
DE LOS TITULARES

Art. 88

El derecho al registro de un esquema de trazado de circuito integrado corresponde a su diseñador. Este derecho podrá ser transferido por acto entre vivos o por vía sucesoria.

En caso que el esquema hubiera sido diseñado por dos o más personas conjuntamente, el derecho a la protección les corresponderá en común.

Cuando el esquema se hubiese creado en cumplimiento de un contrato de obra o de servicio para ese fin, o en el marco de una relación laboral en la cual el diseñador tuviera esa función, el derecho a la protección corresponderá a la persona que contrató la obra o el servicio, o al empleador, salvo disposición contractual en contrario.

CAPÍTULO IV
DE LA SOLICITUD DE REGISTRO

Art. 89

La solicitud para obtener un esquema de trazado de circuito integrado se presentará ante la oficina nacional competente y deberá contener lo siguiente:

a) El petitorio;

b) Una copia o dibujo del esquema de trazado y, cuando el circuito integrado haya sido explotado comercialmente, una muestra de ese circuito integrado;

c) De ser el caso, una declaración indicando la fecha de la primera explotación comercial del circuito integrado, en cualquier lugar del mundo;

d) De ser el caso, una declaración indicando el año de la creación del circuito integrado;

e) Una descripción que defina la función electrónica que debe realizar el circuito integrado que incorpora el esquema de trazado;

f) Copia de toda solicitud de registro u otro título de protección que se hubiese presentado u obtenido en el extranjero por el mismo solicitante o su causante y que se refiera total o parcialmente al mismo esquema de trazado objeto de la solicitud presentada en el país miembro;

g) Los poderes que fuesen necesarios; y,

h) El comprobante de pago de la tasa establecida.

Art. 90

El petitorio de la solicitud de registro de esquema de trazado de circuito integrado estará contenido en un formulario y comprenderá lo siguiente:

a) El requerimiento de concesión del registro;

b) El nombre y la dirección del solicitante;

c) La nacionalidad o domicilio del solicitante. Cuando éste fuese una persona jurídica, deberá indicarse el lugar de constitución;

d) El nombre y el domicilio del diseñador del esquema de trazado, cuando no fuese el mismo solicitante;

e) De ser el caso, el nombre y la dirección del representante legal del solicitante;

f) De ser el caso, la fecha, el número y la oficina de presentación de toda solicitud de registro u otro título de protección que se hubiese presentado u obtenido en el extranjero por el mismo solicitante o su causante y que se refiera total o parcialmente al mismo esquema de trazado objeto de la solicitud presentada en el país miembro; y,

g) La firma del solicitante o de su representante legal.

Art. 91

Cuando el esquema de trazado cuyo registro se solicita incluyera algún secreto empresarial, el solicitante presentará, además de la representación gráfica requerida, una representación del esquema en la cual se hubiese omitido, borrado o desfigurado las partes que contuvieran ese secreto. Las partes restantes deberán ser suficientes para permitir en todo caso la identificación del esquema de trazado.

Art. 92

Se considerará como fecha de presentación de la solicitud, la de su recepción por la oficina nacional competente, siempre que al momento de la recepción hubiera contenido por lo menos los siguientes elementos:

a) Una indicación expresa o implícita de que se solicita el registro de un esquema de trazado;

b) Datos que permitan la identificación del solicitante o de la persona que presenta la solicitud, o que permitan a la oficina nacional competente comunicarse con esa persona;

c) Una representación gráfica del esquema de trazado cuyo registro se solicita; y

d) El comprobante de pago de la tasa correspondiente.

La ausencia de alguno de los requisitos enumerados en el presente artículo, ocasionará que la solicitud sea considerada por la oficina nacional competente como no admitida a trámite y no se le asignará fecha de presentación.

CAPÍTULO V
DEL TRÁMITE DE LA SOLICITUD

Art. 93

La oficina nacional competente examinará si el objeto de la solicitud constituye un esquema de trazado conforme a la definición del artículo 86, y si la solicitud comprende los elementos indicados en los artículos 89, 90 y 91. La oficina nacional competente no examinará de oficio la originalidad del esquema de trazado, salvo que se presentara oposición fundamentada.

En caso de observarse alguna omisión o deficiencia, se notificará al solicitante para que efectúe la corrección necesaria dentro de un plazo de tres meses, bajo apercibimiento de considerarse abandonada la solicitud y archivarse de oficio. Si el solicitante no efectuara la corrección en el plazo señalado, la oficina nacional competente hará efectivo el apercibimiento mediante resolución fundamentada.

Art. 94

Efectuado el examen de la solicitud, la oficina nacional competente ordenará que se anuncie la solicitud mediante la publicación de un aviso en el órgano de publicidad oficial, a costa del interesado.

Serán aplicables a la publicación del aviso las disposiciones pertinentes relativas a las solicitudes de patente de invención.

Art. 95

Cualquier persona interesada podrá presentar a la oficina nacional competente oposición fundamentada, incluyendo informaciones o documentos, que fuesen útiles para determinar la registrabilidad de un esquema de trazado.

Serán aplicables a la oposición las disposiciones pertinentes relativas a las solicitudes de patente de invención.

Art. 96

Si se hubiesen cumplido los requisitos establecidos, la oficina nacional competente registrará el esquema de trazado, expedirá un certificado de registro que contendrá los datos incluidos en el registro correspondiente.

CAPÍTULO VI
DE LOS DERECHOS QUE CONFIERE EL REGISTRO

Art. 97

En caso que el esquema de trazado se hubiese explotado comercialmente en cualquier lugar del mundo, la solicitud de registro deberá presentarse ante la oficina nacional competente del país miembro dentro de un plazo de dos años contado a partir de la fecha de la primera explotación comercial del esquema. Si la solicitud se presentara después de vencido ese plazo, el registro será denegado.

Un esquema de trazado que no se hubiese explotado comercialmente en ningún lugar del mundo sólo podrá registrarse si ello se solicita ante la oficina nacional competente del país miembro dentro de un plazo de 15 años contado desde el último día del año en que se creó el esquema. Si la solicitud se presentara después de vencido ese plazo, el registro será denegado.

Art. 98

El derecho exclusivo sobre un esquema de trazado registrado tendrá una duración de diez años contados a partir de la más antigua de las siguientes fechas:

a) El último día del año en que se haya realizado la primera explotación comercial del esquema de trazado en cualquier lugar del mundo, o

b) La fecha en que se haya presentado la solicitud de registro ante la oficina nacional competente del respectivo país miembro.

La protección de un esquema de trazado registrado caducará en todo caso al vencer un plazo de 15 años contado desde el último día del año en que se creó el esquema.

Art. 99

La protección se aplicará independientemente de que el circuito integrado que incorpora el esquema de trazado registrado se encuentre contenido en un artículo e independientemente de que el esquema de trazado se haya incorporado en un circuito integrado.

El registro de un esquema de trazado de circuito integrado confiere a su titular el derecho de impedir a terceras personas realizar cualquiera de los siguientes actos:

a) Reproducir, por incorporación en un circuito integrado o de cualquier otro modo, el esquema de trazado protegido, en su totalidad o una parte del mismo que cumpla la condición de originalidad conforme al artículo 87;

b) Comercializar, importar, ofrecer en venta, vender o distribuir de cualquier forma el esquema de trazado protegido, o un circuito integrado que incorpore ese esquema; o

c) Comercializar, importar, ofrecer en venta, vender o distribuir de cualquier forma un artículo en el que se encuentre incorporado el circuito integrado protegido, sólo en la medida en que este siga conteniendo un esquema de trazado ilícitamente reproducido.

La protección conferida por el registro sólo atañe al esquema de trazado propiamente, y no comprende ningún concepto, proceso, sistema, técnica o información codificados o incorporados en el esquema de trazado.

Art. 100

El derecho conferido por el registro del esquema de trazado sólo podrá hacerse valer contra actos realizados con fines industriales o comerciales. El registro no confiere el derecho de impedir los siguientes actos:

a) Actos realizados en el ámbito privado y con fines no comerciales;

b) Actos realizados exclusivamente con fines de evaluación, análisis o experimentación;

c) Actos realizados exclusivamente con fines de enseñanza o de investigación científica o académica;

d) Actos referidos en el artículo 5ter del Convenio de París para la Protección de la Propiedad Industrial.

Art. 101

El registro de un esquema de trazado no dará el derecho de impedir a un tercero realizar actos de comercio respecto de esquemas de trazado protegidos, de circuitos integrados que los incorporen o de artículos que contengan esos circuitos integrados después de que se hubiesen introducido en el comercio en cualquier país por el titular, o por otra persona con su consentimiento o económicamente vinculada a él.

A efectos del párrafo precedente, se entenderá que dos personas están económicamente vinculadas cuando una pueda ejercer directa o indirectamente sobre la otra una influencia decisiva con respecto a la explotación del esquema de trazado protegido, o cuando un tercero pueda ejercer tal influencia sobre ambas personas.

Art. 102

El titular del registro de un esquema de trazado no podrá impedir a un tercero realizar actos de explotación industrial o comercial relativos a un esquema de trazado creado por un tercero mediante la evaluación o el análisis del esquema de trazado protegido, siempre que el esquema de trazado así creado cumpla la condición de originalidad conforme al artículo 87. Tampoco podrá impedir esos actos respecto de los circuitos integrados que incorporen el esquema de trazado así creado, ni de los artículos que incorporen tales circuitos integrados.

Art. 103

El titular del registro de un esquema de trazado no podrá impedir a un tercero realizar los actos mencionados en el artículo 99 respecto de otro esquema de trazado original creado independientemente por un tercero, aun cuando fuese idéntico.

Art. 104

No se considerará infracción de los derechos sobre un esquema de trazado registrado la realización de alguno de los actos referidos en el artículo 99 respecto de un circuito integrado que incorpore ilícitamente un esquema de trazado, o de un artículo que contenga tal circuito integrado, cuando la persona que los realizara no supiera, y no tuviera motivos razonables para saber, que ese esquema de trazado se había reproducido ilícitamente.

Desde el momento en que esa persona fuese informada de la ilicitud del esquema de trazado, podrá continuar realizando esos actos respecto de los productos que aún tuviera en existencia o que hubiese pedido desde antes pero a petición del titular del registro deberá pagarle una compensación equivalente a una regalía razonable basada en la que correspondería pagar por una licencia contractual.

Art. 105

Un registro de esquema de trazado concedido o en trámite de concesión podrá ser transferido por acto entre vivos o por vía sucesoria.

Deberá registrarse ante la oficina nacional competente toda transferencia del registro de esquema de trazado. La falta de registro ocasionará que la transferencia no surta efectos frente a terceros.

A efectos del registro, la transferencia deberá constar por escrito.

Cualquier persona interesada podrá solicitar el registro de una transferencia.

CAPÍTULO VII
DEL RÉGIMEN DE LICENCIAS

Art. 106

El titular de un registro de esquema de trazado concedido o en trámite de concesión podrá dar licencia a uno o más terceros para la explotación del esquema de trazado respectivo.

Deberá registrarse ante la oficina nacional competente toda licencia de explotación del esquema de trazado. La falta de registro ocasionará que la licencia no surta efectos frente a terceros.

A efectos del registro la licencia deberá constar por escrito.

Cualquier persona interesada podrá solicitar el registro de una licencia.

En caso exista algún cambio respecto al nombre o dirección del titular del registro de esquema de trazado durante el plazo de vigencia del contrato de licencia, el titular del registro deberá informarlo a la oficina nacional competente. En caso contrario, cualquier notificación realizada conforme a los datos que figuren en el registro, se reputará válida.

Art. 107

Por falta de explotación o por razón de interés público, en particular por razones de emergencia nacional, salud pública o seguridad nacional, o para remediar alguna práctica anticompetitiva, la autoridad competente podrá, a petición de una persona interesada o de una autoridad competente, disponer en cualquier tiempo:

a) Que un esquema de trazado registrado o en trámite de registro sea usado o explotado industrial o comercialmente por una entidad estatal o por una o más personas de derecho público o privado designadas al efecto; o

b) Que tal esquema de trazado quede abierto a la concesión de una o más licencias obligatorias, en cuyo caso la autoridad competente podrá conceder tal licencia a quien la solicite, con sujeción a las condiciones establecidas.

Serán aplicables a la concesión de una licencia obligatoria respecto de un esquema de trazado las condiciones establecidas para la concesión de licencias obligatorias respecto de patentes de invención.

CAPÍTULO VIII
DE LA NULIDAD DEL REGISTRO

Art. 108

La autoridad nacional competente decretará de oficio o a solicitud de cualquier persona y en cualquier momento, la nulidad absoluta de un registro de un esquema de trazado, cuando:

a) El objeto del registro no constituyese un esquema de trazado conforme al artículo 86;

b) El registro no cumpliese con los requisitos de protección previstos en el artículo 87;

c) El registro se hubiese concedido para un esquema de trazado presentado después de vencido alguno de los plazos estipulados en el artículo 97; o,

d) Se configuren las causales de nulidad absoluta previstas en la legislación nacional para los actos administrativos.

Cuando las causales indicadas anteriormente sólo afectaren a una parte del esquema de trazado registrado, la nulidad se declarará solamente con respecto a tal parte, según corresponda, quedando el registro vigente para las demás partes, siempre que ella en su conjunto cumpla con el requisito de originalidad previsto en el artículo 87.

El esquema de trazado o la parte del mismo que fuese declarado nulo, se reputará nulo y sin ningún valor desde la fecha de presentación de la solicitud de registro.

Art. 109

Los vicios de los actos administrativos que no llegaren a producir la nulidad absoluta, de conformidad con el artículo precedente, quedarán afectados de nulidad relativa. En estos casos la autoridad nacional competente podrá declarar dicha anulación dentro de los cinco años siguientes contados a partir de la fecha de la concesión del registro, de conformidad con la legislación nacional.

Art. 110

La autoridad nacional competente podrá anular un registro de esquema de trazado cuando se hubiese concedido a quien no tenía derecho a obtenerlo. La acción de anulación sólo podrá ser iniciada por la persona a quien pertenezca el derecho a obtener el registro. Esta acción prescribirá a los cinco años contados desde la fecha de concesión del registro o a los dos años contados desde la fecha en que la persona a quien pertenezca ese derecho tuvo conocimiento de la comercialización del producto que incorpora el esquema de trazado en el país miembro, aplicándose el plazo que venza primero.

Art. 111

La autoridad nacional competente para los casos de nulidad notificará al titular del registro para que haga valer los argumentos y presente las pruebas que estime convenientes.

Cuando en razón de la legislación interna de un país miembro, dicha autoridad sea la oficina nacional competente, los argumentos y pruebas a que se refiere el artículo anterior, se presentarán dentro de los dos meses siguientes a la notificación.

Antes del vencimiento del plazo previsto en el artículo anterior, el interesado podrá solicitar una prórroga por 2 meses adicionales.

Vencidos los plazos a los que se refiere este artículo, la oficina nacional competente decidirá sobre la nulidad del registro, lo cual notificará a las partes mediante resolución.

Art. 112

Cuando fuese necesario para resolver sobre la nulidad de un registro, la autoridad nacional competente podrá pedir al titular del registro que presente uno o más de los documentos referidos en el artículo 89 relativos al registro objeto del procedimiento.

TÍTULO V
DE LOS DISEÑOS INDUSTRIALES

CAPÍTULO I
DE LOS REQUISITOS PARA LA PROTECCIÓN

Art. 113

Se considerará como diseño industrial la apariencia particular de un producto que resulte de cualquier reunión de líneas o combinación de colores, o de cualquier forma externa bidimensional o tridimensional, línea, contorno, configuración, textura o material, sin que cambie el destino o finalidad de dicho producto.

Art. 114

El derecho al registro de un diseño industrial pertenece al diseñador. Este derecho podrá ser transferido por acto entre vivos o por vía sucesoria.

Los titulares del registro podrán ser personas naturales o jurídicas.

Si varias personas hicieran conjuntamente un diseño industrial, el derecho al registro corresponde en común a todas ellas.

Si varias personas hicieran el mismo diseño industrial, independientemente unas de otras, el registro se concederá a aquella o a su causahabiente que primero presente la solicitud correspondiente o que invoque la prioridad de fecha más antigua.

Art. 115

Serán registrables diseños industriales que sean nuevos.

Un diseño industrial no es nuevo si antes de la fecha de la solicitud o de la fecha de prioridad válidamente invocada, se hubiere hecho accesible al público, en cualquier lugar o momento, mediante su descripción, utilización, comercialización o por cualquier otro medio.

Un diseño industrial no es nuevo por el mero hecho que presente diferencias secundarias con respecto a realizaciones anteriores o porque se refiera a otra clase de productos distintos a dichas realizaciones.

Art. 116

No serán registrables:

a) Los diseños industriales cuya explotación comercial en el territorio del país miembro en que se solicita el registro deba impedirse necesariamente para proteger a la moral o al orden público. A estos efectos la explotación comercial de un diseño industrial no se considerará contraria a la moral o al orden público sólo por razón de existir una disposición legal o administrativa que prohíba o que regule dicha explotación;

b) Los diseños industriales cuya apariencia estuviese dictada enteramente por consideraciones de orden técnico o por la realización de una función técnica, que no incorpore ningún aporte arbitrario del diseñador; y,

c) Los diseños industriales que consista únicamente en una forma cuya reproducción exacta fuese necesaria para permitir que el producto que incorpora el diseño sea montado mecánicamente o conectado con otro producto del cual forme parte. Esta prohibición no se aplicará tratándose de productos en los cuales el diseño radique en una forma destinada a permitir el montaje o la conexión múltiple de los productos o su conexión dentro de un sistema modular.

CAPÍTULO II
DEL PROCEDIMIENTO DE REGISTRO

Art. 117

La solicitud de registro de un diseño industrial se presentará ante la oficina nacional competente y deberá contener:

a) El petitorio;

b) La representación gráfica o fotográfica del diseño industrial. Tratándose de diseños bidimensionales incorporados en un material plano, la representación podrá sustituirse con una muestra del producto que incorpora el diseño;

c) Los poderes que fuesen necesarios;

d) El comprobante del pago de las tasas establecidas;

e) De ser el caso, la copia del documento en el que conste la cesión del derecho al registro de diseño industrial al solicitante; y,

f) De ser el caso, la copia de toda solicitud de registro de diseño industrial u otro título de protección que se hubiese presentado u obtenido en el extranjero por el mismo solicitante o su causante y que se refiera al mismo diseño reivindicado en la solicitud presentada en el país miembro.

Art. 118

El petitorio de la solicitud de registro de diseño industrial estará contenido en un formulario y comprenderá lo siguiente:

a) El requerimiento de registro del diseño industrial;

b) El nombre y la dirección del solicitante;

c) La nacionalidad o domicilio del solicitante. Cuando éste fuese una persona jurídica, deberá indicarse el lugar de constitución;

d) La indicación del tipo o género de productos a los cuales se aplicará el diseño y de la clase y subclase de estos productos;

e) El nombre y el domicilio del diseñador, cuando no fuese el mismo solicitante;

f) De ser el caso, la fecha, el número y la indicación de la oficina de presentación de toda solicitud de registro de diseño industrial u otro título de protección que se hubiese presentado u obtenido en el extranjero por el mismo solicitante o su causante y que se refiera al mismo diseño reivindicado en la solicitud presentada en el país miembro;

g) De ser el caso, el nombre y la dirección del representante legal del solicitante; y,

h) La firma del solicitante o de su representante legal.

Art. 119

Se considerará como fecha de presentación de la solicitud, la de su recepción por la oficina nacional competente, siempre que al momento de la recepción hubiera contenido por lo menos los siguientes elementos:

a) La indicación de que se solicita el registro de un diseño industrial;

b) Datos de identificación del solicitante o de la persona que presenta la solicitud y que permitan a la oficina nacional competente comunicarse con esa persona;

c) La representación gráfica y fotográfica del diseño industrial. Tratándose de diseños bidimensionales incorporados en un material plano, la representación podrá sustituirse por una muestra del material que incorpora el diseño; y,

d) El comprobante de pago de las tasas establecidas.

La ausencia de alguno de los requisitos enumerados en el presente artículo, ocasionará que la solicitud sea considerada por la oficina nacional competente como no admitida a trámite y no se le asignará fecha de presentación.

Art. 120

La oficina nacional competente examinará, dentro de los 15 días contados a partir de la fecha de presentación de la solicitud, si las mismas cumplen con los requisitos de forma previstos en los artículos 117 y 118.

Si del examen de forma resulta que la solicitud no contiene los requisitos a los que hace referencia el párrafo precedente, la oficina nacional competente notificará al solicitante para que complete dichos requisitos dentro del plazo de treinta días siguiente a la fecha de notificación. A solicitud de parte, dicho plazo será prorrogable por una sola vez y por un período igual, sin que pierda su prioridad.

Si a la expiración del término señalado, el solicitante no completa los requisitos indicados, la solicitud se considerará abandonada y perderá su prelación. Sin perjuicio de ello, la oficina nacional competente guardará la confidencialidad de la solicitud.

Art. 121

Si la solicitud cumple con los requisitos establecidos, la oficina nacional competente ordenará su publicación.

Art. 122

Dentro del plazo de treinta días siguientes a la fecha de la publicación, quien tenga legítimo interés, podrá presentar por una sola vez, oposición fundamentada que pueda desvirtuar el registro del diseño industrial.

A solicitud de parte, la oficina nacional competente otorgará, por una sola vez, un plazo adicional de treinta días para sustentar la oposición.

Las oposiciones temerarias podrán ser sancionadas si así lo disponen las normas nacionales.

Art. 123

Si se hubiere presentado oposición, la oficina nacional competente notificará al solicitante para que dentro de los treinta días siguientes haga valer sus argumentaciones o presente documentos, si lo estima conveniente.

A solicitud de parte, la oficina nacional competente otorgará un plazo adicional de treinta días para la contestación.

Art. 124

Vencido el plazo establecido en el artículo precedente, o si no se hubiese presentado oposición, la oficina nacional competente examinará si el objeto de la solicitud se ajusta a lo establecido en los artículos 113 y 116.

La oficina nacional competente no realizará de oficio ningún examen de novedad de la solicitud, salvo que se presentara una oposición sustentada en un derecho anterior vigente o en la falta de novedad del diseño industrial.

Sin perjuicio de ello, cuando el diseño industrial carezca manifiestamente de novedad, la oficina nacional competente podrá denegar de oficio la solicitud.

Art. 125

Una solicitud de registro de diseño industrial no podrá ser consultada por terceros antes de culminado el plazo para que se ordene la publicación, salvo que medie consentimiento escrito por parte del solicitante.

Cualquiera que pruebe que el solicitante de un registro de diseño industrial ha pretendido hacer valer frente a él los derechos derivados de la solicitud, podrá consultar el expediente aún antes de su publicación aún sin consentimiento de aquél.

Art. 126

Cumplidos los requisitos establecidos, la oficina nacional competente concederá el registro del diseño industrial y expedirá a su titular el certificado correspondiente. Si tales requisitos no se cumplieran, la oficina nacional competente denegará el registro.

Art. 127

Para el orden y clasificación de los diseños industriales, los países miembros utilizarán la Clasificación Internacional para los Dibujos y Modelos Industriales establecida por el Arreglo de Locarno de 8 de octubre de 1968, con sus modificaciones vigentes.

CAPÍTULO III
DE LOS DERECHOS QUE CONFIERE EL REGISTRO

Art. 128

El registro de un diseño industrial tendrá una duración de diez años, contados desde la fecha de presentación de la solicitud en el país miembro.

Art. 129

El registro de un diseño industrial conferirá a su titular el derecho a excluir a terceros de la explotación del correspondiente diseño. En tal virtud, el titular del registro tendrá derecho a actuar contra cualquier tercero que sin su consentimiento fabrique, importe, ofrezca, introduzca en el comercio o utilice comercialmente productos que incorporen o reproduzcan el diseño industrial.

El registro también confiere el derecho de actuar contra quien produzca o comercialice un producto cuyo diseño sólo presente diferencias secundarias con respecto al diseño protegido o cuya apariencia sea igual a ésta.

Art. 130

La protección conferida a un diseño industrial no se extenderá a los elementos o características del diseño dictados enteramente por consideraciones de orden técnico o por la realización de una función técnica, que no incorporen ningún aporte arbitrario del diseñador.

La protección conferida a un diseño industrial no comprenderá aquellos elementos o características cuya reproducción exacta fuese necesaria para permitir que el producto que incorpora el diseño sea montado mecánicamente o conectado con otro producto del cual forme parte. Esta limitación no se aplicará tratándose de productos en los cuales el diseño radica en una forma destinada a permitir el montaje o la conexión múltiple de los productos, o su conexión dentro de un sistema modular.

Art. 131

El registro de un diseño industrial no dará el derecho de impedir a un tercero realizar actos de comercio respecto de un producto que incorpore o reproduzca ese diseño, después de que ese producto se hubiese introducido en el comercio en cualquier país por su titular o por otra persona con su consentimiento o económicamente vinculada a él.

A efectos del párrafo precedente, se entenderá que dos personas están económicamente vinculadas cuando una pueda ejercer directa o indirectamente sobre la otra una influencia decisiva con respecto a la explotación del diseño industrial, o cuando un tercero pueda ejercer tal influencia sobre ambas personas.

Art. 132

La autoridad nacional competente decretará de oficio o a solicitud de cualquier persona y en cualquier momento, la nulidad absoluta de un registro de diseño industrial, cuando:

a) El objeto del registro no constituyese un diseño industrial conforme lo previsto en el artículo 113;

b) El diseño industrial no cumpliese con los requisitos de protección conforme a lo previsto en el artículo 115;

c) El registro se hubiese concedido para una materia excluida de protección como diseño industrial conforme a lo previsto en el artículo 116; o,

d) Se configuren las causales de nulidad absoluta previstas en la legislación nacional para los actos administrativos.

Art. 133

Serán aplicables a los diseños industriales las disposiciones de los artículos 17, 34, 53 literales a), b), c) y d), 56, 57, 70, 74, 76, 77, 78 y 79.

TÍTULO VI
DE LAS MARCAS

CAPÍTULO I
DE LOS REQUISITOS PARA EL REGISTRO DE MARCAS

Art. 134

A efectos de este régimen constituirá marca cualquier signo que sea apto para distinguir productos o servicios en el mercado. Podrán registrarse como marcas los signos susceptibles de representación gráfica. La naturaleza del producto o servicio al cual se ha de aplicar una marca en ningún caso será obstáculo para su registro.

Podrán constituir marcas, entre otros, los siguientes signos:

a) Las palabras o combinación de palabras;

b) Las imágenes, figuras, símbolos, gráficos, logotipos, monogramas, retratos, etiquetas, emblemas y escudos;

c) Los sonidos y los olores;

d) Las letras y los números;

e) Un color delimitado por una forma, o una combinación de colores;

f) La forma de los productos, sus envases o envolturas;

g) Cualquier combinación de los signos o medios indicados en los apartados anteriores.

Art. 135

No podrán registrarse como marcas los signos que:

a) No puedan constituir marca conforme al primer párrafo del artículo anterior;

b) Carezcan de distintividad;

c) Consistan exclusivamente en formas usuales de los productos o de sus envases, o en formas o características impuestas por la naturaleza o la función de dicho producto o del servicio de que se trate;

d) Consistan exclusivamente en formas u otros elementos que den una ventaja funcional o técnica al producto o al servicio al cual se aplican;

e) Consistan exclusivamente en un signo o indicación que pueda servir en el comercio para describir la calidad, la cantidad, el destino, el valor, la procedencia geográfica, la época de producción u otros datos, características o informaciones de los productos o de los servicios para los cuales ha de usarse dicho signo o indicación, incluidas las expresiones laudatorias referidas a esos productos o servicios;

f) Consistan exclusivamente en un signo o indicación que sea el nombre genérico o técnico del producto o servicio de que se trate;

g) Consistan exclusivamente o se hubieran convertido en una designación común o usual del producto o servicio de que se trate en el lenguaje corriente o en la usanza del país;

h) Consistan en un color aisladamente considerado, sin que se encuentre delimitado por una forma específica;

i) Puedan engañar a los medios comerciales o al público, en particular sobre la procedencia geográfica, la naturaleza, el modo de fabricación, las características, cualidades o aptitud para el empleo de los productos o servicios de que se trate;

j) Reproduzcan, imiten o contengan una denominación de origen protegida para los mismos productos o para productos diferentes, cuando su uso pudiera causar un riesgo de confusión o de asociación con la denominación; o implicase un aprovechamiento injusto de su notoriedad;

k) Contengan una denominación de origen protegida para vinos y bebidas espirituosas;

l) Consistan en una indicación geográfica nacional o extranjera susceptible de inducir a confusión respecto a los productos o servicios a los cuales se aplique;

m) Reproduzcan o imiten, sin permiso de las autoridades competentes, bien sea como marcas, bien como elementos de las referidas marcas, los escudos de armas, banderas, emblemas, signos y punzones oficiales de control y de garantía de los Estados y toda imitación desde el punto de vista heráldico, así como los escudos de armas, banderas y otros emblemas, siglas o denominaciones de cualquier organización internacional;

n) Reproduzcan o imiten signos de conformidad con normas técnicas, a menos que su registro sea solicitado por el organismo nacional competente en normas y calidades en los países miembros;

o) Reproduzcan, imiten o incluyan la denominación de una variedad vegetal protegida en un país miembro o en el extranjero, si el signo se destinara a productos o servicios relativos a esa variedad o su uso fuere susceptible de causar confusión o asociación con la variedad; o

p) Sean contrarios a la ley, a la moral, al orden público o a las buenas costumbres;

No obstante lo previsto en los literales b), e), f), g) y h), un signo podrá ser registrado como marca si quien solicita el registro o su causante lo hubiese estado usando constantemente en el país miembro y, por efecto de tal uso, el signo ha adquirido aptitud distintiva respecto de los productos o servicios a los cuales se aplica.

Art. 136

No podrán registrarse como marcas aquellos signos cuyo uso en el comercio afectara indebidamente un derecho de tercero, en particular cuando:

a) Sean idénticos o se asemejen, a una marca anteriormente solicitada para registro o registrada por un tercero, para los mismos productos o servicios, o para productos o servicios respecto de los cuales el uso de la marca pueda causar un riesgo de confusión o de asociación;

b) Sean idénticos o se asemejen a un nombre comercial protegido, o, de ser el caso, a un rótulo o enseña, siempre que dadas las circunstancias, su uso pudiera originar un riesgo de confusión o de asociación;

c) Sean idénticos o se asemejen a un lema comercial solicitado o registrado, siempre que dadas las circunstancias, su uso pudiera originar un riesgo de confusión o de asociación;

d) Sean idénticos o se asemejen a un signo distintivo de un tercero, siempre que dadas las circunstancias su uso pudiera originar un riesgo de confusión o de asociación, cuando el solicitante sea o haya sido un representante, un distribuidor o una persona expresamente autorizada por el titular del signo protegido en el país miembro o en el extranjero;

e) Consistan en un signo que afecte la identidad o prestigio de personas jurídicas con o sin fines de lucro, o personas naturales, en especial, tratándose del nombre, apellido, firma, título, hipocorístico, seudónimo, imagen, retrato o caricatura de una persona distinta del solicitante o identificada por el sector pertinente del público como una persona distinta del solicitante, salvo que se acredite el consentimiento de esa persona o, si hubiese fallecido, el de quienes fueran declarados sus herederos;

f) Consistan en un signo que infrinja el derecho de propiedad industrial o el derecho de autor de un tercero, salvo que medie el consentimiento de éste;

g) Consistan en el nombre de las comunidades indígenas, afroamericanas o locales, o las denominaciones, las palabras, letras, caracteres o signos utilizados para distinguir sus productos, servicios o la forma de procesarlos, o que constituyan la expresión de su cultura o práctica, salvo que la solicitud sea presentada por la propia comunidad o con su consentimiento expreso; y,

h) Constituyan una reproducción, imitación, traducción, transliteración o transcripción, total o parcial, de un signo distintivo notoriamente conocido cuyo titular sea un tercero, cualesquiera que sean los productos o servicios a los que se aplique el signo, cuando su uso fuese susceptible de causar un riesgo de confusión o de asociación con ese tercero o con sus productos o servicios; un aprovechamiento injusto del prestigio del signo; o la dilución de su fuerza distintiva o de su valor comercial o publicitario.

Art. 137

Cuando la oficina nacional competente tenga indicios razonables que le permitan inferir que un registro se hubiese solicitado para perpetrar, facilitar o consolidar un acto de competencia desleal, podrá denegar dicho registro.

CAPÍTULO II
DEL PROCEDIMIENTO DE REGISTRO

Art. 138

La solicitud de registro de una marca se presentará ante la oficina nacional competente y deberá comprender una sola clase de productos o servicios y cumplir con los siguientes requisitos:

a) El petitorio;

b) La reproducción de la marca, cuando se trate de una marca denominativa con grafía, forma o color, o de una marca figurativa, mixta o tridimensional con o sin color;

c) Los poderes que fuesen necesarios;

d) El comprobante de pago de las tasas establecidas;

e) Las autorizaciones requeridas en los casos previstos en los artículos 135 y 136, cuando fuese aplicable; y

f) De ser el caso, el certificado de registro en el país de origen expedido por la autoridad que lo otorgó y, de estar previsto en la legislación interna, del comprobante de pago de la tasa establecida, cuando el solicitante deseara prevalerse del derecho previsto en el artículo 6quinquies del Convenio de París.

Art. 139

El petitorio de la solicitud de registro de marca estará contenido en un formulario y comprenderá lo siguiente:

a) El requerimiento de registro de marca;

b) El nombre y la dirección del solicitante;

c) La nacionalidad o domicilio del solicitante. Cuando éste fuese una persona jurídica, deberá indicarse el lugar de constitución;

d) De ser el caso, el nombre y la dirección del representante legal del solicitante;

e) La indicación de la marca que se pretende registrar, cuando se trate de una marca puramente denominativa, sin grafía, forma o color;

f) La indicación expresa de los productos o servicios para los cuales se solicita el registro de la marca;

g) La indicación de la clase a la cual corresponden los productos o servicios; y,

h) La firma del solicitante o de su representante legal.

Art. 140

Se considerará como fecha de presentación de la solicitud, la de su recepción por la oficina nacional competente, siempre que al momento de la recepción hubiera contenido por lo menos lo siguiente:

a) La indicación que se solicita el registro de una marca;

b) Los datos de identificación del solicitante o de la persona que presenta la solicitud, o que permitan a la oficina nacional competente comunicarse con esa persona;

c) La marca cuyo registro se solicita, o una reproducción de la marca tratándose de marcas denominativas con grafía, forma o color especiales, o de marcas figurativas, mixtas o tridimensionales con o sin color;

d) La indicación expresa de los productos o servicios para los cuales desea proteger la marca; y,

e) El comprobante de pago de las tasas establecidas.

La ausencia de alguno de los requisitos enumerados en el presente artículo, ocasionará que la solicitud sea considerada por la oficina nacional competente como no admitida a trámite y no se le asignará fecha de presentación.

Art. 141

Se podrá invocar como fecha de presentación de una solicitud de registro de marca aquella en que dicha marca haya distinguido productos o servicios en una exposición reconocida oficialmente y realizada en cualquier país, siempre que sea solicitada dentro de los seis meses contados a partir del día en que tales productos o servicios se exhibieran por primera vez con dicha marca. En ese caso, se podrá tener por presentada la solicitud desde la fecha de exhibición.

Los hechos a que se refiere el presente artículo se acreditarán con una certificación expedida por la autoridad competente de la exposición, en la cual se mencionará la fecha en que la marca se utilizó por primera vez con relación a los productos o servicios de que se trate.

Art. 142

Cuando el solicitante deseara prevalerse del derecho previsto en el artículo 6quinquies del Convenio de París para la Protección de la Propiedad Industrial, deberá presentar el certificado de registro de la marca en el país de origen dentro del plazo de tres meses siguientes a la fecha de presentación de la solicitud.

Art. 143

El solicitante de un registro de marca podrá pedir que se modifique la solicitud en cualquier momento del trámite. Del mismo modo podrá pedir la corrección de cualquier error material.

Asimismo, la oficina nacional competente podrá sugerir al solicitante modificaciones a la solicitud en cualquier momento del trámite. Dicha propuesta de modificación se tramitará de conformidad con lo establecido en el artículo 144.

En ningún caso la modificación podrá implicar el cambio de aspectos sustantivos del signo o la ampliación de los productos o servicios señalados inicialmente en la solicitud.

Si las normas nacionales lo permiten, se podrán establecer tasas para la solicitud de modificación.

Art. 144

La oficina nacional competente examinará, dentro de los 15 días contados a partir de la fecha de presentación de la solicitud, si las mismas cumplen con los requisitos de forma previstos en los artículos 135 y 136.

Si del examen de forma resulta que la solicitud no contiene los requisitos a los que hace referencia el párrafo precedente, la oficina nacional competente notificará al solicitante para que complete dichos requisitos dentro del plazo de sesenta días siguientes a la fecha de notificación.

Si a la expiración del término señalado, el solicitante no completa los requisitos indicados, la solicitud se considerará abandonada y perderá su prelación.

Art. 145

Si la solicitud de registro reúne los requisitos formales establecidos en el presente capítulo, la oficina nacional competente ordenará la publicación.

Art. 146

Dentro del plazo de treinta días siguientes a la fecha de la publicación, quien tenga legítimo interés, podrá presentar, por una sola vez, oposición fundamentada que pueda desvirtuar el registro de la marca.

A solicitud de parte, la oficina nacional competente otorgará, por una sola vez un plazo adicional de treinta días para presentar las pruebas que sustenten la oposición.

Las oposiciones temerarias podrán ser sancionadas si así lo disponen las normas nacionales.

No procederán oposiciones contra la solicitud presentada, dentro de los seis meses posteriores al vencimiento del plazo de gracia a que se refiere el artículo 153, si tales oposiciones se basan en marcas que hubieren coexistido con la solicitada.

Art. 147.

A efectos de lo previsto en el artículo anterior, se entenderá que también tienen legítimo interés para presentar oposiciones en los demás países miembros, tanto el titular de una marca idéntica o similar para productos o servicios, respecto de los cuales el uso de la marca pueda inducir al público a error, como quien primero solicitó el registro de esa marca en cualquiera de los países miembros. En ambos casos, el opositor deberá acreditar su interés real en el mercado del país miembro donde interponga la oposición, debiendo a tal efecto solicitar el registro de la marca al momento de interponerla.

La interposición de una oposición con base en una marca previamente registrada en cualquiera de los países miembros de conformidad con lo dispuesto en este artículo, facultará a la oficina nacional competente a denegar el registro de la segunda marca.

La interposición de una oposición con base en una solicitud de registro de marca previamente presentada en cualquiera de los países miembros de conformidad con lo dispuesto en este artículo, acarreará la suspensión del registro de la segunda marca, hasta tanto el registro de la primera sea conferido. En tal evento será de aplicación lo dispuesto en el párrafo precedente.

Art. 148

Si se hubiere presentado oposición, la oficina nacional competente notificará al solicitante para que dentro de los treinta días siguientes haga valer sus argumentaciones y presente pruebas, si lo estima conveniente.

A solicitud de parte, la oficina nacional competente otorgará, por una sola vez, un plazo adicional de treinta días para presentar las pruebas que sustenten la contestación.

Art. 149

La oficina nacional competente no considerará admitidas a trámite las oposiciones que estén comprendidas en alguno de los siguientes casos:

a) Que se presenten sin indicar los datos esenciales relativos al opositor y a la solicitud contra la cual se interpone la oposición;

b) Que la oposición fuere presentada extemporáneamente;

c) Que no haya pagado las tasas de tramitación correspondientes.

Art. 150

Vencido el plazo establecido en el artículo 148, o si no se hubiesen presentado oposiciones, la oficina nacional competente procederá a realizar el examen de registrabilidad.

En caso se hubiesen presentado oposiciones, la oficina nacional competente se pronunciará sobre éstas y sobre la concesión o denegatoria del registro de la marca mediante resolución.

Art. 151

Para clasificar los productos y los servicios a los cuales se aplican las marcas, los países miembros utilizarán la Clasificación Internacional de Productos y Servicios para el Registro de las Marcas, establecida por el Arreglo de Niza del 15 de junio de 1957, con sus modificaciones vigentes.

Las clases de la Clasificación Internacional referida en el párrafo anterior no determinarán la similitud ni la disimilitud de los productos o servicios indicados expresamente.

CAPÍTULO III
DE LOS DERECHOS Y LIMITACIONES CONFERIDOS POR LA MARCA

Art. 152

El registro de una marca tendrá una duración de diez años contados a partir de la fecha de su concesión y podrá renovarse por períodos sucesivos de diez años.

Art. 153

El titular del registro, o quien tuviere legítimo interés, deberá solicitar la renovación del registro ante la oficina nacional competente, dentro de los seis meses anteriores a la expiración del registro. No obstante, tanto el titular del registro como quien tuviere legítimo interés gozarán de un plazo de gracia de seis meses, contados a partir de la fecha de vencimiento del registro, para solicitar su renovación. A tal efecto acompañará los comprobantes de pago de las tasas establecidas, pagando conjuntamente el recargo correspondiente si así lo permiten las normas internas de los países miembros. Durante el plazo referido, el registro de marca mantendrá su plena vigencia.

A efectos de la renovación no se exigirá prueba de uso de la marca y se renovará de manera automática, en los mismos términos del registro original. Sin embargo, el titular podrá reducir o limitar los productos o servicios indicados en el registro original.

Art. 154

El derecho al uso exclusivo de una marca se adquirirá por el registro de la misma ante la respectiva oficina nacional competente.

Art. 155

El registro de una marca confiere a su titular el derecho de impedir a cualquier tercero realizar, sin su consentimiento, los siguientes actos:

a) Aplicar o colocar la marca o un signo distintivo idéntico o semejante sobre productos para los cuales se ha registrado la marca; sobre productos vinculados a los servicios para los cuales ésta se ha registrado; o sobre los envases, envolturas, embalajes o acondicionamientos de tales productos;

b) Suprimir o modificar la marca con fines comerciales, después de que se hubiese aplicado o colocado sobre los productos para los cuales se ha registrado la marca; sobre los productos vinculados a los servicios para los cuales ésta se ha registrado; o sobre los envases, envolturas, embalajes o acondicionamientos de tales productos;

c) Fabricar etiquetas, envases, envolturas, embalajes u otros materiales que reproduzcan o contengan la marca, así como comercializar o detentar tales materiales;

d) Usar en el comercio un signo idéntico o similar a la marca respecto de cualesquiera productos o servicios, cuando tal uso pudiese causar confusión o un riesgo de asociación con el titular del registro. Tratándose del uso de un signo idéntico para productos o servicios idénticos se presumirá que existe riesgo de confusión;

e) Usar en el comercio un signo idéntico o similar a una marca notoriamente conocida respecto de cualesquiera productos o servicios, cuando ello pudiese causar al titular del registro un daño económico o comercial injusto por razón de una dilución de la fuerza distintiva o del valor comercial o publicitario de la marca, o por razón de un aprovechamiento injusto del prestigio de la marca o de su titular;

f) Usar públicamente un signo idéntico o similar a una marca notoriamente conocida, aun para fines no comerciales, cuando ello pudiese causar una dilución de la fuerza distintiva o del valor comercial o publicitario de la marca, o un aprovechamiento injusto de su prestigio.

Art. 156

A efectos de lo previsto en los literales e) y f) del artículo anterior, constituirán uso de un signo en el comercio por parte de un tercero, entre otros, los siguientes actos:

a) Introducir en el comercio, vender, ofrecer en venta o distribuir productos o servicios con ese signo;

b) Importar, exportar, almacenar o transportar productos con ese signo; o,

c) Emplear el signo en publicidad, publicaciones, documentos comerciales o comunicaciones escritas u orales, independientemente del medio de comunicación empleado y sin perjuicio de las normas sobre publicidad que fuesen aplicables.

Art. 157

Los terceros podrán, sin consentimiento del titular de la marca registrada, utilizar en el mercado su propio nombre, domicilio o seudónimo, un nombre geográfico o cualquier otra indicación cierta relativa a la especie, calidad, cantidad, destino, valor, lugar de origen o época de producción de sus productos o de la prestación de sus servicios u otras características de éstos; siempre que ello se haga de buena fe, no constituya uso a título de marca, y tal uso se limite a propósitos de identificación o de información y no sea capaz de inducir al público a confusión sobre la procedencia de los productos o servicios.

El registro de la marca no confiere a su titular, el derecho de prohibir a un tercero usar la marca para anunciar, inclusive en publicidad comparativa, ofrecer en venta o indicar la existencia o disponibilidad de productos o servicios legítimamente marcados; o para indicar la compatibilidad o adecuación de piezas de recambio o de accesorios utilizables con los productos de la marca registrada, siempre que tal uso sea de buena fe, se limite al propósito de información al público y no sea susceptible de inducirlo a confusión sobre el origen empresarial de los productos o servicios respectivos.

Art. 158

El registro de una marca no dará el derecho de impedir a un tercero realizar actos de comercio respecto de un producto protegido por dicho registro, después de que ese producto se hubiese introducido en el comercio en cualquier país por el titular del registro o por otra persona con consentimiento del titular o económicamente vinculada a él, en particular cuando los productos y los envases o embalajes que estuviesen en contacto directo con ellos no hubiesen sufrido ninguna modificación, alteración o deterioro.

A los efectos del párrafo precedente, se entenderá que dos personas están económicamente vinculadas cuando una pueda ejercer directa o indirectamente sobre la otra una influencia decisiva con respecto a la explotación de los derechos sobre la marca, o cuando un tercero puede ejercer tal influencia sobre ambas personas.

Art. 159

Cuando en la Subregión existan registros sobre una marca idéntica o similar a nombre de titulares diferentes, para distinguir los mismos productos o servicios, se prohíbe la comercialización de las mercancías o servicios identificados con esa marca en el territorio del respectivo país miembro, salvo que los titulares de dichas marcas suscriban acuerdos que permitan dicha comercialización.

En caso de llegarse a tales acuerdos, las partes deberán adoptar las previsiones necesarias para evitar la confusión del público respecto del origen de las mercancías o servicios de que se trate, incluyendo lo relativo a la identificación del origen de los productos o servicios en cuestión con caracteres destacados y proporcionales a los mismos para la debida información al público consumidor. Esos acuerdos deberán inscribirse en las oficinas nacionales competentes y respetar las normas sobre prácticas comerciales y promoción de la competencia.

En cualquier caso, no se prohibirá la importación de un producto o servicio que se encuentre en la situación descrita en el primer párrafo de este artículo, cuando la marca no esté siendo utilizada en el territorio del país importador, según lo dispuesto en el primer párrafo del artículo 166, salvo que el titular de dicha marca demuestre ante la oficina nacional competente, que la no utilización de la marca obedece a causas justificadas.

Art. 160

Cuando la marca conste de un nombre geográfico, no podrá comercializarse el producto sin indicarse en éste, en forma visible y claramente legible, el lugar de fabricación del producto.

CAPÍTULO IV
DE LAS LICENCIAS Y TRANSFERENCIAS DE LAS MARCAS

Art. 161

Un registro de marca concedido o en trámite de registro podrá ser transferido por acto entre vivos o por vía sucesoria, con o sin la empresa a la cual pertenece.

Deberá registrarse ante la oficina nacional competente toda transferencia del registro de marca.

La falta de registro ocasionará que la transferencia no surta efectos frente a terceros.

A efectos del registro, la transferencia deberá constar por escrito.

Cualquier persona interesada podrá solicitar el registro de una transferencia. No obstante, la oficina nacional competente podrá denegar dicho registro, si la transferencia acarreara riesgo de confusión.

Art. 162

El titular de una marca registrada o en trámite de registro podrá dar licencia a uno o más terceros para la explotación de la marca respectiva.

Deberá registrarse ante la oficina nacional competente toda licencia de uso de la marca. La falta de registro ocasionará que la licencia no surta efectos frente a terceros.

A efectos del registro, la licencia deberá constar por escrito.

Cualquier persona interesada podrá solicitar el registro de una licencia.

Art. 163

La autoridad nacional competente no registrará los contratos de licencia o transferencia de registro de marcas que no se ajusten a las disposiciones del Régimen Común de Tratamiento a los Capitales Extranjeros y sobre Marcas, Patentes, Licencias y Regalías, o a las disposiciones comunitarias y nacionales sobre prácticas comerciales restrictivas de la libre competencia.

Art. 164

En caso exista algún cambio respecto al nombre o dirección del titular del registro de marca durante el plazo de vigencia de la licencia, el titular del registro deberá informarlo a la oficina nacional competente. En caso contrario, cualquier notificación realizada conforme a los datos que figuren en el registro, se reputará válida.

CAPÍTULO V
DE LA CANCELACIÓN DEL REGISTRO

Art. 165

La oficina nacional competente cancelará el registro de una marca a solicitud de persona interesada, cuando sin motivo justificado la marca no se hubiese utilizado en al menos uno de los países miembros, por su titular, por un licenciatario o por otra persona autorizada para ello durante los tres años consecutivos precedentes a la fecha en que se inicie la acción de cancelación. La cancelación de un registro por falta de uso de la marca también podrá solicitarse como defensa en un procedimiento de oposición interpuestos con base en la marca no usada.

No obstante lo previsto en el párrafo anterior, no podrá iniciarse la acción de cancelación antes de transcurridos tres años contados a partir de la fecha de notificación de la resolución que agote el procedimiento de registro de la marca respectiva en la vía administrativa.

Cuando la falta de uso de una marca sólo afectara a uno o a algunos de los productos o servicios para los cuales estuviese registrada la marca, se ordenará una reducción o limitación de la lista de los productos o servicios comprendidos en el registro de la marca, eliminando aquéllos respecto de los cuales la marca no se hubiese usado; para ello se tomará en cuenta la identidad o similitud de los productos o servicios.

El registro no podrá cancelarse cuando el titular demuestre que la falta de uso se debió, entre otros, a fuerza mayor o caso fortuito.

Art. 166

Se entenderá que una marca se encuentra en uso cuando los productos o servicios que ella distingue han sido puestos en el comercio o se encuentran disponibles en el mercado bajo esa marca, en la cantidad y del modo que normalmente corresponde, teniendo en cuenta la naturaleza de los productos o servicios y las modalidades bajo las cuales se efectúa su comercialización en el mercado.

También se considerará usada una marca, cuando distinga exclusivamente productos que son exportados desde cualquiera de los países miembros, según lo establecido en el párrafo anterior.

El uso de una marca en modo tal que difiera de la forma en que fue registrada sólo en cuanto a detalles o elementos que no alteren su carácter distintivo, no motivará la cancelación del registro por falta de uso, ni disminuirá la protección que corresponda a la marca.

Art. 167

La carga de la prueba del uso de la marca corresponderá al titular del registro.

El uso de la marca podrá demostrarse mediante facturas comerciales, documentos contables o certificaciones de auditoría que demuestren la regularidad y la cantidad de la comercialización de las mercancías identificadas con la marca, entre otros.

Art. 168

La persona que obtenga una resolución favorable tendrá derecho preferente al registro. Dicho derecho podrá invocarse a partir de la presentación de la solicitud de cancelación, y hasta dentro de los tres meses siguientes de la fecha en que la resolución de cancelación quede firme en la vía administrativa.

Art. 169

La oficina nacional competente, decretará de oficio o a solicitud de cualquier persona, la cancelación del registro de una marca o la limitación de su alcance cuando su titular hubiese provocado o tolerado que ella se convierta en un signo común o genérico para identificar o designar uno o varios de los productos o servicios para los cuales estuviese registrada.

Se entenderá que una marca se ha convertido en un signo común o genérico cuando en los medios comerciales y para el público dicha marca haya perdido su carácter distintivo como indicación de procedencia empresarial del producto o servicio al cual se aplica. Para estos efectos deberán concurrir los siguientes hechos con relación a esa marca:

a) La necesidad que tuvieran los competidores de usar el signo para poder desarrollar sus actividades por no existir otro nombre o signo adecuado para designar o identificar en el comercio al producto o servicio respectivo;

b) El uso generalizado de la marca por el público y en los medios comerciales como signo común o genérico del producto o servicio respectivo; y

c) El desconocimiento o bajo reconocimiento por el público de que la marca significa una procedencia empresarial determinada.

Art. 170

Recibida una solicitud de cancelación, la oficina nacional competente notificará al titular de la marca registrada para que dentro del plazo de sesenta días hábiles contados a partir de la notificación, haga valer los alegatos y las pruebas que estime convenientes.

Vencidos los plazos a los que se refiere este artículo, la oficina nacional competente decidirá sobre la cancelación o no del registro de la marca, lo cual notificará a las partes, mediante resolución.

CAPÍTULO VI
DE LA RENUNCIA AL REGISTRO

Art. 171

El titular de un registro de marca podrá renunciar en cualquier momento a sus derechos sobre el registro.

Cuando la renuncia fuese parcial, ella abarcará los productos o servicios objeto de la renuncia.

No se admitirá la renuncia si sobre la marca existen embargos o derechos reales de garantía inscritos en la oficina nacional competente, salvo que exista consentimiento expreso de los titulares de dichos derechos.

La renuncia al registro de la marca surtirá efectos a partir de su inscripción ante la oficina nacional competente.

CAPÍTULO VII
DE LA NULIDAD DEL REGISTRO

Art. 172

La autoridad nacional competente decretará de oficio o a solicitud de cualquier persona y en cualquier momento, la nulidad absoluta de un registro de marca cuando se hubiese concedido en contravención con lo dispuesto en los artículos 134 primer párrafo y 135.

La autoridad nacional competente decretará de oficio o a solicitud de cualquier persona, la nulidad relativa de un registro de marca cuando se hubiese concedido en contravención de lo dispuesto en el artículo 136 o cuando éste se hubiera efectuado de mala fe. Esta acción prescribirá a los cinco años contados desde la fecha de concesión del registro impugnado.

Las acciones precedentes no afectarán las que pudieran corresponder por daños y perjuicios conforme a la legislación interna.

No podrá declararse la nulidad del registro de una marca por causales que hubiesen dejado de ser aplicables al tiempo de resolverse la nulidad.

Cuando una causal de nulidad sólo se aplicara a uno o a algunos de los productos o servicios para los cuales la marca fue registrada, se declarará la nulidad únicamente para esos productos o servicios, y se eliminarán del registro de la marca.

Art. 173

Serán de aplicación al presente capítulo las disposiciones del artículo 78.

CAPÍTULO VIII
DE LA CADUCIDAD DEL REGISTRO

Art. 174

El registro de la marca caducará de pleno derecho si el titular o quien tuviera legítimo interés no solicita la renovación dentro del término legal, incluido el período de gracia, de acuerdo con lo establecido en la presente Decisión.

Asimismo, será causal de caducidad la falta de pago de las tasas, en los términos que determine la legislación nacional del país miembro.

TÍTULO VII
DE LOS LEMAS COMERCIALES

Art. 175

Los países miembros podrán registrar como marca los lemas comerciales, de conformidad con sus respectivas legislaciones nacionales.

Se entiende por lema comercial la palabra, frase o leyenda utilizada como complemento de una marca.

Art. 176

La solicitud de registro de un lema comercial deberá especificar la marca solicitada o registrada con la cual se usará.

Art. 177

No podrán registrarse lemas comerciales que contengan alusiones a productos o marcas similares o expresiones que puedan perjudicar a dichos productos o marcas.

Art. 178

Un lema comercial deberá ser transferido conjuntamente con el signo marcario al cual se asocia y su vigencia estará sujeta a la del signo.

Art. 179

Serán aplicables a este título, en lo pertinente, las disposiciones relativas al título de marcas de la presente Decisión.

TÍTULO VIII
DE LAS MARCAS COLECTIVAS

Art. 180

Se entenderá por marca colectiva todo signo que sirva para distinguir el origen o cualquier otra característica común de productos o servicios pertenecientes a empresas diferentes y que lo utilicen bajo el control de un titular.

Art. 181

Las asociaciones de productores, fabricantes, prestadores de servicios, organizaciones o grupos de personas, legalmente establecidos, podrán solicitar el registro de marca colectiva para distinguir en el mercado los productos o servicios de sus integrantes.

Art. 182

La solicitud de registro deberá indicar que se trata de una marca colectiva e ir acompañada de:

a) Copia de los estatutos de la asociación, organización o grupo de personas que solicite el registro de la marca colectiva;

b) La lista de integrantes; y,

c) La indicación de las condiciones y la forma cómo la marca colectiva debe utilizarse en los productos o servicios.

Una vez obtenido el registro de marca colectiva, la asociación, organización o grupo de personas deberá informar a la oficina nacional competente cualquier cambio que se produzca en cualquiera de los documentos a que hace referencia el presente artículo.

Art. 183

La marca colectiva podrá ser transferida o licenciada de conformidad con lo previsto en las normas internas de la asociación, organización o grupo de personas.

Las transferencias y licencias deberán ser inscritas ante la oficina nacional competente para que surtan efectos frente a terceros.

Art. 184

Serán aplicables a este título, en lo pertinente, las disposiciones relativas al título de marcas de la presente Decisión.

TÍTULO IX
DE LAS MARCAS DE CERTIFICACIÓN

Art. 185

Se entenderá por marca de certificación un signo destinado a ser aplicado a productos o servicios cuya calidad u otras características han sido certificadas por el titular de la marca.

Art. 186

Podrá ser titular de una marca de certificación una empresa o institución, de derecho privado o público o un organismo estatal, regional o internacional.

Art. 187

Con la solicitud de registro de una marca de certificación deberá acompañarse el reglamento de uso de la marca que indique los productos o servicios que podrán ser objeto de certificación por su titular; defina las características garantizadas por la presencia de la marca; y describa la manera en que se ejercerá el control de tales características antes y después de autorizarse el uso de la marca.

El reglamento de uso se inscribirá junto con la marca.

Toda modificación de las reglas de uso de la marca de certificación deberá ser puesta en conocimiento de la oficina nacional competente. La modificación de las reglas de uso surtirá efectos frente a terceros a partir de su inscripción en el registro correspondiente.

Art. 188

El titular de una marca de certificación podrá autorizar su uso a cualquier persona cuyo producto o servicio cumpla las condiciones establecidas en el reglamento de uso de la marca.

La marca de certificación no podrá usarse en relación con productos o servicios producidos, prestados o comercializados por el propio titular de la marca.

Art. 189

Serán aplicables a este título, en lo pertinente, las disposiciones relativas al título de marcas de la presente Decisión.

TÍTULO X
DEL NOMBRE COMERCIAL

Art. 190

Se entenderá por nombre comercial cualquier signo que identifique a una actividad económica, a una empresa, o a un establecimiento mercantil.

Una empresa o establecimiento podrá tener más de un nombre comercial. Puede constituir nombre comercial de una empresa o establecimiento, entre otros, su denominación social, razón social u otra designación inscrita en un registro de personas o sociedades mercantiles.

Los nombres comerciales son independientes de las denominaciones o razones sociales de las personas jurídicas, pudiendo ambas coexistir.

Art. 191

El derecho exclusivo sobre un nombre comercial se adquiere por su primer uso en el comercio y termina cuando cesa el uso del nombre o cesan las actividades de la empresa o del establecimiento que lo usa.

Art. 192

El titular de un nombre comercial podrá impedir a cualquier tercero usar en el comercio un signo distintivo idéntico o similar, cuando ello pudiere causar confusión o un riesgo de asociación con la empresa del titular o con sus productos o servicios. En el caso de nombres comerciales notoriamente conocidos, cuando asimismo pudiera causarle un daño económico o comercial injusto, o implicara un aprovechamiento injusto del prestigio del nombre o de la empresa del titular.

Será aplicable al nombre comercial lo dispuesto en los artículos 155, 156, 157 y 158 en cuanto corresponda.

Art. 193

Conforme a la legislación interna de cada país miembro, el titular de un nombre comercial podrá registrarlo o depositarlo ante la oficina nacional competente. El registro o depósito tendrá carácter declarativo. El derecho a su uso exclusivo solamente se adquirirá en los términos previstos en el artículo 191.

Art. 194

No podrá registrarse como nombre comercial un signo que esté comprendido en alguno de los casos siguientes:

a) Cuando consista, total o parcialmente, en un signo contrario a la moral o al orden público;

b) Cuando su uso sea susceptible de causar confusión en los medios comerciales o en el público sobre la identidad, la naturaleza, las actividades, el giro comercial o cualquier otro aspecto de la empresa o establecimiento designado con ese nombre;

c) Cuando su uso sea susceptible de causar confusión en los medios comerciales o en el público sobre la procedencia empresarial, el origen u otras características de los productos o servicios que la empresa produzca o comercialice; o,

d) Cuando exista una solicitud o registro de nombre comercial anterior.

Art. 195

Para efectos del registro, la oficina nacional competente examinará si el nombre comercial contraviene lo dispuesto en el artículo anterior. Los países miembros podrán exigir la prueba de uso, conforme a sus normas nacionales.

Podrá ser aplicable al registro del nombre comercial la clasificación de productos y servicios utilizadas para las marcas.

Art. 196

En caso de registro del nombre comercial, éste tendrá una duración de diez años contados a partir de la fecha de su registro o depósito, renovables por períodos iguales.

Art. 197

El titular de un registro de nombre comercial podrá renunciar a sus derechos sobre el registro. La renuncia al registro del nombre comercial surtirá efectos a partir de su inscripción ante la oficina nacional competente.

Art. 198

La renovación del registro de un nombre comercial deberá solicitarse ante la oficina nacional competente, dentro de los seis meses anteriores a la fecha de su expiración.

No obstante, el titular del nombre comercial gozará de un plazo de gracia de seis meses, contados a partir de la fecha de vencimiento del registro para solicitar su renovación, acompañando los comprobantes de pago de las tasas establecidas en las normas internas de los países miembros, pagando conjuntamente el recargo establecido, de ser el caso. Durante el plazo referido, el registro del nombre comercial mantendrá su plena vigencia.

A efectos de la renovación las oficinas nacionales competentes podrán exigir prueba de uso del nombre comercial conforme a sus normas nacionales. En todo caso el registro se efectuará en los mismos términos del registro original.

Art. 199

La transferencia de un nombre comercial registrado o depositado se inscribirá ante la oficina nacional competente de acuerdo con el procedimiento aplicable a la transferencia de marcas, en cuanto corresponda, y devengará la misma tasa. Sin perjuicio de ello, la transferencia del nombre comercial sólo podrá efectuarse conjuntamente con la de la empresa o establecimiento con el cual se venía usando.

El nombre comercial podrá ser objeto de licencia. Cuando lo prevean las normas nacionales, dicha licencia podrá ser registrada ante la oficina nacional competente.

TÍTULO XI
DE LOS RÓTULOS O ENSEÑAS

Art. 200

La protección y depósito de los rótulos o enseñas se regirá por las disposiciones relativas al nombre comercial, conforme a las normas nacionales de cada país miembro.

TÍTULO XII
DE LAS INDICACIONES GEOGRÁFICAS

CAPÍTULO I
DE LAS DENOMINACIONES DE ORIGEN

Art. 201

Se entenderá por denominación de origen, una indicación geográfica constituida por la denominación de un país, de una región o de un lugar determinado, o constituida por una denominación que sin ser la de un país, una región o un lugar determinado se refiere a una zona geográfica determinada, utilizada para designar un producto originario de ellos y cuya calidad, reputación u otras características se deban exclusiva o esencialmente al medio geográfico en el cual se produce, incluidos los factores naturales y humanos.

Art. 202

No podrán ser declaradas como denominaciones de origen, aquellas que:

a) No se ajusten a la definición contenida en el artículo 201;

b) Sean indicaciones comunes o genéricas para distinguir el producto de que se trate, entendiéndose por ello las consideradas como tales tanto por los conocedores de la materia como por el público en general;

c) Sean contrarias a las buenas costumbres o al orden público; o,

d) Puedan inducir a error al público sobre la procedencia geográfica, la naturaleza, el modo de fabricación, o la calidad, reputación u otras características de los respectivos productos.

Art. 203

La declaración de protección de una denominación de origen se hará de oficio o a petición de quienes demuestren tener legítimo interés, entendiéndose por tales, las personas naturales o jurídicas que directamente se dediquen a la extracción, producción o elaboración del producto o los productos que se pretendan amparar con la denominación de origen, así como las asociaciones de productores. Las autoridades estatales, departamentales, provinciales o municipales también se considerarán interesadas, cuando se trate de denominaciones de origen de sus respectivas circunscripciones.

Art. 204

La solicitud de declaración de protección de una denominación de origen se hará por escrito ante la oficina nacional competente, debiendo indicar:

a) Nombre, domicilio, residencia y nacionalidad del o los solicitantes, así como la demostración de su legítimo interés;

b) La denominación de origen objeto de la declaración;

c) La zona geográfica delimitada de producción, extracción o elaboración del producto que se designa con la denominación de origen;

d) Los productos designados por la denominación de origen; y,

e) Una reseña de las calidades, reputación u otras características esenciales de los productos designados por la denominación de origen.

Art. 205

Admitida la solicitud, la oficina nacional competente analizará, dentro de los treinta días siguientes, si cumple con los requisitos previstos en el presente título y los establecidos por las legislaciones internas de los países miembros, siguiendo posteriormente el procedimiento relativo al examen de forma de la marca, en lo que fuera pertinente.

Art. 206

La vigencia de la declaración de protección de una denominación de origen, estará determinada por la subsistencia de las condiciones que la motivaron, a juicio de la oficina nacional competente. Dicha oficina podrá declarar el término de su vigencia si tales condiciones no se mantuvieran. No obstante, los interesados podrán solicitarla nuevamente cuando consideren que se han restituido las condiciones para su protección, sin perjuicio de los recursos administrativos previstos en las legislaciones internas de los países miembros.

La declaración de protección de la denominación de origen podrá ser modificada en cualquier tiempo cuando cambie cualquiera de los elementos referidos en el artículo 204. La modificación se sujetará al procedimiento previsto para la declaración de protección, en cuanto corresponda.

Art. 207

La autorización de uso de una denominación de origen protegida deberá ser solicitada por las personas que:

a) Directamente se dediquen a la extracción, producción o elaboración de los productos distinguidos por la denominación de origen;

b) Realicen dicha actividad dentro de la zona geográfica delimitada según la declaración de protección; y,

c) Cumplan con otros requisitos establecidos por las oficinas nacionales competentes.

Art. 208

La oficina nacional competente podrá otorgar las autorizaciones de uso correspondientes. La autorización de uso también podrá ser concedida por las entidades públicas o privadas que representen a los beneficiarios de las denominaciones de origen, si así lo establecen las normas nacionales.

Art. 209

Cuando la autorización de uso sea competencia de la oficina nacional competente, ella será otorgada o denegada en un lapso de quince días contados a partir de la fecha de presentación de la solicitud.

Art. 210

La autorización de uso de una denominación de origen protegida tendrá una duración de diez años, pudiendo ser renovada por períodos iguales, de conformidad con el procedimiento para la renovación de marcas establecido en la presente Decisión.

Art. 211

La autorización de uso de una denominación de origen protegida, caducará si no se solicita su renovación dentro de los plazos previstos para la renovación de marcas de la presente Decisión.

De la misma forma, será motivo de caducidad la falta de pago de las tasas, en los términos que acuerde la legislación nacional de cada país miembro.

Art. 212

La utilización de denominaciones de origen con relación a los productos naturales, agrícolas, artesanales o industriales provenientes de los países miembros, queda reservada exclusivamente para los productores, fabricantes y artesanos que tengan sus establecimientos de producción o de fabricación en la localidad o región del país miembro designada o evocada por dicha denominación.

Solamente los productores, fabricantes o artesanos autorizados a usar una denominación de origen registrada podrán emplear junto con ella la expresión «DENOMINACIÓN DE ORIGEN».

Son aplicables a las denominaciones de origen protegidas las disposiciones de los artículos 155, 156, 157 y 158, en cuanto corresponda.

Art. 213

Las entidades públicas o privadas que representen a los beneficiarios de las denominaciones de origen, o aquellas designadas al efecto, dispondrán los mecanismos que permitan un control efectivo del uso de las denominaciones de origen protegidas.

Art. 214

La protección de las denominaciones de origen se inicia con la declaración que al efecto emita la oficina nacional competente.

El uso de las mismas por personas no autorizadas que cree confusión, será considerado una infracción al derecho de propiedad industrial, objeto de sanción, incluyendo los casos en que vengan acompañadas de indicaciones tales como género, tipo, imitación y otras similares que creen confusión en el consumidor.

Art. 215

Los países miembros prohibirán la utilización de una denominación de origen que identifique vinos o bebidas espirituosas para productos de ese género que no sean originarios del lugar designado por la denominación de origen en cuestión, incluso cuando se indique el verdadero origen del producto o se utilice la indicación geográfica traducida o acompañada de expresiones tales como «clase», «tipo», «estilo», «imitación» u otras análogas.

Los países miembros no podrán impedir el uso continuado y similar de una denominación de origen de otro país, que identifique vinos o bebidas espirituosas con relación a productos o servicios, por alguno de sus nacionales que hayan utilizado esa denominación de origen de manera continua para esos mismos productos o servicios, u otros afines, en el territorio del respectivo país miembro durante 10 años como mínimo antes del 15 de abril de 1994, o de buena fe, antes de esa fecha.

Art. 216

La autoridad nacional competente podrá declarar, de oficio o a petición de parte, la nulidad de la autorización de uso de una denominación de origen protegida, si fue concedida en contravención a la presente Decisión. Serán de aplicación, en lo que fuere pertinente, las normas sobre nulidad de registro de marcas de la presente Decisión.

Art. 217

De oficio o a solicitud de parte, la oficina nacional competente, cancelará la autorización de uso, cuando se demuestre que la misma se utiliza en el comercio de una manera que no corresponde a lo indicado en la declaración de protección respectiva. Serán de aplicación, en lo que fuere pertinente, las normas sobre cancelación de registro de marcas de la presente Decisión.

Art. 218

Las oficinas nacionales competentes podrán reconocer las denominaciones de origen protegidas en otro país miembro, cuando la solicitud la formulen sus productores, extractores, fabricantes o artesanos que tengan legítimo interés o las autoridades públicas de los mismos.

Para solicitar dicha protección, las denominaciones de origen deben haber sido declaradas como tales en sus países de origen.

Art. 219

Tratándose de denominaciones de origen o indicaciones geográficas protegidas en terceros países, las oficinas nacionales competentes podrán reconocer la protección, siempre que ello esté previsto en algún convenio del cual el país miembro sea parte. Para solicitar dicha protección, las denominaciones de origen deben haber sido declaradas como tales en sus países de origen.

Art. 220

Las denominaciones de origen protegidas conforme a lo previsto en la presente Decisión, no serán consideradas comunes o genéricas para distinguir el producto que designan, mientras subsista dicha protección en el país de origen.

CAPÍTULO II
DE LAS INDICACIONES DE PROCEDENCIA

Art. 221

Se entenderá por indicación de procedencia un nombre, expresión, imagen o signo que designe o evoque un país, región, localidad o lugar determinado.

Art. 222

Una indicación de procedencia no podrá usarse en el comercio en relación con un producto o un servicio, cuando fuese falsa o engañosa con respecto a su origen o cuando su uso pudiera inducir al público a confusión con respecto al origen, procedencia, calidad o cualquier otra característica del producto o servicio.

A efectos de lo dispuesto en el párrafo anterior, también constituye uso de una indicación geográfica en el comercio el que se hiciera en la publicidad y en cualquier documentación comercial relativa a la venta, exposición u oferta de productos o servicios.

Art. 223

Toda persona podrá indicar su nombre o su domicilio sobre los productos que comercialice, aun cuando éstos provinieran de un país diferente, siempre que se presente acompañado de la indicación precisa, en caracteres suficientemente destacados, del país o lugar de fabricación o de producción de los productos o de otra indicación suficiente para evitar cualquier error sobre el verdadero origen de los mismos.

TÍTULO XIII
DE LOS SIGNOS DISTINTIVOS NOTORIAMENTE CONOCIDOS

Art. 224

Se entiende por signo distintivo notoriamente conocido el que fuese reconocido como tal en cualquier país miembro por el sector pertinente, independientemente de la manera o el medio por el cual se hubiese hecho conocido.

Art. 225

Un signo distintivo notoriamente conocido será protegido contra su uso y registro no autorizado conforme a este Título, sin perjuicio de las demás disposiciones de esta Decisión que fuesen aplicables y de las normas para la protección contra la competencia desleal del país miembro.

Art. 226

Constituirá uso no autorizado del signo distintivo notoriamente conocido el uso del mismo en su totalidad o en una parte esencial, o una reproducción, imitación, traducción o transliteración del signo, susceptibles de crear confusión, en relación con establecimientos, actividades, productos o servicios idénticos o similares a los que se aplique.

También constituirá uso no autorizado del signo distintivo notoriamente conocido el uso del mismo en su totalidad o en una parte esencial, o de una reproducción, imitación, traducción o transliteración del signo, aun respecto de establecimientos, actividades, productos o servicios diferentes a los que se aplica el signo notoriamente conocido, o para fines no comerciales, si tal uso pudiese causar alguno de los efectos siguientes:

a) Riesgo de confusión o de asociación con el titular del signo, o con sus establecimientos, actividades, productos o servicios;

b) Daño económico o comercial injusto al titular del signo por razón de una dilución de la fuerza distintiva o del valor comercial o publicitario del signo; o,

c) Aprovechamiento injusto del prestigio o del renombre del signo.

El uso podrá verificarse a través de cualquier medio de comunicación, incluyendo los electrónicos.

Art. 227

Será de aplicación al presente título lo establecido en el literal h) del artículo 136, así como lo dispuesto en el artículo 155, literales e) y f).

Art. 228

Para determinar la notoriedad de un signo distintivo, se tomará en consideración entre otros, los siguientes factores:

a) El grado de su conocimiento entre los miembros del sector pertinente dentro de cualquier país miembro;

b) La duración, amplitud y extensión geográfica de su utilización, dentro o fuera de cualquier país miembro;

c) La duración, amplitud y extensión geográfica de su promoción, dentro o fuera de cualquier país miembro, incluyendo la publicidad y la presentación en ferias, exposiciones u otros eventos de los productos o servicios, del establecimiento o de la actividad a los que se aplique;

d) El valor de toda inversión efectuada para promoverlo, o para promover el establecimiento, actividad, productos o servicios a los que se aplique;

e) Las cifras de ventas y de ingresos de la empresa titular en lo que respecta al signo cuya notoriedad se alega, tanto en el plano internacional como en el del país miembro en el que se pretende la protección;

f) El grado de distintividad inherente o adquirida del signo;

g) El valor contable del signo como activo empresarial;

h) El volumen de pedidos de personas interesadas en obtener una franquicia o licencia del signo en determinado territorio; o,

i) La existencia de actividades significativas de fabricación, compras o almacenamiento por el titular del signo en el país miembro en que se busca protección;

j) Los aspectos del comercio internacional; o,

k) La existencia y antigüedad de cualquier registro o solicitud de registro del signo distintivo en el país miembro o en el extranjero.

Art. 229

No se negará la calidad de notorio a un signo por el solo hecho que:

a) No esté registrado o en trámite de registro en el país miembro o en el extranjero;

b) No haya sido usado o no se esté usando para distinguir productos o servicios, o para identificar actividades o establecimientos en el país miembro; o,

c) No sea notoriamente conocido en el extranjero.

Art. 230

Se considerarán como sectores pertinentes de referencia para determinar la notoriedad de un signo distintivo, entre otros, los siguientes:

a) Los consumidores reales o potenciales del tipo de productos o servicios a los que se aplique;

b) Las personas que participan en los canales de distribución o comercialización del tipo de productos o servicios a los que se aplique; o,

c) Los círculos empresariales que actúan en giros relativos al tipo de establecimiento, actividad, productos o servicios a los que se aplique.

Para efectos de reconocer la notoriedad de un signo bastará que sea conocido dentro de cualquiera de los sectores referidos en los literales anteriores.

Art. 231

El titular de un signo distintivo notoriamente conocido tendrá acción para prohibir su uso a terceros y a ejercer ante la autoridad nacional competente las acciones y medidas que correspondan. Asimismo el titular podrá impedir a cualquier tercero realizar con respecto al signo los actos indicados en el artículo 155, siendo aplicables las limitaciones previstas en los artículos 157 y 158.

Art. 232

La acción contra un uso no autorizado de un signo distintivo notoriamente conocido prescribirá a los cinco años contados desde la fecha en que el titular del signo tuvo conocimiento de tal uso, salvo que éste se hubiese iniciado de mala fe, en cuyo caso no prescribirá la acción. Esta acción no afectará la que pudiera corresponder por daños y perjuicios conforme al derecho común.

Art. 233

Cuando un signo distintivo notoriamente conocido se hubiese inscrito indebidamente en el país miembro como parte de un nombre de dominio o de una dirección de correo electrónico por un tercero no autorizado, a pedido del titular o legítimo poseedor de ese signo la autoridad nacional competente ordenará la cancelación o la modificación de la inscripción del nombre de dominio o dirección de correo electrónico, siempre que el uso de ese nombre o dirección fuese susceptible de tener alguno de los efectos mencionados en el primer y segundo párrafos del artículo 226.

Art. 234

Al resolver sobre una acción relativa al uso no autorizado de un signo distintivo notoriamente conocido, la autoridad nacional competente tendrá en cuenta la buena o mala fe de las partes en la adopción y utilización de ese signo.

Art. 235

Sin perjuicio del ejercicio de las causales de cancelación previstas en los artículos 165 y 169, en caso que las normas nacionales así lo dispongan, la oficina nacional competente cancelará el registro de una marca, a petición del titular legítimo, cuando ésta sea idéntica o similar a una que hubiese sido notoriamente conocida, de acuerdo con la legislación vigente, al momento de solicitarse el registro.

Art. 236

Serán aplicables al presente título las disposiciones contenidas en la presente Decisión, en lo que fuere pertinente.

TÍTULO XIV
DE LA ACCIÓN REIVINDICATORIA

Art. 237

Cuando una patente o un registro de diseño industrial se hubiese solicitado u obtenido por quien no tenía derecho a obtenerlo, o en perjuicio de otra persona que también tuviese tal derecho, la persona afectada podrá reivindicarlo ante la autoridad nacional competente pidiendo que le sea transferida la solicitud en trámite o el derecho concedido, o que se le reconozca como cosolicitante o cotitular del derecho.

Cuando un registro de marca se hubiese solicitado u obtenido en perjuicio de otra persona que también tuviese tal derecho, la persona afectada podrá reivindicarlo ante la autoridad nacional competente pidiendo que se le reconozca como cosolicitante o cotitular del derecho.

Si la legislación interna del país miembro lo permite, en la misma acción de reivindicación podrá demandarse la indemnización de daños y perjuicios.

Esta acción prescribe a los cuatro años contados desde la fecha de concesión del derecho o a los dos años contados desde que el objeto de protección hubiera comenzado a explotarse o usarse en el país por quien obtuvo el derecho, aplicándose el plazo que expire antes. No prescribirá la acción si quien obtuvo el derecho lo hubiese solicitado de mala fe.

TÍTULO XV
DE LAS ACCIONES POR INFRACCIÓN DE DERECHOS

CAPÍTULO I
DE LOS DERECHOS DEL TITULAR

Art. 238

El titular de un derecho protegido en virtud de esta Decisión podrá entablar acción ante la autoridad nacional competente contra cualquier persona que infrinja su derecho. También podrá actuar contra quien ejecute actos que manifiesten la inminencia de una infracción.

Si la legislación interna del país miembro lo permite, la autoridad nacional competente podrá iniciar de oficio, las acciones por infracción previstas en dicha legislación.

En caso de cotitularidad de un derecho, cualquiera de los cotitulares podrá entablar la acción contra una infracción sin, que sea necesario el consentimiento de los demás, salvo acuerdo en contrario entre los cotitulares.

Art. 239

El titular de una patente tendrá derecho a ejercer acción judicial por daños y perjuicios por el uso no autorizado de la invención o del modelo de utilidad durante el período comprendido entre la fecha en que adquiera carácter público y pueda ser consultada la solicitud respectiva y la fecha de concesión de la patente. El resarcimiento sólo procederá con respecto a la materia cubierta por la patente concedida, y se calculará en función de la explotación efectivamente realizada por el demandado durante el período mencionado.

Art. 240

En los casos en los que se alegue una infracción a una patente cuyo objeto sea un procedimiento para obtener un producto, corresponderá al demandado en cuestión probar que el procedimiento que ha empleado para obtener el producto es diferente del procedimiento protegido por la patente cuya infracción se alegue. A estos efectos se presume, salvo prueba en contrario, que todo producto idéntico producido sin el consentimiento del titular de la patente, ha sido obtenido mediante el procedimiento patentado, si:

a) El producto obtenido con el procedimiento patentado es nuevo; o

b) Existe una posibilidad sustancial de que el producto idéntico haya sido fabricado mediante el procedimiento y el titular de la patente de éste no puede establecer mediante esfuerzos razonables cuál ha sido el procedimiento efectivamente utilizado.

En la presentación de pruebas en contrario, se tendrán en cuenta los intereses legítimos del demandado o denunciado en cuanto a la protección de sus secretos empresariales.

Art. 241

El demandante o denunciante podrá solicitar a la autoridad nacional competente que se ordenen, entre otras, una o más de las siguientes medidas:

a) El cese de los actos que constituyen la infracción;

b) La indemnización de daños y perjuicios;

c) El retiro de los circuitos comerciales de los productos resultantes de la infracción, incluyendo los envases, embalajes, etiquetas, material impreso o de publicidad u otros materiales, así como los materiales y medios que sirvieran predominantemente para cometer la infracción;

d) La prohibición de la importación o de la exportación de los productos, materiales o medios referidos en el literal anterior;

e) La adjudicación en propiedad de los productos, materiales o medios referidos en el literal c), en cuyo caso el valor de los bienes se imputará al importe de la indemnización de daños y perjuicios;

f) La adopción de las medidas necesarias para evitar la continuación o la repetición de la infracción, incluyendo la destrucción de los productos, materiales o medios referidos en el literal c) o el cierre temporal o definitivo del establecimiento del demandado o denunciado; o,

g) La publicación de la sentencia condenatoria y su notificación a las personas interesadas, a costa del infractor.

Tratándose de productos que ostenten una marca falsa, la supresión o remoción de la marca deberá acompañarse de acciones encaminadas a impedir que se introduzcan esos productos en el comercio. Asimismo, no se permitirá que esos productos sean reexportados en el mismo estado, ni que sean sometidos a un procedimiento aduanero diferente.

Quedarán exceptuados los casos debidamente calificados por la autoridad nacional competente, o los que cuenten con la autorización expresa del titular de la marca.

Art. 242

Los países miembros podrán disponer que, salvo que resulte desproporcionado con la gravedad de la infracción, las autoridades judiciales puedan ordenar al infractor que informe al titular del derecho sobre la identidad de los terceros que hayan participado en la producción y distribución de los bienes o servicios infractores, y sobre sus circuitos de distribución.

Art. 243

Para efectos de calcular la indemnización de daños y perjuicios se tomará en cuenta, entre otros, los criterios siguientes:

a) El daño emergente y el lucro cesante sufrido por el titular del derecho como consecuencia de la infracción;

b) El monto de los beneficios obtenidos por el infractor como resultado de los actos de infracción; o,

c) El precio que el infractor habría pagado por concepto de una licencia contractual, teniendo en cuenta el valor comercial del derecho infringido y las licencias contractuales que ya se hubieran concedido.

Art. 244

La acción por infracción prescribirá a los dos años contados desde la fecha en que el titular tuvo conocimiento de la infracción o en todo caso, a los cinco años contados desde que se cometió la infracción por última vez.

CAPÍTULO II
DE LAS MEDIDAS CAUTELARES

Art. 245

Quien inicie o vaya a iniciar una acción por infracción podrá pedir a la autoridad nacional competente que ordene medidas cautelares inmediatas con el objeto de impedir la comisión de la infracción, evitar sus consecuencias, obtener o conservar pruebas, o asegurar la efectividad de la acción o el resarcimiento de los daños y perjuicios.

Las medidas cautelares podrán pedirse antes de iniciar la acción, conjuntamente con ella o con posterioridad a su inicio.

Art. 246

Podrán ordenarse, entre otras, las siguientes medidas cautelares:

a) El cese inmediato de los actos que constituyan la presunta infracción;

b) El retiro de los circuitos comerciales de los productos resultantes de la presunta infracción, incluyendo los envases, embalajes, etiquetas, material impreso o de publicidad u otros materiales, así como los materiales y medios que sirvieran predominantemente para cometer la infracción;

c) La suspensión de la importación o de la exportación de los productos, materiales o medios referidos en el literal anterior;

d) La constitución por el presunto infractor de una garantía suficiente; y,

e) El cierre temporal del establecimiento del demandado o denunciado cuando fuese necesario para evitar la continuación o repetición de la presunta infracción.

Si la norma nacional del país miembro lo permite, la autoridad nacional competente podrá ordenar de oficio, la aplicación de medidas cautelares.

Art. 247

Una medida cautelar sólo se ordenará cuando quien la pida acredite su legitimación para actuar, la existencia del derecho infringido y presente pruebas que permitan presumir razonablemente la comisión de la infracción o su inminencia. La autoridad nacional competente podrá requerir que quien pida la medida otorgue caución o garantía suficientes antes de ordenarla.

Quien pida una medida cautelar respecto de productos determinados deberá suministrar las informaciones necesarias y una descripción suficientemente detallada y precisa para que los productos presuntamente infractores puedan ser identificados.

Art. 248

Cuando se hubiera ejecutado una medida cautelar sin intervención de la otra parte, ella se notificará a la parte afectada inmediatamente después de la ejecución. La parte afectada podrá recurrir ante la autoridad nacional competente para que revise la medida ejecutada.

Salvo norma interna en contrario, toda medida cautelar ejecutada sin intervención de la otra parte quedará sin efecto de pleno derecho si la acción de infracción no se iniciara dentro de los diez días siguientes contados desde la ejecución de la medida.

La autoridad nacional competente podrá modificar, revocar o confirmar la medida cautelar.

Art. 249

Las medidas cautelares se aplicarán sobre los productos resultantes de la presunta infracción y de los materiales o medios que sirvieran principalmente para cometerla.

CAPÍTULO III
DE LAS MEDIDAS EN FRONTERA

Art. 250

El titular de un registro de marca, que tuviera motivos fundados para suponer que se va a realizar la importación o la exportación de productos que infringen ese registro, podrá solicitar a la autoridad nacional competente suspender esa operación aduanera. Son aplicables a esa solicitud y a la orden que dicte esa autoridad las condiciones y garantías que establezcan las normas internas del país miembro.

Quien pida que se tomen medidas en la frontera deberá suministrar a la autoridad nacional competente la información necesaria y una descripción suficientemente detallada y precisa de los productos objeto de la presunta infracción para que puedan ser reconocidos.

Si la legislación interna del país miembro lo permite, la autoridad nacional competente podrá ordenar de oficio, la aplicación de medidas en frontera.

Art. 251

A efectos de fundamentar sus reclamaciones, la autoridad nacional competente permitirá al titular de la marca participar en la inspección de las mercancías retenidas. Igual derecho corresponderá al importador o exportador de las mercancías.

Al realizar la inspección, la autoridad nacional competente dispondrá lo necesario para proteger la información confidencial, en lo que fuese pertinente.

Art. 252

Cumplidas las condiciones y garantías aplicables, la autoridad nacional competente ordenará o denegará la suspensión de la operación aduanera y la notificará al solicitante.

En caso que se ordenara la suspensión, la notificación incluirá el nombre y dirección del consignador, importador, exportador y del consignatario de las mercancías, así como la cantidad de las mercancías objeto de la suspensión. Así mismo, notificará la suspensión al importador o exportador de los productos.

Art. 253

Transcurridos diez días hábiles contados desde la fecha de notificación de la suspensión de la operación aduanera sin que el demandante hubiere iniciado la acción por infracción, o sin que la autoridad nacional competente hubiere prolongado la suspensión, la medida se levantará y se procederá al despacho de las mercancías retenidas.

Art. 254

Iniciada la acción por infracción, la parte contra quien obró la medida podrá recurrir a la autoridad nacional competente. La autoridad nacional competente podrá modificar, revocar o confirmar la suspensión.

Art. 255

Una vez determinada la infracción, los productos con marcas falsificadas, que hubiera incautado la autoridad nacional competente, no podrán ser reexportados ni sometidos a un procedimiento aduanero diferente, salvo en los casos debidamente calificados por la autoridad nacional competente, o los que cuenten con la autorización expresa del titular de la marca.

Sin perjuicio de las demás acciones que correspondan al titular del derecho y a reserva del derecho del demandado a apelar ante una autoridad judicial, la autoridad nacional competente podrá ordenar la destrucción o decomiso de las mercancías infractoras.

Art. 256

Quedan excluidas de la aplicación de las disposiciones del presente capítulo las cantidades pequeñas de mercancías que no tengan carácter comercial y formen parte del equipaje personal de los viajeros o se envíen en pequeñas partidas.

CAPÍTULO IV
DE LAS MEDIDAS PENALES

Art. 257

Los países miembros establecerán procedimientos y sanciones penales para los casos de falsificación de marcas.

TÍTULO XVI
DE LA COMPETENCIA DESLEAL VINCULADA A LA PROPIEDAD INDUSTRIAL

CAPÍTULO I
DE LOS ACTOS DE COMPETENCIA DESLEAL

Art. 258

Se considera desleal todo acto vinculado a la propiedad industrial realizado en el ámbito empresarial que sea contrario a los usos y prácticas honestos.

Art. 259

Constituyen actos de competencia desleal vinculados a la propiedad industrial, entre otros, los siguientes:

a) Cualquier acto capaz de crear una confusión, por cualquier medio que sea, respecto del establecimiento, los productos o la actividad industrial o comercial de un competidor;

b) Las aseveraciones falsas, en el ejercicio del comercio, capaces de desacreditar el establecimiento, los productos o la actividad industrial o comercial de un competidor; o,

c) Las indicaciones o aseveraciones cuyo empleo, en el ejercicio del comercio, pudieren inducir al público a error sobre la naturaleza, el modo de fabricación, las características, la aptitud en el empleo o la cantidad de los productos.

CAPÍTULO II
DE LOS SECRETOS EMPRESARIALES

Art. 260

Se considerará como secreto empresarial cualquier información no divulgada que una persona natural o jurídica legítimamente posea, que pueda usarse en alguna actividad productiva, industrial o comercial, y que sea susceptible de transmitirse a un tercero, en la medida que dicha información sea:

a) Secreta, en el sentido que como conjunto o en la configuración y reunión precisa de sus componentes, no sea generalmente conocida ni fácilmente accesible por quienes se encuentran en los círculos que normalmente manejan la información respectiva;

b) Tenga un valor comercial por ser secreta; y

c) Haya sido objeto de medidas razonables tomadas por su legítimo poseedor para mantenerla secreta.

La información de un secreto empresarial podrá estar referida a la naturaleza, características o finalidades de los productos; a los métodos o procesos de producción; o, a los medios o formas de distribución o comercialización de productos o prestación de servicios.

Art. 261

A los efectos de la presente Decisión, no se considerará como secreto empresarial aquella información que deba ser divulgada por disposición legal o por orden judicial.

No se considerará que entra al dominio público o que es divulgada por disposición legal, aquella información que sea proporcionada a cualquier autoridad por una persona que la posea, cuando la proporcione a efecto de obtener licencias, permisos, autorizaciones, registros o cualesquiera otros actos de autoridad.

Art. 262

Quien lícitamente tenga control de un secreto empresarial, estará protegido contra la divulgación, adquisición o uso de tal secreto de manera contraria a las prácticas leales de comercio por parte de terceros. Constituirán competencia desleal los siguientes actos realizados respecto a un secreto empresarial:

a) Explotar, sin autorización de su poseedor legítimo, un secreto empresarial al que se ha tenido acceso con sujeción a una obligación de reserva resultante de una relación contractual o laboral;

b) Comunicar o divulgar, sin autorización de su poseedor legítimo, el secreto empresarial referido en el inciso a) con ánimo de obtener provecho propio o de un tercero o de perjudicar a dicho poseedor;

c) Adquirir un secreto empresarial por medios ilícitos o contrarios a los usos comerciales honestos;

d) Explotar, comunicar o divulgar un secreto empresarial que se ha adquirido por los medios referidos en el inciso c);

e) Explotar un secreto empresarial que se ha obtenido de otra persona sabiendo, o debiendo saber, que la persona que lo comunicó adquirió el secreto por los medios referidos en el inciso c), o que no tenía autorización de su poseedor legítimo para comunicarlo;

f) Comunicar o divulgar el secreto empresarial obtenido conforme al inciso e), en provecho propio o de un tercero, o para perjudicar al poseedor legítimo del secreto empresarial; o, [sic.]

Un secreto empresarial se considerará adquirido por medios contrarios a los usos comerciales honestos cuando la adquisición resultara, entre otros, del espionaje industrial, el incumplimiento de un contrato u otra obligación, el abuso de confianza, la infidencia, el incumplimiento de un deber de lealtad, o la instigación a realizar cualquiera de estos actos.

Art. 263

La protección del secreto empresarial perdurará mientras existan las condiciones establecidas en el artículo 260.

Art. 264

Quien posea legítimamente un secreto empresarial podrá transmitir o autorizar el uso a un tercero. El tercero autorizado tendrá la obligación de no divulgar el secreto empresarial por ningún medio, salvo pacto en contrario con quien le transmitió o autorizó el uso de dicho secreto.

En los convenios en que se transmitan conocimientos técnicos, asistencia técnica o provisión de ingeniería básica o de detalle, se podrán establecer cláusulas de confidencialidad para proteger los secretos empresariales allí contenidos, siempre y cuando las mismas no sean contrarias a las normas sobre libre competencia.

Art. 265

Toda persona que con motivo de su trabajo, empleo, cargo, puesto, desempeño de su profesión o relación de negocios, tenga acceso a un secreto empresarial sobre cuya confidencialidad se le haya prevenido, deberá abstenerse de usarlo o divulgarlo, o de revelarlo sin causa justificada y sin consentimiento de la persona que posea dicho secreto o de su usuario autorizado.

Art. 266

Los países miembros, cuando exijan, como condición para aprobar la comercialización de productos farmacéuticos o de productos químicos agrícolas que utilizan nuevas entidades químicas, la presentación de datos de pruebas u otros no divulgados cuya elaboración suponga un esfuerzo considerable, protegerán esos datos contra todo uso comercial desleal. Además, los países miembros protegerán esos datos contra toda divulgación, excepto cuando sea necesario para proteger al público, o salvo que se adopten medidas para garantizar la protección de los datos, contra todo uso comercial desleal.

Los países miembros podrán tomar las medidas para garantizar la protección consagrada en este artículo.

CAPÍTULO III
DE LAS ACCIONES POR COMPETENCIA DESLEAL

Art. 267

Sin perjuicio de cualquier otra acción, quien tenga legítimo interés podrá pedir a la autoridad nacional competente que se pronuncie sobre la licitud de algún acto o práctica comercial conforme a lo previsto en el presente título.

Art. 268

La acción por competencia desleal conforme a este título prescribe a los dos años contados desde que se cometió por última vez el acto desleal, salvo que las normas internas establezcan un plazo distinto.

Art. 269

Si la legislación interna del país miembro lo permite, la autoridad nacional competente podrá iniciar, de oficio, las acciones por competencia desleal previstas en dicha legislación.

DISPOSICIONES FINALES

Art. 270

Los países miembros con el apoyo de la Secretaría General, implementarán un sistema informático andino sobre derechos de propiedad industrial registrados en cada uno de ellos. A tal efecto, interconectarán sus respectivas bases de datos a más tardar el 31 de diciembre del año 2002.

Art. 271

Los países miembros propenderán al establecimiento de mecanismos de difusión y divulgación de la información tecnológica contenida en las patentes de invención.

Art. 272

Los países miembros procurarán celebrar entre ellos acuerdos de cooperación tendientes al fortalecimiento de la capacidad institucional de las oficinas nacionales competentes.

Art. 273

Para los efectos de la presente Decisión, entiéndase como Oficina Nacional Competente, al órgano administrativo encargado del registro de la Propiedad Industrial.

Asimismo, entiéndase como Autoridad Nacional Competente, al órgano designado al efecto por la legislación nacional sobre la materia.

Art. 274

La presente Decisión entrará en vigencia el 1° de diciembre de 2000.

DISPOSICIONES COMPLEMENTARIAS

Art. 275

De conformidad con la tercera disposición complementaria de la Decisión 391, la autoridad nacional competente en materia de acceso a los recursos genéticos y las oficinas nacionales competentes establecerán sistemas de intercambio de información sobre los contratos de acceso autorizados y derechos de propiedad intelectual concedidos a más tardar el 31 de diciembre de 2001.

Art. 276

Los asuntos sobre Propiedad Industrial no comprendidos en la presente Decisión, serán regulados por las normas internas de los países miembros.

Art. 277

Las oficinas nacionales competentes podrán establecer las tasas que consideren necesarias para la tramitación de los procedimientos a que hace referencia la presente Decisión.

Una vez iniciados los trámites ante la oficina nacional competente, las tasas no serán reembolsables.

Art. 278

Los países miembros, con miras a la consolidación de un sistema de administración comunitaria, se comprometen a garantizar la mejor aplicación de las disposiciones contenidas en la presente Decisión. Asimismo, se comprometen a fortalecer, propender a la autonomía y modernizar las oficinas nacionales competentes y los sistemas y servicios de información relativos al estado de la técnica.

Las oficinas nacionales competentes enviarán lo antes posible a partir de su publicación, las respectivas Gacetas o Boletines de la Propiedad Industrial, a través de cualquier medio, a las oficinas nacionales competentes de los demás países miembros. Estas Gacetas o Boletines serán colocados para consulta del público en la oficina de destino.

Art. 279

Los países miembros podrán suscribir acuerdos de cooperación en materia de propiedad industrial que no vulneren la presente Decisión, tales como el Tratado de Cooperación en Materia de Patentes.

Art. 280

Cuando la legislación interna de los países miembros así lo disponga, en caso de que se solicite una patente para un organismo genéticamente modificado (OGM) y/o el proceso tecnológico para la producción del OGM, deberá presentar copia del documento que otorgue el permiso de la autoridad nacional competente en materia de bioseguridad de cada país miembro.

DISPOSICIONES TRANSITORIAS

PRIMERA

Todo derecho de propiedad industrial válidamente concedido de conformidad con la legislación comunitaria anterior a la presente Decisión, se regirá por las disposiciones aplicables en la fecha de su otorgamiento salvo en lo que se refiere a los plazos de vigencia, en cuyo caso los derechos de propiedad industrial preexistentes se adecuarán a lo previsto en esta Decisión.

En lo relativo al uso, goce, obligaciones, licencias, renovaciones y prórrogas se aplicarán las normas contenidas en esta Decisión.

Para el caso de procedimientos en trámite, la presente Decisión regirá en las etapas que aún no se hubiesen cumplido a la fecha de su entrada en vigencia.

SEGUNDA

Los microorganismos serán patentables hasta tanto se adopten medidas distintas resultantes del examen previsto en el apartado b) del artículo 27, numeral 3 del ADPIC.

A tal efecto, se tendrán en cuenta los compromisos asumidos por los países miembros en el ámbito del Convenio sobre la Diversidad Biológica.

TERCERA

A más tardar al 31 de diciembre de 2002 y de conformidad con lo previsto en el artículo 278, las oficinas nacionales competentes interconectarán sus bases de datos. A tal efecto, la Secretaría General gestionará los recursos de cooperación internacional técnica y financiera.

LEY 633 DE 2000
POR LA CUAL SE EXPIDEN NORMAS EN MATERIA TRIBUTARIA, SE DICTAN DISPOSICIONES SOBRE EL TRATAMIENTO A LOS FONDOS OBLIGATORIOS PARA LA VIVIENDA DE INTERÉS SOCIAL Y SE INTRODUCEN NORMAS PARA FORTALECER LAS FINANZAS DE LA RAMA JUDICIAL

(...)

Art. 91

Todas las páginas web y sitios de internet de origen colombiano que operan en el Internet y cuya actividad económica sea de carácter comercial, financiero o de prestación de servicios, deberán inscribirse en el Registro Mercantil y suministrar a la Dirección de Impuestos y Aduanas Nacionales DIAN, la información de transacciones económicas (~~en los términos~~) que esta entidad (~~lo~~) requiera.

NOTA: Este artículo fue declarado condicionalmente exequible por la Corte Constitucional en la Sentencia C-1147 de 2001, en el entendido que la información que puede requerir la DIAN es la directamente relevante y estrictamente necesaria para el cumplimiento de sus funciones en ejercicio de sus competencias legales. Igualmente, declaró la inexequibilidad de las expresiones incluidas entre paréntesis.

(...)

LEY 1014 DE 2006
DE FOMENTO A LA CULTURA DEL EMPRENDIMIENTO

(...)

Artículo 22. CONSTITUCIÓN NUEVAS EMPRESAS

Las nuevas sociedades que se constituyan a partir de la vigencia de esta ley, cualquiera que fuere su especie o tipo, que de conformidad a lo establecido en el artículo 2° de la Ley 905 de 2004, tengan una planta de personal no superior a diez (10) trabajadores o activos totales por valor inferior a quinientos (500) salarios mínimos mensuales legales vigentes, se constituirán con observancia de las normas propias de la Empresa Unipersonal, de acuerdo con lo establecido en el Capítulo VIII de la Ley 222 de 1995. Las reformas estatutarias que se realicen en estas sociedades se sujetarán a las mismas formalidades previstas en la Ley 222 de 1995 para las empresas unipersonales.

Parágrafo. En todo caso, cuando se trate de Sociedades en Comandita se observará el requisito de pluralidad previsto en el artículo 323 del Código de Comercio.

(...)

LEY 1116 DE 2006
POR LA CUAL SE ESTABLECE EL RÉGIMEN DE INSOLVENCIA EMPRESARIAL EN LA REPÚBLICA DE COLOMBIA Y SE DICTAN OTRAS DISPOSICIONES

TÍTULO I
DEL RÉGIMEN DE INSOLVENCIA

CAPÍTULO I
FINALIDAD, PRINCIPIOS Y ALCANCE DEL RÉGIMEN DE INSOLVENCIA

Art. 1º. FINALIDAD DEL RÉGIMEN DE INSOLVENCIA

El régimen judicial de insolvencia regulado en la presente ley, tiene por objeto la protección del crédito y la recuperación y conservación de la empresa como unidad de explotación económica y fuente generadora de empleo, a través de los procesos de reorganización y de liquidación judicial, siempre bajo el criterio de agregación de valor.

El proceso de reorganización pretende a través de un acuerdo, preservar empresas viables y normalizar sus relaciones comerciales y crediticias, mediante su reestructuración operacional, administrativa, de activos o pasivos.

El proceso de liquidación judicial persigue la liquidación pronta y ordenada, buscando el aprovechamiento del patrimonio del deudor.

El régimen de insolvencia, además, propicia y protege la buena fe en las relaciones comerciales y patrimoniales en general y sanciona las conductas que le sean contrarias.

Art. 2º. ÁMBITO DE APLICACIÓN

Estarán sometidas al régimen de insolvencia las personas naturales comerciantes y las jurídicas no excluidas de la aplicación del mismo, que realicen negocios permanentes en el territorio nacional, de carácter privado o mixto. Así mismo, estarán sometidos al régimen de insolvencia las sucursales de sociedades extranjeras y los patrimonios autónomos afectos a la realización de actividades empresariales.

El Gobierno Nacional establecerá los requisitos de admisión de dichos patrimonios autónomos al trámite de insolvencia a que se refiere la presente ley.

Art. 3º. PERSONAS EXCLUIDAS

No están sujetas al régimen de insolvencia previsto en la presente ley:

1. Las Entidades Promotoras de Salud, las Administradoras del Régimen Subsidiado del Sistema General de Seguridad Social en Salud y las Instituciones Prestadoras de Servicios de Salud.

2. Las Bolsas de Valores y Agropecuarias.

3. Las entidades vigiladas por la Superintendencia Financiera de Colombia. Lo anterior no incluye a los emisores de valores, sometidos únicamente a control de la referida entidad.

4. Las entidades vigiladas por la Superintendencia de Economía Solidaria que desarrollen actividades financieras, de ahorro y crédito.

5. Las sociedades de capital público, y las empresas industriales y comerciales del Estado nacionales y de cualquier nivel territorial.

6. Las entidades de derecho público, entidades territoriales y descentralizadas.

7. Las empresas de servicios públicos domiciliarios.

8. Las personas naturales no comerciantes.

9. Las demás personas jurídicas que estén sujetas a un régimen especial de recuperación de negocios, liquidación o intervención administrativa para administrar o liquidar.

Parágrafo. Las empresas desarrolladas mediante contratos que no tengan como efecto la personificación jurídica, salvo en los patrimonios autónomos que desarrollen actividades empresariales, no pueden ser objeto del proceso de insolvencia en forma separada o independiente del respectivo o respectivos deudores.

Art. 4º. PRINCIPIOS DEL RÉGIMEN DE INSOLVENCIA

El régimen de insolvencia está orientado por los siguientes principios:

1. Universalidad: La totalidad de los bienes del deudor y todos sus acreedores quedan vinculados al proceso de insolvencia a partir de su iniciación.

2. Igualdad: Tratamiento equitativo a todos los acreedores que concurran al proceso de insolvencia, sin perjuicio de la aplicación de las reglas sobre prelación de créditos y preferencias.

3. Eficiencia: Aprovechamiento de los recursos existentes y la mejor administración de los mismos, basados en la información disponible.

4. Información: En virtud del cual, deudor y acreedores deben proporcionar la información de manera oportuna, transparente y comparable, permitiendo el acceso a ella en cualquier oportunidad del proceso.

5. Negociabilidad: Las actuaciones en el curso del proceso deben propiciar entre los interesados la negociación no litigiosa, proactiva, informada y de buena fe, en relación con las deudas y bienes del deudor.

6. Reciprocidad: Reconocimiento, colaboración y coordinación mutua con las autoridades extranjeras, en los casos de insolvencia transfronteriza.

7. Gobernabilidad económica: Obtener a través del proceso de insolvencia, una dirección gerencial definida, para el manejo y destinación de los activos, con miras a lograr propósitos de pago y de reactivación empresarial.

Art. 5º. FACULTADES Y ATRIBUCIONES DEL JUEZ DEL CONCURSO

Para los efectos de la presente ley, el juez del concurso, según lo establecido en el artículo siguiente de esta ley, tendrá las siguientes facultades y atribuciones, sin perjuicio de lo establecido en otras disposiciones:

1. Solicitar u obtener, en la forma que estime conveniente, la información que requiera para la adecuada orientación del proceso de insolvencia.

2. Ordenar las medidas pertinentes a proteger, custodiar y recuperar los bienes que integran el activo patrimonial del deudor, incluyendo la revocatoria de los actos y/o contratos efectuados en perjuicio de los acreedores, con excepción de:

a) Aquellas transacciones sobre valores u otros derechos de naturaleza negociable que hayan recibido una orden de transferencia aceptada por el sistema de compensación y liquidación de que tratan los artículos 2º, 10 y 11 de la Ley 964 de 2005;

b) Los actos y contratos que tengan como objeto o por efecto la emisión de valores u otros derechos de naturaleza negociable en el mercado público de valores de Colombia.

3. Objetar los nombramientos o contratos hechos por el liquidador, cuando afecten el patrimonio del deudor o los intereses de los acreedores.

4. Decretar la inhabilidad hasta por diez (10) años para ejercer el comercio en los términos previstos en la presente ley. Los administradores objeto de la inhabilidad podrán solicitar al juez del régimen de insolvencia la disminución del tiempo de inhabilidad, cuando el deudor haya pagado la totalidad del pasivo externo calificado y graduado.

5. Imponer sanciones o multas, sucesivas o no, hasta de doscientos (200) salarios mínimos legales mensuales, cualquiera sea el caso, a quienes incumplan sus órdenes, la ley o los estatutos.

6. Actuar como conciliador en el curso del proceso.

7. Con base en la información presentada por el deudor en la solicitud, reconocer y graduar las acreencias objeto del proceso de insolvencia, de conformidad con lo establecido sobre prelación de créditos en el título XL del libro cuarto del Código Civil y demás normas legales que lo modifiquen o adicionen, y resolver las objeciones presentadas, cuando haya lugar a ello.

8. Decretar la sustitución, de oficio o a petición de parte, de los auxiliares de la justicia, durante todo el proceso de insolvencia, con ocasión del incumplimiento de las funciones previstas en la ley o de las órdenes del juez del concurso, mediante providencia motivada en la cual designará su reemplazo.

9. Ordenar la remoción de los administradores y del revisor fiscal, según sea el caso, por incumplimiento de las órdenes del juez del concurso o de los deberes previstos en la ley o en los estatutos, de oficio o a petición de acreedor, mediante providencia motivada en la cual designará su reemplazo.

10. Reconocer, de oficio o a petición de parte, los presupuestos de ineficacia previstos en esta ley.

11. En general, tendrá atribuciones suficientes para dirigir el proceso y lograr que se cumplan las finalidades del mismo.

Art. 6º. COMPETENCIA

Conocerán del proceso de insolvencia, como jueces del concurso:

La Superintendencia de Sociedades, en uso de facultades jurisdiccionales, de conformidad con lo dispuesto en el inciso 3o del artículo 116 de la Constitución Política, en el caso de todas las sociedades, empresas unipersonales y sucursales de sociedades extranjeras y, a prevención, tratándose de deudores personas naturales comerciantes.

El Juez Civil del Circuito del domicilio principal del deudor, en los demás casos, no excluidos del proceso.

Parágrafo 1º. El proceso de insolvencia adelantado ante la Superintendencia de Sociedades es de única instancia.

Las providencias que profiera el juez civil del circuito dentro de los trámites previstos en esta ley, solo tendrán recurso de reposición, a excepción de las siguientes contra las cuales procede el recurso de apelación, en el efecto en que respecto de cada una de ellas se indica:

1. La de apertura del trámite, en el devolutivo.
2. La que apruebe la calificación y graduación de créditos, en el devolutivo.
3. La que rechace pruebas, en el devolutivo.

4. La que rechace la solicitud de nulidad, en el efecto devolutivo, y la que la decrete en el efecto suspensivo.

5. La que decrete o niegue medidas cautelares, en el efecto devolutivo.

6. La que ordene la entrega de bienes, en el efecto suspensivo y la que la niegue, en el devolutivo.

7. Las que impongan sanciones, en el devolutivo.

8. La que declare cumplido el acuerdo de reorganización, en el efecto suspensivo y la que lo declare incumplido en el devolutivo.

Parágrafo 2º. Sin perjuicio de las atribuciones conferidas en la presente ley al juez del concurso, la Superintendencia u organismo de control que ejerza facultades de supervisión las conservará de manera permanente durante el proceso.

Parágrafo 3º. El Superintendente de Sociedades deberá delegar en las intendencias regionales las atribuciones necesarias para conocer de estos procesos, conforme a la reglamentación que expida el Gobierno Nacional.

Art. 7º. NO PREJUDICIALIDAD

El inicio, impulsión y finalización del proceso de insolvencia y de los asuntos sometidos a él, no dependerán ni estarán condicionados o supeditados a la decisión que haya de adoptarse en otro proceso, cualquiera sea su naturaleza. De la misma manera, la decisión del proceso de insolvencia tampoco constituirá prejudicialidad.

Art. 8º. INCIDENTES Y ACTOS DE TRÁMITE

Las cuestiones accesorias que se susciten en el curso del proceso de insolvencia se resolverán siguiendo el procedimiento previsto en los artículos 135 a 139 del Código de Procedimiento Civil.

Los actos de trámite que deban surtirse dentro del proceso de insolvencia y que correspondan a actuaciones que no deben ser controvertidas por las demás partes del proceso, tales como expedición de copias, archivo y desglose de documentos, comunicación al promotor o liquidador de su designación como tal, entre otros, no requerirán la expedición de providencia judicial que así lo ordene o decrete y para su perfeccionamiento bastará con el hecho de dejar constancia en el expediente de lo actuado, lo cual tampoco requerirá notificación.

NOTA: Los artículos 135 a 139 del Código de Procedimiento Civil corresponden actualmente a los artículos 127 y ss. del Código General del Proceso.

CAPÍTULO II
REQUISITOS DE INICIO DEL PROCESO DE REORGANIZACIÓN

Art. 9º. SUPUESTOS DE ADMISIBILIDAD

El inicio del proceso de reorganización de un deudor supone la existencia de una situación de cesación de pagos o de incapacidad de pago inminente.

1. Cesación de pagos. El deudor estará en cesación de pagos cuando:

Incumpla el pago por más de noventa (90) días de dos (2) o más obligaciones a favor de dos (2) o más acreedores, contraídas en desarrollo de su actividad, o tenga por lo menos dos (2) demandas de ejecución presentadas por dos (2) o más acreedores para el pago de obligaciones. En cualquier caso, el valor acumulado de las obligaciones en cuestión deberá representar no menos del diez por ciento (10%) del pasivo total a cargo del deudor a la fecha de los estados financieros de la solicitud, de conformidad con lo establecido para el efecto en la presente ley.

2. Incapacidad de pago inminente. El deudor estará en situación de incapacidad de pago inminente, cuando acredite la existencia de circunstancias en el respectivo mercado o al interior de su organización o estructura, que afecten o razonablemente puedan afectar en forma grave, el cumplimiento normal de sus obligaciones, con un vencimiento igual o inferior a un año.

Parágrafo. En el caso de las personas naturales comerciantes, no procederá la causal de incapacidad de pago inminente. Para efectos de la cesación de pagos no contarán las obligaciones alimentarias, ni los procesos ejecutivos correspondientes a las mismas.

Art. 10. OTROS PRESUPUESTOS DE ADMISIÓN

Modificado por la Ley 1429 de 2010, art. 30. La solicitud de inicio del proceso de reorganización deberá presentarse acompañada de los documentos que acrediten, además de los supuestos de cesación de pagos o de incapacidad de pago inminente, el cumplimiento de los siguientes requisitos:

1. No haberse vencido el plazo establecido en la ley para enervar las causales de disolución, sin haber adoptado las medidas tendientes a subsanarlas.

2. Llevar contabilidad regular de sus negocios conforme a las prescripciones legales.

3. Si el deudor tiene pasivos pensionales a cargo, tener aprobado el cálculo actuarial y estar al día en el pago de las mesadas pensionales, bonos y títulos pensionales exigibles.

Las obligaciones que por estos conceptos se causen durante el proceso, así como las facilidades de pago convenidas con antelación al inicio del proceso de reorganización serán pagadas de preferencia, inclusive sobre los demás gastos de administración.

Art. 11. LEGITIMACIÓN

El inicio de un proceso de reorganización podrá ser solicitado únicamente por los siguientes interesados:

1. En la cesación de pagos, por el respectivo deudor, o por uno o varios de sus acreedores titulares de acreencias incumplidas, o solicitada de oficio por la Superintendencia que ejerza supervisión sobre el respectivo deudor o actividad.
2. En la situación de incapacidad de pago inminente, el inicio deberá ser solicitado por el deudor o por un número plural de acreedores externos sin vinculación con el deudor o con sus socios.
3. Como consecuencia de la solicitud presentada por el representante extranjero de un proceso de insolvencia extranjero.

Parágrafo. La solicitud de inicio del proceso de reorganización y la intervención de los acreedores en el mismo, podrá hacerse directamente o a través de abogado.

Art. 12. MATRICES, CONTROLANTES, VINCULADOS Y SUCURSALES DE SOCIEDADES EXTRANJERAS EN COLOMBIA

Una solicitud de inicio del proceso de reorganización podrá referirse simultáneamente a varios deudores vinculados entre sí por su carácter de matrices, controlantes o subordinados, o cuyos capitales estén integrados mayoritariamente por las mismas personas jurídicas o naturales, sea que estas obren directamente o por conducto de otras personas, o de patrimonios autónomos afectos a la realización de actividades empresariales que no tengan como efecto la personificación jurídica. Para tales efectos, no se requerirá que la situación de control haya sido declarada o inscrita previamente en el registro mercantil.

El inicio de los procesos deberá ser solicitado ante la Superintendencia de Sociedades de existir deudores sujetos a su competencia, que tengan un vínculo de subordinación o control, quien será la competente para conocer de los procesos de todos los deudores vinculados, sin perjuicio de la posibilidad de celebrar acuerdos de reorganización independientes.

El reconocimiento del proceso extranjero de insolvencia de la matriz o controlante de la sucursal extranjera establecida en Colombia, en la forma prevista en esta ley, dará lugar al inicio del proceso de reorganización de la sucursal.

Art. 13. SOLICITUD DE ADMISIÓN

La solicitud de inicio del proceso de reorganización por parte del deudor o de este y sus acreedores deberá venir acompañada de los siguientes documentos:

1. *Modificado por la Ley 1429 de 2010, art. 33.* Los cinco (5) estados financieros básicos correspondientes a los tres (3) últimos ejercicios y los dictámenes respectivos, si existieren, suscritos por contador público o revisor fiscal, según sea el caso, salvo que el deudor, con anterioridad, hubiere remitido a la Superintendencia tales estados financieros en las condiciones indicadas, en cuyo caso, la Superintendencia los allegará al proceso para los fines pertinentes.
2. Los cinco (5) estados financieros básicos, con corte al último día calendario del mes inmediatamente anterior a la fecha de la solicitud, suscrito por contador público o revisor fiscal, según sea el caso.
3. *Modificado por la Ley 1429 de 2010, art. 33.* Un estado de inventario de activos y pasivos con corte a la misma fecha indicada en el numeral anterior, debidamente certificado, suscrito por contador público o revisor fiscal, según sea el caso.
4. Memoria explicativa de las causas que lo llevaron a la situación de insolvencia.
5. Un flujo de caja para atender el pago de las obligaciones.
6. Un plan de negocios de reorganización del deudor que contemple no solo la reestructuración financiera, sino también organizacional, operativa o de competitividad, conducentes a solucionar las razones por las cuales es solicitado el proceso, cuando sea del caso.
7. Un proyecto de calificación y graduación de acreencias del deudor, en los términos previstos en el título XL del libro cuarto del Código Civil y demás normas legales que lo modifiquen y adicionen, así como el proyecto de determinación de los derechos de voto correspondientes a cada acreedor.

Parágrafo. Cuando la solicitud se presente por los acreedores se deberá acreditar mediante prueba siquiera sumaria la existencia, cuantía y fecha desde la cual están vencidas las obligaciones a cargo del deudor, o la existencia de los supuestos que configuran la incapacidad de pago inminente.

Art. 14. ADMISIÓN O RECHAZO DE LA SOLICITUD DE INICIO DEL PROCESO

Recibida la solicitud de inicio de un proceso de reorganización, el juez del concurso verificará el cumplimiento de los supuestos y requisitos legales necesarios para su presentación y trámite, y si está ajustada a la ley, la aceptará dentro de los tres (3) días siguientes a su presentación.

Si falta información exigida, el juez del concurso requerirá mediante oficio al solicitante para que, dentro de los diez (10) días siguientes, complete lo que haga falta o rinda las explicaciones a que haya lugar. Este requerimiento interrumpirá los términos para que las autoridades competentes decidan. Desde la fecha en que el interesado aporte nuevos documentos e informaciones para satisfacer el requerimiento, comenzarán a correr otra vez los términos.

Cuando el requerimiento no sea respondido oportunamente o la respuesta no contenga las informaciones o explicaciones pedidas, será rechazada la solicitud.

Si la solicitud es presentada por acreedores la autoridad competente requerirá al deudor para que, dentro de los treinta (30) días siguientes presente los documentos exigidos en la ley.

Si la información allegada por el deudor no cumple dichos requisitos se le requerirá para que dentro de los diez (10) días siguientes los allegue al proceso. Si este requerimiento no se cumple, se ordenará la apertura del proceso de liquidación judicial u ordenará la remoción inmediata de los administradores.

Art. 15. INICIO DE OFICIO

La Superintendencia de Sociedades podrá decretar de oficio el inicio de un proceso de reorganización en los siguientes eventos:

1. Cuando una sociedad comercial sometida a su vigilancia o control incurra en la cesación de pagos prevista en la presente ley.

2. Como consecuencia de la solicitud expresa de otra autoridad que adelante funciones de inspección y vigilancia de empresas, cuando se cumpla el supuesto de cesación de pagos previsto en esta ley.

3. Cuando con ocasión del proceso de insolvencia de una vinculada o de un patrimonio autónomo relacionado, la situación económica de la sociedad matriz o controlante, filial o subsidiaria, o de otro patrimonio autónomo, provoque la cesación de pagos de la vinculada o relacionadas.

Parágrafo 1°. El juez civil del circuito podrá iniciar de manera oficiosa el proceso de reorganización en el evento establecido en el numeral 2° del presente artículo.

Parágrafo 2º. Para la iniciación oficiosa del proceso de reorganización, el Juez del Concurso requerirá al deudor en los términos establecidos por el artículo anterior de la presente ley.

Art. 16. INEFICACIA DE ESTIPULACIONES CONTRACTUALES

Son ineficaces, sin necesidad de declaración judicial, las estipulaciones contractuales que tengan por objeto o finalidad impedir u obstaculizar directa o indirectamente el inicio de un proceso de reorganización, mediante la terminación anticipada de contratos, la aceleración de obligaciones, la imposición de restricciones y, en general, a través de cualquier clase de prohibiciones, solicitud de autorizaciones o imposición de efectos desfavorables para el deudor que sea admitido al proceso de reorganización previsto en esta ley. Así mismo, toda estipulación que impida o dificulte la participación del deudor en licitaciones públicas o privadas, en igualdad de circunstancias.

Las discrepancias sobre los presupuestos de la ineficacia de una estipulación, en el supuesto previsto en el presente artículo, serán decididas por el juez del concurso.

De verificarse la ocurrencia de la ineficacia y haber intentado hacer efectiva la cláusula el acreedor, el pago de los créditos a su favor quedará legalmente postergado a la atención previa de todos los demás créditos dentro de dicho proceso, y el juez de considerarlo necesario para el logro de los fines del proceso, podrá ordenar la cancelación inmediata de todas las garantías que hayan sido otorgadas por el deudor o por terceros para caucionar los créditos objeto de la ineficacia.

Art. 17. EFECTOS DE LA PRESENTACIÓN DE LA SOLICITUD DE ADMISIÓN AL PROCESO DE REORGANIZACIÓN CON RESPECTO AL DEUDOR

A partir de la fecha de presentación de la solicitud, se prohíbe a los administradores la adopción de reformas estatutarias; la constitución y ejecución de garantías o cauciones que recaigan sobre bienes propios del deudor, incluyendo fiducias mercantiles o encargos fiduciarios que tengan dicha finalidad; efectuar compensaciones, pagos, arreglos, desistimientos, allanamientos, terminaciones unilaterales o de mutuo acuerdo de procesos en curso; conciliaciones o transacciones de ninguna clase de obligaciones a su cargo; ni efectuarse enajenaciones de bienes u operaciones que no correspondan al giro ordinario de los negocios del deudor o que se lleven a cabo sin sujeción a las limitaciones estatutarias aplicables, incluyendo las fiducias mercantiles y los encargos fiduciarios que tengan esa finalidad o encomienden o faculten al fiduciario en tal sentido; salvo que exista autorización previa, expresa y precisa del juez del concurso.

La autorización para la celebración, ejecución o modificación de cualquiera de las operaciones indicadas podrá ser solicitada por el deudor mediante escrito motivado ante el juez del concurso, según sea el caso.

La celebración de fiducias mercantiles u otro tipo de contratos que tenga por objeto o como efecto la emisión de títulos colocados a través del mercado público de valores en Colombia, deberán obtener autorización de la autoridad competente.

La emisión de títulos colocados a través del mercado público de valores en Colombia, a través de patrimonios autónomos o de cualquier otra manera, deberán obtener adicionalmente la autorización de la autoridad competente.

Tratándose de la ejecución de fiducias mercantiles cuyos patrimonios autónomos estén constituidos por los bienes objeto de titularizaciones, colocadas a través del mercado público de valores, no se requerirá la autorización a que se refiere este artículo. Tampoco se requerirá en el caso de que la operación en cuestión corresponda a la ejecución de una fiducia mercantil en garantía que haga parte de la estructuración de una emisión de títulos colocados a través del mercado público de valores.

Parágrafo 1°. Cualquier acto celebrado o ejecutado en contravención a lo dispuesto en el presente artículo dará lugar a la remoción de los administradores, quienes serán solidariamente responsables de los daños y perjuicios causados a la sociedad, a los socios y acreedores. Así mismo, se podrá imponer multas sucesivas hasta de doscientos (200) salarios mínimos mensuales legales vigentes al acreedor, al deudor y a sus administradores, según el caso, hasta tanto sea reversada la operación respectiva; así como a la postergación del pago de sus acreencias. El trámite de dichas sanciones se adelantará de conformidad con el artículo 8° de esta ley y no suspende el proceso de reorganización.

Parágrafo 2°. A partir de la admisión al proceso de insolvencia, de realizarse cualquiera de los actos a que hace referencia el presente artículo sin la respectiva autorización, será ineficaz de pleno derecho, sin perjuicio de las sanciones a los administradores señaladas en el parágrafo anterior.

Parágrafo 3°. *Adicionado por la Ley 1429 de 2010, art. 34.* Desde la presentación de la solicitud de reorganización hasta la aceptación de la misma, el deudor únicamente podrá efectuar pagos de obligaciones propias del giro ordinario de sus negocios, tales como laborales, fiscales y proveedores.

Parágrafo 4º. *Adicionado por la Ley 1429 de 2010, art. 34.* En especial el juez del concurso podrá autorizar el pago anticipado de las pequeñas acreencias, es decir aquellas que, en conjunto, no superen el cinco por ciento del pasivo externo del deudor.

CAPÍTULO III
INICIO DEL PROCESO

Art. 18. INICIO DEL PROCESO DE REORGANIZACIÓN

El proceso de reorganización comienza el día de expedición del auto de iniciación del proceso por parte del juez del concurso.

La providencia que decrete la iniciación del proceso de reorganización no será susceptible de ningún recurso. La que lo niegue sólo será susceptible del recurso de reposición, que podrá ser interpuesto por el deudor o el acreedor o acreedores solicitantes. Lo anterior sin perjuicio de lo establecido en el parágrafo primero del artículo 6º de la presente ley.

Art. 19. INICIO DEL PROCESO DE REORGANIZACIÓN

La providencia que decreta el inicio del proceso de reorganización deberá, comprender los siguientes aspectos:

1. *Derogado por la Ley 1564 de 2012, art. 626.*

2. Ordenar la inscripción del auto de inicio del proceso de reorganización en el registro mercantil de la cámara de comercio correspondiente al domicilio del deudor y de sus sucursales o en el registro que haga sus veces.

3. Ordenar al promotor designado, que con base en la información aportada por el deudor y demás documentos y elementos de prueba que aporten los interesados, presente el proyecto de calificación y graduación de créditos y derechos de voto, incluyendo aquellas acreencias causadas entre la fecha de corte presentada con la solicitud de admisión al proceso y la fecha de inicio del proceso, so pena de remoción, dentro del plazo asignado por el juez del concurso, el cual no podrá ser inferior a veinte (20) días ni superior a dos (2) meses.

4. Disponer el traslado por el término de diez (10) días, a partir del vencimiento del término anterior, del estado del inventario de los bienes del deudor, presentado con la solicitud de inicio del proceso, y del proyecto de calificación y graduación de créditos y derechos de voto mencionada en el anterior numeral, con el fin de que los acreedores puedan objetarlos.

5. Ordenar al deudor, a sus administradores, o vocero, según corresponda, mantener a disposición de los acreedores, en su página electrónica, si la tiene, y en la de la Superintendencia de Sociedades, o por cualquier otro medio idóneo que cumpla igual propósito, dentro de los diez (10) primeros días de cada trimestre, a partir del inicio de la negociación, los estados financieros básicos actualizados, y la información relevante para evaluar la situación del deudor y llevar a cabo la negociación, así como el estado actual del proceso de reorganización, so pena de la imposición de multas.

6. Prevenir al deudor que, sin autorización del juez del concurso, no podrá realizar enajenaciones que no estén comprendidas en el giro ordinario de sus negocios, ni constituir cauciones sobre bienes del deudor, ni hacer pagos o arreglos relacionados con sus obligaciones, ni adoptar reformas estatutarias tratándose de personas jurídicas.

7. Decretar, cuando lo considere necesario, medidas cautelares sobre los bienes del deudor y ordenar, en todo caso, la inscripción en el registro competente la providencia de inicio del proceso de reorganización, respecto de aquellos sujetos a esa formalidad.

8. Ordenar al deudor y al promotor, la fijación de un aviso que informe sobre el inicio del proceso, en la sede y sucursales del deudor.

9. Ordenar a los administradores del deudor y al promotor que, a través de los medios que estimen idóneos en cada caso, efectivamente informen a todos los acreedores la fecha de inicio del proceso de reorganización, transcribiendo el aviso que informe acerca del inicio expedido por la autoridad competente, incluyendo a los jueces que tramiten procesos de ejecución y restitución. En todo caso, deberá acreditar ante el juez del concurso el cumplimiento de lo anterior y siempre los gastos serán a cargo del deudor.

10. Disponer la remisión de una copia de la providencia de apertura al Ministerio de la Protección Social, a la Dirección de Impuestos y Aduanas Nacionales, y a la superintendencia que ejerza la vigilancia o control del deudor, para lo de su competencia.

11. Ordenar la fijación en sus oficinas, en un lugar visible al público y por un término de cinco (5) días, de un aviso que informe acerca del inicio del mismo, del nombre del promotor, la prevención al deudor que, sin autorización del juez del concurso, según sea el caso, no podrá realizar enajenaciones que no estén comprendidas en el giro ordinario de sus negocios, ni constituir cauciones sobre bienes del deudor, ni hacer pagos o arreglos relacionados con sus obligaciones, ni adoptar reformas estatutarias tratándose de personas jurídicas.

Parágrafo. De común acuerdo el deudor y los acreedores titulares de la mayoría absoluta de los votos, podrán, en cualquier momento, reemplazar al promotor designado por el juez del concurso, siempre y cuando este último haga parte de la lista elaborada por la Superintendencia de Sociedades.

CAPÍTULO IV
EFECTOS DEL INICIO DEL PROCESO DE REORGANIZACIÓN

Art. 20. NUEVOS PROCESOS DE EJECUCIÓN Y PROCESOS DE EJECUCIÓN EN CURSO

A partir de la fecha de inicio del proceso de reorganización no podrá admitirse ni continuarse demanda de ejecución o cualquier otro proceso de cobro en contra del deudor. Así, los procesos de ejecución o cobro que hayan comenzado antes del inicio del proceso de reorganización, deberán remitirse para ser incorporados al trámite y considerar el crédito y las excepciones de mérito pendientes de decisión, las cuales serán tramitadas como objeciones, para efectos de calificación y graduación y las medidas cautelares quedarán a disposición del juez del concurso, según sea el caso, quien determinará si la medida sigue vigente o si debe levantarse, según convenga a los objetivos del proceso, atendiendo la recomendación del promotor y teniendo en cuenta su urgencia, conveniencia y necesidad operacional, debidamente motivada.

El juez o funcionario competente declarará de plano la nulidad de las actuaciones surtidas en contravención a lo prescrito en el inciso anterior, por auto que no tendrá recurso alguno.

El promotor o el deudor quedan legalmente facultados para alegar individual o conjuntamente la nulidad del proceso al juez competente, para lo cual bastará aportar copia del certificado de la cámara de comercio, en el que conste la inscripción del aviso de inicio del proceso, o de la providencia de apertura. El juez o funcionario que incumpla lo dispuesto en los incisos anteriores incurrirá en causal de mala conducta.

Art. 21. CONTINUIDAD DE CONTRATOS

Por el hecho del inicio del proceso de reorganización no podrá decretarse al deudor la terminación unilateral de ningún contrato, incluidos los contratos de fiducia mercantil y encargos fiduciarios con fines diferentes a los de garantía. Tampoco podrá decretarse la caducidad administrativa, a no ser que el proceso de declaratoria de dicha caducidad haya sido iniciado con anterioridad a esa fecha.

Los incumplimientos de obligaciones contractuales causadas con posterioridad al inicio del proceso de reorganización, o las distintas al incumplimiento de obligaciones objeto de dicho trámite, podrán alegarse para exigir su terminación, independientemente de cuando hayan ocurrido dichas causales.

El deudor admitido a un trámite de reorganización podrá buscar la renegociación, de mutuo acuerdo, de los contratos de tracto sucesivo de que fuera parte.

Cuando no sea posible la renegociación de mutuo acuerdo, el deudor podrá solicitar al juez del concurso, autorización para la terminación del contrato respectivo, la cual se tramitará como incidente, observando para el efecto el procedimiento indicado en el artículo 8° de esta ley. La autorización podrá darse cuando el empresario acredite las siguientes circunstancias:

1. El contrato es uno de tracto sucesivo que aún se encuentra en proceso de ejecución.

2. Las prestaciones a cargo del deudor resultan excesivas, tomando en consideración el precio de las operaciones equivalentes o de reemplazo que el deudor podría obtener en el mercado al momento de la terminación. Al momento de la solicitud, el deudor deberá presentar:

a) Un análisis de la relación costo-beneficio para el propósito de la reorganización de llevarse a cabo la terminación, en la cual se tome en cuenta la indemnización a cuyo pago podría verse sujeto el deudor con ocasión de la terminación;

b) En caso que el juez de concurso autorice la terminación del contrato, la indemnización respectiva se tramitará a través del procedimiento abreviado y el monto que resulte de la indemnización se incluirá en el acuerdo de reorganización, en la clase que corresponda.

Art. 22. PROCESOS DE RESTITUCIÓN DE BIENES OPERACIONALES ARRENDADOS Y CONTRATOS DE LEASING

A partir de la apertura del proceso de reorganización no podrán iniciarse o continuarse procesos de restitución de tenencia sobre bienes muebles o inmuebles con los que el deudor desarrolle su objeto social, siempre que la causal invocada fuere la mora en el pago de cánones, precios, rentas o cualquier otra contraprestación correspondiente a contratos de arrendamiento o de *leasing*.

El incumplimiento en el pago de los cánones causados con posterioridad al inicio del proceso podrá dar lugar a la terminación de los contratos y facultará al acreedor para iniciar procesos ejecutivos y de restitución, procesos estos en los cuales no puede oponerse como excepción el hecho de estar tramitándose el proceso de reorganización.

Art. 23. SUSPENSIÓN DE LA CAUSAL DE DISOLUCIÓN POR PÉRDIDAS

Durante el trámite del proceso de reorganización queda suspendido de pleno derecho, el plazo dentro del cual pueden tomarse u ordenar las medidas conducentes al restablecimiento del patrimonio social, con el objeto de enervar la causal de disolución por pérdidas.

En el acuerdo de reorganización deberá pactarse expresamente la forma y términos cómo subsanarán dicha causal, incluyendo el documento de compromiso de los socios, cuando sea del caso.

CAPÍTULO V
CALIFICACIÓN Y GRADUACIÓN DE CRÉDITOS Y DERECHOS DE VOTO E INVENTARIO DE BIENES

Art. 24. CALIFICACIÓN Y GRADUACIÓN DE CRÉDITOS Y DERECHOS DE VOTO

Para el desarrollo del proceso, el deudor deberá allegar con destino al promotor un proyecto de calificación y graduación de créditos y derechos de voto, en el cual estén detalladas claramente las obligaciones y los acreedores de las mismas, debidamente clasificados para el caso de los créditos, en los términos del Título XL del libro cuarto del Código Civil y demás normas legales que lo modifiquen o adicionen.

Los derechos de voto, y sólo para esos efectos, serán calculados, a razón de un voto por cada peso del valor de su acreencia cierta, sea o no exigible, sin incluir intereses, multas, sanciones u otros conceptos distintos del capital, salvo aquellas provenientes de un acto administrativo en firme, adicionándoles para su actualización la variación en el índice mensual de precios al consumidor certificado por el DANE, durante el período comprendido entre la fecha de vencimiento de la obligación y la fecha de corte de la calificación y graduación de créditos. En el caso de obligaciones pagadas en varios contados o instalamentos, serán actualizadas en forma separada.

En esta relación de acreedores deberá indicarse claramente cuáles de ellos son los vinculados al deudor, a sus socios, administradores o controlantes, por cualquiera de las siguientes razones:

1. Parentesco, hasta cuarto grado de consanguinidad, segundo de afinidad o único civil.

2. Tener o haber tenido en los cinco últimos años accionistas, socios o asociados comunes.

3. Tener o haber tenido, en el mismo período indicado en el numeral anterior, representantes o administradores comunes.

4. Existencia de una situación de subordinación o grupo empresarial.

Las reglas anteriores deberán aplicarse en todos los eventos donde haya lugar a la actualización de la calificación y graduación de créditos y los derechos de voto de los acreedores.

Art. 25. CRÉDITOS

Los créditos a cargo del deudor deben ser relacionados precisando quiénes son los acreedores titulares y su lugar de notificación, discriminando cuál es la cuantía del capital y cuáles son las tasas de interés, expresadas en términos efectivos anuales, correspondientes a todas las acreencias causadas u originadas con anterioridad a la fecha de inicio del proceso.

Los créditos litigiosos y las acreencias condicionales, quedarán sujetos a los términos previstos en el acuerdo, en condiciones iguales a los de su misma clase y prelación legal, así como a las resultas correspondientes al cumplimiento de la condición o de la sentencia o laudo respectivo. En el entretanto, el deudor constituirá una provisión contable para atender su pago.

Los fallos de cualquier naturaleza proferidos con posterioridad a la firma del acuerdo, por motivo de obligaciones objeto del proceso de reorganización, no constituyen gastos de administración y serán pagados en los términos previstos en el mismo para los de su misma clase y prelación legal. En el evento de estar cancelados los de su categoría, procederá su pago, dentro de los diez (10) días siguientes a la ejecutoria del fallo.

Art. 26. ACREENCIAS NO RELACIONADAS POR EL DEUDOR O EL PROMOTOR

Los acreedores cuyas obligaciones no hayan sido relacionadas en el inventario de acreencias y en el correspondiente proyecto de reconocimiento y graduaciones de créditos y derechos de voto a que hace referencia esta ley y que no hayan formulado oportunamente objeciones a las mismas, sólo podrán hacerlas efectivas persiguiendo los bienes del deudor que queden una vez cumplido el acuerdo celebrado o cuando sea incumplido este, salvo que sean expresamente admitidos por los demás acreedores en el acuerdo de reorganización.

No obstante, las acreencias que, a sabiendas, no hubieren sido relacionadas en el proyecto de reconocimiento y graduación de créditos y que no estuvieren registradas en la contabilidad, darán derecho al acreedor de perseguir solidariamente, en cualquier momento, a los administradores, contadores públicos y revisores fiscales, por los daños que le ocasionen, sin perjuicio de las acciones penales a que haya lugar.

Art. 27. REGLAS ESPECIALES DE VOTOS

Los votos de los siguientes acreedores están sujetos a reglas especiales adicionales:

1. Los votos de las acreencias laborales serán los que correspondan a acreencias ciertas, establecidas en la ley, contrato de trabajo, convención colectiva, pacto colectivo o laudo arbitral, aunque no sean exigibles.
2. Los correspondientes a las acreencias derivadas de contratos de tracto sucesivo, sólo incluirán los instalamentos causados y pendientes de pago.

Art. 28. SUBROGACIÓN Y CESIÓN DE ACREENCIAS

La subrogación legal o cesión de créditos traspasan al nuevo acreedor todos los derechos, acciones, privilegios y accesorios en los términos del artículo 1670 del Código Civil. El adquirente de la respectiva acreencia será titular también de los votos correspondientes a ella.

Art. 29. OBJECIONES

Modificado por la Ley 1429 de 2010, art. 36. Del proyecto de reconocimiento y graduación de créditos y derechos de voto presentados por el promotor, se correrá traslado en las oficinas del juez del concurso por el término de cinco (5) días.

El deudor no podrá objetar las acreencias incluidas en la relación de pasivos presentada por él con la solicitud de inicio del proceso de reorganización. Por su parte, los administradores no podrán objetar las obligaciones de acreedores externos que estén incluidas dentro de la relación efectuada por el deudor.

De manera inmediata al vencimiento del término anterior, el juez del concurso correrá traslado de las objeciones por un término de tres (3) días para que los acreedores objetados se pronuncien con relación a las mismas, aportando las pruebas documentales a que hubiere lugar.

Vencido dicho plazo, correrá un término de diez (10) días para provocar la conciliación de las objeciones. Las objeciones que no sean conciliadas serán decididas por el juez del concurso en la audiencia de que trata el artículo siguiente.

La única prueba admisible para el trámite de objeciones será la documental, la cual deberá aportarse con el escrito de objeciones o con el de respuesta a las mismas.

No presentadas objeciones, el juez del concurso reconocerá los créditos, establecerá los derechos de voto y fijará el plazo para la presentación del acuerdo por providencia que no tendrá recurso alguno.

Art. 30. DECISIÓN DE OBJECIONES

Modificado por la Ley 1429 de 2010, art. 37. Si se presentaren objeciones, el juez del concurso procederá así:

1. Tendrá como pruebas las documentales aportadas por las partes.

2. En firme la providencia de decreto de pruebas convocará a audiencia para resolver las objeciones, la cual se llevará a cabo dentro de los cinco días siguientes.

3. En la providencia que decida las objeciones el juez reconocerá los créditos, asignará los derechos de voto y fijará plazo para la celebración del acuerdo. Contra esta providencia solo procederá el recurso de reposición que deberá presentarse en la misma audiencia.

En ningún caso la audiencia podrá ser suspendida.

CAPÍTULO VI
ACUERDO DE REORGANIZACIÓN

Art. 31. TÉRMINO PARA CELEBRAR EL ACUERDO DE REORGANIZACIÓN

Modificado por la Ley 1429 de 2010, art. 38. En la providencia de reconocimiento de créditos se señalará el plazo de cuatro meses para celebrar el acuerdo de reorganización, sin perjuicio de que las partes puedan celebrarlo en un término inferior. El término de cuatro meses no podrá prorrogarse en ningún caso.

Dentro del plazo para la celebración del acuerdo, el promotor con fundamento en el plan de reorganización de la empresa y el flujo de caja elaborado para atender el pago de las obligaciones, deberá presentar ante el juez del concurso, según sea el caso, un acuerdo de reorganización debidamente aprobado con los votos favorables de un número plural de acreedores que representen, por lo menos la mayoría absoluta de los votos admitidos. Dicha mayoría deberá, adicionalmente, conformarse de acuerdo con las siguientes reglas:

1. Existen cinco (5) categorías de acreedores, compuestas respectivamente por:

a) Los titulares de acreencias laborales;

b) Las entidades públicas;

c) Las instituciones financieras, nacionales y demás entidades sujetas a la inspección y vigilancia de la Superintendencia Financiera de Colombia de carácter privado, mixto o público; y las instituciones financieras extranjeras;

d) Acreedores internos, y

e) Los demás acreedores externos.

2. Deben obtenerse votos favorables provenientes de por lo menos tres (3) categorías de acreedores.

3. En caso de que solo existan tres (3) categorías de acreedores, la mayoría deberá conformarse con votos favorables provenientes de acreedores pertenecientes a dos (2) de ellas.

4. De existir solo dos (2) categorías de acreedores, la mayoría deberá conformarse con votos favorables provenientes de ambas clases de acreedores.

Si el acuerdo de reorganización debidamente aprobado no es presentado en el término previsto en este artículo, comenzará a correr de inmediato el término para celebrar el acuerdo de adjudicación.

El acuerdo de reorganización aprobado con el voto favorable de un número plural de acreedores que representen, por lo menos, el setenta y cinco por ciento (75%) de los votos no requerirá de las categorías de acreedores votantes, establecidas en las reglas contenidas en los numerales anteriores.

Parágrafo 1º. Para los efectos previstos en esta ley se consideran acreedores internos los socios o accionistas de las sociedades, el titular de las cuotas o acciones en la empresa unipersonal y los titulares de participaciones en cualquier otro tipo de persona jurídica. En el caso de la persona natural comerciante, el deudor tendrá dicha condición.

Para efectos de calcular los votos, cada acreedor interno tendrá derecho a un número de votos equivalente al valor que se obtenga al multiplicar su porcentaje de participación en el capital, por la cifra que resulte de restar del patrimonio, las partidas correspondientes a utilidades decretadas en especie y el monto de la cuenta de revalorización del patrimonio, así haya sido capitalizada, de conformidad con el balance e información con corte a la fecha de admisión al proceso de insolvencia. Cuando el patrimonio fuere negativo cada accionista tendrá derecho a un voto.

La reforma del acuerdo de reorganización deberá ser adoptada con el mismo porcentaje de votos requeridos para su aprobación y confirmación. Para el efecto, serán descontados de los votos originalmente determinados aquellas acreencias que hayan sido extinguidas en ejecución del acuerdo de reorganización, permaneciendo los votos de los acreedores internos igual a los calculados para la primera determinación, con base en la fecha de inicio del proceso.

Parágrafo 2º. Cuando los acreedores internos o vinculados detenten la mayoría decisoria en el acuerdo de reorganización, no podrá preverse en el acuerdo ni en sus reformas un plazo para la atención del pasivo externo de acreedores no vinculados superior a diez años contados desde la fecha de celebración del acuerdo, salvo que la mayoría de los acreedores externos consientan en el otorgamiento de un plazo superior.

Art. 32. MAYORÍA ESPECIAL EN EL CASO DE LAS ORGANIZACIONES EMPRESARIALES Y ACREEDORES INTERNOS

Además de la mayoría exigida por el artículo anterior para la aprobación del acuerdo, cuando los acreedores internos o cuando uno o varios acreedores, pertenecientes a una misma organización o grupo empresarial emitan votos en un mismo sentido que equivalgan a la mayoría absoluta o más de los votos admisibles, la aprobación requerirá, además, del voto emitido en el mismo sentido por un número plural de acreedores de cualquier clase o clases que sea igual o superior al veinticinco por ciento (25%) de los votos restantes admitidos.

Forman parte de una organización empresarial:

1. Las personas que tengan la calidad de matrices o controlantes y sus subordinadas, en los términos de los artículos 260 y 261 del Código de Comercio.

2. Los empresarios y empresas anunciados ante terceros como «grupo», «organización», «agrupación», «conglomerado» o expresión semejante.

3. Las personas naturales o jurídicas vinculadas por medio de contratos de colaboración tales como sociedades de hecho, consorcios, uniones temporales y contrato de riesgo compartido, siempre y cuando exista plena prueba sobre la existencia de tales contratos.

Las discrepancias al respecto serán decididas por el juez del concurso, en la audiencia de confirmación.

Cuando dos o más acreedores configuren una misma organización o grupo empresarial, deberán informar al promotor sobre el particular, a más tardar en la fecha de la audiencia de decisión de objeciones o en la fecha de la expedición de la providencia que fija el plazo para la celebración del acuerdo. En caso de incumplimiento de la anterior obligación, respecto de los acreedores que no hayan informado sobre la conformación de grupo empresarial, sus derechos de voto quedarán reducidos a la mitad.

Art. 33. MAYORÍA ESPECIAL PARA LAS REBAJAS AL CAPITAL

Sin perjuicio de las mayorías establecidas en el artículo precedente, las prórrogas, plazos de gracia, quitas y condonaciones estipulados en el acuerdo, no podrán implicar que el pago de las acreencias objeto de reorganización sea inferior al valor del capital de las mismas, a menos que tales estipulaciones:

1. Sean aprobadas con el voto favorable de un número plural de acreedores que equivalga a no menos del sesenta por ciento (60%) de votos admisibles de los acreedores externos, de la clase cuyas acreencias serán afectadas y sin participación del voto de los acreedores internos; o
2. Cuenten con el consentimiento individual y expreso del respectivo acreedor, en el caso de no contar con la mayoría prevista en el numeral anterior.

Art. 34. CONTENIDO DEL ACUERDO

Las estipulaciones del acuerdo deberán tener carácter general, en forma que no quede excluido ningún crédito reconocido o admitido, y respetarán para efectos del pago, la prelación, los privilegios y preferencias establecidas en la ley.

Los créditos a favor de la DIAN y los demás acreedores de carácter fiscal no estarán sujetos a los términos del estatuto tributario y demás disposiciones especiales, para efectos de determinar sus condiciones de pago y tasas, las cuales quedarán sujetas a las resultas del acuerdo de reorganización o de adjudicación.

El acuerdo deberá incluir, entre otras, cláusulas que regulen la conformación y funciones de un comité de acreedores con participación de acreedores internos y externos, que no tendrán funciones de administración ni coadministración de la empresa.

Así mismo deberá pactarse la celebración de, por lo menos, una reunión anual de acreedores, con el fin de hacer seguimiento al cumplimiento del mismo, dando aviso oportuno de su convocatoria al juez del concurso.

Parágrafo 1°. Los acuerdos de reorganización que suscriban los empleadores que tengan a su cargo el pago de pasivos pensionales, deberán incluir un mecanismo de normalización de pasivos pensionales. Dichos mecanismos podrán consistir en la constitución de reservas adecuadas dentro de un plazo determinado, la conciliación, negociación y pago de pasivos, la conmutación pensional total o parcial y la constitución de patrimonios autónomos, todo ello de conformidad con la ley y con la reglamentación que para el efecto expida el Gobierno Nacional.

Los mecanismos de normalización pensional podrán aplicarse voluntariamente en todos los casos en que sea procedente la normalización del pasivo pensional, aun cuando esta no sea realizada dentro de un proceso de insolvencia.

La Superintendencia que ejerza la inspección, vigilancia o control del empleador, autorizará el mecanismo que este elija para la normalización de su pasivo, previo el concepto favorable del Ministerio de la Protección Social. Los acuerdos de reorganización o los mecanismos de normalización pensional que sean establecidos sin la autorización y el concepto mencionados, carecerán de eficacia jurídica.

Parágrafo 2º. Cuando sean otorgados créditos para financiar el pago de los pasivos pensionales o para realizar su conmutación, dichos créditos tendrán el mismo privilegio de los créditos laborales cuyo pago haya sido realizado o conmutado.

Parágrafo 3º. Los créditos por IVA descontable a favor de la empresa insolvente deberán ser utilizados para atender las acreencias a favor del fisco. En los demás casos se regirá por las normas existentes sobre la materia.

Art. 35. AUDIENCIA DE CONFIRMACIÓN DEL ACUERDO DE REORGANIZACIÓN

Dentro de los tres (3) días siguientes a la fecha en que el promotor radique el acuerdo de reorganización aprobado por los acreedores, el juez del concurso convocará a una audiencia de confirmación del acuerdo, la cual deberá ser realizada dentro de los cinco (5) días siguientes, para que los acreedores tengan la oportunidad de presentar sus observaciones tendientes a que el juez, verifique su legalidad.

Si el juez niega la confirmación, expresará las razones que tuvo para ello, y suspenderá la audiencia, por una sola vez y por un término máximo durante ocho (8) días, para que el acuerdo sea corregido y aprobado por los acreedores, de conformidad con lo ordenado, so pena del inicio del término para celebrar acuerdo de adjudicación.

Presentado debidamente dentro del plazo mencionado en el inciso anterior, el juez, determinará dentro de los ocho (8) días siguientes, si lo confirma o no. Al vencimiento de tal término, será reanudada la audiencia de confirmación, en la cual se emitirá el fallo, que no será susceptible de recurso alguno. No presentado o no confirmado el acuerdo de reorganización, el juez ordenará la celebración del acuerdo de adjudicación, mediante providencia en la cual fijará la fecha de extinción de la persona jurídica, la cual deberá enviarse de oficio para su inscripción en el registro mercantil.

Art. 36. INSCRIPCIÓN DEL ACTA Y LEVANTAMIENTO DE MEDIDAS CAUTELARES

El juez del concurso, en la providencia de confirmación del acuerdo de reorganización o de adjudicación, ordenará a las autoridades o entidades correspondientes la inscripción de la misma, junto con la parte pertinente del acta que contenga el acuerdo.

En la misma providencia ordenará el levantamiento de las medidas cautelares vigentes, salvo que el acuerdo haya dispuesto otra cosa.

Cuando el mismo tenga por objeto transferir, modificar, limitar el dominio u otro derecho real sobre bienes sujetos a registro, constituir gravámenes o cancelarlos, ordenará la inscripción de la parte pertinente del acta en el correspondiente registro, no siendo necesario el otorgamiento previo de ningún documento.

Art. 37. PLAZO Y CONFIRMACIÓN DEL ACUERDO DE ADJUDICACIÓN

Modificado por la Ley 1429 de 2010, art. 39. Vencido el término para presentar el acuerdo de reorganización sin que este hubiere sido presentado o no confirmado el mismo, el juez proferirá auto en que se adoptarán las siguientes decisiones:

1. Se designará liquidador, a menos que el proceso de reorganización se hubiere adelantado con promotor, caso en el cual hará las veces de liquidador.

2. Se fijará el plazo para la presentación del inventario valorado, y

3. Se ordenará la actualización de los gastos causados durante el proceso de reorganización. Del inventario valorado y de los gastos actualizados se correrá traslado por el término de tres (3) días para formular objeciones. De presentarse objeciones, se aplicará el procedimiento previsto para el proceso de reorganización. Resueltas las objeciones o en caso de no presentarse, se iniciará el término de treinta (30) días para la presentación del acuerdo de adjudicación.

Durante el término anterior, solo podrán enajenarse los bienes perecederos del deudor que estén en riesgo inminente de deterioro, depositando el producto de la venta a orden del Juez del concurso. Los demás bienes podrán enajenarse si así lo autoriza la mayoría absoluta de los acreedores, autorización que en todo caso deberá ser confirmada por el Juez competente.

En el acuerdo de adjudicación se pactará la forma como serán adjudicados los bienes del deudor, pagando primero las obligaciones causadas con posterioridad al inicio del proceso de insolvencia y luego las contenidas en la calificación y graduación aprobada. En todo caso, deberán seguirse las reglas de adjudicación señaladas en esta ley.

El acuerdo de adjudicación debe ser aprobado por las mayorías y en la forma prevista en la presente ley para la aprobación del acuerdo de reorganización, respetando en todo caso las prelaciones de ley y, en especial, las relativas a los pasivos pensionales. Para el efecto, el deudor acreditará el estado actual de los gastos de administración y los necesarios para la ejecución del acuerdo y la forma de pago, respetándoles su prelación.

Si el acuerdo de adjudicación no es presentado ante el Juez del concurso en el plazo previsto en la presente norma, se entenderá que los acreedores aceptan que la Superintendencia o el juez adjudiquen los bienes del deudor, conforme a las reglas de adjudicación de bienes previstas en la presente ley.

Para la confirmación del acuerdo de adjudicación regirán las mismas normas de confirmación del acuerdo de reorganización, entendiéndose que, si no hay confirmación del de adjudicación, el juez del concurso, procederá a adjudicar los bienes del deudor en los términos señalados en el inciso anterior.

La providencia que adjudica deberá proferirse a más tardar dentro de los quince (15) días siguientes a la audiencia de confirmación del acuerdo de adjudicación sin que el mismo haya sido confirmado o al vencimiento del plazo para su presentación observando los parámetros previstos en esta ley. Contra el acto que decrete la adjudicación de los bienes no procederá recurso alguno.

Parágrafo 1°. En todo caso, el juez del concurso ordenará la cancelación de los gravámenes que pesen sobre los bienes adjudicados, incluyendo los de mayor extensión.

Parágrafo 2°. Respecto de los bienes que no forman parte del patrimonio a adjudicar, se aplicará lo dispuesto a los bienes excluidos de conformidad con lo previsto en la presente ley para el proceso de liquidación judicial.

Parágrafo 3°. Los efectos de la liquidación por adjudicación serán, además de los mencionados en el artículo 38 de la Ley 1116 de 2006, los contenidos en el artículo 50 de la misma ley.

Art. 38. EFECTOS DE LA NO PRESENTACIÓN O FALTA DE CONFIRMACIÓN DEL ACUERDO DE REORGANIZACIÓN

Los efectos que producirá la no presentación o no confirmación del acuerdo serán los siguientes:

1. Disolución de la persona jurídica.

2. Separación de los administradores, quienes finalizarán sus funciones entregando la totalidad de los bienes y la contabilidad al promotor, quien para los efectos de celebración y culminación del acuerdo de adjudicación asumirá la representación legal de la empresa, a partir de su inscripción en el registro mercantil.

3. La culminación de los contratos de tracto sucesivo, de cumplimiento diferido o de ejecución instantánea, no necesarios para la preservación de los activos, así como los contratos de fiducia mercantil o encargos fiduciarios, celebrados por el deudor en calidad de constituyente, sobre bienes propios y para amparar obligaciones propias o ajenas, salvo autorización para continuar su ejecución, impartida por el juez del proceso.

4. La finalización de pleno derecho de los encargos fiduciarios y los contratos de fiducia mercantil celebrados por el deudor, con el fin de garantizar obligaciones propias o ajenas con sus propios bienes. El juez del proceso ordenará la cancelación de los certificados de garantía y la restitución de los bienes que conforman el patrimonio autónomo. Serán tenidas como obligaciones del fideicomitente las adquiridas por cuenta del patrimonio autónomo.

Tratándose de inmuebles, el juez comunicará la terminación del contrato, mediante oficio al notario competente que conserve el original de las escrituras pertinentes. La providencia respectiva será inscrita en la Oficina de Registro de Instrumentos Públicos, en la matrícula correspondiente. El acto de restitución de los bienes que conforman el patrimonio autónomo será considerado sin cuantía, para efectos de derechos notariales, de registro y de timbre.

Los acreedores beneficiarios del patrimonio autónomo serán tratados como acreedores con garantía prendaria o hipotecaria, de acuerdo con la naturaleza de los bienes fideicomitidos.

La restitución de los activos que conforman el patrimonio autónomo implica que la masa de bienes pertenecientes al deudor, responderá por las obligaciones a cargo del patrimonio autónomo de conformidad con las prelaciones de ley aplicables al concurso.

La fiduciaria entregará los bienes al promotor dentro del plazo que el juez del concurso señale y no podrá alegar en su favor derecho de retención por concepto de comisiones, honorarios o remuneraciones derivadas del contrato.

Parágrafo. Lo previsto en el presente artículo no se aplicará respecto de cualquier tipo de acto o contrato que tenga por objeto o como efecto la emisión de valores u otros derechos de naturaleza negociable en el mercado público de valores de Colombia o en el exterior, ni respecto de patrimonios autónomos constituidos para adelantar procesos de titularización a través del mercado público de valores, ni de aquellos patrimonios autónomos que tengan fines de garantía que formen parte de la estructura de la emisión.

Art. 39. PUBLICIDAD Y DEPÓSITO DEL ACUERDO

La providencia de confirmación ordenará la inscripción del acuerdo de reorganización o de adjudicación en el registro mercantil de la cámara de comercio correspondiente al domicilio del deudor y el de las sucursales que este posea o en el registro que haga sus veces, dentro de los tres (3) días siguientes a la ejecutoria de la misma. Dicha inscripción no generará costo alguno y el texto completo del acuerdo deberá ser depositado en el expediente.

Todos los gastos derivados de la publicidad del proceso, de la negociación, de la celebración y de la ejecución de un acuerdo de reorganización o del acuerdo de adjudicación, con excepción de los avalúos solicitados por los acreedores, correrán por cuenta del deudor, sin perjuicio de estipulación en contrario prevista en el acuerdo.

CAPÍTULO VII
EFECTOS, EJECUCIÓN Y TERMINACIÓN DE LOS ACUERDOS DE REORGANIZACIÓN Y DE ADJUDICACIÓN

Art. 40. EFECTO GENERAL DEL ACUERDO DE REORGANIZACIÓN Y DEL ACUERDO DE ADJUDICACIÓN

Como consecuencia de la función social de la empresa, los acuerdos de reorganización y los acuerdos de adjudicación celebrados en los términos previstos en la presente ley, serán de obligatorio cumplimiento para el deudor o deudores respectivos y para todos los acreedores, incluyendo a quienes no hayan participado en la negociación del acuerdo o que, habiéndolo hecho, no hayan consentido en él.

Parágrafo 1°. Las empresas que hayan celebrado un acuerdo de reorganización no estarán sometidas a renta presuntiva por los tres primeros años contados a partir de la fecha de confirmación del acuerdo.

Parágrafo 2º. Las empresas que hayan celebrado acuerdo de reorganización, tendrán derecho a solicitar la devolución de la retención en la fuente del impuesto sobre la renta que se les hubiere practicado por cualquier concepto desde el mes calendario siguiente a la fecha de confirmación del acuerdo y durante un máximo de tres años contados a partir de la misma fecha. La solicitud se presentará por períodos trimestrales, con base en los certificados expedidos por los agentes retenedores o por el mismo contribuyente cuando sea autorretenedor, siempre y cuando en uno u otro caso, la retención objeto de la solicitud haya sido declarada y consignada a la administración tributaria respectiva. Para el efecto, el Gobierno Nacional, dentro de los tres meses siguientes a la fecha de vigencia de esta ley, expedirá el reglamento correspondiente.

La devolución se hará por períodos trimestrales así: Enero-febrero-marzo; abril-mayo-junio; julio-agosto-septiembre y octubre-noviembre diciembre.

La solicitud seguirá el trámite señalado en el título X, libro quinto del Estatuto Tributario, y sin perjuicio del impuesto que resulte a cargo del contribuyente, en las liquidaciones privadas u oficiales.

Art. 41. PRELACIÓN DE CRÉDITOS Y VENTAJAS

En el acuerdo podrá modificarse la prelación de créditos, siempre que sean cumplidas las siguientes condiciones:

1. La decisión sea adoptada con una mayoría superior al sesenta por ciento (60%) de los votos admisibles.
2. Tenga como propósito facilitar la finalidad del acuerdo de reorganización.
3. No degrade la clase de ningún acreedor sino que mejore la categoría de aquellos que entreguen recursos frescos o que en general adopten conductas que contribuyan a mejorar el capital de trabajo y la recuperación del deudor.
4. No afecte la prelación de créditos pensionales, laborales, de la seguridad social, adquirentes de vivienda, sin perjuicio que un pensionado o trabajador, o cualquier otro acreedor, acepte expresamente los efectos de una cláusula del acuerdo referente a un derecho renunciable, siempre que ello conduzca a la recuperación de su crédito.

La prelación de las obligaciones de la DIAN y demás autoridades fiscales, podrá ser compartida a prorrata con aquellos acreedores que durante el proceso hayan entregado nuevos recursos al deudor o que se comprometan a hacerlo en ejecución del acuerdo, la cual será aplicada inclusive en el evento del proceso de liquidación judicial. Para tal efecto, cada peso nuevo suministrado, dará prelación a un peso de la deuda anterior. La prelación no es aplicable por la capitalización de pasivos, ni por la mera continuación de los contratos de tracto sucesivo.

Para el caso de nuevas capitalizaciones que generen ingreso de recursos frescos al deudor, durante el proceso y ejecución del acuerdo de reorganización, los inversionistas que realicen tales aportes de capital, además de las ventajas anteriores, al momento de su liquidación, tendrán prelación en el reembolso de su remanente frente a otros aportes y hasta por el monto de los nuevos recursos aportados.

Los acreedores que entreguen al deudor nuevos recursos, condonen parcialmente sus obligaciones, otorguen quitas, plazos de gracia especiales, podrán obtener, como contraprestación las ventajas que en el acuerdo se otorguen a todos aquellos que concedan los mismos beneficios al deudor.

Parágrafo 1°. En el evento de no cumplirse el acuerdo de manera tal que satisfaga las obligaciones que han renunciado a prelación o preferencia, estas recuperarán dicha prelación o preferencia cualquiera que sea la modalidad con la que concluya el proceso de insolvencia.

Parágrafo 2°. Los créditos laborales podrán capitalizarse siempre y cuando sus titulares convengan, individual y expresamente, las condiciones, proporciones, cuantías y plazos en que se mantenga o modifique, total o parcialmente la prelación que le corresponde como acreencias privilegiadas. En caso de incumplimiento del acuerdo de reorganización los créditos laborales capitalizados recuperan la prelación de primer grado para efectos del acuerdo de adjudicación y el de liquidación judicial.

Art. 42. FLEXIBILIZACIÓN DE LAS CONDICIONES DE APORTES AL CAPITAL

La suscripción y pago de nuevos aportes en el capital de los deudores reestructurados, podrá hacerse en condiciones, proporciones y plazos distintos de los previstos en el Código de Comercio, sin exceder el plazo previsto para la ejecución del acuerdo.

La colocación de las participaciones sociales podrá hacerse por un precio de suscripción inferior al valor nominal, fijado con base en procesos de valoración técnicamente reconocidos, por avaluadores independientes.

La capitalización de acreencias y las daciones en pago requerirán del consentimiento individual del respectivo acreedor.

Art. 43. CONSERVACIÓN Y EXIGIBILIDAD DE GRAVÁMENES Y DE GARANTÍAS REALES Y FIDUCIARIAS

En relación con las garantías reales y los contratos de fiducia mercantil y encargos fiduciarios que incluyan entre sus finalidades las de garantía y que estén vinculadas con acuerdos de reorganización, aplicarán las siguientes reglas:

1. Los créditos amparados por fiducias mercantiles y encargos fiduciarios se asimilan a los créditos de la segunda y tercera clase previstos en los artículos 2497 y 2499 del Código Civil, de acuerdo con la naturaleza de los bienes fideicomitidos o que formen parte del patrimonio autónomo, salvo cláusula expresamente aceptada por el respectivo acreedor que disponga otra cosa.

2. Durante la vigencia del acuerdo queda suspendida la exigibilidad de gravámenes y garantías reales y fiduciarias, constituidas por el deudor. La posibilidad de hacer efectivas tales garantías durante dicha vigencia, o la constitución de las mismas, tendrá que pactarse en el acuerdo, con la mayoría absoluta de los votos admisibles, adicionada con el voto del beneficiario o beneficiarios respectivos.

3. Si el acuerdo termina por incumplimiento, conforme a lo dispuesto en la presente ley, para efectos del proceso de liquidación judicial, queda restablecida de pleno derecho la preferencia de los gravámenes y garantías reales y fiduciarias suspendidas, a menos que el acreedor beneficiario haya consentido en un trato distinto.

4. Si durante la ejecución del acuerdo son enajenados los bienes objeto de la garantía, el acreedor gozará de la misma prelación que le otorgaba el gravamen para que le paguen el saldo insoluto de sus créditos, hasta la concurrencia del monto por el cual haya sido enajenado el respectivo bien.

5. La constitución, modificación o cancelación de garantías, o la suspensión o conservación de su exigibilidad derivadas del acuerdo, requerirá el voto del beneficiario respectivo y bastará la inscripción de la parte pertinente del mismo en el correspondiente registro, sin necesidad de otorgar nuevamente ningún otro documento y, salvo pacto en contrario, compartirá proporcionalmente el mismo grado de todos aquellos acreedores que concedan las mismas ventajas al deudor. Para tales efectos, las cláusulas pertinentes del acuerdo prestarán mérito ejecutivo.

6. La estipulación de un acuerdo de reorganización que amplíe el plazo de aquellas obligaciones del deudor que cuenten con garantes personales o con cauciones reales constituidas sobre bienes distintos de los del deudor, no pone fin a la responsabilidad de los garantes ni extingue dichas cauciones reales.

7. En caso de incumplimiento del acuerdo de reorganización, el acreedor que cuente con garantías reales o personales constituidas por terceros para amparar créditos cuyo pago haya sido contemplado en el acuerdo, podrá iniciar procesos

de cobro contra los garantes del deudor o continuar los que estén en curso al momento de la celebración del acuerdo.

Art. 44. REFORMAS ESTATUTARIAS Y ENAJENACIÓN DE ESTABLECIMIENTOS DE COMERCIO Y DISPOSICIÓN DE ACTIVOS DENTRO DEL ACUERDO DE REORGANIZACIÓN

Cuando el acuerdo de reorganización contenga cláusulas que reformen los estatutos del deudor persona jurídica, el mismo hará las veces de reforma estatutaria, sin que se requiera de otra formalidad, cuya decisión deberá ser adoptada por parte del órgano competente al interior del concursado, de conformidad con lo dispuesto en los estatutos sociales, lo cual producirá efectos entre los asociados desde la confirmación del acuerdo, sin que sea posible impugnar la correspondiente decisión.

En caso de fusiones y escisiones, la adopción del acuerdo de reorganización en la forma prevista en la ley, excluye el ejercicio de los derechos previstos en los artículos 175 del Código de Comercio y 6° de la Ley 222 de 1995, así como las disposiciones especiales referentes a los tenedores de bonos; tampoco podrá ejercerse el derecho de retiro de socios previsto en el artículo 12 de la Ley 222 de 1995. Dicha exclusión es aplicable únicamente a los derechos de los acreedores externos y socios de aquellos deudores mencionados en el acuerdo de reorganización, quedando a salvo los derechos de los acreedores y socios de otras personas jurídicas.

En las enajenaciones de establecimientos de comercio de propiedad del deudor como consecuencia de un acuerdo de reorganización, no habrá lugar a la oposición de acreedores prevista en el artículo 530 del Código de Comercio.

Para la inscripción en el registro mercantil de cualquiera de los actos contemplados en este artículo bastará que se presente a la Cámara de Comercio correspondiente la parte pertinente del acuerdo que contenga la decisión.

Art. 45. CAUSALES DE TERMINACIÓN DEL ACUERDO DE REORGANIZACIÓN

El acuerdo de reorganización terminará en cualquiera de los siguientes eventos:

1. Por el cumplimiento de las obligaciones pactadas en el mismo.
2. Si ocurre un evento de incumplimiento no subsanado en audiencia.
3. Por la no atención oportuna en el pago de las mesadas pensionales o aportes al sistema de seguridad social y demás gastos de administración.

Parágrafo. En el supuesto previsto en el numeral 1° de este artículo, el deudor informará de su ocurrencia al juez del concurso para que verifique la situación y decrete la terminación del acuerdo mediante providencia inscrita de oficio en la cámara de comercio del domicilio principal y sucursales del deudor, o en el que haga sus veces, y contra la cual sólo procederá recurso de reposición. En los eventos descritos en los numerales 2 y 3, habrá lugar a la declaratoria de liquidación judicial, previa celebración de la audiencia de incumplimiento descrita a continuación.

Art. 46. AUDIENCIA DE INCUMPLIMIENTO

Si algún acreedor o el deudor denuncia el incumplimiento del acuerdo de reorganización o de los gastos de administración, el juez del concurso verificará dicha situación y en caso de encontrarlo acreditado, requerirá al promotor para que, dentro de un término no superior a un (1) mes, actualice la calificación y graduación de créditos y derechos de voto, gestione las posibles alternativas de solución y presente al juez del concurso el resultado de sus diligencias.

Recibido el informe del promotor, el juez del concurso, convocará al deudor y a los acreedores cuyos créditos no hayan sido pagados, a una audiencia para deliberar sobre la situación y decidir lo pertinente.

Cuando el incumplimiento provenga de gastos de administración, debe ser subsanado con el consentimiento individual de cada acreedor, sin que sus créditos cuenten para efectos de voto.

Si la situación es resuelta, el juez del concurso confirmará la alternativa de solución acordada y el promotor deberá cumplir con las formalidades previstas en la presente ley. En caso contrario, el juez del concurso declarará terminado el acuerdo de reorganización y ordenará la apertura del trámite del proceso de liquidación judicial.

A partir de la fecha de convocatoria de la audiencia de incumplimiento, deberán suspenderse los pagos previstos en el acuerdo de reorganización, so pena de ineficacia de pleno derecho de los mismos.

CAPÍTULO VIII
PROCESO DE LIQUIDACIÓN JUDICIAL

Art. 47. INICIO

El proceso de liquidación judicial iniciará por:

1. Incumplimiento del acuerdo de reorganización, fracaso o incumplimiento del concordato o de un acuerdo de reestructuración de los regulados por la Ley 550 de 1999.

2. Las causales de liquidación judicial inmediata previstas en la presente ley.

Art. 48. PROVIDENCIA DE APERTURA

La providencia de apertura del proceso de liquidación judicial dispondrá:

1. El nombramiento de un liquidador, quien tendrá la representación legal, advirtiendo que su gestión deberá ser austera y eficaz.

2. La imposibilidad, a partir de la fecha de la misma, para que el deudor realice operaciones en desarrollo de su objeto, pues conservará su capacidad jurídica únicamente para los actos necesarios a la inmediata liquidación, sin perjuicio de aquellos que busquen la adecuada conservación de los activos. Los actos celebrados en contravención a lo anteriormente dispuesto, serán ineficaces de pleno derecho.

3. Las medidas cautelares sobre los bienes del deudor y ordenar al liquidador la inscripción en el registro competente de la providencia de inicio del proceso de liquidación judicial, respecto de aquellos sujetos a esa formalidad.

4. La fijación por parte del juez del concurso, en un lugar visible al público y por un término de diez (10) días, de un aviso que informe acerca del inicio del mismo, el nombre del liquidador y el lugar donde los acreedores deberán presentar sus créditos. Copia del aviso será fijada en la página web de la Superintendencia de Sociedades, en la del deudor, en la sede, sucursales, agencias, por este y el liquidador durante todo el trámite.

5. Un plazo de veinte (20) días, a partir de la fecha de desfijación del aviso que informa sobre la apertura del proceso de liquidación judicial, para que los acreedores presenten su crédito al liquidador, allegando prueba de la existencia y cuantía del mismo. Cuando el proceso de liquidación judicial sea iniciado como consecuencia del incumplimiento del acuerdo de reorganización, de liquidación judicial (SIC), fracaso o incumplimiento del concordato o de un acuerdo de reestructuración, los acreedores reconocidos y admitidos en ellos, se entenderán presentados en tiempo al liquidador, en el proceso de liquidación judicial. Los créditos no calificados y graduados en el acuerdo de reorganización y los derivados de gastos de administración, deberán ser presentados al liquidador.

Transcurrido el plazo previsto en este numeral, el liquidador, contará con un plazo establecido por el juez del concurso, el cual no será inferior a un (1) mes, ni superior a tres (3) meses, para que remita al juez del concurso todos los documentos que le hayan presentado los acreedores y el proyecto de graduación y calificación de créditos y derechos de voto, con el fin de que aquel, dentro de los quince (15) días siguientes, emita auto que reconozca los mismos, de no haber objeciones. De haberlas, se procederá de igual manera que para lo establecido en el proceso de reorganización.

6. La remisión de una copia de la providencia de apertura al Ministerio de la Protección Social, a la Dirección de Impuestos y Aduanas Nacionales, y a la superintendencia que ejerza vigilancia o control, para lo de su competencia.

7. Inscribir en el registro mercantil de la cámara de comercio del domicilio del deudor y sus sucursales, el aviso que informa sobre la expedición de la providencia de inicio del proceso de liquidación judicial.

8. Oficiar a los jueces que conozcan de procesos de ejecución o de aquellos en los cuales se esté ejecutando la sentencia.

9. Ordenar al liquidador la elaboración del inventario de los activos del deudor, el cual deberá elaborar el liquidador en un plazo máximo de treinta (30) días a partir de su posesión. Los bienes serán avaluados por expertos designados de listas elaboradas por la Superintendencia de Sociedades.

Una vez vencido el término, el liquidador entregará al juez concursal el inventario para que este le corra traslado por el término de diez (10) días.

Art. 49. APERTURA DEL PROCESO DE LIQUIDACIÓN JUDICIAL INMEDIATA

Procederá de manera inmediata en los siguientes casos:

1. Cuando el deudor lo solicite directamente, o cuando incumpla su obligación de entregar oportunamente la documentación requerida, como consecuencia de la solicitud a un proceso de insolvencia por parte de un acreedor.

2. Cuando el deudor abandone sus negocios.

3. Por solicitud de la autoridad que vigile o controle a la respectiva empresa.

4. Por decisión motivada de la Superintendencia de Sociedades adoptada de oficio o como consecuencia de la solicitud de apertura de un proceso de reorganización, o cuando el deudor no actualice el proyecto de reconocimiento y graduación de créditos y derechos de voto requerida en la providencia de inicio del proceso de reorganización.

5. A petición conjunta del deudor y de un número plural de acreedores titular de no menos del cincuenta por ciento (50%) del pasivo externo.

6. Solicitud expresa de inicio del trámite del proceso de liquidación judicial por parte de una autoridad o representante extranjero, de conformidad con lo dispuesto en la presente ley.

7. Tener a cargo obligaciones vencidas, por concepto de mesadas pensionales, retenciones de carácter obligatorio a favor de autoridades fiscales, descuentos efectuados a los trabajadores, o aportes al sistema de seguridad social integral, sin que las mismas fuesen subsanadas dentro del término indicado por el juez del concurso, que en ningún caso será superior a tres (3) meses.

8. La providencia judicial que decreta la apertura inmediata del trámite del proceso de liquidación judicial no admite ningún recurso, con excepción de la causal prevista en los numerales 2 y 7 de este artículo, evento en el que sólo cabrá el recurso de reposición.

Si el juez del concurso verifica previamente que el deudor no cumple con sus deberes legales, especialmente en cuanto a llevar contabilidad regular de sus negocios, conforme a las leyes vigentes, podrá ordenar la disolución y liquidación del ente, en los términos del artículo 225 y siguientes del Código de Comercio, caso en el cual los acreedores podrán demandar la responsabilidad subsidiaria de los administradores, socios o controlantes.

Parágrafo 1°. El inicio del proceso de liquidación judicial de un deudor supone la existencia de una situación de cesación de pagos, conforme a lo dispuesto en esta ley para el efecto en el proceso de reorganización.

Parágrafo 2°. La solicitud de inicio del proceso de liquidación judicial por parte del deudor o de este y sus acreedores deberá venir acompañada de los siguientes documentos:

1. Los cinco (5) estados financieros básicos, correspondientes a los tres (3) últimos ejercicios y los dictámenes respectivos, si existieren.
2. Los cinco (5) estados financieros básicos, cortados al último día calendario del mes inmediatamente anterior a la fecha de la solicitud.
3. Un estado de inventario de activos y pasivos cortado en la misma fecha indicada en el numeral anterior, debidamente certificado y valorado.
4. Memoria explicativa de las causas que lo llevaron a la situación de insolvencia.

Art. 50. EFECTOS DE LA APERTURA DEL PROCESO DE LIQUIDACIÓN JUDICIAL

La declaración judicial del proceso de liquidación judicial produce:

1. La disolución de la persona jurídica. En consecuencia, para todos los efectos legales, esta deberá anunciarse siempre con la expresión «en liquidación judicial».

2. La cesación de funciones de los órganos sociales y de fiscalización de la persona jurídica, si los hubiere.

3. La separación de todos los administradores.

4. La terminación de los contratos de tracto sucesivo, de cumplimiento diferido o de ejecución instantánea, no necesarios para la preservación de los activos, así como los contratos de fiducia mercantil o encargos fiduciarios, celebrados por el deudor en calidad de constituyente, sobre bienes propios y para amparar obligaciones propias o ajenas; salvo por aquellos contratos respecto de los cuales se hubiere obtenido autorización para continuar su ejecución impartido por el juez del concurso.

5. La terminación de los contratos de trabajo, con el correspondiente pago de las indemnizaciones a favor de los trabajadores, de conformidad con lo previsto en el Código Sustantivo del Trabajo, para lo cual no será necesaria autorización administrativa o judicial alguna quedando sujetas a las reglas del concurso, las obligaciones derivadas de dicha finalización sin perjuicio de las preferencias y prelaciones que les correspondan.

6. Disponer la remisión de una copia de la providencia de apertura del proceso de liquidación judicial al Ministerio de la Protección Social, con el propósito de velar por el cumplimiento de las obligaciones laborales.

7. La finalización de pleno derecho de los encargos fiduciarios y los contratos de fiducia mercantil celebrados por el deudor, con el fin de garantizar obligaciones propias o ajenas con sus propios bienes. El juez del proceso ordenará la cancelación de los certificados de garantía y la restitución de los bienes que conforman el patrimonio autónomo. Serán tenidas como obligaciones del fideicomitente las adquiridas por cuenta del patrimonio autónomo.

Tratándose de inmuebles, el juez comunicará la terminación del contrato, mediante oficio al notario competente que conserve el original de las escrituras pertinentes. La providencia respectiva será inscrita en la Oficina de Registro de Instrumentos Públicos, en la matrícula correspondiente. El acto de restitución de los bienes que conforman el patrimonio autónomo se considerará sin cuantía, para efectos de derechos notariales, de registro y de timbre.

Los acreedores beneficiarios del patrimonio autónomo serán tratados como acreedores con garantía prendaria o hipotecaria, de acuerdo con la naturaleza de los bienes fideicomitidos.

La restitución de los activos que conforman el patrimonio autónomo implica que la masa de bienes pertenecientes al deudor, responderá por las obligaciones a cargo del patrimonio autónomo de conformidad con las prelaciones de ley aplicables al concurso.

La fiduciaria entregará los bienes al liquidador dentro del plazo que el juez del proceso de liquidación judicial señale y no podrá alegar en su favor derecho de retención por concepto de comisiones, honorarios o remuneraciones derivadas del contrato.

8. La interrupción del término de prescripción y la inoperancia de la caducidad de las acciones respecto de las obligaciones que contra el deudor o contra sus codeudores, fiadores, avalistas, aseguradores, emisores de cartas de crédito o cualquier otra persona que deba cumplir la obligación, estuvieren perfeccionadas o sean exigibles desde antes del inicio del proceso de liquidación judicial.

9. La exigibilidad de todas las obligaciones a plazo del deudor. La apertura del proceso de liquidación judicial del deudor solidario no conllevará la exigibilidad de las obligaciones solidarias respecto de los otros codeudores.

10. La prevención a los deudores del concursado de que sólo pueden pagar al liquidador, advirtiendo la ineficacia del pago hecho a persona distinta.

11. La prohibición para administradores, asociados y controlantes de disponer de cualquier bien que forme parte del patrimonio liquidable del deudor o de realizar pagos o arreglos sobre obligaciones anteriores al inicio del proceso de liquidación judicial, a partir de la fecha de la providencia que lo decrete, so pena de ineficacia, cuyos presupuestos serán reconocidos por el juez del concurso, sin perjuicio de las sanciones que aquellos le impongan.

12. La remisión al juez del concurso de todos los procesos de ejecución que estén siguiéndose contra el deudor, hasta antes de la audiencia de decisión de objeciones, con el objeto de que sean tenidos en cuenta para la calificación y graduación de créditos y derechos de voto. Con tal fin, el liquidador oficiará a los jueces de conocimiento respectivos. La continuación de los mismos por fuera de la actuación aquí descrita será nula, cuya declaratoria corresponderá al Juez del concurso.

Los procesos de ejecución incorporados al proceso de liquidación judicial, estarán sujetos a la suerte de este y deberán incorporarse antes del traslado para objeciones a los créditos.

Cuando se remita un proceso de ejecución en el que no se hubiesen decidido en forma definitiva las excepciones de mérito propuestas estas serán consideradas objeciones y tramitadas como tales.

13. La preferencia de las normas del proceso de liquidación judicial sobre cualquier otra que le sea contraria.

Parágrafo. Lo previsto en el presente artículo no se aplicará respecto de cualquier tipo de acto o contrato que tenga por objeto o como efecto la emisión de valores u otros derechos de naturaleza negociable en el mercado público de valores de Colombia o del exterior, ni respecto de patrimonios autónomos constituidos para adelantar procesos de titularización a través del mercado público de valores, ni de aquellos patrimonios autónomos que tengan fines de garantía que formen parte de la estructura de la emisión.

Art. 51. PROMITENTES COMPRADORES DE INMUEBLES DESTINADOS A VIVIENDA

Los promitentes compradores de bienes inmuebles destinados a vivienda, deberán comparecer al proceso dentro de la oportunidad legal, a solicitar la ejecución de la venta prometida.

En tal caso, el juez del concurso, ordenará al liquidador el otorgamiento de la escritura pública de compraventa, previa consignación a sus órdenes del valor restante del precio si lo hubiere, y de las sanciones contractuales e intereses de mora generados por el no cumplimiento, para lo cual procederá al levantamiento de las medidas cautelares que lo afecten.

La misma providencia dispondrá la cancelación de la hipoteca de mayor extensión que afecte el inmueble, así como la entrega material, si la misma no se hubiere producido.

Los recursos obtenidos como consecuencia de esta operación deberán destinarse de manera preferente a la atención de los gastos de administración y las obligaciones de la primera clase.

El juez del concurso autorizará el otorgamiento de la escritura pública, si con los bienes restantes queda garantizado el pago de los gastos de administración y de las obligaciones privilegiadas. De no poder cumplirse la obligación prometida, procederá la devolución de las sumas pagas por el promitente comprador siguiendo las reglas de prelación de créditos.

Art. 52. PRORRATAS E HIPOTECAS DE MAYOR EXTENSIÓN

Cuando la actividad del deudor incluya la construcción de inmuebles destinados a vivienda y la propiedad de los mismos hubiera sido transferida al adquirente estando pendiente la cancelación de la hipoteca de mayor extensión, el propietario comparecerá al proceso dentro de la oportunidad procesal correspondiente y, previa acreditación del pago de la totalidad del precio, el juez del concurso dispondrá la cancelación del gravamen de mayor extensión.

Art. 53. INVENTARIO DE BIENES, RECONOCIMIENTO DE CRÉDITOS Y DERECHOS DE VOTO

El liquidador procederá a actualizar los créditos reconocidos y graduados y el inventario de bienes en el acuerdo de reorganización y a incorporar los créditos calificados y graduados en el concordato, si fuere el caso, los derechos de votos y los créditos en el acuerdo de reorganización fallido y a realizar el inventario de bienes en estos dos últimos, desde la fecha del vencimiento de la obligación hasta la de inicio del proceso de liquidación judicial, en los términos previstos en la presente ley.

En el caso del proceso de liquidación judicial inmediata, o respecto a los gastos causados con posterioridad a la admisión al acuerdo de reorganización, el acuerdo de reestructuración o el concordato, tendrá aplicación lo dispuesto en esta ley en materia de elaboración de inventarios por parte del liquidador y presentación de acreencias.

En el proceso de liquidación judicial, el traslado del reconocimiento de créditos, del inventario de los bienes del deudor y las objeciones a los mismos serán tramitados en los mismos términos previstos en la presente ley para el acuerdo de reorganización.

Parágrafo. *Corregido por el Decreto 2190 de 2007, art. 1°.* El liquidador, al determinar los derechos de voto, incluirá a los acreedores internos, de conformidad con las reglas para los derechos de voto de los acreedores internos establecidos en esta ley.

Art. 54. MEDIDAS CAUTELARES

Las medidas cautelares practicadas y decretadas sobre bienes del deudor, continuarán vigentes y deberán inscribirse a órdenes del juez del proceso de liquidación judicial.

De haberse practicado diligencias de secuestro, el juez, previa remisión del proceso al liquidador, ordenará efectuar el relevo inmediato de los secuestres designados, ordenando para ello la entrega de los bienes al liquidador con la correspondiente obligación del secuestre de rendir cuentas comprobadas de su gestión ante el juez del proceso de liquidación judicial y para tal efecto presentará una relación de los bienes entregados en la diligencia de secuestro, indicando su estado y ubicación, así como una memoria detallada de las actividades realizadas durante el período de la vigencia de su cargo. Así mismo, el secuestre deberá consignar a órdenes del juez del proceso de liquidación judicial, en la cuenta de depósitos judiciales, los rendimientos obtenidos en la administración de los bienes.

Art. 55. BIENES EXCLUIDOS

No formarán parte del patrimonio a liquidar los siguientes bienes:

1. Las mercancías que tenga el deudor en su poder a título de comisión.

2. Los títulos de crédito entregados al deudor para su cobranza y los que haya adquirido por cuenta de otro, siempre y cuando estén emitidos o endosados directamente a favor del comitente.

3. El dinero remitido al deudor fuera de cuenta corriente, en desarrollo de una comisión o mandato del comitente o mandante.

4. Las mercancías que el deudor haya adquirido al fiado, mientras no se haya producido su entrega.

5. Los bienes que tenga el deudor en calidad de depositario.

6. Las prestaciones que por cuenta ajena estén debiendo al deudor a la fecha de la apertura del proceso, de proceso de liquidación judicial, si del hecho hubiere por lo menos un principio de prueba.

7. Los documentos que estén en poder del deudor, siempre que los hubiere recibido por cuenta de un comitente, aun cuando no estén otorgados a favor de este.

8. En general, las especies que aun encontrándose en poder del deudor, pertenezcan a otra persona, para lo cual deberá acreditar prueba suficiente.

9. Los bienes inmuebles destinados a vivienda respecto de los cuales el deudor hubiere otorgado la escritura pública de venta que no estuviere registrada. En atención a esa circunstancia, el juez del concurso, previa solicitud del adquirente, dispondrá el levantamiento de la cautela que recaiga sobre el inmueble, a fin de facilitar la inscripción del título en la Oficina de Registro de Instrumentos Públicos y Privados.

En el evento que el adquirente tenga sumas pendientes de cancelar como consecuencia de la operación, el levantamiento de la cautela quedará condicionado a la previa consignación por su parte a órdenes del juez del concurso del saldo por pagar.

Si los bienes descritos en este numeral están gravados con hipoteca de mayor extensión constituida por el deudor a favor de un acreedor para garantizar las obligaciones por él contraídas, el juez del concurso dispondrá, a solicitud de los acreedores, de manera simultánea con el levantamiento de la cautela y la cancelación del gravamen de mayor extensión.

Parágrafo. El Gobierno Nacional reglamentará los casos en los cuales los bienes transferidos a título de fiducia mercantil con fines de garantía se excluyen de la masa de la liquidación en provecho de los beneficiarios de la fiducia.

Art. 56. PROCESO PARA ENTREGAR BIENES EXCLUIDOS

Para la entrega de los bienes que no forman parte del patrimonio a liquidar por parte del liquidador, el solicitante, dentro de los seis (6) meses siguientes al inicio del proceso de liquidación judicial, deberá presentarse al proceso y solicitar al juez del concurso la restitución del bien, acompañando prueba siquiera sumaria del derecho que le asiste.

Cumplidos los requisitos anteriores, se procederá a la entrega de los bienes, en el término señalado por el juez del concurso, quien deberá fijar dicho plazo atendiendo la naturaleza del bien; o en su defecto, dentro de los cinco (5) días siguientes a la fecha en la cual el juez del concurso imparta la orden respectiva. Para ello, el liquidador levantará un acta en la que identificará el bien que restituye, así como el estado del mismo, la que deberá suscribirse por el liquidador y quien lo reciba.

Art. 57. ENAJENACIÓN DE ACTIVOS Y PLAZO PARA PRESENTAR EL ACUERDO DE ADJUDICACIÓN

En un plazo de dos (2) meses contados a partir de la fecha en que quede en firme la calificación y graduación de créditos y el inventario de bienes del deudor, el liquidador procederá a enajenar los activos inventariados por un valor no inferior al del avalúo, en forma directa o acudiendo al sistema de subasta privada.

Con relación a los dineros recibidos y los activos no enajenados, el liquidador tendrá un plazo máximo de treinta (30) días para presentar al juez del concurso, el acuerdo de adjudicación al que hayan llegado los acreedores del deudor.

El acuerdo de adjudicación requiere, además de la aprobación de los acreedores, la confirmación del juez del concurso, impartida en audiencia que será celebrada en los términos y para los fines previstos en esta ley para la audiencia de confirmación del acuerdo de reorganización.

De no aprobarse el citado acuerdo, el juez dictará la providencia de adjudicación dentro de los quince (15) días siguientes al vencimiento del término anterior.

Art. 58. REGLAS PARA LA ADJUDICACIÓN

Los bienes no enajenados por el liquidador, de conformidad con lo previsto en el artículo anterior, serán adjudicados a los acreedores mediante providencia motivada, de conformidad con las siguientes reglas:

1. La totalidad de los bienes a adjudicar, incluyendo el dinero existente y el obtenido de las enajenaciones, será repartido con sujeción a la prelación legal de créditos.

2. Respetará la igualdad entre los acreedores, adjudicando en lo posible a todos y cada uno de la misma clase, en proporción a su respectivo crédito, cosas de la misma naturaleza y calidad.

3. En primer lugar será repartido el dinero, enseguida los inmuebles, posteriormente los bienes muebles corporales y finalmente las cosas incorporales.

4. Habrá de preferirse la adjudicación en bloque o en estado de unidad productiva. Si no pudiera hacerse en tal forma, los bienes serán adjudicados en forma separada, siempre con el criterio de generación de valor.

5. La adjudicación de bienes a varios acreedores será realizada en común y proindiviso en la proporción que corresponda a cada uno.

6. El juez del proceso de liquidación judicial hará la adjudicación aplicando criterios de semejanza, igualdad y equivalencia entre los bienes, con el propósito de obtener el resultado más equitativo posible.

Con la adjudicación, los acreedores adquieren el dominio de los bienes, extinguiéndose las obligaciones del deudor frente a cada uno de ellos, hasta concurrencia del valor de los mismos.

Para la transferencia del derecho de dominio de bienes sujetos a registro, bastará la inscripción de la providencia de adjudicación en el correspondiente registro, sin necesidad de otorgar ningún otro documento o paz y salvo. Dicha providencia será considerada sin cuantía para efectos de timbre, impuestos y derechos de registro, sin que al nuevo adquirente se le pueda hacer exigibles las obligaciones que pesen sobre los bienes adjudicados o adquiridos.

Tratándose de bienes muebles, la tradición de los mismos operará por ministerio de la ley, llevada a cabo a partir del décimo (10°) día siguiente a la ejecutoria de la providencia.

El liquidador procederá a la entrega material de los bienes muebles e inmuebles dentro de los treinta (30) días siguientes a la celebración de la adjudicación o de la expedición de la providencia de adjudicación, en el estado en que se encuentren.

Parágrafo. Las obligaciones que se deriven para el adquirente sobre los bienes adjudicados serán las que se causen a partir de la ejecutoria de la providencia que apruebe la enajenación o adjudicación del respectivo bien.

Art. 59. PAGOS, ADJUDICACIONES Y RENDICIÓN DE CUENTAS

Dentro de los cinco (5) días siguientes a la ejecutoria de la providencia de adjudicación de bienes, el acreedor destinatario que opte por no aceptar la adjudicación deberá informarlo al liquidador.

Vencido este término, el liquidador, de manera inmediata, deberá informar al juez del concurso cuáles acreedores no aceptaron recibir los bienes, evento en el cual se entenderá que estos renuncian al pago de su acreencia dentro del proceso de liquidación judicial y, en consecuencia, el juez procederá a adjudicar los bienes a los acreedores restantes, respetando el orden de prelación.

Los bienes no recibidos se destinarán al pago de los acreedores que acepten la adjudicación hasta concurrencia del monto de sus créditos reconocidos y calificados.

Los bienes remanentes serán adjudicados a los socios o accionistas de una sociedad a prorrata de sus aportes, para el caso de las personas jurídicas o al deudor en el caso de las personas naturales comerciantes o propietarias de una empresa. Los bienes no recibidos por los socios o accionistas o por la persona natural comerciante o que desarrolle actividades empresariales, serán adjudicados a una entidad pública de beneficencia del domicilio del deudor o, en su defecto, del lugar más cercano. Los bienes no recibidos por aquellas dentro de los diez (10) días siguientes a su adjudicación serán considerados vacantes o mostrencos según su naturaleza y recibirán el tratamiento legal respectivo.

El liquidador, una vez ejecutadas las órdenes incluidas en el auto de adjudicación de bienes, respetando los plazos señalados en el artículo anterior, deberá presentar al juez del proceso de liquidación judicial una rendición de cuentas finales de su gestión, donde incluirá una relación pormenorizada de los pagos efectuados, acompañada de las pruebas pertinentes.

No obstante, previa autorización del juez del concurso, y respetando la prelación y los privilegios de ley, al igual que las reglas de la adjudicación previstas en esta ley, el liquidador podrá solicitar al juez autorización para la cancelación anticipada de obligaciones a cargo del deudor y a favor de acreedores cuyo crédito haya quedado en firme.

Art. 60. OBLIGACIONES A CARGO DE LOS SOCIOS

Cuando sean insuficientes los activos para atender el pago de los pasivos de la entidad deudora, el liquidador deberá exigir a los socios el pago del valor de los instalamentos de las cuotas o acciones no pagadas y el correspondiente a la responsabilidad adicional pactada en los estatutos.

Para los efectos de este artículo, el liquidador promoverá proceso ejecutivo contra los socios, el cual tramitará ante el juez que conozca del proceso de liquidación judicial. En estos procesos, el título ejecutivo lo integrará la copia de los inventarios y avalúos en firme y una certificación de contador público o de revisor fiscal, si lo hubiere, que acredite la insuficiencia de los activos y la cuantía de la prestación a cargo del socio.

No obstante, los socios podrán proponer como excepción la suficiencia de los activos sociales, o el hecho de que no fueron destinados al pago del pasivo externo de la sociedad.

Art. 61. DE LOS CONTROLANTES

Cuando la situación de insolvencia o de liquidación judicial, haya sido producida por causa o con ocasión de las actuaciones que haya realizado la sociedad matriz o controlante en virtud de la subordinación y en interés de esta o de cualquiera de sus subordinadas y en contra del beneficio de la sociedad en reorganización o proceso de liquidación judicial, la matriz o controlante responderá en forma subsidiaria por las obligaciones de aquella. Se presumirá que la sociedad está en esa situación concursal, por las actuaciones derivadas del control, a menos que la matriz o controlante o sus vinculadas, según el caso, demuestren que esta fue ocasionada por una causa diferente.

El juez de concurso conocerá, a solicitud de parte, de la presente acción, la cual se tramitará mediante procedimiento abreviado. Esta acción tendrá una caducidad de cuatro (4) años.

Art. 62. EXONERACIÓN DE GRAVÁMENES

La adjudicación de bienes a pensionados y trabajadores no será un ingreso constitutivo de renta ni de ganancia ocasional para efectos tributarios.

En la adjudicación de bienes a los acreedores no habrá lugar a la obligación legal de retención en la fuente.

En adición a las excepciones previstas en el artículo 191 del Estatuto Tributario, en caso de declaración judicial de liquidación judicial, el deudor no estará sometido al régimen de la renta presuntiva.

Art. 63. TERMINACIÓN

El proceso de liquidación judicial terminará:

1. Ejecutoriada la providencia de adjudicación.
2. Por la celebración de un acuerdo de reorganización.

Cumplido lo anterior, dispondrá el archivo del expediente, sin perjuicio de la responsabilidad civil y penal que proceda contra el deudor, los administradores, socios y el liquidador, y ordenará la inscripción de la providencia en el registro mercantil o en el que corresponda. La anotación indicada extinguirá la persona jurídica de la deudora.

Art. 64. ADJUDICACIÓN ADICIONAL

Cuando después de terminado el proceso de liquidación judicial, aparezcan nuevos bienes del deudor, o cuando el juez del proceso de liquidación judicial dejó de adjudicar bienes inventariados, habrá lugar a una adjudicación adicional conforme a las siguientes reglas:

1. Podrá formular la solicitud cualquiera de los acreedores reconocidos o el liquidador, haciendo una relación de los nuevos bienes, acompañando las pruebas a que hubiere lugar.
2. De la adjudicación adicional conocerá el mismo juez del concurso ante quien cursó el proceso de liquidación judicial, sin necesidad de reparto.
3. El juez del proceso de liquidación judicial informará de la solicitud a los acreedores insolutos distintos del solicitante y adelantará la actuación en el mismo expediente.
4. Una vez establecida la existencia de los bienes, ordenará al liquidador que proceda a valorar el inventario en los términos de la presente ley, sin que sea necesaria la intervención de los acreedores.
5. Una vez acreditada esta circunstancia, el juez del proceso de liquidación judicial procederá a adjudicar los bienes objeto de la solicitud a los acreedores insolutos, en el orden estrictamente establecido en la calificación y graduación de créditos.

Art. 65. RENDICIÓN DE CUENTAS FINALES

Las cuentas finales de la gestión del liquidador estarán sujetas a las siguientes reglas:

1. Contendrán una memoria detallada de las actividades realizadas durante el período.

2. Las cuentas presentadas serán puestas a disposición de las partes por el término de veinte (20) días con el fin de que puedan ser objetadas. Vencido dicho traslado, el liquidador tendrá dos (2) días para pronunciarse sobre las objeciones, después de lo cual el juez decidirá en auto que no es susceptible de recurso.

Art. 66. ACUERDO DE REORGANIZACIÓN DENTRO DEL PROCESO DE LIQUIDACIÓN JUDICIAL

Aprobado el inventario valorado, la calificación y graduación de créditos y los derechos de voto, el liquidador o quienes representen no menos del treinta y cinco por ciento (35%) de los derechos de voto admitidos, podrán proponer la celebración de un acuerdo de reorganización, para lo cual, el juez del concurso, convocará a una audiencia. A este acuerdo, le serán aplicables en lo pertinente las reglas previstas en esta ley para el acuerdo de reorganización.

En caso de incumplimiento del acuerdo de reorganización, será reiniciado el proceso de liquidación judicial.

TÍTULO II
DISPOSICIONES COMUNES

Art. 67. PROMOTORES O LIQUIDADORES

Al iniciar el proceso de insolvencia, el juez del concurso, según sea el caso, designará (~~por sorteo público~~) al promotor o liquidador, en calidad de auxiliar de la justicia, escogido de la lista elaborada para el efecto por la Superintendencia de Sociedades.

En cualquier tiempo, los acreedores que representen por lo menos el sesenta por ciento (60%) de las acreencias, calificadas y graduadas, podrán sustituir al liquidador designado por el juez, escogiendo el reemplazo de la lista citada en el inciso anterior, quien deberá posesionarse ante aquel. Lo anterior aplicará también al promotor cuando actúe como representante legal para efectos del acuerdo de adjudicación.

Adicionalmente, los promotores y liquidadores podrán ser recusados o removidos por el juez del concurso por las causales objetivas establecidas por el Gobierno.

El promotor o liquidador removidos en los términos de la presente ley, no tendrán derecho sino al pago mínimo que para el efecto determine el Gobierno, teniendo en consideración el estado de avance del proceso.

Una misma persona podrá actuar como promotor o como liquidador en varios procesos, sin exceder un máximo de tres (3) procesos en que pueda actuar en forma simultánea.

Parágrafo 1°. La lista de promotores y liquidadores de la Superintendencia de Sociedades será abierta y a ella ingresarán todas las personas que cumplan con los requisitos mínimos de experiencia e idoneidad profesional que para el efecto establezca el Gobierno.

Parágrafo 2°. Salvo en los casos en los cuales la empresa carezca de activos suficientes y se requiera un pago mínimo, la remuneración de liquidadores no podrá exceder, del seis por ciento (6%) del valor de los activos de la empresa insolvente. Para los promotores el valor de los honorarios no podrá exceder del punto dos por ciento (0,2%) del valor de los activos de la empresa insolvente, por cada mes de negociación.

Parágrafo 3°. El Gobierno reglamentará el presente artículo dentro de los seis (6) meses siguientes a la fecha de promulgación de la presente ley. Mientras tanto, se aplicarán a promotores y liquidadores los requisitos y demás normas establecidas en las normas vigentes al momento de promulgarse la presente ley.

NOTA: La expresión entre paréntesis fue derogada por la Ley 1564 de 2012, art. 626.

Art. 68. FORMALIDADES

El acuerdo de reorganización y el de adjudicación deberán constar íntegramente en un documento escrito, firmado por quienes lo hayan votado favorablemente. Cuando el acuerdo tenga por objeto transferir, modificar, limitar el dominio u otro derecho real sobre bienes sujetos a registro, constituir gravámenes o cancelarlos, la inscripción de la parte pertinente del acta en el correspondiente registro será suficiente sin que se requiera el otorgamiento previo de escritura pública u otro documento.

Si el promotor ha utilizado para la votación sistemas de comunicación simultánea o sucesiva, deberá acompañar prueba de la expresión y contenido de las decisiones y de los votos en documento o documentos escritos, debidamente firmados por él mismo.

Para efectos de timbre, impuestos y derechos de registro el acuerdo de reorganización o de adjudicación, al igual que las escrituras públicas otorgadas en su desarrollo o ejecución, incluidas aquellas que tengan por objeto reformas estatutarias o daciones en pago sujetas a dicha solemnidad, directamente relacionadas con el mismo, serán documentos sin cuantía. Los documentos en que consten las deudas una vez reestructuradas quedan exentos del impuesto de timbre.

El pago de impuestos prediales, cuotas de administración, servicios públicos y cualquier otra tasa o contribución necesarios para obtener el paz y salvo en la enajenación de inmuebles o cualquier otro bien sujeto a registro, sólo podrá exigirse respecto de aquellas acreencias causadas con posterioridad al inicio del proceso de insolvencia. Las anteriores, quedarán sujetas a los términos del acuerdo o a las resultas del trámite de liquidación judicial. El funcionario que desatienda lo dispuesto en el presente inciso, responderá civil y penalmente por los daños y perjuicios causados, sin perjuicio de las multas sucesivas que imponga el juez del concurso, las cuales podrán ascender hasta doscientos (200) salarios mínimos legales mensuales vigentes.

Art. 69. CRÉDITOS LEGALMENTE POSTERGADOS EN EL PROCESO DE REORGANIZACIÓN Y DE LIQUIDACIÓN JUDICIAL

Estos créditos serán atendidos, una vez cancelados los demás créditos y corresponden a:

1. Obligaciones con personas especialmente relacionadas con el deudor, salvo aquellas provenientes de recursos entregados después de la admisión al trámite y destinados a la recuperación de la empresa.
2. Deudas por servicios públicos, si la entidad prestadora se niega a restablecerlos cuando han sido suspendidos sin atender lo dispuesto en la presente ley.
3. Créditos de los acreedores que intenten pagarse por su propia cuenta a costa de bienes o derechos del deudor, o que incumplan con las obligaciones pactadas en el acuerdo de reorganización o del proceso de liquidación judicial.
4. Valores derivados de sanciones pactadas mediante acuerdos de voluntades.
5. Las obligaciones que teniendo la carga de presentarse al trámite de liquidación judicial, no lo hicieren dentro de los términos fijados en la presente ley.
6. El valor de intereses, en el proceso de liquidación judicial.
7. Los demás cuya postergación está expresamente prevista en esta ley.

Parágrafo 1°. El pago de los créditos postergados respetará las reglas de prelación legal.

Parágrafo 2°. Para efectos del presente artículo, son personas especialmente relacionadas con el deudor, las siguientes:

Las personas jurídicas vinculadas entre sí por su carácter de matrices o subordinadas, y aquellas en las cuales exista unidad de propósito y de dirección respecto del deudor.

Administradores, revisores fiscales y apoderados judiciales por salarios u honorarios no contabilizados en su respectivo ejercicio, así como indemnizaciones, sanciones y moratorias, provenientes de conciliaciones, fallos judiciales o actos similares.

Los cesionarios o adjudicatarios de créditos pertenecientes a cualquiera de las personas antes mencionadas, siempre que la adquisición hubiera tenido lugar dentro de los dos (2) años anteriores a la iniciación del proceso de insolvencia.

Parágrafo 3º. No serán postergadas las obligaciones de los acreedores que suministren nuevos recursos al deudor o que se comprometan a hacerlo en ejecución del acuerdo.

Art. 70. CONTINUACIÓN DE LOS PROCESOS EJECUTIVOS EN DONDE EXISTEN OTROS DEMANDADOS

En los procesos de ejecución en que sean demandados el deudor y los garantes o deudores solidarios, o cualquier otra persona que deba cumplir la obligación, el juez de la ejecución, dentro de los tres (3) días siguientes al recibo de la comunicación que le informe del inicio del proceso de insolvencia, mediante auto pondrá tal circunstancia en conocimiento del demandante, a fin que en el término de su ejecutoria, manifieste si prescinde de cobrar su crédito al garante o deudor solidario. Si guarda silencio, continuará la ejecución contra los garantes o deudores solidarios.

Estando decretadas medidas cautelares sobre bienes de los garantes, deudores solidarios o cualquier persona que deba cumplir la obligación del deudor, serán liberadas si el acreedor manifiesta que prescinde de cobrar el crédito a aquellos.

Satisfecha la acreencia total o parcialmente, quien efectúe el pago deberá denunciar dicha circunstancia al promotor o liquidador y al juez del concurso para que sea tenida en cuenta en la calificación y graduación de créditos y derechos de voto.

De continuar el proceso ejecutivo, no habrá lugar a practicar medidas cautelares sobre bienes del deudor en reorganización, y las practicadas respecto de sus bienes quedarán a órdenes del juez del concurso, aplicando las disposiciones sobre medidas cautelares contenidas en esta ley.

Parágrafo. Si al inicio del proceso de insolvencia un acreedor no hubiere iniciado proceso ejecutivo en contra del deudor, ello no le impide hacer efectivo su derecho contra los garantes o codeudores.

Art. 71. OBLIGACIONES POSTERIORES AL INICIO DEL PROCESO DE INSOLVENCIA

Las obligaciones causadas con posterioridad a la fecha de inicio del proceso de insolvencia son gastos de administración y tendrán preferencia en su pago sobre aquellas objeto del acuerdo de reorganización o del proceso de liquidación judicial, según sea el caso, y podrá exigirse coactivamente su cobro, sin perjuicio de la prioridad que corresponde a mesadas pensionales y contribuciones parafiscales de origen laboral, causadas antes y después del inicio del proceso de liquidación judicial. Igualmente tendrán preferencia en su pago, inclusive sobre los gastos de administración, los créditos por concepto de facilidades de pago a que hace referencia el parágrafo del artículo 10 y el parágrafo 2° del artículo 34 de esta ley.

Art. 72. INTERRUPCIÓN DEL TÉRMINO DE PRESCRIPCIÓN E INOPERANCIA DE LA CADUCIDAD

Desde el inicio del proceso de reorganización o de liquidación judicial, y durante la ejecución del acuerdo de reorganización o de adjudicación queda interrumpido el término de prescripción y no operará la caducidad de las acciones respecto de los créditos causados contra el deudor antes del inicio del proceso.

Art. 73. SERVICIOS PÚBLICOS

Desde la presentación de la solicitud de inicio del proceso de reorganización o de liquidación judicial, las personas o sociedades que presten al deudor servicios públicos domiciliarios, no podrán suspenderlos o terminarlos por causa de créditos insolutos a su favor, exigibles con anterioridad a dicha fecha. Si la prestación estuviere suspendida o terminada, estarán obligadas a restablecerlos de manera inmediata a partir de la solicitud, so pena de responder por los perjuicios que ocasionen y que el pago de su crédito sea postergado en los términos establecidos en esta ley.

El valor de los nuevos servicios prestados a partir del inicio del proceso será pagado con la preferencia propia de los gastos de administración.

Cuando sea necesaria la prestación del servicio público para la conservación de los activos, el juez podrá ordenar su prestación inmediata, por tiempo definido, aun existiendo créditos insolutos a favor de la empresa prestadora de los mismos, causados con posterioridad al inicio del proceso, indicando en la providencia que lo ordene la manera preferente de su pago, cuyo plazo en ningún caso podrá superar los tres (3) meses siguientes a partir de la orden de suministro.

Art. 74. ACCIÓN REVOCATORIA Y DE SIMULACIÓN

Durante el trámite del proceso de insolvencia podrá demandarse ante el juez del concurso, la revocación o simulación de los siguientes actos o negocios realizados por el deudor cuando dichos actos hayan perjudicado a cualquiera de los acreedores o afectado el orden de prelación de los pagos y cuando los bienes que componen el patrimonio del deudor sean insuficientes para cubrir el total de los créditos reconocidos:

1. La extinción de las obligaciones, las daciones en pago y, en general, todo acto que implique transferencia, disposición, constitución o cancelación de gravámenes, limitación o desmembración del dominio de bienes del deudor, realizados en detrimento de su patrimonio, o contratos de arrendamiento o comodato que impidan el objeto del proceso, durante los dieciocho (18) meses anteriores al inicio del proceso de reorganización, o del proceso de liquidación judicial, cuando no aparezca que el adquirente, arrendatario o comodatario, obró de buena fe.
2. Todo acto a título gratuito celebrado dentro de los veinticuatro (24) meses anteriores al inicio del proceso de reorganización o del proceso de liquidación judicial.
3. Las reformas estatutarias acordadas de manera voluntaria por los socios, solemnizadas e inscritas en el registro mercantil dentro de los seis (6) meses anteriores al inicio del proceso de reorganización, o del proceso de liquidación judicial, cuando ellas disminuyan el patrimonio del deudor, en perjuicio de los acreedores, o modifiquen el régimen de responsabilidad de los asociados.

Parágrafo. En el evento que la acción prospere, total o parcialmente, el acreedor demandante tendrá derecho a que la sentencia le reconozca a título de recompensa, una suma equivalente al cuarenta por ciento (40%) del valor comercial del bien recuperado para el patrimonio del deudor, o del beneficio que directa o indirectamente se reporte.

Art. 75. LEGITIMACIÓN, PROCEDIMIENTO, ALCANCE Y CADUCIDAD

Las acciones revocatorias y de simulación podrán interponerse por cualquiera de los acreedores, el promotor o el liquidador hasta dentro de los seis (6) meses siguientes a la fecha en que quede en firme la calificación y graduación de créditos y derechos de voto.

La acción se tramitará como proceso abreviado regulado en el Código de Procedimiento Civil.

La sentencia que decrete la revocación o la simulación del acto demandado dispondrá, entre otras medidas, la cancelación de la inscripción de los derechos del demandado vencido y las de sus causahabientes, y en su lugar ordenará inscribir al deudor como nuevo titular de los derechos que le correspondan. Con tal fin, la secretaría librará las comunicaciones y oficios a las oficinas de registro correspondientes.

Todo aquel que haya contratado con el deudor y sus causahabientes, de mala fe, estará obligado a restituir al patrimonio las cosas enajenadas en razón de la revocación o la declaración de simulación, así como, sus frutos y cualquier otro beneficio percibido. Si la restitución no fuere posible, deberá entregar al deudor el valor en dinero de las mencionadas cosas a la fecha de la sentencia.

Cuando fuere necesario asegurar las resultas de las acciones revocatorias o de simulación de actos del deudor, el juez, de oficio o a petición de parte y previo el otorgamiento de la caución que fijare, decretará el embargo y secuestro de bienes o la inscripción de la demanda. Estas medidas estarán sujetas a las disposiciones previstas en el Código de Procedimiento Civil.

Parágrafo. La acción referente a las daciones en pago y los actos a título gratuito, podrán ser iniciadas de oficio por el juez del concurso.

NOTA: Donde dice Código de Procedimiento Civil debe leerse actualmente Código General del Proceso.

Art. 76. PRESUPUESTOS DE INEFICACIA

El juez del concurso, según el caso, de oficio o a solicitud de parte, podrán reconocer la ocurrencia de los presupuestos que den lugar a la sanción de ineficacia en los casos señalados en la presente ley.

Art. 77. PROCESOS EJECUTIVOS ALIMENTARIOS EN CURSO

En los procesos de insolvencia de las personas naturales comerciantes o que desarrollen una actividad empresarial, los procesos ejecutivos alimentarios continuarán su curso y no serán suspendidas ni levantadas las medidas cautelares decretadas y practicadas en ellos. No obstante, en caso de llegar a desembargarse bienes o de quedar un remanente del producto de los embargados o subastados, serán puestos a disposición del juez que conoce del proceso de insolvencia.

No obstante lo anterior, en la calificación y graduación de créditos y derechos de voto deben ser relacionados todos los procesos alimentarios en curso contra el deudor.

Art. 78. TRANSPARENCIA EMPRESARIAL

Los acuerdos de reorganización incluirán un código de gestión ética empresarial y de responsabilidad social, exigible al deudor, el cual precisará, entre otras, las reglas a que debe sujetarse la administración del deudor en relación con:

1. Operaciones con asociados y vinculados, incluyendo normas sobre distribución de utilidades y reparto de dividendos durante la vigencia del acuerdo, sujetando el reparto a la satisfacción de los créditos y el fortalecimiento patrimonial del deudor. En todo caso, cualquier decisión al respecto deberá contar con la autorización previa del comité de vigilancia.

2. Manejo del flujo de caja y de los activos no relacionados con la actividad empresarial.

3. Ajustes administrativos exigidos en el acuerdo para hacer efectivos los deberes legales de los administradores de las sociedades consagrados en el artículo 23 de la Ley 222 de 1995, y en cualquier otra disposición, de la manera que corresponda según la forma de organización propia del respectivo empresario.

4. Los compromisos de ajuste de las prácticas contables y de divulgación de información de la actividad del deudor o ente contable respectivo a las normas legales que le sean aplicables, los cuales deberán cumplirse en un plazo no superior a seis (6) meses.

5. Las reglas que deba observar la administración en su planeación y ejecución financiera y administrativa, con el objeto de atender oportunamente los créditos pensionales, laborales, de seguridad social y fiscales que surjan durante la ejecución del acuerdo.

6. Otras obligaciones que se acuerden en códigos de buen gobierno.

Los administradores de todas las empresas, en forma acorde con la organización del respectivo deudor que no tenga naturaleza asociativa, están sujetos a los deberes legales consagrados en el artículo 23 de la Ley 222 de 1995 y a las reglas de responsabilidad civil previstas en el artículo 24 de la misma ley, sin perjuicio de las reglas especiales que les sean aplicables en cada caso.

Parágrafo. El incumplimiento de las obligaciones derivadas de los códigos de gestión ética empresarial dará lugar a la remoción del cargo y a la imposición de multas sucesivas de carácter personal a cada uno de los administradores y al revisor fiscal, contralor, auditor o contador público responsables, hasta por doscientos (200) salarios mínimos mensuales legales vigentes. La imposición de una o ambas clases de sanciones corresponderá al juez del concurso competente, según el caso, y su trámite no suspende el proceso de insolvencia.

Art. 79. FACULTADES DE LOS APODERADOS

Los apoderados designados por el deudor y los acreedores, respectivamente, que concurran al proceso de reorganización y de liquidación judicial, deberán ser abogados con (SIC) y se entenderán facultados para tomar toda clase de decisiones que correspondan a sus mandantes, inclusive las de celebrar acuerdos de reorganización y adjudicación y obligarlos a las resultas del mismo.

Parágrafo. De conformidad con lo previsto en el presente artículo, el representante de la entidad estatal acreedora, tendrá entre otras facultades, la posibilidad de otorgar rebajas, disminuir intereses, conceder plazos, para lo cual deberá contar con autorización expresa del funcionario respectivo de la entidad oficial.

Art. 80. FUNCIONES DE CONCILIACIÓN DE LAS SUPERINTENDENCIAS

Las Superintendencias Financiera de Colombia, de Servicios Públicos Domiciliarios, de Transporte, Nacional de Salud, del Subsidio Familiar, de Vigilancia y Seguridad Privada, de Economía Solidaria y de Sociedades, tratándose de empresarios sujetos, respectivamente, a su inspección, vigilancia o control, con excepción de aquellos que supervisa la Superintendencia de Economía Solidaria que ejerzan actividad financiera y de ahorro y crédito, podrán actuar como conciliadoras en los conflictos que surjan entre dichos empresarios y sus acreedores, generados por problemas de crisis económica que no les permitan atender el pago regular de sus obligaciones mercantiles de contenido patrimonial, siempre y cuando no estén adelantando alguno de los trámites previstos en la presente ley. Para tal efecto podrán organizar y poner en funcionamiento centros de conciliación de conformidad con las leyes aplicables.

Art. 81. PERITOS Y AVALUADORES

El Gobierno Nacional establecerá las condiciones que deberán cumplir los peritos y avaluadores para la prestación de los servicios que requiera esta ley, observando como mínimo las condiciones y requisitos exigidos por el Código de Procedimiento Civil para los auxiliares de la justicia; en todo caso, será el juez del concurso quien designe a los peritos y avaluadores.

Mientras el Gobierno Nacional no establezca los requisitos aplicables a peritos y avaluadores, se aplicarán las normas vigentes al momento de expedirse la presente ley.

Parágrafo. Cuando en el acuerdo de reorganización, en la adjudicación o en la liquidación judicial se pacte la venta de la empresa como unidad de explotación económica, será necesario adelantar una valoración por firmas especializadas, que ingresen a la lista establecida por la Superintendencia de Sociedades.

El presente parágrafo será reglamentado por el Gobierno Nacional.

NOTA: Donde dice Código de Procedimiento Civil debe leerse actualmente Código General del Proceso.

Art. 82. RESPONSABILIDAD CIVIL DE LOS SOCIOS, ADMINISTRADORES, REVISORES FISCALES Y EMPLEADOS

Cuando la prenda común de los acreedores sea desmejorada con ocasión de conductas, dolosas o culposas de los socios, administradores, revisores fiscales, y empleados, los mismos serán responsables civilmente del pago del faltante del pasivo externo.

No estarán sujetos a dicha responsabilidad los socios que no hayan tenido conocimiento de la acción u omisión o hayan votado en contra, siempre y cuando no la ejecuten. En los casos de incumplimiento o extralimitación de funciones, violación de la ley o de los estatutos, será presumida la culpa del interviniente. Igualmente, serán tenidas por no escritas las cláusulas contractuales que tiendan a absolver a los socios, administradores, revisores fiscales, y empleados de las responsabilidades antedichas o a limitarlas al importe de las cauciones que hayan prestado para ejercer sus cargos.

Si el administrador es persona jurídica, la responsabilidad respectiva será de ella y de quien actúe como su representante legal.

La demanda deberá promoverse por cualquier acreedor de la deudora y será tramitada por el proceso abreviado regulado en el Código de Procedimiento Civil, ante el juez del concurso, según sea el caso en uso de facultades jurisdiccionales y en trámite independiente al de la insolvencia, el cual no será suspendido.

La responsabilidad aquí establecida será exigible sin perjuicio de las demás sanciones a que haya lugar y sin consideración al tipo societario.

NOTA: Donde dice Código de Procedimiento Civil debe leerse actualmente Código General del Proceso.

Art. 83. INHABILIDAD PARA EJERCER EL COMERCIO

Inciso 1° corregido por el Decreto 2190 de 2007, art. 2°. Los administradores y socios de la deudora y las personas naturales serán inhabilitados para ejercer el comercio, hasta por diez (10) años, cuando estén acreditados uno o varios de los siguientes eventos o conductas:

1. Constituir o utilizar la empresa con el fin de defraudar a los acreedores.
2. Llevar la empresa mediante fraude al estado de crisis económica.
3. Destruir total o parcialmente los bienes que conforman su patrimonio.
4. Malversar o dilapidar bienes, que conduzcan a la apertura del proceso de liquidación judicial.
5. Incumplir sin justa causa el acuerdo de reorganización suscrito con sus acreedores.
6. Cuando antes o después de la apertura del trámite, especule con las obligaciones a su cargo, adquiriéndolas a menor precio.
7. La distracción, disminución, u ocultamiento total o parcial de bienes.
8. La realización de actos simulados, o cuando simule gastos, deudas o pérdidas.
9. Cuando sin justa causa y en detrimento de los acreedores, hubieren desistido, renunciado o transigido, una pretensión patrimonial cierta.
10. Cuando a sabiendas se excluyan acreencias de la relación de acreedores o se incluyan obligaciones inexistentes.

Parágrafo. En los casos a que haya lugar, el juez del concurso ordenará la inscripción en el registro mercantil de la sanción prevista en este artículo.

Art. 84. VALIDACIÓN JUDICIAL DE ACUERDOS EXTRAJUDICIALES DE REORGANIZACIÓN

Cuando por fuera del proceso de reorganización, con el consentimiento del deudor, un número plural de acreedores que equivalga a la mayoría que se requiere en la presente ley para celebrar un acuerdo de reorganización, celebren por escrito un acuerdo de esta naturaleza, cualquiera de las partes de dicho acuerdo podrá pedir al juez del concurso que hubiere sido competente para tramitar el proceso de reorganización, la apertura de un proceso de validación del acuerdo extrajudicial de reorganización celebrado, con el fin de verificar que este:

1. Cuenta con los porcentajes requeridos en esta ley.

2. Deja constancia de que las negociaciones han tenido suficiente publicidad y apertura frente a todos los acreedores.

3. Otorga los mismos derechos a todos los acreedores de una misma clase.

4. No incluye cláusulas ilegales o abusivas, y

5. En términos generales, cumple con los preceptos legales.

El proceso de validación tendrá en consideración las reglas sobre notificación establecidas en esta ley, las reglas para la calificación y graduación de créditos y votos, y las demás que en lo relativo a su forma y sustancia le sean aplicables, incluyendo los efectos jurídicos a que hace referencia el artículo 17 y el capítulo IV de la presente ley.

Si como resultado del proceso de validación el juez del concurso autoriza el acuerdo, este tendrá los mismos efectos que la presente ley confiere a un acuerdo de reorganización.

Incumplido el acuerdo de reorganización extrajudicial, se aplicarán las normas que para el efecto están establecidas para el incumplimiento del acuerdo de reorganización de que trata la presente ley.

TÍTULO III
DE LA INSOLVENCIA TRANSFRONTERIZA

CAPÍTULO I
DISPOSICIONES GENERALES

Art. 85. FINALIDADES

El presente título tiene como propósito:

1. Regular la cooperación entre las autoridades competentes de la República de Colombia y de los Estados extranjeros que hayan de intervenir en casos de insolvencia transfronteriza.

2. Crear un mecanismo que dote de mayor seguridad jurídica al comercio y las inversiones.

3. Propender por una administración equitativa y eficiente de las insolvencias transfronterizas, que proteja los intereses de todos los acreedores y de las demás partes interesadas, incluido el deudor.

4. Garantizar la protección de los bienes del deudor y la optimización de su valor.

Art. 86. CASOS DE INSOLVENCIA TRANSFRONTERIZA

Las normas del presente título serán aplicables a los casos en que:

1. Un tribunal extranjero o un representante extranjero solicite asistencia en la República de Colombia en relación con un proceso extranjero, o

2. Sea solicitada la asistencia en un Estado extranjero en relación con un proceso tramitado con arreglo a las normas colombianas relativas a la insolvencia, o

3. Estén tramitándose simultáneamente y respecto de un mismo deudor un proceso extranjero y un proceso en la República de Colombia, o

4. Los acreedores u otras personas interesadas, que estando en un Estado extranjero, tengan interés en solicitar la apertura de un proceso o en participar en un proceso en curso con arreglo a las normas colombianas relativas a la insolvencia.

Art. 87. DEFINICIONES

Para los fines del presente título:

1. «Proceso extranjero» es el proceso colectivo, ya sea judicial o administrativo, incluido el de índole provisional, que tramite un Estado extranjero con arreglo a una ley relativa a la insolvencia y en virtud del cual los bienes y negocios del deudor queden sujetos al control o a la supervisión del tribunal extranjero, a los efectos de su reorganización o liquidación.

2. «Proceso extranjero principal» es el proceso extranjero que cursa en el Estado donde el deudor tenga el centro de sus principales intereses.

3. «Proceso extranjero no principal» es el proceso extranjero, que no es un proceso extranjero principal y que cursa en un Estado donde el deudor tiene un establecimiento en el sentido del numeral 6 del presente artículo.

4. «Representante extranjero» es la persona o el órgano, incluso el designado a título provisional, que haya sido facultado en un proceso extranjero para administrar la reorganización o la liquidación de los bienes o negocios del deudor o para actuar como representante del proceso extranjero.

5. «Tribunal extranjero» es la autoridad judicial o de otra índole competente a los efectos para controlar o supervisar un proceso extranjero.

6. «Establecimiento» es todo lugar de operaciones en el que el deudor ejerza una actividad económica de manera permanente.

7. «Autoridades colombianas competentes» son la Superintendencia de Sociedades y los jueces civil del circuito y municipales del domicilio principal del deudor.

8. «Normas colombianas relativas a la insolvencia» son las contenidas en la presente ley.

Art. 88. OBLIGACIONES INTERNACIONALES DEL ESTADO

En caso de conflicto entre la presente ley y una obligación de la República de Colombia nacida de un tratado u otra forma de acuerdo en el que sea parte con uno o más Estados, prevalecerán las disposiciones de ese tratado o acuerdo.

Art. 89. AUTORIDADES COMPETENTES

Las funciones descritas en la presente ley relativas al reconocimiento de procesos extranjeros y en materia de cooperación con tribunales extranjeros, serán ejercidas por la Superintendencia de Sociedades y los jueces civiles del circuito y municipales del domicilio principal del deudor.

Art. 90. AUTORIZACIÓN DADA AL PROMOTOR O LIQUIDADOR PARA ACTUAR EN UN ESTADO EXTRANJERO

El promotor o liquidador estará facultado para actuar en un Estado extranjero en representación de un proceso abierto en la República de Colombia con arreglo a las normas colombianas relativas a la insolvencia, en la medida en que lo permita la ley extranjera aplicable.

Art. 91. EXCEPCIÓN DE ORDEN PÚBLICO

Nada de lo dispuesto en el presente título impedirá que las autoridades colombianas competentes nieguen la adopción de una medida manifiestamente contraria al orden público de la República de Colombia.

Art. 92. ASISTENCIA ADICIONAL EN VIRTUD DE ALGUNA OTRA NORMA

Nada de lo dispuesto en el presente título limitará las facultades que pueda tener una autoridad colombiana competente, para prestar asistencia adicional al representante extranjero con arreglo a alguna otra norma de la República de Colombia.

Art. 93. INTERPRETACIÓN

En la interpretación de la presente ley habrán de tenerse en cuenta su origen internacional y la necesidad de promover la uniformidad de su aplicación y la observancia de la buena fe.

CAPÍTULO II
ACCESO DE LOS REPRESENTANTES Y ACREEDORES EXTRANJEROS ANTE LAS AUTORIDADES COLOMBIANAS COMPETENTES

Art. 94. DERECHO DE ACCESO DIRECTO

Todo representante extranjero estará legitimado para comparecer directamente ante una autoridad colombiana competente.

Art. 95. ALCANCE DE LA SOLICITUD DE RECONOCIMIENTO DE UN PROCESO EXTRANJERO

El solo hecho de la presentación de una solicitud, con arreglo a la presente ley, ante una autoridad colombiana competente por un representante extranjero, no supone la sumisión de este, ni de los bienes y negocios del deudor en el extranjero, a la ley colombiana para efecto alguno que sea distinto de la solicitud.

Art. 96. SOLICITUD DEL REPRESENTANTE EXTRANJERO DE APERTURA DE UN PROCESO CON ARREGLO A LAS NORMAS COLOMBIANAS RELATIVAS A LA INSOLVENCIA

Todo representante extranjero estará facultado para solicitar la apertura de un proceso con arreglo a las normas colombianas relativas a la insolvencia, si por lo demás cumple las condiciones, requisitos y supuestos para la apertura de ese proceso.

Art. 97. PARTICIPACIÓN DE UN REPRESENTANTE EXTRANJERO EN UN PROCESO ABIERTO CON ARREGLO A LAS NORMAS COLOMBIANAS RELATIVAS A LA INSOLVENCIA

A partir del reconocimiento de un proceso extranjero, el representante extranjero estará facultado para participar en todo proceso abierto respecto del deudor con arreglo a las normas colombianas relativas a la insolvencia.

Art. 98. ACCESO DE LOS ACREEDORES EXTRANJEROS A UN PROCESO SEGUIDO CON ARREGLO A LAS NORMAS COLOMBIANAS RELATIVAS A LA INSOLVENCIA

Los acreedores extranjeros gozarán de los mismos derechos que los acreedores nacionales respecto de la apertura de un proceso en la República de Colombia y de la participación en él con arreglo a las normas colombianas relativas a la insolvencia, sin que ello afecte el orden de prelación de los créditos en un proceso abierto con arreglo a las normas colombianas relativas a la insolvencia.

Art. 99. PUBLICIDAD A LOS ACREEDORES EN EL EXTRANJERO CON ARREGLO A LAS NORMAS COLOMBIANAS RELATIVAS A LA INSOLVENCIA

Siempre que, con arreglo a las normas colombianas relativas a la insolvencia, deba informarse el inicio o apertura de algún proceso a los acreedores que residan en la República de Colombia, esa información también deberá remitirse a los acreedores conocidos que no tengan una dirección en Colombia.

CAPÍTULO III
RECONOCIMIENTO DE UN PROCESO EXTRANJERO Y MEDIDAS OTORGABLES

Art. 100. SOLICITUD DE RECONOCIMIENTO DE UN PROCESO EXTRANJERO

El representante extranjero podrá solicitar ante las autoridades colombianas competentes el reconocimiento del proceso extranjero en el que haya sido nombrado.

Toda solicitud de reconocimiento deberá presentarse acompañada de:

1. Una copia certificada de la resolución que declare abierto el proceso extranjero y nombre el representante extranjero; o

2. Un certificado expedido por el tribunal extranjero que acredite la existencia del proceso extranjero y el nombramiento del representante extranjero; o

3. En ausencia de una prueba conforme a los numerales 1 y 2, cualquier otra prueba admisible para las autoridades colombianas competentes de la existencia del proceso extranjero y del nombramiento del representante extranjero.

Toda solicitud de reconocimiento deberá presentarse acompañada de una declaración que indique debidamente los datos de todos los procesos extranjeros abiertos respecto del deudor de los que tenga conocimiento el representante extranjero.

La autoridad colombiana competente podrá exigir que todo documento presentado en apoyo de una solicitud de reconocimiento sea traducido oficialmente al castellano y se encuentre debidamente protocolizado ante el consulado respectivo.

Art. 101. PRESUNCIONES RELATIVAS AL RECONOCIMIENTO

Si la resolución o el certificado de los que tratan los numerales 1 y 2 del artículo anterior indican que el proceso extranjero es un proceso en el sentido del numeral 1 del artículo de las definiciones del presente título y que el representante extranjero es una persona o un órgano en el sentido del numeral 4 del mismo artículo, la autoridad colombiana competente podrá presumir que ello es así.

Salvo prueba en contrario, se presumirá que el domicilio social del deudor o su residencia habitual, tratándose de una persona natural, es el centro de sus principales intereses.

Art. 102. MEDIDAS OTORGABLES A PARTIR DE LA SOLICITUD DE RECONOCIMIENTO DE UN PROCESO EXTRANJERO

Desde la presentación de una solicitud de reconocimiento hasta que sea resuelta esa solicitud, la autoridad colombiana competente podrá, a instancia del representante extranjero y cuando las medidas sean necesarias y urgentes para proteger los bienes del deudor o los intereses de los acreedores, otorgar medidas provisionales, incluidas las siguientes:

1. Ordenar la suspensión de todo proceso de ejecución contra los bienes del deudor.

2. Encomendar al representante extranjero, o a alguna otra persona designada por la autoridad colombiana competente, y en la medida en que la ley colom-

biana lo permita respecto de cada solicitud, la administración o la realización de todos o de parte de los bienes del deudor ubicados en territorio colombiano, para proteger y preservar el valor de aquellos que, por su naturaleza o por circunstancias concurrentes, sean perecederos, susceptibles de devaluación, o estén amenazados por cualquier otra causa.

3. Aplicar cualquiera de las medidas previstas en los numerales 3 y 5 del artículo sobre medidas otorgables a partir del reconocimiento de un proceso extranjero.

Para la adopción de las medidas mencionadas en este artículo, deberán observarse, en lo procedente, las disposiciones del Código de Procedimiento Civil relativas a las medidas cautelares.

Salvo prórroga con arreglo a lo previsto en el numeral 4 del artículo sobre medidas otorgables a partir del reconocimiento de un proceso extranjero, las medidas otorgadas con arreglo al presente artículo, quedarán sin efecto si es proferida una resolución sobre la solicitud de reconocimiento.

La autoridad colombiana competente podrá denegar toda medida prevista en el presente artículo cuando se le demuestre que la misma afecte al desarrollo de un proceso extranjero principal.

NOTA: Donde dice Código de Procedimiento Civil debe leerse actualmente Código General del Proceso.

Art. 103. PROVIDENCIA DE RECONOCIMIENTO DE UN PROCESO EXTRANJERO

Salvo lo dispuesto en el artículo sobre excepción de orden público de la presente ley, habrá lugar al reconocimiento de un proceso extranjero cuando:

1. El proceso extranjero sea uno de los señalados en el numeral 1 del artículo sobre definiciones del presente título.

2. El representante extranjero que solicite el reconocimiento sea una persona o un órgano en el sentido del numeral 4 del artículo sobre definiciones del presente título.

3. La solicitud cumpla los requisitos del artículo sobre solicitud de reconocimiento de un proceso extranjero de la presente ley, y

4. La solicitud haya sido presentada ante la autoridad colombiana competente conforme al artículo sobre autoridades competentes del presente título.

Será reconocido el proceso extranjero:

a) Como proceso extranjero principal, en caso de estar tramitado en el Estado donde el deudor tenga el centro de sus principales intereses, o

b) Como proceso extranjero no principal, si el deudor tiene en el territorio del Estado del foro extranjero un establecimiento en el sentido del numeral 6 del artículo sobre definiciones del presente título.

En caso de demostrarse la ausencia parcial o total de los motivos que dieron lugar al reconocimiento, o que estos han dejado de existir, podrá producirse la modificación o revocación del mismo.

Parágrafo. La publicidad de la providencia de reconocimiento de un proceso extranjero se regirá por los mecanismos de publicidad previstos en la presente ley para la providencia de inicio del proceso e insolvencia.

Art. 104. INFORMACIÓN SUBSIGUIENTE

Presentada la solicitud de reconocimiento de un proceso extranjero, el representante extranjero informará de inmediato a la autoridad colombiana competente de:

1. Todo cambio importante en la situación del proceso extranjero reconocido o en el nombramiento del representante extranjero, y

2. Todo otro proceso extranjero que se siga respecto del mismo deudor y del que tenga conocimiento el representante extranjero.

Art. 105. EFECTOS DEL RECONOCIMIENTO DE UN PROCESO EXTRANJERO PRINCIPAL

A partir del reconocimiento de un proceso extranjero que sea un proceso principal:

1. No podrá iniciarse ningún proceso de ejecución en contra del deudor, suspendiéndose los que estén en curso, quedando legalmente facultado el representante extranjero y el deudor para solicitar, individual o conjuntamente, su suspensión y para alegar la nulidad del proceso o de las actuaciones procesales posteriores al reconocimiento de un proceso extranjero principal. El juez que fuere informado del reconocimiento de un proceso extranjero principal y actúe en contravención a lo dispuesto en el presente numeral, incurrirá en causal de mala conducta.

2. Se suspenderá todo derecho a transmitir o gravar los bienes del deudor, así como a disponer de algún otro modo de esos bienes, salvo el caso de un acto u operación que corresponda al giro ordinario de los negocios de la empresa. Cualquier acto celebrado o ejecutado en contravención de lo dispuesto en este

numeral, será ineficaz de pleno derecho y dará lugar a la imposición de multas sucesivas hasta por doscientos (200) salarios mínimos legales vigentes por parte de la autoridad colombiana competente, hasta tanto reversen la respectiva operación. De los efectos y sanciones previstos en el presente numeral, advertirá la providencia de reconocimiento del proceso extranjero.

Lo dispuesto en el presente artículo no afectará al derecho de solicitar el inicio de un proceso con arreglo a las normas colombianas relativas a la insolvencia o a presentar créditos en ese proceso.

Parágrafo. El reconocimiento del proceso de insolvencia extranjero del propietario de una sucursal extranjera en Colombia dará lugar a la apertura del proceso de insolvencia de la misma conforme a las normas colombianas relativas a la insolvencia.

Art. 106. MEDIDAS OTORGABLES A PARTIR DEL RECONOCIMIENTO DE UN PROCESO EXTRANJERO

Desde el reconocimiento de un proceso extranjero, ya sea principal o no principal, de ser necesario para proteger los bienes del deudor o los intereses de los acreedores, la autoridad colombiana competente podrá, a instancia del representante extranjero, otorgar toda medida apropiada, incluidas las siguientes:

1. Disponer el examen de testigos, la presentación de pruebas o el suministro de información respecto de los bienes, negocios, derechos, obligaciones o responsabilidades del deudor.

2. Encomendar al representante extranjero, o a alguna otra persona nombrada por la autoridad colombiana competente, y en la medida en que la ley colombiana lo permita respecto de cada solicitud, la administración o la realización de todos o de parte de los bienes del deudor, que se encuentren en el territorio de este Estado, para proteger y preservar el valor de aquellos que, por su naturaleza o por circunstancias concurrentes, sean perecederos, susceptibles de devaluación, o estén amenazados por cualquier otra causa.

3. A partir del reconocimiento de un proceso extranjero, principal o no principal, la autoridad colombiana competente, y en la medida en que la ley colombiana lo permita respecto de cada solicitud podrá, a instancia del representante extranjero, encomendar al representante extranjero, o a otra persona nombrada por autoridad colombiana competente, la adjudicación de todos o de parte de los bienes del deudor ubicados en el territorio de la República de Colombia, siempre que la autoridad colombiana competente se asegure que los intereses de los acreedores domiciliados en Colombia estén suficientemente protegidos.

4. Prorrogar toda medida cautelar otorgada con arreglo al artículo sobre medidas otorgables a partir de la solicitud de reconocimiento de un proceso extranjero.

5. Conceder al representante extranjero cualquier otra medida que, conforme a las normas colombianas relativas a la insolvencia, digan relación al cumplimiento de funciones propias del promotor o liquidador.

Al otorgar medidas con arreglo a este artículo al representante de un proceso extranjero no principal, la autoridad colombiana competente deberá asegurarse de que las medidas atañen a bienes que, con arreglo al derecho de la República de Colombia, hayan de ser administrados en el marco del proceso extranjero no principal, o que atañen a información requerida en ese proceso extranjero no principal.

Art. 107. PROTECCIÓN DE LOS ACREEDORES Y DE OTRAS PERSONAS INTERESADAS

Al conceder o denegar una medida con arreglo a los artículos sobre medidas otorgables a partir de la solicitud de reconocimiento de un proceso extranjero y sobre medidas otorgables a partir del reconocimiento de un proceso extranjero, o al modificar o dejar sin efecto esa medida con arreglo al inciso 3° del presente artículo, la autoridad colombiana competente deberá asegurarse de que quedan debidamente protegidos los intereses de los acreedores y de otras personas interesadas, incluido el deudor.

La autoridad colombiana competente podrá supeditar toda medida otorgada con arreglo a los artículos anteriormente mencionados a las condiciones que juzgue convenientes.

A instancia del representante extranjero o de toda persona afectada por alguna medida otorgada con arreglo a los artículos anteriormente mencionados, o de oficio, la autoridad colombiana competente podrá modificar o dejar sin efecto la medida impugnada.

Art. 108. ACCIONES DE IMPUGNACIÓN DE ACTOS PERJUDICIALES PARA LOS ACREEDORES

A partir del reconocimiento de un proceso extranjero, el representante extranjero estará legitimado para entablar las acciones revocatorias de acuerdo con lo previsto en la presente ley.

Art. 109. INTERVENCIÓN DE UN REPRESENTANTE EXTRANJERO EN PROCESOS QUE SE SIGAN EN ESTE ESTADO

Desde el reconocimiento de un proceso extranjero, el representante extranjero podrá intervenir, conforme a las condiciones prescritas por la legislación colombiana, en todo proceso de insolvencia en el que el deudor sea parte.

CAPÍTULO IV
COOPERACIÓN CON TRIBUNALES Y REPRESENTANTES EXTRANJEROS

Art. 110. COOPERACIÓN Y COMUNICACIÓN DIRECTA ENTRE LAS AUTORIDADES COLOMBIANAS COMPETENTES Y LOS TRIBUNALES O REPRESENTANTES EXTRANJEROS

En los asuntos indicados en el artículo sobre casos de insolvencia transfronteriza del presente Título, la autoridad colombiana competente deberá cooperar en la medida de lo posible con los tribunales extranjeros o los representantes extranjeros, ya sea directamente o por conducto del promotor o liquidador, según el caso. La autoridad colombiana competente estará facultada para ponerse en comunicación directa con los tribunales o representantes extranjeros o para recabar información o asistencia directa de los mismos.

Art. 111. COOPERACIÓN Y COMUNICACIÓN DIRECTA ENTRE LOS AGENTES DE LA INSOLVENCIA Y LOS TRIBUNALES O REPRESENTANTES EXTRANJEROS

En los asuntos indicados en el artículo sobre casos de insolvencia transfronteriza del presente título, el promotor o liquidador deberá cooperar, en el ejercicio de sus funciones y bajo la supervisión de la autoridad colombiana competente, con los tribunales y representantes extranjeros.

El promotor o liquidador estará facultado, en el ejercicio de sus funciones y bajo la supervisión de la autoridad colombiana competente, para ponerse en comunicación directa con los tribunales o los representantes extranjeros.

Art. 112. FORMAS DE COOPERACIÓN

La cooperación de que tratan los artículos anteriores podrá ser puesta en práctica por cualquier medio apropiado y, en particular, mediante:

1. El nombramiento de una persona para que actúe bajo dirección de la autoridad colombiana competente.

2. La comunicación de información por cualquier medio que la autoridad colombiana competente considere oportuno.

3. La coordinación de la administración y la supervisión de los bienes y negocios del deudor.

4. La aprobación o la aplicación por los tribunales de los acuerdos relativos a la coordinación de los procedimientos.

5. La coordinación de los procesos seguidos simultáneamente respecto de un mismo deudor.

CAPÍTULO V
PROCESOS PARALELOS

Art. 113. APERTURA DE UN PROCESO CON ARREGLO A LAS NORMAS COLOMBIANAS RELATIVAS A LA INSOLVENCIA TRAS EL RECONOCIMIENTO DE UN PROCESO EXTRANJERO PRINCIPAL

Desde el reconocimiento de un proceso extranjero principal, sólo podrá iniciarse un proceso con arreglo a las normas colombianas relativas a la insolvencia cuando el deudor tenga bienes en Colombia. Los efectos de este proceso se limitarán a los bienes del deudor ubicados en Colombia y, en la medida requerida para la puesta en práctica de la cooperación y coordinación previstas en capítulo IV del presente Título, a otros bienes del deudor ubicados en el extranjero que, con arreglo a las leyes colombianas, deban ser administrados en el proceso adelantado conforme a las normas colombianas relativas a la insolvencia.

Art. 114. COORDINACIÓN DE UN PROCESO SEGUIDO CON ARREGLO A LAS NORMAS COLOMBIANAS RELATIVAS A LA INSOLVENCIA Y UN PROCESO EXTRANJERO

En caso de tramitarse simultáneamente y respecto de un mismo deudor un proceso extranjero y un proceso con arreglo a las normas colombianas relativas a la insolvencia, la autoridad colombiana competente procurará colaborar y coordinar sus actuaciones con las del otro proceso, conforme a lo dispuesto en el capítulo IV del presente título, en los términos siguientes:

1. Cuando el proceso seguido en Colombia esté en curso en el momento de presentarse la solicitud de reconocimiento del proceso extranjero:

a) Toda medida otorgada con arreglo a los artículos sobre medidas proceso extranjero y sobre medidas otorgables a partir del reconocimiento de un proceso extranjero de la presente ley deberá ser compatible con el proceso seguido en Colombia; y

b) De reconocerse el proceso extranjero en Colombia como proceso extranjero principal, el artículo sobre medidas otorgables a partir del reconocimiento de un proceso extranjero del presente título, no será aplicable, en caso de ser incompatible con el proceso local.

2. Cuando el proceso seguido en Colombia se ha iniciado tras el reconocimiento, o presentación de la solicitud de reconocimiento del proceso extranjero, toda medida que estuviera en vigor con arreglo a los artículos sobre medidas otorgables a partir de la solicitud de reconocimiento de un proceso extranjero y sobre medidas otorgables a partir del reconocimiento de un proceso extranjero, será reexaminada por la autoridad colombiana competente y modificada o revocada en caso de ser incompatible con el proceso que se adelante en Colombia.

3. Al conceder, prorrogar o modificar una medida otorgada a un representante de un proceso extranjero no principal, la autoridad colombiana competente deberá asegurarse de que esa medida afecta bienes que, con arreglo a las leyes colombianas, deban ser administrados en el proceso extranjero no principal o concierne a información requerida para ese proceso.

Art. 115. COORDINACIÓN DE VARIOS PROCESOS EXTRANJEROS

En los casos contemplados en el artículo sobre casos de insolvencia transfronteriza de este Título, si es seguido más de un proceso extranjero respecto de un mismo deudor, la autoridad colombiana competente procurará que haya cooperación y coordinación con arreglo a lo dispuesto en el capítulo IV del presente título y serán aplicables las siguientes reglas:

1. Toda medida otorgada con arreglo a los artículos sobre medidas otorgables a partir de la solicitud de reconocimiento de un proceso extranjero y sobre medidas otorgables a partir del reconocimiento de un proceso extranjero a un representante de un proceso extranjero no principal, una vez reconocido un proceso extranjero principal, deberá ser compatible con este último.

2. Cuando un proceso extranjero principal sea reconocido tras el reconocimiento o una vez presentada la solicitud de reconocimiento de un proceso extranjero no principal, toda medida que estuviera en vigor con arreglo a los artículos sobre medidas otorgables a partir de la solicitud de reconocimiento de un proceso extranjero y sobre medidas otorgables a partir del reconocimiento de un proceso

extranjero, deberá ser reexaminada por la autoridad colombiana competente y modificada o dejada sin efecto caso de ser incompatible con el proceso extranjero principal.

3. Si una vez reconocido un proceso extranjero no principal, es otorgado reconocimiento a otro proceso extranjero no principal, la autoridad colombiana competente deberá conceder, modificar o dejar sin efecto toda medida que proceda para facilitar la coordinación de los procesos.

Art. 116. REGLA DE PAGO PARA PROCESOS PARALELOS

Sin perjuicio de los derechos de los titulares de créditos garantizados o de derechos reales, un acreedor que haya percibido un cobro parcial respecto de su crédito en un proceso seguido en un Estado extranjero con arreglo a una norma extranjera relativa a la insolvencia, no podrá percibir un nuevo pago por ese mismo crédito en un proceso de insolvencia seguido con arreglo a las normas colombianas relativas a la insolvencia respecto de ese mismo deudor, en tanto que el pago percibido por los demás acreedores de la misma categoría sea proporcionalmente inferior al cobro ya percibido por el acreedor.

TÍTULO IV
DEROGATORIAS Y TRÁNSITO DE LEGISLACIÓN

Art. 117. CONCORDATOS Y LIQUIDACIONES OBLIGATORIAS EN CURSO Y ACUERDOS DE REESTRUCTURACIÓN

Las negociaciones de acuerdos de reestructuración, los concordatos y liquidaciones obligatorias de personas naturales y jurídicas iniciados durante la vigencia del título II de la Ley 222 de 1995, al igual que los acuerdos de reestructuración ya celebrados y los concordatos y quiebras indicados en el artículo 237 de la Ley 222 de 1995, seguirán rigiéndose por las normas aplicables al momento de entrar a regir esta ley.

No obstante, esta ley tendrá aplicación inmediata sobre las personas naturales comerciantes y las personas jurídicas:

1. Ante el fracaso o incumplimiento de un concordato, dando inicio al proceso de liquidación judicial regulada en esta ley.

2. Para el inicio de las acciones revocatorias y de simulación en los procesos concursales.

3. Respecto de las disposiciones referentes a inmuebles destinados a vivienda, promitentes compradores de vivienda y prorratas previstas en esta ley, incluyendo los procesos liquidatorios en curso, al momento de su vigencia.

Art. 118. SOLICITUDES DE PROMOCIÓN Y DE LIQUIDACIÓN OBLIGATORIA EN CURSO

Las solicitudes de promoción de negociación de un acuerdo de reestructuración y las de apertura de un trámite de liquidación obligatoria que, en los términos de la Ley 550 de 1999 y de la Ley 222 de 1995, estén en curso y pendientes de decisión al momento de entrar a regir esta ley, serán tramitadas por el juez del concurso, según el caso, para lo cual los solicitantes deberán adecuarlas a los términos de la misma.

Art. 119. REGLAS DE LA LEY 550 DE 1999 APLICABLES A LAS LIQUIDACIONES OBLIGATORIAS EN CURSO

A las liquidaciones obligatorias de personas naturales comerciantes y de las jurídicas, iniciadas antes de la entrada en vigencia de esta ley, continuarán aplicándose los artículos 67, 68 y 69 de la Ley 550 de 1999, hasta su terminación.

Art. 120. EXCLUSIÓN DE LA LISTA, CESACIÓN DE FUNCIONES, REMOCIÓN, RECUSACIÓN, IMPEDIMENTOS Y PROCESOS JUDICIALES PREVISTOS EN LA LEY 550 DE 1999

Modificado por la Ley 1173 de 2007, art. 1°. A los promotores de acuerdos de reestructuración de las sociedades de capital público y las empresas industriales y comerciales del Estado de los niveles nacional y territorial, les serán aplicables, en materia de exclusión de la lista, cesación de funciones, remoción, recusación e impedimentos, las normas sobre el particular previstas en la presente ley, siendo el competente para adelantar dichos trámites la Superintendencia de Sociedades, la cual decidirá en uso de facultades jurisdiccionales, conforme a lo dispuesto por el artículo 116 de la Constitución Política.

De la misma forma, la Superintendencia de Sociedades resolverá todos los asuntos pendientes de decisión o nuevos, de los previstos en los artículos 26 y 37 de la Ley 550 de 1999.

Art. 121. CONTRIBUCIONES

Modificado por la Ley 1429 de 2010, art. 44. Los recursos necesarios para cubrir los gastos de funcionamiento e inversión que requiera la Superintendencia de Sociedades provendrán de la contribución a cargo de las Sociedades sometidas a su vigilancia o control, así como de las tasas de que trata el presente artículo.

La contribución consistirá en una tarifa que será calculada sobre el monto total de los activos, incluidos los ajustes integrales por inflación, que registre la sociedad a 31 de diciembre del año inmediatamente anterior. Dicha contribución será liquidada conforme a las siguientes reglas:

1. El total de las contribuciones corresponderá al monto del presupuesto de funcionamiento e inversión que demande la Superintendencia en la vigencia anual respectiva, deducidos los excedentes por contribuciones y tasas de la vigencia anterior.

2. Con base en el total de activos de las sociedades vigiladas y controladas al final del período anual anterior, la Superintendencia de Sociedades, mediante resolución, establecerá la tarifa de la contribución a cobrar, que podrá ser diferente según se trate de sociedades activas, en período preoperativo, en concordato, en reorganización o en liquidación.

3. La tarifa que sea fijada no podrá ser superior al uno por mil del total de activos de las sociedades vigiladas o controladas.

4. En ningún caso, la contribución a cobrar a cada sociedad podrá exceder del uno por ciento del total de las contribuciones, ni ser inferior a un (1) salario mínimo legal mensual vigente.

5. Cuando la sociedad contribuyente no permanezca vigilada o controlada durante toda la vigencia, su contribución será proporcional al período bajo vigilancia o control. No obstante, si por el hecho de que alguna o algunas sociedades no permanezcan bajo vigilancia o control durante todo el período, se genera algún defecto presupuestal que requiera subsanarse, el Superintendente podrá liquidar y exigir a los demás contribuyentes el monto respectivo en cualquier tiempo durante la vigencia correspondiente.

6. Las contribuciones serán liquidadas para cada sociedad anualmente con base en el total de sus activos, multiplicados por la tarifa que fije la Superintendencia de Sociedades para el período fiscal correspondiente.

7. Cuando una sociedad no suministre oportunamente los balances cortados a 31 de diciembre del año inmediatamente anterior, la Superintendencia hará la correspondiente liquidación con base en los activos registrados en el último balance que repose en los archivos de la entidad. Sin embargo, una vez recibidos los

estados financieros correspondientes a la vigencia anterior, deberá procederse a la reliquidación de la contribución.

8. Cuando una sociedad presente saldos a favor producto de la reliquidación, estos podrán ser aplicados, en primer lugar, a obligaciones pendientes de pago con la entidad, y, en segundo lugar, para ser deducidos del pago de la vigencia fiscal que esté en curso.

La Superintendencia de Sociedades podrá cobrar a las sociedades no vigiladas ni controladas o a otras entidades o personas, tasas por los servicios que les preste, según sean los costos que cada servicio implique para la entidad, determinados con base en la remuneración del personal dedicado a la actividad, en forma proporcional al tiempo requerido; el costo de su desplazamiento en términos de viáticos y transporte terrestre y aéreo, cuando a ello hubiere lugar; y gastos administrativos tales como correo, fotocopias, certificados y peritos.

Las sumas por concepto de contribuciones o tasas por prestación de servicios que no sean canceladas en los plazos fijados por la Superintendencia, causarán los mismos intereses de mora aplicables al impuesto de renta y complementarios.

Art. 122. ARMONIZACIÓN DE NORMAS CONTABLES Y SUBSIDIO DE LIQUIDADORES

Para efectos de garantizar la calidad, suficiencia y oportunidad de la información que se suministre a los asociados y a terceros, el Gobierno Nacional revisará las normas actuales en materia de contabilidad, auditoría, revisoría fiscal y divulgación de información, con el objeto de ajustarlas a los parámetros internacionales y proponer al Congreso las modificaciones pertinentes.

En aquellas liquidaciones en las cuales no existan recursos suficientes para atender gastos de archivo y remuneración de los liquidadores, sus honorarios serán subsidiados con el dinero proveniente de las contribuciones que sufragan las sociedades vigiladas por la Superintendencia de Sociedades, de conformidad con la reglamentación que expida el Gobierno. El subsidio no podrá ser en ningún caso superior a veinte (20) salarios mínimos legales mensuales, pagaderos, siempre y cuando el respectivo auxiliar cumpla con sus funciones y el proceso liquidatorio marche normalmente.

En el proceso de liquidación judicial, tramitados ante la Superintendencia de Sociedades que no existan recursos suficientes para atender gastos de archivo y los honorarios de los liquidadores, serán subsidiados con el dinero proveniente de las contribuciones que sufragan las sociedades vigiladas por la Superintendencia de Sociedades, hasta por veinte (20) salarios mínimos.

Art. 123. PUBLICIDAD DE LOS CONTRATOS DE FIDUCIA MERCANTIL QUE CONSTEN EN DOCUMENTO PRIVADO

Modificado por la Ley 1429 de 2010, art. 41. Los contratos de fiducia mercantil con fines de garantía que consten en documento privado deberán inscribirse en el registro mercantil de la cámara de comercio con jurisdicción en el domicilio del fiduciante, sin perjuicio de la inscripción o registro que de acuerdo con la clase de acto o con la naturaleza de los bienes, deba hacerse conforme a la ley.

Art. 124. ADICIONES, DEROGATORIAS Y REMISIONES

Adiciónese el siguiente numeral al artículo 2502 del Código Civil colombiano:

«7. Los de los proveedores de materias primas o insumos necesarios para la producción o transformación de bienes o para la prestación de servicios».

A partir de la entrada en vigencia de esta ley, se deroga el artículo 470 del Código de Comercio, en cuanto a la competencia que ejerce la Superintendencia de Sociedades frente a las sucursales de las sociedades extranjeras que desarrollen actividades permanentes en Colombia, la cual se regirá por lo establecido en el artículo 84 de la Ley 222 de 1995.

Salvo aquellos casos que expresamente determine el Gobierno Nacional, en razón a la conservación del orden público económico, no habrá lugar a la intervención de la Superintendencia de Sociedades respecto de lo establecido en los artículos 233 a 237 del Código de Comercio.

En los casos no regulados expresamente en esta ley, se aplicarán las disposiciones del Código de Procedimiento Civil.

NOTA: Donde dice Código de Procedimiento Civil debe leerse actualmente Código General del Proceso.

Art. 125. ENTIDADES TERRITORIALES

Las entidades territoriales, las descentralizadas del mismo orden y las universidades estatales del orden nacional o territorial de que trata la Ley 922 de 2004, podrán seguir celebrando acuerdos de reestructuración de pasivos de acuerdo con lo dispuesto en el título V y demás normas pertinentes de la Ley 550 de 1999 y sus decretos reglamentarios, incluidas las modificaciones introducidas a dichas normas con posterioridad a su entrada en vigencia por la Ley 617 de 2000, sin que sea necesario constituir las garantías establecidas en el artículo 10 de la Ley 550 de 1999.

A partir de la promulgación de esta ley, en relación con los acuerdos de reestructuración de pasivos adelantados por las universidades estatales de que trata el presente artículo, su nominación y promoción corresponderá al Ministerio de Educación, el cual asumirá los procesos en curso cuya promoción se encuentre adelantando el Ministerio de Hacienda y Crédito Público.

Parágrafo. Exceptúese de la prohibición consagrada en el parágrafo 2° del artículo 11 de la Ley 550 de 1999, por una sola vez, las entidades territoriales que, con anterioridad a la entrada en vigencia de la presente ley, hayan negociado un acuerdo de reestructuración, sin haber llegado a celebrarlo.

Art. 126. VIGENCIA

Salvo lo que se indica en los incisos anteriores, la presente ley comenzará a regir seis (6) meses después de su promulgación y deroga el título II de la Ley 222 de 1995, la cual estará vigente hasta la fecha en que entre a regir la presente ley.

A partir de la promulgación de la presente ley, se prorroga la Ley 550 de 1999 por seis (6) meses y vencido dicho término, se aplicará de forma permanente solo a las entidades de que trata el artículo anterior de esta ley.

Las normas del régimen establecido en la presente ley prevalecerán sobre cualquier otra de carácter ordinario que le sea contraria.

LEY 1231 DE 2008
POR LA CUAL SE UNIFICA LA FACTURA COMO TÍTULO VALOR COMO MECANISMO DE FINANCIACIÓN PARA EL MICRO, PEQUEÑO Y MEDIANO EMPRESARIO, Y SE DICTAN OTRAS DISPOSICIONES

Art. 1º

El artículo 772 del Decreto 410 de 1971, Código de Comercio, quedará así: Factura es un título valor que el vendedor o prestador del servicio podrá librar y entregar o remitir al comprador o beneficiario del servicio.

No podrá librarse factura alguna que no corresponda a bienes entregados real y materialmente o a servicios efectivamente prestados en virtud de un contrato verbal o escrito.

El emisor vendedor o prestador del servicio emitirá un original y dos copias de la factura. Para todos los efectos legales derivados del carácter de título valor de la factura, el original firmado por el emisor y el obligado, será título valor negociable por endoso por el emisor y lo deberá conservar el emisor, vendedor o prestador del servicio. Una de las copias se le entregará al obligado y la otra quedará en poder del emisor, para sus registros contables.

Parágrafo. Para la puesta en circulación de la factura electrónica como título valor, el Gobierno Nacional se encargará de su reglamentación.

Art. 2º

El artículo 773 del Decreto 410 de 1971, Código de Comercio, quedará así: *Aceptación de la factura*. Una vez que la factura sea aceptada por el comprador o beneficiario del servicio, se considerará, frente a terceros de buena fe exenta de culpa que el contrato que le dio origen ha sido debidamente ejecutado en la forma estipulada en el título.

El comprador o beneficiario del servicio deberá aceptar de manera expresa el contenido de la factura, por escrito colocado en el cuerpo de la misma o en documento separado, físico o electrónico. Igualmente, deberá constar el recibo de la mercancía o del servicio por parte del comprador del bien o beneficiario del servicio, en la factura y/o en la guía de transporte, según el caso, indicando el nombre, identificación o la firma de quien recibe, y la fecha de recibo. El comprador del bien o beneficiario del servicio no podrá alegar falta de representación o indebida representación por razón de la persona que reciba la mercancía o el servicio en sus dependencias, para efectos de la aceptación del título valor.

La factura se considera irrevocablemente aceptada por el comprador o beneficiario del servicio, si no reclamare en contra de su contenido, bien sea mediante devolución de la misma y de los documentos de despacho, según el caso, o bien mediante reclamo escrito dirigido al emisor o tenedor del título, dentro de los diez (10) días calendarios siguientes a su recepción. En el evento en que el comprador o beneficiario del servicio no manifieste expresamente la aceptación o rechazo de la factura, y el vendedor o emisor pretenda endosarla, deberá dejar constancia de ese hecho en el título, la cual se entenderá efectuada bajo la gravedad de juramento.

Parágrafo. La factura podrá transferirse después de haber sido aceptada por el comprador o beneficiario del bien o servicio. Tres (3) días antes de su vencimiento para el pago, el legítimo tenedor de la factura informará de su tenencia al comprador o beneficiario del bien o servicio.

Art. 3º

El artículo 774 del Decreto 410 de 1971, Código de Comercio, quedará así: *Requisitos de la factura*. La factura deberá reunir, además de los requisitos señalados en los artículos 621 del presente Código, y 617 del Estatuto Tributario Nacional o las normas que los modifiquen, adicionen o sustituyan, los siguientes:

1. La fecha de vencimiento, sin perjuicio de lo dispuesto en el artículo 673. En ausencia de mención expresa en la factura de la fecha de vencimiento, se entenderá que debe ser pagada dentro de los treinta días calendario siguientes a la emisión.

2. La fecha de recibo de la factura, con indicación del nombre, o identificación o firma de quien sea el encargado de recibirla según lo establecido en la presente ley.

3. El emisor vendedor o prestador del servicio, deberá dejar constancia en el original de la factura, del estado de pago del precio o remuneración y las condiciones del pago si fuere el caso. A la misma obligación están sujetos los terceros a quienes se haya transferido la factura.

No tendrá el carácter de título valor la factura que no cumpla con la totalidad de los requisitos legales señalados en el presente artículo. Sin embargo, la omisión de cualquiera de estos requisitos, no afectará la validez del negocio jurídico que dio origen a la factura.

En todo caso, todo comprador o beneficiario del servicio tiene derecho a exigir del vendedor o prestador del servicio la formación y entrega de una factura que corresponda al negocio causal con indicación del precio y de su pago total o de la parte que hubiere sido cancelada.

La omisión de requisitos adicionales que establezcan normas distintas a las señaladas en el presente artículo, no afectará la calidad de título valor de las facturas.

Art. 4º

El artículo 777 del Decreto 410 de 1971, Código de Comercio, quedará así: *Pago por cuotas de la factura. Contenido Adicional.* Cuando el pago haya de hacerse por cuotas, las facturas contendrán además:

1. Número de cuotas.
2. La fecha de vencimiento de las mismas.
3. La cantidad a pagar en cada una.

Parágrafo. Los pagos parciales se harán constar en la factura original y en las dos copias de la factura, indicando así mismo, la fecha en que fueren hechos y el tenedor extenderá al deudor los recibos parciales correspondientes. No obstante, podrán utilizarse otros mecanismos para llevar el registro de los pagos, tales como registros contables o cualquier otro medio técnicamente aceptado.

En caso de haberse transferido la factura previamente a los pagos parciales, el emisor, vendedor, prestador del servicio o el tenedor legítimo de la factura, deberán informarle de ellos al comprador o beneficiario del servicio, y al tercero al que le haya transferido la factura, según el caso, indicándole el monto recibido y la fecha de los pagos.

Art. 5º

El artículo 779 del Decreto 410 de 1971, Código de Comercio, quedará así: *Aplicación de normas relativas a la letra de cambio.* Se aplicarán a las facturas de que trata la presente ley, en lo pertinente, las normas relativas a la letra de cambio.

Art. 6º. TRANSFERENCIA DE LA FACTURA

El vendedor o prestador del servicio y el tenedor legítimo de la factura, podrán transferirla a terceros mediante endoso del original.

La transferencia o endoso de más de un original de la misma factura, constituirá delito contra el patrimonio económico en los términos del artículo 246 del Código Penal, o de las normas que lo adicionen, sustituyan o modifiquen.

Parágrafo. El endoso de las facturas se regirá por lo dispuesto en el Código de Comercio en relación con los títulos a la orden.

Art. 7º

El artículo 778 del Decreto 410 de 1971, Código de Comercio, quedará así: *Obligatoriedad de aceptación del endoso.* Con el solo hecho de que la factura contenga el endoso, el obligado deberá efectuar el pago al tenedor legítimo a su presentación.

Únicamente para efectos del pago, se entiende que el tercero a quien se la ha endosado la factura, asume la posición del emisor de la misma.

En ningún caso y por ninguna razón, podrá el deudor negarse al pago de la factura que le presente el legítimo tenedor de la misma, salvo lo dispuesto en el artículo 784 del presente código.

Toda estipulación que limite, restrinja o prohíba la libre circulación de una factura o su aceptación, se tendrá por no escrita.

Art. 8º. PREVENCIÓN DE LAVADO DE ACTIVOS

Artículo modificado por el artículo 88 de la Ley 1676 de 2013. Las empresas que presten servicios de compra de cartera al descuento deberán verificar la procedencia de los títulos que adquieran. En todo caso, el comprador o beneficiario del servicio queda exonerado de responsabilidad por la idoneidad de quienes actúen como factores.

Quienes actúen como factores adoptarán medidas, metodologías y procedimientos orientados a evitar que las operaciones en que intervengan puedan ser utilizadas, directa o indirectamente, como instrumento para el ocultamiento, manejo, inversión o aprovechamiento de dinero u otros bienes provenientes de actividades delictivas o destinados a su financiación; o para dar apariencia de legalidad a las actividades delictivas o a las transacciones y fondos vinculados con las mismas; o para el lavado de activos y/o la canalización de recursos hacia la realización de actividades terroristas; o para buscar el ocultamiento de activos provenientes de dichas actividades.

Deberá informarse a las autoridades competentes sobre cualquier operación sospechosa de lavado de activos o actividad delictiva. En todo caso, las empresas de factoring, deberán sujetarse a lo regulado por el artículo 103 del Estatuto Orgánico del Sistema Financiero.

Solamente podrán prestar servicios de compra de cartera al descuento las instituciones financieras habilitadas para ello y las empresas legalmente organizadas como personas jurídicas e inscritas en la Cámara de Comercio correspondiente.

Parágrafo 1°. Para todos los efectos legales, se denomina factor a la persona jurídica que preste los servicios de compra de cartera al descuento, al cual no le son aplicables las disposiciones vigentes sobre preposición, contenidas en el presente código.

Parágrafo 2°. El incumplimiento de las disposiciones contenidas en este artículo dará lugar a que el factor quede en causal de disolución.

Parágrafo 3°. Para el factoring, la compra y venta de cartera constituye la actividad productora de renta y, en consecuencia, los rendimientos financieros derivados de las operaciones de descuento, redescuento, o factoring, constituyen un ingreso gravable o gasto deducible y la cartera de dudoso o difícil recaudo es deducible de conformidad con las normas legales que le sean aplicables para tales efectos.

Art. 9°. DE TRANSICIÓN

Las facturas cambiarias de compraventa de mercancías y de transporte, libradas bajo el imperio de la legislación que se deroga, subroga o modifica, conservarán la validez y los efectos reconocidos en dicha legislación.

Art. 10. VIGENCIA Y DEROGATORIA

La presente ley comenzará a regir tres meses después de su promulgación y deroga todas las normas que le sean contrarias.

LEY 1258 DE 2008
POR MEDIO DE LA CUAL SE CREA LA SOCIEDAD POR ACCIONES SIMPLIFICADA

CAPÍTULO I
DISPOSICIONES GENERALES

Art. 1º. CONSTITUCIÓN

La sociedad por acciones simplificada podrá constituirse por una o varias personas naturales o jurídicas, quienes sólo serán responsables hasta el monto de sus respectivos aportes.

Salvo lo previsto en el artículo 42 de la presente ley, el o los accionistas no serán responsables por las obligaciones laborales, tributarias o de cualquier otra naturaleza en que incurra la sociedad.

Art. 2º. PERSONALIDAD JURÍDICA

La sociedad por acciones simplificada, una vez inscrita en el Registro Mercantil, formará una persona jurídica distinta de sus accionistas.

Art. 3º. NATURALEZA

La sociedad por acciones simplificada es una sociedad de capitales cuya naturaleza será siempre comercial, independientemente de las actividades previstas en su objeto social. Para efectos tributarios, la sociedad por acciones simplificada se regirá por las reglas aplicables a las sociedades anónimas.

Art. 4º. IMPOSIBILIDAD DE NEGOCIAR VALORES EN EL MERCADO PÚBLICO

Las acciones y los demás valores que emita la sociedad por acciones simplificada no podrán inscribirse en el Registro Nacional de Valores y Emisores ni negociarse en bolsa.

CAPÍTULO II
CONSTITUCIÓN Y PRUEBA DE LA SOCIEDAD

Art. 5°. CONTENIDO DEL DOCUMENTO DE CONSTITUCIÓN

La sociedad por acciones simplificada se creará mediante contrato o acto unilateral que conste en documento privado, inscrito en el Registro Mercantil de la Cámara de Comercio del lugar en que la sociedad establezca su domicilio principal, en el cual se expresará cuando menos lo siguiente:

1o. Nombre, documento de identidad y domicilio de los accionistas.

2o. Razón social o denominación de la sociedad, seguida de las palabras *«sociedad por acciones simplificada»*; o de las letras S.A.S.;

3o. El domicilio principal de la sociedad y el de las distintas sucursales que se establezcan en el mismo acto de constitución.

4o. El término de duración, si este no fuere indefinido. Si nada se expresa en el acto de constitución, se entenderá que la sociedad se ha constituido por término indefinido.

5o. Una enunciación clara y completa de las actividades principales, a menos que se exprese que la sociedad podrá realizar cualquier actividad comercial o civil, lícita. Si nada se expresa en el acto de constitución, se entenderá que la sociedad podrá realizar cualquier actividad lícita.

6o. El capital autorizado, suscrito y pagado, la clase, número y valor nominal de las acciones representativas del capital y la forma y términos en que estas deberán pagarse.

7o. La forma de administración y el nombre, documento de identidad y facultades de sus administradores. En todo caso, deberá designarse cuando menos un representante legal.

Parágrafo 1°. El documento de constitución será objeto de autenticación de manera previa a la inscripción en el Registro Mercantil de la Cámara de Comercio, por quienes participen en su suscripción. Dicha autenticación podrá hacerse directamente o a través de apoderado.

Parágrafo 2°. Cuando los activos aportados a la sociedad comprendan bienes cuya transferencia requiera escritura pública, la constitución de la sociedad deberá hacerse de igual manera e inscribirse también en los registros correspondientes.

Art. 6°. CONTROL AL ACTO CONSTITUTIVO Y A SUS REFORMAS

Las Cámaras de Comercio verificarán la conformidad de las estipulaciones del acto constitutivo, de los actos de nombramiento y de cada una de sus reformas con lo previsto en la ley. Por lo tanto, se abstendrán de inscribir el documento mediante el cual se constituya, se haga un nombramiento o se reformen los estatutos de la sociedad, cuando se omita alguno de los requisitos previstos en el artículo anterior o en la ley.

Efectuado en debida forma el registro de la escritura pública o privada de constitución, no podrá impugnarse el contrato o acto unilateral sino por la falta de elementos esenciales o por el incumplimiento de los requisitos de fondo, de acuerdo con los artículos 98 y 104 del Código de Comercio.

Art. 7º. SOCIEDAD DE HECHO

Mientras no se efectúe la inscripción del documento privado o público de constitución en la Cámara de Comercio del lugar en que la sociedad establezca su domicilio principal, se entenderá para todos los efectos legales que la sociedad es de hecho si fueren varios los asociados. Si se tratare de una sola persona, responderá personalmente por las obligaciones que contraiga en desarrollo de la empresa.

Art. 8º. PRUEBA DE EXISTENCIA DE LA SOCIEDAD

La existencia de la sociedad por acciones simplificada y las cláusulas estatutarias se probarán con certificación de la Cámara de Comercio, en donde conste no estar disuelta y liquidada la sociedad.

CAPÍTULO III
REGLAS ESPECIALES SOBRE EL CAPITAL Y LAS ACCIONES

Art. 9º. SUSCRIPCIÓN Y PAGO DEL CAPITAL

La suscripción y pago del capital podrá hacerse en condiciones, proporciones y plazos distintos de los previstos en las normas contempladas en el Código de Comercio para las sociedades anónimas. Sin embargo, en ningún caso, el plazo para el pago de las acciones excederá de dos (2) años.

En los estatutos de las sociedades por acciones simplificadas podrán establecerse porcentajes o montos mínimos o máximos del capital social que podrán ser controlados por uno o más accionistas, en forma directa o indirecta. En caso de establecerse estas reglas de capital variable, los estatutos podrán contener disposiciones que regulen los efectos derivados del incumplimiento de dichos límites.

Art. 10. CLASES DE ACCIONES

Podrán crearse diversas clases y series de acciones, incluidas las siguientes, según los términos y condiciones previstos en las normas legales respectivas: (i) acciones privilegiadas; (ii) acciones con dividendo preferencial y sin derecho a voto; (iii) acciones con dividendo fijo anual y (iv) acciones de pago.

Al dorso de los títulos de acciones, constarán los derechos inherentes a ellas.

Parágrafo. En el caso en que las acciones de pago sean utilizadas frente a obligaciones laborales, se deberán cumplir los estrictos y precisos límites previstos en el Código Sustantivo del Trabajo para el pago en especie.

Art. 11. VOTO SINGULAR O MÚLTIPLE

En los estatutos se expresarán los derechos de votación que le correspondan a cada clase de acciones, con indicación expresa sobre la atribución de voto singular o múltiple, si a ello hubiere lugar.

Art. 12. TRANSFERENCIA DE ACCIONES A FIDUCIAS MERCANTILES

Las acciones en que se divide el capital de la sociedad por acciones simplificada podrán estar radicadas en una fiducia mercantil, siempre que en el libro de registro de accionistas se identifique a la compañía fiduciaria, así como a los beneficiarios del patrimonio autónomo junto con sus correspondientes porcentajes en la fiducia.

Los derechos y obligaciones que por su condición de socio le asisten al fideicomitente serán ejercidos por la sociedad fiduciaria que lleva la representación del patrimonio autónomo, conforme a las instrucciones impartidas por el fideicomitente o beneficiario, según el caso.

Art. 13. RESTRICCIONES A LA NEGOCIACIÓN DE ACCIONES

En los estatutos podrá estipularse la prohibición de negociar las acciones emitidas por la sociedad o alguna de sus clases, siempre que la vigencia de la restricción no exceda del término de diez (10) años, contados a partir de la emisión. Este término sólo podrá ser prorrogado por periodos adicionales no mayores de (10) años, por voluntad unánime de la totalidad de los accionistas.

Al dorso de los títulos deberá hacerse referencia expresa sobre la restricción a que alude este artículo.

Art. 14. AUTORIZACIÓN PARA LA TRANSFERENCIA DE ACCIONES

Los estatutos podrán someter toda negociación de acciones o de alguna clase de ellas a la autorización previa de la asamblea.

Art. 15. VIOLACIÓN DE LAS RESTRICCIONES A LA NEGOCIACIÓN

Toda negociación o transferencia de acciones efectuada en contravención a lo previsto en los estatutos será ineficaz de pleno derecho.

Art. 16. CAMBIO DE CONTROL EN LA SOCIEDAD ACCIONISTA

En los estatutos podrá establecerse la obligación a cargo de las sociedades accionistas en el sentido de informarle al representante legal de la respectiva sociedad por acciones simplificada acerca de cualquier operación que implique un cambio de control respecto de aquellas, según lo previsto en el artículo 260 del Código de Comercio.

En estos casos de cambio de control, la asamblea estará facultada para excluir a las sociedades accionistas cuya situación de control fue modificada, mediante decisión adoptada por la asamblea.

El incumplimiento del deber de información a que alude el presente artículo por parte de cualquiera de las sociedades accionistas, además de la posibilidad de exclusión según el artículo 39 de esta ley, podrá dar lugar a una deducción del veinte por ciento (20%) en el valor del reembolso, a título de sanción.

Parágrafo. En los casos a que se refiere este artículo, las determinaciones relativas a la exclusión y a la imposición de sanciones pecuniarias requerirán aprobación de la asamblea de accionistas, impartida con el voto favorable de uno o varios accionistas que representen cuando menos la mitad más una de las acciones presentes en la respectiva reunión, excluido el voto del accionista que fuere objeto de estas medidas.

CAPÍTULO IV
ORGANIZACIÓN DE LA SOCIEDAD

Art. 17. ORGANIZACIÓN DE LA SOCIEDAD

En los estatutos de la sociedad por acciones simplificada se determinará libremente la estructura orgánica de la sociedad y demás normas que rijan su funcionamiento. A falta de estipulación estatutaria, se entenderá que todas las funciones previstas en el artículo 420 del Código de Comercio serán ejercidas por la asamblea o el accionista único y que las de administración estarán a cargo del representante legal.

Parágrafo. Durante el tiempo en que la sociedad cuente con un solo accionista, este podrá ejercer las atribuciones que la ley les confiere a los diversos órganos sociales, en cuanto sean compatibles, incluidas las del representante legal.

Art. 18. REUNIONES DE LOS ÓRGANOS SOCIALES

La asamblea de accionistas podrá reunirse en el domicilio principal o fuera de él, aunque no esté presente un quórum universal, siempre y cuando que se cumplan los requisitos de quórum y convocatoria previstos en los artículos 20 y 22 de esta ley.

Art. 19. REUNIONES POR COMUNICACIÓN SIMULTÁNEA Y POR CONSENTIMIENTO ESCRITO

Se podrán realizar reuniones por comunicación simultánea o sucesiva y por consentimiento escrito. En caso de no establecerse mecanismos estatutarios para la realización de reuniones por comunicación simultánea o sucesiva y por consentimiento escrito, se seguirán las reglas previstas en los artículos 19 a 21 de la Ley 222 de 1995. En ningún caso se requerirá delegado de la Superintendencia de Sociedades para este efecto.

Art. 20. CONVOCATORIA A LA ASAMBLEA DE ACCIONISTAS

Salvo estipulación estatutaria en contrario, la asamblea será convocada por el representante legal de la sociedad, mediante comunicación escrita dirigida a cada accionista con una antelación mínima de cinco (5) días hábiles. En el aviso de convocatoria se insertará el orden del día correspondiente a la reunión.

Cuando hayan de aprobarse balances de fin de ejercicio u operaciones de transformación, fusión o escisión, el derecho de inspección de los accionistas podrá ser ejercido durante los cinco (5) días hábiles anteriores a la reunión, a menos que en los estatutos se convenga un término superior.

Parágrafo. La primera convocatoria para una reunión de la asamblea de accionistas podrá incluir igualmente la fecha en que habrá de realizarse una reunión de segunda convocatoria en caso de no poderse llevar a cabo la primera reunión por falta de quórum. La segunda reunión no podrá ser fijada para una fecha anterior a los diez (10) días hábiles siguientes a la primera reunión, ni posterior a los treinta (30) días hábiles contados desde ese mismo momento.

Art. 21. RENUNCIA A LA CONVOCATORIA

Los accionistas podrán renunciar a su derecho a ser convocados a una reunión determinada de la asamblea, mediante comunicación escrita enviada al representante legal de la sociedad antes, durante o después de la sesión correspondiente. Los accionistas también podrán renunciar a su derecho de inspección respecto de los asuntos a que se refiere el inciso 2o del artículo 20 de esta ley, por medio del mismo procedimiento indicado.

Aunque no hubieren sido convocados a la asamblea, se entenderá que los accionistas que asistan a la reunión correspondiente han renunciado al derecho a ser convocados, a menos que manifiesten su inconformidad con la falta de convocatoria antes de que la reunión se lleve a cabo.

Art. 22. QUÓRUM Y MAYORÍAS EN LA ASAMBLEA DE ACCIONISTAS

Salvo estipulación en contrario, la asamblea deliberará con uno o varios accionistas que representen cuando menos la mitad más una de las acciones suscritas.

Las determinaciones se adoptarán mediante el voto favorable de un número singular o plural de accionistas que represente cuando menos la mitad más una de las acciones presentes, salvo que en los estatutos se prevea una mayoría decisoria superior para algunas o todas las decisiones.

Parágrafo. En las sociedades con accionista único las determinaciones que le correspondan a la asamblea serán adoptadas por aquel. En estos casos, el accionista dejará constancia de tales determinaciones en actas debidamente asentadas en el libro correspondiente de la sociedad.

Art. 23. FRACCIONAMIENTO DEL VOTO

Cuando se trate de la elección de juntas directivas o de otros cuerpos colegiados, los accionistas podrán fraccionar su voto.

Art. 24. ACUERDOS DE ACCIONISTAS

Los acuerdos de accionistas sobre la compra o venta de acciones, la preferencia para adquirirlas, las restricciones para transferirlas, el ejercicio del derecho de voto, la persona que habrá de representar las acciones en la asamblea y cualquier otro asunto lícito, deberán ser acatados por la compañía cuando hubieren sido depositados en las oficinas donde funcione la administración de la sociedad, siempre que su término no fuere superior a diez (10) años, prorrogables por voluntad unánime de sus suscriptores por períodos que no superen los diez (10) años.

Los accionistas suscriptores del acuerdo deberán indicar, en el momento de depositarlo, la persona que habrá de representarlos para recibir información o para suministrarla cuando esta fuere solicitada. La compañía podrá requerir por escrito al representante aclaraciones sobre cualquiera de las cláusulas del acuerdo, en cuyo caso la respuesta deberá suministrarse, también por escrito, dentro de los cinco (5) días comunes siguientes al recibo de la solicitud.

Parágrafo 1°. El Presidente de la asamblea o del órgano colegiado de deliberación de la compañía no computará el voto proferido en contravención a un acuerdo de accionistas debidamente depositado.

Parágrafo 2°. En las condiciones previstas en el acuerdo, los accionistas podrán promover ante la Superintendencia de Sociedades, mediante el trámite del proceso verbal sumario, la ejecución específica de las obligaciones pactadas en los acuerdos.

Art. 25. JUNTA DIRECTIVA

La sociedad por acciones simplificada no estará obligada a tener junta directiva, salvo previsión estatutaria en contrario. Si no se estipula la creación de una junta directiva, la totalidad de las funciones de administración y representación legal le corresponderán al representante legal designado por la asamblea.

Parágrafo. En caso de pactarse en los estatutos la creación de una junta directiva, esta podrá integrarse con uno o varios miembros respecto de los cuales podrán establecerse suplencias. Los directores podrán ser designados mediante cociente electoral, votación mayoritaria o por cualquier otro método previsto en los estatutos. Las normas sobre su funcionamiento se determinarán libremente en los estatutos. A falta de previsión estatutaria, este órgano se regirá por lo previsto en las normas legales pertinentes.

Art. 26. REPRESENTACIÓN LEGAL

La representación legal de la sociedad por acciones simplificada estará a cargo de una persona natural o jurídica, designada en la forma prevista en los estatutos. A falta de estipulaciones, se entenderá que el representante legal podrá celebrar o ejecutar todos los actos y contratos comprendidos en el objeto social o que se relacionen directamente con la existencia y el funcionamiento de la sociedad. A falta de previsión estatutaria frente a la designación del representante legal, su elección le corresponderá a la asamblea o accionista único.

Art. 27. RESPONSABILIDAD DE ADMINISTRADORES

Las reglas relativas a la responsabilidad de administradores contenidas en la Ley 222 de 1995, les serán aplicables tanto al representante legal de la sociedad por acciones simplificada como a su junta directiva y demás órganos de administración, si los hubiere.

Parágrafo. Las personas naturales o jurídicas que, sin ser administradores de una sociedad por acciones simplificada, se inmiscuyan en una actividad positiva de gestión, administración o dirección de la sociedad, incurrirán en las mismas responsabilidades y sanciones aplicables a los administradores.

Art. 28. REVISORÍA FISCAL

En caso de que por exigencia de la ley se tenga que proveer el cargo de revisor fiscal, la persona que ocupe dicho cargo deberá ser contador público titulado con tarjeta profesional vigente.

En todo caso las utilidades se justificarán en estados financieros elaborados de acuerdo con los principios de contabilidad generalmente aceptados y dictaminados por un contador público independiente.

CAPÍTULO V
REFORMAS ESTATUTARIAS Y REORGANIZACIÓN DE LA SOCIEDAD

Art. 29. REFORMAS ESTATUTARIAS

Las reformas estatutarias se aprobarán por la asamblea, con el voto favorable de uno o varios accionistas que representen cuando menos la mitad más una de las acciones presentes en la respectiva reunión. La determinación respectiva deberá constar en documento privado inscrito en el Registro Mercantil, a menos que la reforma implique la transferencia de bienes mediante escritura pública, caso en el cual se regirá por dicha formalidad.

Art. 30. NORMAS APLICABLES A LA TRANSFORMACIÓN, FUSIÓN Y ESCISIÓN

Sin perjuicio de las disposiciones especiales contenidas en la presente ley, las normas que regulan la transformación, fusión y escisión de sociedades le serán aplicables a la sociedad por acciones simplificadas, así como las disposiciones propias del derecho de retiro contenidas en la Ley 222 de 1995.

Parágrafo. Los accionistas de las sociedades absorbidas o escindidas podrán recibir dinero en efectivo, acciones, cuotas sociales o títulos de participación en cualquier sociedad o cualquier otro activo, como única contraprestación en los procesos de fusión o escisión que adelanten las sociedades por acciones simplificadas.

Art. 31. TRANSFORMACIÓN

Cualquier sociedad podrán transformarse en sociedad por acciones simplificada, antes de la disolución, siempre que así lo decida su asamblea o junta de socios, mediante determinación unánime de los asociados titulares de la totalidad de las acciones suscritas. La decisión correspondiente deberá constar en documento privado inscrito en el Registro Mercantil.

De igual forma, la sociedad por acciones simplificada podrá transformarse en una sociedad de cualquiera de los tipos previstos en el Libro Segundo del Código de Comercio, siempre que la determinación respectiva sea adoptada por la asamblea, mediante decisión unánime de los asociados titulares de la totalidad de las acciones suscritas.

Parágrafo. El requisito de unanimidad de las acciones suscritas también se requerirá en aquellos casos en los que, por virtud de un proceso de fusión o de escisión o mediante cualquier otro negocio jurídico, se proponga el tránsito de una sociedad por acciones simplificada a otro tipo societario o viceversa.

Art. 32. ENAJENACIÓN GLOBAL DE ACTIVOS

Se entenderá que existe enajenación global de activos cuando la sociedad por acciones simplificada se proponga enajenar activos y pasivos que representen el cincuenta (50%) o más del patrimonio líquido de la compañía en la fecha de enajenación.

La enajenación global requerirá aprobación de la asamblea, impartida con el voto favorable de uno o varios accionistas que representen cuando menos la mitad más una de las acciones presentes en la respectiva reunión. Esta operación dará lugar al derecho de retiro a favor de los accionistas ausentes y disidentes en caso de desmejora patrimonial.

Parágrafo. La enajenación global de activos estará sujeta a la inscripción en el Registro Mercantil.

Art. 33. FUSIÓN ABREVIADA

En aquellos casos en que una sociedad detente más del noventa (90%) de las acciones de una sociedad por acciones simplificada, aquella podrá absorber a esta, mediante determinación adoptada por los representantes legales o por las juntas directivas de las sociedades participantes en el proceso de fusión.

El acuerdo de fusión podrá realizarse por documento privado inscrito en el Registro Mercantil, salvo que dentro de los activos transferidos se encuentren bienes cuya enajenación requiera escritura pública. La fusión podrá dar lugar al derecho de retiro a favor de los accionistas ausentes y disidentes en los términos de la Ley 222 de 1995, así como a la acción de oposición judicial prevista en el artículo 175 del Código de Comercio.

El texto del acuerdo de fusión abreviada tendrá que ser publicado en un diario de amplia circulación según lo establece la Ley 222 de 1995, dentro de ese mismo término habrá lugar a la oposición por parte de terceros interesados quienes podrán exigir garantías necesarias y/o suficientes.

CAPÍTULO VI
DISOLUCIÓN Y LIQUIDACIÓN

Art. 34. DISOLUCIÓN Y LIQUIDACIÓN

La sociedad por acciones simplificada se disolverá:

1o. Por vencimiento del término previsto en los estatutos, si lo hubiere, a menos que fuere prorrogado mediante documento inscrito en el Registro mercantil antes de su expiración.

2o. Por imposibilidad de desarrollar las actividades previstas en su objeto social.

3o. Por la iniciación del trámite de liquidación judicial.

4o. Por las causales previstas en los estatutos.

5o. Por voluntad de los accionistas adoptada en la asamblea o por decisión del accionista único.

6o. Por orden de autoridad competente, y

7o. *Derogado por la Ley 2069 de 2020, art. 4°, Parágrafo 2.*

En el caso previsto en el ordinal 1o anterior, la disolución se producirá de pleno derecho a partir de la fecha de expiración del término de duración, sin necesidad de formalidades especiales. En los demás casos, la disolución ocurrirá a partir de la fecha de registro del documento privado o de la ejecutoria del acto que contenga la decisión de autoridad competente.

Art. 35. ENERVAMIENTO DE CAUSALES DE DISOLUCIÓN

Podrá evitarse la disolución de la sociedad mediante la adopción de las medidas a que hubiere lugar, según la causal ocurrida, siempre que el enervamiento de la causal ocurra durante los seis (6) meses siguientes a la fecha en que la asamblea reconozca su acaecimiento. Sin embargo, este plazo será de dieciocho (18) meses en el caso de la causal prevista en el ordinal 7o del artículo anterior.

Parágrafo. Las causales de disolución por unipersonalidad sobrevenida o reducción de las pluralidades mínimas en los demás tipos de sociedad previstos en el Código de Comercio también podrán enervarse mediante la transformación en sociedad por acciones simplificada, siempre que así lo decidan los asociados restantes de manera unánime o el asociado supérstite.

Art. 36. LIQUIDACIÓN

La liquidación del patrimonio se realizará conforme al procedimiento señalado para la liquidación de las sociedades de responsabilidad limitada. Actuará como liquidador, el representante legal o la persona que designe la asamblea de accionistas.

CAPÍTULO VII
DISPOSICIONES FINALES

Art. 37. APROBACIÓN DE ESTADOS FINANCIEROS

Tanto los estados financieros de propósito general o especial, como los informes de gestión y demás cuentas sociales deberán ser presentadas por el representante legal a consideración de la asamblea de accionistas para su aprobación.

Parágrafo. Cuando se trate de sociedades por acciones simplificadas con único accionista, este aprobará todas las cuentas sociales y dejará constancia de tal aprobación en actas debidamente asentadas en el libro correspondiente de la sociedad.

Art. 38. SUPRESIÓN DE PROHIBICIONES

Las prohibiciones contenidas en los artículos 155, 185, 202, 404, 435 y 454 del Código de Comercio no se les aplicarán a las sociedades por acciones simplificadas, a menos que en los estatutos se disponga lo contrario.

Art. 39. EXCLUSIÓN DE ACCIONISTAS

Los estatutos podrán prever causales de exclusión de accionistas, en cuyo caso deberá cumplirse el procedimiento de reembolso previsto en los artículos 14 a 16 de la Ley 222 de 1995.

Si el reembolso implicare una reducción de capital deberá dársele cumplimiento, además, a lo previsto en el artículo 145 del Código de Comercio.

Parágrafo. Salvo que se establezca un procedimiento diferente en los estatutos, la exclusión de accionistas requerirá aprobación de la asamblea, impartida con el voto favorable de uno o varios accionistas que representen cuando menos la mitad más una de las acciones presentes en la respectiva reunión, sin contar el voto del accionista o accionistas que fueren objeto de esta medida.

Art. 40. RESOLUCIÓN DE CONFLICTOS SOCIETARIOS

Las diferencias que ocurran a los accionistas entre sí, o con la sociedad o sus administradores, en desarrollo del contrato social o del acto unilateral, incluida la impugnación de determinaciones de asamblea o junta directiva con fundamento en cualquiera de las causas legales, podrán someterse a decisión arbitral o de amigables componedores, si así se pacta en los estatutos.

Art. 41. UNANIMIDAD PARA LA MODIFICACIÓN DE DISPOSICIONES ESTATUTARIAS

Las cláusulas consagradas en los estatutos conforme a lo previsto en los artículos 13, 14, 39 y 40 de esta ley sólo podrán ser incluidas o modificadas mediante la determinación de los titulares del ciento por ciento (100%) de las acciones suscritas.

Art. 42. DESESTIMACIÓN DE LA PERSONALIDAD JURÍDICA

Cuando se utilice la sociedad por acciones simplificada en fraude a la ley o en perjuicio de terceros, los accionistas y los administradores que hubieren realizado, participado o facilitado los actos defraudatorios, responderán solidariamente por las obligaciones nacidas de tales actos y por los perjuicios causados.

La declaratoria de nulidad de los actos defraudatorios se adelantará ante la Superintendencia de Sociedades, mediante el procedimiento verbal sumario.

La acción indemnizatoria a que haya lugar por los posibles perjuicios que se deriven de los actos defraudatorios será de competencia, a prevención, de la Superintendencia de Sociedades o de los jueces civiles del circuito especializados, y a falta de estos, por los civiles del circuito del domicilio del demandante, mediante el trámite del proceso verbal sumario.

Art. 43. ABUSO DEL DERECHO

Los accionistas deberán ejercer el derecho de voto en el interés de la compañía. Se considerará abusivo el voto ejercido con el propósito de causar daño a la compañía o a otros accionistas o de obtener para sí o para una tercera ventaja injustificada, así como aquel voto del que pueda resultar un perjuicio para la compañía o para los otros accionistas. Quien abuse de sus derechos de accionista en las determinaciones adoptadas en la asamblea, responderá por los daños que ocasione, sin perjuicio que la Superintendencia de Sociedades pueda declarar la nulidad absoluta de la determinación adoptada, por la ilicitud del objeto.

La acción de nulidad absoluta y la de indemnización de perjuicios de la determinación respectiva podrán ejercerse tanto en los casos de abuso de mayoría, como en los de minoría y de paridad. El trámite correspondiente se adelantará ante la Superintendencia de Sociedades mediante el proceso verbal sumario.

Art. 44. ATRIBUCIÓN DE FACULTADES JURISDICCIONALES

Las funciones jurisdiccionales a que se refieren los artículos 24, 40, 42 y 43, serán ejercidas por la Superintendencia de Sociedades, con fundamento en lo previsto en el artículo 116 de la Constitución Política.

Art. 45. REMISIÓN

En lo no previsto en la presente ley, la sociedad por acciones simplificada se regirá por las disposiciones contenidas en los estatutos sociales, por las normas legales que rigen a la sociedad anónima y, en su defecto, en cuanto no resulten contradictorias, por las disposiciones generales que rigen a las sociedades previstas en el Código de Comercio. Así mismo, las sociedades por acciones simplificadas estarán sujetas a la inspección, vigilancia o control de la Superintendencia de Sociedades, según las normas legales pertinentes.

Parágrafo. Los instrumentos de protección previstos en la Ley 986 de 2005, se aplicarán igualmente a favor del titular de una sociedad por acciones simplificada compuesta por una sola persona.

Art. 46. VIGENCIA Y DEROGATORIAS

La presente ley rige a partir del momento de su promulgación y deroga todas las disposiciones que le sean contrarias.

Sin perjuicio de las ventajas y beneficios establecidos en el ordenamiento jurídico, una vez entre en vigencia la presente ley, no se podrán constituir sociedades unipersonales con base en el artículo 22 de la Ley 1014 de 2006. Las sociedades unipersonales constituidas al amparo de dicha disposición tendrán un término máximo improrrogable de seis (6) meses, para transformarse en sociedades por acciones simplificadas.

LEY 1340 DE 2009
POR MEDIO DE LA CUAL SE DICTAN NORMAS EN MATERIA DE PROTECCIÓN DE LA COMPETENCIA

TÍTULO I
DISPOSICIONES GENERALES

CAPÍTULO 1

Art. 1º. OBJETO

La presente ley tiene por objeto actualizar la normatividad en materia de protección de la competencia para adecuarla a las condiciones actuales de los mercados, facilitar a los usuarios su adecuado seguimiento y optimizar las herramientas con que cuentan las autoridades nacionales para el cumplimiento del deber constitucional de proteger la libre competencia económica en el territorio nacional.

Art. 2º. ÁMBITO DE LA LEY

Adicionase el artículo 46 del Decreto 2153 de 1992 con un segundo inciso del siguiente tenor:

Las disposiciones sobre protección de la competencia abarcan lo relativo a prácticas comerciales restrictivas, esto es acuerdos, actos y abusos de posición de dominio, y el régimen de integraciones empresariales. Lo dispuesto en las normas sobre protección de la competencia se aplicará respecto de todo aquel que desarrolle una actividad económica o afecte o pueda afectar ese desarrollo, independientemente de su forma o naturaleza jurídica y en relación con las conductas que tengan o puedan tener efectos total o parcialmente en los mercados nacionales, cualquiera sea la actividad o sector económico.

Art. 3º

Derogado por el Decreto 3523 de 1992, art. 2º.

CAPÍTULO II
RÉGIMEN DE PROTECCIÓN DE LA COMPETENCIA

Art. 4º. NORMATIVIDAD APLICABLE

La Ley 155 de 1959, el Decreto 2153 de 1992, la presente ley y las demás disposiciones que las modifiquen o adicionen, constituyen el régimen general de protección de la competencia, aplicables a todos los sectores y todas las actividades económicas. En caso que existan normas particulares para algunos sectores o actividades, estas prevalecerán exclusivamente en el tema específico.

Art. 5º. APLICACIÓN DEL RÉGIMEN GENERAL DE COMPETENCIA EN EL SECTOR AGRÍCOLA

Para los efectos del parágrafo del artículo 1o de la Ley 155 de 1959, considérese como sector básico de interés para la economía general, el sector agropecuario. En tal virtud, el Ministerio de Agricultura y Desarrollo Rural deberá emitir concepto previo, vinculante y motivado, en relación con la autorización de acuerdos y convenios que tengan por objeto estabilizar ese sector de la economía.

CAPÍTULO III
AUTORIDAD NACIONAL EN MATERIA DE PROTECCIÓN DE LA COMPETENCIA

Art. 6º. AUTORIDAD NACIONAL DE PROTECCIÓN DE LA COMPETENCIA

La Superintendencia de Industria y Comercio conocerá en forma privativa de las investigaciones administrativas, impondrá las multas y adoptará las demás decisiones administrativas por infracción a las disposiciones sobre protección de la competencia, así como en relación con la vigilancia administrativa del cumplimiento de las disposiciones sobre competencia desleal.

Parágrafo. Para el cumplimiento de este objetivo las entidades gubernamentales encargadas de la regulación y del control y vigilancia sobre todos los sectores y actividades económicas prestarán el apoyo técnico que les sea requerido por la Superintendencia de Industria y Comercio.

Art. 7º. ABOGACÍA DE LA COMPETENCIA

Además de las disposiciones consagradas en el artículo 2º del Decreto 2153 de 1992, la Superintendencia de Industria y Comercio podrá rendir concepto previo sobre los proyectos de regulación estatal que puedan tener incidencia sobre la libre competencia en los mercados. Para estos efectos las autoridades de regulación informarán a la Superintendencia de Industria y Comercio de los actos administrativos que se pretendan expedir. El concepto emitido por la Superintendencia de Industria y Comercio en este sentido no será vinculante. Sin embargo, si la autoridad respectiva se apartara de dicho concepto, la misma deberá manifestar de manera expresa dentro de las consideraciones de la decisión los motivos por los cuales se aparta.

Art. 8º. AVISO A OTRAS AUTORIDADES

En la oportunidad prevista en el numeral 4 del artículo 10 de esta ley, o, tratándose de una investigación, dentro de los diez (10) días siguientes a su inicio, la Superintendencia de Industria y Comercio deberá comunicar tales hechos a las entidades de regulación y de control y vigilancia competentes según el sector o los sectores involucrados. Estas últimas podrán, si así lo consideran, emitir su concepto técnico en relación con el asunto puesto en su conocimiento, dentro de los diez (10) días siguientes al recibo de la comunicación y sin perjuicio de la posibilidad de intervenir, de oficio o a solicitud de la Superintendencia de Industria y Comercio, en cualquier momento de la respectiva actuación. Los conceptos emitidos por las referidas autoridades deberán darse en el marco de las disposiciones legales aplicables a las situaciones que se ventilan y no serán vinculantes para la Superintendencia de Industria y Comercio. Sin embargo, si la Superintendencia de Industria y Comercio se apartara de dicho concepto, la misma deberá manifestar, de manera expresa dentro de las consideraciones de la decisión los motivos jurídicos o económicos que justifiquen su decisión.

Parágrafo. La Unidad Administrativa Especial Aeronáutica Civil conservará su competencia para la autorización de todas las operaciones comerciales entre los explotadores de aeronaves consistentes en contratos de código compartido, explotación conjunta, utilización de aeronaves en fletamento, intercambio y bloqueo de espacio en aeronaves.

TÍTULO II
INTEGRACIONES EMPRESARIALES

Art. 9º. CONTROL DE INTEGRACIONES EMPRESARIALES

El artículo 4º de la Ley 155 de 1959 quedará así:

Las empresas que se dediquen a la misma actividad económica o participen en la misma cadena de valor, y que cumplan con las siguientes condiciones, estarán obligadas a informar a la Superintendencia de Industria y Comercio sobre las operaciones que proyecten llevar a cabo para efectos de fusionarse, consolidarse, adquirir el control o integrarse cualquiera sea la forma jurídica de la operación proyectada:

1) Cuando, en conjunto o individualmente consideradas, hayan tenido durante el año fiscal anterior a la operación proyectada ingresos operacionales superiores al monto que, en salarios mínimos legales mensuales vigentes, haya establecido la Superintendencia de Industria y Comercio, o

2) Cuando al finalizar el año fiscal anterior a la operación proyectada tuviesen, en conjunto o individualmente consideradas, activos totales superiores al monto que, en salarios mínimos legales mensuales vigentes, haya establecido la Superintendencia de Industria y Comercio.

En los eventos en que los interesados cumplan con alguna de las dos condiciones anteriores pero en conjunto cuenten con menos del 20% (SIC) mercado relevante, se entenderá autorizada la operación. Para este último caso se deberá únicamente notificar a la Superintendencia de Industria y Comercio de esta operación.

En los procesos de integración o reorganización empresarial en los que participen exclusivamente las entidades vigiladas por la Superintendencia Financiera de Colombia, esta conocerá y decidirá sobre la procedencia de dichas operaciones. En estos casos, la Superintendencia Financiera de Colombia tendrá la obligación de requerir previamente a la adopción de la decisión, el análisis de la Superintendencia de Industria y Comercio sobre el efecto de dichas operaciones en la libre competencia. Esta última podrá sugerir, de ser el caso, condicionamientos tendientes a asegurar la preservación de la competencia efectiva en el mercado.

Parágrafo 1º. La Superintendencia de Industria y Comercio deberá establecer los ingresos operacionales y los activos que se tendrán en cuenta según lo previsto en este artículo durante el año inmediatamente anterior a aquel en que la previsión se deba tener en cuenta y no podrá modificar esos valores durante el año en que se deberán aplicar.

Parágrafo 2º. Cuando el Superintendente se abstenga de objetar una integración pero señale condicionamientos, estos deberán cumplir los siguientes requisitos: Identificar y aislar o eliminar el efecto anticompetitivo que produciría la integración, e implementar los remedios de carácter estructural con respecto a dicha integración.

Parágrafo 3º. Las operaciones de integración en las que las intervinientes acrediten que se encuentran en situación de Grupo Empresarial en los términos del artículo 28 de la Ley 222 de 1995, cualquiera sea la forma jurídica que adopten, se encuentran exentas del deber de notificación previa ante la Superintendencia de Industria y Comercio.

NOTA: la Superintendencia de Industria y Comercio fijó en cien mil salarios mínimos legales mensuales vigentes los ingresos operacionales y los activos que se tienen en cuenta respecto de lo indicado en este artículo.

Art. 10. PROCEDIMIENTO ADMINISTRATIVO EN CASO DE INTEGRACIONES EMPRESARIALES

Para efectos de obtener el pronunciamiento previo de la Superintendencia de Industria y Comercio en relación con una operación de integración proyectada, se seguirá el siguiente procedimiento:

1) Los interesados presentarán ante la Superintendencia de Industria y Comercio una solicitud de preevaluación, acompañada de un informe sucinto en el que manifiesten su intención de llevar a cabo la operación de integración empresarial y las condiciones básicas de la misma, de conformidad con las instrucciones expedidas por la autoridad única de competencia.

2) Dentro de los tres (3) días siguientes a la presentación del informe anterior y salvo que cuente con elementos suficientes para establecer que no existe la obligación de informar la operación, la Superintendencia de Industria y Comercio ordenará la publicación de un anuncio en un diario de amplia circulación nacional, para que dentro de los diez (10) días siguientes a la publicación se suministre a esa entidad la información que pueda aportar elementos de utilidad para el análisis de la operación proyectada. La Superintendencia de Industria y Comercio no ordenará la publicación del anuncio cuando cuente con elementos suficientes para establecer que no existe obligación de informar la operación, cuando los intervinientes de la operación, por razones de orden público, mediante escrito motivado soliciten que la misma permanezca en reserva y esta solicitud sea aceptada por la Superintendencia de Industria y Comercio.

3) Dentro de los treinta (30) días siguientes a la presentación de la información a que se refiere el numeral 1 de este artículo, la autoridad de competencia determinará la procedencia de continuar con el procedimiento de autorización o, si encontrase que no existen riesgos sustanciales para la competencia que puedan derivarse de la operación, de darlo por terminado y dar vía libre a esta.

4) Si el procedimiento continúa, la autoridad de competencia lo comunicará a las autoridades a que se refiere el artículo 8o de esta ley y a los interesados, quienes deberán allegar, dentro de los quince (15) días siguientes, la totalidad de la información requerida en las guías expedidas para el efecto por la autoridad de competencia, en forma completa y fidedigna. La Superintendencia de Industria y Comercio podrá solicitar que se complemente, aclare o explique la información allegada. De la misma manera, podrán los interesados proponer acciones o comportamientos a seguir para neutralizar los posibles efectos anticompetitivos de la operación. Dentro del mismo término los interesados podrán conocer la información aportada por terceros y controvertirla.

5) Si transcurridos tres (3) meses desde el momento en que los interesados han allegado la totalidad de la información la operación no se hubiere objetado o condicionado por la autoridad de competencia, se entenderá que esta ha sido autorizada.

6) La inactividad de los interesados por más de (2) dos meses en cualquier etapa del procedimiento, será considerada como desistimiento de la solicitud de autorización.

Art. 11. APROBACIÓN CONDICIONADA Y OBJECIÓN DE INTEGRACIONES

El Superintendente de Industria y Comercio deberá objetar la operación cuando encuentre que esta tiende a producir una indebida restricción a la libre competencia. Sin embargo, podrá autorizarla sujetándola al cumplimiento de condiciones u obligaciones cuando, a su juicio, existan elementos suficientes para considerar que tales condiciones son idóneas para asegurar la preservación efectiva de la competencia. En el evento en que una operación de integración sea aprobada bajo condiciones la autoridad única de competencia deberá supervisar periódicamente el cumplimiento de las mismas. El incumplimiento de las condiciones a que se somete la operación dará lugar a las sanciones previstas en la presente ley, previa solicitud de los descargos correspondientes. La reincidencia en dicho comportamiento será causal para que el Superintendente ordene la reversión de la operación.

Art. 12. EXCEPCIÓN DE EFICIENCIA

Modifíquese el artículo 51 del Decreto 2153 de 1992, el cual quedará así:

La autoridad nacional de competencia podrá no objetar una integración empresarial si los interesados demuestran dentro del proceso respectivo, con estudios fundamentados en metodologías de reconocido valor técnico que los efectos benéficos de la operación para los consumidores exceden el posible impacto negativo sobre la competencia y que tales efectos no pueden alcanzarse por otros medios.

En este evento deberá acompañarse el compromiso de que los efectos benéficos serán trasladados a los consumidores.

La Superintendencia de Industria y Comercio podrá abstenerse objetar una integración cuando independiente de la participación en el mercado nacional de la empresa integrada, las condiciones del mercado externo garanticen la libre competencia en el territorio nacional.

Parágrafo 1°. Cuando quiera que la autoridad de competencia se abstenga de objetar una operación de integración empresarial con sustento en la aplicación de la excepción de eficiencia, la autorización se considerará condicionada al comportamiento de los interesados, el cual debe ser consistente con los argumentos, estudios, pruebas y compromisos presentados para solicitar la aplicación de la excepción de eficiencia. La autoridad podrá exigir el otorgamiento de garantías que respalden la seriedad y el cumplimiento de los compromisos así adquiridos.

Parágrafo 2°. En desarrollo de la función prevista en el número 21 del artículo 2° del Decreto 2153 de 1992, la autoridad de competencia podrá expedir las instrucciones que especifiquen los elementos que tendrá en cuenta para el análisis y la valoración de los estudios presentados por los interesados.

Art. 13. ORDEN DE REVERSIÓN DE UNA OPERACIÓN DE INTEGRACIÓN EMPRESARIAL

Sin perjuicio de la imposición de las sanciones procedentes por violación de las normas sobre protección de la competencia, la autoridad de protección de la competencia podrá, previa la correspondiente investigación, determinar la procedencia de ordenar la reversión de una operación de integración empresarial cuando esta no fue informada o se realizó antes de cumplido el término que tenía la Superintendencia de Industria y Comercio para pronunciarse, si se determina que la operación así realizada comportaba una indebida restricción a la libre competencia, o cuando la operación había sido objetada o cuando se incumplan las condiciones bajo las cuales se autorizó.

En tal virtud, si de la investigación administrativa adelantada por la Superintendencia de Industria y Comercio se desprende la procedencia de ordenar la reversión de la operación, se procederá a su correspondiente reversión.

TÍTULO III
PRÁCTICAS RESTRICTIVAS DE LA COMPETENCIA

Art. 14. BENEFICIOS POR COLABORACIÓN CON LA AUTORIDAD

La Superintendencia de Industria y Comercio podrá conceder beneficios a las personas naturales o jurídicas que hubieren participado en una conducta que viole las normas de protección a la competencia, en caso de que informen a la autoridad de competencia acerca de la existencia de dicha conducta y/o colaboren con la entrega de información y de pruebas, incluida la identificación de los demás participantes, aun cuando la autoridad de competencia ya se encuentre adelantando la correspondiente actuación. Lo anterior, de conformidad con las siguientes reglas:

1) Los beneficios podrán incluir la exoneración total o parcial de la multa que le sería impuesta. No podrán acceder a los beneficios el instigador o promotor de la conducta.

2) La Superintendencia de Industria y Comercio establecerá si hay lugar a la obtención de beneficios y los determinará en función de la calidad y utilidad de la información que se suministre, teniendo en cuenta los siguientes factores:

a) La eficacia de la colaboración en el esclarecimiento de los hechos y en la represión de las conductas, entendiéndose por colaboración con las autoridades el suministro de información y de pruebas que permitan establecer la existencia, modalidad, duración y efectos de la conducta, así como la identidad de los responsables, su grado de participación y el beneficio obtenido con la conducta ilegal.

b) La oportunidad en que las autoridades reciban la colaboración.

Art. 15. RESERVA DE DOCUMENTOS

Los investigados por la presunta realización de una práctica restrictiva de la competencia podrán pedir que la información relativa a secretos empresariales u otro respecto de la cual exista norma legal de reserva o confidencialidad que deban suministrar dentro de la investigación, tenga carácter reservado. Para ello, deberán presentar, junto con el documento contentivo de la información sobre la que solicitan la reserva, un resumen no confidencial del mismo. La autoridad de competencia deberá en estos casos incluir los resúmenes en el expediente público y abrir otro expediente, de carácter reservado, en el que se incluirán los documentos completos.

Parágrafo 1º. La revelación en todo o en parte del contenido de los expedientes reservados constituirá falta disciplinaria gravísima para el funcionario responsable, sin perjuicio de las demás sanciones establecidas en la ley.

Parágrafo 2º. *Modificado por el Decreto 19 de 2012, art. 159.* La Superintendencia de Industria y Comercio podrá por solicitud del denunciante o del solicitante de beneficios por colaboración guardar en reserva la identidad de quienes denuncien prácticas restrictivas de la competencia, cuando en criterio de la Autoridad Única de Competencia existan riesgos para el denunciante de sufrir represalias comerciales a causa de las denuncias realizadas.

Art. 16

Derogado por el Decreto Ley 19 de 2012, art. 155.

TÍTULO IV
DISPOSICIONES PROCEDIMENTALES

Art. 17. PUBLICACIÓN DE ACTUACIONES ADMINISTRATIVAS

Modificado por el artículo 156 del Decreto-Ley 19 de 2012, art. 156. La Superintendencia de Industria y Comercio publicará en su página web las actuaciones administrativas que a continuación se enuncian y además ordenará la publicación de un aviso en un diario de circulación regional o nacional, dependiendo las circunstancias, y a costa de los investigados o de los interesados, según corresponda, en el que se informe acerca de:

1) El inicio de un procedimiento de autorización de una operación de integración, así como el condicionamiento impuesto a un proceso de integración empresarial. En el último caso, una vez en firme el acto administrativo correspondiente.

2) La apertura de una investigación por infracciones a las normas sobre protección de la competencia, así como la decisión de imponer una sanción, una vez en firme los actos administrativos correspondientes.

3) Las garantías aceptadas, cuando su publicación sea considerada por la autoridad como necesaria para respaldar el cumplimiento de los compromisos adquiridos por los interesados.

Art. 18

Derogado por el Decreto 3523 de 2009, art. 19.

Art. 19. INTERVENCIÓN DE TERCEROS

Modificado por el Decreto 19 de 2012, art. 157. Los competidores, consumidores o, en general, aquel que acredite un interés directo e individual en investigaciones por prácticas comerciales restrictivas de la competencia, tendrán el carácter de terceros interesados y además, podrán, dentro de los quince (15) días hábiles posteriores a la publicación de la apertura de la investigación en la página web de la Superintendencia de Industria y Comercio, intervenir aportando las consideraciones y pruebas que pretendan hacer valer para que la Superintendencia de Industria y Comercio se pronuncie en uno u otro sentido.

Las ligas y asociaciones de consumidores acreditadas se entenderán como terceros interesados.

La Superintendencia de Industria y Comercio dará traslado a los investigados, de lo aportado por los terceros mediante acto administrativo en el que también fijará un término para que los investigados se pronuncien sobre ellos. Ningún tercero tendrá acceso a los documentos del expediente que se encuentren bajo reserva.

De la solicitud de terminación de la investigación por ofrecimiento de garantías se correrá traslado a los terceros reconocidos por el término que la Superintendencia considere adecuado.

Parágrafo. *Derogado por el Decreto-Ley 19 de 2012, art. 155.*

Art. 20. ACTOS DE TRÁMITE

Para efectos de lo establecido en el artículo 49 del Código Contencioso Administrativo todos los actos que se expidan en el curso de las actuaciones administrativas de protección de la competencia son de trámite, con excepción del acto que niegue pruebas.

NOTA: Donde dice Código Contencioso Administrativo debe leerse Código de Procedimiento Administrativo y de lo Contencioso Administrativo.

Art. 21. VICIOS Y OTRAS IRREGULARIDADES DEL PROCESO

Los vicios y otras irregularidades que pudiesen presentarse dentro de una investigación por prácticas restrictivas de la competencia, se tendrán por saneados si no se alegan antes del inicio del traslado al investigado del informe al que se refiere el inciso 3° del artículo 52 del Decreto 2153 de 1992. Si ocurriesen con posterioridad a este traslado, deberán alegarse dentro del término establecido para interponer recurso de reposición contra el acto administrativo que ponga fin a la actuación administrativa.

Cuando se aleguen vicios u otras irregularidades del proceso, la autoridad podrá resolver sobre ellas en cualquier etapa del mismo, o en el mismo acto que ponga fin a la actuación administrativa.

Art. 22. CONTRIBUCIÓN DE SEGUIMIENTO

Las actividades de seguimiento que realiza la autoridad de competencia con motivo de la aceptación de garantías para el cierre de la investigación por presuntas prácticas restrictivas de la competencia y de la autorización de una operación de integración empresarial condicionada al cumplimiento de obligaciones particulares por parte de los interesados serán objeto del pago de una contribución anual de seguimiento a favor de la entidad.

Anualmente, la Superintendencia de Industria y Comercio determinará, mediante resolución, las tarifas de las contribuciones, que podrán ser diferentes según se trate del seguimiento de compromisos derivados de la terminación de investigaciones por el ofrecimiento de garantías o del seguimiento de obligaciones por integraciones condicionadas. Las tarifas se determinarán mediante la ponderación de la sumatoria de los activos corrientes del año fiscal anterior de las empresas sometidas a seguimiento durante ese período frente a los gastos de funcionamiento de la entidad destinados al desarrollo de la labor de seguimiento durante el mismo período y no podrán superar el uno por mil de los activos corrientes de cada empresa sometida a seguimiento. Dicha contribución se liquidará de conformidad con las siguientes reglas:

1) Se utilizará el valor de los activos corrientes del año fiscal anterior de la empresa sometida a seguimiento.

2) La contribución se calculará multiplicando la tarifa por el total de los activos corrientes del año fiscal anterior.

3) Las contribuciones se liquidarán anualmente, o proporcionalmente si es del caso, para cada empresa sometida a seguimiento.

Art. 23. NOTIFICACIONES Y COMUNICACIONES

Modificado por el Decreto-Ley 19 de 2012, art. 158. Las resoluciones de apertura de investigación, la que pone fin a la actuación y la que decide los recursos de la vía gubernativa, deberán notificarse personalmente.

Si no pudiere hacerse la notificación personal al cabo de los cinco (5) días del envío de la citación, esta se hará por medio de aviso que se remitirá a la dirección, al número de fax o al correo electrónico que figuren en el expediente o puedan obtenerse del registro mercantil, acompañado de copia íntegra del acto administrativo. El aviso deberá indicar la fecha y la del acto que se notifica, la autoridad que lo expidió, los recursos que legalmente proceden, las autoridades ante quienes deben interponerse, los plazos respectivos y la advertencia de que la notificación se considerará surtida al finalizar el día siguiente al de la entrega del aviso en el lugar de destino.

Cuando se desconozca la información sobre el destinatario, el aviso, con copia integra del acto administrativo, se publicará en la página electrónica y en todo caso en un lugar de acceso al público de la Superintendencia de Industria y Comercio por el término de cinco (5) días, con la advertencia de que la notificación se considerará surtida al finalizar el día siguiente al retiro del aviso.

En el expediente se dejará constancia de la remisión o publicación del aviso y de la fecha en que por este medio quedará surtida la notificación personal.

Los demás actos administrativos que se expidan en desarrollo de los procedimientos previstos en el régimen de protección de la competencia, se comunicarán a la dirección que para estos propósitos suministre el investigado o apoderado y, en ausencia de ella, a la dirección física o de correo electrónico que aparezca en el registro mercantil del investigado.

Las notificaciones electrónicas estarán sujetas a las disposiciones del Código de Procedimiento Administrativo y de lo Contencioso Administrativo.

Art. 24. DOCTRINA PROBABLE Y LEGÍTIMA CONFIANZA

<Artículo CONDICIONALMENTE exequible> La Superintendencia de Industria y Comercio deberá compilar y actualizar periódicamente las decisiones ejecutoriadas que se adopten en las actuaciones de protección de la competencia. (Tres decisiones ejecutoriadas uniformes frente al mismo asunto, constituyen doctrina probable).

NOTA: La expresión entre paréntesis fue declarada exequible condicionalmente por la Corte Constitucional en la Sentencia C-537 de 2010, en el entendido que solo se aplica para las actua-

ciones administrativas de la Superintendencia de Industria y Comercio relacionadas con la libre competencia y la vigilancia administrativa de la competencia desleal.

TÍTULO V
RÉGIMEN SANCIONATORIO

Art. 25. MONTO DE LAS MULTAS A PERSONAS JURÍDICAS

El numeral 15 del artículo 4° del Decreto 2153 de 1992 quedará así:

Por violación de cualquiera de las disposiciones sobre protección de la competencia, incluidas la omisión en acatar en debida forma las solicitudes de información, órdenes e instrucciones que imparta, la obstrucción de las investigaciones, el incumplimiento de las obligaciones de informar una operación de integración empresarial o las derivadas de su aprobación bajo condiciones o de la terminación de una investigación por aceptación de garantías, imponer, por cada violación y a cada infractor, multas a favor de la Superintendencia de Industria y Comercio hasta por la suma de 100.000 salarios mínimos mensuales vigentes o, si resulta ser mayor, hasta por el 150% de la utilidad derivada de la conducta por parte del infractor.

NOTA: La parte final de este artículo fue derogada por el artículo 19 del Decreto 3523 de 2009.

Art. 26. MONTO DE LAS MULTAS A PERSONAS NATURALES

El numeral 16 del artículo 4o del Decreto 2153 de 1992 quedará así:

«Imponer a cualquier persona que colabore, facilite, autorice, ejecute o tolere conductas violatorias de las normas sobre protección de la competencia a que se refiere la Ley 155 de 1959, el Decreto 2153 de 1992 y normas que la complementen o modifiquen, multas hasta por el equivalente de dos mil (2.000) salarios mínimos mensuales legales vigentes al momento de la imposición de la sanción, a favor de la Superintendencia de Industria y Comercio.

Para efectos de graduar la multa, la Superintendencia de Industria y Comercio tendrá en cuenta los siguientes criterios:

1) La persistencia en la conducta infractora.
2) El impacto que la conducta tenga sobre el mercado.
3) La reiteración de la conducta prohibida.
4) La conducta procesal del investigado, y
5) El grado de participación de la persona implicada».

Parágrafo. Los pagos de las multas que la Superintendencia de Industria y Comercio imponga conforme a este artículo, no podrán ser cubiertos ni asegurados o en general garantizados, directamente o por interpuesta persona, por la persona jurídica a la cual estaba vinculada la persona natural cuando incurrió en la conducta; ni por la matriz o empresas subordinadas de esta; ni por las empresas que pertenezcan al mismo grupo empresarial o estén sujetas al mismo control de aquella.

Art. 27. CADUCIDAD DE LA FACULTAD SANCIONATORIA

La facultad que tiene la autoridad de protección de la competencia para imponer una sanción por la violación del régimen de protección de la competencia caducará transcurridos cinco (5) años de haberse ejecutado la conducta violatoria o del último hecho constitutivo de la misma en los casos de conductas de tracto sucesivo, sin que el acto administrativo sancionatorio haya sido notificado.

TÍTULO VI
DISPOSICIONES COMPLEMENTARIAS

Art. 28. PROTECCIÓN DE LA COMPETENCIA Y PROMOCIÓN DE LA COMPETENCIA

Las competencias asignadas, mediante la presente ley, a la Superintendencia de Industria y Comercio se refieren exclusivamente a las funciones de protección o defensa de la competencia en todos los sectores de la economía.

Las normas sobre prácticas restrictivas de la competencia, y en particular, las relativas al control de operaciones de integración empresarial no se aplican a los institutos de salvamento y protección de la confianza pública ordenados por la Superintendencia Financiera de Colombia ni a las decisiones para su ejecución y cumplimiento.

Art. 29

Con destino a la Superintendencia de Industria y Comercio, se establecerán las fuentes de financiación que requiere la autoridad de competencia para cubrir su operación y desarrollar sus metas misionales. El Gobierno Nacional reglamentará la materia.

Art. 30

Facúltese al Gobierno Nacional para que dentro de los seis (6) meses siguientes a la vigencia de esta ley, adecue la estructura administrativa de la Superintendencia de Industria y Comercio a las nuevas responsabilidades como autoridad única de competencia, así como su régimen presupuestal a las disposiciones que sobre derechos de seguimiento y multas se encuentran contenidas en esta ley.

Art. 31. INTERVENCIÓN DEL ESTADO

El ejercicio de los mecanismos de intervención del Estado en la economía, siguiendo el mandato previsto en los artículos 333 y 334 de la Constitución Política, constituye restricción del derecho a la competencia en los términos de la intervención. Son mecanismos de intervención del Estado que restringen la aplicación de las disposiciones de la presente ley, los Fondos de estabilización de precios, los Fondos Parafiscales para el Fomento Agropecuario, el Establecimiento de precios mínimos de garantía, la regulación de los mercados internos de productos agropecuarios prevista en el Decreto 2478 de 1999, los acuerdos de cadena en el sector agropecuario, el Régimen de Salvaguardias, y los demás mecanismos previstos en las Leyes 101 de 1993 y 81 de 1988.

Art. 32. SITUACIONES EXTERNAS

El Estado podrá intervenir cuando se presenten situaciones externas o ajenas a los productores Nacionales, que afecten o distorsionen las condiciones de competencia en los mercados de productos nacionales. De hacerse, tal intervención se llevará a cabo a través del Ministerio del ramo competente, mediante la implementación de medidas que compensen o regulen las condiciones de los mercados garantizando la equidad y la competitividad de la producción nacional.

Art. 33. TRANSITORIO. RÉGIMEN DE TRANSICIÓN

Las autoridades de vigilancia y control a las que excepcionalmente la ley haya atribuido facultades específicas en materia de prácticas restrictivas de la competencia y/o control previo de integraciones empresariales, continuarán ejerciendo tales facultades durante los seis (6) meses siguientes a la vigencia de esta ley, de conformidad con los incisos siguientes.

Las investigaciones que al finalizar el término establecido en el inciso anterior se encuentren en curso en materia de prácticas restrictivas de la competencia continuarán siendo tramitadas por dichas autoridades. Las demás quejas e investigaciones preliminares en materia de prácticas restrictivas de la competencia deberán ser trasladadas a la Superintendencia de Industria y Comercio.

Las informaciones sobre proyectos de integración empresarial presentadas ante otras autoridades antes de finalizar el mismo término, serán tramitadas por la autoridad ante la que se radicó la solicitud. Con todo, antes de proferir la decisión, la autoridad respectiva oirá el concepto del Superintendente de Industria y Comercio.

Art. 34. VIGENCIA

Esta ley rige a partir de su publicación y deroga las demás disposiciones que le sean contrarias.

LEY 1429 DE 2010
POR LA CUAL SE EXPIDE LA LEY DE FORMALIZACIÓN Y GENERACIÓN DE EMPLEO

TÍTULO I
NORMAS GENERALES

Art. 1º. OBJETO

La presente ley tiene por objeto la formalización y la generación de empleo, con el fin de generar incentivos a la formalización en las etapas iniciales de la creación de empresas; de tal manera que aumenten los beneficios y disminuyan los costos de formalizarse.

Art. 2º. DEFINICIONES

1. Pequeñas empresas: Para los efectos de esta ley, se entiende por pequeñas empresas aquellas cuyo personal no sea superior a 50 trabajadores y cuyos activos totales no superen los 5.000 salarios mínimos mensuales legales vigentes.

2. Inicio de la actividad económica principal: Para los efectos de esta ley, se entiende por inicio de la actividad económica principal la fecha de inscripción en el registro mercantil de la correspondiente Cámara de Comercio, con independencia de que la correspondiente empresa previamente haya operado como empresa informal.

3. Tipos de informalidad de empleo: para los efectos de esta ley, existirán 2 tipos de informalidad de empleo:

a) Informalidad por subsistencia: Es aquella que se caracteriza por el ejercicio de una actividad por fuera de los parámetros legalmente constituidos, por un individuo, familia o núcleo social para poder garantizar su mínimo vital.

b) Informalidad con capacidad de acumulación: Es una manifestación de trabajo informal que no necesariamente representa baja productividad.

(...)

CAPÍTULO II
SIMPLIFICACIÓN DE TRÁMITES COMERCIALES

Art. 24. DETERMINACIÓN DE LA CAUSAL DE DISOLUCIÓN DE UNA SOCIEDAD

Cuando la disolución requiera de declaración por parte de la asamblea general de accionistas o de la junta de socios, los asociados, por la mayoría establecida en los estatutos o en la ley, deberán declarar disuelta la sociedad por ocurrencia de la causal respectiva e inscribirán el acta en el registro mercantil.

Los asociados podrán evitar la disolución de la sociedad adoptando las modificaciones que sean del caso, según la causal ocurrida, siempre que el acta que contenga el acuerdo se inscriba en el registro mercantil dentro de los dieciocho meses siguientes a la ocurrencia de la causal.

Cuando agotados los medios previstos en la ley o en el contrato para hacer la designación de liquidador, esta no se haga, cualquiera de los asociados podrá acudir a la Superintendencia de Sociedades para que designe al liquidador. La designación por parte del Superintendente procederá de manera inmediata, aunque en los estatutos se hubiere pactado cláusula compromisoria.

La referida designación se hará de conformidad con la reglamentación que para el efecto expida el Gobierno Nacional.

Art. 25. LIQUIDACIÓN PRIVADA DE SOCIEDADES SIN PASIVOS EXTERNOS

En aquellos casos en que, una vez confeccionado el inventario del patrimonio social conforme a la ley, se ponga de manifiesto que la sociedad carece de pasivo externo, el liquidador de la sociedad convocará de modo inmediato a una reunión de la asamblea general de accionistas o junta de socios, con el propósito de someter a su consideración tanto el mencionado inventario como la cuenta final de la liquidación.

En caso de comprobarse que, en contra de lo consignado en el inventario, existen obligaciones frente a terceros, los asociados se harán solidariamente responsables frente a los acreedores.

Esta responsabilidad se extenderá hasta por un término de cinco años contados a partir de la inscripción en el registro mercantil del acta que contiene el inventario y la cuenta final de liquidación.

Art. 26. DEPÓSITO DE ACREENCIAS NO RECLAMADAS

Cuando el acreedor no se acerque a recibir el pago de su acreencia, el liquidador estará facultado para hacer un depósito judicial a nombre del acreedor respectivo por el monto de la obligación reflejada en el inventario del patrimonio social.

Art. 27. ADJUDICACIÓN ADICIONAL

Cuando después de terminado el proceso de liquidación voluntaria, aparezcan nuevos bienes de la sociedad, o cuando el liquidador haya dejado de adjudicar bienes inventariados, habrá lugar a una adjudicación adicional conforme a las siguientes reglas:

1. La adjudicación adicional estará a cargo, en primer término, del liquidador que adelantó la liquidación de la compañía, pero si han transcurrido cinco (5) años desde la aprobación de la cuenta final de liquidación o el liquidador no puede justificadamente adelantar el trámite, la Superintendencia de Sociedades lo designará para que adelante el trámite pertinente.
2. Podrá formular la solicitud cualquiera de los acreedores relacionados en el inventario del patrimonio social, mediante memorial en que se haga una relación de los nuevos bienes y se acompañen las pruebas a que hubiere lugar.
3. Establecido el valor de los bienes por el liquidador, este procederá a adjudicarlos a los acreedores insolutos, en el orden establecido en el inventario del patrimonio social. En el evento de no existir acreedores, adjudicará los bienes entre quienes ostentaron por última vez la calidad de asociados, según el porcentaje de participación que les correspondía en el capital de la sociedad.
4. En acta firmada por el liquidador se consignará la descripción de los activos adjudicados, el valor correspondiente y la identificación de la persona o personas a las que les fueron adjudicados.
5. Los gastos en que se incurra para la adjudicación adicional, serán de cuenta de los adjudicatarios.

Art. 28. ACCIONES CONTRA SOCIOS Y LIQUIDADORES EN LA LIQUIDACIÓN VOLUNTARIA

La Superintendencia de Sociedades, en uso de funciones jurisdiccionales, conocerá de las acciones de responsabilidad contra socios y liquidadores según las normas legales vigentes.

Dichas acciones se adelantarán en única instancia a través del procedimiento verbal sumario regulado en el Código de Procedimiento Civil.

Art. 29. REACTIVACIÓN DE SOCIEDADES Y SUCURSALES EN LIQUIDACIÓN

La asamblea general de accionistas, la junta de socios, el accionista único o la sociedad extranjera titular de sucursales en Colombia podrá, en cualquier momento posterior a la iniciación de la liquidación, acordar la reactivación de la sociedad o sucursal de sociedad extranjera, siempre que el pasivo externo no supere el 70 % de los activos sociales y que no se haya iniciado la distribución de los remanentes a los asociados.

La reactivación podrá concurrir con la transformación de la sociedad, siempre que se cumplan los requisitos exigidos en la Ley.

En todo caso, si se pretende la transformación de la compañía en sociedad por acciones simplificada, la determinación respectiva requerirá el voto unánime de la totalidad de los asociados.

Para la reactivación, el liquidador de la sociedad someterá a consideración de la asamblea general de accionistas o junta de socios un proyecto que contendrá los motivos que dan lugar a la misma y los hechos que acreditan las condiciones previstas en el artículo anterior.

Igualmente deberán prepararse estados financieros extraordinarios, de conformidad con lo establecido en las normas vigentes, con fecha de corte no mayor a treinta días contados hacia atrás de la fecha de la convocatoria a la reunión del máximo órgano social.

La decisión de reactivación se tomará por la mayoría prevista en la ley para la transformación. Los asociados ausentes y disidentes podrán ejercer el derecho de retiro en los términos de la ley.

El acta que contenga la determinación de reactivar la compañía se inscribirá en el registro mercantil de la Cámara de Comercio del domicilio social. La determinación deberá ser informada a los acreedores dentro de los quince días siguientes a la fecha en que se adoptó la decisión, mediante comunicación escrita dirigida a cada uno de ellos.

Los acreedores tendrán derecho de oposición judicial en los términos previstos en el artículo 175 del Código de Comercio. La acción podrá interponerse dentro de los treinta días siguientes al recibo del aviso de que trata el inciso anterior. La acción se tramitará ante la Superintendencia de Sociedades que resolverá en ejercicio de funciones jurisdiccionales a través del proceso verbal sumario.

Art. 30

El artículo 10 de la Ley 1116 de 2006 quedará así:

Artículo 10. *Otros presupuestos de admisión.* La solicitud de inicio del proceso de reorganización deberá presentarse acompañada de los documentos que acrediten, además de los supuestos de cesación de pagos o de incapacidad de pago inminente, el cumplimiento de los siguientes requisitos:

1. No haberse vencido el plazo establecido en la ley para enervar las causales de disolución, sin haber adoptado las medidas tendientes a subsanarlas.

2. Llevar contabilidad regular de sus negocios conforme a las prescripciones legales.

3. Si el deudor tiene pasivos pensionales a cargo, tener aprobado el cálculo actuarial y estar al día en el pago de las mesadas pensionales, bonos y títulos pensionales exigibles.

Las obligaciones que por estos conceptos se causen durante el proceso, así como las facilidades de pago convenidas con antelación al inicio del proceso de reorganización serán pagadas de preferencia, inclusive sobre los demás gastos de administración.

Art. 31. DISPOSICIONES COMUNES SOBRE LIQUIDACIÓN PRIVADA

En ningún proceso de liquidación privada se requerirá protocolizar los documentos de la liquidación según lo establecido en el inciso 3o del artículo 247 del Código de Comercio. (SIC) Cualquier sociedad en estado de liquidación privada podrá ser parte de un proceso de fusión o escisión.

Durante el período de liquidación las sociedades no tendrán obligación de renovar la matrícula mercantil.

Art. 32

Sin perjuicio de la responsabilidad penal o de cualquiera otra índole a que hubiere lugar, la existencia de pasivos por retenciones de carácter obligatorio a favor de autoridades fiscales, descuentos efectuados a trabajadores o aportes al sistema de seguridad social no impedirá al deudor acceder al proceso de reorganización.

En todo caso, al momento de presentar la solicitud el deudor informará al juez acerca de su existencia y presentará un plan para la atención de dichos pasivos, los cuales deberán satisfacerse a más tardar al momento de la confirmación del acuerdo de reorganización. Si a esa fecha no se cumpliere dicha condición, el juez no podrá confirmar el acuerdo que le fuere presentado.

Las obligaciones que por estos conceptos se causen con posterioridad al inicio del proceso serán pagadas coma <sic> gastos de administración.

Art. 33

Los numerales primero y tercero del artículo 13 de la Ley 1116 de 2006 quedarán así:

«1. Los cinco (5) estados financieros básicos correspondientes a los tres (3) últimos ejercicios y los dictámenes respectivos, si existieren, suscritos por Contador Público o Revisor Fiscal, según sea el caso, salvo que el deudor, con anterioridad, hubiere remitido a la Superintendencia tales estados financieros en las condiciones indicadas, en cuyo caso, la Superintendencia los allegará al proceso para los fines pertinentes».

«3. Un estado de inventario de activos y pasivos con corte a la misma fecha indicada en el numeral anterior, debidamente certificado, suscrito por contador público o revisor fiscal, según sea el caso».

Art. 34

Agréguense dos parágrafos al artículo 17 de la Ley 1116 de 2006, los cuales quedarán así:

Parágrafo 3º. Desde la presentación de la solicitud de reorganización hasta la aceptación de la misma, el deudor únicamente podrá efectuar pagos de obligaciones propias del giro ordinario de sus negocios, tales como laborales, fiscales y proveedores.

Parágrafo 4º. En especial el juez del concurso podrá autorizar el pago anticipado de las pequeñas acreencias, es decir aquellas que, en conjunto, no superen el cinco por ciento del pasivo externo del deudor.

Art. 35. INTERVENCIÓN DE PROMOTOR EN LOS PROCESOS DE REORGANIZACIÓN

Las funciones que de acuerdo con la Ley 1116 de 2006 corresponden al promotor serán cumplidas por el representante legal de la persona jurídica deudora o por el deudor persona natural comerciante, según el caso.

Excepcionalmente, el juez del concurso podrá designar un promotor cuando a la luz de las circunstancias en su criterio se justifique, para lo cual tomará en cuenta entre otros factores la importancia de la empresa, el monto de sus pasivos, el número de acreedores, el carácter internacional de la operación, la existencia de anomalías en su contabilidad y el incumplimiento de obligaciones legales por parte del deudor.

Cualquier número de acreedores no vinculados que representen cuando menos el treinta por ciento del total del pasivo externo podrán solicitar en cualquier tiempo la designación de un promotor, en cuyo caso el juez del concurso procederá a su designación de manera inmediata. La solicitud podrá ser presentada desde el inicio del proceso y el porcentaje de votos será calculado con base en la información presentada por el deudor con su solicitud.

De igual manera, el deudor podrá solicitar la designación del promotor desde el inicio del proceso, en cuyo caso el juez del concurso procederá a su designación.

En aquellos casos en que se designe el Promotor, este cumplirá todas <sic> funciones previstas en la Ley 1116 de 2006.

Art. 36

El artículo 29 de la Ley 1116 de 2006 quedará así:

Artículo 29. *Objeciones*. Del proyecto de reconocimiento y graduación de créditos y derechos de voto presentados por el promotor, se correrá traslado en las oficinas del juez del concurso por el término de cinco (5) días.

El deudor no podrá objetar las acreencias incluidas en la relación de pasivos presentada por él con la solicitud de inicio del proceso de reorganización. Por su parte, los administradores no podrán objetar las obligaciones de acreedores externos que estén incluidas dentro de la relación efectuada por el deudor.

De manera inmediata al vencimiento del término anterior, el Juez del concurso correrá traslado de las objeciones por un término de tres (3) días para que los acreedores objetados se pronuncien con relación a las mismas, aportando las pruebas documentales a que hubiere lugar.

Vencido dicho plazo, correrá un término de diez (10) días para provocar la conciliación de las objeciones. Las objeciones que no sean conciliadas serán decididas por el juez del concurso en la audiencia de que trata el artículo siguiente.

La única prueba admisible para el trámite de objeciones será la documental, la cual deberá aportarse con el escrito de objeciones o con el de respuesta a las mismas.

No presentadas objeciones, el juez del concurso reconocerá los créditos, establecerá los derechos de voto y fijará el plazo para la presentación del acuerdo por providencia que no tendrá recurso alguno.

Art. 37

El artículo 30 de la Ley 1116 de 2006 quedará así:

Artículo 30. *Decisión de objeciones.* Si se presentaren objeciones, el juez del concurso procederá así:

1. Tendrá como pruebas las documentales aportadas por las partes.

2. En firme la providencia de decreto de pruebas convocará a audiencia para resolver las objeciones, la cual se llevará a cabo dentro de los cinco días siguientes.

3. En la providencia que decida las objeciones el Juez reconocerá los créditos, asignará los derechos de voto y fijará plazo para la celebración del acuerdo. Contra esta providencia solo procederá el recurso de reposición que deberá presentarse en la misma audiencia.

En ningún caso la audiencia podrá ser Suspendida.

Art. 38

El artículo 31 de la Ley 1116 de 2006, quedará así:

Artículo 31. *Término para celebrar el acuerdo de reorganización.* En la providencia de reconocimiento de créditos se señalará el plazo de cuatro meses para celebrar el acuerdo de reorganización, sin perjuicio de que las partes puedan celebrarlo en un término inferior. El término de cuatro meses no podrá prorrogarse en ningún caso.

Dentro del plazo para la celebración del acuerdo, el promotor con fundamento en el plan de reorganización de la empresa y el flujo de caja elaborado para atender el pago de las obligaciones, deberá presentar ante el juez del concurso, según sea el caso, un acuerdo de reorganización debidamente aprobado con los votos favorables de un número plural de acreedores que representen, por lo menos la mayoría absoluta de los votos admitidos. Dicha mayoría deberá, adicionalmente, conformarse de acuerdo con las siguientes reglas:

1. Existen cinco (5) categorías de acreedores, compuestas respectivamente por:

a) Los titulares de acreencias laborales;

b) Las entidades públicas;

c) Las instituciones financieras, nacionales y demás entidades sujetas a la inspección y vigilancia de la Superintendencia Financiera de Colombia de carácter privado, mixto o público; y las instituciones financieras extranjeras;

d) Acreedores internos, y

e) Los demás acreedores externos.

2. Deben obtenerse votos favorables provenientes de por lo menos de tres (3) categorías de acreedores.

3. En caso de que solo existan tres (3) categorías de acreedores, la mayoría deberá conformarse con votos favorables provenientes de acreedores pertenecientes a dos (2) de ellas.

4. De existir solo dos (2) categorías de acreedores, la mayoría deberá conformarse con votos favorables provenientes de ambas clases de acreedores.

Si el acuerdo de reorganización debidamente aprobado no es presentado en el término previsto en este artículo, comenzará a correr de inmediato el término para celebrar el acuerdo de adjudicación.

El acuerdo de reorganización aprobado con el voto favorable de un número plural de acreedores que representen, por lo menos, el setenta y cinco por ciento (75%) de los votos no requerirá de las categorías de acreedores votantes, establecidas en las reglas contenidas en los numerales anteriores.

Parágrafo 1°. Para los efectos previstos en esta ley se consideran acreedores internos los socios o accionistas de las sociedades, el titular de las cuotas o acciones en la empresa unipersonal y los titulares de participaciones en cualquier otro tipo de persona jurídica. En el caso de la persona natural comerciante, el deudor tendrá dicha condición.

Para efectos de calcular los votos, cada acreedor interno tendrá derecho a un número de votos equivalente al valor que se obtenga al multiplicar su porcentaje de participación en el capital, por la cifra que resulte de restar del patrimonio, las partidas correspondientes a utilidades decretadas en especie y el monto de la cuenta de revalorización del patrimonio, así haya sido capitalizada, de conformidad con el balance e información con corte a la fecha de admisión al proceso de insolvencia. Cuando el patrimonio fuere negativo cada accionista tendrá derecho a un voto.

La reforma del acuerdo de reorganización deberá ser adoptada con el mismo porcentaje de votos requeridos para su aprobación y confirmación. Para el efecto, serán descontados de los votos originalmente determinados aquellas acreencias que hayan sido extinguidas en ejecución del acuerdo de reorganización, permaneciendo los votos de los acreedores internos igual a los calculados para la primera determinación, con base en la fecha de inicio del proceso.

Parágrafo 2°. Cuando los acreedores internos o vinculados detenten la mayoría decisoria en el acuerdo de reorganización, no podrá preveerse en el acuerdo ni en sus reformas un plazo para la atención del pasivo externo de acreedores no vinculados superior a diez años contados desde la fecha de celebración del acuerdo, salvo que la mayoría de los acreedores externos consientan en el otorgamiento de un plazo superior.

Art. 39

El artículo 37 de la Ley 1116 de 2006 quedará así:

Artículo 37. *Plazo y confirmación del acuerdo de adjudicación.* Vencido el término para presentar el acuerdo de reorganización sin que este hubiere solo (SIC) presentado o no confirmado el mismo, el juez proferirá auto en que se adoptarán las siguientes decisiones:

1. Se designará liquidador, a menos que el proceso de reorganización se hubiere adelantado con promotor, caso en el cual hará las veces de liquidador.
2. Se fijará el plazo para la presentación del inventario valorado, y
3. Se ordenará la actualización de los gastos causados durante el proceso de reorganización. Del inventario valorado y de los gastos actualizados se correrá traslado por el término de tres (3) días para formular objeciones. De presentarse objeciones, se aplicará el procedimiento previsto para el proceso de reorganización. Resueltas las objeciones o en caso de no presentarse, se iniciará el término de treinta (30) días para la presentación del acuerdo de adjudicación.

Durante el término anterior, solo podrán enajenarse los bienes perecederos del deudor que estén en riesgo inminente de deterioro, depositando el producto de la venta a orden del Juez del concurso. Los demás bienes podrán enajenarse si así lo autoriza la mayoría absoluta de los acreedores, autorización que en todo caso deberá ser confirmada por el Juez competente.

En el acuerdo de adjudicación se pactará la forma como serán adjudicados los bienes del deudor, pagando primero las obligaciones causadas con posterioridad al inicio del proceso de insolvencia y luego las contenidas en la calificación y graduación aprobada. En todo caso, deberán seguirse las reglas de adjudicación señaladas en esta ley.

El acuerdo de adjudicación debe ser aprobado por las mayorías y en la forma prevista en la presente ley para la aprobación del acuerdo de reorganización, respetando en todo caso las prelaciones de ley y, en especial, las relativas a los pasivos pensionales. Para el efecto, el deudor acreditará el estado actual de los gastos de administración y los necesarios para la ejecución del acuerdo y la forma de pago, respetándoles su prelación.

Si el acuerdo de adjudicación no es presentado ante el Juez del concurso en el plazo previsto en la presente norma, se entenderá que los acreedores aceptan que la Superintendencia o el juez adjudiquen los bienes del deudor, conforme a las reglas de adjudicación de bienes previstas en la presente ley.

Para la confirmación del acuerdo de adjudicación regirán las mismas normas de confirmación del acuerdo de reorganización, entendiéndose que, si no hay confirmación del de adjudicación, el juez del concurso, procederá a adjudicar los bienes del deudor en los términos señalados en el inciso anterior.

La providencia que adjudica deberá proferirse a más tardar dentro de los quince (15) días siguientes a la audiencia de confirmación del acuerdo de adjudicación sin que el mismo haya sido confirmado o al vencimiento del plazo para su presentación observando los parámetros previstos en esta ley. Contra el acto que decrete la adjudicación de los bienes no procederá recurso alguno.

Parágrafo 1°. En todo caso, el juez del concurso ordenará la cancelación de los gravámenes que pesen sobre los bienes adjudicados, incluyendo los de mayor extensión.

Parágrafo 2°. Respecto de los bienes que no forman parte del patrimonio a adjudicar, se aplicará lo dispuesto a los bienes excluidos de conformidad con lo previsto en la presente ley para el proceso de liquidación judicial.

Parágrafo 3°. Los efectos de la liquidación por adjudicación serán, además de los mencionados en el artículo 38 de la Ley 1116 de 2006, los contenidos en el artículo 50 de la misma ley.

Art. 40. MEDIOS ELECTRÓNICOS

Artículo modificado por el artículo 153 del Decreto 19 de 2012. El nuevo texto es el siguiente: Se permitirá la utilización de medios electrónicos en la tramitación de los procesos de insolvencia de conformidad con lo previsto en la Ley 527 de 1999 y para el cumplimiento de los trámites ante el Registro Mercantil, entidades sin ánimo de lucro y ante el Registro Único de Proponentes delegados en las Cámaras de Comercio.

Art. 41

El artículo 123 de la Ley 1116 de 2006 quedará así:

Artículo 123. ***Publicidad de los Contratos de Fiducia Mercantil con fines de garantía que consten en documento privado.*** Los contratos de fiducia mercantil con fines de garantía que consten en documento privado deberán inscribirse en el Registro Mercantil de la Cámara de Comercio con jurisdicción en el domicilio del fiduciante, sin perjuicio de la inscripción o registro que de acuerdo con la clase de acto o con la naturaleza de los bienes, deba hacerse conforme a la ley.

Art. 42. EXCLUSIÓN DE LA PRESENTACIÓN PERSONAL DE LOS PODERES PARA ADELANTAR TRÁMITES ANTE LA SUPERINTENDENCIA DE INDUSTRIA Y COMERCIO

Los poderes que se confieran para adelantar trámites ante la Superintendencia de Industria y Comercio y Cámara de Comercio. Los poderes que se confieren para adelantar trámites ante la Superintendencia de Industria y Comercio, relacionados con el registro de signos distintivos y nuevas creaciones, no requerirán presentación personal.

Se presumen auténticas, mientras no se compruebe lo contrario mediante declaración de autoridad competente, las actas de los órganos sociales y de administración de las sociedades y entidades sin ánimo de lucro, así como sus extractos y copias autorizadas por el Secretario o por el Representante de la respectiva persona jurídica, que deben registrarse ante las Cámaras de Comercio. En consecuencia, no se requerirá realizar presentación personal de estos documentos ante el secretario de la Cámara de Comercio correspondiente, juez o notario.

Art. 43

Los numerales 4 y 7 del artículo 85 de la Ley 222 de 1995 quedarán así:

4. Ordenar la remoción de los administradores, Revisor Fiscal y empleados, según sea el caso, por incumplimiento de las órdenes de la Superintendencia de Sociedades, o de los deberes previstos en la ley o en los estatutos, de oficio o a petición de parte, mediante providencia motivada en la cual designará su reemplazo de las listas que elabore la Superintendencia de Sociedades. La remoción ordenada por la Superintendencia de Sociedades implicará una inhabilidad para ejercer el comercio, hasta por diez (10) años, contados a partir de la ejecutoria del acto administrativo correspondiente.

A partir del sometimiento a control, se prohíbe a los administradores y empleados la constitución de garantías que recaigan sobre bienes propios de la sociedad, enajenaciones de bienes u operaciones que no correspondan al giro ordinario de los negocios sin autorización previa de la Superintendencia de Sociedades. Cualquier acto celebrado o ejecutado en contravención a lo dispuesto en el presente artículo será ineficaz de pleno derecho.

El reconocimiento de los presupuestos de ineficacia previstos en este artículo será de competencia de la Superintendencia de Sociedades de oficio en ejercicio de funciones administrativas. Así mismo, las partes podrán solicitar a la Superintendencia su reconocimiento a través del proceso verbal sumario.

7. Convocar a la sociedad al trámite de un proceso de insolvencia, independientemente a que esté incursa en una situación de cesación de pagos.

Art. 44

El artículo 121 de la Ley 1116 de 2006 quedará así:

Artículo 121. *Contribuciones.* Los recursos necesarios para cubrir los gastos de funcionamiento e inversión que requiera la Superintendencia de Sociedades provendrán de la contribución a cargo de las Sociedades sometidas a su vigilancia o control, así como de las tasas de que trata el presente artículo.

La contribución consistirá en una tarifa que será calculada sobre el monto total de los activos, incluidos los ajustes integrales por inflación, que registre la sociedad a 31 de diciembre del año inmediatamente anterior. Dicha contribución será liquidada conforme a las siguientes reglas:

1. El total de las contribuciones corresponderá al monto del presupuesto de funcionamiento e inversión que demande la Superintendencia en la vigencia anual respectiva, deducidos los excedentes por contribuciones y tasas de la vigencia anterior.

2. Con base en el total de activos de las sociedades vigiladas y controladas al final del período anual anterior, la Superintendencia de Sociedades, mediante resolución, establecerá la tarifa de la contribución a cobrar, que podrá ser diferente según se trate de sociedades activas, en período preoperativo, en concordato, en reorganización o en liquidación.

3. La tarifa que sea fijada no podrá ser superior al uno por mil del total de activos de las sociedades vigiladas o controladas.

4. En ningún caso, la contribución a cobrar a cada sociedad podrá exceder del uno por ciento del total de las contribuciones, ni ser inferior a un (1) salario mínimo legal mensual vigente.

5. Cuando la sociedad contribuyente no permanezca vigilada o controlada durante toda la vigencia, su contribución será proporcional al período bajo vigilancia o control. No obstante, si por el hecho de que alguna o algunas sociedades no permanezcan bajo vigilancia o control durante todo el período, se genera algún

defecto presupuestal que requiera subsanarse, el Superintendente podrá liquidar y exigir a los demás contribuyentes el monto respectivo en cualquier tiempo durante la vigencia correspondiente.

6. Las contribuciones serán liquidadas para cada sociedad anualmente con base en el total de sus activos, multiplicados por la tarifa que fije la Superintendencia de Sociedades para el período fiscal correspondiente.

7. Cuando una sociedad no suministre oportunamente los balances cortados a 31 de diciembre del año inmediatamente anterior, la Superintendencia hará la correspondiente liquidación con base en los activos registrados en el último balance que repose en los archivos de la entidad. Sin embargo, una vez recibidos los estados financieros correspondientes a la vigencia anterior, deberá procederse a la reliquidación de la contribución.

8. Cuando una sociedad presente saldos a favor producto de la reliquidación, estos podrán ser aplicados, en primer lugar, a obligaciones pendientes de pago con la entidad, y, en segundo lugar, para ser deducidos del pago de la vigencia fiscal que esté en curso.

La Superintendencia de Sociedades podrá cobrar a las sociedades no vigiladas ni controladas o a otras entidades o personas, tasas por los servicios que les preste, según sean los costos que cada servicio implique para la entidad, determinados con base en la remuneración del personal dedicado a la actividad, en forma proporcional al tiempo requerido; el costo de su desplazamiento en términos de viáticos y transporte terrestre y aéreo, cuando a ello hubiere lugar; y gastos administrativos tales como correo, fotocopias, certificados y peritos.

Las sumas por concepto de contribuciones o tasas por prestación de servicios que no sean canceladas en los plazos fijados por la Superintendencia, causarán los mismos intereses de mora aplicables al impuesto de renta y complementarios.

(...)

Art. 50. DEPURACIÓN DEL REGISTRO MERCANTIL

Durante los seis meses siguientes a la vigencia de la presente ley, los empresarios que renueven su matrícula mercantil o la de sus establecimientos de comercio, sucursales y agencias podrán pagar las renovaciones de años anteriores de la siguiente manera:

1. Las renovaciones cuyo plazo se venció antes del 2008 no tendrán costo alguno.

2. Las renovaciones correspondientes al año 2008 y 2009 tendrán un valor equivalente al cincuenta por ciento (50%) de la tarifa aprobada para dichos años.

3. Las renovaciones correspondientes al año 2010 se pagarán de conformidad con la tarifa aprobada para dicho año.

Parágrafo 1°. Las sociedades cuya última renovación se efectuó diez (10) años antes a la vigencia de la presente ley, no incursas en proceso de liquidación, tendrán un plazo de doce (12) meses para que cumplan con la mencionada obligación, vencido este término, de no hacerlo, quedarán disueltas y en estado de liquidación y cualquier persona que demuestre un interés legítimo podrá solicitar a la Superintendencia de Sociedades que designe un liquidador en los términos previstos en esta ley. Lo anterior, sin perjuicio de los derechos de terceros debidamente inscritos en el respectivo Registro Mercantil.

Parágrafo 2°. Las personas naturales y los establecimientos de comercio, sucursales y agencias cuya última renovación se efectuó diez (10) años antes de la vigencia de la presente ley, tendrán un plazo de doce (12) meses para ponerse al día en la renovación de la Matrícula Mercantil. Vencido este término, de no hacerlo, la Cámara cancelará la respectiva matrícula, sin perjuicio de los derechos de terceros debidamente inscritos en el respectivo Registro Mercantil.

Parágrafo 3°. Las Cámaras de Comercio informarán previamente las circunstancias previstas en el presente artículo a los interesados mediante carta o correo electrónico a la última dirección registrada, si la tuviere. Así mismo, publicarán al menos un aviso en un periódico de circulación nacional y uno en su página web, 90 días antes del 31 de diciembre en el que informen a sus inscritos del requerimiento para cumplir con la obligación y las consecuencias de no hacerlo.

Parágrafo 4°. Las pequeñas empresas que se encuentren inactivas antes de la vigencia de la presente ley, y que renueven su Matrícula Mercantil, de acuerdo con las tarifas y términos establecidos en el artículo, podrán acceder a los beneficios consagrados en los artículos 4o y 5o de la presente ley.

Para el efecto, deberán ponerse al día en todas sus obligaciones de carácter legal y tributado dentro de doce (12) meses siguientes contados a partir de la entrada en vigencia de la presente ley.

(...)

LEY 1480 DE 2011
POR MEDIO DE LA CUAL SE EXPIDE EL ESTATUTO DEL CONSUMIDOR Y SE DICTAN OTRAS DISPOSICIONES

TÍTULO I

CAPÍTULO I

Art. 1º. PRINCIPIOS GENERALES

Esta ley tiene como objetivos proteger, promover y garantizar la efectividad y el libre ejercicio de los derechos de los consumidores, así como amparar el respeto a su dignidad y a sus intereses económicos, en especial, lo referente a:

1. La protección de los consumidores frente a los riesgos para su salud y seguridad.
2. El acceso de los consumidores a una información adecuada, de acuerdo con los términos de esta ley, que les permita hacer elecciones bien fundadas.
3. La educación del consumidor.
4. La libertad de constituir organizaciones de consumidores y la oportunidad para esas organizaciones de hacer oír sus opiniones en los procesos de adopción de decisiones que las afecten.
5. La protección especial a los niños, niñas y adolescentes, en su calidad de consumidores, de acuerdo con lo establecido en el Código de la Infancia y la Adolescencia.

CAPÍTULO II
OBJETO, ÁMBITO DE APLICACIÓN, CARÁCTER DE LAS NORMAS Y DEFINICIONES

Art. 2º. OBJETO

Las normas de esta ley regulan los derechos y las obligaciones surgidas entre los productores, proveedores y consumidores y la responsabilidad de los productores y proveedores tanto sustancial como procesalmente.

Las normas contenidas en esta ley son aplicables en general a las relaciones de consumo y a la responsabilidad de los productores y proveedores frente al consumidor en todos los sectores de la economía respecto de los cuales no exista regulación especial, evento en el cual aplicará la regulación especial y suplementariamente las normas establecidas en esta Ley.

Esta ley es aplicable a los productos nacionales e importados.

Art. 3º. DERECHOS Y DEBERES DE LOS CONSUMIDORES Y USUARIOS

Se tendrán como derechos y deberes generales de los consumidores y usuarios, sin perjuicio de los que les reconozcan leyes especiales, los siguientes:

1. Derechos:

1.1. Derecho a recibir productos de calidad: Recibir el producto de conformidad con las condiciones que establece la garantía legal, las que se ofrezcan y las habituales del mercado.

1.2. Derecho a la seguridad e indemnidad: Derecho a que los productos no causen daño en condiciones normales de uso y a la protección contra las consecuencias nocivas para la salud, la vida o la integridad de los consumidores.

1.3. Derecho a recibir información: Obtener información completa, veraz, transparente, oportuna, verificable, comprensible, precisa e idónea respecto de los productos que se ofrezcan o se pongan en circulación, así como sobre los riesgos que puedan derivarse de su consumo o utilización, los mecanismos de protección de sus derechos y las formas de ejercerlos.

1.4. Derecho a recibir protección contra la publicidad engañosa.

1.5. Derecho a la reclamación: Reclamar directamente ante el productor, proveedor o prestador y obtener reparación integral, oportuna y adecuada de todos los daños sufridos, así como tener acceso a las autoridades judiciales o administrativas para el mismo propósito, en los términos de la presente ley. Las reclamaciones podrán efectuarse personalmente o mediante representante o apoderado.

1.6. Protección contractual: Ser protegido de las cláusulas abusivas en los contratos de adhesión, en los términos de la presente ley.

1.7. Derecho de elección: Elegir libremente los bienes y servicios que requieran los consumidores.

1.8. Derecho a la participación: Organizarse y asociarse para proteger sus derechos e intereses, elegir a sus representantes, participar y ser oídos por quienes cumplan funciones públicas en el estudio de las decisiones legales y administrativas que les conciernen, así como a obtener respuesta a sus peticiones.

1.9. Derecho de representación: Los consumidores tienen derecho a hacerse representar, para la solución de las reclamaciones sobre consumo de bienes y servicios, y las contravenciones a la presente ley, por sus organizaciones, o los voceros autorizados por ellas.

1.10. Derecho a informar: Los consumidores, sus organizaciones y las autoridades públicas tendrán acceso a los medios masivos de comunicación, para informar, divulgar y educar sobre el ejercicio de los derechos de los consumidores.

1.11. Derecho a la educación: Los ciudadanos tienen derecho a recibir educación sobre los derechos de los consumidores, formas de hacer efectivos sus derechos y demás materias relacionadas.

1.12. Derecho a la igualdad: Ser tratados equitativamente y de manera no discriminatoria.

2. Deberes.

2.1. Informarse respecto de la calidad de los productos, así como de las instrucciones que suministre el productor o proveedor en relación con su adecuado uso o consumo, conservación e instalación.

2.2. Obrar de buena fe frente a los productores y proveedores y frente a las autoridades públicas.

2.3. Cumplir con las normas sobre reciclaje y disposición de desechos de bienes consumidos.

Art. 4º. CARÁCTER DE LAS NORMAS

Las disposiciones contenidas en esta ley son de orden público. Cualquier estipulación en contrario se tendrá por no escrita, salvo en los casos específicos a los que se refiere la presente ley.

Sin embargo, serán válidos los arreglos sobre derechos patrimoniales, obtenidos a través de cualquier método alternativo de solución de conflictos después de surgida una controversia entre el consumidor y el proveedor y/o productor.

Las normas de esta ley deberán interpretarse en la forma más favorable al con sumidor. En caso de duda se resolverá en favor del consumidor.

En lo no regulado por esta ley, en tanto no contravengan los principios de la misma, de ser asuntos de carácter sustancial se le aplicarán las reglas contenidas en el Código de Comercio y en lo no previsto en este, las del Código Civil. En materia procesal, en lo no previsto en esta ley para las actuaciones administrativas se le aplicarán las reglas contenidas en el Código Contencioso Administrativo y para las actuaciones jurisdiccionales se le aplicarán las reglas contenidas en el Código de Procedimiento Civil, en particular las del proceso verbal sumario.

Art. 5º. DEFINICIONES

Para los efectos de la presente ley, se entiende por:

1. Calidad: Condición en que un producto cumple con las características inherentes y las atribuidas por la información que se suministre sobre él.

2. Cláusula de prórroga automática. Es la estipulación contractual que se pacta en los contratos de suministro en la que se conviene que el plazo contractual se prorrogará por un término igual al inicialmente convenido, sin necesidad de formalidad alguna, salvo que una de las partes manifieste con la debida antelación su interés de no renovar el contrato.

3. Consumidor o usuario. Toda persona natural o jurídica que, como destinatario final, adquiera, disfrute o utilice un determinado producto, cualquiera que sea su naturaleza para la satisfacción de una necesidad propia, privada, familiar o doméstica y empresarial cuando no esté ligada intrínsecamente a su actividad económica. Se entenderá incluido en el concepto de consumidor el de usuario.

4. Contrato de adhesión: Aquel en el que las cláusulas son dispuestas por el productor o proveedor, de manera que el consumidor no puede modificarlas, ni puede hacer otra cosa que aceptarlas o rechazarlas.

5. Garantía: Obligación temporal, solidaria a cargo del productor y el proveedor, de responder por el buen estado del producto y la conformidad del mismo con las condiciones de idoneidad, calidad y seguridad legalmente exigibles o las ofrecidas. La garantía legal no tendrá contraprestación adicional al precio del producto.

6. Idoneidad o eficiencia: Aptitud del producto para satisfacer la necesidad o necesidades para las cuales ha sido producido o comercializado.

7. Información: Todo contenido y forma de dar a conocer la naturaleza, el origen, el modo de fabricación, los componentes, los usos, el volumen, peso o medida, los precios, la forma de empleo, las propiedades, la calidad, la idoneidad o la cantidad, y toda otra característica o referencia relevante respecto de los productos que se ofrezcan o pongan en circulación, así como los riesgos que puedan derivarse de su consumo o utilización.

8. Producto: Todo bien o servicio.

9. Productor: Quien de manera habitual, directa o indirectamente, diseñe, produzca, fabrique, ensamble o importe productos. También se reputa productor, quien diseñe, produzca, fabrique, ensamble, o importe productos sujetos a reglamento técnico o medida sanitaria o fitosanitaria.

10. Promociones y ofertas: Ofrecimiento temporal de productos en condiciones especiales favorables o de manera gratuita como incentivo para el consumidor. Se tendrá también por promoción, el ofrecimiento de productos con un con-

tenido adicional a la presentación habitual, en forma gratuita o a precio reducido, así como el que se haga por el sistema de incentivos al consumidor, tales como rifas, sorteos, concursos y otros similares, en dinero, en especie o con acumulación de puntos.

11. Proveedor o expendedor: Quien de manera habitual, directa o indirectamente, ofrezca, suministre, distribuya o comercialice productos con o sin ánimo de lucro.

12. Publicidad: Toda forma y contenido de comunicación que tenga como finalidad influir en las decisiones de consumo.

13. Publicidad engañosa: Aquella cuyo mensaje no corresponda a la realidad o sea insuficiente, de manera que induzca o pueda inducir a error, engaño o confusión.

14. Seguridad: Condición del producto conforme con la cual en situaciones normales de utilización, teniendo en cuenta la duración, la información suministrada en los términos de la presente ley y si procede, la puesta en servicio, instalación y mantenimiento, no presenta riesgos irrazonables para la salud o integridad de los consumidores. En caso de que el producto no cumpla con requisitos de seguridad establecidos en reglamentos técnicos o medidas sanitarias, se presumirá inseguro.

15. Ventas con utilización de métodos no tradicionales: Son aquellas que se celebran sin que el consumidor las haya buscado, tales como las que se hacen en el lugar de residencia del consumidor o por fuera del establecimiento de comercio. Se entenderá por tales, entre otras, las ofertas realizadas y aceptadas personalmente en el lugar de residencia del consumidor, en las que el consumidor es abordado por quien le ofrece los productos de forma intempestiva por fuera del establecimiento de comercio o es llevado a escenarios dispuestos especialmente para aminorar su capacidad de discernimiento.

16. Ventas a distancia: Son las realizadas sin que el consumidor tenga contacto directo con el producto que adquiere, que se dan por medios, tales como correo, teléfono, catálogo o vía comercio electrónico.

17. Producto defectuoso es aquel bien mueble o inmueble que en razón de un error el diseño, fabricación, construcción, embalaje o información, no ofrezca la razonable seguridad a la que toda persona tiene derecho.

Parágrafo. El Gobierno reglamentará la materia.

TÍTULO II
DE LA CALIDAD, IDONEIDAD Y SEGURIDAD

Art. 6º. CALIDAD, IDONEIDAD Y SEGURIDAD DE LOS PRODUCTOS

Todo productor debe asegurar la idoneidad y seguridad de los bienes y servicios que ofrezca o ponga en el mercado, así como la calidad ofrecida. En ningún caso estas podrán ser inferiores o contravenir lo previsto en reglamentos técnicos y medidas sanitarias o fitosanitarias.

El incumplimiento de esta obligación dará lugar a:

1. Responsabilidad solidaria del productor y proveedor por garantía ante los consumidores.

2. Responsabilidad administrativa individual ante las autoridades de supervisión y control en los términos de esta ley.

3. Responsabilidad por daños por producto defectuoso, en los términos de esta ley.

Parágrafo. Para efectos de garantizar la calidad, idoneidad y seguridad de los productos y los bienes y servicios que se comercialicen, el Instituto Nacional de Vigilancia de Medicamentos y Alimentos, Invima, expedirá los Registros Sanitarios, de conformidad con las competencias establecidas en el artículo 245 de la Ley 100 de 1993, que ordena el control y la vigilancia sobre la calidad y seguridad de los mismos.

TÍTULO III
GARANTÍAS

CAPÍTULO I
DE LAS GARANTÍAS

Art. 7º. GARANTÍA LEGAL

Es la obligación, en los términos de esta ley, a cargo de todo productor y/o proveedor de responder por la calidad, idoneidad, seguridad y el buen estado y funcionamiento de los productos.

En la prestación de servicios en el que el prestador tiene una obligación de medio, la garantía está dada, no por el resultado, sino por las condiciones de calidad en la prestación del servicio, según las condiciones establecidas en normas de carácter obligatorio, en las ofrecidas o en las ordinarias y habituales del mercado.

Parágrafo. La entrega o distribución de productos con descuento, rebaja o con carácter promocional está sujeta a las reglas contenidas en la presente ley.

Art. 8º. TÉRMINO DE LA GARANTÍA LEGAL

El término de la garantía legal será el dispuesto por la ley o por la autoridad competente. A falta de disposición de obligatorio cumplimiento, será el anunciado por el productor y/o proveedor. El término de la garantía legal empezará a correr a partir de la entrega del producto al consumidor.

De no indicarse el término de garantía, el término será de un año para productos nuevos. Tratándose de productos perecederos, el término de la garantía legal será el de la fecha de vencimiento o expiración.

Los productos usados en los que haya expirado el término de la garantía legal podrán ser vendidos sin garantía, circunstancia que debe ser informada y aceptada por escrito claramente por el consumidor. En caso contrario se entenderá que el producto tiene garantía de tres (3) meses.

La prestación de servicios que suponen la entrega del bien para la reparación del mismo podrá ser prestada sin garantía, circunstancia que debe ser informada y aceptada por escrito claramente por el consumidor. En caso contrario se entenderá que el servicio tiene garantía de tres (3) meses, contados a partir de la entrega del bien a quien solicitó el servicio.

Para los bienes inmuebles la garantía legal comprende la estabilidad de la obra por diez (10) años, y para los acabados un (1) año.

Art. 9º. SUSPENSIÓN Y AMPLIACIÓN DEL PLAZO DE LA GARANTÍA

El término de la garantía se suspenderá mientras el consumidor esté privado del uso del producto con ocasión de la efectividad de la garantía.

Si se produce el cambio total del producto por otro, el término de garantía empezará a correr nuevamente en su totalidad desde el momento de reposición. Si se cambia una o varias piezas o partes del bien, estas tendrán garantía propia.

Art. 10. RESPONSABLES DE LA GARANTÍA LEGAL

Ante los consumidores, la responsabilidad por la garantía legal recae solidariamente en los productores y proveedores respectivos.

Para establecer la responsabilidad por incumplimiento a las condiciones de idoneidad y calidad, bastará con demostrar el defecto del producto, sin perjuicio de las causales de exoneración de responsabilidad establecidas en el artículo 16 de la presente ley.

Art. 11. ASPECTOS INCLUIDOS EN LA GARANTÍA LEGAL

Corresponden a la garantía legal las siguientes obligaciones:

1. Como regla general, reparación totalmente gratuita de los defectos del bien, así como su transporte, de ser necesario, y el suministro oportuno de los repuestos. Si el bien no admite reparación, se procederá a su reposición o a la devolución del dinero.

2. En caso de repetirse la falla y atendiendo a la naturaleza del bien y a las características del defecto, a elección del consumidor, se procederá a una nueva reparación, la devolución total o parcial del precio pagado o al cambio parcial o total del bien por otro de la misma especie, similares características o especificaciones técnicas, las cuales en ningún caso podrán ser inferiores a las del producto que dio lugar a la garantía.

3. En los casos de prestación de servicios, cuando haya incumplimiento se procederá, a elección del consumidor, a la prestación del servicio en las condiciones en que fue contratado o a la devolución del precio pagado.

4. Suministrar las instrucciones para la instalación, mantenimiento y utilización de los productos de acuerdo con la naturaleza de estos.

5. Disponer de asistencia técnica para la instalación, mantenimiento de los productos y su utilización, de acuerdo con la naturaleza de estos. La asistencia técnica podrá tener un costo adicional al precio.

6. La entrega material del producto y, de ser el caso, el registro correspondiente en forma oportuna.

7. Contar con la disponibilidad de repuestos, partes, insumos, y mano de obra capacitada, aun después de vencida la garantía, por el término establecido por la autoridad competente, y a falta de este, el anunciado por el productor. En caso de que no se haya anunciado el término de disponibilidad de repuestos, partes, insumos y mano de obra capacitada, sin perjuicio de las sanciones correspondientes por información insuficiente, será el de las condiciones ordinarias y habituales del mercado para productos similares. Los costos a los que se refiere este numeral serán asumidos por el consumidor, sin perjuicio de lo señalado en el numeral 1 del presente artículo.

8. Las partes, insumos, accesorios o componentes adheridos a los bienes inmuebles que deban ser cambiados por efectividad de garantía, podrán ser de igual o mejor calidad, sin embargo, no necesariamente idénticos a los originalmente instalados.

9. En los casos de prestación de servicios que suponen la entrega de un bien, repararlo, sustituirlo por otro de las mismas características, o pagar su equivalente en dinero en caso de destrucción parcial o total causada con ocasión del servicio

defectuoso. Para los efectos de este numeral, el valor del bien se determinará según sus características, estado y uso.

Parágrafo. El Gobierno Nacional, dentro de los seis meses siguientes a la expedición de esta ley, se encargará de reglamentar la forma de operar de la garantía legal. La reglamentación del Gobierno, no suspende la aplicación de lo dispuesto en la presente ley.

Art. 12. CONSTANCIAS DE RECIBO Y REPARACIÓN

Cuando se entregue un producto para hacer efectiva la garantía, el garante o quien realice la reparación en su nombre deberá expedir una constancia de recibo conforme con las reglas previstas para la prestación de servicios que suponen la entrega de un bien, e indicará los motivos de la reclamación.

Cuando el producto sea reparado en cumplimiento de una garantía legal o suplementaria, el garante o quien realice la reparación en su nombre estará obligado a entregar al consumidor constancia de reparación indicando lo siguiente:

1. Descripción de la reparación efectuada.
2. Las piezas reemplazadas o reparadas.
3. La fecha en que el consumidor hizo entrega del producto, y
4. La fecha de devolución del producto.

Parágrafo. Si no se hubiere hecho salvedad alguna al momento de entrega del bien, se entenderá que el consumidor lo entregó en buen estado, excepción hecha del motivo por el cual solicitó la garantía.

Art. 13. GARANTÍAS SUPLEMENTARIAS

Los productores y proveedores podrán otorgar garantías suplementarias a la legal, cuando amplíen o mejoren la cobertura de esta, de forma gratuita u onerosa. En este último caso se deberá obtener la aceptación expresa por parte del consumidor, la cual deberá constar en el escrito que le dé soporte. También podrán otorgar este tipo de garantías terceros especializados que cuenten con la infraestructura y recursos adecuados para cumplir con la garantía.

Parágrafo 1°. A este tipo de garantías le es aplicable la regla de responsabilidad solidaria, respecto de quienes hayan participado en la cadena de distribución con posterioridad a quien emitió la garantía suplementaria.

Parágrafo 2°. Cuando el bien se adquiera en el exterior con garantía global o válida en Colombia, el consumidor podrá exigirla al representante de marca en

Colombia y solicitar su efectividad ante las autoridades colombianas. Para hacer efectiva este tipo de garantía, se deberá demostrar que se adquirió en el exterior.

Art. 14. REQUISITOS DE LA GARANTÍA SUPLEMENTARIA

Las garantías suplementarias deberán constar por escrito, ser de fácil comprensión y con caracteres legibles a simple vista.

Art. 15. PRODUCTOS IMPERFECTOS, USADOS, REPARADOS, REMANUFACTURADOS REPOTENCIALIZADOS O DESCONTINUADOS

Cuando se ofrezcan en forma pública productos imperfectos, usados, reparados, remanufacturados, repotencializados o descontinuados, se debe indicar dicha circunstancia en forma precisa y notoria, de acuerdo con las instrucciones que señale la Superintendencia de Industria y Comercio.

Parágrafo. Cuando en la factura de venta se haya informado al consumidor el o los imperfectos y/o deterioros, la garantía legal no será exigible con relación al imperfecto o deterioro aceptado por el consumidor.

Art. 16. EXONERACIÓN DE RESPONSABILIDAD DE LA GARANTÍA

El productor o proveedor se exonerará de la responsabilidad que se deriva de la garantía, cuando demuestre que el defecto proviene de:

1. Fuerza mayor o caso fortuito;
2. El hecho de un tercero;
3. El uso indebido del bien por parte del consumidor, y
4. Que el consumidor no atendió las instrucciones de instalación, uso o mantenimiento indicadas en el manual del producto y en la garantía. El contenido del manual de instrucciones deberá estar acorde con la complejidad del producto. Esta causal no podrá ser alegada si no se ha suministrado manual de instrucciones de instalación, uso o mantenimiento en idioma castellano.

Parágrafo. En todo caso el productor o expendedor que alegue la causal de exoneración deberá demostrar el nexo causal entre esta y el defecto del bien.

Art. 17. OBLIGACIÓN ESPECIAL

Sin perjuicio de la obligación de demostrar el cumplimiento del reglamento técnico y lo establecido en normas especiales, todo productor deberá previamente a la puesta en circulación o a la importación de los productos sujetos a reglamento técnico, informar ante la autoridad de control: el nombre del productor o importador y el de su representante legal o agente residenciado en el país y la dirección para efecto de notificaciones, así como la información adicional que determinen los reguladores de producto.

El Gobierno Nacional definirá los casos en que el productor o importador deberá, además de cumplir con el requisito anterior, mantener un establecimiento de comercio en el país.

Las entidades encargadas del control del reglamento técnico deberán organizar y mantener el registro de la información a la que se refiere este artículo.

Parágrafo. La representación en el país se podrá probar, entre otras, con el certificado de existencia y representación legal vigente, donde conste el término de vigencia de la persona jurídica, o por contrato de representación firmado con una empresa legalmente constituida en el país.

CAPÍTULO II
PRESTACIÓN DE SERVICIOS QUE SUPONEN LA ENTREGA DE UN BIEN

Art. 18. PRESTACIÓN DE SERVICIOS QUE SUPONEN LA ENTREGA DE UN BIEN

Cuando se exija la entrega de un bien respecto del cual se desarrollará una prestación de servicios, estará sometido a las siguientes reglas:

1. Quien preste el servicio debe expedir un recibo del bien en el cual se mencione la fecha de la recepción, y el nombre del propietario o de quien hace entrega, su dirección y teléfono, la identificación del bien, la clase de servicio, las sumas que se abonan como parte del precio, el término de la garantía que otorga, y si es posible determinarlos en ese momento, el valor del servicio y la fecha de devolución.

Cuando en el momento de la recepción no sea posible determinar el valor del servicio y el plazo de devolución del bien, el prestador del servicio deberá informarlo al consumidor en el término que acuerden para ello, para que el consumidor acepte o rechace de forma expresa la prestación del servicio. De dicha aceptación o rechazo se dejará constancia, de tal forma que pueda ser verificada por la autoridad competente; si no se hubiere hecho salvedad alguna al momento de entrega del bien, se entenderá que el consumidor lo entregó en buen estado.

2. Quien preste el servicio asume la custodia y conservación adecuada del bien y, por lo tanto, de la integridad de los elementos que lo componen, así como la de sus equipos anexos o complementarios, si los tuviere.

3. En la prestación del servicio de parqueadero la persona natural o jurídica que preste el servicio deberá expedir un recibo del bien en el cual se mencione la fecha y hora de la recepción, la identificación del bien, el estado en que se encuentra y el valor del servicio en la modalidad en que se preste. Para la identificación y el estado en que se recibe el bien al momento del ingreso, podrá utilizarse medios tecnológicos que garanticen el cumplimiento de esta obligación. Cuando se trate de zonas de parqueo gratuito, el prestador del servicio responderá por los daños causados cuando medie dolo o culpa grave.

Parágrafo. Pasado un (1) mes a partir de la fecha prevista para la devolución o a la fecha en que el consumidor debía aceptar o rechazar expresamente el servicio, de conformidad con lo previsto en el numeral 1 anterior sin que el consumidor acuda a retirar el bien, el prestador del servicio lo requerirá para que lo retire dentro de los dos (2) meses siguientes a la remisión de la comunicación. Si el consumidor no lo retira se entenderá por ley que abandona el bien y el prestador del servicio deberá disponer del mismo conforme con la reglamentación que expida el Gobierno Nacional para el efecto.

Sin perjuicio del derecho de retención, el prestador del servicio no podrá lucrarse económicamente del bien, explotarlo, transferir el dominio o conservarlo para sí mismo. No obstante lo anterior, el consumidor deberá asumir los costos asociados al abandono del bien, tales como costos de almacenamiento bodegaje y mantenimiento.

TÍTULO IV
RESPONSABILIDAD POR DAÑOS POR PRODUCTO DEFECTUOSO

CAPÍTULO ÚNICO
DE LA RESPONSABILIDAD POR DAÑOS POR PRODUCTO DEFECTUOSO

Art. 19. DEBER DE INFORMACIÓN

Cuando un miembro de la cadena de producción, distribución y comercialización, tenga conocimiento de que al menos un producto fabricado, importado o comercializado por él, tiene un defecto que ha producido o puede producir un evento adverso que atente contra la salud, la vida o la seguridad de las personas, deberá tomar las medidas correctivas frente a los productos no despachados y los puestos en circulación, y deberá informar el hecho dentro de los tres (3) días calendario siguientes a la autoridad que determine el Gobierno Nacional.

Parágrafo. Sin perjuicio de las responsabilidades administrativas individuales que se establezcan sobre el particular, en caso que el obligado no cumpla con lo previsto en este artículo, será responsable solidariamente con el productor por los daños que se deriven del incumplimiento de esa obligación.

Art. 20. RESPONSABILIDAD POR DAÑO POR PRODUCTO DEFECTUOSO

El productor y el expendedor serán solidariamente responsables de los daños causados por los defectos de sus productos, sin perjuicio de las acciones de repetición a que haya lugar. Para efectos de este artículo, cuando no se indique expresamente quién es el productor, se presumirá como tal quien coloque su nombre, marca o cualquier otro signo o distintivo en el producto.

Como daño, se entienden los siguientes:

1. Muerte o lesiones corporales, causadas por el producto defectuoso;
2. Los producidos a una cosa diferente al producto defectuoso, causados por el producto defectuoso.

Lo anterior, sin perjuicio de que el perjudicado pueda reclamar otro tipo de indemnizaciones de acuerdo con la ley.

Art. 21. DETERMINACIÓN DE LA RESPONSABILIDAD POR DAÑOS POR PRODUCTO DEFECTUOSO

Para determinar la responsabilidad, el afectado deberá demostrar el defecto del bien, la existencia del daño y el nexo causal entre éste y aquél.

Parágrafo. Cuando se viole una medida sanitaria o fitosanitaria, o un reglamento técnico, se presumirá el defecto del bien.

Art. 22. EXONERACIÓN DE RESPONSABILIDAD POR DAÑOS POR PRODUCTO DEFECTUOSO

Solo son admisibles como causales de exoneración de la responsabilidad por daños por producto defectuoso las siguientes:

1. Por fuerza mayor o caso fortuito;
2. Cuando los daños ocurran por culpa exclusiva del afectado;

3. Por hecho de un tercero;

4. Cuando no haya puesto el producto en circulación;

5. Cuando el defecto es consecuencia directa de la elaboración, rotulación o empaquetamiento del producto conforme a normas imperativas existentes, sin que el defecto pudiera ser evitado por el productor sin violar dicha norma;

6. Cuando en el momento en que el producto fue puesto en circulación, el estado de los conocimientos científicos y técnicos no permitía descubrir la existencia del defecto. Lo anterior, sin perjuicio de lo establecido en el artículo 19 de la presente ley.

Parágrafo. Cuando haya concurrencia de causas en la producción del daño, la responsabilidad del productor podrá disminuirse.

TÍTULO V
DE LA INFORMACIÓN

CAPÍTULO ÚNICO
DE LA INFORMACIÓN

Art. 23. INFORMACIÓN MÍNIMA Y RESPONSABILIDAD

Los proveedores y productores deberán suministrar a los consumidores información, clara, veraz, suficiente, oportuna, verificable, comprensible, precisa e idónea sobre los productos que ofrezcan y, sin perjuicio de lo señalado para los productos defectuosos, serán responsables de todo daño que sea consecuencia de la inadecuada o insuficiente información. En todos los casos la información mínima debe estar en castellano.

Parágrafo. Salvo aquellas transacciones y productos que estén sujetos a mediciones o calibraciones obligatorias dispuestas por una norma legal o de regulación técnica metrológica, respecto de la suficiencia o cantidad, se consideran admisibles las mermas en relación con el peso o volumen informado en productos que por su naturaleza puedan sufrir dichas variaciones.

Cuando en los contratos de seguros la compañía aseguradora modifique el valor asegurado contractualmente, de manera unilateral, tendrá que notificar al asegurado y proceder al reajuste de la prima, dentro de los treinta (30) días siguientes.

Art. 24. CONTENIDO DE LA INFORMACIÓN

La información mínima comprenderá:

1. Sin perjuicio de las reglamentaciones especiales, como mínimo el productor debe suministrar la siguiente información:

1.1. Las instrucciones para el correcto uso o consumo, conservación e instalación del producto o utilización del servicio;

1.2. Cantidad, peso o volumen, en el evento de ser aplicable; Las unidades utilizadas deberán corresponder a las establecidas en el Sistema Internacional de Unidades o a las unidades acostumbradas de medida de conformidad con lo dispuesto en esta ley;

1.3. La fecha de vencimiento cuando ello fuere pertinente. Tratándose de productos perecederos, se indicará claramente y sin alteración de ninguna índole, la fecha de su expiración en sus etiquetas, envases o empaques, en forma acorde con su tamaño y presentación. El Gobierno reglamentará la materia.

1.4. (~~Las especificaciones del bien o servicio. Cuando la autoridad competente exija especificaciones técnicas particulares, estas deberán contenerse en la información mínima~~).

NOTA: La expresión subrayada de este artículo fue declarada exequible por un lapso de dos años por la Corte Constitucional en la Sentencia C-538 de 2015. En tal sentido, este numeral es inexequible en la actualidad. El Congreso debe expedir una norma en la que se incluya la información mínima sobre alimentos modificados genéticamente o con componentes genéticamente modificados.

2. Información que debe suministrar el proveedor:

2.1. La relativa a las garantías que asisten al consumidor o usuario;

2.2. El precio, atendiendo las disposiciones contenidas en esta ley.

En el caso de los subnumerales 1.1., 1.2. y 1.3 de este artículo, el proveedor está obligado a verificar la existencia de los mismos al momento de poner en circulación los productos en el mercado.

Parágrafo. El productor o el proveedor solo podrá exonerarse de responsabilidad cuando demuestre fuerza mayor, caso fortuito o que la información fue adulterada o suplantada sin que se hubiera podido evitar la adulteración o suplantación.

NOTA: Esta norma fue declarada exequible por la Corte Constitucional en la Sentencia C-583 de 2015.

Art. 25. CONDICIONES ESPECIALES

Sin perjuicio de lo dispuesto en normas especiales y en reglamentos técnicos o medidas sanitarias, tratándose de productos que, por su naturaleza o componentes, sean nocivos para la salud, deberá indicarse claramente y en caracteres perfectamente legibles, bien sea en sus etiquetas, envases o empaques o en un anexo que se incluya dentro de estos, su nocividad y las condiciones o indicaciones necesarias para su correcta utilización, así como las contraindicaciones del caso.

Art. 26. INFORMACIÓN PÚBLICA DE PRECIOS

El proveedor está obligado a informar al consumidor en pesos colombianos el precio de venta al público, incluidos todos los impuestos y costos adicionales de los productos. El precio debe informarse visualmente y el consumidor solo estará obligado a pagar el precio anunciado. Las diferentes formas que aseguren la información visual del precio y la posibilidad de que en algunos sectores se indique el precio en moneda diferente a pesos colombianos, serán determinadas por la Superintendencia de Industria y Comercio.

Los costos adicionales al precio, generados por estudio de crédito, seguros, transporte o cualquier otra erogación a cargo del consumidor, deberá ser informada adecuadamente, especificando el motivo y el valor de los mismos. En el evento de que aparezcan dos (2) o más precios, que existan tachaduras o enmendaduras, el consumidor sólo estará obligado al pago del precio más bajo de los que aparezcan indicados, sin perjuicio de las sanciones a que hubiere lugar de conformidad con la presente ley.

Cuando el producto esté sujeto a control directo de precios por parte del Gobierno Nacional, el fijado por este será el precio máximo al consumidor y deberá ser informado por el productor en el cuerpo mismo del producto, sin perjuicio del menor valor que el proveedor pueda establecer.

Parágrafo 1º. Los organismos o autoridades encargados de establecer o fijar precios de bienes o servicios ordenarán la publicación de las disposiciones respectivas en el Diario Oficial y al menos en dos (2) diarios de amplia circulación nacional. Los proveedores y productores tendrán dos (2) días a partir de la publicación en el Diario Oficial, para adecuar todos sus precios a lo ordenado por la autoridad.

Parágrafo 2º. La Superintendencia de Industria y Comercio determinará las condiciones mínimas bajo las cuales operará la información pública de precios de los productos que se ofrezcan a través de cualquier medio electrónico, dependiendo de la naturaleza de este.

Art. 27. CONSTANCIA

El consumidor tiene derecho a exigir a costa del productor o proveedor constancia de toda operación de consumo que realice. La factura o su equivalente, expedida por cualquier medio físico, electrónico o similares podrá hacer las veces de constancia. Su presentación no será condición para hacer valer los derechos contenidos en esta ley.

Art. 28. DERECHO A LA INFORMACIÓN DE LOS NIÑOS, NIÑAS Y ADOLESCENTES

El Gobierno Nacional reglamentará, en el término de un año a partir de la entrada en vigencia de la presente ley, los casos, el contenido y la forma en que deba ser presentada la información que se suministre a los niños, niñas y adolescentes en su calidad de consumidores, en desarrollo del derecho de información consagrado en el artículo 34 de la Ley 1098 de 2006.

TÍTULO VI
DE LA PUBLICIDAD

CAPÍTULO ÚNICO
DE LA PUBLICIDAD

Art. 29. FUERZA VINCULANTE

Las condiciones objetivas y específicas anunciadas en la publicidad obligan al anunciante, en los términos de dicha publicidad.

Art. 30. PROHIBICIONES Y RESPONSABILIDAD

Está prohibida la publicidad engañosa.

El anunciante será responsable de los perjuicios que cause la publicidad engañosa. (El medio de comunicación será responsable solidariamente solo si se comprueba dolo o culpa grave). En los casos en que el anunciante no cumpla con las condiciones objetivas anunciadas en la publicidad, sin perjuicio de las sanciones administrativas a que haya lugar, deberá responder frente al consumidor por los daños y perjuicios causados.

NOTA: La expresión entre paréntesis fue declarada exequible por la Corte Constitucional en la Sentencia C-592 de 2012.

Art. 31. PUBLICIDAD DE PRODUCTOS NOCIVOS

En la publicidad de productos que por su naturaleza o componentes sean nocivos para la salud, se advertirá claramente al público acerca de su nocividad y de la necesidad de consultar las condiciones o indicaciones para su uso correcto, así como las contraindicaciones del caso. El Gobierno podrá regular la publicidad de todos o algunos de los productos de que trata el presente artículo.

Parágrafo. Lo dispuesto en este artículo, no podrá ir en contravía de leyes específicas que prohíban la publicidad para productos que afectan la salud.

Art. 32. CAUSALES DE EXONERACIÓN DE RESPONSABILIDAD

El anunciante solo podrá exonerarse de responsabilidad, cuando demuestre fuerza mayor, caso fortuito o que la publicidad fue adulterada o suplantada sin que se hubiera podido evitar la adulteración o suplantación.

Art. 33. PROMOCIONES Y OFERTAS

Los términos de las promociones y ofertas obligan a quien las realice y estarán sujetas a las normas incorporadas en la presente ley.

Las condiciones de tiempo, modo, lugar y cualquier otro requisito para acceder a la promoción y oferta, deberán ser informadas al consumidor en la publicidad.

Sin perjuicio de las sanciones administrativas a que haya lugar, de no indicarse la fecha de iniciación de la promoción u oferta, se entenderá que rige a partir del momento en que fue dada a conocer al público. La omisión de la fecha hasta la cual está vigente o de la condición de que es válida hasta agotar inventario determinado, hará que la promoción se entienda válida hasta que se dé a conocer la revocatoria de la misma, por los mismos medios e intensidad con que se haya dado a conocer originalmente.

TÍTULO VII
PROTECCIÓN CONTRACTUAL

CAPÍTULO I
PROTECCIÓN ESPECIAL

Art. 34. INTERPRETACIÓN FAVORABLE

Las condiciones generales de los contratos serán interpretadas de la manera más favorable al consumidor. En caso de duda, prevalecerán las cláusulas más favorables al consumidor sobre aquellas que no lo sean.

Art. 35. PRODUCTOS NO REQUERIDOS

Cuando el consumidor no haya aceptado expresamente el ofrecimiento de un producto, queda prohibido establecer o renovar dicho ofrecimiento, si este le genera un costo al consumidor. Si con el ofrecimiento se incluye el envío del producto, el consumidor no estará obligado ni a la conservación, ni a gestionar, ni a pagar la devolución de lo recibido.

Art. 36. PROHIBICIÓN DE VENTAS ATADAS

Sin perjuicio de las demás normas sobre la materia, para efectos de la presente ley no se podrá condicionar la adquisición de un producto a la adquisición de otros. Tampoco se podrá, condicionar el recibo de un incentivo o premio a la aceptación de un término contractual.

CAPÍTULO II
CONDICIONES NEGOCIALES GENERALES Y CONTRATOS DE ADHESIÓN

Art. 37. CONDICIONES NEGOCIALES GENERALES Y DE LOS CONTRATOS DE ADHESIÓN

Las Condiciones Negociales Generales y de los contratos de adhesión deberán cumplir como mínimo los siguientes requisitos:

1. Haber informado suficiente, anticipada y expresamente al adherente sobre la existencia efectos y alcance de las condiciones generales. En los contratos se utilizará el idioma castellano.

2. Las condiciones generales del contrato deben ser concretas, claras y completas.

3. En los contratos escritos, los caracteres deberán ser legibles a simple vista y no incluir espacios en blanco, En los contratos de seguros, el asegurador hará entrega anticipada del clausulado al tomador, explicándole el contenido de la cobertura, de las exclusiones y de las garantías.

Serán ineficaces y se tendrán por no escritas las condiciones generales de los contratos de adhesión que no reúnan los requisitos señalados en este artículo.

Art. 38. CLÁUSULAS PROHIBIDAS

En los contratos de adhesión, no se podrán incluir cláusulas que permitan al productor y/o proveedor modificar unilateralmente el contrato o sustraerse de sus obligaciones.

Art. 39. CONSTANCIA DE LA OPERACIÓN Y ACEPTACIÓN

Cuando se celebren contratos de adhesión, el productor y/o proveedor está obligado a la entrega de constancia escrita y términos de la operación al consumidor a más tardar dentro de los tres (3) días siguientes a la solicitud. El productor deberá dejar constancia de la aceptación del adherente a las condiciones generales. El Gobierno Nacional reglamentará las condiciones bajo las cuales se deberá cumplir con lo previsto en este artículo.

Art. 40. APLICACIÓN

El hecho de que algunas cláusulas de un contrato hayan sido negociadas, no obsta para la aplicación de lo previsto en este capítulo.

Art. 41. CLÁUSULA DE PERMANENCIA MÍNIMA

La cláusula de permanencia mínima en los contratos de tracto sucesivo solo podrá ser pactada de forma expresa cuando el consumidor obtenga una ventaja sustancial frente a las condiciones ordinarias del contrato, tales como cuando se ofrezcan planes que subsidien algún costo o gasto que deba ser asumido por el consumidor, dividan el pago de bienes en cuotas o cuando se incluyan tarifas especiales que impliquen un descuento sustancial, y se pactarán por una sola vez, al inicio del contrato. El período de permanencia mínima no podrá ser superior a un año, a excepción de lo previsto en los parágrafos 1o. y 2o.

El proveedor que ofrezca a los potenciales consumidores una modalidad de contrato con cláusula de permanencia mínima, debe también ofrecer una alternativa sin condiciones de permanencia mínima, para que el consumidor pueda comparar las condiciones y tarifas de cada una de ellas y decidir libremente.

En caso de que el consumidor dé por terminado el contrato estando dentro del término de Vigencia de la cláusula de permanencia mínima solo está obligado a paga el valor proporcional del subsidio otorgado por los periodos de facturación que le hagan falta para su vencimiento.

En caso de prorrogarse automáticamente el contrato una vez vencido el término de la cláusula mínima de permanencia, el consumidor tendrá derecho a terminar el contrato en cualquier momento durante la vigencia de la prórroga sin que haya lugar al pago de sumas relacionadas con la terminación anticipada del contrato, salvo que durante dicho periodo se haya pactado una nueva cláusula de permanencia mínima en aplicación de lo previsto en el parágrafo 1 del presente artículo.

Parágrafo 1°. Solo podrá pactarse una nueva cláusula de permanencia mínima, cuando el proveedor ofrezca al consumidor unas nuevas condiciones que representen una ventaja sustancial a las condiciones ordinarias del contrato.

Parágrafo 2°. La Superintendencia de Industria y Comercio podrá instruir la forma en que se deberá presentar a los consumidores la información sobre las cláusulas mínimas de permanencia y las cláusulas de prórroga automática. También podrá fijar períodos de permanencia mínima diferentes a un año, cuando las condiciones del mercado así lo requieran.

CAPÍTULO III
CLÁUSULAS ABUSIVAS

Art. 42. CONCEPTO Y PROHIBICIÓN

Son cláusulas abusivas aquellas que producen un desequilibrio injustificado en perjuicio del consumidor y las que, en las mismas condiciones, afecten el tiempo, modo o lugar en que el consumidor puede ejercer sus derechos. Para establecer la naturaleza y magnitud del desequilibrio, serán relevantes todas las condiciones particulares de la transacción particular que se analiza.

Los productores y proveedores no podrán incluir cláusulas abusivas en los contratos celebrados con los consumidores. En caso de ser incluidas serán ineficaces de pleno derecho.

Art. 43. CLÁUSULAS ABUSIVAS INEFICACES DE PLENO DERECHO

Son ineficaces de pleno derecho las cláusulas que:

1. Limiten la responsabilidad del productor o proveedor de las obligaciones que por ley les corresponden;

2. Impliquen renuncia de los derechos del consumidor que por ley les corresponden;

3. Inviertan la carga de la prueba en perjuicio del consumidor;

4. Trasladen al consumidor o un tercero que no sea parte del contrato la responsabilidad del productor o proveedor;

5. Establezcan que el productor o proveedor no reintegre lo pagado si no se ejecuta en todo o en parte el objeto contratado;

6. Vinculen al consumidor al contrato, aun cuando el productor o proveedor no cumpla sus obligaciones;

7. Concedan al productor o proveedor la facultad de determinar unilateralmente si el objeto y la ejecución del contrato se ajusta a lo estipulado en el mismo;

8. Impidan al consumidor resolver el contrato en caso que resulte procedente excepcionar el incumplimiento del productor o proveedor, salvo en el caso del arrendamiento financiero;

9. Presuman cualquier manifestación de voluntad del consumidor, cuando de esta se deriven erogaciones u obligaciones a su cargo;

10. Incluyan el pago de intereses no autorizados legalmente, sin perjuicio de la eventual responsabilidad penal.

11. Para la terminación del contrato impongan al consumidor mayores requisitos a los solicitados al momento de la celebración del mismo, o que impongan mayores cargas a las legalmente establecidas cuando estas existan;

12. Derogado por la Ley 1563 de 2012, art. 118.

13. Restrinjan o eliminen la facultad del usuario del bien para hacer efectivas directamente ante el productor y/o proveedor las garantías a que hace referencia la presente ley, en los contratos de arrendamiento financiero y arrendamiento de bienes muebles.

14. Cláusulas de renovación automática que impidan al consumidor dar por terminado el contrato en cualquier momento o que imponga sanciones por la

terminación anticipada, a excepción de lo contemplado en el artículo 41 de la presente ley.

Art. 44. EFECTOS DE LA NULIDAD O DE LA INEFICACIA

La nulidad o ineficacia de una cláusula no afectará la totalidad del contrato, en la medida en que este pueda subsistir sin las cláusulas nulas o ineficaces.

Cuando el contrato subsista, la autoridad competente aclarará cuáles serán los derechos y obligaciones que se deriven del contrato subsistente.

CAPÍTULO IV
DE LAS OPERACIONES MEDIANTE SISTEMAS DE FINANCIACIÓN

Art. 45. ESTIPULACIONES ESPECIALES

En las operaciones de crédito otorgadas por personas naturales o jurídicas cuyo control y vigilancia sobre su actividad crediticia no haya sido asignada a alguna autoridad administrativa en particular, y en los contratos de adquisición de bienes o prestación de servicios en que el productor o proveedor otorgue de forma directa financiación, se deberá:

1. Informar al consumidor, al momento de celebrase el respectivo contrato, de forma íntegra y clara, el monto a financiar, interés remuneratorio y, en su caso el moratorio, en términos de tasa efectiva anual que se aplique sobre el monto financiado, el sistema de liquidación utilizado, la periodicidad de los pagos, el número de las cuotas y el monto de la cuota que deberá pagarse periódicamente.

2. Fijar las tasas de interés que seguirán las reglas generales, y les serán aplicables los límites legales;

3. Liquidar si es del caso los intereses moratorios únicamente sobre las cuotas atrasadas;

4. En caso que se cobren estudios de crédito, seguros, garantías o cualquier otro concepto adicional al precio, deberá informarse de ello al consumidor en la misma forma que se anuncia el precio.

Parágrafo 1°. Las disposiciones relacionadas con operaciones de crédito otorgadas por personas naturales o jurídicas cuyo control y vigilancia sobre su actividad crediticia no haya sido asignada a alguna autoridad administrativa en particular, y con contratos de adquisición de bienes o prestación de servicios en el que el productor o proveedor otorgue de forma directa financiación, deberán ser reglamentadas por el Gobierno Nacional.

Parágrafo 2º. El número de cuotas de pago de un crédito de consumo debe ser pactado de común acuerdo con el consumidor. Queda prohibida cualquier disposición contractual que obligue al consumidor a la financiación de créditos por un mínimo de cuotas de pago.

CAPÍTULO V
DE LAS VENTAS QUE UTILIZAN MÉTODOS NO TRADICIONALES O A DISTANCIA

Art. 46. DEBERES ESPECIALES DEL PRODUCTOR Y PROVEEDOR

El productor o proveedor que realice ventas a distancia deberá:

1. Cerciorarse de que la entrega del bien o servicio se realice efectivamente en la dirección indicada por el consumidor y que este ha sido plena e inequívocamente identificado.
2. Permitir que el consumidor haga reclamaciones y devoluciones en los mismos términos y por los mismos medios de la transacción original.
3. Mantener los registros necesarios y poner en conocimiento del consumidor, el asiento de su transacción y la identidad del proveedor y del productor del bien.
4. Informar, previo a la adquisición, la disponibilidad del producto, el derecho de retracto el término para ejercerlo, el término de duración de las condiciones comerciales y el tiempo de entrega.

Parágrafo. Dentro de los seis (6) meses siguientes a la expedición de la presente ley, el Gobierno Nacional se encargará de reglamentar las ventas a distancia.

Art. 47. RETRACTO

En todos los contratos para la venta de bienes y prestación de servicios mediante sistemas de financiación otorgada por el productor o proveedor, venta de tiempos compartidos o ventas que utilizan métodos no tradicionales o a distancia, que por su naturaleza no deban consumirse o no hayan comenzado a ejecutarse antes de cinco (5) días, se entenderá pactado el derecho de retracto por parte del consumidor <sic> En el evento en que se haga uso de la facultad de retracto, se resolverá el contrato y se deberá reintegrar el dinero que el consumidor hubiese pagado.

El consumidor deberá devolver el producto al productor o proveedor por los mismos medios y en las mismas condiciones en que lo recibió. Los costos de transporte y los demás que conlleve la devolución del bien serán cubiertos por el consumidor.

El término máximo para ejercer el derecho de retracto será de cinco (5) días hábiles contados a partir de la entrega del bien o de la celebración del contrato en caso de la prestación de servicios.

Se exceptúan del derecho de retracto, los siguientes casos:

1. En los contratos de prestación de servicios cuya prestación haya comenzado con el acuerdo del consumidor;

2. En los contratos de suministro de bienes o servicios cuyo precio esté sujeto a fluctuaciones de coeficientes del mercado financiero que el productor no pueda controlar;

3. En los contratos de suministro de bienes confeccionados conforme a las especificaciones del consumidor o claramente personalizados;

4. En los contratos de suministro de bienes que, por su naturaleza, no puedan ser devueltos o puedan deteriorarse o caducar con rapidez;

5. En los contratos de servicios de apuestas y loterías;

6. En los contratos de adquisición de bienes perecederos;

7. En los contratos de adquisición de bienes de uso personal.

El proveedor deberá devolverle en dinero al consumidor todas las sumas pagadas sin que proceda a hacer descuentos o retenciones por concepto alguno. En todo caso la devolución del dinero al consumidor no podrá exceder de treinta (30) días calendario desde el momento en que ejerció el derecho.

NOTA: Es preciso tener en cuenta las modificaciones transitorias a los plazos de devolución en materia de cultura y de turismo y de registros sanitarios establecidas en el artículo 5 del Decreto Legislativo 818 de 2020, «por el cual se adoptan medidas especiales para la protección y mitigación del impacto del COVID-19 en el sector cultura...» y en el artículo 4 del Decreto Legislativo 557 de 2020, «por medio del cual se toman medidas transitorias en materia de turismo y registros sanitarios para las micro y pequeñas empresas, en el marco del Estado de Emergencia Económica, Social y Ecológica».

Art. 48. CONTRATOS ESPECIALES

En los contratos celebrados a distancia, telefónicamente, por medios electrónicos o similares, el productor deberá dejar prueba de la aceptación del adherente a las condiciones generales.

CAPÍTULO VI
PROTECCIÓN AL CONSUMIDOR DE COMERCIO ELECTRÓNICO

Art. 49

Sin perjuicio de lo establecido en el literal b) del artículo 2o de la Ley 527 de 1999, se entenderá por comercio electrónico la realización de actos, negocios u operaciones mercantiles concertados a través del intercambio de mensajes de datos telemáticamente cursados entre proveedores y los consumidores para la comercialización de productos y servicios.

Art. 50

Sin perjuicio de las demás obligaciones establecidas en la presente ley, los proveedores y expendedores ubicados en el territorio nacional que ofrezcan productos utilizando medios electrónicos, deberán:

a) Informar en todo momento de forma cierta, fidedigna, suficiente, clara, accesible y actualizada su identidad especificando su nombre o razón social, Número de Identificación Tributaria (NIT), dirección de notificación judicial, teléfono, correo electrónico y demás datos de contacto.

b) Suministrar en todo momento información cierta, fidedigna, suficiente, clara y actualizada respecto de los productos que ofrezcan. En especial, deberán indicar sus características y propiedades tales como el tamaño, el peso, la medida, el material del que está fabricado, su naturaleza, el origen, el modo de fabricación, los componentes, los usos, la forma de empleo, las propiedades, la calidad, la idoneidad, la cantidad, o cualquier otro factor pertinente, independientemente que se acompañen de imágenes, de tal forma que el consumidor pueda hacerse una representación lo más aproximada a la realidad del producto.

También se deberá indicar el plazo de validez de la oferta y la disponibilidad del producto. En los contratos de tracto sucesivo, se deberá informar su duración mínima.

Cuando la publicidad del bien incluya imágenes o gráficos del mismo, se deberá indicar en qué escala está elaborada dicha representación.

c) Informar, en el medio de comercio electrónico utilizado, los medios de que disponen para realizar los pagos, el tiempo de entrega del bien o la prestación del servicio, el derecho de retracto que le asiste al consumidor y el procedimiento para ejercerlo, y cualquier otra información relevante para que el consumidor pueda adoptar una decisión de compra libremente y sin ser inducido en error.

Igualmente deberá informar el precio total del producto incluyendo todos los impuestos, costos y gastos que deba pagar el consumidor para adquirirlo. En caso de ser procedente, se debe informar adecuadamente y por separado los gastos de envío.

d) Publicar en el mismo medio y en todo momento, las condiciones generales de sus contratos, que sean fácilmente accesibles y disponibles para su consulta, impresión y descarga, antes y después de realizada la transacción, así no se haya expresado la intención de contratar.

Previamente a la finalización o terminación de cualquier transacción de comercio electrónico, el proveedor o expendedor deberá presentar al consumidor un resumen del pedido de todos los bienes que pretende adquirir con su descripción completa, el precio individual de cada uno de ellos, el precio total de los bienes o servicios y, de ser aplicable, los costos y gastos adicionales que deba pagar por envío o por cualquier otro concepto y la sumatoria total que deba cancelar. Este resumen tiene como fin que el consumidor pueda verificar que la operación refleje su intención de adquisición de los productos o servicios ofrecidos y las demás condiciones, y de ser su deseo, hacer las correcciones que considere necesarias o la cancelación de la transacción. Este resumen deberá estar disponible para su impresión y/o descarga.

La aceptación de la transacción por parte del consumidor deberá ser expresa, inequívoca y verificable por la autoridad competente. El consumidor debe tener el derecho de cancelar la transacción hasta antes de concluirla.

Concluida la transacción, el proveedor y expendedor deberá remitir, a más tardar el día calendario siguiente de efectuado el pedido, un acuse de recibo del mismo, con información precisa del tiempo de entrega, precio exacto, incluyendo los impuestos, gastos de envío y la forma en que se realizó el pago.

Queda prohibida cualquier disposición contractual en la que se presuma la voluntad del consumidor o que su silencio se considere como consentimiento, cuando de esta se deriven erogaciones u obligaciones a su cargo.

e) Mantener en mecanismos de soporte duradero la prueba de la relación comercial, en especial de la identidad plena del consumidor, su voluntad expresa de contratar, de la forma en que se realizó el pago y la entrega real y efectiva de los bienes o servicios adquiridos, de tal forma que garantice la integridad y autenticidad de la información y que sea verificable por la autoridad competente, por el mismo tiempo que se deben guardar los documentos de comercio.

f) Adoptar mecanismos de seguridad apropiados y confiables que garanticen la protección de la información personal del consumidor y de la transacción misma. El proveedor será responsable por las fallas en la seguridad de las transacciones realizadas por los medios por él dispuestos, sean propios o ajenos.

Cuando el proveedor o expendedor dé a conocer su membrecía o afiliación en algún esquema relevante de autorregulación, asociación empresarial, organización para resolución de disputas u otro organismo de certificación, deberá proporcionar a los consumidores un método sencillo para verificar dicha información, así como detalles apropiados para contactar con dichos organismos, y en su caso, tener acceso a los códigos y prácticas relevantes aplicados por el organismo de certificación.

g) Disponer en el mismo medio en que realiza comercio electrónico, de mecanismos para que el consumidor pueda radicar sus peticiones, quejas o reclamos, de tal forma que le quede constancia de la fecha y hora de la radicación, incluyendo un mecanismo para su posterior seguimiento.

h) Salvo pacto en contrario, el proveedor deberá haber entregado el pedido a más tardar en el plazo de treinta (30) días calendario a partir del día siguiente a aquel en que el consumidor le haya comunicado su pedido.

En caso de no encontrarse disponible el producto objeto del pedido, el consumidor deberá ser informado de esta falta de disponibilidad de forma inmediata.

En caso de que la entrega del pedido supere los treinta (30) días calendario o que no haya disponible el producto adquirido, el consumidor podrá resolver o terminar, según el caso, el contrato unilateralmente y obtener la devolución de todas las sumas pagadas sin que haya lugar a retención o descuento alguno. La devolución deberá hacerse efectiva en un plazo máximo de treinta (30) días calendario.

Parágrafo. El proveedor deberá establecer en el medio de comercio electrónico utilizado, un enlace visible, fácilmente identificable, que le permita al consumidor ingresar a la página de la autoridad de protección al consumidor de Colombia.

Art. 51. REVERSIÓN DEL PAGO

Cuando las ventas de bienes se realicen mediante mecanismos de comercio electrónico, tales como Internet, PSE y/o call center y/o cualquier otro mecanismo de televenta o tienda virtual, y se haya utilizado para realizar el pago una tarjeta de crédito, débito o cualquier otro instrumento de pago electrónico, los participantes del proceso de pago deberán reversar los pagos que solicite el consumidor cuando sea objeto de fraude, o corresponda a una operación no solicitada, o el producto adquirido no sea recibido, o el producto entregado no corresponda a lo solicitado o sea defectuoso.

Para que proceda la reversión del pago, dentro los cinco (5) días hábiles siguientes a la fecha en que el consumidor tuvo noticia de la operación fraudulenta o no solicitada o que debió haber recibido el producto o lo recibió defectuoso o sin que correspondiera a lo solicitado, el consumidor deberá presentar queja ante el proveedor y devolver el producto, cuando sea procedente, y notificar de la reclamación al emisor del instrumento de pago electrónico utilizado para realizar la compra, el cual, en conjunto con los demás participantes del proceso de pago, procederán a reversar la transacción al comprador.

En el evento que existiere controversia entre proveedor y consumidor derivada de una queja y esta fuere resuelta por autoridad judicial o administrativa a favor del proveedor, el emisor del instrumento de pago, en conjunto con los demás participantes del proceso de pago, una vez haya sido notificado de la decisión, y siempre que ello fuere posible, cargará definitivamente la transacción reclamada al depósito bancario o instrumento de pago correspondiente o la debitará de la cuenta corriente o de ahorros del consumidor, y el dinero será puesto a disposición del proveedor. De no existir fondos suficientes o no resultar posible realizar lo anterior por cualquier otro motivo, los participantes del proceso de pago informarán de ello al proveedor, para que este inicie las acciones que considere pertinentes contra el consumidor. Si la controversia se resuelve a favor del consumidor, la reversión se entenderá como definitiva.

Lo anterior, sin perjuicio del deber del proveedor de cumplir con sus obligaciones legales y contractuales frente al consumidor y de las sanciones administrativas a que haya lugar. En caso de que la autoridad judicial o administrativa determine que hubo mala fe por parte del consumidor, la Superintendencia podrá imponerle sanciones de hasta cincuenta (50) salarios mínimos legales mensuales vigentes.

El Gobierno Nacional reglamentará el presente artículo.

Parágrafo 1°. Para los efectos del presente artículo, se entienden por participantes en el proceso de pago, los emisores de los instrumentos de pago, las entidades administradoras de los Sistemas de Pago de Bajo Valor, los bancos que manejan las cuentas y/o depósitos bancarios del consumidor y/o del proveedor, entre otros.

Parágrafo 2°. El consumidor tendrá derecho a reversar los pagos correspondientes a cualquier servicio u obligación de cumplimiento periódico, por cualquier motivo y aún sin que medie justificación alguna, siempre que el pago se haya realizado a través de una operación de débito automático autorizada previamente por dicho consumidor, en los términos que señale el gobierno Nacional para el efecto.

Art. 52. PROTECCIÓN DE LOS NIÑOS, NIÑAS Y ADOLESCENTES EN COMERCIO ELECTRÓNICO

Cuando la venta se haga utilizando herramientas de comercio electrónico, el proveedor deberá tomar las medidas posibles para verificar la edad del consumidor. En caso de que el producto vaya a ser adquirido por un menor de edad, el proveedor deberá dejar constancia de la autorización expresa de los padres para realizar la transacción.

Art. 53. PORTALES DE CONTACTO

Quien ponga a disposición una plataforma electrónica en la que personas naturales o jurídicas puedan ofrecer productos para su comercialización y a su vez los consumidores puedan contactarlos por ese mismo mecanismo, deberá exigir a todos los oferentes información que permita su identificación, para lo cual deberán contar con un registro en el que conste, como mínimo, el nombre o razón social, documento de identificación, dirección física de notificaciones y teléfonos. Esta información podrá ser consultada por quien haya comprado un producto con el fin de presentar una queja o reclamo y deberá ser suministrada a la autoridad competente cuando esta lo solicite.

Art. 54. MEDIDAS CAUTELARES

La Superintendencia de Industria y Comercio, de oficio o a petición de parte, podrá imponer una medida cautelar hasta por treinta (30) días calendario, prorrogables por treinta (30) días más, de bloqueo temporal de acceso al medio de comercio electrónico, cuando existan indicios graves que por ese medio se están violando los derechos de los consumidores, mientras se adelanta la investigación administrativa correspondiente.

CAPÍTULO VII
DE LA ESPECULACIÓN, EL ACAPARAMIENTO Y LA USURA

Art. 55. ESPECULACIÓN, EL ACAPARAMIENTO Y LA USURA

Para los fines de la presente ley, se entenderá:

a) Especulación. Se considera especulación la venta de bienes o la prestación de servicios a precios superiores a los fijados por autoridad competente.

b) Acaparamiento. Se considera acaparamiento la sustracción del comercio de mercancías o su retención, cuando se realiza con la finalidad de desabastecer el mercado o presionar el alza de precios.

c) Usura. Se considera usura recibir o cobrar, directa o indirectamente, a cambio de préstamo de dinero o por concepto de venta de bienes o servicios mediante sistemas de financiación o a plazos, utilidad o ventaja que exceda en la mitad del interés bancario corriente que para el periodo correspondiente estén cobrando los bancos, según certificación de la Superintendencia Financiera, cualquiera sea la forma utilizada para hacer constar la operación, ocultarla o disimularla.

La Superintendencia de Industria y Comercio conocerá administrativamente de los casos en que quien incurra en usura sea una persona natural o jurídica cuya vigilancia sobre la actividad crediticia no haya sido asignada a una autoridad administrativa en particular.

Parágrafo. Cuando la infracción administrativa se cometa en situación de calamidad, infortunio o peligro común, la autoridad competente podrá tomar de forma inmediata todas las medidas necesarias para evitar que se siga cometiendo la conducta, mientras se adelanta la investigación correspondiente. Contra la decisión que adopte las medidas procederán los recursos de reposición y de apelación en efecto devolutivo. De comprobarse que la conducta se realizó aprovechando las circunstancias enunciadas en el presente parágrafo, la sanción establecida en el artículo 61 podrá ser aumentada hasta en la mitad.

TÍTULO VIII
ASPECTOS PROCEDIMENTALES E INSTITUCIONALIDAD

CAPÍTULO I
ACCIONES JURISDICCIONALES

Art. 56. ACCIONES JURISDICCIONALES

Sin perjuicio de otras formas de protección, las acciones jurisdiccionales de protección al consumidor son:

1. Las populares y de grupo reguladas en la Ley 472 de 1998 y las que la modifiquen sustituyan o aclaren.
2. Las de responsabilidad por daños por producto defectuoso, definidas en esta ley, que se adelantarán ante la jurisdicción ordinaria.
3. La acción de protección al consumidor, mediante la cual se decidirán los asuntos contenciosos que tengan como fundamento la vulneración de los derechos del consumidor por la violación directa de las normas sobre protección a

consumidores y usuarios, los originados en la aplicación de las normas de protección contractual contenidas en esta ley y en normas especiales de protección a consumidores y usuarios; los orientados a lograr que se haga efectiva una garantía; los encaminados a obtener la reparación de los daños causados a los bienes en la prestación de servicios contemplados en el artículo 18 de esta ley o por información o publicidad engañosa, independientemente del sector de la economía en que se hayan vulnerado los derechos del consumidor.

Parágrafo. La competencia, el procedimiento y demás aspectos procesales para conocer de las acciones de que trata la Ley 472 de 1998 serán las previstas en dicha ley, y para las de responsabilidad por daños por producto defectuoso que se establece en esta ley serán las previstas en el Código de Procedimiento Civil.

En las acciones a las que se refiere este artículo se deberán aplicar las reglas de responsabilidad establecidas en la presente ley.

ACCIÓN DE PROTECCIÓN AL CONSUMIDOR

Art. 57. ATRIBUCIÓN DE FACULTADES JURISDICCIONALES A LA SUPERINTENDENCIA FINANCIERA DE COLOMBIA

En aplicación del artículo 116 de la Constitución Política, los consumidores financieros de las entidades vigiladas por la Superintendencia Financiera de Colombia podrán a su elección someter a conocimiento de esa autoridad, los asuntos contenciosos que se susciten entre ellos y las entidades vigiladas sobre las materias a que se refiere el presente artículo para que sean fallados en derecho, con carácter definitivo y con las facultades propias de un juez.

En desarrollo de la facultad jurisdiccional atribuida por esta ley, la Superintendencia Financiera de Colombia podrá conocer de las controversias que surjan entre los consumidores financieros y las entidades vigiladas relacionadas exclusivamente con la ejecución y el cumplimiento de las obligaciones contractuales que asuman con ocasión de la actividad financiera, bursátil, aseguradora y cualquier otra relacionada con el manejo, aprovechamiento inversión de los recursos captados del público.

La Superintendencia Financiera de Colombia no podrá conocer de ningún asunto que por virtud de las disposiciones legales vigentes deba ser sometido al proceso de carácter ejecutivo. Tampoco podrán ser sometidas a su competencia acciones de carácter laboral.

Los asuntos a los que se refiere el presente artículo se tramitarán por el procedimiento al que se refiere el artículo 58 de la presente ley.

Parágrafo. Con la finalidad de garantizar la imparcialidad y autonomía en el ejercicio de dichas competencias, la Superintendencia Financiera de Colombia ajustará su estructura a efectos de garantizar que el área encargada de asumir las funciones jurisdiccionales asignadas por la presente ley cuente con la debida independencia frente a las demás áreas encargadas del ejercicio de las funciones de supervisión e instrucción.

Art. 58. PROCEDIMIENTO

Los procesos que versen sobre violación a los derechos de los consumidores establecidos en normas generales o especiales en todos los sectores de la economía, a excepción de la responsabilidad por producto defectuoso y de las acciones de grupo o las populares, se tramitarán por el procedimiento verbal sumario, con observancia de las siguientes reglas especiales:

NOTA: Los asuntos relacionados con la vulneración de los derechos de los consumidores, con excepción de las acciones populares y de grupo, según la cuantía se deben tramitar por el procedimiento verbal o verbal sumario, de conformidad con lo previsto por el artículo 390 del Código General del Proceso.

1. La Superintendencia de Industria y Comercio o el Juez competente conocerán a prevención.

La Superintendencia de Industria y Comercio tiene competencia en todo el territorio nacional y reemplaza al juez de primera o única instancia competente por razón de la cuantía y el territorio.

2. Será también competente el juez del lugar donde se haya comercializado o adquirido el producto, o realizado la relación de consumo.

Cuando la Superintendencia de Industria y Comercio deba conocer de un asunto en un lugar donde no tenga oficina, podrá delegar a un funcionario de la entidad, utilizar medios técnicos para la realización de las diligencias y audiencias o comisionar a un juez.

3. Las demandas para efectividad de garantía, deberán presentarse a más tardar dentro del año siguiente a la expiración de la garantía y las controversias netamente contractuales, a más tardar dentro del año siguiente a la terminación del contrato. En los demás casos, deberán presentarse a más tardar dentro del año siguiente a que el consumidor tenga conocimiento de los hechos que motivaron la reclamación. En cualquier caso deberá aportarse prueba de que la reclamación fue efectuada durante la vigencia de la garantía.

4. ~~(No se requerirá actuar por intermedio de abogado)~~. Las ligas y asociaciones de consumidores constituidas de acuerdo con la ley podrán representar a los con-

sumidores. Por razones de economía procesal, la Superintendencia de Industria y Comercio podrá decidir varios procesos en una sola audiencia.

NOTA: La expresión entre paréntesis de este artículo fue derogada por el literal a) del artículo 626 de la Ley 1564 de 2012.

5. A la demanda deberá acompañarse la reclamación directa hecha por el demandante al productor y/o proveedor, reclamación que podrá ser presentada por escrito, telefónica o verbalmente, con observancia de las siguientes reglas:

a) Cuando la pretensión principal sea que se cumpla con la garantía, se repare el bien o servicio, se cambie por uno nuevo de similares características, se devuelva el dinero pagado o en los casos de prestación de servicios que suponen la entrega de un bien, cuando el bien sufra deterioro o pérdida, la reposición del mismo por uno de similares características o su equivalente en dinero, se deberá identificar el producto, la fecha de adquisición o prestación del servicio y las pruebas del defecto. Cuando la reclamación sea por protección contractual o por información o publicidad engañosa, deberá anexarse la prueba documental e indicarse las razones de inconformidad.

b) La reclamación se entenderá presentada por escrito cuando se utilicen medios electrónicos. Quien disponga de la vía telefónica para recibir reclamaciones, deberá garantizar que queden grabadas. En caso de que la reclamación sea verbal, el productor o proveedor deberá expedir constancia escrita del recibo de la misma, con la fecha de presentación y el objeto de reclamo. El consumidor también podrá remitir la reclamación mediante correo con constancia de envío a la dirección del establecimiento de comercio donde adquirió el producto y/o a la dirección del productor del bien o servicio.

c) El productor o el proveedor deberá dar respuesta dentro de los quince (15) días hábiles siguientes a la recepción de la reclamación. La respuesta deberá contener todas las pruebas en que se basa. Cuando el proveedor y/o productor no hubiera expedido la constancia, o se haya negado a recibir la reclamación, el consumidor así lo declarará bajo juramento, con copia del envío por correo,

d) Las partes podrán practicar pruebas periciales anticipadas ante los peritos debidamente inscritos en el listado que para estos efectos organizará y reglamentará la Superintendencia de Industria y Comercio, los que deberán ser de las más altas calidades morales y profesionales. El dictamen, junto con la constancia de pago de los gastos y honorarios, se aportarán en la demanda o en la contestación. En estos casos, la Superintendencia de Industria y Comercio debe valorar el dictamen de acuerdo a las normas de la sana crítica, en conjunto con las demás pruebas que obren en el proceso y solo en caso de que carezca de firmeza y precisión podrá decretar uno nuevo.

e) Derogado por la Ley 564 de 2012, art. 626, lit. a).

f) Si la respuesta es negativa, o si la atención, la reparación, o la prestación realizada a título de efectividad de la garantía no es satisfactoria, el consumidor podrá acudir ante el juez competente o la Superintendencia.

Si dentro del término señalado por la ley el productor o proveedor no da respuesta, se tendrá como indicio grave en su contra. La negativa comprobada del productor o proveedor a recibir una reclamación dará lugar a la imposición de las sanciones previstas en la presente ley y será apreciada como indicio grave en su contra.

g) Se dará por cumplido el requisito de procedibilidad de reclamación directa en todos los casos en que se presente un acta de audiencia de conciliación emitida por cualquier centro de conciliación legalmente establecido.

6. La demanda deberá identificar plenamente al productor o proveedor. En caso de que el consumidor no cuente con dicha información, deberá indicar el sitio donde se adquirió el producto o se suministró el servicio, o el medio por el cual se adquirió y cualquier otra información adicional que permita a la Superintendencia de Industria y Comercio individualizar y vincular al proceso al productor o proveedor, tales como direcciones, teléfonos, correos electrónicos, entre otros.

La Superintendencia de Industria y Comercio adelantará las gestiones pertinentes para individualizar y vincular al proveedor o productor. Si transcurridos dos meses desde la interposición de la demanda, y habiéndose realizado las gestiones pertinentes, no es posible su individualización y vinculación, se archivará el proceso, sin perjuicio de que el demandante pueda presentar, antes de que opere la prescripción de la acción, una nueva demanda con los requisitos establecidos en la presente ley y además deberá contener información nueva sobre la identidad del productor y/o expendedor.

7. Las comunicaciones y notificaciones que deba hacer la Superintendencia de Industria y Comercio podrán realizarse por un medio eficaz que deje constancia del acto de notificación, ya sea de manera verbal, telefónica o por escrito, dirigidas al lugar donde se expendió el producto o se celebró el contrato, o a la que aparezca en las etiquetas del producto o en las páginas web del expendedor y el productor, o a las que obren en los certificados de existencia y representación legal, o a las direcciones electrónicas reportadas a la Superintendencia de Industria y Comercio, o a las que aparezcan en el registro mercantil o a las anunciadas en la publicidad del productor o proveedor.

8. Derogado por la Ley 564 de 2012, art. 626, lit. a).

9. Al adoptar la decisión definitiva, el Juez de conocimiento o la Superintendencia de Industria y Comercio resolverá sobre las pretensiones de la forma que

considere más justa para las partes según lo probado en el proceso, con plenas facultades para fallar infra, extra y ultrapetita, y emitirá las órdenes a que haya lugar con indicación de la forma y términos en que se deberán cumplir.

10. Si la decisión final es favorable al consumidor, la Superintendencia de Industria y Comercio y los Jueces podrán imponer al productor o proveedor que no haya cumplido con sus obligaciones contractuales o legales, además de la condena que corresponda, una multa de hasta ciento cincuenta (150) salarios mínimos legajes mensuales vigentes (a favor de la Superintendencia de Industria y Comercio), que se fijará teniendo en cuenta circunstancias de agravación debidamente probadas, tales como la gravedad del hecho, la reiteración en el incumplimiento de garantías o del contrato, la renuencia a cumplir con sus obligaciones legales, inclusive la de expedir la factura y las demás circunstancias. No procederá esta multa si el proceso termina por conciliación, transacción, desistimiento o cuando el demandado se allana a los hechos en la contestación de la demanda. La misma multa podrá imponerse al consumidor que actúe en forma temeraria.

NOTA: La expresión entre paréntesis fue declarada exequible por la Corte Constitucional en la Sentencia C-561 de 2015.

11. En caso de incumplimiento de la orden impartida en la sentencia o de una conciliación o transacción realizadas en legal forma, la Superintendencia Industria y Comercio podrá:

a) Sancionar con una multa sucesiva a favor de la Superintendencia de Industria y Comercio, equivalente a la séptima parte de un salario mínimo legal mensual vigente por cada día de retardo en el incumplimiento.

NOTA: La expresión entre paréntesis fue declarada exequible por la Corte Constitucional en la Sentencia C-561 de 2015.

b) Decretar el cierre temporal del establecimiento comercial, si persiste el incumplimiento y mientras se acredite el cumplimiento de la orden. Cuando lo considere necesario la Superintendencia de Industria y Comercio podrá solicitar la colaboración de la fuerza pública para hacer efectiva la medida adoptada.

La misma sanción podrá imponer la Superintendencia de Industria y Comercio, la Superintendencia Financiera o el juez competente, cuando se incumpla con una conciliación o transacción que haya sido realizada en legal forma.

Parágrafo. Para efectos de lo previsto en el presente artículo, la Superintendencia Financiera de Colombia tendrá competencia exclusiva respecto de los asuntos a los que se refiere el artículo 57 de esta ley.

CAPÍTULO II
OTRAS ACTUACIONES ADMINISTRATIVAS

Art. 59. FACULTADES ADMINISTRATIVAS DE LA SUPERINTENDENCIA DE INDUSTRIA Y COMERCIO

Además de la prevista en el capítulo anterior, la Superintendencia de Industria y Comercio tendrá las siguientes facultades administrativas en materia de protección al consumidor, las cuales ejercerá siempre y cuando no hayan sido asignadas de manera expresa a otra autoridad:

1. Velar por la observancia de las disposiciones contenidas en esta ley y dar trámite a las investigaciones por su incumplimiento, así como imponer las sanciones respectivas.

2. Instruir a sus destinatarios sobre la manera como deben cumplirse las disposiciones en materia de protección al consumidor, fijar los criterios que faciliten su cumplimiento y señalar los procedimientos para su aplicación.

3. Interrogar bajo juramento y con observancia de las formalidades previstas en el Código de Procedimiento Civil, a cualquier persona cuyo testimonio se requiera para el esclarecimiento de los hechos relacionados con la investigación correspondiente. Para los efectos de lo previsto en el presente numeral, se podrá exigir la comparecencia de la persona requerida, haciendo uso de las medidas coercitivas que se consagran para este efecto en el Código de Procedimiento Civil.

4. Practicar visitas de inspección, (así como cualquier otra prueba consagrada en la ley), con el fin de verificar hechos o circunstancias relacionadas con el cumplimiento de las disposiciones a las que se refiere la presente ley;

> *NOTA: La expresión entre paréntesis fue declarada exequible condicionalmente por la Corte Constitucional en la Sentencia C-165 de 2019, en el entendido de que las competencias allí previstas (i) deben ejercerse a la luz de lo dispuesto en el Código de Procedimiento Administrativo y de lo Contencioso Administrativo y en el Código General del Proceso, y (ii) no comprenden la realización de interceptaciones o registros ni otras actividades probatorias que, según la Constitución, se encuentran sometidas a reserva judicial de conformidad con la Constitución».*

5. Con excepción de las competencias atribuidas a otras autoridades, establecer la información que deba indicarse en determinados productos, la forma de suministrarla, así como las condiciones que esta debe reunir, cuando se encuentre en riesgo la salud, la vida humana, animal o vegetal y la seguridad, o cuando se trate de prevenir prácticas que puedan inducir a error a los consumidores.

6. Ordenar, como medida definitiva o preventiva, el cese y la difusión correctiva en las mismas o similares condiciones de la difusión original, a costa del anunciante, de la publicidad que no cumpla las condiciones señaladas en las

disposiciones contenidas en esta ley o de aquella relacionada con productos que por su naturaleza o componentes sean nocivos para la salud y ordenar las medidas necesarias para evitar que se induzca nuevamente a error o que se cause o agrave el daño o perjuicio a los consumidores.

7. Solicitar la intervención de la fuerza pública con el fin de hacer cumplir una orden previamente impartida.

8. Emitir las órdenes necesarias para que se suspenda en forma inmediata y de manera preventiva la producción, o la comercialización de productos hasta por un término de sesenta (60) días, prorrogables hasta por un término igual, mientras se surte la investigación correspondiente, cuando se tengan indicios graves de que el producto atenta contra la vida o la seguridad de los consumidores, o de que no cumple el reglamento técnico.

9. Ordenar las medidas necesarias para evitar que se cause daño o perjuicio a los consumidores por la violación de normas sobre protección al consumidor.

10. Difundir el conocimiento de las normas sobre protección al consumidor y publicar periódicamente la información relativa a las personas que han sido sancionadas por violación a dichas disposiciones y las causas de la sanción. La publicación mediante la cual se cumpla lo anterior, se hará por el medio que determine la Superintendencia de Industria y Comercio, la Superintendencia Financiera y será de acceso público.

11. Ordenar la devolución de los intereses cobrados en exceso de los límites legales y la sanción establecida en el artículo 72 de la Ley 45 de 1990, en los contratos de adquisición de bienes y de prestación de servicios mediante sistemas de financiación o en los contratos de crédito realizados con personas naturales o jurídicas cuyo control y vigilancia en la actividad crediticia no haya sido asignada a alguna autoridad administrativa en particular.

12. Ordenar al proveedor reintegrar las sumas pagadas en exceso y el pago de intereses moratorios sobre dichas sumas a la tasa vigente a partir de la fecha de ejecutoria del correspondiente acto administrativo, en los casos en que se compruebe que el consumidor pagó un precio superior al anunciado.

13. Definir de manera general el contenido, características y sitios para la indicación pública de precios.

14. Ordenar modificaciones a los clausulados generales de los contratos de adhesión cuando sus estipulaciones sean contrarias a lo previsto en esta ley o afecten los derechos de los consumidores.

15. La Superintendencia de Industria y Comercio podrá instruir según la naturaleza de los bienes y servicios, medidas sobre plazos y otras condiciones, en los contratos de adquisición de bienes y prestación de servicios.

16. Fijar el término de la garantía legal de que trata el artículo 8o de la presente ley para determinados bienes o servicios, cuando lo considere necesario.

17. Fijar el término por el cual los productores y/o proveedores deben disponer de repuestos, partes, insumos y mano de obra capacitada para garantizar el buen funcionamiento de los bienes que ponen en circulación, conforme a lo dispuesto en el numeral 7 del artículo 11 de la presente ley.

18. Fijar requisitos mínimos de calidad e idoneidad para determinados bienes y servicios, mientras se expiden los reglamentos técnicos correspondientes cuando encuentre que un producto puede poner en peligro la vida, la salud o la seguridad de los consumidores.

19. Adicionado por la Ley 1935 de 2018, art. 6º. Vigilar lo relacionado con la información suministrada al consumidor sobre la voluntariedad de las propinas, y su efectiva destinación por parte de los establecimientos de comercio.

En desarrollo de las funciones que le han sido asignadas a la Superintendencia de Industria y Comercio esta propenderá por difundir, informar y capacitar en materia de protección al consumidor.

Art. 60. PROCEDIMIENTO

Las sanciones administrativas serán impuestas previa investigación, de acuerdo con el procedimiento establecido en el Código Contencioso Administrativo.

Parágrafo. Las actuaciones administrativas relacionadas con el ejercicio de las facultades a las que se refiere este capítulo, podrán surtirse aplicando medios electrónicos o tecnologías de la información y la comunicación, de conformidad con las disposiciones legales vigentes.

Art. 61. SANCIONES

La Superintendencia de Industria y Comercio podrá imponer, previa investigación administrativa, las sanciones previstas en este artículo por inobservancia de las normas contenidas en esta ley, de reglamentos técnicos, de normas de metrología legal, de instrucciones y órdenes que imparta en ejercicio de las facultades que le son atribuidas por esta ley, o por no atender la obligación de remitir información con ocasión de alguno de los regímenes de control de precios:

1. Multas hasta por dos mil (2.000) salarios mínimos mensuales legales vigentes al momento de la imposición de la sanción.

2. Cierre temporal del establecimiento de comercio hasta por 180 días;

3. En caso de reincidencia y atendiendo a la gravedad de las faltas, cierre definitivo del establecimiento de comercio o la orden de retiro definitivo de una página web portal en Internet o del medio de comercio electrónico utilizado;

4. Prohibición temporal o definitiva de producir, distribuir u ofrecer al público determinados productos. El productor podrá solicitar a la autoridad competente, el levantamiento de esta sanción previa la demostración de que ha introducido al proceso de producción las modificaciones que aseguren el cumplimiento de las condiciones de calidad e idoneidad;

5. Ordenar la destrucción de un determinado producto, que sea perjudicial para la salud y seguridad de los consumidores.

6. Multas sucesivas hasta de mil (1.000) salarios mínimos legales mensuales vigentes, por inobservancia de órdenes o instrucciones mientras permanezca en rebeldía.

Cuando se compruebe que los administradores, directores, representantes legales, revisores fiscales, socios, propietarios u otras personas naturales han autorizado o ejecutado conductas contrarias a las normas contenidas en la presente ley, se les podrán imponer multas hasta por trescientos (300) salarios mínimos legales mensuales vigentes al momento de la imposición de la sanción y la prohibición de ejercer el comercio hasta por cinco (5) años, contados a partir de la ejecutoria de la sanción.

Parágrafo 1º. Para efectos de graduar la multa, la Superintendencia de Industria y Comercio tendrá en cuenta los siguientes criterios:

1. El daño causado a los consumidores;

2. La persistencia en la conducta infractora;

3. La reincidencia en la comisión de las infracciones en materia de protección al consumidor.

4. La disposición o no de buscar una solución adecuada a los consumidores.

5. La disposición o no de colaborar con las autoridades competentes.

6. El beneficio económico que se hubiere obtenido para el infractor o para terceros por la comisión de la infracción.

7. La utilización de medios fraudulentos en la comisión de la infracción o cuando se utiliza a una persona interpuesta para ocultarla o encubrir sus efectos.

8. El grado de prudencia o diligencia con que se hayan atendido los deberes o se hayan aplicado las normas pertinentes.

Parágrafo 2º. Dentro de las actuaciones administrativas solo serán admisibles las mismas causales de exoneración de responsabilidad previstas en el Título 1 de esta ley.

Parágrafo 3º. El cincuenta por ciento (50%) de las sanciones que impongan la Superintendencia de Industria y Comercio y la Superintendencia Financiera en ejercicio de sus funciones administrativas y jurisdiccionales de protección al consumidor, incluidas las impuestas por incumplimiento de reglamentos técnicos, servicios de telecomunicaciones, servicios postales, falta de registro o no renovación del registro en las Cámaras de Comercio y de protección de datos personales o hábeas data, (tendrán como destino el presupuesto de cada Superintendencia) y el otro cincuenta por ciento (50%) se destinará para fortalecer la red nacional de protección al consumidor a que hace referencia el artículo 75 de la presente ley, y los recursos serán recaudados y administrados por quien ejerza la secretaria técnica de la red.

NOTA: La expresión entre paréntesis fue declarada exequible por la Corte Constitucional en la Sentencia C-561 de 2015.

Art. 62. FACULTADES DE LOS ALCALDES

Los alcaldes ejercerán en sus respectivas jurisdicciones las mismas facultades administrativas de control y vigilancia que la Superintendencia de Industria y Comercio.

En el ámbito de su territorio los alcaldes ejercerán también facultades en materia de metrología legal.

Para ello podrán imponer multas hasta de cien (100) salarios mínimos mensuales legales vigentes, a favor del Tesoro Nacional, previo procedimiento establecido en el Código Contencioso Administrativo. Cuando el alcalde considere procedente imponer una medida distinta, o una multa superior a cien (100) salarios mínimos mensuales legales vigentes, remitirá lo actuado a la Superintendencia de Industria y Comercio para que decida.

Contra la decisión de los alcaldes procede el recurso de apelación que será resuelto por la Superintendencia de Industria y Comercio.

Es obligación de los alcaldes informar al Ministerio Público la iniciación de la respectiva actuación.

Parágrafo. En todo caso la Superintendencia de Industria y Comercio, podrá de oficio iniciar o asumir la investigación iniciada por un alcalde, caso en el cual este la suspenderá y la pondrá a su disposición, dejando constancia de ello en el expediente. Una vez avocado el conocimiento por parte de la Superintendencia de Industria y Comercio, esta agotará el trámite de la actuación hasta la decisión final.

Art. 63. CADUCIDAD RESPECTO DE LAS SANCIONES

Se aplicará lo dispuesto en el Código Contencioso Administrativo o las normas que lo modifiquen o adicionen.

Art. 64. DESCONCENTRACIÓN Y APOYO

Para el adecuado cumplimiento de los deberes del Estado, en cuanto a las funciones asignadas a la Superintendencia de Industria y Comercio se observará además, lo siguiente:

Las Alcaldías, las Intendencias Delegadas Departamentales y Regionales de las Superintendencias de Servicios Públicos Domiciliarios y de Sociedades, las Organizaciones de Consumidores y Usuarios, y los Consultorios Jurídicos, conformarán el sistema de información en trámites propios de las funciones asignadas a la Superintendencia de Industria y Comercio.

En tal virtud, los integrantes del sistema de información deberán, como mínimo:

1. Brindar atención e información al público sobre las funciones asignadas a la Superintendencia de Industria y Comercio;

2. Entregar el material informativo que la Superintendencia de Industria y Comercio prepare y los formatos necesarios para adelantar las gestiones ante esa entidad.

Las Alcaldías y las Intendencias Delegadas Departamentales y Regionales de las Superintendencias de Servicios Públicos Domiciliarios y de Sociedades, conformarán el sistema de regionalización de las funciones asignadas a la Superintendencia de Industria y Comercio.

El Superintendente de Industria y Comercio podrá delegar las facultades y los trámites que a continuación se señalan, en todos o algunos de los integrantes del sistema en las zonas de su respectiva jurisdicción, según aparezca conveniente, quienes deberán seguir los procedimientos señalados para el efecto en la presente ley:

1. Recibir las solicitudes, denuncias, respuestas a requerimientos y presentaciones personales;
2. Publicar estados y edictos;
3. Suministrar información sobre el estado de las solicitudes y los trámites;
4. Notificar las actuaciones de la Superintendencia de Industria y Comercio;
5. Entregar formatos para trámites;
6. Recibir solicitudes y pago de copias, así como entregarlas

Parágrafo. La Superintendencia de Industria y Comercio podrá apoyarse, a través de convenios, en los judicantes de que trata la Ley 1086 de 2006, para cumplir con los fines propuestos en la presente ley.

Art. 65. ARCHIVO DE EXPEDIENTES

En los trámites de cobro coactivo que adelanta la Superintendencia de Industria y Comercio archívense los expedientes correspondientes a cobros originados en las sanciones impuestas por violación a las disposiciones contenidas en el estatuto de protección al consumidor, cuya cuantía no exceda de 50 salarios mínimos mensuales legales vigentes, siempre que tengan al menos 5 años de vencidas. De la diligencia respectiva deberá ponerse en conocimiento a la Contraloría General de la Nación. El Contador General de la Nación dará instrucciones para contabilizar la operación.

Art. 66

Inexequible por la Corte Constitucional mediante la Sentencia C-224 de 2013.

Art. 67. CURADORES AD LÍTEM

Facúltese a la autoridad competente para contratar egresados de las facultades de derecho en las condiciones y durante el término señalado en la ley, para que actúen como curadores ad lítem en los procesos de cobro coactivo, ejerciendo funciones jurisdiccionales. La actuación servirá para cumplir con el requisito de la judicatura, necesario para optar al título profesional de abogado.

TÍTULO IX
ASPECTOS RELACIONADOS CON EL SUBSISTEMA NACIONAL DE CALIDAD

CAPÍTULO I
METROLOGÍA

Art. 68. UNIDADES LEGALES DE MEDIDA

De conformidad con la normativa andina sobre la materia, las unidades legales de medida comprenden:

1. Las unidades del Sistema Internacional de Unidades (SI), adoptadas por la Conferencia General de Pesas y Medidas de la BIPM y recomendadas por la Organización Internacional de Metrología Legal, OIML;

2. Los múltiplos y submúltiplos del Sistema Internacional de Unidades (SI) y su notación, los cuales deben cumplir con las recomendaciones de la Convención del Metro y los Organismos Internacionales de Normalización;

3. Las unidades usadas para cantidades que no están cubiertas por el SI, establecidas por la Superintendencia de Industria y Comercio, basadas preferentemente en normas técnicas internacionales, y

4. Las unidades acostumbradas establecidas por la Superintendencia de Industria y Comercio.

Parágrafo. Mientras la Superintendencia de Industria y Comercio establece las unidades legales de medida a que hace referencia este artículo, se aplicarán las vigentes a la fecha de entrada en vigencia de esta ley.

Art. 69. UNIDADES ACOSTUMBRADAS DE MEDIDA

Las unidades acostumbradas de medida podrán incluir unidades específicas para aplicaciones particulares, que sean requeridas:

1. Por las necesidades del comercio internacional;

2. Para usos específicos tales como la navegación aérea o marítima, salud, o aplicaciones militares;

3. Por razones de investigación científica, o

4. Por razones de seguridad.

La posibilidad de mantener o usar las unidades acostumbradas de medida deberá ser revisada periódicamente por la Superintendencia de Industria y Comercio.

Art. 70. TASAS EN MATERIA METROLÓGICA

La Superintendencia de Industria y Comercio o la entidad del orden nacional que haga sus veces, fijará las tasas para los servicios de metrología que preste, incluidas las calibraciones, las verificaciones iniciales y subsiguientes, los programas de capacitación y los servicios de asistencia técnica.

Las tasas se aplicarán a favor de la Superintendencia de Industria y Comercio o la entidad del orden nacional que haga sus veces; el valor de la tasa deberá ser sufragado de manera anticipada por quien solicite los servicios, con excepción de las entidades a las que aplica el Estatuto General de la Contratación Pública, caso en el cual, se sujetará a lo establecido en dicha normativa.

Las tasas establecidas buscarán la recuperación parcial o total de costos involucrados en la prestación de los servicios de metrología.

Para definir el costo básico (CB), se tendrán en cuenta todos los gastos de funcionamiento así como la amortización, depreciación u obsolescencia de los equipos de metrología implicados en el servicio respectivo, siguiendo las reglas técnicas que se enuncian a continuación:

Las tasas establecidas buscarán la recuperación parcial o total de costos involucrados en la prestación de los servicios de metrología.

a) Elaboración y normalización de flujogramas para los diferentes procesos con el fin de establecer y determinar las rutinas para cada servicio.

b) El costo está representado por los materiales, insumos, suministros, personal misional y los gastos que inciden directamente en el desarrollo de cada uno de los procesos establecidos en el literal a) del presente artículo. Este costo debe guardar relación directa con la cantidad de servicios prestados y las circunstancias de tiempo, modo, y lugar de la prestación del servicio para fijar costos para la prestación de servicios en la sede y fuera de ella (in situ), Se considerarán como mínimo en esta clase de gastos los siguientes:

i. Materiales usados en pruebas de laboratorio.

ii. Un porcentaje de los gastos de administración general, del costo del recurso humano de administración y el total de los gastos de mantenimiento de los equipos necesarios, para cada uno de los procesos y procedimientos definidos en el literal anterior.

iii. Se cuantificarán todos los insumos, materiales, suministros y gastos administrativos descritos en el literal anterior a precios de mercado para cada uno de los procesos y procedimientos que se definen en el literal a).

iv. Se valorará el recurso humano utilizado directamente en la prestación del servicio, tomando como base los salarios definidos en la escala salarial de la SIC o quien haga sus veces como autoridad nacional en el desempeño de las funciones de metrología y así mismo se considerarán los contratos que se celebren para tal efecto.

v. Se cuantificará el valor de la depreciación de los equipos implicados en la prestación del servicio con base al tiempo dedicado específicamente al proceso definido por el literal a) del presente artículo.

El Valor de Comparación Internacional (VCI) será el valor del servicio en el exterior calculado para los servicios definidos en el inciso primero del presente artículo. Se considerarán los costos de fletes, embalajes y demás asociados al transporte para acceder en el exterior a un servicio que ofrezca igual o mejores condiciones técnicas, de conformidad con el estudio de mercado que elaborará cada (2) años para el efecto la Superintendencia de Industria y Comercio o quien haga sus veces. El Costo Básico (CB) será corregido según el valor de comparación internacional definido en el presente literal, de tal forma que no supere ni sea inferior en 10% al Valor de Comparación Internacional valorado en pesos colombianos.

Para definir los costos de desplazamiento (CD) para servicios in situ, se considerarán los gastos de viáticos y transporte de funcionarios específicos para la prestación del servicio, y los gastos de honorarios y servicios técnicos de peritos externos, fletes, embalajes y seguros de equipos utilizados, específicos para la prestación del servicio.

El valor de la tasa de metrología se expresará en términos de smmlv o smdlv, y será el resultado de la suma de los costos básicos (CB) y los costos de desplazamiento (CD).

Parágrafo 1º. Para las autoridades de control metrológico nacional o territorial se aplicará el cero por ciento (0%) del CB, por el número de calibraciones comprendidas anualmente, el cual será definido y programado por cronograma por la Superintendencia de Industria y Comercio o quien haga sus veces, como autoridad nacional de metrología científica e industrial.

Parágrafo 2º. En el caso en que se requiera el desplazamiento del personal, equipos y suministros para ofrecer el servicio in situ a las entidades señaladas en el parágrafo anterior, la autoridad de control metrológico nacional o territorial asumirá los costos de desplazamiento asociados (CD).

Parágrafo 3º. En el evento en que las funciones de metrología a que hace referencia el inciso primero del presente artículo, se trasladen a otra entidad del gobierno nacional, dicha entidad aplicará las reglas anteriores.

Art. 71. RESPONSABLES EN MATERIA DE METROLOGÍA LEGAL

Toda persona que use o mantenga un equipo patrón de medición sujeto a reglamento técnico o norma metrológica de carácter imperativo es responsable de realizar o permitir que se realicen los respectivos controles periódicos o aleatorios sobre los equipos que usa o mantiene, tal como lo disponga la norma. Los productores, expendedores o quienes arrienden o reparen equipos y patrones de medición deben cumplir con las normas de control inicial y realizar o permitir que se realicen los controles metrológicos antes indicados sobre sus equipos e instalaciones.

Se presume que los instrumentos o patrones de medición que están en los establecimientos de comercio se utilizan en las actividades comerciales que se desarrollan en dicho lugar. Igualmente se presume que los productos preempacados están listos para su comercialización y venta.

CAPÍTULO II
REGLAMENTOS TÉCNICOS Y EVALUACIÓN DE LA CONFORMIDAD

Art. 72. DE LOS REGLAMENTOS TÉCNICOS

Cuando alguna norma legal o reglamentaria haga referencia a las –normas técnicas oficializadas– o las –normas técnicas oficiales obligatorias–, estas expresiones se entenderán reemplazadas por la expresión –reglamentos técnicos–.

De acuerdo con las disposiciones establecidas en el Acuerdo de Obstáculos Técnicos al Comercio de la Organización Mundial del Comercio (OMC) y demás compromisos adquiridos con los socios comerciales de Colombia, no se podrá publicar en la Gaceta Oficial un reglamento técnico que no cuente con la certificación expedida por el Punto de Contacto de Colombia frente a la OMC.

Art. 73. RESPONSABILIDAD DE LOS ORGANISMOS DE EVALUACIÓN DE LA CONFORMIDAD

Los organismos de evaluación de la conformidad serán responsables por los servicios de evaluación que presten dentro del marco del certificado o del documento de evaluación de la conformidad que hayan expedido. El evaluador de la conformidad no será responsable cuando el evaluado haya modificado los elementos, procesos, sistemas o demás condiciones evaluadas y exista nexo causal entre dichas variaciones y el daño ocasionado. Sin perjuicio de las multas a que haya lugar, el evaluador de la conformidad será responsable frente al consumidor por el servicio de evaluación de la conformidad efectuado respecto de un producto sujeto a reglamento técnico o medida sanitaria cuando haya obrado con dolo o culpa grave.

Parágrafo. En todo producto, publicidad o información en los que se avise que un producto o proceso ha sido certificado o evaluado, se deberá indicar, en los términos de la presente ley, el alcance de la evaluación, el organismo de evaluación de la conformidad y la entidad que acreditó al organismo de evaluación.

Art. 74. FACULTADES DE SUPERVISIÓN Y CONTROL DE LA SUPERINTENDENCIA DE INDUSTRIA Y COMERCIO

En desarrollo de las facultades de supervisión y control respecto de un determinado reglamento técnico cuya vigilancia tenga a su cargo, la Superintendencia de Industria y Comercio, podrá imponer las medidas y sanciones previstas en esta ley a quienes evalúen la conformidad de estos, por violación del reglamento técnico.

DISPOSICIONES FINALES

Art. 75. RED NACIONAL DE PROTECCIÓN AL CONSUMIDOR

La Red Nacional de Protección al Consumidor estará conformada por los consejos de protección al consumidor de carácter nacional o local donde existan, las alcaldías y las autoridades administrativas del orden nacional que tengan asignadas funciones de protección al consumidor, las ligas y asociaciones de consumidores y la Superintendencia de Industria y Comercio. Esta última institución actuará como Secretaría Técnica de la Red y, en tal condición, velará por su adecuada conformación y funcionamiento.

En concordancia con el artículo 355 de la Constitución Política, las entidades estatales del orden nacional, departamental, distrital y municipal podrán celebrar convenios con las asociaciones y ligas de consumidores, para todo lo que tenga relación con la protección de los consumidores y, en particular, con el desarrollo de esta ley.

La Red estará encargada de difundir y apoyar el cumplimiento de los derechos de los consumidores en todas las regiones del país, recibir y dar traslado a la autoridad competente de todas las reclamaciones administrativas que en materia de protección al consumidor se presenten y brindar apoyo y asesoría a las alcaldías municipales para el cumplimiento adecuado de las funciones a ellos otorgadas por la presente ley.

Autorícese al Gobierno Nacional para que en el término de un (1) año a partir de la expedición de la presente ley, asigne las partidas presupuestales necesarias para garantizar el adecuado funcionamiento de la Red Nacional de Protección al Consumidor, para la celebración de contratos o convenios con entes públicos o privados que permitan la presencia regional de la Superintendencia de Industria y Comercio.

Las autoridades administrativas del orden nacional y territorial deberán colaborar con la implementación de la Red Nacional de Protección al Consumidor permitiendo el uso de sus instalaciones y prestando apoyo logístico en la medida de sus posibilidades.

Parágrafo. El Consejo Nacional de Protección al Consumidor creado por el Gobierno Nacional dictará las políticas de carácter general de la Red Nacional de Protección al Consumidor.

Art. 76. POLÍTICAS SECTORIALES PARA LA PROTECCIÓN DE LOS DERECHOS DE LOS CONSUMIDORES

El Ministerio responsable de cada sector administrativo garantizará y facilitará espacios para la discusión abierta de las políticas sectoriales que se relacionen con la protección y difusión de los derechos de los consumidores.

Para ello podrá designar comités sectoriales conformados por representantes de las entidades adscritas y vinculadas donde se convoque y escuche la opinión de representantes de los gremios organizados que agrupen a los integrantes de la cadena de producción y/o comercialización respectiva, así como la de representantes de las ligas y asociaciones de consumidores legalmente constituidas. Los comités estarán presididos por el Ministro o un delegado del nivel directivo.

Parágrafo. Los Alcaldes y Gobernadores del país garantizarán el funcionamiento de los Consejos de Protección al Consumidor, que correspondan a sus respectivas jurisdicciones, conforme a lo dispuesto en las normas pertinentes, en especial el Decreto 3168 de 1983, 1009 de 1988 y la Directiva Presidencial 04 de 2006.

Art. 77. CONTROL DISCIPLINARIO

En desarrollo de lo previsto en el artículo 277 de la Constitución Política, los Agentes del Ministerio Público deberán iniciar de oficio o a petición de parte investigaciones disciplinarias por incumplimiento de las funciones que en materia de protección al consumidor les han sido legalmente asignadas a los Alcaldes y Gobernadores. Dentro de cada distrito o municipio corresponderá al Personero velar por el adecuado cumplimiento de dichas funciones y adelantar, de acuerdo con sus competencias, las investigaciones correspondientes.

Parágrafo. Los alcaldes y gobernadores atenderán por escrito y de manera motivada, las peticiones que les sean presentadas en relación con las decisiones a su cargo.

Art. 78. TASAS EN SERVICIOS DE INFORMACIÓN DE LA SUPERINTENDENCIA DE INDUSTRIA Y COMERCIO

La Superintendencia de Industria y Comercio podrá cobrar a su favor, en los casos en los que considere conveniente, tasas por los servicios de instrucción, formación, enseñanza o divulgación que preste en los temas relacionados con consumidor, propiedad industrial y protección a la competencia. Para estos efectos, la Entidad podrá fijar la tarifa correspondiente a la recuperación de los costos de los servicios que preste a los usuarios interesados.

De acuerdo con el inciso segundo del artículo 338 de la Constitución Política, el Gobierno Nacional fijará la tasa de acuerdo con los siguientes sistemas y métodos:

a) La tasa incluirá el valor de los servicios prestados teniendo en cuenta los costos de los servicios de instrucción, formación, enseñanza y divulgación.

b) El cálculo de la tasa incluirá el análisis de los costos y beneficios asociados a las labores de difusión de las áreas misionales de la Superintendencia.

c) El cálculo de la tasa incluirá, la evaluación de factores sociales, económicos y geográficos relacionados con las personas a las que van dirigidos los servicios.

Con fundamento en las anteriores reglas, el Gobierno Nacional aplicará el siguiente método en la definición de los costos, sobre cuya base se fijará el monto tarifario de las tasas que se crean por la presente norma:

a) Identificación de cada uno de los costos fijos y variables y la determinación de una proporción razonable de costos por imprevistos y costos de oportunidad.

b) Incorporación de ventajas asociadas a las economías de escala de los proyectos de instrucción, formación, enseñanza y divulgación.

c) El sistema de costos permitirá recuperar el costo del uso de los mecanismos de divulgación empleados en los proyectos emprendidos así como los medios de promoción de los eventos.

d) Los factores variables y coeficientes serán sintetizados en una fórmula matemática que permita el cálculo y determinación de la tasa que corresponda, por parte de la Superintendencia de Industria y Comercio.

Art. 79

Modifíquese el artículo 32 de la Ley 1369, el cual quedará del siguiente tenor:

«Artículo 32. Procedimiento para el trámite de peticiones, quejas y recursos (PQR), y solicitudes de indemnizaciones. Los operadores postales deberán recibir y tramitar las peticiones, quejas y recursos (PQR) relacionadas con la prestación del servicio así como las solicitudes de indemnización y resolverlas de fondo dentro de los quince (15) días hábiles siguientes a su recibo por parte del operador postal. Contra estas decisiones proceden los recursos de reposición y en subsidio de apelación. El recurso de apelación será atendido por la autoridad encargada de la protección de los usuarios y consumidores. El recurso de reposición deberá resolverse dentro de los quince (15) días hábiles siguientes a su interposición. Este término podrá ampliarse por uno igual para la práctica de pruebas, de ser necesarias, previa motivación. Una vez resuelto el recurso de reposición, el operador tendrá un máximo de cinco (5) días hábiles para remitir el expediente a la autoridad competente para que resuelva el recurso de apelación, de ser procedente.

«Transcurrido el término para resolver la petición, queja, recurso de reposición (PQR) o solicitud de indemnización sin que se hubiere resuelto de fondo y notificado dicha decisión, operará de pleno derecho el silencio administrativo positivo y se entenderá que la PQR o solicitud de indemnización ha sido resuelta en forma favorable al usuario, sin perjuicio de las sanciones a que haya lugar.

«Siempre que el usuario presente ante el operador postal un recurso de reposición, este último deberá informarle en forma expresa y verificable el derecho que tiene a interponer el recurso de apelación en subsidio del de reposición, para que, en caso de que la respuesta al recurso de reposición sea desfavorable a sus pretensiones, la autoridad competente decida de fondo.»

Art. 80

Derogado por la Ley 1564 de 2012, art. 626, lit. c).

Art. 81

En concordancia con el artículo 78 de la Constitución Política, el Gobierno Nacional garantizará la participación de las ligas y asociaciones de consumidores en la reglamentación de la presente ley.

Para promover el desarrollo económico y social se apoyará, con recursos técnicos y financieros, la creación de las asociaciones y ligas de consumidores, el fortalecimiento del Consejo Nacional de Protección al Consumidor y la creación de los consejos departamentales y municipales de protección al consumidor; se garantizarán los derechos a la representación, a la protección, a la educación, a informar en sus medios de comunicación y ser informados, a la indemnización, a la libre elección de bienes y servicios y a ser oídos por los poderes públicos, preservando los espacios consagrados en la Constitución y las leyes en defensa de los consumidores. De igual forma, las entidades del Estado propenderán por la aplicación de la Ley 1086 de 2006.

Parágrafo. Los espacios de mensajes institucionales destinados para la difusión de los derechos de los consumidores deberán tener un trato preferencial por las autoridades de regulación, otorgando espacios especiales de alta audiencia dentro de la parrilla de programación. En ningún caso podrán ser tratados con menores condiciones de favorabilidad que los demás mensajes institucionales creados por la Ley 182 de 1995.

Art. 82. PAGO ANTICIPADO

En cualquier momento de vigencia del contrato de compraventa a plazos, el consumidor puede pagar anticipadamente, de forma total o parcial, el precio pendiente de pago, sin que en ningún caso pueda exigírsele intereses no causados ni sanciones económicas.

Art. 83. BIENES MUEBLES PARA USO DOMÉSTICO

Se considerarán bienes muebles para uso doméstico todos los electrodomésticos, gasodomésticos, artefactos que funcionan con combustible, equipos de computación, y muebles en general, destinados para el hogar. En las operaciones de compra y venta de los mencionados bienes el precio por pago de contado deberá ser igual al precio por pago a crédito. En este último caso adicionando el valor del costo de la financiación pactada.

Art. 84. VIGENCIA

La presente ley entrará en vigencia seis (6) meses después de su promulgación y deroga todas las normas que le sean contrarias.

DECRETO LEY 19 DE 2012
POR EL CUAL SE DICTAN NORMAS PARA SUPRIMIR O REFORMAR REGULACIONES, PROCEDIMIENTOS Y TRÁMITES INNECESARIOS EXISTENTES EN LA ADMINISTRACIÓN PÚBLICA

TÍTULO I
RÉGIMEN GENERAL

CAPÍTULO I
PRINCIPIOS Y NORMAS GENERALES APLICABLES A LOS TRÁMITES Y PROCEDIMIENTOS ADMINISTRATIVOS

(...)

Art. 15. ACCESO DE LAS AUTORIDADES A LOS REGISTROS PÚBLICOS

Las entidades públicas y las privadas que cumplan funciones públicas o presten servicios públicos pueden conectarse gratuitamente a los registros públicos que llevan las entidades encargadas de expedir los certificados de existencia y representación legal de las personas jurídicas, los certificados de tradición de bienes inmuebles, naves, aeronaves y vehículos y los certificados tributarios, en las condiciones y con las seguridades requeridas que establezca el reglamento. La lectura de la información obviará la solicitud del certificado y servirá de prueba bajo la anotación del funcionario que efectúe la consulta.

(...)

Art. 25. ELIMINACIÓN DE AUTENTICACIONES Y RECONOCIMIENTOS

Todos los actos de funcionario público competente se presumen auténticos. Por lo tanto no se requiere la autenticación en sede administrativa o notarial de los mismos. Los documentos producidos por las autoridades públicas o los particulares que cumplan funciones administrativas en sus distintas actuaciones, siempre que reposen en sus archivos, tampoco requieren autenticación o reconocimiento.

Ninguna autoridad administrativa podrá exigir la presentación, suministro o entrega de documentos originales autenticados o copias o fotocopias autenticados, sin perjuicio de los controles o verificaciones que dichas entidades deban realizar, salvo para el reconocimiento o pago de pensiones.

Los documentos privados, tuvieren o no como destino servir de prueba en actuaciones administrativas, incluyendo los provenientes de terceros, se presumen auténticos, mientras no se compruebe lo contrario mediante tacha de falsedad, con excepción de los poderes especiales (~~y de las actas de asamblea general de accionistas, junta de socios y demás actos de personas jurídicas que deban registrarse ante las Cámaras de Comercio, las cuales deberán ser presentadas personalmente por sus otorgantes ante el secretario de la respectiva Cámara~~).

Las copias simples que expidan los notarios de los documentos que reposan en los respectivos protocolos no se autenticarán, salvo que el interesado así lo solicite.

NOTA: El texto entre paréntesis fue declarado inexequible por la Corte Constitucional en la Sentencia C-634 de 2012.

(...)

Art. 29. CERTIFICACIONES DE INDICADORES ECONÓMICOS

Las entidades legalmente obligadas para el efecto, surtirán el trámite de certificación del interés bancario corriente, la tasa de cambio representativa del mercado, el precio del oro, y demás indicadores macroeconómicos requeridos en procesos administrativos o judiciales, mediante su publicación en su respectiva página web, una vez hayan sido expedidas las respectivas certificaciones. Esta información, así como los datos históricos, mínimo de los últimos diez (10) años, debe mantenerse a disposición del público en la web para consulta permanente.

Ninguna autoridad podrá exigir la presentación de estas certificaciones para adelantar procesos o actuaciones ante sus despachos, para lo cual bastará la consulta que se haga a la web de la entidad que certifica.

(...)

CAPÍTULO XI
TRÁMITES, PROCEDIMIENTOS Y REGULACIONES DEL SECTOR ADMINISTRATIVO DE COMERCIO, INDUSTRIA Y TURISMO

Art. 148. REUNIONES NO PRESENCIALES

Elimínese el parágrafo del artículo 19 de la Ley 222 de 1995. En consecuencia, el artículo quedará así:

«Artículo 19. Reuniones no presenciales. Siempre que ello se pueda probar, habrá reunión de la junta de socios, de asamblea general de accionistas o de junta directiva cuando por cualquier medio todos los socios o miembros puedan deliberar y decidir por comunicación simultánea o sucesiva. En este último caso, la sucesión de comunicaciones deberá ocurrir de manera inmediata de acuerdo con el medio empleado».

Conc. *D. 398 de 2020, art. 2.2.1.16.1.*

Art. 149. VIGILANCIA

Suprímase el numeral 11 del artículo 84 de la Ley 222 de 1995 y modifíquese el numeral 8 del mismo artículo, el cual quedará así:

«8. Convocar a reuniones extraordinarias del máximo órgano social en los casos previstos por la ley. En los casos en que convoque de manera oficiosa, la Superintendencia presidirá la reunión».

Art. 150. PUBLICIDAD DE LOS ESTADOS FINANCIEROS

Adicionase un inciso al artículo 41 de la Ley 222 de 1995, así:

«Cuando los estados financieros se depositen en la Superintendencia de Sociedades, no tendrán que ser depositados en las cámaras de comercio. La Superintendencia de Sociedades asegurará los mecanismos necesarios para garantizar el acceso a la información que no tenga carácter reservado. La Cámara de Comercio deberá conservar, por cualquier medio, los documentos mencionados en este artículo por el término de cinco años».

Art. 151. OTRAS FUNCIONES

Modifíquese el numeral 7 del artículo 86 de la Ley 222 de 1995, el cual quedará así:

«7. Autorizar la disminución del capital en cualquier sociedad, cuando la operación implique un efectivo reembolso de aportes. La autorización podrá ser conferida mediante autorización de carácter general en los términos establecidos por la Superintendencia de Sociedades».

Art. 152. MEDIDAS ADMINISTRATIVAS

Modifíquese el artículo 87 de la Ley 222 de 1995, el cual quedará así:

«Artículo 87. Medidas administrativas. En todo caso en cualquier sociedad no sometida a la vigilancia de la Superintendencia Financiera, uno o más asociados representantes de no menos del diez por ciento del capital social o alguno de sus administradores, siempre que se trate de sociedades, empresas unipersonales o sucursales de sociedad extranjeras que a 31 de diciembre del año inmediatamente anterior registren activos iguales o superiores a cinco mil (5.000) salarios mínimos legales mensuales vigentes o ingresos iguales o superiores a tres mil (3.000) salarios mínimos legales mensuales vigentes, podrán solicitar a la Superintendencia de Sociedades la adopción de las siguientes medidas:

1. La convocatoria de la asamblea o junta de socios, cuando quiera que éstas no se hayan reunido en las oportunidades previstas en los estatutos o en la ley. Para tal fin, al escrito correspondiente, deberá adjuntarse una certificación del revisor fiscal que indique ese hecho.

Del escrito contentivo de la solicitud se dará traslado a la sociedad respectiva por el término de diez días a fin de que controvierta los hechos en que se funde la solicitud. Vencido este término y si hay lugar a ello, se dispondrá la práctica de las pruebas solicitadas por los interesados y las que estime pertinentes el superintendente. Dentro de los veinte días siguientes al vencimiento del término probatorio, se adoptará la decisión pertinente.

2. La orden para que se reformen las cláusulas o estipulaciones de los estatutos sociales que violen normas legales. La solicitud respectiva deberá contener la relación de las normas que se consideren violadas y el concepto de la violación. Del escrito correspondiente se dará traslado a la sociedad hasta por diez días al cabo de los cuales deberá tomarse la decisión respectiva. Para tal fin la superintendencia podrá convocar la asamblea o junta de socios u ordenar su convocatoria.

3. La práctica de investigaciones administrativas cuando se presenten irregularidades o violaciones legales o estatutarias. Para tal efecto, las personas interesa-

das deberán hacer una relación de los hechos lesivos de la ley o de los estatutos y de los elementos de juicio que tiendan a comprobarlos. La superintendencia adelantará la respectiva investigación y de acuerdo con los resultados, decretará las medidas pertinentes según las facultades asignadas en esta ley.

Parágrafo 1°. El reconocimiento de los presupuestos de ineficacia en los casos señalados en el libro segundo del Código de Comercio, será de competencia de la Superintendencia de Sociedades de oficio en ejercicio de funciones administrativas, en sociedades no sometidas a la vigilancia o control de otra Superintendencia. A solicitud de parte sólo procederá en los términos del artículo 133 de la Ley 446 de 1998.

Parágrafo 2°. Las sociedades, sucursales de sociedad extranjera o empresa unipersonales no sometidas a la supervisión de la Superintendencia Financiera, que no reúnan los requisitos establecidos en este artículo podrán hacer uso de la conciliación ante la Superintendencia de Sociedades para resolver los conflictos surgidos entre los asociados o entre estos y la sociedad. Sin perjuicio, de acudir en vía judicial en los términos del artículo 252 de la Ley 1450 de 2011».

Art. 153. MEDIOS ELECTRÓNICOS

El artículo 40 de la Ley 1429 de 2010, quedará así:

«Artículo 40. Medios electrónicos. Se permitirá la utilización de medios electrónicos en la tramitación de los procesos de insolvencia de conformidad con lo previsto en la Ley 527 de 1999 y para el cumplimiento de los trámites ante el registro mercantil, entidades sin ánimo de lucro y ante el registro único de proponentes delegados en las cámaras de comercio».

Art. 154. REFORMA ESTATUTARIA POR CAMBIO DE DOMICILIO DE LA SOCIEDAD

El artículo 165 del Código de Comercio quedará así:

«Artículo 165. Reforma estatutaria por cambio de domicilio de la sociedad. Cuando una reforma del contrato tenga por objeto el cambio de domicilio de la sociedad y éste corresponda a un lugar comprendido dentro de la jurisdicción de una cámara de comercio distinta de aquella en la cual se haya registrado el acto de constitución, deberá registrarse únicamente la reforma que contiene el cambio de domicilio social en la cámara de comercio de origen, la cual procederá a hacer el respectivo traslado de las inscripciones que reposan en sus archivos, a la cámara de comercio del nuevo domicilio.

Lo dispuesto en este artículo se aplicará también en los casos en que por alteraciones en la circunscripción territorial de las cámaras de comercio, el lugar del domicilio principal de una sociedad corresponda a la circunscripción de una cámara distinta».

Art. 155. PROCEDIMIENTO POR INFRACCIÓN A LAS NORMAS DE COMPETENCIA Y PRÁCTICAS COMERCIALES RESTRICTIVAS

El artículo 52 del Decreto 2153 de 1992, modificado por los artículos 16 y 19 de la Ley 1340 de 2009, quedará así:

«Artículo 52. Procedimiento. Para determinar si existe una infracción a las normas de promoción a la competencia y prácticas comerciales restrictivas a que se refiere este decreto, la Superintendencia de Industria y Comercio deberá iniciar actuación de oficio o por su solicitud de un tercero y en caso de considerarla admisible y prioritaria, adelantar una averiguación preliminar, cuyo resultado determinará la necesidad de realizar una investigación.

Cuando se ordene abrir una investigación, se notificará personalmente al investigado para que en los veinte (20) días hábiles siguientes solicite o aporte las pruebas que pretenda hacer valer. Durante la investigación se practicarán las pruebas solicitadas y las que el Superintendente Delegado para la Protección de la Competencia considere procedentes.

Instruida la investigación el Superintendente Delegado para la Protección de la Competencia citará, por una sola vez, a una audiencia dónde los investigados y terceros reconocidos dentro del trámite presentarán de manera verbal los argumentos que pretendan hacer valer respecto de la investigación. La inasistencia a dicha audiencia no será considerada indicio alguno de responsabilidad.

Una vez se ha desarrollado la audiencia verbal, el superintendente delegado presentará ante el Superintendente de Industria y Comercio un informe motivado respecto de si ha habido una infracción. De dicho informe se correrá traslado por veinte (20) días hábiles al investigado y a los terceros interesados reconocidos durante el trámite.

Si la recomendación del informe motivado considera que no se cometió infracción alguna, el Superintendente de Industria y Comercio podrá acoger integralmente los argumentos del informe motivado mediante acto administrativo sumariamente sustentado.

Durante el curso de la investigación, el Superintendente de Industria y Comercio podrá ordenar la clausura de la investigación cuando a su juicio el presunto infractor brinde garantías suficientes de que suspenderá o modificará la conducta por la cual se le investiga.

En lo no previsto en este artículo se aplicará el Código Contencioso Administrativo.

Parágrafo 1°. Para que una investigación por violación a las normas sobre prácticas comerciales restrictivas pueda terminarse anticipadamente por otorgamiento de garantías, se requerirá que el investigado presente su ofrecimiento antes del vencimiento del término concedido por la Superintendencia de Industria y Comercio para solicitar o aportar pruebas. Antes de la aceptación o rechazo de dicha solicitud, la Superintendencia de Industria y Comercio podrá solicitar aclaraciones sobre el ofrecimiento de garantías. Si se aceptaren las garantías, en el mismo acto administrativo por el que se ordene la clausura de la investigación la Superintendencia de Industria y Comercio señalará las condiciones en que verificará la continuidad del cumplimiento de las obligaciones adquiridas por los investigados.

El incumplimiento de las obligaciones derivadas de la aceptación de las garantías de que trata este artículo se considera una infracción a las normas de protección de la competencia y dará lugar a las sanciones previstas en la ley previa solicitud de las explicaciones requeridas por la Superintendencia de Industria y Comercio».

NOTA: Donde dice Código Contencioso Administrativo debe leerse Código de Procedimiento Administrativo y de lo Contencioso Administrativo.

Art. 156. PUBLICACIÓN DE ACTUACIONES ADMINISTRATIVAS

El artículo 17 de la Ley 1340 de 2009, quedará así:

«Artículo 17. Publicación de actuaciones administrativas. La Superintendencia de Industria y Comercio publicará en su página web las actuaciones administrativas que a continuación se enuncian y además ordenará la publicación de un aviso en un diario de circulación regional o nacional, dependiendo las circunstancias, y a costa de los investigados o de los interesados, según corresponda, en el que se informe acerca de:

1. El inicio de un procedimiento de autorización de una operación de integración, así como el condicionamiento impuesto a un proceso de integración empresarial. En el último caso, una vez en firme el acto administrativo correspondiente.

2. La apertura de una investigación por infracciones a las normas sobre protección de la competencia, así como la decisión de imponer una sanción, una vez en firme los actos administrativos correspondientes.

3. Las garantías aceptadas, cuando su publicación sea considerada por la autoridad como necesaria para respaldar el cumplimiento de los compromisos adquiridos por los interesados».

Art. 157. INTERVENCIÓN DE TERCEROS

El inciso primero del artículo 19 de la Ley 1340 de 2009, quedará así:

«Artículo 19. Intervención de terceros. Los competidores, consumidores o, en general, aquel que acredite un interés directo e individual en investigaciones por prácticas comerciales restrictivas de la competencia, tendrán el carácter de terceros interesados y además, podrán, dentro de los quince (15) días hábiles posteriores a la publicación de la apertura de la investigación en la página web de la Superintendencia de Industria y Comercio, intervenir aportando las consideraciones y pruebas que pretendan hacer valer para que la Superintendencia de Industria y Comercio se pronuncie en uno u otro sentido».

Art. 158. NOTIFICACIONES Y COMUNICACIONES

El artículo 23 de la Ley 1340 de 2009, quedará así:

«Artículo 23. Notificaciones y comunicaciones. Las resoluciones de apertura de investigación, la que pone fin a la actuación y la que decide los recursos de la vía gubernativa, deberán notificarse personalmente.

Si no pudiere hacerse la notificación personal al cabo de los cinco (5) días del envío de la citación, esta se hará por medio de aviso que se remitirá a la dirección, al número de fax o al correo electrónico que figuren en el expediente o puedan obtenerse del registro mercantil, acompañado de copia íntegra del acto administrativo. El aviso deberá indicar la fecha y la del acto que se notifica, la autoridad que lo expidió, los recursos que legalmente proceden, las autoridades ante quienes deben interponerse, los plazos respectivos y la advertencia de que la notificación se considerará surtida al finalizar el día siguiente al de la entrega del aviso en el lugar de destino.

Cuando se desconozca la información sobre el destinatario, el aviso, con copia íntegra del acto administrativo, se publicará en la página electrónica y en todo caso en un lugar de acceso al público de la Superintendencia de Industria y Comercio por el término de cinco (5) días, con la advertencia de que la notificación se considerará surtida al finalizar el día siguiente al retiro del aviso.

En el expediente se dejará constancia de la remisión o publicación del aviso y de la fecha en que por este medio quedará surtida la notificación personal.

Los demás actos administrativos que se expidan en desarrollo de los procedimientos previstos en el régimen de protección de la competencia, se comunicarán a la dirección que para estos propósitos suministre el investigado o apoderado y, en ausencia de ella, a la dirección física o de correo electrónico que aparezca en el registro mercantil del investigado.

Las notificaciones electrónicas estarán sujetas a las disposiciones del Código de Procedimiento Administrativo y de lo Contencioso Administrativo».

Art. 159. RESERVA DE DOCUMENTOS

Modifíquese el parágrafo segundo del artículo 15 de la Ley 1340 de 2009, el cual quedará así:

«Parágrafo 2. La Superintendencia de Industria y Comercio podrá por solicitud del denunciante o del solicitante de beneficios por colaboración guardar en reserva la identidad de quienes denuncien prácticas restrictivas de la competencia, cuando en criterio de la Autoridad Única de Competencia existan riesgos para el denunciante de sufrir represalias comerciales a causa de las denuncias realizadas».

Art. 160. CARACTERÍSTICAS Y REQUERIMIENTOS DE LAS ENTIDADES DE CERTIFICACIÓN

El artículo 29 de la Ley 527 de 1999, quedará así:

«Artículo 29. Características y requerimientos de las entidades de certificación. Podrán ser entidades de certificación, las personas jurídicas, tanto públicas como privadas, de origen nacional o extranjero y las cámaras de comercio, que cumplan con los requerimientos y sean acreditados por el Organismo Nacional de Acreditación conforme a la reglamentación expedida por el Gobierno Nacional. El Organismo Nacional de Acreditación de Colombia suspenderá o retirará la acreditación en cualquier tiempo, cuando se establezca que la entidad de certificación respectiva no está cumpliendo con la reglamentación emitida por el Gobierno Nacional, con base en las siguientes condiciones:

a. Contar con la capacidad económica y financiera suficiente para prestar los servicios autorizados como entidad de certificación;

b. Contar con la capacidad y elementos técnicos necesarios para la generación de firmas digitales, la emisión de certificados sobre la autenticidad de las mismas y la conservación de mensajes de datos en los términos establecidos en esta ley;

c. Los representantes legales y administradores no podrán ser personas que hayan sido condenadas a pena privativa de la libertad, excepto por delitos políticos o culposos; o que hayan sido suspendidas en el ejercicio de su profesión por falta grave contra la ética o hayan sido excluidas de aquélla. Esta inhabilidad estará vigente por el mismo período que la ley penal o administrativa señale para el efecto».

Art. 161. ACTIVIDADES DE LAS ENTIDADES DE CERTIFICACIÓN

El artículo 30 de la Ley 527 de 1999, quedará así:

«Artículo 30. Actividades de las entidades de certificación. Las entidades de certificación acreditadas por el Organismo Nacional de Acreditación de Colombia para prestar sus servicios en el país, podrán realizar, entre otras, las siguientes actividades:

1. Emitir certificados en relación con las firmas electrónicas o digitales de personas naturales o jurídicas.

2. Emitir certificados sobre la verificación respecto de la alteración entre el envío y recepción del mensaje de datos y de documentos electrónicos transferibles.

3. Emitir certificados en relación con la persona que posea un derecho u obligación con respecto a los documentos enunciados en los literales f) y g) del artículo 26 de la Ley 527 de 1999.

4. Ofrecer o facilitar los servicios de generación de los datos de creación de las firmas digitales certificadas.

5. Ofrecer o facilitar los servicios de registro y estampado cronológico en la generación, transmisión y recepción de mensajes de datos.

6. Ofrecer o facilitar los servicios de generación de datos de creación de las firmas electrónicas.

7. Ofrecer los servicios de registro, custodia y anotación de los documentos electrónicos transferibles.

8. Ofrecer los servicios de archivo y conservación de mensajes de datos y documentos electrónicos transferibles.

9. Cualquier otra actividad relacionada con la creación, uso o utilización de firmas digitales y electrónicas».

Art. 162. DEBERES DE LAS ENTIDADES DE CERTIFICACIÓN

El literal h) del artículo 32 de la Ley 527 de 1999, quedará así:

«h) Permitir y facilitar la realización de las auditorías por parte del Organismo Nacional de Acreditación de Colombia. Es responsabilidad de la entidad de certificación pagar los costos de la acreditación y los de las auditorías de vigilancia, conforme con las tarifas del Organismo Nacional de Acreditación de Colombia».

Art. 163. CESACIÓN DE ACTIVIDADES POR PARTE DE LAS ENTIDADES DE CERTIFICACIÓN

El artículo 34 de la Ley 527 de 1999, quedará así:

«Artículo 34. Cesación de actividades por parte de las entidades de certificación. Las entidades de certificación acreditadas por el ONAC pueden cesar en el ejercicio de actividades, siempre y cuando garanticen la continuidad del servicio a quienes ya lo hayan contratado, directamente o a través de terceros, sin costos adicionales a los servicios ya cancelados».

(...)

Art. 166. DEL REGISTRO ÚNICO EMPRESARIAL Y SOCIAL

Al Registro Único Empresarial (RUE) de que trata el artículo 11 de la Ley 590 de 2000, que integró el registro mercantil y el registro único de proponentes, se incorporarán e integrarán las operaciones del registro de entidades sin ánimo de lucro creado por el Decreto 2150 de 1995, del registro nacional público de las personas naturales y jurídicas que ejerzan la actividad de vendedores de Juegos de Suerte y Azar de que trata la Ley 643 de 2001, del registro público de veedurías ciudadanas de que trata la Ley 850 de 2003, del registro nacional de turismo de que trata la Ley 1101 de 2006, del registro de entidades extranjeras de derecho privado sin ánimo de lucro con domicilio en el exterior que establezcan negocios permanentes en Colombia de que trata el Decreto 2893 de 2011, y del registro de la economía solidaria de que trata la Ley 454 de 1998, que en lo sucesivo se denominará registro único empresarial y social —RUES—, el cual será administrado por las cámaras de comercio atendiendo a criterios de eficiencia, economía y buena fe, para brindar al Estado, a la sociedad en general, a los empresarios, a los contratistas, a las entidades de economía solidaria y a las entidades sin ánimo de lucro una herramienta confiable de información unificada tanto en el orden nacional como en el internacional.

Con el objeto de mantener la actualización del registro y garantizar la eficacia del mismo, la inscripción en los registros que integran el registro único empresarial y social, y el titular del registro renovará anualmente dentro de los tres primeros meses de cada año. El organismo que ejerza el control y vigilancia de las cámaras de comercio establecerá los formatos y la información requerida para inscripción en el registro y la renovación de la misma. Los registros mercantil y de proponentes continuarán renovándose de acuerdo con las reglas vigentes.

El organismo que ejerza el control y vigilancia de las cámaras de comercio regulará la integración e implementación del registro único empresarial y social, garantizando que, específicamente, se reduzcan los trámites, requisitos e información a cargo de todos los usuarios de los registros públicos y que todas las gestiones se puedan adelantar, además, por internet y otras formas electrónicas. La regulación que realice la autoridad competente deberá, en todo caso, hacerse en armonía con las disposiciones estatutarias y con las contenidas en códigos, respecto de los registros de que trata el presente artículo.

Los derechos por la prestación de los servicios registrales serán los previstos por la ley para el registro mercantil, el registro único de proponentes y el registro de entidades sin ánimo de lucro, según el caso. Las cámaras de comercio no podrán cobrar derechos de inscripción y renovación sobre los registros que se le trasladan en virtud del presente decreto-ley y que a la vigencia del mismo no los causan.

Los ingresos provenientes de los registros públicos y los bienes adquiridos con éstos, continuarán afectos a las funciones atribuidas a las cámaras de comercio por la ley o por el Gobierno Nacional en aplicación del numeral 12 del artículo 86 del Código de Comercio. En ningún caso los recursos de origen público podrán destinarse para sufragar operaciones o gastos privados de las cámaras de comercio. Los registros públicos que se le trasladan a las cámaras de comercio serán asumidos por éstas a partir del primero (1o.) de marzo de 2012.

Art. 167. TRÁMITES ADMINISTRATIVOS RELACIONADOS CON PROPIEDAD INDUSTRIAL

En los trámites administrativos relacionados con propiedad industrial, se tendrán en cuenta las siguientes disposiciones:

«a. Los documentos que se deban adjuntar estarán exentos de atestación, autenticación, legalización o cualquier otra certificación de una firma u otro medio de identificación personal, salvo en los casos de renuncias a derechos. Lo anterior sin perjuicio de la aplicación de las disposiciones penales establecidas en la legislación vigente en materia de fraude procesal y falsedad de documentos.

b. No se exigirán pruebas de existencia y/o representación legal al solicitante, a menos que exista duda razonable acerca de la veracidad de cualquier indicación o elemento contenido en la solicitud, caso en el cual será requerido de conformidad con el procedimiento legalmente establecido para ello.

c. Los poderes no requerirán presentación personal, podrán otorgarse mediante documento privado y referirse a una o más solicitudes identificadas en el poder, o a todas las solicitudes y/o registros existentes o futuros del titular que otorgue el poder. En todo caso, la facultad de desistir de la solicitud en trámite o de renunciar al derecho otorgado debe estar expresamente consagrada en el poder.

La Superintendencia de Industria y Comercio expedirá las instrucciones que sean necesarias a fin de dar cumplimiento a las disposiciones anteriores».

Art. 168. SISTEMA MULTICLASE DE SOLICITUDES Y REGISTRO DE MARCAS

El registro de una marca podrá solicitarse en un sólo expediente administrativo para distinguir productos y/o servicios comprendidos en diferentes clases de la Clasificación Internacional de Niza.

La inscripción de una o más transferencias o cesiones de derechos, en relación con marcas concedidas o en trámite, puede ser presentada en una sola solicitud, siempre que el cedente y cesionario sean los mismos en todos los trámites y se indiquen los números de expedientes o certificados correspondientes.

Así mismo, en una sola solicitud también puede pedirse la inscripción de uno o más cambios de nombre, cambios de domicilio o de dirección y cualquier otro acto que afecte la titularidad del derecho, en relación con varias solicitudes en trámite o con varios derechos concedidos, siempre que se trate del mismo titular o solicitante y se indiquen los números de los expedientes o certificados correspondientes.

La Superintendencia de Industria y Comercio instruirá sobre los requisitos y trámites especiales que deban establecerse para la adopción del sistema descrito.

Art. 169. DIVISIÓN DE SOLICITUDES Y REGISTROS

Las solicitudes de registro de una marca que incluyan varios productos y/o servicios pueden ser divididas a petición del titular en dos o más solicitudes fraccionarias en las que se distribuyan los productos y/o servicios inicialmente incluidos, en cualquier momento del trámite, salvo dentro del plazo de publicación de la solicitud inicial en la Gaceta de la Propiedad Industrial.

Las solicitudes fraccionarias conservarán la fecha de presentación de la solicitud inicial, así como el beneficio del derecho de prioridad establecido en el artículo 4° del Convenio de París y, en cualquier caso, el otorgado con la radicación de la solicitud ante la Superintendencia de Industria y Comercio, de conformidad con los artículos 4° y 9° de la Decisión 486 de la Comunidad Andina de Naciones.

Así mismo, podrá dividirse el registro de una marca en uno o más registros, a petición del titular o como consecuencia de una cancelación o nulidad o decisión judicial. En este último caso, será procedente la división de los registros siempre que se especifiquen los productos y/o servicios incluidos en los registros resultantes de la división, a los que se asignará nuevo número de certificado.

La Superintendencia de Industria y Comercio instruirá sobre los requisitos y trámites especiales que deban establecerse para la adopción del sistema descrito.

Art. 170. FECHA DE PRESENTACIÓN DE LA SOLICITUD DE REGISTRO DE MARCA

De conformidad con lo previsto en el literal g) del artículo 1o. de la Decisión 689 de la Comunidad Andina de Naciones, si al momento de la presentación de la solicitud de registro de una marca, resulta que la misma no contiene todos los requisitos a que hace referencia el artículo 140 de la Decisión 486 de la Comunidad Andina de Naciones, la Superintendencia otorgará al solicitante un plazo de dos meses, contados a partir del día siguiente a la fecha de la notificación que disponga la Entidad, para que complete dichos requisitos.

Si al vencimiento de dicho término el solicitante no completa o subsana los requisitos indicados, se dará aplicación a lo previsto en el último inciso del artículo 140 de la Decisión 486.

(...)

Art. 172. INFORMACIÓN EN LA PÁGINA WEB DEL REGISTRO ÚNICO EMPRESARIAL Y SOCIAL —RUES—

A partir de abril de 2012, para fines informativos, las cámaras de comercio darán acceso gratuito a través de la página web del RUES al menos a la siguiente información básica de las personas incorporadas en su registro: cámara de comercio donde se registra la persona, razón social, número de identificación tributaria, fecha de renovación, fecha de matrícula, fecha de vigencia, tipo de organización, categoría de la matrícula, estado de la matrícula, actividad económica, establecimientos, agencias o sucursales, representantes legales principales y suplentes, y limitaciones de su capacidad de contratar.

Art. 173. LIBROS DEL COMERCIANTE. El artículo 56 de Código del Comercio quedará así:

«Artículo 56. Los libros podrán ser de hojas removibles o formarse por series continuas de tarjetas, siempre que unas y otras estén numeradas, puedan conservarse archivadas en orden y aparezcan autenticadas conforme a la reglamentación del Gobierno.

Los libros podrán llevarse en archivos electrónicos, que garanticen en forma ordenada la inalterabilidad, la integridad y seguridad de la información, así como su conservación. El registro de los libros electrónicos se adelantará de acuerdo con la reglamentación que expida el Gobierno Nacional».

Art. 174. ALTERACIÓN

Modifíquese el numeral 5 del artículo 57 del Código de Comercio:

«5. Arrancar hojas, alterar el orden de las mismas o mutilar los libros, o alterar los archives electrónicos».

Art. 175. REGISTRO DE LOS LIBROS DE COMERCIO

El numeral 7 del artículo 28 del Código de Comercio, quedará así:

«7. Los libros de registro de socios o accionistas, y los de actas de asamblea y juntas de socios».

Art. 176. DEROGATORIAS

Deróguese los artículos 41 y 42 de la Ley 527 de 1999.

(...)

LEY 1563 DE 2012
POR MEDIO DE LA CUAL SE EXPIDE EL ESTATUTO DE ARBITRAJE NACIONAL E INTERNACIONAL Y SE DICTAN OTRAS DISPOSICIONES

SECCIÓN PRIMERA
ARBITRAJE NACIONAL

CAPÍTULO I
NORMAS GENERALES DEL ARBITRAJE NACIONAL

Art. 1º. DEFINICIÓN, MODALIDADES Y PRINCIPIOS

El arbitraje es un mecanismo alternativo de solución de conflictos mediante el cual las partes defieren a árbitros la solución de una controversia relativa a asuntos de libre disposición o aquellos que la ley autorice.

El arbitraje se rige por los principios y reglas de imparcialidad, idoneidad, celeridad, igualdad, oralidad, publicidad y contradicción.

El laudo arbitral es la sentencia que profiere el tribunal de arbitraje. El laudo puede ser en derecho, en equidad o técnico.

En los tribunales en que intervenga una entidad pública o quien desempeñe funciones administrativas, si las controversias han surgido por causa o con ocasión de la celebración, desarrollo, ejecución, interpretación, terminación y liquidación de contratos estatales, incluyendo las consecuencias económicas de los actos administrativos expedidos en ejercicio de facultades excepcionales, el laudo deberá proferirse en derecho.

Art. 2º. CLASES DE ARBITRAJE

El arbitraje será *ad hoc,* si es conducido directamente por los árbitros, o institucional, si es administrado por un centro de arbitraje. A falta de acuerdo respecto de su naturaleza y cuando en el pacto arbitral las partes guarden silencio, el arbitraje será institucional. Cuando la controversia verse sobre contratos celebrados por una entidad pública o quien desempeñe funciones administrativas, el proceso se regirá por las reglas señaladas en la presente ley para el arbitraje institucional.

Los procesos arbitrales son de mayor cuantía cuando versen sobre pretensiones patrimoniales superiores a cuatrocientos salarios mínimos legales mensuales vigentes (400 smlmv) y de menor cuantía, los demás.

Cuando por razón de la cuantía o de la naturaleza del asunto no se requiera de abogado ante los jueces ordinarios, las partes podrán intervenir directamente en el arbitraje.

Art. 3º. PACTO ARBITRAL

El pacto arbitral es un negocio jurídico por virtud del cual las partes someten o se obligan a someter a arbitraje controversias que hayan surgido o puedan surgir entre ellas.

El pacto arbitral implica la renuncia de las partes a hacer valer sus pretensiones ante los jueces. El pacto arbitral puede consistir en un compromiso o en una cláusula compromisoria.

En el pacto arbitral las partes indicarán la naturaleza del laudo. Si nada se estipula al respecto, este se proferirá en derecho.

Parágrafo. Si en el término de traslado de la demanda, o de su contestación, o de las excepciones previas, una parte invoca la existencia de pacto arbitral y la otra no la niega expresamente, ante los jueces o el tribunal de arbitraje, se entiende válidamente probada la existencia de pacto arbitral.

Art. 4º. CLÁUSULA COMPROMISORIA

La cláusula compromisoria, podrá formar parte de un contrato o constar en documento separado inequívocamente referido a él.

La cláusula compromisoria que se pacte en documento separado del contrato, para producir efectos jurídicos deberá expresar el nombre de las partes e indicar en forma precisa el contrato a que se refiere.

Art. 5º. AUTONOMÍA DE LA CLÁUSULA COMPROMISORIA

La inexistencia, ineficacia o invalidez del contrato no afecta la cláusula compromisoria. En consecuencia, podrán someterse a arbitraje las controversias en las que se debata la existencia, eficacia o validez del contrato y la decisión del tribunal será conducente aunque el contrato sea inexistente, ineficaz o inválido.

La cesión de un contrato que contenga pacto arbitral, comporta la cesión de la cláusula compromisoria.

Art. 6º. COMPROMISO

El compromiso podrá constar en cualquier documento, que contenga:

1. Los nombres de las partes.
2. La indicación de las controversias que se someten al arbitraje.
3. La indicación del proceso en curso, cuando a ello hubiere lugar. En este caso las partes podrán ampliar o restringir las pretensiones aducidas en aquel.

Art. 7º. ÁRBITROS

Las partes determinarán conjuntamente el número de árbitros, que siempre será impar. Si nada se dice al respecto, los árbitros serán tres (3), salvo en los procesos de menor cuantía, caso en el cual el árbitro será único.

El árbitro debe ser colombiano y ciudadano en ejercicio; no haber sido condenado por sentencia judicial a pena privativa de la libertad, excepto por delitos políticos o culposos, ni estar inhabilitado para ejercer cargos públicos o haber sido sancionado con destitución.

En los arbitrajes en derecho, los árbitros deberán cumplir, como mínimo, los mismos requisitos exigidos para ser magistrado de Tribunal Superior de Distrito Judicial, sin perjuicio de las calidades adicionales exigidas por los reglamentos de los centros de arbitraje o por las partes en el pacto arbitral.

Art. 8º. DESIGNACIÓN DE LOS ÁRBITROS

Las partes nombrarán conjuntamente los árbitros, o delegarán tal labor en un centro de arbitraje o un tercero, total o parcialmente. La designación a cargo de los centros de arbitraje se realizará siempre mediante sorteo, dentro de la especialidad jurídica relativa a la respectiva controversia y asegurando una distribución equitativa entre los árbitros de la lista.

Ningún árbitro o secretario podrá desempeñarse simultáneamente como tal, en más de cinco (5) tribunales de arbitraje en que intervenga como parte una entidad pública o quien ejerza funciones administrativas en los conflictos relativos a estas.

Art. 9º. SECRETARIOS

Los árbitros designarán un secretario quien deberá ser abogado y no podrá ser cónyuge o compañero permanente, ni tener relación contractual, de subordinación o dependencia, de parentesco hasta cuarto grado de consanguinidad o civil o segundo de afinidad, con ninguno de los árbitros. El secretario deberá ser escogido de la lista del centro en la que se adelante el procedimiento arbitral.

Art. 10. TÉRMINO

Si en el pacto arbitral no se señalare término para la duración del proceso, este será de seis (6) meses, contados a partir de la finalización de la primera audiencia de trámite. Dentro del término de duración del proceso, deberá proferirse y notificarse, incluso, la providencia que resuelve la solicitud de aclaración, corrección o adición.

Dicho término podrá prorrogarse una o varias veces, sin que el total de las prórrogas exceda de seis (6) meses, a solicitud de las partes o de sus apoderados con facultad expresa para ello.

Al comenzar cada audiencia el secretario informará el término transcurrido del proceso.

Art. 11. SUSPENSIÓN

El proceso se suspenderá por solicitud de ambas partes con la limitación temporal prevista en esta ley y, además, desde el momento en que un árbitro se declare impedido o sea recusado, y se reanudará cuando se resuelva al respecto.

Igualmente, se suspenderá por inhabilidad, renuncia, relevo o muerte de alguno de los árbitros, hasta que se provea a su reemplazo.

Al término del proceso se adicionarán los días de suspensión, así como los de interrupción por causas legales. En todo caso, las partes o sus apoderados no podrán solicitar la suspensión del proceso por un tiempo que, sumado, exceda de ciento veinte (120) días.

No habrá suspensión por prejudicialidad.

CAPÍTULO II
TRÁMITE

Art. 12. INICIACIÓN DEL PROCESO ARBITRAL

El proceso arbitral comenzará con la presentación de la demanda, que deberá reunir todos los requisitos exigidos por el Código de Procedimiento Civil, acompañada del pacto arbitral y dirigida al centro de arbitraje acordado por las partes. En su defecto, a uno del lugar del domicilio de la demandada, y si esta fuere plural, en el de cualquiera de sus integrantes. El centro de arbitraje que no fuere competente, remitirá la demanda al que lo fuere. Los conflictos de competencia que se susciten entre centros de arbitraje serán resueltos por el Ministerio de Justicia y del Derecho.

Si no hubiere centro de arbitraje en el domicilio acordado o en el del domicilio del demandado, la solicitud de convocatoria se presentará en el centro de arbitraje más cercano.

Tratándose de procesos en los que es demandada una entidad pública, el centro de arbitraje correspondiente deberá remitir comunicación a la Agencia Nacional de Defensa Jurídica del Estado, informando de la presentación de la demanda.

La remisión de la comunicación a que se refiere este inciso, es requisito indispensable para la continuación del proceso arbitral.

Art. 13. AMPARO DE POBREZA

El amparo de pobreza se concederá, total o parcialmente, en los términos del Código de Procedimiento Civil. Si hubiere lugar a la designación del apoderado, esta se hará a la suerte entre los abogados incluidos en la lista de árbitros del respectivo centro de arbitraje, salvo que el interesado lo designe.

Sin perjuicio de lo que resuelva el laudo sobre costas, el amparado quedará exonerado del pago de los honorarios y gastos del tribunal arbitral, sin que le corresponda a su contraparte sufragar lo que al amparado le hubiese correspondido pagar.

Art. 14. INTEGRACIÓN DEL TRIBUNAL ARBITRAL

Para la integración del tribunal se procederá así:

1. Si las partes han designado los árbitros, pero no consta su aceptación, el director del centro de arbitraje los citará por el medio que considere más expedito

y eficaz, para que se pronuncien en el término de cinco (5) días. El silencio se entenderá como declinación.

Este mismo término y el efecto concedido al silencio, se aplicará para todos los eventos en que haya designación de árbitro y este deba manifestar su aceptación.

2. Si las partes no han designado los árbitros debiendo hacerlo, o delegaron la designación, el director del centro de arbitraje requerirá por el medio que considere más expedito y eficaz a las partes o al delegado, según el caso, para que en el término de cinco (5) días hagan la designación.

3. Si las partes delegaron al centro de arbitraje la designación de todos o alguno o varios de los árbitros, aquella se hará por sorteo dentro de los cinco (5) días siguientes a la solicitud de cualquiera de ellas.

4. En defecto de la designación por las partes o por el delegado, el juez civil del circuito, a solicitud de cualquiera de las partes, designará de plano, por sorteo, principales y suplentes, de la lista de árbitros del centro en donde se haya radicado la demanda, al cual informará de su actuación.

5. De la misma forma se procederá siempre que sea necesario designar un reemplazo.

6. Las partes, de común acuerdo, podrán reemplazar, total o parcialmente, a los árbitros con anterioridad a la instalación del tribunal.

Art. 15. DEBER DE INFORMACIÓN

La persona a quien se comunique su nombramiento como árbitro o como secretario deberá informar, al aceptar, si coincide o ha coincidido con alguna de las partes o sus apoderados en otros procesos arbitrales o judiciales, trámites administrativos o cualquier otro asunto profesional en los que él o algún miembro de la oficina de abogados a la que pertenezca o haya pertenecido, intervenga o haya intervenido como árbitro, apoderado, consultor, asesor, secretario o auxiliar de la justicia en el curso de los dos (2) últimos años. Igualmente deberá indicar cualquier relación de carácter familiar o personal que sostenga con las partes o sus apoderados.

Si dentro de los cinco (5) días siguientes al recibo de la comunicación de aceptación, alguna de las partes manifestare por escrito dudas justificadas acerca de la imparcialidad o independencia del árbitro y su deseo de relevar al árbitro con fundamento en la información suministrada por este, se procederá a su reemplazo en la forma prevista para tal efecto, siempre y cuando los demás árbitros consideren justificada las razones para su reemplazo o el árbitro acepte expresamente ser relevado. Cuando se tratare de árbitro único o de la mayoría o de todos, decidirá el juez civil del circuito del lugar en donde funcione el tribunal de arbitraje. Cuando se trate de secretario, decidirán los árbitros.

Si durante el curso del proceso se llegare a establecer que el árbitro o el secretario no revelaron información que debieron suministrar al momento de aceptar el nombramiento, por ese solo hecho quedarán impedidos, y así deberán declararlo, so pena de ser recusados.

En todo caso, a lo largo del proceso, los árbitros y los secretarios deberán revelar sin demora cualquiera circunstancia sobrevenida, que pudiere generar en las partes dudas sobre su imparcialidad e independencia. Si cualquiera de estas considera que tal circunstancia afecta la imparcialidad o independencia del árbitro, los demás árbitros decidirán sobre su separación o continuidad, y si no hubiere acuerdo entre aquellos, o se tratare de árbitro único o de la mayoría o de todos, decidirá el juez civil del circuito del lugar en donde funcione el tribunal de arbitraje.

Art. 16. IMPEDIMENTOS Y RECUSACIONES

Los árbitros y los secretarios están impedidos y son recusables por las mismas causales previstas para los jueces en el Código de Procedimiento Civil, por las inhabilidades, prohibiciones y conflictos de intereses señalados en el Código Disciplinario Único, y por el incumplimiento del deber de información indicado en el artículo anterior.

En los arbitrajes en que sea parte el Estado o alguna de sus entidades, se aplicarán además de lo previsto en el inciso anterior las causales de impedimento y recusación previstas en el Código de Procedimiento Administrativo y de lo Contencioso Administrativo.

Los árbitros nombrados por el juez o por un tercero serán recusables dentro de los cinco (5) días siguientes a la comunicación de su aceptación a las partes o de la fecha en que la parte tuvo o debió tener conocimiento de los hechos, cuando se trate de circunstancias sobrevinientes.

Los árbitros nombrados por acuerdo de las partes no podrán ser recusados sino por motivos sobrevenidos con posterioridad a su designación, y dentro de los cinco (5) días siguientes a aquel en que la parte tuvo conocimiento de los hechos.

Art. 17. TRÁMITE DE LOS IMPEDIMENTOS Y LAS RECUSACIONES

El árbitro que se declare impedido cesará inmediatamente en sus funciones y lo comunicará a quien o quienes lo designaron, para que procedan a reemplazado.

El árbitro o árbitros que fueren recusados se pronunciarán dentro de los cinco (5) días siguientes. Si el recusado o recusados aceptan la recusación o guardan silencio, cesarán inmediatamente en sus funciones, hecho que se comunicará a quien hizo la designación para que proceda a su reemplazo. Si el árbitro rechaza la recusación, los demás árbitros decidirán de plano. Si fueren recusados todos los árbitros o varios, o se tratare de árbitro único, decidirá en la misma forma el juez civil del circuito del lugar donde funcione el tribunal de arbitraje, para lo cual se remitirá la actuación que deberá ser sometida a reparto en el término de cinco (5) días.

La providencia que decide la recusación no será susceptible de ningún recurso.

Si el árbitro hubiese sido designado por el juez civil del circuito, en caso de impedimento o aceptación de la recusación, se remitirán a este, sin necesidad de reparto, las piezas procesales pertinentes con el fin de que proceda a la designación del árbitro que haya de reemplazar al impedido.

Art. 18. IMPEDIMENTOS Y RECUSACIONES DE MAGISTRADOS

Los magistrados que conozcan de los recursos extraordinarios de anulación o revisión estarán impedidos y serán recusables conforme a las reglas generales del Código de Procedimiento Civil y, además, cuando respecto de ellos se configure alguna causal frente a quienes hubieran intervenido como árbitros, secretario o auxiliares de la justicia en el proceso arbitral.

Art. 19. CONTROL DISCIPLINARIO

En los términos de la Ley Estatutaria de la Administración de Justicia, el control disciplinario de los árbitros, los secretarios y los auxiliares de los tribunales arbitrales, se regirá por las normas disciplinarias de los servidores judiciales y auxiliares de la justicia.

Art. 20. INSTALACIÓN DEL TRIBUNAL

Aceptada su designación por todos los árbitros y, en su caso, cumplidos los trámites de recusación y reemplazo, el tribunal arbitral procederá a su instalación, en audiencia para la cual el centro de arbitraje fijará día y hora.

Si alguno de los árbitros no concurriere, podrá presentar excusa justificada de su inasistencia dentro de los tres (3) días siguientes. Si no presentare dicha excusa o, si presentada, no concurriere en la nueva fecha, se procederá a su reemplazo en la forma prevista en la presente ley.

En la audiencia de instalación el centro de arbitraje entregará a los árbitros el expediente.

El tribunal elegirá un Presidente y designará un Secretario, quien deberá manifestar por escrito su aceptación dentro de los cinco (5) días siguientes, y será posesionado una vez agotado el trámite de información o de reemplazo.

Sin perjuicio de lo que luego haya de decidir el tribunal sobre su propia competencia en la primera audiencia de trámite, la admisión, la inadmisión y el rechazo de la demanda se surtirán conforme a lo previsto en el Código de Procedimiento Civil. El tribunal rechazará de plano la demanda cuando no se acompañe prueba de la existencia de pacto arbitral, salvo que el demandante invoque su existencia para los efectos probatorios previstos en el parágrafo del artículo 3o. En caso de rechazo, el demandante tendrá un término de veinte (20) días hábiles para instaurar la demanda ante el juez competente para conservar los efectos derivados de la presentación de la demanda ante el centro de arbitraje.

El poder para representar a una cualquiera de las partes en la audiencia de instalación incluye además de las facultades legales que se le otorgan, la facultad para notificarse de todas las determinaciones que adopte el tribunal en la misma, sin que se pueda pactar lo contrario.

Art. 21. TRASLADO Y CONTESTACIÓN DE LA DEMANDA

De la demanda se correrá traslado por el término de veinte (20) días. Vencido este, se correrá traslado al demandante por el término de cinco (5) días, dentro de los cuales podrá solicitar pruebas adicionales relacionadas con los hechos en que se funden las excepciones de mérito.

Es procedente la demanda de reconvención pero no las excepciones previas ni los incidentes. Salvo norma en contrario, los árbitros decidirán de plano toda cuestión que se suscite en el proceso.

Parágrafo. La no interposición de la excepción de compromiso o cláusula compromisoria ante el juez implica la renuncia al pacto arbitral para el caso concreto.

Art. 22. REFORMA DE LA DEMANDA

Notificado el demandado del auto admisorio de la demanda, esta podrá reformarse por una sola vez antes de la iniciación de la audiencia de conciliación prevista en esta ley.

Art. 23. UTILIZACIÓN DE MEDIOS ELECTRÓNICOS

En el proceso arbitral podrán utilizarse medios electrónicos en todas las actuaciones y, en particular, para llevar a cabo todas las comunicaciones, tanto del tribunal con las partes como con terceros, para la notificación de las providencias, la presentación de memoriales y la realización de audiencias, así como para la guarda de la versión de las mismas y su posterior consulta.

La notificación transmitida por medios electrónicos se considerará recibida el día en que se envió, salvo que se trate de la notificación del auto admisorio de la demanda, caso en el cual se considerará hecha el día que se reciba en la dirección electrónica del destinatario.

Los árbitros, las partes y los demás intervinientes podrán participar en las audiencias a través de videoconferencia, teleconferencia o por cualquier otro medio técnico, bajo la dirección del tribunal arbitral.

La formación y guarda del expediente podrá llevarse íntegramente a través de medios electrónicos o magnéticos.

Los centros de arbitraje prestarán la debida colaboración a los árbitros y a las partes, y con tal fin pondrán a disposición de sus usuarios recursos tecnológicos idóneos, confiables y seguros.

Art. 24. AUDIENCIA DE CONCILIACIÓN

Vencido el término de traslado de las excepciones de mérito propuestas contra la demanda inicial o la de reconvención, o contestadas sin que se hubieren propuesto excepciones, o vencido sin contestación el término de traslado de la demanda, el tribunal señalará día y hora para celebrar la audiencia de conciliación, a la que deberán concurrir tanto las partes como sus apoderados.

En la audiencia de conciliación el tribunal arbitral instará a las partes a que resuelvan sus diferencias mediante conciliación, para lo cual podrá proponerles fórmulas, sin que ello implique prejuzgamiento. Si las partes llegaren a una conciliación, el tribunal la aprobará mediante auto que hace tránsito a cosa juzgada y que, en caso de contener una obligación expresa, clara y exigible, prestará mérito ejecutivo.

El Ministerio Público y la Agencia Nacional de Defensa Jurídica del Estado podrán intervenir activamente en la audiencia con el fin de lograr que las partes concilien sus diferencias y expresar sus puntos de vista sobre las fórmulas que se propongan.

Art. 25. FIJACIÓN DE HONORARIOS Y GASTOS

Fracasada en todo o en parte la conciliación, en la misma audiencia el tribunal fijará los honorarios y gastos mediante auto susceptible de recurso de reposición, que será resuelto inmediatamente. Para la fijación, tomará en cuenta la cuantía de las pretensiones de la demanda, determinada de conformidad con el Código de Procedimiento Civil. Si hubiere demanda de reconvención, tomará como base la de la cuantía mayor.

Lo anterior, sin perjuicio de que las partes, antes del nombramiento de los árbitros, acuerden los honorarios y así se lo comuniquen junto con su designación.

Art. 26. LÍMITE DE LOS HONORARIOS Y PARTIDA DE GASTOS

Los árbitros tendrán como suma límite para fijar los honorarios de cada uno, la cantidad de mil salarios mínimos legales mensuales vigentes (1.000 smlmv). El Gobierno Nacional reglamentará las tarifas de honorarios y gastos.

En caso de árbitro único, los honorarios podrán incrementarse hasta en un cincuenta por ciento.

Los honorarios del secretario no podrán exceder de la mitad de los de un árbitro.

Cuando no fuere posible determinar la cuantía de las pretensiones, los árbitros tendrán como suma límite para fijar los honorarios de cada uno, la cantidad de quinientos salarios mínimos legales mensuales vigentes (500 smlmv).

Art. 27. OPORTUNIDAD PARA LA CONSIGNACIÓN

En firme la regulación de honorarios y gastos, cada parte consignará, dentro de los diez (10) días siguientes, lo que a ella corresponda. El depósito se hará a nombre del presidente del tribunal, quien abrirá para su manejo una cuenta especial en una entidad sujeta a la vigilancia de la Superintendencia Financiera. Dicha cuenta deberá contener la indicación del tribunal arbitral y en ella solo podrán administrarse los recursos de este.

Si una de las partes consigna lo que le corresponde y la otra no, aquella podrá hacerlo por esta dentro de los cinco (5) días siguientes. Si no se produjere el reembolso, la acreedora podrá demandar su pago por la vía ejecutiva ante la justicia ordinaria. Para tal efecto le bastará presentar la correspondiente certificación expedida por el presidente del tribunal con la firma del secretario. En la ejecución no se podrá alegar excepción diferente a la de pago. La certificación solamente podrá ser expedida cuando haya cobrado firmeza la providencia mediante la cual el tribunal se declare competente.

De no mediar ejecución, las expensas pendientes de reembolso se tendrán en cuenta en el laudo para lo que hubiere lugar. A cargo de la parte incumplida, se causarán intereses de mora a la tasa más alta autorizada, desde el vencimiento del plazo para consignar y hasta el momento en que cancele la totalidad de las sumas debidas.

Vencidos los términos previstos para realizar las consignaciones sin que estas se hubieren efectuado, el tribunal mediante auto declarará concluidas sus funciones y extinguidos los efectos del pacto arbitral para el caso.

Parágrafo. Cuando una parte se encuentre integrada por varios sujetos, no se podrá fraccionar el pago de los honorarios y gastos del tribunal y habrá solidaridad entre sus integrantes respecto de la totalidad del pago que a dicha parte corresponda.

Art. 28. DISTRIBUCIÓN DE HONORARIOS

Una vez el tribunal se declare competente, el presidente entregará a cada uno de los árbitros y al secretario la mitad de los honorarios, y al centro de arbitraje la totalidad de lo correspondiente a él; el resto quedará depositado en la cuenta destinada exclusivamente para el efecto. El presidente distribuirá el saldo de honorarios una vez terminado el arbitraje por voluntad de las partes o por ejecutoria del laudo o de la providencia que decida sobre su aclaración, corrección o complementación.

Terminado el proceso o decidido el recurso de anulación, el presidente hará la liquidación final de gastos y, con la correspondiente cuenta razonada, devolverá el saldo a las partes.

Art. 29. PROCESOS SOMETIDOS A LA JUSTICIA ORDINARIA O CONTENCIOSO ADMINISTRATIVA

El tribunal de arbitraje es competente para resolver sobre su propia competencia y su decisión prevalece sobre cualquier otra proferida en sentido contrario por un juez ordinario o contencioso administrativo. Lo anterior, sin perjuicio de lo previsto en el recurso de anulación.

Si del asunto objeto de arbitraje estuviere conociendo la justicia ordinaria o la contencioso administrativa, y no se hubiere proferido sentencia de única o primera instancia o terminado por desistimiento, transacción o conciliación; el tribunal arbitral solicitará al respectivo despacho judicial la remisión del expediente y este deberá proceder en consecuencia.

Si dicho arbitraje no concluyere con laudo, el proceso judicial continuará ante el juez que lo venía conociendo, para lo cual el presidente del tribunal devolverá el expediente. Las pruebas practicadas y las actuaciones surtidas en el trámite arbitral conservarán su validez.

Art. 30. PRIMERA AUDIENCIA DE TRÁMITE

Una vez consignada la totalidad de los honorarios y gastos, el tribunal arbitral celebrará la primera audiencia de trámite con la asistencia de todos sus miembros, en la cual resolverá sobre su propia competencia para decidir de fondo la controversia mediante auto que solo es susceptible de recurso de reposición. Si decidiere que no es competente para conocer de ninguna de las pretensiones de la demanda y la reconvención, se extinguirán los efectos del pacto arbitral para el caso concreto, y se devolverá a las partes, tanto la porción de gastos no utilizada, como los honorarios recibidos. En este caso, para conservar los efectos derivados de la presentación de la demanda ante el centro de arbitraje, el demandante tendrá un término de veinte (20) días hábiles para instaurar la demanda ante el juez competente.

En caso de que el tribunal se declare competente por mayoría de votos, el árbitro que haya salvado voto, cesará inmediatamente en sus funciones y será reemplazado en la forma prevista en esta ley. Nombrado el reemplazo, se reanudará y terminará la primera audiencia de trámite.

Por último, el tribunal resolverá sobre las pruebas pedidas por las partes y las que de oficio estime necesarias.

Concluida la audiencia, comenzará a contarse el término de duración del proceso.

Art. 31. AUDIENCIAS Y PRUEBAS

El tribunal en pleno realizará las audiencias que considere necesarias, con o sin participación de las partes. Las audiencias podrán realizarse por cualquier sistema que permita la comunicación de los participantes entre sí.

El tribunal y las partes tendrán, respecto de las pruebas, las mismas facultades y deberes previstos en el Código de Procedimiento Civil y las normas que lo modifiquen o complementen. Las providencias que decreten pruebas no admitir recurso alguno; las que las nieguen son susceptibles de reposición. Cuando la prueba haya de practicarse en el exterior, se aplicarán los tratados vigentes sobre la materia y, en subsidio, las normas del Código de Procedimiento Civil, en lo pertinente. En este caso, cuando en el proceso se hayan practicado todas las pruebas y sólo faltare la prueba en el exterior, los árbitros podrán suspender de oficio el proceso arbitral, mientras se practicare la misma.

En la audiencia de posesión del perito, el tribunal fijará prudencialmente la sumas que deberán consignar a buena cuenta de los honorarios de aquel, tanto la parte que solicitó la prueba, como la que formuló preguntas adicionales dentro del término que al efecto le señale el tribunal, so pena de que se entienda desistida la prueba respecto de la parte que no hizo la consignación. El tribunal fijará en su oportunidad los honorarios del perito e indicará qué parte o partes deberán cancelarlos y en qué proporción, y dispondrá el reembolso a que hubiere lugar.

El perito rendirá la experticia en el término que prudencialmente le señale el tribunal. Presentado el dictamen, de él se correrá traslado a las partes por un término de hasta diez (10) días, dentro del cual aquellas podrán solicitar aclaraciones o complementaciones, que si el tribunal estimare procedentes, habrá de atender el perito en informe que será puesto en conocimiento de las partes por el mismo término.

En ningún caso habrá lugar a trámite especial de objeción del dictamen por error grave. Dentro del término de su traslado, o del de sus aclaraciones o complementaciones, las partes podrán presentar experticias para controvertirlo. Adicionalmente, el tribunal, si lo considera necesario, convocará a una audiencia a la que deberán concurrir obligatoriamente el perito y los demás expertos, que podrán ser interrogados por el tribunal y por las partes.

Los honorarios definitivos del perito se fijarán luego de concluida esta audiencia si a ella se hubiere convocado; en caso contrario, una vez surtido el traslado del dictamen pericial, sus aclaraciones o complementaciones.

Art. 32. MEDIDAS CAUTELARES

A petición de cualquiera de las partes, el tribunal podrá ordenar las medidas cautelares que serían procedentes de tramitarse el proceso ante la justicia ordinaria o la contencioso administrativa, cuyos decretos, práctica y levantamiento se someterán a las normas del Código de Procedimiento Civil, el Código de Procedimiento Administrativo y de lo Contencioso Administrativo y a las disposiciones especiales pertinentes. El tribunal podrá comisionar al juez civil municipal o del circuito del lugar en donde deba practicarse la medida cautelar. Cuando se trate de procesos arbitrales en que sea parte una entidad pública o quien desempeñe funciones administrativas, además de la posibilidad de comisionar a los referidos jueces civiles, el tribunal de arbitraje podrá comisionar al juez administrativo, si lo considera conveniente.

Adicionalmente, el tribunal podrá decretar cualquier otra medida cautelar que encuentre razonable para la protección del derecho objeto del litigio, impedir su infracción o evitar las consecuencias derivadas de la misma, prevenir daños, hacer cesar los que se hubieren causado o asegurar la efectividad de la pretensión.

Para decretar la medida cautelar, el tribunal apreciará la legitimación o interés para actuar de las partes y la existencia de la amenaza o la vulneración del derecho.

Asimismo, el tribunal tendrá en cuenta la apariencia de buen derecho, como también la necesidad, efectividad y proporcionalidad de la medida y, si lo estimare procedente, podrá decretar una menos gravosa o diferente de la solicitada. El tribunal establecerá su alcance, determinará su duración y podrá disponer, de oficio o a petición de parte, la modificación, sustitución o cese de la medida cautelar adoptada.

Cuando se trate de medidas cautelares relacionadas con pretensiones pecuniarias, el demandado podrá impedir su práctica o solicitar su levantamiento o modificación mediante la prestación de una caución para garantizar el cumplimiento de la eventual sentencia favorable al demandante o la indemnización de los perjuicios por la imposibilidad de cumplirla. No podrá prestarse caución cuando las medidas cautelares no estén relacionadas con pretensiones económicas o procuren anticipar materialmente el fallo.

Para que sea decretada cualquiera de las anteriores medidas cautelares innominadas, el demandante deberá prestar caución equivalente al veinte por ciento (20%) del valor de las pretensiones estimadas en la demanda, para responder por las costas y perjuicios derivados de su práctica. Sin embargo, el tribunal, de oficio o a petición de parte, podrá aumentar o disminuir el monto de la caución cuando lo considere razonable, o fijar uno superior al momento de decretar la medida.

Si el tribunal omitiere el levantamiento de las medidas cautelares, la medida caducará automáticamente transcurridos tres (3) meses desde la ejecutoria del laudo o de la providencia que decida definitivamente el recurso de anulación. El registrador o a quien le corresponda, a solicitud de parte, procederá a cancelarla.

Parágrafo. Las medidas cautelares también podrán tener como objeto recaudar elementos de prueba que pudiesen ser relevantes y pertinentes para la controversia.

Quien ejerza funciones jurisdiccionales, podrá decretar medidas cautelares para este propósito en los procesos sometidos a su conocimiento, sean o no procesos arbitrales.

Art. 33. AUDIENCIAS DE ALEGATOS Y DE LAUDO

Concluida la instrucción del proceso, el tribunal oirá en audiencia las alegaciones de las partes por un espacio máximo de una hora cada cual, sin que interese el número de sus integrantes. En el curso de la audiencia, las partes podrán entregar sus alegaciones por escrito. A continuación el tribunal señalará día y hora para audiencia de laudo, en la que se dará lectura a la parte resolutiva de este.

Art. 34. INASISTENCIA DE LOS ÁRBITROS

El árbitro que deje de asistir por dos (2) veces a las audiencias sin justificación, o en tres (3) ocasiones con excusa justificada, quedará, sin más, relevado del cargo. Los árbitros restantes darán aviso a quien lo designó para que proceda a su reemplazo.

Art. 35. CESACIÓN DE FUNCIONES DEL TRIBUNAL

El tribunal cesará en sus funciones:

1. Cuando no se haga oportunamente la consignación de gastos y honorarios prevista en la presente ley.
2. Por voluntad de las partes.
3. Cuando el litisconsorte necesario que no suscribió el pacto arbitral no sea notificado o no adhiera oportunamente al pacto arbitral.
4. Por la expiración del término fijado para el proceso o el de su prórroga.
5. Por la ejecutoria del laudo o, en su caso, de la providencia que resuelva sobre la aclaración, corrección o adición.

6. Por la interposición del recurso de anulación, sin menoscabo de la competencia del tribunal arbitral para la sustentación del recurso.

CAPÍTULO III
INTEGRACIÓN DEL CONTRADICTORIO, OTRAS PARTES Y TERCEROS

Art. 36. INTEGRACIÓN DEL CONTRADICTORIO

Cuando por la naturaleza de la relación jurídica debatida en el proceso, el laudo haya de generar efectos de cosa juzgada para personas que no estipularon el pacto arbitral, el tribunal ordenará la citación personal de todas ellas para que manifiesten si adhieren o no al pacto. La notificación personal de la providencia que así lo ordene, se llevará a cabo dentro de los diez (10) días siguientes a la fecha de su decreto.

Los citados manifestarán expresamente su decisión de adherir al pacto arbitral dentro de los cinco (5) días siguientes. De no hacerlo, el tribunal declarará extinguidos los efectos del compromiso o de la cláusula compromisoria para dicha controversia. Igual pronunciamiento se hará cuando no se logre notificar a los citados. En la misma providencia en la que se declaren extinguidos los efectos del pacto arbitral, los árbitros ordenarán el reintegro a las partes de la totalidad de los honorarios. En estos eventos, no se considerará interrumpida la prescripción y operará la caducidad, salvo que se promueva el respectivo proceso ante el juez dentro de los veinte días (20) hábiles siguientes a la ejecutoria de la providencia referida en este inciso.

Si todos los citados adhieren al pacto arbitral, el tribunal fijará la contribución que a ellos corresponda en los honorarios y gastos generales.

Cuando se trate de integración del contradictorio con quien haya suscrito el pacto arbitral, se ordenará su notificación personal, surtida la cual, el citado tendrá veinte (20) días para pronunciarse, según corresponda a su condición de parte activa o pasiva. Vencido este término, el proceso continuará su trámite.

Art. 37. INTERVENCIÓN DE OTRAS PARTES Y TERCEROS

La intervención en el proceso arbitral del llamado en garantía, del denunciado en el pleito, del interviniente excluyente y demás partes, se someterá a lo previsto en las normas que regulan la materia en el Código de Procedimiento Civil. Los árbitros fijarán la cantidad adicional a su cargo por concepto de honorarios y gastos del tribunal, mediante providencia susceptible de recurso de reposición. La suma correspondiente deberá ser consignada dentro de los diez (10) días siguientes.

Tratándose de interviniente excluyente que no haya suscrito el pacto arbitral, su demanda implica la adhesión al pacto suscrito entre las partes iniciales. En caso de que el interviniente excluyente que haya suscrito pacto arbitral o que haya adherido a él, no consigne oportunamente, el proceso continuará y se decidirá sin su intervención, salvo que la consignación la efectúe alguna otra parte interesada, aplicando en lo pertinente el artículo 27.

Cuando el llamado en garantía o denunciado en el pleito, que ha suscrito el pacto arbitral o ha adherido a él, no consigna oportunamente, el proceso continuará y se decidirá sin su intervención, salvo que la consignación la efectúe alguna otra parte interesada, aplicando en lo pertinente el artículo 27.

En los casos de llamamiento en garantía y de denuncia del pleito, la existencia del pacto arbitral también podrá probarse conforme a lo previsto en el parágrafo del artículo 3o.

Si se trata de coadyuvante o llamado de oficio, su intervención se someterá a lo previsto en las normas que regulan la materia en el Código de Procedimiento Civil para esta clase de terceros. En este caso, el tribunal le dará aplicación al inciso primero de esta norma y el no pago hará improcedente su intervención.

Parágrafo 1º. Cuando se llame en garantía a una persona que ha garantizado el cumplimiento de las obligaciones derivadas de un contrato que contiene pacto arbitral, aquella quedará vinculada a los efectos del mismo.

Parágrafo 2º. En ningún caso las partes o los reglamentos de los centros de arbitraje podrán prohibir la intervención de otras partes o de terceros.

CAPÍTULO IV
LAUDO ARBITRAL Y RECURSOS

Art. 38. ADOPCIÓN DEL LAUDO ARBITRAL

El laudo se acordará por mayoría de votos y será firmado por todos los árbitros, incluso por quien hubiere salvado el voto.

La falta de firma de alguno de los árbitros no afecta la validez del laudo.

El árbitro disidente expresará por escrito los motivos de su discrepancia, el mismo día en que se profiera el laudo.

Lo anterior también se aplica a quien pretenda aclarar el voto.

Art. 39. ACLARACIÓN, CORRECCIÓN Y ADICIÓN DEL LAUDO

Dentro de los cinco (5) días siguientes a su notificación, el laudo podrá ser aclarado, corregido y complementado de oficio; asimismo, podrá serlo a solicitud de parte, formulada dentro del mismo término.

Art. 40. RECURSO EXTRAORDINARIO DE ANULACIÓN

Contra el laudo arbitral procede el recurso extraordinario de anulación, que deberá interponerse debidamente sustentado, ante el tribunal arbitral, con indicación de las causales invocadas, dentro de los treinta (30) días siguientes a su notificación o la de la providencia que resuelva sobre su aclaración, corrección o adición. Por secretaría del tribunal se correrá traslado a la otra parte por quince (15) días sin necesidad de auto que lo ordene. Vencido aquel, dentro de los cinco (5) días siguientes, el secretario del tribunal enviará los escritos presentados junto con el expediente a la autoridad judicial competente para conocer del recurso.

Art. 41. CAUSALES DEL RECURSO DE ANULACIÓN

Son causales del recurso de anulación:

1. Inexistencia, invalidez ~~**absoluta**~~ o inoponibilidad del pacto arbitral.
2. La caducidad de la acción, la falta de jurisdicción o de competencia.
3. No haberse constituido el tribunal en forma legal.
4. Estar el recurrente en alguno de los casos de indebida representación, o falta de notificación o emplazamiento, siempre que no se hubiere saneado la nulidad.
5. Haberse negado el decreto de una prueba pedida oportunamente o haberse dejado de practicar una prueba decretada, sin fundamento legal, siempre y cuando se hubiere alegado la omisión oportunamente mediante el recurso de reposición y aquella pudiera tener incidencia en la decisión.
6. Haberse proferido el laudo o la decisión sobre su aclaración, adición o corrección después del vencimiento del término fijado para el proceso arbitral.
7. Haberse fallado en conciencia o equidad, debiendo ser en derecho, siempre que esta circunstancia aparezca manifiesta en el laudo.
8. Contener el laudo disposiciones contradictorias, errores aritméticos o errores por omisión o cambio de palabras o alteración de estas, siempre que estén comprendidas en la parte resolutiva o influyan en ella y hubieran sido alegados oportunamente ante el tribunal arbitral.

9. Haber recaído el laudo sobre aspectos no sujetos a la decisión de los árbitros, haber concedido más de lo pedido o no haber decidido sobre cuestiones sujetas al arbitramento.

Las causales 1, 2 y 3 sólo podrán invocarse si el recurrente hizo valer los motivos constitutivos de ellas mediante recurso de reposición contra el auto de asunción de competencia.

La causal 6 no podrá ser alegada en anulación por la parte que no la hizo valer oportunamente ante el tribunal de arbitramento, una vez expirado el término.

Art. 42. TRÁMITE DEL RECURSO DE ANULACIÓN

La autoridad judicial competente rechazará de plano el recurso de anulación cuando su interposición fuere extemporánea, no se hubiere sustentando o las causales invocadas no correspondan a ninguna de las señaladas en esta ley.

Admitido el recurso, el expediente pasará al despacho para sentencia, que deberá proferirse dentro de los tres (3) meses siguientes. En ella se liquidarán las condenas y costas a que hubiere lugar.

La interposición y el trámite del recurso extraordinario de anulación no suspenden el cumplimiento de lo resuelto en el laudo, salvo cuando la entidad pública condenada solicite la suspensión.

La autoridad judicial competente en la anulación no se pronunciará sobre el fondo de la controversia, ni calificará o modificará los criterios, motivaciones, valoraciones probatorias o interpretaciones expuestas por el tribunal arbitral al adoptar el laudo.

Art. 43. EFECTOS DE LA SENTENCIA DE ANULACIÓN

Cuando prospere cualquiera de las causales señaladas en los numerales 1 a 7 del artículo 41, se declarará la nulidad del laudo. En los demás casos, este se corregirá o adicionará.

Cuando se anule el laudo por las causales 1 o 2, el expediente se remitirá al juez que corresponda para que continúe el proceso a partir del decreto de pruebas. La prueba practicada dentro del proceso arbitral conservará su validez y tendrá eficacia, respecto de quienes tuvieron la oportunidad de controvertirla.

Cuando se anule el laudo por las causales 3 a 7, el interesado podrá convocar un tribunal arbitral, en el que conservarán validez las pruebas debidamente practicadas, y en lo posible las actuaciones que no hubieren resultado afectadas por la anulación.

La sentencia que anule el laudo total o parcialmente cumplido, ordenará las restituciones a que hubiere lugar.

De la ejecución del laudo conocerá la justicia ordinaria o la contencioso administrativa, según el caso.

Si el recurso no prospera se condenará en costas al recurrente, salvo que dicho recurso haya sido presentado por el Ministerio Público.

Art. 44. PRESCRIPCIÓN Y CADUCIDAD

Se considerará interrumpida la prescripción y no operará la caducidad, cuando se anule el laudo por cualquiera de las causales 3 a 7, siempre que la parte interesada presente la solicitud de convocatoria de tribunal arbitral dentro de los tres (3) meses siguientes a la ejecutoria de la sentencia.

Art. 45. RECURSO DE REVISIÓN

Tanto el laudo como la sentencia que resuelva sobre su anulación, son susceptibles del recurso extraordinario de revisión por las causales y mediante el trámite señalado en el Código de Procedimiento Civil. Sin embargo, quien tuvo oportunidad de interponer el recurso de anulación no podrá alegar indebida representación o falta de notificación. Cuando prospere el recurso de revisión, la autoridad judicial dictará la sentencia que en derecho corresponda.

Art. 46. COMPETENCIA

Para conocer del recurso extraordinario de anulación de laudos arbitrales, será competente la Sala Civil del Tribunal Superior de Distrito Judicial del lugar en donde hubiese funcionado el tribunal de arbitraje.

Será competente para conocer del recurso extraordinario de revisión de laudos arbitrales la Sala Civil de la Corte Suprema de Justicia.

Cuando se trate de recurso de anulación y revisión de laudo <sic> arbitrales en los que intervenga una entidad pública o quien desempeñe funciones administrativas, será competente la Sección Tercera de la Sala de lo Contencioso Administrativo del Consejo de Estado.

Art. 47. REGISTRO Y ARCHIVO

El laudo ordenará su inscripción en el correspondiente registro, cuando a ello hubiere lugar, y el archivo del expediente en el centro en el que se hubiese adelantado el proceso, respecto del cual este podrá expedir copias y autorizar desgloses. Transcurridos tres (3) años, el centro podrá disponer que el expediente se conserve por cualquier medio técnico que garantice su reproducción.

Del mismo modo se procederá cuando el proceso termine por cualquiera otra causa.

Cuando el expediente sea digital, se procederá a su registro y conservación en este mismo formato.

CAPÍTULO V
PÉRDIDA Y REEMBOLSO DE HONORARIOS

Art. 48. PÉRDIDA Y REEMBOLSO DE HONORARIOS

Los árbitros perderán la totalidad de los honorarios y quedarán obligados a reembolsar al presidente los ya recibidos, en los casos de renuncia, remoción por inasistencia, prosperidad de la recusación y falta a los deberes de información.

La muerte, inhabilidad o incapacidad del árbitro no genera obligación de reembolsar los honorarios recibidos.

El árbitro que se negare a firmar el laudo arbitral, perderá el derecho a recibir la segunda parte de los honorarios. Cuando el tribunal cese en sus funciones por expiración del término fijado para el proceso o su prórroga sin haber expedido el laudo, los árbitros y el secretario perderán el derecho a recibir sus honorarios, quedando incluso obligados a restituir a las partes lo que ya se les hubiere pagado o consignado.

Si el recurso de anulación prospera con fundamento en las causales 3 a 5 y 7 previstas en esta ley, los árbitros reembolsarán a las partes la segunda mitad de los honorarios recibidos.

Art. 49. INTERVENCIÓN DEL MINISTERIO PÚBLICO

El Ministerio Público está facultado para actuar en los procesos arbitrales y en los trámites de amigable composición en los que intervenga una entidad pública o quien desempeñe funciones administrativas, en defensa del orden jurídico, del patrimonio público y los derechos y garantías fundamentales. A dicho propósito, el centro de arbitraje o los amigables componedores informarán a la Procuraduría General de la Nación sobre la fecha en la que se realizará la instalación del respectivo tribunal de arbitraje o la diligencia de apertura, según corresponda.

Igual información deberá darse a la Agencia Nacional de Defensa Jurídica del Estado.

CAPÍTULO VI
CENTROS DE ARBITRAJE

Art. 50. CREACIÓN

Las entidades públicas y las personas jurídicas sin ánimo de lucro podrán crear centros de arbitraje con autorización del Ministerio de Justicia y del Derecho, previo cumplimiento de los siguientes requisitos:

1. Estudio de factibilidad desarrollado de acuerdo con la metodología que para el efecto determine el Ministerio.
2. Acreditar suficiencia de recursos administrativos y financieros.

Art. 51. REGLAMENTOS DE LOS CENTROS DE ARBITRAJE

Cada centro de arbitraje expedirá su reglamento, sujeto a la aprobación del Ministerio de Justicia y del Derecho, que deberá contener:

1. El procedimiento para la conformación de las listas de árbitros, amigables componedores y secretarios, los requisitos que ellos deben reunir, las causas de su exclusión, los trámites de inscripción, y la forma de hacer su designación.
2. Las tarifas de honorarios de árbitros y secretarios.
3. Las tarifas de gastos administrativos.
4. Los mecanismos de información al público en general relativa a los procesos arbitrales y las amigables composiciones.
5. Las funciones del director.
6. La estructura administrativa.
7. Las reglas de los procedimientos arbitrales y de amigable composición, con el fin de que estos garanticen el debido proceso.

Art. 52. CONTROL, INSPECCIÓN Y VIGILANCIA

El Ministerio de Justicia y del Derecho ejercerá el control, inspección y vigilancia de los centros de arbitraje.

CAPÍTULO VII
ARBITRAJE AD HOC

Art. 53. DESIGNACIÓN DE ÁRBITROS EN EL ARBITRAJE AD HOC

Las partes designarán el o los árbitros, según lo previsto en el pacto arbitral. Si formulada solicitud por una de las partes a la otra para la designación del o los árbitros, esta no colabora o guarda silencio, la peticionaria podrá acudir al juez civil del circuito competente, acompañando prueba sumaria de haber agotado el trámite anterior, para que este proceda al nombramiento del árbitro *ad hoc,* dentro de los cinco (5) días siguientes al recibo de la solicitud, mediante auto que no es susceptible de recurso alguno.

Art. 54. ACEPTACIÓN DE LOS ÁRBITROS

Ambas partes o una de ellas, o el juez, según el caso, comunicarán a los árbitros la designación por el medio que consideren más expedito y eficaz, para que en el término de cinco (5) días se pronuncien. Si alguno de los árbitros no acepta o guarda silencio, se procederá a su reemplazo por quien lo hubiese designado.

Art. 55. DEBER DE INFORMACIÓN E IMPEDIMENTOS Y RECUSACIONES

Las reglas sobre el deber de información, impedimentos y recusaciones previstas para el arbitraje institucional son aplicables a los árbitros y secretarios de tribunales *ad hoc*.

Art. 56. INSTALACIÓN DEL TRIBUNAL

Los árbitros, una vez aceptado su nombramiento, convocarán a la audiencia de instalación del tribunal, en la que designarán presidente y señalarán el lugar en el que deberá presentarse la demanda, dentro de los quince (15) días siguientes.

De no presentarse la demanda oportunamente, se extinguirá el pacto arbitral, y las partes quedarán en libertad de acudir a la justicia ordinaria.

El lugar indicado para presentar y contestar la demanda, será también el de funcionamiento del tribunal, a menos que posteriormente las partes dispongan lo contrario.

Salvo que lo decidan los árbitros, en el tribunal *ad hoc* no será necesario designar secretario.

Art. 57. TRÁMITE

A la demanda, su notificación, traslado, contestación, oportunidad para pedir pruebas, fijación y consignación de honorarios y gastos, recursos y, en general, al trámite del proceso del arbitraje *ad hoc,* le serán aplicables las reglas previstas en esta ley para el arbitraje institucional.

CAPÍTULO VIII
REGLAS DE PROCEDIMIENTO

Art. 58. REGLAS DE PROCEDIMIENTO

En los arbitrajes en que no sea parte el Estado o alguna de sus entidades, los particulares podrán acordar las reglas de procedimiento a seguir, directamente o por referencia a las de un centro de arbitraje, respetando, en todo caso los principios constitucionales que integran el debido proceso, el derecho de defensa y la igualdad de las partes. En el evento en que las partes no establecieren reglas o el centro seleccionado para adelantar el trámite no tuviere reglamento de procedimientos debidamente aprobado, se aplicarán las reglas establecidas para cada caso en la presente ley.

SECCIÓN SEGUNDA
AMIGABLE COMPOSICIÓN

Art. 59. DEFINICIÓN

La amigable composición es un mecanismo alternativo de solución de conflictos, por medio del cual, dos o más particulares, un particular y una o más entidades públicas, o varias entidades públicas, o quien desempeñe funciones administrativas, delegan en un tercero, denominado amigable componedor, la facultad de definir, con fuerza vinculante para las partes, una controversia contractual de libre disposición.

El amigable componedor podrá ser singular o plural.

La amigable composición podrá acordarse mediante cláusula contractual o contrato independiente.

Art. 60. EFECTOS

El amigable componedor obrará como mandatario de las partes y, en su decisión, podrá precisar el alcance o forma de cumplimiento de las obligaciones derivadas de un negocio jurídico, determinar la existencia o no de un incumplimiento contractual y decidir sobre conflictos de responsabilidad suscitados entre las partes, entre otras determinaciones.

La decisión del amigable componedor producirá los efectos legales propios de la transacción.

Salvo convención en contrario, la decisión del amigable componedor estará fundamentada en la equidad, sin perjuicio de que el amigable componedor haga uso de reglas de derecho, si así lo estima conveniente.

Art. 61. DESIGNACIÓN Y PROCEDIMIENTO

Salvo convención en contrario, el amigable componedor no tendrá que ser abogado.

Las partes podrán determinar libremente el número de amigables componedores. A falta de tal acuerdo, el amigable componedor será único.

Las partes podrán nombrar al amigable componedor directamente o delegar en un tercero su designación. El tercero delegado por las partes para nombrar al amigable componedor puede ser una persona natural o jurídica. A falta de acuerdo previo entre las partes, se entenderá que se ha delegado la designación a un, centro de arbitraje del domicilio de la parte convocada escogido a prevención por la parte convocante.

El procedimiento de la amigable composición podrá ser fijado por las partes directamente, o por referencia a un reglamento de amigable composición de un centro de arbitraje, siempre que se respeten los derechos de las partes a la igualdad y a la contradicción de argumentos y pruebas.

A falta de acuerdo entre las partes, se entenderán acordadas las reglas de procedimiento del centro de arbitraje del domicilio de la parte convocada, escogido a prevención por la parte convocante.

De no existir un centro de arbitraje en el domicilio de la parte convocada, la parte convocante podrá escoger cualquier centro de arbitraje del país para la designación y el procedimiento a seguir a falta de acuerdo expreso.

SECCIÓN TERCERA
ARBITRAJE INTERNACIONAL

CAPÍTULO I
DISPOSICIONES GENERALES

Art. 62. ÁMBITO DE APLICACIÓN

Las normas contenidas en la presente sección se aplicarán al arbitraje internacional, sin perjuicio de cualquier tratado multilateral o bilateral vigente en Colombia.

Las disposiciones de la presente sección, con excepción de los artículos 70, 71, 88, 89, 90 y 111 a 116 se aplicarán únicamente si la sede del arbitraje se encuentra en territorio colombiano.

La presente sección no afectará ninguna otra ley colombiana en virtud de la cual determinadas controversias no sean susceptibles de arbitraje o se puedan someter a arbitraje únicamente de conformidad con disposiciones que no sean las de la presente ley.

Se entiende que el arbitraje es internacional cuando:

a) Las partes en un acuerdo de arbitraje tengan, al momento de la celebración de ese acuerdo, sus domicilios en Estados diferentes; o

b) El lugar del cumplimiento de una parte sustancial de las obligaciones o el lugar con el cual el objeto del litigio tenga una relación más estrecha, está situado fuera del Estado en el cual las partes tienen sus domicilios; o

c) La controversia sometida a decisión arbitral afecte los intereses del comercio internacional.

Para los efectos de este artículo:

1. Si alguna de las partes tiene más de un domicilio, el domicilio será el que guarde una relación más estrecha con el acuerdo de arbitraje.

2. Si una parte no tiene ningún domicilio, se tomará en cuenta su residencia habitual.

Ningún Estado, ni empresa propiedad de un Estado, ni organización controlada por un Estado, que sea parte de un acuerdo de arbitraje, podrá invocar su propio derecho para impugnar su capacidad para ser parte en un arbitraje o la arbitrabilidad de una controversia comprendida en un acuerdo de arbitraje.

Art. 63. DEFINICIONES

Para los efectos regulados en la presente sección:

1. «*arbitraje*» significa cualquier arbitraje con independencia de que sea o no una institución arbitral permanente la que haya de administrado;

2. «*tribunal arbitral*» significa tanto un solo árbitro como una pluralidad de árbitros;

3. «*autoridad judicial*» significa la autoridad judicial en particular que debe conocer determinados asuntos en los términos de la presente ley.

Art. 64. CARÁCTER INTERNACIONAL Y REGLAS DE INTERPRETACIÓN

En la interpretación del arbitraje internacional habrán de tenerse en cuenta su carácter internacional y la necesidad de promover la uniformidad de su aplicación y la observancia de la buena fe.

Las cuestiones reguladas en materia de arbitraje internacional que no estén expresamente resueltas en ella se resolverán de conformidad con los principios generales que la inspiran.

Cuando una disposición de la presente sección, excepto el artículo 101, deje a las partes la facultad de decidir libremente sobre un asunto, esa facultad entraña la de autorizar a un tercero, incluida una institución, para que adopte esa decisión.

Cuando una disposición de la presente sección, se refiera a un acuerdo que las partes hayan celebrado o que puedan celebrar o cuando, en cualquier otra forma, se refiera a un acuerdo entre las partes, se entenderán comprendidas en ese acuerdo todas las disposiciones del reglamento de arbitraje en él mencionado.

Cuando una disposición de la presente sección, excepto el numeral 1 del artículo 98 y el literal a) del numeral 2 del artículo 105, se refiera a una demanda, se aplicará también a una reconvención, y cuando se refiera a una contestación, se aplicará asimismo a la contestación de esa reconvención.

Art. 65. RECEPCIÓN DE COMUNICACIONES ESCRITAS

Salvo acuerdo en contrario de las partes:

a) Toda notificación o comunicación se considerará recibida el día en que haya sido entregada personalmente al destinatario o en que haya sido entregada en la dirección señalada en el contrato o, en su defecto, en la dirección o residencia habitual o lugar de actividades principales de aquel. Si, tras una indagación razonable, no pudiere determinarse ninguno de esos lugares, se considerará recibida el día en que haya sido entregada, o intentada su entrega, por correo certificado o cualquier otro medio que deje constancia del intento de entrega en la última dirección o residencia habitual o lugar de actividades principales conocidos del destinatario;

b) La comunicación por medios electrónicos podrá dirigirse a una dirección que haya sido designada o autorizada para tal efecto.

La notificación transmitida por medios electrónicos se considerará recibida el día en que se envió, salvo que se trate de la notificación de arbitraje, caso en cual se considerará hecha el día que se reciba en la dirección electrónica del destinatario.

Las disposiciones de este artículo no se aplican a las comunicaciones surtidas en un procedimiento ante una autoridad judicial.

Art. 66. RENUNCIA AL DERECHO A OBJETAR

La parte que prosiga el arbitraje conociendo que no se ha cumplido alguna disposición de la presente sección de la que las partes puedan apartarse o algún requisito del acuerdo de arbitraje y no exprese su objeción a tal incumplimiento tan pronto sea posible o, si se prevé un plazo para hacerlo, dentro de este, no podrá formular objeción alguna posteriormente.

Art. 67. ALCANCE DE LA INTERVENCIÓN DE LA AUTORIDAD JUDICIAL

En los asuntos que se rijan por la presente sección, no podrá intervenir ninguna autoridad judicial, salvo en los casos y para los propósitos en que esta sección expresamente así lo disponga.

Art. 68. AUTORIDAD JUDICIAL COMPETENTE

La autoridad judicial competente para ejercer las funciones a que se refieren los artículos 71, 73 numerales 5 y 6, 76 numeral 2, 77 numeral 1, 88 inciso 1 y 3, 89, 90, 100, 111 y 116 será el juez civil del circuito. No obstante, cuando se trate de tribunales arbitrales en los que sea parte una entidad pública colombiana o quien ejerza funciones administrativas colombianas, lo será el juez administrativo.

La anulación a que se refiere el artículo 108 y el reconocimiento y ejecución previstos en el artículo 113, serán de competencia de la Sala de Casación Civil de la Corte Suprema de Justicia.

Cuando se trate de anulación de laudos proferidos por tribunales arbitrales con sede en Colombia en los que sea parte una entidad pública colombiana o quien ejerza funciones administrativas colombianas, la competencia para conocer del recurso de anulación previsto en el artículo 108, corresponderá a la Sala Plena de la Sección Tercera de la Sala de lo Contencioso Administrativo del Consejo de Estado.

En el evento de reconocimiento y ejecución de laudos proferidos por tribunales arbitrales con sede por fuera de Colombia en los que sea parte una entidad pública colombiana o quien ejerza funciones administrativas colombianas, la competencia para conocer del reconocimiento y ejecución previstos en el artículo 113, corresponderá a la Sala Plena de la Sección Tercera de la Sala de lo Contencioso Administrativo del Consejo de Estado.

CAPÍTULO II
ACUERDO DE ARBITRAJE

Art. 69. DEFINICIÓN Y FORMA DEL ACUERDO DE ARBITRAJE

El «acuerdo de arbitraje» es aquel por el cual las partes deciden someter a arbitraje todas o algunas controversias que hayan surgido o puedan surgir entre ellas respecto de una determinada relación jurídica, contractual o no. El acuerdo de arbitraje podrá adoptar la forma de una cláusula compromisoria o la de un acuerdo independiente.

El acuerdo de arbitraje deberá constar por escrito:

a) Se entenderá que el acuerdo de arbitraje consta por escrito cuando quede constancia de su contenido en cualquiera forma, ya sea que el acuerdo de arbitraje o contrato se haya concertado verbalmente, o mediante la ejecución de ciertos actos o por cualquier otro medio.

b) El requisito de que un acuerdo de arbitraje conste por escrito se entenderá cumplido con una comunicación electrónica si la información contenida en ella es accesible para su ulterior consulta. Por «comunicación electrónica» se entenderá toda comunicación que las partes hagan por medio de mensajes de datos. Por «mensaje de datos» se entenderá la información generada, enviada, recibida o archivada por medios electrónicos, magnéticos, ópticos o similares, entre otros, el intercambio electrónico de datos, el correo electrónico, el telegrama, el télex o el telefax.

c) Además, se entenderá que el acuerdo de arbitraje es escrito cuando esté contenido en un intercambio de escritos de demanda y contestación en los que la existencia de un acuerdo sea afirmada por una parte sin ser negada por la otra.

d) La referencia hecha en un contrato a un documento que contenga una cláusula compromisoria constituye un acuerdo de arbitraje por escrito, siempre que dicha referencia implique que esa cláusula forma parte del contrato.

Art. 70. ACUERDO DE ARBITRAJE Y DEMANDA EN CUANTO AL FONDO ANTE UNA AUTORIDAD JUDICIAL

La autoridad judicial a la que se someta un litigio sobre un asunto que es objeto de un acuerdo de arbitraje remitirá a las partes al arbitraje si lo solicita cualquiera de ellas, a más tardar, en la oportunidad para la contestación de la demanda.

No obstante haberse entablado ante la autoridad judicial la acción a que se refiere el inciso anterior, se podrán iniciar o proseguir la actuación arbitral y dictar un laudo aunque la cuestión esté pendiente ante la autoridad judicial.

Art. 71. ACUERDO DE ARBITRAJE Y DECRETO DE MEDIDAS CAUTELARES POR UNA AUTORIDAD JUDICIAL

Cualquiera de las partes, con anterioridad a las actuaciones arbitrales o durante el transcurso de las mismas, podrá solicitar de una autoridad judicial la adopción de medidas cautelares y esta podrá decretarlas, sin que por ello se entienda que ha renunciado al acuerdo de arbitraje.

CAPÍTULO III
COMPOSICIÓN DEL TRIBUNAL ARBITRAL

Art. 72. NÚMERO DE ÁRBITROS

Las partes podrán determinar libremente el número de árbitros, que, en todo caso, será impar. A falta de tal acuerdo, los árbitros serán tres.

Art. 73. NOMBRAMIENTO DE LOS ÁRBITROS

En el nombramiento de árbitros en el arbitraje internacional:

1. La nacionalidad de una persona no será obstáculo para que actúe como árbitro.

2. Los árbitros podrán ser o no abogados, a elección de las partes.

3. Para representar a las partes ante el tribunal arbitral no es necesaria la habilitación como abogado en el lugar de la sede del arbitraje, ni tener dicha nacionalidad.

4. Las partes podrán acordar libremente el procedimiento para la designación del árbitro o los árbitros.

5. A falta de acuerdo:

a) En el arbitraje con árbitro único, si las partes no consiguen ponerse de acuerdo sobre la designación del árbitro dentro de los treinta (30) días contados a partir de la solicitud de una de ellas, la autoridad judicial procederá al nombramiento a instancia de cualquiera de las partes;

b) En el arbitraje con tres árbitros, cada parte nombrará un árbitro y los dos árbitros así designados nombrarán al tercero; si una parte no nombra al árbitro dentro de los treinta (30) días siguientes al recibo de requerimiento de la otra parte para que lo haga, o si los dos árbitros no consiguen ponerse de acuerdo sobre el tercero dentro de los treinta (30) días contados desde la comunicación de su nombramiento, la designación será hecha por la autoridad judicial, a petición de cualquiera de ellas.

6. Cuando en un trámite de nombramiento convenido por las partes:

a) Una parte no actúe conforme a lo estipulado en dicho trámite; o

b) Las partes, o los árbitros, no puedan llegar a acuerdo conforme al mencionado trámite; o

c) Un tercero, incluida una institución, no cumpla la función correspondiente, cualquiera de las partes podrá solicitar a la autoridad judicial que nombre el árbitro o adopte la medida necesaria, a menos que en el acuerdo sobre el trámite de nombramiento se prevean otros medios para conseguirlo.

7. Al nombrar un árbitro, la autoridad judicial tendrá en cuenta las condiciones de este requeridas por las partes y tomará las medidas necesarias para garantizar el nombramiento de persona independiente e imparcial. En el caso de árbitro único o del tercer árbitro, apreciará la conveniencia de nombrar un árbitro de nacionalidad distinta a la de las partes.

8. Ninguna decisión sobre las cuestiones encomendadas en los numerales 5, 6 o 7 del presente artículo a la autoridad judicial tendrá recurso alguno.

Art. 74. ARBITRAJE ENTRE PARTES CON VARIOS SUJETOS O ENTRE MÁS DE DOS PARTES

Cuando haya de nombrarse tres árbitros y exista pluralidad de demandantes o de demandados, los integrantes de cada parte actuarán conjuntamente, en su condición de demandantes o demandados, para el nombramiento de su respectivo árbitro, a menos que hayan convenido valerse de otro método para el nombramiento de los árbitros.

De no ser posible la integración del tribunal de acuerdo con el inciso anterior, cualquiera de las partes podrá solicitar a la autoridad judicial que nombre el árbitro o adopte la medida necesaria.

Art. 75. MOTIVOS DE RECUSACIÓN

La persona a quien se comunique su posible nombramiento como árbitro deberá revelar todas las circunstancias que puedan dar lugar a dudas justificadas acerca de su imparcialidad o independencia. El árbitro, desde el momento de su nombramiento y durante todas las actuaciones arbitrales, revelará oportunamente tales circunstancias a las partes.

Un árbitro sólo podrá ser recusado si existen circunstancias que den lugar a dudas justificadas respecto de su imparcialidad o independencia, o si no posee las calidades convenidas por las partes.

Una parte sólo podrá recusar al árbitro nombrado por ella, o en cuyo nombramiento haya participado, por causas de las que haya tenido conocimiento después de hecha la designación.

Art. 76. PROCEDIMIENTO DE RECUSACIÓN

En el procedimiento de recusación del arbitraje internacional:

1. Las partes podrán acordar libremente el procedimiento de recusación de árbitros o someterse al procedimiento contenido en un reglamento arbitral.

2. A falta de acuerdo o de reglamento arbitral aplicable, se seguirán las siguientes reglas:

a) La recusación debe formularse tan pronto sea conocida la causal que la motiva, con indicación de las razones en que se basa y aporte de los documentos correspondientes;

b) El árbitro recusado, como la otra u otras partes, podrán manifestarse dentro de los diez (10) días siguientes de la notificación de la recusación;

c) Si la otra la parte conviene en la recusación o el árbitro renuncia, se procederá al nombramiento del árbitro sustituto en la misma forma en que correspondía nombrar al árbitro recusado, salvo que se hubiera nombrado un árbitro suplente;

d) Si la otra parte no conviene en la recusación y el árbitro recusado niega la razón o no se pronuncia, se procederá de la siguiente manera:

i. Tratándose de árbitro único, la recusación será resuelta por la institución arbitral que lo hubiere nombrado o, a falta de ella, por la autoridad judicial.

ii. Tratándose de un tribunal arbitral conformado por más de un árbitro, los árbitros restantes decidirán por mayoría absoluta. En caso de empate, decidirá el presidente del tribunal arbitral, a menos que él sea el recusado, caso en el cual resolverá la institución arbitral que hubiere efectuado su nombramiento o, a falta de esta, la autoridad judicial.

iii. Si se recusa por la misma causa a más de un árbitro, resolverá la institución arbitral que hubiere participado en su nombramiento o ante la cual o bajo cuyas reglas se adelante el trámite arbitral, o a falta de esta la autoridad judicial.

3. Mientras se tramite la recusación el tribunal arbitral, incluyendo el árbitro recusado, podrá proseguir las actuaciones arbitrales y dictar un laudo.

4. La renuncia de un árbitro o la aceptación por la otra parte de su cese no se considerarán como un reconocimiento de la procedencia de ninguno de los motivos de recusación invocados.

5. La decisión que resuelve la recusación es definitiva y contra ella no procederá recurso alguno. En caso de no prosperar la recusación formulada, la parte que la propuso solo podrá impugnar lo decidido mediante el recurso de anulación contra el laudo.

Art. 77. FALTA O IMPOSIBILIDAD DE EJERCICIO DE LAS FUNCIONES

A falta de acuerdo de las partes:

1. Cuando un árbitro se vea impedido de jure o de facto para el ejercicio de sus funciones o no las ejerza dentro de un plazo razonable por el motivo que sea, cesará en su cargo si renuncia o si las partes acuerdan su remoción. De lo contrario, si subsiste un desacuerdo respecto a alguno de esos motivos, cualquiera de las partes podrá solicitar de la autoridad judicial que declare la cesación del encargo, decisión que no tendrá recurso alguno.

2. La renuncia de un árbitro o el acuerdo de las partes para la cesación de sus funciones, no se considerará como aceptación de la procedencia de alguno de los motivos mencionados en el presente artículo o, si fuere el caso, de los motivos mencionados en el inciso segundo del artículo 75.

Art. 78. NOMBRAMIENTO DE ÁRBITRO SUSTITUTO

A falta de acuerdo de las partes, cuando un árbitro cese en su cargo en virtud de lo dispuesto en los artículos 76 o 77, o en los casos de renuncia por cualquier otro motivo o de remoción por acuerdo de las partes o de expiración de su encargo por cualquier otra causa, el árbitro sustituto será designado siguiendo el procedimiento por el que se designó al árbitro que se ha de sustituir.

CAPÍTULO IV
COMPETENCIA DEL TRIBUNAL ARBITRAL

Art. 79. FACULTAD DEL TRIBUNAL ARBITRAL PARA DECIDIR ACERCA DE SU COMPETENCIA

El tribunal arbitral es el único competente para decidir sobre su propia competencia, incluso sobre las excepciones u objeciones al arbitraje relativas a la inexistencia, nulidad, anulabilidad, invalidez o ineficacia del acuerdo de arbitraje o por no estar pactado el arbitraje para resolver la materia controvertida o cualesquiera otras cuya estimación impida entrar en el fondo de la controversia. Se encuentran comprendidas en este ámbito las excepciones de prescripción, caducidad, cosa juzgada y cualquiera otra que tenga por objeto impedir la continuación de la actuación arbitral.

El acuerdo de arbitraje que forme parte de un contrato se considerará como un acuerdo independiente de las demás estipulaciones del mismo. La inexistencia, nulidad, anulabilidad, invalidez o ineficacia de un contrato que contenga un acuerdo de arbitraje, no implica necesariamente la inexistencia, nulidad, anulabilidad, invalidez o ineficacia de este. En consecuencia, el tribunal arbitral podrá decidir sobre la controversia sometida a su conocimiento, que podrá versar, incluso, sobre la inexistencia, nulidad, anulabilidad, invalidez o ineficacia del contrato que contiene el acuerdo de arbitraje.

Las excepciones u objeciones deberán proponerse a más tardar en el momento de presentar la contestación de la demanda, sin que el hecho de haber nombrado o participado en el nombramiento de los árbitros impida oponerlas. La excepción u objeción basada en que el tribunal arbitral ha excedido el ámbito de su competencia, deberá oponerse tan pronto como sea planteada, durante las actuaciones arbitrales, la materia que supuestamente exceda su competencia. El tribunal arbitral solo podrá admitir excepciones u objeciones planteadas con posterioridad si la demora resulta justificada.

El tribunal arbitral podrá decidir las excepciones de incompetencia o de que el tribunal arbitral ha excedido su competencia, como cuestión previa o en un laudo sobre el fondo.

Si el tribunal arbitral desestima cualquiera de las citadas excepciones como cuestión previa, la decisión correspondiente solo podrá ser impugnada mediante recurso de anulación contra el laudo que ponga fin al arbitraje, en los términos del artículo 109.

Si el tribunal arbitral se declara incompetente o admite la excepción de haber excedido su mandato, cualquiera de las partes, dentro del mes siguiente al recibo de la notificación de dicha decisión, podrá impugnarla mediante recurso de anulación en los términos del artículo 109 y contra esta resolución no cabrá ningún recurso o acción.

Si el tribunal arbitral se declara incompetente o admite la excepción de haber excedido su mandato como cuestión previa, pero solo respecto de determinadas materias, las actuaciones arbitrales continuarán respecto de las demás materias y la decisión que admitió la incompetencia o el exceso en el encargo solo podrá ser impugnada mediante recurso de anulación luego de emitirse el laudo por el que se resuelve definitivamente la controversia.

CAPÍTULO V
MEDIDAS CAUTELARES Y ÓRDENES PRELIMINARES

Art. 80. FACULTAD DEL TRIBUNAL ARBITRAL PARA DECRETAR MEDIDAS CAUTELARES

Salvo acuerdo en contrario de las partes, el tribunal arbitral podrá, a instancia de cualquiera de ellas, decretar medidas cautelares.

Por medida cautelar se entenderá toda medida temporal, decretada en forma o no de laudo, por la que, en cualquier momento previo a la emisión del laudo por el que se dirima definitivamente la controversia, el tribunal arbitral ordene a una de las partes que:

a) Mantenga o restablezca el *status quo* en espera de que se dirima la controversia;

b) Adopte medidas para impedir algún daño presente o inminente, o el entorpecimiento del procedimiento arbitral, o que se abstenga de realizar actos que probablemente ocasionarían dicho daño o entorpecimiento al procedimiento arbitral;

c) Proporcione algún medio para preservar bienes cuya conservación permita ejecutar el o los laudos; o

d) Preserve elementos de prueba que pudieran ser pertinentes y relevantes para resolver la controversia.

Art. 81. CONDICIONES PARA EL DECRETO DE MEDIDAS CAUTELARES

El solicitante de alguna medida cautelar prevista en el inciso segundo del artículo 80 deberá mostrar al tribunal arbitral la conducencia, pertinencia, razonabilidad y oportunidad de la medida cautelar.

La determinación del tribunal arbitral al respecto de dicha posibilidad no implica prejuzgamiento en cuanto a cualquier determinación posterior que pueda adoptar.

Art. 82. PETICIÓN DE UNA ORDEN PRELIMINAR Y CONDICIONES PARA SU DECRETO

Salvo acuerdo en contrario, cualquiera de las partes, sin dar aviso a ninguna otra, podrá solicitar una medida cautelar y pedir una orden preliminar del tribunal arbitral por la que se ordene a alguna parte que no frustre la finalidad de la medida cautelar solicitada.

El tribunal arbitral podrá emitir una orden preliminar siempre que considere que la notificación previa de la solicitud de una medida cautelar a la parte contra la cual esa medida vaya dirigida entrañaría el riesgo de que se frustre la medida solicitada.

Las condiciones establecidas en el artículo 81 serán aplicables a toda orden preliminar, teniendo en cuenta las características y efectos de esta última.

Art. 83. RÉGIMEN ESPECÍFICO DE LAS ÓRDENES PRELIMINARES

Las órdenes preliminares tendrán un régimen específico, así:

1. Inmediatamente después de haberse pronunciado sobre la procedencia de una petición de orden preliminar, el tribunal arbitral notificará a todas las partes la solicitud presentada de una medida cautelar, la petición de una orden preliminar, la propia orden preliminar, en caso de haberse decretado, así como todas las comunicaciones al respecto, incluida la constancia del contenido de toda comunicación verbal, entre cualquiera de las partes y el tribunal arbitral en relación con ello.

2. Al mismo tiempo, el tribunal arbitral dará a la parte contra la que haya proferido la orden preliminar la oportunidad de hacer valer sus derechos a la mayor brevedad posible.

3. El tribunal arbitral se pronunciará sin tardanza sobre cualquiera objeción que se presente contra la orden preliminar.

4. Toda orden preliminar caducará a los treinta (30) días contados a partir de la fecha en que el tribunal arbitral la haya emitido. No obstante, el tribunal podrá decretar una medida cautelar por la que ratifique o modifique la orden preliminar, una vez que la parte contra la que se emitió la orden preliminar haya sido notificada y tenido la oportunidad de hacer valer sus derechos.

5. La orden preliminar no constituye laudo ni es ejecutable judicialmente.

Art. 84. MODIFICACIÓN, SUSPENSIÓN Y REVOCACIÓN DE MEDIDAS CAUTELARES Y ÓRDENES PRELIMINARES

El tribunal arbitral podrá modificar, suspender o revocar toda medida cautelar u orden preliminar que haya decretado, ya sea a instancia de alguna de las partes o, en circunstancias excepcionales, por iniciativa propia, previa notificación de ello a las partes.

Art. 85. EXIGENCIA DE CAUCIÓN POR EL TRIBUNAL ARBITRAL

El tribunal arbitral exigirá al peticionario de una orden preliminar que preste caución respecto de la orden, salvo que lo considere inapropiado o innecesario.

El tribunal arbitral podrá exigir del solicitante de una medida cautelar que preste caución adecuada respecto de la medida.

Art. 86. DEBER DE INFORMACIÓN

El peticionario de una orden preliminar deberá revelar al tribunal arbitral toda circunstancia que pueda ser relevante para la decisión que el tribunal arbitral vaya a adoptar sobre si debe otorgar o mantener la orden, y seguirá estando obligado a hacerlo en tanto que la parte contra la que la orden haya sido pedida no haya tenido la oportunidad de hacer valer sus derechos. A partir de dicho momento, será aplicable el inciso segundo del presente artículo.

Las partes deberán dar a conocer al tribunal arbitral sin tardanza todo cambio importante que se produzca en relación con las circunstancias que motivaron que la medida se solicitara o decretara.

Art. 87. COSTAS Y DAÑOS Y PERJUICIOS

El tribunal arbitral podrá condenar en cualquier momento al peticionario de una medida cautelar o de una orden preliminar a pagar las costas e indemnizar los daños y perjuicios que por su culpa hubiere sufrido cualquier otra parte.

Art. 88. EJECUCIÓN DE MEDIDAS CAUTELARES

Toda medida cautelar decretada por un tribunal arbitral será vinculante sin necesidad de procedimiento alguno de reconocimiento y, salvo que el tribunal arbitral disponga otra cosa, su ejecución podrá ser solicitada ante la autoridad judicial, cualquiera que sea el Estado en donde haya sido decretada. Para este efecto, la autoridad judicial procederá a la ejecución en la misma forma prevista por la ley para la ejecución de providencias ejecutoriadas proferidas por autoridades judiciales colombianas y dentro de dicho proceso solo podrán invocarse como excepciones las previstas en el artículo 89 de esta sección.

La parte que solicite o haya obtenido de la autoridad judicial la ejecución de una medida cautelar deberá informarle a la autoridad judicial toda revocación, suspensión o modificación que de aquella disponga el tribunal arbitral.

La autoridad judicial solo podrá pronunciarse sobre cauciones cuando el tribunal arbitral no se haya pronunciado sobre el particular, o cuando la caución sea necesaria para proteger los derechos de terceros respecto de los cuales el tribunal arbitral no hubiere tomado alguna decisión.

Art. 89. MOTIVOS PARA DENEGAR LA EJECUCIÓN DE MEDIDAS CAUTELARES DECRETADAS POR EL TRIBUNAL ARBITRAL

Para la denegación de la ejecución de medidas cautelares decretadas por el tribunal, se aplicarán las siguientes reglas:

1. La autoridad judicial solo podrá denegar la ejecución de una medida cautelar en los siguientes casos y por las siguientes causales:

a) A solicitud de la parte afectada por la medida cautelar, cuando:

i. Para el momento del acuerdo de arbitraje estaba afectada por incapacidad, o dicho acuerdo no es válido en virtud de la ley a la que las partes lo han sometido, o si nada se hubiera indicado a este respecto, en virtud de la ley del país en que se haya decretado la medida; o

ii. No fue debidamente notificada de la iniciación de la actuación arbitral; o,

iii. La decisión se refiere a una controversia no prevista en el acuerdo de arbitraje o contiene decisiones que exceden los términos del acuerdo de arbitraje. No obstante, si las disposiciones de la providencia que se refieren a las cuestiones sometidas al arbitraje pueden separarse de las que no lo están, se podrá decretar la ejecución de las primeras; o,

iv. La composición del tribunal arbitral o el procedimiento arbitral no se ajustaron al acuerdo celebrado entre las partes o, en defecto de tal acuerdo, no se ajustaron a la ley del país donde se tramita el arbitraje, siempre que por elfo se haya privado a dicha parte de su derecho de defensa en relación con lo dispuesto en la medida cautelar; o,

v. No se haya cumplido fa decisión del tribunal arbitral sobre la prestación de la caución que corresponda a la medida cautelar decretada; o,

vi. La medida cautelar haya sido revocada o suspendida por el tribunal arbitral o, en caso de que esté facultado para hacerlo, por una autoridad judicial del Estado en donde se tramite el procedimiento de arbitraje o conforme a cuyo derecho se decretó dicha medida.

En todo caso, no podrá invocar los motivos contemplados en el literal a) numerales (i), (ii), (iii) y (iv), la parte que haya podido invocar dichas circunstancias oportunamente ante el tribunal arbitral y no lo haya hecho.

b. De oficio, cuando:

i. Según la ley colombiana el objeto de la controversia no es susceptible de arbitraje; o

ii. La ejecución de la medida sería contraria al orden público internacional colombiano.

2. La determinación a la que llegue la autoridad judicial respecto de cualquier motivo enunciado en el presente artículo será únicamente aplicable para los fines de la solicitud de ejecución de la medida cautelar. La autoridad judicial a la que se solicite la ejecución solo podrá pronunciarse sobre la existencia de las causales a las que se refiere este artículo y no sobre el contenido de la medida cautelar.

Art. 90. MEDIDAS CAUTELARES DECRETADAS POR LA AUTORIDAD JUDICIAL

Con anterioridad a la iniciación del trámite arbitral o en el curso del mismo, e independientemente que el proceso se adelante en Colombia o en el exterior, cualquiera de las partes podrá acudir a la autoridad judicial para que decrete medidas cautelares. La autoridad judicial ejercerá dicha competencia de conformidad con su propia ley procesal y teniendo en cuenta los rasgos distintivos de un arbitraje internacional.

CAPÍTULO VI
SUSTANCIACIÓN DE LAS ACTUACIONES ARBITRALES

Art. 91. TRATO EQUITATIVO DE LAS PARTES

El tribunal arbitral tratará a las partes con igualdad y dará a cada una de ellas plena oportunidad de hacer valer sus derechos.

Art. 92. DETERMINACIÓN DEL PROCEDIMIENTO

Las partes, con sujeción a las disposiciones de la presente sección, podrán convenir el procedimiento, directamente o por referencia a un reglamento arbitral.

A falta de acuerdo, el tribunal arbitral podrá dirigir el arbitraje del modo que considere apropiado, con sujeción a lo dispuesto en la presente sección y sin necesidad de acudir a las normas procesales de la sede del arbitraje. Esta facultad incluye la de determinar la admisibilidad, la pertinencia y el valor de las pruebas.

Art. 93. SEDE DEL ARBITRAJE

Las partes podrán determinar libremente la sede del arbitraje. A falta de acuerdo, el tribunal arbitral la determinará, atendidas las circunstancias del caso, y las conveniencias de aquellas.

El tribunal arbitral, salvo acuerdo en contrario de las partes, podrá reunirse donde lo estime apropiado para practicar pruebas; asimismo, podrá deliberar donde lo estime conveniente, sin que nada de ello implique cambio de la sede del arbitraje.

Art. 94. INICIACIÓN DE LA ACTUACIÓN ARBITRAL

Salvo que las partes hayan convenido otra cosa, la actuación arbitral se entenderá iniciada en la fecha en que el demandado reciba la solicitud de someter la controversia a arbitraje.

Art. 95. IDIOMA

Las partes podrán acordar libremente el idioma o los idiomas que hayan de utilizarse en las actuaciones arbitrales, en los escritos de las partes, en las audiencias y en cualquier laudo, decisión o comunicación que emita el tribunal arbitral. De lo contrario, el tribunal arbitral hará la determinación que corresponda.

El tribunal arbitral podrá ordenar que una prueba documental vaya acompañada de su correspondiente traducción al idioma o los idiomas convenidos por las partes o determinados por él.

Art. 96. DEMANDA Y CONTESTACIÓN

Dentro del plazo convenido por las partes o determinado por el tribunal arbitral, el demandante deberá presentar su demanda, indicando los hechos en que se funda, los puntos controvertidos y el objeto de ella. El demandado, al responderla, deberá referirse a los distintos elementos de aquella, a menos que las partes hayan acordado otra cosa.

El demandante en su demanda y el demandado en su contestación podrán aportar los documentos que consideren pertinentes o hacer referencia a documentos u otras pruebas que pretendan hacer valer.

Salvo acuerdo en contrario de las partes, en el curso de las actuaciones arbitrales cualquiera de ellas podrá modificar o ampliar su demanda o contestación, a menos que el tribunal arbitral considere improcedente esa alteración en razón de la tardanza con que se haya hecho.

Art. 97. AUDIENCIAS Y ACTUACIONES POR ESCRITO

Salvo acuerdo en contrario de las partes, el tribunal arbitral decidirá si han de celebrarse audiencias para la presentación o práctica de pruebas o para alegatos orales, o si las actuaciones se sustanciarán sobre la base de documentos y demás pruebas. Salvo que las partes hubiesen convenido que no se lleven a cabo audiencias, el tribunal arbitral las celebrará a petición de cualquiera de ellas.

El tribunal arbitral notificará a las partes con suficiente antelación la celebración de las audiencias y su objeto.

El tribunal arbitral dará traslado a la otra u otras partes de las declaraciones, documentos e información que cualquiera de ellas le suministre y pondrá a disposición de estas los peritajes y los documentos probatorios en los que pueda basar su decisión.

Art. 98. REBELDÍA DE UNA DE LAS PARTES

Salvo acuerdo en contrario de las partes, cuando:

1. El demandante, sin invocar causa suficiente, no presente su demanda con arreglo al inciso primero del artículo 96 el tribunal arbitral dará por terminada la actuación.

2. El demandado no conteste la demanda con arreglo al inciso primero del artículo 96, el tribunal arbitral continuará la actuación, sin que aquella omisión se considere por sí misma como aceptación de las manifestaciones del demandante.

3. Una de las partes no comparezca a una audiencia o no presente pruebas documentales, el tribunal arbitral podrá continuar las actuaciones e incluso proferir laudo con base en las pruebas de que disponga.

Art. 99. NOMBRAMIENTO DE PERITOS POR EL TRIBUNAL ARBITRAL

Salvo acuerdo en contrario de las partes:

1. El tribunal arbitral podrá nombrar uno o más peritos, caso en el cual podrá disponer que una de las partes o ambas suministren al perito la información pertinente o le presenten para su inspección documentos, mercancías u otros bienes, o le proporcionen acceso a ellos.

2. Cuando una de ellas lo solicite o cuando el tribunal arbitral lo considere necesario, el perito o los peritos, después de la presentación de sus dictámenes escritos u orales, deberán participar en una audiencia en la que las partes tendrán oportunidad de interrogarlos y de presentar peritos para que opinen sobre los puntos controvertidos.

Art. 100. COLABORACIÓN DE LAS AUTORIDADES JUDICIALES PARA LA PRÁCTICA DE PRUEBAS

Tanto el tribunal arbitral como cualquiera de las partes con la aprobación de aquel, podrán pedir la colaboración de la autoridad judicial de cualquier país para la práctica de pruebas. La autoridad judicial atenderá dicha solicitud dentro del ámbito de su competencia territorial y con arreglo al régimen del respectivo medio probatorio. La autoridad judicial colombiana procederá al efecto de la misma forma que si se tratara de una comisión judicial.

CAPÍTULO VII
PRONUNCIAMIENTO DEL LAUDO Y TERMINACIÓN DE LAS ACTUACIONES

Art. 101. NORMAS APLICABLES AL FONDO DEL LITIGIO

El tribunal arbitral decidirá de conformidad con las normas de derecho elegidas por las partes. La indicación del derecho u ordenamiento jurídico de un Estado se entenderá referida, a menos que se exprese lo contrario, al derecho sustantivo de dicho Estado y no a sus normas de conflicto de leyes.

Si las partes no indican la norma, el tribunal arbitral aplicará aquellas normas de derecho que estime pertinentes.

El tribunal arbitral decidirá *ex aequo et bono* solo si las partes lo hubieren autorizado. En todo caso, el tribunal arbitral decidirá con arreglo a las estipulaciones del contrato y teniendo en cuenta los usos mercantiles aplicables al caso.

Art. 102. ADOPCIÓN DE DECISIONES CUANDO HAYA MÁS DE UN ÁRBITRO

En las actuaciones arbitrales en que haya más de un árbitro, toda decisión del tribunal arbitral se adoptará, salvo acuerdo en contrario de las partes, por mayoría de votos de todos los miembros. A falta de mayoría decidirá el árbitro presidente.

El árbitro presidente podrá decidir cuestiones de procedimiento, si así lo autorizan las partes o todos los miembros del tribunal.

Art. 103. TRANSACCIÓN

Si durante las actuaciones arbitrales las partes llegan a una transacción o a una conciliación o mediación que resuelva el litigio, el tribunal dará por terminadas las actuaciones. Caso de que lo pidan ambas partes y el tribunal no se oponga, este verterá en un laudo los términos convenidos por aquellas.

Dicho laudo tendrá los mismos efectos que cualquier otro laudo dictado sobre el fondo del litigio.

Art. 104. FORMA Y CONTENIDO DEL LAUDO

El laudo arbitral consultará la siguiente forma y contenido:

1. El laudo se proferirá por escrito y será firmado por el árbitro o los árbitros. En actuaciones arbitrales con más de un árbitro bastará la firma de la mayoría de

los miembros del tribunal arbitral o la del árbitro presidente en su caso y se dejará constancia del motivo de la ausencia de una o más firmas. La falta de una o más firmas no afectará la validez del laudo arbitral.

2. El tribunal arbitral deberá motivar el laudo, a menos que las partes hayan convenido otra cosa, y en este caso, siempre y cuando ninguna de ellas tenga su domicilio o residencia en Colombia, o que se trate de un laudo pronunciado en los términos convenidos por las partes conforme al artículo 103.

2. El laudo indicará su fecha y la sede del arbitraje en la que se considerará proferido.

3. Una vez dictado el laudo, el tribunal lo notificará a las partes mediante la entrega de sendas copias firmadas por quienes lo suscribieron.

Art. 105. TERMINACIÓN DE LAS ACTUACIONES

La terminación de las actuaciones se regirá por las siguientes reglas:

1. La actuación arbitral terminará con el laudo definitivo o al resolver sobre las solicitudes de corrección o aclaración del laudo o, en su caso, cuando se profiera un laudo adicional.

2. El tribunal arbitral ordenará la terminación de la actuación arbitral cuando:

a) El demandante retire su demanda, a menos que el demandado se opusiere a ello y el tribunal arbitral reconozca un legítimo interés de su parte en obtener una solución definitiva del litigio;

b) Las partes acuerden dar por terminadas las actuaciones;

c. El tribunal arbitral compruebe que la prosecución de la actuación resultaría innecesaria o imposible.

3. El tribunal arbitral cesará en sus funciones a la expiración del término que tienen las partes para solicitar corrección, aclaración o laudo adicional o, en su caso, cuando decida la solicitud o profiera el laudo adicional.

Art. 106. CORRECCIÓN Y ACLARACIÓN DEL LAUDO Y LAUDO ADICIONAL

Dentro del mes siguiente a la notificación del laudo, salvo que las partes hayan acordado otro plazo:

a) Cualquiera de las partes podrá, con notificación a la otra, pedir al tribunal arbitral que corrija cualquier error de cálculo, de transcripción o tipográfico, o que aclare un punto determinado del laudo. Si el tribunal arbitral acoge la petición hará la corrección o la aclaración dentro del mes siguiente a la recepción de la solicitud en decisión que formará parte del laudo.

b) El tribunal arbitral podrá, de oficio, corregir cualquier error de cálculo, de transcripción, tipográfico o gramatical.

c) Salvo acuerdo en contrario de las partes, cualquiera de ellas, dándole aviso a la otra u otras, podrá pedir al tribunal arbitral que profiera un laudo adicional sobre pretensiones hechas en el curso del trámite arbitral pero omitidas en el laudo. Si el tribunal arbitral acoge la solicitud, proferirá el correspondiente laudo adicional en el término de sesenta (60) días.

De ser ello necesario, el tribunal arbitral prorrogará el término para la corrección, aclaración o adición del laudo.

Lo dispuesto en el artículo 104 se aplicará a las correcciones o aclaraciones del laudo o a los laudos adicionales.

CAPÍTULO VIII
IMPUGNACIÓN DEL LAUDO

Art. 107. LA ANULACIÓN COMO ÚNICO RECURSO JUDICIAL CONTRA UN LAUDO ARBITRAL

Contra el laudo arbitral solamente procederá el recurso de anulación por las causales taxativamente establecidas en esta sección. En consecuencia, la autoridad judicial no se pronunciará sobre el fondo de la controversia ni calificará los criterios, valoraciones probatorias, motivaciones o interpretaciones expuestas por el tribunal arbitral.

Cuando ninguna de las partes tenga su domicilio o residencia en Colombia, las partes podrán, mediante declaración expresa en el acuerdo de arbitraje o mediante un acuerdo posterior por escrito, excluir completamente el recurso de anulación, o limitarlo a una o varias de las causales contempladas taxativamente en la presente sección.

Art. 108. CAUSALES DE ANULACIÓN

La autoridad judicial podrá anular el laudo arbitral a solicitud de parte o de oficio:

1. A solicitud de parte, cuando la parte recurrente pruebe:

a) Que para el momento del acuerdo de arbitraje estaba afectada por alguna incapacidad; o que dicho acuerdo no es válido en virtud de la ley a que las partes lo han sometido, o si nada se hubiera indicado a este respecto, en virtud de la ley colombiana; o

b) Que no fue debidamente notificada de la designación de un árbitro o de la iniciación de la actuación arbitral o no pudo, por cualquiera otra razón, hacer valer sus derechos; o

c) Que el laudo versa sobre una controversia no prevista en el acuerdo de arbitraje o contiene decisiones que exceden los términos del acuerdo de arbitraje. No obstante, si las disposiciones del laudo que se refieren a las cuestiones sometidas al arbitraje pueden separarse de las que no lo están, sólo se podrán anular estas últimas; o

d) Que la composición del tribunal arbitral o el procedimiento arbitral no se ajustaron al acuerdo entre las partes, salvo que dicho acuerdo estuviera en conflicto con una disposición de esta sección de la que las partes no pudieran apartarse o, a falta de dicho acuerdo, que no se ajustaron a las normas contenidas en esta sección de la ley.

2. De oficio, cuando:

a) Según la ley colombiana, el objeto de la controversia no es susceptible de arbitraje; o,

b) El laudo sea contrario al orden público internacional de Colombia.

Art. 109. PROCEDIMIENTO PARA EL RECURSO DE ANULACIÓN

El recurso de anulación se tramitará mediante el siguiente procedimiento:

1. El recurso de anulación deberá proponerse y sustentarse, con indicación de las causales invocadas, ante la autoridad judicial competente de acuerdo con la presente sección, dentro del mes siguiente a la notificación del laudo o, en su caso, a la notificación del laudo adicional o de la providencia que resuelva sobre la corrección o aclaración del laudo o de la providencia que rechace la solicitud de laudo adicional.

2. El recurso será rechazado de plano cuando aparezca de manifiesto que su interposición fue extemporánea o no fue oportunamente sustentado, o que las causales alegadas no corresponden a las establecidas en la presente sección.

2. Al admitir el recurso se correrá traslado común por el término de un (1) mes a la parte o partes opositoras para que presenten sus alegaciones. El traslado se surtirá en la secretaría de la autoridad competente.

3. Al día siguiente del vencimiento del traslado, el secretario de la autoridad judicial pasará el expediente al despacho para sentencia, que deberá proferirse dentro de los dos (2) meses siguientes. En ella se liquidarán las costas y condenas a cargo de las partes, con arreglo a lo convenido por ellas o, de haberse adoptado un reglamento de procedimiento en particular, con arreglo a lo que en dicho reglamento se

establezca a propósito, o en su defecto, con arreglo a lo previsto para los procesos civiles. Igualmente se ordenarán las restituciones a que haya lugar cuando el laudo anulado haya sido ejecutado en todo o en parte.

4. Si no prospera ninguna de las causales invocadas, se declarará infundado el recurso y se condenará en costas al recurrente, salvo que dicho recurso haya sido presentado por el Ministerio Público.

5. Contra la decisión del recurso de anulación no procederá recurso o acción alguna.

La interposición y el trámite del recurso extraordinario de anulación no suspenden el cumplimiento de lo resuelto en el laudo.

Art. 110. EFECTOS DEL RECURSO DE ANULACIÓN

Cuando prospere alguna de las causales señaladas en el numeral 1 literal a), del artículo 108 se declarará la nulidad del laudo y las partes podrán acudir ante la autoridad judicial competente.

Cuando prospere alguna de las causales señaladas en el numeral 1 literal b), c) y d), del artículo 108 se declarará la nulidad del laudo, sin que ello perjudique el acuerdo de arbitraje.

Cuando prospere alguna de las causales señaladas en el numeral 2 del artículo 108 se declarará la nulidad del laudo.

En caso de anulación del laudo, las pruebas practicadas en el curso del trámite arbitral podrán ser apreciadas bien por tribunal arbitral o bien por la autoridad judicial.

CAPÍTULO IX
RECONOCIMIENTO Y EJECUCIÓN DE LOS LAUDOS

Art. 111. RECONOCIMIENTO Y EJECUCIÓN

Los laudos arbitrales se reconocerán y ejecutarán así:

1. Un laudo arbitral, cualquiera que sea el país en que se haya proferido, será ejecutable ante la autoridad judicial competente, a solicitud de parte interesada.

2. La parte que invoque un laudo o pida su ejecución deberá presentar el laudo original o copia de él. Si el laudo no estuviere redactado en idioma español, la autoridad judicial competente podrá solicitar a la parte que presente una traducción del laudo a este idioma.

2. Los laudos dictados en arbitrajes internacionales cuya sede sea Colombia se considerarán laudos nacionales y, por ende, no estarán sujetos al procedimiento de reconocimiento y podrán ser ejecutados directamente sin necesidad de este, salvo cuando se haya renunciado al recurso de anulación, caso en el cual será necesario su reconocimiento.

3. Para la ejecución de laudos extranjeros, esto es de aquellos proferidos por un tribunal arbitral cuya sede se encuentre fuera de Colombia, será necesario su reconocimiento previo por la autoridad judicial competente.

Art. 112. MOTIVOS PARA DENEGAR EL RECONOCIMIENTO

Solo se podrá denegar el reconocimiento de un laudo arbitral, cualquiera que sea el país en que se haya dictado, en los casos y por las causales que taxativamente se indican a continuación:

a) A instancia de la parte contra la cual se invoca, cuando ella pruebe ante la autoridad judicial competente del país en que se pide el reconocimiento o la ejecución:

i. Que para el momento del acuerdo de arbitraje estaba afectada por alguna incapacidad; o que dicho acuerdo no es válido en virtud de la ley a que las partes lo han sometido, o si nada se hubiera indicado a este respecto, en virtud de la ley del país en que se haya dictado el laudo; o

ii. Que la parte contra la cual se invoca el laudo no fue debidamente notificada de la designación de un árbitro o de la iniciación de la actuación arbitral o no pudo, por cualquiera otra razón, hacer valer sus derechos; o

iii. Que el laudo versa sobre una controversia no prevista en el acuerdo de arbitraje o contiene decisiones que exceden los términos del acuerdo de arbitraje. No obstante, si las disposiciones del laudo que se refieren a las cuestiones sometidas al arbitraje pueden separarse de las que no lo están, se podrá dar reconocimiento y ejecución a las primeras; o

iv. Que la composición del tribunal arbitral o el procedimiento arbitral no se ajustaron al acuerdo celebrado entre las partes o, en defecto de tal acuerdo, a la ley del país donde se adelantó o tramitó el arbitraje; o

v. Que el laudo no es aún obligatorio para las partes o fue anulado o suspendido por una autoridad judicial del país sede del arbitraje; o

b) Cuando la autoridad judicial competente compruebe:

i. Que, según la ley colombiana, el objeto de la controversia no era susceptible de arbitraje; o

ii. Que el reconocimiento o la ejecución del laudo serían contrarios al orden público internacional de Colombia.

Si se hubiere pedido la anulación o la suspensión del laudo ante una autoridad judicial del país sede del arbitraje, la autoridad judicial colombiana, si lo considera procedente, podrá aplazar su decisión sobre el reconocimiento del laudo y, a instancia de la parte que pida aquello, esta podrá también ordenar a la otra parte que otorgue caución apropiada.

Art. 113. COMPETENCIA FUNCIONAL

La decisión adoptada por la autoridad judicial competente en el trámite de reconocimiento de los laudos que conforme a la presente sección demanden del mismo se tramitará en única instancia y contra ella no procederá recurso o acción alguna.

Art. 114. NORMATIVIDAD APLICABLE AL RECONOCIMIENTO

Al reconocimiento del laudo arbitral se aplicarán exclusivamente las disposiciones de la presente sección y las contenidas en los tratados, convenciones, protocolos y demás actos de derecho internacional suscritos y ratificados por Colombia. En consecuencia, no serán aplicables las disposiciones establecidas en el Código de Procedimiento Civil sobre motivos, requisitos y trámites para denegar dicho reconocimiento, disposiciones que se aplicarán únicamente a las sentencias judiciales proferidas en el exterior.

Art. 115. TRÁMITE DEL RECONOCIMIENTO

La parte que pida el reconocimiento presentará la solicitud ante la autoridad judicial competente acompañada de los documentos a que se refiere el artículo 111.

En caso de encontrar completa la documentación, la autoridad judicial competente admitirá la solicitud y dará traslado por diez días (10) a la otra u otras partes.

Vencido el término del traslado y sin trámite adicional, la autoridad judicial competente decidirá dentro de los veinte (20) días siguientes.

Art. 116. EJECUCIÓN

Reconocido el laudo en todo o en parte, de su ejecución conocerá la autoridad judicial competente.

SECCIÓN CUARTA
ARBITRAJE SOCIAL

Art. 117. ARBITRAJE SOCIAL

Los centros de arbitraje deberán promover jornadas de arbitraje social para la prestación gratuita de servicios en resolución de controversias de hasta cuarenta salarios mínimos legales mensuales vigentes (40 smlmv), sin perjuicio de que cada centro pueda prestar el servicio por cuantías superiores. Este arbitraje podrá prestarse a través de procedimientos especiales, autorizados por el Ministerio de Justicia y del Derecho, breves y sumarios.

En estos procesos las partes no requieren de apoderado, se llevarán por un solo árbitro y el centro de arbitraje cumplirá las funciones secretariales. Los centros tendrán lista de árbitros voluntarios y será escogido por las partes de dicha lista. Cuando el arbitraje no pueda adelantarse por los árbitros de la referida lista, el centro sorteará de la lista general de árbitros del centro. El árbitro sorteado que se abstenga de aceptar el nombramiento, sin justa causa, será excluido de la lista de árbitros del respectivo centro.

Parágrafo. El Ministerio de Justicia y del Derecho expedirá la reglamentación a que haya lugar, en donde establezca el número mínimo de arbitrajes sociales gratuitos que cada centro debe adelantar en cada anualidad.

Los árbitros serán aceptados expresamente por las partes, y en ningún caso recibirán honorarios profesionales en los asuntos de arbitraje social.

SECCIÓN QUINTA

CAPÍTULO ÚNICO
DEROGACIONES Y VIGENCIA

Art. 118. DEROGACIONES

Deróguese el Decreto número 2279 de 1989; el inciso primero del artículo 10 del Decreto número 1056 de 1953, los artículos 90 a 117 de la Ley 23 de 1991; los artículos 12 a 20 del Decreto número 2651 de 1991; los artículos 70 a 72 de la

Ley 80 de 1993; los artículos 111 a 132 de la Ley 446 de 1998; los artículos 111 a 231 del Decreto número 1818 de 1998; el inciso 3 del artículo 331 del Código de Procedimiento Civil modificado por el artículo 34 de la Ley 794 de 2003; el artículo 22 de la Ley 1150 de 2007; la Ley 315 de 1996; el literal b) del artículo 3o y el inciso 3 del artículo 7 de la Ley 1394 de 2010, el numeral 12 del artículo 43 de la Ley 1480 de 2011; el inciso 2 del artículo 693 del Código de Procedimiento Civil; y el artículo 194 del Código de Comercio, así como todas las disposiciones contrarias a la presente ley.

Art. 119. VIGENCIA

Esta ley regula íntegramente la materia de arbitraje, y empezará a regir tres (3) meses después de su promulgación. Esta ley sólo se aplicará a los procesos arbitrales que se promuevan después de su entrada en vigencia.

Los procesos arbitrales en curso a la entrada en vigencia de esta ley seguirán rigiéndose hasta su culminación por las normas anteriores.

LEY 1676 DE 2013
POR LA CUAL SE PROMUEVE EL ACCESO AL CRÉDITO Y SE DICTAN NORMAS SOBRE GARANTÍAS MOBILIARIAS

TÍTULO 1
ÁMBITO Y APLICACIÓN GENERAL

CAPÍTULO I
OBJETO Y ÁMBITO DE APLICACIÓN DE LA LEY

Art. 1º. OBJETO DE LA LEY

Las normas contenidas en la presente ley tienen como propósito incrementar el acceso al crédito mediante la ampliación de bienes, derechos o acciones que pueden ser objeto de garantía mobiliaria simplificando la constitución, oponibilidad, prelación y ejecución de las mismas.

Art. 2º. ÁMBITO DE APLICACIÓN

Esta ley será aplicable a la constitución, oponibilidad, prelación y ejecución de garantías mobiliarias sobre obligaciones de toda naturaleza, presentes o futuras, determinadas o determinables y a todo tipo de acciones, derechos u obligaciones sobre bienes corporales, bienes incorporales, derechos o acciones u obligaciones de otra naturaleza sobre bienes muebles o bienes mercantiles.

CAPÍTULO II
SISTEMA UNITARIO DE GARANTÍAS SOBRE LOS BIENES MUEBLES

Art. 3º. CONCEPTO DE GARANTÍA MOBILIARIA Y ÁMBITO DE APLICACIÓN

Las garantías mobiliarias a que se refiere esta ley se constituirán a través de contratos que tienen el carácter de principales o por disposición de la ley sobre uno o varios bienes en garantía específicos, sobre activos circulantes, o sobre la totalidad de los bienes en garantía del garante, ya sean estos presentes o futuros, corporales o incorporales, o sobre los bienes derivados o atribuibles de los bienes en garantía susceptibles de valoración pecuniaria al momento de la constitución o posteriormente, con el fin de garantizar una o varias obligaciones propias o ajenas, sean de dar, hacer o no hacer, presentes o futuras sin importar la forma de la operación o quien sea el titular de los bienes en garantía.

Independientemente de su forma o nomenclatura, el concepto de garantía mobiliaria se refiere a toda operación que tenga como efecto garantizar una obligación con los bienes muebles del garante e incluye, entre otros, aquellos contratos, pactos o cláusulas utilizados para garantizar obligaciones respecto de bienes muebles, entre otros la venta con reserva de dominio, la prenda de establecimiento de comercio, las garantías y transferencias sobre cuentas por cobrar, incluyendo compras, cesiones en garantía, la consignación con fines de garantía y cualquier otra forma contemplada en la legislación con anterioridad a la presente ley.

Cuando en otras disposiciones legales se haga referencia a las normas sobre prenda, prenda civil o comercial, con tenencia o sin tenencia, prenda de establecimiento de comercio, prenda de acciones, anticresis, bonos de prenda, prenda agraria, prenda minera, prenda del derecho a explorar y explotar, volumen aprovechable o vuelo forestal, prenda de un crédito, prenda de marcas, patentes u otros derechos de análoga naturaleza, derecho de retención, y a otras similares, dichas figuras se considerarán garantías mobiliarias y se aplicará lo previsto por la presente ley.

Parágrafo. Al contrato de fiducia en garantía se aplicará lo dispuesto en la presente ley en lo referente al registro, la oponibilidad y la restitución de la tenencia del bien objeto de comodato precario. El registro establecido en esta ley tendrá para el contrato de Fiducia Mercantil con fines de garantía los efectos previstos en el parágrafo del artículo 55 de la Ley 1116 de 2006.

Art. 4º. LIMITACIONES AL ÁMBITO DE APLICACIÓN

Las garantías de las que trata esta ley podrán constituirse sobre cualquier bien mueble, salvo aquellos cuya venta, permuta, arrendamiento o pignoración o utilización como garantía mobiliaria esté prohibida por ley imperativa o de orden público.

Se exceptuarán de lo dispuesto en esta ley las garantías mobiliarias otorgadas sobre:

1. Bienes muebles tales como las aeronaves, motores de aeronaves, helicópteros, equipo ferroviario, los elementos espaciales y otras categorías de equipo móvil reguladas por la Ley 967 de 2005.

2. Valores intermediados e instrumentos financieros regulados en la Ley 964 de 2005 y las normas que la modifiquen o adicionen.

3. Garantías sobre títulos valores, que seguirán las reglas del Código de Comercio, y

4. Depósito de dinero en garantía, cuando el depositario es el acreedor.

Art. 5º. GARANTÍAS MOBILIARIAS SOBRE MUEBLES ADHERIDOS O DESTINADOS A INMUEBLES

Podrán constituirse garantías mobiliarias sobre bienes inmuebles por adhesión o por destinación, si estos pueden separarse del inmueble sin que se produzca detrimento físico de este. Los bienes así gravados podrán ser desafectados al momento de la ejecución de la garantía.

Art. 6º. BIENES EN GARANTÍA

Para garantizar obligaciones presentes y futuras, propias o ajenas, el garante podrá, además de los casos contemplados en la ley, constituir garantías mobiliarias a favor del acreedor garantizado sobre:

1. Derechos sobre bienes existentes y futuros sobre los que el garante adquiera derechos con posterioridad a la constitución de la garantía mobiliaria.
2. Derechos patrimoniales derivados de la propiedad intelectual.
3. Derecho al pago de depósitos de dinero.
4. Acciones, cuotas y partes de interés representativas del capital de sociedades civiles y comerciales, siempre que no estén representadas por anotaciones en cuenta.
5. Derechos a reclamar el cumplimiento de un contrato que no sea personalísimo por el obligado o por un tercero designado por las partes como cumplidor sustituto.
6. En general todo otro bien mueble, incluidos los fungibles, corporales e incorporales, derechos, contratos o acciones a los que las partes atribuyan valor económico.

Art. 7º. OBLIGACIONES GARANTIZADAS

Entre otros podrán garantizarse:

1. El capital, los intereses corrientes y moratorios que genere la suma principal de la obligación garantizada.
2. Las comisiones que deban ser pagadas al acreedor garantizado.

3. Los gastos en que incurra el acreedor garantizado para la guarda y custodia de los bienes en garantía, pactados previamente en el contrato.

4. Los gastos en que incurra el acreedor garantizado con motivo de los actos necesarios para llevar a cabo la ejecución de la garantía.

5. Los daños y perjuicios ocasionados por el incumplimiento de la obligación garantizada, que sean cuantificados judicialmente, o en virtud de un laudo arbitral o mediante un contrato de transacción.

6. La liquidación convencional de daños y perjuicios cuando hubiere sido pactada.

7. Las diferencias de tasas de interés o de cambio, cuando hubiere sido pactado.

Art. 8º. DEFINICIONES

Para efectos de la presente ley se entiende por:

Acreedor garantizado: La persona natural, jurídica, patrimonio autónomo, o entidad gubernamental en cuyo favor se constituye una garantía mobiliaria, con o sin tenencia.

Aviso de inscripción registral: Información consignada en una notificación que se ha introducido ya en la base de datos del Registro.

Bienes derivados o atribuibles: Los que se puedan identificar como provenientes de los bienes originalmente gravados, incluyendo los nuevos bienes, entre otros, dinero en efectivo y depósitos en cuentas bancarias y cuentas de inversión, que resulten de la enajenación, transformación o sustitución de los bienes muebles dados en garantía, independientemente del número y secuencia de estas enajenaciones, transformaciones o sustituciones. Estos también incluyen los valores pagados a título de indemnización por seguros que protegían a los bienes sobre los que se había constituido la garantía, al igual que cualquier otro derecho de indemnización por pérdida, daños y perjuicios causados a estos bienes en garantía, y sus dividendos.

Bienes en garantía: Son todos aquellos bienes a los que se refiere el artículo 6o y todos los inmuebles por adhesión o por destinación a los que se refiere el artículo 5o de la presente ley.

Comprador o adquirente en el giro ordinario de los negocios: Es un tercero persona natural o jurídica actuando de buena fe que no tiene conocimiento de que esa venta se hace en violación de los derechos de un acreedor garantizado, los compra o adquiere y toma posesión de estos al valor de mercado, de un garante dedicado a comerciar bienes del mismo tipo que los bienes sujetos a la garantía mobiliaria, dentro del giro ordinario de sus negocios. Estarán exceptuados de esta categoría los parientes del garante dentro del cuarto grado de parentesco por consanguinidad, segundo de afinidad, primero civil, los socios de sociedades de personas, sus representantes legales, sus promotores, interventores o liquidadores.

Control: El contrato de control es un acuerdo entre la institución depositaria, el garante y el acreedor garantizado, según el cual la institución depositaria acepta cumplir las instrucciones del acreedor garantizado respecto del pago de los fondos depositados en la cuenta bancaria.

El control será efectivo aun cuando el garante retenga el derecho a disponer de los depósitos.

Se entenderá que existe control respecto del derecho al pago de depósitos en cuentas bancarias cuando:

a) Automáticamente al momento de la constitución de la garantía mobiliaria cuando la institución depositaria sea el acreedor garantizado;

b) Si la institución depositaria ha suscrito un contrato de control con el garante y el acreedor garantizado.

Crédito: El derecho del garante de reclamar o recibir el pago de una suma de dinero de un tercero, adeudada actualmente o que pueda adeudarse en el futuro incluyendo, entre otros, las cuentas por cobrar.

Derechos de propiedad intelectual: Son los regulados por la Decisión 486 de 2000 de la Comisión de la Comunidad Andina de Naciones, relativos a patentes de invención y modelos de utilidad, esquemas de trazado de circuitos integrados, diseños industriales, secretos empresariales, marcas, lemas, nombres comerciales, y los regulados por la Ley 23 de 1982, los cuales recaen sobre las obras científicas, literarias y artísticas, las cuales comprenden todas las creaciones del espíritu en el campo científico, literario y artístico, cualquiera que sea el modo o forma de expresión y cualquiera que sea su destinación, tales como los libros, folletos y otros escritos, las conferencias, alocuciones, sermones y otras obras de la misma naturaleza; las obras dramáticas o dramático-musicales; las obras coreográficas y las pantomimas; las composiciones musicales con letra o sin ella; las obras cinematográficas, a las cuales se asimilan las obras expresadas por procedimiento análogo a la cinematografía, inclusive los videogramas; las obras de dibujo, pintura, arquitectura, escultura, grabado, litografía; las obras fotográficas o las cuales se asimilan a las expresadas por procedimiento análogo a la fotografía; las obras de arte aplicadas; las ilustraciones, mapas, planos, croquis y obras plásticas relativas a la geografía, a la topografía, a la arquitectura o a las ciencias y, en fin, toda producción del dominio científico, literario o artístico que pueda reproducirse, o definirse por cualquier forma de impresión o de reproducción, por fonografía, radiotelefonía o cualquier otro medio conocido o por conocer; las garantías mobiliarias sobre los derechos patrimoniales derivados de la propiedad intelectual, incluyen las licencias y sublicencias otorgadas sobre los mismos.

Deudor: La persona a la que corresponda cumplir una obligación garantizada propia o ajena.

Garante: La persona natural, jurídica, entidad gubernamental o patrimonio autónomo, sea el deudor o un tercero, que constituye una garantía mobiliaria; el término garante también incluye, entre otros, al comprador con reserva de dominio sobre bienes en venta o consignación, y al cedente o vendedor de cuentas por cobrar, y al cedente en garantía de un derecho de crédito.

Garantía mobiliaria prioritaria de adquisición: Es una garantía otorgada a favor de un acreedor, incluyendo un vendedor, que financie la adquisición por parte del deudor de bienes muebles corporales sobre los cuales se crea la garantía mobiliaria Prioritaria de adquisición. Dicha garantía mobiliaria puede garantizar la adquisición presente o futura de bienes muebles presentes o por adquirirse en el futuro, financiados de dicha manera, inclusive aquellos en los que el derecho de propiedad sirve de garantía, como por ejemplo la venta con reserva de dominio sobre bienes muebles, venta bajo condición resolutoria sobre bienes muebles u operación similar que en todo caso tendrán que inscribirse en el Registro para los efectos de esta ley.

Inventario: Se refiere a uno o más bienes muebles en posesión de una persona para su venta, arrendamiento, transferencia, en el giro ordinario de los negocios de esa persona, así como las materias primas y los bienes en transformación. El inventario no incluye bienes muebles en posesión de un garante para su uso o consumo ordinario.

Registro: El registro de garantías mobiliarias.

Registro especial: Es aquel al que se sujeta la transferencia de derechos sobre los automotores, o los derechos de propiedad intelectual. Las garantías sobre dichos bienes deberán inscribirse en el Registro Especial al que se sujetan este tipo de bienes cuando dicho registro es constitutivo del derecho, el cual dará aviso al momento de su anotación por medio electrónico al registro general de la inscripción de la garantía, para su inscripción.

Tenencia: Por tenencia del acreedor garantizado se entenderá la aprehensión legítima, material o control físico, de bienes en garantía, por una persona, por su representante, o un empleado de esa persona, o por otro tercero que tenga físicamente los bienes corporales en nombre de dicha persona.

TÍTULO II
CONSTITUCIÓN DE LAS GARANTÍAS MOBILIARIAS

CAPÍTULO I
CONSTITUCIÓN

Art. 9º. MEDIOS DE CONSTITUCIÓN

Una garantía mobiliaria se constituye mediante contrato entre el garante y el acreedor garantizado o en los casos en los que la garantía surge por ministerio de la ley como los referidos a los gravámenes judiciales, tributarios o derechos de retención de que trata el artículo 48 de esta misma ley, sobre la prelación entre garantías constituidas sobre el mismo bien en garantía.

Art. 10. CAPACIDAD PARA CONSTITUIR LA GARANTÍA

Las garantías mobiliarias pueden constituirse por quien tiene derechos o la facultad para disponer o gravar los bienes dados en garantía.

Si se trata de un bien respecto del cual el garante adquiere el derecho o la facultad de gravarlo con posterioridad a la celebración del contrato, la garantía sobre dicho bien quedará constituida cuando el garante adquiera derechos sobre dicho bien o la facultad de gravarlo o transferirlo sin necesidad de concluir un nuevo contrato.

Art. 11. INSCRIPCIÓN EN UN REGISTRO ESPECIAL

Cuando la transferencia de la propiedad de los bienes dados en garantía esté sujeta a inscripción en un registro especial, dichos bienes podrán ser dados en garantía por las personas mencionadas en el primer inciso del artículo anterior de esta ley y por quien aparezca como titular en dicho registro especial.

No obstante lo anterior, la inscripción en el registro especial de una garantía sobre un bien o derecho sujeto a este registro no será procedente si quien hace la solicitud no es el titular inscrito.

La garantía mobiliaria deberá inscribirse en el Registro para establecer su prelación, además de la inscripción que corresponda en el registro general.

Parágrafo. Tratándose de la constitución de una garantía sobre un derecho de propiedad industrial, deberá estar plenamente determinado el derecho objeto de la garantía por el número de registro correspondiente. La solicitud de inscripción de la garantía sobre un bien de propiedad industrial que puede presentarse ante la Superintendencia de Industria y Comercio debe incluir además la identificación de las partes y las obligaciones garantizadas. La Superintendencia por medio electrónico e inmediatamente, informará al Registro para su anotación. Si el interesado, titular de la marca o acreedor garantizado, realiza primero la inscripción de la garantía en el Registro, el administrador del mismo enviará copia inmediatamente por medios electrónicos de la citada inscripción para que conste en el registro de la propiedad industrial.

Art. 12. TÍTULO EJECUTIVO

Para la ejecución judicial de la garantía mobiliaria, el formulario registral de ejecución de la garantía mobiliaria inscrito o de restitución, tendrán el carácter de título ejecutivo.

Art. 13. DERECHO SOBRE LOS BIENES ORIGINALMENTE EN GARANTÍA Y LOS BIENES DERIVADOS O ATRIBUIBLES

Salvo pacto en contrario, la garantía mobiliaria constituida sobre el bien en garantía se extenderá de forma automática a todos los bienes derivados o atribuibles de conformidad con lo establecido en el artículo 8o de esta ley.

Art. 14. CONTENIDO DEL CONTRATO DE GARANTÍA MOBILIARIA

El contrato de garantía debe otorgarse por escrito y debe contener cuando menos:

1. Nombres, identificación y firmas de los contratantes.
2. El monto máximo cubierto por la garantía mobiliaria.
3. La descripción genérica o específica de los bienes dados en garantía.
4. Una descripción de las obligaciones garantizadas, sean presentes o futuras o de los conceptos, clases, cuantías o reglas para su determinación.

Parágrafo. La suscripción del contrato y sus modificaciones, o de algún documento firmado por el garante en este sentido, serán suficientes para autorizar la inscripción de la garantía mobiliaria en el registro y sus modificaciones posteriores, sin perjuicio de lo establecido en el artículo referido a la prelación entre garantías constituidas sobre el mismo bien en garantía.

Art. 15. MENSAJES DE DATOS

Cuando la presente ley requiera que la información conste por escrito, ese requisito también quedará satisfecho con un mensaje de datos conforme a la Ley 527 de 1999.

El documento donde conste la garantía mobiliaria podrá documentarse a través de cualquier medio tangible o por medio de comunicación electrónica fehaciente que deje constancia permanente del consentimiento de las partes en la constitución de la garantía conforme a lo previsto en la Ley 527 de 1999.

Art. 16. FIRMA ELECTRÓNICA

Cuando la presente ley requiera la firma de una persona, ese requisito también podrá ser satisfecho en el caso de un mensaje de datos conforme a lo previsto en la Ley 527 de 1999.

Art. 17. GARANTÍA SOBRE BIENES FUTUROS

La garantía mobiliaria sobre bienes futuros o para ser adquiridos posteriormente gravará los derechos del garante, respecto de tales bienes solo a partir del momento en que el garante adquiera tales derechos de conformidad con lo establecido en el artículo 10 de esta ley.

CAPÍTULO II
DERECHOS Y OBLIGACIONES DE LAS PARTES

Art. 18. DERECHOS Y OBLIGACIONES DEL GARANTE

Salvo pacto en contrario, cuando la garantía mobiliaria es sin tenencia del acreedor garantizado, el garante tendrá el derecho de usar, transformar y vender, permutar constituir otras garantías mobiliarias o alquilar los bienes en garantía en el giro ordinario de sus negocios.

De la misma manera y salvo pacto en contrario, el garante podrá ceder o vender los créditos o cuentas por cobrar derivados de la venta, permuta o arrendamiento de los bienes en garantía. Su cesionario o comprador podrá efectuar los cobros correspondientes a esos créditos o cuentas siempre y cuando fueren atribuibles a los bienes en garantía en el giro ordinario de los negocios del garante y de su cesionario o comprador.

Salvo pacto en contrario, el garante deberá:

1. Suspender el ejercicio de los derechos de cobro cuando la entidad autorizada de que trata el artículo 64 de esta ley o el acreedor garantizado le notifique al garante su intención de proceder a la ejecución de la garantía mobiliaria sobre los bienes en garantía bajo los términos de la presente ley. El derecho de uso no se suspenderá pero el garante será responsable por perjuicios causados al acreedor garantizado derivados del uso del bien dado en garantía.

2. Evitar pérdidas y deterioro de los bienes en garantía y hacer todo lo necesario para dicho propósito.

3. Permitir que el acreedor garantizado inspeccione los bienes en garantía para verificar su cantidad, calidad y estado de conservación.

4. Asumir los riesgos de destrucción, pérdida o daño de los bienes dados en garantía, salvo en aquellos casos en que se hubiere contratado un seguro a favor del acreedor garantizado, y

5. Pagar todos los gastos e impuestos relacionados con los bienes en garantía.

Parágrafo. El acreedor podrá escoger en caso de venta o cesión de los bienes gravados, que estos se subroguen por el precio de la cesión o venta o por los dineros que se reciban, o mantener bienes por la misma cuantía, o perseguir los bienes objeto de la garantía en poder de quien los haya adquirido.

Art. 19. DERECHOS Y OBLIGACIONES DEL ACREEDOR GARANTIZADO

Corresponde al acreedor garantizado:

1. Ejercer cuidado razonable en la custodia y preservación de los bienes en garantía que se encuentren en su tenencia. Salvo pacto en contrario, el cuidado razonable implica la obligación de tomar las medidas necesarias para preservar el valor de los bienes en garantía y los derechos derivados de los mismos.

2. Mantener los bienes en garantía que se encuentren en su tenencia de manera que permanezcan identificables, pero en el caso de que estos sean fungibles debe mantener la misma cantidad y calidad.

3. El uso de los bienes en garantía que se encuentren en su tenencia solo dentro del alcance contemplado en el contrato de garantía.

4. Cobrar al garante los gastos de mantenimiento; cuando los bienes en garantía se encuentren en su tenencia y se haya pactado previamente, y

5. Cuando todas las obligaciones del garante a favor del acreedor garantizado estén completamente satisfechas, el garante tendrá el derecho de solicitar que el acreedor garantizado:

a) Devuelva los bienes en garantía, dentro del alcance contemplado en el contrato de garantía;

b) Cancele el control sobre cuentas bancarias;

c) Notifique al deudor del crédito cedido sobre el cumplimiento de la totalidad de la obligación, liberándolo de toda obligación para con el acreedor garantizado;

d) Presente el formulario registral de cancelación de la garantía mobiliaria, y

6. Salvo pacto en contrario, cuando algunas obligaciones del garante a favor del acreedor garantizado estén parcialmente satisfechas, presentar el formulario registral de modificación que elimina algunos bienes sobre la garantía mobiliaria o rebaja el monto máximo de la obligación garantizada.

Art. 20. OBLIGACIÓN DE INFORMACIÓN DEL ACREEDOR GARANTIZADO

A petición del garante, el acreedor garantizado deberá informar por escrito a terceros sobre el monto pendiente de pago sobre el crédito garantizado y la descripción de los bienes cubiertos por la garantía mobiliaria.

TÍTULO III
OPONIBILIDAD

CAPÍTULO I
REGLAS GENERALES

Art. 21. MECANISMOS PARA LA OPONIBILIDAD DE LA GARANTÍA MOBILIARIA

Una garantía mobiliaria será oponible frente a terceros por la inscripción en el registro o por la entrega de la tenencia o por el control de los bienes en garantía al acreedor garantizado o a un tercero designado por este de acuerdo con lo dispuesto en el presente título, razón por la cual no se admitirá oposición ni derecho de retención frente a la ejecución de la garantía, a la entrega, a la subasta o a cualquier acto de ejecución de la misma en los términos establecidos en esta ley.

Parágrafo. A partir de la vigencia de la presente ley, los efectos de las garantías mobiliarias frente a terceros se producirán con la inscripción en el registro, sin que se requiera de inscripción adicional en el Registro Mercantil.

Art. 22. GARANTÍA MOBILIARIA PRIORITARIA DE ADQUISICIÓN

A una garantía mobiliaria Prioritaria de adquisición para que sea oponible, debe dársele publicidad por medio de la inscripción registral de un formulario que haga referencia al carácter especial de la garantía, el cual contiene los datos indicados en el artículo 43 de esta ley.

Cuando se otorgue esta garantía sobre bienes del inventario, el acreedor beneficiario de la garantía deberá notificar a los acreedores precedentes con las garantías mobiliarias registradas anteriormente que puedan verse perjudicados por su prelación excepcional.

CAPÍTULO II
CRÉDITOS

Art. 23. GARANTÍAS MOBILIARIAS SOBRE CRÉDITOS

Las disposiciones de esta ley referidas a garantías mobiliarias sobre créditos también se aplican a toda especie de cesión de créditos en garantía.

Art. 24. OPONIBILIDAD DE LAS GARANTÍAS SOBRE CRÉDITOS Y CESIONES DE CRÉDITOS Y CUENTAS POR COBRAR

Una garantía sobre créditos incluyendo alguna cesión de créditos en garantía tendrá efectos entre el garante y el acreedor garantizado a partir del acuerdo de constitución de la garantía o cesión.

Será válida la garantía sobre créditos o cesión de varios créditos en garantía, créditos futuros, una parte de un crédito o un derecho indiviso sobre tal crédito, siempre y cuando estén descritos como créditos objeto de la garantía o de la cesión en garantía o sean identificables.

En el caso de créditos futuros, la identificación deberá realizarse en el momento de celebrarse el acuerdo en garantía o cesión en garantía.

Salvo acuerdo en contrario, la garantía sobre créditos o cesión en garantía de uno o más créditos futuros surtirá efecto sin que se requiera un nuevo acuerdo para cada crédito.

Art. 25. SOLVENCIA DEL DEUDOR DEL CRÉDITO

Salvo pacto en contrario, el garante o cedente no garantiza que el deudor del crédito cedido o gravado tenga o vaya a tener solvencia financiera para efectuar el pago.

Art. 26. ACUERDO DE LIMITACIÓN A LA TRANSFERENCIA DEL CRÉDITO

La garantía mobiliaria o cesión de un crédito en garantía surtirá efecto entre el garante o cedente y el cesionario o acreedor garantizado, así como frente al deudor del crédito, independientemente de la existencia de cualquier acuerdo mediante el cual se limite el derecho del garante o cedente a ceder, gravar o transferir el crédito.

Lo dispuesto en el presente artículo no exime de responsabilidad al cedente o garante para con el deudor del crédito, por los daños ocasionados por el incumplimiento de dicho acuerdo.

El cesionario o acreedor garantizado no incurrirá en responsabilidad alguna por el solo hecho de haber tenido conocimiento del mencionado acuerdo.

Art. 27. INALTERABILIDAD DE LA RELACIÓN JURÍDICA SUBYACENTE

Una garantía mobiliaria sobre créditos o cesión de créditos en garantía, no puede modificar la relación jurídica subyacente ni hacer más onerosas las obligaciones del deudor del crédito que fue cedido o gravado sin el consentimiento de este último.

Sin embargo, en las instrucciones de pago se podrá cambiar el nombre de la persona, la dirección o la cuenta en la cual el deudor del crédito cedido o gravado deba hacer el pago, siempre que se observe lo previsto en la presente ley.

Art. 28. PAGO DEL CRÉDITO CEDIDO O GRAVADO, NOTIFICACIÓN Y PRUEBA RAZONABLE DE LA GARANTÍA O CESIÓN EN GARANTÍA

El deudor del crédito puede extinguir su obligación pagando al cedente o garante a menos que haya sido notificado, que deba realizar el pago al acreedor garantizado. Una vez recibida la notificación si el cedente recibe o acepta las prestaciones, incurrirá en las sanciones previstas en el Código Penal, sin perjuicio de la obligación que tiene el deudor del crédito en garantía o cedido de efectuar nuevamente el pago.

La notificación al deudor del crédito podrá realizarse por cualquier medio de comunicación escrito generalmente aceptado, incluyendo correo ordinario o certificado o correo electrónico.

Para que dicha notificación sea efectiva, deberá identificar el crédito respecto al cual se solicita el pago, e incluir instrucciones de pago suficientes para que el deudor del mismo pueda cumplir con la obligación.

Salvo pacto en contrario, el acreedor garantizado o cesionario de créditos en garantía entregará dicha notificación antes o después de que ocurra un incumplimiento de las obligaciones del garante o cedente que le autorice la ejecución de la garantía.

Si al momento de la notificación del acreedor garantizado o cesionario de créditos en garantía al deudor del crédito existiere un saldo a favor del garante o cedente, el pago de dicho saldo deberá efectuarse al acreedor garantizado o cesionario de créditos en garantía.

En el momento de la notificación el deudor del crédito podrá solicitar al acreedor garantizado o cesionario prueba razonable de la existencia del contrato de cesión o contrato de garantía mobiliaria. De no proporcionarse dicha prueba dentro de los tres (3) días después de que el acreedor garantizado recibió dicha solicitud, el deudor del crédito podrá hacer el pago al garante o cedente. Por prueba razonable de la cesión o garantía se entenderá el contrato de cesión o de garantía mobiliaria o cualquier prueba equivalente en que se indique que el crédito o créditos han sido cedidos o gravados.

Art. 29. NOTIFICACIÓN Y PAGO DE LA GARANTÍA MOBILIARIA SOBRE CRÉDITOS O CESIÓN DE CRÉDITOS EN GARANTÍA

De ser notificada al deudor del crédito más de una cesión en garantía o garantía mobiliaria sobre el mismo crédito, deberá efectuar el pago de conformidad con las instrucciones enunciadas en la primera notificación recibida. Quedan a salvo cualesquiera derechos, acciones o excepciones correspondientes a otros acreedores garantizados o cesionarios en contra del primer ejecutante, destinados a hacer efectivo el orden de prelación establecido en la presente ley.

Art. 30. EXCEPCIONES OPONIBLES POR EL DEUDOR DEL CRÉDITO

Salvo pacto en contrario, el deudor del crédito podrá oponer en contra del cesionario o acreedor garantizado todas las excepciones derivadas del contrato original o cualquier otro contrato que fuere parte de la misma transacción, que el deudor del crédito podría oponer en contra del garante.

El deudor del crédito podrá oponer cualquier derecho de compensación en contra del cesionario o acreedor garantizado, siempre y cuando el derecho de compensación existiere al momento en el cual recibió la notificación.

El deudor del crédito no puede oponer al cesionario o acreedor garantizado las excepciones y los derechos de compensación que tenga contra el cedente o garante en razón del incumplimiento de la cláusula de limitación a la transferencia del crédito.

En el caso en que el garante y el deudor de la cuenta cedida acuerden que la misma no podrá ser cedida y que de así hacerlo el garante tenga que pagar una suma determinada como sanción, esta sanción no podrá ser deducida del pago de la totalidad del crédito cedido, salvo que el cedente sea una institución financiera. De acuerdo con lo previsto en el artículo 26, inciso 2o, el deudor de la cuenta cedida solo podrá reclamar esta sanción del garante.

CAPÍTULO III
OBLIGACIONES DISTINTAS A SUMAS DE DINERO

Art. 31. CONSTITUCIÓN Y OPONIBILIDAD DE LA GARANTÍA SOBRE OBLIGACIONES DISTINTAS A SUMAS DE DINERO

En la cesión de créditos sobre obligaciones distintas a sumas de dinero, deberán cumplirse las reglas sobre constitución, oponibilidad, prelación y ejecución establecidas en esta ley en la medida en que sean aplicables.

Art. 32. CUMPLIMIENTO DE LA OBLIGACIÓN DISTINTA AL PAGO DE SUMAS DE DINERO

Cuando el bien en garantía consista en el cumplimiento de una obligación distinta al pago de sumas de dinero, el acreedor garantizado podrá exigir que la obligación se cumpla en su beneficio, en la medida en que ello sea posible, según la naturaleza de la obligación.

CAPÍTULO IV
TERCERO DEPOSITARIO Y CONTROL SOBRE CUENTAS BANCARIAS

Art. 33. OPONIBILIDAD DE UNA GARANTÍA MOBILIARIA SOBRE BIENES EN MANOS DE UN TERCERO DEPOSITARIO

Para efectos de oponibilidad y prelación de una garantía mobiliaria con tenencia del acreedor, constituida sobre bienes entregados a un tercero depositario o almacén general de depósito que no ha emitido un título representativo de la tenencia legítima sobre bienes por parte del acreedor, no se requiere de su inscripción en el registro.

Para la entrega de los bienes objeto de la garantía por parte del acreedor garantizado a un tercero, se requerirá consentimiento expreso del garante.

Si el garante no autoriza la entrega al tercero depositario el acreedor garantizado podrá mantener la tenencia del bien o devolvérselo al garante. En este último caso, el bien devuelto continuará afecto a la garantía aunque sin la tenencia por parte del acreedor. En este caso se aplicará la regla de la conversión de la garantía establecida en esta ley.

Deberá notificarse por escrito al tercero de la existencia de esta garantía mobiliaria.

Art. 34. CONSTITUCIÓN Y OPONIBILIDAD DE LA GARANTÍA MOBILIARIA SOBRE DEPÓSITOS EN CUENTAS BANCARIAS

La garantía mobiliaria sobre depósitos en cuentas bancarias, se constituye y se hace oponible mediante la adquisición del control por parte del acreedor garantizado.

Lo dispuesto en este capítulo no impide que la institución depositaria ejerza su derecho de compensación.

Asimismo, la institución depositaria no estará obligada a suscribir un contrato de control, aun cuando así lo solicite el depositante.

CAPÍTULO VII
REGLAS ADICIONALES DE OPONIBILIDAD

Art. 35. OPONIBILIDAD DE LA GARANTÍA SOBRE BIENES CORPORALES O INCORPORALES NO REGULADOS EN LOS ARTÍCULOS ANTERIORES

Una garantía mobiliaria sobre otros bienes corporales o incorporales, sean presentes o futuros y sus bienes derivados o atribuibles, que no hayan sido específicamente regulados en los artículos anteriores, será oponible frente a terceros por medio de su inscripción en el registro.

Art. 36. OPONIBILIDAD DE LA GARANTÍA SOBRE DERECHOS PATRIMONIALES DERIVADOS DE LA PROPIEDAD INTELECTUAL

Podrá constituirse una garantía mobiliaria sobre derechos patrimoniales derivados de propiedad intelectual.

Cuando los mismos estén sujetos a inscripción en un registro especial, la garantía mobiliaria que se constituya se inscribirá en el registro especial correspondiente. El registrador del registro especial comunicará al Registro de Garantías Mobiliarias de las inscripciones en el registro especial. Los detalles de esta comunicación entre los registros estarán regulados en el reglamento que expida el Gobierno Nacional.

Cuando los derechos patrimoniales derivados de la propiedad intelectual que se den en garantía no estén sujetos a inscripción en un registro especial, la garantía se inscribirá en el registro para que surta efectos frente a terceros y para establecer su prelación.

CAPÍTULO VIII
CONVERSIÓN DE UNA GARANTÍA MOBILIARIA

Art. 37. MÉTODO DE CONVERSIÓN DE GARANTÍAS

Una garantía con tenencia del acreedor garantizado al igual que un derecho de retención concedido por la ley, podrán ser convertidos en garantía sin tenencia, sin perder su prelación, siempre y cuando que la garantía se haga oponible frente a terceros, por medio de su inscripción en el Registro, antes de que se devuelvan los bienes muebles al garante.

Una garantía sin tenencia podrá ser convertida en garantía con tenencia sin perder su prelación, siempre y cuando que el bien sea entregado al acreedor garantizado antes del vencimiento de la vigencia de la inscripción de la garantía mobiliaria en el Registro.

TÍTULO IV
REGISTRO Y DISPOSICIONES RELACIONADAS

CAPÍTULO I
REGISTRO

Art. 38. EL REGISTRO

El registro es un sistema de archivo, de acceso público a la información de carácter nacional, que tiene por objeto dar publicidad a través de Internet, en los términos de la presente ley, a los formularios de la inscripción inicial, de la modificación, prórroga, cancelación, transferencia y ejecución de garantías mobiliarias.

Los archivos electrónicos del registro deberán ser accesibles a través de Internet y las certificaciones que se extiendan sobre los datos que en él consten, ya sean en papel o en forma de mensajes de datos, se considerarán documentos públicos y sirven de plena prueba.

La administración del registro estará regulada en el reglamento del registro que al efecto emita el Gobierno Nacional.

Art. 39. CARACTERÍSTICAS DEL REGISTRO

El registro tiene las siguientes características:

1. Opera por medio de la inscripción de formularios de registro diligenciados a través de internet.

2. Se organiza como un registro de naturaleza personal, en función de la identificación de la persona natural o jurídica garante. A cada garante le corresponderá un folio electrónico, en el que se inscribirán cronológicamente los datos contenidos en los formularios.

3. Será un registro único con una base de datos nacional que se llevará por la Confederación Colombiana de Cámaras de Comercio (Confecámaras) de manera centralizada.

En la inscripción, solo se verificará que cada uno de los campos obligatorios de los formularios de inscripción tenga algún contenido y que los documentos que según el reglamento del registro deban adjuntarse a los formularios de inscripción para efecto de la ejecución o restitución de la garantía mobiliaria por parte del garante, estén adjuntos.

Los documentos que se adjunten no estarán sujetos a calificación registral alguna y no serán parte de la inscripción de la garantía mobiliaria. El registro mantendrá los documentos que se adjunten en su archivo electrónico y deberá proveer copias y/o certificaciones de los mismos, de conformidad con las disposiciones del reglamento del registro.

Art. 40. AUTORIZACIÓN PARA REALIZAR LA INSCRIPCIÓN

Sin perjuicio de lo establecido como regla general en el parágrafo del artículo 14 de esta ley, el acreedor garantizado deberá contar con la autorización del garante para agregar o sustituir bienes dados en garantía que no son bienes atribuibles o derivados, o para agregar personas que actúen como garantes.

La inscripción de la modificación, prórroga, transferencia y ejecución, sólo puede ser solicitada por el acreedor garantizado o por quien él autorice. La inscripción de la terminación, puede ser solicitada por el acreedor garantizado o el garante, según se establezca en el reglamento del registro.

El acreedor garantizado puede autorizar a un tercero para que realice la inscripción que corresponda.

El Gobierno Nacional establecerá en el reglamento del registro los mecanismos para capturar la identidad de la persona que efectúe la inscripción.

Art. 41. FORMULARIO DE REGISTRO

Las inscripciones a que dé lugar esta ley se realizarán por medio del formulario de registro, el cual se diligenciará por el solicitante a través de internet y deberá contener los siguientes datos:

1. Nombre, identificación y dirección física y electrónica del garante y del acreedor garantizado.
2. Descripción de los bienes dados en garantía, que puede ser genérica o específica, incluida la de los derivados o atribuibles según corresponda.
3. En el caso de registro de gravámenes surgidos por ministerio de la ley, judiciales y tributarios, se debe especificar si es judicial, tributario o el que corresponda según su naturaleza.
4. En el caso de registro de bienes inmuebles por adhesión o por destinación, se deberá identificar el tipo de bienes de que se trate, así como el folio de matrícula inmobiliaria, número de inscripción y el nombre del propietario del inmueble donde estos se encuentren o se espera que se encuentren.
5. El monto máximo de la obligación garantizada.

La fecha y número de inscripción serán asignados automáticamente por el sistema registral.

Cuando exista más de un garante otorgando una garantía sobre los mismos bienes en garantía, dichos garantes deben identificarse separadamente en el formulario e inscribirse separadamente en el registro de cada garante.

Art. 42. VIGENCIA DE LA INSCRIPCIÓN

La inscripción en el registro tendrá vigencia por el plazo que se indique en el documento de garantía, prorrogable por periodos de tres años. En el evento de no especificarse al momento de constituir la garantía este será de cinco (5) años.

Art. 43. REQUISITOS DE LA INSCRIPCIÓN DE LA GARANTÍA MOBILIARIA DE ADQUISICIÓN

Para que una garantía mobiliaria de adquisición sea oponible, deberá estar inscrita en el registro, y el formulario de inscripción registral deberá hacer referencia al carácter especial de esta garantía mobiliaria, incluyendo una descripción de los bienes gravados por la misma.

Art. 44. DERECHOS DE REGISTRO

El Gobierno Nacional establecerá los derechos por el registro, que se basarán en una tasa fija y razonable con el objeto de cubrir los gastos de operación, e incluyen la remuneración por la prestación del servicio.

Art. 45. ACCESO AL REGISTRO

Tanto la inscripción como la búsqueda de información, se realizará por vía electrónica.

Art. 46. SOLICITUDES ANTE EL REGISTRO

Cualquier persona puede tener acceso al registro y solicitar copias de las inscripciones a través de Internet.

Art. 47. CONVENIOS

La Confederación Colombiana de Cámaras de Comercio (Confecámaras) podrá celebrar convenios con las Cámaras de Comercio para llevar el registro.

TÍTULO V
REGLAS DE PRELACIÓN

CAPÍTULO I
PRELACIÓN

Art. 48. PRELACIÓN ENTRE GARANTÍAS CONSTITUIDAS SOBRE EL MISMO BIEN EN GARANTÍA

La prelación de una garantía mobiliaria sin tenencia, incluyendo la de sus bienes derivados o atribuibles, constituida de conformidad con esta ley, así como los gravámenes surgidos por ministerio de la ley, judiciales y tributarios, se determina por el momento de su inscripción en el registro, la cual puede preceder al otorgamiento del contrato de garantía.

Una garantía mobiliaria que sea oponible mediante su inscripción en el registro, tendrá prelación sobre aquella garantía que no hubiere sido inscrita.

Respecto de garantías cuya oponibilidad frente a terceros de conformidad con lo previsto en esta ley, ocurre por la tenencia del bien o por el control sobre la cuenta de depósito bancario, la prelación se determinará por el orden temporal de su oponibilidad a terceros.

Si la garantía mobiliaria no se inscribió en el registro, su prelación contra otros acreedores garantizados con garantías mobiliarias no registradas será determinada por la fecha de celebración del contrato de garantía.

Entre una garantía mobiliaria oponible a terceros mediante su inscripción en el registro y una garantía mobiliaria oponible a terceros por cualquier otra forma prevista en esta ley, la prelación será determinada, cualquiera que sea la fecha de constitución por el orden temporal de su inscripción o por la fecha de su oponibilidad a terceros, de ser esta anterior.

Art. 49. PRELACIÓN Y OTROS DERECHOS

Sin perjuicio de lo previsto en las disposiciones finales, referidas a la aplicación de la presente ley en el tiempo, para las garantías mobiliarias constituidas con anterioridad a la vigencia de esta ley, su prelación contra otros acreedores garantizados con garantías mobiliarias registradas en vigencia de la presente ley, será determinada por la fecha de su inscripción en el registro mercantil cuando corresponda o por el orden temporal de su oponibilidad a terceros, ya sea por la tenencia del bien en garantía por parte del acreedor garantizado o por el control.

Las garantías mobiliarias constituidas con anterioridad a la vigencia de la presente ley, que no se hubieran inscrito en el registro mercantil, o en registro especial correspondiente, podrán inscribirse en el registro y su prelación estará determinada por el orden temporal de dicha inscripción.

CAPÍTULO II
GARANTÍAS EN LOS PROCESOS DE INSOLVENCIA

Art. 50. LAS GARANTÍAS REALES EN LOS PROCESOS DE REORGANIZACIÓN

A partir de la fecha de inicio del proceso de reorganización no podrá admitirse ni continuarse demanda de ejecución o cualquier otro proceso de cobro en contra del deudor sobre bienes muebles o inmuebles necesarios para el desarrollo de la actividad económica del deudor y que hayan sido reportados por el deudor como tales dentro de la información presentada con la solicitud de inicio del proceso; con base en esta información se dará cumplimiento al numeral 9 del artículo 19 de la Ley 1116 de 2006.

Los demás procesos de ejecución de la garantía real sobre bienes no necesarios para la actividad económica del deudor, podrán continuar o iniciarse por decisión del acreedor garantizado. El juez del concurso podrá autorizar la ejecución de garantías reales sobre cualquiera de los bienes del deudor, en los términos del artículo 17 de la Ley 1116, cuando estime, a solicitud del acreedor garantizado, que los citados bienes no son necesarios para la continuación de la actividad económica del deudor. También procederá la ejecución de los bienes dados en garantía cuando el juez del concurso estime que los bienes corren riesgo de deterioro o pérdida.

Los bienes en garantía reportados por el deudor al inicio del proceso de reorganización de que trata el inciso 1° de este artículo, deberán ser presentados en un estado de inventario debidamente valorado a la fecha de presentación de los estados financieros allegados con la solicitud.

En caso de que los bienes objeto de garantía estén sujetos a depreciación, el acreedor podrá solicitar al promotor y, en su caso, al juez del concurso, que se adopten medidas para proteger su posición de acreedor con garantía real, tales como la sustitución del bien objeto de la garantía por un bien equivalente, la dotación de reservas, o la realización de pagos periódicos para compensar al acreedor por la pérdida de valor del bien.

El promotor con base en esta información y demás documentos de prueba que aporte el acreedor garantizado, al presentar el proyecto de calificación y graduación y determinación de derechos de voto, reconocerá al acreedor garantizado el valor de la obligación como garantizada con los intereses inicialmente pactados hasta la fecha de la celebración del acuerdo de reorganización y hasta el tope del valor del bien dado en garantía.

Si el acreedor garantizado vota afirmativamente el acuerdo de reorganización y acepta que se pague su crédito en el marco del acuerdo de reorganización con una prelación distinta a la establecida en el inciso anterior, podrá solicitar que la obligación que no sea garantizada se reconozca como crédito garantizado hasta el tope del valor del bien dado en garantía.

En caso de incumplimiento del acuerdo de reorganización, el liquidador en el proyecto de calificación y graduación de créditos reconocerá como obligación garantizada, el valor de la obligación hasta el tope del valor del bien reportado a la fecha de la solicitud de apertura del proceso de reorganización si este es mayor.

En caso de no presentarse el acuerdo de reorganización o de su no confirmación, a la liquidación por adjudicación se aplicará lo dispuesto en el presente artículo para la liquidación judicial.

Parágrafo. Las facilidades de pago de que trata el artículo 10 de la Ley 1116 de 2006, solo podrán referirse a las obligaciones por retenciones de carácter obligatorio a favor de las autoridades fiscales de conformidad con lo establecido en el artículo 32 de la Ley 1429 de 2010.

Art. 51. LAS GARANTÍAS REALES EN LOS PROCESOS DE VALIDACIÓN DE ACUERDOS EXTRAJUDICIALES DE REORGANIZACIÓN

El tratamiento de las garantías reales en el proceso de reorganización empresarial también se aplicará en el proceso de validación judicial de acuerdos extrajudiciales de reorganización.

Art. 52. LAS GARANTÍAS REALES EN LOS PROCESOS DE LIQUIDACIÓN JUDICIAL

Los bienes en garantía de propiedad del deudor en liquidación judicial podrán excluirse de la masa de la liquidación en provecho de los acreedores garantizados o beneficiarios de la garantía siempre y cuando la garantía esté inscrita en el registro de garantías mobiliarias o en el registro que, de acuerdo con la clase de acto o con la naturaleza de los bienes, se hubiere hecho conforme a la ley.

Si el valor del bien dado en garantía no supera o es inferior al valor de la obligación garantizada este bien podrá ser directamente adjudicado por el juez del concurso al acreedor garantizado.

Si el valor del bien supera el valor de la obligación garantizada, el producto de la enajenación se adjudicará en primera medida al acreedor garantizado y el remanente se aplicará a los demás acreedores en el orden de prelación legal correspondiente. El acreedor garantizado podrá optar por quedarse con el bien en garantía y pagar el saldo al liquidador para que lo aplique al pago de los demás acreedores.

De operar el pago por adjudicación, al acreedor garantizado se le adjudicará el bien hasta concurrencia del valor de la obligación garantizada y el remanente será adjudicado a los demás acreedores en el orden de prelación legal.

En todo caso, lo establecido en el presente artículo no aplicará en detrimento de derechos pensionales.

Parágrafo. La exclusión de los bienes en garantía en los procesos de liquidación judicial se hará sin perjuicio de los acuerdos que puedan celebrarse entre el acreedor garantizado y el liquidador, cuando los bienes en garantía hagan parte de la unidad de explotación económica del deudor y esta pueda venderse en los términos del parágrafo del artículo 81 de la Ley 1116 de 2006. Enajenado el bien en garantía el liquidador asignará al acreedor garantizado el valor del bien dado en garantía o podrá optar por pagar previo a la enajenación un importe equivalente al valor del bien dado en garantía y proceder a la enajenación en el curso del proceso.

CAPÍTULO III
OTRAS PRELACIONES

Art. 53. PROTECCIÓN AL COMPRADOR O ADQUIRENTE

No obstante lo señalado en el artículo 48, un comprador o adquirente en el giro ordinario de los negocios del garante recibirá los bienes muebles sin sujeción a ninguna garantía mobiliaria constituida sobre ellos.

El acreedor garantizado podrá autorizar al garante para que efectúe enajenaciones de los bienes por fuera del giro ordinario de los negocios, de forma tal que el adquirente de esos bienes no quede sujeto al gravamen que surge de la garantía mobiliaria constituida sobre ellos.

El acreedor garantizado no podrá interferir con los derechos de uso y goce de un licenciatario o arrendatario de bienes muebles que hayan sido entregados conforme a un contrato de licencia o arrendamiento otorgado en el giro ordinario de los negocios del licenciante y siempre y cuando en el caso del arrendamiento cuente con el consentimiento del acreedor garantizado.

Art. 54. PRELACIÓN DE LA GARANTÍA MOBILIARIA DE ADQUISICIÓN

La garantía mobiliaria de adquisición tendrá prelación sobre cualquier garantía mobiliaria previamente registrada que afecte bienes muebles del mismo tipo, siempre y cuando dicha garantía se constituya y sea oponible conforme a lo establecido por esta ley, aun cuando esta garantía mobiliaria de adquisición se haya hecho oponible con posterioridad a la garantía anterior.

La garantía de adquisición se extenderá exclusivamente a los bienes muebles específicos adquiridos y a sus bienes derivados o atribuibles, siempre y cuando el acreedor garantizado cumpla con las condiciones establecidas en el artículo 22 de la presente ley.

Art. 55. REGLAS ADICIONALES SOBRE LA PRELACIÓN DE LAS GARANTÍAS MOBILIARIAS

1. La prelación de las garantías mobiliarias sobre créditos se determinará por el momento de su inscripción en el Registro.

2. La prelación de una garantía mobiliaria sobre depósitos en cuentas bancarias se tiene desde que se entra en control de la misma. Lo dispuesto en este capítulo no impide que el acreedor garantizado ejerza su derecho a compensación de acuerdo con la ley.

3. La prelación de una garantía mobiliaria se hará extensiva a todos los bienes en garantía incluidos en el formulario de registro y los bienes atribuibles con independencia de si esos bienes han sido adquiridos por el garante con anterioridad al otorgamiento de la garantía o posteriormente.

4. La prelación entre una garantía mobiliaria constituida sobre un bien desafectado en los términos del artículo 5o de esta ley y una garantía constituida sobre el bien inmueble al que el bien en garantía se encuentre incorporado, estará dada por el momento de inscripción en el registro de garantías mobiliarias o del registro en el Registro de Instrumentos Públicos correspondiente.

Art. 56. PRELACIÓN OBLIGACIONES FISCALES Y TRIBUTARIAS

La prelación de las obligaciones fiscales y tributarias en garantías mobiliarias operará solo en el evento en que la entidad pública obtenga la garantía a su favor y se encuentren debidamente registradas de manera previa a los demás acreedores.

TÍTULO VI
EJECUCIÓN

CAPÍTULO I
DISPOSICIONES GENERALES

Art. 57. COMPETENCIA

Para los efectos de esta ley, la autoridad jurisdiccional será el Juez Civil competente y la Superintendencia de Sociedades.

La Superintendencia de Sociedades, en uso de facultades jurisdiccionales, de conformidad con lo dispuesto en el inciso 3o del artículo 116 de la Constitución Política, tendrá competencia a prevención y solo en el evento en que el garante sea una sociedad sometida a su vigilancia.

Art. 58. MECANISMOS DE EJECUCIÓN. En el evento de presentarse incumplimiento del deudor, se puede ejecutar la garantía mobiliaria por el mecanismo de adjudicación o realización especial de la garantía real regulado en los artículos 467 y 468 del Código General de Proceso o de ejecución especial de la garantía, en los casos y en la forma prevista en la presente ley.

Parágrafo. El acreedor a quien se le haya incumplido cualquiera de las obligaciones garantizadas, podrá hacer requerimiento escrito al deudor, para que dentro del término de diez (10) días acuerde con él la procedencia de la ejecución especial de la garantía mobiliaria. De no hacerlo operará el mecanismo de ejecución judicial. De la misma manera se procederá cuando el bien objeto de la garantía tenga un valor inferior a veinte (20) salarios mínimos legales mensuales.

CAPÍTULO II
EJECUCIÓN DE UNA GARANTÍA MOBILIARIA SOBRE BIENES INMUEBLES POR DESTINACIÓN O MUEBLES POR ANTICIPACIÓN

Art. 59. EJECUCIÓN DE UNA GARANTÍA MOBILIARIA SOBRE BIENES INMUEBLES POR DESTINACIÓN O MUEBLES POR ANTICIPACIÓN

Cuando un mismo acreedor garantizado tenga garantías sobre los bienes inmuebles por destinación o muebles por anticipación inscritos, y que también tenga una garantía hipotecaria sobre el bien inmueble al cual se han destinado, dicho acreedor garantizado puede a su elección, ejecutar todas o cualquiera de las mencionadas garantías cumpliendo con las disposiciones contenidas en la presente ley y en otras leyes relativas a la ejecución de garantías hipotecarias, según corresponda.

Si el acreedor garantizado tiene prelación puede remover los bienes por destinación o anticipación, en este último caso, al momento que resultare oportuno. Dicho acreedor garantizado debe pagar al propietario del bien inmueble, cualquier daño causado al mismo por la remoción de los bienes inmuebles por destinación o muebles por anticipación pero no de ninguna pérdida de valor que se deba únicamente a la ausencia del bien incorporado.

Quien tenga una garantía hipotecaria sobre el bien inmueble al cual se han destinado los bienes en garantía, podrá pagar la obligación cubierta por la garantía mobiliaria y evitar la remoción de los bienes inmuebles por destinación o muebles por anticipación cuando con esta, pueda producirse una pérdida del valor del bien inmueble por la ausencia del bien removido.

CAPÍTULO III
PAGO DIRECTO

Art. 60. PAGO DIRECTO

El acreedor podrá satisfacer su crédito directamente con los bienes dados en garantía por el valor del avalúo que se realizará de conformidad con lo previsto en el parágrafo 3o del presente artículo, cuando así se haya pactado por mutuo acuerdo o cuando el acreedor garantizado sea tenedor del bien dado en garantía.

Parágrafo 1°. Si el valor del bien supera el monto de la obligación garantizada, el acreedor deberá entregar el saldo correspondiente, deducidos los gastos y costos, a otros acreedores inscritos, al deudor o al propietario del bien, si fuere persona distinta al deudor, según corresponda, para lo cual se constituirá un depósito judicial a favor de quien corresponda y siga en orden de prelación, cuyo título se remitirá al juzgado correspondiente del domicilio del garante.

Parágrafo 2°. Si no se realizare la entrega voluntaria de los bienes en poder del garante objeto de la garantía, el acreedor garantizado podrá solicitar a la autoridad jurisdiccional competente que libre orden de aprehensión y entrega del bien, con la simple petición del acreedor garantizado.

Parágrafo 3°. En el evento de la apropiación del bien, este se recibirá por el valor del avalúo realizado por un perito escogido por sorteo, de la lista que para tal fin disponga la Superintendencia de Sociedades, el cual será obligatorio para garante y acreedor, y se realizará al momento de entrega o apropiación del bien por el acreedor.

CAPÍTULO IV
EJECUCIÓN JUDICIAL

Art. 61. ASPECTOS GENERALES

Cuando el acreedor garantizado así lo disponga, hará efectiva la garantía por el proceso de adjudicación o realización especial de la garantía real regulado en el artículo 467 y 468 del Código General del Proceso, con las siguientes previsiones especiales:

1. Deberá inscribirse el formulario registral de ejecución en el registro de garantías mobiliarias prioritarias que contiene los datos requeridos en el artículo 65 numeral 3, como exigencia previa para el trámite del proceso, cumpliendo con todos los requisitos y anexos correspondientes.

2. Los mecanismos de defensa y las excepciones que se pueden proponer por el deudor y/o garante, solo podrán ser las siguientes:

a) Extinción de la garantía mobiliaria acreditada mediante la correspondiente certificación registral de su terminación, o mediante documento de cancelación de la garantía;

b) Extinción de la obligación garantizada, u obligación garantizada no exigible por estar sujeta a plazo o condición suspensiva;

c) Falsedad de la firma que se le atribuye como propia, o alteración del texto del título de deuda o del contrato de garantía, o de su registro. Se tramitará por el procedimiento de tacha de falsedad y desconocimiento del título regulado por los artículos 269 a 274 del Código General del Proceso;

d) Error en la determinación de la cantidad exigible.

3. Pruebas que puedan aportar las partes.

4. En el evento en el que el deudor, garante o el propietario del bien no propongan los medios de defensa o excepciones antes descritos, podrá el acreedor solicitar que se le transfiera la propiedad del bien en garantía, por el valor del avalúo realizado en la forma prevista en el artículo 444 del Código General del Proceso y hasta concurrencia del valor del crédito y restituirá el excedente del valor del bien si lo hubiere.

5. Los recursos judiciales que se puedan proponer en el trámite del proceso ejecutivo se tramitarán en el efecto devolutivo.

6. En el evento que se alegare la causal a la que se refiere el literal c) del numeral 2 de este artículo, y se demostrare la autenticidad del documento o no se

hubiere probado su falsedad, el juez ordenará continuar con la ejecución. Si se demostrare la falsedad del documento, el juez ordenará el archivo del proceso y compulsará copias a la justicia penal.

7. Tanto en el trámite de la ejecución judicial como en el especial de la garantía, en el evento en que el valor actual de los bienes dados en garantía sea inferior al sesenta por ciento (60%) de su valor a la fecha de la constitución de la misma, cualquiera de las partes podrá solicitar a la autoridad ante la que se adelante la ejecución, que proceda a ordenar la venta o remate inmediato de los bienes objeto de garantía, en cuyo caso aportará prueba del precio de los bienes para la época de la constitución de la garantía y un avalúo actualizado conforme a lo dispuesto en esta ley.

De la solicitud se dará traslado al garante o al acreedor garantizado por el término de tres (3) días para que presente las objeciones frente al avalúo actualizado aportado por el solicitante, Para el efecto deberá acompañar su oposición de un nuevo avalúo de los bienes dados en garantía, so pena de ser rechazada de plano.

El producto de la realización de los bienes permanecerá depositado a órdenes de la autoridad jurisdiccional ante quien se adelanta la ejecución, a la espera de la decisión de las oposiciones y/o excepciones dentro del trámite. El juez resolverá de plano. La venta o remate de los bienes se hará conforme a las normas previstas en esta ley o en el Código General del Proceso, según corresponda, o las normas que los modifiquen o adicionen.

Parágrafo. Cualquier otro tipo de defensa o excepción propuesto en este trámite, recibirá el trámite previsto en el Código General del Proceso para el trámite declarativo, una vez adjudicado el bien en garantía o efectuada su realización, adjudicación o realización que no se verán afectadas por el resultado del trámite posterior. El juez civil competente dará un término de diez (10) días contados a partir de la adjudicación o realización, para que el acreedor garantizado presente sus consideraciones y aporte las pruebas que pretenda hacer valer.

CAPÍTULO V
EJECUCIÓN ESPECIAL DE LA GARANTÍA

Art. 62. PROCEDENCIA

La ejecución especial de las garantías mobiliarias procederá en cualquiera de los siguientes casos:

1. Por mutuo acuerdo entre el acreedor y el garante contenido en el contrato de garantía, en sus modificaciones o en acuerdos posteriores. Dicho acuerdo podrá incluir un mecanismo especial para llevar a cabo la enajenación o apropia-

ción por el acreedor del bien sobre el cual recae la garantía, para lo cual se deberá cumplir con las disposiciones relativas a los contratos de adhesión y cláusulas abusivas contenidas en el Estatuto del Consumidor.

2. Cuando el acreedor garantizado sea tenedor del bien dado en garantía.

3. Cuando el acreedor tenga derecho legal de retención del bien.

4. Cuando el bien tenga un valor inferior a los veinte (20) salarios mínimos legales mensuales.

5. Cuando se cumpla un plazo o una condición resolutoria de una obligación, siempre que expresamente se haya previsto la posibilidad de la ejecución especial.

6. Cuando el bien sea perecedero.

Art. 63. ENAJENACIÓN EN LA EJECUCIÓN ESPECIAL DE LA GARANTÍA

Las condiciones para llevar a cabo la enajenación en la ejecución especial de la garantía deben fijarse en el contrato de garantía o en sus modificaciones o acuerdos posteriores, y serán obligatorias para quien ejecute la disposición. Cuando no se haya pactado el procedimiento, pero se haya autorizado la ejecución especial de la garantía, se debe seguir el establecido en la presente ley.

Art. 64. ENTIDADES AUTORIZADAS PARA CONOCER DE LA EJECUCIÓN ESPECIAL DE LA GARANTÍA

El trámite de ejecución especial de la garantía podrá adelantarse ante los notarios, y las Cámaras de Comercio.

Art. 65. PROCEDIMIENTO DE EJECUCIÓN ESPECIAL DE LA GARANTÍA

La ejecución especial de la garantía, se tramitará conforme a las siguientes previsiones especiales:

1. El acreedor garantizado dará comienzo a la ejecución especial de la garantía por incumplimiento del deudor, mediante la inscripción en el registro del formulario registral de ejecución. inscripción que tendrá efectos de notificación del inicio de la ejecución y solicitará al notario o a la Cámara de Comercio, según se haya convenido, o a quien escoja el acreedor en caso de ausencia de convenio, el envío de una copia de la inscripción de la ejecución al garante.

No obstante lo anterior, el acreedor podrá avisar directamente al deudor y al garante acerca de la ejecución, si así se ha convenido previamente entre las partes.

2. Igualmente el acreedor garantizado enviará una copia del formulario registral de ejecución a los demás acreedores garantizados que aparezcan inscritos, a fin de que comparezcan a hacer valer su derecho en la ejecución especial o inicien ejecución judicial.

Para los anteriores eventos, los demás acreedores garantizados contarán con un plazo máximo de cinco (5) días, contados a partir del día siguiente al del recibo de la comunicación. Vencido este plazo, se entenderá que los acreedores que no comparecieron no tienen objeciones a la ejecución.

3. Para enviar las copias del formulario registral de ejecución, se utilizará la dirección prevista para cada una de las partes en el formulario registral de inscripción inicial o en el último formulario de modificación.

El formulario registral de ejecución deberá contener:

a) Indicación del número de inscripción del formulario registral de inscripción inicial de la garantía mobiliaria;

b) Identificación del garante a quien se le dirige el aviso de ejecución;

c) Identificación del acreedor garantizado que pretende realizar la ejecución;

d) Una breve descripción del incumplimiento por parte del deudor, y la descripción de los bienes en garantía o la parte de los bienes en garantía sobre los cuales el acreedor garantizado pretende tramitar la ejecución, y una declaración del monto estimado para satisfacer la obligación garantizada y cubrir los gastos de la ejecución, razonablemente cuantificados, y

e) Una copia del contrato o una versión resumida del contrato, firmada por el garante la cual deberá adjuntarse al formulario registral de ejecución.

Parágrafo 1°. A partir de la inscripción en el registro del formulario registral de ejecución, se suspende para el garante el derecho de enajenación de los bienes dados en garantía.

La enajenación de los bienes en garantía por parte del garante en contravención a lo previsto en este parágrafo hará responsable al garante por los perjuicios ocasionados.

El comprador que no sea un adquirente en el giro ordinario de los negocios será igualmente responsable solidariamente con el garante por los perjuicios ocasionados al acreedor garantizado. En este caso la garantía subsiste sobre el bien y el precio pagado por ese bien.

Parágrafo 2°. El garante podrá solicitar la cancelación de la inscripción del formulario de ejecución por la no ejecución de la garantía en un término prudencial, en los términos y condiciones que se establezcan por el Gobierno Nacional en el Reglamento del Registro.

Art. 66. OPOSICIÓN A LA EJECUCIÓN

La oposición a la ejecución sólo se podrá fundar en:

1. Extinción de la garantía mobiliaria acreditada mediante la correspondiente certificación registral de su cancelación, o mediante documento de cancelación de la garantía.
2. Extinción de la obligación garantizada u obligación garantizada no exigible por estar sujeta a plazo o condición suspensiva.
3. Falsedad de la firma que se le atribuye como propia, o alteración del texto del título de deuda o del contrato de garantía.
4. Error en la determinación de la cantidad exigible.

Parágrafo. Cualquier otro tipo de oposición se tramitará siguiendo las reglas de un procedimiento declarativo ante el juez civil competente una vez culminado el proceso de ejecución especial de la garantía mobiliaria, salvo que se hubieren pactado otros mecanismos de solución alternativa de conflictos, en los términos del artículo 78 de esta ley.

La adjudicación o realización del bien en el proceso de ejecución especial de la garantía no se verán afectadas por el resultado de este trámite posterior.

Art. 67. TRÁMITE DE LA OPOSICIÓN

La oposición a la ejecución especial de la garantía mobiliaria se tramitará de la siguiente forma:

1. La oposición se deberá formular por escrito en un plazo máximo de diez (10) días contados a partir del día siguiente al recibo de la comunicación, ante el notario o la Cámara de Comercio según corresponda, acompañando la totalidad de las pruebas que pretenda hacer valer. Este funcionario o entidad deberá remitir de manera inmediata a la autoridad jurisdiccional competente toda la documentación, para que resuelva como juez de primera o de única instancia según corresponda por la cuantía de la obligación. La ejecución especial de la garantía se suspenderá y la autoridad jurisdiccional competente procederá a citar dentro de los tres (3) días siguientes al recibo del expediente a las partes a una audiencia que se celebrará dentro de los cinco (5) días siguientes a la convocatoria. Las partes presentarán los alegatos que estimen oportunos y sólo se admitirán las pruebas aportadas por las partes.

2. La autoridad jurisdiccional competente resolverá en la audiencia mediante auto, que se notificará en estrado. Si los ejecutados no concurren y no justifican su inasistencia dentro de los tres (3) días siguientes, la autoridad jurisdiccional competente dejará constancia de tal hecho y mediante auto ordenará continuar con la ejecución, y remitirá el expediente a la entidad autorizada que esté tramitando la ejecución especial de la garantía.

3. En caso de estimar que no prospera la oposición ordenará reanudar la ejecución mediante auto, remitiendo el expediente a la entidad autorizada que esté tramitando la ejecución especial de la garantía.

Si estima procedente y fundada la oposición basándose en los numerales 1 y 2 del artículo 66 anterior, pondrá fin a la ejecución y ordenará oficiar al registro de garantías mobiliarias para que se registre el formulario de terminación de la ejecución.

Si estima procedente la oposición prevista en el numeral 4 del artículo 66 anterior, resolverá que siga la ejecución, fijando la cantidad que corresponda, y si esa cantidad es igual a cero pondrá fin a la ejecución.

En el evento que se alegare la causal a la que se refiere el numeral 3 del artículo 66 anterior, la autoridad jurisdiccional competente adelantará el trámite de tacha de falsedad y desconocimiento del título. Si se demuestra la autenticidad del documento o no fue probada su falsedad, la autoridad jurisdiccional competente ordenará continuar con el trámite de ejecución especial de la garantía. Si se demuestra la falsedad del documento, la autoridad jurisdiccional competente ordenará el archivo del proceso.

4. En cualquier caso, el acreedor podrá terminar el trámite de ejecución especial mediante aviso a la autoridad jurisdiccional competente.

5. En los casos en los que se ponga fin a la ejecución, se oficiará, además, a la entidad que conoce del trámite de ejecución especial de la garantía suspendido, para que proceda a su archivo.

Art. 68. ENTREGA DE LOS BIENES OBJETO DE LA GARANTÍA

Cuando no se haya pactado o no sea posible dar cumplimiento a los procedimientos especiales de enajenación o apropiación pactados, transcurrido sin oposición el plazo indicado por esta ley, o resuelta aquella, puede el acreedor garantizado solicitar a la autoridad jurisdiccional competente que libre orden de aprehensión y entrega del bien, adjuntando certificación que así lo acredite, la cual se ejecutará por medio de funcionario comisionado o autoridad de policía, quien no podrá admitir oposición.

De acuerdo con la orden, los bienes dados en garantía serán entregados al acreedor garantizado, o a un tercero a solicitud del acreedor garantizado.

Igual procedimiento se adelantará para entregar el bien al tercero que lo adquiera, en caso de que el garante no lo entregue voluntariamente, una vez que se realice la enajenación por parte de la entidad encargada para el efecto. Las actuaciones señaladas en este artículo se adelantarán con la simple petición del acreedor garantizado o del tercero que adquiera el bien y se ejecutarán por el funcionario comisionado o por la autoridad de policía, quien no podrá admitir oposición.

Art. 69. VENTA DE BIENES EN GARANTÍA

Previo el cumplimiento de las disposiciones anteriores, en la venta de los bienes dados en garantía se tomará en cuenta las siguientes disposiciones especiales:

1. Si los bienes dados en garantía se cotizan habitualmente en el mercado donde la ejecución se lleva a cabo, pueden ser vendidos directamente por el acreedor garantizado al valor en dicho mercado.
2. El acreedor garantizado tiene el derecho de realizar el cobro o ejecutar los créditos dados en garantía en contra de los terceros obligados, de acuerdo con las disposiciones de la presente ley, así el garante no se encuentre ejerciendo este derecho.
3. El acreedor garantizado podrá ejercer los derechos sobre bienes muebles dados en garantía consistentes en bonos y acciones, incluyendo los derechos de reivindicación, derechos de cobro y derechos de percibir dividendos y otros ingresos derivados de los mismos, aun si el garante no los ejerciere. No obstante, frente al derecho de voto, se estará a lo pactado entre las partes.
4. En caso de control sobre cuentas bancarias el acreedor garantizado tiene derecho a exigir inmediatamente el pago directo o entrega del valor, aun si el garante no lo ejerciere, y
5. Los bienes muebles en garantía pueden ser tomados en pago por el acreedor garantizado por el valor del avalúo realizado por un perito escogido por la entidad que conoce del trámite, de la lista que para tal fin disponga la Superintendencia de Sociedades, el cual será obligatorio y conclusivo para garante y acreedor, y se realizará al momento de entrega del bien al acreedor.

También el acreedor garantizado puede optar por venderlos en martillo, con un precio base del setenta por ciento (70%) del valor del avalúo y al mejor postor. En el evento en que no se logre la venta en martillo, el acreedor podrá en cualquier tiempo tomarlos en pago por el setenta por ciento (70%) del valor del avalúo, o renunciar a dicha garantía, lo cual comunicará por escrito al deudor y al garante, sin que ello implique la condonación de la obligación garantizada.

Parágrafo. En los acuerdos relativos a la enajenación se deberá cumplir con las disposiciones relativas a los contratos de adhesión y cláusulas abusivas contenidas en el Estatuto del Consumidor.

Art. 70. APLICACIÓN DEL PRODUCTO DE LA VENTA DE LOS BIENES EN GARANTÍA

El producto de la venta de los bienes objeto de la garantía se aplicará de la siguiente manera:

1. A la satisfacción de los gastos de ejecución, depósito, reparación, seguro, preservación, venta o martillo, y cualquier otro gasto, incluidos los impuestos causados sobre el bien, en los que haya incurrido el acreedor garantizado.

2. Al pago de las obligaciones garantizadas de los acreedores que hubieren comparecido a hacer valer su derecho, conforme a la prelación a la que haya lugar, según lo establecido en la presente ley, y

3. El remanente, silo hubiere, se entregará deducidos los gastos y costos, a otros acreedores inscritos, al deudor o al propietario del bien, si fuere persona distinta al deudor, según corresponda, para lo cual se constituirá un depósito judicial a favor de quien corresponda y siga en turno, cuyo título se remitirá al juzgado correspondiente del domicilio del garante.

Parágrafo 1°. Si el saldo adeudado excede al valor de la venta o martillo de los bienes en garantía, o al valor de apropiación del bien, conforme a la regla establecida en el numeral 6 del artículo anterior, en caso de apropiación directa por parte del acreedor garantizado, este último tiene el derecho de demandar el pago del saldo al deudor.

Parágrafo 2°. En el evento de apropiación directa del bien objeto de la garantía por parte del acreedor garantizado, su valor se aplicará, según lo dispuesto en el presente artículo.

Art. 71. ACUERDOS SOBRE LAS CONDICIONES DE LA VENTA O MARTILLO

En cualquier momento, antes o durante el procedimiento de ejecución, el garante puede acordar con el acreedor garantizado condiciones diferentes a las anteriormente reguladas, ya sea sobre la entrega del bien, los términos y condiciones para la disposición de los bienes que están en garantía.

Art. 72. DERECHO A LA TERMINACIÓN DE LA EJECUCIÓN

En cualquier momento antes de que el acreedor garantizado disponga de los bienes dados en garantía, el garante o deudor, así como cualquier otra persona interesada, tendrá derecho a solicitar la terminación de la ejecución, pagando el monto total adeudado al acreedor garantizado, así como los gastos incurridos en el procedimiento de ejecución.

Art. 73. EJERCICIO ABUSIVO DE LOS DERECHOS DEL ACREEDOR

En todo caso, quedará a salvo el derecho del deudor y del garante de reclamar los daños y perjuicios por el incumplimiento de las disposiciones de esta ley por parte del acreedor garantizado y por el abuso en el ejercicio de los derechos que la ley le otorga.

Art. 74. SUBROGACIÓN

Cualquier acreedor garantizado de grado inferior puede subrogarse en los derechos del acreedor garantizado de grado superior pagando el monto de la obligación garantizada de dicho acreedor.

Art. 75. EJERCICIO DE LOS DERECHOS QUE OTORGA LA GARANTÍA

A partir del inicio de la ejecución los acreedores garantizados pueden asumir el control y tenencia de los bienes dados en garantía. Para el efecto, podrán solicitar a la autoridad jurisdiccional competente que ordene la aprehensión de tales bienes, en caso que no sea permitida por el deudor garantizado. La actuación señalada en este artículo se adelantará con la simple petición del acreedor garantizado, y se ejecutará por medio de funcionario comisionado o autoridad de policía.

Art. 76. CANCELACIÓN DE LA INSCRIPCIÓN

Cuando se haya cumplido con todas las obligaciones garantizadas con una garantía mobiliaria, o se hubiere terminado la ejecución en los términos previstos en el artículo 72 o después de la enajenación o aprehensión de los bienes en garantía, el garante podrá solicitar al acreedor garantizado de dichas obligaciones, la cancelación de la inscripción de su garantía mobiliaria.

Si el acreedor garantizado no cumple con dicha solicitud dentro de los quince (15) días siguientes a la petición, podrá presentar la solicitud de cancelación de la inscripción ante un notario, acompañando certificación de pago o copia de los recibos de pago para su protocolización u otra prueba de que el garante recuperó los bienes dados en garantía de acuerdo a lo dispuesto en el artículo 72 o que los bienes fueron enajenados o aprehendidos de acuerdo a lo dispuesto en este capítulo.

El acreedor garantizado podrá confirmar de manera oral o por escrito el cumplimiento de la totalidad de la obligación garantizada, de acuerdo a lo dispuesto en el artículo 70 o la enajenación o aprehensión de los bienes. El notario dará fe de estas manifestaciones. En este evento el notario extenderá al deudor o al garante copia de la protocolización, la cual el deudor o el garante adjuntará al formulario de cancelación de la inscripción de la garantía.

En caso de que el acreedor garantizado dentro de los quince (15) días siguientes a la comunicación de la solicitud niegue la cancelación de la garantía mobiliaria, o guarde silencio, el notario remitirá las diligencias a la autoridad jurisdiccional competente para que decida lo que corresponda, acompañando Los documentos que hayan aportado las partes para demostrar sus derechos. Este trámite se adelantará por proceso verbal sumario.

El notario responderá de los daños y perjuicios que sus actuaciones irregulares causen.

Art. 77. RESTITUCIÓN DE TENENCIA POR MORA

En los eventos de restitución de bienes muebles objeto de contratos de comodato precario derivado de una fiducia en garantía, siempre y cuando la causal para solicitar la restitución sea la mora del deudor, se procederá de la siguiente manera.

El interesado deberá presentar, junto con prueba del contrato, solicitud de restitución de tenencia ante las entidades autorizadas para conocer este trámite que se señalan en el artículo 64 de esta ley, del domicilio del demandado o del lugar de ubicación de los bienes, con indicación de las partes, y sus representantes, si fuere del caso, lugar de domicilio y de notificaciones, y mención clara y detallada de lo pretendido. Tal solicitud se entenderá presentada bajo la gravedad del juramento.

Así mismo, deberán indicarse de manera expresa y detallada los valores que se afirman incumplidos y demás sumas adeudadas. De igual manera deberá hacerse una descripción del bien cuya restitución se reclama.

A la solicitud deberá acompañarse copia del formulario registral de iniciación del proceso de restitución.

Recibida la solicitud, se señalará fecha para audiencia, la cual deberá realizarse dentro de los diez (10) días siguientes.

A ella se convocará al tenedor del bien, remitiéndole copia de la solicitud, del formulario registral de restitución, y la indicación de que deberá allegar a la diligencia los recibos o acuerdos de pago.

Si el convocado no concurre se dejará constancia en el acta, y se le concederá un término de tres (3) días para justificarse; si así lo hace, se señalará una nueva fecha para adelantar la diligencia.

Si el convocado no justifica su inasistencia, podrá el interesado dirigirse a la inspección de policía a solicitar la práctica de la diligencia de aprehensión y entrega del bien cuya restitución se solicita.

Si el convocado concurre a la diligencia y accede a la restitución se procederá a levantar un acta en la que se consignará la voluntad de las partes de dar por terminado el contrato y realizar por parte del tenedor la restitución del bien, señalándose un plazo o fecha para la entrega, el cual no podrá exceder de los tres (3) días siguientes. Este convenio no exime al tenedor o deudor garantizado de su obligación de cancelar los valores adeudados por todo concepto.

Si llegada la fecha convenida para la restitución el tenedor no hace entrega del bien, el interesado se podrá dirigir a la inspección de policía con el acta, a fin de que se proceda por esta autoridad a realizar la diligencia de aprehensión y entrega.

Si el convocado concurre a la audiencia y no accede a la restitución ni acredita el pago de lo que se afirma adeudado por él o por el deudor garantizado, se procederá conforme se establece en este artículo.

Si al momento de la restitución un tercero formulare oposición para la entrega del bien, se agotará el trámite previsto en el artículo 67 de esta ley.

TÍTULO VII
MEDIOS ALTERNATIVOS PARA LA RESOLUCIÓN DE CONFLICTOS Y OTRAS DISPOSICIONES

Art. 78. SOLUCIÓN ALTERNATIVA DE CONTROVERSIAS

Cualquier controversia que se suscite respecto a la constitución, interpretación, prelación, cumplimiento, ejecución y liquidación de una garantía mobiliaria, puede ser sometida por las partes a conciliación, arbitraje o cualquier otro mecanismo alternativo de solución de conflictos, de conformidad con la legislación nacional y los tratados o convenios internacionales aplicables.

Art. 79. SITIOS DE INTERNET

Las Cámaras de Comercio o martillos legalmente autorizados, podrán operar y administrar sitios de internet para la venta o martillo electrónico de los bienes dados en garantía. La entidad que administre dichos sitios de Internet, deberá contar con mecanismos electrónicos para resolver los conflictos de interés, por cualquier mecanismo alternativo de solución de conflictos.

Art. 80. REGLAMENTACIÓN DE LOS SITIOS DE INTERNET

La reglamentación que sea necesaria para implementar los sitios de Internet para venta electrónica de los bienes será emitida por el Gobierno Nacional y deberá garantizar los principios de transparencia, integridad y autenticidad. Esa reglamentación será vinculante para las partes o los acreedores que decidan emplear estos medios.

Art. 81. MARTILLO

En el caso de los sitios de Internet a los que se refiere el artículo 79 de esta ley y a efecto de facilitar ventas o martillos, el mecanismo electrónico que se cree para la venta o martillo de bienes dados en garantí a puede emplearse para la venta de activos que eventualmente adquieran las instituciones financieras en desarrollo de la ejecución judicial o especial de garantías mobiliarias.

TÍTULO VIII
DISPOSICIONES FINALES

CAPÍTULO I
JURISDICCIÓN Y PREFERENCIA

Art. 82. PREFERENCIA DE LA LEY

Las disposiciones contenidas en la presente ley para la constitución, oponibilidad, registro, prelación y ejecución de las garantías mobiliarias deben aplicarse con preferencia a las contenidas en otras leyes.

Art. 83. LEY APLICABLE EN CASO DE CONFLICTO DE LEYES

La ley aplicable a la constitución, oponibilidad, registro, prelación y ejecución será la del Estado en el que se encuentre el bien objeto de la garantía mobiliaria.

Si el bien garantizado suele utilizarse en más de un Estado, la ley aplicable será la del Estado en el que se encuentre el garante.

Si el bien garantizado es objeto de inscripción en un registro especial, la ley aplicable será la ley del Estado bajo cuya jurisdicción esté el registro.

CAPÍTULO II
APLICACIÓN DE LA LEY EN EL TIEMPO

Art. 84. APLICACIÓN DE LA LEY A LAS GARANTÍAS MOBILIARIAS QUE SE CONSTITUYAN A PARTIR DE LA VIGENCIA DE LA LEY

A partir de la entrada en vigencia de la presente ley, las garantías mobiliarias que se constituyan deben cumplir con las disposiciones contenidas en la presente ley.

Art. 85. APLICACIÓN DE LA LEY A LAS GARANTÍAS MOBILIARIAS CONSTITUIDAS ANTES DE LA VIGENCIA DE LA LEY

La presente ley aplica a todas las garantías mobiliarias, aun aquellas que hayan sido constituidas previamente a la entrada en vigencia de esta ley.

Una garantía mobiliaria que haya sido debidamente constituida y sea efectiva según la legislación anterior a la entrada en vigencia de esta ley, continuará siendo efectiva y se aplicarán las reglas de prelación establecidas en esta ley. Para efectos de la aplicación de las reglas de ejecución deberá cumplir los requisitos de oponibilidad y registro establecidos en la presente ley, y de requerirse el registro deberá efectuarse dentro de los seis (6) meses siguientes a la vigencia de la presente ley, manteniendo la prelación con la que contaba al momento de expedirse la presente ley.

TÍTULO IX
SOBRE LA ACTIVIDAD DEL FACTORING

Art. 86

Modifíquese el inciso 3o del artículo 2o de la Ley 1231 de 2008, el cual quedará así:

La factura se considera irrevocablemente aceptada por el comprador o beneficiario del servicio, si no reclamare en contra de su contenido, bien sea mediante devolución de la misma y de los documentos de despacho, según el caso, o bien mediante reclamo escrito dirigido al emisor o tenedor del título, dentro de los tres (3) días hábiles siguientes a su recepción. En el evento en que el comprador o beneficiario del servicio no manifieste expresamente la aceptación o rechazo de la factura, y el vendedor o emisor pretenda endosarla, deberá dejar constancia de ese hecho en el título, la cual se entenderá efectuada bajo la gravedad de juramento.

Art. 87

Adiciónese el artículo 7° de la Ley 1231 de 2008, con el parágrafo 1o y 2o, del siguiente tenor.

Parágrafo 1°. Toda retención de la factura o acto del comprador del bien o beneficiario del servicio que impida la libre circulación de la misma, constituye una práctica restrictiva de la competencia que será investigada y sancionada, de oficio o a solicitud de la parte afectada, por la Superintendencia de Industria y Comercio de conformidad con lo establecido en el artículo 16 de la Ley 590 de 2000.

Parágrafo 2°. Los administradores de las sociedades comerciales están obligados en la memoria de gestión anual, a dejar constancia de que no entorpecieron la libre circulación de las facturas emitidas por los vendedores o proveedores. El Revisor Fiscal en su dictamen anual deberá pronunciarse sobre el cumplimiento de lo anterior, por parte de la administración.

Art. 88

Modifíquese el artículo 8o de la Ley 1231 de 2008, el cual quedará así:

Artículo 8o. *Prevención de lavado de activos.* Las empresas que presten servicios de compra de cartera al descuento deberán verificar la procedencia de los títulos que adquieran. En todo caso, el comprador o beneficiario del servicio queda exonerado de responsabilidad por la idoneidad de quienes actúen como factores.

Quienes actúen como factores adoptarán medidas, metodologías y procedimientos orientados a evitar que las operaciones en que intervengan puedan ser utilizadas, directa o indirectamente, como instrumento para el ocultamiento, manejo, inversión o aprovechamiento de dinero u otros bienes provenientes de actividades delictivas o destinados a su financiación; o para dar apariencia de legalidad a las actividades delictivas o a las transacciones y fondos vinculados con las mismas; o para el lavado de activos y/o la canalización de recursos hacia la realización de actividades terroristas; o para buscar el ocultamiento de activos provenientes de dichas actividades.

Deberá informarse a las autoridades competentes sobre cualquier operación sospechosa de lavado de activos o actividad delictiva. En todo caso, las empresas de factoring, deberán sujetarse a lo regulado por el artículo 103 del Estatuto Orgánico del Sistema Financiero.

Solamente podrán prestar servicios de compra de cartera al descuento las instituciones financieras habilitadas para ello y las empresas legalmente organizadas como personas jurídicas e inscritas en la Cámara de Comercio correspondiente.

Parágrafo 1º. Para todos los efectos legales, se denomina factor a la persona jurídica que preste los servicios de compra de cartera al descuento, al cual no le son aplicables las disposiciones vigentes sobre preposición, contenidas en el presente código.

Parágrafo 2º. El incumplimiento de las disposiciones contenidas en este artículo dará lugar a que el factor quede en causal de disolución.

Parágrafo 3º. Para el factoring, la compra y venta de cartera constituye la actividad productora de renta y, en consecuencia, los rendimientos financieros derivados de las operaciones de descuento, redescuento, o factoring, constituyen un ingreso gravable o gasto deducible y la cartera de dudoso o difícil recaudo es deducible de conformidad con las normas legales que le sean aplicables para tales efectos.

Art. 89. SOLVENCIA OBLIGATORIA PARA LAS EMPRESAS DE FACTORING

Las sociedades cuya actividad ~~**exclusiva**~~ sea el factoring o descuento de cartera podrán realizar contratos de «mandatos específicos» con terceras personas para la adquisición de facturas hasta por un monto equivalente al 10% del patrimonio que tenga registrado la sociedad. Para los mandatos de «libre inversión» deberán sujetarse a los límites consagrados en el numeral 2 del artículo 1o Decreto número 1981 de 1988.

NOTA: Este artículo fue declarado condicionalmente exequible por la Corte Constitucional en la Sentencia C-1147 de 2001, en el entendido que el límite para la suscripción de mandatos específicos de inversión destinados a la adquisición de facturas rige para todas las sociedades y demás empresas legalmente constituidas e inscritas ante la cámara de comercio, autorizadas para realizar actividades de factoring y no sometidas a la vigilancia administrativa de la Superintendencia Financiera o de Economía Solidaria. Por su parte, la expresión incluida entre paréntesis fue declarada inexequible en la misma decisión.

TÍTULO X
VIGENCIA Y DEROGATORIAS

Art. 90

El registro deberá operar a los seis (6) meses a partir de la promulgación de esta ley.

Art. 91

La presente ley entrará en vigencia seis (6) meses después de su promulgación y deroga expresamente las disposiciones que le sean contrarias y especialmente los artículos 2414, inciso 2o del artículo 2422, se modifica el artículo 2425 en el sentido de modificar la cuantía de ciento veinticinco pesos a veinte (20) salarios mínimos legales mensuales vigentes, el 2427 del Código Civil, los artículos 1203, 1208, 1209, 1210, lo referente al Registro Mercantil del artículo 1213 del Código de Comercio; el artículo 247 de la Ley 685 de 2000 <sic, es 2001>; los artículos 1o, 2o, 3o de la Ley 24 de 1921. Se adiciona el artículo 24 del Código General del Proceso con un numeral 6 así: «La Superintendencia de Sociedades tendrá facultades jurisdiccionales en materia de garantías mobiliarias». Los artículos 269 al 274 y 468 entrarán en vigencia para los efectos de esta ley y en la fecha de su promulgación.

Parágrafo. Las garantías mobiliarias constituidas con anterioridad a la vigencia de la presente ley, conservarán su validez hasta cuando los créditos amparados por las mismas sean extinguidos por cualquier medio legal.

LEY 1727 DE 2014
POR MEDIO DE LA CUAL SE REFORMA EL CÓDIGO DE COMERCIO, SE FIJAN NORMAS PARA EL FORTALECIMIENTO DE LA GOBERNABILIDAD Y EL FUNCIONAMIENTO DE LAS CÁMARAS DE COMERCIO Y SE DICTAN OTRAS DISPOSICIONES

TÍTULO I
ADMINISTRACIÓN Y DIRECCIÓN DE LAS CÁMARAS DE COMERCIO

Art. 1º

Modifíquese el artículo 79 del Código de Comercio, el cual quedará así: «Artículo 79. Administración y dirección de las cámaras de comercio. Las cámaras de comercio estarán administradas y gobernadas por los comerciantes inscritos en el registro mercantil que tengan la calidad de afiliados.

El Gobierno Nacional determinará la jurisdicción de cada cámara, teniendo en cuenta la continuidad geográfica y los vínculos comerciales de los municipios que agrupare, dentro de la cual ejercerá sus funciones».

Art. 2º. JUNTA DIRECTIVA DE LAS CÁMARAS DE COMERCIO

Cada cámara de comercio tendrá una junta directiva que será el máximo órgano de la entidad.

Art. 3º

Modifíquese el artículo 80 del Código de Comercio, el cual quedará así: «Artículo 80. Integración de la junta directiva. Las juntas directivas de las cámaras de comercio estarán conformadas por afiliados elegidos y por representantes designados por el Gobierno Nacional. Los miembros serán principales y suplentes.

El Gobierno Nacional estará representado en las juntas directivas de las cámaras de comercio hasta en una tercera parte de cada junta.

El Gobierno Nacional fijará el número de miembros que conformarán la junta directiva de cada cámara, incluidos los representantes del Gobierno, teniendo en cuenta el número de afiliados en cada una y la importancia comercial de la correspondiente circunscripción.

La junta directiva estará compuesta por un número de seis (6) a doce (12) miembros, según lo determine el Gobierno Nacional».

Art. 4º. CALIDAD DE LOS MIEMBROS JUNTA DIRECTIVA

Además de lo dispuesto en el artículo 85 del Código de Comercio, para ser miembros de la junta directiva se requiere haber ostentado ininterrumpidamente la calidad de afiliado durante los dos (2) últimos años calendario previo al treinta y uno (31) de marzo del año correspondiente a la respectiva elección.

Los miembros de la junta directiva deberán cumplir los requisitos establecidos para ser afiliados o para mantener esta condición.

En el caso de representantes legales de las personas jurídicas que llegaren a integrar la junta directiva, estos deberán acreditar los mismos requisitos exigidos para los afiliados, salvo el de ser comerciantes.

Los miembros designados por el Gobierno Nacional deberán cumplir con los requisitos para ser afiliados o tener título profesional con experiencia, al menos de cinco (5) años, en actividades propias a la naturaleza y las funciones de las cámaras de comercio.

Art. 5º

Modifíquese el artículo 82 del Código de Comercio, el cual quedará así: «Artículo 82. Período. Con excepción de los miembros designados por el Gobierno Nacional, los miembros de la junta directiva serán elegidos para un período institucional de cuatro (4) años con posibilidad de reelección inmediata por una sola vez.

Los miembros designados por el Gobierno Nacional no tendrán período y serán designados y removidos en cualquier tiempo.

Las impugnaciones relativas a la forma como se hubiere preparado o efectuado la elección o el escrutinio serán conocidas y decididas por la Superintendencia de Industria y Comercio. Contra la decisión procede recurso de reposición».

Art. 6º

Modifíquese el artículo 83 del Código de Comercio, el cual quedará así: «Artículo 83. Quórum para deliberar y decidir. La junta directiva sesionará, cuando menos, una vez por mes y existirá quórum para deliberar y decidir válidamente en la junta directiva con la mayoría absoluta de sus miembros. La designación y remoción del representante legal, así como la aprobación de las reformas estatutarias, deberán contar con el voto favorable de, por lo menos, las dos terceras partes de sus miembros».

Art. 7º. DEBERES ESPECIALES DE LA JUNTA DIRECTIVA

Teniendo en cuenta la especial naturaleza y funciones de las cámaras de comercio, sus directivos actuarán de buena fe, con lealtad, diligencia, confidencialidad y respeto.

La junta directiva, en el desarrollo de sus funciones, será responsable de la planeación, adopción de políticas, el control y la evaluación de gestión de la respectiva cámara de comercio. Se abstendrá de coadministrar o intervenir en la gestión y en los asuntos particulares de su ordinaria administración, por fuera de sus competencias legales y estatutarias.

Parágrafo. El Gobierno Nacional reglamentará la forma de convocatoria y las reuniones de la junta directiva de las cámaras de comercio.

Art. 8º. RESPONSABILIDAD DE LOS MIEMBROS DE LA JUNTA DIRECTIVA

Los miembros de la junta directiva responderán solidaria e ilimitadamente de los perjuicios que por dolo o culpa grave ocasionen a la respectiva cámara, salvo cuando se trate de miembros ausentes o disidentes. Si el miembro de junta directiva es una persona jurídica, la responsabilidad será de ella y de su representante legal.

Art. 9º. INHABILIDADES E INCOMPATIBILIDADES

Los miembros de las juntas directivas de las cámaras de comercio y los representantes legales de las personas jurídicas que integran las juntas directivas estarán sometidos a las inhabilidades e incompatibilidades aquí previstas, sin perjuicio de las inhabilidades especiales establecidas en la Ley 80 de 1993, Ley 734 de 2002, Ley 1150 de 2007, Ley 1474 de 2011 y demás normas que las adicionen o modifiquen, respecto del cumplimiento de las funciones públicas asignadas a las cámaras de comercio.

No podrán ser miembros de las juntas directivas, las personas naturales o jurídicas que se encuentren en cualquiera de las siguientes circunstancias:

1. Ser parte del mismo grupo empresarial, declarado de acuerdo con las disposiciones legales vigentes, al cual pertenece otro miembro de la junta directiva.

2. Tener participación o ser administrador en sociedades que tengan la calidad de matriz, filial o subordinada, de otra sociedad miembro de la junta directiva de la cámara.

3. Ser socio de otra sociedad miembro de la junta directiva de la cámara de comercio.

4. Ser socio o administrador de una sociedad en la cual tenga participación cualquier funcionario de la cámara de comercio, a excepción de las sociedades cuyas acciones se negocien en el mercado público de valores.

5. Haber sido sancionado con declaratoria de caducidad o caducidad por incumplimiento reiterado por una entidad estatal en los últimos cinco (5) o tres (3) años, respectivamente.

6. Ser cónyuge, compañero o compañera permanente o tener parentesco dentro del tercer grado de consanguinidad, segundo de afinidad o civil con cualquier otro miembro de la junta directiva.

7. Ser cónyuge, compañero o compañera permanente o tener parentesco dentro del tercer grado de consanguinidad, segundo de afinidad o civil con cualquier funcionario de la cámara.

8. Ejercer cargo público.

9. Haber ejercido cargo público durante el año calendario anterior al treinta y uno (31) de marzo del año correspondiente a la elección, dentro de la específica jurisdicción de la respectiva cámara.

10. Haber pertenecido a órganos de decisión nacional o local, dentro de los partidos o asociaciones políticas legalmente reconocidas, durante el año calendario anterior al treinta y uno (31) de marzo del año correspondiente a la elección.

11. Haber aspirado a cargos de elección popular durante el año calendario anterior al treinta y uno (31) de marzo del año correspondiente a la elección, dentro de la jurisdicción de la respectiva cámara.

12. Haber sido sancionado por faltas graves relativas al incumplimiento de los estatutos, normas éticas y de buen gobierno de cualquier cámara de comercio, durante el período anterior.

Parágrafo. Las causales previstas en los numerales 9, 10 y 11 únicamente aplican para los miembros de junta directiva de elección.

Art. 10. REVOCATORIA DE LA ELECCIÓN DE LA JUNTA DIRECTIVA

Cuando prospere la impugnación de la elección de junta directiva o cuando la Superintendencia de Industria y Comercio ordene su remoción y la decisión afecte a la totalidad de los elegidos, los representantes del Gobierno Nacional deberán, en un plazo no superior a treinta (30) días calendario, designar los nuevos miembros, personas naturales o jurídicas, para completar su integración. Vencido este plazo sin que se hubieren efectuado las nuevas designaciones, le corresponderá a la Superintendencia de Industria y Comercio efectuarlas. En los eventos antes señalados, los nuevos miembros deberán cumplir la totalidad de los requisitos exigidos para ser directivo de la cámara de comercio. Estos actuarán hasta cuando se elija y posesione una nueva junta.

Las elecciones para la designación de nuevos miembros de junta directiva deberán realizarse dentro de los dos (2) meses siguientes a la ejecutoria del acto administrativo que declaró próspera la impugnación de las elecciones.

Art. 11. VACANCIA AUTOMÁTICA DE LA JUNTA DIRECTIVA

La no asistencia a cinco (5) sesiones de junta directiva, en el período de un (1) año, con o sin justa causa, producirá automáticamente la vacancia del cargo de miembro de junta directiva. No se computará la inasistencia del principal cuando se trate de reuniones extraordinarias a las cuales asista su suplente. En el evento de la vacancia de un miembro de junta directiva principal, el suplente personal ocupará su lugar.

Adicionalmente, se producirá la vacancia automática del cargo de miembro de junta directiva, cuando durante el periodo para el cual ha sido elegido se presente cualquier circunstancia que implique la pérdida de la calidad de afiliado o cuando sobrevenga una causal de inhabilidad prevista en la ley.

La falta absoluta de un miembro principal y suplente, elegido por los afiliados, producirá la vacante del renglón correspondiente, caso en el cual será reemplazado por el renglón siguiente en el orden consignado en la lista respectiva. En el evento de que la lista no cuente con renglones adicionales, la vacante la ocupará un principal y un suplente designados por la junta directiva de la lista de candidatos que, en la elección correspondiente, al establecer el cociente electoral, haya obtenido el mayor residuo siguiente. Si se tratare de única lista, la vacante la ocupará un principal y un suplente elegidos por la junta directiva.

En caso de que la vacancia definitiva de principal o suplente corresponda a un directivo designado por el Gobierno Nacional, el Presidente de la junta directiva, informará al Gobierno Nacional, dentro de los dos (2) días hábiles siguientes a la fecha en que tenga conocimiento, a fin de que se inicien los trámites para su reemplazo en un término de un (1) mes.

Tratándose de la ausencia de uno de los miembros principales designados por el Gobierno Nacional, el suplente lo reemplazará en sus faltas temporales y absolutas. En este último evento, el reemplazo será hasta tanto se realice una nueva designación por parte del Gobierno Nacional.

TÍTULO II
AFILIADOS

Art. 12

Modifíquese el artículo 92 del Código de Comercio, el cual quedará así: «Artículo 92. Requisitos para ser afiliado. Podrán ser afiliados a una cámara de comercio, las personas naturales o jurídicas que:

1. Así lo soliciten.
2. Tengan como mínimo dos (2) años consecutivos de matriculados en cualquier cámara de comercio.
3. Hayan ejercido durante este plazo la actividad mercantil, y
4. Hayan cumplido en forma permanente sus obligaciones derivadas de la calidad de comerciante, incluida la renovación oportuna de la matrícula mercantil en cada periodo.

El afiliado para mantener su condición deberá continuar cumpliendo los anteriores requisitos.

Quien ostente la calidad de representante legal de las personas jurídicas deberá cumplir los mismos requisitos previstos para los afiliados, salvo el de ser comerciante».

Art. 13. CONDICIONES PARA SER AFILIADO

Para ser afiliado o conservar esta calidad, las personas naturales o jurídicas deberán acreditar que no se encuentran incursas en cualquiera de las siguientes circunstancias:

1. Haber sido sancionadas en procesos de responsabilidad disciplinaria con destitución o inhabilidad para el ejercicio de funciones públicas;
2. Haber sido condenadas penalmente por delitos dolosos;
3. Haber sido condenadas en procesos de responsabilidad fiscal;

4. Haber sido excluidas o suspendidas del ejercicio profesional del comercio o de su actividad profesional;

5. Estar incluidas en listas inhibitorias por lavado de activos o financiación del terrorismo y cualquier actividad ilícita.

Las cámaras de comercio deberán abstenerse de afiliar o deberán cancelar la afiliación de la persona natural o jurídica, cuando conozcan que no cumple o ha dejado de cumplir alguno de los requisitos establecidos en el presente artículo.

En caso de que el representante legal del afiliado no cumpla o deje de cumplir los requisitos, la cámara de comercio lo requerirá para que subsane la causal, en un término no superior a dos (2) meses, so pena de proceder a la desafiliación.

Art. 14. PÉRDIDA DE LA CALIDAD DE AFILIADO

La calidad de afiliado se perderá por cualquiera de las siguientes causales:

1. Solicitud escrita del afiliado.
2. Por no pagar oportunamente la cuota de afiliación o su renovación.
3. Por la pérdida de la calidad de comerciante.
4. Por incumplimiento de cualquiera de los requisitos y deberes establecidos para conservar la calidad de afiliado.
5. Por encontrarse en proceso de liquidación.
6. Por cambio de domicilio principal a otra jurisdicción.
7. Por orden de autoridad competente.

La desafiliación no conlleva la cancelación de la matrícula mercantil ni la devolución de a cuota de afiliación.

Art. 15. DERECHOS DE LOS AFILIADOS

Los afiliados a las cámaras de comercio tendrán derecho a:

1. Elegir y ser elegidos miembros de la junta directiva de la cámara de comercio, bajo las condiciones y los requisitos que determinen la ley y las normas reglamentarias.
2. Dar como referencia a la correspondiente cámara de comercio.
3. Acceder gratuitamente a las publicaciones que determine la cámara de comercio.
4. Obtener gratuitamente las certificaciones derivadas de su registro mercantil, sin exceder del monto de su cuota de afiliación.

Art. 16. DEBERES DE LOS AFILIADOS

Los afiliados a las cámaras de comercio deberán:

1. Cumplir con el reglamento interno aprobado por la cámara de comercio.
2. Pagar oportunamente la cuota de afiliación o su renovación.
3. Actuar de conformidad con la moral y las buenas costumbres.
4. Denunciar cualquier hecho que afecte a la cámara de comercio o que atente contra sus procesos electorales.

Art. 17. SOLICITUD Y TRÁMITE DE AFILIACIÓN

Las personas naturales o jurídicas podrán solicitar a la cámara de comercio su afiliación, declarando que cumplen con la totalidad de los requisitos señalados en la ley y las demás normas correspondientes. El comité de afiliación aceptará o rechazará la solicitud de afiliación, previa verificación del cumplimiento de los requisitos.

La cámara de comercio deberá, dentro de los dos (2) meses siguientes a la presentación de la solicitud, verificar el cumplimiento de los requisitos para ser afiliado, de conformidad con el procedimiento establecido en el respectivo reglamento de afiliados. Vencido el término anterior, sin que la cámara de comercio hubiere resuelto a solicitud de afiliación, esta se entenderá aprobada. Lo anterior, sin perjuicio de la impugnación que oportunamente presente cualquier tercero con interés legítimo concreto o del ejercicio de las funciones de desafiliación atribuidas a la respectiva cámara de comercio.

Art. 18. COMITÉ DE AFILIACIÓN

El comité de afiliación de las cámaras de comercio estará integrado por el Presidente Ejecutivo o su delegado y, como mínimo, dos (2) funcionarios del nivel directivo.

El comité de afiliación tendrá las siguientes funciones:

1. Decidir las solicitudes de afiliación.
2. Determinar el censo electoral y disponer su actualización y depuración, cuando a ello hubiere lugar.
3. Desafiliar a quienes incurran en cualquier causal de desafiliación.
4. Cumplir o ejecutar las instrucciones, órdenes o decisiones de la Superintendencia de Industria y Comercio relacionadas con las funciones otorgadas al comité en los numerales anteriores.

Art. 19. IMPUGNACIÓN DE LA DECISIÓN DE AFILIACIÓN O DESAFILIACIÓN

Contra la decisión que resuelva la solicitud de afiliación o desafiliación procede impugnación ante la Superintendencia de Industria y Comercio.

La impugnación deberá presentarse ante la Superintendencia de Industria y Comercio dentro de los diez (10) días hábiles siguientes a la notificación de la decisión correspondiente.

La decisión de afiliación solo podrá ser impugnada por quien acredite un interés legítimo concreto. La decisión de desafiliación solo podrá ser impugnada por el desafiliado. La impugnación se tramitará en el efecto devolutivo y en única instancia. La Superintendencia deberá resolver dentro del término establecido en el artículo 86 del Código de Procedimiento Administrativo y de lo Contencioso Administrativo, para decidir los recursos, so pena de que se produzca el efecto allí previsto. Contra la decisión de la Superintendencia no procede recurso alguno.

Art. 20. VIGENCIA Y RENOVACIÓN DE LA AFILIACIÓN

La afiliación se deberá renovar anualmente dentro de los tres (3) primeros meses de cada año y el pago de la cuota de afiliación quedará establecido en el reglamento de afiliados de cada cámara de comercio. El reglamento no podrá establecer plazos superiores al treinta y uno (31) de diciembre del correspondiente año, para el pago de la totalidad de la cuota de afiliación.

A falta de estipulación en el reglamento, el pago total de la cuota de afiliación deberá hacerse dentro de los tres (3) primeros meses de cada año al momento de la renovación de la afiliación.

Art. 21. TRASLADO DE LA AFILIACIÓN

El comerciante que cambie su domicilio principal a otra jurisdicción podrá solicitar su afiliación a la cámara de comercio de la jurisdicción de su nuevo domicilio, caso en el cual conservará su antigüedad, los derechos y obligaciones que le otorga esta calidad. La solicitud deberá presentarse dentro de los tres (3) meses siguientes a la inscripción del cambio de domicilio.

El comité de afiliación de la correspondiente cámara de comercio verificará el cumplimiento de los requisitos. Aceptado el traslado de la afiliación, deberá el solicitante pagar la cuota de afiliación a la que hubiera lugar.

Art. 22. INCENTIVOS PARA LA AFILIACIÓN

Las cámaras de comercio, para estimular la afiliación y la participación de los comerciantes, podrán establecer un tratamiento preferencial en los programas y servicios que ellas desarrollen.

Art. 23. CUOTA DE AFILIACIÓN

Corresponde a las juntas directivas de las cámaras de comercio, establecer, modificar o ajustar las cuotas de afiliación.

TÍTULO III
RÉGIMEN DE LAS ELECCIONES

Art. 24. ELECCIONES

Las elecciones para integrar las juntas directivas de las cámaras de comercio se llevarán a cabo en las respectivas sedes, físicas o virtuales, o en los lugares de su jurisdicción, habilitados para tal efecto por la correspondiente cámara de comercio.

El voto en las elecciones de junta directiva en las cámaras de comercio será personal e indelegable. Las personas jurídicas votarán a través de sus representantes legales.

El Gobierno Nacional reglamentará el procedimiento, las responsabilidades, la vigilancia y demás formalidades de las elecciones.

Las impugnaciones contra las elecciones serán tramitadas y resueltas por la Superintendencia de Industria y Comercio en única instancia quien ordenará los correctivos pertinentes. Contra estas decisiones no procede recurso alguno.

Parágrafo. El período previsto en la presente ley empezará a regir a partir de las elecciones del año 2014.

Art. 25. DERECHO A ELEGIR Y SER ELEGIDO

Para elegir y ser elegido miembro de junta directiva, se requiere haber ostentado ininterrumpidamente la calidad de afiliado durante los dos (2) últimos años calendario, previos al 31 de marzo del año correspondiente a la respectiva elección y que a la fecha de la elección conserven esta calidad.

Las sociedades que tengan sucursales matriculadas fuera de su domicilio principal podrán elegir y ser elegidas para integrar la junta directiva de la cámara de comercio de la jurisdicción en que estas se encuentren matriculadas, cumpliendo los requisitos antes señalados.

Art. 26. INSCRIPCIÓN DE LISTAS DE CANDIDATOS

La inscripción de candidatos a miembros de junta directiva deberá efectuarse por listas con fórmula de miembro principal y suplente.

Ningún candidato podrá aparecer inscrito más de una vez, ni como principal o suplente, so pena del rechazo de su inscripción.

Las listas de candidatos a miembros de junta directiva deberán inscribirse ante la secretaría general o la oficina jurídica de la respectiva cámara de comercio, durante la segunda quincena del mes de octubre del mismo año de la elección. La inscripción no requerirá presentación personal de los candidatos.

En el momento de la inscripción de listas, se deberá acompañar de escrito en el cual cada candidato acepta su postulación como principal o suplente, señalando bajo la gravedad del juramento, que cumple todos los requisitos exigidos y los demás establecidos en las normas correspondientes, indicando la condición en la que presentan su candidatura como persona natural o a nombre de una persona jurídica.

Art. 27. CENSO ELECTORAL

El censo electoral estará integrado por la totalidad de los afiliados con derecho a elegir y ser elegidos, que hayan renovado su afiliación al treinta y uno (31) de marzo del año de las elecciones y se encuentren a paz y salvo, de acuerdo con la forma de pago establecida en el reglamento de afiliados de la respectiva cámara.

Art. 28. DEPURACIÓN DEL CENSO ELECTORAL

En cualquier momento, la cámara de comercio efectuará la revisión de la base datos de afiliados, con el fin de verificar que cumplen con los requisitos exigidos, de acuerdo con el procedimiento que disponga el reglamento de afiliados. En el evento de que algún afiliado se encuentre en cualquier causal que justifique la pérdida de esta condición, el comité procederá a su desafiliación.

En los casos de depuración, contra la decisión de desafiliación procede solicitud de revisión ante la cámara de comercio correspondiente, dentro de los tres (3) días hábiles siguientes a la comunicación de la misma. La decisión de la cámara de comercio podrá ser impugnada ante la Superintendencia de Industria y Comercio, de acuerdo con lo previsto en el artículo 19 de esta ley.

Sin perjuicio de lo previsto en el inciso primero de este artículo, en al año de las elecciones y a más tardar al último día hábil del mes de octubre, la cámara de comercio deberá efectuar, de ser necesaria, una revisión del censo electoral. La revisión podrá hacerse con visitas, solicitud de explicaciones, requerimiento de información y cualquier otro mecanismo efectivo que se considere pertinente para verificar y ratificar la base electoral y desafiliar a quienes hayan dejado de cumplir los requisitos, según fuere el caso.

Una vez revisada la base de afiliados, la cámara de comercio publicará el censo electoral definitivo en su página web o en cualquier otro medio masivo de comunicación.

En condiciones excepcionales, la Superintendencia de Industria y Comercio podrá postergar la realización de las elecciones de cualquier cámara de comercio y ordenar la actualización y depuración del censo electoral.

La Superintendencia de Industria y Comercio, de oficio o a solicitud de interesado, podrá decretar como medida cautelar de carácter electoral la suspensión de los derechos políticos de los afiliados, cuando se advierta la existencia de pagos masivos de renovaciones de matrículas mercantiles y/o cuotas de afiliación, sin necesidad de postergar las elecciones. En cualquier momento, la Superintendencia de Industria y Comercio podrá anular total o parcialmente las elecciones, cuando estas se hubieren llevado a cabo con el sufragio de comerciantes involucrados en los pagos masivos mencionados anteriormente.

De acuerdo con lo anterior, las cámaras de comercio estarán obligadas a informar a la Superintendencia de Industria y Comercio cuando adviertan la existencia de pagos masivos con fines electorales.

Art. 29. RÉGIMEN DE TRANSICIÓN

Para las elecciones de junta directiva del año 2014, podrán elegir y ser elegidos quienes, durante los dos (2) años anteriores al treinta y uno (31) de marzo de 2014, hayan conservado ininterrumpidamente la calidad de afiliados y la mantengan hasta el día de las elecciones.

Excepcionalmente, la Superintendencia de Industria y Comercio, de oficio o a solicitud de la respectiva cámara, podrá autorizar que las elecciones del año 2014 se realicen por comerciantes matriculados, cuando el censo electoral de afiliados no garantice adecuadas condiciones de representación de los comerciantes y participación democrática debido al número de afiliados En este evento, podrán elegir y ser elegidos los comerciantes matriculados que durante los dos (2) años anteriores al treinta y uno (31) de marzo de 2014 hayan renovado oportunamente la matrícula mercantil y mantengan esa calidad hasta el día de las elecciones.

TÍTULO IV
DISPOSICIONES FINALES, VIGENCIA Y DEROGATORIAS

Art. 30. EXTEMPORANEIDAD EN LA RENOVACIÓN DE LA MATRÍCULA MERCANTIL

El comerciante que incumpla con la obligación de renovar oportunamente su matrícula mercantil estará sujeto a las sanciones previstas en el artículo 37 del Código de Comercio para quienes ejercen profesionalmente el comercio, sin estar matriculado en el registro mercantil. La sanción será impuesta por la Superintendencia de Industria y Comercio, de acuerdo con las disposiciones reglamentarias vigentes.

Las cámaras de comercio deberán remitir, dentro del mes siguiente al vencimiento del plazo para la renovación de la matrícula mercantil, el listado de comerciantes que incumplieron el deber de renovar la matrícula.

Art. 31. DEPURACIÓN DEL REGISTRO ÚNICO EMPRESARIAL Y SOCIAL (RUES)

Las cámaras de comercio deberán depurar anualmente la base de datos del Registro Único Empresarial y Social (RUES), así:

1. Las sociedades comerciales y demás personas jurídicas que hayan incumplido la obligación de renovar la matrícula mercantil o el registro, según sea el caso, en los últimos cinco (5) años, quedarán disueltas y en estado de liquidación. Cualquier persona que demuestre interés legítimo podrá solicitar a la Superintendencia de Sociedades o a la autoridad competente que designe un liquidador para tal efecto. Lo anterior, sin perjuicio de los derechos legalmente constituidos de terceros.

2. Cancelación de la matrícula mercantil de las personas naturales, los establecimientos de comercio, sucursales y agencias que hayan incumplido la obligación de renovar la matrícula mercantil en los últimos cinco (5) años.

Parágrafo 1º. Los comerciantes, personas naturales o jurídicas y demás personas jurídicas que no hayan renovado la matrícula mercantil en los términos antes mencionados tendrán plazo de un (1) año contado a partir de la vigencia de la presente ley para actualizar y renovar la matrícula mercantil. Vencido este plazo, las cámaras de comercio procederán a efectuar la depuración de los registros.

Parágrafo 2º. Las cámaras de comercio informarán, previamente, las condiciones previstas en el presente artículo a los interesados, mediante carta o comunicación remitida vía correo electrónico a la última dirección registrada, si la tuviere. Así mismo, publicarán al menos un (1) aviso anual dentro de los tres (3) primeros meses, en un diario de circulación nacional en el que se informe a los inscritos del requerimiento para cumplir con la obligación y las consecuencias de no hacerlo.

Art. 32. RÉGIMEN DISCIPLINARIO Y SANCIONATORIO

Declarado inexequible por la Corte Constitucional en la Sentencia C-135 de 2016.

Art. 33

Modifíquese el artículo 85 del Código de Comercio que quedará así: «Artículo 85. Requisitos para ser Miembro de junta directiva. Para ser Miembro de junta directiva de una cámara de comercio se requerirá ser ciudadano colombiano en ejercicio de sus derechos políticos, no haber sido sancionado por ninguno de los delitos determinados en el artículo 16 de este Código, estar domiciliado en la respectiva circunscripción, ser persona de reconocida honorabilidad. Nadie podrá ejercer el cargo de Miembro de junta directiva en más de una cámara de comercio».

Art. 34

Los comerciantes denominados como microempresa en la modalidad de tenderos ubicados en los barrios y comunas cuyo espacio utilizado esté entre 0 y 50 metros cuadrados, según el artículo 43 de la Ley 1450 de 2011 o la norma que lo modifique o sustituya, que al momento de su inscripción por primera vez en el registro mercantil tengan la calidad de usuarios domiciliarios para efectos del pago de servicios públicos, mantendrán dicha calidad por una sola vez.

Se entiende como tendero, aquel microempresario que vende miscelánea y productos de la canasta familiar al detal.

Art. 35. VIGENCIA Y DEROGATORIA

La presente ley regirá a partir del momento de su expedición y deroga los artículos 81 y 84 del Código de Comercio, así como las demás normas que le sean contrarias.

Las cámaras de comercio deberán ajustar sus estatutos a lo dispuesto en esta ley en un plazo máximo de seis (6) meses.

En todo caso, la no concordancia de lo previsto en los estatutos de una cámara con lo aquí dispuesto no podrá alegarse como motivo para el incumplimiento de esta ley.

LEY 1801 DE 2016
POR LA CUAL SE EXPIDE EL CÓDIGO NACIONAL DE SEGURIDAD Y CONVIVENCIA CIUDADANA

(...)

Art. 87. REQUISITOS PARA CUMPLIR ACTIVIDADES ECONÓMICAS

Es obligatorio, para el ejercicio de cualquier actividad: comercial, industrial, de servicios, social, cultural, de recreación, de entretenimiento, de diversión; con o sin ánimo de lucro, o que siendo privadas, trasciendan a lo público; que se desarrolle o no a través de establecimientos abiertos o cerrados al público, además de los requisitos previstos en normas especiales, cumplir previamente a la iniciación de la actividad económica los siguientes requisitos:

1. Las normas referentes al uso del suelo, destinación o finalidad para la que fue construida la edificación y su ubicación.

2. Mantener vigente la matrícula mercantil de la Cámara de Comercio de la respectiva jurisdicción donde se desarrolle la actividad.

3. La comunicación de la apertura del establecimiento, al comandante de estación o subestación de Policía del lugar donde funciona el mismo, por el medio más expedito o idóneo, que para tal efecto establezca la Policía Nacional.

4. Para la comercialización de equipos terminales móviles se deberá contar con el permiso o autorización expedido por el Ministerio de Tecnologías de la Información y las Comunicaciones o su delegado.

Durante la ejecución de la actividad económica deberá cumplirse con los siguientes requisitos:

1. Las normas referentes a los niveles de intensidad auditiva.

2. Cumplir con los horarios establecidos para la actividad económica desarrollada.

3. Las condiciones de seguridad, sanitarias y ambientales determinadas en el régimen de Policía.

4. El objeto registrado en la matrícula mercantil y no desarrollar otra actividad diferente.

5. Para aquellos establecimientos donde se ejecuten públicamente obras musicales causantes de pago, protegidas por las disposiciones legales vigentes sobre derechos de autor, mantener y presentar el comprobante de pago al día.

6. Para ofrecer los servicios de alojamiento al público u hospitalidad, se debe contar con el registro nacional de turismo.

Parágrafo 1º. Los anteriores requisitos podrán ser verificados por las autoridades de Policía en cualquier momento, para lo cual estas podrán ingresar por iniciativa propia a los lugares señalados, siempre que estén en desarrollo de sus actividades económicas.

Parágrafo 2º. Ninguna autoridad podrá exigir licencia, permiso o requisito adicional de funcionamiento, para el desarrollo de actividades económicas salvo lo previsto en la ley.

Art. 88. SERVICIO DE BAÑO

Es obligación de todos y cada uno de los establecimientos de comercio abiertos al público, prestar el servicio de baño a (niños, mujeres en evidente estado de embarazo y adultos de la tercera edad) cuando así lo soliciten, sin importar que los mismos sean sus clientes o no. La inobservancia de la presente norma tendrá como consecuencia la imposición de una Multa General Tipo 1 o suspensión temporal de actividad.

Será potestad de los establecimientos de comercio en mención el cobro del servicio enunciado el cual deberá ser regulado por los correspondientes entes territoriales.

NOTA: La expresión entre paréntesis fue declarada condicionalmente exequible por la Corte Constitucional en la Sentencia C-329 de 2019 en el entendido de que también incluye a las personas en situación de discapacidad o con movilidad reducida.

(...)

LEY 1901 DE 2018
POR MEDIO DE LA CUAL SE CREAN Y DESARROLLAN LAS SOCIEDADES COMERCIALES DE BENEFICIO E INTERÉS COLECTIVO (BIC)

Art. 1º. OBJETO Y CONSTITUCIÓN

Cualquier sociedad comercial existente o futura de cualquier tipo establecido por la ley, podrá adoptar voluntariamente la condición de sociedad de «Beneficio e Interés Colectivo» (BIC).

Art. 2º. NATURALEZA JURÍDICA

Tendrán la denominación de sociedad BIC todas aquellas compañías que sean constituidas de conformidad con la legislación vigente para tales efectos, las cuales, además del beneficio e interés de sus accionistas, actuarán en procura del interés de la colectividad y del medio ambiente. La adopción de la denominación BIC no implica, de ninguna forma, un cambio de tipo societario, o creación de tipo societario nuevo.

Adicionalmente, las sociedades que adopten la denominación BIC seguirán estando obligadas a cumplir con las obligaciones del régimen ordinario del impuesto sobre la renta y complementarios, el régimen común sobre las ventas y a las demás obligaciones tributarias de carácter nacional, departamental y municipal.

Para tener la denominación BIC, las sociedades incluirán en su objeto, además de los respectivos actos de comercio que pretendan desarrollar, aquellas actividades de beneficio e interés colectivo que pretendan se propongan fomentar.

Las sociedades BIC deberán incluir en su razón o denominación sociales la abreviatura BIC, o las palabras sociedad de «Beneficio e Interés Colectivo».

Parágrafo. Las Sociedades Comerciales de Beneficio e Interés Colectivo («BIC»), tendrán, entre otras, las siguientes características, sin perjuicio de que dentro de su misión desarrollen otros atributos inherentes a su esencia de responsabilidad social empresarial:

1. Establecen una remuneración salarial razonable para sus trabajadores y analizan las diferencias salariales entre sus empleados mejor y peor remunerados para establecer estándares de equidad.

2. Establecen subsidios para capacitar y desarrollar profesionalmente a sus trabajadores y ofrecen programas de reorientación profesional a los empleados a los que se les ha dado por terminado su contrato de trabajo.

3. Crean opciones para que los trabajadores tengan participación en la sociedad, a través de la adquisición de acciones. Adicionalmente, amplían los planes de salud y beneficios de bienestar de sus empleados y diseñan también estrategias de nutrición, salud mental y física, propendiendo por el equilibrio entre la vida laboral y la privada de sus trabajadores.

4. Crean un manual para sus empleados, con el fin de consignar los valores y expectativas de la sociedad.

5. Brindan opciones de empleo que le permitan a los trabajadores tener flexibilidad en la jornada laboral y crean opciones de teletrabajo, sin afectar la remuneración de sus trabajadores.

6. Crean opciones de trabajo para la población estructuralmente desempleada, tales como los jóvenes en situación de riesgo, individuos sin hogar, reinsertados o personas que han salido de la cárcel.

7. Expanden la diversidad en la composición de las juntas directivas, equipo directivo, ejecutivo y proveedores, con el fin de incluir en ellos personas pertenecientes a distintas culturas, minorías étnicas, creencias religiosas diversas, con distintas orientaciones sexuales, capacidades físicas heterogéneas y diversidad de género.

8. Incentivan las actividades de voluntariado y crean alianzas con fundaciones que apoyen obras sociales en interés de la comunidad.

9. Adquieren bienes o contratan servicios de empresas de origen local o que pertenezcan a mujeres y minorías. Además, dan preferencia en la celebración de contratos a los proveedores de bienes y servicios que implementen normas equitativas y ambientales.

10. Efectúan, anualmente, auditorías ambientales sobre eficiencia en uso de energía, agua y desechos y divulgan los resultados al público en general y capacitan a sus empleados en la misión social y ambiental de la sociedad.

11. Supervisan las emisiones de gases invernadero generadas a causa de la actividad empresarial, implementan programas de reciclaje o de reutilización de desperdicios, aumentan progresivamente las fuentes de energía renovable utilizadas por la sociedad y motivan a sus proveedores a realizar sus propias evaluaciones y auditorías ambientales en relación con el uso de electricidad y agua, generación de desechos, emisiones de gases de efecto invernadero y empleo de energías renovables.

12. Utilizan sistemas de iluminación energéticamente eficientes y otorgan incentivos a los trabajadores por utilizar en su desplazamiento al trabajo, medios de transporte ambientalmente sostenibles.

13. Divulgan ante sus trabajadores los estados financieros de la sociedad.

14. Expresan la misión de la sociedad en los diversos documentos de la empresa.

15. Implementan prácticas de comercio justo y promueven programas para que los proveedores se conviertan en dueños colectivos de la sociedad, con el fin de ayudar a estos para salir de la pobreza.

Art. 3°. REFORMAS ESTATUTARIAS

Para adoptar la condición de sociedad BIC o para darla por terminada, se requerirá una modificación estatutaria adoptada por la mayoría prevista en la ley o en los estatutos para las reformas del contrato social.

Art. 4°. ADMINISTRADORES

Además de las normas previstas en materia de responsabilidad en la Ley 222 de 1995, los administradores de sociedades BIC deberán tener en cuenta, el interés de la sociedad, el de sus socios o accionistas y el beneficio e interés colectivo que se haya definido en sus estatutos sociales.

Art. 5°. REPORTE DE GESTIÓN

El representante legal de la sociedad BIC elaborará y presentará ante el máximo órgano social un reporte sobre el impacto de la gestión de la respectiva sociedad, en el que se dará cuenta de actividades de beneficio e interés colectivo desarrolladas por la compañía. Dicha información deberá incluirse dentro del informe de fin de ejercicio, que se presenta al máximo órgano social.

El reporte de gestión deberá publicarse en la página web de la sociedad para su consulta por el público. En el evento de que la sociedad no disponga de página web, dicho informe deberá estar disponible en el domicilio social, y será remitido a quien así lo solicite por escrito mediante comunicación dirigida al representante legal de la sociedad BIC.

Art. 6°. ESTÁNDAR INDEPENDIENTE

El reporte de gestión deberá realizarse de conformidad con un estándar independiente y podrá estar sujeto a la auditoría de las autoridades competentes o de un tercero.

El estándar independiente que se acoja para la elaboración de este reporte deberá tener las siguientes características:

a) Reconocimiento. Debe ser un estándar reconocido por ser utilizado para la definición, el reporte y la evaluación de la actividad de las compañías en relación con la comunidad y el medio ambiente;

b) Comprensivo. En la metodología de evaluación y reporte se deberán analizar los efectos de la actividad de la sociedad BIC, en relación con las actividades de beneficio e interés colectivo;

c) Independencia. La metodología de evaluación y reporte deberá ser desarrollada por una entidad pública, privada o de naturaleza mixta, nacional o extranjera que no esté controlada por la sociedad BIC, sus matrices o subordinadas;

Confiabilidad. Será construida por una entidad que cuente con experiencia en la evaluación del impacto de la actividad de las compañías en la comunidad y el medioambiente, y utilizará metodologías que incluyan un examen desde diferentes perspectivas, actores, estándares e indicadores;

d) Transparencia. La información sobre los estándares independientes, así como la relativa a las entidades que los elaboren será publicada para conocimiento de la ciudadanía.

La Superintendencia de Sociedades mantendrá una lista pública de estándares independientes que se ajusten a los requisitos previstos en este artículo. Esta lista será divulgada en el medio que esa entidad considere más idóneo. A solicitud de parte, la Superintendencia de Sociedades, en ejercicio de funciones administrativas, podrá darle trámite a peticiones relacionadas con el incumplimiento de los referidos estándares.

Cuando la Superintendencia de Sociedades carezca de competencia para pronunciarse sobre los hechos de la solicitud, deberá remitírsela a la autoridad que fuere competente para que se pronuncie sobre el particular.

Parágrafo 1°. El Gobierno nacional reglamentará las circunstancias en que se considerará incumplido alguno de los estándares y señalará cuáles son las autoridades competentes respecto de cada uno de ellos.

Parágrafo 2°. Como consecuencia de su evaluación, la Superintendencia de Sociedades podrá incluir o excluir estándares independientes en cualquier momento. En caso de exclusión de un estándar independiente, este podrá seguir siendo utilizado por las sociedades durante los doce (12) meses siguientes a la fecha en que se hubiere decidido su exclusión.

Art. 7º. PÉRDIDA DE LA CONDICIÓN DE SOCIEDAD BIC

La Superintendencia de Sociedades, podrá, a solicitud de parte, declarar la pérdida de la calidad de sociedad BIC, así como la eliminación de dicho acrónimo o de los términos «Sociedad de Beneficio e Interés Colectivo» de su razón o denominación sociales.

Tal determinación podrá ser adoptada una vez que se hubiere cumplido el procedimiento previsto en esta ley y en el reglamento, tendiente a que se declare el incumplimiento grave y reiterado de los estándares independientes por parte de una sociedad. La determinación tendrá carácter administrativo y, una vez en firme, será inscrita en el Registro Mercantil de la Cámara de Comercio del domicilio de la sociedad.

Art. 8º. PROMOCIÓN DE LAS SOCIEDADES BIC

El Gobierno nacional evaluará las medidas necesarias para que las entidades de la Rama Ejecutiva del Poder Público, puedan promover el desarrollo de las sociedades BIC, bajo la premisa de la formalización, la función social de la empresa y el beneficio e interés colectivo.

Art. 9º. REMISIÓN

En lo no previsto en la presente ley, las sociedades BIC se regirán por las disposiciones contenidas en los estatutos sociales, así como por las normas aplicables a cada tipo de sociedad.

Art. 10. VIGENCIA

La presente ley entrará en vigencia a partir de la fecha de su promulgación.

LEY 1935 DE 2018
POR MEDIO DE LA CUAL SE REGLAMENTA LA NATURALEZA Y LA DESTINACIÓN DE LAS PROPINAS

Art. 1°. ÁMBITO DE APLICACIÓN

La presente ley se aplica a todos los establecimientos de comercio dedicados a la prestación de servicio de consumo de alimentos, bebidas y/o espectáculos públicos, y en cualquier otro en que se sugiera pago de propina o haya lugar a ella cuando el cliente así lo determine.

Art. 2°. CONCEPTO DE PROPINA

Se entiende por propina el reconocimiento en dinero que en forma voluntaria el consumidor otorga a las personas que hacen parte de la cadena de servicios en los establecimientos comerciales de que trata el artículo 1° de esta ley, por el buen servicio y producto recibido e independiente del valor de venta registrado.

Parágrafo. Sin perjuicio del ofrecimiento que el consumidor pueda realizar para el reconocimiento de la propina, esta puede ser sugerida por el establecimiento de comercio y su aceptación siempre dependerá de la voluntad del consumidor.

Art. 3°. INFORMACIÓN DE PRECIOS Y VOLUNTARIEDAD DE LA PROPINA

La Superintendencia de Industria y Comercio impartirá las instrucciones relativas a la forma como se debe informar a los consumidores acerca de los precios y de la voluntariedad de la propina, así como del correlativo derecho que les asiste de no pagarla o de modificar su cuantía cuando esta les sea sugerida.

Parágrafo 1°. En ningún caso la propina podrá superar el 10% del valor del servicio prestado, cuando esta sea sugerida por el establecimiento de comercio e incorporada en la factura con la aceptación del consumidor.

Art. 4º. CONCERTACIÓN DEL VALOR DE LA PROPINA PREVIA LA EMISIÓN DE LA FACTURA O DOCUMENTO EQUIVALENTE

La factura o el documento equivalente establecidos por la legislación tributaria, son los únicos documentos que deben ser entregados al consumidor, inclusive antes de pagar, con el fin de verificar los consumos cobrados, el cual debe cumplir con la discriminación de cada uno de los productos consumidos, su costo unitario, el costo total y los demás requisitos establecidos en el Estatuto Tributario.

Adicionalmente, la persona que atiende al cliente, deberá preguntarle a este si desea que su propina voluntaria, sea o no incluida en la factura o en el documento equivalente, o que indique el valor que quiere dar como propina.

Art. 5º. NATURALEZA Y DESTINACIÓN DE LAS PROPINAS

Dado que las propinas son el producto de un acto de liberalidad del cliente, que quiere de esta manera gratificar el servicio recibido; serán beneficiarios de la destinación del dinero producto de las propinas única y exclusivamente las personas involucradas en la cadena de servicios.

En el evento de que no se llegue a un acuerdo por parte de los miembros de la cadena de servicios del establecimiento, las propinas serán distribuidas de manera equitativa entre cada uno de ellos. El empleador será autónomo en los plazos para repartir dicho recaudo, siempre y cuando, este tiempo no sea superior a un (1) mes.

Parágrafo 1º. Se prohíbe a los propietarios y/o administradores de los establecimientos de que trata la presente ley intervenir de cualquier manera en la distribución de las propinas, o destinar alguna parte de ellas a gastos que por su naturaleza le corresponden al establecimiento, tales como reposición de elementos de trabajo, pago de turnos, reposiciones de inversión o cualquier otra que no corresponda al pago del trabajador.

Tampoco se podrá, por ningún motivo, retener al trabajador lo que le corresponda por concepto de propinas.

Parágrafo 2º. Los ingresos que por concepto de propinas reciban los trabajadores de los establecimientos de que trata esta ley no constituyen salario y, por consiguiente, en ningún caso se podrán considerar como factor salarial, de conformidad al artículo 131 del Código Sustantivo del Trabajo.

Art. 6º

Adiciónese un nuevo numeral al artículo 59 de la Ley 1480, el cual quedará así:

Artículo 59. Facultades administrativas de la Superintendencia de Industria y Comercio. Además de la prevista en el capítulo anterior, la Superintendencia de Industria y Comercio tendrá las siguientes facultades administrativas en materia de protección al consumidor, las cuales ejercerá siempre y cuando no hayan sido asignadas de manera expresa a otra autoridad:

1. Velar por la observancia de las disposiciones contenidas en esta ley y dar trámite a las investigaciones por su incumplimiento, así como imponer las sanciones respectivas.

2. Instruir a sus destinatarios sobre la manera como deben cumplirse las disposiciones en materia de protección al consumidor, fijar los criterios que faciliten su cumplimiento y señalar los procedimientos para su aplicación.

3. Interrogar bajo juramento y con observancia de las formalidades previstas en el Código de Procedimiento Civil, a cualquier persona cuyo testimonio se requiera para el esclarecimiento de los hechos relacionados con la investigación correspondiente. Para los efectos de lo previsto en el presente numeral, se podrá exigir la comparecencia de la persona requerida, haciendo uso de las medidas coercitivas que se consagran para este efecto en el Código de Procedimiento Civil.

4. Practicar visitas de inspección, así como cualquier otra prueba consagrada en la ley, con el fin de verificar hechos o circunstancias relacionadas con el cumplimiento de las disposiciones a las que se refiere la presente ley;

5. Con excepción de las competencias atribuidas a otras autoridades, establecer la información que deba indicarse en determinados productos, la forma de suministrarla, así como las condiciones que esta debe reunir, cuando se encuentre en riesgo la salud, la vida humana, animal o vegetal y la seguridad, o cuando se trate de prevenir prácticas que puedan inducir a error a los consumidores.

6. Ordenar, como medida definitiva o preventiva, el cese y la difusión correctiva en las mismas o similares condiciones de la difusión original, a costa del anunciante, de la publicidad que no cumpla las condiciones señaladas en las disposiciones contenidas en esta ley o de aquella relacionada con productos que por su naturaleza o componentes sean nocivos para la salud y ordenar las medidas necesarias para evitar que se induzca nuevamente a error o que se cause o agrave el daño o perjuicio a los consumidores.

7. Solicitar la intervención de la fuerza pública con el fin de hacer cumplir una orden previamente impartida.

8. Emitir las órdenes necesarias para que se suspenda en forma inmediata y de manera preventiva la producción, o la comercialización de productos hasta por un término de sesenta (60) días, prorrogables hasta por un término igual, mientras se surte la investigación correspondiente, cuando se tengan indicios graves de que el producto atenta contra la vida o la seguridad de los consumidores, o de que no cumple el reglamento técnico.

9. Ordenar las medidas necesarias para evitar que se cause daño o perjuicio a los consumidores por la violación de normas sobre protección al consumidor.

10. Difundir el conocimiento de las normas sobre protección al consumidor y publicar periódicamente la información relativa a las personas que han sido sancionadas por violación a dichas disposiciones y las causas de la sanción. La publicación mediante la cual se cumpla lo anterior, se hará por el medio que determine la Superintendencia de Industria y Comercio, la Superintendencia Financiera y será de acceso público.

11. Ordenar la devolución de los intereses cobrados en exceso de los límites legales y la sanción establecida en el artículo 72 de la Ley 45 de 1990, en los contratos de adquisición de bienes y de prestación de servicios mediante sistemas de financiación o en los contratos de crédito realizados con personas naturales o jurídicas cuyo control y vigilancia en la actividad crediticia no haya sido asignada a alguna autoridad administrativa en particular.

12. Ordenar al proveedor reintegrar las sumas pagadas en exceso y el pago de intereses moratorios sobre dichas sumas a la tasa vigente a partir de la fecha de ejecutoria del correspondiente acto administrativo, en los casos en que se compruebe que el consumidor pagó un precio superior al anunciado.

13. Definir de manera general el contenido, características y sitios para la indicación pública de precios.

14. Ordenar modificaciones a los clausulados generales de los contratos de adhesión cuando sus estipulaciones sean contrarias a lo previsto en esta ley o afecten los derechos de los consumidores.

15. La Superintendencia de Industria y Comercio podrá instruir según la naturaleza de los bienes y servicios, medidas sobre plazos y otras condiciones, en los contratos de adquisición de bienes y prestación de servicios.

16. Fijar el término de la garantía legal de que trata el artículo 8o de la presente ley para determinados bienes o servicios, cuando lo considere necesario.

17. Fijar el término por el cual los productores y/o proveedores deben disponer de repuestos, partes, insumos y mano de obra capacitada para garantizar el buen funcionamiento de los bienes que ponen en circulación, conforme a lo dispuesto en el numeral 7 del artículo 11 de la presente ley.

18. Fijar requisitos mínimos de calidad e idoneidad para determinados bienes y servicios, mientras se expiden los reglamentos técnicos correspondientes cuando encuentre que un producto puede poner en peligro la vida, la salud o la seguridad de los consumidores.

19. Vigilar lo relacionado con la información suministrada al consumidor sobre la voluntariedad de las propinas, y su efectiva destinación por parte de los establecimientos de comercio.

En desarrollo de las funciones que le han sido asignadas a la Superintendencia de Industria y Comercio esta propenderá por difundir, informar y capacitar en materia de protección al consumidor.

Art. 7º. SANCIONES

Las sanciones por las violaciones a las disposiciones contenidas en la presente ley serán las establecidas en la Ley 1480 de 2011, en los términos allí previstos.

Art. 8º. VIGENCIA

La presente ley rige a partir de la fecha de su publicación.

DECRETO 2106 DE 2019
POR EL CUAL SE DICTAN NORMAS PARA SIMPLIFICAR, SUPRIMIR Y REFORMAR TRÁMITES, PROCESO Y PROCEDIMIENTOS INNECESARIOS EXISTENTES EN LA ADMINISTRACIÓN PÚBLICA

(...)

Art. 146. VENTANILLA ÚNICA EMPRESARIAL

La Ventanilla Única Empresarial (VUE) es una estrategia interinstitucional de articulación público privada, coordinada por el Ministerio de Comercio, Industria y Turismo, la cual será operada por las Cámaras de Comercio, estará articulada con el Registro Único Empresarial y Social (RUES) y contará con una plataforma web, o la herramienta tecnológica que haga sus veces, como canal virtual principal, que integrará progresivamente todos los trámites, procesos, procedimientos y/o servicios necesarios para la creación, operación y liquidación de las empresas, y así simplificar y reducir los costos de transacción para los empresarios.

Las autoridades deberán velar por la virtualización e interoperabilidad con la VUE de los trámites, procesos, procedimientos y/o servicios para la creación, operación y cierre de empresas que tengan a su cargo, incluyendo aquellos necesarios para el ejercicio de sus funciones de inspección, vigilancia y control de las actividades económicas, todo en función de su disponibilidad presupuestal.

El Ministerio de Comercio, Industria y Turismo establecerá el cronograma y lineamientos de integración, incorporación e interoperabilidad progresiva de los trámites, procesos, procedimientos y/o servicios de creación, operación y cierre de empresa a la Ventanilla Única Empresarial (VUE).

Art. 147. TRÁMITES ELECTRÓNICOS DE LAS CÁMARAS DE COMERCIO A TRAVÉS DE LA VENTANILLA ÚNICA EMPRESARIAL

Las Cámaras de Comercio deberán garantizar que los trámites, procesos, procedimientos y/o servicios asociados a la actividad empresarial se integren, incorporen y/o interoperen con la Ventanilla Única Empresarial (VUE), que deberá integrarse a la sede electrónica del Ministerio de Comercio, Industria y Turismo.

El Ministerio de Comercio, Industria y Turismo, con el apoyo de las Cámaras de Comercio, elaborará los planes de implementación y cobertura para garantizar la integración, incorporación e interoperabilidad progresiva de los trámites de los que trata el presente artículo a la Ventanilla Única Empresarial (VUE). Dichos trámites deberán seguir los lineamientos que establezca el Ministerio de Tecnologías de la Información y las Comunicaciones, en el marco de la estrategia de Transformación Digital.

Art. 148. TRÁMITES O PROCEDIMIENTOS INTEGRADOS A LA VU

Cuando un trámite, proceso o procedimiento sea integrado, incorporado y/o interopere con la plataforma tecnológica de la Ventanilla Única Empresarial (VUE), o la herramienta tecnológica que haga sus veces, las entidades públicas, las personas jurídicas y las naturales de derecho privado que cumplan funciones públicas o presten servicios públicos como responsables de dicho trámite, las autoridades no podrán solicitar información física o virtual a la que tengan acceso en razón de dicha interoperabilidad. El acceso y lectura de dicha información obviará la solicitud de certificado y/o documento alguno.

Art. 149. GRATUIDAD DEL REGISTRO DE INDUSTRIA Y COMERCIO

El trámite de inscripción, modificación o cancelación del registro de industria y comercio es de carácter gratuito. Toda estipulación en contrario se entenderá por no escrita. En los municipios en los que opere la Ventanilla Única Empresarial (VUE), el trámite de inscripción, modificación o cancelación del registro de industria y comercio deberá hacerse a través de ella.

Art. 150. CONSULTA Y CONCEPTOS SOBRE EL USO DEL SUELO

En lo relacionado con el cumplimiento de los requisitos del uso del suelo para la apertura u operación de los establecimientos de comercio, las autoridades no podrán trasladar la carga de la prueba al propietario del establecimiento mediante la exigencia de certificaciones, licencias o requisitos adicionales. Para tales efectos, las autoridades competentes efectuarán la consulta correspondiente a través de los medios habilitados por las alcaldías municipales.

(...)

Art. 158. VIGENCIAS Y DEROGATORIAS

La presente ley rige a partir de su publicación y deroga todas las disposiciones que le sean contrarias.

Se derogan expresamente el artículo 138 de Ley 9 de 1979, el artículo 90 del Decreto ley 2324 de 1984, el literal a) del numeral 2 del artículo 326 del Decreto ley 633 <sic, 663> de 1993, el artículo 57 de la Ley 643 de 2001, los artículos 16 y 22 de la Ley 730 de 2001, el parágrafo 3 del artículo 15 del Decreto ley 2245 de 2011, el parágrafo 3 del artículo 227 de la Ley 1450 de 2011 modificado por el artículo 159 de la Ley 1753 de 2015, el artículo 75 de la Ley 1474 de 2011, los artículos 40, 47, 48, 101 y 122 del Decreto ley 019 de 2012, el artículo 26 de la Ley 1816 de 2016 y el artículo 19 de la Ley 1558 de 2018 <sic, 2012>.

DECRETO 398 DE 2020
POR EL CUAL SE ADICIONA EL DECRETO 1074 DE 2015, DECRETO ÚNICO REGLAMENTARIO DEL SECTOR COMERCIO, INDUSTRIA Y TURISMO, PARA REGLAMENTAR PARCIALMENTE EL ARTÍCULO 19 DE LA LEY 222 DE 1995, EN LO REFERENTE AL DESARROLLO DE LAS REUNIONES NO PRESENCIALES DE LAS JUNTAS DE SOCIOS, ASAMBLEAS GENERALES DE ACCIONISTAS O JUNTAS DIRECTIVAS, Y SE DICTAN OTRAS DISPOSICIONES

Art. 1°. ADICIÓN DEL CAPÍTULO 16 DEL TÍTULO 1 DE LA PARTE 2 DEL LIBRO 2 DEL DECRETO 1074 DE 2015, DECRETO ÚNICO REGLAMENTARIO DEL SECTOR COMERCIO, INDUSTRIA Y TURISMO

Adiciónese el capítulo 16 del título 1 de la parte 2 del libro 2 del Decreto 1074 de 2015, Decreto Único Reglamentario del Sector Comercio, Industria y Turismo, el cual quedará así:

«CAPÍTULO 16

REUNIONES NO PRESENCIALES DE JUNTAS DE SOCIOS, ASAMBLEAS GENERALES DE ACCIONISTAS O JUNTAS DIRECTIVAS

Art. 2.2.1.16.1. Reuniones no presenciales. Para los efectos de las reuniones no presenciales de que trata el artículo 19 de la Ley 222 de 1995, modificado por el artículo 148 del Decreto Ley 019 de 2012, cuando se hace referencia a «todos los socios o miembros» se entiende que se trata de quienes participan en la reunión no presencial, siempre que se cuente con el número de participantes necesarios para deliberar según lo establecido legal o estatutariamente.

El representante legal deberá dejar constancia en el acta sobre la continuidad del quórum necesario durante toda la reunión. Asimismo, deberá realizar la verificación de identidad de los participantes virtuales para garantizar que sean en efecto los socios, sus apoderados o los miembros de junta directiva.

Las disposiciones legales y estatutarias sobre convocatoria, quorum y mayorías de las reuniones presenciales serán igualmente aplicables a las reuniones no presenciales de que trata el artículo 19 de la Ley 222 de 1995, modificado por el artículo 148 del Decreto Ley 019 de 2012.

Parágrafo. Las reglas relativas a las reuniones no presenciales serán igualmente aplicables a las reuniones mixtas, entendiéndose por ellas las que permiten la presencia física y virtual de los socios, sus apoderados o los miembros de junta directiva.»

Art. 2º

Derogado por el Decreto 176 de 2021, arts. 1º y 2º.

Art. 3º. APLICACIÓN EXTENSIVA

Todas las personas jurídicas, sin excepción, estarán facultadas para aplicar las reglas previstas en los artículos 1º y 2º del Presente Decreto en la realización de reuniones no presenciales de sus órganos colegiados.

Art. 4º. VIGENCIA

El presente Decreto rige a partir de la fecha de su publicación en el Diario Oficial.

LEY 2024 DE 2020
POR MEDIO DE LA CUAL SE ADOPTAN NORMAS DE PAGO EN PLAZOS JUSTOS EN EL ÁMBITO MERCANTIL Y SE DICTAN OTRAS DISPOSICIONES EN MATERIA DE PAGO Y FACTURACIÓN

Art. 1º. OBJETO

La presente ley tiene como objeto desarrollar el principio de buena fe contractual, mediante la adopción de una serie de medidas que protejan a las personas naturales y jurídicas que sean sometidas a condiciones contractuales gravosas en relación con los procedimientos y plazos de pago y facturación de sus operaciones comerciales, incorporando la obligación de pago en plazos justos.

Art. 2º. ÁMBITO DE APLICACIÓN

Esta ley será de aplicación a todos los pagos causados como contraprestación en los actos mercantiles, ya sean efectuados por comerciantes o por personas que sin tener calidad de comerciantes ejerzan operaciones mercantiles, de conformidad con lo dispuesto en el Decreto 410 de 1971 (Código de Comercio), así como las realizadas entre los contratistas principales, sus proveedores y subcontratistas.

Se excluyen del ámbito de aplicación de esta ley:

1. Los pagos efectuados en las operaciones comerciales en las que intervengan consumidores, y que estén sujetas a las normas de protección del consumidor.

2. Los intereses relacionados con la legislación en materia de cheques, pagarés y letras de cambio y los pagos de indemnizaciones por daños, incluidos los pagos por entidades aseguradoras, así como el contrato de mutuo y otros contratos típicos o atípicos donde los plazos diferidos sean propios de la esencia del contrato respectivo.

3. Las deudas sometidas a procedimientos concursales o de reestructuración empresarial, que se regirán por lo establecido en su legislación especial.

Art. 3º. OBLIGACIÓN DE PAGO EN PLAZOS JUSTOS

En aplicación del principio de buena fe contractual contemplado en el artículo 871 del Decreto 410 de 1971 (Código de Comercio) se adopta como deber de todos los comerciantes y de quienes sin tener calidad de comerciantes ejerzan operaciones mercantiles, la obligación general de efectuar el pago de sus obligaciones contractuales, en un término que se pactará para el primer año de entrada en vigencia de la presente ley de máximo 60 días calendario y a partir del segundo año, máximo 45 días calendario improrrogables a partir de entrada en vigencia de la ley, calculados a partir de la fecha de recepción de las mercancías o terminación de la prestación de los servicios.

Parágrafo 1º. Se exceptúan de esta disposición las operaciones mercantiles realizadas entre sociedades consideradas como grandes empresas.

Parágrafo Transitorio. Tránsito de legislación. El plazo previsto en el presente artículo tendrá la siguiente aplicación gradual:

1. A partir de la entrada en vigencia de esta ley, el plazo para el pago de obligaciones, en los términos del artículo, será de máximo sesenta (60) días calendario durante el primer año.

2. A partir del segundo año de la entrada en vigencia de la ley, el plazo máximo será de cuarenta y cinco (45) días calendario.

En cuanto a las operaciones mercantiles que se realicen en el marco del Sistema General de Seguridad Social en Salud, el plazo máximo y definitivo para el pago de obligaciones será de sesenta (60) días calendario. Dicho plazo comenzará a regir desde el inicio del tercer año contado a partir de la entrada en vigencia de la presente ley.

Art. 4º. DISPOSICIONES PARA PROCEDIMIENTOS DE FACTURACIÓN Y PAGO DE OBLIGACIONES

En aplicación del principio de buena fe contractual contemplado en el artículo 871 del Decreto 410 de 1971 –Código de Comercio–, todos los comerciantes y personas que sin tener calidad de comerciantes ejerzan operaciones mercantiles, deberán ajustar sus procedimientos y políticas de facturación y pago a lo dispuesto en la presente ley, incorporando las siguientes disposiciones mínimas, sin que en ningún caso se exceda el plazo del que trata el artículo 3º de la presente ley:

1. En los contratos en que se requiera un procedimiento de aceptación o de comprobación mediante el cual deba verificarse la conformidad de los bienes entregados o los servicios prestados, este deberá efectuarse dentro del plazo dispuesto previamente. En caso de que el contratante requiera del contratista alguna

corrección o subsanación en el cumplimiento de sus obligaciones, dicha solicitud interrumpirá el cómputo del plazo para pago justo, el cual se continuará calculando a partir del día siguiente en que el contratista realice los ajustes o subsanación en el cumplimiento de sus obligaciones.

2. Para los procedimientos de verificación de facturas, sean físicas o electrónicas y documentos de soporte, el contratante deberá ajustar sus procedimientos para dar cabal cumplimiento al plazo de pago justo dispuesto en la presente ley. Si la factura no ha sido rechazada en los términos legales vigentes, se entenderá que la factura ha sido aceptada. En caso de que el contratante requiera del contratista alguna corrección o subsanación en la factura o documentos de soporte, dicha solicitud interrumpirá el cómputo del plazo para pago justo, el cual se continuará calculando a partir del día siguiente en que el contratista realice los ajustes o subsanación requerida en la documentación.

3. Si dentro de los procedimientos y políticas de facturación y pago existe la obligación de adjuntar documentos de cualquier índole que deban ser emitidos por el mismo contratante y que sean prerrequisito para la radicación de facturas, tales como actas de aprobación o informes de cumplimiento, será responsabilidad del contratante emitir dichos documentos de forma oportuna dentro del plazo de pago justo dispuesto en la presente ley, y en ningún caso se podrá extender por demora.

4. La recepción de la factura por medios electrónicos producirá los efectos de inicio del cómputo de plazo de pago, siempre que se encuentre garantizada la identidad y autenticidad del firmante, la integridad de la factura, y la recepción por el interesado, en los términos de las normas que regulan la materia.

5. La aplicación errónea o indebida del cálculo de retenciones de cualquier naturaleza por parte del contratante, que resulte en un mayor valor retenido, se entenderá como incumplimiento en el plazo del pago, y, por lo tanto, incurrirá en mora y se generará la indemnización dispuesta en el artículo 5o de la presente ley.

Art. 5º. INDEMNIZACIÓN POR COSTOS DE COBRO

Sin perjuicio de la aplicación de las normas vigentes sobre morosidad de las obligaciones y pago de intereses moratorios, cuando el contratante incurra en mora por el vencimiento del plazo de pago justo dispuesto en la presente ley, el acreedor tendrá derecho a reclamar al deudor una indemnización por todos los costos de cobro debidamente acreditados en los que haya incurrido a causa de la mora de este. En la determinación de estos costos de cobro se aplicarán los principios de transparencia y proporcionalidad respecto a la deuda principal.

El deudor no estará obligado a pagar la indemnización cuando se demuestre que, por caso fortuito, fuerza mayor, no pudo realizarse el pago dentro del plazo máximo de pago. Ni el deudor ni el acreedor podrán bajo ningún caso, alegar la propia culpa, incluyendo la culpa de sus empleados o dependientes, o de sus procedimientos de facturación y pago. Las demoras imputables al acreedor interrumpirán el plazo de pago justo.

Parágrafo 1º. Esta indemnización podrá ser cobrada a través de un proceso ejecutivo. Para este fin, el demandante deberá anexar a la demanda ejecutiva el respectivo contrato y la liquidación de la indemnización, que será entendido como un título ejecutivo en los términos del artículo 422 de la Ley 1564 de 2012.

Parágrafo 2º. La indemnización a la que se hace referencia en este artículo, podrá ser objeto de conciliación, transacción o cualquier otro mecanismo alternativo de solución de conflictos, en lo relacionado con la forma y los términos de pago y condonación.

Art. 6º. SANCIONES

Los actos o acuerdos tendientes a impedir u obstruir, o que efectivamente impidan u obstruyan, el acceso de las empresas a los mercados o a los canales de comercialización, con el objeto de evadir la aplicación de las normas contempladas en la presente ley, podrán ser objeto de las acciones judiciales y/o de las sanciones administrativas a las que haya lugar, de conformidad con la normatividad vigente.

Art. 7º. CARÁCTER IMPERATIVO

Las disposiciones contenidas en la presente ley tendrán carácter de normas imperativas, y, por lo tanto, no podrán ser modificadas por mutuo acuerdo entre las partes, y cualquier disposición contractual que le modifique o le contraríe, se entenderá como ineficaz de pleno derecho, sin necesidad de declaración judicial.

Art. 8º. RECONOCIMIENTO A LA APLICACIÓN DE PLAZOS JUSTOS

El Gobierno nacional, reglamentará reconocimientos, tales como, la creación de un sello, para aquellas empresas que en su práctica comercial atiendan, en plazos menores o iguales a cuarenta y cinco (45) días calendario, el pago de sus facturas a proveedores. De igual manera el Gobierno nacional, elaborará y publicará anualmente un listado de las empresas y los tiempos en que cumplen con sus pagos, otorgando el reconocimiento del que trata el presente artículo para aquellas que se encuentren en los primeros lugares.

Parágrafo. El Gobierno nacional, una vez entrada en vigencia esta ley, tendrá un plazo de un (1) año para reglamentar lo consignado en este artículo, y para establecer los beneficios a aquellas empresas que encabecen el listado anteriormente mencionado.

Art. 9º. EVALUACIÓN

Pasados tres (3) años contados a partir de la entrada en vigencia de la presente ley, el Gobierno nacional llevará a cabo una evaluación independiente del impacto de las disposiciones contenidas en la presente ley sobre la competitividad y productividad del sector privado en el país y, en particular sobre los costos, la liquidez, las utilidades y la esperanza de vida de las pequeñas y medianas empresas.

Parágrafo. La evaluación de que trata el presente artículo deberá incluir el valor, a precios constantes de 2020, de la variación de las operaciones mercantiles en las que el acreedor sea una micro, pequeña o mediana empresa y el deudor una gran empresa.

Art. 10. INEFICACIA DE LAS CLÁUSULAS QUE DESCONOZCAN LOS PLAZOS MÁXIMOS DE PAGO

Sin perjuicio de los acuerdos sobre plazos de pago entre grandes empresas, la inclusión de cláusulas que desconozcan el plazo establecido de 45 y 60 días calendario, el pago de intereses de mora, o que limiten la responsabilidad del deudor, serán ineficaces de pleno derecho y no tendrán ningún efecto legal.

Art. 11. PROCEDIMIENTO DE FACTURACIÓN Y PAGO DE OBLIGACIONES POR PARTE DEL ESTADO

El Estado deberá ajustar sus procedimientos y políticas de facturación y pago a lo dispuesto en la presente ley.

Los contratos que requieran verificación de cumplimiento de bienes y servicios, facturas y documentos soporte, los mismos deberán realizarse dentro del plazo establecido en la presente ley. En caso de que el Estado requiera del contratista alguna corrección o subsanación en el cumplimiento de sus obligaciones, dicha solicitud interrumpirá el cómputo del plazo para pago justo, el cual se continuará calculando a partir del día siguiente en que el contratista realice los ajustes o subsanación en el cumplimiento de sus obligaciones. Si dentro de los procedimientos de solicitud el contratista requiere algún documento por parte del Estado, será responsabilidad de la entidad estatal emitir dichos documentos de forma oportuna dentro de los plazos dispuestos en la presente ley, y en ningún caso se podrán extender dichos plazos por la demora en la expedición de dichos documentos.

Art. 12. PLAZOS MÁXIMOS DE PAGO EN CONTRATOS ESTATALES

En los contratos regidos por el Estatuto General de Contratación de la Administración Pública, que celebren las entidades estatales con una micro, pequeña o mediana empresa, según la normatividad vigente, los pagos deberán realizarse en un plazo máximo de sesenta (60) días calendario siguientes, a la aceptación de la factura.

Parágrafo 1º. El cómputo del plazo establecido en este artículo estará sujeto a la disponibilidad del Plan Anualizado de Caja (PAC).

Art. 13. VIGENCIAS Y DEROGACIONES

La presente ley rige a partir del 1º de enero de 2021 y deroga las normas que le sean contrarias.

LEY 2069 DE 2020
POR MEDIO DE LA CUAL SE IMPULSA EL EMPRENDIMIENTO EN COLOMBIA

Art. 1°. OBJETO

La presente Ley tiene por objeto establecer un marco regulatorio que propicie el emprendimiento y el crecimiento, consolidación y sostenibilidad de las empresas, con el fin de aumentar el bienestar social y generar equidad. Dicho marco delineará un enfoque regionalizado de acuerdo a las realidades socioeconómicos de cada región.

Dicho marco delineará un enfoque regionalizado de acuerdo a las realidades socioeconómicos de cada región.

TÍTULO I
MEDIDAS DE APOYO PARA LAS MIPYMES CAPÍTULO I MEDIDAS PARA LA RACIONALIZACIÓN Y SIMPLIFICACIÓN DE PROCESOS, TRÁMITES Y TARIFAS

Art. 2°. TARIFAS DIFERENCIADAS DEL REGISTRO ANTE EL INSTITUTO NACIONAL DE VIGILANCIA DE MEDICAMENTOS Y ALIMENTOS - INVIMA

Modifíquese el artículo 9° de la Ley 399 de 1997, el cual quedará así: Art. 9°. Manual de tarifas. El Gobierno nacional reglamentará el manual de tarifas para el cobro de la tasa de los servicios prestados por el Instituto Nacional de Vigilancia de Medicamentos y Alimentos, Invima.

Parágrafo 1°. El Instituto Nacional de Vigilancia de Medicamentos y Alimentos, Invima, establecerá tarifas diferenciadas de acuerdo con la clasificación de tamaño empresarial que se encuentre vigente. A partir del método y sistema definidos en la presente ley, el Invima definirá el porcentaje de la tarifa que deberán pagar las pequeñas y medianas empresas.

No podrán acceder a las tarifas diferenciadas, las pequeñas y medianas empresas que se encuentren en una situación de subordinación respecto de gran empresa, o pertenezcan a un grupo empresarial, de conformidad con lo dispuesto en los artículos 260 y 261 del Código de Comercio. En el caso de que las empresas decidan ceder su registro, las empresas cesionarias deberán cancelar el valor que les corresponda por dicho registro de acuerdo con su tamaño.

Parágrafo 2º. En todo caso las microempresas, incluyendo los pequeños productores de acuerdo con la tipificación actual en el marco del Decreto 691 de 2018 o aquellos que lo modifiquen o deroguen, teniendo en cuenta la clasificación vigente sobre tamaño empresarial, quedarán exceptuadas del pago de tarifas para la expedición, modificación y renovación de los registros ante el Instituto Nacional de Vigilancia de Medicamentos y Alimentos, Invima.

El mismo tratamiento, recibirán las cooperativas, las asociaciones mutuales y las asociaciones agropecuarias, étnicas y campesinas que desarrollen actividades económicas productivas y que clasifiquen como microempresas, para lo cual se les aplicarán las disposiciones del Decreto 957 de 2019.

No podrán acceder a las tarifas diferenciadas, las microempresas que se encuentren en una situación de subordinación respecto de gran empresa, o pertenezcan a un grupo empresarial, de conformidad con lo dispuesto en los artículos 260 y 261 del Código de Comercio. En el caso de que las empresas beneficiarias de la excepción de la tarifa decidan ceder su registro, las empresas cesionarias deberán cancelar el valor que les corresponda por dicho registro de acuerdo con su tamaño.

Art. 3º. TARIFAS DEL IMPUESTO DEPARTAMENTAL DE REGISTRO

Modifíquese el artículo 230 de la Ley 223 de 1995 (modificado por el artículo 188 de la Ley 1607 de 2012), el cual quedará así:

«Tarifas. Las asambleas departamentales, a iniciativa de los Gobernadores, fijarán las tarifas de acuerdo con la siguiente clasificación, dentro de los siguientes rangos:

a) Actos, contratos o negocios jurídicos con cuantía sujetos a registro en las oficinas de registro de instrumentos públicos entre el 0.5% y el 1%;

b) Actos, contratos o negocios jurídicos con cuantía sujetos a registro en las Cámaras de Comercio, distintos a aquellos que impliquen la constitución con y/o el incremento de la prima en colocación de acciones o cuotas sociales de sociedades, entre el 0.3% y el 0.7%;

c) Actos, contratos o negocios jurídicos con cuantía sujetos a registro en las Cámaras de Comercio, que impliquen la constitución con y/o el incremento de la prima en colocación de acciones o cuotas sociales de sociedades, entre el 0.1 % Y el 0.3%, y

d) Actos, contratos o negocios jurídicos sin cuantía sujetos a registro en las oficinas de registro de instrumentos públicos o en las cámaras de comercio, tales como el nombramiento de representantes legales, revisor fiscal, reformas estatutarias que no impliquen cesión de derechos ni aumentos del capital, escrituras aclaratorias, entre dos y cuatro salarios mínimos diarios legales.

Parágrafo 1°. Para las microempresas definidas en el Decreto 957 de 2019 o aquellos que lo modifiquen, las asambleas departamentales, a iniciativa de los Gobernadores, fijarán las tarifas de acuerdo con la siguiente clasificación, dentro de los siguientes rangos, aplicables a partir de la vigencia fiscal 2021:

a) Actos, contratos o negocios jurídicos con cuantía sujetos a registro en las Cámaras de Comercio, distintos a aquellos que impliquen la constitución con y/o el incremento de la prima en colocación de acciones o cuotas sociales de sociedades, entre el 0.3% y el 0.6%;

b) Actos, contratos o negocios jurídicos con cuantía sujetos a registro en las Cámaras de Comercio, que impliquen la constitución con y/o el incremento de la prima en colocación de acciones o cuotas sociales de sociedades, entre el 0.1% Y el 0.2%.

Parágrafo 2°. De conformidad con lo dispuesto en el presente artículo, en concordancia con lo establecido en los artículos 300 numeral 4 y 338 de la Constitución política, a las microempresas definidas en el Decreto 957 de 2019, no se les podrán adicionar sobretasas o recargos de ningún tipo a la tarifa legal vigente del impuesto de registro.

Art. 4°. CAUSAL DE DISOLUCIÓN POR NO CUMPLIMIENTO DE LA HIPÓTESIS DE NEGOCIO EN MARCHA

Constituirá causal de disolución de una sociedad comercial el no cumplimiento de la hipótesis de negocio en marcha al cierre del ejercicio, de conformidad con lo establecido en la normatividad vigente.

Cuando se pueda verificar razonablemente su acaecimiento, los administradores sociales se abstendrán de iniciar nuevas operaciones, distintas a las del giro ordinario de los negocios, y convocarán inmediatamente a la asamblea general de accionistas o a la junta de socios para informar completa y documentadamente dicha situación, con el fin de que el máximo órgano social adopte las decisiones pertinentes respecto a la continuidad o la disolución y liquidación de la sociedad, so pena de responder solidariamente por los perjuicios que causen a los asociados o a terceros por el incumplimiento de este deber.

Sin perjuicio de lo anterior, los administradores sociales deberán convocar al máximo órgano social de manera inmediata, cuando del análisis de los estados financieros y las proyecciones de la empresa se puedan establecer deterioros patrimoniales y riesgos de insolvencia, so pena de responder solidariamente por los perjuicios que causen a los asociados o a terceros por el incumplimiento de este deber. El Gobierno nacional podrá establecer en el reglamento las razones financieras o criterios para el efecto.

Parágrafo 1º. Las menciones realizadas en cualquier norma relativas a la causal de disolución por pérdidas se entenderán referidas a la presente causal. Las obligaciones establecidas en la presente norma serán igualmente exigibles a las sucursales de sociedad extranjera.

Parágrafo 2º. Deróguese el numeral 7 del artículo 34 la Ley 1258 de 2008, así como los artículos 342, 351, 370, 458, 459, 490, el numeral 2 del artículo del artículo 457 del Decreto 410 de 1971.

Art. 5º. MECANISMO EXPLORATORIO DE REGULACIÓN PARA MODELOS DE NEGOCIO INNOVADORES EN INDUSTRIAS REGULADAS (SANDBOX)

El gobierno nacional, en un plazo no mayor de un (1) año posterior a la promulgación de esta ley, deberá establecer una regulación complementaria que permita, en cada uno de los Ministerios y Sectores Administrativos, crear un ambiente especial de vigilancia y control, que facilite el desarrollo de modelos de negocio que apalanquen e impulsen la economía de alto valor agregado y sostenible en distintos ámbitos, a partir de la promoción de actividades intensivas en tecnología, innovación, uso sostenible del capital natural y/o tendientes a la mitigación de la acción climática. Estos ambientes de prueba evaluarán el funcionamiento y los efectos de nuevas tecnologías o innovaciones en la regulación vigente, para determinar la viabilidad de su implementación y/o la necesidad de establecer una flexibilización del marco regulatorio existente o la simplificación de los trámites.

Parágrafo 1º. Estos mecanismos incluirán ambientes especiales dirigidos a desarrollar mejoras regulatorias a través de la experimentación y el desarrollo de instrumentos innovadores con el empresarial de crecimiento sostenible y la formalización las micro, pequeñas y medianas empresas - MiPymes.

Parágrafo 2º. Se conformará un comité intersectorial que definirá y evaluará los requisitos mínimos necesarios que deberán contener las propuestas de proyectos novedosos y, así poderlas clasificar y trasladar a las entidades responsables de la supervisión con el fin de que den aplicación a este mecanismo,

Parágrafo 3º. Para las actividades financieras, bursátil, aseguradora y cualquier otra relacionada con el manejo, aprovechamiento e inversión de los recursos de captación, se tendrá en cuenta lo dispuesto en la Ley 1955 de 2019.

Parágrafo 4º. Los diferentes marcos regulatorios tipo Sandbox que sean creados con motivo de esta ley deberán contar con mecanismos que permitan integrar los resultados y experiencias obtenidas a partir de este proceso exploratorio entre los sectores. Para tal efecto, el Gobierno, a través del Comité Intersectorial al que se refiere el parágrafo segundo, establecerá los espacios necesarios para el seguimiento de dichos resultados y para que se promueva la transparencia y el acceso a la información por parte de la ciudadanía,

Art. 6º. CONVOCATORIA Y DELIBERACIÓN DE REUNIONES ORDINARIAS Y EXTRAORDINARIAS

Modifíquese el Artículo 182 del Decreto 410 de 1971, Código de Comercio el cual quedará así:

«**Art. 182.** CONVOCATORIA Y DELIBERACIÓN DE REUNIONES ORDINARIAS Y EXTRAORDINARIAS. En la convocatoria para reuniones extraordinarias se especificarán los asuntos sobre los que se deliberará y decidirá. En las reuniones ordinarias la asamblea podrá ocuparse de temas no indicados en la convocatoria, a propuesta de los directores o de cualquier asociado.

La junta de socios o la asamblea se reunirá válidamente cualquier día y en cualquier lugar sin previa convocación, cuando se hallare representada la totalidad de los asociados.

Quienes conforme al artículo anterior puedan convocar a la junta de socios o a la asamblea, deberán hacerlo también cuando lo solicite un número de asociados representantes del 10% o más del capital social.

Parágrafo Transitorio. Debido a las circunstancias de fuerza mayor que están alterando la salud pública y el orden público económico, el Gobierno Nacional podrá establecer el tiempo y la forma de la convocatoria y las reuniones ordinarias del máximo órgano social de las personas jurídicas, incluidas las reuniones por derecho propio, para el año 2021 y las disposiciones necesarias para las reuniones pendientes del ejercicio 2020».

Art. 7º. SISTEMA DE INFORMACIÓN PARA ACTIVIDADES ECONÓMICAS INFORMALES

El Departamento Administrativo Nacional de Estadística - DANE diseñará, implementará y administrará el Sistema de Información de Actividades Económicas Informales (SIECI), como instrumento estadístico para identificar y caracterizar unidades económicas para el diseño e implementación de políticas públicas orientadas a la formalización empresarial. Este sistema tendrá como insumo principal los registros administrativos, las operaciones estadísticas económicas y sociales que realiza el DANE y, el Censo Económico que empezará su realización en el año 2021.

Parágrafo 1º. Las entidades públicas y los particulares que ejerzan funciones públicas deberán poner a disposición del DAI\IE la información que generen, obtengan, adquieran, controlen y/o administren, con el fin de implementar y actualizar el SIECI y aplicar los procesos de validación, de acuerdo con lo dispuesto en el artículo 155 de la Ley 1955 de 2019.

Para la entrega e intercambio de esta información no será necesaria la suscripción de convenios, contratos o acuerdos de confidencialidad.

Parágrafo 2º. El Departamento Administrativo Nacional de Estadística - DANE podrá facilitar el acceso y uso de las bases de datos del SIECI a las entidades del orden nacional, departamental, municipal o distrital para la microfocalización de políticas públicas que estén directamente relacionadas con el objeto de la presente Ley. Para tal efecto se deberá presentar una solicitud concreta de información al DANE, la cual deberá cumplir con las condiciones señaladas por el Departamento mediante acto administrativo. En los casos aprobados por el DANE operará el traslado de la reserva legal contenida en el artículo 5° de la Ley 79 de 1993 a las entidades receptoras de la información. Por lo tanto, las entidades receptoras deberán dar estricto cumplimiento a lo contenido en la reserva legal del artículo 5° de la Ley 79 de 1993 frente a otras solicitudes i que puedan realizarse sobre la información suministrada por el DANE en cumplimiento de lo dispuesto en la presente Ley.

Parágrafo 3º. La reglamentación para la construcción y operación del Sistema al que se hace referencia en el presente artículo deberá expedirse dentro de los seis (6) meses siguientes a la entrada en vigencia de la presente Ley.

Parágrafo 4º. El Departamento Administrativo Nacional de Estadística - DANE diseñara un aplicativo para la consulta ciudadana del Sistema de Información de Actividades Económicas Informales (SIECI) con la información más relevante a nivel nacional, departamental y municipal.

Quienes conforme al artículo anterior pueden convocar a la junta de socios o a la asamblea, deberán hacerlo también cuando lo solicite un número de asociados representantes del 10 % o más del capital social.

Parágrafo Transitorio. Debido a las circunstancias de fuerza mayor que están alterando la salud pública y el orden público económico, el Gobierno Nacional podrá establecer el tiempo y la forma de la convocatoria y las reuniones ordinarias del máximo órgano social de las personas jurídicas, incluidas las reuniones por derecho propio, para el año 2021 y las disposiciones necesarias para las reuniones pendientes del ejercicio 2020.

Art. 8º. CONTABILIDAD SIMPLIFICADA PARA MICROEMPRESAS

El Art. 2º de la Ley 1314 de 2009 quedará así:

«Art. 2º. ÁMBITO DE APLICACIÓN. La presente ley aplica a todas las personas naturales y jurídicas que, de acuerdo con la normatividad vigente, estén obligadas a llevar contabilidad, así como a los contadores públicos, funcionarios y demás personas encargadas de la preparación de estados financieros y otra información financiera, de su promulgación y aseguramiento.

En desarrollo de esta ley y en atención al volumen de sus activos, de sus ingresos, al número de sus empleados, a su forma de organización jurídica o de sus circunstancias socioeconómicas, el Gobierno autorizará de manera general que ciertos obligados lleven contabilidad simplificada, emitan estados financieros y revelaciones abreviados o que estos sean objeto de aseguramiento de información de nivel moderado.

El Gobierno podrá autorizar que las microempresas lleven contabilidad de acumulación, o de caja, o métodos mixtos, según la realidad de sus operaciones, así como según los criterios enumerados en el párrafo anterior.

Parágrafo 1º. Deberán sujetarse a esta ley y a las normas que se expidan con base en ella, quienes sin estar obligados a observarla pretendan hacer valer su información como prueba.»

Art. 9º. ALIANZAS PARA LA PROMOCIÓN DEL DESARROLLO EMPRESARIAL Y LA INCLUSIÓN FINANCIERA DE LOS MICRONEGOCIOS

El Ministerio de Comercio, Industria y Turismo podrá concertar y ejecutar programas, planes y proyectos para la profundización de los microcréditos, como instrumento de creación, formalización de las microempresas y de generación de empleo, directamente con entidades sin ánimo de lucro, entidades vigiladas por la Superintendencia Financiera o por la Superintendencia de la Economía Solidaria y/o con sociedades comerciales que otorguen mecanismos de financiamiento como una de las actividades principales para el desarrollo de su objeto social y que sean de reconocida idoneidad, incluyendo a las sociedades comerciales no captadoras y aquellas basadas en tecnología Fintech.

Para estos efectos, el Ministerio de Comercio, Industria y Turismo y las entidades establecidas en el párrafo anterior, podrán suscribir convenios marco en donde se establezcan los términos generales de entendimiento a que haya lugar o convenios particulares para la ejecución de tales programas, planes y proyectos.

Art. 10. ZONA ECONÓMICA SOCIAL Y ESPECIAL

Adiciónese el parágrafo número 6 al artículo 268 de la Ley 1955 de 2019, el cual quedará así:

Parágrafo 6º. Exceptúese a las sociedades comerciales que durante el año 2020 se acogieron en el régimen especial en materia tributaria ZESE, de cumplir el requisito de generación empleo durante dicha vigencia. Este requisito, deberá tener cumplimiento a partir del año 2021.

Art. 11. DE LAS FRANQUICIAS

El Gobierno Nacional promoverá el modelo de franquicias como alternativa para el emprendimiento y la expansión de MiPymes. ~~(Para estos efectos, reglamentará las condiciones técnicas que definen la franquicia, las obligaciones y el régimen de responsabilidad del franquiciante y el franquiciado, a que haya lugar).~~

Las ~~(condiciones técnicas y)~~ estrategias definidas por el Gobierno Nacional para promover el modelo de franquicias como alternativa de emprendimiento, en ningún momento podrán representar mayores beneficios que los implementados para promover la creación de nuevas empresas.

NOTA: Los textos entre paréntesis fueron declarados inexequibles por la Corte Constitucional en la Sentencia C-188 de 2022.

Art. 12. INTEROPERABILIDAD ENTRE LA VENTANILLA ÚNICA EMPRESARIAL Y EL SISTEMA DE AFILIACIÓN TRANSACCIONAL

Las instituciones públicas y privadas que integran el Sistema de Seguridad Social Integral y el Sistema de Subsidio Familiar, y la DIAN, con el fin de simplificar y facilitar la formalización laboral, deberán interoperar con el Sistema de Afiliación Transaccional y este a su vez con la Ventanilla Única Empresarial (VUE) los procesos de creación y operación de empresas, para lo cual deberán realizar los ajustes normativos y tecnológicos necesarios a más tardar dentro de los seis (6) meses siguientes a la expedición de la presente Ley.

Art. 13

El artículo 57 de la Ley 21 de 1982, modificado por el artículo 139 del Decreto Ley 019 de 2012, quedará así:

«Artículo 57. Afiliación a las Cajas de Compensación Familiar. Las Cajas de Compensación Familiar tienen la obligación de afiliar a todo empleador, trabajador independiente y pensionado, quienes deben acreditar la siguiente información:

a. En el caso de los empleadores:

1. Nombre del empleador, domicilio, identificación, lugar donde se causen los salarios y manifestación sobre si estaba o no afiliado a alguna Caja de Compensación Familiar con anterioridad a la solicitud.

2. En caso de que el empleador sea persona jurídica, el certificado de existencia de representación legal, expedido por la Cámara de Comercio del domicilio social, el cual puede ser consultado por la Caja a través de medios electrónicos en los términos previstos en este Decreto; en caso de ser persona natural, fotocopia de la cédula de ciudadanía.

3. Certificado de paz y salvo, en el caso de afiliación anterior a otra caja, y

4. Relación de trabajadores y salarios, para el caso de los empleadores.

b. En caso de los trabajadores independientes y pensionados:

1. Carta de solicitud con nombre completo del solicitante, domicilio, identificación, lugar de residencia, valor mensual de ingresos y declaración de la fuente de los ingresos y manifestación sobre si estaba o no afiliado a alguna Caja de Compensación Familiar con anterioridad a solicitud. En caso de hacerse la afiliación a través del SAT, el formulario único se entenderá como cumplido el presente requisito.

2. Copia del documento de identificación, en caso de no tener acceso al SAT.

3. Certificado de paz y salvo, en el caso de afiliación anterior a otra caja, y

4. En el caso de los pensionados, último reporte de pago de la mesada pensional.

Las Cajas de Compensación Familiar que operen en municipios de más de cuatrocientos mil habitantes deben comunicar por escrito todo rechazo o aprobación de afiliación, dentro de un término no superior a un (1) día contado a partir de la fecha de presentación de la respectiva solicitud. En los demás municipios deberán comunicar la aprobación o rechazo de la solicitud por escrito en un término no superior a tres (3) días, contados a partir de la fecha de presentación.

En caso de rechazo, la respuesta especificará los motivos determinantes del mismo. Una copia de la comunicación será enviada dentro del mismo término, a la Superintendencia del Subsidio Familiar la cual podrá improbar la decisión y ordenar a la Caja de Compensación Familiar la afiliación del solicitante, en protección de los derechos de los beneficiarios.

Las Cajas de Compensación Familiar no requerirán a los ciudadanos la documentación o información que reposen en bases de datos o sistemas de información que administren las autoridades, quienes deberán brindarles acceso.»

Parágrafo Transitorio. El Gobierno Nacional, las Cajas de Compensación Familiar y las demás instituciones públicas y privadas que intervienen en los procesos descritos en el presente artículo, deberán realizar los ajustes reglamentarios, técnicos y tecnológicos, según el caso, a más tardar dentro de los seis (6) meses siguientes a la expedición de la presente ley, para garantizar la habilitación y puesta en funcionamiento de las plataformas digitales oficiales y demás actuaciones y procedimientos necesarios para cumplir con el proceso de afiliación de empleadores, trabajadores independientes y pensionados a las Cajas de Compensación Familiar.

Art. 14

Elimínese del artículo 424 del Estatuto Tributario y adiciónense al artículo 477 del Estatuto Tributario los siguientes bienes:

- 85.04.40.90.90 Inversor de energía para sistema de energía solar con paneles
- 85.41.40.10.00 Paneles solares
- 90.32.89.90.00 Controlador de carga para sistema de energía solar con paneles.

Art. 15. ACTIVOS DE CONEXIÓN PARA LA TRANSICIÓN ENERGÉTICA

La autoridad ambiental competente no exigirá la presentación del Diagnóstico Ambiental de Alternativas- DAA del que trata la Ley 99 de 1993 o aquella que la modifique, sustituya o adicione, para los activos de conexión al Sistema Interconectado Nacional, de aquellos proyectos de generación de energía eléctrica que decidan compartir dichos activos conexión en los términos definidos por la regulación expedida por la Comisión de Regulación de Energía y Gas, o el Ministerio de Minas y Energía cuando este decida reasumir tal función. En los casos en que antes de la expedición de la presente ley uno o varios proyectos a los que se refiere este artículo estén en cualquier etapa del proceso relativo al Diagnóstico Ambiental de Alternativas - DAA, la actuación se dará por terminada y se pasará a la siguiente fase del licenciamiento ambiental. Lo anterior siempre y cuando para los activos de conexión levanten las alertas tempranas en materia ambiental, según la metodología y el procedimiento que definan el Ministerio de Minas y

Energía y el Ministerio de Ambiente y Desarrollo Sostenible de manera conjunta, quienes igualmente podrán reglamentar de manera conjunta los demás aspectos necesarios en relación con lo dispuesto en este artículo.

Art. 16. VISA PARA NÓMADAS DIGITALES, EMPRENDEDORES Y TRABAJADORES REMOTOS

El Gobierno Nacional en cabeza del Ministerio de Relaciones Exteriores expedirá un régimen especial para el ingreso, permanencia y trabajo en el país de los denominados «nómadas digitales», los cuales incluyen a personas dedicadas a realizar trabajo remoto y/o independiente, incluyendo las modalidades de teletrabajo, trabajo a distancia y/o trabajo remoto, con el propósito de promover al país como un centro de trabajo remoto en el marco de la cuarta revolución. Se requerirá la acreditación de un servicio de asistencia médica durante su permanencia en el país.

Art. 17

Teniendo en cuenta las nuevas circunstancias mundiales, habilítese el trabajo remoto más allá del teletrabajo, con el fin de garantizar la generación de empleo en el país, y la consolidación y crecimiento de las empresas.

Parágrafo 1°. El Gobierno nacional reglamentará la materia.

Art. 18

Teniendo en cuenta las nuevas tecnologías e importancia de la digitalización, el Gobierno Nacional reglamentará el uso de la firma electrónica y digital en el país, en un término no mayor a los siguientes seis (6) meses a partir de la vigencia de esta ley, para que se utilice en la suscripción de documentos de carácter privado y público, como una herramienta para facilitar la innovación y transformación digital.

Art. 19

Las MiPymes del sector agropecuario cuyas iniciativas de producción estén enfocadas en la seguridad alimentaria, la mejora técnica, la sostenibilidad productiva, cuidado de agua y/o que desarrollen dentro de su actividad impactos ecológicos y ambientales positivos serán beneficiarias de un programa de capacitación especial y accederán a programas de aceleración de empresas en condiciones especiales para su promoción y desarrollo, así mismo contarán con un sello de reconocimiento que acompañará la marca de sus productos.

El Gobierno Nacional desarrollará estrategias diferenciales para promover el acceso a los programas por parte de los productores de la agricultura campesina, familiar y comunitaria.

Parágrafo 1º. Los emprendimientos que tengan en su mayoría la participación de mujeres rurales tendrán prioridad en los programas y serán candidatos a acceder a recursos no reembolsables provenientes de fondos especiales destinados a su promoción y fortalecimiento. Así mismo, dentro de su capacitación se incluirán temas de liderazgo y empoderamiento femenino.

Art. 20. CONSTITUCIÓN DE LAS ASOCIACIONES MUTUALES

Modifíquese el artículo 7° del Decreto 1480 de 1989, el cual quedará así:

«Art. 7º. CONSTITUCIÓN. Las Asociaciones Mutuales se constituirán con un mínimo de diez (10) personas naturales, por documento privado que se hará constar en acta firmada por todos los asociados fundadores, con anotación de sus nombres, documentos de identificación y domicilios. En el mismo acto será aprobado el estatuto social y elegidos los órganos de administración y control».

Art. 21. NATURALEZA DE LAS ASOCIACIONES MUTUALES

Modifíquese el artículo 2° del Decreto 1480 de 1989, el cual quedará así:

«Art. 2 º. NATURALEZA. Las Asociaciones Mutuales son personas jurídicas de derecho privado, sin ánimo de lucro, constituidas libre y democráticamente por personas naturales, inspiradas en la solidaridad, con el objeto de brindarse ayuda recíproca frente a riesgos eventuales y satisfacer sus necesidades mediante la prestación de servicios de seguridad social, seguridad alimentaria y producción, transformación y comercialización de la Economía Campesina Familiar y Comunitaria - ECFC y en general, las actividades que permitan satisfacer las necesidades de diversa índole de sus asociados.

Parágrafo 1º. El Gobierno Nacional expedirá un Decreto de regulación prudencial sobre la captación del ahorro que desarrollan las asociaciones mutuales.

Art. 22. CONSTITUCIÓN DE COOPERATIVAS

Modifíquese el inciso 40 del artículo 14 de la ley 79 de 1988, el cual quedará así:

El número mínimo de fundadores será de tres, salvo las excepciones consagradas en normas especiales.

Para su inscripción en el registro público solo se requerirá la solicitud firmada por el representante legal, acompañada del acta de constitución y copia de los estatutos.

En las cooperativas que tengan 10 o menos asociados, ninguna persona natural podrá tener más del 33% de los aportes sociales y ninguna persona jurídica más del cuarenta y nueve por ciento (49%) de los mismos. En aquellas cooperativas cuyo número de asociados sea inferior a 10, en el estatuto o reglamentos se deberán adecuar los órganos de administración y vigilancia a las características de la cooperativa y al tamaño del grupo asociado. A falta de estipulación estatutaria sobre la creación de un consejo de administración, la totalidad de las funciones de administración y representación legal le corresponderán al representante legal designado por la asamblea.

Parágrafo 1°. Cuando la Cooperativa supere los 10 asociados, deberá en un término máximo improrrogable de 6 meses, ajustar el monto mínimo de aportes que debe tener cada asociado y nombrar los órganos de administración y vigilancia, conforme a las reglas de la Ley 79 de 1988.

Parágrafo 2°. El Gobierno Nacional reglamentará la aplicación del presente artículo como una alternativa simplificada de constitución de Cooperativas para el fomento del emprendimiento, siempre respetando los principios de administración y vigilancia, conforme a las reglas de la Ley 79 de 1988.

Art. 23

De conformidad con lo establecido por los artículos 4° de la Ley 79 de 1988 y 6° de la Ley 454 de 1988, las cooperativas y demás entidades de la economía solidaria son empresas. En tal virtud, para los efectos de la presente ley, las entidades de economía solidaria serán clasificadas como Mipymes en los términos establecidos por el artículo 2° de la Ley 590 de 2000 y por el Decreto 957 de 2019 o las normas que los modifiquen, deroguen o adicionen, sin perjuicio de la normatividad específica aplicable a sus diferentes figuras jurídicas, ni del marco de competencias institucionales de Gobierno para su fomento, fortalecimiento, inspección, control y vigilancia.

Art. 24

Modifíquese el numeral 4° del artículo 21 de la Ley 79 de 1988 y añádase un parágrafo, el cual quedará así:

4. Las micro, pequeñas y medianas empresas.

Parágrafo 1°. El Gobierno Nacional, reglamentará las condiciones que deben cumplir las Mipymes para asociarse a las cooperativas, particularmente en lo referente a su propósito de servicio, su carácter no lucrativo y el cumplimiento de lo establecido en el numeral 2° del artículo 6° de la Ley 79 de 1988 y el numeral 2° del artículo 13° de la Ley 454 de 1998.

Lo anterior en el marco de la Comisión Intersectorial de la Economía Solidaria.

Art. 25. FORTALECIMIENTO DE LA CAPACIDAD Y VISIÓN EXPORTADORA DE LOS EMPRENDIMIENTOS

El Ministerio de Comercio, Industria y Turismo, y demás entidades gubernamentales, trabajarán por la gestión, capacitación, acompañamiento y apoyo, a la visión y capacidad exportadora de los emprendedores nacionales, con la finalidad de que estos puedan abrirse campo en los mercados extranjeros y se preparen para las dinámicas del comercio internacional.

Parágrafo 1°. El Gobierno Nacional reglamentará este artículo.

Art. 26. MICROSEGUROS

El Gobierno Nacional establecerá una reglamentación que incentive y promueva los microseguros como una herramienta de protección y consolidación del tejido empresarial en el país. Esta reglamentación que se expida deberá establecer políticas, mecanismos, programas e instrumentos que permitan el acceso a estos seguros y su uso en los emprendimientos nacionales.

Art. 27. DEL ESTABLECIMIENTO DEL SEGURO MIPYME

Establézcase el seguro de Mipyme en Colombia, como instrumento para incentivar y proteger el emprendimiento, crecimiento, consolidación y sostenibilidad de las micro, pequeñas y medianas empresas, como estrategia para coadyuvar el desarrollo global del país.

El objeto del seguro es la protección de la totalidad o parte de los apoyos y/o inversiones financiadas con recursos de las entidades estatales, recursos del Presupuesto General de la Nación o con recursos propios del micro, pequeño y mediano empresario. El seguro podrá abarcar tanto el daño emergente como el lucro cesante.

Las tarifas de las pólizas expedidas en el desarrollo de los dispuesto por el presente artículo deberán cumplir los requisitos técnicos establecidos en el Estatuto Orgánico del Sistema Financiero o en las normas que lo sustituyan o adicionen.

Son entidades facultades para expedir estas pólizas, las compañías de seguros, públicas y privadas, vigiladas por la Superintendencia Financiera de Colombia.

Parágrafo 1°. El Gobierno Nacional podrá establecer programas e instrumentos que faciliten la obtención de este seguro por parte del micro, pequeño y mediano empresario.

Parágrafo 2°. El Gobierno Nacional reglamentará la aplicación de esta medida.

Art. 28

Adiciónese un parágrafo transitorio al artículo 850 del Estatuto Tributario, el cual quedará así:

Parágrafo Transitorio. Los saldos a favor generados en el impuesto sobre las ventas IVA por la venta de bienes exentos de manera transitorio en aplicación de los Decretos Legislativos 438 y 552 de 2020, podrán ser solicitados en devolución y/o compensación en proporción a los bienes vendidos, hasta por el término de duración de las emergencias sanitarias declaradas por el Ministerio de Salud y Protección Social, con ocasión de la pandemia derivada del Coronavirus COVID-19.

Una vez terminada las emergencias declaradas por el Ministerio de Salud y Protección Social, con ocasión de la pandemia derivada del Coronavirus COVID-19 los saldos a favor en el impuesto sobre las ventas IVA que no hayan sido solicitados en devolución y/o compensación solo podrán ser imputados en las declaraciones de los periodos siguientes.

Art. 29. MULTAS COVID-19

Con el fin de impulsar la demanda y reactivación del tejido empresarial a través del consumo, a partir de la promulgación de la presente ley, por única vez y hasta el 30 de junio de 2021, todas las personas naturales infractoras de las normas del Código Nacional de Seguridad y Convivencia Ciudadana, decretos del orden nacional, departamental, municipal o distrital, dictados a fin de contener la pandemia de la Covid-19, que tengan pendiente el pago de las multas, estén pagando o hayan incumplido acuerdos de pago por contravenciones impuestas hasta el 31 de agosto de 2020, fecha en que finalizó el aislamiento preventivo obligatorio, podrán acogerse a un descuento de hasta el sesenta por ciento (60%) del total de su deuda y del cien por ciento (100%) de sus respectivos intereses, conforme lo reglamente cada entidad departamental, municipal o distrital.

Parágrafo 1º. Quienes suscriban acuerdos de pago dentro del término previsto en este artículo, contarán con un plazo de hasta un (1) año contado a partir de la fecha de suscripción del acuerdo para pagar lo debido, y para lo cual, las autoridades correspondientes aplicarán lo dispuesto en sus manuales de cartera.

Quienes incumplan con una sola de las cuotas pactadas, perderán el beneficio de la amnistía y la autoridad correspondiente iniciará la ejecución por la totalidad de lo adeudado.

Parágrafo 2º. Los beneficios de que trata la presente ley no se reconocerán ni se concederán a aquellas personas infractoras de las normas de tránsito y transporte.

CAPÍTULO III
COMPRAS PÚBLICAS

Art. 30. MIPYMES y MÍNIMA CUANTÍA

Modifíquese el numeral 5 del artículo 2 de la Ley 1150 de 2007, el cual quedará así:

5) Contratación mínima cuantía. La contratación cuyo valor no excede del 10 por ciento de la menor cuantía de la entidad independientemente de su objeto, se efectuará de conformidad con las siguientes reglas:

a) Se publicará una invitación, por un término no inferior a un día hábil, en la cual se señalará el objeto a contratar, el presupuesto destinado para tal fin, así como las condiciones técnicas exigidas;

b) El término previsto en la invitación para presentar la oferta no podrá ser inferior a un día hábil;

c) La entidad seleccionará, mediante comunicación de aceptación de la oferta, la propuesta con el menor precio, siempre y cuando cumpla con las condiciones exigidas;

d) La comunicación de aceptación junto con la oferta constituye para todos los efectos el contrato celebrado, con base en lo cual se efectuará el respectivo registro presupuestal.

Parágrafo 1°. Las particularidades del procedimiento aquí previsto, así como la posibilidad que tengan las entidades de realizar estas adquisiciones a Mipymes o establecimientos que correspondan a la definición de «gran almacén» señalada por la Superintendencia de Industria y Comercio, se determinarán en el reglamento que para el efecto expida el Gobierno Nacional.

Parágrafo 2°. La contratación a que se refiere el presente artículo se realizará exclusivamente con las reglas en él contempladas y en su reglamentación. En particular no se aplicará lo previsto en la Ley 816 de 2003.

Art. 31. CRITERIOS DIFERENCIALES PARA MIPYMES EN EL SISTEMA DE COMPRA PÚBLICA

Las Entidades Estatales de acuerdo con el análisis de Sector podrán incluir, en los Documentos del Proceso, requisitos diferenciales y puntajes adicionales, en función del tamaño empresarial para la promoción del acceso de las MiPymes al mercado de Compras Públicas.

El Gobierno Nacional reglamentará la definición de los criterios diferenciales, sobre reglas objetivas que podrán implementar las Entidades Estatales.

Parágrafo 1°. Dentro de los criterios diferenciales que reglamente el Gobierno Nacional se dará prioridad a la contratación de producción nacional sin perjuicio de los compromisos comerciales adquiridos con otros Estados.

Art. 32. CRITERIOS DIFERENCIALES PARA EMPRENDIMIENTOS y EMPRESAS DE MUJERES EN EL SISTEMA DE COMPRAS PÚBLICAS

De acuerdo con el resultado del análisis del sector, las entidades estatales incluirán requisitos diferenciales y puntajes adicionales en los procesos de licitación pública, selección abreviada de menor cuantía y concurso de méritos, así como en los procesos competitivos que adelanten las entidades estatales que no apliquen en su gestión contractual el Estatuto General de Contratación Administrativa, como medidas de acción afirmativa, para incentivar emprendimientos y empresas de mujeres en el sistema de compras públicas, sin perjuicio de los compromisos adquiridos por Colombia en los acuerdos comerciales en vigor.

Parágrafo 1°. La definición de emprendimientos y empresas de mujeres se reglamentará por el gobierno nacional.

Art. 33. PROMOCIÓN DEL ACCESO DE LAS MIPYMES AL MERCADO DE COMPRAS PÚBLICAS

Modifíquese el artículo 12 de la Ley 590 de 2000, el cual quedará así:

«Art. 12. Promoción del acceso de las MiPymes al mercado de Compras Públicas. Con el fin de promover el acceso de las MiPymes al mercado de Compras Públicas, las Entidades Estatales indistintamente de su régimen de contratación, los patrimonios autónomos constituidos por Entidades Estatales y los particulares que ejecuten recursos públicos:

1. Deberán en el Análisis de Sector identificar las MIPYMES que podrían ser potenciales proveedoras directas o indirectas, con el fin de definir reglas que promuevan y faciliten su participación en el Proceso de Contratación.

2. Desarrollarán programas de aplicación de la normativa del Sistema de Compra Pública, en especial, la relacionada con las disposiciones que promueven la participación de las MIPYMES en las compras públicas, los incentivos y el Secop.

3. Promoverán e incrementarán, conforme a su respectivo presupuesto, la participación de micro, pequeñas y medianas empresas como proveedoras de los bienes y servicios que aquellas demanden.

4. Establecerán, en observancia de lo dispuesto en el artículo 11 de la presente ley, procedimientos administrativos que faciliten a micro, pequeñas y medianas empresas, el cumplimento de los requisitos y trámites relativos a pedidos, recepción de bienes o servicios, condiciones de pago y acceso a la información, por medios idóneos, sobre sus programas de inversión y de gasto.

5. Preferirán en condiciones de igual precio, calidad y capacidad de suministros y servicio a las MIPYMES nacionales.

6. Promoverán la división del Proceso de Contratación en lotes o segmentos que faciliten la participación de las MIPYMES en el Proceso de Contratación.

7. La Agencia Nacional de Contratación Pública - Colombia Compra Eficiente y el Ministerio de Comercio, Industria y Turismo, crearán un sistema de indicadores con el fin de evaluar anualmente la efectividad de la inclusión de las MIPYMES al mercado de compras públicas. A partir de esta evaluación, el Gobierno Nacional promoverá las mejoras que faciliten el acceso de éstas al mercado estatal a través de la implementación de ajustes normativos, nuevas herramientas, incentivos e instrumentos financieros.

8. En los dos primeros meses de cada año las entidades estatales definidas en este artículo deberán remitir información a la Agencia Nacional de Contratación Pública —Colombia Compra Eficiente—, sobre el cumplimiento y resultados de la adopción de las medidas establecidas en la presente disposición durante el año

inmediatamente anterior, lo cual servirá como insumo para la evaluación anual de qué trata el presente numeral.

Parágrafo. El incumplimiento de los deberes de que trata el presente artículo por parte de los servidores públicos constituirá causal de mala conducta.»

Art. 34. PROMOCIÓN DEL DESARROLLO EN LA CONTRATACIÓN PÚBLICA

Modifíquese el artículo 12 de la Ley 1150 de 2007, el cual quedará así:

«Art. 12. Promoción del desarrollo en la contratación pública. De conformidad con lo dispuesto en los artículos 13, 333 Y 334 de la Constitución Política, el Gobierno Nacional definirá las condiciones y los montos de acuerdo con los compromisos internacionales vigentes, para que, en desarrollo de los Procesos de Contratación, las Entidades Estatales indistintamente de su régimen de contratación, los patrimonios autónomos constituidos por Entidades Estatales y los particulares que ejecuten recursos públicos, adopten en beneficio de las Mipyme, convocatorias limitadas a estas en las que, previo a la Resolución de apertura del proceso respectivo, se haya manifestado el interés de por lo menos dos (2) Mipyme.

Asimismo, el reglamento podrá establecer condiciones preferenciales en favor de la oferta de bienes y servicios producidos por las Mipyme respetando los montos y las condiciones contenidas en los compromisos internacionales vigentes, cuando sean aplicables.

En todo caso, se deberá garantizar la satisfacción de las condiciones técnicas y económicas requeridas en el Proceso de Contratación.

De igual forma, en los pliegos de condiciones dispondrán, de mecanismos que fomenten en la ejecución de los contratos estatales la provisión de bienes y servicios por población en pobreza extrema, desplazados por la violencia, personas en proceso de reintegración o reincorporación y, sujetos de especial protección constitucional en las condiciones que señale el reglamento; siempre que se garanticen las condiciones de calidad y cumplimiento del objeto contractual.

Parágrafo 1°. En los Procesos de Contratación que se desarrollen con base en el primer inciso, las entidades podrán realizar las convocatorias limitadas que beneficien a las Mipyme del ámbito municipal o departamental correspondiente al de la ejecución del contrato.

Parágrafo 2°. Sin perjuicio de lo dispuesto en los artículos 5 y 6 de la Ley 1150 de 2007, para que las Mipymes puedan participar en las convocatorias a las que se refiere este artículo, deberán acreditar como mínimo un año de existencia, para lo cual deberán presentar el certificado expedido por la cámara de comercio o por la autoridad que sea competente para dicha · acreditación.

Parágrafo 3º. En la ejecución de los contratos a que se refiere el presente artículo, las entidades y los contratistas, deberán observar lo dispuesto en los artículos 90 a 95 de la Ley 418 de 1997 y las normas que la modifiquen, adicionen o subroguen.»

Art. 35. FACTORES DE DESEMPATE

En caso de empate en el puntaje total de dos o más ofertas en los Procesos de Contratación realizados con cargo a recursos públicos, los Procesos de Contratación realizados por las Entidades Estatales indistintamente de su régimen de contratación, así como los celebrados por los Procesos de Contratación de los patrimonios autónomos constituidos por Entidades Estatales, el contratante deberá utilizar las siguientes reglas de forma sucesiva y excluyente para seleccionar al oferente favorecido, respetando en todo caso los compromisos internacionales vigentes.

1. Preferir la oferta de bienes o servicios nacionales frente a la oferta de bienes o servicios extranjeros.

2. Preferir la propuesta de la mujer cabeza de familia, mujeres víctimas de la violencia intrafamiliar o de la persona jurídica en la cual participe o participen mayoritariamente; o, la de un proponente plural constituido por mujeres cabeza de familia, mujeres víctimas de violencia intrafamiliar y/o personas jurídicas en las cuales participe o participen mayoritariamente.

3. Preferir la propuesta presentada por el oferente que acredite en las condiciones establecidas en la ley que por lo menos el diez por ciento (10%) de su nómina está en condición de discapacidad a la que se refiere la Ley 361 de 1997. Si la oferta es presentada por un proponente plural, el integrante del oferente que acredite que el diez por ciento (10%) de su nómina está en condición de discapacidad en los términos del presente numeral, debe tener una participación de por lo menos el veinticinco por ciento (25%) en el consorcio, unión temporal o promesa de sociedad futura y aportar mínimo el veinticinco por ciento (25%) de la experiencia acreditada en la oferta.

4. Preferir la propuesta presentada por el oferente que acredite la vinculación en mayor proporción de personas mayores que no sean beneficiarios de la pensión de vejez, familiar o de sobrevivencia y que hayan cumplido el requisito de edad de pensión establecido en la Ley.

5. Preferir la propuesta presentada por el oferente que acredite, en las condiciones establecidas en la ley, que por lo menos diez por ciento (10%) de su nómina pertenece a población indígena, negra, afrocolombiana, raizal, palanquera, Rrom o gitanas.

6. Preferir la propuesta de personas en proceso de reintegración o reincorporación o de la persona jurídica en la cual participe o participen mayoritariamente; o, la de un proponente plural constituido por personas en proceso de reincorporación, y/o personas jurídicas en las cuales participe o participen mayoritariamente.

7. Preferir la oferta presentada por un proponente plural siempre que: (a) esté conformado por al menos una madre cabeza de familia y/o una persona en proceso de reincorporación o reintegración, o una persona jurídica en la cual participe o participen mayoritariamente, y, que tenga una participación de por lo menos el veinticinco por ciento (25%) en el proponente plural; (b) la madre cabeza de familia, la persona en proceso de reincorporación o reintegración, o la persona jurídica aporte mínimo el veinticinco por ciento (25%) de la experiencia acreditada en la oferta; y (c) ni la madre cabeza de familia o persona en proceso de reincorporación o reintegración, ni la persona jurídica, ni sus accionistas, socios o representantes legales sean empleados, socios o accionistas de los miembros del proponente plural.

8. Preferir la oferta presentada por una Mipyme o cooperativas o asociaciones mutuales; o un proponente plural constituido por Mipymes, cooperativas o asociaciones mutuales.

9. Preferir la oferta presentada por el proponente plural constituido por micro y/o pequeñas empresas, cooperativas o asociaciones mutuales.

10. Preferir al oferente que acredite de acuerdo con sus estados financieros o información contable con corte a 31 de diciembre del año anterior, por lo menos el veinticinco por ciento (25%) del total de pagos realizados a MIPYMES, cooperativas o asociaciones mutuales por concepto de proveeduría del oferente, realizados durante el año anterior; o, la oferta presentada por un proponente plural siempre que: (a) esté conformado por al menos una MIPYME, cooperativa o asociación mutual que tenga una participación de por lo menos el veinticinco por ciento (25%); (b) la MIPYME, cooperativa o asociación mutual aporte mínimo el veinticinco por ciento (25%) de la experiencia acreditada en la oferta; y (c) ni la MIPYME, cooperativa o asociación mutual ni sus accionistas, socios o representantes legales sean empleados, socios o accionistas de los miembros del proponente plural.

11. Preferir las empresas reconocidas y establecidas como Sociedad de Beneficio e Interés Colectivo o Sociedad BIC, del segmento MIPYMES.

12. Utilizar un método aleatorio para seleccionar el oferente, método que deberá haber sido previsto previamente en los Documentos del Proceso.

Parágrafo 1º. Los factores de desempate serán aplicables en el caso de las cooperativas y asociaciones mutuales que cumplan con los criterios de clasificación empresarial, definidos por el Decreto 957 de 2019, priorizando aquellas que sean micro, pequeñas o medianas.

Parágrafo 2º. Para los criterios enunciados que involucren la vinculación de capital humano, el oferente deberá acreditar una antigüedad igual o mayor a un año. Para los casos de constitución inferior a un año se tendrá en cuenta a aquellos trabajadores que hayan estado vinculados desde el momento de constitución de la misma.

Parágrafo 3º. El Gobierno Nacional podrá reglamentar la aplicación de factores de desempate en casos en que concurran dos o más de los factores aquí previstos.

Art. 36. PROMOCIÓN DE LAS COMPRAS PÚBLICAS DE TECNOLOGÍA E INNOVACIÓN

Las entidades estatales, de acuerdo con los lineamientos que establezca la Agencia Nacional de Contratación Pública Colombia Compra Eficiente, procuraran generar inversiones o compras que permitan involucrar nuevas tecnologías, herramientas tecnológicas e innovación en sus funciones o sistemas, que permitan generar mejores servicios a los ciudadanos, fomentar el desarrollo tecnológico del Estado, y promover en las empresas y emprendedores nacionales la necesidad de innovar y usar la tecnología dentro de su negocio. El Gobierno Nacional reglamentará esta materia.

De igual manera, las entidades estatales podrán aprovechar los laboratorios de innovación pública del Gobierno Nacional, para adquirir nuevas y mejores soluciones a los retos que presenta la ejecución de las políticas públicas, el ejercicio propio de sus funciones, y la atención de servicios a los ciudadanos.

TÍTULO III
ACCESO AL FINANCIAMIENTO

Art. 37. MODIFICACIÓN DEL OBJETO SOCIAL DEL FONDO NACIONAL DE GARANTÍAS

Modifíquese el artículo 240 del Decreto Ley 663 de 1993, el cual quedará así:

1. Naturaleza Jurídica. El Fondo Nacional de Garantías S.A., cuya denominación social podrá girar bajo la sigla «FNG S.A.», es una sociedad anónima de carácter mercantil y de economía mixta del orden nacional, cuya creación fue

autorizada mediante el Decreto 3788 del 29 de diciembre de 1981 y vinculada al Ministerio de Hacienda y Crédito Público. El Fondo Nacional de Garantías S.A. se someterá a la supervisión de la Superintendencia Financiera y a las reglas prudenciales sobre margen de solvencia, patrimonio técnico, constitución de reservas técnicas y demás normas que determine el Gobierno Nacional a partir del 1o. de enero de 2004.

Parágrafo. Por motivos del reordena miento del Estado, el Gobierno Nacional podrá ordenar la vinculación del Fondo Nacional de Garantías S.A. a otro Ministerio.

2. Régimen Legal: El Fondo Nacional de Garantías S.A. se regirá por las normas consagradas en este estatuto, así como por las disposiciones relativas a las sociedades de economía mixta que resulten de su composición accionaria, por el Código de Comercio, por las demás normas complementarias y concordantes y por sus estatutos.

3. Objeto Social. El objeto social del Fondo Nacional de Garantías S.A. consiste en obrar de manera principal pero no exclusiva como fiador o bajo cualquier otra forma de garante de toda clase de operaciones activas de las instituciones financieras, valores representativos de deuda, valores representativos de capital social y fondos de inversión colectiva conforme la regulación vigente, con los usuarios de sus servicios, sean personas naturales o jurídicas, así como actuar en tales calidades respecto de dicha clase de operaciones frente a otra especie de establecimientos de crédito legalmente autorizados para desarrollar actividades, sean nacionales o extranjeros, patrimonios autónomos constituidos ante entidades que legalmente contemplen dentro de sus actividades el desarrollo de estos negocios, las entidades cooperativas y demás formas asociativas del sector solidario, las fundaciones, las corporaciones, las cajas de compensación familiar y otros tipos asociativos privados o públicos que promuevan programas de desarrollo social. Adicionalmente, el Fondo Nacional de Garantías S.A. podrá otorgar avales o garantías a valores de naturaleza negociable que hagan parte de una emisión, así como a favor de vehículos de inversión como fondos de inversión colectiva que tengan como propósito impulsar y/o apalancar proyectos productivos generadores de crecimiento económico y empleo.

El Fondo Nacional de Garantías S.A., dentro del giro ordinario de sus negocios, estará facultado para otorgar garantías sobre créditos y otras operaciones activas de esta naturaleza que se contraigan a favor de entidades que no posean la calidad de intermediarios financieros, por parte de personas naturales o jurídicas que obran como comercializadores o distribuidores de sus productos y bienes en el mercado.

Se entenderán comprendidos dentro de las actividades propias de su objeto social, todas las enajenaciones a cualquier título que el FNG S.A. realice de bienes muebles o inmuebles cuyas propiedades se le hayan transferido o que figuren a su nombre como consecuencia de negociaciones o producto del ejercicio de las acciones judiciales o extrajudiciales que ejercite tendientes a obtener la recuperación de las sumas que hubiere satisfecho a los beneficiarios de las garantías.

4. Domicilio. El Fondo Nacional de Garantías S.A. tendrá su domicilio principal en la ciudad de Bogotá, D. C. y podrá establecer sucursales o agencias en otros lugares del país, según determine su Junta Directiva y con sujeción a las normas aplicables sobre la materia.

Art. 38. FUNCIONES DEL FONDO NACIONAL DE GARANTÍAS

Modifíquese el artículo 241 del Decreto Ley 663 de 1993, el cual quedará así:

En desarrollo de su objeto social el Fondo Nacional de Garantías S.A. podrá realizar las siguientes operaciones:

a) Atender entre otros, los sectores de comercio, servicios, industrial, agroindustrial y exportador, o a otros sectores o programas, de conformidad con las prioridades que se identifiquen para el desarrollo de las políticas del Gobierno Nacional o los que señale su Junta Directiva;

b) Otorgar garantías en sus diferentes modalidades sobre operaciones pactadas en moneda legal o extranjera, que incluyan valores representativos de deuda, de capital social u operaciones de inversión en fondos colectivos con sujeción a las disposiciones legales que rigen la materia y a los lineamientos y autorizaciones que expresamente señale su Junta Directiva;

c) Realizar operaciones de retrogarantía con entidades legalmente autorizadas para el efecto, sean nacionales o extranjeras, entendiéndose por tales, la aceptación o cesión de riesgos derivados de garantías emitidas por entidades que obren como garantes directos o de primer piso. Las retrogarantías no generan relación alguna entre el retrogarante y el acreedor como tampoco entre el retrogarante y el deudor, pero el retrogarante comparte análoga suerte con el garante directo, salvo que se compruebe mala fe de este último, en cuyo caso la retrogarantía no surtirá efecto alguno;

d) Celebrar contratos de cofianzamiento con otras entidades nacionales o extranjeras que desarrollen actividades de igualo similar naturaleza a las del Fondo Nacional de Garantías S.A.;

e) Administrar a título oneroso recursos de otras entidades destinados a programas específicos de fomento y desarrollo de los grupos o sectores pertenecientes a los señalados en el literal a) del presente numeral y expedir las garantías necesarias con cargo a dichos recursos, previa autorización de la Junta Directiva;

f) Administrar a título oneroso cuentas especiales o fondos autónomos, con o sin personería jurídica, cuyos recursos se destinen al desarrollo de programas que tengan carácter afín o complementario con su objeto social;

g) Adelantar los procesos de cobro judicial y extrajudicial originados en el pago de garantías y en todo tipo de procesos si se considera necesario para la adecuada protección de los intereses del Fondo Nacional de Garantías S.A., para lo cual se observarán las normas que rigen tales procesos;

h) Realizar toda clase de actos y celebrar aquellos contratos, convenios, operaciones y, en general, cualquier otra actuación que demande el ejercicio de sus derechos o el cumplimiento de las obligaciones que legal y contractualmente se deriven de su existencia y funcionamiento;

i) Servirse de agentes, comisionistas o, en general, de cualquier otra clase de intermediarios para la explotación y promoción de sus negocios, de acuerdo con las autorizaciones que imparta la Junta Directiva del Fondo;

j) Suscribir o adquirir, a cualquier título, acciones, partes sociales o cuotas de interés de sociedades con ánimo de lucro, mediante aportes en dinero, bienes o servicios. Así mismo, podrá realizar toda clase de inversiones en moneda legal o extranjera y orientar sus recursos a la adquisición de activos no monetarios, sean muebles o inmuebles, corporales o incorporales, negociar títulos valores u otros documentos para el debido desarrollo de su actividad o como inversión de fomento o utilizaciones rentables, permanentes o transitorias, de fondos o disponibilidades, con sujeción a las disposiciones que determine el Gobierno Nacional;

k) Otorgar avales totales o parciales sobre títulos valores, de conformidad con las reglas que para el efecto señale el Gobierno Nacional;

l) Actuar como garante en emisión de valores de naturaleza negociable, así como en operaciones de inversión que en términos de mercado realicen vehículos de inversión como fondos de inversión colectiva que tengan como propósito impulsar y/o apalancar proyectos productivos generadores de crecimiento económico y empleo.

Art. 39. SISTEMAS DE MICROCRÉDITO

Adiciónese un parágrafo al artículo 39 de la ley 590 de 2000, el cual quedará así:

«**Parágrafo.** Los intermediarios financieros y las organizaciones especializadas en crédito microempresarial, deberán reportar conforme lo determinen las entidades que ejerce su inspección vigilancia y control, los honorarios y comisiones cobrados.»

Art. 40

Adiciónese un inciso tercero al artículo 158-1 del Estatuto Tributario, el cual quedará así:

«El mismo tratamiento previsto en este artículo será aplicable a las donaciones a iNNpulsa que realicen los contribuyentes del impuesto sobre la renta. Este incentivo sólo será aplicable, previa verificación del valor de la donación y aprobación por parte del Ministerio de Comercio, Industria y Turismo o la entidad a quien este delegue. Los recursos que así reciba iNNpulsa Colombia deberán ser destinados a la generación de nuevos programas o instrumentos, o el fortalecimiento de la oferta existente que beneficien a los emprendedores del país. Estos recursos podrán ser destinados como capital semilla para la consolidación e impulso de emprendimientos con potencial de crecimiento y que hayan participado dentro de los programas de consolidación de emprendimiento ofrecidos por iNNpulsa Colombia o quien haga sus veces. Estas donaciones no podrán ser destinadas a los gastos de funcionamiento de la entidad. El Gobierno nacional reglamentará el tratamiento previsto en este inciso.»

Art. 41

Adiciónese un inciso segundo al parágrafo segundo del artículo 256 del Estatuto Tributario, el cual quedará así:

«De igual manera, el tratamiento previsto en este artículo será también aplicable a las donaciones a iNNpulsa que realicen los contribuyentes del impuesto sobre la renta. Dichos recursos deberán ser destinados en las condiciones establecidas en el inciso tercero del artículo 158-1 de este Estatuto y de acuerdo con el reglamento que para tal efecto expida el Gobierno nacional.»

Art. 42. INVERSIONES EN CIENCIA, TECNOLOGÍA E INNOVACIÓN

El Gobierno Nacional promoverá inversiones en Actividades de Ciencia, Tecnología e Innovación para el sector agropecuario y agroindustriales mediante distintas estrategias como fondos consolidados, convocatorias especiales para Mipymes agropecuarias y agroindustriales, apalancamiento de recursos, y construyendo alianzas y conexiones de valor para la llegada de recursos provenientes del sector productivo. De igual manera, se trabajarán programas y estrategias que permitan apoyar y fomentar a los actores del Sistema Nacional de Ciencia, Tecnología e Innovación reconocidos por Ministerio de Ciencia, Tecnología e Innovación, así como a los grupos de investigación registrados ante el Ministerio de Ciencia, Tecnología e Innovación, que cuenten con programas de investigación, extensión o innovación y que trabajen en alianza con los subsectores productivos.

Parágrafo 1°. El Gobierno Nacional establecerá las condiciones para que proceda lo mencionado en este artículo mediante reglamentación que se expida para este efecto.

Art. 43

El Gobierno Nacional y los gobiernos territoriales organizarán una estrategia descentralizada de apoyo al emprendimiento a través del fomento de redes de ángeles inversionistas con enfoque de inclusión que permita el desarrollo y práctica de emprendimiento en todo el territorio nacional.

Parágrafo 1°. El Gobierno Nacional reglamentará lo dispuesto en el presente artículo, fomentando la participación ciudadana y de las partes interesadas.

Art. 44. ACTIVIDAD DE FINANCIACIÓN COLABORATIVA

Con el fin de consolidar la actividad de financiación colaborativa o crowdfunding como una alternativa de financiación para los emprendimientos en Colombia, el gobierno nacional podrá establecer el marco regulatorio aplicable a dicha actividad, la cual deberá estar dirigida a la financiación colaborativa a través de valores, en los términos del artículo 2 de la Ley 964 de 2005.

Las facultades mencionadas en el presente artículo incluyen la de determinar las diferentes modalidades a través de las cuales puede realizarse la actividad de financiación colaborativa o crowdfunding, y la de establecer las entidades vigiladas por la Superintendencia Financiera de Colombia autorizadas para ejercerla.

Art. 45

Las líneas especiales de crédito generadas por iNNpulsa, con recursos provenientes del Presupuesto Nacional, que estén destinadas a financiar emprendimientos en los términos establecidos en esta Ley, deberán expresar con claridad los siguientes puntos:

• Tasa de colocación al intermediario.

• Mecanismo mediante el cual se traslade al beneficiario final una reducción de tasa de interés frente a aquella informada al público por parte del intermediario.

• Plazo mínimo y máximo de Periodo de gracia, expresado en meses.

• Plazo mínimo y máximo de pago, expresado en meses.

Parágrafo 1°. A efectos de lo anterior, los reglamentos de las líneas especiales de crédito de las que trata el presente artículo podrán contemplar criterios diferenciadores que reconozcan la naturaleza, beneficiarios y objetivo de las líneas, para lo cual podrán considerar elementos de riesgo para la determinación de la tasa, periodos de gracia y plazo del crédito.

TÍTULO IV
MARCO INSTITUCIONAL

Art. 46. UNIFICACIÓN DE FUENTES DE EMPRENDIMIENTO y DESARROLLO EMPRESARIAL

Adiciónese y modifíquese el artículo 13 de la Ley 1753 de 2015, el cual quedará así:

«Art. 13. INNPULSA COLOMBIA. Unifíquense en un solo patrimonio autónomo el Fondo de Modernización e Innovación para las Micro, Pequeñas y Medianas Empresas y la Unidad de Desarrollo Empresarial creados por las Leyes 590 de 2000 y 1450 de 2011, que se denominará INNpulsa Colombia. Este patrimonio autónomo se regirá por normas de derecho privado, y será administrado por la sociedad fiduciaria que determine el Ministerio de Comercio, Industria y Turismo, de acuerdo con los lineamientos que fije el Gobierno Nacional.

INNpulsa Colombia será el patrimonio autónomo del Gobierno Nacional, mediante el cual las sociedades y entidades que integran la rama ejecutiva del poder público en el orden Nacional, ejecutarán los programas, instrumentos y recursos para el emprendimiento y el desarrollo empresarial con énfasis en emprendimiento e innovación empresarial en el país, que les sean asignados o deban desarrollar en el marco de sus competencias y funciones, sin perjuicio de sus obligaciones legales, judiciales y constitucionales, conforme a la reglamentación que se expida el Gobierno Nacional en la materia, la cual deberá incluir un proceso de implementación por etapas.

En atención a esta disposición, todas las sociedades y entidades que integran la rama ejecutiva del poder público en el orden Nacional con competencias y funciones para ejecutar los programas, instrumentos y recursos señalados deberán trasladarlos o ejecutarlos a través de iNNpulsa Colombia.

En cumplimiento de lo anterior, anualmente el Gobierno Nacional, con sujeción a las disposiciones del Presupuesto General de la Nación trasladará o destinará a iNNpulsa Colombia los recursos que correspondan en materia de emprendimiento, y el desarrollo empresarial con énfasis en emprendimiento e innovación empresarial en el país, con el fin de que este patrimonio autónomo los ejecute. Las entidades que trasladen o ejecuten sus programas, instrumentos y recursos a iNNpulsa Colombia, podrán participar en su planeación, diseño y ejecución.

Los recursos que integrarán el patrimonio autónomo son los siguientes:

1. Recursos provenientes del Presupuesto General de la Nación.

2. Recursos aportados por las sociedades y entidades que integran la rama ejecutiva del poder público en el orden Nacional, entidades territoriales o por particulares a través de convenios o transferencias.

3. Donaciones.

4. Recursos de cooperación nacional o internacional.

5. Rendimientos financieros generados por los recursos entregados, los cuales se reinvertirán de pleno derecho en el vehículo.

6. Los dividendos que sean decretados en favor de la Nación por la Asamblea General de Accionistas del Banco de Comercio Exterior (Bancóldex), previa autorización del CONPES.

7. Los demás recursos que obtenga o se le asignen a cualquier título. Los gastos de funcionamiento y administración en que incurra por la operación de este patrimonio se reintegrarán a la sociedad fiduciaria que lo administre.

Parágrafo 1°. Para la ejecución de programas financiados con recursos de destinación específica para municipios PDET, poblaciones vulnerables o de especial protección constitucional y otros que hayan sido creados por Ley, iNNpulsa Colombia deberá crear las subcuentas que se consideren necesarias para garantizar la adecuada administración y ejecución de estos recursos y su orientación exclusiva al cumplimiento de las obligaciones constitucionales, legales y judiciales de las entidades que los trasladan. En todo caso, iNNpulsa Colombia creará una subcuenta para el fortalecimiento de micronegocios con los recursos provenientes de las diferentes entidades de Gobierno y las diferentes fuentes de financiamiento del patrimonio orientadas a este segmento que se ejecutará de acuerdo con los lineamientos del Ministerio de Comercio, Industria y Turismo.

Parágrafo 2°. Se excluye del presente artículo al Servicio Nacional de Aprendizaje —SENA— y sus programas misionales, los cuales continuarán rigiéndose por sus normas de creación, Ley 119 de 1994, Ley 789 de 2002 artículo 40, Decreto 934 de 2003, Ley 344 de 1996, o aquellas que las modifiquen, adicionen o sustituían conservando su autonomía e independencia jurídica administrativa y financiera. El SENA articulará su oferta institucional acorde a los objetivos del Sistema Nacional de Competitividad e Innovación y su Comité Técnico de Emprendimiento y las Comisiones Regionales de Competitividad. De igual manera, el SENA e iNNpulsa Colombia coordinarán su oferta institucional con el fin de beneficiar a los emprendedores nacionales.

Parágrafo 3º. Se excluye del presente artículo el Patrimonio Autónomo creado mediante el Decreto Legislativo No. 810 de 2020 que en adelante se denominará «Fondo Mujer Emprende», el cual continuará rigiéndose por su decreto de creación o por aquellas normas que lo modifiquen, adicionen o sustituyan, conservando su autonomía jurídica, administrativa y financiera. El «Fondo Mujer Emprende», coordinará su oferta institucional con iNNpulsa Colombia, y de manera conjunta podrán diseñar y ejecutar los planes, programas, iniciativas y herramientas para promover, apoyar y financiar el emprendimiento, formalización, fortalecimiento y el financiamiento empresarial de las mujeres.

Parágrafo 4º. El Patrimonio Autónomo Colombia Productiva creado en el artículo 50 de la Ley 1450 de 2011, coordinará su oferta institucional con iNNpulsa Colombia, y trabajaran de manera coordinada en iniciativas, programas e instrumentos que fomenten el emprendimiento y la productividad, la innovación y el desarrollo empresarial en el país.

Parágrafo 5º. iNNpulsa Colombia coordinará con el Fondo para el Financiamiento del Sector Agropecuario - FINAGRO, su oferta institucional para el desarrollo de programas de fomento al emprendimiento e innovación empresarial, educación financiera y tecnificación en el sector agropecuario y rural del país. Igualmente, de manera articulada y dentro de sus competencias, podrán diseñar y ejecutar los planes, programas, iniciativas y herramientas para promover, apoyar y financiar el emprendimiento, formalización, fortalecimiento y el financiamiento del sector agropecuario y rural del país, priorizando los emprendimientos liderados por pequeños productores, jóvenes, mujeres rurales y las víctimas definidas en la ley 1448 de 2011, en los términos señalados por el ordenamiento jurídico y las políticas públicas aplicables al sector agropecuario, y sin perjuicio de los programas financieros que determine la Comisión Nacional de Crédito Agropecuario.

Parágrafo 6º. El Gobierno Nacional deberá expedir la reglamentación de lo señalado en el presente artículo en los siguientes seis (6) meses de la expedición de esta ley. Mientras tanto se mantendrán las disposiciones normativas y los procesos de ejecución vigentes para los programas, instrumentos y recursos de las sociedades y entidades que integran la rama ejecutiva del poder público en el orden Nacional.

Parágrafo 7º. iNNpulsa Colombia rendirá anualmente un informe al Congreso de la República, en el cual informará como se han venido ejecutando los programas, instrumentos y recursos para el emprendimiento, la innovación y desarrollo empresarial. Así mismo, indicará cuántas Mipymes se han beneficiado en el marco de la misionalidad de la entidad.

Parágrafo 8º. Dentro de los seis (6) meses siguientes a la entrada en vigencia de la presente ley, iNNpulsa creará mecanismos y estrategias para garantizar el acceso de las Comunidades Afrocolombianas del país, a los distintos recursos que la entidad ejecute a través del Patrimonio Autónomo creado por esta ley; lo anterior, con el fin de garantizar el respeto por sus usos y costumbres y lapromoción de sus saberes ancestrales, como elemento impulsor del emprendimiento.

Parágrafo 9º. iNNpulsa Colombia, en conjunto con otras entidades del Gobierno Nacional, establecerán las respectivas definiciones sobre emprendimiento y sus diferentes características y tipos, así como los lineamientos que se deberán tener en cuenta para establecer la oferta institucional y apoyos que se brinden a emprendedores desde el Gobierno Nacional. Lo anterior, teniendo en cuenta lo establecido en esta Ley y documentos de política pública que se hayan expedido para tal efecto.

Art. 47. EMPRENDIMIENTO, FORMALIZACIÓN, FORTALECIMIENTO Y FINANCIACIÓN DE EMPRENDIMIENTOS y EMPRESAS DE MUJERES

El Patrimonio Autónomo creado mediante el Decreto Legislativo No. 810 de 2020 que en adelante se denominará «Fondo Mujer Emprende» tendrá vocación de permanencia y su administración y secretaría técnica estará a cargo de iNNpulsa Colombia. iNNpulsa Colombia y el Fondo Mujer Emprende en conjunto con las entidades del orden internacional, nacional, regional, municipal, públicas o privadas que considere, diseñará y ejecutará los planes, programas, iniciativas y herramientas para promover, apoyar y financiar el emprendimiento, formalización y fortalecimiento empresarial de las mujeres, con el fin de promover los emprendimientos y empresas de mujeres a nivel nacional. El Fondo Mujer Emprende tendrá la naturaleza de patrimonio autónomo derivado de iNNpulsa Colombia, y en sus lineamientos, estrategias y planes deberá adoptar y dar cumplimiento a los lineamientos de política pública, estrategias y recomendaciones sectoriales definidos por la Vicepresidencia de la República y la Consejería Presidencial para la Equidad de la Mujer, garantizando que los recursos del Fondo efectivamente sean destinados de forma adecuada a emprendimientos y empresas de mujeres. De igual manera, la Consejería Presidencial para la Equidad de la Mujer, tendrá participación en la Junta Asesora de iNNpulsa Colombia, para todo lo relacionado con el «Fondo Mujer Emprende» con voz y voto. iNNpulsa Colombia formulará el proyecto de inversión del Fondo Mujer Emprende teniendo en cuenta los lineamientos de la política de uso e inversión de los recursos y funcionamiento del Fondo, que serán definidos en conjunto entre iNNpulsa Colombia la Vicepresidencia de la República y la Consejería Presidencial para la Equidad de la Mujer.

Parágrafo 1º. Autorícese al gobierno nacional, de manera anual y con cargo al presupuesto general de la nación, a destinar al «Fondo Mujer Emprende», los recursos para el desarrollo de las actividades de emprendimiento, la formalización, fortalecimiento y financiamiento empresarial de las mujeres, los cuales estarán sujetos a las disponibilidades fiscales y al Marco de Gasto de Mediano Plazo.

Parágrafo 2º. El gobierno nacional definirá qué se entiende por emprendimientos y empresas de mujeres.

Art. 48. ACTIVIDADES DE INNPULSA COLOMBIA

En el marco de 121 política pública que se defina, iNNpulsa Colombia podrá realizar las siguientes actividades:

1. Promoverá el emprendimiento, la innovación empresarial, el crecimiento, la formalización y el desarrollo empresarial de las Mipymes de acuerdo a la política que defina el Ministerio de Comercio Industria y Turismo.

2. Ejecutará los programas de las diferentes entidades de Gobierno para el emprendimiento y la innovación empresarial, y el desarrollo empresarial con énfasis en emprendimiento e innovación empresarial en el país, de acuerdo con sus lineamientos técnicos, disponiendo de la estructura técnica, jurídica, administrativa y financiera necesaria para garantizar el cumplimiento de sus metas y objetivos. Lo anterior, sin perjuicio de la excepción estipulada en el parágrafo 2 del artículo 34 de esta ley.

3. Diseñará, estructurará e implementará iniciativas para el financiamiento de emprendimientos innovadores en etapa temprana y empresas u organizaciones de la economía solidaria con carácter innovador, mediante mecanismos de capital de riesgo, capital semilla y vehículos de inversión.

4. Promoverá el desarrollo económico incluyente del país, sus regiones y los municipios PDET mediante el emprendimiento y desarrollo empresarial con énfasis en emprendimiento e innovación empresarial, de la población joven del país, población víctima de la violencia, grupos étnicos, reincorporados o reintegra-

dos y otras poblaciones en situación de vulnerabilidad y de especial protección constitucional para su incursión en las cadenas de valor, generación de ingresos, estabilización, sostenibilidad, crecimiento y avances en formalización.

5. Promoverá la constitución de sociedades gestoras de inversiones independientes, de capital público, privado o mixto, que gestionen diferentes vehículos financieros, préstamos directos o subordinados, modelos de capitalización y de inversión directa fondeados con recursos del patrimonio autónomo, así como con otros aportes públicos, con inversión privada y con recursos de multilaterales.

6. Estructurará y gestionará productos y servicios financieros, esquemas de apoyo, soporte, promoción y financiación que canalicen recursos para promover el emprendimiento, la formalización y el fortalecimiento empresarial y de las organizaciones de economía solidaria de los emprendedores.

7. Desarrollará actividades de transferencias de conocimiento para la generación de recursos propios.

8. Invertir indirectamente mediante fondos de inversión y otros vehículos financieros en el capital de empresas del segmento MiPymes y organizaciones de la economía solidaria que permitan el desarrollo de su negocio y garanticen la construcción de la capacidad empresarial.

9. Articulará con entidades financieras de primer o segundo piso, fondos de inversión, sociedades Fintech y demás actores relacionados con el acceso al financiamiento de los emprendedores, organizaciones de la economía solidaria y las MiPymes, la estructuración y colocación de productos y servicios financieros y no financieros.

10. Liderar y adelantar el laboratorio de innovación pública con enfoque govtech, que favorece la colaboración del gobierno con emprendedores que utilizan inteligencia de datos y tecnologías emergentes para promover productos y servicios que resuelvan problemáticas públicas y aceleren la transformación digital del Estado.

11. Desarrollar fondos consolidados que faciliten la llegada de capital a los emprendedores, organizaciones de la economía solidaria y MIPYMES colombianas.

12. Brindará directamente o a través de terceros la prestación de asistencia técnica integral para la creación de modelos empresariales viables, organizaciones de economía solidaria y el desarrollo productivo de los emprendedores.

13. Diseñará e implementará mecanismos de financiación indirectos a los emprendedores.

14. Promocionar el desarrollo del emprendimiento y la innovación empresarial nacional a través de la creación de alianzas con actores internacionales y/o a

través de agentes de la entidad que estén ubicados en misiones diplomáticas ya establecidas.

15. Promocionará el desarrollo económico resiliente y sostenible del país y sus regiones mediante el emprendimiento y desarrollo empresarial con énfasis en emprendimiento e innovación empresarial en el país de actividades de provisión de bienes y servicios que realicen el uso sostenible del capital natural, cumplan los estándares de calidad ambiental, reduzcan las emisiones de gases efecto invernadero y/o aumenten la capacidad de los territorios para prevenir y reducir impactos del cambio climático. Adicionalmente, promocionará los emprendimientos de economía sostenible y de economía circular en el país.

16. Promocionará y apoyará el emprendimiento, la innovación y el desarrollo empresarial regional a través de alianzas, planes y programas con actores relevantes de las regiones.

17. Desarrollará iniciativas que promuevan la mentalidad y cultura emprendedora, y el estudio sobre emprendimiento e innovación empresarial, con el fin de promover y fortalecer esta actividad en el país. De igual manera, podrá articularse con entidades públicas y privadas, con el fin de desarrollar programas y estrategias que permitan fortalecer las estrategias académicas y de investigación existentes en el país sobre emprendimiento e innovación empresarial.

18. Promocionar el desarrollo de emprendimiento verdes que cumplan con la agenda de eficiencia, innovación empresarial, solidaridad y generación de producciones ambientalmente sostenibles que fortalezcan el desarrollo territorial.

Las demás actividades que le sean asignadas por Ley, el contrato de fiducia o las directrices del Gobierno Nacional.

Art. 49

En caso de declaratoria de estado de emergencia o situación de desastre del orden nacional, departamental, distrital o municipal los recursos y el presupuesto de iNNpulsa Colombia podrán ser usados, destinados o aportados para las siguientes actividades, siempre y cuando se cuente con la disponibilidad de los mismos y sin afectar la sostenibilidad de la oferta institucional existente:

1. Brindar asistencia a proyectos de emprendimiento o innovación que se vean afectados por el estado de emergencia o la situación de desastre, con el fin de promover condiciones para su continuidad y desarrollo.

2. Apalancamiento de recursos con el fin de apoyar en la mitigación de los daños causados por el estado de emergencia que guarden relación con proyectos de emprendimiento o innovación.

3. Recuperación de la infraestructura de proyectos de emprendimiento o innovación afectados, siempre que de ello dependa la continuidad y el desarrollo empresarial del emprendimiento.

Para el apoyo a proyectos de emprendimiento o innovación que no estén constituidos bajo una forma societaria y registrados en el Registro Único Empresarial (RUES), se realizará un censo económico, en la zona afectada, para lograr identificar todas las empresas y emprendimientos que se han visto perjudicados, con el apoyo de la Unidad de Gestión del Riesgo.

Art. 50. CENTROS DE EMPRENDIMIENTO

CEmprende es la iniciativa del Gobierno Nacional, en cabeza de iNNpulsa Colombia, que facilita la conexión entre los emprendedores, la academia, la empresa privada, el Estado y la sociedad para fortalecer y dinamizar el desarrollo del emprendimiento y la innovación en el país. Los Centros CEmprende serán aquellos espacios para generar conexiones de valor y promover el fortalecimiento de los actores del ecosistema emprendedor e innovador del país. En estos Centros de Emprendimiento, deberá habilitarse la participación de representantes de las instituciones de educación superior, técnica y tecnológica del país, de la empresa privada, de las cámaras de comercio, de las entidades sin ánimo de lucro, de los gremios nacionales y demás actores relevantes del ecosistema de emprendimiento local.

Parágrafo 1°. El Gobierno Nacional reglamentará el funcionamiento de los Centros Cemprende.

Art. 51. ENCUENTROS PARA LA PROMOCIÓN DEL EMPRENDIMIENTO Y LA INNOVACIÓN

El Ministerio de Comercio, Industria y Turismo a través de INNpulsa Colombia articularán esfuerzos con las Gobernaciones a nivel nacional para desarrollar en el entorno local encuentros para la promoción del emprendimiento y la innovación, como iniciativa de política pública dedicada al desarrollo de un entorno para las MiPymes a través del cual se fortalecerá la transferencia de conocimiento y conformación de redes de emprendedores para dar a conocer el potencial de negocios desde lo local hacia lo nacional. Estos encuentros serán espacios en los cuales se mostrarán las diferentes creaciones y se adelantarán entre otras, ruedas de negocio, ferias comerciales y se incentivarán nuevas inversiones como estímulo a la empresa nacional en los diferentes sectores que participen.

Parágrafo 1°. Se implementarán los diferentes canales de información, promoción y conocimiento de estos encuentros para su pleno desarrollo, así como las convocatorias a que haya lugar.

Parágrafo 2°. Las organizaciones de acción comunal, las Cámaras de Comercio y demás actores regionales podrán hacer parte de estos encuentros y podrán promover la participación de las empresas que hacen parte de sus registros.

Art. 52. PROMOCIÓN A LA ASOCIACIÓN DE PEQUEÑOS PRODUCTORES

El Ministerio de Agricultura y Desarrollo Rural e iNNpulsa Colombia, trabajarán de manera coordinada en diseñar y ejecutar los planes, programas, iniciativas y herramientas para promover, apoyar y financiar el emprendimiento, formalización, fortalecimiento, tecnificación y el financiamiento empresarial de las asociaciones de pequeños productores, con el fin de brindarles herramientas financieras y asistencia técnica que permita su desarrollo y consolidación en el país. Así mismo, se impulsarán proyectos de encadenamientos productivos apoyados por el Gobierno Nacional y de igual manera, estas entidades podrán trabajar de manera conjunta con las entidades territoriales en esta finalidad, y para dar cumplimiento de lo propuesto en las bases del Plan Nacional de Desarrollo, ley 1955 de 2019, específicamente el artículo 228.

Parágrafo 1°. En aras de propender por el emprendimiento, la formalización, el fortalecimiento y el financiamiento empresarial de las asociaciones de pequeños productores y el campesinado colombiano, el Gobierno Nacional en cabeza del Ministerio de Agricultura deberá garantizar la creación de una plataforma tecnológica, pública y gratuita donde los sujetos mencionados puedan realizar la oferta de sus cosechas sin intermediación. El Gobierno Nacional reglamentará la materia.

El Ministerio de Agricultura podrá realizar convenios con las plataformas tecnológicas que operan para tal fin en el país, hasta culminar el desarrollo de la plataforma pública, siempre y cuando garantice la gratuidad del servicio.

Art. 53. APOYO PRODUCTIVO A RETORNADOS

Adiciónese un parágrafo al artículo 4 de la Ley 1565 de 2012, el cual quedará así:

Parágrafo 1°. En lo referente al retorno productivo y al desarrollo y asesoría de emprendimientos de proyectos productivos, el Ministerio de Relaciones Exteriores a través de Colombia Nos Une podrá coordinarse o articularse con iNNpulsa Colombia, SENA y su Fondo Emprender con el fin que de manera conjunta diseñen y ejecuten los planes, programas, iniciativas y herramientas para promover, apoyar y financiar el emprendimiento, formalización, fortalecimiento y el financiamiento empresarial de los colombianos que retornen al país.

Art. 54. EMPRENDIMIENTOS SOCIALES

El Gobierno Nacional, en conjunto con los departamentos y municipios promoverán y apoyarán emprendimientos sociales con réditos en el bienestar de las comunidades, de manera especial en zonas rurales, regiones con mayores índices de pobreza del país y en los municipios PDIT. De igual manera, se desarrollarán programas que busquen identificar, formar, acompañar e incentivar el emprendimiento social en el país.

Parágrafo 1°. El Gobierno Nacional dará prelación a los emprendimientos sociales posteriores al huracán IOTA, que tengan como objeto la reconstrucción y rehabilitación del municipio de Providencia.

Art. 55. EMPRENDIMIENTOS VERDES

El Gobierno Nacional promoverá y apoyará emprendimientos verdes con réditos en el beneficio del cuidado, protección y preservación del medio ambiente, de manera especial en zonas rurales y regiones con mayores índices de pobreza del país. De igual manera, se desarrollarán programas que busquen identificar, formar, acompañar e incentivar emprendimientos verdes en el país.

Art. 56

Autorizase al Ministerio del Deporte, así como a los entes deportivos departamentales, distritales y municipales para hacer uso de los recursos del Sistema Nacional del Deporte, la Recreación y la Actividad Física o aquel que lo sustituya, modifique o complemente, con destino al apoyo en la constitución o fortalecimiento de los clubes especializados en la formación de nuevos atletas en divisiones, clases, categorías o grados inferiores, los emprendimientos de tipo industrial, comercial y de gestión de proyectos deportivos, así como del sector deportivo de bienes y servicios. Para efectos del apoyo de qué trata este artículo, el Ministerio del Deporte dictará los lineamientos con aplicabilidad a nivel nacional, departamental, distrital y municipal para otorgar el capital semilla de carácter concursable en los montos, cupos y condiciones, en concordancia con las reglas de sostenibilidad, responsabilidad y transparencia fiscal.

Para el otorgamiento de capital semilla se priorizará a los clubes deportivos que demuestren escasa capacidad económica para constituirse o continuar su funcionamiento, los de origen comunitario, los dedicados a la formación deportiva de mujeres y de personas en situación de discapacidad.

Parágrafo. El Ministerio del Deporte reglamentará lo dispuesto en el presente artículo, para lo cual deberá contar con la participación de las partes interesadas, así como a los entes deportivos departamentales, distritales y municipales.

Art. 57. RED REGIONAL PARA EL EMPRENDIMIENTO

Modifíquese el artículo 6 de la Ley 1014 de 2006, el cual quedará así:

«Art. 6°. RED REGIONAL PARA EL EMPRENDIMIENTO. Las Redes Regionales para el Emprendimiento se integrarán al Sistema Nacional de Competitividad e Innovación - SNCI a través de las Comisiones Regionales de Competitividad e Innovación y su objeto será el de articular las políticas, planes, proyectos y programas de emprendimiento con las necesidades propias de cada región.

Parágrafo 1°. La creación de las Redes Regionales de Emprendimiento será potestad de cada departamento y deberá ser presentada en el marco de las Comisiones Regionales de Competitividad e Innovación CRCI por cualquiera de sus miembros, considerando las necesidades y prioridades de cada región, y de conformidad con la agenda departamental de competitividad e innovación. En el caso de que en el marco de la Comisión Regional de Competitividad-CRC se considere la creación de las redes regionales de emprendimiento, su conformación e integración a las mismas, deberá seguir los lineamientos que defina el Sistema Nacional de Competitividad e Innovación.

Parágrafo 2°. En aquellos departamentos en donde se defina la creación de la Red Regional de Emprendimiento, el Gobierno Nacional realizará el respectivo acompañamiento de estas, con el fin de fortalecer el ecosistema de emprendimiento regional».

Parágrafo 3°. En aquellos departamentos en donde se defina la creación de la Red Regional de emprendimiento, deberá garantizarse la aplicación de un enfoque diferencial étnico que reconozca las características y necesidades propias de la población perteneciente a comunidades étnicas.

Art. 58. SISTEMA NACIONAL DE APOYO A LAS MIPYMES

Modifíquese el artículo 3 de la Ley 905 de 2004, el cual quedará así:

«Art. 3°. Intégrense al Sistema Nacional de Competitividad e Innovación, el Consejo Superior de la Microempresa y el Consejo Superior de la Pequeña y Mediana empresa, como instancias consultivas del nivel nacional, conformados por integrantes del sector público, privado, la Asociación Colombiana de Ciudades Capitales, la Federación Nacional de Departamentos y la Federación Nacional de Municipios para los asuntos relacionados con la promoción, el desarrollo y la consolidación de las micro, pequeñas y medianas empresas en Colombia. El Sistema Nacional de Competitividad e Innovación definirá las funciones, composición y funcionamiento de dichos Consejos.

Parágrafo 1°. Será potestad de cada departamento la creación de Consejos Regionales de MIPYMES, la cual deberá ser presentada en el marco de las Comisiones Regionales de Competitividad e Innovación - CRCI por cualquiera de sus miembros, considerando las necesidades y prioridades de cada región, y de conformidad con la agenda departamental de competitividad e innovación. En el caso de que en el marco de la Comisión Regional de Competitividad e Innovación —CRCI— se considere la creación de los consejos regionales, su conformación e integración a las mismas, deberá seguir los lineamientos que defina el Gobierno Nacional.»

Los Consejos Regionales de Mipymes serán instancias de diálogo y articulación a nivel departamental, conformados por integrantes del sector público y privado, para los asuntos relacionados con la promoción, el desarrollo y la consolidación de las micro, pequeñas y medianas empresas; y se integrarán a las Comisiones Regionales de Competitividad» de acuerdo con los lineamientos del Gobierno Nacional.

Art. 59. ESTUDIO DE POLÍTICAS Y PROGRAMAS DIRIGIDOS A LAS MIPYMES EN EL CURSO DE ELABORACIÓN DEL PROYECTO DEL PLAN NACIONAL DE DESARROLLO

El artículo 9° de la Ley 590 de 2000 (modificado por el artículo 8° de la Ley 905 de 2004) quedará así:

«Art. 9°. ESTUDIO DE POLÍTICAS Y PROGRAMAS DIRIGIDOS A LAS MIPYMES EN EL CURSO DE ELABORACIÓN DEL PROYECTO DEL PLAN NACIONAL DE DESARROLLO. El Departamento Nacional de Planeación, en coordinación con el Ministerio de Comercio, Industria y Turismo, estudiará en el curso de la elaboración del proyecto del Plan Nacional de Desarrollo, la inclusión de políticas y programas de promoción de las micro, pequeñas y medianas empresas teniendo en cuenta criterios de enfoque diferencial para las mujeres cabeza de familia, población en condición de discapacidad, mujeres víctimas de violencia intrafamiliar, mujer rural, víctimas del conflicto armado y personas en proceso de reintegración y reincorporación y adultos mayores no pensionados.»

Art. 60. PROMOCIÓN DEL EMPRENDIMIENTO EN BENEFICIARIOS ICETEX

Créese un Fondo Especial, que será administrado por ICETEX, con recursos provenientes del Presupuesto Nacional, aportes de ICETEX y/u otras entidades del orden regional, nacional o internacional, destinado a apoyar a quienes sean o hayan sido beneficiarios de programas de ICETEX y que sean admitidos en alguno de los instrumentos y/o programas de fomento y apoyo al emprendimiento del Gobierno Nacional. Este Fondo Especial permitirá la financiación total o parcial de programas especiales de formación, misiones empresariales, obtención de certificaciones, tutorías o mentorías especializadas o condonaciones de intereses corrientes en los créditos educativos vigentes. El Gobierno Nacional reglamentará en un período de 6 meses el funcionamiento y operación del mismo.

Art. 61. EMPRESARIOS SOLIDARIOS CON EMPRENDIMIENTOS NACIENTES

Con el fin de ofrecer una mayor oferta en asesoría empresarial para microempresas, el Ministerio de Industria, Comercio y Turismo, en coordinación con iNNpulsa Colombia o quien haga sus veces, impulsarán una red de empresarios solidarios para el acompañamiento y asesoría de microempresas que hayan participado en la oferta programática para nuevos emprendimientos en fase de incubación y etapa temprana, así como aquellas que se encuentren en proceso de crecimiento.

Parágrafo 1°. El Gobierno Nacional reglamentará esta materia.

Art. 62. VOLUNTARIADO PARA EL EMPRENDIMIENTO

El Ministerio de Comercio, Industria y Turismo, iNNpulsa Colombia y la Unidad Administrativa Especial de Organizaciones Solidarias, conformarán una red de voluntariado para el apoyo a los procesos de emprendimiento en el marco del Sistema Nacional de Voluntariado, incluyendo incentivos no pecuniarios para los voluntarios que se vinculen a la red.

Parágrafo 1º. La red de voluntariado para el apoyo a los procesos de emprendimiento se articulará con los consultorios empresariales de que trata el Artículo 58 de la presente Ley.

Art. 63. FONDOS TERRITORIALES TEMPORALES

Autorícese a los municipios a crear Fondos Territoriales temporales para el desarrollo integral y reactivación económica de las empresas y emprendimientos, los cuales tendrá por objeto financiar o invertir en proyectos que atiendan las necesidades más urgentes de las empresas y emprendimientos del municipio. Estos fondos serán unos patrimonios autónomos, de régimen de derecho privado, sin estructura administrativa propia y con domicilio en la correspondiente entidad territorial que los crea.

Parágrafo 1º. El municipio que desee crear el Fondo territorial para el Desarrollo Integral y la reactivación económica de las empresas y emprendimientos, deberá tomar como referencia los índices de Desempleo superiores al promedio nacional durante los últimos 5 años anteriores a su estructuración, así como también el índice de Necesidades Básicas Insatisfechas y Población.

Parágrafo 2º. Para la creación del Fondo territorial para el Desarrollo Integral y la reactivación económica de las empresas y emprendimientos, se deberá estar articulado con la Agenda de las Comisiones Regionales de Competitividad, que en adelante se denominarán «Esquema de Desarrollo y Desempeño Regional», para ello dicho comité deberá contar con su autorización previa verificación del cumplimiento de los requisitos del parágrafo primero, apoyándose en el Departamento Nacional de Estadística —DANE—.

Parágrafo 3º. La financiación de los Fondos Territoriales creados mediante esta Ley, se hará con cargo de acuerdo a la disponibilidad presupuestal de cada entidad territorial, igualmente se deberán destinar recursos del Sistema General de Regalías de acuerdo a los términos establecidos en la ley, así como también, se deberá gestionar recursos mediante convenios interadministrativos con las gobernaciones y el gobierno nacional. También, podrán incorporarse las donaciones o recursos de cooperación nacional o internacional no reembolsables, con el propósito de desarrollar su objeto.

Parágrafo 4º. El Gobierno Nacional deberá reglamentar el funcionamiento, las condiciones, destinaciones y requisitos de estos fondos una vez promulgada esta ley.

Art. 64

Modifíquese el numeral 3° del artículo 2° de la Ley 1636 de 2013, el cual quedará así:

«3. El Fondo de Solidaridad de Fomento al Empleo y Protección al Cesante FOSFEC, como fuente de beneficios a la población cesante que cumpla con los requisitos de acceso, de fortalecimiento de las competencias a los trabajadores afiliados a la respectiva Caja y de sus personas a cargo, enfocado a mejorar la productividad de las empresas y MIPYMES y fuente de fomento empresarial de MIPYMES afiliadas».

Art. 65. FORTALECIMIENTO DEL RECURSO HUMANO PARA LA PRODUCTIVIDAD

Las Cajas de Compensación Familiar podrán destinar recursos del Fondo de Solidaridad de Fomento al Empleo y Protección al Cesante (FOSFEC), inclusive los saldos y rendimientos para el diseño, creación y ejecución de programas de capacitación, certificación de competencias y reconocimiento de aprendizajes previos y/o fortalecimiento de habilidades y competencias dirigidos a los trabajadores activos y sus beneficiarios de las empresas y empleadores afiliados a la respectiva Caja que busquen mejorar la productividad de su recurso humano y que responda a las características productivas de sus regiones.

Art. 66. SERVICIOS DE FOMENTO Y DESARROLLO EMPRESARIAL

Las Cajas de Compensación Familiar podrán destinar recursos del Fondo de Solidaridad de Fomento al Empleo y Protección al Cesante (FOSFEC), inclusive los saldos y rendimientos o de otras fuentes de la misma Caja, para el fomento empresarial de aquellas MIPYMES afiliadas a la respectiva Caja que se encuentren en proceso de consolidación a través de la prestación de servicios y ejecución de programas tendientes a incrementar la productividad laboral, como procesos de innovación y apropiación tecnológica, laboratorios, espacios de co-creación, alianzas, asistencia técnica, la implementación de procesos de articulación entre los diferentes actores públicos y privados de los ecosistemas de emprendimiento y productividad, la posibilidad de otorgar créditos y demás identificados por las Cajas de Compensación Familiar de acuerdo con las dinámicas y desarrollo de los ecosistemas de emprendimiento y desarrollo empresarial en cada territorio, y en los términos establecidos por cada Caja y de acuerdo con la disponibilidad de recursos.

Parágrafo 1°. Para acceder y mantener los beneficios establecidos en el presente artículo, las MIPYMES deberán garantizar la continuidad de su nómina y estar al día en el pago de sus obligaciones parafiscales y aportes al Sistema de Seguridad Social Integral.

Parágrafo 2°. Las Cajas de Compensación Familiar definirán las tarifas y montos subsidiados de los servicios y programas previstos en el presente artículo, y el monto, plazo, intereses y demás condiciones de los créditos que con cargo al FOSFEC u otras fuentes de la misma Caja, pueden otorgar en el marco del presente artículo.

Art. 67. OPERACIÓN

Para el desarrollo y ejecución de los programas y servicios definidos en los artículos 50 y 51, las Cajas de Compensación Familiar podrán actuar en las siguientes modalidades: como gestoras y ejecutoras de los recursos del FOSFEC, incluyendo los saldos y rendimientos; a través de la celebración de convenios o alianzas de operación o co-financiación con entidades públicas o privadas, nacionales o internacionales; como operadoras de recursos o Programas especiales de financiación por otros actores del sistema u otras entidades públicas o privadas o de cooperación de orden nacional o internacional. En todo caso, las Cajas de Compensación Familiar podrán desarrollar metodologías e instrumentos diferenciados de acuerdo con las dinámicas existentes en la región y en el sector productivo.

Art. 68

Adiciónese un parágrafo al artículo 93 de la ley 1708 de 2014, el cual quedará así:

Parágrafo 2°. El administrador del Frisco, podrá enajenar tempranamente las acciones, cuotas partes, cuotas sociales, derechos fiduciarios o derechos de participación societaria en cualquier tipo de sociedad comercial, establecimientos de comercio y/o cualquier persona jurídica. Los dineros producto de la enajenación temprana y de los recursos que generen los activos productivos en proceso de extinción de dominio, ingresarán al Frisco y se destinarán bajo los lineamientos del artículo 91 de la presente ley. En este caso, el administrador del Frisco constituirá una reserva técnica del cincuenta por ciento (50%) con los dineros producto de la enajenación temprana. El Administrador del Frisco debe proceder a realizar la enajenación de la sociedad o el establecimiento de comercio, bien sea directamente o por intermedio del tercero especializado que realizó la valoración y la estructuración del proceso de venta.

Art. 69

Adiciónese un parágrafo al artículo 93 del Capítulo VIII del Título 3 del Libro 1 de la Ley 1708 de 2014, con el siguiente tenor:

El administrador del FRISCO podrá transferir el dominio de bienes inmuebles con medidas cautelares dentro de procesos de extinción de dominio, previa aprobación del Comité y teniendo en cuenta las circunstancias de que trata el presente artículo, a un patrimonio autónomo que constituya la Agencia Nacional Inmobiliaria Virgilio Barco Vargas de acuerdo con las competencias establecidas en el artículo 245 de la Ley 1753 de 2015 para desarrollar en cualquier lugar de Colombia, por si sola o en convenio con cualquier autoridad o entidad de orden nacional, departamental, distrital y municipal programas y/o proyectos de renovación urbana o desarrollo urbano que tengan componentes de utilidad pública o interés social, siempre que, la Agencia Nacional Inmobiliaria presente a la SAE la viabilidad del programa y/o proyecto, y esta última lo apruebe. En la misma se deberá incorporar la forma de pago de por lo menos el 30% del valor comercial del bien inmueble. Una vez se autorice la realización del proyecto por parte de la SAE, el bien no será objeto de comercialización.

El 70% restante del valor del bien será cubierto con las utilidades propias del negocio y el desarrollo del programa y/o proyecto en el plazo estipulado por este. Los ingresos que reciba el FRISCO por concepto del pago del 70% señalado anteriormente, se destinará en las formas previstas en el presente artículo.

En el evento de una orden judicial de devolución del bien, el Administrador del FRISCO restituirá a la(s) persona(s) que indique la decisión judicial el valor del bien con que fue transferido al patrimonio autónomo más los rendimientos financieros generados por los recursos transferidos al FRISCO a la fecha de devolución.

La devolución se hará con cargo a los recursos líquidos producto de la transferencia de dominio que hacen parte de la reserva técnica previo descuento de los gastos y costos en que se haya incurrido durante la administración del bien hasta el momento de su transferencia al patrimonio autónomo.

En caso de que los recursos de la reserva técnica del FRISCO no sean suficientes para dar cumplimiento a la orden judicial de devolución, el pago de estos se hará con cargo al Presupuesto General de la Nación.

Los costos, gastos y las utilidades producto de cada acuerdo específico, así como las condiciones relacionadas con la gestión integral inmobiliaria y de infraestructura requeridas para los proyectos, serán convenidas con la suscripción de cada acuerdo específico y/o derivado que celebren la Agencia Nacional Inmobiliaria Virgilio Barco Vargas y la SAE S.A.S., bajo los lineamientos descritos en la Metodología que adopten las partes.

La estructuración de los proyectos de qué trata el presente artículo estará a cargo de la Agencia Nacional Inmobiliaria Virgilio Barco Vargas de conformidad con su objeto social y lo establecido en el presente artículo. La transferencia del activo a favor del patrimonio autónomo constituye un aporte al proyecto del Gobierno Nacional - FRISCO, o de cualquier otra autoridad o entidad territorial sin perjuicio de la iniciativa pública, privada o mixta que tenga el proyecto.»

Art. 70. FACILIDADES PARA EL EMPRENDIMIENTO

Con el fin de generar sinergias, facilidades y alivios a los emprendedores, a partir del 1° de enero de 2022, la Superintendencia de Sociedades ejercerá las competencias asignadas por la Ley a la Superintendencia de Industria y Comercio para la inspección, vigilancia y control de las cámaras de comercio, así como las previstas en los artículos 27, 37 y 94 del Código de Comercio respecto del registro mercantil, el ejercicio profesional del comercio y la apelación de los actos de registro. Desde dicha fecha, la mención realizada en cualquier norma jurídica a esta última superintendencia como autoridad de supervisión o superior jerárquico de las cámaras de comercio se entenderá referida a la Superintendencia de Sociedades.

El Gobierno nacional garantizará los recursos técnicos, administrativos, financieros y humanos para el traslado de tales funciones y establecerá la tarifa o contribución que por concepto del servicio administrativo de supervisión deberán pagar las cámaras de comercio a la Superintendencia de Sociedades, de conformidad con los recursos necesarios para tal fin y su presupuesto, la cual será recaudada por la Superintendencia de Sociedades.

El Gobierno nacional reglamentará todo los concerniente a este artículo.

Art. 71

La Escuela Superior de Administración Pública participará, en su calidad de entidad integrante del Sistema de Ciencia, Tecnología e Innovación, en el diseño, elaboración y ejecución de políticas, programas y proyectos destinados a fomentar la creación, invención, cambio y alternativas de mejoramiento de los conocimientos científicos y habilidades tecnológicas en el campo de la administración pública, destinados al ejercicio eficiente y eficaz de la función pública en el cumplimiento de los fines del Estado. En tal sentido, podrá realizar los cambios organizacionales e institucionales que contribuyan a generar, consolidar, impulsar y apoyar acciones de Innovación y demás actividades destinadas al mejoramiento de la gestión y resultados de las entidades nacionales y territoriales.

La Escuela Superior de Administración Pública e iNNpulsa Colombia trabajarán conjunta y articuladamente en el diseño y ejecución de planes, programas, iniciativas y herramientas para promover y apoyar a las entidades públicas territoriales, encargadas del emprendimiento, su formalización, fortalecimiento y el financiamiento empresarial, en el mejoramiento de su capacidad gestión e impacto sobre la cualificación, desarrollo y consolidación del emprendimiento empresarial.

Art. 72

El Ministerio de Comercio, industria y Turismo, a través de su entidad adscrita iNNpulsa, o quien haga sus veces, priorizará por lo menos una (1) vez por año un (1) programa especial destinado al fortalecimiento de empresas o desarrollo de emprendimientos de origen rural de pequeños productores. Dicho programa contará con las condiciones más favorables posibles respecto a otros programas del Ministro de Comercio, Industria y Turismo, con el objetivo de favorecer estas comunidades vulnerables.

Art. 73. MEDIOS VIRTUALES DE PRUEBA EN MATERIA TRIBUTARIA Y DE CONTROL CAMBIARIO

Una vez pierda vigencia el Decreto 807 de 4 de junio de 2020, lo dispuesto en sus artículos 5, 6, 7 Y 8, que prevén la inspección tributaria virtual, la inspección contable virtual, las visitas administrativas virtuales de inspección, vigilancia y control, en materia tributaria y las visitas administrativas virtuales de inspección, vigilancia y control, en materia · de control cambiario, respectivamente, quedará incluido de manera permanente en el ordenamiento jurídico colombiano.

TÍTULO V
EDUCACIÓN Y EMPRENDIMIENTO

Art. 74. DOBLE TITULACIÓN Y FORMACIÓN PARA EL EMPRENDIMIENTO, LA INNOVACIÓN, EL EMPRESARISMO y LA ECONOMÍA SOLIDARIA

El SENA en conjunto con las Secretarías de Educación Departamentales, Distritales y Municipales podrán desarrollar para la educación media, un programa de doble titulación técnico bachiller, en donde el estudiante pueda obtener conocimientos y capacidades educativas, de formación para el trabajo, el emprendimiento y la innovación. El SENA deberá diseñar e implementar el programa de Formación para el Emprendimiento, la Innovación y el desarrollo empresarial, y de la economía solidaria productiva, que será transversal a los programas de formación en su oferta institucional y buscará el fomento del comportamiento emprendedor, el desarrollo de competencias emprendedoras, de innovación, empresariales y de economía solidaria productiva.

Este programa deberá tener un esquema de soporte de asesoría, investigación, extensionismo tecnológico y capital semilla del Fondo Emprender, que asegure la igualdad de oportunidades para los jóvenes emprendedores rurales y urbanos, contribuyendo así a la creación y desarrollo de empresas y de economía solidaria productiva, y al cierre de la brecha social del país. El programa podrá ofrecerse a través de la oferta presencial o virtual.

Parágrafo 1°. El Servicio Nacional de aprendizaje SENA y la Agencia Nacional Digital diseñarán e implementarán una herramienta digital para aquellas regiones apartadas, con el objetivo de que se pueda informar a través de los medios de comunicación a los jóvenes emprendedores rurales del programa de formación para el emprendimiento, la innovación y el desarrollo empresarial. De esta manera se garantizará el acceso en igualdad de condiciones.

Parágrafo 2°. Tanto el SENA como las Instituciones Educativas de educación superior podrán diseñar de igual forma, en el marco de su autonomía, programas de formación para el emprendimiento, innovación y desarrollo empresarial, que estén dirigidos estratégicamente a emprendimientos diferentes de los emprendimientos impulsados por jóvenes.

Art. 75. PROGRAMAS FORMACIÓN DOCENTE

Las Secretarías de Educación, en colaboración con entidades del sector productivo e instituciones de educación superior, podrán incluir en el Plan Territorial de Formación Docente o el que haga sus veces, contenidos que contribuyan al desarrollo de competencias referidas al emprendimiento, la iniciativa empresarial y de economía solidaria, la igualdad de oportunidades en el entorno empresarial y la creación y desarrollo de empresas y organizaciones de economía solidaría que desarrollen actividades productivas.

Art. 76. OPCIÓN TITULACIÓN DE GRADO

Las instituciones de educación superior y las instituciones de educación para el trabajo y el desarrollo humano podrán establecer en el marco de su autonomía, como requisito para obtener el título de profesión de las carreras que oferten, el desarrollo de proyectos de emprendimiento e innovación, por parte del estudiante de manera autónoma o en asocio con actores del ecosistema. De igual manera, podrán disponer la satisfacción del requisito de grado cuando proyectos de emprendimiento e innovación o empresas lideradas por los estudiantes, sean admitidos en alguno de los programas e instrumentos en materia de Competitividad e Innovación que tengan las entidades del gobierno nacional.

Art. 77. CONSULTORIOS EMPRESARIALES

Para asesoría gratuita a la micro empresa y organizaciones de economía solidaria productiva, las universidades que cuenten con programas de pregrado en economía, finanzas, contabilidad, administración de empresas, derecho, diseño e ingenierías, o carreras afines, en el marco de la autonomía universitaria podrán hacer uso de su infraestructura y capacidad técnica en programas, prácticas o consultorios empresariales, con el fin de que los estudiantes provean asesoría gratuita empresarial a micro empresas, pequeñas empresas u organizaciones de economía solidaria productiva, en asuntos financieros, contables, legales, tecnológicos y operativos, entre otros, para facilitar el emprendimiento, la innovación y el desarrollo de nuevos modelos de negocio que potencien y mejoren su capacidad de gestión para el acceso a financiación y a los mercados de bienes y servicios. Igualmente, podrán apoyar y dar asesoría a microempresas, pequeña empresa u organizaciones de economía solidaria productiva que estén o puedan estar en algún proceso, procedimiento o trámite de insolvencia.

Parágrafo 1°. La asesoría gratuita dispuesta en el presente artículo podrá ser prestada preferiblemente por aquellos estudiantes que hubieren cumplido al menos el ochenta por ciento (80%) del programa académico y que estén desarrollando su práctica, en un consultorio jurídico o en otro de los programas diseñados por cada universidad, y bajo la dirección, seguimiento y supervisión del director del centro, área específica, programa, alianza o del docente que se designe al efecto.

Parágrafo 2º. El Gobierno Nacional podrá diseñar lineamientos y orientaciones para guiar la estructuración de 105 consultorios empresariales de las Instituciones de Educación Superior interesadas.

Parágrafo 3º. El tiempo que haya durado el desarrollo de estas actividades de asesoría, podrá ser tenido en cuenta y reconocido como experiencia profesional, de acuerdo con la Ley 2043 de 2020.

Art. 78. ENSEÑANZA SOBRE EMPRENDIMIENTO

En los establecimientos oficiales y no oficiales que ofrezcan educación formal en los niveles de básica, y media, se promoverá el fortalecimiento de aptitudes y habilidades que permitan a futuro el desarrollo de competencias referidas al emprendimiento, incluyendo la educación cooperativa y en economía solidaria, en el marco de las Leyes 79 de 1988, 454 de 1998 y el artículo 27 de la Ley 1780 de 2016, con el cumplimiento de los siguientes objetivos:

1. Definición de unas competencias empresariales como ejes para el desarrollo humano integral y sustentable, las cuales deben incorporarse al currículo y desarrollarse a través de proyectos pedagógicos en el plan de estudios, sin perjuicio de la autonomía de que trata el artículo 77 de la Ley 115 de 1994.

2. Promover en todos los niveles de básica y media estrategias pedagógicas que favorezcan el emprendimiento, la innovación y la creatividad en los estudiantes. 3. Promover el desarrollo de competencias relacionadas con el emprendimiento de manera articulada a las competencias básicas y fundamentales en los establecimientos educativos.

Parágrafo 1º. El Ministerio de Educación Nacional definirá los lineamientos para el desarrollo de competencias relacionadas a las capacidades creativas en el nivel educativo de preescolar.

Art. 79. OPCIÓN DE HORAS PRÁCTICAS EN PROGRAMAS DE EDUCACIÓN PARA EL TRABAJO Y DESARROLLO HUMANO

Las instituciones de educación para el trabajo y el desarrollo humano podrán establecer, en el marco de su autonomía, dentro de las horas de formación prácticas, el desarrollo de proyectos de emprendimiento e innovación o la generación de empresa en el país relacionados directamente con el programa de formación y competencias definidas en el plan de estudio. Para el efecto, deberán informar a las secretarías de educación de las entidades territoriales certificadas respectivas, para el ejercicio de las funciones de inspección y vigilancia a su cargo.

Art. 80. ESPACIOS DE DIFUSIÓN Y PROMOCIÓN DEL EMPRENDIMIENTO

Las Instituciones de Educación Superior, podrán promover en el marco de su autonomía, espacios para la presentación, difusión y promoción de proyectos de emprendimiento e innovación de los miembros de su comunidad universitaria.

Art. 81. OBJETIVOS ESPECÍFICOS DE LA FORMACIÓN PARA EL EMPRENDIMIENTO

Adiciónese 105 siguientes literales al Artículo 12 de la Ley 1014 de 2006, así:

«Art. 12. OBJETIVOS ESPECÍFICOS DE LA FORMACIÓN PARA EL EMPRENDIMIENTO. Son objetivos específicos de la formación para el emprendimiento:

e) Fortalecer la formación y el acompañamiento al emprendimiento social y rural.

f) Contribuir al fortalecimiento de los programas desarrollados por las entidades sin ánimo de lucro, dedicadas a la promoción del emprendimiento social y rural.

g) Desarrollar habilidades para la identificación, caracterización, seguimiento, monitoreo y evaluación del impacto del emprendimiento social y rural en Colombia».

Art. 82. APOYO AL EMPRENDIMIENTO DE EDUCACIÓN SUPERIOR

El Gobierno Nacional dispondrá de alianzas y mecanismos de apoyo, a través del Ministerio de Ciencia Tecnología e Innovación, para fortalecer los sistemas de emprendimiento e innovación de las instituciones de educación superior, que contengan proyectos tecnológicos y de innovación en cabeza de estudiantes o grupos de investigación de instituciones de educación superior, que sean resultados de investigación básica, o investigación aplicada, que estén en asocio con una empresa y que mediante las Unidades de Emprendimiento o Centros de Emprendimiento busquen respaldo institucional, dando prelación a las instituciones de educación superior públicas.

Parágrafo 1°. El Ministerio de Educación Nacional, el Ministerio de Ciencia, Tecnología e Innovación y el Ministerio de Comercio Industria y Turismo definirán los lineamientos para una adecuada comprensión e implementación de lo que se entiende como investigación básica, investigación aplicada y empresas resultados de investigación de institución de educación superior.

Parágrafo 2°. El Ministerio de las tecnologías de la Información y las comunicaciones, diseñará instrumentos adecuados fomentando el desarrollo de empresas que surjan como resultado de instituciones de educación superior.

Parágrafo 3°. Adicionalmente en el marco de los sistemas de información estatal del gobierno nacional, se propiciará para la socialización y promoción de los programas de emprendimiento joven, accesible a todos los estudiantes de instituciones de educación superior, donde se les brindará la información y asesoría a los jóvenes sobre las posibilidades de emprender y pedagogía sobre el trámite y proceso para acceder.

Art. 83

El Gobierno Nacional, en alianza con actores del sector privado y la academia, trabajarán por generar espacios de articulación que permitan desarrollar programas o iniciativas que propendan por la innovación y el fortalecimiento de los modelos de negocios en las empresas e iniciativas productivas a través del planteamiento de la solución de retos, que permita la aprobación de la tecnología y de la innovación en el sector privado. De igual manera, se buscará a través de estos retos y espacios de articulación, generar la construcción de talento y habilidades necesarias en emprendimiento, desarrollo empresarial e innovación, y se buscará lograr la empleabilidad de estudiantes y ciudadanos que trabajen en la solución de los retos y que contribuyen en lo apropiación de la tecnología e innovación en las empresas.

Parágrafo 1°. El Gobierno Nacional reglamentará esta materia, teniendo en cuenta adicionalmente lo establecido de prácticas laborales en Ley 1955 de 2019.

Art. 84. VIGENCIA Y DEROGATORIAS

La presente Ley rige a partir del momento de su promulgación, el artículo 2 del decreto 468 de 2020 tendrá vigencia hasta el 31 de diciembre de 2021 y deroga los artículos 4 y 5 de la Ley 590 de 2000 (modificados respectivamente por los artículos 4 y 5 de la Ley 905 de 2004), los artículos 5, 7, 8, 9, 10, 11 y 19 de La Ley 1014 de 2006, y todas las disposiciones que le sean contrarias.

LEY 2195 DE 2022 POR LA CUAL SE DICTAN NORMAS SOBRE LA RESPONSABILIDAD DE LAS PERSONAS JURÍDICAS POR ACTOS DE CORRUPCIÓN TRANSNACIONAL Y SE DICTAN OTRAS DISPOSICIONES EN MATERIA DE LUCHA CONTRA LA CORRUPCIÓN

(...)

Art. 25

Modifíquese el Artículo 23 de la Ley 1778 de 2016, el cual quedara así: PROGRAMAS DE ÉTICA EMPRESARIAL. La Superintendencia de Sociedades promoverá en las personas jurídicas y sucursales de sociedades extranjeras sujetas a su supervisión, la adopción de programas de transparencia y ética empresarial que incluyan mecanismos y normas internas de auditoría y mecanismos de prevención de las conductas señaladas en el Artículo 2 de la presente Ley.

La Superintendencia determinara el contenido de los programas de transparencia y ética empresarial, las personas jurídicas y sucursales de sociedades extranjeras sujetas a esta obligación, teniendo en cuenta criterios tales como el sector, los riesgos del mismo, el monto de los activos, ingresos, el número de empleados y objeto social.

(...)

Art. 65. DESESTIMACIÓN DE LA PERSONALIDAD JURÍDICA PARA EL CONTROL FISCAL

En cualquier momento de la indagación preliminar o del proceso de responsabilidad fiscal que adelante la Contraloría General de la República, si de las pruebas recaudadas se considera necesario establecer el beneficiario real de las operaciones o transacciones realizadas por personas jurídicas presuntamente responsables, el Director de la actuación correspondiente podrá decretar como prueba el levantamiento del velo corporativo con el fin de identificar a los controlantes, socios, aportantes o beneficiarios reales, y de determinar si procede su vinculación como presuntos responsables al proceso, en cualquiera de los siguientes eventos:

1. Cuando se cuente con serios indicios de que la acción u omisión atribuida a la persona jurídica, haya sido producida por causa o con ocasión de las actuaciones de estos sujetos;

2. Cuando la persona jurídica promueva o se halle en estado de insolvencia o liquidación, y ponga en riesgo el resarcimiento del patrimonio público afectado;

3. Cuando la lesión al patrimonio público o a la afectación de intereses patrimoniales de naturaleza pública, se haya generado por explotación o apropiación de bienes o recursos públicos en beneficio de terceros.

Igualmente, cuando se requiera para el ejercicio de sus funciones y ante la inminencia de pérdida de recursos públicos, el jefe de la Unidad de Reacción Inmediata de la Dirección de Información, Análisis y Reacción Inmediata de la Contraloría General de la República podrá decretar el levantamiento del velo corporativo en los términos señalados en el presente artículo.

La orden impartida por el competente tendrá control jurisdiccional previo a su práctica por parte del Contralor General de la República o del Director de Información, Análisis y Reacción Inmediata, conforme a sus atribuciones contenidas en el Artículo 105 del Decreto 403 de 2020, el cual deberá surtirse en el término máximo de 10 días y en el que se analizara, entre otras, su pertinencia, necesidad y proporcionalidad.

Parágrafo 1º. El anterior tramite no será necesario en los casos establecidos en los artículos 125 y 126 del Decreto Ley 403 de 2020, para la vinculación directa al proceso de quienes, como gestores fiscales, servidores públicos o particulares, participen, concurran, incidan o contribuyan directa e indirectamente en la producción del daño fiscal.

Parágrafo 2º. Esta facultad es exclusiva de la Contraloría General de la República. El Contralor General de la República desarrollara los términos en que serán ejercidas estas competencias.

LEY 2213 DE 2022
POR MEDIO DE LA CUAL SE ESTABLECE LA VIGENCIA PERMANENTE DEL DECRETO LEGISLATIVO 806 DE 2020 Y SE ADOPTAN MEDIDAS PARA IMPLEMENTAR LAS TECNOLOGÍAS DE LA INFORMACIÓN Y LAS COMUNICACIONES EN LAS ACTUACIONES JUDICIALES, AGILIZAR LOS PROCESOS JUDICIALES Y FLEXIBILIZAR LA ATENCIÓN A LOS USUARIOS DEL SERVICIO DE JUSTICIA Y SE DICTAN OTRAS DISPOSICIONES

Art. 1º. OBJETO

Esta ley tiene por objeto adoptar como legislación permanente las normas contenidas en el Decreto ley 806 de 2020 con el fin de implementar el uso de las tecnologías de la información y las comunicaciones en las actuaciones judiciales y agilizar el trámite de los procesos judiciales ante la jurisdicción ordinaria en las especialidades civil, laboral, familia, jurisdicción de lo contencioso administrativo, jurisdicción constitucional y disciplinaria, así como las actuaciones de las autoridades administrativas que ejerzan funciones jurisdiccionales y en los procesos arbitrales.

Adicionalmente, y sin perjuicio de la garantía de atención presencial en los despachos judiciales, salvo casos de fuerza mayor, pretende flexibilizar la atención a los usuarios del servicio de justicia con el uso de las herramientas tecnológicas e informáticas como forma de acceso a la administración de justicia.

El acceso a la administración de justicia a través de herramientas tecnológicas e informáticas debe respetar el derecho a la igualdad, por lo cual las mismas serán aplicables cuando las autoridades judiciales y los sujetos procesales y profesionales del derecho dispongan de los medios tecnológicos idóneos para acceder de forma digital, no pudiendo, so pena de su uso, omitir la atención presencial en los despachos judiciales cuando el usuario del servicio lo requiera y brindando especiales medidas a la población en condición de vulnerabilidad o en sitios del territorio donde no se disponga de conectividad por su condición geográfica.

Parágrafo 1º. Los sujetos procesales y la autoridad judicial competente deberán manifestar las razones por las cuales no pueden realizar una actuación judicial específica a través de las tecnologías de la información y las comunicaciones de lo cual se dejará constancia en el expediente y se realizará de manera presencial.

Parágrafo 2º. Las disposiciones de la presente ley se entienden complementarias a las normas contenidas en los códigos procesales propios de cada jurisdicción y especialidad.

Parágrafo 3º. El Consejo Superior de la Judicatura en coordinación con el Ministerio de Justicia y del Derecho deberán realizar una evaluación externa y periódica en la que se analice de manera específica las implicaciones positivas y negativas de la implementación de las disposiciones de esta ley frente al acceso a la justicia de los ciudadanos, así como las afectaciones al debido proceso en los diferentes procesos judiciales que manifiesten los encuestados. La encuesta deberá incluir la perspectiva de funcionarios y empleados de la rama, litigantes y usuarios de la justicia.

Los resultados deberán ser públicos y permitirán la realización de ajustes y planes de acción para la implementación efectiva del acceso a la justicia por medios virtuales.

Parágrafo 4º. El uso de las tecnologías de la información y las comunicaciones en la especialidad penal de la jurisdicción ordinaria y penal militar, será evaluada y decidida autónomamente, mediante orden, contra la que no caben recursos, conforme a la Ley Estatutaria de Administración de Justicia, por el Juez o Magistrado a cargo del respectivo proceso o actuación procesal.

Art. 2º. USO DE LAS TECNOLOGÍAS DE LA INFORMACIÓN Y LAS COMUNICACIONES

Se podrán utilizar las tecnologías de la información y de las comunicaciones, cuando se disponga de los mismos de manera idónea, en la gestión y trámite de los procesos judiciales y asuntos en curso, con el fin de facilitar y agilizar el acceso a la justicia.

Se utilizarán los medios tecnológicos, para todas las actuaciones, audiencias y diligencias y se permitirá a los sujetos procesales actuar en los procesos o trámites a través de los medios digitales disponibles, evitando exigir y cumplir formalidades presenciales o similares, que no sean estrictamente necesarias. Por tanto, las actuaciones no requerirán de firmas manuscritas o digitales, presentaciones personales o autenticaciones adicionales, ni incorporarse o presentarse en medios físicos.

Las autoridades judiciales darán a conocer en su página web los canales oficiales de comunicación e información mediante los cuales prestarán su servicio, así como los mecanismos tecnológicos que emplearán.

La población rural, los grupos étnicos, las personas con discapacidad y las demás personas que tengan alguna dificultad para hacer uso de los medios digitales, podrán acudir directamente a los despachos judiciales y gozarán de atención presencial en el horario ordinario de atención al público; adicionalmente, las autoridades judiciales adoptarán las medidas necesarias para asegurar a dichas personas el acceso y la atención oportuna por parte del sistema judicial.

Parágrafo 1º. Se adoptarán todas las medidas para garantizar el debido proceso, la publicidad y el derecho de contradicción en la aplicación de las tecnologías de la información y de las comunicaciones. Para el efecto, las autoridades judiciales procurarán la efectiva comunicación virtual con los usuarios de la administración de justicia y adoptarán las medidas pertinentes para que puedan conocer las decisiones y ejercer sus derechos.

Parágrafo 2º. Los municipios, personerías y otras entidades públicas, en la medida de sus posibilidades, facilitarán que los sujetos procesales puedan acceder en sus sedes a las actuaciones virtuales.

Art. 3º. DEBERES DE LOS SUJETOS PROCESALES EN RELACIÓN CON LAS TECNOLOGÍAS DE LA INFORMACIÓN Y LAS COMUNICACIONES

Es deber de los sujetos procesales, realizar sus actuaciones y asistir a las audiencias y diligencias a través de medios tecnológicos. Para el efecto deberán suministrar a la autoridad judicial competente, y a todos los demás sujetos procesales, los canales digitales elegidos para los fines del proceso o trámite y enviar a través de estos un ejemplar de todos los memoriales o actuaciones que realicen, simultáneamente con copia incorporada al mensaje enviado a la autoridad judicial.

Identificados los canales digitales elegidos, desde allí se originarán todas las actuaciones y desde estos se surtirán todas las notificaciones, mientras no se informe un nuevo canal. Es deber de los sujetos procesales, en desarrollo de lo previsto en el artículo 78 numeral 5 del Código General del Proceso, comunicar cualquier cambio de dirección o medio electrónico, so pena de que las notificaciones se sigan surtiendo válidamente en la anterior.

Todos los sujetos procesales cumplirán los deberes constitucionales y legales para colaborar solidariamente con la buena marcha del servicio público de administración de justicia. La autoridad judicial competente adoptará las medidas necesarias para garantizar su cumplimiento.

Art. 4°. EXPEDIENTES

Cuando no se tenga acceso al expediente físico en la sede judicial, tanto la autoridad judicial como los demás sujetos procesales colaborarán proporcionando por cualquier medio las piezas procesales que se encuentren en su poder y se requieran para desarrollar la actuación subsiguiente. La autoridad judicial, directamente o a través del secretario o el funcionario que haga sus veces, coordinará el cumplimiento de lo aquí previsto.

Las autoridades judiciales que cuenten con herramientas tecnológicas que dispongan y desarrollen las funcionalidades de expedientes digitales de forma híbrida podrán utilizarlas para el cumplimiento de actividades procesales.

Art. 5°. PODERES

Los poderes especiales para cualquier actuación judicial se podrán conferir mediante mensaje de datos, sin firma manuscrita o digital, con la sola antefirma, se presumirán auténticos y no requerirán de ninguna presentación personal o reconocimiento.

En el poder se indicará expresamente la dirección de correo electrónico del apoderado que deberá coincidir con la inscrita en el Registro Nacional de Abogados.

Los poderes otorgados por personas inscritas en el registro mercantil, deberán ser remitidos desde la dirección de correo electrónico inscrita para recibir notificaciones judiciales.

Art. 6°. DEMANDA

La demanda indicará el canal digital donde deben ser notificadas las partes, sus representantes y apoderados, los testigos, peritos y cualquier tercero que deba ser citado al proceso, so pena de su inadmisión. No obstante, en caso que el demandante desconozca el canal digital donde deben ser notificados los peritos, testigos o cualquier tercero que deba ser citado al proceso, podrá indicarlo así en la demanda sin que ello implique su inadmisión.

Asimismo, contendrá los anexos en medio electrónico, los cuales corresponderán a los enunciados y enumerados en la demanda.

Las demandas se presentarán en forma de mensaje de datos, lo mismo que todos sus anexos, a las direcciones de correo electrónico que el Consejo Superior de la Judicatura disponga para efectos del reparto, cuando haya lugar a este.

De las demandas y sus anexos no será necesario acompañar copias físicas, ni electrónicas para el archivo del juzgado, ni para el traslado.

En cualquier jurisdicción, incluido el proceso arbitral y las autoridades administrativas que ejerzan funciones jurisdiccionales, salvo cuando se soliciten medidas cautelares previas o se desconozca el lugar donde recibirá notificaciones el demandado, el demandante, al presentar la demanda, simultáneamente deberá enviar por medio electrónico copia de ella y de sus anexos a los demandados. Del mismo modo deberá proceder el demandante cuando al inadmitirse la demanda presente el escrito de subsanación. El secretario o el funcionario que haga sus veces velará por el cumplimiento de este deber, sin cuya acreditación la autoridad judicial inadmitirá la demanda. De no conocerse el canal digital de la parte demandada, se acreditará con la demanda el envío físico de la misma con sus anexos.

En caso de que el demandante haya remitido copia de la demanda con todos sus anexos al demandado, al admitirse la demanda la notificación personal se limitará al envío del auto admisorio al demandado.

Art. 7º. AUDIENCIAS

Las audiencias deberán realizarse utilizando los medios tecnológicos a disposición de las autoridades judiciales o por cualquier otro medio puesto a disposición por una o por ambas partes y en ellas deberá facilitarse y permitirse la presencia de todos los sujetos procesales, ya sea de manera virtual o telefónica. No se requerirá la autorización de que trata el parágrafo 2 del artículo 107 del Código General del Proceso.

No obstante, con autorización del titular del despacho, cualquier empleado podrá comunicarse con los sujetos procesales, antes de la realización de las audiencias, con el fin de informarles sobre la herramienta tecnológica que se utilizará en ellas o para concertar una distinta.

Cuando las circunstancias de seguridad, inmediatez y fidelidad excepcionalmente lo requieran, serán presenciales las audiencias y diligencias destinadas a la práctica de pruebas. La práctica presencial de la prueba se dispondrá por el juez de oficio o por solicitud motivada de cualquiera de las partes.

Para el caso de la jurisdicción penal, de manera oficiosa el juez de conocimiento podrá disponer la práctica presencial de la prueba cuando lo considere necesario, y deberá disponerlo así cuando alguna de las partes se lo solicite, sin que las mismas deban motivar tal petición. Excepcionalmente la prueba podrá practicarse en forma virtual ante la imposibilidad comprobada para garantizar la comparecencia presencial de un testigo, experto o perito al despacho judicial.

La presencia física en la sede del juzgado de conocimiento solo será exigible al sujeto de prueba, a quien requirió la práctica presencial y al juez de conocimiento, sin perjuicio de que puedan asistir de manera presencial los abogados reconocidos, las partes que no deban declarar, los terceros e intervinientes especiales y demás sujetos del proceso, quienes además podrán concurrir de manera virtual.

Parágrafo. Las audiencias y diligencias que se deban adelantar por la sala de una corporación serán presididas por el ponente, y a ellas deberán concurrir la mayoría de los magistrados que integran la sala, so pena de nulidad.

Art. 8º. NOTIFICACIONES PERSONALES

Las notificaciones que deban hacerse personalmente también podrán efectuarse con el envío de la providencia respectiva como mensaje de datos a la dirección electrónica o sitio que suministre el interesado en que se realice la notificación, sin necesidad del envío de previa citación o aviso físico o virtual. Los anexos que deban entregarse para un traslado se enviarán por el mismo medio.

El interesado afirmará bajo la gravedad del juramento, que se entenderá prestado con la petición, que la dirección electrónica o sitio suministrado corresponde al utilizado por la persona a notificar, informará la forma como la obtuvo y allegará las evidencias correspondientes, particularmente las comunicaciones remitidas a la persona por notificar.

La notificación personal se entenderá realizada una vez transcurridos dos días hábiles siguientes al envío del mensaje y los términos empezarán a contarse cuándo el iniciador recepcione acuse de recibo o se pueda por otro medio constatar el acceso del destinatario al mensaje.

Para los fines de esta norma se podrán implementar o utilizar sistemas de confirmación del recibo de los correos electrónicos o mensajes de datos.

Cuando exista discrepancia sobre la forma en que se practicó la notificación, la parte que se considere afectada deberá manifestar bajo la gravedad del juramento, al solicitar la declaratoria de nulidad de lo actuado, que no se enteró de la providencia, además de cumplir con lo dispuesto en los artículos 132 a 138 del Código General del Proceso.

Parágrafo 1º. Lo previsto en este artículo se aplicará cualquiera sea la naturaleza de la actuación, incluidas las pruebas extraprocesales o del proceso, sea este declarativo, declarativo especial, monitorio, ejecutivo o cualquier otro.

Parágrafo 2º. La autoridad judicial, de oficio o a petición de parte, podrá solicitar información de las direcciones electrónicas o sitios de la parte por notificar que estén en las Cámaras de Comercio, superintendencias, entidades públicas o privadas, o utilizar aquellas que estén informadas en páginas web o en redes sociales.

Parágrafo 3º. Para los efectos de lo dispuesto en este artículo, se podrá hacer uso del servicio de correo electrónico postal certificado y los servicios postales electrónicos definidos por la Unión Postal Universal (UPU) con cargo a la franquicia postal.

Art. 9º. NOTIFICACIÓN POR ESTRADO Y TRASLADOS

Las notificaciones por estado se fijarán virtualmente, con inserción de la providencia, y no será necesario imprimirlos, ni firmarlos por el secretario, ni dejar constancia con firma al pie de la providencia respectiva.

No obstante, no se insertarán en el estado electrónico las providencias que decretan medidas cautelares o hagan mención a menores, o cuando la autoridad judicial así lo disponga por estar sujetas a reserva legal.

De la misma forma podrán surtirse los traslados que deban hacerse por fuera de audiencia.

Los ejemplares de los estados y traslados virtuales se conservarán en línea para consulta permanente por cualquier interesado.

Parágrafo. Cuando una parte acredite haber enviado un escrito del cual deba correrse traslado a los demás sujetos procesales, mediante la remisión de la copia por un canal digital, se prescindirá del traslado por Secretaría, el cual se entenderá realizado a los dos (2) días hábiles siguientes al del envío del mensaje y el término respectivo empezará a contarse cuando el iniciador recepcione acuse de recibo o se pueda por otro medio constatar el acceso del destinatario al mensaje.

Art. 10. EMPLAZAMIENTO PARA NOTIFICACIÓN PERSONAL

Los emplazamientos que deban realizarse en aplicación del artículo 108 del Código General del Proceso se harán únicamente en el registro nacional de personas emplazadas, sin necesidad de publicación en un medio escrito.

Art. 11. COMUNICACIONES, OFICIOS Y DESPACHOS

Todas las comunicaciones, oficios y despachos con cualquier destinatario, se surtirán por el medio técnico disponible, como lo autoriza el artículo 111 del Código General del Proceso.

Los secretarios o los funcionarios que hagan sus veces remitirán las comunicaciones necesarias para dar cumplimiento a las órdenes judiciales mediante mensaje de datos, dirigidas a cualquier entidad pública, privada o particulares, las cuales se presumen auténticas y no podrán desconocerse siempre que provengan del correo electrónico oficial de la autoridad judicial.

Art. 12. APELACIÓN DE SENTENCIAS EN MATERIA CIVIL Y FAMILIA

El recurso de apelación contra sentencia en los procesos civiles y de familia, se tramitará así:

Sin perjuicio de la facultad oficiosa de decretar pruebas, dentro del término de ejecutoria del auto que admite la apelación, las partes podrán pedir la práctica de pruebas y el juez las decretará únicamente en los casos señalados en el artículo 327 del Código General del Proceso. El juez se pronunciará dentro de los cinco (5) días siguientes.

Ejecutoriado el auto que admite el recurso o el que niega la solicitud de pruebas, el apelante deberá sustentar el recurso a más tardar dentro de los cinco (5) días siguientes. De la sustentación se correrá traslado a la parte contraria por el término de cinco (5) días. Vencido el término de traslado se proferirá sentencia escrita que se notificará por estado. Si no se sustenta oportunamente el recurso, se declarará desierto. Si se decretan pruebas, el juez fijará fecha y hora para la realización de la audiencia en la que se practicarán, se escucharán alegatos y se dictará sentencia. La sentencia se dictará en los términos establecidos en el Código General del Proceso.

Art. 13. APELACIÓN EN MATERIA LABORAL

El recurso de apelación contra las sentencias y autos dictados en materia laboral se tramitará así:

1. Ejecutoriado el auto que admite la apelación o la consulta, si no se decretan pruebas, se dará traslado a las partes para alegar por escrito por el término de cinco (5) días cada una, iniciando con la apelante. Surtidos los traslados correspondientes, se proferirá sentencia escrita.

Si se decretan pruebas, se fijará la fecha de la audiencia para practicar las pruebas a que se refiere el artículo 83 del Código Procesal del Trabajo y de la Seguridad Social. En ella se oirán las alegaciones de las partes y se resolverá la apelación.

2. Cuando se trate de apelación de un auto se dará traslado a las partes para alegar por escrito por el término de cinco (5) días y se resolverá el recurso por escrito.

Art. 14. (NOTA DEL EDITOR: PROCESO DE TRANSFORMACIÓN DIGITAL)

En el informe anual que presenta la Rama Judicial al Congreso de la República se dispondrá de un capítulo especial sobre el estado de avance que se tiene del proceso de transformación digital.

Art. 15. VIGENCIA Y DEROGATORIAS

La presente ley deroga las normas que le sean contrarias y rige a partir de la fecha de su promulgación.

LEY 2309 DE 2023
Por medio de la cual se aprueba la "Convención de las Naciones Unidas sobre los Acuerdos de Transacción Internacionales resultantes de la mediación", suscrita en Nueva York, el 20 de diciembre de 2018.

(...)

Art. 1º. ÁMBITO DE APLICACIÓN

1. La presente Convención será aplicable a todo acuerdo resultante de la mediación que haya sido celebrado por escrito por las partes con el fin de resolver una controversia comercial ("acuerdo de transacción") y que, en el momento de celebrarse, sea internacional debido a que:

a) Al menos dos de las partes en el acuerdo de transacción tienen sus establecimientos en Estados diferentes; o

b) El Estado en que las partes en el acuerdo de transacción tienen sus establecimientos no es:

i) El Estado en que se cumple una parte sustancial de las obligaciones derivadas del acuerdo de transacción; o

ii) El Estado que está más estrechamente vinculado al objeto del acuerdo de transacción.

2. La presente Convención no será aplicable a los acuerdos de transacción:

a) Concertados para resolver controversias que surjan de operaciones en las que una de las partes (un consumidor) participe con fines personales, familiares o domésticos;

b) Relacionados con el derecho de familia, el derecho de sucesiones o el derecho laboral.

3. La presente Convención no será aplicable a:

a) Los acuerdos de transacción:

i) Que hayan sido aprobados por un órgano judicial o concertados en el curso de un proceso ante un órgano judicial; y

ii) Que puedan ejecutarse como una sentencia en el Estado de ese órgano judicial;

b) Los acuerdos de transacción que hayan sido incorporados a un laudo arbitral y sea ejecutables como tal.

Art. 2º. DEFINICIONES

A los efectos de lo dispuesto en el artículo 1, párrafo 1:

a) Cuando una parte tenga más de un establecimiento, prevalecerá el que guarde una relación más estrecha con la controversia dirimida mediante el acuerdo de transacción, considerando las circunstancias conocidas o previstas por las partes en el momento de celebrar el acuerdo;

b) Cuando una parte no tenga ningún establecimiento, se tendrá en cuenta su lugar de residencia habitual,

2. Se entenderá que un acuerdo de transacción se ha celebrado "por escrito" si ha quedado constancia de su contenido de alguna forma. El requisito de que el acuerdo de transacción conste por escrito se cumplirá con una comunicación electrónica si es posible acceder a la información contenida en ella para su inferior consulta.

3. Se entenderá por "mediación", cualquiera sea la expresión utilizada o la razón por la que se haya entablado, un procedimiento mediante el cual las partes tratan de llegar a un arreglo amistoso de su controversia con la asistencia; de uno o más terceros ("el mediador") que carezcan de autoridad para imponerles una solución.

Art. 3º. PRINCIPIOS GENERALES

1. Cada parte en la Convención ordenará la ejecución de los acuerdos de transacción de conformidad con sus normas procesales y en las condiciones establecidas en la presente Convención.

2. Si surgiera una controversia acerca de una cuestión que una parte alegue que ya ha sido resuelta mediante un acuerdo de transacción, la parte en la Convención deberá permitir a la parte invocar el acuerdo de transacción de conformidad con sus normas procesales y en las condiciones establecidas en la presente Convención, a fin de demostrar que la cuestión ya ha sido resuelta.

Art. 4º. REQUISITOS PARA HACER VALER UN ACUERDO DE TRANSACCIÓN

1. Toda parte que desee hacer valer un acuerdo de transacción de conformidad con la presente Convención deberá presentar a la autoridad competente de la parte en la Convención en que se soliciten medidas:

a) El acuerdo de transacción firmado por las partes;

b) Pruebas de que se llegó al acuerdo de transacción como resultado de la mediación, por ejemplo:

i) La firma del mediador en el acuerdo de transacción;

ii) Un documento firmado por el mediador en el que se indique que se realizó la mediación;

iii) Un certificado expedido por la institución que administró la mediación; o

iv) A falta de las pruebas indicadas en los incisos i), ii) o iii), cualquier otra prueba que la autoridad competente considere aceptable.

2. El requisito de que el acuerdo de transacción esté firmado por las partes o, cuando corresponda, por el mediador, se dará por cumplido respecto de una comunicación electrónica:

a) Si se utiliza un método para determinar la identidad de las partes o del mediador y para indicar la intención que tienen las partes o el mediador respecto de la información contenida en la comunicación electrónica; y

b) Si el método empleado:

i) O bien es tan fiable como sea apropiado para, los fines para los que se generó o transmitió la comunicación electrónica, atendidas todas las circunstancias del caso, incluido cualquier acuerdo que sea pertinente; o

ii) Se ha demostrado en la práctica que, por sí solo o con el respaldo de otras pruebas, dicho método ha cumplido las funciones enunciadas en el apartado a) supra.

3. Si el acuerdo de transacción no estuviera redactado en un idioma oficial de la Parte en la Convención en que se soliciten medidas, la autoridad competente podrá pedir una traducción del acuerdo a ese idioma.

4. La autoridad competente podrá exigir cualquier documento que sea necesario para verificar que se han cumplido los requisitos establecidos en la Convención.

5. Al examinar la solicitud de medidas, la autoridad competente deberá actuar con celeridad.

Art. 5º. MOTIVOS PARA DENEGAR EL OTORGAMIENTO DE MEDIDAS

1. La autoridad competente de la Parte en la Convención en que se soliciten medidas de conformidad con el artículo 4 podrá negarse a otorgarlas a instancia, de la parte contra la cual se solicitan, solo si esa. parte suministra a la autoridad competente prueba de que:

a) Una de las partes en el acuerdo de transacción tenía algún tipo de incapacidad;

b) El acuerdo de transacción que se pretendo hacer valer:

i) Es nulo, ineficaz o no puede cumplirse con arreglo a la ley a la que las partes lo hayan sometido válidamente o, si esta no se indicara en él, a la ley que considere aplicable la autoridad competente de la Parte en la Convención en que se soliciten medidas de conformidad con el artículo 4;

ii) No es vinculante, o no es definitivo, según lo estipulado en el propio acuerdo; o

iii) Fue modificado posteriormente;

c) Las obligaciones estipuladas en el acuerdo de transacción:

i) Se han cumplido; o

ii) No son claras o comprensibles.

Art. 10. DEPOSITARIO

El Secretario General de las Naciones Unidas queda designado depositario de la presente Convención.

Art. 11. FIRMA, RATIFICACIÓN, ACEPTACIÓN, APROBACIÓN, ADHESIÓN

1. La presente Convención, se abrirá a la firma de todos los Estados en Singapur el 7 de agosto de 2019 y después de esa fecha en la Sede de las Naciones Unidas en Nueva York.

2. La presente Convención estará sujeta a ratificación, aceptación o aprobación por los signatarios.

3. La presente Convención estará abierta a la adhesión de todos los Estados que no sean signatarios a partir de la fecha en que quede, abierta a la firma.

4. Los instrumentos de ratificación, aceptación, aprobación o adhesión se depositarán en poder del depositario.

Art. 12. PARTICIPACIÓN DE ORGANIZACIONES REGIONALES DE INTEGRACIÓN

1. Toda organización regional de integración, económica que esté constituida por Estados soberanos y que tenga competencia sobre algunos asuntos que se rijan por la presente Convención podrá igualmente firmar, ratificar, aceptar o aprobar esta Convención o adherirse a ella. La organización regional de integración económica tendrá en ese cuso los derechos y obligaciones de una parte en

la Convención en la medida en que tenga competencia sobre asuntos que se rijan por la presente Convención. Cuando el número de partes en la Convención sea pertinente en el marco de la presente Convención, la organización regional de integración económica no contará como parte además de los Estados miembros de dicha organización que sean partes en la Convención.

2. La organización regional de integración económica deberá formular ante el depositario, en el momento de la firma, ratificación, aceptación, aprobación o adhesión, una declaración en la que se especifiquen los asuntos que se rijan por la presente Convención respecto de los cuales sus Estados miembros hayan transferido competencia a la organización. La organización regional de integración económica deberá notificar con prontitud al depositario cualquier cambio que se produzca en la distribución de competencias indicada en dicha declaración, mencionando asimismo cualquier competencia nueva que le haya sido transferida.

3. Toda referencia que se haga en la presente Convención a una "parte en la Convención", "partes en la Convención", un "Estado" o "Estados" será igualmente aplicable a una organización regional de integración económica cuando el contexto así lo requiera,

4. La presente Convención no prevalecerá sobre las normas de una organización regional de integración económica con las que entre en conflicto, con independencia de que esas normas se hayan aprobado o hayan entrado en vigor antes o después que la presenté Convención: a) si, de conformidad con el artículo 4, se solicitan medidas en un Estado que sea miembro de dicha organización y todos los Estados que resulten pertinentes conforme a lo dispuesto en el artículo 1. párrafo I, son miembros de esa organización; ni b) en lo que respecta al reconocimiento o la ejecución de sentencias entre Estados miembros de dicha organización.

Art. 13. ORDENAMIENTOS JURÍDICOS NO UNIFICADOS

1. Toda parte en la Convención que esté integrada por dos o más unidades territoriales en las que sea aplicable un régimen jurídico distinto en relación con las materias objeto de la presente Convención podrá, en el momento de la firma, ratificación, aceptación, aprobación o adhesión, declarar que la presente convención será aplicable a todas sus unidades territoriales o solo a una o más de ellas, y podrá en cualquier momento modificar si, declaración original sustituyéndola, por otra,

2. Esas declaraciones, deberán notificarse al depositario y se hará constar en ellas expresamente a que unidades territoriales será aplicable la Convención.

3. Si una parte en la Convención está integrada por dos o más unidades territoriales en las que sea aplicable un régimen jurídico distinto en relación con las materias objeto de la presente Convención:

a) Cualquier referencia a la ley o a las normas procesales de un Estado se interpretará, cuando sea procedente como una referencia a la ley o a las normas procesales en vigor en la unidad territorial pertinente;

b) Cualquier referencia al establecimiento ubicado en un Estado se interpretará, cuando sea procedente, como una referencia al establecimiento ubicado en la unidad territorial pertinente;

c) Cualquier referencia a la autoridad competente del Estado se interpretará, cuando sea procedente como una referencia a la autoridad competente de la unidad territorial pertinente.

4. Si una parte en la Convención no hace una declaración conforme al párrafo I del presente artículo, la Convención será aplicable a todas las unidades territoriales de ese Estado.

Art. 14. ENTRADA EN VIGOR

1. La presente Convención entrará en vigor seis meses después de que se deposite el tercer instrumento de ratificación, aceptación, aprobación o adhesión

2. Cuando un Estado ratifique, acepte o apruebe la presente Convención o se adhiera a ella después de que se haya depositado el tercer instrumento de ratificación, aceptación, aprobación o adhesión, la presente Convención entrará en vigor respecto de ese Estado seis meses después de que haya depositado su instrumento de ratificación, aceptación, aprobación o adhesión. La Convención entrará en vigor para las unidades territoriales a las que sea aplicable en virtud de lo dispuesto en el artículo 13 seis meses después de la notificación de la declaración prevista en dicho artículo.

Art. 15. MODIFICACIÓN

1. Toda parte en la Convención podrá proponer una modificación de la presente Convención remitiéndola al Secretario General de las Naciones Unidas. El Secretario General procederá a comunicar la modificación propuesta a las partes en la Convención con la solicitud de que indiquen si están a favor de que se convoque una conferencia de las partes en la Convención con el fin de examinar la propuesta y someterla a votación, Si dentro de los cuatro meses siguientes a la

fecha de esa comunicación al menos un tercio de las partes en la Convención se declara a favor de que se celebre esa conferencia, el Secretario General convocará la conferencia bajo los auspicios de las Naciones Unidas.

2. La conferencia de las partes en la Convención hará todo lo posible por lograr un consenso sobre cada modificación. Si se agotaran todos los esfuerzos por llegar a un consenso, sin lograrlo, para aprobar la modificación se requerirá, como último recurso, una mayoría de dos tercios de los votos de las partes en la Convención presentes y votantes en la conferencia.

3. El depositario remitirá las modificaciones adoptadas a todas las partes en la Convención para su ratificación, aceptación o aprobación.

4. Las modificaciones adoptadas entrarán en vigor seis meses después de la fecha de depósito del tercer instrumento de ratificación, aceptación o aprobación. Cuando una modificación entre en vigor, será vinculante para las partes en la Convención que hayan consentido en quedar obligadas por ella.

5. Cuando una parte en la Convención ratifique, acepte o apruebe una modificación tras el depósito del tercer Instrumento de ratificación, aceptación o aprobación, la modificación entrará en vigor respecto de esa parte en la Convención seis meses después de la fecha en que vaya depositado su instrumento de ratificación, aceptación o aprobación.

Art. 16. DENUNCIA

1. Toda parte en la Convención podrá denunciar la presente Convención mediante notificación formal por escrito dirigida al depositario. La denuncia podrá limitarse a algunas unidades territoriales de un ordenamiento jurídico no unificado a las que sea aplicable la presente Convención.

2. La denuncia surtirá efecto 12 meses después de la fecha de recepción de la notificación por el depositario. Cuando en la notificación se indique un período más largo para que la denuncia surta efecto, la denuncia surtirá efecto cuando venza ese plazo más largo, contado a partir de la fecha en que la notificación haya sido recibida por el depositario. La Convención seguirá siendo aplicable a los acuerdos de transacción que se hayan celebrado antes de que la denuncia surta efecto.

1. Toda parte en la Convención podrá denunciar la presente Convención mediante notificación formal por escrito dirigida al depositario. La denuncia podrá limitarse a algunas unidades territoriales de un ordenamiento jurídico no unificado a las que sea aplicable la presente Convención.

2. La denuncia surtirá efecto 12 meses después de la fecha de recepción de la notificación por el depositario. Cuando en la notificación se indique un período más largo para que la denuncia surta efecto, la denuncia surtirá efecto cuando venza ese plazo más largo, contado a partir de la fecha en que la notificación haya sido recibida por el depositario. La Convención seguirá siendo aplicable a los acuerdos de transacción que se hayan celebrado antes de que la denuncia surta efecto.

(...)

ÍNDICE TEMÁTICO

A

B

C

G

H

I

M

R

T

NOTAS